Le Routard

Vietnam
2022/2023

Cofondateurs : Philippe GLOAGUEN et Michel DUVAL

Directeur de collection et auteur
Philippe GLOAGUEN

Secrétaire général
Gavin'S CLEMENTE-RUIZ

Rédacteurs en chef
Amanda KERAVEL (France)
Benoît LUCCHINI (Étranger)

Directrice administrative
Bénédicte GLOAGUEN

Conseiller à la rédaction
Pierre JOSSE

Responsable voyages
Carole BORDES

Direction éditoriale
Élise ERNEST

Rédaction
Isabelle AL SUBAIHI
Emmanuelle BAUQUIS
Mathilde de BOISGROLLIER
Marie BURIN des ROZIERS
Camille CAMPET
Diane CAPRON
Véronique de CHARDON
Laura CHARLIER
Florence CHARMETANT
Fiona DEBRABANDER
Géraldine LEMAUF-BEAUVOIS
Alain PALLIER
Anne POINSOT
Alexia POULAIN

hachette

TABLE DES MATIÈRES

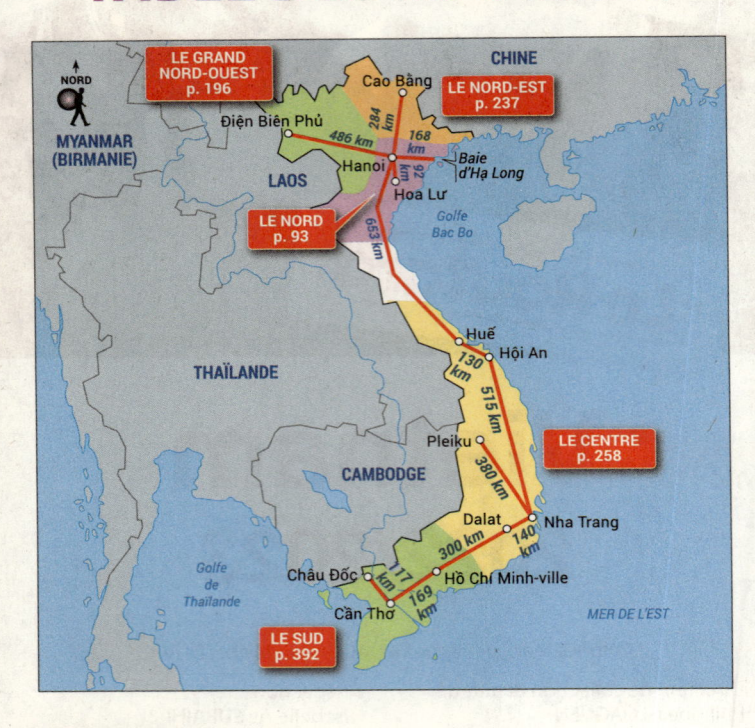

PRÉAMBULE

- La rédaction du *Routard* 8
- Introduction 11
- Nos coups de cœur 12
- Itinéraires conseillés 28
- Interview #experienceroutard 33
- Les questions qu'on se pose avant le départ 34

COMMENT Y ALLER ? 37

- Les lignes régulières 37
- Les organismes de voyages 38
- Entrer et sortir du Vietnam par la route (les postes-frontières) 50

VIETNAM UTILE 54

- ABC du Vietnam 54
- Avant le départ 54
- Argent, banques, change 59
- Achats 61
- Budget 64
- Climat 64
- Dangers et enquiquinements 67
- Décalage horaire 67
- Électricité 68
- Fêtes et jours fériés 68
- Hébergement 71
- Langue 73

TABLE DES MATIÈRES

- Livres de route 78
- Poste 79
- Santé 80
- Téléphone, Internet 83
- Transports 85

LE NORD 93

- Hanoi 93
- Haiphong (Hải Phòng) 152
- L'île de Cát Bà (parc national) 156
- La baie d'Hạ Long (Vịnh Hạ Long) 166
- La baie d'Hạ Long terrestre – Tam Cốc, Hoa Lư et Ninh Bình 181

LE GRAND NORD-OUEST 196

- Les ethnies minoritaires dans le Nord-Ouest 196
- Hoà Bình 200
- De Hoà Bình à Điện Biên Phủ 202
- De Mộc Châu à Sơn La 205
- De Sơn La à Điện Biên Phủ 207
- Điện Biên Phủ 208
- De Điện Biên Phủ à Sapa 217
- La route de Lai Châu à Sapa 218
- Sapa 218
- Bắc Hà 230
- Lào Cai 234

LE NORD-EST 237

- Un peu d'histoire 237
- Action humanitaire 238
- De Hanoi à Lạng Sơn 238
- Lạng Sơn 239
- Vers la Chine 242
- De Lạng Sơn à Cao Bằng 242
- Cao Bằng 242
- Le lac Ba Bể (parc national) 245
- La province de Hà Giang 248

LE CENTRE 258

- Le parc national de Phong Nha-Kẻ Bàng 258
- Huế 264
- Excursion jusqu'à l'ancienne zone démilitarisée (la DMZ) 291
- La route de Huế à Đà Nẵng 293
- Đà Nẵng 294
- La montagne de Marbre (Ngũ Hành Sơn) 303
- Hội An 304
- L'île Cham (parc naturel) 325
- Le site cham de Mỹ Sơn 327

LES HAUTS PLATEAUX DU CENTRE 332

- Kon Tum 333
- Buôn Ma Thuột 338
- Dalat (Đà Lạt) 343

LA CÔTE DE ĐÀ NẴNG À HỒ CHÍ MINH-VILLE 359

- Quảng Ngãi 359
- Quy Nhơn 362
- Đại Lãnh 366
- Dốc Lết 367
- Nha Trang 367
- Phan Rang 381
- Mũi Né (station balnéaire) 382

LE SUD 392

- Hồ Chí Minh-Ville (Saigon) 392
- Les tunnels de Củ Chi (Địa Đạo Củ Chi) 440
- Tây Ninh 443
- Vũng Tàu (Cap Saint-Jacques) 447

TABLE DES MATIÈRES

LE DELTA DU MÉKONG 452

- Mỹ Tho 456
- Cái Bè 460
- Vĩnh Long 463
- Sadec (Sa Đéc) 469
- Châu Đốc 471
- Cần Thơ 475
- Rạch Giá 484
- Hà Tiên 485
- L'île de Phú Quốc 489
- L'archipel de Côn Đảo 506

HOMMES, CULTURE, ENVIRONNEMENT 512

- Boissons 512
- Cinéma 513
- Cuisine 515
- Curieux, non ? 518
- Droits de l'homme 520
- Économie 521
- Environnement (écotourisme) 522
- Géographie 525
- Histoire 526
- Médias 548
- Patrimoine culturel 551
- Personnages 552
- Population 555
- Pourboires, offrandes et marchandage 556
- Religions et croyances 557
- Savoir-vivre et coutumes 563
- Sites inscrits au Patrimoine mondial de l'Unesco 564

Index général 578

Liste des cartes et plans 582

UNE PANDÉMIE INOUÏE !

Depuis toujours, *Le Routard* **se plaît à dénicher hôteliers et restaurateurs** qui accueillent nos lecteurs avec sourire et professionnalisme. Malgré toute notre vigilance, certains d'entre eux auront malheureusement fermé quand ce livre sortira. De même, les horaires et modalités d'accueil de certains sites et musées auront été momentanément modifiés. Cette terrible **pandémie de coronavirus** a, on le sait, des conséquences importantes pour tous les professionnels du tourisme. **Nous sommes de tout cœur avec eux !**

« OSONS LE PAS DE CÔTÉ »

Le surtourisme ? Tous concernés. Et pourtant, à l'écart des grands flux touristiques, il existe plein de pépites méconnues, souvent oubliées des circuits trop encombrés. Ici un site ignoré ; là un quartier secret ; plus loin un village caché au charme discret, avec un troquet d'une autre époque. Il existe une infinité de lieux peinards que l'on a envie de mettre en avant avec ce pictogramme. Un vagabondage enfin calme favorisé aussi par les **visites aux heures creuses**. Vive le *slow trip* !

#osonslepasdecote

Important : dernière minute

Entre deux parutions du *Routard*, des événements fortuits (conditions sanitaires, catastrophes naturelles mais aussi formalités, taux de change, conditions d'accès aux sites, fermetures inopinées, etc.) peuvent modifier vos projets de voyage. Pour éviter les déconvenues, nous vous recommandons de consulter la rubrique « Guide » par pays de notre site • routard.com • et plus particulièrement les dernières ***Actus voyageurs.***

Pictogrammes du Routard

Établissements
- Hôtel, auberge, chambre d'hôtes
- Camping
- Restaurant
- Terrasse
- Pizzeria
- Boulangerie, sandwicherie
- Pâtisserie
- Glacier
- Café, salon de thé
- Café, bar
- Bar musical
- Club, boîte de nuit
- Salle de spectacle
- Boutique, magasin, marché

Infos pratiques
- Office de tourisme
- Poste
- Accès Internet
- Hôpital, urgences
- Adapté aux personnes handicapées

Sites
- Présente un intérêt touristique
- Point de vue
- Plage
- Spot de surf
- Site de plongée
- Recommandé pour les enfants
- Inscrit au Patrimoine mondial de l'Unesco
- Pas de côté

Transports
- Aéroport
- Gare ferroviaire
- Gare routière, arrêt de bus
- Station de métro
- Station de tramway
- Parking
- Taxi
- Taxi collectif
- Bateau
- Bateau fluvial
- Piste cyclable, parcours à vélo

Plage de Dốc Lết

© Guiziou Franck/hemis.fr

LE VIETNAM NORD

LE VIETNAM SUD

LA RÉDACTION DU ROUTARD

(sans oublier nos 50 enquêteurs, aussi sur le terrain)

© R. Delalande et E. Dessons

Jean-Sébastien, Olivier, Mathilde, Thierry, Alain, Gavin's, Éléonore,
Anne-Caroline, André, Laura, Florence, Véronique, Isabelle, Géraldine, Fiona,
Amanda, Benoît, Emmanuelle, Bénédicte, Philippe, Carole, Diane, Anne, Marie.

La saga du *Routard* : en 1971, deux étudiants, Philippe et Michel, avaient une furieuse envie de découvrir le monde. De retour du Népal germe l'idée d'un guide différent qui regrouperait tuyaux malins et itinéraires sympa, destiné aux jeunes fauchés en quête de liberté. 1973. Après 19 refus d'éditeurs et la faillite de leur première maison d'édition, l'aventure commence vraiment avec Hachette. Aujourd'hui, le *Routard*, c'est plus d'une cinquantaine d'enquêteurs impliqués et sincères. Ils parcourent le monde toute l'année dans l'anonymat et s'acharnent à restituer leurs coups de cœur avec passion.

Merci à tous les routards qui partagent nos convictions : liberté et indépendance d'esprit ; découverte et partage ; sincérité, tolérance et respect des autres.

NOS SPÉCIALISTES VIETNAM

Olivier Page : malouin d'origine. À 16 ans, il réalise un long tour de France à mobylette. Son aptitude à la vie nomade, son goût des autres ont conduit ce Breton d'âme fugitive à collaborer avec le *Routard*. Depuis 1990, il parcourt la planète pour découvrir d'autres lieux, d'autres gens. Quand il n'est pas à Vanves, il est quelque part dans le monde.

Diane Capron : passionnée de littérature, élève appliquée, la cadette de l'équipe semble davantage rat de bibliothèque qu'aventurière. Pourtant, entre 2 lectures, curieuse de tout et un peu rebelle, elle ne rechigne pas devant une plongée dans les cultures underground, motivée par une perpétuelle quête de nouveauté. Amatrice de musées et de vieilles pierres, férue de grands espaces, groupie et noctambule, avec elle, le voyage, c'est le jour et la nuit !

UN GRAND MERCI À NOS AMI(E)S SUR PLACE ET EN FRANCE

Pour cette nouvelle édition, nous remercions particulièrement :

- **Clara Landi et Jeanne Duroy,** nos fidèles routardes sur place ;
- **Jacques Bacon,** pour ses tuyaux intarissables et toujours bien renseignés ;
- **Vincent Cao Minh,** le meilleur des motos-taxis de Hanoi ;
- **Patrick Ferrand et Béatrice Neff,** routards au long cours ;
- **Ronan Gonot,** fidèle informateur du grand Sud ;
- **Yves Guernalec, Mike Le Bellec** et **René Kuster,** de Phú Quốc, pour leur aide et leurs bons renseignements ;
- **Jeanne Lebaudy,** pour ses bonnes remarques sur le terrain ;
- **Lê Hoài Anh et Nguyễn Thị Nhi,** pour leur aide et leur efficacité ;
- **Lodovico et Gildas,** de Hoi An ;
- **Cedric Nydegger,** notre bon contact à Sapa ;
- **Nguyễn Thanh Hiền,** qui connaît tous les bus de Hanoi ;
- **Nostalgie Page,** pour son aide sur le terrain ;
- **Marcel Trần,** toujours fidèle au poste ;
- **Robert Trần,** de Saigon, pour son aide ;
- **Alain Tuấn,** notre fidèle contact à Saigon ;
- **Anaïs Viguier.**

© HACHETTE LIVRE (Hachette Tourisme), 2021
Le *Routard* est imprimé sur un papier issu de forêts gérées.

Tous droits de traduction, de reproduction et d'adaptation réservés pour tous pays.
© Cartographie Hachette Tourisme
I.S.B.N. 978-2-01-787112-5

Buffle d'Asie dans les environs de Sapa

> « *Il suffit d'avoir de l'argent
> pour qu'on écoute vos sottises.* »
> *Vieil adage vietnamien*

Le Vietnam est un pays, une culture, une histoire, et non pas une guerre.
Ruiné et dévasté par 30 années de combat pour la réunification (1975), le Vietnam semblait définitivement abandonné aux ténèbres de l'Histoire. L'huître fermée des années 1980 s'est ouverte subitement au monde extérieur dès 1994, poussée par la levée de l'embargo. C'est **un pays qui revient de loin.** Il a su renaître de ses cendres, tel le Phénix légendaire.

Voilà aujourd'hui un pays splendide dont la silhouette géographique dessine la forme d'un dragon, symbole de force et de bienfaits en Extrême-Orient. Là, tout n'est que rizières noyées sous le soleil, haies de bambous et chapeaux coniques, images d'une **Asie éternelle,** miraculeusement préservée, vibrante et authentique. De la baie d'Hạ Long au delta du Mékong, de Hanoi, la capitale à l'**architecture coloniale** préservée, à Hồ Chí Minh-Ville, la grande cité du Sud, c'est une découverte enthousiasmante. Si vous cherchez les clichés et la facilité, il n'est pas pour vous plaire. Pourtant, tout y change actuellement très vite, dans une espèce d'**impatience,** d'imprudence même, à vouloir rattraper le temps perdu. En dépit d'une croissance économique fulgurante, le Vietnam n'a pas vendu son âme aux diables du progrès.
Le Vietnam serait-il à l'aube d'un nouveau destin ? Mieux que ça, il y est déjà plongé.

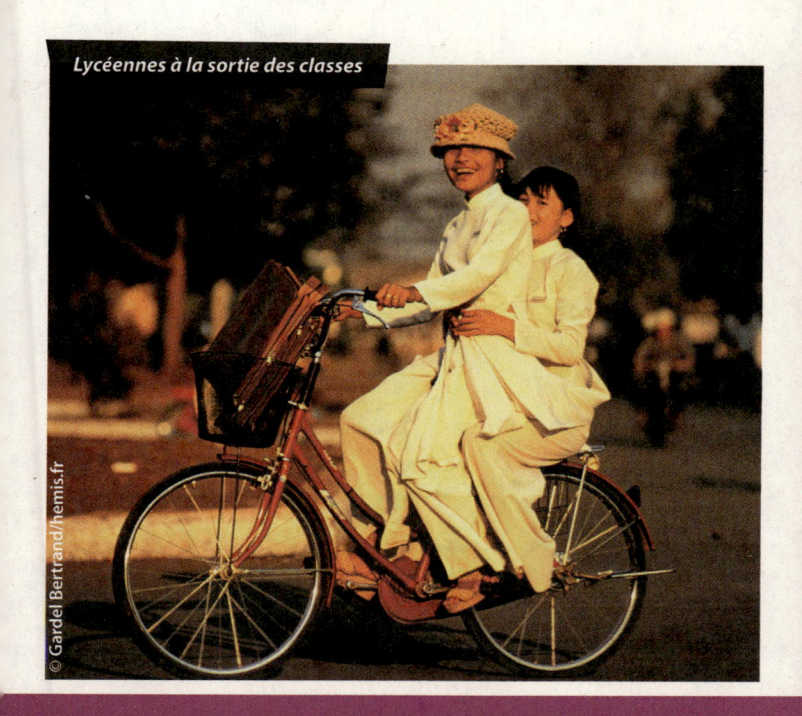

Lycéennes à la sortie des classes

NOS COUPS DE CŒUR

NOS COUPS DE CŒUR

1 **À Hanoi, déambuler à pied dans les ruelles du quartier des 36 corporations, cœur historique parfaitement conservé de la capitale du Vietnam.**
Peu endommagé par la guerre du Vietnam, ce quartier formé au XVe s est un ensemble de ruelles, de maisons basses et de petits immeubles très étroits et hauts (les maisons-tube). Autrefois, chaque rue était dédiée à un métier : la rue de la soie, de la chaussure, de la mercerie, des vermicelles, des objets votifs, des herbes et des graines… C'est un quartier toujours aussi vibrant et attachant ! *p. 127*
Bon à savoir : à découvrir à pied en faisant attention à la circulation des motos et cyclomoteurs qui est très dense.

2 **Découvrir les innombrables « villages de métier » autour de Hanoi.**
La région autour de la capitale a la particularité de compter encore aujourd'hui environ 600 villages dits « villages de métier », sorte d'industrie artisanale à la campagne. Chaque village a sa spécialité professionnelle : à **Vạn Phúc** la soie, à **Bát Tràng** les céramiques, à **Đông Hồ** les objets votifs, à **Dương Ổ** le papier de riz, à **Phụng Công** on élève des bonsaïs, etc. Ces « villages de métier » sont les trésors vivants d'une tradition populaire ancestrale. *p. 141*
Bon à savoir : cette excursion est proposée par les agences de Hanoi. Compter une bonne journée. On visite les ateliers et on peut acheter sur place.

14 NOS COUPS DE CŒUR

③ Passer une nuit dans la baie d'Hạ Long, à bord d'une jonque-hôtel, parmi les mystérieux îlots rocheux qui surgissent de l'eau.

La baie d'Hạ Long, l'un des paysages les plus célèbres d'Asie, compte environ 2 000 pains de sucre émergeant de la mer, sur des dizaines de kilomètres. Il faut prévoir une croisière en mer de 2 jours et une nuit pour bien apprécier ce site classé par l'Unesco. L'escale nocturne dans un coin retiré au milieu des îlots reste un moment inoubliable ! *p. 178*

Bon à savoir : période idéale d'avril à octobre. Les jonques-hôtels privées, plus petites, sont chères, mais elles peuvent choisir leur point d'ancrage, à l'écart des grosses jonques collectives.

© Jon Arnold Images/hemis.fr

NOS COUPS DE CŒUR 15

♡ **4 À Tam Cốc et Hoa Lư, glisser silencieusement en barque entre les pitons rocheux karstiques, dans cette incroyable baie d'Hạ Long terrestre qui trempe ses pieds dans de jolies rivières et rizières.**
De belles scènes du film *Indochine* y ont été tournées. C'est de Tam Cốc que partent la plupart des balades à bord des barques à rames pour explorer les grottes. Plus loin, les grottes de Tràng An sont encore plus imposantes. De l'embarcadère de Thung Nắng, on accède à une réserve d'oiseaux. On peut aussi pousser jusqu'au village de Kênh Gà, célèbre pour ses maisons flottantes. *p. 181, 192, 194*
Bon à savoir : Ninh Bình est seulement une ville-étape, c'est à Tam Cốc et aux alentours qu'il faut loger.

NOS COUPS DE CŒUR

5 Découvrir la province de Hà Giang, l'une des régions montagneuses les plus méconnues et sauvages du nord du Vietnam.
À 350 km au nord de Hanoi, cette région frontalière avec la Chine (Yunnan) présente d'étonnants paysages de montagne au relief tourmenté, avec des pitons calcaires, des vallées profondes, des rivières sinueuses et des villages ethniques loin de l'agitation du monde : *Quản Bá, Đồng Văn* (« le plateau de pierre »), et surtout *Mèo Vạc* et *Bảo Lạc*. Un peintre d'estampes anciennes ne pourrait pas rêver d'un environnement aussi poétique pour réaliser son œuvre. Ici la nature imite l'art. *p. 248*
Bon à savoir : compter au minimum 5 jours sur place (trajet Hanoi-Hà Giang). Entre novembre et février, il peut faire froid dans cette région.

6 Apprécier les couleurs et les senteurs du marché dominical de Bắc Hà, dans les montagnes du Nord.
La petite bourgade de Bắc Hà, très paisible en semaine, devient grouillante de vie le dimanche matin, jour de marché. Les ethnies Hmongs Fleuris, Hmongs Noirs, les Dzao Rouges et Verts s'y retrouvent pour vendre leur artisanat et leurs produits fermiers. C'est pour ces montagnards la grande sortie hebdomadaire, l'occasion de manger ensemble, de boire sans modération et d'échanger des nouvelles. Cela donne un marché désordonné, joyeux et ô combien coloré ! *p. 233*
Bon à savoir : loger sur place la veille pour profiter de l'animation matinale.

NOS COUPS DE CŒUR   17

À Sapa, partir à la rencontre des minorités ethniques du nord du pays en empruntant les sentiers qui zigzaguent entre les superbes rizières en terrasses.

Les environs de Sapa, ville haut perchée dans les montagnes du Nord, offrent de nombreuses possibilités de randonnées, formidable moyen de partir à la découverte de l'habitat traditionnel et des modes de vie des ethnies montagnardes qui peuplent cette région. Celles-ci ont importé au Vietnam la technique de construction des rizières en terrasses. C'est leur génie et ce qui fait la beauté des paysages. *p. 227*
Bon à savoir : compte tenu du temps de transport Hanoi-Sapa, nous conseillons 2 jours minimum à Sapa. À éviter le week-end.

NOS COUPS DE CŒUR

8 **Pénétrer dans les entrailles de la Terre en explorant en barque la caverne de Phong Nha,** l'une des nombreuses grottes que compte le parc national de Phong Nha-Kẻ Bàng, à la frontière du Vietnam et du Laos.

Étendu sur plus de 116 000 ha de reliefs karstiques et de pitons couverts de jungle, ce parc exceptionnel, classé par l'Unesco, est creusé de plusieurs grottes immenses, dont celle de Hang Sơn Đoòng, considérée comme la plus grande au monde. *p. 262*
Bon à savoir : plusieurs grottes se visitent, mais pas celle de Hang Sơn Đoòng.

NOS COUPS DE CŒUR   19

9   Cheminer dans les tunnels de Vĩnh Mốc près du 17e parallèle, au centre du Vietnam.

Situé dans la zone démilitarisée (DMZ), ligne tampon qui marquait la frontière entre le Nord-Vietnam communiste et le Sud-Vietnam pro-américain, cet immense réseau de galeries souterraines servit d'abri et de cache d'armes pendant la guerre du Vietnam. Creusés à la main par les villageois sur 3 « niveaux », à 12, 15 et 18 m de profondeur, les tunnels renferment des cavités qui firent office de campement aux familles, de cuisine, d'infirmerie. Des bébés y sont même nés ! *p. 292*

Bon à savoir : les galeries ne sont pas oppressantes comme les tunnels de Củ Chi dans le Sud. Visite sécurisée avec un guide et une lampe électrique.

10   Visiter la cité impériale de Huế, classée au Patrimoine mondial de l'Unesco et unique exemplaire d'une époque révolue.

Impressionnante, avec ses 3 enceintes concentriques et son plan édifié par les géomanciens dans les règles de l'art feng shui ! Remonter ensuite la rivière des Parfums à bord d'une barque à tête de dragon jusqu'aux mausolées des empereurs de la dynastie Nguyễn, monuments majestueux disséminés dans la campagne aux alentours. Les principaux mausolées sont ceux de Minh Mạng, Tự Đức, Khải Định et Gia Long. *p. 279*

Bon à savoir : prévoir une journée pour la visite des mausolées. On y va par agence ou bien à moto-taxi depuis la ville de Huế.

NOS COUPS DE CŒUR

(11) Flâner dans le quartier historique de Hội An en admirant les vieilles maisons de style vietnamo-sino-japonais et le pont couvert, dont l'architecture originelle et le mobilier ont été conservés avec soin.
Au petit matin, se rendre au marché pour s'immerger pleinement dans la vie quotidienne des habitants. Paresser et faire trempette sur la jolie plage de An Bàng, ou se balader à vélo dans la campagne environnante. Le soir venu, longer la rivière, pour une promenade romantique à la lueur des lampions. Hội An est sans doute la plus charmante des villes historiques du Vietnam ! *p. 318*

© Jon Arnold Images/hemis.fr

(12) Faire de la plongée sous-marine dans les eaux limpides de l'île Cham, près de Hội An.
Cet archipel de 7 îles, déclaré zone protégée, est resté assez sauvage puisqu'une seule de ces îles est habitée (on y trouve 2 villages de pêcheurs). De 3 à 60 m de profondeur, il y a des plongées pour tous les niveaux et tous les goûts : bancs de gros et petits poissons multicolores, récifs de corail, tunnels, murs et pinacles… Débutants et confirmés ont largement de quoi apprécier ! *p. 327*
Bon à savoir : les bateaux d'agences de Hội An sont la meilleure solution pour se rendre à l'île Cham. On peut y loger dans de petits hôtels. Période idéale d'avril à août.

© Rhys Stacker/Alamy/Hemis

NOS COUPS DE CŒUR 21

© Frédéric Soreau/Photononstop

13 Dans les Hauts Plateaux du Centre, admirer l'étonnante architecture des maisons traditionnelles des minorités ethniques.
La région des Hauts Plateaux abrite plusieurs minorités ethniques aux cultures diverses, qui se distinguent par leur architecture traditionnelle, même si les demeures modernes en brique et tôle prennent de plus en plus le dessus. Au nord, vers Kon Tum, les Bahnar bâtissent de fascinantes maisons communes *(rong)*, dont le toit en forme de sabot grimpe très haut vers le ciel. Au sud, autour de Buôn Ma Thuột, les Édé habitent traditionnellement d'interminables maisons longues sur pilotis, qu'on agrandit encore à chaque nouveau mariage. *p. 338*
Bon à savoir : les villages de minorités se visitent avec un guide local.

© Tibor Bognar/Photononstop

14 À Dalat, se promener dans cette station d'altitude d'époque coloniale pour découvrir de nombreuses maisons anciennes de style français.
À 1 500 m d'altitude, dans un paysage de vertes collines, de vergers et de jardins fleuris, de champs de légumes et de forêt de sapins. Cette « ville-paysage » jouit d'un climat tempéré et d'une douce température. Épargnée par la guerre, la ville a conservé des chalets et des villas de la période française. On y retrouve les styles basque (avec une toiture asymétrique et des pignons à colombages), savoyard (avec des balcons), normand (pans de bois), et breton (grosses pierres et ardoises). *p. 355*
Bon à savoir : si vous aimez les fleurs et les foules, alors venez pour le festival des Fleurs. Il a lieu tous les 2 ans, fin décembre. Le prochain est prévu en 2023.

NOS COUPS DE CŒUR

15 **Plonger dans le bouillonnement d'Hô Chí Minh-Ville (ex-Saigon), capitale économique du pays, bourdonnante et trépidante, où cohabitent modernité et passé colonial, commerce et cosmopolitisme.**
Quelques monuments sauvegardés d'époque coloniale, comme la superbe poste centrale, la cathédrale et l'hôtel de ville, mais peu de pagodes et beaucoup d'immeubles des années 1970, désormais concurrencés par des tours de verre et d'acier qui lui donnent un style de plus en plus singapourien. Voilà le visage hybride d'une mégalopole à l'énergie débordante, qu'il faut prendre le temps d'apprivoiser. *p. 392*
Bon à savoir : le « quartier routard » se trouve dans le secteur des rues Phạm Ngũ Lão et Bùi Viện.

© Jon Arnold Images/hemis.fr

NOS COUPS DE CŒUR

16 **Au cœur du delta du Mékong, naviguer dans le dédale des rivières et cours d'eau sous la végétation tropicale luxuriante.**
Région la plus fertile du Vietnam, le delta du Mékong est un monde mi-terrien mi-aquatique, quadrillé par une multitude de canaux verdoyants, de rizières et de jardins fruitiers, d'îles et de villages qui vivent au rythme des pulsations du puissant fleuve, divisé en 9 énormes bras, et de la mer. C'est un monde envoûtant, à découvrir en glissant au fil de l'eau, en séjournant chez l'habitant, dans une maison d'hôtes parmi les vergers et les jardins tropicaux. *p. 452*
Bon à savoir : des crues peuvent se produire brutalement dans le delta entre mi-août et mi-septembre.

NOS COUPS DE CŒUR

⑰ Se faufiler en barque parmi les étals innombrables du marché flottant de Cái Răng.
Baignée par l'un des bras du Mékong, la ville de Cần Thơ vit à un rythme moins trépidant que Hồ Chí Minh-Ville. Là est tout son charme. Du quai de la rue Hai Bà Trưng, on embarque pour découvrir le marché flottant de Cái Răng (à 4 km) où les fermiers vendent leurs fruits et légumes à bord de bateaux débordant de pastèques, bananes, mangues, melons, patates douces, etc. Pour s'identifier, les marchands accrochent le fruit ou le légume de leur production sur une longue perche fixée au bateau. *p. 483*
Bon à savoir : un autre beau marché flottant à Long Xuyên, à 60 km au nord.

© Mickael David/Author's image/Photononstop

⑱ Passer quelques jours sur l'île de Phú Quốc, au bord d'une plage.
La plus grande île du Vietnam (585 km²) est nichée sur les eaux claires du golfe du Siam. Les collines boisées de l'intérieur forment un poumon de verdure, et le cœur d'un Vietnam rural et sauvage. On y vient surtout pour la beauté des plages bordées de cocotiers et de palmiers. L'île produit un poivre parmi les plus goûteux du pays. On y fabrique aussi le meilleur *nước mắm*, cette saumure de poisson de couleur marron qui accompagne souvent les plats. *p. 489*
Bon à savoir : période idéale d'octobre à mai (éviter juillet et août, saison de la mousson). L'hôtellerie se concentre sur la côte ouest ; la côte est, rocheuse et inhospitalière, attire peu de monde.

© Andreas Rose/Picture Press Illustration/Photononstop

NOS COUPS DE CŒUR 25

19 **Côtoyer les tortues à Côn Đảo,** **petit éden oublié de la mer de l'Est.**
Au large du delta du Mékong, cet archipel d'une quinzaine d'îles et îlots a de quoi faire rêver les Robinsons en herbe. Presque tous inhabités, ils servent de refuge à une ribambelle d'espèces, protégées par un parc national. Parmi elles, les tortues de mer, qui viennent pondre de mai à novembre. On les observe au cours de sorties nocturnes en petits effectifs, sur les îlots qui accueillent les stations de conservation. *p. 506*
Bon à savoir : les excursions pour aller à leur rencontre sont strictement encadrées. On les réserve auprès du bureau du parc.

26 NOS COUPS DE CŒUR

♡ 20 Assister à la fête du Têt, le moment fort du calendrier vietnamien.

Le Nouvel An vietnamien (le Têt) est la fête la plus importante du Vietnam. Elle marque la fin d'une année lunaire et le début d'une autre, ainsi que l'arrivée du printemps. C'est le seul jour de l'année où l'âme des ancêtres revient sur terre, et on célèbre l'événement dans la joie et l'exubérance. À la fois religieuse et civile, c'est une fête qu'aucun Vietnamien ne manquerait. *p. 68*

Bon à savoir : elle se déroule chaque année fin janvier-début février. Attention, à cette période, tout fonctionne au ralenti, sauf les hôtels et les transports qui sont pleins à craquer.

Village de pêcheurs de Mũi Né

ITINÉRAIRES CONSEILLÉS

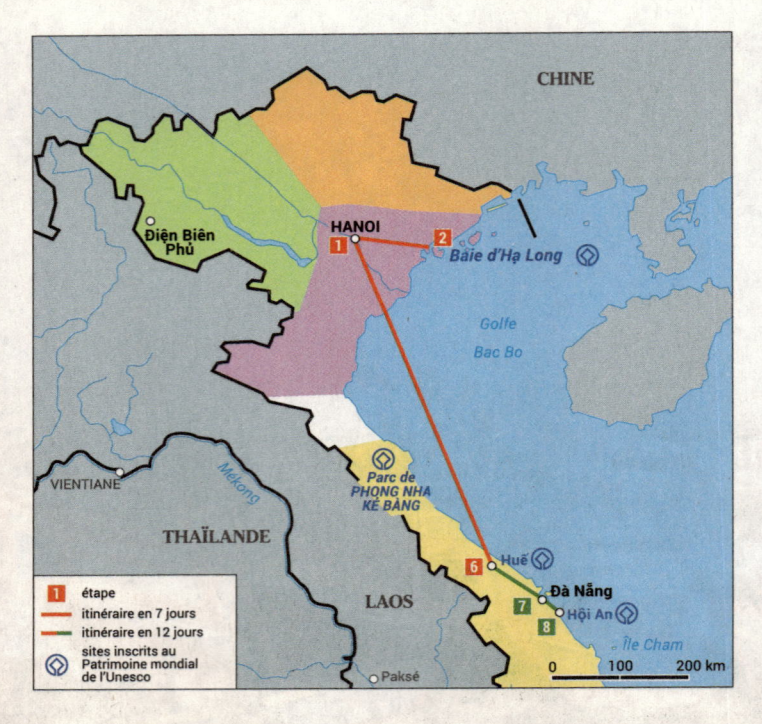

À 12h d'avion en moyenne de l'Europe de l'Ouest, le Vietnam n'est pas une destination de week-end ni de très court séjour. Il faut compter un minimum de 15 jours pour découvrir le pays, étalé du nord au sud sur une distance de près de 1 800 km. En 15 jours, on en a déjà une bonne idée. En 3 semaines, un visiteur peut espérer voir les sites et les villes les plus importants du Vietnam. Le territoire se divise en 3 régions distinctes : le Nord, le Centre et le Sud. Il s'agit donc, si vous avez du temps, de programmer un voyage qui passera dans ces 3 secteurs, différents sur les plans géographique, historique, culturel et climatique. Ainsi aura-t-on un aperçu satisfaisant de ce pays. Tenir compte aussi du climat et des saisons !

En 7 jours

En 7 jours, on ne peut découvrir qu'une partie du pays. Choisir le Nord de préférence. Arriver à **Hanoi (1),** la capitale, y passer 2 nuits/2 jours. C'est la plus vieille ville du Vietnam, celle qui a le mieux conservé son caractère traditionnel et historique (époque coloniale française). Se promener à pied autour du lac Hoàn Kiếm et dans le quartier des 36 rues et corporations, cœur battant de Hanoi. Visiter le temple de la Littérature et le musée d'Histoire. Découvrir la **baie d'Hạ Long (2),** classée au Patrimoine mondial par l'Unesco, à bord d'une jonque-hôtel (1 nuit/1 jour) : c'est l'un des plus beaux

ITINÉRAIRES CONSEILLÉS 29

sites maritimes d'Asie. Prendre ensuite un avion ou un train de nuit jusqu'à **Huế (6)**, ancienne capitale impériale pour visiter la ville étendue au bord de la rivière des Parfums, la citadelle impériale et les somptueux tombeaux des empereurs d'Annam dans les environs.

En 12 jours

On peut réaliser d'abord l'itinéraire précédent au Nord, en continuant le périple par **Hội An (8)** dans le centre du pays : vieille ville à taille humaine, très bien conservée, classée au Patrimoine mondial par l'Unesco, avec de grandes et belles plages à côté. De Hội An, rejoindre **Đà Nẵng (7)** en taxi d'où l'on peut prendre un vol pour Hồ Chí Minh-Ville (ex-Saigon), la métropole moderne et bourdonnante du grand Sud. Prévoir, dans ce cas, 3 nuits à Hội An et 2 nuits à Hồ Chí Minh-Ville.

La vieille ville, Hội An

© Guiziou Franck/hemis.fr

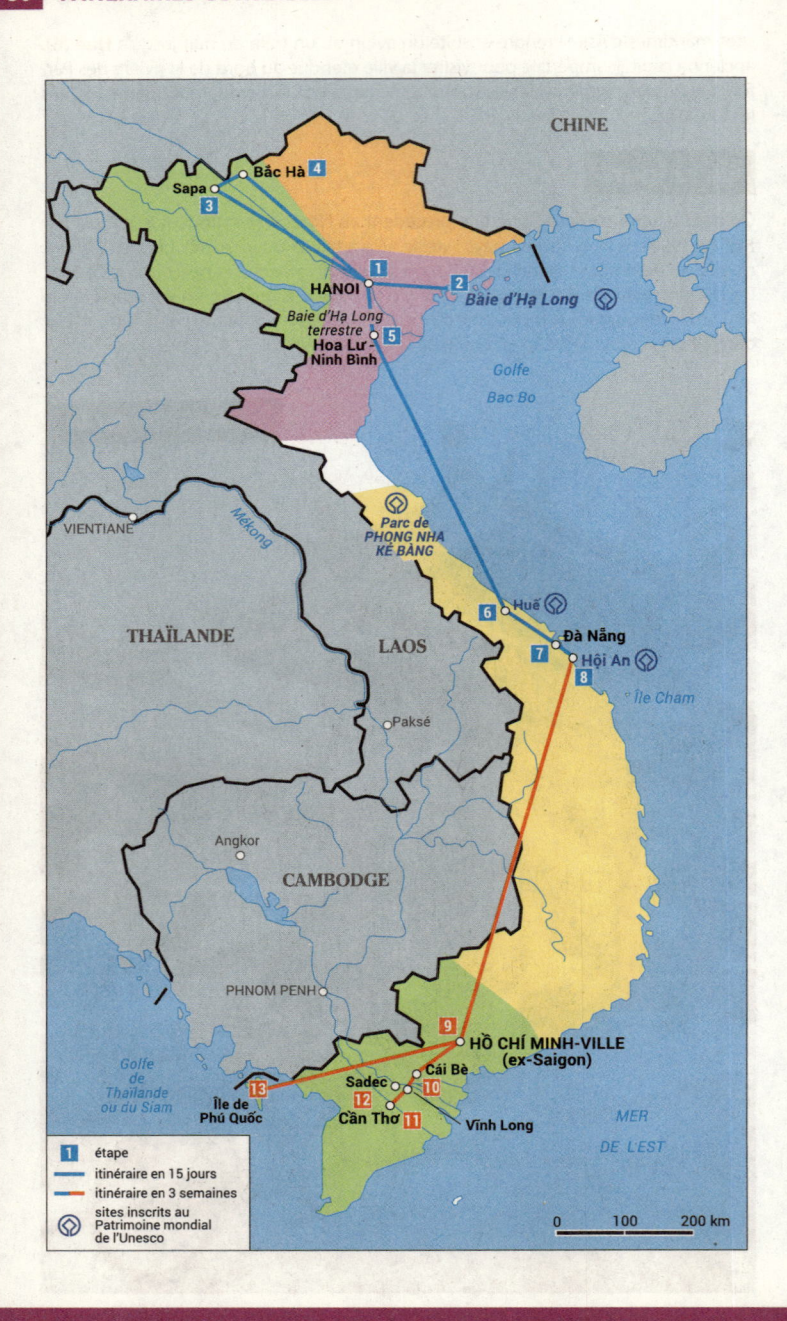

ITINÉRAIRES CONSEILLÉS

ITINÉRAIRES CONSEILLÉS

En 15 jours

Commencer le voyage par le Nord, continuer par le Centre et finir par le sud du Vietnam. Au nord et au centre du pays, reprendre l'itinéraire précédent mais prévoir au départ de **Hanoi (1)** une excursion supplémentaire à **Sapa (3)** et **Bắc Hà (4),** petites villes d'altitude situées dans la partie la plus montagneuse du Vietnam. Compter au moins 3 nuits et 3 jours en incluant le temps de transport au départ de Hanoi : soit par la route de jour, soit en train de nuit. Somptueux paysages sauvages, nombreuses rizières en escaliers, la région de Sapa et de Bắc Hà est habitée par les minorités ethniques (les Dzai, les Hmong Noirs et les Dzao Rouges) qui ne sont pas d'origine viet mais sino-tibétaine. De Hanoi, on peut gagner facilement (en train ou par la route) Ninh Bình, porte d'entrée pour la région de la **baie d'Hạ Long terrestre (5)** (grottes de Tam Cốc et site de Hoa Lư).

En 3 semaines

On a la durée presque idéale pour découvrir sans fatigue le pays. Pour cela, nous vous conseillons de reprendre les étapes précédentes de l'itinéraire de 15 jours, et de rajouter une semaine dans le Sud à partir de **Hồ Chí Minh-Ville (9).** De cette grande ville, se rendre dans le **delta du Mékong** irrigué par les eaux de ce grand fleuve venu du Tibet. C'est l'un des plus grands deltas fluviaux du monde, qui se divise en 9 branches, chacune étant aussi large que la Loire sinon plus… Les étapes de votre itinéraire pourraient être : la **région de Cái Bè et Vĩnh Long (10),** balades en barque dans les canaux ombragés, découverte des vergers de la région et des anciennes maisons de style colonial. **Cần Thơ (11),** pour son marché flottant, et arrêt à **Sadec (12),** pour rechercher les fantômes de Marguerite Duras. Retour à Hồ Chí Minh-Ville par la route où vous prendrez un vol pour l'**île de Phú Quốc (13).** Cette île tropicale est réputée pour ses plages, mais il faut bien choisir sa saison (la meilleure va d'octobre à mai).

SI VOUS AIMEZ…

Les sites classés au Patrimoine mondial de l'Unesco : la baie d'Hạ Long, la vieille ville de Hội An, la cité impériale et les tombeaux de Huế, le sanctuaire de Mỹ Sơn et le parc national de Phong Nha-Kẻ Bàng.

Les villes : Hanoi, la capitale et la plus vieille ville du Vietnam (plus de 1 000 ans). Hồ Chí Minh-Ville, jeune cité de 8 millions d'habitants, considérée comme le cœur économique du pays. Đà Nẵng, la métropole active du Centre.

Les plages : au sud, la station balnéaire de Mũi Né en n° 1, les plages de l'île de Phú Quốc en n° 2, la plage de Hội An, au centre du pays, en n° 3, et en n° 4 Nha Trang, dans une baie protégée en forme de croissant, bordée par une ville en pleine expansion.

La nature : les montagnes du nord du Vietnam le long de la frontière chinoise entre Sapa et Cao Bằng, en particulier la région de Hà Giang. Au centre du pays, le parc national de Phong Nha-Kẻ Bàng, où se trouve l'une des grottes souterraines les plus vastes d'Asie.

Les grands fleuves : au sud, le Mékong et son immense delta ; au nord, le fleuve Rouge et son delta, tous les 2 baignent des régions considérées comme les greniers à riz du pays.

Marchande à Cholon, Hồ Chí Minh-Ville

© Boisvieux Christophe/hemis.fr

Interview #experienceroutard

par la rédaction du *Routard*

En quoi cette destination est-elle unique ?

Un pays c'est comme une personne : il y a le physique et le caractère. Au Vietnam nous aimons la géographie à taille humaine. C'est une porte d'entrée idéale pour venir une 1re fois en Asie du Sud-Est. L'histoire de ce peuple fier, sa capacité à vaincre plus fort que lui, la débrouillardise des gens, l'absence d'insécurité, le coût abordable de la vie : voilà autant de raisons pour s'attacher à ce pays et d'y voyager.

Un moment à partager ?

Une soirée dans un village communautaire chez les minorités ethniques de la province de Hà Giang. Monsieur Ly était un pauvre fermier qui eut l'idée de lancer le tourisme durable dans son village. Autour de la table d'hôtes, tout se passe dans une simplicité chaleureuse. Madame Ly a mijoté ses plats avec des produits naturels de son jardin potager. Ce soir-là, la communication ne passa pas par le langage mais par des regards et des attentions.

Un site remarquable et méconnu ?

Le col de Mã Pí Lèng n'est pas très élevé (1 200 m) mais quand on y arrive au terme d'une route étroite et sinueuse, on a la sensation étrange d'être à 4 000 m d'altitude. Le relief est extrêmement accidenté. Une plate-forme d'observation domine un vertigineux canyon, gigantesque cassure dans un paysage rocailleux, hérissé d'aiguilles calcaires ciselées.

Une rencontre inoubliable ?

Quasar Khanh fut une étoile de la galaxie design des années 1960. Ingénieur visionnaire, il a inventé le mobilier gonflable, les poufs « satellites », la voiture transparente Cube Car, et même la « bambouclette », une bicyclette en bambou. Où était donc passé cet excentrique et génial inventeur des sixties ? Nous l'avons retrouvé à Hồ Chí Minh-Ville en décembre 2010. Nguyen Manh Khanh (son vrai nom) adopta le pseudonyme de Quasar le jour où il donna son nom à son épouse Emmanuelle Khanh, la célèbre styliste réputée pour ses lunettes.

La spécialité culinaire à goûter ?

La cuisine vietnamienne n'a que des qualités : fine, légère, diététique et économique. Au Vietnam on sait ce que l'on a dans l'assiette. On doit goûter à la soupe. La plus connue s'appelle le *phở*, c'est une soupe de nouilles servie dans un grand bol en porcelaine, avec du bœuf ou du poulet, agrémentée d'herbes. L'autre spécialité, à ne pas manquer, est le *chả cá* : un filet de poisson frit au safran accompagné de vermicelles et d'aneth.

Retrouvez l'intégralité de cet article sur

routard.com

Et découvrez plein d'autres récits et infos

LES QUESTIONS QU'ON SE POSE AVANT LE DÉPART

➤ Quels sont les documents nécessaires pour aller au Vietnam ?

En raison de la pandémie de Covid-19 en 2020 et 2021, seuls les visas professionnels à caractère d'urgence sont délivrés, et non les visas touristiques. La situation sanitaire peut évoluer au fil des mois. Restez informé de l'évolution en consultant le site officiel de l'ambassade du Vietnam de votre pays ou le site ● *action-visas.com* ●, régulièrement mis à jour. Le visa à l'arrivée et l'e-visa ont été suspendus depuis février 2020. Dans tous les cas, le passeport doit être encore valable 6 mois après expiration de votre visa.

➤ Quels sont les vaccins indispensables ?

Aucun vaccin n'est obligatoire. Il est recommandé d'être à jour pour les vaccins universels (tétanos, typhoïde, polio, diphtérie, hépatite A et hépatite B). Les médecins recommandent souvent un traitement antipaludéen, mais celui-ci ne concerne qu'une petite partie du pays : certaines jungles dans les montagnes du Centre ou des zones humides du delta du Mékong. Il y a des moustiques dans certains endroits, mais peu souvent en bord de mer, et très rarement dans les villes. Donc un bon produit antimoustiques est tout ce qu'il vous faut.

➤ Le Vietnam est-il un pays sûr ?

Oui. L'un des plus sûrs du monde. Pas de guerre, pas de guérilla, pas de terrorisme, peu de délinquance. Cela dit, ne pas afficher de signes extérieurs de richesse dans les lieux publics des grandes villes, car il y a parfois des vols à l'arraché de téléphone portable.

➤ Quelle langue parle-t-on au Vietnam ?

Le vietnamien, langue monosyllabique à 6 tons. Cette langue s'écrit en caractères latins et l'on peut donc la lire. Dans les lieux touristiques, on parle suffisamment l'anglais, plus rarement le français. Pour vous aider à communiquer, n'oubliez pas d'emporter un petit lexique franco-vietnamien de poche.

➤ Quelle est la meilleure époque pour y aller ?

Pour le sud du pays, les mois de juillet et août sont ceux de la mousson. La meilleure période, chaude et sèche, s'étale entre novembre et juin. Au nord, les hivers à Hanoi sont frais et humides (de janvier à mi-mars), les étés très chauds. Les meilleurs mois sont novembre, avril, mai et juin. Pour le Centre (Huế, Đà Nẵng, Hội An), éviter la période entre septembre et novembre (typhons) et fin janvier, humide et venteuse.

ÉVITEZ CES DATES TROP CHAUDES

Attention aux célébrations du Nouvel An vietnamien (la fête du Têt, en janvier-février) et autour du 1ᵉʳ octobre, date anniversaire de la fondation de la République populaire de Chine (1949). Les Chinois prennent quelques jours de vacances pour ces occasions. Et tout, en Asie, est archicomble ! Vous allez connaître les embouteillages humains les plus incroyables. Pensez impérativement à éviter ces dates ou à changer vos plans.

➤ Quel est le temps de vol depuis la France ?

Environ 12h, selon le vol et la destination (Hanoi ou Hồ Chí Minh-Ville). Ce temps

LES QUESTIONS QU'ON SE POSE AVANT LE DÉPART | 35

peut être 2 fois plus long si vous voyagez avec certaines compagnies qui font des escales.

➤ Quel est le décalage horaire ?

Il est de 6h en hiver (quand il est 12h à Paris, il est 18h à Hanoi) et 5h en été. Le décalage horaire entre le Canada et le Vietnam est de 11h.

➤ Dans quel sens parcourir ce pays ?

Cela dépend de votre date d'arrivée et de la saison. Le climat est favorable dans le Nord d'avril à novembre, moins agréable de décembre à mars. Au Sud, juillet et août sont des mois pluvieux (mousson). Donc, par exemple, si vous arrivez vers le 15 juin, il faut commencer par le Sud pour éviter la mousson de juillet et août et terminer votre voyage par le Nord. En revanche, si vous arrivez le 15 mars, il est préférable de commencer par le Nord pour avoir un temps plus chaud dans le Sud.

➤ Quel budget prévoir ? Comment voyager à l'économie ?

Voyager au Vietnam ne coûte pas cher, et cela malgré le développement économique du pays. En voyageant à 2 à l'économie, on peut s'en sortir avec un budget d'environ 25 € par personne et par jour : 12-15 € pour la chambre double (ce qui fait 6-7 € chacun), 2 repas à 3-4 €, le reste étant consacré aux boissons, visites et transports. Un budget moyen tourne autour de 50 € par jour (pour plus de confort).

➤ Quelle est la monnaie locale ? Quel est le taux de change ?

La monnaie vietnamienne est le đồng (Dg). À l'été 2019, 1 € valait environ 26 300 Dg et 1 US$ environ 23 200 Dg. Pour nos amis suisses et canadiens, 1 CHF vaut environ 23 100 Dg et 1 $Ca environ 17 420 Dg. Les euros se changent facilement et partout dans les grandes villes. Les paiements se font en monnaie locale.

➤ Les cartes de paiement sont-elles acceptées ?

Les cartes de paiement ne sont acceptées que dans de grands établissements et la plupart des agences de voyages. Il y a des distributeurs acceptant *Visa* et *MasterCard* partout, y compris dans les petites villes et souvent dans les réceptions des hôtels.

➤ Quels sont les sites à ne pas manquer au Vietnam ?

Au nord : la vieille ville de Hanoi, la baie d'Hạ Long maritime, la baie d'Hạ Long terrestre de Ninh Bình et, à la frontière de la Chine, la superbe région des montagnes des minorités ethniques, de Sapa à Cao Bằng. Au centre : la ville de Hội An, les tombeaux impériaux et la cité impériale de Huế. Au sud : la trépidante Hồ Chí Minh-Ville, le delta du Mékong et les îles de Côn Đảo et Phú Quốc.

➤ Quel est le mode de déplacement le plus pratique ?

Cela dépend de vos goûts, de vos habitudes et du temps que vous avez sur place. À pied dans les centres-ville. À moto-taxi *(xe ôm)* pour les plus longues distances. Les taxis ne sont pas chers et ont tous un compteur. On peut traverser le pays en bus *(Open Tour)*. Il est préférable de faire les longs trajets en bus de nuit (confortables), ou en train de nuit cabines avec des couchettes molles. Le voyage ferroviaire à bord du train de la Réunification est une expérience unique qui permet de rencontrer les gens et de découvrir le pays différemment. Les plus pressés prendront l'avion.

➢ Que mange-t-on ?

Fine et légère, diététique, pas chère et très variée (près de 500 plats), la cuisine vietnamienne est exceptionnelle. On sait ce que l'on a dans l'assiette, car c'est une cuisine fraîche et avec moins de sauces que la cuisine chinoise. On mange du riz partout et quotidiennement, il accompagne tous les plats vietnamiens, le poisson comme la viande. Il faut goûter aux soupes de nouilles *(phở)* servies avec du bœuf *(bò)* ou du poulet *(gà)*. Dans le Nord, rien de meilleur que la soupe *bún thang*. Très courants aussi sont les nems (pâtés impériaux) ainsi que les rouleaux de printemps fourrés de petits vermicelles. Certains plats sont épicés, d'autres très peu.

COMMENT Y ALLER ?

LES LIGNES RÉGULIÈRES

AVERTISSEMENT

Nous vous indiquons ci-dessous les compagnies aériennes avec les fréquences des vols telles qu'elles étaient données avant la survenance de la pandémie de Covid-19.

Attention : depuis la crise sanitaire, ces compagnies ont considérablement diminué les fréquences et apporté des modifications sur la durée des vols et des escales.

Sachant que la situation peut évoluer très rapidement, nous vous conseillons de vérifier ces informations sur les sites internet des compagnies.

▲ AIR FRANCE
Rens et résas au ☎ 36-54 (coût d'un appel local ; tlj 6h30-22h), sur ● air france.fr ●, dans les agences Air France et dans ttes les agences de voyages (fermées dim).
Agences Air France au Vietnam :
– Hồ Chí Minh-Ville (Saigon) : immeuble La Caravelle, 130, Đồng Khởi, district 1. ☎ + 84 (28) 38-29-09-81.
– Hanoi : 1, Bà Triệu. ☎ + 84 (24) 38-25-34-84. ● airfrance.vn ●
➢ Au départ de Paris-Roissy-Charles-de-Gaulle, Air France propose jusqu'à 3 vols directs/sem pour Hồ Chí Minh-Ville et 1 vol/j. pour Hanoi (en collaboration avec Vietnam Airlines).
Air France propose à tous des tarifs attractifs toute l'année. Pour consulter les meilleures offres du moment, allez directement sur la page « Nos meilleurs tarifs » sur ● *airfrance. fr* ● *Flying Blue*, le programme de fidélité gratuit d'Air France-KLM, permet de gagner des *miles* en voyageant sur les vols Air France, KLM, Transavia, et les compagnies membres de *Skyteam*, mais aussi auprès des nombreux partenaires non aériens *Flying Blue*... Les *miles* peuvent ensuite être échangés contre des billets d'avion ou des services (surclassement, bagage supplémentaire, accès salon...) ainsi qu'auprès des partenaires. Pour en savoir plus, rendez-vous sur ● *flyingblue.com* ●

▲ VIETNAM AIRLINES
– Tour Montparnasse, BP 100, 33, av. du Maine, 75755 Paris Cedex 15. ☎ 01-44-55-39-90. ● vietnamairlines. com ●
➢ Vietnam Airlines propose, en temps normal, au départ de Roissy-CDG et sans escale, 7 vols/sem vers Hanoi et 7 vols/sem vers Hồ Chí Minh-Ville. Grâce à l'accord TGV Air, liaisons accessibles au départ de 19 villes en France. Tarifs préférentiels pour les vols intérieurs ainsi que sur le Cambodge et le Laos lorsque les vols sont réservés avec le vol international.

▲ QATAR AIRWAYS
– Paris : 24-26, pl. de la Madeleine (entrée 7, rue Vignon), 75008. ☎ 01-55-27-80-80. ● qatarairways.fr ● Lun-ven 9h-17h.
➢ Qatar Airways propose 3 vols/j. vers Hanoi au départ de Paris-CDG, ou 2 vols/j. au départ de Genève via Doha. Pour Hồ Chí Minh-Ville (Saigon), 3 vols/j. Prévoir au moins 1 ou 2 escales. Durée min Paris-Hanoi : 17h45 avec une escale à Doha,

19-36h avec 2 escales. Durée du vol Paris/Hồ Chí Minh-Ville, min 16h45 et Genève-Hanoi min 17h50. La compagnie propose aussi 4 vols directs/sem de Doha à Đà Nẵng (centre du Vietnam). Durée : 6h50.

▲ **SINGAPORE AIRLINES**
– *Paris : 43, rue Boissière, 75116. Rens et résas :* ☎ *0821-230-380.* • *singaporeair.com* • Ⓜ *Boissière.*
➤ Singapore Airlines dessert Hồ Chí Minh-Ville et Hanoi au départ de Paris 1 fois/j. avec escale et changement d'avion à Singapour. Durée totale : 17h40 pour Hanoi, 17-24h pour Hồ Chí Minh-Ville. Également 1 vol/j. pour Đà Nẵng au départ de Paris avec escale à Singapour.

▲ **THAI AIRWAYS INTERNATIONAL**
– *Paris : Tour Opus 12, 77, esplanade du Général-de-Gaulle, 92914 La Défense Cedex. Rens et résas :* ☎ *01-55-68-80-70.* • *thaiairways.fr* • Ⓜ *La Défense.*
➤ Thai Airways assure 1 vol/j. sans escale entre Paris et Bangkok. De Bangkok, la compagnie propose 2 vols/j. vers Hồ Chí Minh-Ville et Hanoi.

LES ORGANISMES DE VOYAGES

– Ne pas croire que les vols à tarif réduit sont tous au même prix pour une même destination à une même époque : loin de là. On a déjà vu, dans un même avion partagé par 2 organismes, des passagers qui avaient payé 40 % plus cher que les autres. De plus, une agence bon marché ne l'est pas forcément toute l'année (elle peut n'être compétitive qu'à certaines dates bien précises). Donc, contactez tous les organismes et jugez vous-même.
– Les organismes cités sont classés par ordre alphabétique, pour éviter les jalousies et les grincements de dents.

En France

▲ **ALTIPLANO VOYAGE**
– *Annecy (Metz-Tessy) : Park Nord, Les Pléiades nº 35, 74370.* ☎ *04-57-09-80-00.* • *vietnam@altiplano-voyage.com* • *altiplano-voyage.com* • *Lun-ven 9h-13h, 14h-18h.*
Osez l'inédit ! Avec Altiplano Voyage, agence spécialiste des voyages sur mesure au Vietnam, découvrez le pays du dragon et de la fée. Inspirez-vous des exemples d'itinéraires 100 % personnalisables proposés sur leur site. Spécialiste des itinéraires combinant plusieurs régions, pays (Cambodge, Laos, Yunnan) ou thématiques, Altiplano Voyage offre des prestations originales. À votre écoute, la spécialiste Vietnam partage avec vous ses conseils et astuces afin de créer le voyage qui vous ressemble avec le degré d'autonomie souhaité (en liberté ou avec guide et visites).

▲ **ASIA**
– *Paris : 1, rue Dante, 75005.* ☎ *01-44-41-50-10.* • *asia.fr* • Ⓜ *Maubert-Mutualité. Lun-ven 9h-18h30 ; sam 10h-13h, 14h-17h.*
– *Agences également à Lyon, Nice, Marseille et Toulouse.*
Asia est leader des voyages sur l'Asie et propose des voyages personnalisés en individuel ou en petits groupes sur l'ensemble de la zone Asie-Pacifique, de la Jordanie à la Nouvelle-Zélande en passant par l'Ouzbékistan, l'Inde, la Mongolie, la Chine, l'Asie du Sud-Est et l'Australie. Dans chaque pays, Asia met son expertise au service de ses clients pour réaliser le voyage de ses envies. Connaissance du terrain et du patrimoine culturel, respect de l'environnement et authenticité, c'est au plus près des populations, et toujours dans l'esprit des lieux, qu'Asia fait partager ses créations « maison ». Sur les rivages idylliques de l'océan Indien à la mer de Chine, Asia a sélectionné des adresses paradisiaques et de luxueux spas pour des séjours bien-être.

▲ **ASIE INFINY**
– *Paris : 5 bis, rue de l'Asile-Popincourt, 75011.* ☎ *01-53-70-23-51.* • *asieinfiny.com* • *Lun-ven 9h30-19h ; sam 10h-13h, 14h-18h.*

ASIA

INVENTEUR DE VOYAGES EN ASIE ET DANS LE PACIFIQUE

Avec Asia, voyagez selon vos envies, dans des conditions exceptionnelles et au rythme qui vous convient !

| www.asia.fr | Paris | Lyon | Marseille | Nice | Toulouse |
| Suivez-nous | 1 rue Dante | 46 rue du Pt. E. Herriot | 424 rue Paradis | 23 rue de la Buffa | 5 rue Croix Baragnon |

Créée en 2015, Asie Infiny, spécialiste du voyage à la carte, décline ses formules à l'infini pour répondre à toutes les envies et offrir une « Asie pour chacun ». De l'Inde au Japon en passant par le Sri Lanka, l'Indonésie (Bali) et l'Asie du Sud-Est (Thaïlande, Birmanie, Laos, Cambodge et Vietnam), son équipe vous propose une offre complète et variée. Guidé, en groupe, classique, hors des sentiers battus, à la carte ou cousu main.

▲ CERCLE DES VOYAGES

– Paris : 4, rue Gomboust (angle 31, av. de l'Opéra), 75001. ☎ 01-40-15-15-18. • cercledesvoyages.com • Ⓜ Pyramides ou Opéra. Lun-ven 9h-20h, sam 10h-18h30.

Le vrai voyage sur mesure, à destination de l'Asie, dont le Vietnam. Cercle des Voyages propose un large choix de voyages adaptés à chaque client : circuits avec guide et chauffeur, voyages en groupe, croisières, combinés de plusieurs pays, voyages de noces... Les experts Cercle des Voyages partagent leurs conseils et leurs petits secrets pour faire de chaque voyage une expérience inoubliable. Cercle des Voyages offre également un service liste de mariage gratuit. Les petits plus qui font la différence : cours de cuisine, rencontre avec les éléphants, balade en train local, tour en pirogue...

▲ COMPTOIR DES VOYAGES

• comptoir.fr •
– Paris : 2-18, rue Saint-Victor, 75005. ☎ 01-53-10-30-15. Ⓜ Maubert-Mutualité. Lun-ven 9h30-18h30, sam 10h-18h30.
– Bordeaux : 26, cours du Chapeau-Rouge, 33800. ☎ 05-35-54-31-40. Lun-sam 9h30-18h30.
– Lille : 76, rue Nationale, 59160. ☎ 03-28-04-68-20. Ⓜ Rihour. Lun-sam 9h30-18h30.
– Lyon : 10, quai Tilsitt, 69002. ☎ 04-72-44-13-40. Ⓜ Bellecour. Lun-sam 9h30-18h30.
– Marseille : 12, rue Breteuil, 13001. ☎ 04-84-25-21-80. Ⓜ Estrangin. Lun-sam 9h30-18h30.
– Nice : 62, rue Gioffredo, 06000. ☎ 04-97-03-64-80.
– Toulouse : 43, rue Peyrolières, 31000. ☎ 05-62-30-15-00. Ⓜ Esquirol. Lun-sam 9h30-18h30.

En plus de 30 ans, Comptoir des Voyages s'est imposé comme une référence incontournable dans le voyage sur mesure en immersion, avec 90 destinations couvrant les 5 continents. Ses conseillers-spécialistes construisent des voyages uniques en s'adaptant à votre budget, vos goûts et vos envies. Pour favoriser les rencontres et l'immersion dans la vie locale, ils privilégient des hébergements typiques et des expériences authentiques. Sur place, des *greeters* francophones partagent avec vous conseils et bonnes adresses le temps d'un café. Sur votre smartphone, l'application mobile *Luciole* vous informe sur le déroulé de votre voyage et vous guide grâce à un GPS hors connexion. Comptoir des Voyages est membre d'Agir pour un tourisme responsable depuis 2009, labellisation ATR renouvelée par Écocert Environnement en 2019.

▲ DIRECTOURS

☎ 01-45-62-62-62. • directours.com •
Directours, c'est une savante combinaison entre la confection de séjours sur mesure et le savoir-faire du voyage de luxe. Ce sont plus de 25 conseillers et spécialistes qui, répartis par zones géographiques sur près de 80 destinations, connaissent leurs destinations sur le bout des doigts et sauront vous proposer l'hôtel, la destination ou le circuit qui correspond à vos attentes. De plus, les équipes Directours séjournent régulièrement sur place pour constater la qualité des établissements et renouveler leur catalogue.
Orfèvres du fait maison, ils négocient les meilleurs tarifs pour vous garantir des prestations 100 % luxe. Une qualité d'adaptation dont le voyageur bénéficie avant, pendant et après son séjour grâce à un suivi attentif et l'envie constante de vous aider à réaliser le projet qui vous tient à cœur.

▲ LA ROUTE DES INDES ET DE L'ASIE

– Paris : 7, rue d'Argenteuil, 75001. ☎ 01-42-60-60-90. • lesroutesdelasie.fr • Ⓜ Palais-Royal ou Pyramides. Lun-jeu 10h-19h, ven 10h-18h, sam sur rdv.

directours
Voyages de luxe à prix doux

Votre voyage au Vietnam

Circuits - Combinés - Séjours

Nos experts s'occupent de tout pour vous faire vivre des expériences inoubliables :

Prendre un vélo pour aller dans la campagne vietnamienne et rencontrer une famille locale, Découvrir la beauté de la réserve de Pu Luong en marchant sur les chemins entre les villages et rizières, Rencontrer un chef de Hanoi, diplômé de l'incroyable organisation KOTO, Découvrir la région de Son Tra avec un expert du centre de préservation de la biodiversité de Danang...

DIRECTOURS
Le luxe à prix doux

Nos experts à votre écoute
01 45 62 62 62
www.directours.com

La Route des Indes et de l'Asie s'adresse aux voyageurs indépendants et propose des voyages individuels organisés, sur mesure, à travers l'Asie du Sud-Est et l'Extrême-Orient, adaptés au goût et au budget de chaque voyageur. Les itinéraires sont construits par des spécialistes après un entretien approfondi. La librairie offre un large choix de guides, de cartes et de littérature consacrés à l'Asie du Sud-Est et à l'Extrême-Orient. Des expositions sont régulièrement organisées dans la galerie photo, et des écrivains sont invités à venir signer leurs ouvrages.

▲ LA ROUTE DES VOYAGES
● laroutedesvoyages.com ●
– Paris : 10, rue Choron, 75009. ☎ 01-55-31-98-80. Ⓜ Notre-Dame-de-Lorette.
– Angers : 6, rue Corneille, 49000. ☎ 02-41-43-26-65.
– Annecy : 4 bis, av. d'Aléry, 74000. ☎ 04-50-45-60-20.
– Bordeaux : 10, rue du Parlement-Saint-Pierre, 33000. ☎ 05-56-90-11-20.
– Lorient : 42, av. de la Perrière, 56100. ☎ 06-15-48-82-69. Sur rdv lun-mer.
– Lyon : 59, rue Franklin, 69002. ☎ 04-78-42-53-58.
– Toulouse : 9, rue Saint-Antoine-du-T, 31000. ☎ 05-62-27-00-68.
Agences ouv lun-jeu 9h-19h, ven 9h-18h. Rdv conseillé.

25 ans d'expérience de voyage sur mesure sur les 5 continents ! 15 pays en Europe complètent à présent leur offre. Cette équipe de voyageurs passionnés a développé un vrai savoir-faire du voyage personnalisé : écoute, conseils, voyages de repérage réguliers et des correspondants sur place soigneusement sélectionnés avec qui elle travaille en direct. Son engagement à promouvoir un tourisme responsable se traduit par des possibilités de séjours solidaires à insérer dans les itinéraires de découverte individuelle. Elle a aussi créé un programme de compensation solidaire qui permet de financer des projets de développement locaux.

▲ MONDE AUTHENTIQUE
– Paris : 5, rue Thorel, 75002. ☎ 01-53-34-92-71. ● monde-authentique.com ● Ⓜ Bonne-Nouvelle. Lun-ven 9h30-19h, sam sur rdv – ou à domicile sur Paris (moyennant participation).
Envie de sortir des sentiers battus, de découvrir ce qu'un pays peut proposer de meilleur ? Depuis 2003, Monde Authentique propose des itinéraires individuels à l'écart des sentiers battus sur des destinations originales comme le Vietnam. En parfaits artisans et connaisseurs du monde, les 20 créateurs de voyages maîtrisent à la perfection les destinations sur lesquelles ils travaillent. Monde Authentique s'adresse à des clients exigeants et désireux de faire de beaux voyages.

▲ NOSTAL'ASIE
– Paris : 19, rue Damesme, 75013. ☎ 01-43-13-29-29. ● ann.fr ● Ⓜ Tolbiac. Lun-ven 10h-13h, 15h-18h.
Parce qu'il n'est pas toujours aisé de partir seul, Nostal'Asie propose de véritables voyages sur mesure en Asie, notamment au Vietnam vers les lieux les plus connus jusqu'aux contrées les plus reculées, en individuel ou en groupe déjà constitué. 2 formules au choix : *Les Estampes,* avec billets d'avion, logements, transferts entre les étapes, ou *Les Aquarelles* avec en plus un guide et une voiture privée à chaque étape. Vous trouverez sur le site internet des idées d'itinéraires que vous pourrez ensuite personnaliser et adapter selon vos envies avec Ylinh, la chaleureuse directrice, grande connaisseuse de l'Asie, et son équipe de jeunes passionnés qui vous donneront des conseils avisés pour réussir votre voyage.

▲ ROOTS TRAVEL
– Paris : 17, rue de l'Arsenal, 75004. ☎ 1-42-74-07-07. ● rootstravel.com ●
Pour les voyages authentiques au Vietnam, les conseillers de Roots Travel proposent des séjours en autotour avec chauffeur, modulables selon les envies de dépaysement de chacun, avec une prise en charge complète de la logistique. Hébergements typiques choisis autant pour leur charme que l'accueil chaleureux et les petits soins réservés aux voyageurs, les spécialistes de la destination Vietnam sauront vous conseiller de bons plans et des activités reflétant la richesse et la diversité du pays.

SHANTI travel.com
EXPERT VOYAGE EN ASIE

Créons ensemble votre voyage au
VIETNAM

Nos Experts voyage francophones basés à Hanoi vous conseillent
Voyage durable chez l'habitant en Asie - Compensation carbone

shantitravel.com   (+33)182289228   contact@shantitravel.com   France & Asie

▲ ROUTES DU VIETNAM
• *routes-du-vietnam.com* •

Contactez Routes du Vietnam, une agence locale de confiance, pour organiser votre voyage sur mesure au Vietnam. Les conseillers, fins connaisseurs du terrain et de la réalité du pays, vous accompagnent dans la préparation de votre voyage, en couple, en famille ou en groupe d'amis. Vous avez ainsi accès à un service personnalisé en bénéficiant d'un prix accessible. Étant membre de *bynativ*, la communauté des agences de voyages locales, Routes du Vietnam vous propose un maximum de garanties et de services : règlement de votre voyage en ligne, et ce de façon sécurisée, possibilité de souscrire à une assurance de voyage et de bénéficier de garanties solides en cas d'imprévu. De quoi voyager de façon authentique et en toute tranquillité !

▲ SHANTI TRAVEL
– *Paris : 9, rue François-Miron, 75004.* ☎ *01-82-28-92-28.* • *shantitravel.com* •
– *Également des bureaux à New Delhi, Colombo, Bali, Rangoun, Katmandou, Siem Reap et Hanoi.*

Une agence de voyages francophone qui façonne des itinéraires et des treks sur mesure à travers l'Asie depuis 2005. Fort de ses 14 années d'expertise, Shanti Travel fait découvrir de l'intérieur 18 destinations en Asie, dont le Vietnam.
Selon vos désirs, vos disponibilités et votre budget, vous pouvez choisir de partir sur mesure en créant votre itinéraire, étape par étape, avec un expert voyage personnel. Partez où, quand et avec qui vous voulez. Soit en petit groupe sur un des programmes thématiques, à des dates fixes mais variées, en bénéficiant de prix imbattables. Profitez également d'un accompagnateur francophone gratuit à partir de 6 participants.

▲ TERRE VOYAGES
– *Paris : 28, bd de la Bastille, 75012.* ☎ *01-44-32-12-81.* • *terre-voyages.com* • Ⓜ *Bastille. Lun-ven 8h-18h30, sam 10h-18h.*

Les créateurs de voyages de Terre Voyages sont de fins connaisseurs, des experts des pays proposés, car tous natifs ou passionnés de leur destination. Ils sauront écouter vos attentes pour créer une offre de voyages sur mesure qui réponde à vos envies de découverte et vous proposeront une approche authentique des cultures et des peuples dans le respect de leur environnement naturel et au juste prix. Pour tous les voyageurs qui attendent d'une échappée lointaine plus qu'une simple visite mais, au contraire, une véritable connaissance et un apprentissage responsable des différentes cultures du Vietnam, Terre Voyages est le spécialiste qu'il leur faut.

▲ TERRES D'AVENTURE
N° Indigo : ☎ *0825-700-825 (0,15 €/mn + prix d'appel).* • *terdav.com* •
– *Paris : 30, rue Saint-Augustin, 75002.* ☎ *01-70-82-90-00.* Ⓜ *Opéra ou Quatre-Septembre. Lun-sam 9h30-19h.*
– *Agences également à Bordeaux, Grenoble, Lille, Lyon, Marseille, Nantes, Rennes, Rouen, Strasbourg et Toulouse.*

Depuis 1976, Terres d'Aventure, spécialiste du voyage à pied, propose aux voyageurs passionnés de marche et de rencontres des randonnées hors des sentiers battus à la découverte des grands espaces de notre planète. Voyages à pied, à cheval, en bateau, à raquettes..., sur tous les continents, des aventures en petits groupes ou en individuel encadrés par des professionnels expérimentés sont proposées. Les hébergements dépendent des sites explorés : camps d'altitude, bivouacs, refuges ou petits hôtels. Les voyages sont conçus par niveaux de difficulté : de la simple balade en plaine à l'expédition sportive en passant par la course en haute montagne.
En province, certaines de leurs agences sont de véritables *Cités des Voyageurs* dédiées au voyage. Consultez le programme des manifestations sur leur site internet.

▲ TERRES DE CHARME & ÎLES DU MONDE
• *terresdecharme.com* •
– *Paris : 3, rue Villebois-Mareuil, 75017.* ☎ *01-55-42-74-10.*

amica travel
l'âme du voyage

DES VOYAGES COUSUS MAIN AU PLUS PRÈS DES PEUPLES, À LA MESURE DE VOS RÊVES

Voyage sur mesure au Vietnam, Laos, Cambodge & en Birmanie
www.amica-travel.com • info@amicatravel.com
Hotline: France (+33 619 08 15 72) • Vietnam (+84 984 56 66 76)

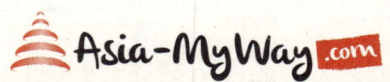

Asia-MyWay.com

Envie de partir ? De changer d'horizon ?
Ensemble, nous ferons le voyage qui vous ressemble !

Asia-MyWay.com
LAOS OFFICE
Tél. +856(0) 71 252 896
CAMBODIA OFFICE
Tél. +855 (0)78 250 870
info@asia-myway.com
www.asia-myway.com

Laos - Cambodge - Thaïlande - Myanmar - Vietnam
NOS SPÉCIALISTES MULTICULTURELS, PRÉSENTS DANS NOS AGENCES LOCALES,
ORGANISENT VOS VOYAGES : ACTIVITÉ FAMILLE, SEJOUR CULTUREL,
CROISIÈRE, VOYAGE D'AVENTURE, NATURE, DETENTE OU PLAGE.

Artisans du voyage individuel sur mesure depuis plus de 20 ans, leurs scénaristes du voyage ont à cœur de faire partager leurs passions en concevant des séjours authentiques, inoubliables et singuliers aux 4 coins du monde. C'est la rareté et le charme raffiné savamment dosés qui animent l'équipe pour créer des voyages placés sous le signe d'émotions intenses et rares. *Sandals* privés glissant le long du Nil, camp privatif au cœur du Masaï Mara, îles exclusives de l'océan Indien, décors magiques des Caraïbes, sites cachés en Asie, trains de luxe et de légende... Telles sont quelques-unes des créations de Terre de Charme & Îles du Monde pour faire de votre voyage une expérience unique.

▲ VOYAGEURS DU MONDE / VOYAGEURS EN ASIE DU SUD-EST (dont le Vietnam)

● *voyageursdumonde.fr* ●
– Paris : La Cité des Voyageurs, 55, rue Sainte-Anne, 75002. ☎ *01-42-86-16-00.* Ⓜ *Opéra ou Pyramides. Lun-sam 9h30-19h. Avec une librairie spécialisée dans les voyages.*
– Également des agences à Bordeaux, Grenoble, Lille, Lyon, Marseille, Montpellier, Nantes, Nice, Rennes, Rouen, Strasbourg et Toulouse. Agences aussi à Bruxelles et Genève.

Le spécialiste du voyage en individuel sur mesure. Parce que chaque voyageur est différent, que chacun a ses rêves et ses idées pour les réaliser, Voyageurs du Monde conçoit, depuis plus de 30 ans, des projets sur mesure. Les séjours proposés sur 120 destinations sont élaborés par leurs 180 conseillers voyageurs. Spécialistes par pays et même par régions, ils vous aideront à personnaliser les voyages présentés à travers une trentaine de brochures d'un nouveau type et sur le site internet où vous pourrez également découvrir les hébergements exclusifs et consulter votre espace personnalisé.

Au cours de votre séjour, vous bénéficiez des services personnalisés Voyageurs du Monde, dont la possibilité de modifier à tout moment votre voyage, l'assistance d'un concierge local, la mise en place de rencontres et de visites privées et l'accès à votre carnet de voyage via une application iPhone et Android.

Voyageurs du Monde est membre de l'association ATR (Agir pour un tourisme responsable) et a obtenu la certification Tourisme responsable AFAQ AFNOR.

> Voir aussi au sein de chaque ville du Vietnam (en particulier à Hanoi et Hồ Chí Minh-Ville) les agences locales que nous avons sélectionnées.

Comment aller à Roissy et à Orly ?

Toutes les infos sur notre site ● *routard.com* ● ou sur ● *parisaeroport.fr* ●

> Conservez dans votre bagage cabine vos médicaments, vos divers chargeurs et appareils, ainsi que vos objets de valeur (clés et bijoux). Et l'on ne sait jamais, ajoutez-y de quoi vous changer si vos bagages n'arrivaient pas à bon port avec vous.

En Belgique

▲ CONTINENTS INSOLITES

– Bruxelles : rue César-Franck, 44 A, 1050. ☎ *02-218-24-84.* ● *continentsinsolites.com* ● *Lun-ven 10h-18h, sam 10h-16h30 sur rdv.*

Continents Insolites, organisateur de voyages lointains sans intermédiaire, propose une gamme étendue de formules de voyage, détaillée sur leur site internet.
– Voyages découverte sur mesure : à partir de 2 personnes. Un grand choix d'hébergements soigneusement sélectionnés, du petit hôtel simple à l'établissement luxueux et de charme.
– Circuits découverte en minigroupes : de la grande expédition au circuit accessible à tous. Des circuits à date fixe dans plus de 60 pays en petits groupes francophones de 7 à 12 personnes. Avant chaque départ, une réunion est organisée. Voyages encadrés par des guides francophones, spécialistes des régions visitées.

CRÉATEUR DE VOYAGES SUR MESURE
VIETNAM - LAOS - CAMBODGE - BIRMANIE

CARNETS D'ASIE

carnetsdasie.com
18a Ngo Tat To, Dong Da, Hanoi, Vietnam - info@carnetsdasie.com +84 24 3732 2288

KHOAVIET TRAVEL
hanoitours.com.vn

Agence de voyage francophone sur mesure

Propose des excursions à prix raisonnable

L'Indochine à portée de main

51 rue Hang Quat, Hoan Kiem, Hanoi, Vietnam
Tel: (84 4) 39380968, Fax: (84 4) 39380969
Mèl: hanoitours@vnn.vn
Site: www.hanoitours.com.vn

Lic 0917/LHQT

▲ TERRES D'AVENTURE
– *Bruxelles : 23, chaussée de Charleroi, 1060.* ☎ *02-543-95-60.* • *terdav.com* • *Lun-sam 10h-19h.*
Voir texte dans la partie « En France ».

▲ VOYAGEURS DU MONDE
– *Bruxelles : 23, chaussée de Charleroi, 1060.* ☎ *02-543-95-50.* • *voyageursdumonde.com* •
Le spécialiste du voyage en individuel sur mesure.
Voir texte dans la partie « En France ».

En Suisse

▲ ALTIPLANO VOYAGE
– *Genève : pl. du Temple, 3, 1227 Carouge.* ☎ *022-342-49-49.* • *agence@altiplano-voyage.ch* • *altiplano-voyage.ch* • *Agence ouv lun, mar, jeu et ven (sur rdv uniquement).*
Voir texte dans la partie « En France ».

▲ ASIA
– *Genève : c/o Fert et Cie Voyages, rue Barton, 7, case postale 2364, CH-1211 Genève 2.* ☎ *022-839-43-92.*
Voir texte dans la partie « En France ».

▲ ÈRE DU VOYAGE (L')
– *Nyon : Grand-Rue, 21, CH-1260.* ☎ *022-365-15-65.* • *ereduvoyage.ch* • *Mar-ven 8h30-12h30, 13h30-18h ; sur rdv en dehors de ces heures.*
Agence fondée par 4 professionnelles qui ont la passion du voyage. Elles pourront vous conseiller et vous faire part de leur expérience en Asie, dont au Vietnam. Des itinéraires originaux, testés par l'équipe de l'agence : voyages sur mesure pour découvrir un pays en toute liberté en voiture privée avec ou sans chauffeur, guide local et logements de charme, petites escapades pour un week-end prolongé, et voyages en famille.

▲ HORIZONS NOUVEAUX
– *Verbier : 6, rue de Medran, CP 196, 1936.* ☎ *027-761-71-71.* • *horizonsnouveaux.com* • *Lun-ven 9h-17h, sam sur rdv.*
Horizons Nouveaux est le tour-opérateur suisse spécialisé dans les régions qui vont de l'Asie centrale à l'Asie du Sud-Est (dont le Vietnam) en passant par les pays himalayens. Horizons Nouveaux organisent principalement des voyages à la carte, des voyages culturels à thème, des trekkings souvent inédits et des expéditions.

▲ JERRYCAN VOYAGES
– *Genève : rue Sautter, 11, 1205.* ☎ *022-346-92-82.* • *jerrycan-voyages.ch* • *Lun-ven 9h-12h30, 13h30-18h.*
Tour-opérateur de la Suisse francophone spécialisé sur l'Afrique, l'Asie et l'Amérique latine. 3 belles brochures proposent des circuits individuels sur mesure. L'équipe connaît bien son sujet et peut vous construire un voyage à la carte. En Asie, Jerrycan propose de nombreux pays, dont le Vietnam.

▲ LA ROUTE DES VOYAGES
– *Genève :* ☎ *022-552-34-46.* • *laroutedes-voyages.com* • *Rdv par tél.*
Voir texte dans la partie « En France ».

▲ TERRES D'AVENTURE
– *Genève : 19, rue de la Rôtisserie, 1204.* ☎ *022-518-05-13.* • *geneve@terdav.com* • *Lun-ven 10h-19h, sam 9h30-18h30.*
Voir texte dans la partie « En France ».

▲ VOYAGEURS DU MONDE
• *voyageursdumonde.ch* •
– *Genève : rue de la Rôtisserie, 19, 1204.* ☎ *022-514-12-10. Lun-ven 9h30-19h, sam 9h30-18h30.*
– *Lausanne : rue du Bourg, 6 (2e étage), 1003. Lun-ven 9h-18h30, sam sur rdv.*
Le spécialiste du voyage en individuel sur mesure.
Voir texte dans la partie « En France ».

Au Québec

▲ EXPLORATEUR VOYAGES
– *Montréal : 328 Ontario Est, H2X 1H6.* ☎ *(514) 847-1177.* • *explorateurvoyages.com* • *Lun-mer 9h-18h, jeu-ven 9h-20h, sam 10h-15h.*
Cette agence de voyages montréalaise propose une intéressante production maison, axée sur les voyages d'aventures en petits groupes (5 à 13 personnes maxi) ou en individuels. Ses itinéraires originaux en Amérique latine, en Asie, en Afrique et au Moyen-Orient se veulent respectueux des peuples et des écosystèmes, guidés par un

L'ASIE EN PROFONDEUR
en LARGEUR en HAUTEUR
en LONGUEUR

Les meilleures astuces pour aller en Asie, dans les meilleures conditions

Sur rendez-vous :
NostalAsie - NostaLatina
19, rue Damesme, Paris 13è
Métro : Tolbiac
Tél. : 01.43.13.29.29
courriel : info@ann.fr

Blog: nostalasie.com - Devenez fans de notre page Facebook NostalAsie

www.ann.fr

le véritable voyage sur-mesure depuis 1994 — **NostalAsie**

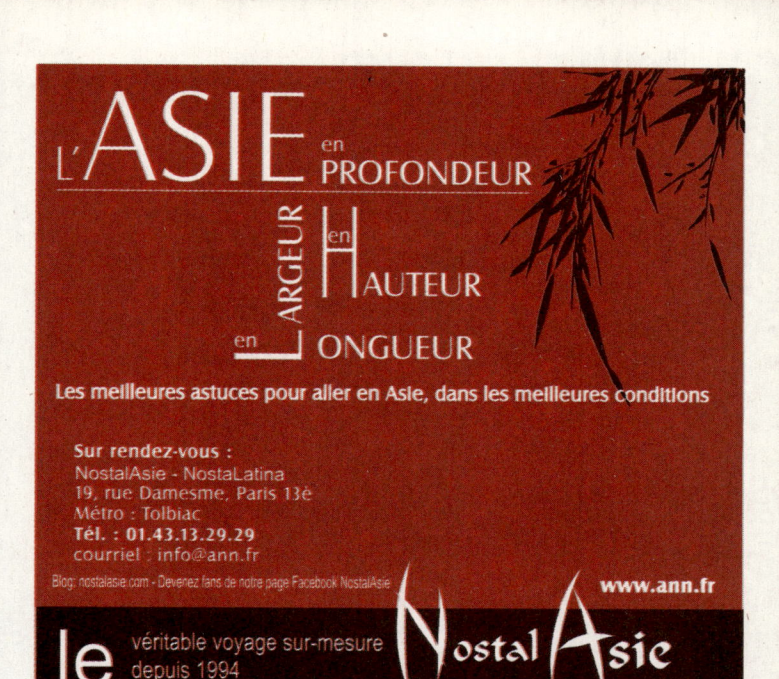

TERRE VOYAGES

CRÉATEUR DE VOYAGES SUR MESURE

Un voyage sur mesure, quel que soit votre projet !

AVEC NOUS, CRÉEZ VOTRE VOYAGE PERSONNALISÉ

Notre spécialiste du **Vietnam** vous aidera à concevoir
un voyage sur mesure d'exception !

**Contactez Anaïs au 01.44.32.12.82 ou www.terre-voyages.com
ou prenez un rendez-vous au 28 boulevard de la Bastille - 75012 Paris**

accompagnateur de l'agence. Intéressant pour se familiariser avec ces différents circuits : les soirées Explorateur (gratuites), avec présentation audiovisuelle.

▲ TOURS CHANTECLERC
● *tourschanteclerc.com* ●

Tours Chanteclerc est un tour-opérateur qui publie différentes brochures de voyages : Europe, Amérique du Nord, Amérique du Sud, Asie et Pacifique sud, Afrique et le Bassin méditerranéen en circuits ou en séjours. Il s'adresse aux voyageurs indépendants qui réservent un billet d'avion, un hébergement (dans toute l'Europe), des excursions ou une location de voiture. Également spécialiste de Paris, le tour-opérateur offre une vaste sélection d'hôtels et d'appartements dans la capitale française.

ENTRER ET SORTIR DU VIETNAM PAR LA ROUTE (LES POSTES-FRONTIÈRES)

Postes-frontières avec le Cambodge

> **Bon à savoir :** les frontières entre le Vietnam et ses voisins (Chine, Laos, Cambodge) ont été fermées en 2020 et encore en 2021 – 1er semestre –, pendant la pandémie de Covid-19. Au moment où nous mettons sous presse, nous ne savons pas encore si tous les postes-frontières terrestres seront ouverts ou non. Par ailleurs, renseignez-vous bien sur la possibilité ou pas d'obtenir un visa cambodgien ou laotien à la frontière (impossible pour entrer en Chine). La tendance semble être à ne pas les donner à la frontière comme par le passé. Dans ce cas, renseignez-vous et demandez votre visa auprès des ambassades et des agences consulaires avant d'aller sur le terrain.

Il existe plusieurs points d'entrée et de sortie pour passer du Vietnam au Cambodge, présentés ci-après du nord au sud.

– *Le poste-frontière de Mộc Bài (Vietnam) et Bavet (Cambodge) :* sur la route n° 22 Hồ Chí Minh-Ville/Phnom Penh, à 3h de taxi ou de bus de Phnom Penh. Ouv 9h-17h. Le plus fréquenté de tous.

– *Le poste-frontière Xa Mát (Vietnam) et Trapeang Phlong (Cambodge) :* situé sur la route n° 7, à 42 km au nord de Tây Ninh (Vietnam) et Kompong Cham (Cambodge). À 6-8h de taxi ou bus de Phnom Penh. Moins fréquenté.

– *Le poste-frontière de Vĩnh Xương (Vietnam) Khaorm Samnor (Cambodge) :* à 3-4h de route de Phnom Penh. Ouv 9h-17h. De la ville vietnamienne de Châu Đốc, prendre une moto-taxi pour atteindre le poste-frontière de Vĩnh Xương et Khaorm Samnor. De là, prendre un ferry jusqu'à Neak Luong. De cette ville, prendre un taxi collectif ou un bus jusqu'à Phnom Penh. Autre option : prendre un bateau rapide Châu Đốc-Phnom Penh.

– *Le poste-frontière de Tịnh Biên (Vietnam) et Phnom Den (Cambodge) :* à 22 km au sud de la ville de Châu Đốc (delta du Mékong). Ouv 7h-20h. À 3-4h de Phnom Penh en bus ou taxi.

– *Le poste-frontière de Hà Tiên (Vietnam) et Prek Chak (Cambodge) :* ouv 7h-18h. Visa cambodgien délivré à la frontière. De Hà Tiên au poste-frontière, 6 km. De Prek Chak, moto-taxi jusqu'à Kep (47 km, Cambodge).

– À noter aussi, *3 nouveaux postes-frontières* situés dans des régions vietnamiennes isolées. Le poste de *Lệ Thanh*, à 75 km au sud-ouest de Pleiku (Hauts Plateaux). Le poste de *Bu Drang*, hameau à 45 km au nord de Kiến Đức sur la route n° 14 (province de Đăk Nông, au sud). Enfin, le poste-frontière de *Hoa Lư*, village perdu à

Agence Vietnam Découverte

LOCALE
FRANCOPHONE
SUR MESURE
BON RAPPORT QUALITÉ-PRIX

Bâtiment Savina (4e étage), salle 402, No 1, rue Dinh Le, Hoan Kiem, Hanoi

https://vietnamdecouverte.com
voyages@vietnamdecouverte.com
+84 397 541 881 (Hotline & WhatsApp)

EMBARQUEZ POUR DES VOYAGES De Rêve !
TOUT EN PHOTOS ET EN DESSINS

40 itinéraires sur les plus belles routes du monde

La bible des voyageurs : un véritable tour du monde

une vingtaine de kilomètres au nord de Lộc Ninh (route n° 13, province de Bình Phước).

Postes-frontières avec la Chine

Du nord au sud

– *Le poste-frontière de Lào Cai (Vietnam) et Ha Khau (Chine) :* il communique avec le poste-frontière de la ville de Ha Khau (Hekou, province chinoise du Yunnan), à 468 km au sud de Kunming. Voir détails dans le chapitre concerné.
– *Le poste-frontière de Hữu Nghị (Vietnam) et Youyi Guan (Chine) :* à 18 km au nord de Lạng Sơn, ce poste est plus connu sous le nom emblématique de « porte de l'Amitié » (voir le chapitre « Lạng Sơn. Vers la Chine »).
– *Le poste-frontière de Mống Cái (Vietnam) et Dong Hung (Chine) :* au nord-est du Vietnam (province de Quảng Ninh). On y accède depuis la baie d'Hạ Long (170 km). De l'autre côté (en Chine), on passe par le poste-frontière de Dong Hung.

Postes-frontières avec le Laos

Du nord au sud

– *Le poste-frontière de Tây Trang (Vietnam) et Sop Hun (Laos) :* sur la route n° 42 après Điện Biên Phủ (province de Lai Châu). Voir les détails pratiques dans le chapitre « Điện Biên Phủ ».
– *Le poste-frontière de Na Mèo (Vietnam) et Nậm Xôi (Laos) :* dans la province de Thanh Hoá (voisine de la province laotienne de Hua Phan), à 180 km env à l'ouest de la ville de Thanh Hoá, sur la route n° 217. Ouv 9h-17h.
– *Le poste-frontière de Nậm Cắn (Vietnam) et Namkan (Laos) :* sur la route n° 7, à 80 km de la ville laotienne de Phonsavan et 73 km de Hoà Bình (province du Nghệ An, Vietnam). De Vinh (Vietnam), bus local jusqu'à Mường Xén puis moto-taxi (xe ôm) jusqu'à la frontière. De Nong Haet à Phonsavan (Laos), 4h de route. Au total, de Vinh à Phonsavan, compter 8h de route.
– *Le poste-frontière de Cầu Treo (Vietnam) et Nam Phao (Laos) :* se trouve sur la route n° 8, à 92 km au sud-ouest de la ville de Vinh (province de Hà Tĩnh). Le poste est situé au col de Kaew Neua, d'où la route continue jusqu'à la ville laotienne de Lak Sao (Xao).
– *Le poste-frontière de Lao Bảo (Vietnam) et Donsavanh (Laos) :* situé dans la province de Quảng Trị, non loin du village de Khe Sanh, sur la route n° 9 qui vient de la ville de Đông Hà (bus à la gare routière). En entrant au Laos, on passe par les villages de Ban Dong et Xe Pôn. En venant de Huế, bus quotidien pour Savannakhet. Durée : 13h de route.
– *Le poste-frontière de Bờ Y (Vietnam) :* situé à 20 km à l'ouest de Plei Kan (route n° 40) et 83 km de Kon Tum, dans la région des Hauts Plateaux du centre du Vietnam. Ce poste-frontière permet de gagner la route n° 16 qui relie Paksé à Attopeu, au Laos.

Faites-vous COMPRENDRE partout dans le monde

Le guide de conversation **italien**
LE ROUTARD

Le guide de conversation **anglais**
LE ROUTARD
Tous les mots... qui sauvent !
hachette

Tous les mots... qui sauvent !

Le guide de conversation **espagnol**
LE ROUTARD
Tous les mots... qui sauvent !
hachette

6,95 €

12 LANGUES DÉJÀ PARUES

5 €

RETROUVEZ AUSSI G'PALÉMO :

Notre guide illustré de plus de 200 dessins pour communiquer quelle que soit votre destination.
+ de 95 000 exemplaires vendus !

g'palémo
Le Routard
200 dessins pour se faire comprendre... dans toutes les langues
routard.com

Le Routard
BIEN PLUS QU'UN VOYAGE

VIETNAM UTILE

ABC du Vietnam

- *Population :* 96,2 millions d'hab. (2019).
- *Superficie :* 331 690 km^2.
- *Capitale et villes principales :* Hanoi, Hô Chí Minh-Ville, Huế.
- *Langues :* vietnamien, langues des ethnies minoritaires (khmer, cham, thaï, sedang, miao-yao, cantonais), anglais, français.
- *Monnaie :* đồng (Dg). 1 € = environ 27 700 Dg (début 2021).
- *PIB/hab. :* environ 2 350 US$ (environ 2 070 €).
- *Nature du régime :* communiste, parti unique. Le Parti communiste vietnamien compte environ 4,5 millions de membres, soit environ 5 % de la population totale.
- *Chef de l'État et secrétaire général du Parti :* Nguyễn Phú Trọng.
- *1er ministre :* Nguyễn Xuân Phúc, depuis le 7 avril 2016.
- *Indice de démocratie :* 3,38 (note sur 10).
- *Indice de développement humain :* 0,694 (116e place).

AVANT LE DÉPART

Adresses et infos utiles

En France

■ *Ambassade du Vietnam : 61, rue de Miromesnil, 75008 Paris.* ☎ *01-44-14-64-00 (visa touristique, dépôts directs)* et ☎ *01-44-14-64-13 (demande par correspondance).* ● *info@ambassade-vietnam.fr* ● *ambassade-vietnam.com* ● Ⓜ *Miromesnil (lignes 9 et 13). Service consulaire pour les visas : lun-jeu 9h30-12h, 14h-17h.* Suite à la pandémie de Covid-19, et à la fermeture des frontières du Vietnam en 2020, le visa de tourisme a été suspendu. Seuls les visas professionnels à caractère d'urgence sont délivrés. Le visa à l'arrivée et l'e-visa ont été suspendus. La situation sanitaire est susceptible d'évoluer au fil des mois. Restez informé en consultant le site officiel de l'ambassade du Vietnam ou le site ● *action-visas.com* ●, régulièrement mis à jour.

■ *Foyer Vietnam : 80, rue Monge, 75005 Paris.* ☎ *01-45-35-32-54.* ● *foyer-vietnam.org* ● Ⓜ *Place-Monge ou Censier-Daubenton. Lun-sam 12h-14h, 19h-22h.* C'est une cantine traditionnelle vietnamienne (gestion associative) où les plats sont préparés par un chef vietnamien. On y est servi par des étudiants vietnamiens et par des bénévoles. Soutenue par l'ambassade du Vietnam et le Centre culturel du Vietnam (voir ci-après), c'est une initiative à encourager. Une partie des bénéfices sert à financer des projets associatifs et humanitaires. Le foyer accueille aussi des expositions, des concerts et autres animations culturelles, des ateliers, des cours de cuisine. Le site internet est participatif, et effectue la promotion des associations œuvrant pour le Vietnam ou sa communauté en France.

routard.com

Simplifier votre voyage

S'INSPIRER
Grâce aux conseils et tendances (où et quand partir...)

PRÉPARER
avec nos 300 fiches destinations et nos dossiers pratiques

RÉSERVER
avec les meilleurs partenaires, votre vol, votre hôtel, votre location

PARTAGER
vos bons plans avec une communauté de 6 millions d'internautes

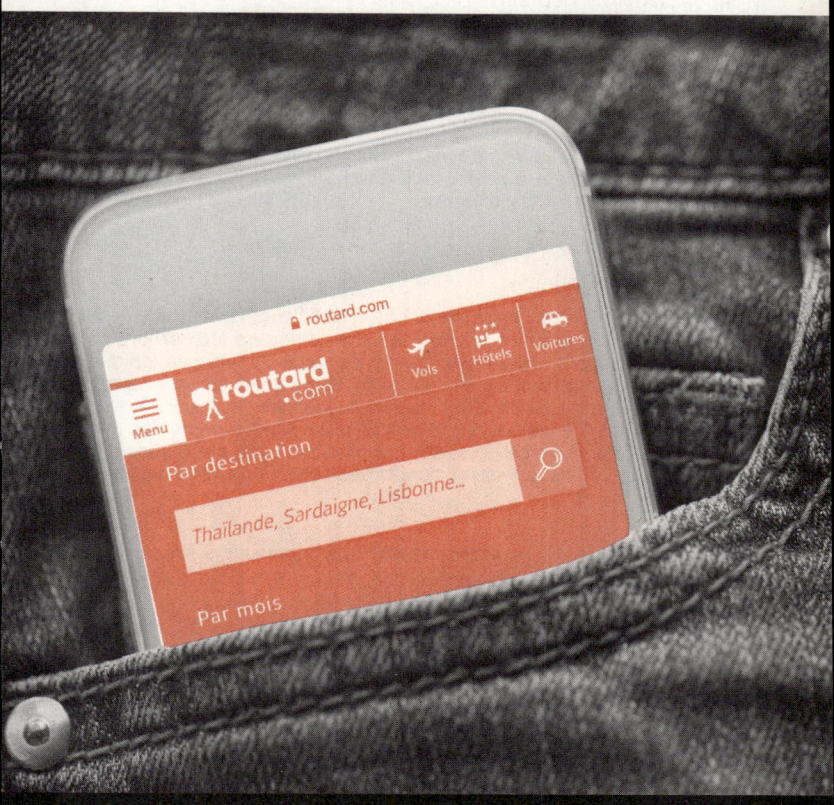

RETROUVEZ-NOUS AUSSI SUR

■ *Ariane : ayez les bons réflexes sur le site du ministère de l'Europe et des Affaires étrangères.*
– Consultez les conseils aux voyageurs : préparez soigneusement votre voyage (risques liés à la sécurité, formalités de séjour, conseils et obligations sanitaires...) en vous connectant sur ● *diplomatie.gouv.fr* ● ou via l'application mobile.
– Inscrivez-vous sur Ariane : en quelques clics, créez votre compte sur ● *diplomatie.gouv.fr* ● pour recevoir par e-mail ou sms des alertes et des consignes de sécurité, en cas de nécessité.

En Belgique

■ ***Ambassade du Vietnam :*** *bd du Général-Jacques, 1, Bruxelles 1050.* ☎ *(32-2) 379-27-37 (service des visas).* ● *vnemb.brussels@skynet.be* ● *vnembassy-bruxelles.mofa.gov.vn* ● *Lun, mer et ven 14h-17h.* Avant la pandémie de Covid-19 (2020), et la suppression du visa Tourisme suite à la crise sanitaire, le tarif d'un visa était de 90 € pour un visa d'entrée valable 1 mois (plus de 100 € pour un visa avec entrées multiples).

En Suisse

■ ***Ambassade du Vietnam :*** *Schlosslistrasse, 26, 3008 Berne.* ☎ *(41-31) 388-78-78.* ● *vietsuisse@bluewin.ch* ● *vietnam-embassy.ch* ● *.Section consulaire (passeports-visas) : lun-jeu 9h-12h, 14h-17h ; ven 9h-12h.* Avant la pandémie de Covid-19 (2020), le tarif d'un visa était de 70 CHF (environ 66 €) pour un visa valable 1 mois (1 entrée). À la fin de 2021 et en 2022, les conditions d'obtention du visa touriste devraient évoluer, pour les détails se renseigner en consultant le site.

Au Canada

■ ***Ambassade du Vietnam :*** *55 Mackay St, Ottawa (Ontario) K1M 2B2.* ☎ *(1-613) 236-0772.* ● *vietnamembassy.ca* ● *Services consulaires : lun 13h30-16h30, mar-ven 9h30-12h30, 13h30-16h30.* Avant la pandémie de Covid-19 (2020), le tarif d'un visa 1 entrée était de 75 US$ (1 mois), et 100 US$ (3 mois).

Formalités

Une loi entrée en vigueur en janvier 2017 a rétabli l'***autorisation de sortie du territoire pour les mineurs. Ils doivent être munis de leur propre pièce d'identité*** (passeport). Pour l'autorisation de sortie de territoire lorsque les enfants ne sont pas accompagnés par l'un de leurs parents, chaque pays a mis en place sa propre régulation. Pour voyager au Vietnam, ils doivent être munis d'une pièce d'identité (passeport), d'un formulaire signé par l'un des parents titulaires de l'autorité parentale et de la photocopie de la pièce d'identité du parent signataire. Renseignements auprès des services de votre commune et sur ● *service-public.fr* ●

> *Sauvegarder vos documents :* avant de partir, pensez à scanner passeport, visa, carte de paiement, billets d'avion et coupons *(vouchers)* d'hôtel. Ensuite, adressez-les-vous par e-mail, en pièces jointes. En cas de perte ou vol, rien de plus facile pour les récupérer sur votre téléphone ou ordinateur. Les démarches administratives seront bien plus rapides.

Visas

– En 2020, suite à la ***crise sanitaire due au Covid-19*** et à la fermeture des frontières du Vietnam, le ***visa Tourisme a été suspendu*** jusqu'à nouvel ordre. La délivrance des visas à l'arrivée et du visa électronique (e-visa) ont également été suspendus. Au moment où nous mettons sous presse ce guide, il se peut que la

AVANT LE DÉPART | **57**

situation ait évoluée et que le gouvernement vietnamien accorde un visa Tourisme sous certaines conditions. Informez-vous auprès de l'ambassade du Vietnam en consultant leur site internet.
– À la mi-2021, les touristes ne sont donc pas autorisés à venir au Vietnam, seuls les personnels diplomatiques, les dirigeants d'entreprises, les travailleurs hautement qualifiés et leur famille, ainsi que les étudiants peuvent entrer au Vietnam. Ils doivent présenter un résultat négatif de test RT-PCR édité 3 jours avant le départ puis effectuer un nouveau test à l'arrivée. S'ensuit une période de quarantaine de 14 jours (une quatorzaine, donc) dont les modalités dépendent de la qualité du voyageur et du but de son voyage.
– Les *dépôts de dossier* au service consulaire de l'ambassade du Vietnam se font aux horaires indiqués, et les retraits ont lieu à une date fixée à l'avance.

Obtention du visa Tourisme par une agence

Si vous passez par une agence de voyages (voyage individuel organisé), sachez que celles qui sont agréées par l'État vietnamien ont la priorité sur les autres. Ce qui explique les retards très fréquents et les innombrables problèmes pour obtenir les visas dans les délais. De nombreux voyageurs se rendant seuls à l'ambassade, munis de leurs billets d'avion, se sont vu refuser à la dernière minute leur visa pour le Vietnam.
L'agence suivante est spécialisée dans l'obtention de visas :

■ *Action-Visas.com* : 10-12, rue du Moulin-des-Prés, 75013 Paris. ☎ 01-45-88-56-70. ● action-visas.com ● Ⓜ Place-d'Italie (sortie « bd Blanqui »). Lun-ven 9h30-12h, 13h30-18h30 ; sam 9h30-13h. Cette agence sérieuse s'occupe d'obtenir votre visa pour toutes destinations. Délais rapides, traitement immédiat du dossier dès réception et service fiable. Pour la province, demandez le visa par correspondance, quelle que soit la destination. Les commandes de visas peuvent s'effectuer sur le site internet, qui est actualisé quotidiennement, et vous recevrez directement les formulaires et la liste des pièces à fournir.
■ Également *Rapide Visa* : 7, rue de La Boétie, 75008 Paris. ☎ 01-84-17-88-88. ● rapidevisa.fr ● Ⓜ Miromesnil. Lun-ven 9h-12h30, 14h-18h.

Attention aux sites frauduleux ! L'ambassade du Vietnam informe les voyageurs sur les sites proposant des visas en ligne qui ne sont ni officiels ni sérieux.

Douanes

Il est interdit de sortir des antiquités du Vietnam. Le pays, comme beaucoup d'autres du Sud-Est asiatique, subit le pillage des gangs internationaux d'antiquaires et autres trafiquants. Problème : beaucoup de faïences et de porcelaines récentes, mais fabriquées dans le style ancien, sont en vente dans les boutiques de souvenirs et chez les antiquaires. De même, le Musée national vend des fac-similés fort bien réalisés de porcelaines anciennes. D'où le risque d'avoir à justifier leur achat et à expliquer leur provenance à la douane si celle-ci le découvre. Les douaniers que vous rencontrez sont en général suspicieux (à juste titre), mais parfois aussi de mauvaise foi.
– *N'achetez pas d'antiquités,* même vendues légalement dans une boutique ayant pignon sur rue. Dans le cas où il s'agirait d'objets ayant simplement l'air d'être anciens, *demandez absolument une facture.* Si possible, faites préciser dessus que l'objet n'a aucune valeur culturelle ou historique.
– L'*alcool de serpent* est interdit, et confisqué par les douanes en sortant du pays.
– Le *nước mắm* est également interdit dans les avions, en raison de son odeur offensante.

En cas de perte de passeport

Au Vietnam, rendez-vous au commissariat de police le plus proche pour demander une déclaration de perte, puis au consulat français avec votre carte d'identité, si vous en avez une, la photocopie du passeport et celle de votre visa (qui auront été rangées dans un autre endroit que le passeport). Votre nouveau passeport sera disponible en quelques jours pour l'équivalent de 60 € à payer en đồngs (soit environ 1 580 000 Dg).

Postes-frontières terrestres au Vietnam

Voir la fin du chapitre « Comment y aller ? ».

Assurances voyages

■ *Routard Assurance par AVI International :* Le Colisée Gardens, 10, av. de l'Arche, CS 70126, 92419 Courbevoie Cedex. ☎ 01-44-63-51-00. ● routard@avi-international.com ● avi-international.com ● Ⓜ La Défense. Enrichie au fil des années par les retours des lecteurs, *Routard Assurance* reste l'assurance voyage référence des globe-trotters. Tout y est inclus, même la **Covid** : frais médicaux, assistance rapatriement, bagages, responsabilité civile... Avant votre départ, appelez *AVI* pour un conseil personnalisé. Besoin d'une **attestation Covid**, d'un avis médical, d'une prise en charge dans un hôpital ? Téléchargez l'appli mobile *AVI International* pour garder le contact avec *AVI Assistance* et disposer d'un vaste réseau médical à travers le monde. *AVI Assistance* est disponible 24h/24 pour une réponse en temps réel. De simples frais de santé en voyage ? Envoyez les factures à *AVI* dès votre retour, ils vous remboursent sous une semaine.

■ *AVA Assurance Voyages et Assistance :* 25, rue de Maubeuge, 75009 Paris. ☎ 01-53-20-44-20. ● ava.fr ● Ⓜ Cadet. Un autre courtier fiable pour ceux qui souhaitent s'assurer en cas de décès-invalidité-accident lors d'un voyage à l'étranger, mais surtout pour bénéficier d'une assistance rapatriement, perte de bagages et annulation. Attention, franchises pour leurs contrats d'assurance voyage.

■ *Pixel Assur :* 18, rue des Plantes, BP 35, 78601 Maisons-Laffitte. ☎ 01-39-62-28-63. ● pixel-assur.com ● *RER A : Maisons-Laffitte*. Assurance de matériel photo et vidéo tous risques (casse, vol, immersion) dans le monde entier. Devis en ligne basé sur le prix d'achat de votre matériel. Avantage : garantie à l'année.

Carte internationale d'étudiant (carte ISIC)

Au Vietnam, cette carte est de plus en plus demandée. Elle peut vous être utile dans certains cas. Emportez-la si vous l'avez.

Elle prouve le statut d'étudiant dans le monde entier et permet de bénéficier de tous les avantages, services et réductions dans les domaines du transport, de l'hébergement, de la culture, des loisirs, du shopping... La carte ISIC permet aussi d'accéder à des avantages exclusifs (billets d'avion spécial étudiants, hôtels et auberges de jeunesse, assurances, cartes SIM internationales, locations de voitures...).

Renseignements et inscriptions

– *En France :* ● isic.fr ● 13 € pour 1 année scolaire.
– *En Belgique :* ● isic.be ●
– *En Suisse :* ● isic.ch ●
– *Au Canada :* ● isiccanada.ca ●

ARGENT, BANQUES, CHANGE

Avertissements

Si vous comptez effectuer des retraits d'argent aux distributeurs, il est *très vivement conseillé d'avertir votre banque avant votre départ* (pays visités et dates). En effet, *votre carte peut être bloquée dès le 1ᵉʳ retrait* pour suspicion de fraude. C'est de plus en plus fréquent. Bonjour les tracasseries administratives pour faire rentrer les choses dans l'ordre, et on se retrouve vite dans l'embarras ! Vous pouvez aussi *relever votre plafond de carte* pendant votre déplacement. Utile surtout pour la caution des locations de voitures et les garanties dans les hôtels.

Pour un retrait, utilisez de préférence les *distributeurs attenants à une agence bancaire.* En cas de pépin avec votre carte (carte avalée, erreur de code secret…), vous aurez un interlocuteur dans l'agence, pendant les heures ouvrables.

La monnaie nationale

C'est le « đồng » (Dg). Au printemps 2021, *1 € valait environ 28 000 Dg et 1 US$ environ 23 000 Dg.* Pour nos amis suisses et canadiens, *1 CHF vaut environ 26 000 Dg et 1 $Ca environ 18 300 Dg.* Bien sûr, ces taux de change donnés à titre indicatif connaissent sans cesse des variations, et il est sage de les actualiser avant le départ.
Il existe 5 pièces de monnaie (mais vous ne les verrez jamais), de respectivement 200, 500, 1 000, 2 000 et 5 000 Dg. Quant aux billets, la plupart à l'effigie de l'oncle Hô, on en trouve de 200 (utilisés dans les pagodes, en guise d'offrandes), 500 (idem), 1 000, 2 000, 5 000, 10 000, 20 000, 50 000, 100 000, 200 000 et enfin de 500 000 Dg, le dernier-né de la série. *Attention :* le billet de 20 000 Dg et celui de 500 000 Dg ont la même couleur bleu clair. On peut les confondre !
– *Bon à savoir :* nous avons choisi l'abréviation Dg pour caractériser le đồng, on voit également sur place les prix exprimés en VND (selon le code international des monnaies). Et lorsque vous voyez un tarif libellé en « K », il s'agit de « kilo-đồng » : 50 K représentent 50 000 Dg. Vous constaterez qu'on est vite millionnaire en đồngs !

Devises étrangères

L'*euro* et le *dollar américain* sont très courtisés, et changés sans problème partout dans le pays. *Francs suisses* et *dollars canadiens* le sont aussi dans la plupart des bureaux de change.
Une loi stipule que tout doit être payé en đồngs, mais on ne peut pas dire qu'elle soit appliquée à la lettre ! Dans la pratique, on peut en effet parfois payer en dollars ou en euros : hôtels, restos, voitures, achats… Dans l'industrie touristique (hébergements, agences), *les prix sont d'ailleurs souvent énoncés et/ou affichés en dollars US.* Toutefois, on vous déconseille de payer (en espèces du moins) en devises étrangères car la conversion s'arrondit toujours en votre défaveur.

Change

Les devises étrangères s'échangent sans commission dans les bureaux de change et les banques, ainsi que dans certains hôtels et agences de voyages, à des taux qui varient assez peu (ce qui n'empêche pas de comparer). Nous vous conseillons de *changer progressivement* et non tout en une seule fois, et de garder sur vous des petites coupures (pas toujours facile de payer avec de gros billets).

– **Bon à savoir :** pendant la fête du Têt, beaucoup de banques sont fermées. Mieux vaut alors changer vos euros dès l'aéroport. Si vous en êtes en panne, il reste la solution de changer dans les hôtels. Beaucoup le font.

> **ATTENTION :** le dồng n'est pas convertible en euros à l'extérieur du pays. Mais au retour (après le voyage), s'il vous reste des dồngs, vous pouvez les échanger dans l'un des comptoirs de change de l'aéroport (Hanoi ou Hồ Chí Minh-Ville).

Banques

Les banques ouvrent généralement de 7h30 à 11h30 (ou 12h) et de 13h à 16h30 (ou 17h), tous les jours en semaine, et parfois le samedi matin. Elles sont fermées le dimanche.

Distributeurs automatiques *(ATM)*

Il y a des distributeurs acceptant *Visa* et *MasterCard* partout, y compris dans les petites villes. Attention ! On ne peut pas retirer à un distributeur plus de 2 000 000 Dg (environ 80 €) à la fois. Certaines banques font exception comme *Sacombank* et *Agribank,* qui acceptent des retraits de 3 000 000 Dg, et *HSBC* à Hanoi (6 000 000 Dg). Les commissions bancaires s'accumulent car, du coup, il est souvent nécessaire de retirer plusieurs fois au cours du séjour. Une astuce pour contourner ce plafond : se présenter au guichet d'une banque avec son passeport et sa carte de retrait. Cela permet d'obtenir de plus grosses sommes.

Cartes de paiement

Un nombre croissant d'hôtels, de restaurants, de boutiques et d'agences de voyages les acceptent, ce qui est bien pratique pour régler sa note.

Quand vous partez à l'étranger, pensez à relever le plafond de retrait aux distributeurs et pour les paiements par carte, quitte à le faire rebaisser à votre retour.

De même, avant de partir, notez donc bien le numéro d'opposition propre à votre banque (il figure souvent au dos des tickets de retrait, sur votre contrat, ou à côté des distributeurs de billets), ainsi que le numéro à 16 chiffres de votre carte. Bien entendu, conservez ces informations en lieu sûr et séparément de votre carte.

Par ailleurs, rappelez-vous que l'assistance médicale se limite aux 90 premiers jours du voyage et l'assistance véhicule aux cartes haut de gamme (renseignez-vous auprès de votre banque).

Et surtout, n'oubliez pas aussi de VÉRIFIER LA DATE D'EXPIRATION DE VOTRE CARTE DE PAIEMENT avant votre départ !

Perte ou vol des cartes bancaires

Le plus simple est de faire opposition en ligne via le site de votre agence bancaire ou son application mobile, ou en les appelant directement. Sinon, voici les numéros des centres d'assistance des différentes cartes.

– Il existe aussi un *serveur interbancaire* d'opposition à carte bancaire : ☎ *0-892-705-705 (service 0,34 €/mn + prix d'appel).*

– *Carte Visa : numéro d'urgence* (Europ Assistance), ☎ *+ 1-201-0288 (2ᵉ tonalité) et 888-710-7781.* ● *visa.fr* ●
– *Carte MasterCard : numéro d'urgence,* ☎ *+ 1-636-722-7111.* ● *mastercard.fr* ●
– *Carte American Express : numéro d'urgence,* ☎ *(00-33) 1-47-77-72-00.* ● *americanexpress.com/fr* ●

Retrait sans frais avec une carte de paiement

Afin d'éviter les frais lors de chaque paiement ou retrait en dehors de la zone euro, certaines banques offrent la gratuité des retraits dans leurs propres distributeurs (DAB) dans le monde entier (comme *HSBC,* pour ses clients) ou dans les banques avec qui elles ont un accord selon les pays (se renseigner avant le départ). Les néobanques comme *Max, My French Bank, Revolut* ou *N26* proposent des cartes gratuites qui ne facturent aucune commission pour les paiements et retraits. Les banques en ligne, *Boursorama* et *Fortuneo* proposent elles aussi ce type de cartes gratuites (carte *Ultim* et carte *Fosfo*) permettant à la fois de payer en devises et d'en retirer sans frais. Renseignements sur le site internet de chaque banque.

Besoin urgent d'argent liquide

Vous pouvez être dépanné en quelques minutes grâce au système **Western Union Money Transfer.** L'argent vous est transféré en moins de 1h. La commission, assez élevée, est payée par l'expéditeur. Possibilité d'effectuer un transfert auprès d'un des bureaux *Western Union* ou, plus rapide, en ligne, 24h/24, par carte de paiement (*Visa* ou *MasterCard*).

Même principe avec d'autres organismes de transfert d'argent liquide comme **MoneyGram, PayTop** ou **Azimo.** Transfert en ligne sécurisé, en moins de 1h.

Dans tous les cas, se munir d'une pièce d'identité. Toutefois, en cas de perte/vol de papiers, certains organismes permettent de convenir d'une question/réponse type pour pouvoir récupérer votre argent. Chacun de ces organismes possède aussi une application disponible sur téléphone portable.

Consulter les sites internet pour connaître les pays concernés, les conditions tarifaires (frais, commission) et trouver le correspondant local le plus proche :
● *westernunion.com* ● *moneygram.com* ● *paytop.com* ● *azimo.com/fr* ●

Autre solution, envoyer de l'argent par **La Banque Postale** : le bénéficiaire, muni de sa pièce d'identité, peut retirer les fonds dans n'importe quel bureau de poste du réseau local. Le transfert s'effectue avec un mandat ordinaire international (jusqu'à 3 500 €), et la transaction prend 4-5 jours en Europe (8-10 jours vers l'international). Plus cher, mais plus rapide, le mandat express international permet d'envoyer de l'argent (montant variable selon la destination ; 34 au total) sous 2 jours maximum, 24h lorsque la démarche est faite en ligne. Infos sur ● *labanquepostale.fr* ●

ACHATS

Objets laqués et incrustés de nacre

Les laques sont omniprésents dans les magasins de souvenirs, du nord au sud du pays. Les objets laqués ont tous les formats, toutes les formes, tous les volumes que l'on puisse imaginer : du galet de plage à l'armoire familiale, du tableau traditionnel incrusté de motifs en nacre jusqu'au cendrier. C'est bien simple : au Vietnam, la laque est une passion nationale et une très vieille activité artisanale remontant aux XIVe et XVe s.

Les **grands tableaux laqués et incrustés de nacre,** très répandus, ne sont néanmoins pas faciles à transporter. N'oubliez pas les bibelots et objets décoratifs (boîtes à bijoux, à crayons, bols, assiettes, vases...), moins encombrants, peu chers (marchandez !) et qui font toujours de jolis petits cadeaux.

– **Bon à savoir :** la laque est une **substance d'origine végétale,** sorte de résine extraite par incision d'un arbuste, le *cây sơn* ou laquier, qui pousse en abondance dans le nord du Vietnam. Dans un récipient rempli de liquide crémeux et blanchâtre, on recueille la couche supérieure, pure et légère. Puis on la malaxe pendant une quarantaine d'heures avec un mélange de colophane. La laque noircit et prend son éclat. À ce stade de préparation, on peut la teindre avec des colorants chimiques (autrefois on n'utilisait que des produits naturels comme le cinabre, la graine de Perse, l'or et l'argent en feuilles de nacre).

Nappes et autres broderies

À acheter de préférence à Hanoi où elles sont moins chères. On trouve de très belles nappes brodées, des serviettes, des draps et également de jolies barboteuses pour les nouveau-nés.

Boîtes et objets en cannelle

Des boîtes fourre-tout par exemple, merveilleuses pièces d'artisanat, toutes simples, faites avec l'écorce du cannelier, autrement dit en cannelle.
Ces « **objets qui sentent bon** » sont rarement mis en valeur dans les magasins de souvenirs. Pensez-y, ne serait-ce que pour rapporter une inoubliable boîte à cure-dents ! Et bien sûr, le bric-à-brac de petits riens que vous laisserez traîner dans ces boîtes s'imprégnera de la senteur exotique de la cannelle.

Chapeaux coniques

Le Vietnam sans son chapeau conique *(nón lá)*, c'est la City londonienne sans son chapeau melon, le Mexique sans son sombrero, le Pays basque sans son béret ! Bref, voilà presque un symbole patriotique : le couvre-chef national d'un pays de riz et d'eau. Un **chef-d'œuvre de simplicité, d'efficacité et de légèreté** !
Simple parce qu'il est fabriqué avec quelques feuilles de latanier séchées, ficelées entre elles sur une trame de cerceaux. Efficace parce qu'il protège à la fois du soleil et de la pluie (il est imperméable), d'où son succès dans toutes les rizières du pays ! Poétique parfois aussi, parce que certains chapeaux portent des poèmes dessinés en filigrane (mais ils sont plus chers).
En règle générale, compter 2 à 5 US$ selon la qualité. Sachez que l'on trouve les plus jolis à Huế, au marché de Đông Ba, mais c'est dans le Nord que vous achèterez les plus solides.

Áo dài

C'est la **tunique traditionnelle** des Vietnamiennes. Taillée dans une soie légère, elle est fendue sur les côtés jusqu'aux hanches. En dessous, les Vietnamiennes portent un pantalon ample qui cache leurs jambes. À Huế, Hội An ou Hồ Chí Minh-Ville, vous pourrez vous faire confectionner un *áo dài* (prononcez « ao zaï ») sur mesure. Attention, il se porte toujours très cintré, n'inspirez pas au moment de prendre les mesures ou il vous faudra rester comme ça en le portant ! Vaste choix de couleurs, avec certains tissus réversibles très jolis.
La soie vietnamienne présente généralement de petits défauts : insistez auprès de la couturière si vous ne voulez pas qu'ils se retrouvent dans un endroit trop visible. Certains *áo dài* sont brodés. Il existe aussi des *áo dài* luxueux et d'avant-garde comme ceux confectionnés par le styliste-couturier Si Hoang.

Porcelaines

Les plus belles sont les porcelaines de Huế. Elles atteignent maintenant des prix astronomiques. ***Il est interdit de les sortir du pays*** car elles sont considérées comme partie intégrante du patrimoine national. Un conseil : on trouve un peu partout des reproductions très bien faites, à des prix vraiment attractifs. C'est beau, c'est moins cher et c'est plus éthique que de participer au pillage du pays.

Peintures et tableaux sur soie

Une bonne idée de cadeau. Des vendeurs ambulants en proposent dans les rues de Hồ Chí Minh-Ville. Ils vendent aussi des dessins au crayon sur une pièce de soie et des cartes de vœux peintes sur soie. Le grand truc de ces gavroches de Saigon est de les chiffonner pour vous montrer que la soie est justement... « inchiffonnable » !
Dans les ateliers, les jeunes filles s'échinent pendant des semaines, parfois des mois (jusqu'à 4 pour les plus grandes pièces) à réaliser à l'aiguille et au fil de soie des tableaux que l'on croirait peints... Impressionnant (mais encombrant).

Pièces de monnaie et billets de banque

Au Vietnam, rien n'est jeté, tout est récupéré, réutilisé, revendu. C'est le cas des anciennes pièces de monnaie, les piastres, qui circulaient au Sud-Vietnam avant 1975. À Huế, on vous proposera aussi des pièces percées qui étaient en circulation dans la citadelle impériale. Vous pouvez également rapporter un album de vieux billets de banque provenant des 3 pays de l'ancienne Indochine (Vietnam, Cambodge et Laos). Certains sont vraiment superbes ! N'oubliez pas de marchander, car ce n'est pas donné.

LE TRAFIC DES PIASTRES

Le taux de change officiel de la piastre indochinoise était bien plus élevé que le taux pratiqué sur les marchés asiatiques. Cette différence favorisa, dès 1945, un énorme scandale qui éclaboussa la IVe République, en pleine guerre d'Indochine. Les soldats français se faisaient tuer tandis que quelques malins s'enrichissaient. Des fortunes considérables se constituèrent à tel point que le gouvernement avait dû dévaluer la piastre. Signe avant-coureur du lâchage de l'Indochine.

Tableaux et affiches

C'est à Hanoi que vous trouverez le plus de **copistes de toiles de maître** (Van Gogh, Renoir, Gauguin, Degas, Picasso, Dalí, Botero...). Prix variables selon les sujets et les tailles des peintures, à partir de 20 € environ.

Des galeries de copistes sont établies dans les rues autour du lac Hoàn Kiếm (voir « Achats. Tableaux, photographies et affiches d'époque » dans le chapitre « Hanoi »). On trouve également des boutiques spécialisées dans les **affiches de propagande communiste,** qui font toujours leur petit effet. Très chères quand ce sont des originales, à prix modérés lorsqu'il s'agit de reproductions.

Artisanat des minorités ethniques

Bien souvent varié, coloré et surprenant. Dans les villages lat autour de Dalat, on trouve de **beaux tissus bariolés** et des **paniers tressés** que les « montagnards » portent sur le dos. Au nord du pays, dans les villages ethniques, des artisans fabriquent de belles **pipes en bambou** gravées (les racines servent de pied à la pipe). À Hanoi, la meilleure adresse est *With Love from the Mountains*.

Conseils pour les antiquités

Les magasins d'antiquités regorgent d'objets anciens, mais attention à l'arnaque (préférer Hội An ou Hồ Chí Minh-Ville à Huế ou Hanoi). Ils sont en vente libre, mais par un curieux paradoxe administratif **il est impossible de les sortir du pays sans une autorisation spéciale.** Nécessité de l'obtenir à Hồ Chí Minh-Ville au bureau pour le contrôle de l'importation et de l'exportation des objets culturels (178, Nam Kỳ Khởi Nghĩa). Si vous n'avez pas cette autorisation et qu'au moment de passer les contrôles le douanier découvre vos antiquités, il les confisque, tout simplement.

S'il ne s'agit pas d'une antiquité, mais d'un simple objet de série, il faut alors (sans trop se faire d'illusions) argumenter, le convaincre qu'il ne s'agit que de simples objets artisanaux fabriqués par centaines, et que le magasin en vendait de nombreux, tous semblables. Vous devrez alors présenter la **facture du commerçant comme preuve** (ce qui nécessite d'avoir pris soin de la demander au moment de l'achat).

En dernier lieu, seulement si la situation vous semble bloquée et le douanier toujours aussi buté, acceptez de payer la taxe d'exportation (si vraiment vous tenez à vos objets). D'ailleurs, celle-ci est assez arbitraire et s'apparente à du racket (illégal mais toléré...).

Simplifiez : n'achetez pas d'antiquités au Vietnam !

BUDGET

Malgré le décollage économique du pays, **le Vietnam reste bon marché pour un touriste européen.** En voyageant à 2, on peut s'en sortir avec un budget d'environ 25-30 € par personne et par jour : 15 € pour la chambre double (ce qui fait 6-7 € chacun), 2 repas à 5 €, le reste étant consacré aux boissons, visites et transports. Bien sûr, il s'agira alors de loger dans des hôtels pas trop chers, de se nourrir comme les locaux et de se déplacer à l'économie. En ajoutant 10-15 € par jour, on pourra descendre dans des hôtels plus confortables, s'asseoir à de meilleures tables et faire un voyage un peu moins fatigant en empruntant les minibus ou les taxis locaux.

Hébergement

Nous indiquons ici les fourchettes de prix *pour 2 personnes en chambre double.* Notez que pour 1 personne, le prix est souvent à peine plus bas. Le petit déjeuner est généralement inclus, mais cela dépend des hôtels. Nous le précisons dans le texte. À noter aussi que bon nombre d'hôtels, dans les grandes villes ou les endroits touristiques, affichent leurs tarifs en dollars (ce qui ne vous contraint nullement de payer dans cette devise). Enfin, hors saison, n'hésitez pas à marchander et à faire jouer la concurrence. En revanche, lors de la fête du Tết (fin janvier-début février) et des vacances scolaires vietnamiennes, les prix augmentent sensiblement.
– *Bon marché :* jusqu'à 300 000 Dg (environ 11 €).
– *Prix moyens :* de 300 000 à 600 000 Dg (environ 11 à 21 €).
– *Chic :* de 600 000 à 1 000 000 Dg (environ 21 à 35 €).
– *Plus chic :* de 1 000 000 à 2 000 000 Dg (environ 35 à 71 €).
– *Très chic :* de 2 000 000 à 3 310 000 Dg (environ 71 à 117 €).

Restaurants

Prix pour un plat copieux ou un repas complet, sans les boissons.
– *Bon marché :* jusqu'à 100 000 Dg (environ 4 €).
– *Prix moyens :* de 100 000 à 250 000 Dg (4 à 9 €).
– *Chic :* de 250 000 à 600 000 Dg (9 à 21 €).
– *Très chic :* plus de 600 000 Dg (plus de 21 €).

Quelques prix

– Une bouteille d'eau (1,5 l) : entre 8 000 et 20 000 Dg (dans les lieux touristiques), et 10 000 Dg en moyenne.
– Soupe *(phở)* : de 50 000 à 65 000 Dg. Dans la rue, 25 000 Dg.
– Plat unique dans la rue : 25 000 Dg.
– Plat de riz : 60 000-70 000 Dg.
– Sandwich *(bánh mì)* : 10 000 Dg.
– Bière en bouteille : de 10 000 à 30 000 Dg.
– Course à moto-taxi *(xe ôm)* : 25 000 Dg (1-3 km).
– Lavage du linge dans les hôtels : environ 50 000 Dg/kg.
– Carte postale : 5 000 Dg, timbre 13 500 Dg.
– 1 kg de poivre : environ 150 000-200 000 Dg.

CLIMAT

Situé dans la zone des moussons, le Vietnam bénéficie d'un climat chaud et humide, du nord au sud, avec des différences importantes et des variantes. La « frontière » climatique se situe dans les environs de Đà Nẵng. Ainsi, « l'hiver » n'existe qu'au nord, au-delà du célèbre col des Nuages (đèo Hải Vân), tandis qu'au sud il fait quasiment toujours chaud.

CLIMAT | 65

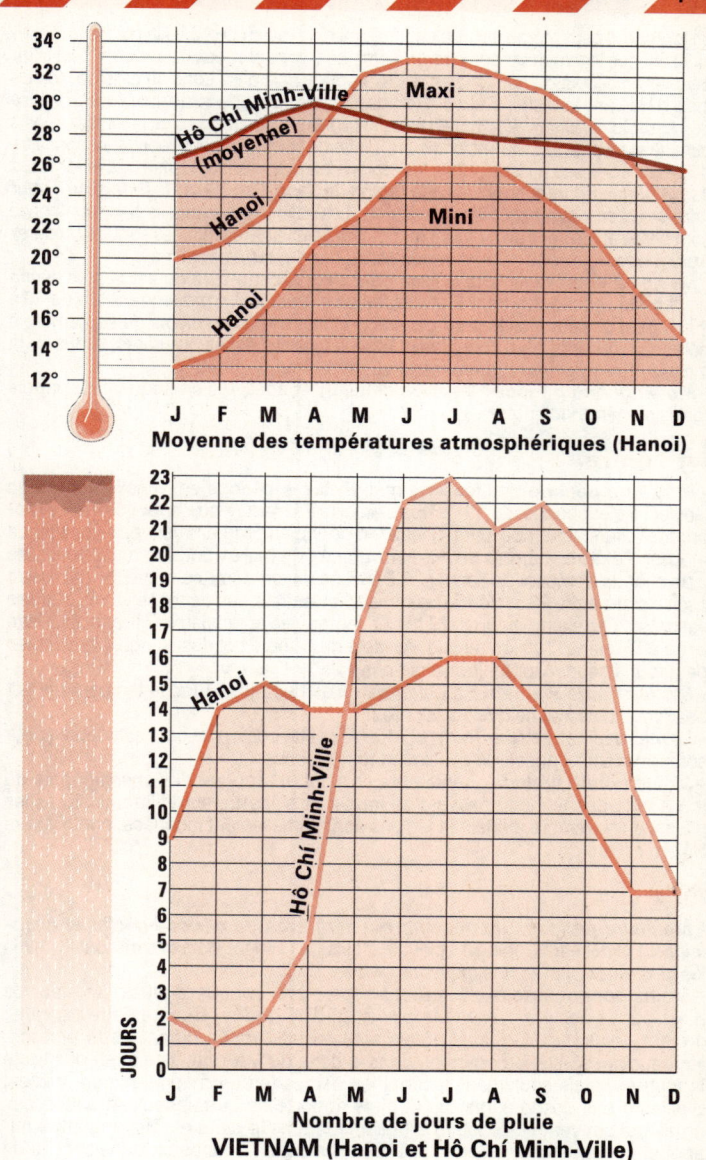

Moyenne des températures atmosphériques (Hanoi)

Hô Chí Minh-Ville (moyenne)
Hanoi Maxi
Hanoi Mini

Nombre de jours de pluie
VIETNAM (Hanoi et Hô Chí Minh-Ville)

Hanoi
Hô Chí Minh-Ville

JOURS

Au nord

– *De novembre à fin avril-début mai : c'est l'hiver vietnamien.* L'avantage est qu'il ne fait jamais trop chaud à Hanoi et dans sa région (delta du fleuve Rouge) : 15 à 20 °C

en journée, il peut même faire un peu frais (parfois moins de 10 °C la nuit). L'inconvénient est que le temps est souvent gris, brumeux, voire pluvieux. Le *crachin* peut tomber plusieurs jours durant, rendant par exemple la baie d'Hạ Long ou celle de Hoa Lư (baie d'Hạ Long terrestre) assez maussades. En revanche, dans la région montagneuse du Nord-Ouest (Điện Biên Phủ) en hiver, le climat est beaucoup plus favorable, moins humide et plus chaud. De février à mars, en fin de soirée, on peut cependant connaître de belles éclaircies à Hanoi, dans les régions de plaine et sur le littoral. **L'hiver n'est pas la bonne époque pour visiter la région de Sapa, Bắc Hà et Hà Giang, où il peut faire froid et y avoir d'épais brouillards.** Les rizières en terrasses des montagnes sont belles et colorées de mi-juin à mi-octobre (les dernières récoltes sont mi-octobre). Après l'hiver, une sorte de printemps s'établit de mi-mars à début mai.
– *De mai à octobre :* « *l'été* ». Bien qu'il pleuve, cette période est la plus sèche de l'année et celle des températures les plus élevées. En moyenne, il fait de 30 à 40 °C (une chaleur moite assez pénible parfois). En fin de saison, de septembre à novembre, le Nord peut connaître quelques typhons assez puissants, venus de la mer de l'Est (appelée naguère mer de Chine).
– *Moins bonne période :* les mois de juillet et août. Pluies fréquentes, parfois fortes et même violentes.

Au centre

– *Meilleure période :* de février à mai. Évitez la période entre novembre et fin janvier : il pleut beaucoup. Le temps s'améliore à mesure que la fête du Tết se rapproche (changement de lune). Sachez-le pour bien programmer votre voyage. La mousson d'été se déroule de mai à novembre. De mai à août, ce sont les mois les plus chauds (torrides) de l'année. À Đà Nẵng, la température moyenne maximale oscille alors entre 33 et 34 °C. Le climat du Centre a ses caprices et ses subtiles variantes. Par exemple, quand il fait un temps gris et pluvieux à Huế, il peut faire beau à Đà Nẵng, 100 km au sud. Au-delà du célèbre col des Nuages, le ciel bleu peut tout à coup réapparaître sans transition.
– *Sur les Hauts Plateaux :* à Dalat, Ban Mê Thuột, Kon Tum, la température est beaucoup plus fraîche que sur la côte.
– *Le microclimat de Nha Trang et Mũi Né :* cette portion de côte est réputée pour son climat sec et ensoleillé quasiment toute l'année.
– *Moins bonne période :* septembre et octobre. Époque des changements de mousson ; des typhons peuvent se former et s'abattre sur le littoral. Après les pluies, en novembre, certaines régions sont partiellement inondées, comme vers Hội An et Huế.

Au sud

– *Meilleure période : de décembre à avril, c'est la période sèche et ensoleillée.* Février est le mois où il pleut le moins de l'année. Mars et avril sont les mois les plus chauds, avec une moyenne de 34 à 35 °C.
– *Moins bonne période :* de juillet à septembre, époque la plus pluvieuse. Ce n'est pas la peine par exemple d'aller sur l'île de Phú Quốc à cette époque : il pleut beaucoup. Certains hôtels sont même fermés durant cette période. Heureusement, sur le continent, dans le delta du Mékong, il ne pleut pas toute la journée, mais seulement à certaines heures (en fin d'après-midi). Ce n'est d'ailleurs pas désagréable car la pluie apporte de la fraîcheur. Attention aux crues qui peuvent se produire brutalement dans le delta du Mékong entre mi-août et mi-septembre. C'est aussi la saison de la ponte des tortues sur l'île de Côn Đảo.

Conseils vestimentaires

Pour le Nord en hiver (de novembre à février), emportez des vêtements chauds (comme un pull ou une polaire) et imperméables, car il peut faire vraiment froid (crachin et vent). Si, au cours du même voyage, vous allez dans le Sud, prévoyez également des tenues légères : T-shirts, chemisettes, pantalons légers.

DANGERS ET ENQUIQUINEMENTS

Sécurité

Il y a fort peu de problèmes de sécurité au Vietnam. Toutefois, des **vols à la tire** arrivent fréquemment dans certains quartiers de Hồ Chí Minh-Ville. Les agressions sont rarement violentes. Plutôt des vols de sacs, de téléphones portables, d'objets de valeur, commis par d'habiles voleurs qui se déplacent à scooter et agissent vite et bien (à la manière napolitaine).
Dans votre chambre d'hôtel, ne pas laisser, bien entendu, d'objets de valeur en vue. Bien fermer son sac ou sa valise, mettre son argent liquide dans le coffre-fort. Chaque année, on nous signale des cas de vol.
Enfin, les agressions physiques contre des touristes sont extrêmement rares.

Bruit, pollution

Le bruit est omniprésent dans les grandes villes car la circulation des 2-roues (scooters, motos) y est dense. Ce bourdonnement incessant est agrémenté de coups de klaxon permanents (ça se calme la nuit) et de son lot de pollution (fumées d'échappement). **Hồ Chí Minh-Ville est la ville la plus bruyante et la plus polluée du Vietnam.** Hanoi vient ensuite. Les autres villes sont nettement moins encombrées. De nuit, les **karaokés** prennent le relais. Ils démarrent dans certaines régions à 7h, pour le petit déj... on vous indique lorsqu'un hôtel est trop proche d'un de ces temples de la fausse note. Bref, n'oubliez pas vos bouchons d'oreilles.

Sollicitations

Les marchands de nappes brodées à Hoa Lư-Ninh Bình, les vendeurs de souvenirs, des cireurs de chaussures, des motos-taxis : le visiteur est très souvent sollicité au Vietnam, avec insistance mais sans agressivité. Soyez patient, sachez refuser calmement, même si ce n'est pas toujours facile. Et n'oubliez pas que pour beaucoup de gens, il en va de leur survie.

Arnaques

Dire que tous les Vietnamiens sont arnaqueurs serait diffamatoire. Mais certains d'entre eux se jouent avec brio des touristes bien intentionnés, ternissant l'image de leur pays. De nombreux lecteurs se plaignent des **arnaques quotidiennes et courantes** dans les secteurs touristiques. Un chauffeur de taxi malveillant qui trafique son compteur, un hôtelier cupide qui ne respecte pas la réservation, gonfle les prix ou annonce un service inexistant, une agence de voyages qui ne tient pas ses engagements : programme non respecté, transports bas de gamme, bateau peu sûr, guide parlant mal l'anglais, etc.
– **Compagnies de taxis recommandables et honnêtes :** Mai Linh Taxi est présente dans tout le pays, Vina Sun dans le Sud, et Hanoi Taxi Group dans le Nord.

DÉCALAGE HORAIRE

Il y a 6h de décalage – en plus – entre le Vietnam et le méridien de Greenwich. Plus concrètement, s'il est 12h à Paris, à Hồ Chí Minh-Ville et Hanoi il est 18h en hiver et 17h en été. Il y a 11h de décalage horaire avec le Canada. Quand il est 7h à Ottawa, il est 18h à Hanoi.

ÉLECTRICITÉ

Le courant électrique est du 220 volts et les prises sont identiques aux prises françaises d'avant la normalisation européenne, sauf dans le Sud, où l'on trouve dans les chambres à la fois des prises américaines et des prises européennes. Par sécurité, prévoyez un adaptateur.

FÊTES ET JOURS FÉRIÉS

Le calendrier vietnamien est rythmé par une série de fêtes, la plupart religieuses, réparties sur 2 calendriers (lunaire et solaire). Par exemple, la date de naissance est donnée en calendrier solaire, alors que la date d'anniversaire de mort est en calendrier lunaire. Le Têt suit le calendrier lunaire (janvier ou février selon les années). Attention aux confusions !

L'influence chinoise est prépondérante dans la majorité des fêtes bouddhiques, confucéennes ou taoïstes. L'influence occidentale (par le biais de la France), moins importante, se lit dans les fêtes chrétiennes (Noël, Pâques, l'Assomption), suivies par les catholiques vietnamiens. Enfin, 3e type de fête, les fêtes civiles qui marquent des événements importants de l'histoire du Vietnam (exemple : l'Indépendance le 2 septembre ou l'anniversaire de la réunification du pays le 30 avril).

À toutes ces occasions de réjouissances et de prières, il faut ajouter les innombrables fêtes locales dédiées aux génies tutélaires du village. On vous en signale quelques-unes, parmi les plus authentiques, particulièrement dans les provinces du nord du Vietnam.

Chez les Vietnamiens, le culte des ancêtres, l'anniversaire de la mort d'un parent ou d'un grand-parent est souvent prétexte à une réunion autour de l'autel familial et d'une visite à la pagode.

Fêtes traditionnelles

Janvier-février

– *1er janvier :* jour férié au Vietnam.
– *La fête du Têt* (Têt Nguyên Đán) *:* le Nouvel An vietnamien est la fête la plus importante du Vietnam. Elle marque la fin d'une année lunaire et le début d'une nouvelle année (chaque année portant le nom d'un animal de l'astrologie chinoise : le chien, le rat, le singe...). On célèbre le Têt entre le 1er et le 7e jour de l'année lunaire soit, grosso modo, entre la dernière semaine de janvier et la 3e de février (ni avant ni après cette période). Le Têt marque également l'arrivée du printemps, d'où son nom vietnamien qui signifie « fête de la Première Aurore ». Les Vietnamiens en profitent pour prendre leurs vacances : 5 jours fériés, souvent prolongés en une bonne semaine de congé. En revanche, *pour le voyageur étranger, c'est loin d'être une période idéale* : les bureaux ferment leurs portes, les hôtels affichent complet depuis belle lurette, beaucoup de restos gardent porte close, les avions sont pleins à craquer, les transports publics fonctionnent au ralenti... Bref, toute l'activité du pays semble suspendue pour célébrer la fête des fêtes dans la joie et l'exubérance ! Une trêve nationale (ce ne fut pas toujours le cas : en 1968, le *Vietcong* choisit le jour du Têt pour lancer sa grande offensive).
Pourquoi le Têt est-il si important ? Eh bien, parce que c'est le seul jour de l'année, selon la tradition, où les âmes des morts reviennent sur terre. Il ne faut donc pas rater le rendez-vous avec elles, sinon, gare ! Les vivants doivent impérativement être présents pour les recevoir debout devant l'autel des Ancêtres, l'air grave si possible.

FÊTES ET JOURS FÉRIÉS | 69

Les pétards sont interdits depuis le 1er janvier 1995 (sous peine d'une amende, équivalant à environ 150 €). Le Têt reste impressionnant pour les touristes tout en étant moins assourdissant.

Pendant les journées qui précèdent, les marchés débordent de fleurs, les branches d'abricotier aux fleurs jaunes *(hoa mai)* étant les plus recherchées ainsi que les branches de pêcher aux fleurs roses *(hoa đào)* pour décorer les maisons. Les familles se réunissent. Dans les pagodes, on brûle du santal dans des encensoirs. On présente au génie gardien du foyer des plateaux de friandises et des objets en papier. Cette cérémonie de « *l'adieu aux dieux lares* » est censée marquer le voyage vers le Ciel de l'Esprit de la Terre *(Táo Quân)* qui s'en va faire un rapport annuel (favorable ou défavorable) sur les vivants auprès du Tout-Puissant Empereur de Jade. Une bureaucratie céleste en somme calquée sur celle des anciens empereurs de Huế.

Avant le jour même du Têt, on confectionne le *bánh chưng*, un délicieux gâteau de riz gluant garni d'une farce composée de poitrine de porc, de haricots écrasés, le tout arrosé d'une sauce de soja ou de *nước mắm*, la sauce nationale faite à partir de saumure de poisson. Dans le nord du pays, ce gâteau salé est carré, symbole de l'Univers et des bienfaits des ancêtres. Dans le Sud, il est cylindrique et s'appelle *bánh tét*.

Le 1er jour de la nouvelle année est d'une importance cruciale pour les Vietnamiens. Tout ce qui se dit et se fait ce jour-là influence le reste de l'année. La 1re personne qui franchit le seuil de la maison ne doit pas être n'importe qui, mais une personne vertueuse et fortunée, pour apporter bonheur et prospérité à la famille pendant les 364 jours suivants. Si vous êtes fauché et dans la panade, évitez donc de frapper dès l'aube du 1er jour à la porte de vos amis vietnamiens. Il est interdit de se quereller ce jour-là, de jurer (pas facile à appliquer...), de casser de la vaisselle (!). Mieux encore : les anciens ne font aucun travail pendant le jour du Têt, car ces actes annoncent peine et sueur pour toute l'année ! C'est ça, le Têt ! Une fête vraiment unique en son genre, à la fois religieuse et civile, qu'aucun Vietnamien ne peut manquer de célébrer.

– **Bon à savoir :** pendant la fête du Têt, les prix augmentent brutalement, passant du simple au double, voire plus. Les transports et les hôtels se remplissent. Si vous allez au Vietnam pendant cette période festive (2 semaines avant et 1 semaine après le jour du Têt), pensez à réserver vos billets d'avion et vos chambres d'hôtel le plus tôt possible !

À QUOI SERT LA FUMÉE D'ENCENS ?

Selon une croyance vietnamienne, la fumée de l'encens relie les vivants aux morts. Alors laisser l'encens partir en fumée améliore à la fois le sort des vivants et la destinée des ancêtres, dont les esprits reviennent marauder dans les foyers pendant le Têt.

Mars-avril

– **La fête de Pâques** (chrétiens).
– **12 avril :** anniversaire de Hùng Vương, l'empereur légendaire censé être le fondateur de la 1re dynastie du Vietnam.
– **La fête des Aliments froids** *(Tết Hàn Thực) :* célébrée le 3e jour du 3e mois lunaire, elle commémore le souvenir d'un philosophe brûlé vif par le roi à la suite d'une erreur de jugement.

L'AMOUR ? UN PLAT QUI SE MANGE FROID !

La fête des Aliments froids est aussi l'époque où les garçons emmènent leur amoureuse en barque sur les étangs et les rivières. Ils jettent des fleurs sur l'eau, et si elles se rejoignent, certains sont persuadés que c'est un bon présage pour leur idylle.

Sage pays, où les saints sont des philosophes ! Depuis cette date, lors de l'anniversaire de sa mort, on doit s'abstenir de faire du feu pour cuire les aliments. On mange froid !

Mai-juin
– **Vers le 15 mai :** fête de la naissance, de l'Illumination et de la mort du Bouddha. À cette occasion (8e jour du 4e mois lunaire), des lanternes sont accrochées dans les maisons et dans les pagodes où des processions se déroulent dans la soirée.

Juillet-août
– **La fête des Âmes errantes :** *Thất Tịch* se déroule entre le 7e et le 15e jour du 7e mois lunaire. Être une âme errante, sans domicile fixe, entre la terre et le ciel, voilà une des pires destinées qu'un Vietnamien puisse envisager dans l'au-delà. D'où cette fête pour réconforter, nourrir, s'occuper, à travers cadeaux et offrandes, de ces pauvres âmes dont personne n'assure le culte. Le SAMU social des âmes, en somme !

Septembre-octobre
– **La fête de la Mi-automne :** *Tết Trung Thu*, ou fête de la Lune, est célébrée le 15e jour du 8e mois lunaire. On confectionne des gâteaux en forme de lune avec du riz gluant, une farce de graines de lotus et de pastèque, du jaune d'œuf de cane, des cacahuètes et des raisins de Corinthe. Les enfants défilent à la nuit tombée, portant des lanternes en papier représentant des crapauds, des lapins (habitants légendaires de la lune), des dragons...

Décembre
– **25 décembre :** fête de Noël. Une fête très largement célébrée partout dans le pays, par toute la population et pas seulement les chrétiens (ultra-minoritaires).
– **31 décembre :** le Nouvel An du calendrier grégorien (international) est fêté aussi au Vietnam, surtout dans les grandes villes, très peu dans les villages de campagne. À Hồ Chí Minh-Ville, l'euphorie n'a rien de comparable avec la fête du Tết, mais les restos des grands hôtels s'animent plus qu'à l'ordinaire, on assiste à un vrai défilé de cyclomoteurs dans les rues et les cargos du port actionnent leurs sirènes, sans oublier le feu d'artifice rituel.

Fêtes locales

– **La fête des Pétards :** elle a lieu début janvier (vers les 3-4) à Đồng Kỵ, dans les environs de Hanoi. Un délire pétaradant, assourdissant, exubérant, qui mériterait de figurer dans le *Livre des records*.
– **La fête et le festival de Hội Lim :** se tient au village de Lim, dans la province de Bắc Ninh (nord du Vietnam), 2 semaines environ après la fête du Tết (fin février). Radio-crochet romantique et populaire dans une ambiance animée.
– **La fête de Đa Sỹ :** célébrée 2 semaines après le Tết à Đa Sỹ, petit village à 10 km de Hanoi. Une des fêtes les moins connues du Nord, mais une des plus spectaculaires. Les réjouissances durent 5 jours, autour du temple du XVIIe s. La fête commence par une procession époustouflante des dieux (du temple) portés à travers le village sous des palanquins dorés, escortés par de jeunes vierges vêtues de blanc. Les gens du pays s'habillent à l'ancienne et un grand dragon de 50 m de long est promené pendant toute la fête.
– Il y a bien d'autres **petites fêtes locales** au nord du pays, région où les traditions populaires ont été mieux préservées grâce, d'une certaine manière, à la fermeture du pays pendant plus de 50 ans !

Jours fériés

– **Bon à savoir :** au Vietnam, si les jours fériés tombent sur des week-ends, alors ceux-ci sont reportés sur les jours qui suivent le week-end.
– **1er janvier :** Nouvel An universel.
– **Fête du Têt :** le dernier jour de l'année lunaire est férié et les 4 premiers jours du Nouvel An vietnamien (calendrier lunaire) sont aussi fériés. Cela fait donc 5 jours fériés !
– **En avril :** le Jour de la commémoration des rois du Vietnam. Date variable.
– **30 avril :** anniversaire de la prise de Saigon, le 30 avril 1975. La période entre le 27 avril et le 10 mai correspond aux vacances scolaires des Vietnamiens. Bon à savoir : il est plus difficile de trouver des places dans les hôtels. Les prix augmentent.
– **1er et 2 mai :** fête internationale du Travail.
– **2 septembre :** fête nationale commémorant la proclamation de l'indépendance du Vietnam, par l'oncle Hồ, en 1945.

HÉBERGEMENT

Les tarifs hôteliers varient selon la période de l'année. Ils sont beaucoup plus élevés pendant la fête du Têt et dans certaines villes touristiques (comme Nha Trang, Hội An ou Mũi Né) pendant la haute saison touristique (d'octobre à avril, et en juillet, août et septembre). Dans des lieux comme Sapa (Nord-Ouest) ou Bãi Cháy (baie d'Hạ Long), la basse saison correspond à l'hiver européen, soit de novembre à février (décembre est très frais). En revanche, à Saigon ou Hanoi, les prix sont assez stables tout au long de l'année.

> *Promotions sur Internet*
>
> De plus en plus d'hôtels modulent les tarifs de leurs chambres sur Internet en fonction du taux d'occupation. Il y a donc les prix de base (ceux que nous indiquons) et les promotions proposées sur le Net. À certaines périodes, le prix des chambres évolue en permanence, ce qui permet d'optimiser le chiffre d'affaires (comme le font les compagnies aériennes).
>
> Ces promotions sont extrêmement variables d'une semaine à l'autre, voire d'un jour à l'autre. Elles sont particulièrement intéressantes pour les hôtels de gamme supérieure (3-étoiles et plus). Par exemple, un établissement qui annonce des prix officiels de 90 à 130 € proposera les mêmes chambres entre 60 et 80 € sur son site, à certaines périodes creuses.
>
> Bref, lorsque vous avez choisi votre hôtel dans votre guide préféré, allez donc faire un tour sur son site pour voir ce qu'il propose. De vraies bonnes affaires en perspective !

Les *hostels*

On ne trouve pas (ou peu) au Vietnam d'auberges de jeunesse « officielles », affiliées au réseau international des AJ. En revanche une foule d'*hostels* privés ont ouvert dans les lieux touristiques, proposant dortoirs et chambres doubles aux voyageurs à petit budget. Évidemment, confort, tenue et ambiance aléatoires, même si l'équipement de base comprend en général, et au minimum, wifi et climatisation, mais rarement de cuisine en libre-service. Réception la plupart du temps anglophone, où l'on pourra vous renseigner sur les moyens de transports et excursions dans la zone, quand l'*hostel* n'organise pas directement ses propres tours.

Les hôtels classiques

C'est *le type d'hébergement le plus répandu.* Ils vont évidemment du plus simple au plus chic. Bonne nouvelle : les chambres sont bien équipées pour le prix, et il ne faut pas monter bien haut dans les catégories pour bénéficier du confort de base : climatisation (se dit AC au Vietnam), salle de bains privée, connexion wifi. Ensuite, ce qui fait la différence, c'est le standing général de l'établissement, les services qu'il propose et, bien sûr, l'entretien et la déco (plutôt inexistante dans les hôtels bon marché) des chambres. Bref la qualité générale de l'endroit. Dans les hôtels plus chers, on trouvera aussi minibar et coffre-fort dans les chambres.
La plupart des hôtels proposent des chambres à différents prix, non pas selon le niveau de confort (qui est le même dans tout l'hôtel) mais selon la taille et l'orientation. Celles côté rue sont presque toujours les plus chères car elles ont une « vue » (même si ce n'est que sur la rue) et ont tendance à être plus grandes (elles ont aussi un balcon). Les autres, intérieures ou donnant sur l'arrière, sont souvent plus petites, parfois sans fenêtre, mais aussi souvent... plus calmes (tout en étant meilleur marché). Un calme qui augmente aussi lorsqu'on obtient une chambre dans les étages plus élevés.

Les hôtels de charme

Cette catégorie se développe doucement, les grands blocs hôteliers de l'époque collectiviste n'intéressant plus personne ! De manière générale, il y a encore assez peu de petits hôtels de charme bon marché, même si, à Hanoi, les boutique-hôtels *Elegance* ou la *Maison d'Hanoi* (à partir de 50 € la nuit) restent abordables, tandis que l'hôtel *Conifer* appartient à la nouvelle génération des hôtels chics et choc (au-delà de 90 € la chambre).
Des **« boutique-hôtels »**, au design étudié et à la déco soignée, apparaissent aussi chaque année. Attention, le terme « boutique-hôtel » n'est pas un label officiel et ne signifie pas que l'hôtel abrite un magasin. Certains hôteliers en abusent.

Les vieux hôtels d'époque coloniale

Les vieux hôtels de l'époque coloniale sont quant à eux marqués par leur architecture française adaptée à la vie sous les tropiques. Quelques spécimens, tous chers mais très beaux, légendaires et mythiques : à Huê, le *Saigon Morin* et la *Résidence* ; à Hanoi, le *Sofitel Metropole* (le plus légendaire) ou l'*Hôtel de l'Opéra* ; à Hô Chí Minh-Ville, l'hôtel *Continental*, l'hôtel *Majestic* et le *Grand Hôtel*.
Dans le delta du Mékong, autour de Cái Bè, nichées dans la luxuriance des vergers tropicaux, se cachent aussi de charmantes **vieilles maisons de style colonial** français. Restaurées parfois avec goût, et encore habitées par les familles, elles accueillent les visiteurs. Leurs tarifs sont beaucoup plus abordables que les grands hôtels des grandes villes (certes, ce n'est pas non plus le même type d'établissement).

Les jonques-hôtels

Le mode d'hébergement le plus courant dans la baie d'Hạ Long. Construites en bois et équipées d'un moteur, dans le style des jonques anciennes revues et aménagées pour plaire aux touristes, elles permettent de passer une nuit au cœur de ce magnifique archipel d'îlots rocheux, l'une des merveilles du Vietnam (voir le chapitre « La baie d'Hạ Long »). Certes, une décision de repeindre toute la flotte en blanc enlève un peu au côté poétique et romantique de ces bateaux...
Les agences de voyages, en lien avec les grandes compagnies *(Victory Cruise, Bài Thơ, Indochina Sails...),* proposent généralement des croisières de 2 jours + 1 nuit. On trouve des embarcations de tous les styles, de toutes les tailles, de tous les niveaux de confort... et à tous les prix.

– Il y a **2 types de jonques-hôtels** : les jonques-hôtels privées (de 1 à 4 cabines) plus petites, plus intimes, mais plus chères, et les jonques-hôtels collectives (de 5 à 30 cabines), plus grandes et moins chères. Se reporter au chapitre « La baie d'Hạ Long ».

Les hôtels d'État (ou semi-étatiques)

De plus en plus, les hôtels d'État deviennent des établissements semi-étatiques, semi-privés (à capitaux mixtes). Ils se mettent aux normes internationales, comme les nombreux *hôtels de la chaîne Saigontourist.* Dans les grandes villes, ils occupent tantôt d'anciens immeubles coloniaux (très beaux) tantôt des édifices de style soviétique, sans charme. Toutefois, ces derniers ont tendance à disparaître car inadaptés à la demande du marché touristique. Les services offerts y sont de plus en plus satisfaisants, mais les prix gonflent en proportion.

Les grands hôtels de chaînes

Les grandes chaînes internationales comme le groupe hôtelier français *Accor* sont implantées au Vietnam (*Sofitel, Novotel, Mercure* et *Ibis*). Vous y trouverez donc les enseignes les plus connues *(Sheraton, Hilton, Hyatt, Four Seasons...).* Leurs tarifs sont certes élevés mais quand même plus bas qu'en Europe. De plus, on peut obtenir de bonnes réductions sur ce type d'hébergement en réservant sur Internet.

Logement chez l'habitant (maisons d'hôtes, *homestay*)

Les maisons d'hôtes sont désignées sous le terme « *homestay* ». Elles se multiplient, aussi bien dans les grandes villes qu'à la campagne et à la montagne. C'est aussi une forme d'hébergement répandue dans le nord du pays chez les habitants des minorités ethniques de Mai Châu, Sapa, Bắc Hà, Cao Bằng, Lạng Sơn, où l'on dort dans de jolies maisons traditionnelles de façon très simple (parfois une modeste natte posée à même le sol) mais très conviviale.

À Hồ Chí Minh-Ville, par exemple, de nombreuses maisons particulières du « quartier routard » ont ouvert leurs portes aux voyageurs. Affichant « *rooms for rent* », ces adresses oscillent entre chambres chez l'habitant et mini-hôtels à bas prix.

– **Bon à savoir :** de plus en plus de petits hôtels ajoutent dans le nom de leur établissement le mot « *homestay* ». C'est un abus. En réalité, ce ne sont pas des logements chez l'habitant. Dans une vraie maison d'hôtes, vous êtes reçu par la famille vivant sur place, ce qui n'est pas le cas dans ces maisons.

LANGUE

La langue vietnamienne

Elle fait partie des rares langues d'Asie du Sud-Est, avec le malais et l'indonésien, à s'écrire en caractères latins. À défaut de les prononcer correctement et de les comprendre, un Occidental peut donc sans difficulté lire les mots (même s'ils sont truffés de signes diacritiques !).

C'est une **langue monosyllabique et tonale.** Toute la difficulté du vietnamien réside dans la prononciation et l'accentuation. Un vrai casse-tête, presque chinois d'ailleurs, puisque l'idiome mandarin suit des règles analogues ! Imaginez qu'un même mot peut prendre des sens totalement différents selon que vous le prononcez d'un ton aigu, d'un ton descendant, d'un ton lourd ou d'un ton interrogatif (léger). La moindre erreur dans l'intonation peut donner lieu à des quiproquos, voire à des malentendus grotesques. Ainsi le mot « be » peut signifier, selon son accent : flacon à alcool *(be)*, train-radeau *(bè)*, petit *(bé)*, rompre *(bẻ)*, avoir honte *(bẽ)*, veau *(bê)*, point de vue *(bề)*, porter dans ses bras *(bế)*, trône *(bệ)*, océan *(bể)*, gaine de la feuille de bananier *(be)* ! C'est la raison pour laquelle les Vietnamiens francophones écrivent le français avec autant de soin, en accordant une attention particulière aux accents.

Les racines de la langue vietnamienne se perdent dans la nuit des temps. Elle a gardé de ses origines môn-khmères son vocabulaire et sa grammaire de base. Elle a reçu aussi une influence thaïe, en particulier les 1res formes de tonalité et d'autres aspects grammaticaux. Au chinois, elle doit son vocabulaire philosophique, religieux, administratif et technique.

Les 53 minorités ethniques du pays ont chacune leur dialecte, incompréhensible pour un Vietnamien. Certains habitants des régions reculées des Hauts Plateaux ne parlent même pas le vietnamien, langue des basses plaines et des rizières !

Le français

Le français est encore parlé par les lettrés de la génération qui a connu l'époque coloniale, mais cela ne représente plus qu'une minorité. Il y a néanmoins un **renouveau de la francophonie** assez sensible ces derniers temps auprès des jeunes désireux de trouver du travail dans le tourisme ou dans les sociétés françaises qui s'implantent au Vietnam. Dans les campagnes, on ne trouve aujourd'hui presque plus de francophones. Mais on a encore des surprises étonnantes, même dans des trous perdus, où l'on tombe sur des vieux papis titulaires du BEPC, capables de réciter Lamartine ou Hugo par cœur !

La **télévision VTV2** diffuse le journal en français vers 15h et **VTV1** vers 23h. Pour ceux qui ont dans leur chambre d'hôtel la TV satellite (seul lieu où elle est autorisée !), vous pouvez capter **TV5MONDE.**

Dans les musées, les brochures et feuillets d'explication en français sont loin d'être rares, mais il faut les réclamer, car ils restent dans les tiroirs.

Des mots vietnamiens d'origine française

Quelques mots français ont fait souche dans la langue vietnamienne. Ils se sont vietnamisés en se scindant en monosyllabes, comme le veut la règle linguistique : *xúp* (soupe), *cà phê* (café), *mu tát* (moutarde), *sô cô la* (chocolat), *xà bông* (savon), *bi* (bille), *ký lô* (kilo), *ký lô mét* (kilomètre), *ô tô* (automobile), *xích lô* (cyclo-pousse), *ga* (gare), *bia* (bière). Et qu'est donc le *« Ghi đơ ru ta »* ?

L'anglais

L'anglais est assez courant dans les régions touristiques (encore qu'on peut parfois avoir du mal à se faire comprendre). On le parle plus facilement au Sud qu'au Nord, en raison de la présence américaine pendant la guerre du Vietnam. C'est de loin la langue étrangère la plus répandue aujourd'hui.

Alexandre de Rhodes et le *quốc ngữ*

Non, malgré son nom, il n'était pas originaire de l'île de Rhodes, mais d'Avignon. Le père Alexandre de Rhodes (1591-1660) fut l'**un des 1ers missionnaires de la Cochinchine.** D'une famille juive espagnole convertie au christianisme, ce brillant jésuite, voyageur infatigable, est l'**inventeur du quốc ngữ, l'alphabet phonétique en caractères latins** qu'utilisent les Vietnamiens aujourd'hui. Il débarqua à 34 ans au Vietnam, alors sous la dynastie des Lê. Dérouté par la langue locale, qui pour lui ressemblait à un « gazouillis d'oiseaux », il l'apprit cependant très vite et, 6 mois plus tard, il prêchait l'Évangile en vietnamien ! Par la suite, il apprit aussi le japonais, le chinois, l'hindoustani et le persan.

Doté d'une érudition exceptionnelle, il composa le 1er dictionnaire annamite-portugais-latin (1651). Le père de Rhodes a transcrit des milliers et des milliers de mots vietnamiens en caractères romains, provoquant une révolution dans la culture traditionnelle. Jusque-là, le vietnamien s'écrivait en *chữ nho* (caractères chinois) et en *chữ nôm* (écriture mêlant les idéogrammes chinois à leur transcription phonétique). Avec la généralisation du *quốc ngữ*, le pouvoir mandarinal fut menacé. Cette « nouvelle langue vietnamienne » se rapprochait des normes européennes tout en se détachant de ses racines chinoises millénaires.

Dès le XVIIe s, le vietnamien devint lisible par n'importe quel Occidental. L'Église et l'administration coloniale française s'en servirent au XIXe s, mais ce n'est qu'à partir de 1906 que l'enseignement du *quốc ngữ* devint obligatoire dans les écoles. **Elle devint l'écriture nationale du Vietnam en 1919,** après l'abolition des concours littéraires triennaux. Certains nationalistes vietnamiens admettent aujourd'hui que la romanisation de leur langue fut un bon moyen pour soustraire la nation à l'emprise culturelle chinoise, mais soulignent que ce fut aussi le 1er maillon de l'engrenage colonial...

Prononciation

– *D* : s'il est barré, se prononce comme un *d*. S'il n'est pas barré, se prononce comme un *z* au nord et comme un *y* au sud.
– *NH* : se prononce comme « gne ».
– *R* : se prononce comme un *z* au nord, un *r* roulé au sud.
– *X* : se prononce comme un *s*.
– Le *s* se prononce comme « ch ».
– Le *tr* se prononce comme un « tche » au nord et un « tr » roulé au sud.

Mots usuels et expressions courantes

Bonjour	*Xin chào*
Bonjour monsieur	*Chào ông*
Bonjour madame	*Chào bà*
Bonjour mademoiselle	*Chào cô*
Bonsoir, au revoir	*Chào (comme bonjour)*
Au revoir	*Chào tạm biệt*
À bientôt	*Hẹn gặp lại*
S'il vous plaît	*Làm ơn*
S'il vous plaît, donnez-moi un verre d'eau	*Làm ơn cho tôi một ly nước*
Merci	*Cảm ơn*
Merci beaucoup	*Cảm ơn nhiều lắm*
Pardon	*Xin lỗi*
Oui	*Vâng* (Nord) ; *Có, phải* (Sud)
Non	*Không*
Comment vous appelez-vous ?	*Tên... là gì ?*
Je m'appelle...	*Tôi tên là...*
Je suis français	*Tôi là người Pháp*
Je suis belge	*Tôi là người Bỉ*
Je suis suisse	*Tôi là người Thụy Sĩ*
Je suis canadien	*Tôi là người Canada*

Au café, au restaurant, à l'hôtel

N.B. : une liste des plats typiques se trouve dans la rubrique « Cuisine » dans « Hommes, culture, environnement » en fin de guide.

Combien ça coûte ?	*Bao nhiêu (niou) ?*
Trop cher	*Đắt quá*

Café	Cà phê
Restaurant	Nhà hàng
Hôtel	Khách sạn
Pension	Nhà nghỉ
S'il vous plaît, donnez-moi un jus d'orange sans glaçons	Làm ơn cho tôi một ly cam không đá
Eau minérale	Nước suối
Bière fraîche	Bia lạnh
Jus de noix de coco	Nước dừa
Café noir	Cà phê đen
Café au lait	Cà phê sữa
Thé	Nước chè (Nord) ; nước trà (Sud)
Riz	Cơm
Soupe tonkinoise	Phở (prononcez « feu » et non « fo »)
Nouilles	Mì
Bœuf	Bò
Porc	Heo
Poulet	Gà
Poisson	Cá
Crabe	Cua
Crevettes	Tôm
Glace	Kem
Le menu, s'il vous plaît	Đưa dùm thực đơn
L'addition, s'il vous plaît	Làm ơn tính tiền
Baguettes	Đôi đũa
Bol	Bát (Nord) ; chén (Sud)
Fourchette	Nĩa
Couteau	Dao
Cuillère	Thìa (Nord) ; muỗng (Sud)
Où sont les toilettes ?	Nhà vệ sinh ở đâu ?
C'est bon	Ngon lắm
Sel	Muối
Poivre	Tiêu
Piment	Ớt
Sucre	Đường
Je veux louer une chambre	Tôi muốn thuê phòng
Une chambre pour 1 personne	Phòng một người
Une chambre pour 2 personnes	Phòng hai người
Une chambre pour 3 personnes	Phòng ba người
Donnant sur l'arrière	Ở phía sau
Donnant sur la rue	Nhìn ra đường
Je veux une chambre moins chère	Tôi muốn phòng rẻ hơn
Je reste 1 nuit	Tôi ở lại một đêm
Je reste 2 nuits	Tôi ở lại hai đêm
S'il vous plaît, réveillez-moi demain à 4h	Làm ơn đánh thức tôi dậy bốn giờ sáng

En ville

Bureau du tourisme	Công ty du lịch
Maison	Căn nhà
Rue	Đường
Boulevard	Đại lộ
Place	Công trường
Poste	Bưu điện
Police	Công an

Musée	*Viện bảo tàng*
Pagode	*Chùa*
Temple	*Đền*
Église	*Nhà thờ*
Coiffeur	*Hớt tóc*
Tailleur	*Tiệm may*
Marché	*Chợ*

Sur la route

Pourriez-vous m'indiquer la route de Dalat, s'il vous plaît ?	*Làm ơn chỉ cho tôi đường đi Đà Lạt được không ?*
Sommes-nous sur la route de Vũng Tàu ?	*Có phải đường đi Vũng Tàu không ?*
Où est la station-service la plus proche ?	*Trạm bán xăng gần nhất ở đâu ?*
Combien de temps dure le voyage ?	*Chuyến đi sẽ mất bao lâu ?*
Cyclo-pousse	*Xe xích lô*
Bus	*Xe buýt*
Gare routière	*Bến xe*
Train	*Xe lửa*
Gare ferroviaire	*Ga xe lửa*
Lit	*Giường ngủ*

Nombres

1	*một*		14	*mười bốn*
2	*hai*		15	*mười lăm*
3	*ba*		16	*mười sáu*
4	*bốn*		17	*mười bảy*
5	*năm*		18	*mười tám*
6	*sáu*		19	*mười chín*
7	*bảy*		20	*hai mươi*
8	*tám*		40	*bốn mươi*
9	*chín*		100	*một trăm*
10	*mười*		200	*hai trăm*
11	*mười một*		1 000	*một nghìn*
12	*mười hai*		5 000	*năm nghìn*
13	*mười ba*		50 000	*năm mươi nghìn*

Temps, jours de la semaine

Quelle heure est-il ?	*Mấy giờ rồi ?*
Il est 7h	*Bảy giờ*
Lundi	*Thứ hai*
Mardi	*Thứ ba*
Mercredi	*Thứ tư*
Jeudi	*Thứ năm*
Vendredi	*Thứ sáu*
Samedi	*Thứ bảy*
Dimanche	*Chủ nhật*

Santé, urgences, divers

Je veux voir un docteur	*Tôi cần gặp bác sĩ*
Dentiste	*Nha sĩ*
Pharmacie	*Nhà thuốc*
Hôpital	*Bệnh viện*
Stop danger !	*Đứng lại, nguy hiểm !*

LIVRES DE ROUTE

Voilà un pays sur lequel on a beaucoup écrit. Il faudrait citer une bibliothèque entière pour être exhaustif. La plupart des bouquins sur la guerre du Vietnam ont été écrits par des Américains. On vous donne en vrac notre sélection de livres préférés.

Romans

– **Terre des oublis,** de Dương Thu Hương (Le Livre de Poche, 2007). Une femme, dont le mari est porté disparu pendant la guerre du Vietnam, se remarie avec un riche propriétaire terrien. 14 années plus tard, son 1er mari – qui n'était pas mort – revient à la maison : il a gagné la guerre, mais il a perdu sa femme. Déchirée entre le devoir et l'amour, sous la pression sociale et politique, l'épouse retourne à contrecœur vers son 1er époux, sacrifiée sur l'autel de la patrie et de la bonne morale. Servi par une langue d'une grande richesse, un formidable roman sur le carcan social et le traumatisme de la guerre, doublé d'un hommage aux paysages, à la cuisine, à la culture populaire et aux petits riens du quotidien. Du même auteur, lire aussi **Au Zénith,** roman frappé de censure au Vietnam.

Chroniques historiques, essais

– **Histoire de Hanoi,** de Philippe Papin (Fayard, 2001). La meilleure histoire jamais écrite en français sur la capitale du Vietnam. Le grand spécialiste du pays (titulaire de la chaire de vietnamien) a vécu 14 ans dans ce pays, fouillé les archives autant que les sites et les monuments, et recueilli un nombre incroyable de témoignages. À lire également du même auteur : **Vivre avec les Vietnamiens** (éd. du Centurion) et **Viêt-Nam. Parcours d'une nation** (Belin), excellente introduction générale au pays.

La période coloniale

– **Continental Saigon,** de Philippe Franchini (éd. des Équateurs, 2015). Né à Saigon d'un père corse et d'une mère vietnamienne, l'auteur a dirigé l'hôtel Continental, de 1965 à 1975, ce palace de légende, dont il a hérité de son père. Ce fut le rendez-vous des aventuriers, écrivains, reporters, mais aussi des politiques et des militaires. Victor Segalen, Malraux, Lucien Bodard, Graham Greene y séjournèrent. À travers ses souvenirs, ce témoin exceptionnel raconte l'histoire magnifique et douloureuse de cette ville, de l'époque coloniale jusqu'à la chute de Saigon en 1975.
– **La Nuit indochinoise,** de Jean Hougron (éd. Laffont, 1984). De 1946 à 1951, Jean Hougron a vécu et parcouru le Sud-Est asiatique, exerçant tous les métiers. Il en a « rapporté un style » (dixit Marguerite Duras, qui s'en serait inspirée !) et des impressions fortes. Ce gros livre rassemble 4 romans, parmi lesquels Les Asiates. Il met en scène la tragique saga d'une famille française en Indochine de 1905 à 1947.

Les guerres et l'indépendance du Vietnam

– **Les Carnets retrouvés (1968-1970),** de Đặng Thùy Trâm (éd. Philippe Picquier, 2012). Jeune médecin dans l'armée du Nord, patriote et révolutionnaire exemplaire, l'autrice s'engage dans la guerre avec passion et dévouement. Elle tient un journal pendant plusieurs années, jusqu'à sa mort. Elle est tuée lors d'un bombardement ; un agent de la CIA trouve son journal et le conserve. Rentré aux États-Unis, il le publie. 30 ans après, de retour à Hanoi, l'Américain rend les carnets à la famille vietnamienne de la jeune femme. Ils sont alors publiés en vietnamien. Ce livre est un beau témoignage sur la foi combattante, la ferveur patriotique et les souffrances de la guerre.
– **Võ Nguyên Giáp – Viêt-nam 1940-1975. La Victoire à tout prix,** de Cecil B. Currey (éd. Phébus, 2003). Professeur d'histoire militaire aux États-Unis,

l'auteur nous livre ici une très belle biographie sur un personnage exceptionnel de l'histoire contemporaine du Vietnam : le général Giáp, qui a vaincu l'armée française à Điện Biên Phủ et tenu tête à la puissante machine de guerre US.

– *Hồ Chí Minh. De l'Indochine au Vietnam,* de Daniel Hémery (éd. Gallimard, 1990). La vie de l'oncle Hồ racontée par ce sociologue du CNRS avec un certain brio et merveilleusement illustré dans un bouquin au format poche. Lecture indispensable pour comprendre l'incroyable destinée du père de la révolution vietnamienne, qui donna au pays son indépendance et le réunifia.

– *La Chute de Saigon (Cruel avril),* d'Olivier Todd (Poche, Tempus, 2011). Le récit de la chute de Saigon en 1975 narrée par un ancien grand reporter du *Nouvel Observateur* présent au Vietnam pendant les années 1970. Les 3 derniers mois de l'agonie du Sud-Vietnam y sont racontés en détail. Le lecteur se met dans la peau, à la fois, d'un espion de la CIA, d'un *GI* en déroute, d'un Vietcong triomphant ou d'un officier du Pentagone au bord de la crise de nerfs. Un récit historique remarquable.

– *L'Innocence perdue,* de Neil Sheehan (éd. du Seuil, coll. « Points Histoire », 1991). Écrit par le correspondant de guerre du *New York Times* au Vietnam, ce livre a reçu le prix Pulitzer en 1988. Une des meilleures ventes aux États-Unis cette année-là. *L'Innocence perdue* est un énorme pavé (16 ans de travail) qui raconte la guerre du Vietnam à travers l'itinéraire de John Paul Vann, conseiller « spécial » de l'armée américaine de 1962 à 1972.

– *Putain de mort,* de Michael Herr (éd. Albin Michel, 2010). Publié pour la 1re fois en Amérique en 1968 sous le titre *Dispatches,* il s'agit là du livre culte du journalisme de guerre au Vietnam. Des images de souffrance et de cauchemar, des visions terrifiantes de champs de bataille (Khe Sanh) sous les bombes, la vie ordinaire des soldats, la peur et la volonté féroce de survivre à tout prix face à l'ennemi, le napalm, la défonce et le rock'n'roll. « Je crois que le Vietnam est ce que nous avons eu à la place d'une enfance heureuse », écrit-il.

– *Un Américain bien tranquille,* de Graham Greene (éd. Laffont ou 10/18, 2016). Un bon roman de Graham Greene dont l'action se passe à Saigon dans les années 1950, avant l'engagement américain au Vietnam. L'histoire d'un jeune homme ambitieux et d'un journaliste anglais cynique, tous 2 amoureux de la même femme. Ce roman a été adapté au cinéma par Phillip Noyce avec Michael Caine dans le rôle principal.

Récits de voyage

– *Sur la route Mandarine,* de Roland Dorgelès (éd. Kailash, 2004). Dans les années 1920, en pleine période coloniale, un écrivain français (ancien combattant amer de 1914-1918) découvre le Tonkin, l'Annam et la Cochinchine. Dans un style vif à l'humour acerbe, il reconnaît le génie ancestral de certains habitants de ce pays et n'hésite pas à piétiner les clichés de la glorieuse présence française.

– *La Nuit du dragon,* de Norman Lewis (éd. Philippe Picquier, 2014). En janvier 1950, cet écrivain anglais à l'œil aiguisé entreprend un long et audacieux voyage dans une Indochine en passe de se libérer de la tutelle française. De Saigon à Phnom Penh (Cambodge) en passant par les Hauts Plateaux, Lewis affronte les pires obstacles (accidents, embuscades du Vietminh) pour aller jusqu'au bout de sa route. Un beau récit par l'un des meilleurs écrivains-voyageurs britanniques.

POSTE

Poste se dit bưu điện *en vietnamien.* Les bureaux sont indiqués sur les plans de ville et sur les façades des immeubles. On les trouve dans toutes les villes importantes. Ils sont reconnaissables de loin à leur tour horloge, et souvent une antenne de télétransmission très élevée les côtoie. Nous indiquons les horaires d'ouverture dans la rubrique « Adresses utiles » de chaque ville.

Courrier

Il est préférable d'envoyer les lettres et les cartes postales depuis les postes centrales des grandes villes, où les délais d'acheminement du courrier vers l'étranger sont beaucoup plus courts. Évitez de mettre votre courrier dans une boîte aux lettres ordinaire car il n'est pas sûr d'arriver à destination. Bien que cela ait tendance à diminuer, il faut quand même compter entre 1 et 2 semaines pour qu'une carte postée au Vietnam arrive en France.
– Timbre pour une carte postale pour la France : 24 000 Dg.

SANTÉ

Vaccinations

Aucune vaccination n'est exigée pour l'entrée en territoire vietnamien des voyageurs en provenance d'Europe. Il est recommandé d'être à jour pour les vaccinations suivantes :
– *vaccinations « universelles »*, c'est-à-dire celles que devraient avoir tous les Européens, en dehors de tout voyage : tétanos, polio, diphtérie et les hépatites A (voir plus bas) et B.
– *Fièvre typhoïde (Typhim Vi)* : la fièvre typhoïde est fréquente au Vietnam et elle est de plus en plus résistante aux antibiotiques, même les plus modernes. Une injection, à faire plus de 15 jours avant le départ. Protection : 3 ans.
– *Hépatite A :* également liée au manque d'hygiène, c'est la maladie du voyageur la plus fréquente qui puisse être prévenue par un vaccin (*Havrix 1440*, ou *Avaxim*, plus rapidement efficace : 15 jours), plus un rappel à faire suivre 6 à 18 mois plus tard, qui assurera une protection d'au moins 10 ans. N.B. : si vous avez plus de 60 ans, vous avez de fortes chances d'avoir une protection naturelle et donc d'éviter un vaccin, alors inutile et coûteux. N'hésitez pas, dans ce cas, à demander à votre médecin un dosage des anticorps totaux anti-VHA. Le vaccin *Tyavax* conjugue à la fois les vaccins contre l'hépatite A et la fièvre typhoïde.
– *L'encéphalite japonaise :* l'encéphalite japonaise sévit en permanence, mais surtout en milieu rural, et par épidémies en période de mousson. C'est une maladie grave (15 à 20% de décès, un tiers de séquelles neurologiques). Il existe depuis avril 2009 un vaccin (*Ixiaro®*) bien toléré, recommandé aux expatriés, voyageurs fréquents et touristes se rendant en période de mousson dans les pays situés au-dessous d'une ligne reliant le Bangladesh et le Sud sibérien, jusqu'au Queensland au sud (voir ● astrium.com ●). 2 injections (J0 et de J7 à + J28) ; disponible en centres de vaccinations internationales et en pharmacie (sur prescription). C'est un vaccin coûteux. Le prix varie d'un centre à l'autre.

Centres de vaccination

Pour les centres de vaccination partout en France, dans les DOM-TOM, en Belgique et en Suisse, consulter le site internet ● astrium.com ● Tous les centres de vaccinations sont aussi disponibles sur ● routard.com ●
Liens utiles : ● vaccination-info-service.fr ● pasteur.fr/fr/centre-medical ● et ● pasteur.lille.fr/vaccinations-voyages/ ●

Médicaments

Bien que la disponibilité en médicaments s'améliore rapidement, grâce à une libéralisation « sous contrôle politique », les **contrefaçons pharmaceutiques** sont monnaie courante au Vietnam, y compris dans les pharmacies dites « officielles ». En pratique, il vaut mieux emporter tout le nécessaire et éviter au maximum les achats locaux de médicaments, sauf cas de force majeure. Renseignez-vous

auprès de votre compagnie d'assistance ou d'une autorité consulaire qui vous orientera vers une pharmacie recommandable et agréée à Hanoi et Hồ Chí Minh-Ville. Emportez, en quantité suffisante, les médicaments que vous prenez régulièrement chez vous, ajoutez un antalgique (type *Doliprane®*) et un antidiarrhéique, un inhibiteur de la sécrétion intestinale par exemple *(Tiorfan®)*.
– *Conseil : n'emportez que les médicaments qui vous seront utiles, avec leur ordonnance.* Pas d'autres médicaments, même si vous voulez faire un don à une ONG de bonne réputation. Gros risque qu'ils soient confisqués à la douane. Le gouvernement fait ainsi semblant de lutter contre le trafic illégal de médicaments au Vietnam. Certains touristes ont même été emprisonnés dans le passé parce qu'ils n'avaient pas leur ordonnance avec eux.

Risques et dangers

– **Le virus Zika :** le Vietnam est touché par le virus Zika. Il se transmet par piqûre de moustiques diurnes. L'infection est le plus souvent asymptomatique : dans 70 % des cas, elle passe inaperçue. S'ils sont là, les symptômes sont modérés : fièvre, maux de tête, douleurs articulaires... Ils sont similaires à ceux de la dengue. Une seule protection pour l'instant : vêtements longs si possible imprégnés d'un répulsif antimoustiques comme *Insect Ecran Vêtements*.
– **La dengue :** c'est la maladie planétaire infectieuse qui connaît la plus grande expansion sous l'effet du réchauffement climatique. Le Vietnam connaît des pics épidémiques de dengue (aussi appelée grippe tropicale) dans les zones urbaines et semi-urbaines, surtout dans le Sud et lors de la saison des pluies. Fin juillet 2019, plus de 10 000 cas avaient déjà été enregistrés, dont 10 décès. Contrairement au paludisme, la dengue se transmet de jour par les moustiques. Les cas de victimes sont nombreux. Les enfants sont particulièrement vulnérables. Il n'existe aujourd'hui ni traitement ni vaccin commercialisé. La seule protection consiste à porter des vêtements les plus couvrants possible et à asperger d'antimoustiques les parties les plus exposées de votre corps. Pensez-y avant de sortir !
– **La rage :** l'Institut Pasteur conseille de se faire vacciner contre la rage, « en cas de séjour prolongé en situation d'isolement (enfants dès qu'ils marchent) ». Le vaccin antirabique consiste en 3 injections réparties sur 1 mois. Compter 1 semaine entre la 1re et la 2e injection, puis 2 semaines entre celle-ci et la 3e injection. Le prix de ce vaccin est élevé : environ 150 €. Un touriste peut être mordu par un chien n'importe où, en ville comme à la campagne. Dans un pays d'endémie rabique, tout animal mordeur doit être considéré comme potentiellement transmetteur de la rage. Ne l'approchez pas ! Bien que ce genre de morsure reste exceptionnelle, il faut quand même prendre des précautions. En cas de morsure, vous êtes en partie protégé par le vaccin, mais ce n'est pas suffisant. Vous devez vous rendre au plus vite à l'hôpital le plus proche, si possible dans un centre urbain important. Là, on vous fera une injection antirabique (en une ou plusieurs fois) et vous serez hors de danger. Rappel : on peut mourir de la rage si l'on n'est pas protégé !
Conseils pratiques : ne pas approcher les animaux, ne pas caresser les chiens même domestiques ni les singes (qui mordent aussi), ne pas les nourrir.
– **Bon à savoir :** attention à Monkey Island (Cát Bà) où les singes sont parfois incontrôlables.

Le paludisme

La situation du paludisme au Vietnam est généralement mal connue des médecins et, bien souvent, leurs prescriptions ne sont pas adaptées ou erronées. Il faut savoir que le paludisme au Vietnam, certes redoutable, est **présent seulement dans des zones restreintes** : il n'y a pas de paludisme dans le centre des grandes villes, ni dans les villes côtières touristiques, ni dans les plaines de rizières... Ce n'est donc que très exceptionnellement que le voyageur sera confronté au problème du paludisme.

Vérifiez votre itinéraire avec précision et consultez la carte détaillée du Vietnam indiquant les zones touchées par le paludisme sur le site ● *astrium.com* ●
Si votre voyage ne vous conduit pas dans ces zones à risques, vous n'avez besoin d'aucune protection antipaludique. En revanche, si vous sortez de ces sentiers battus (séjours en pays Moï, région de Diện Biên Phủ, plateaux de moyenne altitude, zones forestières et frontalières du pays, zone frontalière avec le Cambodge dans le delta du Mékong), vous devrez observer à la lettre les recommandations suivantes :
– porter, **dès le coucher du soleil,** des vêtements couvrant le maximum de surface corporelle, imprégnés de répulsifs antimoustiques ;

UNE ABSINTHE CHINOISE CONTRE LE PALUDISME

En guerre contre les Américains, dévastée par le paludisme, l'armée du Vietnam se tourna vers la Chine, un ancien allié, pour trouver une solution. Sous couvert d'un projet secret nommé « 523 », la doctoresse Youyou Tu finit par isoler « la » substance miracle au début des années 1970. Son nom ? L'artémisinine, qui est un extrait de l'absinthe ! Aujourd'hui encore, l'artémisinine (variété : Artemisia annua) *reste le traitement considéré comme le plus efficace pour lutter contre le paludisme. Alors merci Youyou Tu, âgée de 89 ans, trop tardivement récompensée en 2015 du prix Nobel de médecine. Et merci l'absinthe. Santé !*

– enduire les parties découvertes d'un **répulsif antimoustiques** cutané réellement efficace contre les moustiques tropicaux : beaucoup de répulsifs antimoustiques/ arthropodes vendus en grandes surfaces ou en pharmacie sont peu ou insuffisamment efficaces. Il existe toute une gamme conforme (OMS, ministère de la Santé) et fiable : *Insect Ecran* (adulte, enfant, vaporisation sur la peau, imprégnation des tissus). Disponibles en pharmacie ou en parapharmacie et en vente web sécurisée sur ● *boutique-sante-voyages.com* ● ;
– **ne dormir que sous moustiquaire** imprégnée d'insecticide (deltaméthrine ou perméthrine), protection considérée comme majeure et primordiale par l'Organisation mondiale de la santé et tous les spécialistes de ce domaine ;
– il existe plusieurs médicaments antipaludiques : *Atovaqone-Proguanil (Malarone*®*)*. Ils ne sont pas remboursés.

L'alimentation et l'eau

Après les insectes et leur lot de maladies véhiculées (paludisme, dengue... voir plus haut), le 2ᵉ grand péril est lié à l'eau et à l'alimentation. Il faut **éviter, autant que faire se peut, les crudités, les viandes non cuites à cœur** (ça tombe bien, la cuisine vietnamienne ne propose que des lamelles de viande toujours bien cuites). Évitez aussi le **lait et ses dérivés,** encore plus rares, car les Vietnamiens ont horreur des laitages et des fromages, en dehors de *La Vache qui rit* (que l'on trouve partout).
Méfiance surtout avec les coquillages et autres mollusques mais aucun problème avec les produits comme la langouste ou le crabe très frais. Les fruits et légumes peuvent être consommés s'ils ont été pelés, lavés ou cuits, ce qui laisse pas mal de marge. Les fritures (nems, calamars, poulpes...) ne posent pas de problème.
Enfin, n'hésitez pas à consommer, sans modération, la soupe traditionnelle (le *phở*), vendue partout sur les trottoirs. Le mode de préparation comprend plusieurs heures d'ébullition et c'est donc parfaitement stérile et délicieux. On y trouve des morceaux de bœuf ou de poulet.
Pour l'eau, il ne faut pas faire confiance à la notion d'encapsulage (les industrieux vietnamiens montent des petites usines de « recapsulage » partout où les touristes apparaissent). L'idéal est de demander une eau pétillante et si vous

n'entendez pas le « pschitt » au décapsulage, vous pouvez avoir des doutes...
Dans les grands hôtels et restos, en revanche, on peut avoir confiance.
Pour le reste, hormis les canettes de marque nationale (comme la bière *333* par exemple) trop difficiles à contrefaire, mieux vaut se fier à sa propre désinfection chimique (type *Micropur DCCNa®*) ou par filtration (type *Katadyn®*). Les filtres microbiens ont fait des progrès considérables de miniaturisation autant que d'efficacité.
– *Bon à savoir :* il est possible de purifier l'eau suspecte grâce à un procédé individuel et économique, une paille d'ultrafiltration de poche à 0,01 micron, qui, à travers 5 étages de filtration, piège absolument tous les parasites, virus et bactéries avec une capacité de 2 000 l d'eau purifiée. Grande autonomie, donc. Ni pile, ni substance chimique et un embout qui permet de fixer la paille à une bouteille en plastique (type « cola ») transformée alors en gourde, pratique ! Consulter le site internet ● *boutique-sante-voyages.com* ●

Infos pratiques

■ ***Sante-voyages.com*** *(Astrium) :* ☎ *01-45-86-41-91 (lun-ven 14h-19h).* ● *boutique-sante-voyages.com* ● Les produits et matériels utiles aux voyageurs, assez difficiles à trouver dans le commerce, peuvent être achetés par correspondance sur le site ● *astrium.com* ● Infos complètes toutes destinations, boutique web, paiement sécurisé, expéditions So Colissimo (48h) ou Chronopost (24h).

– On en profitera pour se procurer des préservatifs : le Vietnam a connu une explosion en matière de MST et de sida.
– Enfin, gros problème au Vietnam, le bruit. Omniprésent et quasi permanent en ville quelle que soit l'heure. Prévoyez des bouchons d'oreille en PVC type *EAR*.

En cas de grave problème de santé au Vietnam

Notez bien les informations suivantes :
– le système de santé local est encore déficient en dehors des grandes villes, telles que Hanoi et Hồ Chí Minh-Ville. Là, la prise en charge est en principe rapide et le prix de la consultation modique. Sinon, les très grands hôtels proposent généralement une liste de médecins souvent polyglottes.
– Certaines structures de santé étrangères et privées se sont implantées et offrent des soins de qualité supérieure, comme *l'hôpital franco-vietnamien (FV Hospital)* à Hồ Chí Minh-Ville *(6, Nguyễn Lương Bằng, quartier Phú Mỹ Hưng, quartier 7 ;* ☎ *(84-8) 54-11-35-00 ;* ● *fvhospital.com* ●*)*. En cas de problème cardio-vasculaire ou autre souci de santé grave, vous pourrez faire appel au *Centre médical international* à Hồ Chí Minh-Ville toujours (ex-Fondation du Cœur), structure mise en place par le professeur Carpentier, où exercent des médecins et chirurgiens français ou vietnamiens formés à l'hôpital Broussais-HEGP à Paris.
– En dehors de ces institutions, mieux vaut chercher hors du pays des recours sanitaires urgents : Bangkok est à 1h d'avion et offre des soins de qualité égale avec la France. Citons pour la Thaïlande l'hôpital international Burumgrad, et le Samitivej. Un peu plus loin, Hong Kong et Singapour. Sinon, direction l'Europe.

TÉLÉPHONE, INTERNET

Téléphoner à l'intérieur du Vietnam

– *Pour les appels locaux,* si vous appelez d'une autre province, il faut d'abord composer le code de la province (indiqué dans le guide à l'intérieur du bandeau de chacune des villes) précédé du 0, puis le numéro de votre correspondant à

7 ou 8 chiffres. Exemple : pour téléphoner de Hanoi à Hô Chí Minh-Ville, faites le 0 + le 28 (code de Saigon) + le numéro à 8 chiffres. Il existe une trentaine d'indicatifs régionaux.
– Les appels locaux (en ville seulement) depuis la réception des hôtels sont souvent gratuits.

Téléphone international

– ***Vietnam → France :*** composer le 00, puis le 33 (code du pays), puis le numéro de votre correspondant sans le premier 0. Exemple : pour Paris, le numéro commencera par un 1 + 8 chiffres.
– ***Vietnam → Belgique :*** 00 + 32 + indicatif de la ville (2 pour Bruxelles) puis votre numéro.
– ***Vietnam → Suisse :*** 00 + 41 + indicatif de la ville (Genève : 22, Bâle : 61, Lausanne : 21...) puis le numéro de votre correspondant.
– ***Vietnam → Canada :*** 00 + 1 + indicatif régional + numéro.
– ***Étranger → Vietnam :*** 00 + 84 + le code de la ville sans le 0 initial (24 pour Hanoi, 28 pour Hô Chí Minh-Ville, etc.), et enfin le numéro de votre correspondant à 7 ou 8 chiffres. Pour appeler vers un portable, 00 + 84 + numéro du correspondant sans le 0 initial.

> **PRIX D'UN APPEL LOCAL**
>
> *Le chiffre 8 est un signe de prospérité, et le 9 est un porte-bonheur de longévité. Ceux qui ont un numéro de portable qui se termine par 8888 ou 9999 l'ont donc payé cher.*

Le téléphone portable en voyage

On peut utiliser son propre téléphone portable au Vietnam, avec l'option « International ». Renseignez-vous auprès de votre opérateur sur les conditions d'utilisation de votre portable à l'étranger.
– ***Activer l'option « International » :*** elle est, en général, activée par défaut. Pensez sinon à contacter votre opérateur pour souscrire à l'option (gratuite) au moins 48h avant votre départ.
– ***Le « roaming » ou itinérance :*** c'est un système d'accords internationaux entre opérateurs. Concrètement, cela signifie que lorsque vous arrivez dans un pays, le nouveau réseau local s'affiche automatiquement. Vous recevez rapidement un SMS de votre opérateur qui propose un ***pack voyageurs*** plus ou moins avantageux, incluant un forfait limité de consommations téléphoniques et de connexion internet.
– ***Forfaits étranger inclus :*** certains opérateurs proposent des forfaits où ***35 jours de roaming par an sont offerts*** dans le monde entier. On peut donc cumuler plusieurs voyages à l'étranger sans se soucier de la facture au retour. Attention, si SMS, MMS et appels sont souvent illimités, la connexion internet est, elle, limitée. D'autres opérateurs offrent carrément le ***roaming toute l'année vers certaines destinations.*** Renseignez-vous auprès de votre opérateur.
– ***Tarifs :*** ils sont propres à chaque opérateur et varient en fonction des pays (le globe est découpé en plusieurs zones tarifaires). ***N'oubliez pas qu'à l'international vous êtes facturé aussi bien pour les appels sortants que pour les appels entrants,*** idem pour les textos. Donc, quand quelqu'un vous appelle à l'étranger, vous payez aussi. Soyez bref !
– ***Acheter une carte SIM sur place :*** une option avantageuse pour certaines destinations. Il suffit d'acheter à l'arrivée une carte SIM locale prépayée chez l'un des opérateurs (*Viettel*, excellent réseau, *Vinaphone, Mobiphone*...), dans les boutiques de téléphonie ou à l'aéroport. ***Compter environ 30 000 Dg (environ 1 €) pour une carte SIM*** (plus cher chez *Viettel*). On vous attribue alors un numéro de téléphone local et un petit crédit de communication. Attention, on ne peut plus

vous joindre sur votre numéro habituel mais uniquement sur ce nouveau numéro. Avant de payer, essayez cette carte SIM dans votre téléphone – préalablement débloqué – afin de vérifier si celui-ci est compatible.
– Pour **recharger du crédit,** il suffit d'aller dans une boutique et de faire la manip à l'aide d'une carte que l'on vous vend. On peut aussi, notamment à Hồ Chí Minh-Ville, acheter pour moins de 10 US$ une carte SIM avec 4G illimitée valable 15 à 30 jours.

La connexion internet en voyage

– **Se connecter au wifi** à l'étranger est le seul moyen d'avoir accès au Web gratuitement. Attention, ne vous connectez pas aux réseaux 3G ou 4G, au risque de faire grimper votre facture ! Le plus sage consiste à **désactiver la connexion** « Données à l'étranger » (dans « Réseau cellulaire »). On peut aussi mettre le portable en **mode « Avion »** et activer ensuite le wifi. Attention, le mode « Avion » empêche, en revanche, de recevoir appels et messages. De plus en plus d'hôtels, restos, bars et mêmes certains espaces publics disposent d'un réseau, toujours gratuit.
– Une fois connecté au wifi, vous avez accès à tous les services de la **téléphonie par Internet comme WhatsApp, Messenger** (la messagerie de *Facebook*), **Viber** et **Skype** qui permettent d'appeler, d'envoyer des messages, des photos et des vidéos aux 4 coins de la planète, sans frais. Il suffit de télécharger gratuitement l'une de ces applis sur son smartphone. Elle détecte automatiquement dans votre liste de contacts ceux qui utilisent la même appli.

En cas de perte ou de vol de votre téléphone portable

Suspendre aussitôt sa ligne permet d'éviter de douloureuses surprises au retour du voyage ! Voici les numéros des 4 opérateurs français, accessibles depuis la France et l'étranger :

– **Free :** ☎ *3244 depuis la France ;* ☎ *+ 33-1-78-56-95-60 depuis l'étranger.*
– **Orange :** ☎ *740 depuis la France ;* ☎ *+ 33-969-39-39-00 depuis l'étranger.*
– **SFR :** ☎ *1023 depuis la France ;* 📱 *+ 33-6-10-00-10-23 depuis l'étranger.*
– **Bouygues Télécom :** ☎ *+ 33-800-29-10-00 depuis la France comme depuis l'étranger (service et appel gratuits).*

Vous pouvez aussi demander la suspension de votre ligne depuis le site internet de votre opérateur.
Avant de partir, notez (ailleurs que dans votre téléphone portable !) votre numéro IMEI utile pour bloquer à distance l'accès à votre téléphone en cas de perte ou de vol. Comment avoir ce numéro ? Il suffit de taper *#06# sur votre clavier.

Internet

Quasi tous les hôtels (même bon marché) sont désormais équipés du wifi, généralement gratuit pour les clients.

TRANSPORTS

Le cyclo-pousse

Le moyen de transport le plus lent, mais aussi le plus écologique : pas de moteur, pas de fumée, pas de bruit, juste le gling-gling des pédales. Cela étant, on en voit de moins en moins, et même plus du tout dans certaines grandes villes comme Saigon.

DISTANCES EN KM (nord du Vietnam)

	SAPA	NINH BÌNH	HUẾ	HALONG	HẢI PHÒNG	ĐIỆN BIÊN PHỦ	ĐÀ NẴNG	CAO BẰNG	HỒ CHÍ MINH-VILLE	HANOI
SAPA		475	1 018	533	470	282	1 115	532	2 092	365
NINH BÌNH	475		561	202	126	481	658	376	1 635	92
HUẾ	1 018	561		763	687	1 139	98	937	1 075	653
HALONG	533	202	763		76	654	856	374	1 837	168
HẢI PHÒNG	470	126	687	76		591	780	355	1 761	105
ĐIỆN BIÊN PHỦ	282	481	1 139	654	591		1 236	757	2 213	486
ĐÀ NẴNG	1 115	658	98	856	780	1 236		1 075	977	750
CAO BẰNG	532	376	937	374	355	757	1 075		2 011	284
HỒ CHÍ MINH-VILLE	2 092	1 635	1 075	1 837	1 761	2 213	977	2 011		1 727
HANOI	365	92	653	168	105	486	750	284	1 727	

DISTANCES EN KM (sud du Vietnam)

	VŨNG TÀU	QUY NHƠN	PHAN THIẾT	NHA TRANG	HUẾ	HỘI AN	HÀ TIÊN	ĐÀ LẠT	CẦN THƠ	CÀ MAU	HANOI	HỒ CHÍ MINH-VILLE
VŨNG TÀU		631	158	408	1 069	955	493	326	289	467	1 721	120
QUY NHƠN	631		474	223	403	290	1 043	449	839	1 017	1 056	670
PHAN THIẾT	158	474		250	879	765	569	269	365	543	1 531	196
NHA TRANG	408	223	250		628	515	819	225	615	793	1 281	446
HUẾ	1 069	403	879	628		130	1 448	854	1 244	1 422	653	1 075
HỘI AN	955	290	765	515	130		1 334	740	1 130	1 308	786	961
HÀ TIÊN	493	1 043	569	819	1 448	1 334		673	204	382	2 100	335
ĐÀ LẠT	326	449	269	225	854	740	673		469	647	1 420	300
CẦN THƠ	289	839	365	615	1 244	1 130	204	469		178	1 896	169
CÀ MAU	467	1 017	543	793	1 422	1 308	382	647	178		2 074	347
HANOI	1 720	1 056	1 531	1 281	653	786	2 100	1 506	1 896	2 074		1 727
HỒ CHÍ MINH-VILLE	120	670	196	446	1 075	961	373	300	169	347	1 727	

Et pourtant, le cyclo-pousse a toute une histoire. Son ancêtre était le « pousse-pousse », très répandu à l'époque coloniale. Une vraie galère pour le coolie en chapeau conique attelé comme une bête de somme à ses brancards, qui devait tirer à bout de bras le colon assis dans une nacelle. Le cyclo-pousse a « libéré », si l'on peut dire, le coolie.

Le cyclo-pousse ressemble à une sorte de triporteur à pédales où le pilote est assis à l'arrière du passager. La plupart des coolies

> ### UNE INVENTION CHARENTAISE
>
> *Le cyclo-pousse est l'invention d'un astucieux Charentais : Maurice Coupeaud. Il eut l'idée d'accoupler une nacelle à une bicyclette. Pour l'homologuer, les autorités firent tester cette nouveauté dans les allées du bois de Boulogne par 2 champions du Tour de France. Le 1er cyclo-pousse débarqua à Phnom Penh en 1938, que Coupeaud relia à Saigon à l'issue d'une course marathon mémorable de 17h23 !*

se convertirent à ce nouveau véhicule d'avant-garde qui se répandit dans tout le Vietnam à partir de la Seconde Guerre mondiale.

La moto-taxi *(xe ôm)*

C'est ce qui tend à remplacer le cyclo-pousse au Vietnam. On en voit à chaque carrefour. La course ne coûte guère plus que ce qu'elle coûte en cyclo et c'est évidemment bien plus rapide (mais plus bruyant et polluant aussi). En revanche, les peureux éviteront ce moyen de transport, surtout aux heures de pointe où le trafic est impressionnant ! Dans les grandes villes, on commande sa moto-taxi via une appli sur smartphone, comme *Grab* ou *Goviet*.

Le conducteur vous tend systématiquement un casque, obligatoire depuis 2007 (en ville aussi).

Le taxi

Il existe de nombreuses compagnies de taxis publiques et privées dans les grandes villes. Prix en đồngs affichés au compteur (12 = 12 000 Dg, par exemple). C'est le moyen de transport le plus fiable et le plus sûr en ville, à défaut d'être le plus rapide (à cause des bouchons). Qui plus est, **les tarifs sont très abordables.** La plupart des compteurs indiquent le kilométrage en haut à droite, vous pouvez ainsi suivre votre course. La grille tarifaire est presque toujours inscrite sur les portières du taxi.

Les taxis peuvent aussi être affrétés à l'heure, à la demi-journée, à la journée... Convenez alors d'un prix avec le chauffeur après lui avoir expliqué exactement tous les endroits où vous voulez aller – le prix dépend surtout de la distance. C'est souvent bien pratique pour visiter les sites un peu isolés, comme les tombeaux royaux à Huế, par exemple. L'attente à chaque arrêt n'est pas comptabilisée en plus.

Voici quelques compagnies sérieuses et honnêtes :
– *À Hanoi :* Taxi Group.
– *À Hồ Chí Minh-Ville :* Mai Linh et Vina Sun.

Le bus

C'est **le moyen de transport le moins cher.** Comme dans tous les pays du Sud, réseau dense de communications par minibus d'une douzaine de places, bus moyens ou bus plus grands de 45 à 50 places. Les bus vietnamiens se sont modernisés pour répondre aux normes internationales. Les meilleures compagnies sont *Phương Trang-Futa Bus* (● futabus.vn ●) et *Mai Linh* (● mailinhexpress.vn ●), bien représentées dans le sud et le centre du pays, mais très peu dans le Nord.

En revanche, les minibus publics qui circulent d'un village à l'autre sont souvent en mauvais état et inconfortables. Nous conseillons de ne les prendre que pour de courtes distances.

En règle générale cependant, hormis la route N1, les autoroutes et quelques tronçons qui s'y rattachent, la qualité des routes et de la conduite du chauffeur varient de l'acceptable au très mauvais, en passant par le médiocre. D'ailleurs, comme en montagne, on parle en heures de route plutôt qu'en kilomètres.

– **Inconvénients des voyages en bus :** si vous devez passer 24h (nuit incluse) dans un bus longue distance, sachez que les sièges-couchettes sont des couchettes plus que des sièges. Même de jour, le passager est quasi allongé. Une couverture est fournie. L'espace est réduit. Des passagers dorment parfois par terre dans les couloirs. Il y a la clim, mais aussi la TV allumée en permanence. Évitez les places près des toilettes (bruit, odeurs...). À noter aussi que les gares routières sont souvent situées en périphérie des villes. Il faut donc ajouter le prix du taxi à celui du billet...

– Les **bus express** restent lents mais sont plus rapides que les bus locaux, qui s'arrêtent partout à la demande.

Les bus et minibus privés *(Open Tour)*

Il existe un moyen pratique (et à peine plus cher que le bus classique) de voyager d'un bout à l'autre du pays : la **formule Open Tour**. Il s'agit de bus affrétés par des compagnies privées comme *Thesinhtourist* (☎ *38-38-95-93, 94, 96 ou 97 ;* ● *thesinhtourist.vn* ●). Ils desservent certaines grandes villes et lieux touristiques sur l'itinéraire Hanoi-Huế-Hội An-Nha Trang-Dalat-Hồ Chí Minh-Ville, et inversement. Une variante permet de relier directement Nha Trang à Hồ Chí Minh-Ville par la côte, avec arrêt à Mũi Né.

On peut acheter un billet pour l'itinéraire complet, soit en fixant à l'avance ses dates de voyage, soit en gardant tout ou partie des dates en *open* (vous les fixez ensuite au fur et à mesure de votre avancée). Des agences de *Thesinhtourist* sont présentes dans toutes les villes desservies (Nha Trang, Hội An, Huế, Hanoi...). Pour plus de souplesse, certains préfèrent prendre leurs billets au fur et à mesure, de ville en ville, même si cela revient un peu plus cher. Quoi qu'il en soit, le tarif d'un voyage entre Hồ Chí Minh-Ville et Hanoi reste très abordable (pour 1 730 km).

Bien sûr, on voyage surtout en compagnie d'autres routards et touristes du monde entier, et non avec la population locale. À signaler également que, à l'arrivée, le bus dépose les voyageurs devant le bureau de l'agence ou devant un hôtel partenaire. À charge pour vous de rejoindre ensuite votre hôtel.

– **Pour acheter un billet Open Tour,** il suffit de se rendre dans une des nombreuses agences qui les vendent dans les villes précitées. À noter que les bus n'appartiennent qu'à certaines agences (c'est le cas de *Thesinhtourist*) : les autres agences sont de simples revendeurs. Bref, autant s'adresser directement à celles qui affrètent les bus (sachant qu'à Hanoi les fausses agences *Thesinhtourist* pullulent). Pour tout départ (même s'il y en a tous les jours), il faut réserver sa place 24h à l'avance. Le passager doit se rendre avec ses bagages au bureau de l'agence d'où partent les bus. Il est très rare que ceux-ci passent vous prendre à l'hôtel. Pour connaître les coordonnées des agences, voir la rubrique « Adresses utiles » de chaque ville.

Le train

Le réseau ferroviaire s'améliore d'année en année. **Les trains vietnamiens partent et arrivent à peu près à l'heure.** Les trains express reliant Hanoi à Hồ Chí Minh-Ville portent le nom d'*express de la Réunification.* Des trains plus lents circulent sur la même ligne. Il existe d'autres petites lignes, comme celle de Hanoi à Haiphong et les lignes du Nord.

Malgré tout, ***les voyages restent assez lents.*** Le trajet le moins long entre Hanoi et Hô Chí Minh-Ville dure entre 31h et 36h, soit 58 km/h de moyenne... Cela dit, ce n'est pas plus rapide que le bus, c'est plus sûr et plus confortable, avec davantage d'espace pour les jambes. La ligne étant unique, le train doit s'arrêter à certains endroits pour laisser passer le train arrivant en face. Ces arrêts ne sont pas très longs sauf si le train a accumulé du retard.

Informations, horaires, tarifs

● vr.com.vn ● Site officiel des Chemins de fer du Vietnam. Horaires et tarifs avec traduction en anglais. Cliquer sur « Online Ticket » et l'on arrive sur ● dsvn.vn ● Attention, sur ce site, il n'est pas possible de payer à distance son billet de train avec une CB étrangère. On peut réserver sa place, mais le paiement se fait en espèces au guichet de la gare.

● vnrailways.com ● Site vietnamien en anglais proposant un service de réservation et de paiement en ligne (*Visa* et *MasterCard*).

● baolau.com ● Sur ce site en anglais, on trouve les horaires et les tarifs des trains. On peut réserver sa place et payer en ligne avec une carte de paiement.

● seat61.com ● Site d'information ferroviaire en anglais, créé par un passionné de la vie du rail.

– Réduction de 50 % pour les enfants entre 5 et 9 ans, et ne dépassant pas 1,30 m de taille.

Plusieurs classes

4 classes en général (moins sur les trains locaux). ***La classe la moins chère correspond au siège dur*** *(hard seat),* la bonne vieille banquette en bois ; si vous voyagez en siège dur, vous pouvez prévoir une natte pour dormir. Ensuite, on trouve 2 classes de **siège mou** *(soft seat).* Ces sièges ont un dossier inclinable, et sont rembourrés, dans un compartiment climatisé. La *deluxe* a encore plus de confort (avec éclairage et aération individuelle). Puis viennent les **compartiments-couchettes,** le *soft berth* qui propose 4 ou 6 couchettes dans le compartiment. Le prix du billet varie donc selon le nombre de couchettes.

– *Bon à savoir :* il existe aussi des **wagons spéciaux** pour les voyages de nuit, qui sont rattachés à des trains réguliers. Destinés aux étrangers, ils renferment des compartiments plus confortables et luxueux, comprenant 2 ou 4 couchettes. Ces wagons spéciaux s'appellent *Livitrans Express, Violette, Sapaly, Fansipan, Chapa, Victoria.* Ils circulent sur les lignes Hô Chí Minh-Ville/Nha Trang/Hanoi/Huê, et Hanoi-Lào Cai. Les tarifs des billets sont plus élevés.

– *Conseil :* **la couchette du haut est la moins chère.** Son avantage est d'offrir plus d'intimité, puisque personne ne vous voit. Mais attention : si la ventilation ne fonctionne pas, il peut y faire très chaud. A contrario, si elle est mal réglée, on s'enrhume illico... La couchette du bas, on aime ou pas, mais il faut en tout cas éviter que tout le monde s'asseye dessus pendant le voyage. Dans les compartiments à 6 couchettes *(hard berth),* celle du milieu est un bon compromis.

– On peut manger à bord des trains, mais la nourriture reste simple et sans prétention. Autant emporter des provisions, soupes ou nouilles instantanées par exemple (eau chaude à bord).

Réservations

– On peut réserver et acheter son billet de train en allant directement aux gares ferroviaires. L'autre solution consiste à passer par une agence locale ou à réserver (et payer) en ligne son billet.

– Il est vivement conseillé de réserver **au moins la veille, voire plusieurs jours avant** pour les couchettes. Ayez toujours votre passeport sur vous.

– Si votre itinéraire comporte plusieurs escales (Nha Trang, Đà Nẵng ou Huế), vous ne pourrez pas, en principe, acheter un billet global. Nécessité de racheter le billet suivant. Aussi, pensez à le faire dès votre arrivée, pour réserver d'abord, ensuite parce que les gares sont parfois assez éloignées du centre des villes.

TRANSPORTS

Destinations
– Les trains immatriculés *SE* sont les plus rapides, tandis que les trains immatriculés *TN* sont (beaucoup) plus lents.
– Bien étudier les heures de départ et d'arrivée pour éviter les départs ou les arrivées en pleine nuit (pas facile de trouver un hôtel !).
– Voir les rubriques « Arriver – Quitter » de chaque ville desservie et consulter les horaires mis à jour sur les sites indiqués plus haut.

Tarifs
Les trains express *SE* sont plus chers que les *TN*, qui sont eux-mêmes plus chers que les autres. Tout est question de rapidité, mais aussi de la période de l'année (augmentation lors des fêtes) et du confort choisi. Pour avoir une idée des tarifs, voir les rubriques « Arriver – Quitter » des différentes villes. Réduction d'environ 50 % pour les enfants.
À titre d'exemple, en train *SE*, selon le confort :
– un billet (aller) **Hanoi-Huê** : compter 350 000 Dg (14 €) en siège dur *(hard seat)*, 480 000 Dg (19 €) en siège mou *(soft seat)*, 750 000-815 000 Dg (30-32 €) en *soft berth*. Pour voyager plus confortablement dans les couchettes des wagons *Violette Express* et *Livitrans Express* avec les trains de nuit, compter environ 1 700 000 Dg (environ 68 €).
– Un billet (aller) **Hồ Chí Minh-Ville/Nha Trang** coûte 190 000 Dg (environ 7 €) en *hard seat*, 249 000 (environ 10 €) en *soft seat*, 328 000 à 419 000 Dg (environ 13 à 17 €) en *soft berth*.

La voiture de location

Seuls les titulaires d'un permis de conduire vietnamien ont le droit de conduire au Vietnam. Certes, le permis international est théoriquement accepté depuis 2015, pourvu qu'il soit accompagné d'une traduction certifiée en vietnamien par la police locale. Par ailleurs, le conducteur étranger doit obligatoirement prendre un guide vietnamien dans la voiture. Conduire soi-même au Vietnam est un réel danger ! *Le seul conseil que l'on donne : louer une voiture avec chauffeur...* Possibilité de location de voiture avec chauffeur dans de nombreuses agences, qu'elles soient d'État (*Vietnam, Hanoi* et *Saigon Tourism* par exemple) ou privées. C'est la solution la plus facile et elle n'est pas si chère que cela. Comparez les prix et, si possible, groupez-vous. Les tarifs oscillent entre 50 et 100 US$ par jour, mais tout dépend de la catégorie de la voiture et du kilométrage.

Le vélo et le scooter

– Dans les villes et les régions plates, notamment les deltas, **le vélo est un excellent moyen de visiter** en toute liberté. D'ailleurs, dans les grandes villes et de nombreux sites touristiques tels que Tam Cốc ou Mai Châu dans le Nord, beaucoup d'hôtels en mettent gratuitement à la disposition de leurs clients. Hors de ces régions, le pays n'est que montagnes avec de longs cols, souvent à 10 %, donc VTT absolument indispensable. Vous pouvez en acheter un chez un des nombreux vendeurs de VTT à Hanoi (plus rare à Saigon).
– Le Vietnam reconnaissant le permis international depuis le 1er janvier 2015, la **location de scooters et motos** de plus de 50 cc est maintenant légale et possible. En général, les loueurs ne demandent aucun permis. En théorie, **il faut être muni d'un permis international de conduire.** Sur le terrain, très rares sont les contrôles de police exigeant ce document. Sur l'île de Phú Quốc, il semblerait que la police soit plus sévère qu'ailleurs en raison du nombre d'accidents de motos.
– *Important* : vous devez être couvert par votre propre assurance.
– Circuler à scooter ou à moto se fait aux risques et périls du conducteur. Le casque est obligatoire et il convient de respecter les limitations de vitesse ! **En montagne, ne pas louer des motos automatiques,** car elles n'ont pas de frein moteur, donc

les freins brûlent dans les interminables descentes de cols. En montagne toujours, ne pas louer une moto de moins de 125 cc. Dans les cols, les 110 cc ont une 2de trop courte et le moteur n'est pas assez puissant pour grimper en 3e.
– La circulation est anarchique à Saigon et à Hanoi. Attention aux nombreux « brûleurs de feux rouges », notamment quand votre feu passe au vert. En montagne, il est préférable de klaxonner à l'entrée des virages car, ici, tout le monde conduit au milieu de la route. **Casque obligatoire** et attention aux limitations de vitesse (30 km/h dans les villes et villages), les radars sont nombreux.

Les routes

Au Vietnam, on roule à droite.
2 routes relient le Nord au Sud : l'ancienne route Mandarine (route n° 1 aujourd'hui), qui longe la côte du Vietnam, et la « piste Hồ Chí Minh », une nouvelle route bitumée qui passe par les Hauts Plateaux. Les routes à 4 voies existent et le réseau s'agrandit chaque année. En sortant de Hồ Chí Minh-Ville en direction de Vũng Tàu (Cap Saint-Jacques) et Nha Trang, de Hồ Chí Minh-Ville au delta du Mékong (Mỹ Tho) notamment. Au nord, les principales autoroutes (payantes) relient Hanoi à la baie d'Hạ Long (Bãi Cháy), et Hanoi à Sapa. Au péage autoroutier, compter entre 7 000 et 15 000 Dg par voiture ; moins cher pour les motos. D'une façon générale, ***les routes sont aussi bonnes au Sud qu'au Nord.*** Avec l'évolution économique du pays, de plus en plus de routes sont en effet rénovées. Pour résumer, on ne roule jamais vite au Vietnam : soit parce que la vitesse est limitée par la loi, radars à l'appui, soit à cause de la circulation tumultueuse (dans les villes, faubourgs et sur les grands axes routiers), soit du fait du caractère montagneux des routes où l'on ne dépasse guère les 30 km/h (80 % du pays est couvert de montagnes et collines).
– *Prudence !* Il y a foule sur les routes vietnamiennes et les bas-côtés sont souvent investis par les paysans qui ont toujours quelque chose à y étaler pour le faire sécher : riz, manioc, anchois... À cela, il faut ajouter la traversée de chiens, de chats et de tous les animaux de la basse et haute cour : une véritable fable de La Fontaine ambulante ! Pour prévenir tout ce beau monde, le klaxon est roi.

L'avion

Vietnam Airlines (● vietnamairlines.com ●), la compagnie nationale, est sérieuse et de bonne réputation. Une vingtaine de villes sont desservies dans le pays, à tarifs abordables.
– Il existe aussi 3 compagnies à bas prix *(low-cost)* qui desservent les principales villes du Vietnam : *Jetstar* (● jetstar.com ●), *VietJet Air* (● vietjetair.com ●) et *Bamboo Airways* (● bambooairways.com ●).
– *Conseils :* en période de vacances, s'y prendre le plus tôt possible pour réserver les vols intérieurs, les avions étant souvent complets (surtout au moment de la fête du Tết). Vérifier aussi les horaires, qui peuvent changer.

Quelques tarifs

Les tarifs des vols *Vietnam Airlines* changent selon la période et la hausse du prix du pétrole. Tenir compte aussi des promotions que l'on obtient auprès des agences ou sur leur site (« *special deal* »). Les tarifs des compagnies à bas prix *(low-cost)* sont parfois 2 fois moins élevés que ceux de la compagnie nationale.
– Un aller simple Hanoi/Hồ Chí Minh-Ville sur *Vietnam Airlines* est possible à partir de 809 000 Dg (environ 32 €).
– Un vol Huế/Hồ Chí Minh-Ville coûte de 699 000 à 2 460 000 Dg (environ 28 à 98 €).
– Un vol Nha Trang (Cam Ranh)/Hồ Chí Minh-Ville coûte de 699 000 à 1 910 000 Dg (28 à 76 €).
– *Bon à savoir* : les **taxes d'aéroport** pour les vols sont incluses dans le prix du billet.

LE NORD

• Carte *p. 94-95*

Bien différent du Sud, où l'américanisation a laissé de profondes traces. Ici, dans le Nord, l'ancien Tonkin (aujourd'hui le Bắc Bộ), on est communiste depuis 1954. Hanoi ne connut donc pas « l'opulence » d'une économie de guerre à l'occidentale avec ses redoutables conséquences sur la vie sociale et culturelle, l'architecture et le trafic urbain. On est pourtant surpris que le communisme n'ait pas pour autant liquidé, voire érodé, les traditions. C'est qu'ici, dans le Nord, le conflit dura 30 ans.
Ce chapitre « Le Nord » commence par Hanoi, capitale du pays, une métropole en pleine expansion baignée par le légendaire fleuve Rouge. Par son authenticité, le centre historique (le quartier des 36 corporations) de Hanoi n'a d'équivalent nulle part au Vietnam. Autour de cette grande ville s'étend une vaste plaine plate et fertile aux rizières irriguées par les nombreux bras du fleuve. C'est le grenier à riz du Nord comme le delta du Mékong est celui du Sud. En arrivant vers Ninh Bình, le paysage change soudain, il s'hérisse d'une multitude de pitons calcaires érodés dominant des canaux où l'on circule en barque dans un étonnant paysage d'estampe ancienne : c'est la baie d'Hạ Long terrestre (Tam Cốc). Plus à l'est, voici enfin la fameuse baie d'Hạ Long, une merveille de la nature, constellée d'îlots rocheux surgissant de la mer, un site majeur classé par l'Unesco, à découvrir à bord d'un bateau.

HANOI

2 600 000 hab. (conurbation 7,5 millions d'hab.)   IND. TÉL. : 024

• Plan d'ensemble (plan I) *p. 98-99* • Quartier des 36 corporations (plan II) *p. 101* • Ancien quartier colonial et cathédrale (plan III) *p. 103*
• Les environs de Hanoi *p. 142-143*

La destinée de cette ville est peu commune, fascinante, étrange et troublante, une destinée discrète et tenace, faite de sagesse confucianiste et bouddhiste, de lointaines influences chinoise et française, de combats féroces, de souffrances terribles et de renaissances inattendues.
Hanoi est restée authentiquement vietnamienne bien qu'une partie de son histoire lui ait été imposée de l'extérieur par la force, la ruse et la séduction : soit plus de 1 000 ans de civilisation chinoise et près d'un siècle de présence française. Ces 2 cultures ont apporté leur contribution au physique et au caractère de la ville, façonnant un visage et une personnalité uniques. Le voyageur le sent tout de suite en se promenant dans les rues du vieux Hanoi, investies par une animation intense. Là réside le charme étrange et mystérieux de Hanoi.

94

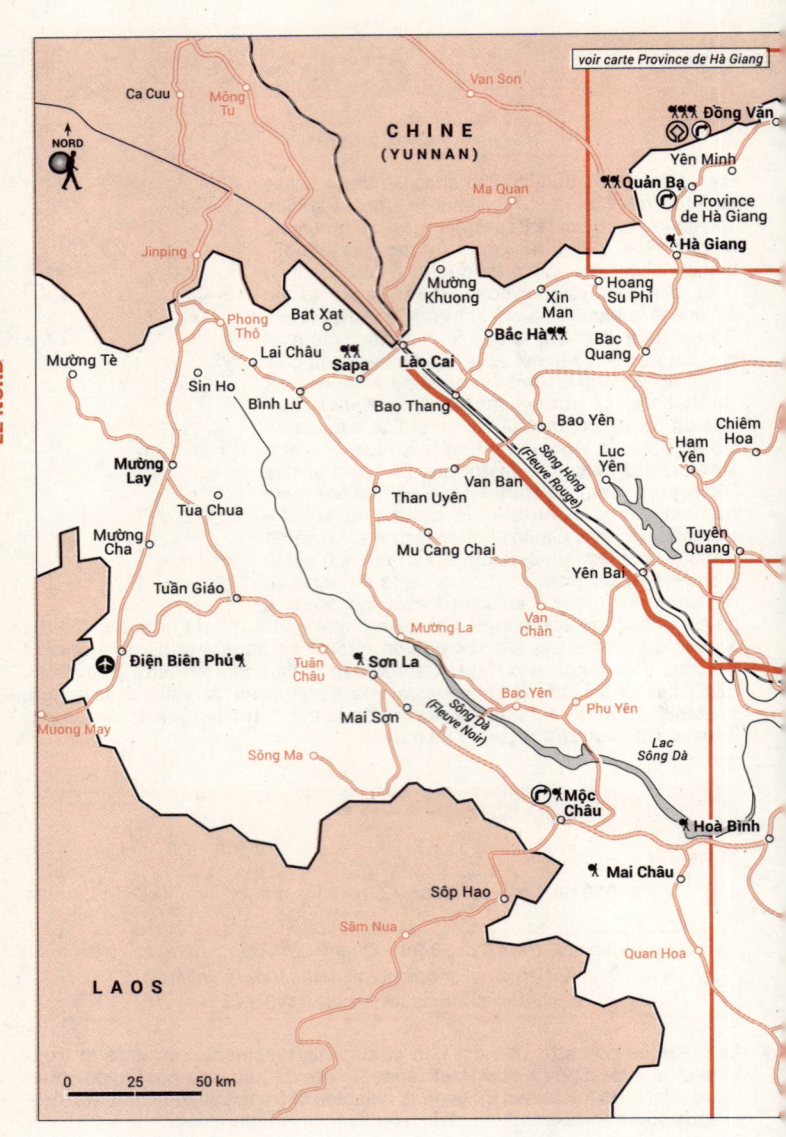

LE NORD

voir carte Province de Hà Giang

CHINE (YUNNAN)

Ca Cuu, Mông Tu, Van Son, Đồng Văn, Yên Minh, Ma Quan, Quản Bạ, Province de Hà Giang, Jinping, Hà Giang, Mường Khuong, Xin Man, Hoang Su Phi, Phong Thổ, Bat Xat, Bắc Hà, Bac Quang, Mường Tè, Lai Châu, Sapa, Lào Cai, Sin Ho, Bình Lư, Bao Thang, Bao Yên, Chiêm Hoa, Ham Yên, Luc Yên, Sông Hồng (Fleuve Rouge), Mường Lay, Van Ban, Than Uyên, Tuyên Quang, Tua Chua, Mu Cang Chai, Mường Cha, Yên Bai, Tuần Giáo, Mường La, Van Chẩn, Điện Biên Phủ, Tuần Châu, Sơn La, Muong May, Mai Sơn, Bac Yên, Phu Yên, Sông Mã, Sông Đà (Fleuve Noir), Lac Sông Đà, Mộc Châu, Hoà Bình, Mai Châu, Sôp Hao, Sầm Nưa, Quan Hoa

LAOS

0 25 50 km

LE NORD DU VIETNAM

Nommée Thăng Long, « la ville du dragon qui s'élève », 800 ans durant, elle devint définitivement Hanoi, « la ville au-dessus du fleuve », en 1831. La capitale du Vietnam s'étend en effet sur la rive occidentale du fleuve Rouge (Sông Hông), venu des montagnes chinoises du Yunnan. Plutôt horizontale, souvent dominée par une mer de nuages, enveloppée en hiver dans une sorte de vapeur humide (une bruine très fine), c'est sans doute l'une des capitales les plus captivantes d'Asie du Sud-Est.

UN PEU D'HISTOIRE

Plus de 1 000 ans d'influence chinoise (de 111 av. J.-C. à 938 apr. J.-C.)

La ville est d'une implantation très ancienne. On a retrouvé beaucoup de vestiges de la période du bronze. La pointe du delta fut naturellement élue pour abriter les différentes capitales du Nord, en raison de sa position stratégique, carrefour des routes et du fleuve. La 1ʳᵉ capitale s'éleva à Cổ Loa au IIIᵉ s av. J.-C., à une quinzaine de kilomètres au nord de la ville actuelle. Puis, de 111 av. J.-C. à 938 (victoire de Ngô Quyền sur les Chinois à la bataille de Bạch Đằng), la ville est sous protectorat des dynasties chinoises. En 607 de notre ère, le bourg des origines se nomme Songping, chef-lieu du protectorat d'Annam. En 767, une enceinte extérieure est bâtie. De 968 à 1010, à la suite de la prise du pouvoir par Đinh Bộ Lĩnh, la capitale est momentanément transférée à Hoa Lư.

« La ville du dragon prenant son essor »

De 1010 à 1225, la dynastie des Lý est au pouvoir. En 1010, l'empereur Lý Thái Tổ, le grand vainqueur des Chinois, déclare : « Nous voulons transférer la capitale à Đại-La, entre le Ciel et la Terre, là où le Dragon s'enroule et le Tigre s'assied, à la croisée du nord, du sud, de l'est et de l'ouest. » Suivant cette mythologie et les règles de la géomancie (voir explications ci-après), il réinstalle sa capitale à Hanoi, qui porte désormais le nom de *Thăng Long*, « la ville du dragon prenant son essor ». Commence une période de croissance et d'expansion. En 1049, on construit la pagode au Pilier unique, en 1070 le temple de la Littérature, en 1076 le collège des Fils de la Nation. En 1086 est inaugurée l'Académie impériale, et en 1230 Thăng Long est partagée en 61 quartiers. Les Mongols pillent la ville à 2 reprises, en 1258 et en 1285. C'est aussi sous la dynastie des Lý que se développe le célèbre quartier chinois des 36 rues marchandes, toujours aussi actif de nos jours.
De 1226 à 1400, la dynastie des Trần règne sur le pays. Les Trần se réclament de la brillante dynastie chinoise des Song du Sud, dont le gouvernement est installé à Hangzhou, en Chine du Sud. En référence au lac de l'Ouest de cette cité, ils renomment le grand lac en lac de l'Ouest (Hồ Tây).

Une ville issue de la géomancie

Dès son origine, la ville fut édifiée suivant les règles de la géomancie établies par Gao Pian (gouverneur qui régna sur le protectorat de 865 à 868 apr. J.-C.). La cité devait être en **harmonie avec l'ordre cosmologique.** Dans son *Histoire de Hanoi*, Philippe Papin précise : « La présence de monts était indispensable, car ils permettaient d'établir une parfaite harmonie avec les lacs et les rivières. » La rivière existait : c'était le fleuve Rouge. Les lacs également. Manquaient des monts ! Qu'à cela ne tienne, on érigea des tertres artificiels de plusieurs dizaines de mètres de haut pour abriter les génies de la montagne (sans lesquels les génies des eaux se seraient ennuyés). Il lui fallait également une **montagne sacrée et bénéfique** : on désigna le mont Tản Viên (1 287 m), connu aujourd'hui comme le mont Ba Vì, à 50 km à l'ouest de Hanoi près de Sơn Tây, et considéré comme une montagne « magique ».

HANOI / UN PEU D'HISTOIRE | 97

Il y a des sites favorables et des sites défavorables, et il s'agit donc de bien les choisir avant de décider de l'emplacement des constructions civiles et militaires. Quoi qu'il en soit, il faut suivre des critères d'orientation astrologique ou ésotérique. Tous les empereurs et rois, des Lý aux Nguyễn, façonnèrent la ville selon ces principes ancestraux. Dans la cité royale s'élevait la Cité interdite (dont il ne reste rien aujourd'hui). Plusieurs milliers de soldats gardaient la citadelle. Au XIIe s, ils portaient, tatoués sur le front, en idéogrammes, « Thiên tử quân » (soldats de Sa Majesté, Fils du Ciel).

XVe siècle : l'âge d'or de Thăng Long

Au XVe s, Thăng Long s'organise comme une **cité de mandarins et de lettrés**. En 1471, la moitié des fonctionnaires du pays y réside. La 1re carte de la ville apparaît à cette époque : c'est un plan de la capitale avec 13 planches des provinces. Un mur long de 3 km ceinture la ville où réside l'empereur. Le XVe s est l'âge d'or de Thăng Long... C'est à partir du XVIe s que l'on peut parler de cité interdite, cité impériale et cité civile, ces 3 mondes cloisonnés qui, dans le monde sinisé, définissaient la capitale idéale.
De 1430 à 1788, la ville continua de s'appeler Thăng Long bien qu'officiellement elle portât le nom de *Đông Kinh* (la capitale de l'Est), déformé par les Européens en Tonkin, nom donné à tout le nord du pays plus tard, pendant la période coloniale. On construisit beaucoup jusqu'au XVIIe s : palais, pagodes, citadelles, digues pour contenir le fleuve Rouge.

XVIIe siècle : Hanoi attire des Européens

En 1627, le père Alexandre de Rhodes séjourne à Thăng Long. Ce jésuite romanise la langue vietnamienne en la transcrivant en caractères européens afin que les Vietnamiens illettrés puissent lire la Bible. En effet, ceux-ci ne pouvaient pas lire les caractères complexes et difficiles du chinois vietnamisé (le *chom*). Avec les caractères européens de l'alphabet romain, la lecture paraît plus compréhensible. De 1645 à 1700, les Hollandais possèdent à Thăng Long un comptoir, et les Britanniques de 1683 à 1697. Les 1ers récits de voyage écrits par des Européens datent d'alors : celui de Samuel Baron en 1685 et de William Dampier en 1688. Le XVIIIe s marque le déclin de la cité impériale.

1805-1831 : « ville de la prospérité croissante »

Thăng Long a déjà beaucoup perdu de son lustre quand l'empereur Gia Long décide en 1806 de transférer la capitale à Huế. La ville redevient simple **place forte régionale** et change de nom : « **la ville de la prospérité croissante** ». Gia Long fait construire une citadelle, du type Vauban, sur une hauteur de 5 m et 15 m d'épaisseur. En 1812, il fait édifier la tour du Drapeau (aujourd'hui unique vestige de l'époque). En 1820, l'empereur Minh Mạng, furieux de voir que les Mandchous refusent de reconnaître Huế comme sa capitale, rase tout ce qui reste des palais et des temples de Thăng Long. **En 1831, la ville prend définitivement le nom de Hanoi.** En 1848, considérant que l'ancienne capitale brille encore d'un éclat trop insolent, l'empereur Tự Đức fait détruire tous les palais restants et transférer toutes leurs richesses à Huế.

Une ville française en Asie (1884-1954)

En 1873, prise de Hanoi par Francis Garnier, puis reprise en 1882 par Henri Rivière. Après la conquête par l'armée coloniale française de la ville, celle-ci n'a plus rien à voir avec la légendaire capitale d'antan. En 1884, la France établit un **protectorat sur le Tonkin** tandis que la Cochinchine (au sud) est une colonie française. Comme il fallait quand même apporter une contribution aux destructions

LE NORD

■ Adresses utiles

- 🚌 1 Gare routière Yên Phu (D1)
- 🚌 2 Gare routière Gia Lâm (hors plan par F2)
- 🚌 3 Gare routière du Sud - Giáp Bát (hors plan par C5)
- 🚌 4 Gare routière de Mỹ Đình (hors plan par B4)
- 5 Ambassade du Canada (B2)
- 6 Ambassade de Chine (C3)

🏠 Où dormir ?

- 71 La Maison Hai Lý (hors plan par F2)
- 72 Hanoi Cozy Hostel (D2)

🍽 Où manger ?

- 120 Cửa Hàng Mậu Dịch Số 37 (C1)
- 121 Home Hanoi Restaurant (C1)
- 122 Luk Lak (E4)
- 123 KOTO (C3)
- 124 Café Goethe (C3)
- 126 Seasons of Hanoi (C1)
- 127 Tam Vị (C3)
- 128 Bún Chả Hương Liên et Au Délice - Le Restaurant d'Arthur (E5)
- 129 Veggie Castle (D1)

🍷 Où boire un verre ?
🎵 Où sortir ?

- 156 L'Opéra (E4)
- 160 Bánh Tôm Hồ Tây (C1)
- 161 Bar Tadioto (E4)
- 162 Binh Minh Jazz Club (E4)

🛍 Achats

- 128 Au Délice - Le Restaurant d'Arthur (E5)
- 171 Craft Link (C3)

HANOI – Plan d'ensemble (plan I)

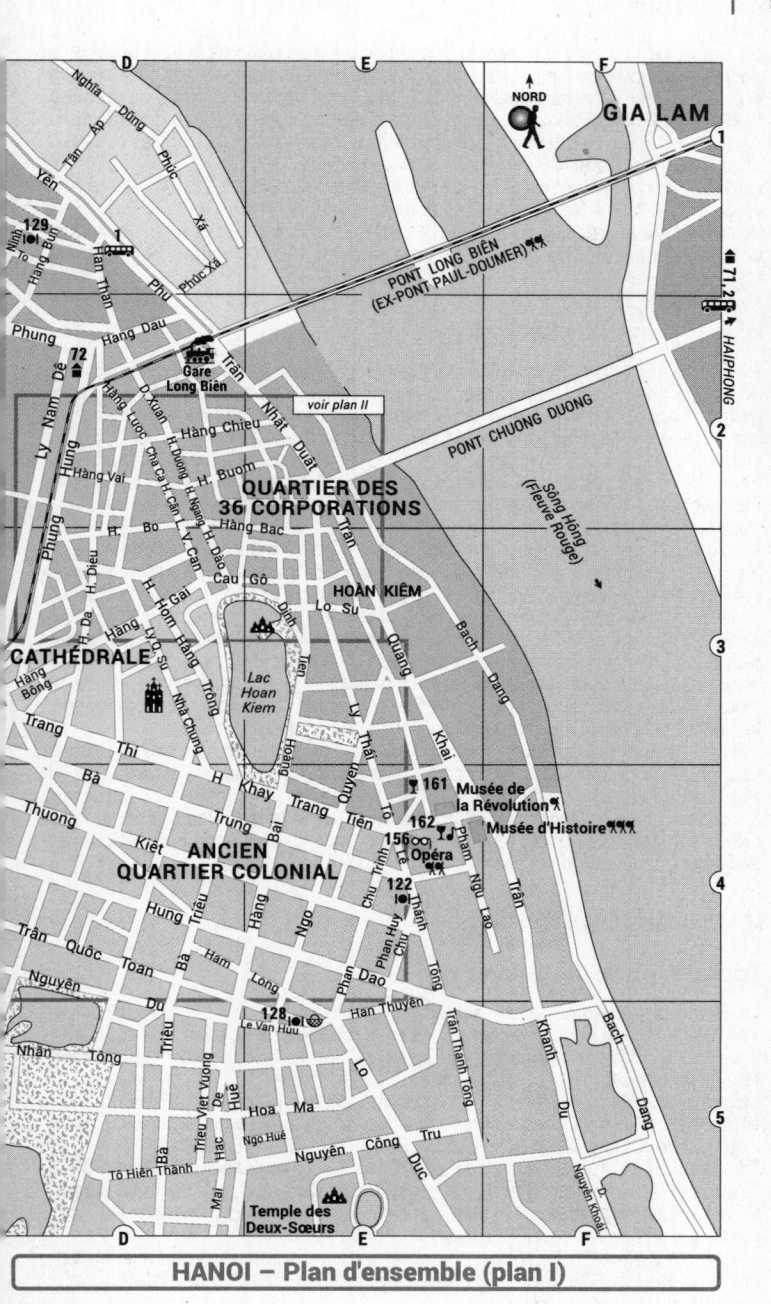

du passé, les Français achèvent la démolition de la citadelle de Gia Long. La plus ancienne pagode de Hanoi est également rasée pour permettre la construction en 1887 d'une cathédrale (assez laide !). Les Français tracent aussi, au sud et à l'est du lac Hoàn Kiếm, une nouvelle ville avec de larges avenues dessinées au cordeau, bordées de bâtiments administratifs haussmanniens et de villas cossues, alliant les styles Deauville, Arcachon ou Aix-les-Bains.

En 1902, Hanoi devient *capitale de l'Indochine française.* Le pont Doumer est lancé sur le fleuve Rouge sous les auspices de l'ingénieur Gustave Eiffel. Les paillotes sont interdites dans la ville (1906). En 1911, le théâtre municipal (actuel Opéra) est inauguré. En 1921, 4 000 Européens et 100 000 Vietnamiens vivent à Hanoi.

Hanoi dans la guerre

De 1947 à 1954, la *1re guerre d'Indochine* place Hanoi au cœur des événements sanglants entre l'armée française et les combattants du Vietminh dirigés par le général Giáp. Pourtant, la ville est épargnée, car les affrontements se déroulent loin de là, dans les montagnes et les vallées du Nord-Vietnam. Après la bataille de Điện Biên Phủ (mai 1954) et les accords de Genève, les troupes vietnamiennes du Vietminh entrent dans Hanoi « libérée » qui devient la capitale d'un nouveau pays indépendant : la République démocratique du Vietnam, obéissant à l'idéologie communiste (prosoviétique).

Lors de la *2de guerre d'Indochine* opposant le Nord-Vietnam communiste au Sud-Vietnam capitaliste et proaméricain, *Hanoi est bombardée* à plusieurs reprises par l'aviation américaine : en 1966, 1968, et surtout en 1972 où elle connaît la plus violente attaque de la guerre. Pendant 12 jours, du 18 au 29 décembre 1972, près de 90 bombardiers de l'*US Air Force* pilonnèrent la ville de Hanoi. Ils firent 739 sorties, dont 729 atteignirent leurs cibles au-delà du 20e parallèle, larguant 15 000 t de bombes, jusqu'à ne laisser indemne, littéralement parlant, aucune cible militaire du Nord-Vietnam. Une partie de la population civile avait été évacuée à la campagne, les autres se réfugièrent dans les nombreux abris souterrains de la ville.

« Hanoi, Haiphong et d'autres villes peuvent être détruites, déclare le général Giáp, mais le peuple vietnamien ne se laissera pas intimider. » Les *accords de Paris* entre Kissinger et Lê Đức Thọ, signés en *janvier 1973,* mettent un terme aux bombardements américains au Nord-Vietnam. Sur le terrain, peu de monuments civils du centre-ville ont été touchés par les bombes. Les monuments historiques de Hanoi ont été miraculeusement épargnés.

HANOI AUJOURD'HUI

Topographie de la ville

Le Grand Hanoi regroupe non seulement la ville, mais aussi les districts de Hà Tây, Mê Linh, Vĩnh Phúc et 4 communes de la province de Hòa Bình, ce qui donne environ 7,5 millions d'habitants. Comme en Chine voisine, on peut parler maintenant de ville-province, ce qui fausse un peu les chiffres.

Le centre-ville de Hanoi, en tant que tel, n'est pas très grand et se divise en 4 districts : Hoàn Kiếm (l'Épée restituée), Hai Bà Trưng (les 2 sœurs Trưng), Đống Đa (lieu où le roi Quang Trung défit les Mandchous en 1789) et Ba Đình.

Très facile de se repérer dans Hanoi en utilisant les 2 axes principaux : la rue Tràng Tiền (au sud du lac Hoàn Kiếm) et le boulevard Lê Duẩn (celui de la gare centrale). En outre, quand on observe le plan de la ville, en prenant pour centre le lac Hoàn Kiếm, ses différentes parties apparaissent clairement.

– *Au nord du lac Hoàn Kiếm :* l'enchevêtrement des rues de l'ancienne ville chinoise, héritière de la cité des 36 rues et guildes du XVe s. C'est un quartier commerçant et routard à la fois.

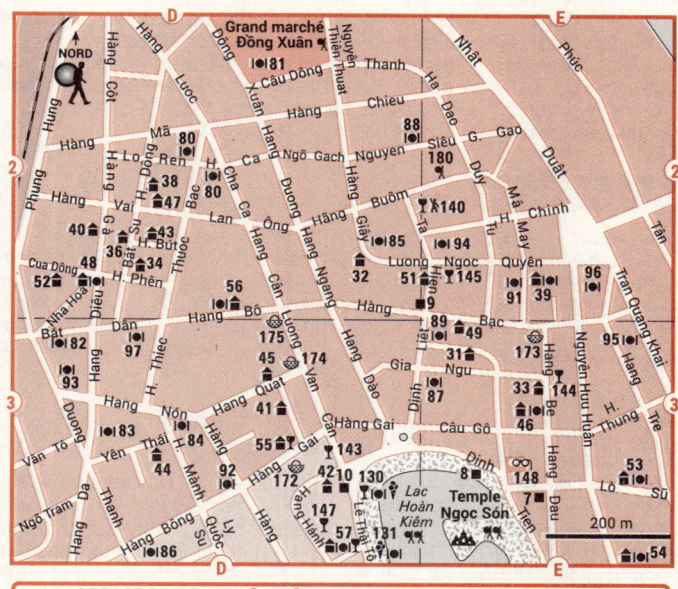

HANOI – Quartier des 36 corporations (plan II)

Adresses utiles
- **7** Tourist Information and Support Centre (E3)
- **8** Départ voiturettes électriques (E3)
- **9** Agence Kim Tours (D-E2)
- **10** Baoviet Bank (D3)

Où dormir ?
- **31** BC Family Homestay (E3)
- **32** Old Quarter View Hanoi Hostel et Prince II Hotel (D2)
- **33** Khan Hoang Capsule Hotel (E3)
- **34** Rising Dragon Villa Hotel (D2)
- **36** Hanoi Culture Hostel (D2)
- **38** La Storia Hotel & Travel (D2)
- **39** Hanoi House Hostel & Travel (E2)
- **40** Hanoi Friends Inn & Travel (E2)
- **41** Nexy Hostel (D3)
- **42** Centre Point Hanoi Hotel (D3)
- **43** Golden Art Hotel (D2)
- **44** La Storia Ruby Hotel (D3)
- **45** Golden Charm Hotel (D2)
- **46** Hanoi Amanda Hotel (E3)
- **47** Hanoi Old Quarter Hostel (D2)
- **48** Serenity Diamond Hotel (D2)
- **49** Hotel Garden Queen (E2-3)
- **51** Essence Hotel et Old Quarter Family Hotel (D-E2)
- **52** Calypso Premier Hotel (D2)
- **53** La Siesta Diamond Hotel (E3)
- **54** Authentic Hotel (E3)
- **55** Silk Collection Hotel (D3)
- **56** Little Charm Hanoi Hostel (D2)
- **57** Solaria Hotel (D3)

Où manger ?
- **39** Blue Butterfly (E2)
- **53** Gourmet Corner (E3)
- **81** Bánh Mì 25 (D2)
- **81** Gargotes autour du marché Đồng Xuân (D2)
- **82** Gia Truyền (D3)
- **83** Bún Bò Nam Bộ (D3)
- **84** Bún Chả Đắc Kim (D3)
- **85** Phở Ong Vui Chuyền Pho Bò (D3)
- **86** Mì Phở (D3)
- **87** Quán Bia Minh (E3)
- **88** Cơm Phố Cổ (D2)
- **89** Phở Sướng (E3)
- **91** Newday (E2)
- **93** Chả Cá Thăng Long (D3)
- **94** Little Hanoi (D3)
- **95** Highway 4 (E3)
- **96** Bún Chả Ta (E2)
- **97** Countryside (D3)

Où déguster une pâtisserie, une crêpe ou une glace ?
- **130** Thủy Tạ (D3)
- **131** Kafa Street Café (D3)

Où boire un verre ? Où sortir ?
- **55** Captain Sky Bar (D3)
- **57** Sol Sky Bar (D3)
- **140** Bars musicaux de la ruelle Tạ Hiên et 1900 Le Théâtre (D-E2)
- **130** Bar du restaurant-glacier Thủy Tạ (D3)
- **143** The Note Coffee (D3)
- **144** Light House Sky Bar (E3)
- **145** Bia Hơi Corner (D3)
- **147** Polite & Co (D3)
- **148** Théâtre de marionnettes sur l'eau de Thăng Long (E3)

Achats
- **172** Ngọc Hiến Silk (D3)
- **173** Mekong Quilts (E3)
- **174** Phúc Lợi (D3)
- **175** Papeterie Phuong Noi Stationery (D2-3)

À voir
- **180** Temple de Quan Đế (E2)

– *Au sud du lac Hoàn Kiếm et à l'est :* l'ancienne ville coloniale française, aujourd'hui quartier des ambassades. On y trouve les plus beaux fleurons de l'architecture coloniale, et de belles adresses chics pour dormir ou manger.
– *À l'ouest :* autour de la cathédrale, un petit quartier charnière, un peu comme un village français aux saveurs d'Asie. Plus à l'ouest, des quartiers aérés, des lacs et des parcs verdoyants. C'est le secteur où sont concentrés la plupart des sites à visiter (musées, temples, mausolée de Hồ Chí Minh, etc.).

Arrivée à l'aéroport

✈ L'*aéroport international de Nội Bài* est situé à 34 km au nord de Hanoi. Il existe 2 terminaux : le *T1* pour les vols domestiques, et le *T2* pour les vols internationaux. Infos sur ● hanoiairportonline.com ●

Argent

Plusieurs distributeurs automatiques ATM et bureaux de change dans le hall des arrivées. Horaires d'ouverture et de fermeture en fonction des arrivées et départs. Les taux sont pratiquement les mêmes que dans les banques du centre-ville. Gardez votre reçu, il vous permettra, en fin de séjour, de reconvertir les đồngs qui vous resteront en dollars américains (pas d'euros).

Bagages

– Le contrôle douanier est plutôt souple. Conservez toutes les étiquettes. *Ne décollez pas l'autocollant numéroté de vos bagages,* car celui-ci est parfois vérifié par la douane avant de sortir de l'aéroport (pour éviter les vols).
– *Consigne* située au niveau des arrivées. Ouvert dès 5h30 et jusqu'au dernier vol. Comptez 15 000 Đg par bagage pour les 3 premières heures, puis tarif dégressif.

Renseignements et services

🛈 *Comptoir d'informations touristiques :* au niveau des arrivées du terminal international T2. Tlj 8h-21h. Le personnel parle l'anglais. Carte de Hanoi gratuite. Pour les autres infos, les 2 comptoirs à côté, à droite, sont plus réactifs, et mieux informés. Normal, ils vendent des prestations !
■ Également une *poste* et une *pharmacie* sommaire.

■ Vous pouvez acheter une carte SIM locale à l'un des *stands de télécom* situés au niveau des arrivées. Avantageux, y compris pour appeler en Europe. Plusieurs forfaits téléphone fixe et mobiles et/ou Internet autour de 10 US$.

Pour gagner le centre-ville

➢ Les *bus de la compagnie Vietnam Airlines* assurent la navette entre l'aéroport et le centre-ville de Hanoi. Le billet coûte 2 US$, mais attention, ces bus ne partent que lorsqu'ils sont pleins. Donc, ne jamais monter dans un bus à moitié vide.
➢ Le *bus n° 86* de la compagnie *Hanoi Bus,* de couleur orange, assure le trajet aéroport-centre de Hanoi. Se prend à gauche en sortant de l'aéroport (T2, terminal international). Il est plus confortable (avec clim et wifi) et met moins de temps que les bus n°s 7 et 17. Départs réguliers, 6h30-23h, depuis un parking à l'extérieur du terminal T2, plate-forme n° 19. Durée du trajet 55 mn, avec seulement 8 arrêts en route, dont Yên Phụ (gare routière près du pont Long Biên), Trần Nhật Duật (près de la vieille ville de Hanoi), Trần Quang Khải, Tràng Tiền (près du lac Hoàn Kiếm), Ngô Quyền, Hai Bà Trưng, Lê Duẩn, et le terminus à la gare ferroviaire centrale de Hanoi (Ga Hanoi). Billet : 35 000 Đg, qui s'achète à l'intérieur du bus.
➢ *Bus n°s 7 et 17 :* l'arrêt de ces bus se trouve à droite en sortant du terminal domestique (T1), au bord d'un grand parking. Du terminal international, prendre une navette gratuite qui part de la plate-forme n° 19 et rejoint le terminal domestique (T1). Départ du *bus n° 7* ttes les heures après 6h du

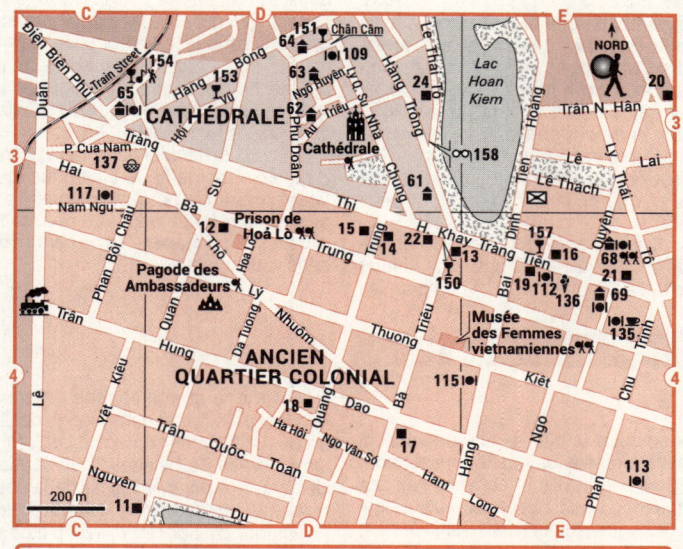

HANOI – Ancien quartier colonial et cathédrale (plan III)

■ Adresses utiles

- 11 Ambassade du Laos (C4)
- 12 Ambassade de Belgique (D4)
- 13 Air France (D4)
- 14 Vietnam Airlines (D4)
- 15 Minibus pour l'aéroport Nội Bài (D4)
- 16 Tràng Tiền Bookstore (E4)
- 17 Ambassade de France (D4)
- 18 Ambassade du Cambodge (D4)
- 19 Librairie Thăng Long et presse internationale (E4)
- 20 Vietcombank (E3)
- 21 L'Espace – Institut français (E4)
- 22 Pharmacie française (D4)
- 24 Shinhan Bank (D3)

≜ Où dormir ?

- 61 Little Diamond Hotel 2 (D3)
- 62 Impressive Hotel (D3)
- 63 Maison d'Orient (D3)
- 64 Golden Legend Diamond Hotel (D3)
- 65 Tomodachi House (C3)
- 68 Hôtel Metropole Hanoi (E4)
- 69 Hôtel de l'Opéra (E4)

|◉| Où manger ?

- 65 Passage de la « gastronomie vietnamienne » (C3)
- 68 Le Beaulieu (E4)
- 109 Phở 10 (D3)
- 112 Pizza 4P's (E4)
- 113 Nhà Hàng Ngon (E4)
- 115 Ưu Đàm Chay (E4)
- 117 La Badiane (C3)

|◉| Où déguster un croissant, une pâtisserie ou une glace ? Où acheter et déguster des chocolats exquis ?

- 68 Buffet aux chocolats de l'hôtel Sofitel-Metropole (E4)
- 135 O'Douceurs (E4)
- 136 Kem Tràng Tiền (E4)
- 137 Magasin de chocolats Pheva (C3)

♥ ♪ Où boire un verre ? Où sortir ? Où écouter de la musique ?

- 150 Kalina Café (D4)
- 151 Loading T (D3)
- 153 The Hanoi Social Club (D3)
- 154 Puku Café and Sports Bar (C3)
- 157 Attic Cocktail & Wine Lab Bar (E4)
- 158 Lotus Water Puppet Theater (D3)

★ À voir

- 68 Hôtel Sofitel-Metropole (E4)

mat. Billet : 9 000 Dg. Durée : 1h30. Il dessert plusieurs arrêts à Hanoi, passe par le quartier de Cầu Giấy et s'arrête à Kim Mã *(plan I, A3)*, à l'intersection du boulevard Kim Mã et Nguyễn Thái Học, à 1,5 km à l'ouest du lac Hoàn Kiếm et de la vieille ville. Le **bus n° 17** va jusqu'à la gare routière de Yên Phụ (appelée aussi Long Biên). Départs ttes les 10-15 mn. Billet : 9 000 Dg. Durée : 1h30.

➢ **Taxis :** compter env 250 000-300 000 Dg (10-12 €) pour une voiture 5 places. Normalement, 4 compagnies assurent ce service : *Taxi Airport, Taxi Group, Taxi G7* et *Taxi Hoang*. Il existe un tarif officiel au kilomètre (entre 14 000 et 15 200 Dg, soit env 0,54 et 0,58 €). En fait, mieux vaut négocier un forfait avec le chauffeur que d'accepter la course au compteur. Dans tous les cas, le prix de la course inclut le péage de la voie rapide. Si le chauffeur veut vous conduire à l'hôtel avec lequel il est acoquiné, résistez pour être déposé là où vous le souhaitez, fermement mais sans vous agacer.

Se déplacer dans Hanoi

À pied

La solution la plus économique et la plus intéressante, idéale pour prendre le pouls de la ville et suivre le flux des habitants. La ville est facile, car plane, et le centre ancien reste relativement petit. En raison de la densité de la circulation des scooters et motos, le plus ardu est tout de même de traverser les rues : pour les carrefours complexes, soit vous traversez en 3 fois et risquez d'être coupé en 2, soit vous traversez en 2 fois et risquez d'être coupé en 3 !

À scooter ou à moto

Le moyen le plus rapide de se déplacer en ville, à défaut d'être le plus sécurisant. Très souvent, aux abords du lac Hoàn Kiếm, on vous proposera de monter à l'arrière d'une moto (c'est la moto-taxi, appelée *xe ôm*), et le chauffeur vous conduira où vous voulez. Négociez ferme (comptez 10 000-30 000 Dg selon distance). Également des forfaits à l'heure ou à la journée. Ne payez qu'à l'arrivée si vous êtes bien à l'endroit où vous voulez être. Ayez l'appoint, ils n'ont pas toujours la monnaie.

Enfin, *Grabcar* (appli à télécharger) assure aussi ce service avec des motos, en donnant le prix avant votre décision.

– **Hanoi Tour By Scooter** (agence Kim Tours ; plan II, D-E2, 9) : 74, Hàng Bạc. 09-66-96-01-88. hanoistreetfoodtour.com Cette agence francophone et anglophone organise des tours à scooter dans Hanoi, de 3h, 4h ou 4h50. Tarifs : 45 ou 59 US$. Plusieurs types de balades, mais la plus demandée est sur le thème de la gastronomie vietnamienne (*Hanoi Street Food Tour by Scooters* ; voir plus bas la rubrique « Agences bon marché » dans les « Adresses et infos utiles »). Dans le prix, tout est inclus (scooter, casque, pilote anglophone). Plusieurs arrêts sont prévus, selon l'appétit des hôtes, dans des petites gargotes pour y déguster la cuisine locale. Une idée géniale et originale, bravo *Kim Tours* !

En taxi ou *Grabcar*

Chaque taxi a son compteur qui s'initialisera avec une somme de prise en charge (9 000 Dg pour les petits taxis et 12 000 Dg pour les grands). Ces prix doivent être affichés. Gardez ensuite un œil sur la somme qui défile (14 000 Dg/km), certains compteurs pouvant être trafiqués. Si vous constatez que le compteur défile trop vite, n'hésitez pas à arrêter le chauffeur et à appeler un autre taxi. Pensez à prendre la carte de visite ou à inscrire l'adresse du lieu où vous allez sur un papier et à vous munir de monnaie. Voici une compagnie fiable et sérieuse : **Taxi Group Hanoi** (☎ *38-53-53-53* ; ● *taxigroup.net* ● ; *12 000 Dg la prise en charge au départ*). On signale aussi que l'appli taxi **Grabcar** fonctionne bien. Le temps d'attente est très bref. La réservation se fait depuis son téléphone et le paiement en espèces directement au chauffeur (et non pas par carte de paiement). Vérifiez toutefois, surtout pour les petits trajets : les taxis sont parfois moins chers !

En bus

Plus de 60 lignes urbaines. On trouve des plans en kiosque, et même un plan interactif sur le site internet • *tramoc.com.vn* • Le bus est conseillé pour les grandes distances en ville (périphérie). Circulent 5h-23h. Billet au prix fixe de 7 000-9 000 Dg selon les lignes et les bus. Attention à vos affaires, car il y a foule aux heures de pointe. Les horaires approximatifs sont affichés aux arrêts.

En voiturette électrique

Départ principal au bord du lac Hoàn Kiếm *(plan II, E3, 8)*. Compter 240 000 Dg/pers pour 35 mn, et 360 000 Dg pour 1h. Fonctionne tlj 8h-22h.
On peut se promener dans des voiturettes électriques de 7 places qui marquent des arrêts fixes. Confortablement assis, on découvre ainsi le quartier historique de Hanoi. On monte et l'on descend selon son bon plaisir, et c'est presque silencieux (ce qui n'est pas un luxe à Hanoi).

En cyclo-pousse

Le cyclo-pousse se fait de plus en plus rare à Hanoi, et c'est à présent une attraction pour les touristes, plus vraiment un moyen de transport pour les habitants. En moyenne, compter 200 000 Dg la course pour 2 pers (durée 45-50 mn). Une règle d'or : vous mettre d'accord sur le prix de la course avant de partir. Négociez toujours en đồngs, et non pas en dollars ou euros.

Adresses et infos utiles

Informations générales, poste et télécoms

■ **Tourist Information and Support Centre** *(kiosque d'informations touristiques de Vietnamtourism ; plan II, E3, 7)* **:** *28, Hàng Đậu, angle avec Lò Sũ.* ☎ *09-11-08-19-68. Lun-ven 9h-18h. Contact directeur : M. Tho Nguyen, francophone, qui est souvent au comptoir d'accueil.* Ce n'est pas un vrai office de tourisme malgré son nom mais une petite agence *(Lavanda Travel)* qui propose des services payants. Leur originalité est de proposer des balades pédestres et gratuites en ville sous la conduite d'étudiants en tourisme.

✉ **Grande poste** *(Bưu điện ; plan III, E3) :* **75, Đinh Tiên Hoàng. Tlj 7h-20h (17h dim).** Construite à l'emplacement de la pagode Báo Ân, dont il ne reste qu'un petit sanctuaire le long du lac. Dans le bâtiment attenant à droite, la poste internationale avec un distributeur automatique à l'entrée. Rayon philatélie à l'intérieur. Poste restante. Une **annexe de la poste** se trouve au 66, Lương Văn Can, à droite de la banque Bảo Việt *(plan II, D3 ; tlj 8h-18h)*.

■ **Cartes SIM :** de nombreuses échoppes vendent des cartes locales que vous pourrez insérer dans votre portable vietnamien. Repérez les panneaux « Sim Thẻ ».

Argent, change

■ **Distributeurs de billets ATM :** on trouve des distributeurs un peu partout en ville. Faites le plein de đồngs ici, car les distributeurs sont un peu plus rares dans les petites villes. Plafond de retrait de 3 000 000 Dg (env 117 €) à Agribank, 2 000 000 Dg dans les autres, mais 6 000 000 Dg (env 235 €) chez HSBC.

■ **Baoviet Bank** *(plan II, D3, 10) :* **8, Lê Thái Tổ.** ☎ **39-28-89-89. Lun-ven 7h30-17h.** Commission de 20 000 Dg par retrait.

■ **Vietcombank** *(plan III, E3, 20) :* **4, Rhô Lê Lai, au niveau du 198, Trần Quang Khải.** ☎ **38-24-57-16.** *Dans une grande tour moderne proche de la rue-digue.* **Lun-ven 8h-11h30, 13h-15h30.** Commission de 5 % pour un retrait par carte (aux distributeurs 24h/24 ou au comptoir). Pas de taxe en revanche pour changer les espèces.

■ **Shinhan Bank** (plan III, D3, **24**) : 14, Lê Thái Tổ. ☎ 73-09-93-00. Lun-ven 8h30-16h30. Située sur la rive ouest du lac Hoàn Kiếm, cette belle maison de style colonial abrite une banque coréenne réputée. Distributeurs automatiques de billets et change de devises.

■ **HSBC** (plan III, D3) : angle des rues Hàng Trống et Nhà Thờ (la rue qui conduit à la cathédrale de Hanoi). ☎ 39-46-02-07. Lun-ven 8h-17h. C'est une grande agence HSBC où l'on peut changer des espèces et retirer de l'argent aux distributeurs (jusqu'à 6 000 000 Dg).

Transports

■ **Bus pour l'aéroport :** voir plus haut « Arrivée à l'aéroport ».

■ **Air Asia :** ☎ 24-73-07-87-77, ext. 400. • airasia.com •

■ **Vietnam Airlines** (plan III, D4, **14**) : 25, Tràng Thi. ☎ 38-32-03-20 ou 62-70-02-00. • vietnamairlines.com • Lun-ven 7h30-18h30 ; w-e 8h-11h30, 13h30-17h. Vols internationaux et domestiques.

■ **Air France** (plan III, D4, **13**) : 1, Bà Triệu. ☎ 38-25-34-84. • airfrance. com.vn • Lun-ven 8h-17h. Également à l'aéroport international : ☎ 38-86-55-01.

■ **VietJet Air :** • vietjetair.com • Une compagnie privée à bas prix qui dessert Đà Nẵng et Hồ Chí Minh-Ville.

■ **Jetstar :** ☎ 39-74-31-67 et 1900-1550 (central de résas). • jetstar.com/vn • Filiale low-cost (prestations en conséquence) de la compagnie australienne Quantas proposant des vols intérieurs pour Đà Nẵng, Hồ Chí Minh-Ville et l'île de Phú Quốc.

■ **China Airlines :** ☎ 39-36-63-64. • china-airlines.com • Lun-ven 8h-12h, 13h-17h ; sam 8h-12h.

Santé

✚ **Hôpital français de Hanoi** (HFH ; hors plan I par C5) : 1, Phường Mai, Đống Đa. ☎ 35-77-11-00 (accueil en anglais). Urgences : ☎ 35-74-11-11. • hfh.com.vn • Établissement hospitalier pluridisciplinaire de standard occidental, regroupant 300 spécialistes français exerçant en temps partagé et un personnel vietnamien qualifié.

✚ **Family Medical Practice** (hors plan I par A3) : 298, Kim Mã, building A-1 Văn Phúc, suite 109-112, Ba Đình. ☎ 38-43-07-48 (urgences). • vietnammedicalpractice.com • Lun-ven 8h30-17h30, sam 8h30-12h30. Clinique de très bonne qualité, où certains médecins parlent le français.

✚ **Mozart Dental Clinic :** TID Building, 4ᵉ étage, 4, Liễu Giai, Ba Đình. ☎ 37-71-93-81. Lun-ven 9h-12h, 14h-19h. Dentiste et orthodontiste francophones (et anglophones), passés par l'hôpital français de Hanoi. Tarifs très raisonnables. Très apprécié des expatriés.

■ **Pharmacie française** (plan III, D4, **22**) : 3, Tràng Thi. ☎ 38-26-86-44. Tlj sauf dim 8h-12h, 14h-18h. Cette pharmacie ne paie pas de mine, elle est presque anachronique, mais on y parle le français et elle est toujours recommandée par l'ambassade de France. En attendant une boutique plus moderne !

■ **Pharmacie Hapharco** (Nhà Thuốc Hapharco ; plan II, D3) : 1, Hàng Trống (angle avec Hàng Gai), au cœur du vieux quartier, proche de la cathédrale. Tlj 8h-22h. Bon choix de médicaments et conseils assez professionnels. On y parle un peu l'anglais.

■ Plusieurs **petites pharmacies de quartier** à l'enseigne de **Nhà Thuốc**, dans la vieille ville notamment : au 24, Hang Non ; au 65, Ma May ; au 106, Nguyen Huu Huan ; au 71, Hang Bo. Généralement ouv tlj 7h-21h30.

■ **Dons de vos médicaments à titre humanitaire :** en fin de voyage, vous pouvez laisser vos médicaments (non périmés) chez Kim Tours, au 74, Hàng Bạc (plan II, D-E2, **9** ; ☎ 39-26-08-04). Le personnel anglophone de l'agence les remettra ensuite à un hôpital de Hanoi avec lequel il a un accord.

Culture, francophonie

■ **L'Espace – Institut français** (plan III, E4, **21**) : 24, Tràng Tiền. ☎ 39-36-21-64. • ifv.vn • Lun-ven 9h-19h30, sam 9h-16h. Dans de beaux locaux modernes, toute une gamme d'activités culturelles et linguistiques. Possibilité de restauration.

■ *Librairie française de Hanoi* (hors plan I par A2) : 16, ruelle Núi Trúc (entrée par le 57, Pho Núi Trúc), quartier de Ba Đình. ☎ 37-26-48-96. Lun-ven 10h-19h.
■ *Librairie Thăng Long et presse internationale* (plan III, E4, 19) : 53-55, Tràng Tiền. ☎ 38-25-70-43. Ouv 8h-21h (20h en hiver). Guides et cartes routières du Vietnam. On y trouve aussi quelques livres en français.
■ *Tràng Tiền Bookstore* (plan III, E4, 16) : 44, Tràng Tiền. ☎ 38-25-78-57. Lun-sam 8h-21h30. Magasin d'État sur 3 étages. Au 1er, vaste choix de livres de poche et d'ouvrages en français sur le Vietnam et les pays voisins. Guides de voyage, cartes routières, dictionnaires, romans...

Représentations diplomatiques

■ *Prolongation de visas :* se rendre au bureau de **Vietnam Immigration Department,** 40A, Hàng Bài, Hanoi. ☎ + 84 909-34-35-25. ● vietnam-immigration.org.vn ● Tlj 8h30-17h30. Compter environ 60-155 $ pour une prolongation de 1 mois (entrée simple). Autre possibilité, passer par une agence de voyages.
■ *Ambassade de France* (plan III, D4, 17) : 57, Trần Hưng Đạo. ☎ 39-44-57-00 (24h/24). ● ambafrance-vn.org ● Service consulaire lun-ven 8h30-11h30, seulement sur rdv.
■ *Ambassade du Canada* (plan I, B2, 5) : 31, Hùng Vương. ☎ 37-34-50-00. ● canadainternational.gc.ca/vietnam ● Lun-jeu 8h-12h, 13h-17h ; ven 8h-13h30.
■ *Ambassade de Belgique* (plan III, D4, 12) : 49, Hai Bà Trưng (Hanoi Towers, 9e étage). ☎ 39-34-61-79. En cas d'urgence (tlj, 24h/24) : 📱 09-13-22-15-00. ● vietnam.diplomatie.belgium.be ● Lun-ven 8h30-12h, 13h30-16h.
■ *Ambassade de Chine* (plan I, C3, 6) : 46, Hoàng Diệu. ☎ 38-45-37-36. ● vn.china-embassy.org ● Lun-ven 8h30-11h, 14h30-16h30.
■ *Ambassade du Laos* (plan III, C4, 11) : 22, Trần Bình Trọng ; mais la section visas se trouve au 40, Quang Trung (plan III, D4). ☎ 39-42-45-76. Lun-ven 8h30-11h30, 13h-16h.
■ *Ambassade du Cambodge* (plan III, D4, 18) : 71A, Trần Hưng Đạo. ☎ 39-42-47-89. Lun-ven 8h-11h30, 14h-17h. Visa autour de 35 US$. Fournir une photo (en prévoir plusieurs par sécurité). Compter 3 jours de délai. Peut s'obtenir à la frontière. Si vous êtes né au Cambodge, le visa K est permanent et gratuit.
■ *Ambassade de Birmanie* (Myanmar ; hors plan I par B3) : 298A, Kim Mã. ☎ 38-45-33-69. Lun-ven 8h-16h.

Agences (francophones) de voyages

Les guides francophones sont plus chers que les anglophones, car ils sont moins nombreux sur le marché. Dans tous les cas, assurez-vous que le guide parle suffisamment bien la langue demandée avant de conclure votre accord.

■ *Amica Travel :* NIKKO Building (3e étage), 27, Nguyễn Trường Tộ, Ba Đình. ☎ 62-73-44-55. ● amica-travel.com ● Amica Travel est une agence de voyages sur mesure spécialiste du Vietnam, du Laos et du Cambodge. Voyages à la carte, voyages solidaires, trekking... Formules pour découvrir un Vietnam authentique hors des sentiers battus.
■ *Asiatica Travel :* appart A1203, bâtiment M3-M4, 91, Nguyễn Chí Thanh, Lang Ha, Đống Đa. ☎ 62-66-28-16. ● info.fr@asiatica.com ● asiatica-travel.fr ● Asiatica Voyage est le département francophone d'*Asiatica Travel* – spécialiste des voyages sur mesure et à la carte du Vietnam. *Asiatica* propose aussi des packages « tout organisé ». Site internet bien fait et complet, illustré par des vidéoclips.
■ *Carnets d'Asie :* 18A, Ngô Tất Tố, Văn Miếu, Đống Đa. ☎ 37-32-22-88. ● info@carnetsdasie.com ● carnetsdasie.com ● Contact direct par Internet avec un conseiller francophone. Animée par une jeune équipe franco-vietnamienne, spécialisée dans le voyage sur mesure, elle propose des circuits originaux, à pied, à moto ou en voiture privée, en mettant l'accent sur les rencontres humaines. Très bon choix d'hébergements,

de véhicules, et guides anglophones et francophones de haut niveau.

■ **GP Travel :** 3, allée 50, rue Đào Duy Từ, Hoàn Kiếm. ☎ 39-26-30-43. ● gptravelvietnam.com ● GP Travel est spécialiste des voyages sur mesure en individuel avec des circuits originaux à pied ou en voiture privée. Cette agence propose aussi des voyages en petits groupes avec départs hebdomadaires. Un plus : une démarche éthique et solidaire, le souci du commerce équitable et une politique de prix justes.

■ **Hanoi Voyages :** 13, rue Kim Ma Thuong, Ba Đình district. 📱 983-03-39-66. ● hanoivoyage.com ● Une agence francophone spécialisée dans le voyage « sur mesure », avec une organisation remarquable où la qualité des prestations, le respect du client et la sécurité sont les points forts. Depuis longtemps approuvée et plébiscitée par nos lecteurs pour ses compétences et son très bon rapport qualité-prix.

■ **Indochina Land :** 90-A5, Quan Thanh, Ba Đình. ☎ 37-15-28-52. 📱 09-13-21-41-65. ● anhle@indochina-land.com ● indochina-land.com ● Citée dans le Routard depuis 1998, cette agence est dirigée par Lê Hoài Anh, un Vietnamien francophone et jovial, entouré de son équipe jeune et expérimentée. Propose des circuits à prix étudiés dans tout le pays ainsi qu'au Cambodge, au Laos et au Yunnan (Chine). Grand sens du service et sérieux dans les prestations.

■ **Khoaviet Travel :** 605, bâtiment R3, Sunshine Riverside, Tay Ho District, Hanoi. 📱 09-75-38-66-99. ● info@khoaviettravel.fr ● khoaviettravel.fr ● Lun-sam 8h30-17h. Très bonne agence francophone, réputée depuis 2004, dirigée par le jovial Thảo et son équipe dynamique. Une organisation remarquable, des prestations de bon niveau, une excellente connaissance du terrain couplée à une compétence professionnelle reconnue, permettent de satisfaire tous les types de demandes dont le prix est un atout de choix. Le respect du client et sa sécurité sont mis en avant, avec une vigilance sanitaire d'un haut niveau pour voyager sereinement.

■ **Shanti Travel Hanoi :** shantitravel.com ● Cette agence locale francophone s'est spécialisée dans le voyage sur mesure au Vietnam, au Cambodge et au Laos. Suivez les conseils d'experts francophones pour façonner le voyage qui vous ressemble : jonque hors des sentiers battus sur la baie d'Hạ Long, nuit chez l'habitant, itinéraires de trek originaux à Sapa...

■ **Vietindo Travel :** S. Garden, 43, Tư Đình, Long Biên. ☎ 36-36-53-65. 📱 868-00-99-39. ● info@vietindo-travel.com ● vietindo-travel.com ● Agence sérieuse dirigée par Thanh Lan, une dynamique francophone. Propose des excursions sur mesure pour des individuels, avec guide, au Vietnam (dans l'ensemble du pays), au Laos et au Cambodge. Spécialiste aussi dans les excursions au nord du pays (Hà Giang). Très bon sens du service à la clientèle. Prix justes.

■ **Vietnam Découverte :** salle 402, bâtiment Savina (4ᵉ étage), 1, Đinh Lễ, Hoàn Kiếm. ☎ 36-98-36-17. 📱 397-54-18-81. ● vietnamdecouverte.com ● Agence compétente dirigée par Huyen et Trung, un couple francophone, chaudement recommandée par nos nombreux lecteurs. Très bon rapport qualité-prix. Propose des voyages sur mesure. Elle est basée au cœur de Hanoi, à 2 pas du lac Hoàn Kiếm et du vieux quartier. Accueil des voyageurs dans ses locaux.

Agences bon marché

Les petites agences privées, voire des hôtels ou *guesthouses*, organisent des tours par leurs propres moyens. Faites donc jouer la concurrence, mais attention à la qualité très variable : les prestations sont à la mesure des tarifs bon marché.
Le voyage s'effectue généralement dans des minibus en compagnie d'autres routards, on dort et on mange dans des lieux simples et pas chers. N'attendez donc pas le grand luxe.

■ **Agence Kim Tours** (plan II, D-E2, 9) **:** 78a Đ. Trần Nhật Duật, Đồng Xuân. ☎ 13-34-05-24. ● kimtoursvietnam.com ● Outre les tours à scooter dans Hanoi sur le thème de la gastronomie vietnamienne (● hanoistreetfoodtour.com ●), l'agence organise des excursions dans tout le Vietnam à prix sages. Le patron, M. Binh, est anglophone, mais

plusieurs personnes à la réception parlent le français. Une excellente adresse à taille humaine.
■ *Thesinhtourist* (plan I, D-E) : *64, Trần Nhật Duật. ☎ 39-29-03-94 ou 39-26-15-68. ● thesinhtourist.vn ● Tlj 6h-20h30 (1ᵉʳ bureau) et 6h30-22h (2ᵈ bureau).* Branche hanoïenne d'une grande agence de voyages « routards ». L'agence vend le billet *Open Tour* (voir la rubrique « Transports » dans « Vietnam utile » en début de guide) et organise des excursions dans le nord du pays. Résas de billets (avion, train, bus) et infos sur les horaires. Prolongation du visa vietnamien et visas pour certains pays voisins. Minibus quotidien pour Ninh Bình, Huế, Nha Trang et Hồ Chí Minh-Ville.

– *Bon à savoir :* attention, un nombre impressionnant d'agences de Hanoi exhibent désormais en façade un panneau *Thesinhtourist*, ou *Thesinhcafé* (son ancien nom) pour abuser le client. En fait, ce sont des commerçants qui revendent des services fournis à l'origine par le vrai *Thesinhtourist* (voir ci-dessus).

Où dormir ?

Conseils

– Veillez à **bien choisir votre chambre.** Dans presque tous les hôtels, les plus claires et spacieuses se situent côté rue (elles sont souvent bruyantes), les plus calmes (mais moins lumineuses, voire aveugles) se situent à l'arrière. La bonne idée consiste à demander une chambre dans les étages élevés (c'est plus clair et plus calme).
– Certains petits hôtels bon marché, étroits et tout en hauteur, n'ont **pas d'ascenseur.**
– Attention, **certains taxis ne vous conduisent pas à l'adresse demandée,** mais à un autre hôtel qui a « piqué » ou imité le nom d'un établissement cité dans le *Routard.* Bien vérifier le nom et l'adresse de l'hôtel que vous cherchez ! Les falsificateurs font parfois payer plusieurs nuits d'avance, gardent abusivement les passeports, etc. Pas de parano, mais soyez vigilant.

Dans le quartier des 36 corporations

Bon marché (jusqu'à 300 000 Dg / env 11 €)

La tendance actuelle est à la création d'*hostels* très bon marché abritant des dortoirs pour les voyageurs à petits budgets. Il faut noter que certains hôtels plus chics offrent aussi des dortoirs à prix doux en plus des chambres doubles classiques. Depuis 2016 sont apparus les ***homestays***, qui sont des maisons d'hôtes (privées et familiales) ou des appartements d'hôtes, distincts des *hostels* et hôtels.

■ *Little Charm Hanoi Hostel* (plan II, D2, **56**) : *44, Hàng Bồ. ☎ 38-23-88-31. ● littlecharmhanoihostel.com ● Lit en dortoir 6 US$. Plats 50 000-125 000 Dg.* Quelle surprise ! Bien plus qu'un « petit charme » ! Tout commence par le hall d'entrée, avec sa déco digne d'un hôtel design chic. Pourtant il s'agit bien d'une auberge de jeunesse à prix économiques. Le patron vietnamien traite les routards comme des VIP ! Dortoirs féminins de 4 à 6 lits ou mixtes (6-8 lits), tous très propres et bien arrangés avec casiers, clim, des toilettes communes sur le palier. On y accède avec une carte magnétique. Chaque lit possède sa lampe de chevet et des prises électriques ainsi qu'un rideau. Personnel vietnamien jeune et très serviable. Il y a même une minuscule piscine intérieure. Restaurant dans le hall d'entrée (cuisine italienne et vietnamienne).

■ *Nexy Hostel* (plan II, D3, **41**) : *12, Tô Tịch. ☎ 73-00-63-99. ● nexyhostels.com ● Lit en dortoir 9-10 US$, doubles 30-40 US$.* Très central, dans une rue animée, un immeuble blanc, haut et étroit. Dortoirs (8 et 14 lits) mixtes ou non, tous impeccables et fonctionnels (avec clim, bonne literie). Toilettes communes. Et aussi des chambres privatives (pour 2 ou 3 personnes) décorées avec imagination. Les plus belles et les plus claires sont au dernier étage (avec toilettes privatives). On a aimé la chambre *Petite Lady* avec son beau balcon et sa vue sur le quartier. Terrasse sur le toit au 8e étage (ferme à 23h).

🛏 **BC Family Homestay** *(plan II, E3, 31)* : *9A, Ngõ Trung Yên.* ☎ *902-21-79-98.* • *bcfamilytour.com* • *Lit en dortoir env 7 US$, doubles 25-48 US$.* Dans une ruelle populeuse et animée (mais pas bruyante la nuit), cette bonne maison abrite 1 dortoir de 4 lits avec rideaux, prises électriques et lampe de chevet. On est reçu par un jeune Vietnamien anglophone et dynamique, qui gère sa maison d'hôtes comme une entreprise sociale (reversant 15 % des profits à des familles démunies). Il y a aussi des chambres privatives joliment arrangées, certaines avec balcon. Tout est aménagé avec soin (clim) dans un goût plutôt contemporain. Pour un petit déj vietnamien, une de nos meilleures adresses de soupes *(phở)*, en face, est ouverte dès 6h30 !

🛏 **Old Quarter View Hanoi Hostel** *(plan II, D2, 32)* : *3, Nội Miếu (entrée au niveau du 42, Hàng Giấy).* ☎ *37-10-05-78.* • *oldquarterviewhanoihostel.com* • *Lit en dortoir 5-9 US$.* Une bonne alternative pour les routards qui cherchent une AJ centrale et pas trop grande. Au fond d'une impasse au calme, peinte en orange et en blanc, couleurs portées aussi par le personnel aimable et anglophone, AJ très bien arrangée, moderne et tenue avec soin. Dortoirs mixtes ou séparés (4, 6, 12 ou 18 lits), tous climatisés et avec petit balcon ou fenêtre sur la ruelle. Petite terrasse sur le toit.

Prix moyens (300 000-600 000 Dg / env 11-21 €)

🛏 **Khan Hoang Capsule Hotel** *(plan II, E3, 33)* : *42, Hàng Bè.* ☎ *33-88-42-42.* • *khcapsule.com* • *Lit en capsule 360 000 Dg.* Insolite, pratique et économique, ce 1er capsule-hôtel de Hanoi a été construit par un Vietnamien passionné par le Japon. De l'extérieur, la façade en bois de style ancien et rustique ne laisse pas deviner ce qu'il y a à l'intérieur. Petite réception moderne avec casiers, douches et pantoufles. On se déchausse. Ascenseur pour les femmes, escalier pour les hommes. Les premières logent aux 4e et 5e étages, les seconds aux 1er, 2e et 3e. On dort dans des niches rectangulaires, fermées par un rideau, propres et bien arrangées (avec clim) dans lesquelles on pénètre à quatre pattes.

🛏 **Old Quarter Family Hotel** *(plan II, D-E2, 51)* : *11, Hài Tượng Alley, Tạ Hiện St.* ☎ *39-26-15-55. Doubles 25-28 US$. Penthouse 50 US$.* Il est si discret qu'on pourrait passer à côté sans le voir. Situé dans une impasse, sur la gauche de l'*Essence Hotel*, il abrite 7 chambres bien équipées (clim, toilettes privatives) et décorées avec soin, réparties sur 5 étages. Pas d'ascenseur. En demander une, plus claire et plus calme, au dernier étage. Seules les *family rooms* ont de grandes fenêtres, les autres n'ont que de petites ouvertures. Sinon, le *penthouse* au 4e étage, avec cuisine et balcon.

🛏 **Hanoi Culture Hostel** *(plan II, D2, 36)* : *28, Bát Sứ.* ☎ *39-23-05-24.* 📱 *09-78-60-61-33.* • *hanoicultureho stel.com* • *Lit en dortoir 8-10 US$, doubles 24-30 US$.* Petit hôtel à prix doux jouissant d'un bel emplacement (rue populaire et animée) et d'un accueil jovial. Chambres impeccables sur 7 étages, toutes avec clim. En demander une dans les étages élevés, mais attention, pas d'ascenseur ! Notre préférée est la n° 401, calme et nette. Sinon, en prendre une dans les bas étages. Elles sont toutes avec double vitrage. Il y a aussi un dortoir de 4 lits superposés. Si c'est plein, voir à côté le *Stars Hotel,* qui est plus vieux mais bien quand même.

🛏 **Hanoi Friends Inn & Travel** *(plan II, D2, 40)* : *46, Hàng Gà.* ☎ *37-10-04-34.* • *hanoifriendsinn.com* • *Doubles 23-29 US$, triples 31-32 US$.* Réception avenante, et chambres (avec clim) décorées avec soin. Celles côté rue sont avec fenêtre et balcon. Les autres donnant sur l'arrière sont plus sombres et parfois sans fenêtre. Accueil anglophone. Et aussi des triples et des quadruples.

HANOI / OÙ DORMIR ? | 111

Chic (600 000-1 000 000 Dg / env 21-35 €)

🛏 *Prince II Hotel (plan II, D2, 32) :* 42B, Hàng Giầy. ☎ 39-26-12-03. ● *prince hanoihotel.com* ● *Doubles 32-35 US$, petit déj inclus.* Niché dans un renfoncement, bien au calme : ça vaut de l'or dans ce quartier si vibrant ! 6 étages sans ascenseur, avec des chambres donnant sur la rue ou sur l'arrière, toutes avec fenêtre. Déco contemporaine réussie, confort (clim et lampes de chevet orientables), propreté sans faille. En demander aux étages élevés. Le propriétaire tient à ce qu'il y ait une réceptionniste francophone toute la journée.

🛏 *Hanoi House Hostel & Travel (plan II, E2, 39) :* 85, Mã Mây. ☎ 39-35-25-71. 📱 973-51-01-29. ● *hanoihousehostel.com* ● *Lit en dortoir 5 US$, doubles 15-35 US$, petit déj inclus. Promos sur leur site.* Un petit hôtel de charme décoré avec raffinement : plancher en bois, mobilier chaleureux, vraies lampes de chevet... Les chambres les moins chères sont petites, mais la suite nuptiale (*Honeymoon Suite,* n° 705) est vraiment grande, avec une miniterrasse. La superbe chambre n° 701 a 2 fenêtres. Il y a un dortoir mixte de 6 lits bien équipé, à prix doux.

🛏 *La Storia Ruby Hotel (plan II, D3, 44) :* 3, Yên Thái. ☎ 39-33-63-33. 📱 945-86-08-63. ● *lastoriarubyhotel.com* ● *Doubles 40-50 US$. Junior et Family Suites plus chères.* En face du temple des Métiers de la Soie, dans une ruelle calme, un hôtel de 8 étages avec des chambres agréables et bien arrangées (bonne literie, clim, douche/w-c) et grandes, à la déco contemporaine. Dans chacune on trouve un ordinateur et un petit bureau. Les *deluxe rooms* ont toutes un balcon sur rue.

🛏 *La Storia Hotel & Travel (plan II, D2, 38) :* 45-47, Hàng Đồng. ☎ 37-19-13-75. ● *hanoilastoriahotel.com* ● *Double env 35 US$.* La façade moderne et recherchée de ce petit immeuble cache une réception en mezzanine et une salle de petit déjeuner très design, dans les tons turquoise. Très confortables, les chambres sont décorées avec recherche et dans un esprit pratique : petit coin bureau, lampes de chevet orientables, bonne literie neuve. Les n°s 601 et 602 ont un petit balcon fleuri, et vue sur la ville. Accueil francophone le matin, anglophone l'après-midi. Adresse d'un rapport qualité-prix imbattable !

🛏 *Golden Charm Hotel (plan II, D3, 45) :* 24, Hàng Quạt. ☎ 32-66-92-72. 📱 987-41-54-74. ● *hanoigoldencharmhotel.com* ● *Doubles 24-38 US$.* Petit hôtel haut et étroit, abritant des chambres très bien arrangées et confortables (clim), accessibles par ascenseur. La n° 501 est l'une des plus agréables et lumineuses avec son joli balcon.

🛏 |○| *Serenity Diamond Hotel (plan II, D2, 48) :* 1E, Cửa Đông. ☎ 39-68-33-33. ● *serenitydiamondhotel.com* ● *Doubles 30-50 US$. Plats 55 000-190 000 Dg.* Dans la partie ouest de la vieille ville, un excellent petit hôtel de 7 étages où l'on est reçu par des hôtesses en tunique traditionnelle dans un hall d'accueil blanc et net. Abrite des chambres confortables et bien arrangées (clim). Elles donnent sur la rue pour la plupart. Les plus claires et les plus calmes sont dans les étages élevés. Et aussi des chambres triples et familiales. Charmant petit resto couvert sur le toit (*Purple Cherry*).

🛏 *Hanoi Amanda Hotel (plan II, E3, 46) :* 50, Hàng Bè. ☎ 39-26-00-84. ● *hanoiamandahotel.com* ● *Doubles 32-49 US$, petit déj inclus.* Ce beau bâtiment tout blanc fait partie des hôtels qui se maintiennent bien. L'entretien y est au top. Les chambres sont bien aménagées (clim) et décorées avec soin. Celles à l'arrière sont bien au calme, mais ce sont décidément celles sur rue (plus chères), avec de grands balcons ouvragés, qui nous ont plu. Nos préférées, les n°s 401 et 501. Propose aussi des snacks et des boissons au bar-resto Obama's.

🛏 *Rising Dragon Villa Hotel (plan II, D2, 34) :* 43A, Bát Sứ. ☎ 39-23-26-83. ● *risingdragonvilla.vnhotel.site* ● *Doubles 34-45 US$, petit déj*

LE NORD

inclus. Dans un immeuble rénové de 7 étages avec ascenseur, des chambres modernes et colorées au mobilier de bois. Plusieurs niveaux de confort : avec ou sans fenêtre (plus lumineux en étage élevé), avec douche ou baignoire. La n° 903 jouit de clarté et de calme, c'est la plus belle chambre. Accueil anglophone professionnel et attentionné.

🛏 **Hanoi Old Quarter Hostel** *(plan II, D2, 47)* **: 32, Hàng Vải.** ☎ *32-66-86-32.* ● *hanoioldquarterhostel.com* ● *Lit en dortoir 10 US$, doubles 25-40 US$.* Il ne s'agit pas d'un *hostel* (auberge de jeunesse) mais d'un petit hôtel classique, avec des chambres bien équipées. Fait partie d'un petit groupe hôtelier réputé pour sa qualité et ses prix sages. Chambres confortables (avec clim), de plus en plus claires à mesure que l'on monte dans les étages. Literie neuve, et déco claire et fleurie. Les plus chères et les plus belles jouissent d'un balcon ouvrant sur la rue. Pour les routards sac à dos, un dortoir de 4 lits superposés, bien équipé et climatisé.

🛏 **Hotel Garden Queen** *(Queen Travel ; plan II, E2-3, 49)* **: 65, Hàng Bạc.** ☎ *38-26-08-60.* ● *queentravel.vn* ● *Doubles 40-50 US$.* À l'entrée, petit pont au-dessus d'un bassin et collection insolite de mobylettes et de Vélosolex (la passion du propriétaire), y compris dans les étages (desservis par ascenseur). Il propose quelques chambres avec parquet, mobilier soigné, clim et balconnet. Les n°s 701 et 702 ont un balcon donnant sur la rue.

Plus chic
(1 000 000-2 000 000 Dg / env 35-71 €)

🛏 |○| **Essence Hotel** *(plan II, D-E2, 51)* **: 22A, Tạ Hiện.** ☎ *39-35-24-85.* ● *essencehanoihotel.com* ● *Doubles 60-100 US$. Menus 500 000-600 000 Dg.* C'est l'un des meilleurs hôtels de Hanoi pour l'accueil et le service. Non, ce n'est pas une station d'essence mais un hôtel bien pensé et aménagé dans un esprit de coquetterie pratique. Abrite des chambres parfaitement équipées (avec ordinateur dans chacune d'elles) et chaleureusement décorées. Les moins chères n'ont pas de vue, les *deluxe* et les *junior* en ont. Celles du 4e étage ont un balcon sur la rue. Fait aussi resto : savoureuse cuisine vietnamienne à la carte (pas de buffet) avec aussi quelques plats végétariens et européens. La grande qualité du lieu, c'est encore le service attentionné, bien plus prévenant que la moyenne.

🛏 **Silk Collection Hotel** *(plan II, D3, 55)* **: 58, Hàng Gai.** ☎ *37-33-58-58.* ● *silkcollectionhotel.com* ● *Doubles 55-60 US$.* Dans la rue de la Soie, d'où son nom. Bien situé, avec des chambres réparties sur 11 étages (ascenseur). Restaurées, confortables (clim), décorées avec soin, elles donnent sur la rue (double vitrage) ou les côtés. En demander une dans les étages élevés, elles sont plus claires, plus calmes. Sur le toit de l'hôtel, au 10e étage, le *Captain Sky Bar* offre une belle vue sur la ville (cocktails, snacks). Soirées musicales (saxo, violon, guitare...) certains soirs en semaine *(live music 20h-22h).*

🛏 **Golden Art Hotel** *(plan II, D2, 43)* **: 6, Hàng Bút.** ☎ *39-23-42-94.* ● *goldenarthotel.com* ● *Doubles 35-65 US$.* À l'ouest de la vieille ville, dans un quartier animé mais la rue est assez calme. Petit hôtel à l'aspect avenant, avec une vingtaine de chambres de bon confort, impeccablement tenues, disposant toutes de fenêtres (pas de balcon). Décoration soignée, mobilier choisi, photos anciennes aux murs. Accueil francophone ou anglophone. Le manager est un très sympathique Indien.

🛏 **Calypso Premier Hotel** *(plan II, D2, 52)* **: 27A, Cửa Đông.** ☎ *39-23-40-70.* ● *calypsopremierhotel.com* ● *Doubles 34-60 US$, petit déj inclus.* Que fait la nymphe grecque Calypso dans l'univers bouddhique du Vietnam ? Comme Ulysse autrefois, ici elle accueille les voyageurs en *áo dài* traditionnel. Toutes les chambres, à la déco intérieure rouge et blanc, disposent du même excellent confort et même d'un lecteur de DVD (et DVDthèque). Les *superior rooms* n'ont pas de vue, les *deluxe* en ont.

Très chic
(2 000 000-3 310 000 Dg / env 71-117 €)

🏨 🍽 *Solaria Hotel (plan II, D3, 57) : 22, Báo Khánh.* ☎ *39-26-34-56.* • *solariahotel.com* • *Dans une petite rue à 100 m du lac Hoàn Kiếm. Doubles 50-120 US$. Menus 200 000-400 000 Dg.* Cette nouvelle bâtisse (2019) de 10 étages, étroite et haute, abrite des chambres impeccables, décorées avec soin, du petit luxe à prix sages. 4 chambres ont une vue sur le lac (aux 7e et 8e étages). Au 9e étage se trouve le restaurant (cuisine vietnamienne et française) où l'on prend le petit déj. Aux derniers étages, 2 bars, l'un couvert et l'autre en plein air au-dessus sur le toit, le *Solasta*. Resto et bars sont ouverts aux non-résidents de l'hôtel. Vue superbe du *rooftop*.

🏨 🍽 *La Siesta Diamond Hotel et restaurant Gourmet Corner (plan II, E3, 53) : 32, Lò Sũ.* ☎ *39-35-16-32.* • *ehg.com.vn* • *Doubles 60-110 US$ selon confort et saison. Lunch menus 310 000-400 000 Dg.* Voilà un charmant hôtel à taille humaine très bien situé et d'un bon rapport qualité-prix dans sa catégorie. Un bar aux boiseries chaleureuses style pub anglais mène à la réception. Accueil attentif et diligent. Les chambres sont grandes, confortables et impeccables, décorées avec soin. Un point positif : on trouve un lecteur de DVD dans chaque chambre. Le restaurant *Gourmet Corner*, au 12e étage, est l'une des très bonnes tables de Hanoi (cuisine vietnamienne raffinée). Bon endroit pour un dîner au calme, en tête à tête, en profitant d'une très belle vue sur Hanoi *by night*. Pour prendre l'apéro avant dîner, il y a un bar sur le toit (le *Diamond Sky Bar*).

🏨 🍽 *Authentic Hotel (plan II, E3, 54) : 13, Lý Thái Tổ.* ☎ *39-61-59-99.* • *authentichanoi.com.vn* • *Doubles 65-105 US$ selon confort.* Il porte plutôt bien son nom. Bien situé, sur une artère un peu à l'écart mais facilement accessible à pied. L'immeuble est moderne, et les chambres bien entretenues (clim, bonne literie). Les *premium* et les suites ont un balcon. La suite *Lake View* est plus chère mais jouit d'une belle vue. Au 11e étage, le restaurant *Panorama* et le *Sky Bar* offrent une belle vue sur la ville (cuisine vietnamienne et européenne).

Autour de la cathédrale, proche du lac Hoàn Kiếm

De bon marché à prix moyens (jusqu'à 600 000 Dg / env 21 €)

🏨 *Little Diamond Hotel 2 (plan III, D3, 61) : 32, Lê Thái Tổ.* ☎ *39-28-98-97. Doubles 25-28 US$, petit déj inclus.* Situé dans une impasse derrière le vaste chantier de l'hôtel *Four Seasons*, voici un hôtel modeste mais correctement tenu. Chambres sur 6 étages, au mobilier de bois sculpté, avec une déco assez soignée, toutes avec salle de bains et fenêtre.

Plus chic
(1 000 000-2 000 000 Dg / env 35-71 €)

🏨 🍽 *Centre Point Hanoi Hotel (plan II, D3, 42) : 25, Hàng Hành.* ☎ *32-66-86-99.* • *centrepointhanoihotel.com* • *Doubles 37-55 US$.* Petit hôtel discret dans un immeuble haut et étroit d'une agréable rue animée (cafés, cantines, boutiques, peu de voitures), à 2 pas du lac Hoàn Kiếm. Un emplacement idéal ! Accueil attentionné. Chambres bien tenues et de bon confort (avec clim), avec vue sur la rue ou l'arrière sur le lac. En demander une dans les étages élevés (ascenseur), les plus belles étant aux 7e et 8e étages (la n° 801). Excellent rapport qualité-prix.

🏨 *Impressive Hotel (plan III, D3, 62) : 56, Au Triệu.* ☎ *39-38-15-90.* 📱 *09-86-56-03-45.* • *impressivehotel.com* • *Doubles 40-70 US$.* Sur le côté nord de la cathédrale, à un emplacement idéal, dans une rue tranquille et centrale, l'*Impressive* nous fait bonne impression ! Ce petit hôtel moderne abrite des chambres impeccables, à la déco fonctionnelle et soignée. Choisissez-en une au 6e, 7e ou 8e étage, pour la clarté, le balcon et la vue sur la cathédrale. Accueil anglophone et parfois francophone.

🏠 **Golden Legend Diamond Hotel** (plan III, D3, 64) : *18, Chân Câm.* ☎ *38-28-51-68.* ● *goldenlegend diamondhotel.com* ● *Doubles 38-97 US$.* Idéalement situé, dans une petite rue du centre, face à une superbe maison coloniale abritant l'excellent restaurant *Madame Hiên*. Hôtel de 9 étages, très bien tenu, avec 3 catégories de chambres, dont les *deluxe* (les plus chères) avec balcon côté rue en plein sud. Décoration soignée, bonne literie, confort partout. Notre chambre préférée est la n° 901, au dernier étage, avec 2 petites fenêtres et accès à un bout de terrasse, d'où l'on a une belle vue sur Hanoi. Accueil cordial et attentionné.

🏠 **Maison d'Orient** (plan III, D3, 63) : *26, Ngõ Huyện, Hàng Trống.* ☎ *39-38-25-39.* ● *maison-orient.com* ● *Doubles 37-43 US$.* Cette vieille maison d'époque coloniale se cache au fond d'une impasse, au cœur de la vieille ville. C'est un architecte-designer vietnamien de talent qui a rénové et aménagé les chambres de taille variable. Elles portent des noms d'épices. Les plus grandes disposent d'une baignoire et d'une kitchenette. Toutes jouissent d'un bon confort et de mobilier en natte, mais préférez les chambres côté ruelle (claires) à celles à l'arrière (plus sombres et sans vue). La n° 502 a un balcon. Accueil francophone.

Dans l'ancien quartier colonial français, au sud du lac Hoàn Kiếm

De bon marché à prix moyens (jusqu'à 600 000 Dg / env 21 €)

🏠 |●| **Tomodachi House** (plan III, C3, 65) : *5A, Tống Duy Tân.* ☎ *32-66-94-93. Lit en dortoir env 6 US$, doubles env 22-33 US$.* Dans une rue animée le jour, calme la nuit, ce *homestay* (maison d'hôtes) porte un nom japonais. Le propriétaire vietnamien a vécu au Japon et a aménagé un petit immeuble dans le style nippon, par passion pour ce pays. Abrite 2 dortoirs de 8 lits (avec clim) et 4 chambres privatives bien tenues. Notre préférée, la *Sky Villa*, au 6e étage, est la plus grande, prolongée par une terrasse. Fait aussi resto : déco japonaise et cuisine mixte Vietnam-Japon.

Très, très chic (plus de 3 310 000 Dg / env 117 €)

🏠 |●| **Hôtel Metropole Hanoi** (plan III, E4, 68) : *15, Ngô Quyền.* ☎ *38-26-69-19.* ● *sofitel-legend. com* ● *Chambres à partir de 350 €.* Le *Sofitel Legend Metropole Hanoi*, construit en 1901, est un des vieux palaces mythiques d'Asie. Situé près de l'Opéra, chargé d'histoire, il a traversé les guerres et les révolutions, avant d'être restauré dans les années 1990. Somerset Maugham (on peut dormir dans sa suite superbe mais très chère), Charlie Chaplin, Graham Greene, Johnny et Laeticia Hallyday, Angelina Jolie, vedettes de cinéma, stars de Hollywood, princes, rois, la liste est longue des hôtes célèbres du *Metropole*. Le bâtiment ancien abrite de luxueuses chambres et suites de style colonial. La partie moderne est appréciée par les hommes d'affaires. Plusieurs restaurants : le *Club Bar* (style brasserie parisienne), le *Beaulieu* (cuisine classique française), le *Spices Garden* (vietnamien) et *Angelina* (cuisine internationale). On peut aussi boire un verre au *Whiskies Bar* du resto *Angelina* ou au *Bamboo Bar* près de la piscine intérieure.

🏠 |●| **Hôtel de l'Opéra** (plan III, E4, 69) : *29, Tràng Tiền.* ☎ *62-82-55-55.* ● *hoteldelopera.com* ● *Doubles 160-300 €.* Au cœur du quartier chic de l'Opéra, c'est un hôtel luxueux et glamour, décoré dans le style français. Très belles chambres avec grands lits, confort d'un 5-étoiles, excellent service. Piscine et terrasse très agréable. Pour boire et manger : *Café Lautrec* (snacks, sandwichs, pâtisseries) dans

HANOI / OÙ MANGER ? | 115

l'atrium, bar *La Fée Verte* (surnom de l'absinthe au XIXe s) et restaurant *Satine* au rez-de-chaussée (fine cuisine vietnamienne).

Au nord de la vieille ville

Bon marché (jusqu'à 300 000 Dg / env 11 €)

🏠 *Hanoi Cozy Hostel* (plan I, D2, 72) : *16, Phùng Hưng, quartier Hàng Mã.* ☎ *913-28-77-79. Lit en dortoir 80 000 Dg.* Dans une petite ruelle, à l'écart de l'agitation du centre-ville. Pour le prix d'un bol de soupe, on dort dans de bons lits superposés assez larges (bonne literie), garnis de rideaux, prises électriques, lampes de lecture et équipés de casiers. Tous climatisés, les petits dortoirs comptent 8 lits et sont répartis sur 5 étages. Calmes, sans vue mais d'une propreté irréprochable. Salles de bains communes, sur le palier. Accueil d'une jeune anglophone dynamique.

Dans le quartier de Gia Lâm, à l'est du fleuve

🏠 ↗ **La Maison Hải Lý** (hors plan I par F2, 71) : *8, ruelle 437, Ngọc Thụy, Long Biên.* ☎ *902-19-09-07.* • *orientalbridgetravel.com* • *Doubles env 90-100 US$, copieux petit déj compris.* Dans les faubourgs est de Hanoi, de l'autre côté du pont Long Biên, à environ 15 mn de moto, dans un quartier encore champêtre et habité par des artistes. Au fond d'un jardinet, une superbe maison ancienne de Hội An, en bois, démontée, remontée et réaménagée, et qui ne comporte qu'une chambre. C'est donc de la totalité des 80 m² que profitent les hôtes. Tout confort, et avec une vraie cuisine moderne et bien équipée, ouverte sur la salle principale. Terrasse, prêt de vélos, repas sur demande. Un air de campagne rustique à Hanoi ! La même famille loue 2 autres maisons d'hôtes dans le même quartier à des prix similaires : la *maison Đào Anh Khánh* et la *maison Lan* (voir leur site).

Où manger ?

On peut en maints endroits se régaler de bonnes soupes vietnamiennes *(phở)* pour une poignée de đồngs, notamment sur les trottoirs. Et pour quelques đồngs de plus, on profite des bons petits plats de la cuisine vietnamienne. Attention, on mange tôt à Hanoi : beaucoup de restos ferment vers 21h. Certaines adresses d'éventaires de soupe sont souvent fermées dès 11h30 car elles ouvrent très tôt, vers 6h30 du matin. Elles rouvrent dans l'après-midi.

Sandwichs vietnamiens (bánh mì)

🍴 *Bánh Mì 25* (plan II, D2, 80) : *25, Hàng Cá.* ☎ *977-66-88-95. Tlj 7h-21h. Sandwichs 25 000-40 000 Dg.* Incroyable destinée que celle de ce boui-boui oublié devenu aujourd'hui la meilleure adresse de *bánh mì* de Hanoi. Des tabourets bas sur le trottoir, un éventaire vitré et une petite salle attenante. C'est ici pourtant que l'on sert ces succulents sandwichs qui font la renommée de la maison : au porc, au poulet grillé, et d'autres végétariens, tous à des prix très doux. Le pain (vestige de l'époque coloniale française) est goûteux, les ingrédients sont frais, l'accueil toujours souriant. L'affaire s'est si bien développée que le patron a ouvert **2 annexes** : une en face, au n° 30, et l'autre à l'angle des rues Lò Rèn et Thuốc Bắc (plus spacieuse, avec une salle à l'étage).

Dans le quartier des 36 corporations

Bon marché (jusqu'à 100 000 Dg / env 4 €)

🍴 *Gargotes* (plan II, D2, 81) : *autour du grand marché Đồng Xuân.*
🍴 Vous aimez les soupes ? Pour les goûter, c'est le matin, rarement

le soir ! Voici des adresses où l'on mange, paraît-il, les meilleures de la ville. D'abord *Gia Truyền (plan II, D3, 82 ; 49, Bát Đàn ; tlj 6h-11h, 17h-21h),* au centre de la célèbre « rue aux soupes »... Oubliez le décor minimaliste et pas trop propre car le *phở* au bœuf y est bon. On y fait la queue dès l'aube pour s'en offrir un grand bol (compter 50 000-60 000 Dg). La soupe n'est servie que le matin (6h-11h). Une excellente adresse ! Enfin, *Quán Phở Thìn (plan I, E5 ; 13, Lò Đúc) :* un seul plateau-menu, la succulente soupe au bœuf, que l'on paie dès l'entrée, avant de consommer.

|●| *Phở Sướng (plan II, E3, 89) : 24, Trung Yên (angle avec Đinh Liệt). Tlj 5h30-23h.* Puisque l'on parle de gargote, en voici une qui fait l'unanimité par sa simplicité et sa qualité. On mange assis sur des tabourets bas sur le trottoir ou dans une petite salle climatisée. On y sert la spécialité de Hanoi, la soupe de nouilles au bœuf (*phở bò*).

|●| *Phở Ong Vui Chuyên Phở Bò (plan II, D2, 85) : 25, Hàng Giầy. 916-59-61-26. Tlj sauf dim 6h-10h, 16h-minuit. Plats 30 000-50 000 Dg.* Un des marchands de soupe vietnamienne les plus humbles et discrets de Hanoi. Ici la recette est secrète, transmise de père en fils. On ne vient pas dans ce boui-boui pour admirer le décor mais pour savourer un excellent *phở* familial, assis sur un tabouret en plastique.

|●| *Bún Bò Nam Bộ (plan II, D3, 83) : 67, Hàng Điếu. ☎ 39-23-07-01. Tlj 7h30-22h30. Plat 75 000 Dg.* La spécialité de cette gargote de niveau supérieur (salle au rez-de-chaussée et une autre à l'étage) c'est le *bò bún*, un succulent plat de nouilles avec du bœuf sauté aux oignons, garni de salade et d'herbes, le tout recouvert de brisures de cacahuètes (pour les personnes allergiques, signaler *không lac* à la commande). On n'y vient que pour ça ! Ce n'est pas une soupe, car il y a peu de liquide dedans. Ambiance de cantine populaire.

|●| *Bún Chả Ta (plan II, E2, 96) : 21, Nguyễn Hữu Huân. 966-84-83-89. Tlj 8h-22h. Plats à partir de 65 000 Dg.* Le *bún chả ta* est un plat typique de Hanoi, composé de porc grillé et de nouilles, le tout servi dans un petit bouillon. C'est la spécialité de ce petit resto discret, salle aux murs de brique, bancs et tables en bois clair. On peut aussi demander les rouleaux frits aux fruits de mer ou opter pour la version végétarienne (ceux qui ne mangent pas de porc).

|●| *Little Hanoi (plan II, E2, 94) : 9, Tạ Hiện. ☎ 39-26-01-68. Tlj 10h-minuit.* Très bon petit resto de cuisine traditionnelle au cœur de l'animation touristique du centre. Le service et la cuisine restent de qualité malgré l'affluence. On y propose un délicieux poulet aux 5 saveurs (spécialité de la maison), le porc ou le bœuf à la citronnelle.

|●| *Bún Chả Đắc Kim (plan II, D3, 84) : 1, Hàng Mành, angle avec Hàng Nón. ☎ 38-28-50-22. Tlj 8h-21h. Plat env 70 000 Dg.* Depuis les années 1960, ce petit resto de quartier tenu par la même famille sert le meilleur *bún chả* de Hanoi. Le *bún chả* est un bol de vermicelles de riz mijoté avec du porc grillé, le tout relevé par une sauce au *nước mắm*. C'est simple, frais et délicieux !

|●| ↑ *Quán Bia Minh (plan II, E3, 87) : 7A, Đinh Liệt. ☎ 39-34-53-23. Tlj.* Resto en terrasse surplombant une rue grouillante de vie. Le quartier change vite mais cette adresse ne change pas, elle ne suit pas les modes. Observatoire typique et discret pour profiter de l'animation du quartier. Cuisine vietnamienne classique et sans triche, avec des plats occidentaux. C'est copieux et les prix sont raisonnables. Accueil jovial et service rapide.

|●| *Mì Phở (plan II, D3, 86) : 67A, Hàng Bông, angle avec Phủ Doãn. 09-82-93-23-68. Tlj jusqu'à 23h30. Plats 10 000-50 000 Dg.* Bonne petite cantine de rue tenue par Mme Quỳnh, dont le fils parle l'anglais. On y sert les plats classiques du Vietnam, dont la soupe *phở*, ainsi qu'une savoureuse *wonton soup* (d'origine chinoise) aux nouilles de blé.

Prix moyens (100 000-250 000 Dg / env 4-9 €)

|●| *Newday (plan II, E2, 91) : 72, Mã Mây. ☎ 38-28-03-15. Tlj 10h-22h.* Le « Nouveau Jour » est un modeste resto populaire dans ce quartier animé,

propre et bien tenu. Souvent plein car apprécié des *backpackers* du quartier. On fait souvent la queue. Plats vietnamiens bien mijotés. Tout est frais car ça tourne ! Une très bonne adresse à petits prix.

|●| *Cơm Phố Cổ* (plan II, D2, 88) : 16, Nguyễn Siêu. ☎ 22-16-40-28. Tlj 11h-21h30. Buffet 140 000-185 000 Dg. Au nord du quartier historique, voici une cantine populaire fréquentée le midi par les employés du quartier. Tout est frais et goûteux, provenant du marché local. Excellent bœuf grillé au miel.

|●| *Chả Cá Thăng Long* (plan II, D3, 93) : 19-21, Đường Thành. ☎ 38-24-51-15. Tlj 10h30-21h30. Menu env 160 000 Dg. Si elle est présente, c'est la patronne, Mme Hương, charmante francophone, qui accueille les clients. Ce resto est une excellente option pour déguster le fameux poisson grillé, l'une des spécialités « historiques » de la ville. Délicieux, il est servi de manière traditionnelle dans le petit réchaud directement sur la table. Service efficace et prix raisonnables, dans un brouhaha de brasserie. A ouvert un autre restaurant (même cuisine) dans la même rue, au n° 6B.

|●| *Highway 4* (plan II, E3, 95) : 5, Hàng Tre. ☎ 39-26-42-00. Tlj 9h-23h30. Avec un tel nom, on pouvait s'attendre à un resto d'autoroute, non c'est le contraire ! Un resto à la déco ethnique servant une cuisine vietnamienne fraîche et à prix sages. Particularité : on y mange assis en tailleur autour de tables basses (au 1er étage). Cuisine délicieuse, variée et joliment présentée.

|●| *Countryside* (plan II, D3, 97) : 29, Bát Đàn. ☎ 39-23-42-28. Tlj 8h-22h. Plats 60 000-100 000 Dg ; menu env 150 000 Dg. Carte en français. Petit restaurant servant de la cuisine traditionnelle vietnamienne à prix sages, dans de jolies petites salles bien décorées. L'accueil est aimable. Goûtez à l'excellent canard rôti au tamarin, ou au poulet à la citronnelle. Tout est frais et bien mijoté. Organise aussi des cours de cuisine *(cooking class)*.

Chic (250 000-600 000 Dg / env 9-21 €)

|●| *Blue Butterfly* (plan II, E2, 39) : 69, Mã Mây. ☎ 39-26-38-45. Tlj 9h-23h. Menu (déj) 190 000 Dg, plats 115 000-350 000 Dg. Au cœur d'une rue très routarde et animée, dans une vieille et charmante maison traditionnelle restaurée avec soin. Voici le « Papillon bleu », l'un des bons restos du centre historique. On y sert une cuisine vietnamienne fine et savoureuse, à des prix justifiés. Au 1er étage, une salle prolongée par un petit balcon ouvert sur la rue animée. Cours de cuisine *(cooking class, 55 US$/pers)*.

Dans le quartier autour de la cathédrale

De bon marché à prix moyens (jusqu'à 250 000 Dg / env 9 €)

|●| *Phở 10* (plan III, D3, 109) : 109, Lý Quốc Sư, angle avec Chân Cầm. ☎ 38-25-73-38. Tlj jusqu'à 22h. Soupes env 60 000-70 000 Dg. Sa façade orange se remarque dans la rue ! Déco très banale de cantine populaire, mais quelle qualité de soupe ici ! On n'y sert

---

Routard.com

Toutes les infos sur près de 300 destinations, des forums pour échanger entre voyageurs, des reportages, des dossiers pratiques, des bons plans et les meilleurs services pour réserver vos vacances : billet d'avion, hébergement, voiture et activités…

que de la soupe de nouilles au bœuf (*phở bò*), rien d'autre. De loin la meilleure adresse très bon marché dans ce quartier ! Un problème cependant : victime de son succès, on y fait souvent la queue. En face, de l'autre côté de la rue, au n° 19, la boutique ***Nguyên Sinh Hà Nội*** vend de bons sandwichs au jambon ou au pâté (excellente charcuterie).

|●| *Passage de la « gastronomie vietnamienne »* (plan III, C3, **65**) : *sur Tống Duy Tân et Phùng Hưng, ruelles quasi piétonnes en forme de T, donnant sur l'av. Điện Biên Phủ.* Le seul endroit de Hanoi où les gargotes et les petits restos sont ouverts tard (au moins jusqu'à minuit).

Dans l'ancien quartier colonial français, à l'est et au sud du lac Hoàn Kiếm

Bon marché (jusqu'à 100 000 Dg / env 4 €)

|●| ***Bún Chả Hương Liên*** (plan I, E5, **128**) : *24, Lê Văn Hưu.* ☎ *39-43-41-06. Tlj 8h-20h. Plats 50 000 Dg, « combo Obama » 105 000 Dg.* Ce petit resto populaire est devenu célèbre depuis la visite du président américain Barack Obama en mai 2016. Il dégusta la spécialité de la maison, le *bún chả,* un plat de nouilles typiquement vietnamien, avec du porc et des nems. Ce repas lui coûta 6 US$! Depuis cette date, la spécialité de la maison s'appelle le « *bún chả Obama* » et la table où le président mangea a été mise sous verre !

Prix moyens (100 000-250 000 Dg / env 4-9 €)

|●| ***Luk Lak*** (*plan I, E4, **122***) : *4A, Lê Thanh Tông.* 🕾 *943-14-36-86 (7h30-22h).* Près de l'Opéra, une maison de style colonial très bien restaurée avec une décoration intérieure originale et colorée. Au rez-de-chaussée, un petit café chaleureux. La salle est à l'étage. C'est une ancienne chef du *Metropole Hotel,* Mme Binh, qui dirige les cuisines. Inspirée par la culture des minorités ethniques du Nord, elle prépare une savoureuse cuisine, élaborée, sans triche, et à des prix raisonnables.

|●| ***Pizza 4P's*** (plan III, E4, **112**) : *43, Tràng Tiền.* ☎ *028-36-22-05-00. Tlj 10h-22h, w-e 23h. Le soir, il est conseillé de réserver.* Son curieux nom signifie « Pizza pour la paix ». Près de l'Opéra, voici une pizzeria gastronomique tenue par un chef japonais qui a commencé à Saigon. Fraîcheur et qualité des ingrédients, cuisson dans des fours à bois, service efficace et prix sages. La pâte à pizza est délicieuse, et le fromage pour faire la mozzarella vient de Dalat (le patron y possède même ses propres vaches laitières). Résultat du mariage entre l'Italie et le Japon, non seulement les pizzas sont remarquables, mais elles sont « créatives » et originales, de même que les desserts. Autre adresse près du lac Hoàn Kiếm, au 11B, Báo Khánh.

|●| ***Nhà Hàng Ngon*** (plan III, E4, **113**) : *26A-B, Trần Hưng Đạo.* ☎ *39-33-61-33. Tlj 7h-21h30.* Une grande maison d'époque coloniale en forme de U autour d'une grande cour couverte de tables et de parasols. C'est une valeur sûre qui a conservé toutes ses qualités culinaires. On mange à l'extérieur été comme hiver, mais quelques salles à l'étage aussi. Très agréable et très fréquenté, mais ce n'est pas pour un dîner intime en tête en tête. Cuisine vietnamienne franche, fraîche et goûteuse, à prix raisonnables, et bon accueil : une excellente adresse.

Chic (250 000-600 000 Dg / env 9-21 €)

|●| ***Ưu Đàm Chay*** (plan III, E4, **115**) : *34, Hàng Bài.* ☎ *32-66-92-77. Tlj 10h30-22h (22h30 ven-dim). Plats 65 000-175 000 Dg ; compter env 400 000 Dg/pers pour un repas.* Une

adresse exceptionnelle, où l'on vient autant pour la cuisine végétarienne que pour le décor remarquable. Depuis la rue, les guirlandes lumineuses enrobent des bambous et des sculptures bouddhiques, annonçant le style « asiatique glamour » du lieu. Son nom n'est pas vietnamien mais d'origine sanskrite. L'intérieur a été aménagé par un décorateur inspiré avec des éléments dignes d'un musée, d'un temple bouddhique et d'un club végétarien haut de gamme et sélect ! On y sert des plats végans inventifs, présentés d'une manière artistique. Carte épaisse comme un livre avec des photos agrandies des plats.

|●| ✿ *Au Délice – Le Restaurant d'Arthur* (plan I, E5, **128**) : *2B, Ngô Thị Nhậm.* ☎ *39-44-92-88. Tlj jusqu'à 21h. Plats env 200 000-400 000 Dg.* Un restaurant qui abrite aussi une petite épicerie fine dans un quartier commerçant. La patronne vietnamienne a maintenu l'esprit de Daniel, son mari défunt. Avec son équipe, elle propose une savoureuse cuisine française, dans une vieille maison coloniale de caractère. Foie gras, escargots, coq au vin... Pain français fait maison.

Très chic (plus de 600 000 Dg / env 21 €)

|●| *La Badiane* (plan III, C3, **117**) : *10, Nam Ngư.* ☎ *39-42-45-09. Tlj sauf dim 11h30-14h, 18h-22h. À la carte. Menus 50 et 80 US$.* Dans une maison blanche rénovée, avec une charmante courette intérieure au calme. Tenu par 3 Français, on y est accueilli par un personnel vietnamien souriant. Depuis le début des années 2000, ce restaurant chic maintient son rang à Hanoi. Voici une cuisine française délicate et raffinée, aux saveurs métissées (influence discrète de l'Asie), conçue et présentée avec très grand soin. Prix raisonnables pour la qualité proposée. L'une des bonnes adresses de la capitale.

|●| *Le Beaulieu* (plan III, E4, **68**) : *15, Ngô Quyền.* ☎ *38-26-69-19. Tlj 11h30-14h30, et le soir jusqu'à 22h30 (dernière commande). Plat moyen 850 000 Dg ; menu déj env 40 US$ lun-sam, menu (5 plats) env 85 US$. Brunch le dim à partir de 185 000 Dg.* C'est le restaurant français du *Sofitel-Metropole*, l'hôtel le plus mythique de Hanoi. Si les chambres sont chères, en revanche le restaurant reste abordable pour des budgets européens. Exquise cuisine de haut niveau, service diligent et attentionné. Le chef australien (Paul Smart) dirige une brigade de cuisine de 110 personnes ! Tout est parfait. Une excellente adresse. Dans le même hôtel, le *Spice Garden* propose une savoureuse cuisine vietnamienne tandis qu'*Angelina* sert une cuisine internationale.

À l'ouest et au nord du centre historique (mausolée Hồ Chí Minh, temple de la Littérature, lac Trúc Bạch)

Bon marché (moins de 100 000 Dg / env 4 €)

|●| *Veggie Castle* (plan I, D1, **129**) : *7, Yên Ninh.* ☎ *08-66-91-17-41. Tlj 11h-14h30, 18h-21h30. Buffet à volonté 80 000 Dg.* Ce petit « Château végétarien » se compose de 2 salles sur 2 étages. On se sert soi-même. Savoureuse cuisine sans artifice ni triche. Propre, très bon, frais et économique. Thé glacé gratuit.

|●| ♈ *Cửa Hàng Mậu Dịch Số 37* (plan I, C1, **120**) : *158, Trần Vũ.* ☎ *37-15-43-36. Tlj jusqu'à 22h. Plats 100 000 Dg.* Une adresse unique à Hanoi ! Le passé ne meurt pas ! Ce resto « vintage » reconstitue un caféresto à l'époque du rationnement en temps de guerre (1950-1960). Sa salle ouvre sur la rive est du lac Trúc Bạch (belle vue). Objets anciens, poste de radio, machines à écrire, bicyclettes, valises usées, photos d'époque, la déco rétro incite à la remontée dans le temps. Bien pour manger un morceau ou boire

un verre assis sur une vieille banquette en skaï. Leur 1er petit resto est situé dans une ruelle derrière, au 37, Nam Tràng, mais il n'a pas de vue sur le lac.

Prix moyens (100 000-250 000 Dg / env 4-9 €)

|●| KOTO (plan I, C3, *123*) : *59, Văn Miếu.* ☎ *37-47-03-37. Tlj 7h-22h. Menus 270 000-330 000 Dg, plats végétariens à la carte 68 000-88 000 Dg.* Proche du temple de la Littérature, un resto créé par l'association caritative *Know One Teach One* (acronyme : KOTO). Cette dernière accueille tous les ans une trentaine de jeunes démunis et les forme au métier de cuisinier ou de serveur. Bill Clinton, le prince du Danemark et d'autres personnalités y sont venus. Le service est d'une rare gentillesse et très attentionné. Propose de bons plats vietnamiens ou européens (hamburgers réputés). Non seulement on s'y régale mais on fait une bonne action !

|●| Tam Vi (plan I, C3, *127*) : *4, Yên Thế, quartier de Văn Miếu ; accès par le bd Nguyễn Thái Học, au niveau des nos 75-77.* ▯ *966-32-31-31. Tlj 9h-21h. Repas env 200 000-300 000 Dg.* Proche du temple de la Littérature, dans une impasse populaire et animée, voici une charmante vieille demeure en bois reconstituée à l'ancienne (vieux meubles, objets antiques de collection) qui abrite un bon restaurant de cuisine vietnamienne traditionnelle. Celle-ci est élaborée, soigneusement présentée et copieuse. Service attentionné par des jeunes femmes en tunique, prix raisonnables pour la qualité, le tout dans un cadre historique et chic, sans luxe ostentatoire. Pas de vin à la carte, seulement de la bière et du thé.

|●| ↑ Café Goethe (plan I, C3, *124*) : *56, Nguyễn Thái Học.* ☎ *37-34-73-95. Tlj 10h-21h. Carte 200 000-300 000 Dg.* Ce n'est pas un café malgré son nom, mais un resto. Il s'agit de la cafétéria du *Goethe Institut*, installée dans une belle demeure de charme. Très pratique d'y venir manger après la visite du temple de la Littérature, tout proche. Endroit fréquenté surtout par des étudiants vietnamiens apprenant l'allemand. Agréable terrasse dans une cour intérieure très fleurie. Cuisine européenne à tendance germanique bien concoctée.

Plus chic (plus de 250 000 Dg / env 9 €)

|●| Seasons of Hanoi (plan I, C1, *126*) : *95B, Phố Quan Thánh.* ☎ *38-43-54-44. Tlj 9h-14h, 16h30-22h. Menus 270 000-750 000 Dg.* Niché dans une ancienne maison coloniale de style français, ce resto est une institution qui a bien vieilli. On y propose de la traditionnelle cuisine vietnamienne raffinée, avec un beau choix de plats aux subtiles saveurs sucrées-salées. Service en costume traditionnel dans une salle à la déco moderne épurée. Spécialité de la maison : les aubergines sautées à l'ail.

Où acheter et déguster des chocolats exquis ?

|●| Buffet aux chocolats de l'hôtel Sofitel-Metropole (plan III, E4, *68*) : *15, Ngô Quyền.* ☎ *38-26-69-19. Horaires restreints : tlj 15h-17h30. Compter env 690 000 Dg (27 €).* Au rez-de-chaussée, à l'entrée de la belle salle à manger intérieure, près de la piscine. Incroyable buffet de chocolats, à volonté ! Voilà pour les amateurs sans doute l'un des plus succulents goûters d'Asie du Sud-Est. Variété étonnante, présentation très créative, saveurs admirables, le tout à un prix attractif.

⊛ Magasin de chocolats Pheva (plan III, C3, *137*) : *8B, Phan Bội Châu.* ☎ *32-66-85-79.* ● phevaworld.com ● *Tlj 8h-19h. Boîtes 50 000-260 000 Dg.* Fondée par une Vietnamienne de France revenue au pays, *Pheva* est une marque

HANOI / OÙ BOIRE UN VERRE ? OÙ SORTIR ?

100 % vietnamienne qui fabrique et vend des chocolats exquis à prix doux. Le cacao est cultivé dans le delta du Mékong et l'atelier de chocolaterie se trouve à Đà Nẵng. Dans ce magasin, on achète de belles boîtes colorées, toutes prêtes ou on les compose soi-même en choisissant parmi la vingtaine de parfums proposés : cannelle, sésame, poivre, pistache, orange...

Où déguster un croissant, une pâtisserie, une crêpe ou une glace ?

O'Douceurs (French Pastry & Bakery ; plan III, E4, 135) : 8, Phan Chu Trinh. ☎ 62-53-37-85. Tlj 7h-22h. Set lunch 150 000-190 000 Dg (lun-ven). Une des meilleures boulangeries-pâtisseries de Hanoi. Près de l'Opéra, endroit idéal pour prendre le petit déj à l'européenne (bons croissants, baguette, pain français fait maison), siroter un bon café, ou déguster une succulente pâtisserie maison (chef français). Sert aussi de remarquables petits plats salés et soignés. Prix doux pour la qualité, normal étant donné son nom tout en douceur.

Kem Tràng Tiền (plan III, E4, 136) : 35, Tràng Tiền. Tlj 8h-23h. Surréaliste « garage à glaces ». Tout change autour de lui, tout se modernise, et lui ne change pas ! Un lieu anachronique et vivant ! C'est un peu l'impression qui prévaut en entrant dans ce hall où les cyclomoteurs s'alignent non loin du comptoir à glace. Les amateurs y savourent des glaces toutes servies en cornet. C'est classique, collectif et populaire. Très peu de choix de parfum : vanille, fraise, chocolat... et *jaro* (sorte d'igname, c'est-à-dire patate douce).

Thủy Tạ (plan II, D3, 130) : 1, Lê Thái Tổ. ☎ 38-28-81-48. Tlj 7h-23h. Bar-restaurant très bien situé, car donnant directement sur le lac Hoàn Kiếm. La terrasse est fort agréable, le matin ou le soir, et toujours rafraîchissante en été. C'est un peu cher, et dommage que le service soit souvent terne et lent (c'est l'esprit d'un commerce étatique), mais les pâtisseries françaises et les glaces italiennes sont excellentes.

Kafa Street Café (plan II, D3, 131) : 4, Bảo Khánh, angle avec Lê Thái Tổ. Tlj jusqu'à 23h. Crêpes 25 000-30 000 Dg. Petit kiosque installé sous les arbres au bord du lac. Le crêpier vietnamien fait ses crêpes sur des *billigs* en fonte. On y sert aussi des smoothies, des jus de fruits, du café et du thé, et quelques glaces (peu de choix). On achète, on paie et on emporte : c'est le concept *take away*. Les enfants et les familles en promenade adorent !

Où boire un verre ? Où sortir ?

À Hanoi, quelques rues sont réputées pour leurs nombreux cafés ouverts tard le soir, sortes de « Quartier latin » de la ville.
– En plein cœur du vieux Hanoi, la charmante **ruelle Tạ Hiền** (plan II, D-E2, 140) regroupe des petits cafés, des snacks et des pubs, ainsi que quelques bars plus branchés, très fréquentés par les noctambules (il y a une discothèque dans la rue, ouverte jusqu'à 2h du mat).
– Proche du lac Hoàn Kiếm (rive ouest), la **ruelle Ngô Bảo Khánh** (plan II, D3) aligne quelques bars à la mode, fréquentés par la jeunesse locale, les expatriés et les voyageurs.

Cafés classiques

Bar du restaurant-glacier Thủy Tạ (plan II, D3, 130) : 1, Lê Thái Tổ. ☎ 38-28-81-48. Tlj 7h-23h. Même si le service est mécanique et rarement souriant, cette vénérable institution de Hanoi est le seul café donnant directement sur les eaux du lac Hoàn Kiếm (rive nord). Une adresse classique, connue, fort agréable les soirs d'été. Cappuccino, *espresso*, jus de fruits frais... Également un resto chic à l'étage, avec orchestre et vue plongeante sur le lac.

▌ *Bánh Tôm Hồ Tây* (plan I, C1, 160) : 1, Thanh Niên. ☎ 38-29-37-37. Tlj jusqu'à 22h. Juste en face de la pagode Trấn Quốc, voici un café typique vietnamien, idéal pour se poser dans un bel environnement. Si la salle est un peu oppressante, les tables extérieures donnent sur les clapotis du lac Trúc Bạch (ça change des klaxons !).

Cafés de routards

▌ *The Note Coffee* (plan II, D3, 143) : 64, Lương Văn Can. ☎ 09-75-19-44-66. Tlj 8h-18h (23h w-e). Original, jeune et frais, ce petit troquet peint en rose est couvert de messages écrits sous forme de Post-it. Les clients sont libres d'écrire ce qu'ils veulent, d'exprimer leurs sentiments, leurs souhaits... Il y en a partout ! Le papier ne se mange pas, mais le café, le thé et les smoothies se boivent volontiers.

▌ *Kalina Café* (plan III, D4, 150) : 2, Bà Triệu, angle avec Tràng Thi. ☎ 913-00-27-07. Tlj 7h-23h. Café d'angle idéal pour une petite pause, en particulier le week-end quand les abords du lac Hoàn Kiếm sont fermés à la circulation et retrouvent une ambiance de ville populaire de province. Quelques tables et tabourets dehors sur le trottoir, et petite salle pour déguster un bon café (machine), thé, pain vietnamien (*bánh mì*), jus de fruits, *waffles*...

▌ *Bia Hoi Corner* (plan II, E2, 145) : à l'intersection de Lương Ngọc Quyến et Tạ Hiền. C'est à ce carrefour animé que se croisent 2 rues du centre historique. C'est un rendez-vous fréquenté par les routards de passage à Hanoi assis sur des minitabourets en plastique à même le trottoir. On y déguste sa mousse en contemplant l'activité trépidante du vieux quartier.

Bars rétro (« vintage »)

▌ *Loading T* (plan III, D3, 151) : 8, Chân Cầm. ☎ 09-03-34-20-00. Tlj 8h-22h. Au 1er étage d'une vieille maison bourgeoise d'époque coloniale, à la façade jaune défraîchie. Un escalier à double rampe et monte. C'est vieux, patiné, usé, mais charmant. Café rétro tenu par Son, un jeune Vietnamien, qui diffuse de la musique française des années 1970-1980. On sirote un savoureux café à la cannelle dans une salle carrelée à l'ancienne, soutenue par 2 colonnes néogrecques, où les objets artisanaux sont tous à vendre. Spécialité : le café à l'œuf.

▌ *The Hanoi Social Club* (plan III, D3, 153) : 6, Ngõ Hội Vũ. ☎ 39-38-21-17. Tlj 9h-22h. Dans une vieille maison d'époque coloniale patinée par le temps, c'est à la fois un bar, un restaurant et un lieu musical (concert live de temps en temps). Intérieur chaleureux, dans l'esprit bohème et artiste. Salle à l'étage avec vieux mobilier, carrelage vintage, cheminée et un balcon sur la rue. Cuisine goûteuse élaborée par des élèves de l'association humanitaire KOTO. Idéal pour « socialiser » !

Bars ouverts tard

▌ *Attic Cocktail & Wine Lab Bar* (plan III, E4, 157) : 2, Nguyễn Xí, ruelle au niveau du 46, Tràng Tiền. Tlj 19h-1h30. Un ancien barman de l'hôtel *Metropole* a ouvert ce bar niché comme un grenier sous les toits (*attic* signifie grenier en anglais). Entrée discrète entre 2 boutiques. Monter l'escalier patiné jusqu'au 1er étage (*Cong Caphe*) d'où une porte ouvre sur un 2d escalier. Fauteuils club, beau bar devant un mur de bouteilles, faible éclairage, conversations possibles grâce au bas niveau sonore de la musique : voici une bonne adresse pour les cocktails, tous réussis.

▌ *Polite & Co* (plan II, D3, 147) : 5B, Bảo Khánh ; accès par la rue Hàng Hành. ☎ 968-94-96-06. Tlj 16h-minuit. Inspiré du style des *gentlemen's club* des années 1920, ce cocktail-bar tenu par une équipe vietnamienne est aménagé comme un pub-salon avec des sofas confortables, avec un bar en bois dominé par des rayonnages de bouteilles. Délicieux cocktails à prix sages dans une bonne ambiance musicale.

▌ *La rue Tạ Hiền* (plan II, D-E2, 140), au nord du quartier des 36 rues, fait office de « rue de la soif ». Ça boit et ça festoie jusque tard, en échangeant les bonnes adresses et belles expériences routardes... C'est un rendez-vous de noctambules. La plupart des bars font aussi snack et resto.

Bars en terrasse sur les toits des hôtels *(rooftop)*

– *Bon à savoir :* ces bars en terrasse sont perchés au sommet de certains hôtels. Ils sont accessibles librement aux non-résidents de ces établissements. Des endroits remarquables en soirée pour boire un verre en admirant Hanoi illuminée.

▼ ↑ *Light House Sky Bar (plan II, E3, 144) :* 27, Hàng Bè ; au 10e étage de l'hôtel La Siesta Premium Hàng Bè. *Tlj 17h-minuit.* Le plus beau *rooftop* de la vieille ville. La terrasse est un grand espace rectangulaire qui permet d'admirer Hanoi *by night* sur 360°. Merveilleuse vision ! D'un côté on voit le fleuve Rouge et de l'autre le lac Hoàn Kiếm. On peut y boire et manger. Notre grand coup de cœur !
▼ ↑ *Sol Sky Bar (plan II, D3, 57) :* 22, Báo Khánh ; aux 10e et 11e étages du Solaria Hotel. *Tlj de 17h jusque tard dans la nuit.*
▼ ↑ *Captain Sky Bar (plan II, D3, 55) :* 58, Hàng Gai, au 10e étage de l'hôtel Silk Collection. Bar avec soirées musicales *(live music)*.

Où sortir ? Où écouter de la musique ?

Pour le calendrier des concerts : ● hanoigrapevine.com ●

Bars musicaux

▼ *Tadioto (plan I, E4, 161) :* 24B, Tông Đản. ☎ 66-80-91-24. *Tlj 11h-minuit.* Un lieu branché et glamour du quartier de l'Opéra. Murs gris, peintures contemporaines, mobilier design choisi et classe, ambiance tamisée chaleureuse. On y vient autant pour boire un verre, siroter un cocktail ou écouter des groupes musicaux (jazz, soul, latino, flamenco). On y sert aussi des plats plutôt bons (genre sushis et *ramen*).
▼ ♪ *Puku Café and Sports Bar (plan III, C3, 154) :* 16-18, Tống Duy Tân, quartier Ba Đình. ☎ 39-38-17-45. Très rare endroit à être ouv tlj et 24h/24 ! Un peu à l'écart de l'agitation urbaine, dans une ancienne maison coloniale, ce bar de noctambules est ouvert jour et nuit ! C'est un autre type d'animation nocturne qui vibre dans ce lieu unique à Hanoi, capitale qui se couche tôt. Propose souvent des soirées musicales ou poétiques.
▼ ♪ *Binh Minh's Jazz Club (plan I, E4, 162) :* 1, Tràng Tiền. ☎ 39-33-65-55. ● minhjazzvietnam.com ● *Concert de jazz tlj 21h-23h.* Installé dans une rue calme derrière l'Opéra, ce club de jazz de Hanoi est tenu de main de maestro par le saxophoniste Quyến Văn Minh, qui dirige le lieu et y joue assez souvent. On peut aussi y dîner.

Discothèque

Aucune boîte de nuit n'est ouverte jusqu'à l'aube à Hanoi. La vie nocturne à Hanoi est pauvre comparée à Hô Chí Minh-Ville.

▼ ⚹ *1900 Le Théâtre (plan II, D-E2, 140) :* 8, Tạ Hiện. ☎ 09-11-11-19-00. *Tlj 20h30-1h (3h ven-dim). Entrée : env 150 000 Dg.* La discothèque la plus glamour, la plus vibrante du centre de Hanoi. Installée dans un ancien théâtre d'époque coloniale, elle est fréquentée en majorité par les Vietnamiens (mais aussi par des touristes et des expats). Une boîte toujours noire de monde, surtout le week-end. DJ enfiévré sur une estrade centrale, dans une salle balayée par les faisceaux électriques et bariolés des lasers.

Spectacles traditionnels ou classiques

∞ ⚹ *Théâtre de marionnettes sur l'eau de Thăng Long* (Thang Long Water Puppet Theatre ; *plan II, E3, 148) :* 57B, Đinh Tiên Hoàng, au nord du lac Hoàn Kiếm. ☎ 38-25-54-50 ou 38-24-94-94. ● thanglongwaterpuppet.org ● *Guichet tlj 8h30-20h30. Billets : 3 tarifs selon place (devant la scène, au milieu, derrière), 100 000, 150 000 et 200 000 Dg. 6 séances/j. : à 10h30, 15h, 16h10,*

17h20, 18h30 et 20h. Durée : 45 mn. Cet art vieux de plusieurs siècles est issu du monde paysan. Intimement attaché à l'eau et aux fêtes liées aux activités agricoles (le printemps, les semences, les récoltes, etc.). C'est donc toute l'âme de la rizière vietnamienne qui s'exprime avec ses personnages, traditions, rituels, animaux familiers, dieux et génies divers. L'eau, elle-même, est tout à la fois actrice à part entière et décor, sans compter qu'elle dissimule judicieusement tous les jeux de marionnettes maniées avec une adresse, une virtuosité époustouflante. En préambule au spectacle, *petit concert* avec présentation des instruments traditionnels. Superbe musique jouée par de remarquables artistes. Le spectacle lui-même est une succession de petits sketchs mettant en scène la vie quotidienne des paysans (chasse aux grenouilles ou au renard, fête de la Récolte, courses de chevaux ou de pirogues, visite du roi, légendes, jeux d'enfants, etc.). *Bon à savoir :* ce spectacle de marionnettes se déroule aussi au musée d'Ethnologie. Il a lieu en plein air.

∞ **Lotus Water Puppet Theater** *(plan III, D3, 158) : 16, Lê Thái Tổ.* ☎ *39-38-11-73. 2 ou 3 séances/j. Billet à partir de 100 000 Dg.* Superbe bâtiment colonial rénové au bord du lac Hoàn Kiếm abritant un autre théâtre de marionnettes (2ᵈᵉ salle) ouvert en 2014. L'autre partie du bâtiment est un restaurant vietnamien de luxe avec une immense terrasse, très fréquentée par les locaux aisés et de plus en plus par les touristes.

∞ **L'Opéra** *(Nhà Hát Lớn Hà Nội ; plan I, E4, 156) : au bout de Tràng Tiền.* ● *hanoioperahouse.org.vn* ● *ticketvn.com* ● *Spectacles (musique classique, traditionnelle, ballet ou théâtre) : 200 000-1 200 000 Dg (7-47 €). Passez devant, des affiches annoncent la programmation.* On joint l'agréable à l'agréable, en assistant ici à un spectacle, tout en découvrant l'intérieur de ce superbe bâtiment qui ne se visite par ailleurs pas.

Achats

Nombreux magasins chics et originaux autour de la rue **Nhà Thờ** *(plan III, D3)*, près de la cathédrale, sur **Hàng Gai** *(plan II, D3)*, la fameuse rue de la soie, et sur **Mã Mây** *(plan II, E2)*.
Le soir des vendredi, samedi et dimanche, *marché de nuit* à partir de 17-18h sur Lương Văn Can et Hàng Đào, rendues piétonnes pour l'occasion ; surtout des babioles.

Vêtements femmes et hommes (soie, coton et lin)

Un conseil pour les vêtements en soie, très prisés par les Européens (dont les Français) : apportez votre modèle, les Vietnamiens vous en feront d'excellentes copies, mais évitez toute modification et ne donnez pas de modèle extensible, la soie ne l'est pas.

⊛ **Hoàng Vân Silk** *(Haute Couture ; plan III, D3) : 21, Hàng Trống.* ☎ *39-26-42-20.* 📱 *912-29-17-69. Tlj 9h-19h30.* Petit magasin tenu par miss Ngọc (Jade), charmante Vietnamienne francophone. Méticuleuse et créative, elle confectionne sur mesure toutes sortes de vêtements en soie, en coton... Travail de qualité et livraison rapide. Pour certains vêtements, il est conseillé d'apporter un modèle.

⊛ **Ngọc Hiến Silk** *(plan II, D3, 172) : 55, Hàng Gai.* ☎ *38-24-77-24. Tlj 9h-19h.* Ce magasin de vêtements en soie, un des mieux fournis de la rue, vend aussi des articles en lin de bonne qualité à des prix sages. Vêtements sur mesure en moins de 48h. Très belle chemise en soie sauvage (ça ressemble au lin mais c'est de la soie). On y parle le français.

⊛ **D&C Design & Culture** *(plan II, D3) : 77, Hàng Gai.* ☎ *02-432-008-427. Tlj 9h-21h.* Autre boutique de la rue qui confectionne des vêtements sur mesure en 2 ou 3 jours. Comme ils disent : « mesures européennes, mais prix vietnamiens ».

Objets (art et artisanat) des minorités ethniques

🌸 **With Love from the Mountains** (plan II, E3) : *104, Mã Mây.* 962-91-38-11. Tlj 9h30-22h. Un magasin spécialisé dans l'artisanat des minorités ethniques du nord du pays. Sacs, tissus, objets divers... tout est fait à la main d'une manière traditionnelle. Prix sages.

Papeterie, peintures, affiches d'époque

🌸 **Papeterie Phuong Noi Stationery** (plan II, D2-3, *175*) : *23, Hàng Bồ.* ☎ 38-26-67-23. Tlj sauf dim 8h15-18h. Au cœur de la ville, une remarquable papeterie qui vend de beaux carnets, des cahiers, des stylos, du matériel de bureau et de calligraphie (pinceaux). Et aussi des cartes, des souvenirs. Grand choix. Bon accueil et prix sages.

🌸 **Peintures (copies) :** quelques boutiques près du lac Hoàn Kiếm. Compter de 40 à 70 US$ pour une bonne copie d'un Botero, Dalí, Van Gogh... Mais attention, les œuvres sont inégales. Certains ateliers vendent par correspondance et ont leur site web. Vous pouvez aussi envoyer la photocopie du tableau que vous désirez. Nombreuses galeries de peintures de qualité dans la rue Hàng Trống (par exemple, *Viet Fine Arts Gallery*) et la rue Hàng Bông (au n° 49).

🌸 **Old Propaganda** (plan III, D3) : *17, Nhà Chung.* ☎ 39-28-79-43. Lun-sam 9h-11h30, 13h30-18h. *Autre boutique au 16, Hàng Bạc (plan II).* Reproductions de vieilles affiches de propagande politique, sous forme de posters de formats divers. Très beau cadeau à rapporter à des amis amateurs du style révolutionnaire soviétique ou fans des publicités des années 1930.

Objets design, arts de la table et de la maison

🌸 **Mekong Quilts** (plan II, E3, *173*) : *13, Hàng Bạc.* ☎ 39-26-48-31. ● mekongquilts.com ● Tlj 10h-19h (19h30 le w-e). Magasin d'artisanat vendant du linge de maison (couvertures, quilts...) fabriqué par des femmes dans les villages, selon le principe du commerce équitable. Le plus insolite ici, ce sont les vélos en bambou (avec une partie métallique), en état de marche, fabriqués par les artisans qualifiés de l'association.

🌸 **Nagu** (plan III, D3) : *20, Nhà Thờ.* ☎ 39-28-80-20. ● zantoc.com ● *Près de la cathédrale.* Tlj 9h-17h. La boutique d'un designer japonais inspiré par le Vietnam. Sacs à main, boîtiers, petits accessoires pour enfants et pour la maison. Un café au 1er étage.

Lin brodé, nappes, oreillers, draps tissés

🌸 **Tân Mỹ Design** (plan II, D3) : *61, Hàng Gai.* ☎ 39-38-11-54. Ouv 9h-16h. Le magasin qui a lancé l'art des tableaux brodés sur soie. La reine Sofia d'Espagne figure parmi ses clientes. Quelques chefs-d'œuvre de la peinture occidentale sont reproduits en diverses dimensions, brodés en fil de soie.

🌸 **Craft Link** (plan I, C3, *171*) : *51, Văn Miếu.* ☎ 37-33-61-01. ● craftlink.com.vn ● *Près du temple de la Littérature.* Tlj 9h-18h. Boutique d'une ONG tenue par des bénévoles, favorisant le commerce équitable avec les minorités ethniques et les personnes handicapées notamment. Plusieurs étages et boutiques proposant tout un choix d'artisanat aux finitions soignées, tendant parfois vers le design raffiné. Laques, sacs à main, écharpes en soie, artisanat, jouets.

Cachets sculptés sur bois

🌸 **Phúc Lợi** (plan II, D3, *174*) : *6, Hàng Quạt, angle avec Lương Văn Can.* ☎ 39-94-09-70. Tlj 7h-19h. Petite boutique qui fabrique et vend des tampons sculptés de toutes les formes et de toutes les tailles. Les motifs très variés sont réalisés avec soin et habileté. Vous pouvez même y faire un tampon sculpté à votre image si vous laissez une photo de vous. Insolite ! Comptez environ 10 US$ pour un tampon personnalisé.

Produits alimentaires (victuailles, thé, café, charcuterie...)

🛍 **Oriberry-Indigenous** (plan III, D3) : *36, Áu Triệu.* ☎ *62-75-86-69.* ● *oriberry. com* ● *Sur le côté de la cathédrale. Tlj 7h-19h30.* Principalement spécialisée dans le café (qu'on peut déguster ici à prix raisonnables), cette petite boutique propose également un joli choix de céramiques fines et d'objets d'artisanat. Tous les objets en vente sont tirés du commerce équitable de l'ONG vietnamienne ACEP (qui valorise le travail de minorités défavorisées).

🛍 **Au Délice – Le Restaurant d'Arthur** (traiteur belge ; plan I, E5, 128) : *2B, Ngô Thì Nhậm.* ☎ *39-44-92-88.* ● *au-delice.com* ● *Tlj 8h-21h.* Plats et denrées alimentaires occidentaux. Grand choix de vins (de France notamment), de fromages, de charcuteries. Resto à l'étage.

🛍 **Hanoi Gourmet** (plan I, E5) : *6T, Hàm Long.* ☎ *39-43-10-09. Tlj 9h-21h.* Fromages, saucissons, jambon, terrines, pâtés, saumon norvégien et vins de tous les pays. Quelques tables à l'étage pour déguster ces bons produits.

À voir

Le vieux centre historique (ou vieux Hanoi)

Plus on avance vers le cœur urbain de la cité, plus on remonte dans son histoire et vers ses origines. Ne dit-on pas *Hà Nội, ba mươi sáu phố phường*, « Hanoi, avec ses 36 rues et corporations » ? Ce quartier de marchands et d'artisans dessine un triangle au nord du lac Hoàn Kiếm, miroir d'eau douce dans lequel Hanoi contemple son destin. Ce « noyau dur » historique de la capitale conserve son style ancien et se mesure humaine. On y déambule à pied et, hormis les pétarades du trafic de 2-roues (et de quelques voitures), il n'est pas difficile de s'imaginer à quoi ressemblait la ville autrefois avec ses ribambelles de marchands et de vendeurs, d'artisans et de boutiquiers ambulants.

🌟 **Le lac Hoàn Kiếm** (*Hồ Hoàn Kiếm* ; plan II, E3) : c'est le cœur du vieux Hanoi. Hoàn Kiếm veut dire « épée restituée ». Selon une légende du XVᵉ s, un pauvre pêcheur du nom de Lê Lợi s'était vu confier par la tortue sacrée du lac une épée magique pour défendre le royaume contre les envahisseurs Ming. Il souleva alors le peuple vietnamien, remportant de nombreuses victoires et, pendant une dizaine d'années, l'épée fut d'une efficacité exemplaire puisqu'elle sut contenir les Chinois. Cependant, un jour que le souverain se promenait sur les bords du lac, savourant ses succès militaires, la tortue vint récupérer l'épée magique, qu'elle remporta au fond. Une façon, peut-être, de signifier que tout a une fin, qu'il faut savoir rendre les choses et qu'il convenait de revenir, maintenant que tout danger était écarté, à une attitude plus modeste, moins triomphaliste...

Curieusement, on repêcha un jour dans le lac une énorme carapace de tortue blessée. De là à penser qu'elle le fut par l'épée ?... Certains affirment d'ailleurs que l'on peut toujours voir une tortue (vivante) dans le lac, mais il faut savoir être patient pour avoir la chance d'apercevoir cette Nessie hanoïenne...

Au milieu du lac, l'*îlot de la Tortue* avec un stûpa de forme

> **LA TORTUE, ANIMAL PAS SI SACRÉ**
>
> *Dans la tradition bouddhique, la tortue est un animal sacré, symbole de longévité, car elle est considérée comme le support du monde et un gage de stabilité. Cela n'empêche pas certains restos peu scrupuleux de la servir comme plat... Refusez !*

carrée. En face de la porte, petit pagodon. C'est le dernier vestige d'une des plus anciennes pagodes de Hanoi. On l'a rayée de la carte pour construire à la place un bâtiment administratif au XIXᵉ s (auquel la grande poste succéda). À côté du lac, rue Lê Thái Tổ, intéressant **spectacle de marionnettes** (voir plus haut « Où sortir ? Où écouter de la musique ? »).
Les **rives du lac** sont ombragées par de beaux arbres : ce sont des flamboyants. C'est l'une des promenades préférées des jeunes amoureux, la nuit, lorsque les éclairages se reflètent dans le lac. Les lève-tôt pourront voir aussi, vers 5h ou 6h, la gymnastique des personnes âgées.
– *Bon à savoir : les routes et les allées bordant le lac Hoàn Kiếm sont fermées à la circulation tous les week-ends.* Du vendredi soir au samedi soir, les abords du lac sont réservés aux piétons. L'endroit devient alors une sorte de grand îlot de calme et de détente pour les habitants (promeneurs, patineurs, joggeurs...).

🎬🎬 *Le temple Montagne de Jade* (Đền Ngọc Sơn ; plan II, E3) : *tlj 7h-18h l'été, 7h30-18h15 l'hiver. Entrée : 30 000 Dg ; réduc.*
Situé sur la rive nord du lac Hoàn Kiếm, c'est un charmant petit temple que l'on atteint par un charmant pont en bois tout rouge, nommé « pont du Soleil-Levant ».
L'édifice date du XVᵉ s, mais il a subi des transformations jusqu'au XIXᵉ s. On y célèbre Trần Hưng Đạo, grand vainqueur des Mongols au XIIIᵉ s, le génie des lettres Văn Xương, et le précurseur de la médecine Lã Tố. À l'entrée, la tour du Pinceau et le portique de l'Écritoire, hommage à la littérature. Dans un pavillon, sur la gauche, on peut voir une grande carapace bien conservée de tortue géante qui daterait du XVᵉ s. Ce serait la tortue de la légende de l'épée restituée (voir le lac Hoàn Kiếm, plus haut). « Reflétant l'âme sacrée de la patrie, l'épée miroite comme les ondes du rivage. Communiant avec ciel et terre, les lettres persistent avec l'âge des montagnes... »
Dans une salle à l'arrière de ce même pavillon, des autels dédiés au taoïsme et au confucianisme (pas au bouddhisme, car pas de bouddhas ici). Dans la salle de devant, statue du maître de littérature avec 2 mandarins lettrés. Cheval de cérémonie sur roues et peint en rouge, qui accorde des bienfaits, selon la superstition, si on caresse tendrement sa crinière.

🎬🎬 *Le vieux quartier des 36 corporations* (plan II) : au nord du lac, entre le fleuve et la citadelle, s'étend le plus vieux quartier de Hanoi, secteur historique appelé aussi le quartier des 36 rues. Un projet visait à l'inscrire sur la liste du Patrimoine mondial de l'humanité de l'Unesco, mais rien ne s'est concrétisé.
Constitué à partir du XIIᵉ s sous la dynastie des Ly, ce vieux quartier a pris sa forme actuelle au XVᵉ s. À cette époque, on comptait une centaine de rues et de canaux, réseau nommé « des 36 corporations » car 36 est un chiffre bénéfique pour les Asiatiques. Le nom de chaque rue commence par le mot *hàng*, qui signifie « guilde ».
Ce vieux quartier est un ensemble de rues et ruelles à l'urbanisme touffu, contrastant avec les avenues larges et rectilignes du reste de la ville. Chaque rue accueillait une spécialité professionnelle, représentant un seul métier ou corporation, souvent celle d'un village entier des environs de Hanoi. On a souvent dit que le quartier ressemblait aux nervures d'une feuille dont la tige serait Hàng Đào. Si certaines rues continuent de distribuer spécifiquement tel ou tel produit, d'autres s'ouvrent à divers artisanats. D'abord parce que certains métiers disparaissent, inéluctablement, sous le coup du modernisme, mais surtout sous l'effet de l'ouverture économique. Celle-ci a provoqué un boom sans précédent de toutes sortes de petits commerces. Le quartier n'en reste pas moins extraordinairement vivant et attachant.
Intéressante également, l'architecture locale : demeures peu élevées (2 à 3 étages minimum, 6 ou 7 étages maximum), façades très étroites (une règle imposait en

effet 3 m de large maximum), souvent ornementées ; c'est une architecture « en tube », avec des maisons dites « en compartiment » (voir encadré) faciles à reconnaître. En façade, on trouve souvent une boutique ou un atelier prolongé de petites cours intérieures et de nombreux logements avec d'interminables couloirs (parfois sur plus de 100 m). La densité humaine y est souvent incroyable. La boutique du rez-de-chaussée sert aussi parfois de salon ou de pièce de réception et s'ouvre sans problème aux

MAISONS-TUBE

La plupart des maisons modernes de Hanoi offrent une silhouette étrange et particulière. Elles sont très étroites, hautes et profondes, comme des boîtes à chaussures. Les étages s'empilent comme des conteneurs. Les pièces sont très longues et peu larges. La raison de cette insolite architecture ? Les propriétaires devaient payer des impôts proportionnels à la largeur de la façade côté rue, d'où l'idée d'en réduire l'importance...

regards de la rue. Cette plongée dans l'intimité familiale se révèle plutôt amusante. Le soir, on y rentre les vélomoteurs et les motos, et certains privilégiés possédant une façade exceptionnellement plus large y garent leur voiture, entre le meuble télé et le canapé !

Voici quelques rues par corporations parmi les plus populaires.
– *Hàng Đào* : autrefois rue de la soie, aujourd'hui, c'est la rue où l'on vend des montres. Très vivante et très animée. Au n° 38, une vieille maison typique abrite un magasin d'objets en laque. On peut y entrer et jeter un coup d'œil.
– *Chả Cá* : la rue des poissons grillés, où les boutiques de mode ont dorénavant pris quartier.
– *Hàng Bạc* : autrefois rue des changeurs, et à présent c'est la rue des autels votifs et des bannières religieuses.
– *Hàng Giầy* : la rue de la chaussure.
– *Hàng Bồ* : la rue de la mercerie.
– *Hàng Cân* : la rue du carton, de la ficelle, des balances.
– *Hàng Mắm* : autrefois rue des *mắm* (sauces), aujourd'hui c'est la rue des stèles funéraires.
– *Hàng Đường* : la rue du sucre.
– *Hàng Mành* : la rue des instruments de musique asiatiques et occidentaux.
– *Hàng Mã* : la rue des objets votifs en papier. Durant la période de Noël, les magasins exposent beaucoup d'objets décoratifs liés à cette fête.
– *Thuốc Bắc* : la rue des médicaments, où s'effectuait aussi le travail de l'argent, puis elle devint la rue des artisans fabriquant les outils et les clous.
– *Lãn Ông* : la rue des herbes et des graines.
– *Hàng Bún* : la rue des vermicelles.
– *Hàng Gai* : la rue du chanvre. Aujourd'hui, la rue des boutiques des tissus en soie et en lin. C'est ici que les routardes coquettes pourront se faire confectionner des vêtements sur mesure.
– *Hàng Lược* : au nord de la vieille ville. Une des rues les plus fleuries pendant la fête du Tết. Au n° 12, petite *mosquée Al-Nour*. Fréquentée à certaines occasions par les membres du corps diplomatique de pays de religion musulmane.
– *Hàng Chiếu* : la rue des nattes. Au bout de celle-ci, la dernière vieille porte de la ville.

Quelques vénérables *temples* à découvrir au fil des ruelles, comme celui du Cheval Blanc *(Đền Bạch Mã)*, à l'angle de Hàng Buồm et Hàng Giầy. Beau toit aux tuiles patinées avec sa frise de dragons.

🯄 Les *vieilles maisons du patrimoine historique de Hanoi (plan II, E2)* :
– *Maison de caractère* : *87, Mã Mây. Tj 8h-17h. Entrée : 10 000 Đg.* Située dans l'ancienne rue du Rotin, construite au XIXᵉ s, elle fut habitée par plusieurs générations de commerçants. Au changement de régime en 1954, la maison fut

partagée entre 4 familles exerçant diverses activités : un tailleur, un professeur d'arts martiaux, un épicier et un fonctionnaire. Devenue propriété de l'État, elle a été restaurée dans le cadre du projet *Asia Urbs* (Union européenne) avec l'aide des Mairies de Toulouse et de Bruxelles, puis classée par le comité populaire de Hanoi. À l'intérieur, panneaux explicatifs en français sur le patrimoine de Hanoi. 2 petites cours au rez-de-chaussée (bureau à l'ancienne) et un autel des ancêtres au 1er étage. Artisanat à vendre.
– **Maison communale des Joailliers** : *42, Hàng Bạc. Lun-ven 8h-17h. Spectacles de Ca trù en soirée (20h), mer, ven et dim. Durée : 1h.* Ancienne demeure de la confrérie des joailliers restaurée avec soin.

🎭 *Le temple Đình Kim Ngân* (plan II, D-E2) : *44, Hàng Bạc.* ☎ *972-75-15-56.* Spectacles de *Ca trù* 2-3 fois par semaine, art vietnamien ancestral alliant musique traditionnelle, chants et danses. Se renseigner sur place.

🎭 *Le temple de Quan Đế* (plan II, E2, 180) : *28, Hàng Buồm. Non loin de la maison de la rue Mã Mây (plus haut). Lun-ven 8h-17h. GRATUIT.* C'est un temple *(đền)*, c'est-à-dire un lieu de culte des héros et des génies, à distinguer des pagodes (culte bouddhique). Il est dédié à Quan Đế (connu aussi sous le nom de Quan Công), général chinois de la période des Trois Royaumes. Après avoir été habité par 5 familles, le temple fut restauré. Belle ossature en bois sculpté (du bois-de-fer, imputrescible). Panneaux en français. Des **spectacles de Ca trù** (chant et musique traditionnels vietnamiens) y sont donnés régulièrement *(à 20h mar, jeu et sam ; billet env 250 000 Dg ; infos et résas :* ☎ *012-23-26-68-97).*

🎭 *Le grand marché Đồng Xuân* (Chợ Đồng Xuân ; plan II, D2) : *tlj, jusque vers 18h, sauf pdt les fêtes du Têt.* Construit par les Français, il a brûlé en juillet 1994. Il a été reconstruit avec la façade d'origine. À l'intérieur même du marché couvert, nombreuses petites boutiques de vêtements (des grossistes) et de chinoiseries sans grand intérêt. Quant aux commerçants des différentes corporations, ils se sont installés dans les rues adjacentes lors de sa reconstruction : Hàng Vải, Phùng Hưng, et les petites rues autour. Vers le fond, quartiers des plantes, épices, poissons.
– **Bon à savoir :** sur le seuil et au centre du marché, quelques boutiques de souvenirs affichent des prix plus intéressants que les boutiques du centre ancien.

🎭🎭 *Le pont Long Biên* (ex-pont Paul-Doumer ; plan I, E1) : à 2 pas, au nord-est du grand marché, l'un des monuments emblématiques du patrimoine hanoïen. Ce pont métallique est accessible aux 2-roues, aux piétons et aux trains, mais interdit aux voitures.
Construit par les Français en 1902 et inauguré par Paul Doumer, alors gouverneur général de l'Indochine, il mesure 1 682 m. Voilà l'unique pont qui permettait de traverser le fleuve Rouge jusqu'aux années 1980. Il fut la cible des bombardements américains dès 1967 avec pas moins de 175 attaques en un an, puis à nouveau en 1971. Il y perdit plusieurs de ses piliers et beaucoup de solidité, ce qui nécessita, en 1983, la construction du nouveau pont Chương Dương (en béton), plus au sud. L'un des descendants de Paul Doumer a proposé au gouvernement vietnamien de restaurer le pont Long Biên, à condition qu'il soit rebaptisé du nom de son prestigieux ancêtre, mais le gouvernement vietnamien a refusé son offre.
– **Bon à savoir :** depuis la modeste gare de Long Biên, vous pouvez découvrir le pont à pied, cela n'est pas interdit. Comptez une bonne heure (aller-retour). La meilleure heure : 17h (18h l'été). Très belle vue sur le fleuve Rouge et Hanoi.

🎭🎭 *La « route en céramique »* (plan I, E-F4) : *le long de la rue-digue, à l'est du centre (la fresque débute au niveau du musée d'Histoire et court vers le nord).* En plein air, visible gratuitement et librement, cette frise gigantesque, que l'on découvre généralement en arrivant de l'aéroport, s'étend sur près de 4 km (3 950 m) du sud au nord. Parallèle au périphérique et au fleuve Rouge, elle se termine à la fin de la rue Nghi Tàm, au niveau de la pagode Kim Liên et de l'hôtel *Intercontinental*

West Lake. Cet ensemble unique a été réalisé par des artisans vietnamiens et des artistes étrangers, à partir de tesselles de céramique. Une journaliste et artiste vietnamienne, admiratrice de Gaudí, en est l'initiatrice. Cette œuvre unique, sorte de long mur interminable dressé sur le côté de la route, représente des motifs liés à la mythologie et à l'histoire du Vietnam. Des tronçons illustrent la vie de pays étrangers comme l'Argentine. Cet incroyable monument a été inscrit dans le *Livre Guinness des records*.
– **Bon à savoir :** en réalité, on ne peut l'apercevoir que par tronçons, de plus ou moins loin. C'est dans sa partie à l'extrême nord, près de la gare routière de Long Biên, notamment au niveau du pont Long Biên, que la route en céramique est la plus visible.

À l'est et au sud du lac Hoàn Kiếm, l'ancien quartier colonial français

¶¶ *L'Opéra* (Nhà Hát Lớn Hà Nội ; plan I, E4) : *1, Tràng Tiền.* ☎ *39-33-01-31.* Hotline : 📱 *09-61-66-99-88.* ● *hanoioperahouse.org.vn* ● *Ne se visite pas (on peut toujours y assister à un spectacle : voir plus haut « Où sortir ? Où écouter de la musique ? »).*
Sa construction a commencé en 1901 et s'est terminée en 1911. Les architectes français Harlay et Broyer se sont inspirés du palais Garnier (Opéra de Paris). Intérieur superbe de style néoclassique.
Le 2 mars 1946, l'Opéra de Hanoi a accueilli le Ier congrès du Vietminh (mouvement patriotique fondé par Hồ Chí Minh pour l'indépendance du pays). Avec près de 600 places, c'est aujourd'hui le plus important théâtre de Hanoi. Rénové pour le Sommet de la francophonie d'octobre 1997 (maîtrise d'œuvre vietnamienne, éclairage français ; quant aux 8 millions de carrés des mosaïques, ils sont italiens !).
En juin 2006, grande première, le groupe de rock français Indochine y a donné 2 concerts historiques en compagnie de l'orchestre symphonique de Hanoi !

> **L'OPÉRA N'ÉTAIT PAS SON DESTIN !**
>
> *En 1896, une certaine Alexandra Myrial, jeune cantatrice, chanta Carmen, Faust, La Traviata... à l'Opéra de Hanoi. Vers l'âge de 43 ans, elle renonça à l'opéra et au mariage. C'était Alexandra David-Néel ! Féministe, orientaliste, journaliste et grande voyageuse, elle fut la 1re étrangère à entrer dans Lhassa, capitale interdite du Tibet. Elle fut aussi la 1re bouddhiste française !*

– La place de l'Opéra et son environnement immédiat constituent un bon aperçu des mutations en cours à Hanoi. Sur la droite se dresse le nouveau bâtiment du luxueux **hôtel Hilton** (5 étoiles), s'intégrant plutôt bien dans le paysage. Sur la place, des magasins de mode et de haute couture ouvrent leurs portes, témoins de l'engouement des Vietnamiens pour ce qui vient de l'extérieur (et de leur pouvoir d'achat qui augmente).

¶¶ *L'hôtel Sofitel-Metropole* (plan III, E4, 68) : *15, Ngô Quyền.* L'un des fleurons des hôtels de Hanoi, construit par les Français en 1901. Il a vu défiler un nombre important de personnalités de la politique, de la littérature, du journalisme, du cinéma. Somerset Maugham y logea. Charlie Chaplin y résida lors de son voyage de noces. Geneviève de Galard, héroïne de Điện Biên Phủ, l'évoque dans son livre *Une femme à Điện Biên Phủ* (éd. Les Arènes, 2003) : « Hanoi, c'était la détente du guerrier... Nous allions prendre un verre aux bars bien connus du *Métropole* ou du *Splendide...* On y croisait la clientèle animée et cosmopolite des nombreux journalistes et écrivains venus d'Europe ou d'Amérique pour "couvrir" l'Indochine : Lucien Bodard, Jean Lartéguy, Jules Roy, Graham Greene... » Devant l'hôtel, les futurs mariés viennent se faire photographier en costume crème et robe à fanfreluches de tulle sur fond de vieilles tractions, exposées juste devant l'entrée. L'intérieur abrite 265 chambres réparties autour d'un grand patio avec une belle piscine, bordée par un très agréable bar (pour prendre un verre au calme).

– **Bon à savoir** : la **visite de l'abri souterrain antibombes** (bunker) de l'hôtel est réservée aux clients du *Metropole*. Elle est gratuite mais il faut s'inscrire auparavant. La visite se fait en anglais sous la conduite d'un guide. Elle dure 45 mn. Cela commence par un exposé historique dans un couloir de l'hôtel (panneaux et photos). Les visiteurs portent un casque de soldat vietnamien pour visiter le bunker où l'on reste environ 15 mn. On y apprend que l'aviation américaine organisait 6 bombardements par jour, et que ceux-ci avaient toujours lieu de nuit. Chaque raid durait 25 mn !

> **TOUS AUX ABRIS !**
>
> *Lors des 12 jours de bombardements incessants de Hanoi au Noël 1972, les clients de l'hôtel Metropole se réfugièrent d'urgence dans l'abri antibombes souterrain, situé sous la piscine de l'hôtel. Parmi eux se trouvait Joan Baez, la chanteuse américaine engagée contre la guerre. Elle y enregistra une chanson émouvante (Where are you, my son ?). On a sonorisé le bunker avec cette mélodie mythique. On y entend bien les bombardements des B52.*

🏃🏃🏃 **Le musée national d'Histoire du Vietnam** (Bảo Tàng Lịch Sử ; plan I, E-F4) : *1, Tràng Tiền.* ☎ *38-25-28-53.* • *baotanglichsu.vn* • *Tlj 8h-12h, 13h30-17h. Fermé lun. Entrée : 40 000 Dg (billet combiné avec le musée de la Révolution) ; réduc. Droit photos : 15 000 Dg.*
Installé dans le superbe et ancien bâtiment colonial de l'École française d'Extrême-Orient.
– *Rez-de-chaussée (rotonde d'entrée)* : collection d'objets votifs précieux. Les matières les plus nobles y sont présentes, de l'or au jade et de l'agate à l'argent.
– *Grande salle centrale* : couvre la période entre la haute Antiquité (préhistoire vietnamienne) et la dynastie Trần (XIIIᵉ s). Une dizaine de tambours de Đông Sơn de tailles diverses, le plus gros étant celui de Ngọc Lũ. À côté, une jarre funéraire datant de 2000-2500 av. J.-C. Plus loin, des fers de lance, des poignards, des lances en bronze de la culture Đông Sơn. Ne manquez pas non plus cette petite maquette en terre cuite représentant une ferme fortifiée d'époque Han. Elle a été retrouvée dans une tombe Han (dynastie chinoise) à Nghi Vệ, province de Bắc Ninh, qui contenait moult objets rituels, des ustensiles, des miroirs en bronze. La domination chinoise sur le Vietnam a duré près d'un millénaire (du Iᵉʳ s av. J.-C. au Xᵉ s).
– *Au 1ᵉʳ étage (rotonde)* : belle collection de sculptures cham des VIIᵉ-Xᵉ s. En pierre, elles représentent un lion, des divinités (Garuda), mais aussi des éléphants et une tête de Shiva très finement ciselée. Dans la galerie latérale, 2 jolies statues de Bouddha en bois brut et des bijoux de belle facture.
– *Au 1ᵉʳ étage (galerie centrale)* : les pièces présentées ici concernent les dynasties vietnamiennes (des Hồ aux Nguyễn) qui se sont succédé entre le XVᵉ et le XVIIIᵉ s. Petite salle exposant des candélabres métalliques et des lampes à huile décorées de motifs représentant le dragon et le phénix, 2 animaux légendaires et mythiques sacrés dans le bouddhisme et dans la culture vietnamienne (avec la tortue et la licorne). Justement, face à l'entrée de la grande salle, vous ne pouvez pas rater cette stèle immense portée par une tortue qui ne l'est pas moins. Tous les objets présentés ensuite sont d'une belle diversité et d'un intérêt remarquable : céramiques, objets sculptés...

🏃 **Le musée de la Révolution** (annexe du musée d'Histoire ; Bảo Tàng Cách Mạng ; plan I, E4) : *216, Trần Quang Khải et 25, Tông Đản.* ☎ *38-24-13-84. Tlj sauf lun 8h-12h, 13h30-17h. Entrée : 40 000 Dg (billet combiné avec le musée d'Histoire). Explications en vietnamien, en anglais et en français.*

Panorama de l'histoire moderne du Vietnam de 1858 à nos jours. Visite indispensable pour comprendre comment ce peuple a pu résister et vaincre 2 puissances occidentales (la France et les États-Unis). La visite commence au 1er étage par la salle « Riche, beau et brave Vietnam ». Courte introduction à l'histoire. Fresque de la célèbre bataille « des pieux dans l'eau ». Impossible de décrire le contenu de plusieurs dizaines de salles, mais celles du 1er étage sont les plus intéressantes, car elles retracent l'histoire du mouvement révolutionnaire communiste depuis les origines jusqu'aux années 1950-1960.
En voici quelques points forts.
– *Au 1er étage* : histoire du **mouvement anticolonialiste**, photos saisissantes de bagne, de prisonniers avec leur carcan.
– *Salle 3* (**fondation du Parti communiste vietnamien**) : précieux documents et journaux sur l'entrée en politique de Hồ Chí Minh, tracts, témoignages sur les luttes, les grèves, la création du PC en 1930 et celle du Vietminh. Photo de la maison du 9, impasse Compoint à Paris, où Hồ Chí Minh habita de 1921 à 1923. Sa carte de visite en français est exposée portant son titre de l'époque (photographe) et sa fine écriture.
– *Salle 4* : le mouvement révolutionnaire 1930-1931.
– *Salle 5 (mouvement démocratique 1936-1939)* : abrite des entraves en bois utilisées par les Français à l'époque coloniale.
– *Salle 6* : le **retour au pays de l'oncle Hồ** en 1941 (peintures, documents). Sa modeste valise en osier a été conservée.
– *Salle 7 (mouvement Vietminh 1941-1945)* : on y voit le pistolet et la boussole du jeune général Giáp dans le maquis. Photos de la famine de Hanoi en 1945. Mise en place du double pouvoir Vietminh dans les zones libérées, Điện Biên Phủ, solidarité des travailleurs en France...
– *Salle 9* : intéressante trompette utilisée par un pasteur protestant vietnamien lors de l'insurrection de Sơn Tây, en août 1945.
– Ce musée est aussi l'occasion de voir, de toucher même, *salle 14*, une **vraie guillotine** (une autre est conservée à la prison-musée de Hỏa Lò), photos étonnantes des fabriques artisanales de bombes dans la jungle, les 1ers billets de banque émis pendant la guerre contre les Français.
– *Au rez-de-chaussée* : la **guerre américaine**, la naissance des 1ers groupes armés, l'offensive du Tết en 1968, la mort de Hồ Chí Minh, les **bombardements au Nord, la victoire de 1975,** la réunification, la reconstruction du pays. Photos, objets, armes prises lors de la **chute de Saigon** en avril 1975, et notamment la veste militaire du général Cao Kỳ.

🚶🚶 *Le musée des Femmes vietnamiennes* (*Bảo Tàng Phụ Nữ Việt Nam* ; plan III, D-E4) **:** 36, Lý Thường Kiệt. ☎ 38-25-99-36. ● baotangphunu.org.vn ● Tlj 8h-17h. Entrée : 30 000 Dg ; réduc.
Un musée remarquable qui vous démontrera, si besoin était, que la guerre n'est pas exclusivement une affaire d'hommes. Les commentaires sont sous-titrés en français, c'est rare. Une partie du musée est consacrée à la vision de la guerre à travers la vie des mères, épouses et filles de soldats, sans oublier les soldates, qui elles-mêmes ont combattu l'ennemi aussi courageusement que les hommes. Une héroïne vietnamienne est célèbre pour avoir fait prisonniers 4 soldats français, sans être munie d'une arme ! Nombreuses photos, objets et témoignages troublants qui mettent en valeur leur travail au service de la Révolution. Transport des armes, des vivres, construction des routes, éducation des enfants dans des souterrains. Outre les femmes dans la guerre, ce musée présente la vie « en paix » des femmes vietnamiennes : le cycle de la vie de la naissance à la mort, la famille, le mariage, les habits traditionnels, les croyances... Une salle est consacrée aux vendeuses de rue de Hanoi et à leurs conditions de vie.

🚶 *La pagode des Ambassadeurs* (*Chùa Quán Sứ* ; plan III, D4) **:** 73, Quán Sứ. Tlj 7h-21h. GRATUIT. Érigée au XVIe s ; après plusieurs sinistres, elle fut reconstruite en 1936 puis rénovée en 1942. Elle tient son nom de l'ancienne maison d'accueil

HANOI / À VOIR | 133

des ambassadeurs étrangers venant des pays bouddhiques, qui s'élevait à côté, au XVII® s. L'édifice ne présente pas d'intérêt architectural en soi. En revanche, grande ferveur et beaucoup de monde à certaines fêtes religieuses (au moment du Têt notamment, et lors du 8e mois lunaire). C'est le siège central de la congrégation bouddhique du Vietnam. On peut y voir, à droite, Quan Âm, la déesse aux bras multiples. Le couloir de gauche mène vers la statue du mandarin Trần Quang Khải (qui lutta contre les Mongols au XIIIe s). Petit escalier menant à la salle dédiée aux bonzes. Au rez-de-chaussée, l'école.

✽✽ La prison de Hoả Lò *(musée ; plan III, D4)* **:** *à côté des Hanoi Towers ; entrée par la rue Hoả Lò.* ☎ *39-34-22-53.* ● *hoalo.vn* ● *Tlj 8h-17h. Entrée : 30 000 Dg. Feuillet en anglais (20 000 Dg). Explications en vietnamien, en anglais et en français.*
La prison de Hoả Lò est aujourd'hui un musée, occupant une partie seulement des bâtiments d'origine. L'aile ouest a cédé la place aux *Hanoi Towers*, un ensemble moderne de bureaux, qui domine fièrement la prison-musée, symbole qu'une page de l'histoire a été tournée.
Construite par les Français en 1896, en plein cœur de Hanoi, cette centrale pénitentiaire a servi pendant l'époque coloniale de lieu de réclusion pour les prisonniers et rebelles vietnamiens, puis, après 1954, elle fut la geôle des pilotes américains capturés.
Visite très intéressante. Au **rez-de-chaussée,** une longue allée est plantée de panneaux montrant des photos des sites bombardés par l'aviation américaine en décembre 1972. D'autres images des aviateurs américains faits prisonniers, et plusieurs visites de chefs d'État depuis le réchauffement des relations diplomatiques. Grande salle avec des mannequins représentant les prisonniers vietnamiens de l'époque coloniale, dont les jambes sont entravées. Après la **visite du cachot,** une cour intérieure abrite un amandier que les prisonniers affectionnaient particulièrement (ils mangeaient les amandes et taillaient des instruments de musique dans le bois de l'arbre). Dans cette même cour, restes d'un **souterrain en béton** par où s'échappèrent des prisonniers, dont Đỗ Mười, qui devint par la suite secrétaire général du Parti communiste vietnamien.

Après la cellule des femmes, une **salle consacrée aux « crimes des colonialistes »** abritant une **guillotine** et d'affreux instruments de torture. La salle la plus visitée par les touristes étrangers est la salle des pilotes américains capturés et enfermés à Hoả Lò. Cette sinistre prison avait été surnommée ironiquement *Hanoi Hilton*. Parmi les plus célèbres pilotes incarcérés : Everett Alvarez, Douglas Peterson (voir encadré), et John McCain, le sénateur républicain battu à l'élection présidentielle américaine de 2008. De McCain, on peut voir dans une vitrine la combinaison de pilote et le parachute.

> **L'ANCIEN PRISONNIER DEVIENT AMBASSADEUR**
>
> *L'avion du capitaine Douglas « Pete » Peterson fut abattu à Nam Sách le 10 avril 1966. Capturé par les Vietnamiens, il fut incarcéré dans la prison de Hoả Lò jusqu'au 4 mars 1973, soit durant plus de 6 ans. En 1996, le président Bill Clinton le nomma 1er ambassadeur des États-Unis au Vietnam (jusqu'en 2002). Ainsi, 23 ans après sa libération, Douglas Peterson retourna à Hanoi et, ironie de l'histoire, le gouvernement vietnamien le décora !*

La présence de prisonniers américains dans le centre de Hanoi évita probablement l'extension des bombardements sur la ville. Selon les photos et les explications de la propagande, ces prisonniers étaient bien traités, soignés, pouvaient recevoir des colis de leurs familles, faire du sport, assister à la messe... La vérité était sans doute bien différente.
Au **2e étage,** salles dédiées aux prisonniers vietnamiens et patriotes membres du Parti communiste.

🦐🦐 *Train Street* *(plan III, C3)* : *accès piéton seulement au niveau du nº 15 Điện Biên Phủ ou par la rue Trần Phú (au niveau du nº 5). L'accès est GRATUIT mais réglementé et contrôlé par un policier. En sem (lun-ven) pas de trains entre 6h et 18h ; w-e, 12 trains/j. 7h05-22h. Il se peut que les règles d'accès soient changées en 2022. À vérifier.*
La *Train Street* est une longue rue très étroite bordée de maisons et de commerces où ne passe aucune voiture mais seulement le train, sur une voie ferrée unique. C'est un spectacle insolite et impressionnant que de voir surgir ces longs trains de passagers, à heures fixes, en direction de la gare de Hanoi. Ils passent à moyenne allure dans ce boyau ferroviaire, rasant de près les immeubles, laissant un intervalle moyen de 1,50 m (pas plus) entre les wagons et les maisons. Des petits cafés sont installés le long de la voie comme par exemple le *Train Station Coffee*, au nº 110 de la voie, soit à 20 m environ de l'entrée par le 15, Điện Biên Phủ. Une fois attablé, il faut déplacer tabourets et tablettes quand le train arrive.
– *Bon à savoir :* des panneaux à l'entrée de la *Train Street* donnent les horaires détaillés de passage des trains. Il faut y arriver un bon quart d'heure avant, au moins, et expliquer au policier que l'on va consommer dans un des petits troquets.

À l'ouest du lac Hoàn Kiếm

🦐 *La cathédrale Saint-Joseph* (Nhà thờ Chính tòa Thánh Giuse ; plan III, D3) : *accès public par le flanc droit. L'entrée est à l'arrière de l'édifice. Tlj 8h-11h, 15h-17h. Messe en français dim à 10h30. Accès à l'intérieur par les côtés.*
Bâtisse de style néogothique, réalisée en 1886 par un architecte français. Elle fut construite à l'emplacement d'une des plus vénérables pagodes (Báo Thiện) de la ville, démolie pour lui laisser la place... Les autorités coloniales de l'époque voulaient recopier ici l'urbanisme à la Haussmann de Paris. De grandes avenues furent tracées, entraînant la disparition de nombreux bâtiments, dont certains de valeur architecturale reconnue. Difficile d'admirer son architecture en béton et sa façade délavée par l'humidité, mais on oublie ces marques disgracieuses quand les fervents catholiques vietnamiens remplissent la cathédrale pour la messe dominicale.

Plus à l'ouest et au nord-ouest du lac Hoàn Kiếm

🦐🦐🦐 *Le temple de la Littérature* (Văn Miếu ; plan I, B3) : *face au musée des Beaux-Arts, mais l'entrée est à l'opposé. Tlj sauf dim 8h-17h30 (7h30-18h 15 avr-15 oct). Entrée : 30 000 Dg ; réduc. Plaquette descriptive en français (payante). Audioguide, en français notamment : 50 000 Dg.*
C'est le seul temple de Hanoi de cette époque à nous parvenir sans trop de modifications. Les Français l'avaient surnommé la « pagode des corbeaux » à cause du grand nombre de volatiles qui y nichaient. C'est aussi l'un des plus grands (70 m x 350 m).

> ### UN TEMPLE N'EST PAS UNE PAGODE
>
> Au Vietnam, le temple (đền) n'est pas dédié à des divinités ni à des dieux, mais aux génies du village et à des personnages historiques ayant vraiment existé – comme les sœurs Trung et le général Trần Hưng Đạo – qui sont illustrés par leur dévouement au service du village ou de la nation... Certains commémorent même Hồ Chí Minh. Les pagodes (chùa), elles, sont vouées à Bouddha et accueillent des pratiquants. Parfois, des moines y vivent. À distinguer aussi des temples consacrés à Confucius (Văn Miếu) et des maisons communales (đình).

HANOI / À VOIR | 135

Un peu d'histoire
Bâti en 1070 sous le règne de Lý Thánh Tông, il fut consacré au culte de Confucius (*Khổng Tử* en vietnamien), ce qui explique ses 5 cours et bâtiments (sinon il y en a 3). Le temple accueillit dès le début l'école « des Fils du Ciel », rebaptisée en 1253 Collège national. Cette 1re université du Vietnam recevait les princes et enfants des mandarins. On y enseignait pensée et morale confucéenne à partir des 4 livres classiques (la Grande Étude, le Juste et Invariable Milieu, etc.) et des 5 livres canoniques (le Livre de Poésie, le Livre d'Histoire, celui des Mutations, des Rituels, etc.). Dès le XVe s, le collège se démocratisa en acceptant les meilleurs élèves des provinces ayant réussi les 4 concours, même s'ils étaient d'origine populaire. Il n'y eut qu'un seul cas particulier : au XVIIIe s, la princesse Ngọc Hân fut admise sans concours d'entrée ! Il y avait jusqu'à 300 élèves en internat. Le collège fut transféré en 1802 à Huế.

Construit quasiment sur le même plan que le temple de Confucius à Kiu-Feou Hien, sa ville natale, il comprend 5 vastes cours, longue succession de portes et de portiques.

Les 2 premières cours
Après avoir franchi les 4 hauts piliers et le monumental portique d'entrée, on traverse 2 premières cours. Dans chacune d'elles, 2 petites portes latérales encadrent la porte centrale plus importante. Elles portent des noms littéraires : la *porte de l'Accomplissement de la Vertu*, la *porte de la Réalisation du Talent*, la *porte de la Magnificence des Lettres*, la *porte de la Cristallisation des Lettres*. On parvient au *pavillon de la Pléiade* (Khuê Văn Các), édifice carré avec emblèmes du soleil sur les 4 côtés (dédié à la constellation Khuê, symbole de la vie littéraire). Les candidats y récitaient des poèmes.

La 3e cour
En son centre, le puits de la Clarté Céleste. Sur les côtés, **82 stèles reposant sur des tortues en pierre.** Elles sont gravées de caractères *nôm* (transcription en caractères chinois du vietnamien). Les noms gravés sont ceux des lauréats des concours mandarinaux qui se déroulèrent sous la dynastie Lê. Ces stèles étaient édifiées pour donner l'exemple et encourager les étudiants autant que pour honorer les lettrés. En tout, près de 1 307 docteurs. La plus ancienne date de 1442 et la plus récente de 1779. Dans les colonnes sont inscrits l'année du concours, le nom du roi, commenté par ses vertus, la liste du jury, le nombre de candidats, la liste des lauréats avec bios et âges, et dans la dernière, l'année d'édification de la stèle, les noms du mandarin rédacteur du texte, du correcteur, des graveurs et autres artisans. Ces concours permettaient de recruter les hauts fonctionnaires.

La 4e cour
On traverse ensuite le **portique des Bons Résultats** pour accéder à la 4e cour (ornée de superbes bonsaïs) et au temple principal (accès peu visible par les côtés). Ce temple principal (appelé aussi *maison des Cérémonies*) est flanqué sur les côtés de 2 autres pavillons autrefois réservés au culte des 72 disciples de Confucius et de Chu Văn An, « le génie des professeurs vietnamiens » (ce sont aujourd'hui... des boutiques).

La 5e cour
Enfin, la dernière cour correspond à la 5e partie du temple de la Littérature. Incendiée en 1946, elle abritait le collège proprement dit. Elle a été rénovée. Au rez-de-chaussée, maquettes du temple autrefois et de nos jours. À l'étage, statues des 3 rois fondateurs du temple présentées dans des autels bien décorés. Une boutique vend la reproduction du stylo à bille... de Confucius !
– Des musiciens traditionnels proposent un concert sur différents instruments anciens dès qu'un groupe se présente. Moyennant quelques đồngs, ils jouent aussi pour vous tout seul. Ventes après le concert de CD introuvables ailleurs.

🛆🛆🛆 **Le musée des Beaux-Arts** (Bảo Tàng Mỹ Thuật ; plan I, C3) **:** 66, Nguyễn Thái Học. ☎ 38-23-30-84. Tlj 8h30-17h. Entrée : 40 000 Dg ; réduc. Plan de visite fourni, en français.

LE NORD

Aménagé dans un bel édifice de style colonial vietnamien, l'ancien internat Jeanne-d'Arc, lycée alors tenu par les sœurs, très prisé par les jeunes filles européennes d'Indochine. Il présente des collections de peintures, sculptures, art populaire et ethnographie. Les tableaux sont regroupés par techniques : estampes, peinture sur soie, laque, etc. Un véritable condensé de l'histoire du pays au travers de ses artistes et de ses différentes guerres (constante source d'inspiration locale, qui donne une tonalité assez sombre à plusieurs périodes picturales).

– *Rez-de-chaussée :* section dédiée à l'art de la préhistoire. Dans la 1re salle, objets vieux de 2 000 à 5 000 ans : on voit le dessus du tambour de bronze de Ngọc Lũ, qui daterait de 600 av. J.-C. Dans les salles suivantes, nombreuses représentations de Bouddha et de moines en bois peint ainsi que des peintures d'influence chinoise. Également des sculptures des XIIe et XIIIe s de la dynastie Lý, et des XIIIe et XIVe s de la dynastie Trần, et de très belles statuettes Champa du VIIIe au XIIe s.

– *1er étage :* consacré aux arts du début du XXe s et aux peintures sur laque. 2 périodes s'y confrontent pacifiquement : de 1930 à 1945 (époque coloniale) et de 1946 à 1954 (luttes anticoloniales). Beaux fusains et laques gravés représentent l'oncle Hồ, scènes de la vie paysanne, etc.

– *2e étage :* section consacrée à la peinture sur soie, à l'huile ou sur papier, essentiellement contemporaine, ainsi qu'aux nombreuses sculptures d'inspiration socialiste révolutionnaire, pompeuses mais moins grandiloquentes et figées que leurs cousines soviétiques.

– *Bâtiment annexe :* le sous-sol abrite des collections de céramiques datant du XIe au XXe s ; le 1er étage est dédié aux arts folkloriques du Vietnam. Ne le ratez pas, il est très intéressant et bien présenté, avec notamment des peintures et des sculptures composées de statues et de marionnettes, de beaux costumes traditionnels et d'objets de la vie quotidienne.

🎭 *La tour du Drapeau* (Cột Cờ ; plan I, C3) : *30, Điện Biên Phủ ; même entrée que le musée d'Histoire militaire ci-après.* L'un des rares vestiges des fortifications à la Vauban construites à partir de 1805 par l'empereur Gia Long. La tour date de 1812. Les Français, en 1882, rasèrent les fortifications afin de réaliser leur plan d'urbanisme. Reste cette tour de 60 m de haut et de forme hexagonale reposant sur une base carrée à 3 étages, qui leur servait de tour de guet. On accède au sommet par l'un des 2 escaliers étroits qui « colimaçonnent » en diable (80 cm, avec des marches de 30 cm).

🎭🎭 *Le musée d'Histoire militaire du Vietnam* (Bảo tàng Lịch sử Quân sự Việt Nam ; plan I, C3) : *28A, Điện Biên Phủ.* ☎ *62-53-13-67.* ● *btlsqsvn.org.vn* ● *Ouv 8h-11h30, 13h-16h30. Fermé lun et ven ap-m. Entrée : 40 000 Dg. Droit photos : 30 000 Dg. Explications en anglais et en vietnamien.*

Ce musée complète celui de la Révolution, du fait de l'imbrication inévitable entre armée et révolution. Dans l'ordre chronologique, le Parti communiste fut

À MALIN, MALIN ET DEMI

À Điện Biên Phủ, l'armée française était persuadée que l'homme ne pouvait pas transporter plus de 50 kg. Aucun véhicule ni brouette ne pouvait par ailleurs franchir les collines envahies par la jungle. Les Français n'avaient pas imaginé que les vélos supporteraient jusqu'à 250 kg de charges (pas d'artillerie, ni munitions). Le génie vietnamien a ainsi fait tourner l'issue de la bataille en sa faveur...

créé en premier, puis l'armée (clandestine au départ), et enfin l'État indépendant du Vietnam. À l'entrée, dans la cour intérieure, une **grosse carcasse de bombardier américain B52** abattu par les Vietnamiens, des chars vietnamiens, des canons, une collection d'obus de l'armée américaine, un gros hélicoptère américain pour le transport de troupes (possibilité d'entrer dans la carlingue). Voir aussi le chasseur MIG de fabrication soviétique (avion utilisé par l'armée communiste durant la guerre). Beaucoup de salles à visiter, voici les sections principales.

HANOI / À VOIR | **137**

– *Section S2 :* l'histoire de la défense du Vietnam à travers les âges, des origines jusqu'à aujourd'hui. Présentation des héros militaires du passé (Trần Hưng Đạo, Phạm Ngũ Lão, Lê Lợi, Quang Trung) qui affrontèrent les Chinois et les Mongols. À l'étage, nombreux documents de la **guerre contre la France** pour libérer le pays de la colonisation française. Création de l'armée du Peuple. Grande maquette de la cuvette de Điện Biên Phủ. Ne manquez pas le film d'archives en français de 10 mn. Les erreurs militaires françaises sont évoquées avec un patriotisme échevelé.
– *Section S3 :* salles consacrées à la **guerre contre le Sud-Vietnam et les Américains** (1955-1968), puis la période de 1969 à 1975. Documents, photos, armes, objets relatifs à la guerre. Séquence sur Nguyễn Văn Trỗi qui tenta d'assassiner McNamara, secrétaire d'État américain chargé de la Défense. Documents sur les tactiques de combat, les mouvements et les manifestations de solidarité internationale avec l'armée du Nord-Vietnam et Hồ Chí Minh. On peut aussi voir le char T54 qui défonça les grilles du palais présidentiel du Sud-Vietnam, à Saigon, le 30 avril 1975. Cet engin est présenté par les autorités comme l'un des 12 trésors les plus précieux du Vietnam !
– *Section S4 :* on oublie trop souvent la 3ᵉ guerre que durent affronter les Vietnamiens, la tentative d'invasion de Khmers rouges cambodgiens en 1979. La contre-offensive et l'***invasion militaire du Cambodge par l'armée*** vietnamienne permit d'abattre le régime sanguinaire de Pol Pot.

☯ 🎥 *La citadelle de Thăng Long* (Hoàng thành Thăng Long ; plan I, C2) : *entrée principale au 9, Hoàng Diệu et 12, Nguyễn Tri Phương.* ☎ *37-34-59-27. Entrée : 30 000 Dg ; réduc.*
Classée depuis 2010 au Patrimoine culturel de l'Unesco, cette citadelle est le berceau de Hanoi. C'est une sorte de très grande esplanade verte et ombragée, avec des bâtiments d'époque coloniale reconvertis en musées aujourd'hui. C'est ici que l'empereur Lý Thái Tổ installa sa cour à l'origine, quand, en l'an 1010, il choisit d'y déplacer sa capitale, désormais nommée Thăng Long. Elle restera l'épicentre de la vie politique jusqu'au déménagement de la capitale impériale à Huế, en 1806 (Thăng Long fut alors rebaptisée Trần Bắc Thành, avant de devenir définitivement Hanoi en 1831). Pour vous donner une idée de son importance, sachez qu'elle couvrait environ 50 ha.

Site principal (entrée : 9, Hoàng Diệu)
Par-delà une vaste 1ʳᵉ cour où sont exposés de superbes bonsaïs se dresse la porte principale (***Di Tích Đoan Môn*** ou **porte Sud**) de l'ancienne Cité interdite. C'est l'un des rares vestiges encore debout de cette époque. Une fois passée cette grande porte Đoan Môn, on arrive sur une très vaste esplanade où sont conservés plusieurs bâtiments d'époque coloniale. Les Français ont pratiquement tout rasé des monuments anciens à la fin du XIXᵉ s pour installer leurs casernes qui occupent toujours l'espace entre cette porte Sud et le palais Kính Thiên.
On passe d'abord devant la plus grande caserne, long bâtiment colonial à arcades, aux murs jaunes et au toit de tuiles, avec une très belle véranda. Après le départ des Français, en 1954, l'état-major vietnamien y prit aussi ses quartiers.
– En marchant 5 mn vers le nord (panneaux indicateurs clairs), on arrive au **Shelter D67**, un **bunker souterrain** installé à 9 m sous terre (accès par un escalier facile). Encore tout équipé, cet abri antibombes servait de poste de commandement à l'armée du Nord dirigée par le général Giáp. On y voit une salle de réunion, du matériel, des cartes d'état-major.
– En remontant au-dehors, on accède à la maison D67, qui abrite le **bureau du général Giáp** (mort en 2013). Longtemps fermé aux visiteurs, on peut à présent découvrir la pièce d'où Giáp dirigea la guerre contre les Américains de 1968 à 1975 : son bureau avec son agenda annoté, son coin salon, l'armoire-bibliothèque avec les œuvres complètes de Lénine... Le stratège du Nord continua à y travailler jusqu'en 1980.

– Au rez-de-chaussée d'un autre bâtiment colonial (Hoàng Cung), l'exposition permanente **Royal Equipments** raconte l'histoire de Thăng Long (Hanoi) sur un millénaire (commentaires en vietnamien, anglais et français). En poussant plus loin vers le nord, un bâtiment de l'époque coloniale a pris la place du *palais Kính Thiên* (XVe s), qui occupait le centre de la Cité interdite. On ne voit plus de ce palais que les timides restes d'un escalier.

🎭 *Le mausolée de Hồ Chí Minh* (Lăng Chủ Tịch Hồ Chí Minh ; plan I, B2) *: entrée principale au n° 17 de la rue Ngọc Hà qui coupe la rue Lê Hồng Phong. Ouv mar, mer, jeu, sam et dim 8h-11h. Fermé lun et ven mais accès au jardin autour du Mausolée. En principe, fermé oct-nov (traitement du corps par des embaumeurs). GRATUIT (consigne gratuite).*
– *Bon à savoir : éviter d'y aller le sam car il y a foule.*
C'est sur cette grande esplanade que fut proclamée l'indépendance du pays, le 2 septembre 1945. C'est donc là que,

QUAND « CELUI QUI ÉCLAIRE » S'ÉTEIGNIT

Hồ Chí Minh (« celui qui éclaire ») voulait qu'après sa mort ses cendres soient placées dans 3 urnes funéraires et enterrées au sommet de 3 collines : au nord, au centre et au sud du Vietnam, pour symboliser la réunification des 3 grandes régions de son pays. Son souhait n'a pas été exaucé, le Parti ayant préféré embaumer sa dépouille qui repose dans un grand mausolée en marbre et en granit. Pas sûr que ce prétentieux tombeau aurait plu à l'oncle Hồ.

selon la logique du Parti, devait reposer le père fondateur du Vietnam indépendant, et ce malgré son vœu (voir l'encadré).
Un certain cérémonial accompagne la visite : on laisse sac, appareil photo et téléphone portable au vestiaire avant d'accéder au mausolée. Dès l'esplanade, on est encadré tout au long par des soldats de la garde d'honneur. Dans le saint des saints, tenue correcte exigée, bras le long du corps (pas de mains dans les poches), couvre-chef ôté, pas de commentaire ni bavardage, etc. Ouf ! ils ne vont pas jusqu'à vous faire marcher au pas cadencé ! La dépouille mortelle de l'oncle Hồ repose, en tenue sombre, les bras le long du corps, dans un cercueil de cristal violemment éclairé.

🎭 *Le palais présidentiel* (Phủ Chủ Tịch ; plan I, B2) *: dans le parc Bách Thảo, attenant au mausolée. Entrée obligatoire par les postes de sécurité, situés à l'angle de la rue Hoàng Văn Thụ et Hùng Vương (pl. Ba Đình). Tlj 8h-10h30, 13h30-16h. Entrée : 40 000 Dg ; gratuit sur présentation du passeport vietnamien.*
– *Bon à savoir : le billet donne accès à l'ensemble du site, mais le palais présidentiel ne se visite pas. On peut l'admirer de l'extérieur en passant par le jardin.*
– *Le palais présidentiel* (ancien palais du gouverneur général de l'Indochine) : grosse bâtisse de style néo-Renaissance française (fin XIXe s), avec une élégante grille de fer forgé. La couleur jaune moutarde d'origine a été conservée. C'est là que l'oncle Hồ réunissait le conseil du gouvernement et recevait les visiteurs. Il refusa toujours d'y habiter.
– *Les maisons de Hồ Chí Minh : dans le jardin botanique ; accès depuis le palais du gouverneur.* Au bord d'un étang, d'abord la 1re demeure en pierre au mur jaune et au toit de tuiles, où l'oncle Hồ résida de 1954 à 1958. Dans un pavillon donnant sur la cour intérieure, un garage abrite 2 voitures, dont une **404 Peugeot**, ayant servi de voitures officielles à l'oncle Hồ, 1er président de la République socialiste du Vietnam. Puis, de 1958 à sa mort (1969), il travailla dans la **très belle maison en bois de teck** à côté de sa demeure de l'autre côté de l'étang. Il en avait imaginé l'architecture et l'ordonnancement.
Il préférait habiter dans une demeure moins sophistiquée et plus conforme à ses goûts sobres et ascétiques (« un franciscain ayant lu Marx », disait de lui

Jean Lacouture). Il choisit donc une maison bâtie sur pilotis, au milieu des beaux arbres centenaires. Elle allie le fonctionnel et la simplicité, à l'image de l'oncle Hồ, combattant d'une cause nationale qui n'aimait pas le superflu. Sa maison comprend 2 pièces, son bureau et une chambre à coucher, dont les fenêtres ouvrent sur un petit étang. Style sobre et élégant, témoignant du détachement du grand révolutionnaire de tout luxe ostentatoire (on est loin du train de vie d'un Tito en son temps, par exemple !). Des escaliers en fer à l'arrière conduisent aux abris antibombardements.

🎥 *Le musée Hồ Chí Minh* (Viện bảo tàng Hồ Chí Minh ; plan I, B2) : *entrée principale (provisoire) par les portes 19B et 19C, dans la rue Ngọc Hà.* ☎ *38-46-37-57. Tlj 8h-12h, 14h-16h30. Fermé lun et ven ap.-m. Entrée : 40 000 Dg.*
Un édifice à l'architecture bétonnée et au décorum intérieur prétentieux. L'oncle Hồ aurait certainement sourcillé de la barbiche face à une telle pompe à la limite du mauvais goût ! Nos lecteurs admirateurs du grand homme, ceux effectuant une thèse sur sa vie ou la période coloniale, ceux recherchant le témoignage ou le document unique y trouveront nombre d'éléments fort intéressants et souvent originaux.
Au 2e étage, intéressante section sur la période française de la lutte anticoloniale. Notez cet édifiant document : un rapport de police sur un tract distribué à Marseille en 1920 (intitulé « Le droit des peuples »). Détails inédits sur le congrès de Tours, nombreux extraits du journal *L'Humanité* de l'époque, ainsi que du *Paria* (journal anticolonialiste dans lequel écrivait Hồ Chí Minh). Lettre insolite où il raconte avoir eu les doigts et le nez gelés à l'enterrement de Lénine, etc. En conclusion, intérêt du musée très lié au degré de motivation et de recherche du visiteur !

🎥 *La pagode du Pilier unique* (Chùa Một Cột ; plan I, B2) : *entre le musée et le mausolée. GRATUIT.*
Adorable pagodon au milieu d'un bassin où fleurissent les lotus en été. Une légende rapporte qu'il fut édifié, au XIe s, par le roi Lý Thái Tổ pour remercier et célébrer la déesse Quan Âm. N'ayant pas d'héritier mâle, il vit en rêve la déesse assise sur un lotus et lui tendant un petit garçon. Il épousa alors une belle paysanne rencontrée dans son jardin et eut l'héritier désiré.
Le pagodon, construit sur un pilier, devait, dans l'esprit de l'architecte, évoquer un lotus. Le pilier en bois (détruit par les Français en 1954) a été remplacé par un autre en béton. Cependant, avec la petite pagode voisine et le jardin, l'ensemble se révèle bien charmant. C'est d'ailleurs l'emblème de la ville. Au milieu de tous ces symboles du pouvoir communiste, ce temple illustre le fait qu'au Vietnam le lotus fait décidément bon ménage avec la faucille et le marteau...

🎥🎥 *Le temple Quan Thánh* (Đền Quan Thánh ; plan I, C1) : *à l'intersection de Thanh Niên et de Hùng Vương. Tlj 7h30-17h. Entrée : 10 000 Dg.* L'un de nos temples taoïstes préférés. Il date du XIIe s et est dédié à Trấn Võ, le génie gardien du Nord. Remarquable statue du génie en bronze noir de 1677, pesant 4 t. Sur le côté à droite, petit autel honorant l'artiste qui a réalisé la statue. Devant l'autel est exposée la copie des bottes du génie. Atmosphère paisible, murs patinés, odeurs d'encens en font une visite pleine d'enchantement. Grande dévotion les jours de fête. Sur le côté, boutique de souvenirs où l'on trouve de jolies toiles.

🎥 *Le lac de l'Ouest* (Hồ Tây ; plan I, A-B1) : au nord-ouest de la ville, l'un des plus grands du Vietnam (500 ha, soit 5 km^2, avec près de 17 km de circonférence). Ancien lit du fleuve Rouge on l'appelle aussi « lac des amoureux », car, dans sa partie basse, c'est l'un des lieux de promenade romantique favoris des Hanoïens. Les innombrables bancs publics qui le bordent (de quoi donner le tournis à Brassens) sont insuffisants pour accueillir le roucoulement d'une population comptant 50 % de jeunes de moins de 25 ans !
Le lac est particulièrement animé au moment des fêtes religieuses, car on y trouve les 2 plus séduisantes pagodes de Hanoi. En 2017, le gouvernement vietnamien a déposé un dossier auprès de l'Unesco pour inscrire ce lac au Patrimoine mondial.

De l'autre côté, séparé par une digue (Thanh Niên), le petit *lac de la Soie blanche* (*Hồ Trúc Bạch ; plan I, C1*). Ce nom provient du palais où étaient recluses les odalisques en disgrâce. Elles passaient leur temps à tisser de la fort belle soie blanche. C'est dans ce lac qu'on captura en 1967 le 1er pilote américain dont l'avion avait été abattu dans Hanoi (on peut voir sa statue).

La pagode Trần Quốc (*Chùa Trần Quốc ; plan I, B-C1*) : *tlj 7h-11h, 13h30-18h. GRATUIT. Attention à votre tenue vestimentaire (épaules et genoux couverts).*
Située sur une petite presqu'île, c'est la plus ancienne pagode de la capitale, l'une des plus typiques du Nord-Vietnam. Elle fut bâtie au VIe s sous le règne de Lý Nam Đế, puis reconstruite à l'emplacement actuel au XVIIe s et rénovée en 1815. Appelée pagode « Défense de la Patrie », elle est l'objet d'une grande vénération populaire. Particulièrement belle au soleil couchant. Dans la 1re cour à gauche, des tombes de bonzes en forme de petites tours encerclent une grande tour en brique récente, symbolisant les étapes de la vie de Bouddha (comptant un nombre impair d'étages, comme toujours). Sur le côté, une stèle en chinois de 1639 raconte l'histoire de la pagode. Au milieu de la cour, reconstitution d'une montagne symbolique avec bonsaïs. Galerie consacrée aux grands bonzes et aux 3 mères (mère céleste, mère terrestre, mère des mères).
En ressortant de la cour et en suivant le mur de clôture, on accède à la salle principale, soutenue par des piliers en bois de fer, durs comme du ciment.

Plus loin du centre-ville

Le musée d'Ethnologie du Vietnam (*Bảo Tàng Dân Tộc Học ; hors plan I par A1*) : *Nguyễn Văn Huyên, Cầu Giấy.* ☎ *38-36-03-52 ou 37-56-21-93.* • *vme.org.vn* • *Y aller à moto ou en taxi, car il est éloigné du centre-ville, à 6 km à l'ouest du centre. Sinon, minibus n° 14 depuis Đinh Tiên Hoàng sur la rive nord du lac Hoàn Kiếm ; descendre au 60, Hoàng Quốc Việt, puis marcher 10 mn sur Nguyễn Văn Huyên. Ouv 8h30-17h30. Fermé lun. Entrée : 40 000 Dg ; réduc. Audioguide : 100 000 Dg. Droits photos : 50 000 Dg. Guide francophone (sur résa par tél) : 100 000 Dg. Explications en français. Compter min 2-3h pour tt voir attentivement.*

MINORITÉS DANS LA MAJORITÉ

Les minorités les plus petites ne sont pas en voie de disparition. Elles sont tout simplement petites ! Les plus modestes groupes ethniques du Vietnam ne comptent que quelques centaines de ressortissants. Selon le dernier recensement, les Ro Mam de la province de Kon Tum sont environ 520 habitants, et les Brau de la même région seulement 322 ! Dans la province de Hà Giang, les Pupeo ne sont plus que 687 habitants. Quant aux Odu de la province de Nghệ An, ils sont à peine 380 habitants.

Inauguré en 1997, ce musée est le fruit d'une coopération franco-vietnamienne (technique et financière). Une vraie réussite. Le grand hall circulaire symbolise l'unité des populations représentées. Une grande ambition quand on sait que **le Vietnam compte 54 ethnies** réparties entre plaines, hauts plateaux et montagnes ! Le groupe majoritaire est constitué par l'ethnie kinh, c'est-à-dire les Viets. Les 53 autres ethnies sont donc des minorités ethniques. Au total, 5 familles linguistiques différentes.
Quelque 2 500 objets usuels de ces peuples, costumes, instruments de musique, peintures rituelles, côtoient des vitrines thématiques sur le tissage, la poterie et autres activités artisanales locales. Des rites et cérémonies ont été filmés avec la collaboration des ethnies concernées. Les visiteurs étrangers se mêlent aux petits citadins vietnamiens qui ouvrent de grands yeux en découvrant le monde rural.

Le ***bâtiment consacré à l'Asie du Sud-Est*** offre une vision plus large, du nord-est de l'Inde au sud de la Chine, de peuples issus d'un socle commun et à partir duquel se sont développées des identités locales propres. Les différentes sections (textile, vie quotidienne et sociale, religions...) permettent une lecture transversale des apports et influences régionales. Sans oublier l'ouverture vers le monde arabe et l'Occident. Cette richesse d'échanges est ici très bien mise en valeur.

Expositions en plein air et reconstitutions de ***villages typiques*** sur le terrain de 3 ha qui entoure le musée, à partir de maisons originales, très longues ou très hautes pour certaines. Choisissez bien, car il faut se déchausser pour visiter chacune d'entre elles.

On ne peut pas louper l'incroyable maison commune des Bahnar avec son toit pointu qui s'élève à 19 m. Impressionnante, elle devait représenter la puissance de la communauté. En face, la maison Ê Dê qui s'allonge sur 42 m (toutes les générations vivaient ensemble harmonieusement). Plus loin, le tombeau Jöraï, orné de statuettes masculines en érection alors que les femmes sont enceintes. Une visite essentielle et passionnante pour mieux appréhender la richesse du Vietnam.

Dans le parc, on peut assister à un traditionnel ***spectacle de marionnettes sur l'eau*** *(2 séances le mat, à 10h et 11h15, et 3 ou 4 autres l'ap-m, à 14h, 15h15 et 16h15 ; compter 90 000 Dg).* Voir aussi le jardin de plantes médicinales.

☸ Petite ***boutique-librairie*** dans le pavillon à droite de l'entrée vendant des livres, des études et des documents sur les minorités et les religions, en anglais et en français.

|●| **Restaurant Baguette et Chocolat :** *dans le parc du musée.* ☎ 66-75-02-16. *Env 180 000 Dg le repas.* Sert des sandwichs, des quiches lorraines et des plats traditionnels vietnamiens. Terrasse ombragée.

DANS LES ENVIRONS DE HANOI

Les villages de métier

La région autour de Hanoi (dans un rayon d'une cinquantaine de kilomètres) a la particularité de compter encore aujourd'hui environ quelques centaines de villages dits « villages de métier ». Désormais souvent absorbés par la conurbation hanoïenne, ils formaient originellement une sorte d'industrie artisanale à la campagne. Ils s'éparpillent dans la plaine basse et humide, mais à l'abri des inondations, dans des zones un peu surélevées. Chacun d'entre eux possède sa spécialité professionnelle. Des artisans y vivent en famille, travaillant dans des ateliers attenants à leurs habitations (parfois atelier et maison occupent le même toit voire la même pièce). Ils réalisent et vendent leurs produits sur place comme des grossistes, mais le plus souvent, et ce depuis des siècles, ils les écoulent à Hanoi dans le quartier des 36 corporations.

Traditionnellement, chaque village de métier était en relation avec une rue du vieux quartier de Hanoi, dont les échoppes se faisaient en quelque sorte « vitrine en ville » des corporations villageoises. Une spécificité qui existe encore plus ou moins de nos jours.

DES ARTISANS EN OR

Au village de Kiêu Ky, dans la région de Hanoi, quelques artisans s'adonnent au martelage des pépites d'or. C'est leur spécialité, et celle de ce village du fleuve Rouge. Ils transforment ces pépites brutes en poussière d'or, ou en feuilles très fines, utilisées par des artisans laquiers qui les incrustent ou les collent sur des objets en laque (tableaux, proverbes, autels des ancêtres...).

142

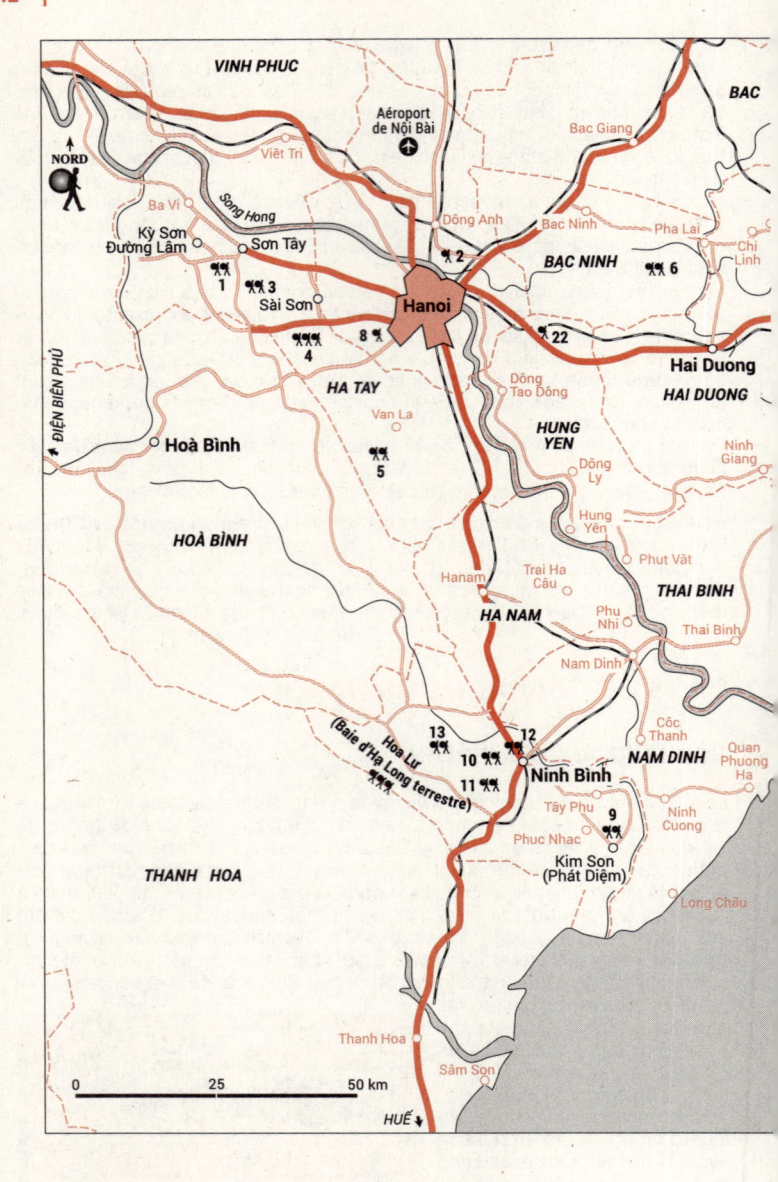

LE NORD

À voir

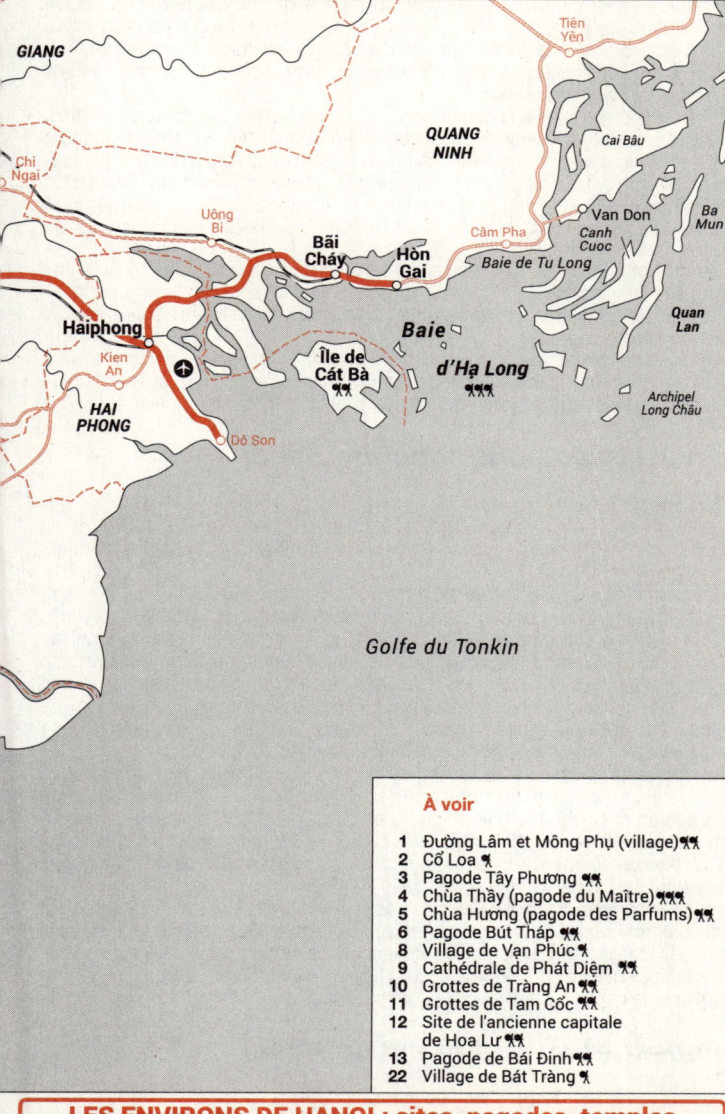

1. Đường Lâm et Mông Phụ (village) ★★
2. Cổ Loa ★
3. Pagode Tây Phương ★★
4. Chùa Thầy (pagode du Maître) ★★★
5. Chùa Hương (pagode des Parfums) ★★
6. Pagode Bút Tháp ★★
8. Village de Vạn Phúc ★
9. Cathédrale de Phát Diệm ★★
10. Grottes de Tràng An ★★
11. Grottes de Tam Cốc ★★
12. Site de l'ancienne capitale de Hoa Lư ★★
13. Pagode de Bái Đính ★★
22. Village de Bát Tràng ★

LES ENVIRONS DE HANOI : sites, pagodes, temples

LE NORD

Impossible de citer toutes les spécialités artisanales de ces villages de métier. On trouve de l'artisanat d'art destiné aux rites (laque, soieries, broderies, menuiserie d'art, objets incrustés de nacre, bijouterie et produits en cuivre et en bronze martelés) ou bien des produits de consommation courante (textile, alimentaire, papier, vannerie, chapeaux coniques).

On y fabrique des objets en bois, en rotin, en bambou, des éventails, des stores, des cages à oiseaux, des objets ou des outils métalliques... À **Vạn Phúc,** faubourg ouest de Hanoi, la soie. À l'est, **Bát Tràng,** des céramiques et des objets en porcelaine. À **Đồng Hồ,** les objets votifs. À **Dương Ổ** (à environ 3 km de la ville de Bắc Ninh), le papier de riz. Le village de **Đồng Kỵ,** au nord-est de Hanoi, est spécialisé dans les meubles en bois, où certains ateliers sont spécialisés dans l'incrustation de la nacre dans le mobilier.

À **Phụng Công,** on élève des bonsaïs. À **Phù Lãng,** beaucoup plus au sud (une soixantaine de kilomètres de Hanoi, sur la route vers la baie d'Hạ Long), on fabrique des urnes funéraires et des poteries. Il y a aussi des villages connus pour le recyclage (métal, papier).

Ces villages de métier, trésors vivants de la tradition populaire et artisanale, sont totalement interdépendants pour des raisons humaines et économiques, selon un système de réseau que les géographes désignent par le terme « cluster ».

Au nord et au nord-ouest de Hanoi

🏛 **Cổ Loa** (plan Les environs de Hanoi, 2) : *à env 15 km au nord-est. Bus n° 17 depuis la gare routière de Long Biên (puis 1,5 km à pied entre la grand-route et le village) ou n° 46 depuis la gare routière de Mỹ Đình (le bus arrive en lisière du village) ; trajet : 6 000 Dg.*
Pas proprement dit un « village de métier », Cổ Loa fut dès 258 av. J.-C. la 1re « capitale » du royaume d'Âu Lạc. Une dynastie fondée par An Dương. En 208 av. J.-C., ce petit royaume est annexé par les appétits du grand voisin chinois, avant de reprendre son indépendance en 206 av. J.-C., sous le nom de Nam Việt (royaume des Việt du Sud). Nouvelle période d'indépendance avant que le royaume ne soit annexé de nouveau par l'empire du Milieu en 111 av. J.-C. Bref, pour un Vietnamien, Cổ Loa c'est un peu le Vietnam d'avant le Vietnam sinisé, le berceau original dont l'histoire est plus importante que les vestiges peu spectaculaires.
– *Les remparts :* nos lecteurs au regard acéré d'archéologue distingueront les restes de 3 enceintes en terre battue de forme irrégulière. Ces murailles a priori enroulées en colimaçon, d'une hauteur variant de 4 à 12 m, mesuraient jusqu'à 30 m d'épaisseur. Sur la plus grande, les restes de 3 tours, dont la plus haute fait 6 m. La plus petite enceinte, de forme rectangulaire, pourrait avoir délimité la ville royale (dont il ne subsiste aucun vestige).
Voir aussi le *temple du roi An Dương* (Đền thờ An Dương Vương) : face à un petit lac et le *temple du roi Ngô Quyền* (Đền Ngô Quyền). À 300 m au nord d'un bassin où trône la statue d'un arbalétrier, il commémore ce monarque héros à qui les Vietnamiens doivent leur indépendance sur la Chine en 938. C'est ce roi qui choisit de réimplanter la capitale du royaume à Cổ Loa.

À l'ouest et au sud-ouest de Hanoi

🏛 **Le village de Vạn Phúc** (plan Les environs de Hanoi, 8) : *à env 12 km au sud-ouest de Hanoi. Bus n° 1 depuis la gare routière de Long Biên direction Bến Xe Yên Nghĩa (arrêt Hà Dong), puis dernier km à pied, par la rue Chu Văn An). Tlj 8h-18h.* C'est historiquement le village de la soie. En fait, avec l'extension de la ville, il fait partie du Grand Hanoi aujourd'hui. On y trouve donc tout naturellement quelques boutiques proposant cette voluptueuse matière. Il reste seulement 4 ateliers de tissage. Le plus authentique est l'*atelier de Triệu Văn Mão (magasin Mão Silk),* au n° 10 de l'allée principale, après avoir passé la porte monumentale du

DANS LES ENVIRONS DE HANOI | 145

quartier. Les étoffes proposées sont faites avec la soie provenant de plantations de mûriers situées aux environs de Hanoi. Elles sont tissées sur place et teintes dans ce même village de Vạn Phúc. Côté prix, elles sont sensiblement moins chères qu'en centre-ville. Résultat : ceux qui disent que la soie vietnamienne vient de Chine se trompent. Ici c'est 100 % made in Vietnam.

🛕🛕🛕 **Chùa Thầy** *(pagode du Maître ; plan Les environs de Hanoi, 4)* **: à Sài Sơn, à env 30 km à l'ouest de Hanoi. Entrée : 10 000 Dg. Pour cette balade, autant passer par une agence locale car peu de transports réguliers s'y rendent, hormis le bus n° 34. Celui-ci part de la gare routière de Long Biên ; il faut changer ensuite à Kim Mast et prendre le bus n° 107 jusqu'à Chùa Thầy. Prévoir une bonne journée, avec la visite du village de Đường Lâm et de la pagode Tây Phương (voir plus bas).**
Très joli village au milieu d'une vaste plaine rizicole. Dans cette campagne basse et humide, le site n'a pas été choisi pour rien par les hommes. À l'ombre d'un piton calcaire, Sài Sơn agglutine ses maisons, sagement assises autour d'un charmant petit lac. Les pieds dans l'eau, un antique théâtre de marionnettes et un ravissant pagodon avec son pont couvert ajoutent au charme et confèrent un cachet remarquable à ce paysage préservé, que l'on dirait sorti d'une estampe ancienne. Ce superbe site fut d'ailleurs l'un des lieux de tournage du fameux film *Indochine* de Régis Wargnier.
– **La pagode du Maître** occupe le pied de la colline. Fondée au XIIe s, elle est dédiée au moine Từ Đạo Hạnh, créateur de marionnettes sur l'eau, et au Bouddha Sakyamuni. Selon les canons de l'architecture religieuse, elle compte 3 degrés signifiant le passé (niveau bas), le présent (niveau intermédiaire) et le futur (niveau haut). La **salle haute** abrite l'autel Tam Bao (les 3 mondes), avec 3 statues représentant le passé, le présent et le futur. La statue du fondateur (en jaune) se dresse au centre de la pièce. Les 2 autres autels sont sous des dais en tissu sont ornés de vases et de sculptures de phénix. La **salle moyenne** conserve une statue du Bouddha gourmand (gros ventre). Entre les 2, la **salle basse** avec des statues de mandarins et de notables sanctifiés. Le corps du fondateur de la pagode est conservé dans un autre pavillon en bois (Dien Tho Mau), de l'autre côté de la cour intérieure. Ses restes sont exposés tous les 5 ans, seulement pendant 2h. La légende dit que sa dépouille s'est pétrifiée.
– Un petit chemin en escalier gravit la colline. Presque au sommet, une grotte où le moine faisait ascèse (et où il est mort) cache en son sein une collection de statues en bois de jaquier peintes dans la couleur du cuivre. Du sommet du mont, très belle vue sur la plaine.
– **Bon à savoir :** ne pas y monter par temps de pluie car le chemin est humide et glissant.
– Le flanc sud abrite une grotte où Hồ Chí Minh, alors résistant clandestin au colonialisme, se cacha en février-mars 1947.

🛕🛕 **La pagode Tây Phương** *(plan Les environs de Hanoi, 3)* **: à env 35 km à l'ouest de Hanoi. Entrée : 10 000 Dg.** Une digue-route desservant des villages surplombant d'immenses rizières mène à cette belle pagode perchée sur une colline. On y accède par un escalier en latérite rouge (292 marches !). Pèlerinage très populaire aux périodes de fêtes, notamment lors du Têt. Construite au VIIIe s, modifiée de nombreuses fois et composée de 3 salles de culte. Toits remarquables.

🛕🛕 **Đường Lâm** *(plan Les environs de Hanoi, 1)* **: à 60 km à l'ouest de Hanoi et à 5 km à l'ouest de la ville de Sơn Tây. Entrée : 20 000 Dg.**
La commune de Đường Lâm regroupe plusieurs villages ou hameaux : Mông Phụ (le plus grand et le plus beau), Cẩm Thịnh, Đông Sàng, Đoài Giáp, Cam Lâm, Phù Khang, Hà Tân, Hưng Thịnh et Văn Miếu. Cet ensemble est reconnu par le gouvernement comme « **vestige culturel national** ». Les agences en organisent souvent le tour à bicyclette.
– **Đường Lâm :** *entrée du village 20 000 Dg (Mông Phụ inclus).* Voir la *pagode Miá* (pagode des Cannes à sucre). Datant du XVIIe s, elle se compose d'une haute tour ajourée et de 3 longues pagodes adjacentes, très sombres. Sa renommée tient à ses nombreuses statues polychromes (287, paraît-il),

d'énormes statues de mandarins chinois comme de petits bouddhas et des moines célèbres. Notez le contraste entre les vénérables piliers, bruts, et la finesse des chapiteaux sculptés.

– *Le village de Mông Phụ :* il se repère de loin à la silhouette de son clocher planté dans un environnement de rizière. L'accès se fait par une grande porte du XVIIe s en latérite, à l'ombre d'un banian. 400 familles vivent ici, certaines depuis 12 générations ! Autrefois, on y pratiquait l'élevage des vers à soie et le tissage des étoffes. Les habitants sont désormais riziculteurs et agriculteurs. Selon un dicton, « le cœur des gens de Mông Phụ est pur comme de la glace ». Rien de froid ni de glacial pourtant dans ce décor rustique et intact, resté authentique dans sa simplicité et sa beauté. Les ruelles couvertes de dalles sont bordées de hauts murs en latérite cachant des maisons parfois vieilles de 400 ans. Les toitures recourbées portent des tuiles disposées en « écailles de poisson ». Chaque maison possède son propre puits. La *maison communale* patinée par les siècles, au bord d'une place, est le centre de la vie sociale. Elle abrite un autel et une sorte de cloche en bois (en forme de poisson) suspendue à la charpente d'un pavillon latéral.

🏠 **Moongarden Homestay :** *dans le village de Kỳ Sơn, à 4 km de Đường Lâm et 47 km de Hanoi.* ☎ *09-13-30-55-20 (Mme Nguyễn Thị Huệ).* ● *moongardenhomestay.com* ● *Pour 1 nuit/2 j., en base chambre double, compter min 165-290 € pour 2 pers en pens complète.* Au milieu des rizières et de la vie campagnarde, une maison d'hôtes étonnante de raffinement. La propriétaire, francophone passionnée par le patrimoine vietnamien, a tout bonnement aménagé une pagode du XIXe s ainsi que 3 maisons traditionnelles, aux jolis noms de Frangipany, Mangue et Pamplemousse, ainsi qu'une très belle maison sur pilotis (on dort dans une salle commune sur des nattes, séparées par des rideaux). Le tout décoré avec un goût exquis, de vraies antiquités, et un confort tout ce qu'il y a de moderne du côté des salles de bains. Nombreuses activités : balade à vélo dans les villages voisins, cours de cuisine, bains d'herbe, etc. Enfin, le joyau de l'endroit : le restaurant installé dans une église de missionnaires français datant de 1849 (avant la colonisation), démontée et réassemblée sur une belle esplanade. On y mange très bien qui plus est, une vraie cuisine vietnamienne traditionnelle à base de légumes principalement venus du jardin. Même le thé vert est maison !

🍴 Au village de **Mông Phụ,** commune de *Đường Lâm,* un bon restaurant, le *Nhà Cổ Đường Lâm* (☎ *016-87-92-73-15 ; repas env 180 000 Dg, boissons en plus ; mieux vaut téléphoner avt pour réserver).* Dans le village, cette belle maison de 1746 (classée) est habitée par un ancien journaliste (Hà Nguyên Huyền) et son épouse (Mme Vuot). Avec ses petits pavillons bordant un joli jardin intérieur et fleuri, la demeure appartient depuis 14 générations à la même famille de notables. Ce couple charmant propose une cuisine traditionnelle, fine, naturelle et copieuse, que l'on déguste à la table d'hôtes dans un grand salon décoré de vieux objets et d'antiquités (céramiques, horloges françaises, calligraphies). Aucun luxe ici, tout est resté dans le style « vieux riche ruiné », patiné par les ans.

🎎 *Un manoir mandarinal :* à env 50 km à l'ouest de Hanoi, dans la province de Sơn Tây. Visite sur résa seulement, min 3 j. à l'avance, certains jours, et en petits groupes. Conditions de visite, résas, tarifs et horaires auprès de Lê Hoài Anh (francophone), agence Indochina Land, ☎ 09-13-21-41-65. ● anhle@indochina-land.com ● Compter 50 US$ pour 2 pers pour une ½ journée (incluant voiture avec guide et chauffeur + frais d'entrée). Supplément de 30 US$ pour un guide francophone. Il est préférable de prévoir une journée de visite : manoir mandarinal + visite des pagodes de la région. Compter alors 100 US$ pour 2 pers. Pour honorer la mémoire de ses ancêtres, M. Nghiêm Xuân Tuệ, descendant d'une famille de grands mandarins de la cour impériale, a reconstitué, poutre par poutre, dalle par dalle, meuble par meuble, le manoir de son grand-père maternel, selon les souvenirs d'enfant qu'il en a gardé. Pour ressusciter les trésors de la mémoire enfantine, pour perpétuer cette chronique

Au sud de Hanoi

🏯 **Chùa Hương** *(pagode des Parfums ; plan Les environs de Hanoi, 5) : à 60 km au sud de Hanoi.* ● dulichchuahuong.com ●
– **S'y rendre :** *bus jusqu'à la gare routière de Mỹ Đình jusqu'au terminus de Chùa Hương. De Mỹ Đình, bus n° 103 jusqu'à Hương Sơn. Durée : 60-80 mn. Billet : 9 000 Dg. L'arrêt de Hương Sơn est situé à 1 km de l'embarcadère.*
– **Entrée du site :** *80 000 Dg/pers. Barque : 50 000 Dg/pers (pour un bateau occupé par 6 pers). À 2 pers, compter 460 000 Dg, entrée de la pagode incluse. Les bateaux sont soit à rames, soit à moteur. Télécabines : env 120 000 Dg l'aller ; 180 000 l'A/R ; réduc.*

À Hương Sơn, on embarque pour une splendide balade sur la rivière Yến. 1er arrêt à la pagode de la Présentation, ultime étape pour se purifier avant d'entrer dans la terre de Bouddha. Puis encore **1h de barque**, on passe sous le pont de la Fête, autrefois en bois. Superbe paysage karstique au milieu des rizières et des gros rochers calcaires. Au bout, la montagne de l'Empreinte parfumée (Hương Tích). Compter **2h de montée** balisée de sanctuaires répondant aux poétiques noms de « Pagode qui mène au ciel » (Thiên Chùa), « pagode des Fées », très jolie, avec la déesse Qan Yin, « pagode du Purgatoire » (Chùa Giải Oan), « pagode de l'Empreinte parfumée » (Chùa Hương Tích), aménagée dans une large grotte creusée dans un pain de sucre avec de grands escaliers pour accès. Le long du chemin de montée, les boutiques d'articles religieux et de souvenirs empêchent de voir la forêt (finalement mieux vaut prendre la télécabine).
Visite surtout intéressante au moment des **grands pèlerinages** de février à avril, où la foule fait montre d'une extrême ferveur. Beaucoup de paysans y vont pour garantir le succès des récoltes, et les femmes ne pouvant pas avoir d'enfant viennent frotter la tête d'un bouddha. Présence également d'un grand nombre de marchands du temple.
🍽 Au retour, en bas de la dernière pagode, **petits restos**.
– **Bon à savoir :** attention à ne pas rester bloqué là-bas. Les barques repartent vers 15-16h.

À l'est de Hanoi

🏯 **Le village de Bát Tràng** *(plan Les environs de Hanoi, 22) : à 15 km au sud-est de Hanoi. Bus n° 47 depuis la gare routière de Long Biên. Départs ttes les 10 mn 5h-20h ; 40 mn de trajet. Billet : 7 000 Dg.* Bourgade de 6 000 habitants, qui vit essentiellement de la poterie et de la faïence ; tradition perpétuée depuis le XIVe s, selon des techniques artisanales très anciennes.

GUIDE DES RECORDS

Le céramiste Lê Minh Ngọc est le seul artisan de Bát Tràng (où il vit et travaille) capable de fabriquer de très grands vases en céramique. Il a la folie des grandeurs. En 1996, il a fabriqué un vase de plus de 5 m de haut. Cet exploit lui a valu d'être inscrit au Livre Guinness des records du Vietnam.

Petit marché touristique *(tlj 7h-19h, mais plus actif le w-e)* à 50 m du terminal des bus. Le seul grand four ancien encore conservé est visible à l'**atelier-boutique-salon de thé Lò Bầu** *(Xóm 2, pas de numéro, dans la rue principale ; tlj 8h-17h)*. Ce four est situé dans un hangar au fond de la cour (il ne fonctionne plus). L'argile et le kaolin sont mélangés à de la pierre de Bát Tràng, et on ajoute à cette préparation du verre broyé pour donner plus d'éclat à la céramique. Le travail se fait à la main, et notamment la sculpture du moule, la peinture, le peaufinage... Les fours modernes sont chauffés au gaz. La cuisson à 1 200 °C dure 17h. À noter que 16 artisans de Bát Tràng ont été invités aux États-Unis pour y exposer leurs œuvres ou en réaliser de nouvelles. L'un des céramistes les plus créatifs s'appelle Nguyễn Tiên Đạt, et le plus extravagant est Lê Minh Ngọc (voir encadré).

Autres villages de métier à l'est

🚶 *Le village de Phụng Công :* à 5 km au sud de Bát Tràng, par une petite route. Dans ce village, près de 2 000 familles vivent de la culture et de la vente des bonsaïs. On y cultive aussi de nombreuses plantes ornementales.

🚶 *Le village de Kiêu Ky :* à 7 km à l'est de Bát Tràng. Mieux vaut y aller avec un guide vietnamien pour comprendre. Ici la spécialité c'est la feuille d'or. Autrefois le village comptait une vingtaine d'artisans. Aujourd'hui, suite à une baisse de la demande, il en reste moins de 10. Le plus connu est Lê Văn Vòng, rue Han Hom (☎ 09-45-36-61-91). Sur rendez-vous, on peut visiter sa maison, voir son grand autel des ancêtres qu'il a doré lui-même à la feuille d'or, et son petit atelier où l'aplatissement des feuilles d'or se fait encore à coups de marteau (pas de machines). L'or à l'état de matière première vient d'Italie ou des États-Unis. Cet artisan est si réputé qu'il a même été invité en Inde pour dorer une statue de Bouddha sur le lieu même de sa mort.

🚶🚶 *La pagode Bút Tháp* (plan Les environs de Hanoi, 6) *:* à env 40 km de Hanoi, à l'est. Entrée : 20 000 Dg. On a un faible pour cette « pagode de la Tour du Pinceau ». Ensemble monastique du XVIIe s (1647) d'une grande homogénéité architecturale et proposant de nombreuses richesses. Ses 3 édifices principaux sont entourés d'une enceinte. Le célèbre moine *Chuyết Chuyết* professait dans les galeries latérales au XVIIe s. Le plus fascinant se révèle être la balustrade entourant le 2e édifice, ainsi que le pont de pierre le reliant au 3e bâtiment. Très rare dans l'architecture monastique au Tonkin ! Ce petit pont en dos d'âne est illustré de scènes de chasse.

QUITTER HANOI

– *Bon à savoir :* réserver son billet de bus ou de train via une agence de voyages permet d'économiser du temps contre une commission généralement modeste...

En train

Horaires des trains et possibilité d'achat en ligne des billets sur le site officiel des chemins de fer du Vietnam en version anglaise ● *vietnam-railway. com* ● Il est impossible de réserver sa place plus de 10-15 j. avt le départ.
– *Conseil :* pour les voyages de nuit, ne pas hésiter à prendre une couchette molle. Ces places sont plus chères mais plus agréables. Un compartiment comporte 4 couchettes molles contre 6 couchettes dures (dans le même compartiment).

🚆 *Gare centrale* (plan III, C4) *:* à l'extrémité de Trần Hưng Đạo. ☎ 39-42-36-97. *Guichets ouv 7h30-12h, 13h30-17h. Dans le hall des départs, on trouve un distributeur ATM et une consigne à bagages.* De Lào Cai (extrême nord) à Hồ Chí Minh-Ville (extrême sud), le « train de la Réunification » parcourt la colonne vertébrale de ce long et étroit pays qu'est le Vietnam, via Hanoi, Nha Trang et Huế. Du nord au sud, les trains portent des numéros impairs *(SE1, SE3, SE5, SE7, TN1).* Du sud au nord, des numéros pairs *(SE2, SE4, SE6, SE8, TN2).*
Pour choisir votre place parmi les différentes catégories de confort, lisez bien la rubrique « Vietnam utile. Transports », en début de guide.
Attention, pour les trains de nuit à destination de Lào Cai, l'accès à la gare se fait par l'arrière, rue Trần Quý Cáp (surnommée aussi « gare B » par les chauffeurs de taxi).

➤ *De/vers Hồ Chí Minh-Ville* (Saigon) *:* 4 trains/j., 6h-22h. Le plus rapide est celui de 22h, le *SE3* (env 31h de trajet pour 1 726 km). Les autres express (SE1, SE5, SE7) mettent 28-35h. Les trains TN1 et TN2 mettent 40h. Acheter le billet la veille, voire l'avant-veille, au guichet 3. Compter 61-86 € selon train et confort.

➤ *De/vers Huế :* aussi intéressant et surtout plus rapide que par la route. 6 trains/j., dont 4 vont à Hồ Chí Minh-Ville. Durée : 12-14h. Les plus rapides sont les SE19 et SE3 (le SE19 part à 20h10 et SE3 à 22h). Compter env 25-40 € selon train et confort.

– *Bon à savoir :* à l'arrivée en gare de Huế, selon l'emplacement de votre wagon, vous pouvez être assez loin du quai (jusqu'à 500 m) ; dans ce cas, il vous faudra descendre et marcher sur le côté de la voie pour arriver à la gare.

➤ *De/vers Đà Nẵng :* mêmes trains que ceux pour Hồ Chí Minh-Ville. 2 départs dans la journée, et 3 dans la nuit. Durée moyenne : 15-16h (les plus rapides sont les SE19 et SE3). Compter 22-42 € selon train et confort.

➤ *De/vers Ninh Bình :* 3 trains/j., dont 2 le mat, et 1 le soir. Durée : env 2h20. Le SE19 part à 20h10 et le TN1 à 14h35. Billet aller : env 8-11 € selon confort (siège dur ou mou).

➤ *De/vers Lào Cai et Sapa (frontière Vietnam-Chine) :* la plupart sont des trains de nuit. Durée : env 8h10. Certains wagons de ces trains de nuit SP1, SP3 et SP22 sont spécialement affrétés pour les touristes. Ils portent les noms des compagnies : Orient Express, Sapaly, Tulico, King Express, Livitrans Express... Le prix moyen d'une couchette sur ce trajet est de 19-70 € selon confort. Les couchettes les plus chères sont celles du Victoria Express (120-244 €). De Lào Cai, liaisons par minibus (au départ de la pl. de la gare) ou taxis vers Sapa.

En bus

Pour rejoindre les différentes gares routières réparties dans la ville, on vous rappelle le site internet (en vietnamien avec version anglaise) des transports urbains de Hanoi (horaires, tarifs...) :
● tramoc.com.vn

– *Bon à savoir :* le gouvernement envisage de fermer les gares routières de Giáp Bát et Gia Lâm. Le projet prévoit de construire de nouvelles gares routières, plus modernes, en remplacement de celles-ci. À suivre !

🚌 *Gare routière Yên Phụ (Bến Xe Yên Phụ ; plan I, D1, 1) :* certains l'appellent encore la gare routière de Long Biên. Assez centrale, coincée sur un espace entre 2 avenues très passantes. Elle dessert essentiellement les environs de Hanoi.

➤ *De/vers Bát Tràng (village de porcelaine) :* bus n° 47A. Départs ttes les 20 mn 5h-21h. Compter 45 mn de trajet et 7 000 Dg.

➤ *De/vers Cổ Loa et l'aéroport international de Nội Bài :* bus n° 17. Départs ttes les 15 mn env, 5h-22h. Compter 45 mn pour Cổ Loa, 1h pour l'aéroport. Billet : 9 000 Dg.

🚌 *Gare routière du Sud – Giáp Bát (appelée aussi gare Bến Xe Nam Hà Nội ; hors plan I par C5, 3) :* 6, Giải Phóng, à env 7 km au sud de Hanoi. ☎ 38-64-14-67. Pour s'y rendre, bus urbain n° 8 depuis la gare routière de Long Biên (via la rive du lac Hoàn Kiếm). Il y a aussi le bus n° 3A qui passe devant la gare ferroviaire. Sinon, y aller en taxi. On conseille la compagnie Hoàng Long.

➤ *De/vers Ninh Bình et Hoa Lư (Tam Cốc ; baie d'Hạ Long terrestre) :* en minibus, départs ttes les heures 6h-22h. Compter 75 000-90 000 Dg et 2h de route.

➤ *De/vers Lạng Sơn :* 3 bus/j., le mat, à partir de 7h30. Minibus de 16 places. Durée : 4h. D'autres bus partent de la gare de Mỹ Đình.

– *Bon à savoir :* étant donné les embouteillages, le trajet du centre jusqu'à cette gare routière peut être assez long. Dans ce cas, le train Hanoi-Ninh Bình est plus intéressant.

🚌 *Gare routière Gia Lâm (Bến Xe Gia Lâm ; hors plan I par F2, 2) :* Nguyễn Văn Cừ. ☎ 38-27-15-29. Située à env 5 km à l'est de Hanoi, en léger retrait de la route nationale en direction de Haiphong (fléché). Bus urbains n°s 1 (7 000 Dg), 10 et 15 depuis la gare routière de Long Biên. Bus n° 3 depuis la gare ferroviaire (via le musée d'Histoire). Très pauvre en infos, tout est écrit en vietnamien. C'est de ce terminal que partent les bus vers la baie d'Hạ Long et le nord-est du Vietnam.

> ***De/vers Haiphong :*** 1 départ ttes les 10 mn env, 4h30-21h. Compter 70 000-100 000 Dg. Durée : 1h45-2h (par l'autoroute). Plusieurs compagnies, minibus de 35 places ou grands bus avec clim. La plus importante est la compagnie *Hai Au*. De Haiphong, on peut rejoindre l'île de Cát Bà en hydroglisseur (voir rubrique « Arriver – Quitter » du chapitre Cát Bà).

> ***De/vers la baie d'Hạ Long :*** c'est écrit « Quảng Ninh », le nom de la province où se trouvent les 2 villes principales de la baie d'Hạ Long, Bãi Cháy et Hòn Gai. Plusieurs compagnies. Départs ttes les 15 mn 6h30-18h30. Env 120 000 Dg. Durée : env 4h. Descendre à la gare routière *(Bến Xe)* de Bãi Cháy ou à l'embarcadère principal de Tuần Châu.

🚌 ***Gare routière de Mỹ Đình*** *(Bến Xe Mỹ Đình ; hors plan I par B4, 4) :* 20, Phạm Hùng. ☎ 37-68-55-49. ● benxemydinh.vn ● *À une dizaine de km à l'ouest de Hanoi. Pour y aller, bus n° 9 puis changement, prendre les bus n°s 30, 34 ou 49.* De cette gare routière partent les bus à destination du nord-est et du nord-ouest du Vietnam.

> ***Pour la province de Hà Giang :*** env 12 bus/j., 7h-21h30. Durée : 4h-7h30 pour env 305 km. 5 compagnies différentes assurent le trajet : *Thịnh Mỹ, Hải Vân Express, Ngọc Cường, Thêm Hậu*. Minibus de 28 places (compagnie *Thêm Hậu*) ou de 45 places (*Hải Vân Express*). Durée : 6-9h. Les trajets les plus rapides correspondent à des départs très tôt le mat. Billet : 160 000-220 000 Dg.

> ***De/vers Bắc Hà*** *(sans escale à Sapa) :* 1 bus de nuit avec la compagnie *Hải Vân Express*. Départ à 19h30, arrivée à 5h40. Durée : env 10h (pour env 350 km). Billet : 270 000 Dg.

> ***De/vers Điện Biên Phủ :*** 3 compagnies assurent la liaison (*Thông Lan, Trung Dũng* et *Cường Tâm*), à raison de 3 bus/j., 16h-20h. Durée : 9-11h pour 475-500 km. Billet : 350 000-400 000 Dg.

> ***De/vers le lac Ba Bể*** *(province de Bắc Kạn) :* 2 bus/j. avec la compagnie *Thương Nga*. Billet : 120 000 Dg. Durée : 6-7h pour 211 ou 220 km. Le bus passe par Thái Nguyên et Chợ Đồn, et arrive au village de Bó Lù, sur la rive sud du lac Ba Bể. C'est l'option la plus pratique. Autre option, avec la compagnie *Xuân Hùng*, 1 bus vers 12h30, arrivée à Bắc Kạn à 16h, puis supplément pour aller jusqu'à Chợ Rã, village situé à 17 km à l'est du lac (moins pratique car ce village est assez isolé).

> ***De/vers Sơn La :*** env 15 bus/j., 7h-16h. 5 compagnies assurent ce trajet. Durée : 5-8h pour 270 km. Billet : 180 000-235 000 Dg.

En bus d'agence privée

– ***Les minibus Limousine :*** ces minibus confortables assurent un **service de porte à porte.** Ils peuvent transporter au max 9 pers. Très bien équipés, avec des sièges-couchette confortables, à condition d'avoir réservé par tél ou par Internet. Le service est assuré par plusieurs compagnies. Cette formule peut être intéressante notamment pour aller de Hanoi à la baie d'Hạ Long (province de Quảng Ninh). Durée : 3h (les bus prennent l'autoroute Hanoi-Haiphong-Hạ Long). Billet : env 220 000 Dg. Infos : 📱 09-64-24-02-40 (à Hanoi). ● vandonxanh.com ● Autre compagnie du même type : *Phúc Xuyên* (☎ 32-36-32-36 et hotline (0)20-33-82-78-27 ; ● phucxuyen.com.vn ●). Les minibus de cette compagnie partent de la gare routière de Mỹ Đình et marquent l'arrêt à l'Opéra (compter 180 000-240 000 Dg pour un trajet Hanoi-Hạ Long).

– On peut aussi passer par une agence locale. Rens auprès de *Halong Van Song Travel* (francophone ; 📱 09-12-09-48-50) à Bãi Cháy (baie d'Hạ Long). Compter 150 000 Dg. Une bonne option, car le minibus vous prend en charge directement à votre hôtel (on tourne certes un peu pour charger les autres clients).

> ***Pour le lac Ba Bể :*** la formule la plus confortable est d'utiliser le service (luxe) de minibus Limousine de la compagnie *Anh Bình*. Réserver sa place à l'avance (min 1 ou 2 j.) auprès de Mr Hai (📱 09-78-76-60-00 ; seul problème, il ne parle que le vietnamien). Pour 250 km, il faut 5h de trajet. L'arrêt final est dans le parc national de Ba Bể, au bord du lac. Billet : 300 000 Dg. 2 départs/j., à 12h30 et 16h30 depuis le n° 47 de la rue Đại Cồ Việt, à Hanoi.

QUITTER HANOI | 151

➤ *De/vers l'île de Cát Bà :* des agences privées, comme *Cat Ba Express* (● catbaexpress.com ●), assurent des liaisons bus + bateau. C'est une agence sérieuse et fiable. Les bus sont confortables. Ils partent de Hanoi (centre), empruntent le grand pont Tân Vũ-Lạch Huyện (Cát Hải), prennent le ferry jusqu'au port de Phú Long, et de ce point rejoignent par la route la ville de Cát Bà. Durée : env 4h. Billet : 12, 14 et 26 US$. On peut acheter sa place en ligne.
Voir aussi les bus des agences privées comme *Goodmorning Cat Ba* (● goodmorningcatba.com ● ; billet aller simple 14 US$) et *Daiichi Travel* (● daiichitravel.net ● ; billet aller simple env 13 US$).
Ces compagnies ne partent pas des gares routières mais ils viennent chercher leurs clients directement à leur hôtel, ou bien les clients se retrouvent au bureau de la compagnie avant le départ.
Voir, au chapitre Cát Bà, la rubrique « Arriver – Quitter. En bus + bateau ».

En avion

➤ *Du centre-ville de Hanoi à l'aéroport international de Nội Bài* et autres détails pratiques, voir aussi « Arrivée à l'aéroport » en tête du chapitre « Hanoi ».
– Du centre de Hanoi, on peut prendre le *bus n° 17* au départ de la gare routière de Yên Phụ (appelée aussi Long Biên ; *plan I, D1, 1*).
– *Notre conseil* : une bonne solution est de prendre le *bus n° 86* de la compagnie *Hanoibus* (☎ 38-43-63-93 ; ● timbus.vn ●) au départ de la gare ferroviaire centrale de Hanoi. Ce sont des bus neufs et confortables (avec clim), de couleur orange. Ils marquent l'arrêt à la gare routière de Yên Phụ (Long Biên) et desservent l'aéroport international. La durée du trajet est de 55 mn, ce qui est plus avantageux que les 90 mn du bus n° 17.
– *Airport Minibus Vietnam Airlines :* il existe des navettes régulières de minibus avec la compagnie *Vietnam Airlines*. 16 départs/j., 6h-19h30. Ils partent depuis un parking situé en face de l'immeuble de *Vietnam Airlines* (*plan III, D4, 15*), au 25, Tràng Thi. Billet individuel : 40 000 Dg. Durée : 40 mn. Attention, ils ne partent pas s'ils sont à moitié vides... Plutôt une formule pour les familles ou groupes constitués.
– On peut y aller *en taxi* : compter env 300 000 Dg. ● taxigroup-hanoi.com ● hanoiairportonline.com ●

Vols intérieurs (avec Vietnam Airlines)

Le pays étant étiré en longueur du nord au sud, l'avion peut s'avérer un bon moyen pour rejoindre certaines villes (bon réseau intérieur) plutôt qu'en fastidieux (mais plus typiques) train ou bus. Quelques destinations importantes :
➤ *De/vers Buôn Ma Thuột :* 1 vol/j. Durée : 1h40 (sans escale).
➤ *De/vers Dalat :* 1 vol/j. Durée : 1h55.
➤ *De/vers Đà Nẵng* (aéroport international) : env 16-17 vols/j., 6h-21h. Durée : 1h20.
➤ *De/vers Điện Biên Phủ :* 2 vols/j., 1 le mat, l'autre en début d'ap-m. Durée : 1h15.
➤ *De/vers Hồ Chí Minh-Ville :* 25-28 vols/j., 6h-21h30. Durée : 2h10.
➤ *De/vers Huế :* 2-3 vols/j., 8h40-18h10. 1 vol le mat, 2 dans l'ap-m et en soirée. Durée : 1h10.
➤ *De/vers Nha Trang* (Cam Ranh) : 5 vols/j., 8h45-18h15. Durée : 1h55.
➤ *De/vers Cần Thơ* (delta du Mékong) : 2-3 vols/j., 7h05-18h50. Durée : 2h10.
➤ *De/vers Phú Quốc* (île) : 3 vols/j., dont 2 le mat et 1 dans l'ap-m. Durée : 2h05.
➤ *De/vers Qui Nhơn :* 2 vols/j. Durée : 1h35.
– Certains vols domestiques sont opérés par *VietJet Air* (Dalat, Đà Nẵng, Hồ Chí Minh-Ville, Huế, Nha Trang ; ● vietjetair.com ●), ou par *Jetstar*, filiale *low-cost* de Qantas (Hồ Chí Minh-Ville et Đà Nẵng ; ● jetstar.com ●). Bien moins cher qu'avec *Vietnam Airlines*.

Vols internationaux

➤ Avec *Vietnam Airlines,* vols réguliers de Hanoi pour ttes les grandes capitales d'Asie. Également 4 vols/sem directs (mar, mer, jeu et sam) desservant Paris.
➤ Avec *VietJet Air,* 1 vol/j. pour Bangkok. Durée : 1h50.
➤ Avec *Cebu Pacific* (compagnie *low-cost* philippine ; ● cebupacificair.com ●), 5 vols/sem (sauf mar et sam) pour Manille. Durée : 3h10.

LE NORD

HAIPHONG (HẢI PHÒNG)

env 2 000 000 hab.   IND. TÉL. : 225

● Plan *p. 154-155*

Le plus grand port du Vietnam du Nord et la 3e ville du pays (environ 2 millions d'habitants en comptant les faubourgs). Haiphong est relié à Hanoi par une autoroute à 4 voies (110 km). Avec Hanoi et la baie d'Hạ Long, Haiphong fait partie du triangle industriel du Nord, et voit se multiplier l'installation de nouvelles usines, tant occidentales que chinoises.

Curieusement, le voyageur se sent à peine dans un port. Ici, ce n'est ni Hong Kong ni San Francisco. Pourquoi ? D'abord, parce qu'on ne voit pas la mer : c'est une ville d'estuaire. En outre, le site ne se présente ni comme une baie protégée ni comme une rade encerclée de collines. Depuis le trottoir, l'œil du voyageur bute toujours sur quelque chose qui lui barre l'horizon. Comme Hồ Chí Minh-Ville, Haiphong est installée à plat (sans relief) le long d'une longue et paresseuse rivière (la rivière Cửa Cấm).

UN PEU D'HISTOIRE

La ville et ses cours d'eau furent le théâtre de retentissantes batailles contre l'envahisseur chinois. Notamment la victoire, en 938, contre les Han, celle contre les Song en 981 et celle contre les Yuan en 1288. C'est dans la rivière Bạch Đằng, à une dizaine de kilomètres de Haiphong, que Trần Hưng Đạo installa à marée basse les fameux pieux qui coulèrent la flotte mongole. La région de Haiphong fut donnée en 1872 en concession aux Français par l'empereur d'Annam. En 1883, Jules Ferry en fit le 1er port d'Indochine.

Pendant la Seconde Guerre mondiale, les Japonais l'utilisèrent pour ravitailler leur pays avec les matières premières pillées en Indochine (riz, caoutchouc, etc.). En 1946, un incident douanier servit de prétexte à la marine française pour tirer sur les bateaux du Vietminh. La rupture entre autorités coloniales françaises et révolutionnaires vietnamiens, inévitable après l'échec de la conférence de Fontainebleau, fut alors consommée. Le 23 novembre 1946, pressé d'en découdre, l'amiral Thierry d'Argenlieu ordonna le ***bombardement de Haiphong.*** Plusieurs milliers de civils furent tués (6 000 est le nombre le plus couramment avancé).

En 1965 et 1972, la ville, port de transit pour le matériel de guerre livré par les Soviétiques, fut encore lourdement bombardée. En 1972, Nixon ordonna le ***minage*** et le ***blocus du port.***

Aujourd'hui, Haiphong, dont le centre colonial a été préservé, présente un visage tranquille et avenant tout en se préparant, avec l'ouverture économique, à remplir un important rôle dans les années à venir.

Arriver – Quitter

En train

Gare ferroviaire (Ga Haiphong ; plan C2) : *située sur Lương Khánh Thiện, dans le centre.* Beaux bâtiments de style colonial français avec une petite salle d'attente. Vérifier les horaires auprès de *Vietnam Railways* : ● vietnam-railway.com ●

➢ ***De/pour Hanoi :*** 3 trains/j. entre les 2 villes, et dans les 2 sens ; Durée moyenne : env 2h30. Compter env 160 000 Dg.

HAIPHONG | 153

En bus

Gares routières (Bến Xe) : la plus centrale est la gare routière de **Lạc Long** (plan B1), très pratique en raison de sa proximité (env 800 m) du débarcadère des vedettes pour l'île de Cát Bà. De là partent des petits bus. Les bus longue distance partent de la gare de **Niêm Nghĩa**, située au 273, Trần Nguyên Hãn, à 3 km au sud du centre (hors plan par A3 ; ☎ 03-13-78-10-77). C'est une gare routière moderne et bien organisée. L'autre gare routière est celle de **Cầu Rào**, à 5 km au sud de l'embarcadère des vedettes pour Cát Bà. Infos : • oto-xemay.vn •

➤ **De/pour Bãi Cháy** (baie d'Hạ Long) : de la gare routière de Lạc Long, minibus fréquents, 9h-19h. Compter env 100 000 Dg et 1h30 de route.

➤ **De/pour Ninh Bình :** 2 bus/j. de la gare routière Niêm Nghĩa. Durée : env 2h30. Billet : env 140 000 Dg.

➤ **De/pour Hanoi :** de la gare routière de Lạc Long. Bus ttes les 30 mn, 5h-18h. Billet : 80 000 Dg. Durée : env 2h40. Arrivée à la gare routière de Gia Lâm (à l'est de Hanoi, quartier Long Biên), ou à celle de Giáp Bát. Grands bus confortables et climatisés.

En hydroglisseur (rapide), pour l'île de Cát Bà

Les bateaux lents comme rapides partent de l'**embarcadère de Bến Bính** (plan B1 ; ☎ 384-29-27), et la seule destination est l'île de Cát Bà.
– 2 compagnies privées assurent les traversées en hydroglisseur : Mékong Hoàng Yến (☎ 09-35-81-08-88) et Cát Bà Island Resort & Spa. Leurs bureaux se trouvent dans des bâtiments distincts le long de la rue. Les prestations et les tarifs sont quasi identiques. Avec Hoàng Yến, 3 départs le mat et 2 dans l'ap-m. Billet (aller) : env 220 000 Dg. Durée : 45 mn-1h. Arrivée au port de Cát Bà-Ville. La compagnie Cát Bà Island annonce 6 départs/j. en hte saison (1er avr-fin août). Billet : 220 000-240 000 Dg. Arrivée aussi à Cát Bà-Ville.

Adresses utiles

✉ **Poste centrale** (plan B1) : à l'angle de Nguyễn Tri Phương et Hoàng Văn Thụ. Tlj 6h30-21h.

■ **Vietcombank** (plan B1, **1**) : 11, Hoàng Diệu. Pas loin de la poste. Lun-ven 7h30-11h30, 13h30-16h. Possède un ATM.

■ Plusieurs **ATM** aussi sur Điện Biên Phủ, à proximité du musée d'Histoire (plan B1), dont celui de l'**Agribank** (plan B1, **3**), au n° 72 (Visa et MasterCard).

Où dormir ?

Bon marché (jusqu'à 300 000 Dg / env 11 €)

🛏 **May Hostel** (plan B2, **10**) : 35, Lê Dai Hành. ☎ 866-777-435. Lit en dortoir env 200 000 Dg, double 470 000 Dg. Au fond d'une impasse, à 500 m de l'Opéra, un petit hôtel très bien arrangé, dans un esprit contemporain et pratique. Parties communes décorées avec du caractère et du style. Dortoirs mixtes, impeccables, avec clim, casiers, rideaux occultants, lampe de lecture et prises électriques. Salle de bains commune. Agréable terrasse sur le toit. Sert le petit déj. Une excellente adresse pour les petits budgets et les jeunes routards.

Prix moyens (300 000-600 000 Dg / env 11-21 €)

🛏 **Đông Đô Hotel** (plan C2, **11**) : 60, Lương Khánh Thiện. ☎ 221-38-44. Non loin de la gare, en retrait du boulevard, c'est un petit immeuble moderne abritant des chambres standard et propres. Pas de déco particulière, mais le confort est suffisant (douche/w-c, clim). Les chambres sur l'arrière sont plus calmes.

LE NORD

154 | LE NORD

- **Adresses utiles**

  1 Vietcombank (B1)
  3 Agribank et ATM (B1)

- **Où dormir ?**

  10 May Hostel (B2)
  11 Đông Đô Hotel (C2)
  12 Monaco Hotel (B1)
  13 Hoàng Hải Hotel (B2)

- **Où manger ?**

  20 Phương Mai (B3)
  21 Quang Minh (B2)
  22 Nam Giao (B1-2)

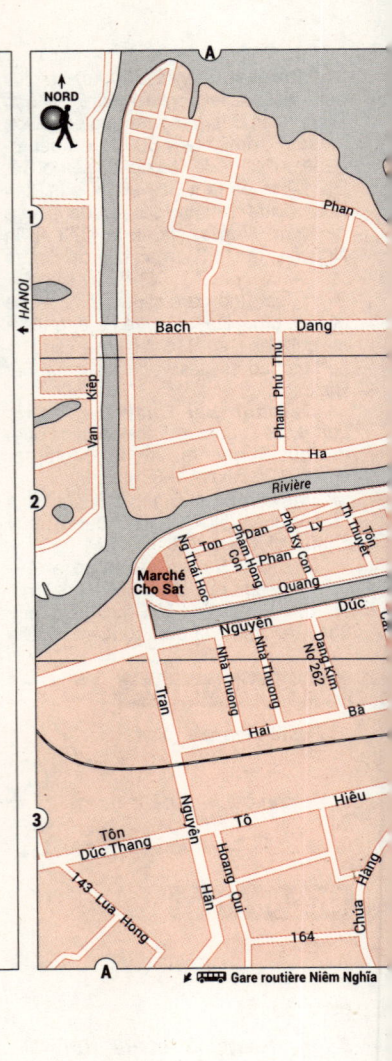

Gare routière Niêm Nghĩa

Chic
(600 000-1 000 000 Dg / env 21-35 €)

🛏 *Monaco Hotel (plan B1, 12) :* 103, Điện Biên Phủ. ☎ 374-64-68.

● *monacohotel@hn.vnn.vn* ● *Doubles 650 000-950 000 Dg.* Très vaste hall d'accueil et, dans les étages, de vastes chambres au mobilier d'un modernisme classique et un peu rigide, mais d'excellent confort (belles salles de bains). Certaines, en

HAIPHONG / OÙ DORMIR ? | 155

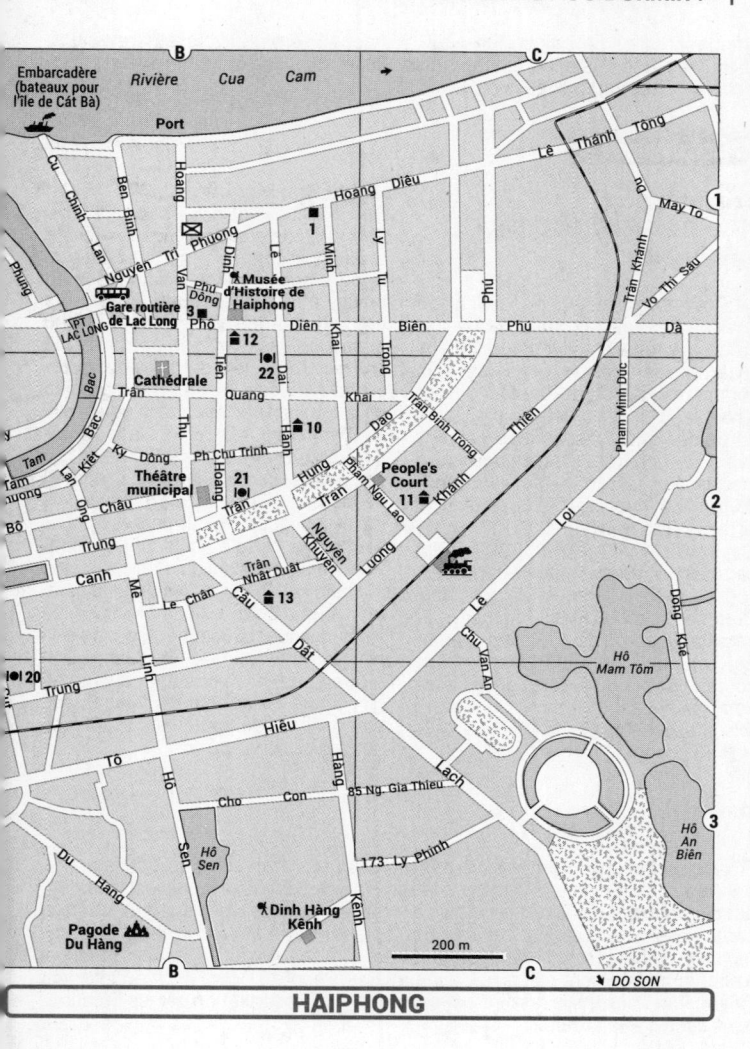

HAIPHONG

revanche, sont aveugles. Petit déj au 6e étage avec vue sur la ville. Accueil anglophone très professionnel.

🛏 **Hoàng Hải Hotel** (plan B2, 13) : 109, Cầu Đất. ☎ 384-66-66. ● hoanghaihotel.vn ● Réception au 1er étage. Doubles 700 000-1 000 000 Dg, petit déj inclus. Le hall clinquant ne le laisse pas présager, néanmoins les chambres sont coquettes et arrangées dans un style contemporain standard et agréable. Bon confort général (TV, clim, frigo, coin salon dans les plus grandes), salles de bains bien équipées, mais une fois encore, attention aux quelques chambres aveugles !

Accueil fort courtois et prévenant. Resto dans les étages.

Où manger ?

Prix moyens (100 000-250 000 Dg / env 4-9 €)

|●| Pour déguster la spécialité de la ville, à savoir les fruits de mer et crustacés choisis vivants dans les viviers-aquariums et préparés à la commande, direction Trần Hưng Đạo, à l'angle avec Đinh Tiên Hoàng. Tarifs au poids : faites peser vos bestioles avant de confirmer votre choix pour maîtriser la facture ! Parmi la demi-douzaine d'établissements, on signale le resto *Quang Minh (26, Trần Hưng Đạo ; plan B2, 21 ; ☎ 382-30-64)*. La carte est en anglais. On y sert toutes sortes de coquillages et de poissons. Compter 70 000 Dg pour 100 g, car ça marche au poids. Fraîcheur garantie, un peu d'anglais pour passer commande, et des tables en terrasse comme en salle. À côté du *Quang Minh*, le **Hải Sản Quốc Hà** *(24B, Trần Hưng Đạo)*.

|●| ***Phương Mai*** *(plan B3, 20) : 87, Cát Cụt.* ☎ *913-24-11-55. Tlj jusqu'à 21h.* Petit resto de quartier avec un extérieur avenant et une salle nette et propre. Déco blanc et mauve, serveuses en mauve aussi, panneaux sur les murs avec photos des plats. Cuisine fraîche et savoureuse avec une spécialité : le *chả nem*, gros nem de crabe et de crevettes. Il y a aussi le *chả mực*, calamars en beignets. Une très bonne adresse !

|●| ***Nam Giao*** *(plan B1-2, 22) : 22, Lê Đại Hành.* ☎ *381-06-00. Tlj 8h-23h.* La seule adresse de charme de la ville ! Façade discrète en brique rouge et bois de style pagode, ne pas hésiter à pousser la belle porte en bois, pour découvrir un intérieur avec un mobilier ancien (ou bien imité), des dalles de terre cuite et de belles boiseries sombres. Cuisine vietnamienne traditionnelle, au gré des heures de la journée. Excellent bœuf au bambou, et savoureux calamar au gingembre. Salon de thé à l'étage, avec une enfilade de petites salles intimes aux tables au ras du sol.

À voir

✹ Le quartier commerçant *(plan B2)* : grosse animation sur Cầu Đất, la principale rue commerçante. Elle mène à la vaste place du théâtre municipal *(plan B2)*, autre monument de l'époque coloniale au style « français » très marqué. L'ancien canal (rues Trần Hưng Đạo et Trần Phú ; *plan B-C2*) a été recouvert d'une promenade ombragée et abrite juste à droite, au n° 31 *(plan C2)*, l'ancien tribunal – encore un bâtiment colonial –, aujourd'hui « People's Court ». En poursuivant Hoàng Văn Thụ vers le nord, la cathédrale *(plan B2)*, construite par les Français, mais sans grand attrait...

L'ÎLE DE CÁT BÀ (PARC NATIONAL)

IND. TÉL. : 225

● Carte L'île de Cát Bà *p. 159* ● Plan Cát Bà-Ville *p. 161*

À 48 km à l'est de Haiphong (1h d'hydroglisseur en moyenne) s'étend un archipel de 366 îles et îlots rocheux au relief accidenté. Dans cette étrange constellation nappée de brume hivernale, la plus grande île s'appelle l'île de Cát Bà. Située à une quinzaine de kilomètres au sud de la baie d'Hạ Long, cette île appréciée des routards du monde entier mérite une escale. On y trouve de nombreux petits hôtels et des complexes hôteliers de luxe ont fait leur apparition (notamment côté plages). L'île reste habitée en grande majorité par des pêcheurs et des paysans, mais elle vit de plus en plus du tourisme. La raison d'y venir : le parc national de Cát Bà. Inclus dans une réserve naturelle de près de 14 000 ha, il abrite des lambeaux de forêt tropicale couvrant un relief mouvementé, de beaux paysages hérissés de rochers calcaires érodés et couverts d'une végétation luxuriante. On peut traverser le parc à pied, en une journée. Les randonneurs seront enchantés. On peut aussi s'y baigner. Quelques plages de sable fin se cachent dans des criques secrètes mais de moins en moins protégées.

UN PEU D'HISTOIRE

L'occupation de l'île remonte à la nuit des temps. Il y avait autrefois une communauté chinoise. En 1978-1979, au moment de la guerre frontalière entre la Chine et le Vietnam, les Chinois de l'île furent contraints de s'enfuir vers l'île d'Hainan et Hong Kong. Cát Bà s'enfonça dans le marasme économique.
Pour la sortir de son isolement, le gouvernement vietnamien décida, en 1986, de créer le parc national de Cát Bà, vaste réserve naturelle destinée à protéger la faune et la flore, et à attirer les visiteurs. Jusqu'en 1994, l'agglomération principale, Cát Bà, au sud, ressemblait à un gros village composé de huttes alignées le long d'un chemin de terre, face à la mer.
Avec l'ouverture au tourisme (vers 1995), la route le long de la mer de Cát Bà a été élargie. La colline rocheuse, contre laquelle s'adossent la plupart des maisons du port, a été rabotée à coups de dynamite pour faciliter la construction des immeubles et des mini-hôtels. Depuis 1998, le réseau électrique de l'île est relié au continent.

UN DRÔLE DE CRABE

À voir : les limules, appelés ici *crabes Sam*. Leur énorme carapace vert clair évoque un casque futuriste. Leurs 2 petits yeux très écartés sont presque invisibles. Une longue et fine queue traîne à l'arrière comme une antenne. Ce sont les limules, ou crabes Sam, parmi les plus grands du monde (jusqu'à 50-60 cm), avec les crabes d'Alaska. C'est un des rares endroits du Vietnam où ils vivent ; on en aperçoit parfois dans les viviers. Mais pour en manger, il faut attendre la bonne saison, c'est-à-dire l'été. C'est cependant une espèce qui se raréfie face à son prédateur le plus coriace : l'homme.

LES CRABES AMOUREUX

Il existe une expression populaire : « S'accrocher et s'aimer comme les crabes Sam. » Pendant la période de fécondation, le mâle se colle à longueur de journée au dos de la femelle (qui est plus imposante en volume que le mâle). Selon l'usage au Vietnam, il faut toujours les vendre par couple, les cuisiner par couple et les manger aussi par couple. C'est ainsi que le crabe Sam est devenu le symbole des amoureux au Vietnam.

Arriver – Quitter

En bus + bateau

➤ **De/pour Hanoi :** à Hanoi, on peut acheter un billet forfaitaire qui inclut le voyage en bus (compagnie privée) et le ferry de Hanoi à Cát Bà. Durée totale du trajet : env 4h. Le bus part du centre de Hanoi, rejoint d'abord Haiphong

par une autoroute, passe par un grand pont suspendu (route à 6 voies), atteint ensuite l'île de Cát Hải. Après l'avoir traversée, on prend un ferry (15 mn) qui arrive à l'embarcadère de Cái Viềng, à 25 km au nord-ouest de l'île de Cát Bà. Ensuite, compter 45 mn de bus jusqu'à Cát Bà-Ville.
– Il y a aussi les **bus publics** classiques qui partent de la gare routière de Giáp Bát, située à 6 km du centre de Hanoi.
– **Bon à savoir :** l'agence touristique *Cat Ba Express* (☎ *(84) 824-49-99* ; ● *catbaexpress.com* ●) assure des navettes en bus de Hanoi vers Cát Bà et vice versa. 3 départs/j. Billet : 12, 14 et 26 US$ selon le bus et le trajet. Durée : env 4h. Ces bus confortables et modernes sont ouverts à tous, client ou non de leur hôtel.

➤ **De/pour Ninh Bình :** plusieurs agences proposent la navette en bus (les compagnies *Cat Ba Express, Good Morning Cat Ba, Cat Ba Discovery*...). Plusieurs départs/j. de Cát Bà-Ville, 8h-15h. Durée : 5h. Billet : env 250 000 Dg.

➤ **De/pour Sapa :** *sleeping bus* au départ de Cát Bà-Ville avec passage par Hanoi. Avec la compagnie *Good Morning Cat Ba* (● *goodmorningcatba.com* ●), 3 bus/j., à 9h, 12h30 et 16h. Durée : 10h. Celui de 16h arrive donc à Sapa en pleine nuit. Billet : env 28 US$. Le bus embarque sur un bateau pour passer de l'île au continent. Infos et résas auprès des hôtels, qui vendent aussi les billets.

En bateau

3 embarcadères de transport sur l'île de Cát Bà, ainsi qu'un embarcadère de croisière (celui de Bến Bèo). La plupart des hôtels et agences de l'île vendent les tickets.

⛴ **Embarcadère de Cát Bà-Ville** (plan A2) : *en plein centre.* Dessert uniquement Haiphong en hydroglisseurs des compagnies *Cát Bà Island Resort & Spa* (☎ *368-86-86*) et *Mékong Hoàng Yến* (☎ *384-14-31*).

➤ **De/pour Haiphong, en hydroglisseur :** avec la compagnie *Mékong Hoàng Yến*, 5 départs de Cát Bà-Ville pour Haiphong, 9h-17h (seulement 2 en basse saison). Depuis Haiphong, 2 départs le mat et 2 dans l'ap-m, 7h-15h30. Durée du voyage : 45 mn. Tarif : 200 000-300 000 Dg selon saison. Avec la compagnie *Cát Bà Island Resort & Spa,* 6 départs 7h-16h dans les 2 sens (4 départs en hiver).

⛴ **Embarcadère de Gia Luân** (carte L'île de Cát Bà) : *au nord de l'île, à env 30 km par la route principale.* ☎ *247-39-89*. 3 bus/j. en hiver (4-5 bus/j. en été) assurent la liaison avec Cát Bà-Ville. Billet : env 30 000 Dg. Durée : 40 mn. Il y a aussi des motos-taxis qui attendent au débarcadère, pour vous transporter jusqu'à Cát Bà-Ville. Dans le sens Cát Bà-Ville pour Gia Luân, en taxi, compter 300 000 Dg.

➤ **De/vers la baie d'Hạ Long** (port de Tuần Châu) : 3 ferries/j. en hiver (1ᵉʳ oct-fin avr) dans les 2 sens. De mi-avr à fin sept, 5 liaisons/j., 9h-16h. Trajet : env 1h. Tarif : env 90 000 Dg (plus pour une moto et son chauffeur).

⛴ **Embarcadère de Cái Viềng** (carte L'île de Cát Bà) : *au nord-ouest de l'île, à env 30 km de Cát Bà-Ville. Compter env 45 mn de route.*

➤ **Liaisons vers l'île de Cát Hải et Haiphong :** ferry ttes les heures 6h-17h. Compter 15 mn de traversée. Billet : env 8 000 Dg/passager, 25 000 Dg pour une moto et 95 000 Dg pour une voiture. Une fois sur l'île de Cát Hải, un grand pont moderne (le pont Tân Vũ) et une route à 6 voies relie Cát Hải au continent et à la ville de Haiphong. Construit par le Japon, ce pont a été inauguré en 2017 en présence de l'empereur du Japon.

⛴ **Embarcadère de Bến Bèo :** *à 1,5 km à l'est de Cát Bà-Ville.* À moto-taxi, compter 20 000 Dg ; en taxi, 50 000 Dg. Surtout un port de « plaisance », c'est d'ici que partent les excursions à la journée dans les îles de la baie de Lan Hạ (Monkey Island, entre autres), et c'est là également que sont amarrées la plupart des jonques privées qui proposent des croisières plus longues vers la baie d'Hạ Long.

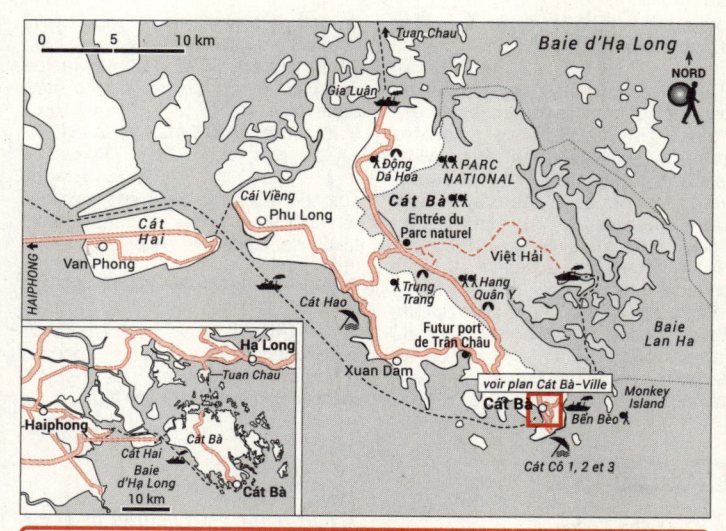

L'ÎLE DE CÁT BÀ

Se déplacer dans l'île

En bus

Plusieurs bus sillonnent l'île, ralliant Cát Bà-Ville à Gia Luân ou Cái Vièng. Prix public : 25 000-30 000 Dg. Beaucoup plus fréquents l'été que l'hiver.

En minibus privé ou en voiture

La plupart des hôtels proposent ce genre de service. Pour une demi-journée, compter 25-40 € pour la location d'un véhicule selon nombre de places.

À moto

De nombreux propriétaires vous proposeront leurs services (avec ou sans pilote) dès votre arrivée. On peut aussi s'adresser aux hôtels ou à certains restos. Compter env 80 000 Dg/j. Pour l'essence, il y a 3 stations-service, mais des petits marchands en vendent au port. La moto reste sans doute le moyen de transport le plus pratique (mais le plus dangereux) et permet une relative autonomie (ce qui n'est pas le cas du bus). Le casque, obligatoire, est normalement fourni par le loueur.

Adresses utiles

ℹ Tourism Information & Development Centre (Cát Hải District People's Committee ; plan A1) : *sur le quai, près de l'embarcadère. Tlj 7h-21h.* Adresse bien située mais inutile. Accueil souvent peu attentionné. En fait, tout dépend de la personne au comptoir. On aura de meilleures infos dans les *hostels* et hôtels.

✉ Poste centrale (plan A1) : *bureau principal à côté du débarcadère (un bâtiment neuf, avec l'horloge comme d'habitude).* ☎ 388-85-66. *Tlj 7h-18h.*

■ Change, banque, distributeurs ATM :
– Le change s'effectue dans les bijouteries proches du marché. Par

exemple à la **bijouterie Bảo Tín Ngọc Liên** *(plan A1, 2 ; 124, rue du 1/4 ; ☎ 388-89-29 ; tlj 8h-21h).* Bijouterie qui fait aussi guichet de banque : change les euros (espèces). Pas d'ATM, mais si vous présentez votre carte de paiement *(Visa, MasterCard)* à l'employé, on vous donnera des espèces vietnamiennes. Taux intéressant, et commission nulle. Fait aussi *Western Union.* Notre meilleure adresse pour le change.
– Autre bureau de change : à la **Saigon Bank,** dans le hall de l'hôtel *Draco QK3 (plan B2, 3),* situé à 400 m au sud-est du port, au bord de la route principale. La commission est de 4 %. Au guichet, on doit présenter son passeport pour obtenir l'argent. Pas d'ATM.
– **Distributeur ATM** *(Visa et MasterCard)* sur le front de mer, celui d'**Agribank** *(plan A1, 1).*

■ **Minimarché CT Mart** *(plan A1, 4) : 18-20, Núi Ngọc. ☎ 88-83-45. Tlj 6h30-12h30, 14h30-22h30.* Grande épicerie moderne (petit supermarché en fait) qui vend des produits alimentaires, des boissons... et plein d'articles utiles.

■ **Pharmacie Quầy Thuốc Số 327** *(plan A1, 5) : 191, rue du 1/4. Tlj 6h30-22h30.* On y trouve les médicaments de base fabriqués au Vietnam ou importés d'Europe. Méfiez-vous des médicaments chinois (souvent des faux).

Où dormir ?

À Cát Bà-Ville

Les prix que nous indiquons sont ceux de la **basse saison** (d'octobre à mars). Il est bon de savoir que la plupart des hôtels doublent (au minimum !) leurs prix en période estivale (entre avril et septembre).
– **Bon à savoir :** tous les hôtels ont le wifi.

Bon marché (jusqu'à 300 000 Dg / env 11 €)

🏠 **Cat Ba Santorini Homestay** *(plan B1, 12) : 12, Núi Ngọc. ☎ 399-47-81-69. Double env 120 000 Dg.* Dans une impasse (au fond à droite) au calme, cette maison familiale a été transformée en *homestay,* soit une maison d'hôtes plus personnalisée et plus intime qu'un hôtel. La façade claire et avenante est à l'image de l'intérieur. C'est propre et bien tenu (chambres avec clim et sanitaires). Ajoutons que la déco lumineuse et gaie adopte les couleurs des îles grecques : blanc et bleu comme à Santorin ! Demandez une chambre avec balcon sur la ruelle. Accueil par des jeunes Vietnamiens. Propose aussi des excursions en mer à bord d'une jonque privée (prix sages).

🏠 **Full Moon Party Hotel** *(plan B2, 10) : 225, rue du 1/4 (Một Tháng Tư).* 📱 *09-63-10-52-00 (anglais parlé). • full moonpartyhotel@gmail.com • full moonpartytourvietnam.com • Doubles 250 000-300 000 Dg.* Situé face au port, ce petit hôtel a des chambres privatives ouvrant sur les flots pour la plupart, mais elles peuvent être bruyantes.

🏠 **Thắng Lợi Hotel** *(plan A1, 17) : Cảng Ga, sur le front de mer, côté gauche. ☎ 388-85-31. Doubles 6-8 US$.* Mini-hôtel tenu par M. Lô, patron pêcheur, dont les enfants parlent bien l'anglais. Ils sont à la réception. Très bon accueil, mais l'ensemble reste modeste. Chambres sommaires mais propres, avec clim, téléphone et TV, donnant sur la mer pour certaines.

Prix moyens (300 000-600 000 Dg / env 11-21 €)

🏠 **Cat Ba Island Hotel** *(plan B1, 11) : 182, Núi Ngọc. ☎ 369-60-94. • cat baislandhotels • À 200 m de la gare routière. Doubles 16-20 US$, petit déj inclus.* Excellent rapport qualité-prix pour ce petit hôtel à taille humaine, situé à l'écart de l'agitation, sans être très éloigné du port. On y trouve des chambres impeccables, avec clim, et

L'ÎLE DE CÁT BÀ / OÙ DORMIR ? | 161

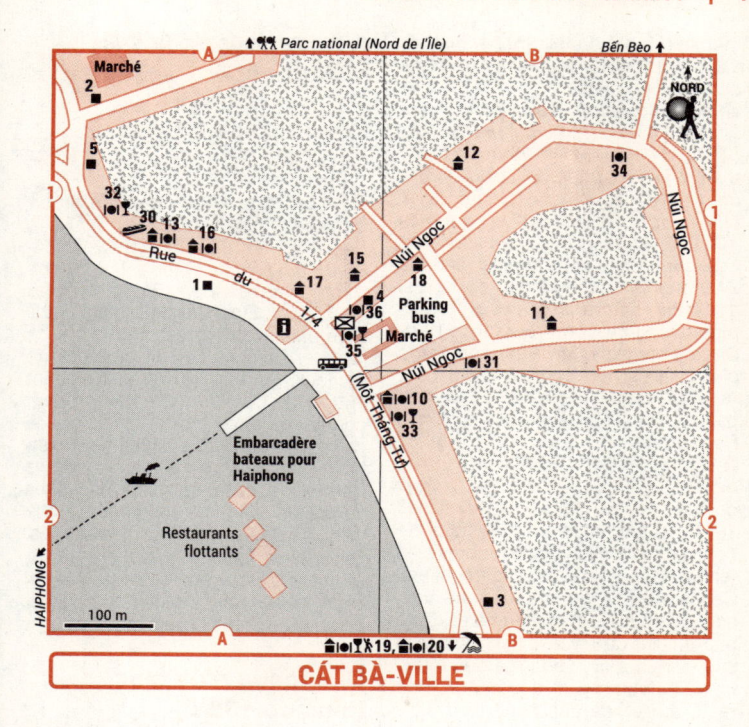

CÁT BÀ-VILLE

■ Adresses utiles

- 🛈 Tourism Information & Development Centre (A1)
- ATM Agribank (A1)
- **2** Bijouterie Bảo Tín Ngọc Liên (A1)
- **3** ATM Saigon Bank (B2)
- **4** Minimarché CT Mart (A1)
- **5** Pharmacie Quầy Thuốc Số 327 (A1)

🏠 Où dormir ?

- **10** Full Moon Party Hotel (B2)
- **11** Cat Ba Island Hotel (B1)
- **12** Cat Ba Santorini Homestay (B1)
- **13** Thảo Minh New Star Hotel (A1)
- **15** Cat Ba Sunrise Hotel (A1)
- **16** Đức Tuấn Hotel (A1)
- **17** Thắng Lợi Hotel (A1)
- **18** Sun and Sea Hotel (B1)
- **19** Le Pont Bungalows Hostel & Hotel (hors plan par B2)
- **20** Cat Ba Sunrise Resort (hors plan par B2)

🍴 Où manger ?

- **10** Resto du Full Moon Party Hostel (B2)
- **16** Restaurant Đức Tuấn (A1)
- **30** Bánh Ngọt Pháp 196 (A1)
- **31** Tuyết Béo (B1)
- **32** Mona Restaurant (A1)
- **33** Oasis Bar & Restaurant (B2)
- **34** Yummy Restaurant (B1)
- **35** Sunset House (A1)
- **36** Viễn Dương (A1)

🍸 Où boire un verre ? Où sortir ?

- **19** Le Pont – Cát Bà Club (hors plan par B2)
- **32** Bar sur le toit du Mona Restaurant (A1)
- **35** Good Bar (A1)

---

une bonne literie. Elles donnent sur la rue ou sur l'arrière (falaise rocheuse).

🏠 **Cat Ba Sunrise Hotel** (plan A1, 15) : 9, Núi Ngọc. ☎ 09-18-61-48-60. Double 600 000 Dg, petit déj inclus. Très bien situé, à 2 pas du port, ce petit hôtel très bien tenu se distingue par son accueil jovial et attentionné et par la décoration gaie et soignée de ses chambres (style contemporain Ikea). Jolies couleurs,

162 | LE NORD

mobilier fonctionnel, literie impeccable (grands lits), bref, une excellente adresse à prix juste.

🏠 |●| **Thảo Minh New Star Hotel** (plan A1, **13**) : *197, rue du 1/4.* ☎ *388-84-08.* 📱 *09-83-24-40-05 (miss Liên).* ● *khachsancatba.vn* ● *Sur le front de mer, à gauche du débarcadère. Lit en dortoir 150 000 Dg, doubles 100 000-400 000 Dg selon confort.* Les chambres sont réparties dans 2 bâtiments accolés : une partie est ancienne, l'autre plus moderne. Les plus avenantes ont vue sur le port. Dans la partie moderne (plus chère), la plus belle est la n° 1004 (vue superbe). Aussi un dortoir de 10 lits (avec clim, pas de vue). Fait aussi resto *(Tom's Restaurant).*

🏠 **Đức Tuấn Hotel** (plan A1, **16**) : *210, rue du 1/4.* ☎ *388-87-83. Sur le front de mer, côté gauche. Doubles avec sdb 10-18 US$.* Encore un mini-hôtel de bonne qualité, avec des chambres bien tenues, sans décoration particulière. Celles situées à l'arrière, sans vue, sont plus petites et moins chères. Côté mer, en plus de la vue, plus d'espace et souvent un frigo. Organise des tours, loue des voitures et des motos. Bon resto au rez-de-chaussée (voir « Où manger ? »).

🏠 **Sun and Sea Hotel** (plan B1, **18**) : *26-28, Núi Ngọc, à gauche de l'embarcadère.* ☎ *388-83-15 ou 388-77-66.* ● *sunseahotel.com.vn* ● *Doubles 300 000-600 000 Dg selon saison.* À 150 m de la mer, un petit hôtel de 6 étages bien rénové installé dans 2 bâtiments. Chambres confortables, à la déco conventionnelle, avec un bon rapport qualité-prix en basse et moyenne saisons. Comme ailleurs, plus on monte, plus les chambres sont calmes et claires.

À l'extérieur de la ville, au sud-est

Prix moyens (300 000-600 000 Dg / env 11-21 €)

🏠 |●| **Le Pont Bungalows Hostel & Hotel** (hors plan par B2, **19**) : *Cát Cò 3, Beach St.* ☎ *288-48-88.* 📱 *09-73-74-80-81 (anglais ou français).* ● *lepont.vn* ● *Lit en dortoir env 7 US$, doubles 18-31 US$.* Étonnant petit hôtel établi à un emplacement « romantique » de la côte. Perchés sur un promontoire rocheux, les bungalows surplombent la baie de Cát Bà. À l'*hostel*, on peut dormir en dortoir (mixte) tandis que la partie hôtel abrite des chambres confortables, la plupart dans des bungalows (comme des cases couvertes de feuilles de palme) avec vue imprenable sur la mer. Toilettes privatives ou collectives. Fait aussi resto. Petit déj-buffet copieux. Le bar-pub est probablement le plus bel endroit pour venir assister au coucher du soleil en sirotant une bière.

Beaucoup plus chic (plus de 135 €)

🏠 |●| **Cat Ba Sunrise Resort** (hors plan par B2, **20**) : *plage de Cát Cò 3.* ☎ *388-73-60 ou 66.* ● *catbasunriseresort* ● *Doubles 165-205 US$.* Adossé à une colline verte, dans une adorable petite baie bordée par une jolie plage de sable, cet hôtel des années 1990 a l'avantage d'être au calme. Les chambres sont spacieuses et très confortables. Au resto, cuisine vietnamienne et européenne. Sur la plage, le *Coco Bar* est un lieu très agréable en soirée. Spa, massage, salle de gym, piscine.

Où dormir dans les environs ?

🏠 |●| **Woodstock Beach Camp** : *sur la plage de Xuân Đám, à 6 km au nord de Cát Bà-Ville, par la route menant à l'embarcadère de Cái Viềng.* ☎ *388-85-99.* ● *woodstockbeachcamp@gmail.com* ● *Y aller en taxi (150 000 Dg) ou à moto-taxi (env 50 000 Dg). Nuit sous tente env 8 US$/pers. Lit en dortoir 12-22 US$, doubles 24-30 US$.* Woodstock est le nom d'un célèbre festival pop-rock des années 1970. Ici, l'ambiance est jeune, bobo et décontractée. Accueil en anglais. On dort dans des dortoirs (6-8 lits) ou dans des chambres simples et propres (avec moustiquaires, ventilo et sanitaires privatifs) aménagées dans une belle maison en bois construite dans le style traditionnel, avec une véranda au 1er étage. Sinon, campement sous tente établi sur la plage. Petite restauration simple et goûteuse, cuisine, bar. Baignade possible et sorties en kayak. Une excellente adresse hors des sentiers battus !

Où manger ?

Sur le pouce (sandwichs vietnamiens)

🥖 *Bánh Ngọt Pháp 196* (plan A1, **30**) : *196, rue du 1/4.* ☎ *09-75-09-51-44. Tlj 6h-22h. Sandwichs 30 000-50 000 Dg.* Boulangerie-pâtisserie toute simple qui vend des pains et des gâteaux. Le plus intéressant ici ce sont les sandwichs vietnamiens *(bánh mì)* faits avec du pain français, des crudités, du thon, du fromage, du jambon, ou des œufs. Il y a aussi des hamburgers et des hot-dogs préparés avec soin par la patronne. Tout est frais et goûteux. Les randonneurs peuvent éventuellement demander un panier pique-nique (à commander la veille) mais la dame ne le fait qu'au cas par cas.

Bon marché (moins de 100 000 Dg / env 4 €)

|●| *Tuyết Béo* (plan B1, **31**) : *298, Núi Ngọc.* ☎ *16-96-31-15-68. Tlj jusqu'à 22h. Plats 30 000-100 000 Dg.* Viviers et grande terrasse extérieure sous les grandes lettres lumineuses de son nom souvent copié, qui signifie la « grosse blanche neige ». Elle a modifié « *Tuyết Béo Xinh* » (la « mignonne blanche neige ») pour se démarquer des copieurs. C'est une femme-chef connue qui tient ce resto, après avoir travaillé des années sur un resto flottant. Elle fait parfois elle-même le service. Crabes des rizières, coquillages, poissons et fruits de mer. Des huîtres aussi.

|●| *Mona Restaurant* (plan A1, **32**) : *180, rue du 1/4.* ☎ *09-34-67-48-99. Tlj jusqu'à 23h. Happy hours 16h-18h. Hot pot (fondue pour 2 pers) 250 000-400 000 Dg.* Tenu par des jeunes Vietnamiens, c'est un des rendez-vous des *backpackers* qui y viennent pour la cuisine goûteuse et économique (plats vietnamiens, indiens, thaïs) ou pour le *hot pot*. Spécialités de la mer, dont le crabe et les huîtres. Coin salon au rez-de-chaussée et bar sur le toit au 4e étage très agréable en soirée (voir « Où boire un verre ? Où sortir ? »).

Prix moyens (100 000-250 000 Dg / env 4-9 €)

|●| 🍷 *Oasis Bar & Restaurant* (plan B2, **33**) : *228, rue du 1/4.* ☎ *09-12-96-69-25. Tlj jusqu'à 22h. Plats 60 000-150 000 Dg.* Au cœur de l'animation nocturne, une agréable terrasse extérieure, et une grande salle avec un billard dans le fond. Carte très variée avec des sandwichs, salades, petits déj, curries, plats végétariens et tous les classiques du Vietnam. Les serveurs parlent un minimum d'anglais. On peut aussi y boire un verre, de jour comme de nuit.

|●| *Restaurant Đức Tuấn* (plan A1, **16**) : *sur le front de mer, à 100 m à gauche du débarcadère.* ☎ *388-87-83.* Accueil avenant et anglophone. C'est savoureux et pas cher. Salle ouverte sur la promenade. On y sert des fruits de mer, du poisson, des calamars. Bonne adresse économique, qui maintient sa qualité au fil des ans.

|●| *Yummy Restaurant* (plan B1, **34**) : *12B, Núi Ngọc.* ☎ *09-77-95-09-06. Tlj 6h-22h30. Plats 50 000-150 000 Dg.* À l'écart de l'agitation, au bord d'une rue calme, un resto sous une sorte de hangar métallique abritant une salle ouverte sur le dehors. Familial et accueillant, on y sert des plats vietnamiens et thaïs, à prix sages. Les végétariens n'ont pas été oubliés.

|●| *Sunset House* (plan A1, **35**) : *222, rue du 1/4.* ☎ *16-37-07-23-31. Plats 50 000-150 000 Dg. Menus variant selon les jours, pizza le mar, viande le jeu.* L'ex-*Noble House* est devenue la *Sunset House*. Murs en pierre, quelques tables en terrasse, cuisine vietnamienne et

occidentale (omelettes, salades, sandwichs), vin de Dalat, bières, cocktails. De quoi manger dans un décor chaleureux, et même prolonger largement la soirée autour d'un verre au *Good Bar* à l'étage.

|●| *Viễn Dương* (plan A1, 36) : *12, Núi Ngọc.* ☎ *388-88-39. Ouv 18h-23h.* Grande salle avec des ventilateurs, proposant aussi bien du poisson que des crustacés, à choisir frétillants dans les viviers et bassines (prix au poids, bien se le faire préciser à la commande !). C'est frais et c'est bon. Également les classiques nems (excellents au crabe !), des soupes ou des nouilles sautées.

|●| *Resto du Full Moon Party Hostel* (plan B2, 10) : *236, rue du 1/4.* ☎ *09-67-79-40-88 (anglais parlé). Tlj jusqu'à 23h. Plats 60 000-150 000 Đg. Sur résa.* Cuisine vietnamienne fraîche et savoureuse, à prix sages.

Où boire un verre ? Où sortir ?

¥ ⊤ *Bar sur le toit du Mona Restaurant* (plan A1, 32) : *180, rue du 1/4. Tlj jusqu'à 23h.* Happy hours 16h-18h. On y accède par un escalier, et au sommet du resto on trouve une jolie terrasse bien aménagée sur tapis vert, pour boire un verre au coucher du soleil. Une des terrasses les plus attractives de la rue.

¥ *Good Bar* (plan A1, 35) : *sur le front de mer, à l'étage du resto Sunset House.* ☎ *388-83-63. Tlj 17h-2h ou 3h.* Une des ambiances les plus décontractées de l'île. Avec en main cocktail, vin, bière ou jus de fruits, les soirées durent tard autour du billard et de la TV diffusant des matchs de foot.

¥ ⚛ ⊤ *Le Pont – Cát Bà Club* (hors plan par B2, 19) : *tt au bout du front de mer, à droite, sur un petit promontoire, tt proche des plages.* ☎ *369-66-69.* ☎ *09-73-74-80-81. Ouv tard (3h du mat).* Une partie de l'hôtel *Le Pont Bungalows* est occupé par ce bar-resto-discothèque avec vue plongeante sur la baie. Grande et belle terrasse où siroter un verre au coucher du soleil et petite salle où se trémousser en saison.

À voir. À faire

⚹ *Le marché de Cát Bà* (plan A1) : très varié en fruits et légumes, et surtout en poissons. Ne manquez pas l'étal du pharmacien : étoiles de mer, hippocampes séchés, plantes et champignons divers. De quoi réveiller l'alchimiste qui est en vous !

⚹ *Le port de Bến Bèo* (carte L'île de Cát Bà) : *à 1,5 km à l'est de la ville ; il donne accès à la baie de Lan Hạ.* C'est le port d'attache de nombreuses jonques privées, ainsi que de balades vers les îlots qui entourent l'île. À proximité, des villages flottants, nichés entre les pics karstiques. C'est de Bến Bèo que partent en général les excursions vers *Monkey Island,* ou les bateaux pour rejoindre l'embarcadère qui dessert le village de Việt Hải.

➤ *Les plages* (hors plan par B2) : les plages de *Cát Cò 1* et *Cát Cò 2* se suivent et sont les plus proches de la ville de Cát Bà. Elles se trouvent à l'est en sortant du débarcadère. Compter 15 mn à pied pour la 1re plage (avec bar, douche, w-c). La plage de Cát Cò 1 est occupée par un hôtel qui devrait être restauré ou reconstruit en 2020. La plage de *Cát Cò 3* est d'accès gratuit. Elle est également « occupée » par l'hôtel *Cat Ba Sunrise Resort,* un beau 4-étoiles. Elle est accessible par une longue passerelle côté mer, et par une route côté port. La plage de *Cát Hải,* au niveau du village de Hiền Hào, est un peu moins belle.

– *Bon à savoir :* un mégacomplexe hôtelier *(Flamingo Resort)* devrait être inauguré en 2021 à flanc de colline près de la plage de Cát Cò 3. Ce sera un éco-hôtel luxueux avec une architecture intégrée à la végétation de la forêt.

⚹⚹ *Hang Quân Y* (grotte ; carte L'île de Cát Bà) : *à 5 km avt l'entrée du parc national en venant de Cát Bà. Petite guitoune au bord de la route, bien fléchée,* où demander la clé et payer. *Entrée : 40 000 Dg (sans guide). Les guides sont souvent d'anciens militaires qui vécurent dans la grotte, et leur anglais simple rend la visite vivante et émouvante.* De la route, un petit sentier, quelques marches et une échelle mènent en 5 mn à cette grotte. Transformée en véritable bunker, elle servit d'hôpital militaire au Vietcong dès 1963. Hô Chí Minh (toujours lui !) y aurait même passé 2 nuits en 1965 ! Est aujourd'hui vidée de tout mobilier ou matériel.

🏃 **Trung Trang** *(grotte ; carte L'île de Cát Bà) : à 1,5 km de l'entrée du parc, en direction de Hang Quân Y. Il faut aller au parc et y revenir avec un guide qui a la clé. Tlj en été ; fermé en hiver. Entrée : 20 000 Dg (inclus dans le billet « petit tour » du parc). Visite guidée : 40 000 Dg.* Cette grotte de plus de 350 m de profondeur renferme de nombreuses stalagmites, stalactites... et des chauves-souris !

🏃🏃 **Le parc national de Cát Bà** *(Vươn Quốc Gia ; carte L'île de Cát Bà) : l'entrée principale du parc se trouve au lieu-dit Trung Trang, à env 15 km au nord du port de Cát Bà par la route principale. Tlj 7h-17h (16h en hiver). Billet : circuit court (sommet de la colline Ngũ Lâm) 40 000 Dg ; circuit long (lac + village de Việt Hải + accès mer, durée 5h min) 80 000 Dg. Dépliant en anglais.* À la réception du parc, sur la droite, une salle où l'on projette un film de très mauvaise qualité, en anglais, sur la faune et la flore. Au pied du Ngũ Lâm, juste avt de grimper les escaliers, buvette-resto.
– **Bon à savoir :** *il est conseillé (mais pas obligatoire) de prendre un guide anglophone. Compter dans ce cas 100 000-400 000 Dg selon durée et circuit.*
Créé en 1986 (il fut le 1er parc national du pays), le parc couvre une superficie de près de 14 000 ha (dont 9 800 ha de collines, ainsi que 4 200 ha de surface maritime). Il a pour vocation de protéger la faune et la flore de l'intérieur, mais également le littoral, les massifs coralliens, les plages et les 366 îlots qui parsèment l'archipel autour de Cát Bà. On peut observer (avec beaucoup de chance) des porcs-épics *(nhím)*, des loutres *(rái cá)*, des chats sauvages *(mèo rừng)* et des écureuils *(sóc)*.

Peu d'animaux rares, sauf la chèvre sauvage dite « de Sumatra », et, plus intéressant et en grand danger de disparition, le singe *Trachypithecus poliocephalus* à tête blanche *(vượn đầu trắng)*. Celui-ci n'est pas un singe volant doté d'ailerons (contrairement à ce que disent certains guides), mais plutôt un acrobate capable de sauter de manière étonnante d'un arbre à un autre. À noter

> **UN SINGE EN VOIE DE DISPARITION**
>
> *Sur le littoral aux rochers grignotés par l'érosion et envahis par les plantes grimpantes vit le semnopithèque de Cát Bà, un nom étrange qui désigne le primate le plus rare de la terre. Rare, c'est-à-dire presque impossible à voir !*

que la visite du parc vaut pour ses superbes paysages plus que pour sa **faune, souvent invisible.** À choisir, le mieux est encore d'y faire des **randonnées** (avec ou sans guide selon la durée). Les hôtels de Cát Bà proposent ces excursions (en particulier la balade vers le village de Việt Hải). Pour aller de Cát Bà-Ville à la porte d'entrée du parc, transport à moto (moins de 5 personnes) ou en minibus (plus de 5 personnes) ; retour en bateau (voir ci-après pour le détail). Autre solution : s'adresser directement à la réception du parc, qui peut aussi fournir un guide.
Les 2 balades les plus classiques :
➢ **La colline de Ngũ Lâm :** *randonnée (1,8 km) au départ du poste de réception du parc. Compter min 45 mn, mais le plus souvent 1h-1h30.* Pour avoir une vue sur le parc de Cát Bà, grimper au sommet d'un piton rocheux appelé Ngũ Lâm, dans la forêt de Kim Giao. Le sentier, essentiellement constitué d'escaliers, est pentu mais il n'est pas difficile. En revanche, par temps de pluie ou en saison humide, il s'avère **extrêmement glissant** : prévoir de vraies chaussures de marche. À déconseiller aux personnes âgées et aux enfants en bas âge. Le point de vue au sommet de la colline mérite la balade. Plantée sur le pic, une tour d'observation. Cela vaut vraiment le coup de gravir l'échelle, mais ça n'ajoute rien à la vue déjà très belle que l'on a de

la plate-forme. En hiver, paysage brumeux où ondulent les silhouettes des pitons rocheux, sortes de pains de sucre (en calcaire) couverts de végétation luxuriante.
– *Bon à savoir :* **on déconseille de marcher avec des tongs** car le chemin d'accès est souvent glissant et parsemé de rocs pointus. Portez des chaussures de marche !

➤ *Randonnée jusqu'au village de Viêt Hải : circuit très long (16 km), difficulté moyenne, 80 000 Dg. Nécessite 1 journée (départ vers 8h, retour vers 16h ; guide conseillé, ou passer par les agences).* Cette très belle randonnée conduit au village de Viêt Hải mais n'offre aucun point de vue dominant sur l'île. Il faut alors prendre le chemin à gauche à 20 m après l'entrée. Sur le 1er tiers du chemin (1h30 de marche), on traverse un lambeau de forêt primaire. Puis on arrive au *lac Éch* (le lac aux Grenouilles). Du lac Éch à Viêt Hải (au sud-est), compter encore 7 km (environ 1h30 de marche). Viêt Hải n'est qu'un petit village d'une quarantaine de maisons. C'est là le plus souvent que les randonneurs accompagnés font une halte pour manger. Du village de Viêt Hải à la mer, il faut encore marcher pendant 1h30 (ou enfourcher une moto ou un vélo !). Ce dernier tronçon du chemin est sans doute le plus beau du trajet. En général, les guides ou agences prévoient ensuite le retour vers Cát Bà par bateau (10-15 mn de navigation jusqu'au petit port de Bến Bèo, à 1,5 km de Cát Bà-Ville).
– *Bon à savoir :* on peut se contenter de monter jusqu'au lac Éch et de revenir à l'entrée du parc.

À faire en bateau

🎯🎯 *Excursions : compter env 300 000-500 000 Dg/pers (soit 18-20 US$) selon nombre de passagers.* Au départ de Bến Bèo, balades de 4 à 8h dans la baie de Lan Hạ, qui fait partie de la réserve protégée par le parc national de Cát Bà, et dans la baie d'Hạ Long. Selon l'excursion choisie, outre la visite de grottes, possibilité de plonger, de faire du kayak, de se baigner, etc. L'île aux Singes *(Monkey Island)* est l'une des destinations les plus populaires. Durée : 4h au total, avec balade sur l'île très verdoyante (où il y a très peu de singes !) et accès à la plage de sable blanc, baignade, snorkelling… Éventuellement kayak (avec ou sans supplément, à vérifier avant d'embarquer !) ou visite de villages flottants.

🎯🎯 *Croisières :* comme alternative à la très fréquentée Hạ Long City (Bãi Cháy et Hòn Gai), certaines compagnies de bateau ou agences proposent des croisières (à partir de 2 jours/1 nuit) au départ de Cát Bà (départ en général de Bến Bèo). Les croisières se font surtout ici dans la baie de Lan Hạ (est de l'île et sud de la baie d'Hạ Long), en jonques privées de petite taille (de 1 à 5-6 cabines) et de divers niveaux de confort.

LA BAIE D'HẠ LONG (VỊNH HẠ LONG) IND. TÉL. : 203

● Carte La baie d'Hạ Long *p. 168-169* ● Bãi Cháy – Hòn Gai (plan I) *p. 170-171*
● Bãi Cháy – centre (plan II) *p. 173* ● Hòn Gai – centre (plan III) *p. 174-175*

◎ L'un des paysages les plus célèbres d'Asie, grandement popularisé en France par le film *Indochine*. Environ 2 000 pains de sucre de toutes formes et de toutes tailles émergeant de la mer et s'étendant sur des centaines de kilomètres. Le paysage change sans cesse, l'atmosphère est étrange. Voici ce qu'en disait Pan Ting-Kouei, un voyageur chinois, en 1688 : « Leur apparence déroute notre imagination… Parfois, si vous les contemplez, elles vous offrent l'aspect d'animaux sauvages ou de farouches guerriers assis… Parfois, c'est un chaos de cimes, environnées soudain de ces nuages de feu qui s'accumulent les jours d'été… Chaque fois

que nous arrivions dans un lieu où les montagnes envahissaient l'espace et où la mer se rétrécissait, je me demandais presque si la route n'allait pas nous être fermée... aussi étais-je près d'oublier, dans ces allées et venues du navire, que nous naviguions en mer ! »
– *Bon à savoir :* au nord-est de la baie d'Hạ Long, une autre baie, plus petite, plus calme, moins fréquentée, celle de *Bái Tử Long*, conviendra à ceux qui souhaitent échapper aux croisières classiques et sortir des sentiers battus.

UNE VIEILLE LÉGENDE

Hạ Long signifie « descente du Dragon ». D'après la légende, celui-ci serait descendu dans la baie pour y domestiquer les courants marins. Avec les violents mouvements de sa queue, il entailla profondément la montagne. Ce faisant, ayant plongé dans la mer, le niveau de l'eau monta brutalement, et celle-ci s'engouffra dans les crevasses, ne laissant apparaître que les sommets les plus élevés. Cependant, il est plus que probable qu'il y a quelques millions d'années Hạ Long devait être un immense plateau taraudé par l'eau de pluie. D'immenses masses de calcaire durent se désagréger, laissant debout les roches les plus dures, livrées ensuite aux coups de boutoir du vent et de la mer. Ce qui explique les formes déchiquetées, les grottes, cavités et tunnels qui les transpercent. Ces nombreuses caches servirent de refuges aux combattants de la guérilla nord-vietnamienne dans les années 1940-1950.
– *Site internet (en vietnamien) :* ● halong.org.vn ●

UN TRÉSOR DU PATRIMOINE MONDIAL

Le site a été classé au *Patrimoine mondial de l'humanité par l'Unesco* en 1993, sous le critère de « beauté naturelle ». Une 2e inscription a été récemment demandée par les autorités vietnamiennes afin de statuer sur sa valeur écologique. Cela sous la pression de la communauté scientifique internationale et dans le but de le préserver de la pollution qui guette le bas des falaises. Selon les derniers rapports, le *danger pour l'environnement* résulte du contact entre la poussière de charbon en provenance des mines toutes proches avec l'oxygène de l'eau. Ce mélange produit un gaz carbonique acidifiant qui ronge fortement le calcaire.
Ajoutons encore l'industrialisation croissante de la région, la disparition des mangroves et le pillage des fonds marins ainsi qu'une gestion des plus hasardeuse du potentiel touristique de la baie. Bon an mal an, certaines traditions perdurent, comme la frénétique chasse à la méduse, durant les mois de mars et avril.

> ### UNE PÊCHE MÉDUSANTE
>
> *Dans la baie d'Hạ Long, certains pêcheurs sont spécialisés dans la récolte des méduses. Elles sont rincées, découpées puis empaquetées avant d'être vendues sur les marchés et exportées en Chine. Un peu fade en goût !*

Armés de grosses épuisettes, les pêcheurs ramènent un festin de ces urticantes bestioles gélatineuses... Certaines atteignent plusieurs kilos. Elles finissent à la casserole (voir l'encadré) !

Topographie de la baie d'Hạ Long

On trouve 2 villes à Hạ Long : *Bāi Cháy* et *Hòn Gai,* regroupées depuis 1994 sous le même vocable d'Hạ Long-Ville ou Hạ Long-City. C'est souvent ce qu'indiquent les cartes.

Bāi Cháy

Station balnéaire, ancien lieu de villégiature de la nomenklatura et des techniciens soviétiques. De nombreux mini-hôtels, hôtels à plusieurs étages et villas

168 | LE NORD

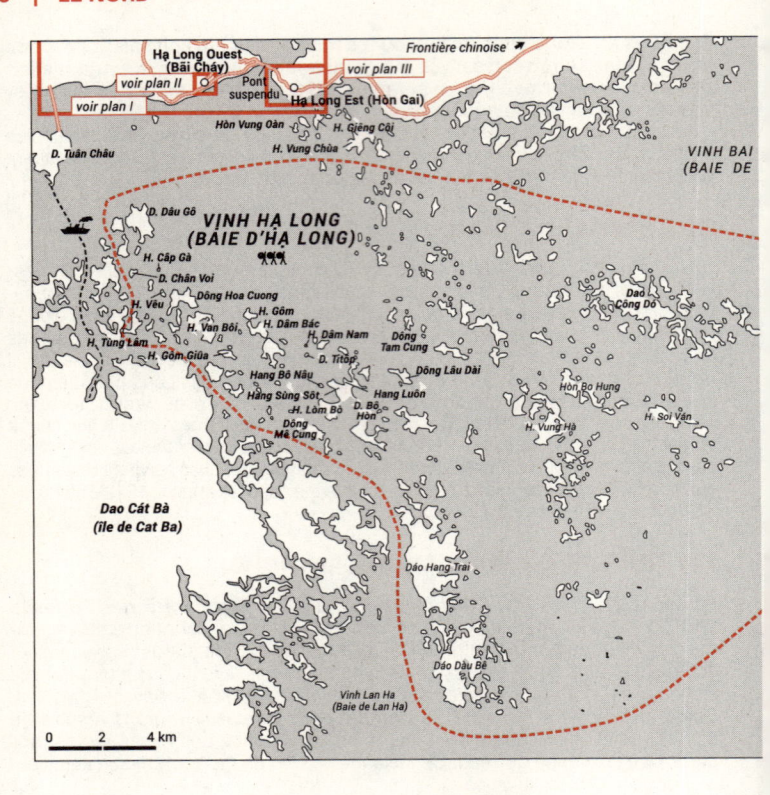

dévalent des collines dans ce qui lui tient plus ou moins lieu de centre-ville. Le général Giáp en possédait une, aujourd'hui reconvertie en résidence de villégiature des officiers de marine. Si Bãi Cháy a pu avoir du charme, elle a aujourd'hui un côté ville-dortoir. Les touristes ne s'y arrêtent plus, préférant embarquer et dormir directement sur un bateau !
En outre **Bãi Cháy n'est plus le port d'embarquement** des croisières (depuis 2016), qui est installé désormais à Tuần Châu, à 20 km à l'ouest. Le front de mer est occupé par l'*immense parc de loisirs Sun World* (style Disneyland en version vietnamienne). Le public a accès aux attractions ainsi qu'à la plage (entrée payante). Une *télécabine* relie ce parc à Hòn Gai, de l'autre côté du bras de mer *(tlj 15h-22h – à partir de 9h les j. fériés ; billet : 300 000 Dg)*. Le terminus se fait sur une colline où est juchée une grande roue, près du pont routier.

Hòn Gai

Face à Bãi Cháy, au-delà d'un bras de mer que l'on franchit par un grand pont moderne en forme de jonque à voile (stylisée). Avec ses rues animées et son marché, Hòn Gai est une ville ouvrière, un port de pêche et aussi un important port minier. C'est ici qu'on embarque une grande partie du charbon extrait dans les mines à ciel ouvert de la province et à Cẩm Phả (une grande partie de la production nationale).

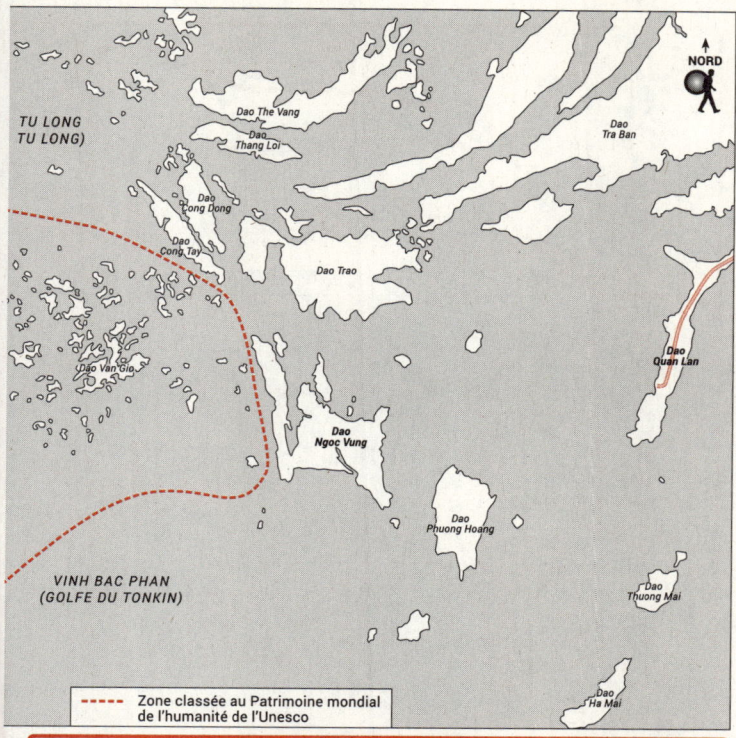

LA BAIE D'HẠ LONG / ARRIVER – QUITTER

LA BAIE D'HẠ LONG

- - - Zone classée au Patrimoine mondial de l'humanité de l'Unesco

Quand y aller ?

– **En été :** ici, la haute saison s'étend du 1er mai au 30 septembre. Beaucoup de visiteurs. Temps très chaud, tropical et humide, avec du ciel bleu et du soleil. Avantage : on peut se baigner sur les plages.
– **En hiver :** du 1er octobre au 30 avril. Basse saison. Peu de visiteurs. Temps généralement gris avec un plafond nuageux très bas, une petite bruine (style crachin breton), de la brume à certaines heures de la journée, voire parfois un vrai brouillard en février. Peu de vent, mais la température est basse. Il vaut mieux porter un vêtement de laine, de jour (lors des balades en mer) comme de nuit. Imperméable conseillé.

Arriver – Quitter

En bus

Gare routière de Bãi Cháy (Bến Xe Bãi Cháy ; plan I, B1, 6) : Khu 1, phường Giếng Đáy. Pour rejoindre le centre de Bãi Cháy (à 5 km à l'est), prendre le minibus urbain n° 3 (8 000 Dg) ou un taxi (env 80 000 Dg).

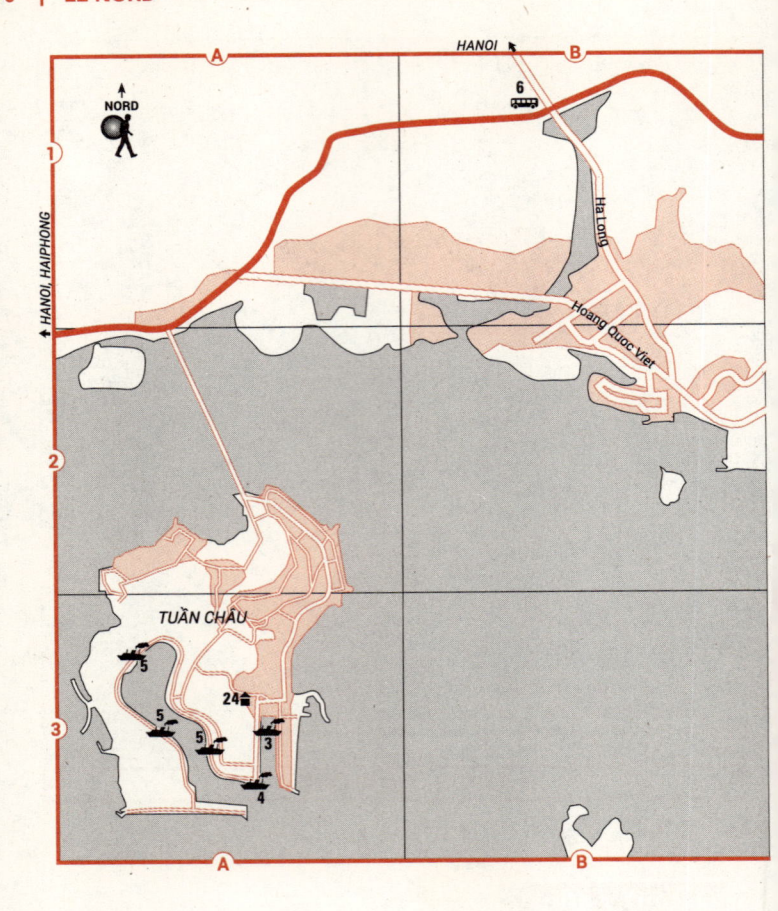

Adresses utiles

- 2 Embarcadère de croisière de Hòn Gai (D2)
- 3 Embarcadère de Tuần Châu (croisières de jour ; A3)
- 4 Embarcadère pour l'île de Cát Bà (A3)

> ***De/vers Hanoi :*** de Hanoi, départs de la gare routière de Gia Lâm, ttes les 30 mn, 6h-18h. Bus aussi de la gare routière de Mỹ Đình (peu pratique d'accès, à l'ouest de Hanoi). Billet : 80 000-150 000 Dg. Durée : env 4h-4h30. De la gare routière de Bãi Cháy pour Hanoi, la compagnie *Phuc Xuyen* assure 13 départs/j., 5h45-15h15.

> ***De/vers Haiphong :*** à 73 km de Bãi Cháy. Départs ttes les heures, 6h30-17h. Billet : 80 000 Dg. Durée : env 1h. Arrivée à Haiphong à la gare routière de Lạc Long, non loin de l'embarcadère pour Cát Bà.

> ***De/vers Ninh Bình :*** 2 bus/j., tôt le mat et en fin de mat. Durée : 3h15. Billet : 150 000 Dg.

> ***De/vers Móng Cái*** *(frontière chinoise) :* 4 bus/j. Billet : 200 000 Dg. Durée : 3h.

LA BAIE D'HẠ LONG / ARRIVER – QUITTER | 171

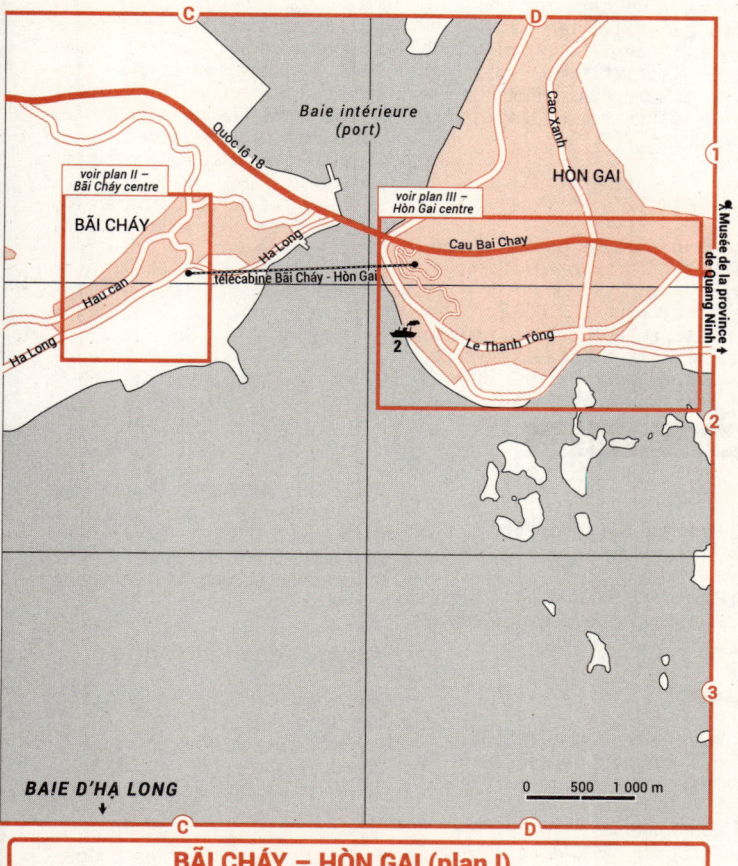

BÃI CHÁY – HÒN GAI (plan I)

- 🚤 5 Embarcadères pour les croisières de nuit (A3)
- 🚌 6 Gare routière de Bãi Cháy (B1)

Où dormir ?
- 24 Hôtel Hiền Giang (A3)

➤ **Autres destinations :** Hải Dương, Bắc Ninh, Thái Bình, Nam Định, Hà Đông.

En minibus (par une agence)

Un peu plus rapide et confortable, et en fait plus économique. Se renseigner auprès de l'agence francophone *Halong Van Song Travel* basée à l'embarcadère de Tuần Châu (📞 *09-12-09-48-50*) ou de l'agence *Thesinhtourist* de Hanoi (voir « Adresses et infos utiles » à Hanoi).

En voiture

➤ **De/vers Hanoi :** compter env 2h par l'autoroute (2 x 3 voies). Péage : 200 000-250 000 Dg.

➢ *Pour Haiphong :* par une autoroute. Durée : à peine 1h.
➢ *Pour Móng Cái (frontière chinoise) :* au départ de Hòn Gai, 180 km d'une route bitumée. Compter 3h. Elle devrait s'améliorer à l'avenir (projet d'autoroute).

En bateau

🚢 *Embarcadère de Tuần Châu (plan I, A3, 3) : à env 20 km à l'ouest de Bãi Cháy. Tlj 7h-17h.* Pour y aller, prendre un taxi (min 150 000 Dg) ou une moto-taxi (100 000 Dg). Ce nouveau port est divisé en 2 secteurs : une partie réservée aux croisières à la journée (plan I, A3, 3), une autre, située env 2 km plus loin, aux croisières organisées et plus longues (avec nuit sur une jonque-hôtel) : embarcadères pour les croisières de nuit *(plan I, A3, 5)*. Sur place, on trouve des immeubles modernes luxueux au bord de l'eau et de la marina, quelques hôtels, des commerces et des bars-restos.

➢ *Pour Cát Bà (embarcadère de Gia Luân ; plan I, A3, 4) :* au départ de l'embarcadère de Tuần Châu, mai-août, 5 ferries/j., 7h30-15h ; en hiver, 3 ferries/j., à 8h, 11h30 et 15h. Dernier retour au départ de Cát Bà à 16h. Trajet : 1h. Billet : 80 000 Dg.

Adresses utiles

Postes

✉ *Poste de Bãi Chiáy (plan II, B1) : sur le boulevard du front de mer, au centre de Bãi Cháy.*
✉ *Poste de Hòn Gai (plan III, C2) : au niveau du grand rond-point, à l'est du centre-ville.*

Argent

Nombreuses banques pourvues d'ATM, un peu partout dans les 2 villes.

■ *Vietcombank :*
– *Agence de Bãi Cháy (plan II, A2, 8) : entre les hôtels Saigon Halong et Halong Pearl, le long du boulevard. Lun-ven 7h30-11h, 13h-16h30.* ATM et change des devises.
– *Agence de Hòn Gai (plan III, C2, 23) : 156B, Lê Thánh Tông, attenant au City Bay Hotel. Ouv 7h30-11h30, 13h-16h. Fermé sam ap-m et dim.* ATM et l'on peut changer et retirer des espèces au guichet avec la carte Visa.

■ Plusieurs *ATM* à Bãi Cháy, le long du front de mer et au niveau de la poste *(plan II, B1).* Le distributeur *ATM Agribank (plan II, B1, 9)* se trouve au 2, Vườn Đào, en face du *Halong Lucky Hostel.*

Agence francophone

■ *Halong Van Song Travel* (Nguyễn Văn Song) : *basé à l'hôtel Image, 30, rue Anh Đào, à Bãi Cháy.* ☎ *09-12-09-48-50 (en français) ou 09-79-03-18-88 (en anglais).* ● halongvansong.com ● halongvansong@gmail.com ● *Résa à l'avance par e-mail ou tél.* Excursions pour tous les budgets dans la baie d'Hạ Long, celles de Bái Tử Long et de Lan Hạ, près de Cát Bà, à bord de jonques privées. Transferts en voiture ou en bus de Hanoi à Hạ Long. Réservation d'hôtels, service de guides accompagnateurs. Efficace et sérieux, prix justes. Parfait francophone, le jovial Văn Song a participé autrefois au tournage du film *Indochine* (avec Catherine Deneuve).

Où dormir ?

Attention, évitez les nombreux rabatteurs à moto aux arrêts de bus et à l'arrivée des bateaux. Ils touchent une commission (que vous payez indirectement) sur les hôtels proposés.

LA BAIE D'HẠ LONG / OÙ DORMIR ? | 173

BÃI CHÁY – Centre (plan II)

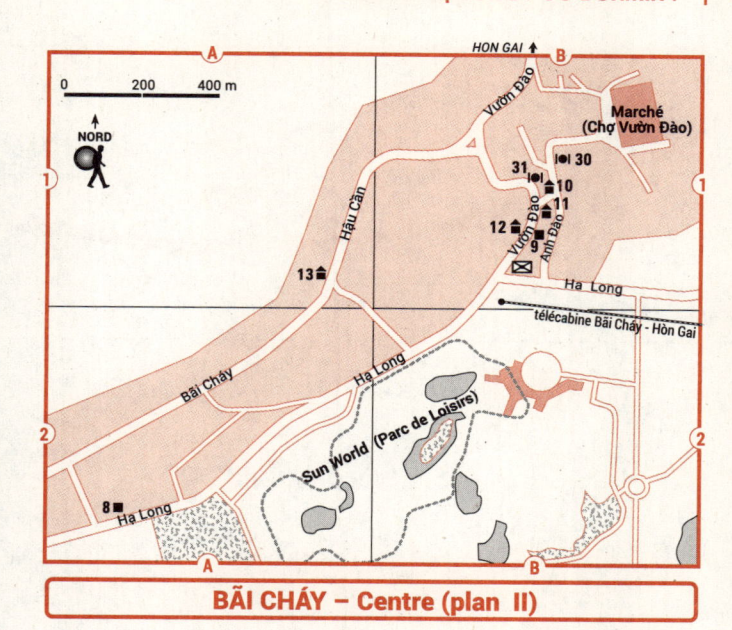

- **Adresses utiles**
    - 8 Vietcombank (A2)
    - 9 ATM Agribank (B1)
- **Où dormir ?**
    - 10 Ha Long Happy Hostel (B1)
    - 11 Hồ Tây Hotel et Suối Mây Hostel (B1)
    - 12 Halong Lucky Hostel (B1)
    - 13 Đoan Trang Hotel (A1)
- **Où manger ?**
    - 30 Gargotes (B1)
    - 31 Quang Vinh – Restaurant Asia (B1)

À Bãi Cháy *(plan II)*

La plupart des hôtels économiques occupent la rue Vườn Đào, qui escalade la colline depuis le front de mer. Les chambres y sont simples, confortables, à des prix négociables en saison creuse, et généralement bien plus lumineuses côté rue. La plupart ne proposent pas de petit déj. L'anglais y est difficilement parlé.
– ***Dernière semaine d'avril-début mai :*** période du carnaval. Les Vietnamiens ont 1 semaine de vacances. Les prix des hôtels montent !
– ***En été :*** les prix des chambres peuvent doubler, en juillet et août surtout.
– ***Un conseil :*** plus on monte dans la rue, plus on s'éloigne du bruit et de l'agitation.

Bon marché (moins de 300 000 Dg / env 11 €)

Ha Long Happy Hostel (plan II, B1, 10) : 25, Anh Đào. 09-36-69-36-10. • halonghappyhostel@gmail.com • Lit en dortoir 5-6 US$, doubles 12-13 US$. C'est sommaire, mais économique et propre. Sorte de mini-*hostel* tenu par des jeunes anglophones à encourager. Dortoirs avec lits superposés, clim, casiers et sanitaires, mais sans fenêtres. Cuisine à disposition des hôtes. Location de motos.

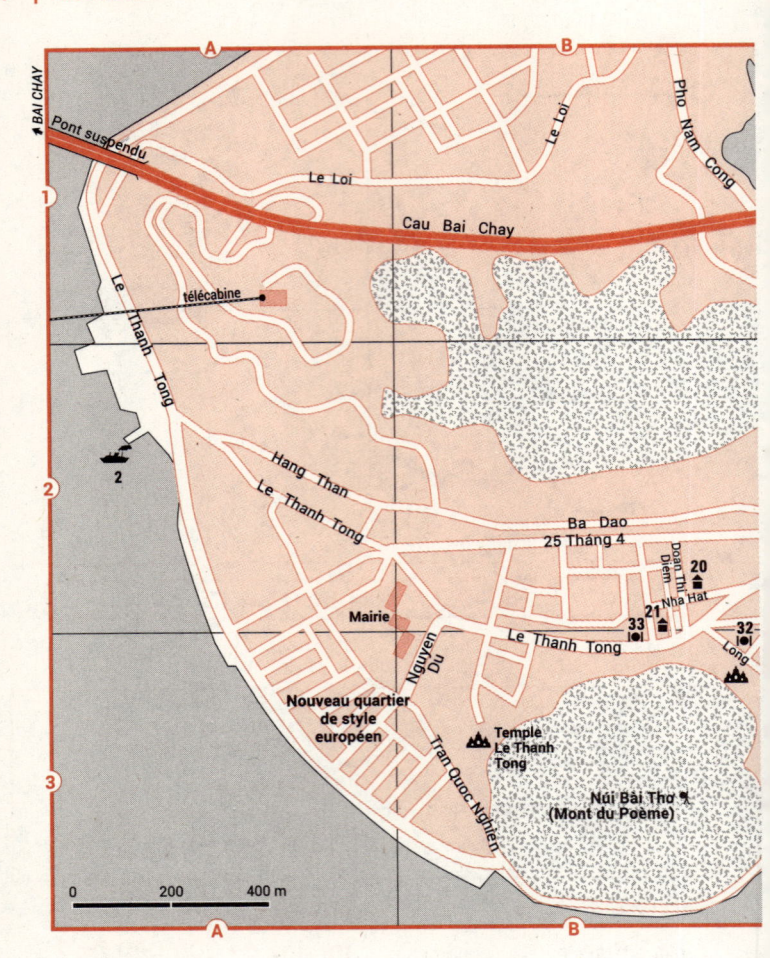

Prix moyens (300 000-600 000 Dg / env 11-21 €)

🏠 *Hồ Tây Hotel* (plan II, B1, **11**) : *2, Anh Đào*. ☎ *03-33-84-66-20*. ● *ha-long-ho-tay-hotel.business.site* ● *Doubles 15-30 US$*. Au centre du bourg, dans un angle de rues, petit hôtel tenu par un couple vietnamien qui parle un peu l'anglais. Les chambres sont correctes et bien tenues pour le prix, avec déco fonctionnelle. Elles donnent sur la rue pour certaines. Le propriétaire contactera (si vous le désirez) Văn Song de l'agence francophone *Halong Van Song Travel* (voir plus haut « Adresses utiles »).

🏠 *Suối Mây Hostel* (plan II, B1, **11**) : *8, Anh Đào*. ☎ *384-64-73*. *Même gérant que le* Hồ Tây Hotel *voisin*. *Double 10 US$*. Un hôtel central avec des

LA BAIE D'HẠ LONG / OÙ DORMIR ? | 175

HÒN GAI – Centre (plan III)

Adresse utile
- 2 Embarcadère principal de Hòn Gai (A2)

Où dormir ?
- 20 An Quân (B2)
- 21 Thuy Ngã Hotel (B2-3)
- 22 Villa Chez Simone (C1)
- 23 City Bay Hotel (C2)

Où manger ?
- 32 Gargotes (B3)
- 33 Ngọc Dương (B3)
- 34 Dung Anh Bakery (C2)
- 35 Rooftop (C2)

---

chambres réparties sur 4 étages. Confortables (clim, douche/w-c), impeccables, elles ont des fenêtres mais pas toutes. Les plus agréables se trouvent aux 3e et 4e étages.

Halong Lucky Hostel (plan II, B1, 12) : 57, Vườn Đào. ☎ 09-03-26-86-98. • halongluckyhotel@gmail.com • Double env 15 US$. Dans la rue des mini-hôtels, celui-ci se nomme hostel mais n'a que des chambres privatives, pas de dortoirs. Bien équipées (clim, ventilo), elles ont toutes des fenêtres sauf les triples, qui donnent sur la rue. Accueil dynamique et jeune, en anglais.

Đoan Trang Hotel (plan II, A1, 13) : 108, Hậu Cần. ☎ 384-69-53. ☎ 09-84-82-15-82 (en anglais). Doubles à partir de 215 000 Dg. Un vrai hôtel familial et accueillant, avec une belle vue sur la baie depuis certaines chambres (demander la n° 406) ; 3 d'entre elles se partagent même un grand toit-terrasse. Très calme, propre, clim, TV. Juste en face de l'hôtel, une rue descend (5 mn à pied) jusqu'au bord de mer *(Sun World)*.

À Hòn Gai *(plan III)*

Pour ceux qui préfèrent une ambiance familiale et l'authenticité de la vie locale aux sollicitations incessantes à Bãi Cháy.

Bon marché (moins de 300 000 Dg / env 11 €)

🏠 *Anh Quân (plan III, B2, 20) : 2, Đoàn Thị Điểm (pl. au niveau du 110, Lê Thánh Tông).* ☎ *363-80-88 (en vietnamien).* 📱 *09-12-09-48-50 (en français). Doubles à partir de 250 000 Dg.* Petit hôtel sommaire mais bien tenu par une gentille dame. Les chambres les plus chères, également plus grandes, sont vraiment agréables et donnent sur la placette.

Prix moyens (300 000-600 000 Dg / env 11-21 €)

🏠 *Thúy Ngã Hotel (plan III, B2-3, 21) : 11, Phố Cây Tháp.* ☎ *362-26-75. Doubles à partir de 500 000 Dg.* Petit bâtiment moderne donnant sur une place ombragée. Réception anglophone (un minimum). Chambres propres et nettes, avec clim. En demander une dans les étages les plus élevés (plus de clarté et de calme).

🏠 *Villa Chez Simone (Anh Quân Hotel ; plan III, C1, 22) : à la hauteur du 64, Cao Xanh, à 100 m dans une impasse.* ☎ *382-51-70.* 📱 *09-72-62-92-28 (Simone) ou 09-04-56-74-38 (Van Soi).* ● *phuctahuu@gmail.com* ● *À env 2 km du port de Hòn Gai. Résa conseillée. Double 500 000 Dg, avec petit déj.* Précédée d'une courette-jardin, la maison abrite 3 chambres calmes et propres, avec douche et w-c (clim en été). La propriétaire, Simone, n'est pas là, mais c'est son frère, Van Soi, francophone aussi, qui tient la maison.

🏠 *City Bay Hotel (plan III, C2, 23) : 156B, Lê Thánh Tông (légèrement en retrait de la rue).* ☎ *362-76-27. Doubles 500 000-600 000 Dg selon confort et vue.* La moitié de l'hôtel est occupée par des bureaux, le reste abritant des chambres confortables avec une bonne literie. Rien de spécial dans la déco, soignée tout de même, et pas de mauvaise surprise côté propreté.

À l'embarcadère de Tuần Châu *(plan I)*

🏠 *Hôtel Hiền Giang (plan I, A3, 24) : n° 1, port de Tuần Châu, situé face à l'entrée du Tuần Châu Hotel.* 📱 *12-13-32-18-52. Doubles 300 000-700 000 Dg.* Petit hôtel familial sans prétention. Si le gendre est là, il parle l'anglais. Chambres simples et propres, bien équipées (avec clim et douche/w-c). Pratique pour ceux qui prennent un bateau pour une croisière à la journée dans la baie d'Hạ Long. Contact possible avec Văn Song de l'agence francophone *Halong Van Song Travel* (voir plus haut « Adresses utiles »).

Où manger ?

À Bãi Cháy *(plan II)*

Quelques gargotes et petits restos sans prétention, mais où la cuisine est locale et fraîche (fruits de mer).

Bon marché (moins de 100 000 Dg / env 4 €)

🍴 *Gargotes (plan II, B1, 30) :* sur Anh Đào, plusieurs petites adresses, tout à fait recommandables pour leurs plats simples mais de qualité. Le resto *Quán Boong* bénéficie d'une mignonne petite salle. Enfin, face au marché, plusieurs adresses proposent également des produits bien frais, goûteux et sans artifice.

🍴 *Quang Vinh – Restaurant Asia (plan II, B1, 31) : 24, Vườn Đào, à 250 m du front de mer, dans le virage.* ☎ *384-69-27. Tlj 6h30-22h.* Lampions verts et rouges, ventilateurs, appliques murales. Très aimable, le patron sert une savoureuse cuisine vietnamienne adaptée aux goûts des Européens. Les prix n'ont pas changé depuis longtemps ! Spécialité : la sauce soja maison mélangée avec une racine du genre ginseng.

À Hòn Gai (plan III)

Bon marché (jusqu'à 100 000 Dg / env 4 €)

|●| Petites **gargotes** (plan III, B3, 32) servant le *phở* sur la rue Lê Quý Đôn, en face de la pagode. À 2 pas du port de passagers pour Quan Lạn, de quoi se sustenter avant de prendre le large.

|●| **Resto de soupe Ngọc Dương** (plan III, B3, 33) : 331, Lê Thánh Tông. Tlj 6h-13h, 16h-22h. Près de la petite place ombragée, voici un resto de soupe quasi unique en son genre (il y a 2 restos de ce type en ville). On y sert une savoureuse soupe de nouilles faite avec des vermicelles de blé (vieille recette chinoise).

|●| **Dung Anh Bakery** (plan III, C2, 34) : 150, Lê Thánh Tông. ☎ 382-92-56. « French bakery », proclame l'enseigne. Un vrai choix de pains et de gâteaux, des viennoiseries et des sandwichs aussi, bien pour caler un creux en se baladant.

|●|♈ **Rooftop** (VNPT Tower ; plan III, C2, 35) : 1, Đường 25/4, en face de la poste. ☎ 362-57-89. Tlj 6h-23h. Buffet déj (tlj sauf sam et dim mat) 60 000 Dg ; plat à la carte 50 000 Dg. Au 10ᵉ étage d'une petite tour moderne (ascenseur), cette belle salle permet de manger en profitant d'une jolie vue panoramique sur la ville et la côte hérissée de pains de sucre calcaire. Cuisine vietnamienne classique et fraîche.

Balades en bateau dans la baie d'Hạ Long et dans la baie de Bái Tử Long

Avec ou sans mâts, plus ou moins confortables, de petite taille ou aménagés en jonque-hôtel, il y en a pour tous les goûts.

Quelle durée de navigation choisir ?

Les excursions de 4h sont quand même très limitées et c'est assez frustrant, puisqu'il faut déjà 1h pour se retrouver au milieu des rochers. Il est impossible de visiter toutes les grottes. **L'excursion de 6-7h est la plus conseillée,** mais elle est difficile, voire impossible à réaliser depuis Hanoi en un seul jour. Et si vous êtes prêt à casser votre tirelire, inscrivez-vous pour une croisière avec nuit sur une jonque-hôtel (privée mieux que collective) !

Plusieurs solutions pour les excursions de 1 jour

Les navigations d'une journée sont les seules que vous pourrez organiser en autonomie, sur place. Vous pouvez acheter votre billet directement à l'embarcadère (sans passer par une agence). Oui, mais vous ne serez pas prioritaire par rapport aux groupes déjà constitués. Résultat, vous devrez attendre, sagement et parfois longtemps, qu'un groupe puisse et veuille vous intégrer... À vous de voir.
– **Informations pratiques :** départs depuis l'embarcadère de Tuần Châu (plan I, A3, 3) pour les croisières de 1 jour (sans nuitée). Jonques de 12 à 48 passagers. 3 classes possibles : *standard, 3rd class* et *2nd class*. Prix variables selon ces critères. Si vous achetez votre billet en individuel (pour un bateau partagé), vous paierez, par personne, entre 150 000 Dg (route 1) et 750 000 Dg (route 2, avec repas et sortie en kayak). Pour l'accès aux grottes, il faut payer en plus du prix du bateau un billet forfaitaire de 290 000 Dg.
– Trajets proposés :
➢ **route 1** (environ 4h) : Động Thiên Cung, Hang Đầu Gỗ, Hòn Chó Đá, Làng chài Ba Hang, Hòn Đỉnh Hương, Trống Mái (Gà Chọi) et Làng chài Hoa Cương ;
➢ **route 2** (environ 6h) : Hang Sửng Sốt, Bãi Ti Tốp ou Soi Sim, Động Mê Cung et Hồ Động Tiên ou Hang Trống ou Hang Trinh Nữ ou Hang Bồ Nâu ou Hang Luồn.
– Et aussi les **routes 3, 4 et 5** pour les excursions de 8h. Se font seulement en bateau privé et sur réservation.

– *Pour ne pas rentrer à la nage :* face à l'afflux de visiteurs, sur la plupart des îles, les passagers débarquent d'un côté, et rembarquent sur leur bateau depuis un autre ponton, parfois sur l'autre versant de l'île. D'une part, ça donne parfois la sensation agaçante d'une balade de poulets en batterie. D'autre part, si vous ne souhaitez pas visiter un site, restez bien sur le bateau : si vous débarquez, vous n'aurez peut-être plus la possibilité de remonter !

Les croisières en jonque-hôtel

Il y a une grande différence entre les jonques-hôtels privées (de 1 à 4 cabines) et les jonques-hôtels collectives, plus grandes, moins intimes. Le meilleur moyen d'éviter la foule consiste à réserver une croisière sur une jonque-hôtel privée.
– *Bon à savoir :* les jonques-hôtels partant de l'embarcadère de Hòn Gai n'ont pas le droit de visiter les grottes des îlots situés sur les routes 1 et 2. Elles assurent des croisières avec nuit (1, 2 ou 3 nuits au choix) dans la baie d'Ha Long. Attention, certaines compagnies, bon marché, proposent une excursion de 3 jours/2 nuits au cours de laquelle les passagers passent une nuit sur le bateau, et l'autre sur terre à l'hôtel ou dans des bungalows ; bien demander le programme à votre agence.

Les jonques-hôtels privées (1 à 4 cabines)

Plus chères que les jonques collectives, mais elles présentent de nombreux avantages. Vous êtes les seuls passagers à bord du bateau. Celui-ci est de taille plus modeste. Il peut passer par des chenaux plus étroits, s'arrêter devant de petites plages inaccessibles aux gros bateaux. Ainsi, on évite la foule des jonques collectives. Pour la nuit, la jonque-hôtel privée doit s'amarrer dans un site déterminé par les autorités, en compagnie des autres jonques. Certaines de ces jonques-hôtels privées ont de vraies voiles, qui sont parfois hissées quand le temps le permet. Compter environ 200 € par personne pour 2 jours/1 nuit.

■ **Maya Cruise :** ☎ (84) 09-23-71-79-07. ● mayacruise.com ● *Compter env 200 € pour 2 j./1 nuit dans une chambre en cabine, confortable et chaleureuse avec balcon privé.* Petite agence qui propose des croisières de qualité sans que cela soit du luxe. Les bateaux ont une quinzaine de cabines, pas plus. Les itinéraires sortent des sentiers battus (baies de Lan Ha et de Bái Tử Long, île de Cát Bà). Ses prix sont raisonnables.

■ **Indochina Junk :** ☎ (84-24) 39-26-40-85. ● indochina-junk.com ● *Pour une croisière de 2 j./1 nuit pour 2 pers, en cabine double, compter 350-750 € selon bateau et confort.* Une flottille de 9 jonques privées de luxe, de tailles relativement modestes, gage d'intimité et de service attentif. Croisières de 1, 2 ou 3 nuits. On a un petit faible pour leur jonque *Red Dragon*.

■ **Oriental Bridge Travel :** *23, Bà Triệu, suite 112, Hanoï.* ☎ *(024) 39-76-62-46.* ● orientalbridgetravel.com ● Basée à Hanoï, une petite agence dynamique dirigée par 2 jeunes Vietnamiennes francophones. Leurs croisières dans la baie de Lan Ha ou dans celle d'Ha Long offrent de bonnes prestations en jonque privée ou collective (circuits classiques de 2 ou 3 jours, ou sur mesure jusqu'à 1 semaine !). Notre préférée : leur jonque privée à voile, à l'ancienne, *Oriental Sun* (elle a aussi un moteur !).

Les jonques-hôtels collectives (10 à 30 cabines)

Ce sont des hôtels flottants installés dans de grosses jonques construites en bois, portant des voiles factices. Ces bateaux sont propulsés par de puissants moteurs. Avantage : la croisière coûte moins cher que sur les jonques-hôtels privées. Inconvénient : les compagnies suivent toutes le même itinéraire. Il n'est pas question de demander des arrêts impromptus.
– *Informations pratiques :* départ des grosses compagnies de l'*embarcadère de Hòn Gai (plan I, D2 et plan III, A2, 2)*. Certaines compagnies de luxe partent depuis la presqu'île de Tuần Châu. Accès au parc naturel 600 000 Dg par nuit. Différents niveaux de confort sont proposés, du *standard* au *luxury*. Les tarifs comprennent

LA BAIE D'HẠ LONG / À VOIR. À FAIRE

en général (outre une cabine !) tous les repas, mais pas les boissons – traditionnellement surfacturées... Vérifiez bien lors de la réservation que le trajet emprunté vous convient.
– *Pour que la jonque ne devienne pas galère :* les « packages » les moins onéreux peuvent provoquer de grosses déceptions (catégorie standard au lieu de la *deluxe* payée, croisière écourtée, etc.). *Choisissez bien votre compagnie !*
– *Compagnies pour les croisières en bateau :* voici une sélection de bonnes compagnies, à défaut d'être bon marché.

■ *Baie Halong Croisière* (Vietnam Escapade) : ☎ *(84) 09-36-20-21-58.* ● *baie-halong-croisiere.com* ● *Compter 125-175 €/pers pour 2 j./1 nuit en jonque collective, 275 €/pers en jonque privée (2 cabines).* Marc et Hai Tiberghien, un couple franco-vietnamien, n'ont pas de bateau, mais ils parlent le français et résident à Hòn Gai. Ils proposent des croisières sur des bateaux fiables et d'excellent confort. Agence sérieuse. Prix raisonnables.

■ *Compagnie Bài Thơ :* 5, Lê Quý Đôn, à Hòn Gai. ☎ *(84) 09-14-50-35-03.* ● *baithojunks.com* ● *À partir de 350 US$ selon bateau et confort pour une croisière de 2 j./1 nuit pour 2 pers, tt compris.* Les *Bài Thơ* sont de superbes et imposantes jonques-hôtels composant une flottille d'une vingtaine de bateaux créée par un ancien capitaine de Hòn Gai, dont les moteurs marchent tous au biodiesel (« diesel vert »), un carburant spécial à base d'huiles végétales et animales. Bateaux avec des voiles à l'ancienne, abritant entre 7 et 22 cabines, charmantes, parfois luxueuses, toujours confortables et propres. La plus belle de la flotte s'appelle *Victory Star.* Propose une croisière dans la baie de Bái Tử Long. Excellent service à bord. Prix justifiés.

■ *Indochina Sails :* ☎ *377-20-06-04.* Hotline : ☎ *(84) 982-04-24-26.* ● *indochinasails.com* ● *Compter env 400-650 US$ pour une croisière de 2 j./1 nuit pour 2 pers, en cabine double, repas inclus (moins cher via une agence, car prix négociés). Forfait incluant le transfert en minibus depuis Hanoi.* De luxueuses jonques-hôtels, toutes construites en bois tropical, avec des voiles à l'ancienne, mais elles fonctionnent au moteur. Les bateaux partent du port de Tuần Châu. Excursions dans la baie d'Hạ Long et dans celle de Lan Hạ, au sud de l'île de Cát Bà.

À voir. À faire

On vous décrit les sites dans l'ordre usuel des escales proposées. Pour la visite de certaines grottes, il est demandé un supplément de 15 000 Dg.

Excursions courtes (4h, route 1)

✱✱ *La grotte des Bouts de Bois* (Hang Đầu Gỗ) : une centaine de marches mène à cette immense grotte. On peut voir au fond (avec une certaine imagination) un bouddha, un phénix qui danse et, tout en bas, un lion couché. Le nom de la grotte remonte au XIIIe s. C'est ici qu'auraient été stockés, par les guerriers vietnamiens, les pieux (avec pointes en fer) qui, plantés dans la rivière Bạch Đằng, permirent de couler la flotte mongole en 1288. Le site même de la bataille ne se trouve pas en mer, mais dans l'estuaire de cette fameuse rivière Bạch Đằng. On peut y voir une stèle qui commémore la victoire des Vietnamiens sur les Mongols.

✱✱ *La grotte de la Porte du Ciel* (Hang Thiên Cung) : *même escale que la grotte précédente.* Elle est parfois envahie par les groupes de touristes. Rénovée avec l'aide des capitaux chinois, elle a un peu perdu de sa splendeur sauvage. Attention, les escaliers sont très en pente et cela peut être une gêne pour des personnes d'un certain âge.

🚶 *Le rocher de la Paire de Poulets* (Hòn Cặp Gà) **:** au sud de la grotte des Bouts de Bois *(Hang Đầu Gỗ)*, ces 2 petits îlots rocheux (sur lesquels les bateaux ne s'arrêtent pas) se font face. Un petit phare y est installé. Ils constituent le symbole (le logo) de la baie d'Hạ Long, que l'on retrouve partout, et notamment sur les cartes de visite et les brochures. Leurs formes bizarrement découpées évoquent, en effet, la silhouette de 2 gallinacés. Les Vietnamiens les appellent aussi le Coq et la Poule *(Hòn Trống Mái)*, ou bien le rocher des 2 Coqs Combattants *(Hòn Gà Chọi)*.

Excursions longues (6h, route 2, et 8h, routes 3, 4 et 5)

– *Bon à savoir :* les routes 3 et 4 sont assurées par les bateaux des grosses compagnies proposant des croisières (2 jours/1 nuit) au départ de l'embarcadère de Hòn Gai. Ceux partant de l'embarcadère de Tuần Châu ne peuvent pas faire ces routes 3 et 4.
– *Baignade :* interdiction de se baigner dans la baie d'Hạ Long sauf aux plages autorisées.

🚶 *La grotte de la Surprise* (Hang Sửng Sốt) **: c'est la plus visitée des grottes,** la plus aménagée aussi, avec de modernes pontons en bois pour l'accostage des bateaux, des passerelles rassurantes, d'écologiques poubelles, des toilettes peintes en vert et des panneaux avec les horaires. On visite d'abord une grande salle aux parois sculptées de nombreuses concrétions rocheuses. Des lumières artificielles et multicolores (orange, mauve, rouge, vert) dénaturent un peu la beauté des lieux qui demanderaient plus de simplicité. À certains endroits, la roche ressemble à du ciment, tant elle a été décapée par zèle professionnel et le souci de faire propre. Ça ne fait vraiment pas l'unanimité.
On accède ensuite à une **2ᵉ grande salle,** du même style, avec des plafonds creusés d'alvéoles étranges. On retrouve les mêmes pâtisseries calcaires dégoulinantes, les choux à la crème, des pics et des aiguilles. Pas de montées ni de descentes abruptes : balade facile.
La promenade se termine sur un petit belvédère en bois qui surplombe en à-pic le cirque rocheux au pied duquel sont amarrés les bateaux. Ça vaut vraiment le coup d'œil.

🚶 *La grotte du Pélican* (Hang Bồ Nông) **:** à 5 mn de bateau de la grotte de la Surprise. On l'observe de l'extérieur seulement.

🚶🚶 *La grotte du Tunnel* (Hang Luồn) **:** c'est généralement le lieu où une balade en kayak vous sera proposée. Contrairement à son nom, ce n'est pas une grotte mais une *sorte de petit lac intérieur,* de forme vaguement circulaire. Une muraille de pitons rocheux érodés, couverts d'un fouillis végétal, entoure cette baie paisible aux eaux bleu émeraude (quand il y a du soleil).
On appelle aussi cet endroit la « baignoire des Fées ». La légende raconte en effet qu'une nuit 4 fées ont voulu se baigner. Le lac s'ouvrit sous leurs pieds. Le visiteur y accède en passant sous une voûte rocheuse, creusée dans la paroi comme un tunnel (3 m de haut sur 50 m de long environ). Les passagers des gros bateaux montent dans de frêles embarcations traditionnelles.
Ce sont des barques rondes, faites de lanières végétales tressées sur des montants de bambou et goudronnées. Il faut environ 10 jours pour les fabriquer et elles connaissent une brève existence (1 à 2 ans maximum). Une fois au centre de ce bassin intérieur, vous pourrez apprécier le calme et la qualité sonore de l'écho des voix. Possibilité aussi de faire trempette (ne pas oublier son maillot de bain). Moment vraiment agréable. Tout autour, oiseaux et quelques singes. Les petites îles aux alentours sont appelées les « Enfants du dragon ».

– Un peu au nord de la grotte du Tunnel se dresse le rocher surnommé **Đầu Người,** dont la forme rappelle vaguement le profil de l'ancien président François Mitterrand.

Excursion hors des sentiers battus dans la baie de Bái Tử Long

Si vous souhaitez sortir des excursions classiques de la baie d'Hạ Long et naviguer hors des sentiers battus, vous pouvez embarquer pour la baie de Bái Tử Long. Situé au nord-est de la baie d'Hạ Long, ce secteur présente des paysages aussi beaux – sinon plus – que ceux de la baie d'Hạ Long. L'environnement est remarquable : pitons calcaires couverts de végétation tropicale dressés au-dessus des eaux émeraude, et des plages désertes aux eaux limpides. Au cours de cette croisière, on peut voir la grotte de *Thiên Cảnh Sơn* (elle ne peut accueillir que 5 bateaux à la fois), le village de pêcheurs de *Vung Viêng,* la plage de *Ban Chan* (ses eaux sont de bonne qualité). Ne pas manquer l'îlot rocheux *Dau Moi* dont la forme rappelle celle d'une termitière.
– **Bon à savoir :** l'idéal est de prendre une excursion de 3 jours/2 nuits. Ces croisières sont plus chères que les autres : compter 310 US$ par personne (sans le transport terrestre).

À Hòn Gai

🗼 **Le musée de la province de Quảng Ninh** *(Bảo Tàng Tỉnh Quảng Ninh ; hors plan I par D2) :* ouv 12h, 13h30-17h. Fermé lun. Entrée : 40 000 Dg ; réduc. Bâtiment à l'architecture contemporaine qui abrite un beau musée consacré à Quảng Ninh, la région à laquelle se rattache la baie d'Hạ Long. À l'entrée, le squelette d'une baleine, joliment suspendu au-dessus de l'immense hall, et de belles embarcations anciennes. Au 1er étage, litanie d'objets allant de l'Antiquité aux guerres d'indépendance : très belles maquettes en terre cuite tirées d'une tombe du Ier s, poteries fines, pièces de monnaie, cloches en bronze et puis mitrailleuses lourdes et casques finissent en pétarade ce tour d'horizon. Au 2e étage, intéressante reconstitution d'une galerie de mine de charbon et un espace dédié à Hồ Chí Minh.

🗼 **Le mont du Poème** *(Núi Bài Thơ ; plan III, B3) :* mont rocheux dominant la ville et plongeant dans la mer, au sud de Hòn Gai. Tout le centre-ville s'articule autour de cette montagne. On peut grimper au sommet (départ du chemin très discret, au niveau du 102, Lê Thánh Tông), en 1h, à condition que le soleil soit au rendez-vous. Il y a 400 marches. Les cardiaques éviteront cette montée. Vue superbe au couchant.

LA BAIE D'HẠ LONG TERRESTRE – TAM CỐC, HOA LƯ ET NINH BÌNH

IND. TÉL. : 229

• Carte La baie d'Hạ Long terrestre *p. 184-185* • Zoom Tam Cốc *p. 187*

◎ À 100 km au sud de Hanoi (1h30 par l'autoroute) et 125 km à l'ouest de Haiphong, la « baie d'Hạ Long terrestre » présente un merveilleux paysage, où ont été tournées de belles scènes du film *Indochine*. Le site occupe une plaine rizicole plantée d'une forêt de pains rocheux. Il se situe à l'ouest de Ninh Bình, ville moyenne peu attrayante. Les fameuses grottes de Tam Cốc rivalisent de beauté avec celles de Tràng An. Visiter ces 2 pépites constituera à coup sûr l'un des moments les plus marquants de votre séjour au Vietnam.

À 10 km au nord de Ninh Bình, la ville de Hoa Lư fut la capitale éphémère du Tonkin, autour de l'an 1000. Aujourd'hui, la ville de Hoa Lư n'a aucun intérêt en soi, mais la campagne aux alentours et le site de l'ancienne capitale valent vraiment le détour.

On y découvre de superbes paysages d'estampe chinoise, avec d'étranges pitons calcaires couverts d'un fouillis végétal, des monts rocheux aux formes découpées dominant de paisibles rizières où temples et pagodes, témoins émouvants de l'histoire vietnamienne, dorment pour l'éternité.

En outre, la région propose bien d'autres sites, temples et pagodes. Notamment la gigantesque pagode Bái Đính, flambant neuve, les pagodes de Keo et Thiên Trường, et la cathédrale de Phát Diệm. Prévoyez 2 à 3 jours bien remplis si vous voulez tout voir.

TONKIN, « LE VESTIBULE DU CIEL »

Le Tonkin avait été surnommé « le vestibule du ciel » par un missionnaire qui y voyait une terre à l'évangélisation facile et réussie. La région de Phát Diệm (30 km au sud-est de Ninh Bình) peut être considérée comme le berceau du catholicisme au Vietnam. De nombreux villages possèdent une église, fréquentée par des fidèles très fervents. Même si le christianisme est une religion introduite par les missionnaires et les jésuites venus d'Europe (XVIIe-XIXe s), elle a été acceptée par des millions de Vietnamiens qui l'ont adaptée à leur terre et à leur culture.

Arriver – Quitter

Avec les **excursions organisées** par les hôtels de Hanoi ou les agences comme *Thesinhtourist*. Les excursions (avec guide) proposées partent de Hanoi le mat (A/R dans la journée). À partir de 20 US$/pers.

En bus

🚌 *Gare routière de Ninh Bình* (Bến Xe Ninh Bình ; carte La baie d'Hạ Long terrestre) **:** *207, Lê Đại Hành.* ☎ *387-10-69. À env 500 m de la gare ferroviaire.*

➤ *De/vers Hanoi :* à Hanoi, les bus partent (et arrivent) pour la plupart de la gare routière Giáp Bát, à 8 km env au sud de la ville. Nombreux départs quotidiens de Hanoi, ttes les 30 mn, 5h-17h. Billet : 80 000-100 000 Dg. Durée : 2h30. Une fois à Ninh Bình, le mieux est de se déplacer en taxi ou à moto-taxi pour effectuer les visites (situées aux alentours de la ville). On peut aussi louer une moto, ce qui est facile près de la gare ferroviaire. De Ninh Bình, bus ttes les 15 mn, 5h-17h30 ; arrivée à Hanoi le plus souvent à la gare routière du Sud (Giáp Bát) mais parfois à celles de Mỹ Đình (au nord) et de Nuoc Ngam (au sud).

➤ *De/vers Huế :* bus de nuit qui part de Ninh Bình à 20h30, avec la compagnie *Thê Long*. Arrivée à Huế à 7h du mat. Durée : 10h30. Billet : 300 000 Dg.
– *Bon à savoir :* plusieurs endroits à Tam Cốc (boutiques, hôtels, restaurants) vendent les billets de bus publics, comme le *Family Restaurant* (zoom Tam Cốc, B2, **31**), sans commission, et la boutique *T-Mart* (zoom Tam Cốc, A2, **33**), par exemple.

En bus *Open Tour*

Il existe aussi des bus *Open Tour* qui peuvent vous prendre à votre hôtel à Hanoi et vous déposer à Tam Cốc (env 15 US$).

➤ *De/vers Haiphong :* 4 départs/j., 6h-13h30. Compter 100 000 Dg et 3h de route. Depuis Haiphong, on peut gagner l'île de Cát Bà.

➤ *De/vers Bãi Cháy (baie d'Hạ Long) :* 6 départs/j. Compter 130 000 Dg et 5h30 de route.

➤ *De/vers Mai Châu :* des bus-couchettes assurent la liaison Tam Cốc-Mai Châu. Départ vers 19h. Durée : 3h pour 150 km. Billet : env 350 000 Dg. Seul problème : en arrivant

LA BAIE D'HẠ LONG TERRESTRE / ADRESSES ET INFO UTILES | 183

à 22h à Mai Châu, en rase campagne, 1 ou 2 taxis attendent les passagers. Il n'y a pas d'autre option que de négocier avec eux (env 200 000 Dg une course jusqu'à votre hôtel).
– Les **bus Open Tour** passent par Ninh Bình et permettent de rejoindre Huế (bus de nuit), Đà Nẵng, Hội An, Nha Trang et Hồ Chí Minh-Ville. Ils arrivent vers 6h ou 7h du mat dans le centre-ville. Billets : 13, 15 et 17 US$ selon confort.

En minibus Limousine

Les limousines sont des vans très confortables de 9 places, qui assurent la liaison entre Hanoi et Ninh Bình, et vice versa. C'est un **service de porte à porte** qui ne prend aucun autre passager en cours de route. Par exemple, la compagnie *Ninh Bình Excursion Transport* part et arrive de l'hôtel *Duc Tuan* à Tam Cốc, près de l'embarcadère. Des navettes desservent l'île de Cát Bà (260 000 Dg), Mai Châu (280 000 Dg), et aussi l'aéroport de Nội Bài (300 000 Dg). Autre compagnie : *Binh Minh Limousine*. Billets plus chers que ceux des bus (compter 8-11 US$/pers), mais confort supérieur. Durée : env 2h30-3h. Horaires et tarifs sur le site ●*baolau.com* ●

En train

C'est la solution la plus rapide et la plus économique. Face à la gare de Ninh Bình, l'hôtel *Vietnhat* loue des vélos et des motos (voir plus bas « Où dormir ? »).

🚆 *Gare ferroviaire de Ninh Bình (carte La baie d'Hạ Long terrestre) : bd du 27/7, au niveau du 203, Nguyễn Huệ. Elle se trouve à 500 m au sud de l'ancienne gare. Accès aussi par la rue Gia Từ. Facile à trouver. Infos et horaires sur ● vietnam-railway.com ●* Petite gare moderne construite par le Japon.

➤ *De/vers Hanoi (115 km) :* de Hanoi, 6 trains/j., dont un à 9h du mat. Dans l'autre sens, 1 train le mat, 2 dans l'ap-m. Compter env 96 000-230 000 Dg selon confort. Durée : un peu plus de 2h15.

➤ Et aussi : trains quotidiens (le *SE19*) pour *Huế* (billet env 520 000 Dg ; durée env 12h). Attention, les couchettes molles *(soft berth)* sont inconfortables, souvent sales, avec une ventilation glaciale et des sanitaires douteux.

LE NORD

Adresses et info utiles

À Ninh Bình

■ **VietinBank :** *sur Trần Hưng Đạo, juste avt le carrefour avec Lê Hồng Phong, Ninh Bình (ville).* Change et ATM.

■ **Distributeurs ATM :** un ATM **Agribank** (*Visa* et *MasterCard*) à proximité de la VietinBank, et un ATM **BIDV** (*Visa* seulement) presque face à la gare routière.

✉ **Poste :** *sur Trần Hưng Đạo. Lun-ven 6h30-12h, 13h-20h30.*

À Tam Cốc

■ **Distributeurs ATM :** un distributeur *(zoom Tam Cốc, B1, 4)* est situé au pied de l'hôtel *Ninh Binh Hidden Charm*, à 500 m de l'embarcadère, à gauche sur la route nationale vers Ninh Bình (ville). Un autre distributeur **BIDV**

(qui n'est pas attenant à une agence bancaire) se trouve à 20 m de l'hôtel *La Belle Vie (zoom Tam Cốc, A2, 17).* Ces 2 ATM acceptent les cartes *Visa* et *MasterCard*.

■ **Pharmacie Quầy Thuốc Minh Ngọc** *(zoom Tam Cốc, A2, 2)* **:** *à Tam Cốc, sur la droite de la rue principale, en face de l'hôtel* La Belle Vie. *Tlj 8h-21h.* Une autre minipharmacie (*Nhà Thuốc Nam Bình*) se trouve près du *Bánh Mì Hanoi (zoom Tam Cốc, B1-2, 30).*

■ **Supérettes Minimart** *(zoom Tam Cốc, B2, 3)* **:** *le bourg de Tam Cốc compte 4 supérettes* Minimart, *ouv jusqu'à 21h-22h. Il y en a 3 situées entre l'embarcadère et le resto* Tuấn Tú. On y trouve de tout : alimentation, boissons, produits domestiques et ménagers...

■ **T-Mart** *(zoom Tam Cốc, B2, 33)* **:** *sur la rue principale, en face de la*

LE NORD

Map labels:
- Site de Hoa Lư
- Pagode de Bái Đính et Kênh Gà
- Grottes de Trang An
- Trang An
- Temple Thái Vi
- Réserve d'oiseaux de Thung Nham
- Grotte de Bích Động
- 22

Où dormir ?
- 21 Limestone View Homestay
- 22 Tam Cốc Garden
- 24 Việt Nhật Hotel

Où manger ?
- 38 Chookie's
- 39 Trung Tuyết

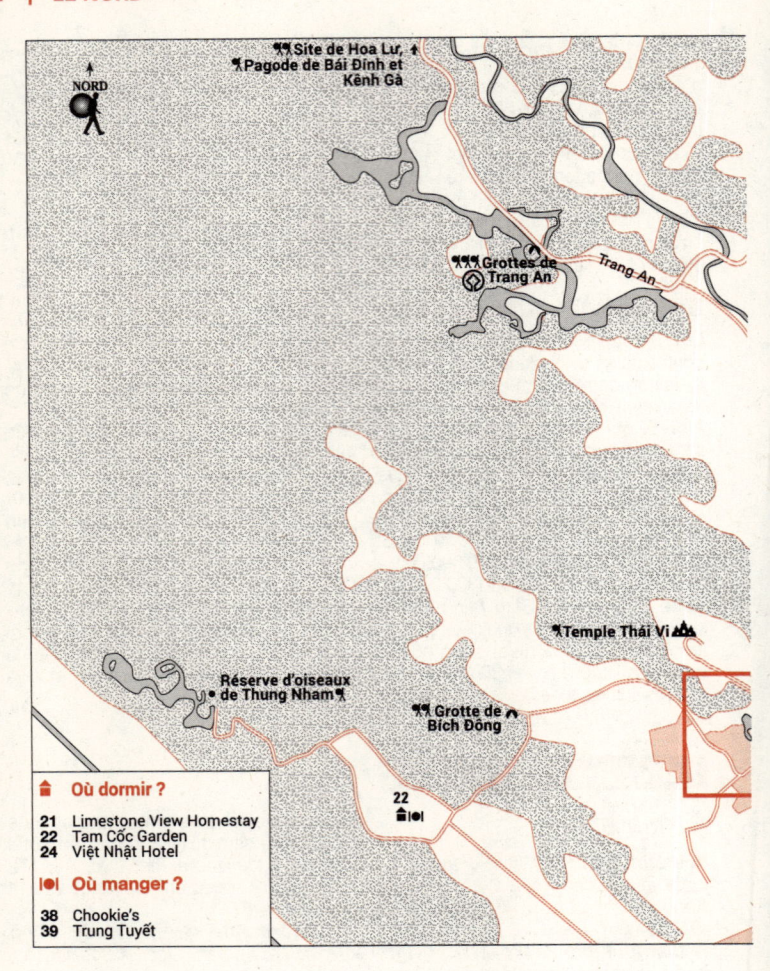

Vinoteca. *Tlj 7h-minuit.* Cette boutique vend des billets de bus (*sleeping bus*, 34 places) et de Limousine 9 places pour Hanoi, Cát Bà et Đà Nẵng.

Où dormir ?

Dormir dans un hôtel à Ninh Bình (ville) offre l'avantage d'être en ville, proche de la gare routière et de la gare ferroviaire, mais cela a peu d'intérêt. Pour être à la campagne au cœur des rizières et des pitons karstiques, il faut dormir près de l'embarcadère de Tam Cốc *(zoom Tam Cốc, B2, 1)* et dans les hameaux aux alentours. Environnement plus verdoyant, serein et bucolique.

LA BAIE D'HẠ LONG TERRESTRE / OÙ DORMIR ? | 185

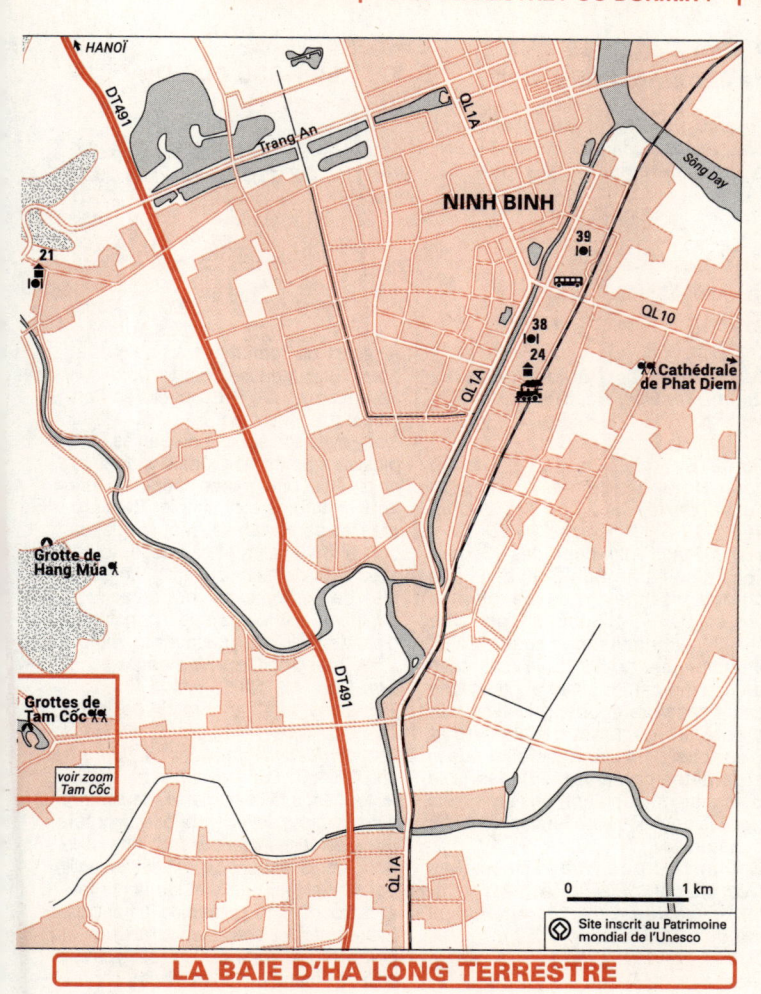

LA BAIE D'HA LONG TERRESTRE

À Ninh Bình (ville)

Bon marché
(jusqu'à 300 000 Dg / env 11 €)

🏠 *Việt Nhật Hotel* (carte La baie d'Hạ Long Terrestre, **24**) : *456, Ngô Gia Tự.* ☎ *221-05-25.* 📱 *09-14-58-00-56.* • *vietnhathotel.com* • *Double env 15 US$.* Situé sur la place de la gare ferroviaire, donc emplacement très pratique. Petit hôtel familial avec des chambres classiques, propres et de confort suffisant (clim, salle de bains privative). La plupart ont un balcon donnant sur la rue et la place de la gare. Accueil avenant. Un jeune de la famille parle l'anglais. Vend des billets de bus. Location de motos *(100 000-150 000 Dg/j.)*.

À Tam Cốc, près de l'embarcadère

Pour aller de Ninh Bình (ville) à Tam Cốc, en taxi, compter 6-7 US$ selon la taille de celui-ci ; à moto-taxi, 4 US$.

Bon marché (jusqu'à 300 000 Dg / env 11 €)

Tam Cốc Smile Homestay *(zoom Tam Cốc, B2, 10)* : *Đội 3, Văn Lâm.* 03-69-28-87-90. *tamcocsmile@gmail.com* *Du centre de Tam Cốc, 50 m à gauche après Thế Long Hotel, un panneau l'indique. Lit en dortoir 135 000 Dg, double 400 000 Dg. Repas 120 000-150 000 Dg.* Voici l'une des 1res maisons d'hôtes de Tam Cốc, dans une courette calme ornée de plantes vertes. On est accueilli par une famille vietnamienne, souriante et attentionnée. Le fils de la maîtresse de maison baragouine l'anglais. Une seule chambre double privative, avec clim et douche/w-c et 2 dortoirs de 4 lits (avec clim aussi) et toilettes communes. Repas (à la demande uniquement) pris en famille dans la cour. Cuisine familiale fraîche et naturelle.

Tam Cốc Eco House *(zoom Tam Cốc, B2, 11)* : *Đội 3, Văn Lâm Hamlet.* 09-83-58-35-16. *tamcocecohouse@gmail.com* *50 m après Thế Long Hotel, tourner à gauche (après la ruelle du Tam Cốc Smile Homestay), suivre les ruelles ; un panneau l'indique. Lit en dortoir env 100 000 Dg, double 300 000 Dg.* Petite allée, maison modeste aux murs gris béton, avec un potager devant. 4 chambres dans des pavillons en béton gris (qui attendent la peinture), dont une arrangée dans un style design, avec un grand lit, douche/w-c, clim et une belle fenêtre. Petit dortoir mixte, avec clim. Le propriétaire ne parle que le vietnamien, mais son frère anglophone prend les réservations.

Prix moyens (300 000-600 000 Dg / env 11-21 €)

Homestay Chez Hiep *(zoom Tam Cốc, B2, 12)* : *au niveau de l'hôtel Nam Hoa, suivre la ruelle n° 4 Doi Bun, puis prendre la 5e ruelle sur la gauche.* 09-44-04-04-74. *chez hiep.tamcoc@gmail.com* *Double 550 000 Dg, avec petit déj. Triple et quadruple 650 000-850 000 Dg. Repas 150 000 Dg (sur résa seulement).* À l'écart du tumulte et au calme, au bout d'une impasse, voici un *homestay* exceptionnel. On est accueilli en français par le charmant Hiep, qui vit sur place avec son épouse. Réparties entre plusieurs petits pavillons donnant sur un jardin et une grande cour intérieure, les 9 chambres sont simples, très propres et confortables. Moustiquaires, bonne literie, clim et carrelage, toutes avec salle de bains privative. Le grand plus de ce *homestay*, outre l'accueil, est la vue sur les rizières inconstructibles. Vélos gratuits. Location de motos.

Tam Cốc Cozy Homestay *(zoom Tam Cốc, A2, 13)* : *3, Văn Lâm, Ninh Hải, à env 1 km au nord du bourg de Tam Cốc.* 09-14-92-80-06. *tamcoccozyhomestay@gmail.com* *Doubles 550 000-600 000 Dg, petit déj inclus.* Ici tout est à taille humaine. Seulement 5 petits bungalows en brique, aux toitures de tuiles, qui bordent une courette garnie de bonsaïs. On est accueilli par Mme Hue, une Vietnamienne très attentionnée, qui parle bien le français. Les chambres sont bien arrangées et confortables (grands lits, clim), avec salle de bains privative. Elles donnent sur la courette. Excellente cuisine locale (repas à la demande seulement). Location de vélos et de scooters.

Tam Cốc Friendly Homestay *(zoom Tam Cốc, A2, 14)* : *à 300 m du centre du bourg.* 359-53-93-77. *tamcocfriendly@gmail.com* *Double 400 000 Dg, quadruple 600 000 Dg.* On y accède par un chemin ombragé (Tam Cốc Road), bordé d'un petit étang. Bien indiqué, au calme, ce *homestay* est tenu par la cousine de Mme Hue *(Cozy Homestay)*, une dame affable qui parle quelques mots d'anglais.

LA BAIE D'HẠ LONG TERRESTRE / OÙ DORMIR ? | 187

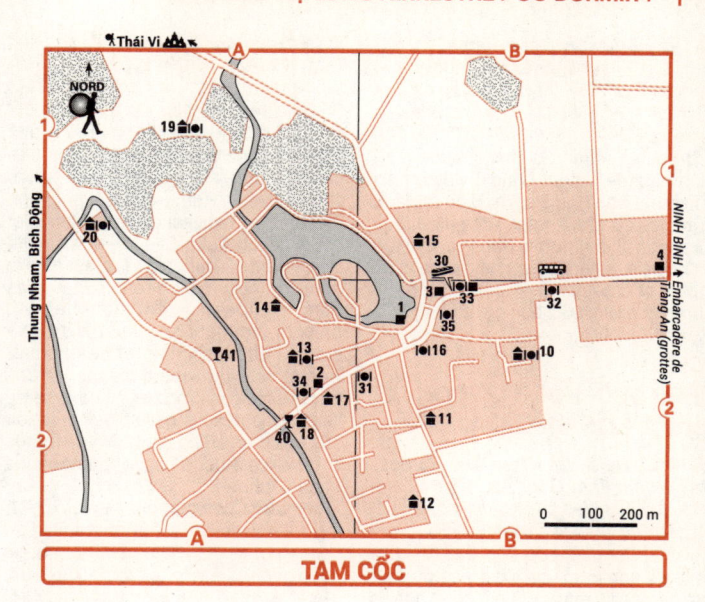

TAM CỐC

- **Adresses utiles**
  - 1 Embarcadère de Tam Cốc (B2)
  - 2 Pharmacie Quầy Thuốc Minh Ngọc (A2)
  - 3 Supérette Minimart (B2)
  - 4 Distributeur d'argent ATM (B1)
  - 17 Distributeur d'argent BIDV (A2)
  - 33 T-Mart (B2)

- **Où dormir ?**
  - 10 Tam Cốc Smile Homestay (B2)
  - 11 Tam Cốc Eco House (B2)
  - 12 Homestay Chez Hiep (B2)
  - 13 Tam Cốc Cozy Homestay (A2)
  - 14 Tam Cốc Friendly Homestay et Tam Cốc Westlake Homestay (A2)
  - 15 Lys Homestay (B1)
  - 17 La Belle Vie – Tam Cốc Homestay (A2)
  - 18 Nam Hoa Hotel (A2)
  - 19 Tam Cốc Nature Hostel & Bungalows (A1)
  - 20 Chez Loan (A1)

- **Où manger ?**
  - 16 Luciole Bistro (B2)
  - 19 Resto du Tam Cốc Nature Hostel (A1)
  - 20 Restaurant de l'hôtel Chez Loan (A1)
  - 31 Family Restaurant (B2)
  - 32 Bamboo Bar Restaurant (B2)
  - 33 Tuấn Tú Restaurant et Aroma (B2)
  - 34 Buddha Belly (A2)
  - 35 Seven Coffee (B2)

- **Où boire un verre ?**
  - 40 Old Viet Pub (A2)
  - 41 Chookie's Beer Garden (A2)

Se compose de 5 bungalows tous très propres et bien arrangés (clim), le long d'une allée menant à la maison familiale (dans celle-ci, 3 chambres), avec piscine, adossée à un gros piton rocheux.
Tam Cốc Westlake Homestay (zoom Tam Cốc, A2, **14**) : à 300 m du centre du bourg. ☎ 09-83-65-33-86.

● *tamcocwestlakehomestay@gmail.com* ● *Doubles 400 000-550 000 Đg.* La propriétaire, Mme Phuong, parle un peu l'anglais et le français. Bungalows en brique aux toits de tuiles, donnant sur un patio verdoyant. Intérieur spacieux, très bien tenu (grands lits, salle de bains privative). Location de vélos et de scooters.

🏠 **Lys Homestay** (zoom Tam Cốc, B1, 15) : Doi 2, sur le chemin allant vers le temple Thái Vi, à 200 m du bourg de Tam Cốc. ☎ 03-87-12-10-68. ● lyshomestay. vn ● Doubles 460 000-630 000 Dg.
Un peu en retrait du chemin, une maison habitée par un couple vietnamien affable. Mme Hue Do Thi Bich parle le français qu'elle a appris naguère. Elle propose 3 chambres dans la maison principale, aménagées comme dans un hôtel, et d'autres dans un bâtiment au fond du jardin. Location de motos.

Chic
(600 000-1 000 000 Dg / env 21-35 €)

🏠 |●| **La Belle Vie – Tam Cốc Homestay** (zoom Tam Cốc, A2, 17) : à Ninh Hải, à 200 m des grottes de Tam Cốc et 1,2 km du temple Thái Vi. 📱 09-46-11-27-53. Doubles 300 000-500 000 Dg.
Malgré son nom, ce n'est pas du tout un homestay mais un petit hôtel à taille humaine. Le propriétaire est un guide francophone mais il n'est pas toujours sur place. On traverse un jardin tropical verdoyant. Les chambres sont impeccables et logées dans un pavillon de plain-pied, ou dans un autre haut de 2 étages. Petite piscine dans le jardin. Accueil aimable. Fait aussi restaurant.

🏠 **Nam Hoa Hotel** (zoom Tam Cốc, A2, 18) : à env 300 m de l'embarcadère de Tam Cốc. ☎ 361-80-43. ● namhoahotel. com ● Doubles 540 000-850 000 Dg.
Dans ce petit immeuble bien tenu et central, accueil hôtelier classique, et chambres impeccables, toutes bien équipées (clim, douche/w-c, frigo). Demandez la n° 603, avec 2 fenêtres. Celles situées en haut de l'immeuble sont les plus calmes et agréables. Elles ont une belle vue sur le quartier et la campagne au loin.

Dans la campagne de Tam Cốc et de Tràng An

Chic
(600 000-1 000 000 Dg / env 21-35 €)

🏠 |●| **Tam Cốc Nature Hostel & Bungalows** (zoom Tam Cốc, A1, 19) : à 1 km au nord du village de Tam Cốc. ☎ 354-26-68. 📱 09-74-99-12-98. ● tamcocnature.com ● Doubles 25-30 US$, familiales 40-50 US$, petit déj inclus. Auberge de charme à prix sages nichée au pied des pitons calcaires, entre des rizières miroitantes sous le ciel. Remarquable paysage d'estampe : cigales, oiseaux blancs et fleurs de lotus sur les eaux en mai-juin. Seulement 12 bungalows, c'est à taille humaine et fort bien tenu. Chambres bien équipées (clim, douche/w-c, balcon), donnant sur une rizière paisible. Fait aussi bar et restaurant. Bonne cuisine vietnamienne et des plats européens (pizzas, hamburgers). Terrasse agréable (belle piscine) le soir au bord d'un étang. Location de motos et de vélos. Accueil jovial, francophone et anglophone.

🏠 |●| **Chez Loan** (zoom Tam Cốc, A1, 20) : à 1 km après l'embarcadère de Tam Cốc, sur la route vers la pagode Bích Động, à droite. ☎ 361-83-54. 📱 09-48-57-73-22. ● chezloantamcoc. com ● Doubles avec sdb 30-45 US$ selon confort, petit déj en plus (3 US$) ; bungalows (1-4 pers) 65-80 US$. Repas 150 000-220 000 Dg. C'est notre grand coup de cœur à Tam Cốc ! En raison de sa propriétaire, l'exceptionnelle Loan, une adorable Vietnamienne francophone qui sourit en permanence. Située au calme au bord des rizières, cette auberge de charme abrite des chambres de confort variable, toutes avec clim. On a bien aimé la n° 203, la n° 305 et la n° 402 avec une vue sur 3 côtés (rizières, pitons calcaires). Notons aussi l'étonnante n° 204 pour 6 personnes avec 3 grandes fenêtres. Dans un autre bâtiment, 6 bungalows sur pilotis avec 2 lits et grande terrasse. Et enfin, au fond du jardin potager, 2 bungalows économiques au pied du piton rocheux. Vélos à disposition des clients. Au resto, savoureuses spécialités vietnamiennes, à déguster en salle, ou mieux, en terrasse sous les arbres. Agréable piscine.

🏠 |●| **Limestone View Homestay** (carte La baie d'Hạ Long terrestre, 21) : village de Xuân Áng Nội, à 4 km à l'ouest de Ninh Bình (ville) et 2 km sur la gauche de la route principale avt l'embarcadère de Tràng An. 📱 09-18-

LA BAIE D'HẠ LONG TERRESTRE / OÙ MANGER ? | **189**

45-37-61. ● limestoneview.com ● *Doubles 35-70 US$ selon confort, suite et penthouse pour 4 ou 6 pers 114-170 US$. Plats 55 000-99 000 Dg.* Une maison d'hôtes tenue par un couple avenant qui parle un peu l'anglais. 7 chambres exceptionnelles par leur style dans le bâtiment principal et d'autres en construction dans un bâtiment attenant. Clim et ventilo partout. Sols et murs couverts de marbre local, immenses baies vitrées avec vue sur la campagne et le village, très grand lit de 2,20 m sur 2 m ! Il y a une petite piscine sur le toit et un restaurant en dessous. Vélos et scooters à disposition.

Très chic
(2 000 000-3 310 000 Dg / env 71-117 €)

🏠 |●| *Tam Cốc Garden (carte La baie d'Hạ Long Terrestre, 22) :* à 4 km env de Tam Cốc, sur la route vers la pagode Bích Động. ☎ 09-66-03-25-55. ● tamcocgarden.com ● *Doubles env 145-185 US$ selon confort et vue, petit déj inclus. Repas 300 000 Dg.* Situé dans un beau paysage d'estampe, au cœur d'un entrelacs de petits chemins qui serpentent entre les rizières. Accueil attentif. Chambres nichées dans de charmantes maisonnettes en pierre et bois et décorées avec goût. Très confortables, avec des salles de bains de style balinais. Une baie vitrée ouvre sur une petite terrasse privée et on admire la superbe campagne... Si l'on ajoute le petit jardin d'éden qui sert de cœur à ce mini-hameau, la piscine donnant sur les rizières et le restaurant de très belle tenue (le menu change tous les jours) : ce « jardin » est décidément une petite perle qui mérite amplement ses tarifs ! Vélo gratuit, cours de taï-chi, services divers.

Où manger ?

À Ninh Bình (ville)

|●| *Chookie's (carte La baie d'Hạ Long Terrestre, 38) : 147, Nguyễn Huệ. ☎ 09-48-34-60-26. Tlj 9h-22h.* Petit café tenu par des jeunes, rendez-vous des routards de passage. Très bons burgers et quelques spécialités locales. Conseils gratuits et infos sur la région.

|●| *Trung Tuyết (carte La baie d'Hạ Long Terrestre, 39) : 14, Hoàng Hoa Thám. ☎ 09-43-20-18-83 Tlj 8h-21h30.* Petit resto populaire près de l'ancienne gare ferroviaire, occupée maintenant par l'AJ Go Ninh Binh Hostel. Salle toute simple, bonne cuisine classique à prix doux et accueil souriant.

À Tam Cốc, près de l'embarcadère

Bon marché
(jusqu'à 100 000 Dg / env 4 €)

|●| *Family Restaurant (zoom Tam Cốc, B2, 31) :* à gauche de la rue principale, entre l'hôtel Đức Tuấn et La Belle Vie, en face d'une école. *☎ 09-14-19-66-10. Tlj jusqu'à 22h. Plats 45 000-150 000 Dg. Carte en français.* À ce niveau, les restos se multiplient, et certains n'hésitent pas à copier le nom « Family » et à mettre des rôtissoires sur le trottoir. Mais c'est celui-ci le 1er et original *Family Restaurant*, dans une grande cour bétonnée en plein air renfermant un arbre enguirlandé. La patronne, ancienne rameuse, parle le français. Femme dynamique et souriante, elle s'occupe du service, aidée par des membres de sa famille. Son mari tient sa rôtissoire sur le trottoir au-devant. Savoureuse cuisine vietnamienne. La spécialité : le canard rôti et les grillades.

|●| *Buddha Belly (zoom Tam Cốc, A2, 34) : route principale. ☎ 09-13-11-92-81. Tlj 9h-22h. Plats 35 000-50 000 Dg.* Il annonce la couleur : « *Vegetarian & Vegan Restaurant* ». Comme son nom l'indique, le « ventre bouddhique » rappelle que Bouddha n'était pas un ascète fanatique mais un partisan de la modération en tout. Sandwichs, hamburgers, omelettes, tofu vietnamien, assiette de légumes, plats au curry. Très

bon rapport qualité-prix. Une excellente adresse pour les végétariens.

IOI Luciole Bistro (zoom Tam Cốc, B2, 16) : *dans une ruelle ; facile à trouver.* ☎ *329-74-16-14. Tlj 9h-minuit. Plats 50 000-150 000 Dg.* Carte courte (c'est bon signe), en anglais et français. On mange dans une cour intérieure calme et ombragée par quelques arbres. Bonne cuisine locale : nouilles, poissons, bœuf, poulet. Délicieux canard à la cannelle. Quelques plats végétariens.

IOI Bamboo Bar Restaurant (zoom Tam Cốc, B2, 32) : *200 m avt l'embarcadère, sur la gauche de la route en venant de Ninh Bình.* ☎ *09-86-35-04-33. Tlj 9h-21h. Plats 40 000-150 000 Dg.* Au bord de la route, petit resto prolongé par une terrasse extérieure avec vue sur une rizière. On est reçu par Thái, un jeune patron dynamique qui parle le français. Son frère est en cuisine, sa femme en salle. Spécialité : la chèvre et les aubergines sautées à l'ail. Et aussi le porc, le poulet, bref, les classiques de la cuisine locale. Très bon service et prix sages.

IOI Aroma (zoom Tam Cốc, B2, 33) : *rue principale.* ☎ *362-18-18. Tlj 10h-22h. Plats 42 000-170 000 Dg.* 1er restaurant indien ouvert à Tam Cốc. Grande salle en longueur sans décor particulier, avec des banquettes. Le manager est népalais, comme les cuisiniers que l'on voit à l'ouvrage derrière une baie vitrée. Les serveurs sont vietnamiens. Bonne cuisine indienne avec tous les classiques : savoureux et copieux biryani au riz basmati (végétarien ou non). Un bon signe d'indianité : on y sert le *thali* traditionnel comme dans les cantines populaires d'Inde (plateau en inox contenant plusieurs assortiments, épices douces et sauces).

IOI Seven Coffee (zoom Tam Cốc, B2, 35) : *presque en face de l'embarcadère de Tam Cốc, à 100 m du* Long Hotel, *côté gauche de la route.* ☎ *09-84-58-22-11. Tlj 7h-22h. Plats 20 000-30 000 Dg.* Dans le bourg de Tam Cốc, café-resto familial dans une petite salle carrelée auprès d'une grande cour en béton. Sert des plats vietnamiens classiques, des soupes, des hamburgers et des sandwichs *(bánh mi).* Bien aussi pour boire un verre en terrasse. Cuisine fraîche sans artifice, mais aussi sans triche.

IOI Tuấn Tú Restaurant (zoom Tam Cốc, B2, 33) : *50 m avt l'embarcadère, sur la gauche en venant de celui-ci ; on ne peut pas le rater avec son grand panneau à l'effigie du Routard !* ☎ *03-38-75-48-52. Tlj 7h-23h. Plats 30 000-140 000 Dg.* Parmi les petits restos proches de l'embarcadère, en voici un qui sert une honnête et authentique cuisine vietnamienne : bonne chèvre grillée, servie avec des feuilles de riz qu'on accommode et qu'on roule soi-même. Accueil jovial, parfois en français.

Prix moyens (100 000-250 000 Dg / env 4-9 €)

IOI ↑ Restaurant de l'hôtel Chez Loan (zoom Tam Cốc, A1, 20) : *à 1 km après l'embarcadère de Tam Cốc, sur la route vers la pagode Bích Động, à droite.* ☎ *361-83-54.* ☎ *09-48-57-73-22.* ● *chezloantamcoc.com* ● *Mieux vaut réserver. Repas 150 000-220 000 Dg.* Une très bonne table locale. Accueil en français par la charmante Loan si elle est là, mais il y a souvent une serveuse francophone. Le chef est de la famille, et mijote une très bonne cuisine vietnamienne, classique et soignée. On peut aussi demander des plats européens. Repas en terrasse sous les arbres s'il fait beau. Une excellente adresse aussi pour le cadre.

Où boire un verre ?

♀ ↑ Old Viet Pub (zoom Tam Cốc, A2, 40) : *route principale, vers Bích Động, sur la gauche en sortant du bourg.* ☎ *09-04-88-81-25. Tlj 10h-23h.* La carte est trop

longue pour être crédible, alors on préfère y boire un verre sur la terrasse ombragée, dehors près de la rivière. Y venir pour boire un verre donc, pas pour manger.
⏰ ↑ Chookie's Beer Garden (zoom Tam Cốc, A2, 41) : *route principale, vers Bích Động, sur la droite.*

📱 *09-48-34-60-26. Tlj 9h-22h.* À 500 m du bourg de Tam Cốc, un *beer garden* à l'écart, avec des tables, des chaises, des transats et des parasols, dans une grande cour ombragée. On y sert aussi à manger (bonnes pizzas).

À voir

Vrai plaisir de ce relief si particulier, les balades en barque sur le dédale de rivières et de petits cours d'eau qui serpentent entre les abrupts pains karstiques. Les embarcadères qui proposent ce type d'excursions se sont multipliés, mais tous n'offrent pas le même intérêt (naviguer en bord de route, bof...).

Au sud de Ninh Bình

🎋 Les grottes de Tam Cốc (carte La baie d'Hạ Long terrestre et plan Les environs de Hanoi, 11) : *à 8 km au sud de Ninh Bình. Suivre la QL1 sur 5-6 km, puis embranchement sur la droite ; c'est à 3 km. Départ des barques depuis l'embarcadère de Tam Cốc. Tlj 7h-17h. Compter 400 000 Dg pour 2 pers. Ce tarif inclut le bateau et l'entrée du site. À cela s'ajoute le pourboire à donner à la rameuse. Compter 1h30-2h l'A/R.*
– **Bon à savoir** : on embarque à 2 personnes. Ceux qui le peuvent commenceront la promenade entre 8h et 11h ou après 16h pour éviter les groupes venus de Hanoi. La balade solitaire en fin d'après-midi est des plus agréable. Prévoir alors de dormir à Ninh Bình ou à Tam Cốc. Autre bon créneau, à condition d'avoir passé la nuit sur place (et que le brouillard matinal ne soit pas de la partie) : vers 7 ou 8h. Il n'y a personne et l'on peut prendre son temps.
– Les visites du site se font dans des barques (sans moteur) de façon traditionnelle, c'est-à-dire que les rameuses actionnent les rames avec leurs pieds (tout en alternant, de temps à autre, avec les mains).

La visite du site de Tam Cốc
Tam Cốc est un petit village où les habitants organisent (en coopérative) la balade sur la rivière. Le paysage aux alentours est unique, car constitué de grands pains de sucre calcaires, de pitons karstiques aux formes bizarres, aux parois grignotées et envahies par une tenace végétation. Au pied de ces hautes silhouettes s'étendent de nombreuses rizières, vertes au printemps. L'ensemble est superbe, l'image même du Vietnam éternel et immuable. Parfois, rivière et rizières inondées se confondent et donnent l'impression de naviguer sur une véritable mer intérieure. Les canards batifolent et les cabris gambadent à flanc de rochers. Ici et là, les maisons traditionnelles de pêcheurs sont collées aux falaises.
La rivière se faufile sous 3 grottes très basses. La 1re fait 127 m de long.
Juste avant d'arriver à la 1re grotte, à droite du « lac » (vers les bananiers), une grande cavité abritait un hôpital vietcong pendant la guerre contre les Américains. On dit aussi que d'autres servirent de prison à des aviateurs capturés. Elles servirent bien sûr de caches au Vietminh pendant la guerre contre les Français.

🎋 Le temple Thái Vi (carte La baie d'Hạ Long terrestre) : *au bout de la route goudronnée qui part à droite de l'embarcadère de Tam Cốc (zoom Tam Cốc, B2, 1). Tlj 7h-17h30. GRATUIT.* Charmant temple situé dans un beau paysage de rizières dominées par des pics calcaires. Construit pour honorer un roi de la dynastie des Trần

(1225-1400), il consiste en un élégant petit édifice principal, avec une tour en bois abritant une cloche en bronze de 1689, et des cellules de moines. Un beau festival s'y tient annuellement le 14e jour lunaire de mars. Continuez la petite route à droite du temple et vous arrivez sur la rivière de Tam Cốc, juste avant le 1er tunnel (belle vue).

🎬🎬 **Bích Động** *(grotte de Jade ; carte La baie d'Hạ Long terrestre) : 2-3 km après le village de Tam Cốc, sur la même route. GRATUIT. Il faut avoir les jambes et les épaules couvertes pour y entrer.* 3 étages de petites pagodes, certaines construites dans une grotte, accessibles par un escalier creusé à l'occasion de la visite de l'empereur Minh Mạng (en 1821). Seule la dernière pagode est dans une grotte et tout est bien éclairé. À gauche de cette dernière pagode, un escalier monte à un pagodon sur une plate-forme.

🎬 **L'embarcadère de Thung Nham** *(carte La baie d'Hạ Long terrestre) : à mi-chemin entre celui de Tam Cốc et la pagode de Bích Động, sur la droite. Tlj 7h-17h30. Bateau 2 pers : 90 000 Dg, pour 2h.* Moins spectaculaire et moins fréquenté que l'embarcadère de Tam Cốc. On traverse également une grotte, on longe un temple et on peut s'arrêter pour en visiter un autre, toujours dans ces mêmes magnifiques paysages.

🎬 **La réserve d'oiseaux de Thung Nham** *(Vườn Chim Thung Nham ; carte La baie d'Hạ Long terrestre) : à env 4 km de Tam Cốc, au-delà de la pagode de Bích Động.* ☎ *350-68-68.* ● *vuonchimthungnham.com* ● *Accès en bateau par l'embarcadère de Thung Nham. Accès en taxi : env 100 000 Dg. Tlj 7h30-17h (17h30 en été). Entrée : 100 000 Dg/pers ; trajet en barque en plus : 60 000 Dg. Durée de la visite : env 2h.* On va par la route jusqu'à la billetterie, puis de là on fait environ 2 km en barque avant d'arriver dans la réserve. Moyennement intéressant, car il est difficile selon les heures de voir les oiseaux.

🎬 **Hang Múa** *(Mua Caves – grotte ; carte La baie d'Hạ Long terrestre) : depuis Tam Cốc, reprendre la route en direction de la QL1 vers Ninh Bình ; petite route à gauche à 2 km env (donc avt d'atteindre la QL1), puis encore env 3-4 km sur la gauche. Entrée : 100 000 Dg.*
– **Bon à savoir :** attention, si vous circulez à moto, garez-la dans le parking gratuit situé à l'intérieur du site et non dans les parkings privés (improvisés et payants) à l'extérieur (cas d'arnaques).
Ce n'est pas la grotte en elle-même qui offre tellement d'intérêt, mais le pain de sucre, que l'on peut gravir (plus de 450 marches bien raides quand même !). Prévoir de l'eau et éviter les heures les plus chaudes. Du sommet du belvédère, on a une vue splendide sur le paysage environnant. Impossible d'y grimper à moto...

À l'ouest et au nord de Ninh Bình

⊚ 🎬🎬🎬 **Les grottes de Tràng An** *(carte La baie d'Hạ Long terrestre et plan Les environs de Hanoï, 10) : à env 12 km à l'ouest de la ville, par une large route.* ☎ *362-03-35. On s'y rend à moto (louée), à moto-taxi, en taxi ou par une agence. Pour y aller en taxi depuis Ninh Bình, compter env 80 000 Dg. Ouv 6h-17h. Billet : 200 000 Dg/pers ; durée : 2 ou 3h. Ne pas oublier le pourboire à la rameuse (50 000-100 000 Dg). Évitez les w-e (beaucoup de monde). En basse saison, le site reçoit entre 1 000 et 5 000 visiteurs quotidiens, mais en hte saison entre 10 000 et 20 000 !*
– **Bon à savoir :** il y a 3 routes possibles en barque. La *route 1* qui dure 3h, la *route 2* (2h) et la *route 3* moins fréquentée que les 2 autres. À noter que chaque barque transporte 4 passagers (rarement 5). Si vous désirez être seulement à 2 personnes sur une barque, c'est possible. Il suffit d'acheter 3 places, c'est-à-dire de payer 200 000 Dg en plus.

LA BAIE D'HẠ LONG TERRESTRE / À VOIR | 193

Visite

Plus grand, plus beau et mieux préservé que le site de Tam Cốc, mais aussi plus commercial. Des centaines de barques à rames (pas de moteur) attendent les visiteurs à l'entrée du site. On glisse au fil d'une eau cristalline, entre d'abrupts pains de sucre, au milieu d'un paysage vierge d'habitants, aussi propre et silencieux qu'aux origines.

– **La route 1** *(durée 3h) :* c'est la balade la plus complète. Au lieu de 3 grottes, vous en traverserez 9. On passe par les temples Trinh, et Tran, et le Khong Palace. Dans la barque, au passage des tunnels rocheux érodés, faites attention, baissez-vous car on peut heurter les stalactites qui pendent de la voûte.

– **La route 2** *(durée 2h) :* si vous prenez la route 2, vous emprunterez en barque 3 passages souterrains. On peut voir 4 grottes et 3 temples (Thanh Cao Son, Hanh Cung Vu Lam).

– **La route 3** *(durée 3h) :* elle passe par 3 temples (dont le temple Suoi Tien) et 3 grottes, dont Hang Dot. Dans celle-ci, les barques progressent sur environ 1 000 m (durée 30 mn) dans une sorte de tunnel rocheux et obscur. À certains endroits, il faut baisser la tête pour éviter de heurter les aiguilles rocheuses.

> ### KING KONG AU VIETNAM
>
> *Le film hollywoodien* Kong : Skull Island, *sorti en 2017, a coûté près de 190 millions de dollars américains. Cette superproduction, bourrée d'effets spéciaux, a été tournée dans 3 sites au Vietnam : les grottes de Tràng An (près de Tam Cốc), la baie d'Hạ Long maritime et le parc de Phong Nha Kẻ Bàng. Pendant le tournage à Tràng An, les rameuses n'avaient pas le droit de passer par Skull Island, qui avait été « louée » pendant 1 mois par la production.*

LE NORD

🚶 **Le site de l'ancienne capitale de Hoa Lư** (hors carte La baie d'Hạ Long terrestre et plan Les environs de Hanoi, 12) **:** à env 8 km au nord-ouest de Ninh Bình. Trajet en taxi, à moto-taxi ou à vélo. Une route relie ce site à l'embarcadère de Tràng An. Tlj 6h-18h30 (été) ou 6h30-18h (hiver). Entrée : 20 000 Dg ; réduc. Pas de photos.

Un peu d'histoire

Hoa Lư fut la capitale du Vietnam indépendant sous les dynasties Đinh (de 968 à 980) et Lê antérieures (de 980 à 1009), puis des Lý (jusqu'en l'an 1010). Une citadelle s'élevait dans ce cadre magnifique, mais il n'en reste plus rien. Hoa Lư fut remplacée par Hanoi. Seuls subsistent 2 temples reconstruits au XVIIe s.

Une estampe vivante !

Une ligne de pitons rocheux édentés et de pains de sucre aux formes déchiquetées, des sommets incertains enveloppés dans la brume humide, des rizières vertes et fertiles arrosées par le crachin du nord (ciel bleu quand il fait beau), des femmes courbées sous leurs chapeaux coniques, pieds nus dans la boue des champs, des haies de bambous séparant les hameaux comme des rideaux, quelques maisonnettes basses et pauvres coiffées de tuiles rouges usées, les toitures incurvées des temples et des pagodes, le silence d'un paysage serein et immuable : Hoa Lư, c'est bel et bien l'Asie éternelle.

Visite des temples

– **Le temple de Đinh Tiên Hoàng** *(à gauche de l'allée d'accès) :* ce temple fut construit sur les fondations de l'ancien palais royal de Hoa Lư. Les rois avaient bon goût pour choisir le site de leur capitale ! Une longue allée bordée de bassins conduit au temple, lequel est précédé d'un beau portique avec sa clôture décorée de céramique verte ajourée et vernissée. Devant le temple, piédestal du trône royal en pierre. Toits de tuiles traditionnels avec dragon sur le faîte. Le tombeau de ce roi se trouve au sommet du piton rocheux le plus proche. Il est accessible par un escalier de 265 marches. Faire attention par temps humide, ça glisse !

– *Le temple de Lê Đại Hành :* le roi Lê Đại Hành fit bâtir ce temple sur le même modèle et à côté de celui dédié à son prédécesseur Đinh Tiên Hoàng (dont il épousa la veuve). À l'entrée, petit pavillon dédié à Confucius (Đức Khổng Tử) et un autre pour les offrandes. On traverse une 1re cour, puis une 2de ; au centre de celle-ci, un grand socle de pierre grise serait un vestige du trône du roi Lê Đại Hành. Derrière se trouve le temple à proprement parler. Proche du temple (à 50 m), salle d'expo des vestiges archéologiques abritant les fondations du palais royal du Xe s.

🚶 *La pagode de Bái Đính* (hors carte La baie d'Hạ Long terrestre et plan Les environs de Hanoi, 13) : *à env 20 km au nord de Ninh Bình. Parking payant (15 000 Dg), puis accès possible en voiturette électrique (10 mn, 60 000 Dg A/R par pers). À pied (facile), compter 20-30 mn. Entrée du site : GRATUIT.*
Un ensemble inauguré en 2010, au terme de 10 ans de labeur. Un chantier tout simplement pharaonique ! Certains visiteurs critiques ont trouvé que c'était un « Disneyland religieux ». Dans tous les cas, c'est imposant ! Des proportions architecturales titanesques, des milliers de statues façonnées pour l'occasion et des coûts de construction démentiels... Franchement, ça vaut le coup d'œil.
Compte tenu de l'affluence, le parking est installé à 2 km de la pagode proprement dite (et ça grimpe).
Après le portique d'entrée, admirez le clocher et son énorme cloche de 20 t. En pénétrant plus avant dans l'immense cour rectangulaire, il vous faudra grimper une longue pente pour atteindre les édifices successifs, apportant chacun leur lot de statues. Dans la pagode intermédiaire, impressionnant bouddha de 150 t flanqué de génies, et entouré d'un millier de niches peuplées d'autres petits bouddhas. Du sommet où est juché le dernier temple, on jouit d'une vue splendide sur la campagne. Un paysage qui invite à la contemplation.
– *Bon à savoir :* l'ascenseur qui monte aux étages supérieurs de la pagode coûte 50 000 Dg.

🚶 *Le village de Kênh Gà* (hors carte La baie d'Hạ Long terrestre) : *à une dizaine de km au nord du site de Hoa Lư et env 25 km au nord de Ninh Bình. Entrée : env 120 000 Dg (bateau inclus). Le mieux est d'acheter un tour organisé auprès des mini-hôtels de Ninh Bình (ou agences de Hanoi).*

RAMER COMME UN PIED

La particularité des villages de Kênh Gà et de Tam Cốc, ce sont ces rameurs qui utilisent leurs pieds et non leurs mains pour actionner les rames de leurs embarcations. Pas évident !

En moyenne, une promenade en barque à moteur (pas de rames ici) sur la rivière Hoàng Long dure 3h (dont 1h dans une grotte). Environ 1 500 habitants vivent dans ce village étendu au bord d'un bras de rivière. Ils pratiquent un peu de pêche et exploitent des gisements de pierres qu'ils vendent ensuite à des fabriques de ciment.

DANS LES ENVIRONS DE LA BAIE D'HẠ LONG TERRESTRE

Berceau du catholicisme vietnamien, la région au sud-est de Ninh Bình et à l'ouest de Nam Định (diocèse de Bùi Chu), à 30 km au nord de Ninh Bình, est couverte d'églises dont certaines sont gigantesques.

🚶🚶 *La cathédrale de Phát Diệm* (hors carte La baie d'Hạ Long terrestre et plan Les environs de Hanoi, 9) : *à une trentaine de km au sud-est de Ninh Bình. Messes à 5h et 7h15 en sem, à 5h, 6h30, 8h, 15h et 17h le dim.*

Pour ceux qui ont du temps, voilà une belle excursion en dehors des sentiers battus. La route pour s'y rendre se révélera aussi intéressante que le monument.

C'est le plus étonnant des édifices catholiques du Vietnam. Cathédrale construite en 1891, elle associe curieusement le style des églises occidentales à celui des pagodes vietnamiennes. La vue de ces tours et clochetons coiffés de toitures en ailes de pigeon est surprenante, voire insolite. Ce fut le siège du 1er évêché du Vietnam. À l'intérieur, on est frappé par les vastes proportions de la nef : 80 m de long, 24 m de large et 16 m de haut. Plafond en forme de carène de navire renversée. Décoration alliant les styles vietnamien et européen. Retable rococo en bois ciselé, doré, mais arches et arcs-boutants sculptés comme dans les temples. Impressionnantes colonnes en bois de fer d'un seul tenant (appelé « *lim* »). Tour de force qui a consisté à les apporter de Thanh Hoá, Nghệ An et Sơn Tây, à plus de 200 km au nord. Au-dessus du retable, 6 statues de martyrs vietnamiens canonisés par Jean-Paul II (en 1988).

LE GRAND NORD-OUEST

Frontalier avec le Laos et le sud de la Chine (Yunnan), le grand nord-ouest du Vietnam constitue une des régions les plus montagneuses et reculées du pays. Longtemps inaccessible, elle est ouverte au tourisme depuis les années 1990. Les routes sont souvent sinueuses, pas toujours en très bon état. S'y déplacer n'est pas aussi facile que dans la plaine, mais quel voyage inoubliable ! Sapa et Bắc Hà restent les 2 points incontournables de ce périple hors des sentiers battus. Voici un décor naturel majestueux où certaines montagnes s'élèvent jusqu'à plus de 3 000 m (le mont Fansipan, 3 143 m, est le point culminant du Vietnam). Les vallées aux alentours semblent avoir été ouvertes à grands coups de sabre dans un relief accidenté. Les versants pentus et parfois vertigineux ont été sculptés par les nombreuses minorités ethniques.
Ces ingénieux habitants y ont édifié au fil du temps de somptueuses rizières en escaliers (comme à Bali ou aux Philippines). Elles donnent aux paysages grandeur et beauté. C'est en mai que les rizières sont les plus vertes, tandis que de novembre à avril elles prennent des couleurs jaunies, parfois fauves. Plus au sud, très différentes de Sapa et Bắc Hà, les villes de Điện Biên Phủ et Sơn La restent des hauts lieux de l'histoire de la guerre d'Indochine.
– *Bon à savoir :* les soirs d'hiver (novembre-avril), il fait bien froid et il bruine souvent. Prévoir un vêtement chaud et imperméable. Il arrive parfois que la neige tombe à Sapa. L'été, la chaleur est très supportable en raison de l'altitude.

LES ETHNIES MINORITAIRES DANS LE NORD-OUEST

Si les Viets ou Kinh représentent 86 % de la population, les quelque 54 ethnies minoritaires que compte le Vietnam, avec leur 14 %, sont quand même représentées par près de 13 millions de personnes (voir la rubrique « Population » dans « Hommes, culture, environnement » en fin de guide). Chacune a son histoire propre.
Il existe 3 familles linguistiques dans l'Asie du Sud-Est : l'austro-asiatique, la sino-tibétaine et l'austronésienne. Mais les critères linguistiques ne suffisent pas à distinguer ces différents peuples. Certains peuvent utiliser la même langue et avoir pourtant des coutumes (et des costumes !) différents.
Pendant les 2 guerres du Vietnam, la République démocratique du Vietnam avait offert une certaine autonomie aux minorités du Nord sous son autorité. Or, après la réunification en 1975, l'autonomie des 2 régions (Nord et Nord-Est) fut abolie. Ces minorités ont cependant gardé une représentation à l'Assemblée nationale. La plupart vivent aux confins du pays, surtout dans les Hauts Plateaux et dans les régions montagneuses (à l'instar de ce que l'on observe au Myanmar et en Thaïlande).
La région du Nord-Ouest regroupe les plus importantes minorités (elle abrite près de 3 millions d'habitants). Vous pouvez donc y rencontrer des Hmong (ou H'mong

ou Mèo), des Mường, des Dzao (ou Dao ou Yao ou Mán), des Thaïs, des Tày, des Giáy, des Hoa, des Xá Phó, des Lự, des Khơ Mú et des Hà Nhì, ouf !

On peut cependant distinguer, pour simplifier, 2 grands ensembles : tout d'abord les **communautés des hautes vallées** qui disposent de terres fertiles et de l'eau courante, grâce aux rivières. Leurs maisons, souvent sur pilotis à cause des inondations, sont percées de multiples fenêtres agrémentées de balcons à cause de la chaleur ; les femmes portent le plus souvent des jupes. Ensuite, il y a les **communautés des montagnes,** qui doivent, pour survivre, pratiquer le déboisement et la culture sèche itinérante sur brûlis. Leurs maisons sont souvent construites à même le sol, sans fenêtre à cause du froid ; les femmes portent généralement des pantalons ou des guêtres recouvrant les mollets pour se protéger des broussailles.

– Toutes ces minorités ont en commun des revenus faibles, l'absence de scolarité (3 % seulement des enfants dans la région de Sapa fréquentent l'école primaire, et pourtant les études sont gratuites jusqu'à l'âge de 16 ans), la rareté des soins médicaux modernes, la méconnaissance des principes sanitaires de base, une forte démographie, une situation matérielle en symbiose avec le cycle végétal et, dans les montagnes, une agriculture de survie nécessitant une certaine transhumance, complétée par la chasse et la pêche. Dans ces communautés, les femmes ont la responsabilité du tissage et de la teinture des vêtements et les hommes celle du travail des champs et de l'artisanat.

Ces minorités ont une **forte influence sur leur environnement,** surtout en montagne : déforestation, disparitions d'espèces animales. Aussi, pour protéger la forêt et sa faune, l'État multiplie les actions et mène une politique de sédentarisation, en créant des écoles primaires (une dans chaque canton), en multipliant les cultures de plantes médicinales (afin de suppléer à l'absence de médicaments), en interdisant la chasse de nombreuses espèces. Il autorise et favorise la culture du gingembre, du ginseng (recherchés par les Chinois) et des prunes (recherchées par les Japonais et les Australiens) en remplacement de celle de l'opium (interdite depuis 1986... même si certaines cultures illégales semblent perdurer). Afin d'en savoir un peu plus, voici une brève présentation des minorités ethniques principales.

Les Hmong ou H'mong

Connus aussi sous le nom de Miao ou Mèo, nom qu'ils détestent car il est la déformation par les Français du mot chinois « Mieo », que les Chinois donnent à toutes leurs minorités, y compris les Hmong. Miao ou Mèo signifient « barbares » ou « sauvages », donc ne les appelez jamais ainsi en leur présence ! Les Hmong forment le 5e groupe le plus important du Vietnam avec environ 1,2 million d'individus. Ils vivent dans les régions montagneuses de Sơn La, Lai Châu, Sapa, Cao Bằng, Lạng Sơn et dans la région frontalière avec la Chine. On en rencontre également en Birmanie, en Chine, au Laos et en Thaïlande.

On les divise en 5 branches : les **Hmong Blancs, Fleurs** (ou *Fleuris*), **Noirs, Rouges** et **Verts,** en fonction de la couleur des costumes des femmes et des dialectes utilisés. Ils parlent le *miao-yao*.

Lorsqu'ils émigrèrent du sud de la Chine à la fin du XVIIIe s pour fuir la politique de l'empereur Ming, ils s'installèrent dans les zones les plus élevées du pays.

Leur **habitat** est assez rudimentaire, ils vivent en petites communautés dans des villages, ou *giao*, regroupant généralement une douzaine de familles de la même lignée. Leurs maisons en bois sont construites à même le sol, sans fenêtre à la différence de celles des Thaïs, et leurs greniers sont montés sur pilotis.

Les femmes, chez les Hmong Noirs, portent en général au quotidien le **costume traditionnel** : pantalon court foncé sous une tunique serrée par une ceinture noire qui fait plusieurs fois le tour de la taille ; chez les autres Hmong, une jupe plissée à dominante rose et rouge (Hmong Fleuris et Rouges), blanche

(Hmong Blancs) ou verte (Hmong Verts). Les femmes portent de nombreux bijoux en argent ou en métal aplati, sous forme de collier et de bracelet. La matière première vient en général des pièces de monnaie françaises émises par la Banque de l'Indochine. Les hommes ont de larges vestes et d'amples pantalons, également teints avec de l'indigo. Un simple calot leur sert de couvre-chef. Ils portent des bijoux comme les femmes.

Les Hmong se sédentarisent de plus en plus et se nourrissent principalement de maïs, le riz (cultures en terrasses) ne venant qu'en 2e position. Ils cultivent aussi le chanvre, le coton et le ginseng, depuis que la culture du pavot à opium a été interdite (en 1986). Ils jouissent d'une grande réputation pour les cultures fruitières (pêches, prunes, pommes).

La **société** des Hmong fut longtemps de type féodal, ce qui permettait aux autorités coloniales de mieux les contrôler. Régime semi-patriarcal où les femmes possèdent très peu de droits, mais deviennent chefs de famille à la mort de l'époux. À la mort de l'épouse, c'est l'aîné des enfants qui hérite. La polygamie était fréquemment d'usage avant 1945. Le mariage par rapt se pratiquait couramment (et existe encore aujourd'hui) et la famille de la jeune fille ne pouvait s'y opposer. Quelques coutumes typiques des Hmong : les femmes accouchent accroupies et le placenta est enterré sous le lit si l'enfant est une fille, sous l'autel des ancêtres si c'est un garçon.

Les Hmong pratiquent le **culte des esprits,** mélangé aux influences du confucianisme, du bouddhisme et du taoïsme. Ils croient en la réincarnation. Les missionnaires catholiques ont peiné à les évangéliser (quelques Hmong catholiques à Sapa). L'homme responsable des affaires religieuses et surtout des **cérémonies funéraires** s'appelle le *Nong rua*.

Ces cérémonies font penser à celles des habitants de Sulawesi en Indonésie, les Toraja. Le mort est exposé dans l'attente que toute la parenté lui rende hommage, puis des buffles et des cochons sont abattus pour les repas des funérailles auxquels participe le défunt.

Les Mường

Les Mường, cousins des Viets anciens, sont environ 2 millions au Vietnam et majoritaires dans la **région de Hoà Bình et de Sơn La** (90 % de la population). Le reste de la communauté se répartit le long du fleuve Noir. C'est l'une des minorités les plus largement représentées. Ayant toujours demeuré dans les montagnes, les Mường conservèrent une grande partie de leurs traditions. Au contact des Thaïs, ils assimilèrent certaines de leurs coutumes.

Les hameaux sont constitués de 6 à 10 maisons. Plusieurs hameaux forment le village. L'habitat, dont l'architecture est très proche de celle des Thaïs, est sur pilotis. Si les **vêtements** des hommes – larges pantalons noirs – ne se démarquent pas de ceux des Vietnamiens des plaines, ceux des femmes se distinguent par une certaine richesse des parures : turban blanc, jupe noire, large ceinture brodée remontant à mi-poitrine, et vêtements fermés par de petits boutons. Elles ont coutume de se teindre les dents. La beauté de la ceinture brodée mường est très réputée.

Dans cette société très patriarcale, plusieurs villages forment un *murong* à la tête duquel on trouve un *lang cun* (en général, membre d'une famille noble, les Đinh, les Quách, les Bạch, Hà, Hoàng...). Des tambours et vasques de bronze marquent leur pouvoir. Ils ont le droit de percevoir un tribut et de répartir les terres communales.

Sur le plan religieux, les Mường entretiennent le **culte des génies.** D'abord, le génie de la Terre, puis celui du *Murong* (en général, un ancêtre à l'origine de la fondation du hameau ou du *murong*). On pratique le culte des ancêtres en famille. Notons enfin que les Mường furent toujours associés aux Vietminh dans leur lutte pour l'indépendance.

Les Dzao (ou Dao ou Yao ou Mán)

Les Dzao appartiennent au groupe Hmong. On en compte environ 900 000 individus. C'est le 8e groupe le plus important. Comme les Hmong, c'est une ethnie de

LES ETHNIES MINORITAIRES DANS LE NORD-OUEST | 199

montagne parlant le *miao-yao* (un dialecte chinois). On en rencontre également en Chine et au Laos. Ceux du Vietnam émigrèrent de Chine vers le XIIIe s.
Nombre de villages autour de Lào Cai, Quảng Ninh et du lac de Hoà Bình sont dzao. Autour du lac, ils ont abandonné leurs terres noyées par les eaux du barrage et vivent aujourd'hui dans des conditions difficiles, sur des terres moins fertiles. À Sapa, leur *habitat* est généralement situé à plus haute altitude que celui des Hmong, là où règnent les brumes éternelles.
Les hommes portent le même *costume* que les Hmong, avec la même couleur indigo que les Hmong Noirs, mais leur veste présente une broderie rectangulaire au dos. Les femmes se rasent la tête qu'elles enduisent de cire ainsi que les sourcils. Leur tête est recouverte de beaux fichus rouges ornés de pièces d'argent. Hommes et femmes ont souvent sur l'épaule un sac orné d'un pompon rouge. Cette utilisation du rouge dans ces régions les fait communément appeler *Dzao Rouges*. Comme chez les Hmong, les femmes et les hommes dzao sont souvent amplement parés de bijoux (en particulier de bracelets et de colliers massifs).
L'*habitat* est le plus souvent à même le sol et les greniers sont construits sur pilotis. Ils pratiquent une *culture* sur brûlis, dont le coton, pour leurs broderies, le maïs, le riz, et élèvent bovins, chèvres, volailles, porcs et chevaux. La fabrication du papier est une de leurs spécialités. Leur artisanat à base d'argent et de cuir est réputé. Comme la plupart des Vietnamiens, les Dzao vénèrent les ancêtres ; mais chez eux cette vénération s'ajoute au *culte de l'ancêtre* commun, *Bàn Hồ* ou *Bàn Vương*. Ce dernier est un chien de leur mythologie qui tua un général ennemi. Ils honorent également les génies du Vent, du Feu, de la Rivière, du Riz, des Montagnes. Les autels de ces génies sont placés devant les arbres sacrés, un peu comme ceux des génies de Bali ou ceux des *nat* du Myanmar (Birmanie). Certains Dzao de Sapa sont catholiques. Les Dzao ont 3 *rites funéraires* dont les cérémonies sont gérées par le chaman : l'inhumation en terre, la crémation et l'inhumation en plein air qui rappellent la coutume des parsis en Inde, à la différence qu'ici le squelette est ensuite placé dans un cercueil et enterré.

Les Thaïs

Ils représentent la *2e ethnie majoritaire de cette région.* On en compte près de 1,6 million. Dispersés dans tout le Nord-Ouest, et surtout dans les hautes vallées traversées par des cours d'eau et le long du fleuve Noir et du fleuve Rouge. Leur implantation est très ancienne (IIe millénaire av. J.-C.). Villages se mélangeant sans problème avec ceux des autres ethnies. Les *Thaïs Noirs* sont les plus nombreux. On les trouve aussi au Laos, en Chine méridionale et, bien entendu, en Thaïlande. Ils habitent de grandes et solides demeures en forme de carapace de tortue sur pilotis. Cependant, les maisons les plus récentes ont un toit rectangulaire à 4 pans, recouvert de tuiles bordelaises ou de palmes, identique à celui des maisons des Thaïs Blancs et des Mường.
Si les hommes ont depuis longtemps adopté la tenue occidentale, les femmes demeurent fidèles au *costume traditionnel.* Longue jupe noire, courte veste très serrée sur la poitrine (presque un justaucorps) et fermée par une série de boutons qui, une fois attachés, forment des papillons. Couleurs généralement chatoyantes : vert jade, orange, bleu azur, rose. Les adolescentes sont d'une coquetterie exquise. Les Thaïs pratiquent la *culture du riz* depuis des temps immémoriaux. Ils sont particulièrement ingénieux dans l'élaboration des rizières en terrasses, par la mise en place de canaux d'irrigation, avec des norias (du fait de la proximité des rivières), obtenant ainsi d'excellents rendements en 2 récoltes annuelles. Les Thaïs possèdent une écriture dérivée du sanskrit et un très riche patrimoine culturel.

Les Giáy

C'est le 23e groupe ethnique du Vietnam, ils appartiennent à la famille linguistique austro-asiatique, et sont très proches des Tày, car ils viennent de

la même contrée, le sud de la Chine. On en compte environ 30 000, dans les districts de Lai Châu, Hoàng Liên Sơn et Hà Tuyên.
Les femmes Giáy portent des jupes plissées et brodées qui couvrent les genoux et surmontent souvent un pantalon indigo. Leur corsage très coloré se boutonne sous l'aisselle droite. Les hommes portent des pantalons larges et une veste fendue sur les côtés, boutonnée par-devant.
Chaque village possède sa forêt communautaire appelée *doon xia* où est vénéré l'arbre sacré. **Le système social est très féodal,** les dirigeants des villages imposant le travail forcé sur leurs terres et le paiement de taxes. La société giáy est elle aussi patriarcale ; les femmes n'ont que des devoirs, dont ceux des 3 règles : obéissance au père avant le mariage, au mari durant le mariage, et au fils après le mariage. Naturellement, avec les brassages actuels, ces principes ont tendance à disparaître.
Question croyances, en plus du **culte des ancêtres et des génies,** ils honorent la déesse de la Fécondité et croient en la réincarnation. Si les oreilles des nouveaunés sont tatouées, c'est pour empêcher leur réincarnation. Beaucoup de rites sont influencés par le taoïsme.

Les Tày

À ne pas confondre avec les Thaïs. Ils appartiennent au groupe linguistique austro-asiatique, mais utilisent la langue thaïe. Originaires de la Chine méridionale, ils se seraient établis au Nord-Vietnam vers le VIe s av. J.-C. On en dénombre aujourd'hui près de 900 000, principalement dans les provinces de Lạng Sơn, Cao Bằng, Bắc Thái. Ils se sont davantage implantés dans des régions de basse altitude, au-dessous de 600 m.
Leurs maisons sur pilotis sont groupées en villages, ou *bản,* protégés par des haies de bambous. Les Tày sont sédentaires et pratiquent la culture du riz, du soja, de l'anis, du coton, du thé et du tabac.

Comment y aller ?

En bus

Compter 2-3 j. de voyage au départ de Hanoi jusqu'à Điện Biên Phủ, soit env 460 km d'une route bitumée à 2 voies. Celle-ci est de plus en plus sinueuse à mesure que l'on s'approche de Điện Biên Phủ. Assez éprouvant, mais c'est une excellente école de contact avec les habitants du secteur. Compter env 260-300 €/pers pour une excursion de 3 jours/2 nuits en minibus de 6-7 passagers.

En véhicule avec chauffeur

Au départ de Hanoi, il est conseillé de prévoir 2 nuits en cours de route avant d'atteindre Điện Biên Phủ. On recommande de dormir à Mai Châu ou à Mộc Châu, puis à Sơn La. La plupart des agences routardes de Hanoi proposent des circuits dans cette partie du nord-ouest du Vietnam.

HOÀ BÌNH

50 000 hab.   IND. TÉL. : 218

1re étape sur la route de Điện Biên Phủ, à 75 km à l'ouest de Hanoi, soit 2h de voiture. Pour sortir de Hanoi par l'ouest, il y a désormais une autoroute qui rejoint ensuite la route traditionnelle qui conduit à Hoà Bình. C'est une grosse ville moderne, sans autre caractère particulier que de posséder un grand barrage hydroélectrique. Une haute statue en béton de Hồ Chí Minh

HOÀ BÌNH

(la plus haute du Vietnam) chapeaute une colline au-dessus de la ville. L'intérêt de cette région de piémont réside plutôt dans la présence autour de Hoà Bình de minorités ethniques : les Mường (90 %) et les Dzao.

Arriver – Quitter

Arrêt de bus : bd Trần Hưng Đạo, dans le centre. Liaisons avec :
➤ *Mai Châu (100 km) :* une trentaine de bus/j., 4h50-18h20. Billet : 50 000 Dg. Durée : 2h.
➤ *Hanoi :* au départ de Hanoi les bus partent de la gare routière de Yên Nghĩa (au sud-ouest de la ville) ou de celle de Mỹ Đình à Hanoi (Yên Nghĩa), 14 bus/j. 8h20-11h30, puis 2 bus dans l'ap-m. De Hoà Bình à Hanoi (gare de Mỹ Đình), bus en permanence 4h50-19h.
➤ *Sơn La et Điện Biên Phủ :* pas de bus au départ de Hoà Bình. Il faut prendre un bus direct au départ de la gare de Mỹ Đình à Hanoi.
– *Bon à savoir :* de Hoà Bình, on trouve des bus (couchettes pour certains) pour Ninh Bình, et même pour Hà Giang au nord-est du pays.

Infos utiles

– Faute d'office de tourisme, vous pouvez obtenir quelques renseignements à l'hôtel *Hoà Bình*.

– **Site internet :** • hoabinhtourism.com •

Où dormir ?

La ville n'est pas très glamour pour établir le camp. Mais si vous ratez le dernier bus...

Bon marché (jusqu'à 300 000 Dg / env 11 €)

Ánh Dương Hotel : *39, Nguyễn Trung Trực.* ☎ 385-32-33-33. *Doubles 200 000-300 000 Dg.* Petit hôtel modeste et central, dans une rue animée bordée de gargotes et de petites boutiques. Chambres simples et propres avec clim et vue pour une partie sur la rue.

Chic (600 000-1 000 000 Dg / env 21-35 €)

Hôtels Hoà Bình I et Hoà Bình II : *367, An Dương Vương.* ☎ 385-20-01. • hoabinhhotel.net.vn • *À 2 km à l'est du terminal des bus (et 2 km à l'ouest du centre-ville), de part et d'autre de la route de Sơn La. Doubles à partir de 600 000-700 000 Dg, petit déj inclus.* Situé sur une butte dominant la vallée, le *Hoà Bình I* s'organise autour d'une grande cour bordée de pavillons sur pilotis, dans le style ethnique. Chambres bien équipées avec clim et toilettes. Les plus agréables sont dans le bâtiment B au fond de la cour avec vue sur la campagne. Le resto sert de la cuisine vietnamienne mais il n'y a que des grandes tables rondes pour 12 personnes. C'est bizarre si l'on est en couple. On déconseille le *Hoà Bình II,* annexe située un peu plus loin, nettement moins bien (et moins chère).

À voir

Le barrage hydroélectrique : *à moins de 1 km au nord de la ville, sur la rivière Sông Đà.* Le 2e plus grand barrage hydroélectrique du Vietnam après celui de Sơn La. D'une hauteur de 128 m et d'une longueur de 970 m, sa construction longue et coûteuse dans les années 1980 nécessita l'aide de l'Union soviétique.

DANS LES ENVIRONS DE HOÀ BÌNH

🍴 *Giảng Mỗ Bình Thanh :* à env 12 km de Hoà Bình en direction de Sơn La, dans la commune de Bình Thanh. Accès en voiture ou à moto-taxi (pas de bus). L'ancienne route coloniale 6 remonte une riante petite vallée plantée de manioc, forêts de bambous et autres rizières en terrasses jusqu'à un village-musée mường *(entrée : 50 000 Dg).* Attention car le vrai village traditionnel se trouve à quelques kilomètres plus loin à gauche, un vrai hameau typique mường se visite *(accès : 15 000 Dg).* 50 familles y vivent, dans un vallon verdoyant à la terre fertile. Les maisons sont sur pilotis, avec des toits de chaume pour certaines. On y trouve 2 homestays (logement chez l'habitant) : chez Mme Quynh, ou le *homestay Hau Luu*, 1re maison à droite en entrant dans le village (☎ *03-69-66-10-11 ; compter env 300 000 Dg/nuit par pers, dîner et petit déj inclus).* On dort dans un dortoir propre mais de confort sommaire (moustiquaire, ventilo et toilettes extérieures).

DE HOÀ BÌNH À ĐIỆN BIÊN PHỦ

Nos lecteurs baroudeurs prendront leur temps sur cette ancienne route coloniale 6. Ils ne le regretteront pas. Larges vallées cultivées en harmonieuses et ingénieuses terrasses, beaux villages thaïs noir et blanc, cols abrupts, livrant de superbes panoramas, ne cessent de se succéder. Vitesse moyenne entre 20 et 30 km/h, avec moult rencontres insolites : ici un buffle qui traverse, là un vélo au chargement improbable, ou encore une Thaïe Noire à mobylette dont le casque est vissé par-dessus sa coiffe traditionnelle. Route particulièrement belle et en bon état, mais sinueuse en diable. Un moment d'anthologie du voyage en routard.

MAI CHÂU *(env 2 000 hab. ; IND. TÉL. : 218)*

De Hoà Bình à Mai Châu, compter 60 km d'une route étroite et tout en virages. On traverse au bout d'un certain temps une superbe région de collines calcaires en pains de sucre. Les villages se font hameaux, les maisons se perchent sagement sur leurs pilotis, et les creux de vallons se parent de petites rizières en espaliers. Après un superbe *point de vue panoramique (col de Thung Khe),* on dévale dans une vallée sertie d'une barrière montagneuse. Outre le village-rue sans intérêt de Mai Châu, à 2 petits kilomètres (bien signalés depuis la grand-rue), les admirables hameaux de *Pom Coọng* (authentique) et *Bản Lác* (beaucoup plus touristique) trempent leurs pieds dans les rizières. Ils demeurent authentiques, même si leurs habitants Thaïs Blancs ont bien compris l'intérêt qu'ils peuvent tirer du tourisme : chaque bâtisse de la rue principale vend de l'artisanat au rez-de-chaussée et fait chambre d'hôtes au 1er étage. Superbes balades dans les campagnes alentour.
– À Mai Châu, on trouve un distributeur ATM, au bord de la route, non loin du marché et du stade.

Arriver – Quitter

En bus

➤ *De/vers Hanoi (gare routière de Mỹ Đình) :* 5 bus/j., 5h-15h. Durée : 4h30. De Mai Châu, 5 bus/j., 7h15-13h30. Venant de Hanoi, on peut se faire déposer à Tòng Đậu (intersection entre la QL6 et la route 15) par

l'un des nombreux bus reliant Hanoi à Sơn La. Il reste ensuite à parcourir 5 km (taxis possibles), voire 7 km pour les hameaux de Pom Coọng ou Bản Lác.
– *Bon à savoir :* ne pas aller à la gare routière (souvent vide et inutile) où peu de bus s'arrêtent. Demander à l'hôtel de téléphoner à la compagnie avant, pour que le bus (minibus) s'arrête en ville, à un arrêt déterminé au bord de la route. Vous embarquez et vous achetez le billet à bord.

Où dormir ? Où manger ?

Les hébergements dans le village même de Mai Châu sont une option. Préférez (et de loin) loger dans l'une des familles des hameaux thaïs dispersés dans la vallée. Caractéristique de ces logements : on y dort au 1er étage de logis traditionnels sur pilotis, toujours impeccables. De simples matelas tapissent le sol en bambou, soit dans une salle commune *(8-10 pers ; env 270 000 Dg/nuit par pers),* soit dans des chambrettes privatives *(double env 700 000 Dg).* Chaque paillasse a sa moustiquaire. Les sanitaires, rustiques mais propres et avec eau chaude, sont partagés. Les repas sont souvent copieux.

Bon marché (jusqu'à 300 000 Dg / env 11 €)

🏠 |●| *À Pom Coọng :* le *homestay n° 4* Hà Hiền (📞 09-15-32-17-76 ; ● hahienpc@gmail.com ●) est très central, d'un excellent accueil, et les plats du dîner sont une anthologie (excellentissime poisson cuit dans le bambou). Le *homestay n° 2* (📞 09-15-80-44-80 ; *miss Lê, anglophone*) donne sur les rizières. Il compte 4 dortoirs, dont 2 avec douche/w-c à l'étage (ventilo, pas de clim). Pour boire un verre, se rendre au *Sunset Bar (7h30-22h)* à côté du *homestay* n° 4.
🏠 |●| *À Bản Văn :* village de 400 habitants, à 1 km de la route principale n° 15, habité par l'ethnie Thai Blanc. Moins touristique que les autres hameaux. Le *Homestay Luong* (📞 386-93-41-59 ; *lit en dortoir 300 000-320 000 Dg, double 700 000 Dg)* est propre et accueillant. Abrite 2 dortoirs de 20 lits et 2 chambres avec toilettes privatives. Sert aussi les repas.

🏠 |●| *À Bản Lác :* village beaucoup plus commercial et moins authentique que les précédents. Maisons sur pilotis habitées par des familles plus aisées, au bord d'une ruelle centrale où passent des voiturettes électriques pour groupes de touristes vietnamiens.

Prix moyens (300 000-600 000 Dg / env 11-21 €)

🏠 |●| *Little Mai Châu Homestay : Na Phon Village.* 📞 *09-73-84-90-06.* ● *littlemaichauhomestay@gmail.com* ● *À 2 km à l'ouest du centre de la ville. Lit en dortoir 200 000 Dg, double 500 000 Dg, dîner et petit déj inclus.* Au pied d'une colline dans un paysage verdoyant de rizières, ce *homestay* est tenu par un jeune couple aimable et attentionné. La femme parle l'anglais. Comprend 3 bungalows propres et sans superflu (toilettes privatives) avec une petite terrasse et vue sur la vallée. Il y a aussi 2 dortoirs (pour 10 personnes), simples et suffisants. Seulement un bungalow a la clim, les autres sont avec ventilo.

Plus chic (1 000 000-2 000 000 Dg / env 35-71 €)

🏠 |●| *Mai Châu Valley View Hotel : QL15, à 600 m du centre de Mai Châu.* 📞 *386-70-80.* 📞 *09-72-05-86-96.* ● *maichauvalleyview.com* ● *Doubles à partir de 44 US$. Repas 260 000-350 000 Dg.* Un petit hôtel très propre et bien tenu qui se tient au bord de la route. Accueil jovial. Chambres confortables et claires, avec clim, grande baie vitrée et balcon donnant sur les rizières. Superbe vue ! Fait aussi restaurant. Petit déjeuner international avec des œufs et du bacon. Visite possible des villages ethniques, prêt de bicyclettes. Notre coup de cœur dans le bourg de Mai Châu.

Très chic (2 000 000-3 310 000 Dg / env 71-117 €)

🏠 🍽 *Mai Châu Ecolodge : Na Thia Village, commune Na Phon, district de Mai Châu.* ☎ *381-98-88.* ● *maichau.eco lodge.asia* ● *Doubles env 77-160 US$ selon confort.* Perché sur une petite colline dominant la vallée et ses rizières, cet hôtel (propriété de l'agence *Asiatica*) est constitué de plusieurs bungalows (en dur avec toit de palmes) nichés dans la végétation tropicale sur la pente de cette butte. 2 chambres dans chaque bungalow, soigneusement décorées, avec carrelage, clim et moustiquaire, superbe baignoire en bois de jacquier. Pas de TV ! On préfère les bungalows du niveau le plus haut pour la vue plus large. Les plus belles chambres sont les suites de 208 à 211. Chaque chambre partage une même grande terrasse avec la chambre voisine. Abrite aussi 2 restos de cuisine vietnamienne (quelques plats internationaux) et un bar où se déroulent des spectacles de danse ethnique.

MỘC CHÂU (20 000 hab. ; IND. TÉL. : 212)

🍀 Loin du surtourisme et du vacarme, ce gros bourg à 64 km à l'ouest de Mai Châu est accessible depuis la route de Sơn La, qui sinue entre de hautes montagnes boisées. Voici une drôle de ville étalée sur près de 15 km, avec 2 parties distinctes, une partie haute proche des plantations de thé, et une autre en bas, sorte de couloir au pied des pitons calcaires, c'est le quartier de la gare routière et de la grotte. Résultat : on ne sait pas où est le centre.
Le plus intéressant à Mộc Châu c'est l'environnement, et ces belles collines couvertes de plantations de thé. Vertes à longueur d'année, elles forment un vaste tapis dans un paysage paisible, agreste et moutonnant. Magnifique ! La terre fertile, l'altitude (800-900 m), le climat tempéré avec ses saisons, les herbages qui nourrissent des vaches font de Mộc Châu un grand centre d'élevage et de production laitière (laiterie sur place). La campagne en fleurs au printemps (avril-mai), l'air pur des monts, tout cela contribue à faire de Mộc Châu une ***nouvelle destination verte, naturelle et écologique.***

Arriver – Quitter

En bus

🚌 La *gare routière* de Mộc Châu se trouve sur la route de Sơn La, à 1 km à gauche avant la grotte. Liaisons avec :
➢ *Hanoi (gare routière de Mỹ Đình) :* 8 bus/j. de/pour Hanoi, 6h15-21h. Durée : 6h.
➢ *Sơn La et Điện Biên Phủ :* 1 bus/j., tôt le mat. Compagnie *Xuân Long.* Durée : 7h30. Arrêt à la gare routière de Sơn La, si on le demande.

Où dormir ?

Bon marché (jusqu'à 300 000 Dg / env 11 €)

🏠 *Nhà Nghỉ Tuyên Phong : 56, Tô Hiệu.* 📱 *09-43-29-51-54.* À *la sortie de la ville, vers Sơn La, face à la gare routière de Mộc Châu. Doubles 250 000-300 000 Dg.* Emplacement pratique pour ce petit hôtel moderne avec des chambres propres et correctes (toilettes privatives). Demandez-en une donnant sur l'arrière car celles côté route sont bruyantes dans la journée.

Prix moyens (300 000-600 000 Dg / env 11-21 €)

⌂ *Ben's Hotel : route QL43, dans la partie est de la ville, à 300 m du grand hôtel Mường Thanh,* ☎ *09-66-63-02-20. Doubles à partir de 350 000 Dg.* Petit immeuble moderne, à la silhouette haute et étroite, où le propriétaire habite avec sa famille. Chambres impeccables à la déco sobre et fonctionnelle, avec clim et douche/w-c (eau chaude). Bonne literie. Demander une chambre au 5e étage, pour profiter de la vue. Sinon elles donnent sur le côté. La route en bas est calme la nuit. Loue des motos.

À voir

🗻 *Les grottes de Hang Dơi : en contre-haut du km 189 de la QL6. Tlj 7h30-17h. Entrée : 20 000 Dg.* Utilisées depuis l'âge du bronze, notamment par les partisans du Vietminh. On y voit de belles et grandes salles avec stalactites et des rochers auxquels l'imagination de l'homme donne de jolis noms et prête d'incroyables légendes.

🗻🗻 *Tea Village* (Làng Chè) *: à 3 km à l'est de l'hôtel* Mường Thanh. *GRATUIT.* Un petit chemin conduit à l'une des plantations de thé (vert uniquement). Le lieu s'appelle Tea Village, mais c'est juste un site. En marchant le long d'un sentier sur une centaine de mètres, on peut admirer la plantation et le paysage de collines vertes. On apprend que la récolte a lieu tous les 50 jours. Vente de thé sur place.

🗻 *Dairy farm : 168, Hoàng Quốc Việt. Sur la route de Hanoi, à 1,5 km après l'intersection avec la route principale.* ☎ *366-66-99. Entrée : 30 000 Dg.* Une laiterie qui produit et vend du lait 100 % local.

🗻 *La cascade de Dải Yếm,* à 6 km (route en direction du Laos qui prend naissance au km 191 de la QL6). Le domaine de *Happy Land (tlj 7h-18h30 ; entrée : 30 000 Dg)* se trouve dans une vallée fertile à 7 km de la ville. Accès par la route de la cascade et suivre un panneau sur la droite. C'est un parc horticole de 5 ha, qui cultive et vend de nombreuses espèces de fleurs, de légumes, de plantes médicinales ainsi que du miel, des yaourts et des friandises.

DE MỘC CHÂU À SƠN LA

Superbe route « coloniale » n° 6 (QL6) en lacet, qui traverse des paysages montagneux à la luxuriante végétation : tecks, manguiers, pruniers, tamariniers, bananiers, bambous, champs de manioc ou de maïs. Les étroites vallées s'élargissent parfois en d'harmonieuses rizières en terrasses, véritables damiers aquatiques. Certaines maisons isolées accrochent leurs pilotis au flanc des abruptes montagnes. La terre s'est faite rouge et nous sommes au pays des Thaïs Noirs. Beaux vêtements traditionnels portés quasiment par toutes les femmes et jeunes filles, même lors des travaux des champs. On dirait des princesses aux pieds nus, leurs lourdes palanches sur l'épaule.

🗻 *Les hameaux de Thaïs Noirs :* à environ 80 km de Sơn La, plusieurs hameaux de Thaïs Noirs éparpillés sur la rive opposée de la rivière, accessibles par de rustiques ponts suspendus en bambous. Les traditionnels toits de chaume « en carapace de tortue » cèdent inexorablement le pas aux tuiles et autres toits en tôle ondulée.

– **Na Kén** (km 217), avec juste 5 familles, est le plus rustique, déserté en journée par ses habitants qui travaillent dans les champs alentour.
– **Suối Bùn** (km 223), notre favori, compte environ 300 âmes.

🍴 Au km 284, à gauche dans le village de *Mai Sơn,* on peut observer l'*aéroport abandonné de Nà Sản.* Il est le vestige de la malheureuse déroute française à Điện Biên Phủ (voir l'encadré). Cette zone, toujours militaire, voit sa piste investie par les paysans du secteur pour y faire pacifiquement sécher du manioc...

LA VICTOIRE GRÂCE À UNE DÉFAITE

En 1952, l'armée française créa à Nà Sản une base forte autour d'une piste d'aviation. Objectif, empêcher la jonction des troupes du Vietminh de Giáp avec les communistes du Nord-Laos. La victoire fut tricolore, entre autres grâce à un incroyable pont aérien alimentant les troupes françaises. Bien que vaincu, Giáp tira les leçons de Nà Sản. Điện Biên Phủ 2 ans plus tard : il n'engagea son attaque qu'après avoir réuni suffisamment d'artillerie pour détruire prioritairement... la piste d'aviation. Une tactique de haut vol !

SƠN LA *(170 000 hab. ; IND. TÉL. : 212)*

À 121 km de Mộc Châu, et 150 km de Điện Biên Phủ. Sơn La est la capitale de la province du même nom. Loin de tout, c'est une ville qui a su tirer parti de son isolement géographique. Elle est aujourd'hui un important centre commercial pour toute la région. La ville s'étale dans une large vallée fertile dominée par une série de pitons rocheux et boisés. Cet environnement forme une sorte d'écrin montagneux naturel. Ambiance provinciale et animée, peu de touristes, c'est une ville-étape où l'on passe une nuit en allant vers Điện Biên Phủ. La campagne environnante se consacre à l'élevage et à la culture du café. Pour découvrir les environs, mieux vaut avoir une moto ou une voiture.

Arriver – Quitter

🚌 *Gare routière :* à 5 km du centre, sur la route QL6 en direction de Mộc Châu. Bus urbains (sur l'avenue) pour le centre-ville, ttes les 30 mn.
➤ *De/vers Hanoi (gares routières de Mỹ Đình et Yên Nghĩa) :* de Mỹ Đình, env 20 bus/j., 7h45-23h, et 15 bus/j. de la gare routière de Yên Nghĩa pour Sơn La. Durée : 8h. Billet : 165 000-350 000 Dg.
➤ *De/vers Điện Biên Phủ :* 5 compagnies locales assurent le service à raison de 10 bus/j., 5h-16h. Durée : 4h. Billet : 110 000-160 000 Dg.

Où dormir ? Où manger ? Où boire un verre ?

Prix moyens (300 000-600 000 Dg / env 11-23 €)

🏠 *Phương Nam Hotel :* 8, Hai Bà Trưng. ☎ 385-43-69. *Doubles 300 000-500 000 Dg.* Au centre-ville, dans une rue qui longe le nouveau quartier chic et de style « néo-français » de Vincom. C'est un petit hôtel dont les chambres très propres (clim et toilettes privatives) donnent sur la rue ou sur l'arrière (plus calme). En demander une au 4e étage (plus clair), comme la n° 406.

Chic (600 000-1 000 000 Dg / env 21-35 €)

🏠 *Hanoi Hotel :* 228, Trường Chinh. ☎ 375-32-99. ● hanoihotel299@gmail.com ● *À 1 km de la place* centrale, sur la QL6 en direction de Mộc Châu. *Double 750 000 Dg, petit déj inclus.* Ce grand bâtiment de 10 étages abrite des chambres seulement sur 5 étages. Elles sont propres et bien aménagées. Celles donnant sur l'arrière, plus calmes, bénéficient même d'une belle vue sur les champs et les montagnes. Accueil souriant et anglophone.

Où boire un bon café ?

Press Coffee : *1, Tô Hiệu.* 09-83-92-55-25. *Tlj 7h-22h.* Donne sur le rond-point le plus fréquenté de la ville, près de l'hôtel Mường Thanh. Bonne cafétéria qui sert du café élaboré avec des grains de la région de Sơn La. À cette qualité naturelle s'ajoute la machine italienne. Résultat : l'expresso est très bon. Il y a aussi des jus de fruits, des smoothies, et des yaourts.

Centro Farms Roastery Boutique Café : *101, Phố Giảng Lắc.* ☎ 375-55-89. *Tlj 7h-22h30. Face au nouveau quartier Vincom.* Les murs de ce café jeune et branché sont couverts de citations, sentences, aphorismes sur le café et l'art de vivre. Le café est torréfié sur place dans une belle machine, puis il est élaboré dans une autre machine moderne, ce qui donne un excellent breuvage.

À voir à Sơn La et dans les environs

Le pénitencier *(appelé aussi Nhà Tù, la prison)* **et le musée de Sơn La :** *sur la colline Khau Cả dominant la ville, au pied de l'émetteur de télévision. Ouv 7h-11h, 13h30-17h. Entrée (musée et prison) : 30 000 Dg.*
Voici un ancien bagne colonial dans toute son horreur. Bâti par les Français en 1908, de nombreux révolutionnaires vietminh y furent prisonniers (notamment Tô Hiệu et Lê Duẩn). Bombardées lors de la guerre américaine, certaines cellules ont été détruites et sont toujours en ruine, d'autres ont été reconstruites dans les années 2000. On visite les sinistres cachots en sous-sol.
Intéressant **petit musée** (explications bien détaillées en français) regroupant des photos, témoignages, souvenirs, comme ce document officiel autorisant la construction de la prison, des notes relatives au transport fluvial des prisonniers, etc. Ce musée ne vous dira pas tout.
En effet, ceux qui avaient collaboré avec les Français, notamment les Hmong, furent l'objet d'une répression féroce. Nombre d'entre eux furent emprisonnés dans le même genre de bagne (peut-être celui-ci), connus pour leurs conditions de détention particulièrement dures. Comme quoi, les révolutionnaires ne retiennent pas toujours les leçons de l'Histoire, infligeant à leur tour les cruautés qu'ils ont subies.
– **Bon à savoir :** au 1er étage du grand bâtiment d'entrée (ancienne résidence du directeur), ne pas oublier de visiter le petit musée des minorités locales. On peut y admirer, entre autres, de superbes tambours de bronze.

DE SƠN LA À ĐIỆN BIÊN PHỦ

La partie la plus sauvage de l'itinéraire. La route n° 279 est une ancienne piste aujourd'hui asphaltée. Compter environ 4h30 de voyage en voiture (et 5h en bus) de Sơn La à Điện Biên Phủ (pour 160 km). Les derniers 80 km après le col Pha Đin (1 300 m) et Tuần Giáo vers Điện Biên Phủ sont particulièrement beaux. En route on peut voir de nombreuses piscicultures, rizières, minibarrages et des maisons de Thaïs Noirs. Cols livrant de grandioses panoramas avant de redescendre tranquillement vers Điện Biên Phủ.
– **Marché thaï noir** animé et coloré le matin à ne pas manquer **à Tuần Châu.**

ĐIỆN BIÊN PHỦ

125 000 hab.   IND. TÉL. : 215

● Plan *p. 209*

La voilà, la mythique cuvette de 6-8 km par 18 km, entrée si violemment et pathétiquement dans l'Histoire. C'est le cœur serré qu'on l'aborde, pour sa charge émotive et historique, par la somme de souffrances pour les 2 camps que cela a impliqué ! Pourtant, la ville en elle-même n'a rien de particulier. Construite après la bataille, c'est en fait une longue succession d'immeubles de béton sans grâce... Il reste quelques vestiges de la bataille. Leur capacité d'évocation sera, bien entendu, au niveau des motivations et de la sensibilité de chaque lecteur.

On vous conseille de commencer par visiter le musée, histoire de bien planter le décor et de comprendre la configuration des lieux à une époque où Điện Biên Phủ n'était qu'un hameau reculé. Les temps ont bien changé, puisque ce nouvel eldorado, décrété « nouvelle zone économique », attire des milliers de laissés-pour-compte des autres régions pauvres. C'est l'une des plus fertiles vallées du Vietnam, énorme grenier à riz, sans oublier le café, le maïs, le thé et le coton.

UN PEU D'HISTOIRE

Bref résumé de la situation avant la bataille de Điện Biên Phủ. Pendant la campagne vietminh de 1951-1952, de vastes zones montagneuses du Bắc Bộ (ex-Tonkin) ont été « libérées » (Cao Bằng, Lạng Sơn, Lào Cai, la province de Hoà Bình) ainsi qu'une grande partie du Việt Bắc (Annam). Le corps expéditionnaire français (CEFEO) ne tient plus que la province de Hải Ninh, le coin de Lai Châu et le camp retranché de Nà Sản ! En été 1953, une grande partie du Laos a également été « libérée ». Le Vietminh a toujours gardé l'offensive. Au contraire, les troupes françaises et leurs alliés sont sur la défensive, leur état-major changeant souvent de commandement dans le même temps : de Lattre, Salan, Navarre...

Elles comptent environ 450 000 hommes (120 000 Français légionnaires et troupes africaines, le reste étant des troupes composées de minorités ethniques, Thaïs, Mèo...). Bien que l'aide militaire américaine passe de 12 % en 1951 à 71 % en 1953 (on prétend qu'une partie de l'argent du plan Marshall a servi à l'effort de guerre en Indochine), la tendance est plutôt au pessimisme, à la lassitude sur fond de dissensions au sein du camp français. L'opinion publique française évolue aussi, traumatisée par les défaites précédentes de la guerre des frontières. En outre, les Américains cherchent en même temps à liquider l'influence française en Indochine.

Le général Navarre en chevalier Ajax !

Navarre est nommé chef des opérations sur le terrain en 1953. Il élabore un plan qui veut redonner le moral au corps expéditionnaire (CEFEO). Il souhaite également développer les armées nationales des États associés au sein de l'Union française. La tâche n° 1, à ses yeux, est de prévenir les risques d'une offensive au Laos et dans le Nord-Ouest où la présence militaire française reste faible. En novembre 1953, Navarre pense que le Vietminh va lancer une attaque sur le haut Laos.

En prévision, il parachute 6 bataillons sur la cuvette de Điện Biên Phủ, puis décide de *renforcer le site par un système de défense* moderne, un « *hérisson*

ĐIỆN BIÊN PHỦ | 209

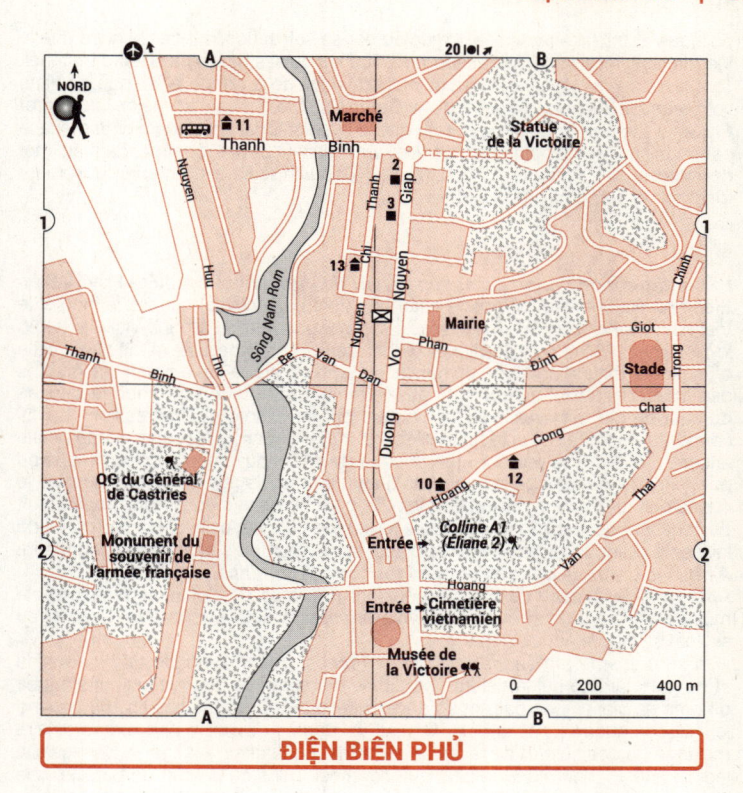

Adresses utiles
- 2 Agribank (B1)
- 3 VietinBank (B1)

Où dormir ?
- 10 A1 Hotel (B2)
- 11 Tuấn Minh Guest House (A1)
- 12 Homestay Muong Thanh (B2)
- 13 Hôtel Ruby (A1)

Où manger ?
- 20 Yến Ninh Vegetarian Restaurant (hors plan par B1)

fortifié ». Dans son esprit, il faut fixer le gros des troupes vietminh et réduire les attaques sur le delta du fleuve Rouge. Ainsi, celles-ci, fatiguées, usées, permettraient à Navarre une offensive stratégique vers le sud... Tout cela sur le papier, bien entendu !

L'édification du camp

Début 1954, les positions se précisent. Navarre renforce chaque jour le camp retranché. ***Giáp commence à amener troupes et matériel.*** Il est d'ailleurs curieux que peu de gens à l'époque relèvent l'incongruité de la situation. Une cuvette de 18 km de long sur 6 à 8 km de large, entourée de collines et montagnes, dont certaines à moins de 1 000 m du centre de la cuvette. Un camp donc, à une simple portée des canons que le Vietminh pourrait y installer. Justement, l'élite politique et militaire française, aveuglée par sa suffisance, est convaincue que le Vietminh est incapable de transporter à 500 km de ses bases un si lourd matériel. Tout le monde se révèle satisfait et jouit d'avance de la bonne leçon que les Viets vont recevoir. **Pleven, ministre de la Défense,** et le chef d'état-major, le **général Ely,** en visite à Điện Biên, décrètent que le site est idéal pour contenir la menace communiste. Même opinion du général américain O'Daniel, commandant en chef des forces du Pacifique. À Nà Sản, plus à l'ouest, cela avait merveilleusement fonctionné, pourquoi pas là ?

L'ennemi invisible

La configuration du terrain est en faveur du Vietminh. Pour Jules Roy : « Điện Biên Phủ était en effet un pot de chambre, dont la garnison occupait le fond et le Vietminh les bords. » Fin observateur, le correspondant du *Monde* visite le camp le 14 février 1954 et écrit ces lignes de bon sens : « L'image juste serait plutôt celle d'un stade, mais d'un stade immense. Le fond du stade est à nous : les gradins des montagnes tout autour sont au Vietminh. Le visiteur qui tombe là-dedans du haut du ciel est assailli au 1er moment par un désordre d'impressions qui lui coupent le souffle. L'impression d'abord d'être encerclé, encagé, cerné ; celle encore d'être vu de partout, que chacun de ses mouvements doit être aperçu par l'ennemi, qui plonge ses regards d'en haut, tandis que lui-même, derrière le rideau des forêts, ne nous est visible nulle part. Le visiteur est surpris par surcroît de constater que, au rebours de toute forteresse connue, celle-ci n'a pas choisi de laisser la plaine à l'ennemi pour se placer sur les hauteurs, mais bien le contraire. *À nous le creux, le plat ; à l'ennemi tout ce qui domine...* »
Après une description du corps expéditionnaire, la conclusion cependant semble moins pertinente. On ne sait plus s'il interprète la pensée du colonel de Castries ou si c'est sa propre conclusion !
« La surprenante armée ! À Paris ou en France, quand on parle de l'Indochine et de notre armée qui la défend, on pense à une armée de Français, une armée d'hommes blancs combattant un adversaire jaune. C'était le cas en 1947 quand je vis cette guerre à ses débuts. On est maintenant devant le plus extraordinaire mélange de couleurs et de races : Marocains, Annamites, Algériens, Sénégalais, légionnaires... Il ne manque plus qu'une chose dans ce champ de bataille, une chose et une seule : la bataille elle-même. La bataille n'est pas venue au rendez-vous. Il y a 2 mois qu'on s'y prépare, qu'on l'attend, qu'on l'espère – mais en vain. *"Faire descendre le Viet dans la cuvette !"* Voilà le projet du colonel de Castries, commandant en chef à Điện Biên Phủ, et de tout l'état-major. S'il descend, il est à nous. Le choc peut être dur, mais nous l'arrêterons. Et enfin, nous aurons ce qui nous a toujours manqué : un objectif ; un objectif concentré que nous pourrons "matraquer". Alors, nous pourrons nous vanter de la réussite de notre manœuvre. »
Rhétorique subtile ou pensée du journaliste ? Bizarre...

Au fait, le Vietminh, pourquoi a-t-il tant attendu ?

Giáp, quant à lui, révèle dans ses mémoires qu'il avait pensé à fondre sur le camp dès décembre 1953 (d'ailleurs, ses conseillers militaires chinois l'y poussaient). Mais, nourri par l'*expérience du siège de la base retranchée de Nà Sản* qu'il n'avait pas réussi à prendre (elle provoqua de lourdes pertes dans son armée), il renonça à une attaque prématurée. Il raisonna donc à long terme et appliqua sa nouvelle stratégie : « *N'engager le combat que quand on est sûr de vaincre, n'attaquer que pour anéantir l'ennemi.* »
Toujours dans ses mémoires, Giáp reconnut que l'opinion de Navarre sur l'excellence de sa position n'était pas dénuée de fondement, mais qu'il eut quand même le tort de n'en avoir reconnu que les points forts et pas... les points faibles. Tirant les leçons de la bataille de Nà Sản (où les avions français avaient pu continuer à atterrir), Giáp et son état-major en conclurent que Điện Biên étant trop éloigné de

l'arrière et *dépendant totalement du ravitaillement aérien,* il fallait que tout soit mis en œuvre pour empêcher son approvisionnement. Navarre décidant d'engager l'épreuve de force décisive à Điện Biên, il fallait donc relever le défi et choisir d'y obtenir une décision stratégique, une victoire psychologique tout autant que militaire. C'est-à-dire l'anéantissement total du camp !

Et pour cela, s'en donner les moyens. Réouverture de la *route Tuần Giáo* (celle-là même que prendront nos lecteurs) et percement de routes alternatives. *Le génie vietnamien fit des miracles,* taillant des voies à flanc de montagne et réussissant à les camoufler jusqu'à la fin de l'offensive. Des centaines de camions, mais surtout des dizaines de milliers d'hommes et de femmes (les *dân công*) transportèrent l'artillerie en pièces détachées, les vivres et les munitions, sur leurs vélos (200 kg en moyenne par personne) ou leurs animaux, le long de véritables tunnels de verdure. L'artillerie et le poste de commandement des officiers de Giáp (pas celui de Giáp, situé beaucoup plus loin) furent implantés au plus près du camp français, à 3 km, dans de profondes casemates bien dissimulées. Des ouvrages de diversion furent construits. Enfin, des centaines de kilomètres de boyaux furent creusés comme une toile d'araignée autour de Điện Biên Phủ...

Une des erreurs des commandants français fut non seulement d'avoir sous-estimé les capacités physiques et le courage du Vietminh, mais également, comme le dit Giáp : « L'erreur fondamentale a été de voir les choses dans l'optique de stratèges bourgeois. » Plus grave, c'est d'avoir oublié que patriotisme et nationalisme sont toujours le ciment et la force d'un peuple. Pendant que politiciens français et ganaches paradaient et péroraient, le Vietminh mettait en place la réforme agraire et mobilisait les paysans dans l'effort de guerre. C'est, enfin, d'avoir oublié que le patriotisme avait, pendant la Révolution française en 1792, permis de vaincre des armées étrangères beaucoup plus nombreuses et puissantes...

La bataille

La bataille tant attendue est déclenchée le *13 mars 1954* à 17h (pourtant, ce n'était pas l'armée anglaise !). Pour Giáp, elle doit répondre à 3 phases : 1) anéantissement des positions périphériques ; 2) instauration d'une ceinture de feu autour de l'aérodrome et du dispositif de défense central ; 3) assaut général.

Le 13 mars à 22h30, déjà, la *colline Béatrice* (Him Lam) tombe. Le 14, c'est au tour de *Gabrielle* (Độc Lập) et, le 17, c'est *Anne-Marie* (Bản Kéo). De nombreux avions sont détruits, l'aérodrome est déjà inutilisable. Pire : les canons français se révèlent incapables de réduire les positions vietminh.

La 2e phase de l'offensive répond toujours aux mêmes préoccupations : « attaque sûre, progression

ERREUR FATALE

Chargé de l'artillerie à Điện Biên Phủ, le colonel Piroth s'effondra devant l'ampleur des 1ers succès vietnamiens, du 13 au 17 mars 1954. Il se suicida en dégoupillant une grenade. Pourquoi ? Il se sentait coupable d'avoir sous-estimé la force de frappe et la puissance des ennemis « viets », cachés sur les collines au-dessus du camp retranché.

sûre ». La 2de quinzaine de mars est consacrée à creuser un nouveau réseau de boyaux autour du camp français. *Bigeard* et ses parachutistes sont envoyés en renfort.

Le 30 mars, nouvelle offensive pour s'emparer des 5 collines qui verrouillent la défense à l'est du camp. C1 tombe en 45 mn, puis les autres. Seule la colline *Éliane* (A1) résiste. Elle est prise, reprise. Le 9 avril, C1 est réoccupé par les Français. Les lignes adverses ne sont parfois séparées que d'une dizaine de mètres. Tous les points d'appui défendant l'aérodrome tombent à leur tour. Celui-ci est occupé. Le camp français se réduit désormais à une bande étroite de moins de 2 km de long.

Il est, bien sûr, obligé de faire parachuter vivres et munitions, mais, les avions n'osant voler à basse altitude à cause de la DCA, la grande majorité des colis tombent du côté vietminh. Ironie du sort donc : vivres et obus nourrissent l'ennemi et ses canons ! Pourtant, pour réduire les batteries viets, les bombardements des C 119 fournis par les Américains sont intenses. Giáp rapporta que, **pour la seule journée du 2 avril, il compta 250 sorties de bombardiers et de chasseurs.** Pressentant d'ailleurs la défaite, dès le début avril, le haut commandement français demande l'intervention directe de l'*aviation américaine*. C'est le « *plan Vautour* », qui ne sera jamais exécuté. L'Amérique hésite, sortant à peine de la guerre de Corée. De plus, certains milieux aux États-Unis voient d'un œil intéressé l'effondrement de l'influence française en Indochine. D'autres ont déjà analysé que cela ne sauverait pas, de toute façon, Điện Biên Phủ.

La fin du camp

Dans la nuit du 1er mai 1954 commence la dernière phase de la bataille. Les collines les plus proches du P.C. de Castries tombent rapidement. Le 3 mai, les lignes avancées vietminh se trouvent à moins de 300 m du P.C. Le 6 mai, elles occupent Éliane (A1), la dernière colline. Le camp français se réduit à un carré de quelques centaines de mètres de côté. Le 7 mai, Giáp note que les Français font sauter leurs stocks de munitions et jettent leurs armes dans la rivière Nậm Rốm. C'est la fin. L'ordre de l'assaut est donné. Partout s'élève le même cri : « *Xung phong ! Xung phong !* » (« À l'assaut ! À l'assaut ! ») À 17h30, le P.C. français est atteint. *Le général de Castries et son état-major sont faits prisonniers.*

Désormais, le drapeau rouge à étoile jaune armé de l'inscription « Combattre et vaincre » flotte sur le camp. **Pierre Schoendoerffer** raconte : « Il y eut soudain un surprenant, un terrible silence. Après 56 jours et 57 nuits de bruit et de fureur, nous eûmes l'impression, tout à coup, que nous étions devenus sourds... » À Paris, Laniel, président du Conseil, s'adresse d'une voix blanche à la Chambre des députés : « Toute résistance a cessé à Điện Biên Phủ. » Seule femme présente dans la cuvette jusqu'à la fin de la bataille, Geneviève de Galard est faite prisonnière, mais le Vietminh la relâche vite (sur ordre de Hồ Chí Minh, qui voulait montrer sa clémence). Chiffres terribles : *3 000 morts, 4 000 blessés, 10 000 prisonniers, dont un tiers seulement reviendra des camps vietminh.* Opinion publique traumatisée en France, armée démoralisée... À la conférence de Genève, Georges Bidault, le « va-t-en-guerre », devait déclarer, à la veille de la négociation : « Je n'ai plus en main que le 2 de trèfle et le 3 de carreau. » Pourtant, opposé jusqu'au bout à toute négociation de paix, il aurait dû y songer avant, s'il avait vraiment voulu arriver à la conférence avec au moins dans les mains... un full aux as par les rois !

À lire

– *La Bataille de Điện Biên Phủ*, de Jules Roy (éd. Albin Michel, 2016). Ancien officier de l'armée devenu écrivain pour préserver sa liberté et son jugement, Jules Roy a reconstitué jusque dans le moindre détail la bataille de Điện Biên Phủ. Il connaît la stratégie militaire et fait une analyse critique mais juste des choix de l'état-major français. Humaniste et patriote, il ne cesse de témoigner son admiration et sa compassion pour les soldats français qui se battent jusqu'au bout. Historien lucide, il reconnaît aussi la force de l'ennemi, considérant que le facteur humain (le courage, le sacrifice, la détermination vietnamienne) de l'armée populaire de Giáp a été décisif dans la bataille autant que la stratégie et les armes.

– *Une femme à Điện Biên Phủ*, de Geneviève de Galard (éd. J'ai Lu, 2004). À 18 ans, Geneviève de Galard rêve d'aventures et souhaite se mettre au service des autres. Elle embarque donc pour l'Indochine comme convoyeuse de l'air. Sa mission : soigner les blessés lors des évacuations aériennes. Le jour où elle rejoint le camp retranché de Điện Biên Phủ, elle est loin de se douter de ce qui l'attend. Pendant 58 jours, clouée au sol, elle va partager le quotidien des 15 000 soldats du camp. Pour eux, elle sera tour à tour infirmière, confidente, mère...

ĐIỆN BIÊN PHỦ / OÙ DORMIR ?

Quand y aller ?

– *Entre mars et août :* saison des pluies, pistes moins praticables qu'en saison sèche.

– *Entre septembre et février :* temps clément, sec et doux.

Arriver – Quitter

En bus

Gare routière (Bến Xe Khách Điện Biên ; plan A1) : Phường Tân Thanh, à la sortie de la ville, à l'angle de la route menant à l'aéroport. ☎ 383-38-99.
> *Pour Tuần Giáo (80 km) :* 1 bus/j. dans l'ap.-m. Durée : min 2h.
> *Pour Mường Lay (103 km) :* 3 bus/j., dans l'ap.-m. Billet : env 70 000 Dg. Durée : 3h30-4h.
> *Pour Sơn La (151 km) :* 5 bus/j., 4h30-14h. Billet : 110 000-160 000 Dg. Durée : 4-5h.
> *Pour Lai Châu (205 km) :* 14 bus/j., 4h15-14h. Billet : 150 000 Dg. Durée : 5h.
> *Pour Sapa (274 km) :* 7 bus/j., 6h30-18h30. Ils vont jusqu'à leur terminus qui est Lào Cai, en s'arrêtant à Sapa. Billet (bus de nuit) : 200 000 Dg. Durée : min 8h. Route bitumée et à 2 voies, en très bon état.
> *Pour Hanoi (420 km) :* une vingtaine de compagnies assurent la navette au départ de Điện Biên Phủ, pour les gares routières de Yên Nghĩa (la majorité) et parfois Mỹ Đình ou Giap Bat. Au total, env 25 bus/j., 4h30-21h30. La plupart sont des bus de nuit. Compter 300 000-350 000 Dg. Durée : 10-13h.
> *Pour le Laos :* 1 bus/j., à 5h30, pour Muang Khua. Durée : 5h-6h. Billet : env 120 000 Dg. Ou 1 bus/j., à 6h, pour Udomxay. Durée : 7h. Billet : 240 000 Dg. Pour Phongsaly, 1 bus/j., passant par Udomxay. Durée : 12-14h. Pour Luang Prabang, 2 bus/j., tôt le mat. Route longue et en très mauvais état. Durée : 12-13h. Billet : env 500 000 Dg. Voir plus loin « Le passage de la frontière avec le Laos ».

En avion

✈ *Aéroport de Điện Biên Phủ : à 1 km au nord de la ville, en direction de Mường Lay.*
> *De/pour Hanoi :* 3 vols/j., avec *Vietnam Airlines.* Durée : 1h.

Adresses utiles

■ *Agribank (plan B1, 2) : 884, Đường Võ Nguyên Giáp. Mar-sam 7h-11h30, 13h30-18h.* Change euros et dollars. Distributeur.
■ *Distributeurs ATM : le long de la rue principale Võ Nguyên Giáp, à la banque BIDV au n° 888, et à la banque VietinBank au n° 890 (plan B1, 3).*
■ *Vietnam Airlines :* à 500 m de l'aéroport ; l'officine centrale est située sur la route Nguyễn Hữu Thọ. ☎ 382-49-48. • vietnamairlines.com • *Tlj 7h30-11h30, 13h30-16h30.*

Où dormir ?

Bon marché (jusqu'à 300 000 Dg / env 11 €)

🏠 *Tuấn Minh Guest House (plan A1, 11) : Lò Văn Hặc, petite rue donnant dans l'av. Thanh Bình.* ☎ 383-38-99. *Doubles 200 000-250 000 Dg.* Situé dans une rue calme, à 50 m de la gare routière, c'est son gros avantage. Pour le reste, c'est sommaire, avec des chambres équipées de toilettes privatives, clim, ventilo, frigo, et carrelage au sol... Si c'est plein, il y a 5 autres petits hôtels dans la même rue.

LE GRAND NORD-OUEST

LE GRAND NORD-OUEST

🛏 **Homestay Muong Thanh** *(plan B2, 12)* : *70, Groupe 19, Hoàng Công Chất St, quartier de Mường Thanh.* ☎ *383-82-55.* 📱 *911-35-55-77.* ● *dienbientrip@gmail.com* ● *dienbienfriendlytrip.com* ● *Double env 300 000 Dg, petit déj en plus.* Adossée à la colline A1, voici une maison récente tenue par une famille attentionnée. Le propriétaire habite au rez-de-chaussée. Il n'y a que 2 chambres, impeccables et confortables (clim), dont une avec petit balcon. Elles donnent sur la rue (calme) ou sur la colline. Les toilettes (douche/w-c) sont au rez-de-chaussée. Repas à la demande. Location de motos *(150 000 Dg/j.)*.

De prix moyens à chic (300 000-1 000 000 Dg / env 11-35 €)

🛏 **Hôtel Ruby** *(plan A1, 13)* : *43, Mường Thanh.* ☎ *383-55-68.* ● *rubyhoteldienbien.com* ● *Accès par une ruelle au niveau du n° 90, Nguyễn Chí Thanh et du café Window. Doubles à partir de 500 000 Dg, petit déj inclus.* C'est ce que l'on a trouvé de mieux dans cette catégorie. Petit hôtel de 8 étages avec des chambres propres et bien équipées (clim). Les plus agréables sont celles qui donnent sur la rivière et la vallée dans les étages élevés.

🛏 **A1 Hotel** *(plan B2, 10)* : *3, Hoàng Công Chất.* ☎ *395-29-99. Doubles à partir de 520 000 Dg, petit déj-buffet inclus.* Bel hôtel moderne de 45 chambres, dans une rue proche de la colline A1 (Éliane). Chambres très spacieuses (TV, clim, téléphone) réparties autour d'une grande cour calme. Bon accueil en anglais. Restaurant (de type buffet) dans un bâtiment séparé. La meilleure adresse de Điện Biên en 3-étoiles.

Où manger ?

Plusieurs restaurants familiaux et simples dans la rue Nguyễn Chí Thanh. Plusieurs gargotes *Cơm Phở* près de la gare routière.

Bon marché (jusqu'à 100 000 Dg / env 4 €)

🍽 **Yến Ninh Vegetarian Restaurant** *(hors plan par B1, 20)* : *257, Groupe 9, quartier de Tân Thanh.* 📱 *989-88-75-13. Aller jusqu'au niveau du n° 651 de la rue Tân Thanh (panneau « Tổ Dân Phố Văn Hoá 9 ») et prendre une ruelle en la suivant sur 100 m. Tlj 8h-22h. Plats 35 000-60 000 Dg.* On ne sait pas si on pénètre dans une bibliothèque ou dans un resto. Les 2 à la fois ! C'est donc un biblio-resto tenu par une dame philanthrope qui sert aussi de cantine pour les écoliers. Salades de légumes, soupes variées, rouleaux de printemps, nouilles... tout est frais, et cuisiné avec soin par une famille vietnamienne, végétarienne et accueillante. Une bonne adresse en ville !

À voir. À faire

🎋 **Le marché** *(plan A1)* : *en plein centre.* Un nouveau marché couvert a complété l'ancien marché qui se tient sur le rond-point. Vous pourrez y rencontrer des Dzao Verts, des Dzao Rouges et de nombreux Thaïs Noirs dont les femmes mariées se distinguent par un gros chignon.

🎋 **La statue de la Victoire** *(colline D1 ; plan B1)* : *droit pour monter le grand escalier menant à la statue 15 000 Dg. Il y a aussi un chemin comptant 359 marches. Conseil : y aller entre 11h et 13h ou bien attendre 17h, l'entrée est alors gratuite.* Du haut de la colline Dominique 2, face au marché, elle domine la ville. Très puissante et massive (on parle de 360 t !), elle représente 3 soldats marchant sur le Q.G. des forces françaises et regardant dans 3 directions différentes. Cette statue a été érigée en 2004, pour « fêter » les 50 ans de la bataille.

ĐIỆN BIÊN PHỦ / À VOIR. À FAIRE | 215

🔸 **Le site de la bataille :** si la cuvette de 6-8 km sur 18 km est riche et verdoyante, les environs mêmes de l'aérodrome semblent encore meurtris. Aujourd'hui encore, la végétation est bien maigrichonne. Vous serez étonné du périmètre étriqué du camp. Les fameuses collines ne sont que de petites buttes qui paraissent encore plus fragiles, plus dérisoires par rapport aux versants de la cuvette où étaient cachés les canons du Vietminh. Et si proches de l'aérodrome ! On mesure aujourd'hui l'aveuglement démesuré du commandement français.

➢ Possibilité de se rendre aux **collines Béatrice 1, 2 et 3** (Him Lam) en taxi. Compter 100 000 Dg la course. Entrée gratuite. Ce sont les 1ʳᵉˢ collines tombées le 14 mars 1954. Réseaux de tranchées et de bunkers très bien reconstitués. Panneaux explicatifs en vietnamien seulement. Les autres collines sont Gabrielle (Độc Lập), Anne-Marie 1 et 2 (Bản Kéo), et Isabelle (entrée gratuite également).

🔸 **La colline A1** (ou **colline Éliane 2** ; plan B2) : *entrée du site à droite de la route après le cimetière vietnamien. Tlj 7h-11h, 13h30-17h. Billet : 15 000 Dg.* Cette colline, aujourd'hui plantée d'arbres, était le point fort du dispositif français et son assaut a duré 39 jours. Un sentier conduit à son sommet où l'on peut voir les vestiges de cette terrible bataille : cratères de bombe, un tank sous un hangar, un bunker enterré et des restes de tranchées où vécurent les derniers soldats français avant l'assaut final des Viets. Au pied de la colline A1 (que le général de Castries avait nommé colline Éliane) se tient l'un des 5 cimetières vietnamiens de Điện Biên Phủ, et c'est le plus petit (600 tombes). Il a été restauré pour le 40ᵉ anniversaire. Le plus beau **cimetière militaire du Vietnam,** dit-on ici. Les 3 000 morts français n'en ont pas. Ils furent enterrés dans l'urgence, de-ci, de-là, pendant et après la bataille. Un mémorial rappelle néanmoins leur existence (voir plus loin).

🔸🔸 **Le musée de la Victoire de Điện Biên Phủ** (Bảo tàng Chiến thắng Lịch Sử Điện Biên Phủ ; plan B2) : *Đường Võ Nguyên Giáp, en face du cimetière militaire vietnamien et de la colline A1 (Éliane 2).* ☎ *383-13-4. Tlj 7h-11h, 13h-17h (18h en été). Entrée : 15 000 Dg. Explications en anglais et en français.* Ouvert en 2014, de forme circulaire, il est composé d'un rez-de-chaussée (boutiques de souvenirs) et d'un étage. Présentation intéressante et instructive de la bataille avec une collection d'objets retrouvés sur le terrain et des dons effectués par les vétérans. On y voit notamment le fameux vélo Peugeot qui a servi à transporter du matériel de guerre. Panneaux explicatifs en vietnamien, anglais et français, mais les commentaires et les légendes des photos datent.

🔸 **Le Q.G. du général de Castries** (Hầm Đờ Cát ; plan A2) : *direction sud-ouest. Prendre la route longeant le fleuve venant de l'aéroport jusqu'au vieux pont Mường Thanh, puis à droite la rue Cầm Đồ Đạc Vật Liệu (les sites français sont très mal indiqués, panneaux à l'entrée en vietnamien) ; demandez « Di Ca To Ri ». Tlj 7h-11h, 13h30-17h30. Entrée : 15 000 Dg.* Le Q.G. était appelé le P.C. Gono. Il a été reconstruit presque à l'identique au même emplacement qu'en 1954 : 20 m de long sur 8 m de large. Enfoui sous terre et divisé en 4 pièces, il était relié à la colline Éliane par une tranchée. Il a été remanié pour les visiteurs car, à l'origine, les 4 chambres n'étaient pas en enfilade comme maintenant et les murs étaient en bois, pas en béton. À l'extérieur n'apparaissent que des muretins constitués de sacs de sable (en béton aujourd'hui) soutenant de grosses tôles arrondies qui font office de toit. À l'intérieur, rien de spectaculaire, mais remarquer toutefois les panneaux d'information (partiellement écrits en français) indiquant les chiffres des victimes dans les 2 camps. Les autres salles servaient de P.C. au commandant des forces aériennes et au général de Castries. Il n'y a plus rien : tous les objets personnels des officiers ont fini au musée. Reste un grand silence sépulcral, l'impression d'être entré dans un tombeau pour morts-vivants.

À la sortie, un petit bas-relief représente le général de Castries, le 7 mai 1954, sortant de son abri pour se rendre aux soldats du Vietminh.

– Autour du Q.G., plusieurs chars, canons et morceaux d'avion que l'on peut voir de près en marchant. Panneaux explicatifs en vietnamien et en anglais.
– À 300 m du Q.G. à vol d'oiseau, le **monument du Souvenir des officiers et soldats de l'armée française** *(pour y accéder depuis le Q.G., tourner à droite et suivre le chemin sur 300 m, le monument est sur la gauche ; GRATUIT)*. Pousser la grille. C'est une enceinte fermée par des murs blancs. Ce n'est pas un cimetière mais un mémorial collectif. Il a été érigé par un ancien légionnaire de l'armée française (Rolf Rodel), qui l'a financé de sa poche ; le gouvernement français a mis 20 ans à le rembourser de ces dépenses. Le mémorial a été inauguré le 7 mai 1994, lors du 40e anniversaire de Điện Biên Phủ. C'est le seul monument aux morts français en « Indochine » érigé au Vietnam. Endroit simple et émouvant où des anonymes, des anciens combattants et leur famille viennent régulièrement déposer des fleurs.

DANS LES ENVIRONS DE ĐIỆN BIÊN PHỦ

La colline Gabrielle (Độc Lập) : à env 5 km au nord de Điện Biên Phủ, sur la route de Lai Châu. Au hameau de Độc Lập, petite route à droite. Entrée libre et gratuite. Petit plan sur une sorte de stèle. Escaliers jusqu'au sommet. La colline Gabrielle est la seule des fameuses collines du camp retranché qui soit restée pratiquement en l'état après la bataille. Des combats meurtriers s'y déroulèrent les 14 et 15 mars 1954. En marchant quelques minutes autour du sommet, on peut voir les vestiges des fortifications françaises (tranchées, abris, casemates...). Au bas de la colline, grand cimetière vietnamien.

Le Q.G. du général Võ Nguyên Giáp (Hầm Tướng Giáp) : à 25 km à l'est de la ville de Điện Biên Phủ. A/R en taxi : env 700 000 Dg. Entrée du site : 15 000 Dg. Panneaux explicatifs en vietnamien et en anglais.
➤ *Pour y aller* : compter 1h-1h30 de trajet en taxi. Les taxis ont un compteur, mais mieux vaut négocier le prix pour un A/R. Les plus courageux prendront une moto-taxi, mais attention, ce n'est pas le grand confort. De Điện Biên Phủ, pas-

GIÁP COMMANDAIT À DISTANCE

Contrairement à ce que l'on pense souvent, l'état-major du Vietminh n'a jamais été implanté sur les collines autour de la cuvette occupée par les Français, mais à Mường Phăng, hameau situé à une vingtaine de kilomètres par voie terrestre (10 km à vol d'oiseau) de la vallée de Điện Biên Phủ ! C'est de cette clairière que le général Võ Nguyên Giáp dirigea la bataille. Les Français ne l'ont jamais localisé pour le bombarder.

ser le pont Bế Văn Đàn, prendre la direction de Tuần Giáo et de Sơn La (qui est aussi celle de Hanoi). À 16 km, prendre une route à droite en direction de **Mường Phăng** que l'on atteint après 15 km. La route se termine en T au milieu du village. À ce T, prendre à gauche et aller jusqu'au bout, l'entrée du site est à droite du seul grand bâtiment.
Au pied d'une colline couverte de jungle, après un monument en souvenir des Thaïs (minorité ethnique de la région) morts au combat, on arrive à l'entrée du site. Il faut marcher pendant une dizaine de minutes. On franchit quelques ruisseaux. On arrive d'abord à un groupe de huttes enfouies dans la végétation luxuriante (hutte des télégraphistes, hutte des réunions...).
La hutte où l'état-major du Vietminh se réunissait tous les jours n'existe plus. Son emplacement rectangulaire reste quand même visible en contrebas de la butte boisée. Une stèle en vietnamien donne des explications. Derrière, quelques mètres plus haut, se trouve l'entrée d'une **galerie souterraine** creusée sous la colline. Elle permettait à Giáp de rejoindre en toute sécurité la hutte où il dormait (quand il lui arrivait de dormir !). Un souterrain restauré d'une cinquantaine de

mètres (éclairage avec commande à l'entrée) peut être emprunté par le visiteur. On accède à la hutte personnelle du général Giáp. Attention à la tête, car c'est un boyau étroit et bas !

En contournant la petite colline par la gauche, on atteint la **hutte de Giáp.** Adossée au flanc nord, cachée comme le reste du camp par de hauts arbres, cette maisonnette (au débouché du souterrain) de bambou se compose de 2 pièces d'une grande simplicité. La 1re lui servait de bureau, la 2de de chambre à coucher. Aucun meuble, aucune décoration, rien : tout est confectionné avec les moyens du bord fournis par la jungle. On dirait la tanière d'un scout intrépide devenu moine-soldat après avoir lu *Robinson Crusoé* ! Difficile de faire plus zen. Comparée à cet ermitage monacal, la hutte de Fidel Castro dans la Sierra Maestra (Cuba) ressemble à un confortable bungalow de campeur !

C'est pourtant d'ici, loin de Điện Biên Phủ, que Giáp dirigea les opérations, communiquant par radio avec Hoàng Văn Thái, chef d'état-major. Pendant la bataille, les habitants de la région étaient chargés du ravitaillement du commandant en chef. Tel un stratège fantôme, cet éternel guerrier de l'invisible vécut ainsi caché, pendant 57 jours, dans une *authentique « fortification écologique »*. Il analysait la situation et donnait ses ordres à distance. Longtemps traquée par l'aviation française, sa cachette n'a jamais été découverte. De temps en temps, à l'occasion d'une commémoration, le vieux général est revenu en pèlerinage dans ce lieu où il vécut sa « saison en enfer ». Et sa 1re grande victoire décisive. **Giáp est mort en 2013, il était âgé de 102 ans !**

Le passage de la frontière avec le Laos

Au total, l'ensemble du trajet Điện Biên Phủ (Vietnam)-Muang Khua (Laos) en bus (passage de la frontière inclus) demande 4 à 5h.

Le poste-frontière de **Tây Trang,** ouvert aux étrangers depuis 2007, se trouve à 36 km au sud-ouest de Điện Biên Phủ. On y passe sans problème. C'est un poste ouvert dans les 2 sens. **Attention, depuis 2020, il ne délivre plus de visa laotien à la frontière.** Il faut le demander à l'ambassade du Laos à Hanoi. Dans le sens Laos-Vietnam, le visa vietnamien n'est pas délivré à la frontière ; il faut donc l'avoir déjà sur son passeport.

Un bus s'y rend depuis la gare routière de Điện Biên Phủ *(départ tlj à 5h30 pour Muang Khua, compter 130 000 Dg ; ou tlj à 6h pour Udomxay, compter 250 000 Dg).* Pour éviter toute surprise, arrivez tôt à la gare routière ou réservez votre billet la veille.

Après les formalités à ce poste-frontière de Tây Trang, le bus vous mène jusqu'à la ville laotienne de Muang Khua. Environ 2h de route pour 50 km à flanc de montagne. On traverse plusieurs villages et des rivières. À Muang Khua, quelques *guesthouses* et la possibilité de rejoindre Luang Prabang en bateau par la rivière Nam Ou.

Dans le sens inverse, un bus quitte Udomxay tous les jours à 5h30 pour rejoindre Điện Biên Phủ *(compter 80 000 kips ; ou de Muang Khua, compter 40 000 kips).*

DE ĐIỆN BIÊN PHỦ À SAPA

Au total, compter environ 8h de route (plus avec les arrêts). Pour le 1er tronçon, de Điện Biên Phủ à Mường Lay, compter 3h de trajet pour 103 km de route goudronnée (la QL12) dans de superbes paysages de montagne. De Mường Lay à Sapa, compter au moins 5h (pour 215 km) sur une bonne route bitumée (QL12 puis la QL4D).

Paysages de vallées et de montagnes, avec un grand lac artificiel étendu sur des kilomètres au niveau de Mường Lay. On y rencontre des minorités ethniques, d'abord des Thaïs Noirs, puis certaines que l'on ne croise pas ailleurs, comme les Hmong Rouges, avec leurs jeunes filles aux joues bien rondes et leur masse de cheveux gonflés, façon casque.

MƯỜNG LAY *(99 000 hab.)*

Comme Điện Biên Phủ, le bourg occupait une cuvette et fut l'objet, pendant la guerre coloniale française, d'âpres combats. À la suite des graves inondations de l'été 1996 qui firent plusieurs dizaines de morts et endommagèrent une partie de la ville, un barrage fut érigé, noyant totalement l'ancien bourg en 2013. Une nouvelle ville sans charme occupe désormais les hauteurs.

Dans les parages vivent plusieurs communautés ethniques, **Hmong Blancs** (sur la route de Tuần Giáo), **Hmong Rouges** (sur la route de Điện Biên Phủ, à 25 km de Lai Châu), **Thaïs Blancs** et **Noirs** (Đèo Văn Long), **Si La** et **Cống** (sur la route de Mường Tè, à environ 20 km).

LA ROUTE ENTRE LAI CHÂU ET SAPA

Ce tronçon ne fait que 77 km mais la route franchit **le plus haut col du Vietnam** à 1 911 m (le col Ô Quý Hồ, la « Porte du Ciel »). À cette hauteur, en hiver il y a souvent de la brume et des nuages. Relief accidenté, montagnes boisées avec des traces d'érosion et d'effondrements de terrain. Après le col, la route redescend en décrivant de nombreux virages. Enfin à 13 km avant d'arriver à Sapa, on passe par le site de la **Cascade d'Argent** (Thác Bạc), une belle chute qui tombe de la montagne, sur la gauche de la route *(tlj de 6h au coucher du soleil ; entrée : 20 000 Dg)*.

SAPA

48 000 hab. — IND. TÉL. : 214

• Plan p. 219 • Carte La région de Sapa p. 229

Depuis l'ouverture en 2014 d'une autoroute à 4 voies (encore en chantier pour un tronçon) entre Hanoi et Lào Cai, la ville de Sapa (province de Lào Cai) semble sortir définitivement de son isolement millénaire... Pour faire les 350 km qui séparent Sapa de la capitale, il ne faut plus aujourd'hui que 5h30 à 6h de route au lieu de 8h auparavant ! Ce changement va accélérer le développement de Sapa, pour le meilleur, plus que pour le pire, espérons-le. Dans tous les cas l'affluence touristique ne diminue pas.

Bien que la ville soit un chantier permanent, avec des immeubles qui sortent de terre chaque année, Sapa n'a pas encore vendu son âme au diable. C'est d'abord un site exceptionnel, une petite cité perchée à 1 650 m au cœur d'un magnifique cirque de montagnes, toutes sculptées par une multitude de rizières en terrasses (le riz a remplacé la culture du pavot depuis 1986). Les environs de cette petite ville d'altitude sont parsemés de villages habités par des minorités ethniques (Hmong, Dzao...) d'origine non vietnamienne. Voilà le « pays bleu », comme on l'appelle, qui devient le « pays vert » en mai et en septembre quand les rizières verdissent. Si vous cherchez plus de dépaysement, on vous recommande Bắc Hà, et surtout la province méconnue de Hà Giang.
– **Bon à savoir :** en raison du succès de Sapa et de sa facilité d'accès, évitez les week-ends pendant lesquels la ville est envahie par la foule des touristes vietnamiens.

UN PEU D'HISTOIRE

La ville (Chapa en français) a d'abord été un site militaire en 1915 (sanatorium et station météorologique), puis elle est devenue une station climatique fondée par les coloniaux en 1922. Quelques rares villas coloniales témoignent encore

SAPA

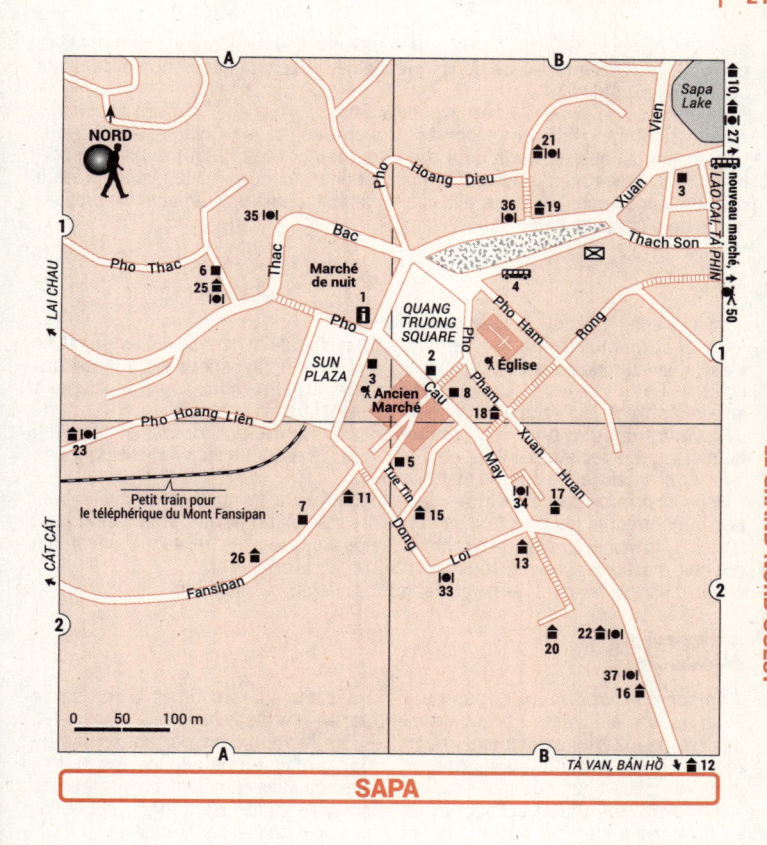

LE GRAND NORD-OUEST

Adresses utiles

- **1** Sapa Tourism Information (A1)
- **2** Agribank et ATM (B1)
- **3** BIDV et ATM (B1)
- **4** Arrêt des bus publics (B1)
- **5** Vietnam Nomadtrails (B2)
- **6** Trails of Mountain – TOM Travel (A1)
- **7** Boutique Indigo Cat (A2)
- **8** Pharmacies (B1)

Où dormir ?

- **10** Happy Family Hotel (hors plan par B1)
- **11** Phương Nam Hotel et Sapa Mountain Hotel (A2)
- **12** Sapa Odyssey Hostel (hors plan par B2)
- **13** Mountain View Sapa Hotel (B2)
- **15** Heart of Sapa Hotel (B2)
- **16** Holiday Sapa Hotel (B2)
- **17** Auberge Đặng Trung (B2)
- **18** Sapa Horizon Hotel (B1)
- **19** Le Gecko Hotel (B1)
- **20** Little View Homestay (B2)
- **21** Victoria Sapa Resort & Spa (B1)
- **22** Sunny Mountain Hotel (B2)
- **23** Aira Boutique Hotel & Sapa (A2)
- **25** Sapa Dragon Hotel (A1)
- **26** Cat Cat View Hotel (A2)
- **27** Chambres d'hôtes Sapa Garden B & B (hors plan par B1)

Où manger ?

- **33** Indigo Restaurant (B2)
- **34** Viêt Emôtion (B2)
- **35** Red Dao House (A1)
- **36** Viêt Emôtion 2 et Le Petit Gecko (B1)
- **37** Little Vietnam Restaurant (B2)

À voir

- **50** Mont Hàm Rồng (hors plan par B1)

de cette époque. Contrairement à la version officielle, l'intervention militaire chinoise de 1979 eut peu de conséquences, hormis quelques bombardements aériens sur Sapa.
À la différence de Lào Cai, il ne restait déjà presque plus rien à Sapa du patrimoine architectural français au moment de la guerre contre les Chinois. Le développement touristique de Sapa date du milieu des années 1990, période qui correspond à l'ouverture du pays. L'administration vietnamienne s'efforce à présent de redonner un cachet à cette ville et a notamment aménagé un petit lac artificiel bordé de bâtiments administratifs.

CLIMAT

Il y a 4 saisons à Sapa.
– *Été et automne :* de mai à novembre, saison chaude et humide. La température n'est jamais torride comme à Lào Cai. En juillet et en août, période d'affluence touristique, il pleut presque tous les jours (par averses). Prévoyez donc un vêtement imperméable et sachez que les sentiers peuvent être glissants.
– *Meilleure époque pour voir les rizières vertes :* les mois de mai et de juillet, août (il y a une récolte par an, début octobre). Le reste de l'année, elles ont une couleur allant du jaune pâle au marron clair.
– *Hiver et printemps :* c'est la saison sèche, qui va de fin novembre à avril inclus. Les températures les plus froides sont enregistrées en janvier et février. Il peut faire 0 °C la nuit et il neige de temps en temps. Les journées peuvent s'avérer très douces, mais prévoyez des vêtements bien chauds pour le soir.
Évitez d'y venir pendant la fête du Têt (tout est fermé ou presque).

Conseils

– *Saison touristique :* à Sapa, il y a 2 périodes d'affluence. En mars-avril (printemps, rizières en jachères) et en été (de juillet à septembre ; rizières vertes en juillet-août, puis jaunes).
– Prévoyez des *vêtements chauds* en hiver, de décembre à février (il fait froid et il peut neiger) et un blouson toute l'année. La plupart des chambres d'hôtel sont chauffées soit par une cheminée à bois, soit par des radiateurs électriques. Il y a aussi parfois des couvertures chauffantes.
– On conseille de *passer au moins 2 nuits* à Sapa et de faire des randos de préférence avec des guides locaux, en s'assurant qu'ils seront suffisamment rémunérés si l'on passe par un intermédiaire.
– Les *randonnées* partent toutes de Sapa, mais on peut louer des motos, avec ou sans chauffeur, pour la journée ou juste pour une course. N'oubliez pas de marchander, bien sûr.
– *Location de motos :* la plupart des hôtels louent des motos à la journée (compter 5 US$/j.).
– Pour les *souvenirs* (broderies, tissus, etc.), mieux vaut acheter dans les villages autour de Sapa : les villageois comptent beaucoup sur ces ventes pour vivre, alors que les commerçants de la rue Câu Mây ne sont jamais à court de clients...

Arriver – Quitter

En bus et en minibus

C'est à Lào Cai, à env 38 km, qu'arrivent les trains depuis Hanoi (trains de nuit pour la plupart) ainsi que les bus partant de la gare routière de Mỹ Đình. À noter qu'il existe aussi des liaisons directes depuis l'aéroport de Hanoi. Voir plus bas, le chapitre « Lào Cai ».

Arrêt des bus publics (plan B1, 4) : sur la place centrale, au niveau de l'église. Ce sont des bus jaune et

SAPA / ADRESSES UTILES | 221

rouge qui partent à heures fixes pour Lào Cai. Billets en vente dans le bus (40 000 Dg).

🚌 **Nouvelle gare routière de Sapa** (Bến Xe Khách Sapa ; hors plan par B1) : *située à env 1,5 km à l'est du centre-ville.* ☎ *388-77-33. Accès par la rue Thạch Sơn ou la route QL4D. À pied, compter env 20 mn.*

➤ **De/pour Hanoi :** depuis la gare routière de Mỹ Đình, à Hanoi, un départ ttes les heures, 4h45-minuit, avec la compagnie Sao Viet (● xekhachsaoviet. com ●). D'autres bus partent de la gare routière de Yên Nghĩa. Billet : 250 000-300 000 Dg. Durée : env 6h30. La compagnie privée la plus moderne est Hà Sơn-Hải Vân (● hasonhaivan.com ●). Les bus ont 44 sièges-couchettes.
– **Bon à savoir :** les bus-couchettes sont très confortables pour les voyages de nuit mais moins pour les trajets de jour car on est comme enfermé dans son box de couchage. Il faut se déchausser, donc préférer les tongs aux chaussures de marche.

➤ **De/pour Hanoi avec des minibus de compagnies privées :** ils assurent la liaison directe de nuit ou de jour (sans escale à Lào Cai). Durée : 6h. Citons *Sapa Express (12, Lý Thái Tổ, à Hanoi ;* ☎ *66-82-15-55 ;* ● *sapaexpress.com* ●) : bus très confortables, avec des sièges-couchettes (de 16 à 38 places). De Hanoi pour Sapa, départ du lac Hoàn Kiếm ou de leur bureau au 12, Lý Thái Tổ. 2 ou 3 bus/j., mat et ap-m. De Sapa (bureau au 8, rue Thủ Dầu Một) à Hanoi, 3 départs/j. Billet : 12-36 US$ selon confort. Autre compagnie assurant le même trajet, *Hà Lan*, qui part à 15h30 de la gare de Mỹ Đình à Hanoi. Voir aussi la compagnie *Inter Bus Lines* (● interbuslines.com ●).

➤ **De/pour Lào Cai :** outre les minibus *Sao Việt* depuis la gare routière, des bus d'État partent pour Sapa depuis le grand parking situé devant la gare ferroviaire de Lào Cai. Reconnaissables à leur couleur jaune, ces bus n'attendent pas d'être pleins. Départs ttes les heures 6h-18h20. Billet : 40 000 Dg. Durée du trajet : 1h-1h15 selon météo et circulation. À Sapa, arrêt de bus dans le centreville *(plan B1, 4).* Il y a aussi des compagnies privées comme *Hà Sơn-Hải Vân* qui partent de la gare routière de Sapa (billet : moins de 50 000 Dg). Très belle route bitumée mais étroite et sinueuse pour monter de Lào Cai à Sapa.

➤ **De/pour Bắc Hà :** à 112 km à l'est de Sapa. Un bus part tlj de la gare routière de Sapa à 13h45. Durée : env 3h. On conseille plutôt d'arriver à Bắc Hà dès le sam soir, de dormir sur place et de visiter le marché du dim avt 10h.

➤ **De/pour Hà Giang :** env 250 km sur une bonne route. Plusieurs bus quotidiens partent de la gare routière de Sapa. Diverses compagnies assurent le voyage : *Quang Tuyen, Cau Me, The Long Travel, Sao Viet, Truly Ha Giang...* Départs, pour les bus directs, à 8h30 et 9h30. Durée du trajet Sapa-Lào Cai-Hà Giang : 6h30-8h pour les bus directs (*Quang Tuyen* et *The Long Travel*). Billet : 250 000-400 000 Dg.

➤ **De/pour Điện Biên Phủ :** bonne route goudronnée et paysages magnifiques. Durée : 7-9h (350 km). Billet : à partir de 300 000 Dg. Depuis la gare routière de Sapa, 3 bus/j. avec plusieurs compagnies privées dont *Châu Hạnh*. Départs à 8h, 18h et 19h. Celui de 19h n'est pas pratique car il arrive à Điện Biên Phủ à 2h du mat. Les bus de nuit ont des couchettes. Dans la journée pas de grand bus, mais des petits bus qui viennent chercher les clients à leur hôtel, à la demande, au cas par cas.

Adresses utiles

ℹ **Sapa Tourism Information** *(plan A1, 1) : 2, Fansipan.* ☎ *387-19-75.* ● *sapa-tourism.com* ● *Au 1ᵉʳ étage, dans la 1ʳᵉ maison du parc boisé ; accès par un escalier extérieur à droite. Tlj 7h30-11h30, 13h30-17h30.* Bureau financé par la région Aquitaine, dans le cadre d'un projet de développement durable de la région. 4 personnes parlent le français. À l'arrière, un bâtiment récent abrite une expo sur le passé de Sapa.

■ **Banques et ATM :** *Agribank (plan B1, 2), Cầu Mây (la rue principale). Tlj*

sauf w-e *7h30-11h30, 13h30-16h30.*
Propose le change pour les espèces seulement (euros, dollars américains et yuans chinois) à un taux presque moins intéressant qu'à Hanoi. ATM (*Visa* et *MasterCard*) attenant. *Banque BIDV (plan B1, 3), au bord du lac. Tlj 7h-11h30, 13h-16h30.* Taux de change moins intéressant pour les espèces. ATM (*Visa* seulement). *Un autre ATM BIDV (plan A1, 3) au rdc de l'hôtel BB côté rue.*

■ *Pharmacies (plan B1, 8)* : 22B, Cầu Mây. Tlj 6h30-23h30. Autre pharmacie *Quầy Bàn Thuốc* au 3, Cầu Mây. *Tlj 7h-21h.* Plus de choix dans cette dernière.

✚ *Santé* : hôpital sommaire, à ne fréquenter que si l'on n'a pas le choix (☎ *387-11-16*). Également un médecin privé, *Dr Phạm Lê Chung* (☎ *387-17-28*).

■ *Boutique Indigo Cat (plan A2, 7)* : *34, Fansipan, sous l'hôtel Cat Cat View.* ▫ *03-47-68-25-08. Tlj 9h-21h.* Petit magasin d'objets artisanaux fabriqués exclusivement par une cinquantaine de familles de l'ethnie Hmong (et non made in China...). Il est tenu par Cédric, un très sympathique Suisse francophone originaire de Lausanne (ex-guide de terrain installé depuis des années à Sapa), et sa jeune femme, elle-même d'ethnie Hmong. Beaucoup d'articles en tissu de chanvre (local).

Agences, guides

■ *Sapa Sisters* : *11, Fansipan.* • *sapasisters.com* • *Tlj 6h30-17h30.* Agence locale dirigée par des femmes hmong, qui emploie 25 guides, toutes des femmes de la même ethnie. Elles connaissent la région par cœur et parlent l'anglais. Proposent d'encadrer des randonnées d'un ou plusieurs jours dans les villages proches ou lointains. Prix sages et justes. C'est à présent ce qui existe de mieux.

■ *Vietnam Nomadtrails (plan B2, 5)* : *13, Tuệ Tĩnh.* ☎ *387-21-92.* ▫ *09-12-37-28-93.* • *vietnamnomadtrails.com* • *Tlj 7h-19h20.* Agence située à la réception de l'hôtel du même nom. Le patron, Tân, est un Vietnamien francophone. Il est souvent sur place. Propose des randos d'un ou de plusieurs jours dans les villages de la région de Sapa, de Lai Châu et de Hà Giang, accompagnés de guides francophone ou anglophone (c'est plus cher en français !). Balade classique de 2 jours/1 nuit dans la vallée de la Mường Hoa *(compter 60 US$/pers, tt inclus sauf boissons).* Possède aussi un bureau à Hanoi *(2C, Lan 23/247 rue Ngoc Thuy, Long Bien).*

■ *Trails of Mountain – TOM Travel (plan A1, 6)* : *1A, Thác Bạc.* ▫ *09-13-38-89-66.* • *trailsofmountain.com* • *Bureau dans le hall du Sapa Dragon Hotel.* Une agence sérieuse qui veille au respect des minorités et des cultures locales, en petits groupes seulement. Les circuits proposés par M. Đào Mạnh Hùng vous emmènent loin des sentiers battus, dans des villages reculés.

Où dormir ?

Tourisme oblige, Sapa est assez chère en période de pointe (haute saison). Heureusement, les tarifs baissent beaucoup et sont négociables hors saison, et les prestations sont généralement de bonne qualité. Comme les nuits d'hiver peuvent être très froides, préférez les hôtels avec chauffage (au bois – qu'il faut parfois payer en plus –, au gaz, ou équipés de couvertures électriques pour les plus modernes).
En semaine, les tarifs sont encore bon marché. Le samedi et le dimanche, ils sont plus élevés, souvent le double. **On déconseille donc d'aller à Sapa le week-end.**

Bon marché (jusqu'à 300 000 Dg / env 11 €)

▣ *Happy Family Hotel (hors plan par B1, 10)* : *43, Lê Văn Tám.* ▫ *03-66-54-59-87.* • *sapahappyfamilyhotel@gmail.com* • *Lit en dortoir 4 US$, double 250 000 Dg (prix variables, sem ou w-e). Repas à la demande.* Dans une rue tranquille au sud du lac (à 5 mn à pied du centre animé), ce petit hôtel économique est tenu par 2 jeunes Vietnamiens, Thiêt et Trang (francophone et anglophone), accueillants et impliqués dans le tourisme responsable. Ils sont aussi guides de terrain et organisent des randonnées. La maison est agréable, propre et de confort suffisant. Dortoir de 4 lits superposés avec lampes, casiers, prises électriques. Chambres privatives avec carrelage, bonne literie, clim, douche/w-c privatifs, et déco gaie. Possibilité de prendre les repas sur place autour d'une grande table commune. De loin notre meilleure adresse dans cette catégorie.

🏠 *Little View Homestay* (plan B2, 20) : 42, Cầu Mây. 📱 09-88-89-77-11. ● litt leviewhomestay.com ● Descendre une ruelle sans voitures sur une centaine de mètres, puis suivre le panneau à droite. Doubles 13-16 US$. Diego Tran, le jeune propriétaire, vietnamien francophone, est un fan de football, d'où son prénom. Sa pension abrite 5 chambres bien décorées et plutôt gaies, dans 2 maisons distinctes. La 1re est plus moderne, chambres avec balcon et vue sur la vallée ou le jardin. La 2de maison en contrebas est plus rustique, avec des chambres propres le long d'un couloir. Petite cour intérieure pour discuter. Cuisine à disposition des clients.

🏠 *Sapa Odyssey Hostel* (hors plan par B2, 12) : 38, Mường Hoa. 📱 09-45-18-30-01. ● sapaodysseyhostel@gmail.com ● Lit en dortoir env 4-5 US$, doubles 350 000-417 000 Dg. Un peu éloigné du centre de Sapa, cet *hostel* économique et privé est tenu par de jeunes Vietnamiens. L'immeuble domine la vallée et abrite 2 dortoirs (6 lits) avec ventilo, lampes de chevet et prises électriques. Il y a aussi 3 chambres privatives avec toilettes dont 2 ont accès direct à la terrasse (superbe vue sur la vallée).

Prix moyens
(300 000-600 000 Dg / env 11-21 €)

🏠 *Phương Nam Hotel* (plan A2, 11) : 33, Fansipan. ☎ 387-12-86. 📱 09-66-48-55-85. ● phuongnamhotelsapa.com ● Doubles 22-42 US$. Excellent petit hôtel avec des chambres très bien arrangées et confortables (clim réversible). Certaines donnent sur la rue, les autres sur la vallée (les plus chères). Nos préférées : les nos 415 et 416 (de loin la plus belle avec 2 baies vitrées) sont plus chères, les nos 514 et 515 sont claires, avec balcon et très belle vue. Buffet à volonté au petit déj : pancakes, gâteaux, charcuterie... Pub *Ninety* au rez-de-chaussée (tlj 10h-minuit).

🏠 🍴 *Auberge Đặng Trung* (plan B2, 17) : 31, Cầu Mây. ☎ 387-18-71. 📱 09-19-73-70-27. ● aubergedan gtrunghotel.com ● Doubles 15-30 US$ avec petit déj. Repas 100 000-200 000 Dg. En plein centre, mais un peu en retrait et au-dessus de la rue principale. C'est l'un des plus vieux hôtels de Sapa. Restauré, il a gardé son style colonial ancien tout en proposant des chambres confortables et de caractère, toutes refaites (literie neuve), avec cheminée rétro, mobilier en bois, vieux plancher. On y accède par des galeries extérieures qui ont une vue sur la vallée (pour les plus belles). On a bien aimé la no 408 avec son balcon. Fait aussi resto. La salle à manger est petite, mieux vaut réserver pour dîner.

🏠 *Le Gecko Hotel* (plan B1, 19) : 33, Xuân Viên. 📱 09-03-21-04-77. ● geckosapa.com ● Doubles 300 000-600 000 Dg selon confort. Hôtel central avec 8 chambres simples mais de confort suffisant réparties sur 2 étages. Seulement une chambre a la clim. La plupart donnent sur l'arrière du bâtiment, le long d'un couloir (plus calme). Il y a aussi un dortoir de 6 lits superposés. Bon accueil. Fait aussi café-resto (au rez-de-chaussée) : plats locaux et européens, yaourts, pâtisseries...

Chic
(600 000-1 000 000 Dg / env 21-35 €)

🏠 *Sapa Mountain Hotel* (plan A2, 11) : 35, Fansipan. 📱 09-13-33-88-77. Doubles 600 000-900 000 Dg. Bon petit hôtel central, de 4 étages avec une quinzaine de chambres. Une partie de celles-ci donnent sur la vallée (belle vue), les autres sur la ville. Le confort est standard, la literie bonne, et l'accueil cordial. Nos chambres préférées : les nos 202, 302 et 402 avec fenêtre d'angle.

⌂ *Heart of Sapa Hotel (plan B2, 15) : 8A, Đông Lợi.* ☏ *09-68-09-97-01.* ● *info@heartofsapahotel.com* ● *Doubles 450 000-800 000 Dg.* Cet hôtel discret est une « maison-tube », haute et étroite, au cœur de Sapa. L'aimable propriétaire est une ancienne guide anglophone. Elle propose 8 chambres réparties sur 4 étages (sans ascenseur). Elles sont propres et bien équipées mais sans vue sur la vallée. En demander une au dernier étage.

⌂ *Cat Cat View Hotel (plan A2, 26) : 46, Fansipan.* ☏ *387-19-46.* ● *catcathotel.com* ● *Doubles 30-45 US$.* En bord de rue, un immeuble de 9 étages comptant une quarantaine de chambres, toutes propres et bien tenues (ventilo, pas de clim). En demander une au 7e ou 8e étage, pour la vue dégagée sur la vallée et au loin le village de Cát Cát. Fait aussi resto.

⌂ *Mountain View Sapa Hotel (plan B2, 13) : 54A, Cầu Mây.* ☏ *387-13-34.* ● *mountainviewhotelsapa.com* ● *Doubles 350 000-500 000 Dg.* Hôtel à taille humaine abritant une vingtaine de chambres propres, rénovées et réparties sur 6 étages. Plancher en bois et bonne literie neuve. Certaines offrent une vue sur la vallée. Vastes terrasses, resto. Organise des randonnées, loue des bottes et des chaussures.

⌂ *Holiday Sapa Hotel (plan B2, 16) : 16, Mường Hoa.* ☏ *387-38-74.* ● *holidaysapa.com* ● *Réception au 5e étage. Doubles 35-55 US$.* Sa situation, l'accueil, la taille et l'aménagement des chambres : autant de facteurs positifs pour cet hôtel construit au-dessus de la vallée. On a bien aimé les lampes de chevet, de vraies lampes de lecture, ce n'est pas le cas partout. Fait aussi resto.

Plus chic (1 000 000-2 000 000 Dg / env 35-71 €)

⌂ I●I *Sapa Dragon Hotel (plan A1, 25) : 1A, Thác Bạc.* ☏ *387-13-63.* ● *sapadragonhotel.com* ● *Doubles 36-70 US$. Menus 150 000-200 000 Dg.* Notre adresse préférée dans cette catégorie. À flanc de colline, proche du centre-ville (5 mn à pied) et pourtant à l'écart de l'agitation, un hôtel à taille humaine (20 chambres), avec un intérieur et des chambres très bien arrangés (douche/w-c, climatiseur convertible en chauffage). Elles donnent sur la ville et le quartier, et jouissent d'un petit balcon pour certaines (les plus chères). Décoration soignée dans le style local, et un ordinateur portable à disposition. Fait aussi café-resto *(Cardamom).* Cuisine vietnamienne et internationale. Le personnel parle un peu le français. Service diligent et attentionné.

⌂ I●I *Sunny Mountain Hotel (plan B2, 22) : 10, Mường Hoa.* ☏ *378-79-98.* ☏ *09-66-59-99-87.* ● *sunnymountainhotel.com* ● *Doubles 25-50 US$ selon confort et saison.* C'est un bel hôtel de taille moyenne au cœur de la ville. Décoration intérieure dans le style rustique chic de montagne (le style Sapa), chambres au mobilier en bois clair, toutes bien équipées (clim, chauffage) et de tailles différentes. La vue varie selon les étages et le prix, les plus intéressantes et les plus calmes ouvrent sur la vallée. On y trouve aussi une salle de remise en forme, un resto (au 9e étage), un salon de massage... Piscine intérieure couverte.

Très chic (2 000 000-3 310 000 Dg / env 71-117 €)

⌂ *Sapa Horizon Hotel (plan B1, 18) : 18, Phạm Xuân Huân.* ☏ *387-26-83.* ☏ *09-12-92-79-66.* ● *sapahorizonhotel.com* ● *Doubles 70-120 US$.* En plein centre, légèrement en hauteur, voilà l'archétype du petit hôtel chic à prix encore raisonnables pour la qualité. Toutes les chambres ont un balcon, et sont très bien arrangées : déco soignée, literie impeccable, toilettes superbes. Les chambres se terminant par le chiffre 6 ont une vue sur la vallée (les plus chères). Notre préférée est la chambre d'angle disposant de 2 balcons. Fait aussi resto (au rez-de-chaussée). Cuisine locale.

⌂ I●I *Aira Boutique Hotel & Sapa (plan A2, 23) : 30, Hoàng Liên.* ☏ *377-22-68.* ● *airaboutiquesapa.com* ● *Un peu à l'écart du centre mais facilement accessible à pied (10 mn) par un chemin*

SAPA / OÙ MANGER ? | 225

qui se termine en cul-de-sac au-dessus de la vallée. Doubles 50-100 US$. Repas env 100 000-300 000 Dg. Le terme « boutique-hôtel » n'est pas très approprié. L'architecture extérieure n'est pas des plus réussie mais la taille de l'hôtel est raisonnable, avec une réception très design et des chambres impeccables, décorées avec soin. Très confortables, la plupart ont un balcon avec vue sur la vallée. Fait aussi resto : savoureuse cuisine vietnamienne. Excellent accueil et service diligent.

🏠 |●| *Victoria Sapa Resort & Spa (plan B1, 21) : au-dessus de l'école, dominant la ville.* ☎ *387-15-22.* ● *victoriahotels. asia* ● *Doubles 80-150 US$, selon saison et confort, petit déj et spa (tlj 7h-22h) inclus.* Bel ensemble hôtelier alliant authenticité et confort international, employant 200 personnes dans le respect des identités locales et de l'écologie. Les meubles sont fabriqués sur place par les menuisiers de l'hôtel, avec du bois d'origine contrôlée. Vaste terrasse avec vue sur la ville (pas pour toutes les chambres !). Bar et excellent resto. Cuisine vietnamienne sophistiquée ou occidentale (raclette et fondue disponibles). Superbe et luxueux spa tout neuf avec piscine chauffée, sauna, massages : unique en ville !

Où dormir dans les proches environs ?

🏠 |●| *Chambres d'hôtes Sapa Garden B & B (hors plan par B1, 27) : 102, Điện Biên Phủ.* ☎ *387-12-35.* 📱 *09-77-44-88-66.* ● *sapagarden@gmail.com* ● *sapagarden.com* ● *Réservez longtemps à l'avance, car l'adresse a du succès ! Selon période, doubles 25-40 US$, suites familiales 75-100 US$, petit déj inclus. Repas pour les hôtes (sur résa seulement) env 10 US$.* À 2,5 km de la ville, sur la route de Lào Cai, voici les 1res chambres d'hôtes de Sapa. C'est une grande maison récente mais inspirée du style néocolonial français, et entourée d'un beau jardin vert et ombragé. On est accueilli par le jovial et dynamique M. Hồng, jeune anglophone (qui a étudié en Nouvelle-Zélande) qui vit sur place avec sa famille. S'il n'est pas là, on communique avec ses parents qui ne parlent que le vietnamien, mais on se fait comprendre (ils utilisent le téléphone portable). Chambres confortables et arrangées avec soin, avec des bois tropicaux, et des meubles rustiques. Vue sur le jardin, très agréable aux beaux jours. Le soir, transfert gratuit en voiture pour le centre de Sapa. Téléphone portable local à disposition.

Où manger ?

Bon marché (moins de 100 000 Dg / env 4 €)

|●| *Little Vietnam Restaurant (plan B2, 37) : 14, Mường Hoa.* 📱 *09-72-22-77-55. Tlj 7h30-23h. Plats 50 000-120 000 Dg.* Modeste restaurant tenu par une affable Vietnamienne qui travaille avec sa famille. De la cuisine ouverte sur la petite salle aux lampions colorés sortent de bons plats comme des salades, des rouleaux de printemps, bref les classiques de la cuisine vietnamienne. Il y a aussi du saumon d'élevage plus cher. Bon rapport qualité-prix-accueil.

|●| *Indigo Restaurant (plan B2, 33) : 23, Đồng Lợi.* 📱 *203-87-30-16. Tlj 8h-21h.* Dans une petite rue, un resto avec une salle de style ethnique avec charpentes, colonnes, plancher et mobilier en bois. Des serveuses en costume Hmong assurent le service. Demander une table près de la baie vitrée pour la vue sur la vallée (s'il fait beau). Cuisine locale fine, saine et sincère avec quelques plats européens. Petite terrasse.

Prix moyens (100 000-250 000 Dg / env 4-9 €)

|●| 🍴 *Viêt Emôtion 2 (plan B1, 36) : 17, Xuân Viên.* 📱 *387-26-69. Tlj 7h30-22h30. Plats 80 000-250 000 Dg.* Un immeuble de 3 étages donnant sur la grande place.

On le remarque immédiatement à ses terrasses envahies par un déluge de plantes vertes. Accueil affable et décoration intérieure originale, colorée, imaginative. Peintures, lampions, instruments de musique, divers objets anciens, c'est un bonheur que de s'y installer et de profiter de la terrasse par beau temps. La cuisine soignée et variée fait la part belle aux plats vietnamiens, mais aussi à la *western food* (steaks, pâtes).

|●| **Viêt Emôtion** *(plan B2, 34)* : *27, Cầu Mây. ☎ 387-25-59. Tlj 7h30-22h30.* Ici, déco soignée rime avec assiette de qualité, même si la carte semble bien longue ! La cuisine vietnamienne tient ses promesses, avec quelques spécialités assez raffinées (aubergines au miel), et les pâtes raviront les nostalgiques de retour de trek. Goûter aussi à la fondue *(hot pot)* pour 2 personnes. Carte des vins de bonne tenue, cocktails, et quelques tables en terrasse. Vrai café expresso (arabica). On l'aime aussi, mais on préfère son grand frère le *Viêt Emôtion 2.*

|●| **Le Petit Gecko** *(plan B1, 36)* : *7, Xuân Viên. ▫ 09-03-21-04-77. Tlj 7h-22h ou 23h. Menu complet env 10 US$, plats à la carte 5-10 US$.* Dans une petite maison basse de style néo-Hmong Noir, dotée d'une terrasse donnant sur la place. Vieux poêle, murs ocre, petits lampions : déco ethnique et rustique soignée, cuisine locale avec un plat vedette : les « yeux du gecko » (boulettes de porc aux champignons), et des plats européens comme la tartiflette ou le bœuf bourguignon. Il y a aussi le *Gecko* au nº 33 de la même rue, qui appartient au même propriétaire (un peu) francophone. Même style de cuisine (avec une dominante de spécialités françaises et quelques plats vietnamiens), mêmes prix.

Chic (250 000-600 000 Dg / env 9-21 €)

|●| **Red Dzao House** *(plan A1, 35)* : *4B, Thác Bạc. ☎ 387-29-27. Tlj 8h-22h. Repas 150 000-300 000 Dg.* Comme son nom l'indique, l'endroit est inspiré de l'architecture en bois des villages dao. Décor chaleureux et rustique, serveuses en tenue ethnique noir et rouge. Cuisine vietnamienne de bonne tenue : beignets de patates douces au four, aubergines sautées à l'ail, truite saumonée, canard grillé au miel...

À voir. À faire

🗡 **L'église** *(plan B1)* : *accès par le flanc droit.* Vestige de la présence française. Derrière l'édifice, 2 pierres tombales : à gauche, le 1er évêque du diocèse, à droite le dernier prêtre de la ville (mort en 1948).
– Sur le parvis de l'église (grande place), des spectacles traditionnels se déroulent tous les samedis et dimanches à 21h.

🗡 **L'ancien marché de Sapa** *(plan A-B1-2)* : *en contrebas de la grande place du village et sur les escaliers aux alentours.* La partie alimentaire n'est plus là. Le nouveau marché de Sapa a déménagé au 370, Điện Biên Phủ, dans un nouveau bâtiment moderne, à environ 1 km à l'est du centre-ville *(hors plan par B1),* près de la gare routière. Accès par la rue Thạch Sơn ou la route QL4D. À pied, compter environ 20 mn. À l'emplacement de l'ancien marché du centre, on trouve quelques gargotes et le nouveau poste de police de Sapa.
– Au nord de l'ancien marché, à l'angle de la place et de la rue Hoàng Liên, se dresse le **Sun Plaza,** immense centre commercial moderne qui abrite aussi le luxueux *Hôtel de la Coupole* (5 étoiles, 249 chambres, très cher). Son architecture est un mélange insolite d'un palace suisse et d'un casino de Las Vegas. Dans ce même emporium se trouve l'embarcadère du petit train-funiculaire qui mène à la station de téléphérique du Fansipan.

🗡 **Le mont Hàm Rồng** (ou Dragon's Jaws Mountain ; *hors plan par B1, 50)* : *tlj 7h30-17h30. Entrée : 70 000 Dg.* Cette grosse colline domine la ville. Sa partie basse a été transformée en parc public. Les temps changent, une partie du mont aurait été vendue à des promoteurs.

LA RÉGION AUTOUR DE SAPA

> Des *randonnées* à la journée ou sur plusieurs jours sont organisées au départ de Sapa par les hôtels et agences de tourisme, dans le but de faire découvrir diverses minorités ethniques en passant par différents villages.

Ces villages vivent essentiellement de la culture du riz. De février à août, on prépare les rizières, et en septembre a lieu la récolte. Les populations sont en général très accueillantes, même si cette chaleur est surtout motivée par l'appât (légitime) du gain. Vous serez, de bout en bout, suivi comme votre ombre par une horde de vendeuses d'artisanat qui ne peuvent compter que sur les touristes de passage pour assurer leur subsistance. En effet, l'argent que vous donnez pour effectuer la visite sert à tout, sauf à aider les habitants. Du coup, on se sent obligé d'acheter un petit quelque chose à la fin de la visite et, dans presque chaque village traversé, c'est la même rengaine. Ça peut finir par lasser.

– *Randonnées avec une femme Hmong :* en dehors des agences, les touristes peuvent accepter l'offre faite dans la rue par des femmes Hmong. Elles sont honnêtes, connaissent bien le pays et sont de très bonnes marcheuses. Prix à négocier avec elles selon le parcours et le nombre de personnes. Compter environ 1 700 000 Dg pour 2 jours et 4 personnes.

– *Attention :* ces pratiques sont illégales et interdites par la police car ces femmes ne sont pas homologuées comme les guides diplômés et autorisés. En revanche, l'hospitalité gratuite dans les villages est légale.

– *Bon à savoir :* théoriquement, pour des balades de 1 journée et à condition de bien rester sur les sentiers autorisés (carte à acheter à l'office de tourisme, car c'est très réglementé), il n'est pas nécessaire de prendre un guide (mais ça peut quand même être intéressant pour mieux comprendre ce qui se passe autour de vous !). En revanche, à partir du moment où on loge au moins une nuit dans un village, il est **impératif de passer par une agence** et d'être accompagné d'un guide, car **un permis est obligatoire**, et seuls les guides et agences sont habilités à le demander. Ce permis vaut 75 000 Dg par personne. On l'achète au bureau de police.

– *Quelques conseils :* pour quelque balade que ce soit, privilégiez le recours à un guide local, issu des minorités montagnardes, plutôt que les guides montés de Hanoi pour la saison. Sans surprise, les balades d'une seule journée sont en général des « autoroutes » de randonneurs. On se retrouve souvent à la queue leu leu sur les mêmes chemins et sentiers : si cela enlève un peu du sentiment d'exclusivité, ça ne gâche en rien la beauté des paysages !

– *Secteurs les plus fréquentés :* outre le village de Cát Cát accessible très aisément, ce sont les villages de la vallée de la Mường Hoa. On vous recommande donc de choisir plutôt des randonnées de 2 ou 3 jours, hors de ces sentiers trop battus, en logeant chez l'habitant. Certains villages ont développé des *homestays* avec des dortoirs de 20 personnes, d'autres proposent des logements chez l'habitant de taille plus réduite, mais partout cela reste d'un confort sommaire. Enfin, il existe des droits d'entrée pour les villages et pour la vallée de la Mường Hoa, qui doivent être inclus dans les tarifs de l'agence.

– *Secteurs les moins fréquentés :* c'est la région au nord de Sapa à savoir le secteur montagneux entre les villages de Tả Phìn et Suối Thầu, jusqu'à Tả Giàng Phình (au total 42 km). Les agences spécialisées proposent des randonnées de 3 jours/2 nuits avec logement chez l'habitant. Attention, cette randonnée est superbe et sauvage, mais plus difficile que celles du sud de Sapa, en raison du relief encaissé et de la dénivelée (700 m).

– La *taxe modique d'entrée dans les villages* (des contrôles sont parfois menés) permet officiellement d'assurer des revenus aux communautés visitées. Dans les faits, cet argent va principalement à la rénovation des routes, et les villageois ne profitent guère de cette manne financière.

Cát Cát *(village hmong) : compter env 2-3h A/R à pied. Guide utile mais pas obligatoire. Descendre la rue Fansipan, puis env 1 km (20 mn) après le marché,* *on accède à l'entrée « officielle » du village. Droit d'entrée : 90 000 Dg, payable au guichet à l'entrée du village.* Le tourisme est très présent à Cát Cát, et les boutiques, tentations et sollicitations sont nombreuses, mais l'ambiance reste tranquille. Depuis l'entrée officielle, un chemin en pierre aménagé descend jusqu'à la rivière Mường Hoa (chutes d'eau). **Attention, les marches en pierres lisses sont particulièrement glissantes !** Dans le creux de la vallée se trouve toujours l'usine hydroélectrique construite sous les Français et reconvertie en salle de spectacle ; danse et musique folkloriques pour environ 1 €). Admirez les bambous gigantesques autour des chutes. Après le pont suspendu sur la rivière, le sentier remonte sur le versant opposé. La boucle conduit à un 2ᵈ pont (environ 15 mn de marche). Après ce 2ᵈ pont suspendu, des motos-taxis attendent les marcheurs pour les remonter à Sapa *(40 000-60 000 Dg).*

¶¶ *Le village de Tả Phìn : à env 15 km au nord de Sapa. Guide conseillé. Accessible en véhicule pour les plus pressés, mais aussi intégré dans certains itinéraires de randonnée. En chemin, on passe devant les ruines d'un monastère de l'époque française. Droit d'entrée : 40 000 Dg.* Le village de Tả Phìn, habité par des Dzao Rouges et des Hmong Noirs (majoritaires), compte environ 2 500 habitants répartis dans une dizaine de hameaux dispersés dans un superbe paysage de rizières et de montagnes. Les familles, très modestes, vivent de la riziculture... et de la vente d'artisanat. Certains villageois proposent aussi des bains aux herbes des montagnes, aux vertus relaxantes et apaisantes. Quelques *homestays* dans ce village, ce qui en fait une étape intéressante lors de treks de plusieurs jours.

🏠 |○| *Homestay Stone Garden :* 📱 *09-12-92-77-69.* ● *taphinstone garden@gmail.com* ● *Chambre 6 US$.* À 200 m de la place principale, entourée d'un beau jardin d'orchidées, une *guesthouse* avec des chambres modestes mais propres. Bain aux herbes, musée de la Culture vietnamienne. Repas sur place à la demande. Une bonne adresse tenue par un Vietnamien francophone.

🏠 |○| Un Français vit dans ce village, Olivier, originaire des Vosges et marié à Xi Quan, de l'ethnie Dao Rouge. Il organise des randonnées (de 2 à 4 jours) avec des guides anglophones. Tarifs variables selon le nombre de personnes et la langue du guide. Il tient aussi un gîte *(Homestay Chez Xi Quan)* au village. 2 chambres rustiques et propres (toilettes), avec jolie vue sur la vallée ● *tsen-ang@hotmail.com* ● *chezxi quan.jimdo.com* ● *; compter 300 000 Dg pour 1 nuit avec dîner, petit déj et bain aux plantes médicinales).*

➤ *Randonnée dans la vallée de la Mường Hoa, de Sapa à Tả Van par Ý Linh Hồ et Lao Chải (ne pas confondre avec Lào Cai, la capitale régionale) : env 6 h de marche (A/R) depuis Sapa pour un trajet de 30 km. La plupart des agences de Sapa proposent un départ depuis Cát Cát, et d'écourter le retour (on vient vous chercher à Tả Van en voiture). Un droit d'entrée (75 000 Dg) est affiché pour tte la vallée, jusqu'à Bản Hồ.* Cette vallée, habitée par près de 12 000 personnes, déroule son paysage de rizières et de montagnes, encore relativement préservé de l'empreinte industrielle (mais déjà un barrage entre Lao Chải et Tả Van). De Tả Van, on peut revenir à Sapa à moto-taxi, mais on peut aussi poursuivre la balade jusqu'au village de Bản Hồ, plus bas dans la vallée.

MINORITÉS PACIFIQUES

Le Vietnam compte 53 minorités ethniques et une majorité ethnique (les Viets ou Kinh). Celles du Nord sont originaires de Chine, de Birmanie et du Tibet, tandis que celles des Hauts Plateaux viennent du monde austro-mélanésien (Pacifique, Polynésie). Les minorités de la région de Sapa et du nord du Vietnam ont importé au Vietnam les rizières en terrasses. C'est leur génie. Une autre de leurs particularités : elles ne se battent jamais entre elles. Des conflits d'intérêts, oui, mais jamais de conflits meurtriers ni de guerres au fil de leur longue histoire.

LA RÉGION AUTOUR DE SAPA | 229

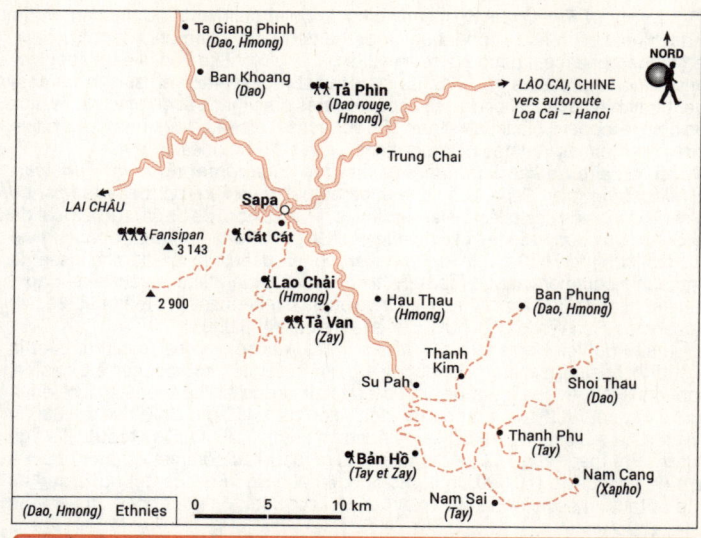

LA RÉGION DE SAPA

LE GRAND NORD-OUEST

🥾🥾 *Le village de Tả Van :* *à 12 km au sud-est de Sapa. Peu de motos-taxis y vont. Aucune navette de minibus.* Gros village peuplé de Dày, de Hmong Noirs et de Dzao Rouges. Vraiment joli et très paisible, on y trouve désormais plusieurs homestays, dont la plupart ont de jolies vues (sauf par temps de brouillard). Le confort, bien que modeste, est un peu meilleur : toilettes à l'occidentale et douches carrelées. Les repas sont pris avec les habitants. Tả Van compte environ 4 000 habitants, 400 maisons et 6 hameaux. Les femmes fabriquent des bâtonnets d'encens et pratiquent le tissage. Les Dày sculptent la pierre. L'école du village a été financée par le Japon.

🏠 |⚫| *Hmong Family Homestay :* à *Tả Van.* ☎ *16-44-41-74-35.* ● *info@ realsapa.com* ● *Compter 200 000 Dg/ nuit par pers, petit déj et repas inclus. Bungalow 500 000 Dg.* À flanc de montagne, dans un paysage de rizières, voici une maison typique de style Zay en bois clair, où habitent une famille Hmong et leurs enfants. Une des filles, Lang, est anglophone et elle gère la maison. On dort dans des dortoirs disposés autour d'une salle intérieure. 5 bungalows en ciment et bambou, dans le jardin avec grand lit et vue sur la vallée, toilettes dehors ou dedans. Excellente cuisine hmong avec des produits naturels venant de la ferme. Les hôtes peuvent participer à la récolte du riz à l'époque de la moisson.

🏠 |⚫| 🌿 *Tavan Ecological Homestay :* chez Mme Hoàng Quyên. ☎ *09-13-96- 68-45.* ● *tavanecologichomestay.com* ● *Lit en dortoir 13 US$, chambre 2 pers 30 US$, bungalow 42 US$, petit déj et dîner inclus. CB acceptées.* Petite pension ethnique tenue par une jeune femme charmante. 2 dortoirs à l'étage (douche chaude, w-c extérieurs) dans la maison principale et une quinzaine de chambres privatives (avec douche/w-c dedans ou dehors selon le prix) dans des pavillons en contrebas. Vue sur la vallée et la rivière. Les repas se prennent sur la terrasse de la maison principale.

Le mont Fansipan *(3 143 m)* : c'est le point culminant du Vietnam et de l'Indochine. Un grand téléphérique moderne permet d'y grimper (voir plus bas). Cette montagne a été découverte en 1929 par le biologiste français Delacour, et transformée en réserve en 1986. La chasse est réglementée et, sur les pentes, vivent tant bien que mal certaines espèces rares d'animaux et de plantes : le gibbon noir, le léopard blanc, ainsi que 150 espèces d'oiseaux, des bambous nains et de nombreuses variétés de rhododendrons et d'orchidées.

– **Accès au site de l'embarcadère et montée au sommet du mont Fansipan en télécabine** *(plan Sapa, A2)* : une superbe balade à faire par beau temps. Le point de départ de ces télécabines se situe à 4 km au nord de Sapa, sur la route de Lai Châu. On peut y aller en taxi ou en train. Ce petit *train-funiculaire* fonctionne tous les jours de 7h30 à 22h30. Le départ se fait depuis le rez-de-chaussée de l'immeuble commercial *Sun Plaza (Hôtel de la Coupole)* dans le centre de Sapa. Le trajet ne dure que 7 mn (2 km). Le train arrive directement à l'embarcadère des télécabines (Sun World Legend). Billet aller-retour : 100 000 Dg.

Sur le site de l'embarcadère des *télécabines,* on trouve des restaurants et la billetterie. Les télécabines (de fabrication autrichienne), accrochées à 3 câbles, fonctionnent tous les jours de 6h au coucher du soleil. La montée dure environ 15 mn pour 6 292 m parcourus (dénivelée de 1 410 m). On arrive à 2 800 m d'altitude. Le billet aller-retour en télécabine coûte 700 000 Dg ; réduc. Il s'agit d'une carte magnétique. Les derniers 300 m jusqu'au sommet du mont sont à faire en funiculaire (70 000 Dg la montée, 80 000 Dg la descente) ou à pied en empruntant un escalier de 600 marches. Au sommet, on peut boire un verre au *Café du Soleil.*

– **Bon à savoir :** le sommet est souvent embrumé en hiver. Prévoir un vêtement chaud, car il peut faire très froid (0 °C) là-haut. Faire attention aussi au mal d'altitude qui peut se déclencher en arrivant au sommet. Les cardiaques seront prudents.

BẮC HÀ

70 000 hab.   IND. TÉL. : 214

● Plan p. 231

À 65 km à l'est de Lào Cai par une bonne route bitumée à 2 voies (trajet : environ 2h). Si la région est très belle et riche sur le plan ethnographique, la petite bourgade de Bắc Hà se révèle en semaine tout à fait paisible, voire endormie. La bourgade s'anime lors de l'étonnant marché grouillant de vie qui se tient le dimanche matin, ainsi que pour le petit marché de Cán Cấu (le samedi matin). Résultat, l'infrastructure touristique reste balbutiante et peu attrayante, saturée le vendredi et le samedi soir et vide le reste du temps. Et pourtant, comme autour de Sapa, de nombreuses ethnies peuplent les villages des collines, et le voyageur curieux peut y faire de très belles randonnées, beaucoup moins fréquentées que la région de Sapa !

Tout autour de Bắc Hà, vous remarquerez des milliers de pruniers, en fleur en février. C'est le résultat d'un programme australo-nippon proposé avec succès aux ethnies comme alternative à la culture du pavot.

Arriver – Quitter

Gare routière (Bến Xe Bắc Hà ; plan, 3) : *au sud de la ville, à moins de 1 km du centre, près du marché.* Les horaires détaillés pour ttes les

BẮC HÀ | 231

BẮC HÀ

■ **Adresses utiles**
1 Agribank
2 Bus privés pour Sapa
3 Bus publics (gare routière)
12 Monsieur Dong

■ **Où dormir ?**
Où manger ?

10 Bac Ha Eco Homestay
11 Bac Ha Family Homestay
12 Ngân Nga Bắc Hà Hotel
13 Sa House Bac Ha
14 Hoàng Yến 1 et 2

À voir. À faire

20 Palais Hoàng A Tưởng

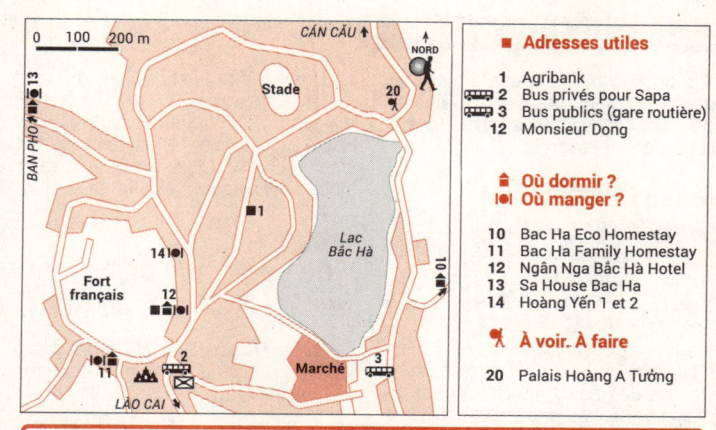

---

liaisons (y compris Lào Cai) y sont affichés. C'est de là que partent les bus pour les longues distances (notamment pour Hanoi). Les bus pour Lào Cai s'arrêtent à la place triangulaire juste avt le *Ngan Nga Bac Hà Hotel*.

➤ *De/pour Lào Cai :* ttes les 30 mn, à partir de 5h30 du mat. Durée : 2h (70 km). Prix : 60 000-80 000 Dg. Attention : beaucoup de passagers dans les bus, en particulier le w-e. Depuis Lào Cai, la route traverse de charmants villages ruraux et quelques plantations de théiers puis, dans les 20 derniers km, quelques à-pics vertigineux offrant une vue plongeante sur les rizières.

➤ *De/pour Sapa :* pas de bus direct sauf le dim (3/j.), mais dans ce cas, ce sont des minibus privés qui partent devant le temple taoïste de Bắc Hà (plan, **2**). Avec les bus publics, pas de trajet direct donc, changement à Lào Cai. Compter 3h de trajet en tout. Mieux vaut partir le mat, car moins de bus Lào Cai-Sapa l'ap-m.

➤ *De/pour Hanoi :* 3 bus directs, à 6h30, 12h, 20h30 (bus de nuit, compagnie *Hải Vân*). De Bắc Hà à Hanoi, mêmes horaires. Trajet : env 7-8h (on passe par Lào Cai, et tout dépend de la circulation dans Hanoi à l'arrivée). Billet : env 300 000 Dg.

➤ *De/pour la province de Hà Giang :* moto-taxi de Bắc Hà à Xín Mần (env 2h, 20 US$), puis bus public de Xín Mần à Hà Giang (5h, 25 US$). Une autre route passe par Bắc Ngầm : de Bắc Hà à Bắc Ngầm, 2 bus/j. (trajet 45 mn) ; de Bắc Ngầm, prendre un autre bus pour Hà Giang. Au total, compter au moins 6h.

Adresses utiles

■ *Agribank* (plan, **1**) : à env 150 m du Cong Fu Hotel, *sur la route de Cán Cấu. Lun-ven 7h30-16h.* La seule banque de la ville. Change les espèces (dollars et euros), et ATM devant (*Visa* et *MasterCard*).

■ *Monsieur Dong :* hôtel Ngân Nga Bắc Hà (plan, **12**), 115-117, Ngọc Uyển. ☎ 388-02-86. 📱 09-73-55-02-22. Anglophone et dynamique, il propose des randonnées à pied ou à moto dans la région, qu'il connaît comme sa poche. Donne de nombreuses informations, loue des motos. Bien mieux renseigné que l'office de tourisme officiel qui est une adresse inutile...

Où dormir ? Où manger ?

Il y a une bonne quinzaine d'hôtels et *homestays* anglophones à Bắc Hà. Pour la nuit du samedi au dimanche, il est prudent de réserver.

Bon marché (jusqu'à 300 000 Dg / env 11 €)

Bac Ha Family Homestay *(plan, 11)* : *Na Hối. 09-75-13-40-74. Doubles 10-11 US$, petit déj inclus. Repas 100 000 Dg.* À 300 m du marché ethnique de Bắc Hà, au calme dans un environnement semi-campagnard, une grande maison en bois dans le style du pays. Accueil par un jeune couple affable qui parle un peu l'anglais. Chambres très simples et propres, avec lits sur le plancher en bois, ventilo, et toilettes communes. Les repas se prennent en famille, selon les habitudes de la région. Savoureuse cuisine.

Prix moyens (300 000-600 000 Dg / env 11-21 €)

Bac Ha Eco Homestay *(hors plan, 10)* : *n° 3, Nậm Cáy Village, Bắc Hà. 09-41-05-01-78. Doubles 270 000-400 000 Dg.* À 600 m de la gare routière, et non loin du marché du dimanche, voici un petit *homestay* tenu par 2 sœurs aimables et attentionnées. Chambres simples et de confort suffisant, décorées dans le style ethnique des montagnes. Les repas se prennent sur une terrasse d'où la vue sur le lac et la campagne est superbe. Cuisine locale copieuse et saine (bons produits). Organisation de randonnées, réservation des billets de bus, location de scooters.

Hoàng Yến 1 et 2 *(plan, 14)* : *9, Nà Quang, dans le centre de Bắc Hà. 09-14-63-73-60.* Peu de restos à Bắc Hà : le succès du n° 1 a poussé le patron à ouvrir un n° 2. Cuisine fraîche et sans triche, servie dans une petite salle.

Chic (600 000-1 000 000 Dg / env 21-35 €)

Sa House Bac Ha *(hors plan, 13)* : *sur la route de Bản Phố, à env 1 km du centre. 09-84-82-75-37. • hoangsa792@gmail.com • Doubles 31-34 US$. Déj et dîner 5-6 US$.* Derrière la colline-radio (antenne de télécom) de Bắc Hà, un *homestay* dans un jardin où s'ébattent poules et canards. Le très jovial M. Sa parle un excellent anglais, et sa femme est un cordon-bleu. Il a aménagé 3 maisons thaïes sur pilotis qui abritent un dortoir ou des chambres individuelles ou doubles (ventilo mais pas de clim, lits sur sommier, couvertures, moustiquaire, prises électriques, et cloisons de bois ou rideaux). Ce couple propose également des excursions dans la région. Voici donc une bonne maison d'hôtes à Bắc Hà.

Ngân Nga Bắc Hà Hotel *(plan, 12)* : *117, Ngọc Uyển. 388-02-86. 09-73-55-02-22. • nganngabachahotel.com • Double 30 US$. Menu 150 000 Dg.* Petit hôtel de charme récent, dont le directeur (M. Dong) parle un excellent anglais. Accueil variable selon son humeur. Abrite une dizaine de chambres impeccables (clim, douche/w-c). Les plus belles, au 5e étage, ont vue sur le marché. Propose des randonnées et des treks. Location de motos.

À voir. À faire

La fin de la route de Lào Cai à Bắc Hà : les 20 derniers kilomètres traversent de beaux paysages de vallées encaissées et de pitons, dominés par quelques pics montagneux.

Le marché quotidien : tout petit mais intéressant quand même, avec parfois quelques habitants en costume ethnique.

Le marché du dimanche : dans le centre du village. Ouv 5h30 (6h en hiver)-14h. S'y rendre de préférence avt 10h, le marché étant plus authentique, bien qu'il soit plus animé en fin de matinée. D'où l'intérêt de dormir sur place la veille !

Si Sapa est le domaine des Hmong Noirs, ici, c'est celui des Hmong Fleurs. Ils viennent de leurs villages jusqu'au marché à pied, ou parfois à scooter (plus rarement montés sur des chevaux). C'est un marché désordonné, joyeux et ô combien coloré ! Présence de quelques Fula, de Tày et de Dzao Noirs avec leurs vêtements noirs, style kimono de judoka serré par une ceinture de couleur. Pour toutes ces ethnies, le marché est la grande sortie hebdomadaire, l'occasion de manger ensemble, de boire sans modération et d'échanger des nouvelles fraîches. Il est parfois difficile de se frayer un passage dans cette foule qui tangue, mais quel plaisir de se noyer dans ce flux plein de vie !

Le marché est divisé en sections : aliments, « souvenirs » (pour les touristes) et vêtements de style ancien, vêtements de style Hmong chinois modernes, marché aux buffles, aux chiens et chats...

Le palais Hoàng A Tưởng (ou palais du roi des Hmong ; plan, 20) : à env 1 km du marché, sur la route de Cán Cấu, sur la gauche, avt la sortie du village. Tlj 7h30-17h. Entrée : 20 000 Dg.
Cet édifice colonial fut construit par les Français, de 1914 à 1921. Il a appartenu à Hoàng A Tưởng, surnommé à tort – semble-t-il – roi des Hmong, pour sa contribution à la gestion de la région. C'est une sorte de petit château mêlant les styles européen et asiatique : escalier à double volée, véranda à colonnes, murs aux couleurs défraîchies. Il abrite 36 pièces. Voir, en bas, l'exposition des photos anciennes de la demeure et de son ancien propriétaire, qui avait assuré sa fortune grâce au sel et à l'opium. Il n'est plus habité depuis 1953, année qui vit le départ en exil du propriétaire, accusé par les communistes de collusion avec les Français de l'époque coloniale. À l'étage, expos de photos locales intéressantes. Belle variété d'artisanat, mais les prix sont un peu élevés.

DANS LES ENVIRONS DE BẮC HÀ

Les paysages ne sont pas aussi accidentés qu'à Sapa, mais les environs de Bắc Hà offrent des possibilités de très belles balades de colline en colline à travers les villages de Hmong Fleurs, Dzao Noirs, Fula ou Nung. Certains sont immédiatement accessibles à pied, d'autres nécessitent de recourir aux motos-taxis (prix à négocier). Tout respire le calme et la sérénité. L'accueil des villageois est d'abord curieux, puis chaleureux.

Si l'on vous invite dans une maison, ne donnez surtout pas d'argent ; en revanche, stylos et cahiers pour les enfants seront les bienvenus. Évitez aussi de distribuer des bonbons à tout-va... Pour mettre au point une vraie randonnée de plusieurs jours, adressez-vous à votre hôtel.

Le village de Bản Phố : à 3-4 km du centre de Bắc Hà. Accessible à pied sans guide si l'on veut.
Une agréable balade à faire. C'est un village de Hmong Fleurs et de Tày, et les habitants sont gentils comme tout. Paysages magnifiques de rizières vallonnées et de pruniers. Évitez si possible le dimanche après-midi ; on assiste alors à un véritable défilé de touristes, qui viennent en masse après avoir visité le marché. Le samedi et le dimanche, on peut voir, dans une maison, la fabrication de l'alcool de riz (signalée par une grande affiche sur le côté de la rue).

Le marché de Cán Cấu : à 18 km au nord de Bắc Hà, par une belle route goudronnée (env 20 mn à scooter). Se tient ts les sam mat ; y venir vers 8h.
Toutes les ethnies locales sont présentes sur ce marché, avec des costumes ethniques très variés, ce qui fait son intérêt, en plus de celui de Bắc Hà. En son

centre, quelques tables pour une très bonne soupe aux nouilles de riz rouge un peu poivrée. En contrebas se tient un marché aux buffles.

🅇 *Le marché de Cốc Ly :* *à 22 km au sud de Bắc Hà. Mar mat.* Accessible par une très belle petite route de montagne goudronnée.

🅇🅇🅇 *Le marché de Sin Cheng :* *à 35 km au nord de Bắc Hà, par la route de Mường Khương.* C'est le plus beau, le plus authentique et le plus coloré de tous les marchés ethniques de la région. Se déroule tous les mercredis et rassemble des Hmong Fleurs, des Nung, des Lachi, des Dzao et des Tày.

🅇🅇🅇 *La route de Bắc Hà à Hà Giang :* si vous prévoyez ensuite d'aller dans la région de Hà Giang, l'ex-piste Bắc Hà-Xín Mần est maintenant une route goudronnée à 2 voies. Vous pouvez faire ce superbe trajet Bắc Hà-Xín Mần-Hoàng Su Phì-Hà Giang. La route se prend à droite après le village de Lũng Phìn, à 9 km au nord de Bắc Hà, avant Cán Cấu. Très beaux paysages, en particulier au niveau de Nậm Mả, à une dizaine de kilomètres avant Xín Mần.

🅇🅇🅇 *La route de Bắc Hà à Lào Cai par Mường Khương :* très belle route goudronnée et sinueuse qui traverse de beaux paysages de montagnes et de rizières en escalier, à la frontière de la Chine. Compter environ 4h pour 130 km.

Entre Bắc Hà et Hà Giang

🏠 🍽 *Ecolodge Pan Hou Village : commune de Thông Nguyên, district Hoàng Su Phì, province de Hà Giang.* ☎ *(219) 383-35-35.* • *info@panhou-village.com* • *panhou-village.com/fr* • *À env 50 km au sud de Hà Giang, entre Việt Quang et Quang, à Hoàng Su Phì (Vinh Quang). À 300 km au nord de Hanoi (7h de route). Sur la route 177, tourner à gauche au grand panneau multicolore et au panneau de signalisation « Thông Nguyên 13 km » ; l'écolodge est à gauche avt d'arriver au petit village de Lang Giang. Doubles 55-60 US$ selon saison. Repas 13 US$.* Au cœur de la dernière province sauvage du Nord-Est, ce lodge (géré par un Français) est situé dans un site isolé, au bord d'une rivière sauvage (on traverse une passerelle), sur un flanc de colline couverte d'une végétation luxuriante. Les bungalows en bois sur pilotis sont équipés de douche/w-c (pas de TV) et de moustiquaires. Ils donnent sur d'anciennes rizières transformées en jardin. Fait aussi resto. Organise des randonnées de plusieurs jours, avec nuits chez l'habitant. Une adresse exceptionnelle, hors des sentiers battus, bien appréciée des touristes venus par agence plus qu'individuellement !

LÀO CAI

70 000 hab.   IND. TÉL. : 214

Depuis l'ouverture de l'autoroute en 2014, la durée du voyage Hanoi-Lào Cai n'est plus que d'environ 4h30 (260 km). Ville frontière avec la Chine (province du Yunnan), traversée par le fleuve Rouge, Lào Cai a longtemps été la dernière frontière du Nord-Vietnam. Entre 1979 et 1993, la frontière était fermée (à la suite de la guerre entre le Vietnam et la Chine, les relations entre les 2 pays étaient gelées). Grâce à sa situation géostratégique face à la ville chinoise de Hekou, Lào Cai connaît aujourd'hui une expansion galopante, ce qui ne rend pas pour autant la ville intéressante au sens touristique du terme.

Arriver – Quitter

En bus

Il existe une gare routière neuve (*Bến Xe Trung Tâm Lào Cai*) à 12 km au sud de la ville, dans un grand carrefour. Elle n'est vraiment pas pratique. La solution consiste à s'adresser aux compagnies privées qui ont leurs bureaux sur la place devant la gare ferroviaire. Le lieu se nomme *Phố Mới Station*. On y trouve les compagnies *Sao Việt* et *Ha Son Hai Van*.

■ *Sao Việt :* 333, Quang Trung Ga, Phố Mới, à gauche en sortant de la gare ferroviaire et à côté de l'hôtel Thiên Hải. ☎ 363-86-38 ou 1-900-67-46 (hotline). • xesaoviet.com.vn • Réserver sa place par tél mais achat du billet sur place.

■ *Ha Son Hai Van :* 358, Nguyễn Huệ. 09-34-62-62-62 ou 19-00-67-76. • hasonhaivan.com • Tlj 5h-minuit. Bureau situé sur la droite de la place de la gare ferroviaire, quand on a celle-ci dans le dos. Ce sont des minibus jaunes de 29 places et non des grands bus.

➢ *Pour Sapa :* le plus pratique est de prendre un bus public (jaune et rouge) qui part à heures fixes depuis la place de la gare (ferroviaire) de Lào Cai. Une vingtaine de bus/j., 5h20-18h. Billet : 40 000 Dg. Durée : env 1h (plus le w-e). Grand panneau bleu avec les horaires. Terminus près de l'église de Sapa. Sinon avec la compagnie *Ha Son Hai Van*, 13 bus/j., 5h25-17h15. Billet : 30 000 Dg.

➢ *Pour Hanoi :* avec *Sao Việt*, bus à 5h30 du mat, puis ttes les heures jusqu'à minuit. Billet : 210 000 Dg. Bus de 40 places, confortable et moderne. À Hanoi, arrivée aux gares routières de Mỹ Đình, Giáp Bát ou Gia Lâm (choisir la bonne). Des bus de la compagnie *Ha Son Hai Van* partent de la gare routière de Sapa. Les autres partent de Lào Cai, ttes les 30 mn, 5h-0h30. Ce sont des bus de 32 ou 44 places-couchettes. Les bus ordinaires sont avec des sièges inclinables (assis-couché). Résa des billets par tél ou par Internet mais paiement sur place à leur bureau.

➢ *Pour Bắc Hà :* pas de bus direct de Lào Cai. Il vaut mieux prendre un bus au départ de Sapa qui va directement à Bắc Hà.

➢ *Pour Ninh Bình (Tam Cốc) :* avec *Sao Việt*. 4 bus/j., 8h-23h. Durée : 7h30-8h. Billet : 260 000 Dg.

En train

Gare ferroviaire : *à 2 km du centre-ville et de la frontière, de l'autre côté de la rivière. Guichet ouv 8h-10h, 14h-16h. Infos et horaires sur • vr.com.vn •* On y trouve une consigne et un distributeur ATM à l'extérieur du bâtiment côté parking.

➢ *De/pour Hanoi :* voir aussi la rubrique « Quitter Hanoi ». Au total, 2 trains de nuit de Lào Cai à Hanoi. Départs à 20h55 et 21h40. Durée : env 8h. Billet : place assise 150 000 Dg, et env 400 000 Dg en couchette dans un compartiment avec clim. Il y a aussi des cabines VIP plus confortables mais plus chères (on paie pour 4 pers mais on voyage à 2 si l'on veut être seuls).

– *Bon à savoir :* certaines agences privées (*Ratraco, Orient Express, Fanxipan, Sapaly*) affrètent des *wagons spéciaux* pour touristes, plus confortables, mais plus chers aussi...

De/pour la Chine

La frontière du Vietnam et de la Chine se trouve à env 2,5 km de la gare ferroviaire (par le bd Nguyễn Huệ, à droite en sortant de la gare), accessible à moto-taxi ou en taxi. *Il est impératif d'avoir obtenu préalablement un visa*, à l'ambassade de Chine de Hanoi par exemple.

– *Bon à savoir :* il est impossible pour les étrangers d'obtenir le visa à la frontière, malgré la présence d'un bureau d'immigration (*International Border Gate Centre*).

➢ *De Lào Cai :* si vous avez le visa chinois, il suffit de traverser le pont sur le fleuve Rouge, de passer les postes-frontières (vietnamien et chinois) pour atteindre la ville chinoise de *Hekou* (appelée Vân Nam par les Vietnamiens). Celle-ci fait partie de la province du Yunnan (Chine).

– *Bon à savoir :* si vous allez en Chine depuis Lào Cai et que vous revenez ensuite (un ou plusieurs jours après) au

Vietnam, il vous faut un visa vietnamien à entrées multiples. Se renseigner avant de partir car les règles peuvent changer.

– De Hekou (Chine), pas de train, mais des bus directs pour Kunming (capitale du Yunnan). Très longue route : durée au moins 10h.

Où dormir ? Où manger ?

■ **Kim Cương Hotel :** *358, Nguyễn Huệ.* ☎ *386-09-99.* ● *laocaikimcuonghotel.com* ● *Bien situé, près de la gare ferroviaire. En sortant de celle-ci, traverser la place et prendre la 1re rue à gauche, c'est 50 m plus loin. Doubles 400 000-600 000 Dg.* Immeuble moderne et bien tenu, de 8 étages. Chambres nettes avec clim et douche/w-c. Vue sur la rue ou sur la ville. Notre préférée est la n° 703.

■ **Thiên Hải Hotel :** *306, Khánh Yên.* ☎ *383-36-66.* ● *thienhaihotel.com* ● *Situé à gauche sur l'esplanade en sortant de la gare ferroviaire. Doubles à partir de 600 000 Dg, petit déj inclus.* Le meilleur hôtel du secteur, central, et prix justes pour la qualité des chambres. Déco classique et passe-partout. En prendre une dans les étages élevés (plus claire, plus calme). Bar au 10e étage.

I●I **Restaurant Hải Nhi** (Vietnamese Food) **:** *337, Quảng Trường Ga.* ▫ *09-83-19-09-19. À droite de l'hôtel Thiên Hải. Tlj 5h-22h.* On y sert de la cuisine vietnamienne, mais aussi des plats européens comme les pâtes, les soupes, les salades. Prix sages. Le patron parle l'anglais.

I●I **Viet Emotion :** *65, Phan Đình Phùng.* ☎ *383-53-54. Sur la gauche de l'avenue qui va de la gare ferroviaire à la gare routière. Tlj 5h30-22h.* Cuisine vietnamienne dans un cadre plutôt agréable. Carte avec photos. Le patron parle l'anglais. À côté, il y a un café (*Viet Café*). Prix sages aussi.

I●I **Restaurant Pineapple :** *55, Phan Đình Phùng (juste avt le resto Viet Emotion).* ▫ *09-13-35-99-67.* Probablement le meilleur restaurant de la ville. Cuisine traditionnelle vietnamienne et excellente cuisine italienne, avec notamment une salade de tomates à l'huile d'olive extra-vierge, vinaigre balsamique et basilic, et de délicieux spaghettis de toutes sortes.

LE NORD-EST

Toujours pour les adeptes de régions authentiques et très peu touristiques. Compter 4 à 6 jours pour faire la grande boucle Hanoi-Lạng Sơn-Cao Bằng-lac Ba Bể-Hanoi et autant et plus pour la province de Hà Giang, la plus belle région nord-est. Grâce aux routes de construction récente, on peut même inverser l'itinéraire en commençant par l'Ouest (le tronçon Hanoi-Ba Bể-Cao Bằng étant le plus éprouvant de tout le périple) et pousser jusqu'au golfe Bắc Bộ (golfe du Tonkin) pour arriver sur la baie d'Hạ Long.
Ne pas venir ici pour le charme de ces 2 villes-étapes (Cao Bằng, Lạng Sơn), ni pour les musées ni pour les pagodes. Son attrait réside dans la découverte pure et simple d'une région sauvage où vivent des minorités ayant, pour la plupart, gardé leur mode de vie traditionnel et ancestral.
La situation géographique de cette région voisine avec la Chine explique les ressemblances des paysages entre les 2 côtés de la frontière : petites vallées occupées par des rizières bien ordonnées, monts calcaires et pains de sucre envahis par la végétation, collines et montagnes montant à l'assaut du ciel bleu printanier (au printemps).

UN PEU D'HISTOIRE

Berceau de la fondation du Vietnam indépendant (voir la grotte de Pác Bó près de Cao Bằng), de la formation, par Hồ Chí Minh après 30 ans d'exil, du Vietminh et de la brigade de propagande de l'armée de libération du Vietnam, la région de Lạng Sơn et Cao Bằng fut, depuis toujours, le théâtre d'événements militaires. Les Vietnamiens y affrontent l'envahisseur chinois tout au long des siècles. Les Japonais attaquent la région en 1940 et l'occupent jusqu'en 1945.

Le coup de force japonais du 9 mars 1945 à Lạng Sơn

Alors que les forces japonaises sont pourchassées partout par les Alliés dans le Pacifique, à la fin de la Seconde Guerre mondiale, elles se jettent sur l'Indochine et décident d'en finir avec les forces françaises. Ultime rugissement d'un tigre blessé prêt à tout pour sauver sa peau... On utilise *la ruse, l'autre visage de la cruauté guerrière nipponne.* À 18h, le 9 mars 1945, les officiers français basés à Lạng Sơn sont invités à dîner par l'état-major japonais du colonel Tuneyoshi Sigheoru. À la fin du repas, les convives sont faits prisonniers ; 2 d'entre eux sont abattus, le lieutenant-colonel Amiguet et le chef de bataillon Leroy. Le général Lemonnier et le résident Auphelle, qui refusent de se rendre, sont décapités au sabre.

> **TERRIBLE TRADITION**
>
> *Le 9 mars 1945, les garnisons françaises d'Indochine furent attaquées par surprise par l'armée japonaise. Près de 3 000 soldats et officiers français furent tués en quelques jours. Beaucoup furent exécutés par décapitation au sabre... par les Japonais.*

Au même moment, près de 10 000 soldats japonais montent à l'assaut du fort Brière de l'Isle. Le rapport de force est de 10 contre 1. Les soldats français résistent toute la nuit. Les Japonais perdent 800 hommes, mais finissent par submerger la garnison à bout de munitions. Le 13 mars, le colonel Robert, qui refuse de se faire hara-kiri, comme lui suggèrent les Japonais, est décapité par un simple soldat. Les 11, 12 et 13 mars 1945, les prisonniers français au nombre de 460 sont conduits au bord de la rivière Kỳ Cùng à Lạng Sơn, où ils sont sauvagement massacrés.

Le berceau du Vietminh

En octobre 1950, les Français connaissent leur 1re défaite à Đông-Khê à côté de Cao Bằng, sur la fameuse RC 4 qui relie Cao Bằng à Lạng Sơn. La région est occupée ensuite par les Vietminh.

1979 : guerre sino-vietnamienne

En 1979, *la Chine veut donner une leçon au Vietnam.* En représailles à l'alliance passée entre le Vietnam et l'Union soviétique, ennemi juré des Chinois, aux mauvais traitements infligés aux Chinois vivant dans le sud du Vietnam, et enfin à l'invasion du Cambodge par le Vietnam fin 1978, les troupes chinoises envahissent (encore une fois) la région. Ils livrent des batailles sanglantes et destructrices, notamment à Lào Cai, Cao Bằng et Lạng Sơn, 3 villes pratiquement rasées. Ils se retirent en laissant quelque 50 000 morts et 400 chars détruits. Des combats sporadiques ont continué jusqu'en 1984. C'est un camouflet pour la Chine, qui reçoit une belle leçon du « petit » Vietnam.

La frontière était complètement fermée depuis cette date, mais l'écroulement du bloc soviétique en 1989 a contraint le Vietnam à se rapprocher de son voisin du Nord. Le désengagement militaire du Vietnam au Cambodge, la même année, a rassuré la Chine. Depuis 1992, la frontière s'est ouverte et les échanges commerciaux (et la contrebande) entre les 2 pays ont repris dans la région.

ACTION HUMANITAIRE

– *Association Dam Chu :* ● damchu.com ● En hommage à son père issu d'un village ethnique, combattant pour la libération de la France en 1944, la Française Lydia Chu Van Loir s'est mise au service des villageois de Lăng Hoài et Lũng Ngưu, bourgades situées à 67 km au nord-est de Cao Bằng, près de la frontière chinoise. Plusieurs projets ont déjà été réalisés ou sont en cours dans divers domaines : équipements, adduction d'eau, sanitaires pour un dispensaire, routes de désenclavement, aide matérielle aux écoles locales.

Conseils avant le départ

– *Attention,* région pauvre et isolée. Partez avec des espèces (đồngs et euros). À Cao Bằng et Lạng Sơn, on trouve des distributeurs ATM.
– Prévoyez de quoi vous couvrir le soir en hiver.
– Pour faire la boucle de Hà Giang, y aller à moto ou en 4x4 par agence. Voir plus bas les infos pratiques de cette très belle province.

DE HANOI À LẠNG SƠN

Il faut du temps pour sortir de l'agglomération de Hanoi mais passé les 70 premiers kilomètres, le paysage devient nettement plus intéressant. Nombreuses rizières entourées de petites collines peuplées d'arbres et

LẠNG SƠN

d'arbustes, dont des longaniers, des pommiers... On y cultive aussi la patate douce ou d'eau, du manioc, des haricots verts, et du tabac et du thé vert sur les coteaux. Vers Lạng Sơn, le paysage devient plus montagneux. À 20 km de cette ville, on aperçoit, dans la commune de *Chi Lăng,* un gigantesque monument exaltant la victoire des Vietnamiens sur l'armée chinoise qu'ils écrasèrent par 2 fois, en 981 et 1427, dans le défilé de la commune.

LẠNG SƠN

720 000 hab. (district) — IND. TÉL. : 205

● Plan *p. 241*

À 130 km au nord-est de Hanoi (compter 3h de route selon la circulation), Lạng Sơn (« hauteur de la fidélité ») était protégée par une citadelle dont il ne reste plus rien. Entourée de monts rocheux assez beaux à voir, la ville, qui fut en grande partie détruite par l'invasion chinoise en 1979 et reconstruite, présente peu d'intérêt. Sa situation en fait, avec Đồng Đăng, à 14 km (vers la frontière), une plaque tournante du commerce entre la Chine et le Vietnam. La contrebande y va bon train, mais le voyageur de passage ne peut pas s'en douter tellement la ville est provinciale, bien que de plus en plus animée.

Une imposante mairie de construction stalinienne n'améliore en rien le charme de la ville. Une particularité : la rivière Kỳ Cùng qui traverse Lạng Sơn court en sens inverse des autres rivières du pays et se jette en mer de l'Est, via la frontière.

Arriver – Quitter

Gare routière (Bến Xe Phía Bắc ; hors plan par B2, 1) : QL1A, Cao Lộc, sur la route nationale n° 1, à env 4 km du centre. Du centre-ville de Lạng Sơn, compter env 40 mn de marche. Ou prendre une moto-taxi (30 000 Dg).

➢ *De/pour Hanoi* : de Hanoi (gare de Mỹ Đình), bus ttes les 25 mn, 4h35-17h. Compter env 100 000 Dg. Durée : 3h10. Autres bus de/pour les gares routières de Gia Lâm et Giáp Bát.

➢ *De/pour Cao Bằng* : 6 bus/j., 5h15-13h45. Durée : 3h30.

➢ *De/pour la baie d'Hạ Long* (Bãi Cháy) : 8 bus/j., 5h35-15h30, via Tiên Yên. Compter 100 000 Dg. Durée : 4h. Les compagnies *Lý Nga* et *Tuấn Tâm* assurent la liaison en bus de 16 ou 29 places.

Gare ferroviaire (plan B1) : ☎ 387-34-52.

➢ 2 trains/j. au départ de *Hanoi,* de la gare centrale (seulement le w-e) ou de la gare de Long Biên (en sem). Le train en provenance de Hanoi pour la frontière chinoise (Đồng Đăng) passe vers 11h-11h30.

Info utile

■ **Distributeurs** (ATM) : plusieurs distributeurs dans les rues principales près des banques. Plus difficile de changer des dollars ou des euros.

Où dormir ?

Peu touristique, Lạng Sơn compte malgré tout quelques *guesthouses*. On y parle surtout le vietnamien et quelques mots d'anglais.

Bon marché
(jusqu'à 300 000 Dg / env 11 €)

🏠 **Nhà Nghỉ Bình Minh** (plan B2, 10) : *12A, Ngô Quyền.* ☎ *389-88-36.* 📱 *09-74-70-78-99. Chambres à partir de 250 000 Dg. Nhà nghỉ* signifie « petit hôtel » ou « pension ». Ici c'est classique, avec un hall de réception où des meubles sculptés sont alignés sous quelques trophées de chasse. Les chambres doubles ou triples « grand lit » sont propres, avec TV. Certaines donnent sur un immense potager à l'arrière du bâtiment. Accueil en vietnamien agréable. Bon rapport qualité-prix.

Prix moyens
(300 000-600 000 Dg / env 11-21 €)

🏠 **Vạn Xuân Hotel** (plan A1, 11) : *147, Trần Đăng Ninh, juste à côté du grand resto New Century, au bord du lac.* ☎ *371-04-40.* • *daobich thang12345@gmail.com* • *Doubles 360 000-550 000 Dg.* Hôtel moderne au bord du lac Phai Loan, à 50 m du marché Kỳ Lừa. Grandes chambres confortables et très lumineuses, à raison d'une par étage. Les meilleures ont vue sur le lac et les montagnes.

Chic
(600 000-1 000 000 Dg / env 21-35 €)

🏠 **VI's Boutique Hotel** (plan A1, 12) : *185, Trần Đăng Ninh.* 📱 *09-15-01-98-88.* • *visboutiquehotel.com.vn* • *Doubles 650 000-750 000 Dg.* Encore un boutique-hôtel qui ne ressemble à rien d'autre qu'à un hôtel classique. Des étrangetés dans l'architecture, comme cette salle de petit déjeuner énorme, ou des fenêtres de chambre qui ouvrent sur des couloirs sombres et vides. Malgré cela, cet hôtel moderne est une bonne adresse dans sa catégorie. Chambres assez grandes, bien tenues et de bon confort, côté rue la plupart.

🏠 **Mường Thanh Lạng Sơn Hotel** (plan B2, 13) : *68, Ngô Quyền.* ☎ *386-66-68.* • *muongthanh.com* • *Doubles à partir de 900 000 Dg.* Situé proche des gares ferroviaire et routière, un grand building moderne sur 10 niveaux (ascenseurs), moderne avec restaurant, café, spa, massages, karaoké. Un peu de luxe pour un prix encore raisonnable.

Où manger ?

On trouve des restos très simples et bon marché dans la rue Trần Đăng Ninh.

🍽 **Nga Tuệ 2** (plan A1, 20) : *2, Minh Khai. Tlj, jusqu'à 21h. Plats 20 000-40 000 Dg.* Boui-boui ou gargote ? Un panneau indique « COM ». C'est une vraie cantine populaire, entre une boutique de vaisselle et un immeuble jaune, avec un transformateur électrique au-dessus. Soupes, légumes sautés, riz cantonais… c'est simple et bon marché.

🍽 **Minh Quang Restaurant** (plan B2, 21) : *44, Ngô Quyền.* ☎ *387-04-17. Tlj 10h-21h.* Connue aussi sous le nom de *Mái Hiên*, cette auberge est nichée au fond d'une cour ornée d'orchidées, avec quelques chiens qui gambadent. Peu de touristes, excepté quelques Chinois, et les patrons ne parlent aucune langue étrangère. Spécialité : le canard laqué et les travers de porc grillés (9 sortes). Bonne cuisine familiale, sincère et pas chère. Carte sous-titrée en anglais.

À voir

🗝 **Les grottes de Kỳ Lừa** (faubourg de Lạng Sơn), **Nhất Thanh, Nhị Thanh et Tam Thanh** (hors plan par A1) : la plus célèbre est Tam Thanh, à l'est de Kỳ Lừa, dans une chaîne de montagnes évoquant un troupeau d'éléphants s'allongeant dans la prairie. Moins célèbre mais plus belle : la grotte de Nhị Thanh, composée de 2 cavités distinctes.

🗝 **La grotte des Trois Purs** (Tam Thanh Động) : *à 500 m à l'ouest de la ville. Accès facile : monter un escalier (1 mn). Tlj 7h-17h30. Entrée : 20 000 Dg.*

LẠNG SƠN / À VOIR

LẠNG SƠN

- **Adresse utile**
  - 🚌 1 Gare routière (hors plan par B2)

- **Où dormir ?**
  - 10 Nhà Nghỉ Bình Minh (B2)
  - 11 Vạn Xuân Hotel (A1)
  - 12 Vi's Boutique Hotel (A1)
  - 13 Mường Thanh Lạng Sơn Hotel (B2)

- **Où manger ?**
  - 20 Nga Tuệ 2 (A1)
  - 21 Minh Quang Restaurant (B2)

Occupée 1 semaine lors de la guerre entre le Vietnam et la Chine (1979), elle servit de dépôt de munitions. À la suite d'une explosion, de nombreux blocs rocheux l'encombrent encore aujourd'hui, au fond. Elle est l'objet d'un rituel qui rassemble des Vietnamiens, en majorité des femmes venues demander aux dieux argent, bonheur, santé et fécondité. Elles font des offrandes devant différents autels, en particulier devant le sanctuaire bouddhique dédié à Amitabha, et devant un petit bassin en forme de fleur de lotus.

Là, hommes et femmes se regroupent pour recueillir dans leurs mains l'eau coulant d'une stalactite, dont ils se barbouillent le visage. Une eau bénite qui, comme à Lourdes, guérit de tous les maux. L'idéal est de s'y rendre lors de la grande fête, le 15e jour du 1er mois lunaire. La foule vient de Hanoi, Cao Bằng..., toutes bannières déployées.

🚶 ***La pagode des Fées*** *(Chùa Tiên ; hors plan par A1) : à 2 km env au sud de la ville. Entrée : 20 000 Dg.* 65 marches mènent à la pagode érigée dans une grotte, où règne une atmosphère étrange de bigoterie et de recueillement. À droite de l'entrée, un autel est dédié au général Trần Hưng Đạo (les Vietnamiens en ont fait un génie) qui a remporté la victoire sur les Mongols au XIIIe s. Plus loin, dans le fond, de part et d'autre de l'autel principal, les 2 gardiens des diamants, et la déesse Quan Yin (statue blanche). Ici se mélangent le bouddhisme et le taoïsme. Le bouddha est dans le pavillon des Neuf Dragons.

✺ *Les marchés* (plan A1) : il y en a 2. Le marché du centre-ville s'appelle **Chợ Giếng Vuông** *(tlj 6h30-19h).* Immense marché couvert, très coloré, abritant des boutiques de vêtements, d'épices, de fruits et de légumes. L'autre marché, **Chợ Đêm Kỳ Lừa** *(tlj 7h-23h),* vend surtout des vêtements, de la quincaillerie, des jouets, des tissus et du matériel électronique. On y trouve tous les produits de consommation courante, venus tout droit de Chine... Les minorités ethniques y viennent 6 jours par mois, pour vendre fruits, légumes et produits médicinaux.

VERS LA CHINE

Pour continuer son voyage, il faut un visa de tourisme chinois. Attention, si l'on veut repasser ensuite par le Vietnam, il faut avoir un visa vietnamien à entrées multiples. Les relations commerciales très suivies entre les 2 pays ont conduit à un assouplissement des formalités de passage des frontières. En 2020-début 2021, durant l'épidémie de coronavirus, toutes les frontières avec la Chine furent fermées. Se renseigner pour fin 2021-2022 car cette mesure pourrait avoir changé.
– La *porte de l'Amitié* (appelée porte de Chine à l'époque coloniale) se trouve après le village de Đồng Đăng, à 18 km au nord de Lạng Sơn. Ensuite il y a des bus pour Pingxiang, où l'on peut prendre un train vers Nanning, capitale du Guangxi.
– On peut aussi prendre le train de Hanoi ou Lạng Sơn jusqu'à Đồng Đăng ; se renseigner sur place pour les formalités.

DE LẠNG SƠN À CAO BẰNG

Paysage traditionnel de rizières, champs de canne à sucre, paysans au chapeau conique labourant avec leur buffle, etc. Parfois on longe la rivière Kỳ Cùng, on monte un col de montagne escarpé avec, en prime, une superbe vue plongeante sur des vallées de rizières et de champs, puis on croise des femmes lourdement chargées portant le costume coloré de leur ethnie, se rendant au marché ou rentrant au village. La route goudronnée est en assez bon état, malgré quelques tronçons qui ralentissent le trajet. Beaucoup de camions l'empruntent.
C'est sur cette route historique, la RC 4, appelée la « route sanglante », que le corps expéditionnaire français (1940-1950) fut durement attaqué par le Vietminh. La France connut là ses 1res défaites. Certains anciens combattants y viennent en pèlerinage. Il reste quelques vestiges, dont le gros fort de Na Sam (occupé par une station de radio), le fort de Đồng Khê, au centre du bourg, et, à quelques kilomètres au nord par une très belle petite route de montagne, le charmant village de Đức Long, où se trouvait le Q.G. de Giáp pendant la bataille d'octobre 1950 (intéressant petit musée) et un pont...

CAO BẰNG

511 000 hab. (district)   IND. TÉL. : 206

• Plan *p. 245*

⌖ À 280 km au nord-est de Hanoi et 152 km de Lạng Sơn. De Hanoi, compter environ 7h de route en passant par Lạng Sơn. Belle route RC 4 pour y arriver. Les montagnes environnantes forment un écrin dans lequel la ville

CAO BẰNG | 243

de Cao Bằng s'est développée. Cité de province éloignée de tout depuis les années 2010, Cao Bằng a su évoluer avec le progrès tout en gardant une certaine bonhommie : peu de circulation, pas de pollution, des rues secondaires agréables, un commerce renaissant, de nouveaux hôtels et restos.

Le plus intéressant pour le voyageur est aux environs de Cao Bằng où l'Unesco a classé les paysages exceptionnels comme « Géoparc ». Les excursions d'une journée incluent la visite de la cascade de Bản Giốc, proche de la frontière chinoise, ainsi qu'un arrêt dans les villages des minorités Nùng. La majorité de la population appartient aux minorités des Thổ, Nùng et Dzao. La région, spécialisée dans l'élevage (bœufs, porcs, chèvres et buffles), vit essentiellement de l'agriculture, de la production de zinc et de bois.

– *Bon à savoir :* très belle vue sur Cao Bằng depuis le sommet de la colline du monument aux morts *(Victory Monument ; plan B2).*

Arriver – Quitter

Gare routière *(plan B1) : vers le nord de la ville, après le pont, à gauche, le long du fleuve.*

➢ ***De/pour Hanoi :*** 25 départs/j., dont une bonne dizaine de bus de nuit depuis la gare routière de Mỹ Đình (à l'ouest de Hanoi). Compter 7h de route et 1h d'arrêt. Billet : env 200 000 Dg. Prendre une couchette molle.

➢ ***De/pour Lạng Sơn :*** bus ttes les heures, 5h-14h.
➢ ***De/pour Bản Giốc*** (chutes d'eau) : 1 bus/j., à 7h30. Durée : 3h. Le bus va directement aux chutes.
➢ ***De/pour Bảo Lạc :*** 4 bus/j., 5h-13h. Durée : 4h30.
➢ Et aussi des bus pour le *lac Ba Bể.*

Adresse utile

■ **Vietcombank** *(plan A1) : Hoàng Đình Giong.* Grand bâtiment où personne ne parle l'anglais. S'armer de patience pour changer des dollars. ATM (distributeur) plus pratique, acceptant les cartes internationales.

Où dormir ?

Bon marché (jusqu'à 300 000 Dg / env 11 €)

■ ***Homestay Primrose*** *(plan A2, 10) : 18, Hồng Việt.* ☎ *09-83-99-48-69.* ● *homestaycaobang@gmail.com* ● *Lit en dortoir env 140 000 Dg, double env 300 000 Dg.* Voici le 1er *homestay* (maison d'hôtes) de Cao Bằng. Petit immeuble dans une rue calme, tenu par un couple charmant. Madame parle un peu l'anglais. Tout est propre et bien tenu (clim dans les dortoirs (6 lits superposés) et les chambres privatives, claires et à la déco soignée. Vue sur la rue ou sur l'arrière. Location de motos. Cuisine commune à disposition des hôtes.

Prix moyens (300 000-600 000 Dg / env 11-21 €)

■ ***Jeanne Hotel*** *(plan A2, 11) : 99, Kim Đồng.* ☎ *385-41-87.* ☎ *09-12-13-01-26.* ● *caobanghotel.com* ● *Doubles 500 000-550 000 Dg.* Immeuble haut et étroit, tout neuf, qui a été construit par une Vietnamienne francophone pour son fils (anglophone). Celui-ci est souvent à l'accueil tandis que sa mère, très âgée, n'est pas très loin. Pourquoi *Jeanne* ? C'est le prénom de cette vénérable dame. L'hôtel abrite de belles chambres, impeccables, avec un bon confort (clim, double vitrage, literie de qualité) et vue sur la rue. En demander une dans les étages élevés car elles sont plus calmes et lumineuses.

LE NORD-EST

Kim Đồng Hotel (plan A2, 13) : *155, Kim Đồng. ☎ 385-30-53. 09-13-25-62-10. • khachsancaobang.com.vn • Doubles 350 000-500 000 Dg.* Très central, un immeuble moderne et bien tenu. Abrite des chambres assez grandes, propres et confortables, avec une déco correcte et du mobilier local. Elles donnent sur la rue pour la plupart, mais celles donnant sur la rivière sont mieux (plus calmes).

Où manger ?

Comme souvent au Vietnam, on y dîne très tôt, avant 20h (rarement après).

Bon marché (jusqu'à 100 000 Dg / env 4 €)

|●| Plein de **gargotes** aux plats simples et pas chers le long de la rue principale (*plan A2, 20*), avant Nguyễn Du. Surtout fréquentées par la jeunesse. Servent à manger jusqu'à 2h du mat.

|●| **Cơm Thu Ngân** (plan A1, 21) : *121, Vườn Cam. Tlj 10h30-22h. Plats 10 000-15 000 Dg.* Près du marché, salle éclairée par des néons, ventilos, tables en alu, tabourets en plastique, c'est la cantine populaire des gens du quartier. Cuisine régionale, franche et rustique, avec des produits frais : poulet, canard, aubergines, riz...

DANS LES ENVIRONS DE CAO BẰNG

◎ En 2018, 9 districts de la région de Cao Bằng ont été classés « Géoparc » mondial par l'Unesco, en raison de la beauté et de la rareté de leurs paysages (3 000 km²).

✺✺ **Les chutes de Bản Giốc** (hors plan par B1) : *par la route de Trùng Khánh. Depuis Cao Bằng, compter env 2h de route (env 96 km au nord-est). En bus, départs ttes les 30 mn, 5h-17h, depuis la gare routière ; ce sont les bus urbains rouge et jaune. Entrée : 45 000 Dg, à payer au poste de police avt de prendre le petit chemin (500 m) qui mène à ces belles chutes ; réduc.*
La route pour y aller est en bon état et superbe. Elle traverse de beaux paysages de champs agricoles et de rizières. Ces chutes marquent la frontière entre le Vietnam et la Chine. Ce sont les plus grandes et les plus belles du Vietnam. Elles s'étalent sur 3 niveaux, sur 300 m de large. Si les cascades sont impressionnantes, le cadre en général a moins d'intérêt.
En chemin, ne pas rater le village de **Phúc Sen,** bourgade de forgerons habitée par les Nùng, à 37 km de Cao Bằng sur la route des chutes. On peut aussi visiter les **grottes de Ngườm Ngao,** à 4 km avant d'arriver à Bản Giốc *(entrée : 35 000 Dg).* L'intérieur des grottes est bien éclairé, le chemin cimenté.

✺✺ **Hang Pác Bó** (grotte de Pác Bó) : *au village de **Pác Bó**, commune de Trung Hoà, à 3 km de la frontière chinoise, à env 50 km au nord de Cao Bằng. Y aller en bus urbain depuis la gare routière de Cao Bằng : départs ttes les 30 mn, 5h-17h. Durée : 1h15. Le bus s'arrête à Hà Quảng et, de là, il y a encore 8 km à faire à moto-taxi (50 000 Dg). Entrée du site : 20 000 Dg ; réduc.*
Dans cette grotte de Cốc Bó (son vrai nom), Hồ Chí Minh trouva refuge à son retour au Vietnam le 28 janvier 1941, après 30 ans d'exil. Il y arriva clandestinement, à pied, venant de Kunming. Il y resta près de 4 ans, jusqu'à la fin de la Seconde Guerre mondiale, toujours aux aguets, craignant d'être découvert par les Français. Dans une cabane à 1 km de la grotte, il créa la Ligue pour l'indépendance du Vietnam, coalition nationaliste menée par les communistes, dont le but était de libérer le Vietnam des Français. Il y trouva même le temps d'écrire des poèmes. C'est un haut lieu de l'histoire du Vietnam pour les patriotes, les révolutionnaires et les communistes.
Autour de la grotte s'étend un beau paysage montagneux dominé par la montagne Các Mác (Karl Marx), avec une vallée où coule la rivière Lê Nin (Lénine), 2 lieux baptisés ainsi par l'oncle Hồ.

LE LAC BA BỂ | 245

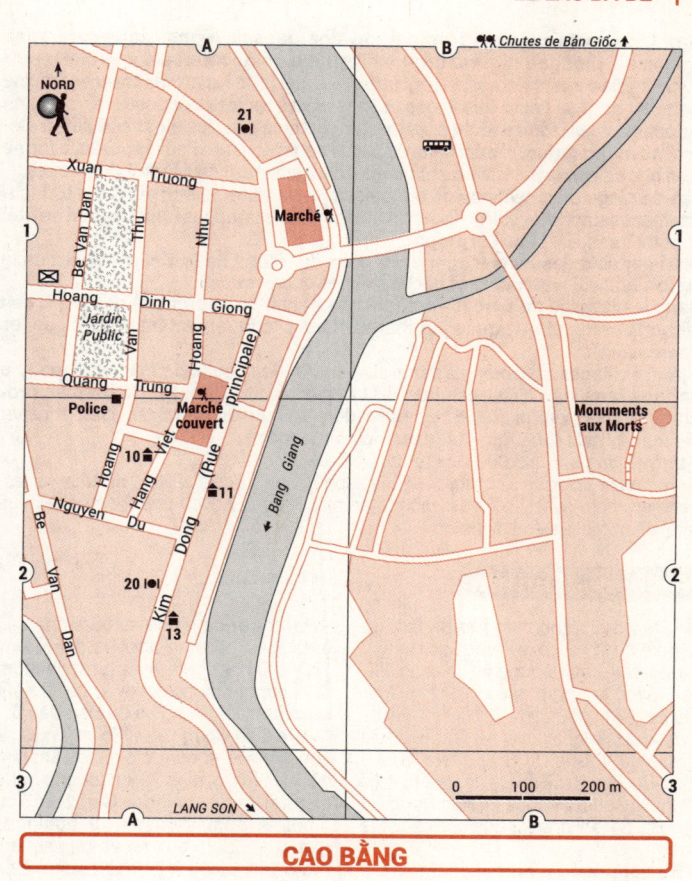

CAO BẰNG

	Où dormir ?		Où manger ?
	10 Homestay Primrose (A2)		20 Gargotes de la rue principale (A2)
	11 Jeanne Hotel (A2)		21 Cơm Thu Ngân (A1)
	13 Kim Đồng Hotel (A2)		

LE LAC BA BỂ (PARC NATIONAL)   IND. TÉL. : 209

À 125 km à l'ouest de Cao Bằng (environ 2h30 de route), dans la province de Bắc Cạn, voici l'un des plus beaux sites naturels du nord-est du Vietnam, une oasis de paix et de fraîcheur. Des monts calcaires, couverts de forêts luxuriantes, servent d'écrin naturel au lac Ba Bể (« Trois Baies »), large de 1 km et long de 9 km, situé à 145 m au-dessus du niveau de la

mer. Une sorte de Jura tropical, ou des basses Alpes, pour estampes chinoises, plongée dans la brume hivernale ou découpée sur le ciel bleu. Sur leurs flancs accidentés, la végétation envahit tout, les arbres prennent racine jusqu'au bord de l'eau. Des lianes effilées et des racines noueuses dévorent en les enlaçant les ultimes rochers immergés, comme pour les étouffer. 2 îlots s'élèvent au milieu du lac, rétréci dans sa partie centrale. L'un d'eux rappelle la forme d'un cheval harnaché traversant un gué, d'où son nom *An Mã* (îlot du Cheval).
Pas de plage de sable, pas de bungalows ni de villas, le site est resté touristiquement sauvage et vierge (pour l'instant !). Les baignades (uniquement en été) sont tolérées, car l'eau est propre.
Les habitants des rives (notamment ceux du village de Pác Ngòi) vivent de la double activité : riziculture et pêche (carpes et crevettes).
Dans les jungles du parc, vivent (cachés et loin des hommes) des ours, des gibbons noirs, et quelques panthères. Il est pratiquement impossible de les apercevoir.
2 petits villages se trouvent sur la rive sud du lac : celui de *Pác Ngòi,* peuplé par des familles Tày, et celui de *Bó Lù,* plus facile d'accès. Ce dernier, profitant de la proximité du petit embarcadère en face du principal, a fait pousser les mini-hôtels *(nhà nghỉ)* plus ou moins rustiques.
– *Entrée du parc :* 45 000 Dg par personne.
– *Meilleure époque :* octobre-avril (saison sèche). Pour voir les rizières vertes, venir en mars-avril. Le riz est récolté en mai. Il peut y avoir une 2de récolte (plus rare) en octobre selon la météo.

Arriver – Quitter

➤ *De/pour Hanoi :* les bus partent de la gare de Mỹ Đình (à l'ouest de Hanoi). 2 départs/j., en début d'ap-m et en soirée, avec la compagnie *Thưởng Nga*. Durée : 7h, pour env 211 km. Le bus passe par Thái Nguyên et Chợ Đồn, et arrive au village de Bó Lù, sur la rive sud du lac Ba Bể. De là, moto-taxi (3 km) jusqu'au village de Pác Ngòi. Du lac Ba Bể à Hanoi, 2 bus/j., très tôt le mat.
– *En voiture ou à moto :* compter env 5h de bonne route au départ de Hanoi. Autoroute jusqu'à Thái Nguyên (musée de la Culture et des Minorités), puis route bitumée (2 voies) qui passe par Yên Đỗ puis Bản Lũng (plus belle route, moins de circulation que par Bắc Kạn qu'il faut éviter) et Chợ Chu (ex-prison française fermée en 1944). On arrive au lac par la rive sud en passant par le village de Bó Lù, lequel se trouve à 3 km de Pác Ngòi.

– *Par agence :* une excursion (3 j.) organisée par une agence coûte env 180-200 US$/pers avec un minimum de 5 pers (tout inclus, avec balade sur le lac jusqu'aux chutes de Đầu Đẳng).
➤ *De Cao Bằng :* env 125 km de route goudronnée et correcte sur 90 km jusqu'à Nà Phặc, puis 29 km (bonne route encore) pour atteindre Chợ Rã (3 ou 4 hôtels pour touristes et quelques gargotes). Si le bus ne va pas au lac, moto-taxi jusqu'à l'embarcadère Bến Hồ Ba Bể (15 km ; 100 000 Dg), côté est du lac.
➤ *Du lac Ba Bể à Bảo Lạc et la province de Hà Giang, au nord :* de Chora, village sur la rive nord du lac, compter 4h de route pour atteindre Bảo Lạc. Bonne route bitumée à 2 voies, dans des paysages de montagnes calcaires. On passe par la ville minière (étain) de Tĩnh Túc.

Où dormir ? Où manger ?

À Pác Ngòi

Plusieurs familles Tày du village proposent d'héberger les visiteurs. On compte plus d'une quinzaine de *homestays* et *guesthouses* dans ce petit village. Les prix et le confort sont presque identiques d'une maison à l'autre.

Compter 70 000 Dg pour un lit en dortoir, 120 000-150 000 Dg le repas et 50 000 Dg le petit déj. On peut dormir dans son coin tout seul ou bien dans une sorte de pièce qui fait dortoir. Dans la plupart des cas, les familles vivent et logent au rez-de-chaussée et les touristes à l'étage. La majorité des propriétaires ne parlent que le vietnamien, sauf exception. Baragouinez le vietnamien ou parlez par gestes ! Souvent, les enfants qui sont scolarisés parlent un peu l'anglais.

Bon marché (jusqu'à 300 000 Dg / env 11 €)

🏠 |●| *Nhà Nghỉ Đạt Diễm* (chez M. Manh) : *sur la gauche, en entrant dans le village, quand on vient de Bó Lù.* 📱 *03-76-59-18-53.* En contrebas de la route, dominant un paysage de rizières, la maison sur pilotis de M. Manh est l'une des plus agréables du village. 3 générations vivent sous le même toit. On dort sur des matelas posés sur le plancher en bois. Confort sommaire mais suffisant (ventilo, couvertures, moustiquaire en été, prises électriques). Douche et w-c sont dans un cabanon à l'extérieur. Là aussi, sommaire mais propre.

🏠 |●| *Homestay Duy Thọ* : *à l'est du village.* ☎ *389-41-33.* 📱 *09-19-86-82-35.* Très bonne maison tenue par la charmante Triệu Duy Thọ, francophile mais pas francophone. Dortoir (4 lits sur sommier) avec 3 petites fenêtres, et 9 chambres avec un grand lit double. Délicieux repas préparés par la maîtresse de maison qui est un cordon-bleu.

🏠 |●| *Homestay Hồng Vinh* : *dans la partie est du village.* 📱 *03-46-02-91-75.* La maison donne sur la rue. Accueil charmant et jovial de M. Dương Văn Thu. 9 chambres autour d'une pièce principale, mais moins de vue qu'ailleurs. Bonne cuisine vietnamienne et balades en bateau.

🏠 |●| *Homestay Hoa Sơn :* *dans le dernier tiers du village, sur la droite de la route principale (petit panneau à l'extérieur).* ☎ *389-40-65.* 📱 *09-47-15-01-54.* ● *hoa-son-homestay-ba-be-lake.business.site* ● Une autre bonne maison sur pilotis, tenue par Mme Hua et son fils. Terrasse avec vue sur les rizières. Même niveau de confort et de prix qu'ailleurs.

À Bó Lù

À 4-5 km à l'ouest de Pác Ngòi, sur la rive sud du lac Ba Bể, face à l'embarcadère principal, ce hameau abrite aussi quelques mini-hôtels *(nhà nghỉ)* plutôt rustiques, et des *homestays*.

🏠 |●| *Mr Linh Homestay :* *au village de Coc Toc, près de Bó Lù.* 📱 *09-86-01-60-68 ou 09-36-48-90-68.* ● *mrlinh homestay.com* ● *Doubles 25-30 US$, petit déj inclus.* M. Linh est originaire de ce village. Il dirige une petite agence de tourisme et possède une *guesthouse* installée dans une belle maison traditionnelle en bois, au-dessus du lac. Agréables, simples et propres, arrangées dans le style ethnique Tay, les chambres sont équipées de moustiquaires et de toilettes privatives. Elles donnent sur un long balcon commun. On y sert les repas : cuisine locale faite avec de bons produits de la campagne. La vue, l'emplacement, l'environnement, le calme sont autant de raisons de dormir ici. Propose aussi des randonnées, excursions, balades en kayak, et même de la spéléologie.

À voir. À faire

Les excursions sont proposées par les habitants des villages de la rive sud (à Pác Ngòi ou Bó Lù) mais aussi à l'embarcadère de la rive est. On navigue sur de longues barques en bois peintes en vert, rudimentaires mais robustes, pour 8 personnes. Tarifs variables en fonction de la durée des balades : 2h sur le lac *(env 300 000 Dg),* ou 4h avec visite de la grotte Hang Phượng et des chutes d'eau de Đầu Đẳng *(env 800 000 Dg).* Excellent déjeuner chez la célèbre *Pirat* (M. et Mme Hiền), au village de Bản Cấm, entre la grotte et Đầu Đẳng.

Possibilité de randonnée au départ du village de Coc Toc à travers la jungle, jusqu'à des villages dao et hmong, avec vue sur le lac Na Hang (province voisine de Tuyên Quang). En été, il fait très chaud, et la montée peut être pénible.

🏃 *Les chutes d'eau de Đầu Đẳng :* on peut les voir au cours des excursions en barque sur le lac. Situées à l'opposé de la grotte Hang Phượng. On monte au nord sur un bateau puis remonte la rivière Nang pour arriver à la grotte Hang Phượng, demi-tour sur la rivière et on arrive au petit village de Đầu Đẳng (entre les 2 sites : 30 mn de très belle navigation entre des falaises à pic).

🏃 *Le village de Pác Ngòi :* *situé sur la rive sud du lac (on peut y aller à pied depuis Bó Lù). En barque (env 100 000 Dg), compter 15 mn de trajet au départ de l'embarcadère principal de la rive est. Les bateaux s'arrêtent sur une berge proche du village, puis il faut marcher 10 mn à travers les champs de maïs et les rizières. Mieux vaut avoir un guide vietnamien, pour se faire comprendre.*
La modernité s'y implante au fil des ans, mais cela n'enlève rien au charme et à la tranquillité du lieu. Enfoui dans la végétation luxuriante, au pied d'une falaise calcaire, ce gros village abrite une communauté d'ethnie Tày (86 familles, soit environ 500 habitants). Ils vivent d'agriculture (riz, maïs), d'élevage (buffles, cochons, canards) et de pêche. Les maisons en bois et en bambou reposent sur des piliers en bois. L'eau vient de puits creusés dans le sol. Ils possèdent l'électricité et le téléphone (mais de plus en plus de téléphones portables).
Après le travail des champs, pour passer le temps, les hommes fument (parfois le soir) des pipes à eau (faites en bambou). Les métiers à tisser ont disparu.
Pour les Tày, les vêtements sont des signes d'appartenance au groupe ethnique. Ils doivent être confectionnés de façon artisanale avec des tissus choisis. Quant aux enfants, ils suivent une scolarisation obligatoire entre 6 et 12 ans.

LA PROVINCE DE HÀ GIANG

IND. TÉL. : 219

• Carte p. 250-251

🌀 **Le bout du monde vietnamien ! À plus de 350 km au nord de Hanoi (environ 7-8h de route), voici la région la plus belle et la plus sauvage du nord-est du Vietnam, et aussi la plus mal connue ! Frontalière avec la Chine (Yunnan), la province de Hà Giang présente d'étonnants paysages de montagnes au relief tourmenté, des vallées profondes baignées par des rivières sinueuses. De temps en temps, les versants des montagnes sont sculptés par de remarquables rizières ou parcelles de maïs en escalier.
Dans cette province oubliée du reste du monde, loin de l'agitation de la planète, la nature n'a quasiment pas changé depuis des siècles (ou si peu). Hérissées de pitons karstiques, d'aiguilles de calcaire noir (les locaux les appellent les « forêts de pierre »), les montagnes forment une toile de fond majestueuse. On pense parfois aux Dolomites. Des milliers de monts calcaires de forme conique surgissent de partout. Ces pains de sucre impressionnants dessinent un insolite paysage que l'on dirait sorti d'une estampe ancienne. Dans cette lointaine région enclavée, la nature imite bel et bien l'art !
Dans cet environnement exceptionnel, pas de grandes villes tonitruantes, nulle pression touristique ou commerciale, aucune trace du surtourisme. On trouve une multitude sereine et calme de villages très éparpillés (plus qu'ailleurs au nord) et habités par des minorités ethniques pacifiques qui ne sont pas de la famille des Viets (majorité ethnique du Vietnam). Elles vivent**

en autarcie, maintenant leurs traditions avec peu de moyens : les Tay (23 %), les Hmong Noirs (32 %), les Dzao (15 %), les Nung (9 %) et les Lolos Blancs. La population totale de la province est de 625 000 habitants.
- *Bon à savoir :* la province de Hà Giang est la seule du Vietnam où la majorité de la population est constituée des habitants des minorités ethniques. Bref, ce sont des minoritaires devenus majoritaires !
- *Meilleure époque pour y aller :* la période la plus froide correspond aux mois de décembre, janvier et février. La température nocturne peut descendre très bas, parfois proche de 5 °C ou même moins. Préférez d'autres mois de l'année comme mars-avril ou septembre-octobre. Entre mai et août, la température est plus élevée mais mais très agréable.
- *Attention :* pour pénétrer à l'intérieur de la province, il faut demander un permis qui coûte environ 210 000 Dg (environ 10 US$) par personne. Il s'obtient facilement en passant par la réception des *hostels* et hôtels, sans avoir besoin d'aller au poste de police. Dans ce cas, les hôteliers demandent 280 000 Dg pour ce service (est inclus dans ce montant une commission de 70 000 Dg). Le permis consiste en un simple document en papier établi sur présentation du passeport et du visa. Ce permis est exigé dans les hôtels, donc l'acheter à Hà Giang si vous prévoyez de dormir entre Hà Giang et Đồng Văn.
- *Argent, banque, change :* attention, très peu de banques dans cette province, et il est difficile de changer des dollars ou des euros. Partez avec une réserve d'argent liquide (des đồngs). À Đồng Văn, l'*Agribank* possède un ATM (distributeur) acceptant les cartes *Visa* et *MasterCard*. Il est situé au 19/5, Lý Thường Kiệt, en face de l'hôtel *Hoa Cương*. Autres distributeurs Agribank à Hà Giang *(au 60, Trần Phú)* et à Yen Minh.

Comment se rendre et se déplacer dans la province ?

Pour vraiment profiter de cette province, ne pas compter sur les bus, il n'y en a pratiquement pas, sauf pour rejoindre Hà Giang au départ de Hanoi, puis entre Hà Giang et Đồng Văn (la plus belle partie), routes étroites et vertigineuses. Il y a aussi des bus entre Đồng Văn et Mèo Vạc. On peut faire le tour de la province à moto (l'option la moins chère) ou en 4x4, si vous avez les moyens ; il est alors possible d'être accompagné d'un guide vietnamien, car on parle très peu ou pas du tout l'anglais dans les villages.
- *À moto :* les motards sont nombreux à prendre le bus de Hanoi à Hà Giang, puis ils louent une moto pour accomplir la grande boucle *(the loop)*. Ceux qui ne peuvent/veulent pas conduire de motos sur ces routes de montagnes assez techniques peuvent facilement demander (louer) les services de moto avec pilote, ce qu'on appelle des *easy riders* (via les hôtels et *guesthouses*). Peu parlent l'anglais cependant. Compter 3 j. min pour bien profiter de la région.

- *En véhicule privé :* bonne route depuis Hanoi par Vĩnh Yên et Việt Trì (route n° 2), mais sans grand intérêt, traversant la plaine de la rivière Rouge. La route ne devient belle que lorsque les montagnes commencent. Un circuit type au départ de Hanoi avec retour par Cao Bằng demande environ 6 j. sans se presser.

➤ *De Hanoi à Hà Giang :* plusieurs bus/j. au départ de la gare de Mỹ Đình, 8h-21h. Compagnies *Cau Me, Ngoc Cuong* (● goccuong.com.vn ●), *Hai Van*... Durée : 7h. Billet : 200 000 Dg. Bus climatisés avec couchettes molles confortables. À Hà Giang, prendre le bus local (2 compagnies) pour continuer le voyage vers le nord de la province. Durée du trajet Hà Giang-Đồng Văn : env 4h30. Billet : 100 000-200 000 Dg/pers. Il existe aussi des services de minibus Limousine de porte à porte Hanoi-Hà Giang. Billet : env 350 000 Dg. Durée : 6h.

➤ *De Cao Bằng à Hà Giang :* la route n° 34 est très belle, dans un état moyen (compter 8-9h). À noter, après

LE NORD-EST

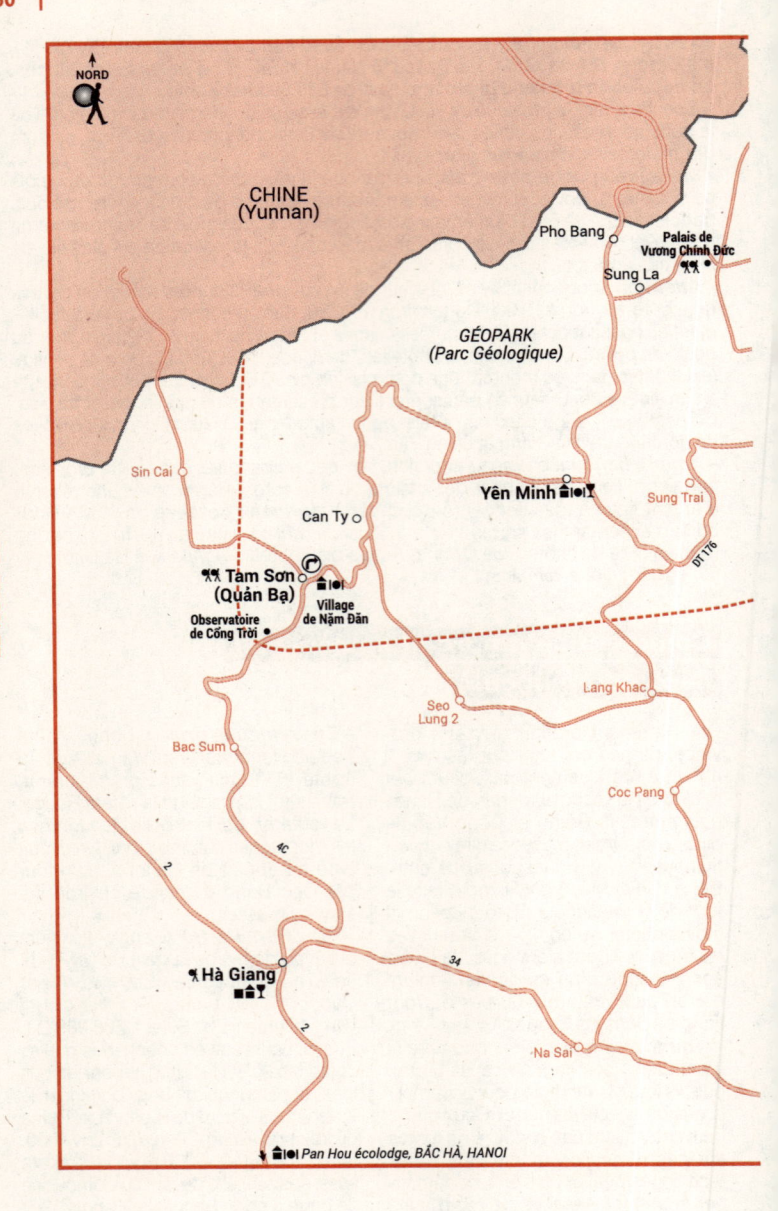

CHINE (Yunnan)

Pho Bang
Palais de Vương Chính Đức
Sung La

GÉOPARK (Parc Géologique)

Sin Cai
Can Ty
Yên Minh
Sung Trai
DT 176

Tam Sơn (Quản Bạ)
Village de Nậm Đăn
Observatoire de Cổng Trời

Seo Lung 2
Lang Khac

Bac Sum

Coc Pang

4C
2

Hà Giang

34

Na Sai

2

Pan Hou écolodge, BẮC HÀ, HANOI

251

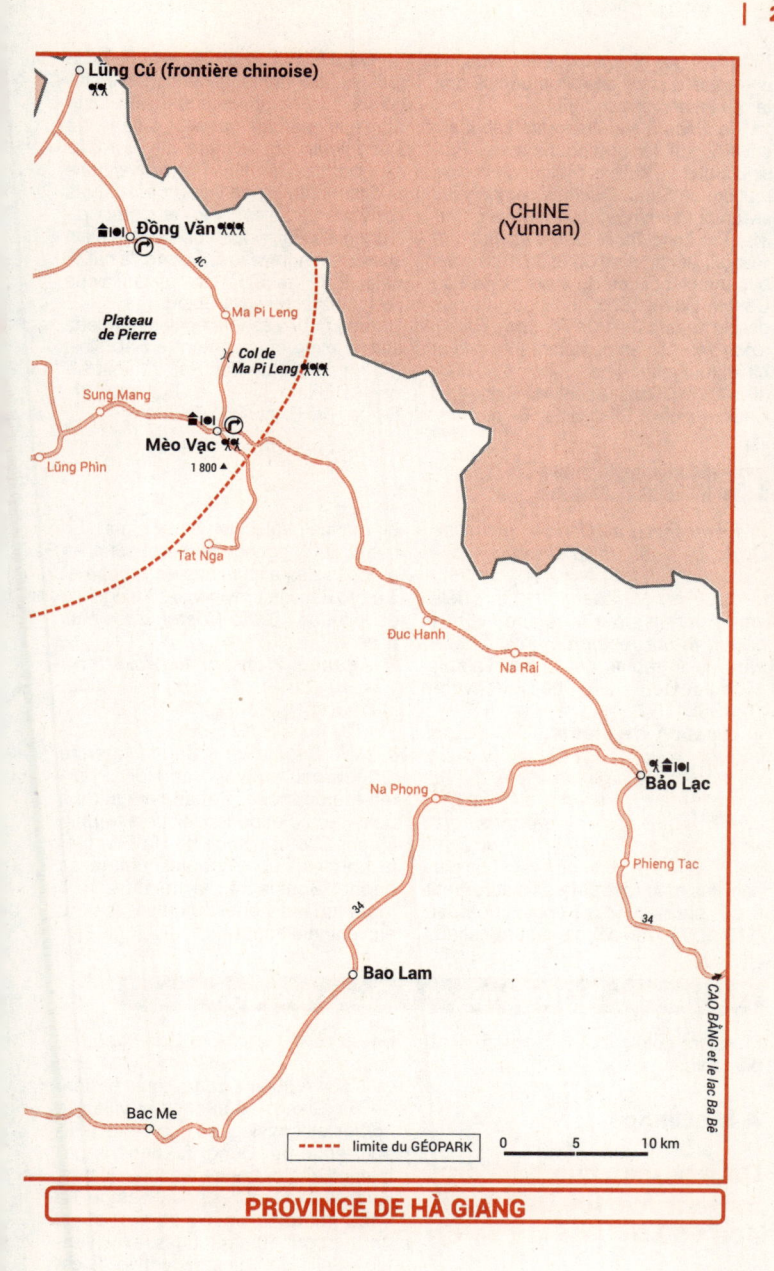

Lũng Cú (frontière chinoise)

CHINE (Yunnan)

Đồng Văn

4C

Ma Pi Leng

Plateau de Pierre

Col de Ma Pi Leng

Sung Mang

Mèo Vạc

Lũng Phìn

1 800 ▲

Tat Nga

Đuc Hanh

Na Rai

Na Phong

Bảo Lạc

Phieng Tac

34

Bao Lam

34

CAO BẰNG et le lac Ba Bê

Bac Me

----- limite du GÉOPARK   0   5   10 km

LE NORD-EST

PROVINCE DE HÀ GIANG

Tĩnh Túc, une gigantesque excavation : une mine d'étain exploitée depuis des temps immémoriaux.

➤ **De Sapa à Hà Giang via Lào Cai :** env 250 km sur une bonne route. Plusieurs bus quotidiens partent de la gare routière de Sapa. Diverses compagnies assurent le voyage : *Quang Tuyen, Cau Me, The Long Travel, Sao Viet, Truly Ha Giang*... Départs à 8h30 et 9h30 pour les bus directs. Durée du trajet Sapa-Lào Cai-Hà Giang : 6h30-8h pour les bus directs (*Quang Tuyen* et *The Long Travel*), sinon 14h-16h en comptant 2 étapes et un détour par Hanoi. Billet : 250 000-400 000 Dg. Dans le sens Hà Giang-Lào Cai, bus à 6h et 11h. Durée : 6-7h.

➤ **De Bắc Hà à Hà Giang :** une belle route refaite qui longe la frontière chinoise. Elle commence à droite juste après le marché du petit village de *Lũng Phìn,* sur la route de Cán Cấu au nord de Bắc Hà. Elle arrive dans la charmante vallée de *Xín Mần,* puis continue vers l'est, vers le district de *Hoàng Su Phì,* pour redescendre plein sud et rejoindre, à *Việt Quang,* la nationale n° 2 Hanoi-Hà Giang, que vous remontez jusqu'à Hà Giang.
Un bus public assure également cette liaison avec changement à Bảo Nhai (27 km au sud de Bắc Hà). 2 départs/j. de Hà Giang (ville), à 6h30 et 12h. Durée : 6h. Billet : 250 000 Dg.

Adresses utiles

■ **Immigration Office** (Phường Quản Lý Xuất Nhập Cảnh) : *415A, Trần Phú, à Hà Giang (ville).* ☎ 387-52-10. Tlj (théoriquement). On y délivre le permis pour la région (« *Entry permit to the restricted area, border area* »), en moins de 15 mn. Valable 10 jours. Coût : 210 000 Dg (environ 10 US$).

■ **Location de motos :** *QT Motorbikes & Tours,* Lâm Đồng, Phương Thiện, près de la gare routière, à 3 km du centre de *Hà Giang.* 📱 09-75-27-87-11. ● qtmotorbikesandtours.com.vn ● Compter 150 000-650 000 Dg/j. (soit 7-28 US$) selon cylindrée. La plupart des motards-routards s'adressent à *QT* pour louer un engin motorisé (110, 125 et 150 cc), semi-automatique ou manuel. Véhicules en bon état. En outre, cette agence jeune et sérieuse propose des excursions en groupe et à moto dans la province. Autre agence de location : **Bông Hostel,** citée plus bas.

■ **Agence Vietnam Exploration :** *10, allée 163, rue Nguyễn Khang, Cầu Giấy, à Hanoi.* ☎ (24) 24-42-12-12. 📱 09-89-73-80-86. ● vietnamexploration.com ● Jeune agence dirigée par Nguyen Van Hung, parfait francophone. Cet ancien guide a beaucoup d'expérience sur le terrain. Il connaît la province de Hà Giang et le nord-est du Vietnam comme sa poche. Spécialité : la découverte à moto (en individuel ou en groupe) ou en véhicule adapté.

Où dormir ? Où manger ? Où boire un verre ?

Plusieurs hôtels à prix variés au fil du parcours.

À Hà Giang

De très bon marché à prix moyens (de 100 000 à 400 000 Dg / de 4 à 14 €)

🏠 **Mama's Homestay :** *Tổ 1, Thôn Cầu Mè, quartier Thiện.* 📱 888-59-05-56. ● explorehagiang.com ● Lit en dortoir 3-5 US$, double 10 US$. À 800 m de la gare routière de Hà Giang, au sud de la ville, ce *homestay* consiste en une petite maison tenue par Dung Vu, une Vietnamienne anglophone très accueillante. Il abrite 6 chambres privatives de 1 à 4 lits (matelas posés au sol) et un dortoir pour 10 personnes (avec ventilo). Salle de bains collective. C'est simple, propre, suffisamment confortable. Repas possible en famille et en groupe. Service de laverie. La propriétaire a aussi un petit *hostel (Mama's House)* situé à 4 km à l'ouest de la ville, sur la route QL2. Propose des motos à louer pour faire le grand tour de la province, et réservation de logements chez l'habitant. Si vous arrivez dans la nuit et qu'ils sont prévenus, ils viennent vous chercher à la gare routière.

■ ▼ *Bông Hostel :* 59, Nguyễn Thái Học. ☎ 888-52-66-06. ● bong backpacker.com ● *Lit en dortoir 100 000 Dg, double 400 000 Dg, petit déj inclus.* Petit *hostel* économique pour routards et motards. Les propriétaires sont 2 jeunes frères vietnamiens qui tiennent aussi un resto en ville. On y parle l'anglais. Café au rez-de-chaussée, et dortoirs (8-10 lits) simples mais propres avec clim dans les étages. Casiers, toilettes communes, eau chaude. Laverie. Location de motos. Réservation des billets de bus.

■ *Hà Giang Backpackers Hostel :* 1, Nguyễn Thái Học. ☎ 03-66-75-91-90 ● sale@backpackerhagiang.com ● backpackerhagiang.com ● *Lit en dortoir 12-14 US$, petit déj inclus.* Petite auberge économique tenue par des Vietnamiens accueillants et serviables. Abrite des dortoirs (4-8 lits) climatisés, simples et propres. Chaque lit a sa petite lampe de lecture. Casiers et toilettes communes. Vue sur la rivière ou la montagne. Pas de chambres doubles privatives. Location de motos. Réservation possible des billets de bus, et organisation des excursions.

■ *QT Guest House :* 84D, Quốc Lô 2. ☎ 09-75-27-87-11. ● qtmotorbikesand tours.com.vn ● *Lit en dortoir 60 000-100 000 Dg, double env 320 000 Dg. Dîner 100 000 Dg.* Non loin de la gare routière, cette petite auberge pour routards et motards est tenue par un jeune Vietnamien anglophone, qui dirige aussi l'agence *QT*. Accueil aimable et attentionné. Dortoirs mixtes (4 ou 8 lits), propres, bien tenus et confortables (clim, casiers, rideaux autour du lit, eau chaude). Repas à la demande, qui se prennent en famille au rez-de-chaussée, sur une grande nappe posée sur le sol.

À Quản Bạ (Tam Sơn)

■ |●| *Maisons d'hôtes dzao du petit village communautaire de Năm Đăn :* à 2 km au nord de Quản Bạ. Tournez à droite après la station-service à la sortie de Quản Bạ, sous un portique marqué « Năm Đăn, Village Community Tourism Culture ». Traversez tt le village jusqu'à un petit lac ; tournez à gauche sur la digue, nouveau portique après lequel vous prenez à gauche, puis la 1re à droite. On vous recommande la maison *Lý Quốc Thắng* (☎ 034-367-28-93 ; *nuitée env 80 000 Dg/pers, dîner env 100 000 Dg, petit déj 40 000 Dg*). Facile à trouver, car bien indiqué, ce *homestay* consiste en 2 maisons adjacentes sur pilotis tenues par d'adorables gens d'ethnie Dzao à longue tunique. On dort à l'étage sur des matelas au sol. Toilettes collectives rustiques mais propres. Moustiquaire dans le dortoir avec des cloisons de bois. Autres *homestays* : chez *Lý Quốc Đạt*, de la même famille (☎ 343-63-18-92 ; *nuit, dîner et petit déj 220 000 Dg/pers*) ; plus loin, la maison de *Lý Tà Hàn*, avec ses 2 bâtiments sur pilotis (☎ 374-93-55-02). Même confort, même prix.

À Yên Minh

■ |●| *Du Già Backpacker Hostel :* hameau de Làng Cac, 176, à Du Già, village situé à 45 km au sud de Yên Minh, à 75 km au sud de Đồng Văn. ☎ 912-84-99-15. ● dugiabackpackerho stel.wordpress.com ● *Lit en dortoir env 120 000 Dg, double env 250 000 Dg.* Dortoir mixte de 8 grands lits. Chambre double avec salle de bains privative et balcon ouvrant sur la vallée. Les repas se prennent autour d'une grande table dans une ambiance communautaire et chaleureuse.

■ |●| *QT Du Già Guesthouse :* 195B, à Du Già, village situé à 45 km au sud de Yên Minh. ☎ 09-75-27-87-11. *Tarif : 220 000 Dg/pers, incluant la nuit, le dîner et le petit déj.* Dans une vallée agreste, au bord d'une petite rivière, une belle *guesthouse* installée dans une maison traditionnelle sur pilotis. Le dortoir consiste en une vingtaine de matelas posés au sol, chacun avec moustiquaire et draps impeccables. Repas possible autour d'une tablée collective et conviviale animée par le propriétaire, pour déguster la savoureuse cuisine locale. On peut y laver son linge.

⚑ *Cappuccino Coffee :* *au bord de la route, à Yên Minh, près de la station* Petrolimex. *979-96-01-00. Tlj 8h-22h30.* Idéal pour faire un arrêt et boire un verre.

À Đồng Văn

Ville en plein développement touristique, grand choix d'hébergements.

⌂ |O| *Xuân Thu Guesthouse :* *en face du marché. 03-87-54-07-62. ● mrhungtourism.com ● Double env 200 000 Dg.* Adresse appréciée des routards, en plein cœur de la ville. M. Hung, le patron, parle bien l'anglais, tout comme le personnel. Cafétéria, *wine bar* et resto au rez-de-chaussée *(ouv 6h-2h du mat)* où l'on mange des pancakes, des sandwichs, des petits plats peu onéreux. Chambres équipées (avec clim réversible été-hiver) au-dessus.

⌂ |O| *Hoa Cương Hotel :* *Tô 5. 385-68-68. 08-12-94-89-99. ● kshoa cuongdv@gmail.com ● Doubles à partir de 600 000 Dg.* Central, non loin du marché, cet immeuble de 8 étages abrite 81 chambres impeccables, spacieuses et confortables. Vue sur la ville ou sur les monts à l'arrière. Fait aussi restaurant.

⌂ |O| *Hoàng Ngọc Hotel :* *47, bd Ba Tháng Hai. 385-60-20. 09-15-03-51-41. ● hoangngochotel.com ● À côté du resto* Au Việt. *Doubles 300 000-600 000 Dg.* Une trentaine de chambres entièrement refaites et impeccables. Elles donnent à l'arrière, avec balcon et vue sur les montagnes et la ville.

⌂ |O| *Lâm Tùng Hotel :* *Civil Group 3. 385-67-89. Double env 350 000 Dg.* Situé à l'entrée du marché central, dans un coin calme. Bel hôtel aux chambres propres et confortables (clim). Vue sur le village à l'arrière.

Où manger ? Où boire un verre ?

|O| ⚑ ➚ *The Green Karst Hostel & Bar :* *77, Trần Phú, près de la place du marché. 09-68-09-86-19.* C'est une des bonnes adresses de la ville. On peut surtout profiter de la terrasse sur le toit, très agréable le soir pour boire un verre. On est accueilli en anglais par un patron aimable. Bonne cuisine locale, plats végétariens ou non, accueil affable.

⚑ *Phố Cổ Café :* *2, Phố Cổ. Tlj 7h-22h30.* Au centre de la ville, près de l'ancien marché, une vieille maison traditionnelle restaurée abritant un café chaleureux. Spectacles musicaux et de danse folklorique le soir.

À voir. À faire

La boucle Hà Giang-Đồng Văn-Mèo Vạc-Hà Giang *(333 km)*

Le circuit montagnard le plus époustouflant du Vietnam !

🏴 *Hà Giang :* *à 308 km au nord de Hanoi, par la route nationale n° 2 (env 6-7h de route).* Petite capitale régionale de la province de Hà Giang, étendue au bord de la rivière Lô. À seulement 110 m d'altitude, c'est la porte d'entrée de la province quand on vient de Hanoi, avant de pénétrer dans le pays des Hmong Noirs de Đồng Văn-Mèo Vạc. Néanmoins, la ville n'a pas de cachet particulier, et il ne faut y dormir que si l'on n'a pas d'autre choix. C'est ce qu'on appelle une ville-étape.

LA PROVINCE DE HÀ GIANG / À VOIR. À FAIRE | **255**

➤ **De Hà Giang à Bảo Lạc :** très longue route (la R 34), en bon état. On passe par Bắc Mê et Bảo Lâm. Compter au moins 7h pour 130 km. Ce n'est pas la plus belle route de Hà Giang, mais juste une transversale.

✖✖ ⓒ **Quản Bạ** (Tam Sơn) : *à 47 km au nord de Hà Giang (compter env 2h).* À 900 m d'altitude, la petite ville de Quản Bạ occupe le fond d'une vallée verte. L'endroit est célèbre pour ses 2 collines jumelles auprès du village. Les Vietnamiens les comparent à 2 mamelons féminins, en raison de leurs formes. De Quản Bạ, continuer vers le nord, en suivant la route RC 4 sur une dizaine de kilomètres puis, sur la droite (panneau), prendre la direction du **village hmong de tisserands de Lùng Tám.** L'atelier de tisserands se trouve en face de la poste *(Bưu Điện),* au hameau de Hợp Tiến. C'est marqué « *Lungtam Linen Cooperative* » (☎ 12-55-14-76-65 ; *tlj 6h30-18h30 l'été, 7h-17h l'hiver).* On y découvre tout le processus ancestral : filage, tissage et confection du chanvre. Des dames âgées et des adolescentes « en apprentissage » y travaillent sur des instruments centenaires. À noter que les teintures sont toutes d'origine végétale. Une petite boutique à côté de l'atelier vend des sacs et des tissus en chanvre.

Proche de Lùng Tám, dans une vallée voisine, **village communautaire de Nặm Đăn.** Après Quản Bạ, prendre la route RC 4 vers Yên Minh et le nord. Faire environ 5 km, vous verrez un panneau sur la droite indiquant le village, situé dans une vallée fertile et verte. Il compte 51 familles dzao. Elles cultivent du riz, du maïs, des légumes et élèvent des buffles et des cochons. C'est une bonne escale pour dormir chez l'habitant (voir plus haut « Où dormir ? Où manger ? »). Dans ce village, on peut aussi visiter un petit laboratoire de plantes médicinales.

✖✖ **Le palais de Vương Chính Đức :** *dans le village de Sà Phìn, à 12 km avt Đồng Văn, sur la droite de la route nationale, en venant de Quản Bạ. Tlj 7h-17h30 l'hiver, 6h30-18h l'été (mai-sept). Entrée : 20 000 Dg. À la billetterie, vous verrez Vương Thị Trở, arrière-petite-fille du dernier « roi », qui est née dans le palais.*

Situé en contrebas de la route principale, ce village abrite un monument étonnant. On ne s'attend pas à voir un manoir vietnamien (petit château en fait) dans une région aussi isolée. Grand ami des Français à l'époque coloniale, Chính Đức (1865-1947), un chef hmong local, s'est fait construire, sur une petite butte, un palais *(nhà họ Vương)* sur le modèle d'un *yamen* chinois.

Le manoir consiste en plusieurs bâtiments en bois de 2 étages entourant 3 cours intérieures. Entre la nombreuse famille du châtelain, les serviteurs et la garnison, plus de 100 personnes vivaient à l'intérieur de cette maison-forteresse de 64 petites pièces. À l'époque, les Français y entreposaient l'opium cultivé dans la région. Cet opium fut la principale source de revenus du « roi ». On peut voir la pièce

> **L'ENFER DE LA DROGUE**
>
> *Depuis le XVIIe s, les Hmong cultivaient traditionnellement le pavot. Connaissant le danger de l'opium, la consommation personnelle en était interdite. Une seule exception : les personnes âgées et malades pouvaient en fumer, mais à condition que les fils (vivant sous le même toit) soient mariés et subviennent aux besoins de la famille.*

où cette marchandise était entreposée. Le palais fut habité par le « roi » jusqu'en 1954, puis confisqué par le gouvernement communiste, qui autorisa 6 familles à y vivre jusqu'en 2004. Aujourd'hui, c'est un Monument historique.

✖✖✖ ⓒ **Đồng Văn :** *à 21 km au nord de Mèo Vạc.* Petite capitale haut perchée (à 1 060 m) de la région de l'extrême nord de la province de Hà Giang, frontalière avec la Chine. C'est par Đồng Văn que les 1ers Hmong ont émigré du sud-ouest de la Chine au Vietnam, il y a environ 300 ans. Souvenir des Français, les hommes âgés portent encore souvent un béret basque. Ce petit

LE NORD-EST

village est dominé par 2 pics calcaires. Au sommet du plus haut, le fortin français de *Pú Lo*, construit en 1890 et évacué en 1945 (splendide vue sur la région). Le petit marché de Đồng Văn est ouvert tous les jours. En semaine, il est endormi et ne présente pas d'intérêt. C'est le dimanche qu'il est le plus éclatant de vie et de couleurs, car animé par les villageois des minorités ethniques des environs.

🎥🎥 À 26 km au nord de Đồng Văn, une route mène au site de *Lũng Cú*, à la frontière chinoise. C'est le point le plus septentrional du Vietnam. Il n'y a même pas de village mais une tour en béton, dite la tour du Drapeau. Celle-ci, haute de 30 m, se dresse comme un phare au-dessus d'un vaste paysage. Elle est en effet coiffée du drapeau vietnamien *(entrée payante : 25 000 Dg)*. Vue magnifique à 360°, y compris sur la Chine. Du belvédère, petit chemin menant à un village de Lolos Noirs.

|●| *Su Su Coffee Shop* : à l'intersection de la route menant à la tour du Drapeau. Petit café-resto qui sert de la cuisine vietnamienne à prix sages. Superbe vue sur la vallée depuis la terrasse.

🎥🎥🎥 *La route entre Đồng Văn et Mèo Vạc* : la ville de Đồng Văn est le point de départ de l'une des routes les plus extraordinaires et sauvages du Vietnam. Étroite, sinueuse, elle grimpe au *col de Mã Pí Lèng* (1 200 m) d'où l'on a l'un des meilleurs aperçus de ce paysage de Hà Giang. Sur les pentes de rocaille, çà et là, une maison hmong en pierre noire, à peine visible au milieu des rocs de granit. En contrebas, un gouffre de 300-400 m de profondeur : les *gorges de la rivière Nho Quế*.
Aux alentours de Mã Pí Lèng s'étend un étonnant désert minéral dans lequel vivent pourtant les fameux Hmong Noirs, on se demande comment ! Unique en Asie, cette région de 2 350 km^2 au relief incroyable (surnommée « le plateau de pierre ») porte le nom de parc géologique *(Géoparc)*. Constitué d'une multitude de pics et de canyons calcaires (karstiques) plantés sur un haut plateau dans un environnement époustouflant de montagnes et de collines, ce *Géoparc* s'étend sur 4 districts régionaux (Quản Bạ, Yên Minh, Đồng Văn et Mèo Vạc).
Infos sur ● *dongvangeopark.com* ●

🎥🎥 ⊙ *De Mèo Vạc à Bảo Lạc* : *env 70 km (env 3h de route)*. Encore une très belle route (bitumée) de montagne, surplombant la vallée de la *rivière Sông Gâm*. C'est la route qui conduit à Cao Bằng. À Bảo Lạc, on est redescendu à 200 m d'altitude. Ville banale où il ne faut pas rater l'extraordinaire grand marché hebdomadaire qui se tient tous les 5 jours lunaires (5, 10, 15, etc.) et rassemble des minorités locales.

Où dormir ? Où manger ?

À Mèo Vạc

🏠 *Nhà Nghỉ Hoàng Anh* (hostel) : *Tổ 4, près de la poste* (Bưu Điện). ☎ *387-16-66*. 📱 *09-45-33-31-33. Doubles 300 000-400 000 Dg*. Petit hôtel simple et sans prétention, avec des chambres réparties sur les 4 étages d'un immeuble étroit et haut. Propre et suffisamment confortable. Petite cour pour ranger les motos.

🏠 *Hoa Cương Hotel* : ☎ *387-18-88*. 📱 *09-44-57-18-88. Doubles à partir de 500 000 Dg (19 US$)*. Central, propre, bien tenu, dans un immeuble de 3 étages. Demander une chambre au 3e étage, plus calme, plus clair.

🏠|●| *Auberge de Mèo Vạc* : *à 500 m au nord-est du centre-ville*. ☎ *387-16-86*. 📱 *09-83-03-20-04*. ● *auberge meovac@gmail.com* ● *Lit en dortoir 13-15 US$, chambres 55-60 US$. Dîner 7 et 12 US$*. Rustique auberge aménagée dans l'ancienne maison d'un notable hmong. Style ethnique parfaitement adapté au confort. Toits en tuiles rouges, murs en pisé. Abrite 6 chambres doubles et un dortoir de 8 lits. Les sanitaires (douche et w-c) sont à l'extérieur et impeccables. On prend les repas sur place, dans une cour dallée : à la carte ou en demi-pension. Les propriétaires sont des Français de Hanoi, mais ils n'y vivent pas. Sur place, gérant vietnamien qui parle l'anglais. Organise des randonnées et des excursions.

À Bảo Lạc

🛏 *Đức Tài Hotel : Khu 1, près du marché.* ☎ *09-19-83-58-66. Doubles env 350 000-450 000 Dg.* Central, moderne, petit immeuble abritant des chambres propres et équipées (douche/w-c, frigo). Elles donnent sur une place (marché, rue principale), et de certaines, à l'arrière du bâtiment, on aperçoit la rivière. La meilleure adresse de Bảo Lạc. Sinon, à côté l'hôtel **Thùy Dương,** simple et familial *(300 000 Dg la double).*

🍴 **Restaurant Nhà Hàng Anh Tuấn :** *à 500 m au nord de l'hôtel Đức Tài, dans la rue principale qui rejoint plus loin la route nationale de Hà Giang.* ☎ *394-05-09-53. Tlj 8h-23h.* Petite carte de qualité proposant du très bon poisson. Accueil avenant par un professeur de mathématiques, dont le fils parle l'anglais (s'il est là).

LE NORD-EST

LE CENTRE

• Carte p. 260-261

Voici le Trung Bộ, l'ex-empire d'Annam, l'ancien royaume cham. Situé à 650 km de Hanoi et près de 1 100 km de Saigon, il sera l'une de vos plus séduisantes étapes au Vietnam. Avec le parc national de Phong Nha, ses grottes et ses pitons recouverts de jungle, Huế, la ville impériale, Đà Nẵng, son Musée cham, et Hội An, l'une des villes les plus délicieuses du pays, où l'atmosphère du temps jadis flotte encore sur le port et dans les ruelles bordées de maisons vénérables...

LE PARC NATIONAL DE PHONG NHA-KẺ BÀNG

IND. TÉL. : 232

Étendu sur 116 700 ha à la frontière du Vietnam et du Laos, dans une région montagneuse et boisée marquée par de nombreux sommets à plus de 1 000 m (la cordillère de Trường Sơn, province de Quảng Bình), ce grand parc, classé en 2003 au Patrimoine mondial de l'Unesco, constitue le plus important espace naturel protégé du Vietnam. Comptant parmi les plus vieux reliefs karstiques d'Asie et parmi les plus vastes régions calcaires du monde, l'ensemble date de 400 millions d'années (ère paléozoïque). Montagnes et pitons rocheux couverts de forêts tropicales primaires y composent un paysage d'une grande beauté naturelle, taché de champs de maïs et d'arachides, de rizières. Le long des méandres de la rivière Sông Con ont essaimé un chapelet de paisibles hameaux, pour beaucoup peuplés de communautés chrétiennes dont les églises atteignent les dimensions de petites cathédrales. Mais le plus surprenant se trouve sous la terre. Le sous-sol du parc est creusé de dizaines de grottes et de cavernes souterraines, dont une partie est accessible au public, à pied comme par bateau.

Arriver – Quitter

– **Accès :** desservi par la piste Hồ Chí Minh, le parc est situé à 55 km au nord-ouest de Đồng Hới (gare ferroviaire et aéroport) et à 162 km au nord de Huế.

Prévoir au moins 1 nuit sur place pour avoir le temps d'apprécier le site. Ne pas faire l'A/R depuis Huế dans la journée, on passe alors 9h sur la route !

LE PARC NATIONAL DE PHONG NHA-KÈ BÀNG | 259

➢ **En bus local depuis Huế et Đồng Hới :** depuis Huế, bus réguliers pour Đồng Hới (trajet : 4h30). Puis, de la gare routière Nam Lý de Đồng Hới, modeste bus local (le B4) ttes les heures, 5h30-17h. Trajet : env 1h30. Billet : 50 000 Dg.
– Plus rapides, plus pratiques et plus chers, plusieurs **bus touristiques** relient directement Huế au village de Phong Nha en 4-5h pour 150 000-180 000 Dg. Voir notamment avec *Hưng Thành Travel*, qui assure 1 départ/j. *(bureau à Huế : 49, Chu Văn An ; ☎ (234) 383-14-17 ; à Phong Nha : ☎ 367-77-79 ; ● hungthanhtravel.com.vn ●).* Autre option, toujours depuis Huế, le bus de l'agence *DMZ Travel* (départ en début d'ap-m du *DMZ Bar*).
➢ **Par la route depuis Đồng Hới :** 1h30 en voiture, 2h à moto.

Infos pratiques

On trouve quelques infos sur le blog ● *visitphongnha.com* ●
– **Orientation :** étendu le long de la rivière Sông Con, le gros village de **Phong Nha** est le centre névralgique du parc. Sa rue principale regroupe sur 500 m hôtels bon marché, restos, agences et loueurs de bécanes *(compter 100 000-150 000 Dg pour un scooter et env 40 000 Dg pour un vélo).* En poussant quelques centaines de mètres plus loin, on atteint l'embarcadère pour la grotte de Phong Nha.
– **Bon à savoir :** de septembre à novembre, il pleut beaucoup. La grotte de Phong Nha est parfois fermée en raison des inondations.
– **Argent :** on trouve 2 distributeurs (ATM) au village, notamment face à l'embarcadère et dans le secteur des hôtels bon marché. Mieux vaut cependant venir avec suffisamment de liquide.

Où dormir ?

De bon marché à prix moyens (jusqu'à 600 000 Dg / env 21 €)

De nombreux petits hôtels pas chers se serrent les uns contre les autres le long de l'avenue principale, à l'entrée du village. Pas franchement de cachet, mais la localisation est pratique. On peut sinon préférer loger dans un *homestay*, dont plusieurs s'égrènent le long de la rivière, par-delà l'embarcadère. C'est évidemment beaucoup plus calme, et plus isolé.

🏠 |●| **Phong Nha Coco House et Coco Riverside :** *à Phong Nha, en longeant la rivière, 500 m après l'embarcadère.* ☎ *365-023-363. Doubles 400 000-600 000 Dg, petit déj inclus.* À 100 m l'un de l'autre, 2 *homestays* paisibles et mignons gérés par la même famille, tous 2 posés en surplomb de la berge et conçus sur le même moule : une rangée de chambres donnant sur une cour, et une terrasse commune dominant la rivière. Prix selon la vue et confort très correct partout (clim, salle d'eau), même si le *Riverside* est plus récent. On peut y manger.

🏠 **Carambola Bungalows :** *à Phong Nha, 2,5 km après l'embarcadère en longeant la berge.* 📱 *09-48-09-03-72 ou 09-44-99-90-91.* ● *carambolabungalow.com* ● *Doubles 500 000-550 000 Dg, petit déj inclus.* Une demi-douzaine de bungalows sur pilotis, modernes et tout confort, plantés sur la berge, dans un jardin soigneusement entretenu. Transats pour buller en regardant s'écouler la vie le long de la rivière. Calme intégral, en contrepartie d'un certain isolement (le centre est à 10 mn à vélo, 30 mn à pied). Repas possible.

🏠 Voir aussi plus bas le dortoir du **Phong Nha Lake House Hotel & Resort.**

LE CENTRE

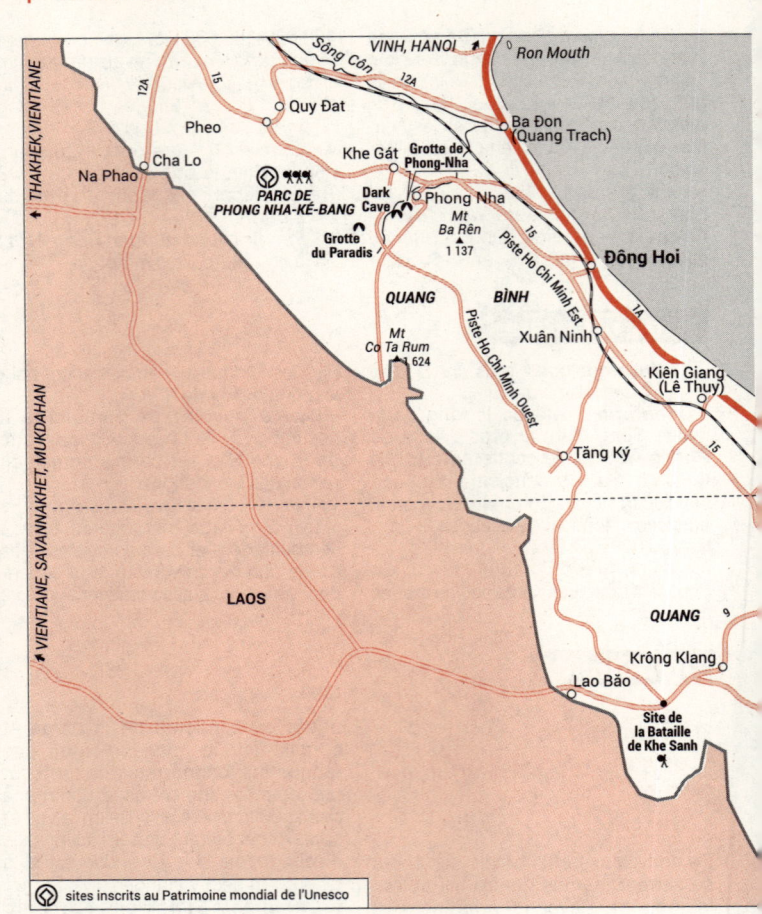

Plus chic
(1 000 000-2 000 000 Dg / env 35-71 €)

🏠 🍴 *Phong Nha Farmstay* : *Hoá Sơn Village, Cự Nẫm, Bố Trạch.* ☎ 367-51-35. 📱 09-17-91-00-55. ● *phong-nha-cave.com* ● *À 8 km de Phong Nha, en retrait de la route de Đồng Hới. Double env 50 US$, petit déj inclus.* Monté par une Vietnamienne du cru et son mari australien, un petit havre de paix, lové au cœur d'un hameau. Seulement une douzaine de chambres, sobres et confortables, logées dans une grosse bâtisse s'inspirant du style colonial français, encadrée de coursives tournées vers les rizières, les montagnes et le coucher de soleil. Piscine dans la cour intérieure, doublée d'une 2ᵈᵉ dominant ce paysage enchanteur. Chaleureux salon commun (avec cheminée

LE PARC NATIONAL DE PHONG NHA-KẺ BÀNG / OÙ DORMIR ?

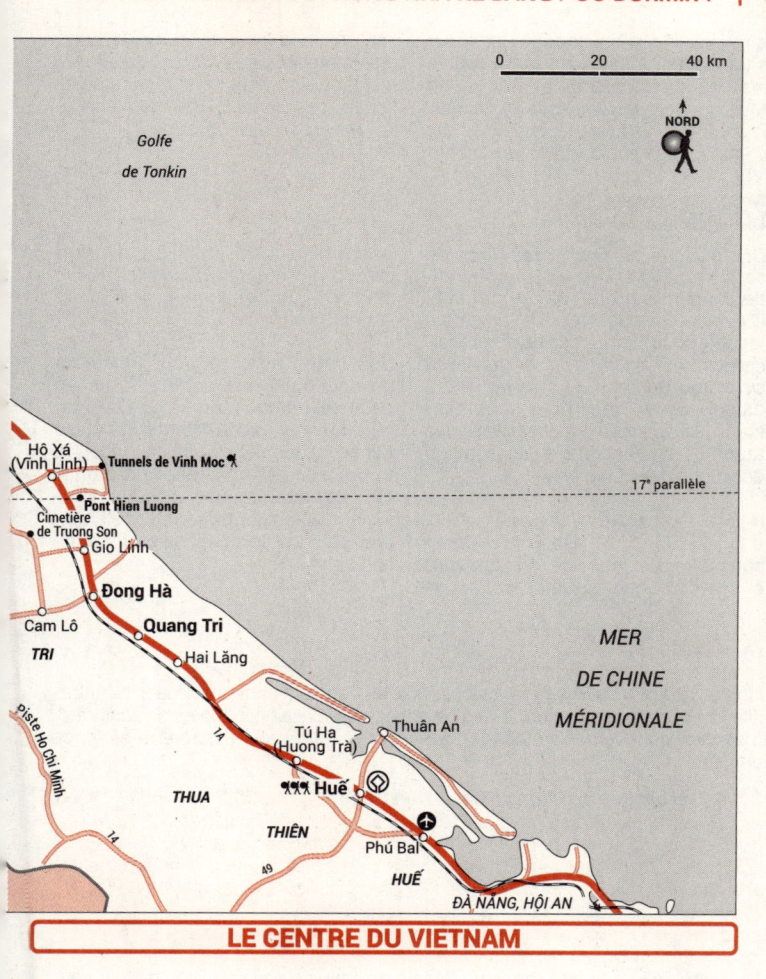

LE CENTRE DU VIETNAM

l'hiver !), où l'on peut prendre ses repas (cuisine mixte à prix moyens). Possibilité également de loger dans des extensions dispersées dans le village, tout en profitant des installations de l'hôtel. Et aussi : conseils pour explorer les environs, prêt de vélos, balade guidée gratuite tous les matins dans le village et les rizières. Navette plusieurs fois par jour pour Phong Nha, où les mêmes propriétaires tiennent un hôtel chic et choc, le *Victory Road Villas*. Une belle adresse !

🏠 |◉| *Phong Nha Lake House Hotel & Resort* : *Hồ Chí Minh East Rd, Khuong Ha Town, Hưng Trạch Village.* ☎ 367-59-99. ● phongnhalakehouse.com ● *À 7 km de Phong Nha, sur la route de Đồng Hới (le bus s'arrête devant). Lit en dortoir 12 US$, double 55 US$, bungalow 75 US$, petit déj inclus.* Petit complexe touristique, rustique mais confortable, étagé en surplomb d'un joli lac d'eau douce (on peut s'y baigner), entouré de forêt. Toutes les chambres, sobres et vastes, se tournent vers le paysage ; les bungalows sont presque suspendus à fleur d'eau. Également un grand dortoir sur l'arrière (pas de vue), doté de bons gros matelas, clim et moustiquaire. Au resto, cuisine vietnamienne et internationale (pas donnée). Piscine. Vélos et kayaks gratuits.

Où manger ?

Une rangée de **gargotes locales** sont alignées à 2 pas de l'embarcadère pour la grotte de Phong Nha. D'autres sont dispersés de loin en loin le long de la berge, par-delà l'embarcadère, leur microterrasse juchée en surplomb de l'eau. On trouve sinon, dans le secteur des hôtels bon marché, plusieurs restos à destination des touristes servant une cuisine mixte occidentalo-vietnamienne.

|●| *Bamboo Café :* 20, Đường Tỉnh. ☎ 09-62-60-68-44. On a bien aimé son cadre cosy et boisé, ses lampions et ses confortables fauteuils. Cuisine fraîche et honnête, produits bio, grand choix de jus pressés, d'alcools aussi.

|●| *D-Arts Zone :* *en bas de la rue principale, au niveau du pont. ☎ 606-62-86. Tlj jusqu'à 22h. Bon marché.* Une petite adresse pour amateurs de cochon. Sous cette paillote en palme et bambou, on ne sert que ça, ou presque. De la bonne saucisse fumée maison, et un *bún chả* (nouilles et bouillon agrémenté de porc grillé au barbecue) comme à Hanoi. Également quelques options végétariennes, pour qui se serait laissé entraîner là malgré lui...

À voir. À faire

Hormis la grotte de Phong Nha, accessible en bateau à partir du village, les autres sites se rejoignent, au choix, avec une agence (se renseigner auprès de son hôtel), à scooter ou à vélo (lire à ce propos « Balades à vélo (ou à scooter) » en fin de chapitre).

🏃🏃🏃 *Les grottes de Phong Nha et Tiên Sơn : ouv 7h-17h (7h30-16h30 l'hiver). Achat des billets et paiement du bateau au guichet de l'embarcadère principal (Phong Nha Kẻ Bàng Tourist Center). Entrée Phong Nha seule : 150 000 Dg/pers (230 000 Dg les 2 grottes). S'y ajoute le prix du bateau : env 370 000 Dg/bateau (400 000 Dg pour les 2 grottes), que l'on peut partager à plusieurs (12 pers max). Mieux vaut se grouper, donc, pour faire des économies. Durée de la visite : 2h30 pour celle de Phong Nha (3h30 les 2 grottes). La grotte peut aussi se visiter en kayak (se renseigner auprès d'une agence du village).*

La grotte de Phong Nha forme un dédale rocheux de presque 8 km de longueur, creusé de 14 cavités hérissées de stalactites et stalagmites. Une rivière souterraine, longue de 1 500 m, traverse ce fascinant monde de ténèbres. Pendant la guerre du Vietnam, elle servit de base secrète aux soldats de l'armée communiste du Nord-Vietnam qui empruntaient la piste Hồ Chí Minh pour ravitailler le front. Des ponts flottants mobiles y étaient entreposés, en vue de remplacer les ponts détruits par les bombardements américains.

On rejoint la grotte en barque à moteur, soit 40 mn de navigation dans un très beau paysage de vallée fluviale, bordée de pitons calcaires couverts de bois tropicaux. Au fil de l'eau se dessine le quotidien des habitants. Les lessives dans la rivière, les cultures jusque sur les pentes abruptes des berges, les villageoises plongeant dans l'eau une perche-râteau pour récolter des algues qui viendront nourrir les animaux, les cochons, les poissons élevés dans des cages flottantes. À l'entrée de la grotte, le batelier arrête le moteur et on y pénètre à la rame (c'est obligatoire) en passant sous une arche naturelle.

LE PARC NATIONAL DE PHONG NHA-KẺ BÀNG / À VOIR. À FAIRE

Après un bon quart d'heure à glisser silencieusement entre les parois, les passagers débarquent pour suivre un chemin encadré d'un parterre de stalagmites, sous une voûte d'orgues et de stalactites, jusqu'à revenir à l'entrée.
Possibilité ensuite de grimper 330 marches pour atteindre la **grotte de Tiên Sơn** où l'on peut observer des vestiges cham du IXe s. On peut se faire accompagner d'un guide local.

🌴 **Dark Cave** (Hang Tối) : *à 20 km au sud-ouest de Phong Nha par une route goudronnée qui emprunte l'autre rive de la rivière Sông Con (lire aussi plus bas « Balades à vélo (ou à scooter) »). On peut aussi y aller en bateau depuis l'embarcadère, en visitant au passage la grotte de Phong Nha (compter 620 000 Dg le bateau, entrée des grottes en plus). Ouv à 8h, dernier billet à 15h. Le tour démarre quand un groupe de 10 est constitué. Entrée : 450 000 Dg. Prévoir son maillot de bain.* Pour amateurs de sensations fortes. On accède à l'entrée de la grotte en tyrolienne (!) puis on y pénètre à la nage, avant de l'explorer à pied – avec bain de boue en prime – puis d'en repartir en kayak. Sportif !

🌴 **Mooc Spring** (Suối Mọoc) : *2 km après la Dark Cave, en allant vers la grotte du Paradis. Entrée : 80 000 Dg.* Cette portion de rivière entrecoupée de rapides a été aménagée en espace baignade, avec passerelles suspendues. Populaire l'été auprès des familles vietnamiennes. Kayak possible. Resto.

🌴🌴 **La grotte du Paradis** (Động Thiên Đường ou Paradise Cave) : *à 30 km au sud-ouest de Phong Nha, en poursuivant la même route que pour la Dark Cave. ● paradisecave.com ● Ouv 7h-16h30 (7h30-16h l'hiver). Entrée : env 250 000 Dg ; réduc. Du parking à l'entrée du site, compter 2 km de marche (sinon, navette électrique, payante), puis encore une longue grimpette jusqu'à la grotte.* Découverte en 2010, la grotte s'étend sur 31 km, mais le parcours de visite n'en couvre qu'un seul, ponctué de plates-formes d'observations et distribuant des salles d'un volume impressionnant, dans lesquelles on descend par un escalier en bois. Si les stalactites et stalagmites sont réputées être les plus remarquables du parc, dommage que leur éclairage soit un peu brutal. Soyons honnêtes, la grotte du Paradis n'a pas le charme un peu magique que confère à celle de Phong Nha l'exploration en bateau.

– Les adeptes de spéléologie pourront explorer d'**autres grottes** en s'adressant à l'agence Oxalis *(bureau dans la rue principale de Phong Nha ; ☎ 09-19-90-01-63 ; ● oxalis.com.vn ●)*. Excursions sur 1 à 3 jours, très chères, mais de haut niveau, avec bivouac dans la jungle ou même dans la 3e plus grande grotte au monde, celle de Hang Én ! L'agence est aussi la seule habilitée à vous faire pénétrer dans la

> ## LES ENTRAILLES DE LA TERRE
>
> *En 2009, des spéléologues anglais et vietnamiens explorèrent pour la 1re fois la grotte Hang Sơn Đoòng dont les dimensions se révèlent gigantesques : 9 km de long, et surtout une immense salle dans laquelle pourrait voler un Boeing 747 ! Officiellement reconnue comme la grotte la plus grande du monde, elle n'est accessible qu'à de rares initiés.*

grotte de Hang Sơn Đoòng, la plus grande du monde (lire encadré) pour la bagatelle de... 3 000 US$! Ben voyons...

🌴🌴 *Balades à vélo (ou à scooter) :* les environs de Phong Nha se prêtent à de délicieuses excursions à la rencontre de la vie villageoise. On peut, par exemple, au départ du village, longer la berge par-delà l'embarcadère jusqu'à la modeste barque qui fait office de bac (à 10 km), traverser la rivière, puis se laisser porter le long des allées bétonnées à travers champs et hameaux. Quelques centaines de mètres après, sur la gauche, voilà un pont suspendu, auquel succède peu après un autre, en poursuivant sur la droite. Si tout se passe bien, vous devriez ensuite déboucher à quelques kilomètres seulement de la *Dark*

HUÉ

350 000 hab. IND. TÉL. : 0234

● Plan *p. 266-267* ● Carte Les environs de Hué *p. 283*

Située au centre du Vietnam, à moins de 20 km de la mer (le golfe du Tonkin), la ville s'épanouit au bord de la rivière des Parfums, née dans les montagnes de la cordillère annamitique : un cadre favorisé et aéré. Attachée aux empereurs Nguyễn depuis la fin du XVIIe s, réputée pour sa vie culturelle, Hué occupe une place à part dans le paysage vietnamien. Sa citadelle inspirée de la Cité interdite de Pékin et les fastueux tombeaux royaux, disséminés dans la campagne alentour, entre rizières et collines, lui ont valu d'être inscrite au Patrimoine mondial de l'humanité par l'Unesco. On dit souvent que Saigon, c'est le commerce, Hanoi, la politique et l'armée, Hué, les empereurs et la culture. C'est caricatural bien sûr, mais assez vrai.

UN PEU D'HISTOIRE

La ville des empereurs Nguyễn

Occupée par les Chinois du IIIe s av. J.-C. au IIIe s apr. J.-C., la région entre ensuite dans la sphère d'influence cham. Marquant la frontière nord du royaume, elle s'appelle successivement Kiusu et Kandarpapura. En 1306, la ville et ses environs passent dans le giron du royaume viet à la faveur du mariage de la princesse Huyền Trân, sœur du roi viet Trần Anh Tông, avec le roi du Champa. À la chute de celui-ci, au XVe s, Kandarpapura est rebaptisée Thuận Hoá sous le règne des seigneurs Nguyễn. La ville et les terres qui en dépendent n'acquièrent toutefois vraiment de l'importance qu'à la fin du XVIIe s, lorsqu'un seigneur Nguyễn en fait sa capitale. Nouveau changement de nom en Phú Xuân. Le pays est alors agité par une longue guerre civile qui s'achève en 1777 par la prise de pouvoir de Nguyễn Huệ. 10 ans plus tard, celui-ci chasse les Mandchous. Son successeur, le célèbre Gia Long, parvient au pouvoir avec l'aide des Français et confirme Phú Xuân dans son rôle de capitale du Vietnam. En 1805, il y entame de pharaoniques travaux. Le rétablissement de la paix après de longues années de guerre permet aux Nguyễn de mobiliser la main-d'œuvre et les ressources matérielles de toutes les régions du pays pour la construction de la capitale. Ils font venir les plus habiles artisans du Nord ; de

> **UN MANDARIN BRETON**
>
> *Sous le règne de Louis XVI, près de 400 volontaires bretons débarquèrent à Huế pour soutenir l'empereur Gia Long. Parmi eux, Jean-Baptiste Chaigneau (1769-1832), originaire de Lorient. Il participa à la prise de Hué, et resta 25 ans au service du souverain francophile. Nommé grand mandarin et général de l'armée du Centre, il tomba en disgrâce et dut finir ses jours dans sa ville bretonne à cause du francophobe Minh Mạng, successeur de Gia Long.*

HUÉ | 265

nombreux palais de Hanoi sont même démantelés pour fournir pierres et matériaux. La construction des principaux ouvrages est achevée en moins d'un demi-siècle. À la fin des travaux, en 1833, Phú Xuân prend définitivement le nom de Huế.

Huế, comme Hanoi avant elle, a été édifiée suivant les principes rigoureux de la géomancie : pagodes, palais, citadelles s'élèvent à des endroits précis, articulant astrologie, légendes, traditions religieuses, orientations géographiques particulièrement étudiées. La citadelle a été construite selon un axe nord-ouest/sud-est, perpendiculaire au fleuve, face à une colline sacrée (mont de l'Écran royal), protégeant le site des mauvais génies venant du sud. La vallée elle-même est entourée de 5 monts symbolisant les 5 éléments. Au final, un remarquable mariage harmonieux avec la nature.

Huế fut une capitale très symbolique du Vietnam (voire d'opérette) à l'époque de la colonisation française. Formellement, 13 empereurs y régnèrent de 1802 (Gia Long) à 1945 (Bảo Đại).

La guerre à Huế

Huế a eu la malencontreuse idée de se situer juste sous le 17e parallèle. La ville souffrit énormément de la guerre américaine, notamment lors de l'offensive du Tết,

Adresses utiles
1 Vietnam Airlines (D4)
3 Central Hospital (C4)
4 Hưng Thành Travel (zoom)
5 Thesinhtourist (zoom)
6 DMZ Travel (zoom)
7 Orphelinat (A4)
9 Huế Riders (C1)

Où dormir ?
10 Hue Backpackers Hostel – The Imperial (zoom)
11 Cảnh Tiên Guesthouse (zoom)
12 Hoàng Hương Guesthouse (zoom)
13 Huế Amazing Family Homestay (zoom)
14 Tintin Hostel (zoom)
15 Huếnino Hotel et Holiday Diamond Hotel (zoom)
16 Thân Thiện Hotel (zoom)
17 Serene Shining Hotel (zoom)
18 Hồng Thiện Ruby Hotel (zoom)
19 Jade Hotel (D3-4)
21 Serene Palace (zoom)
22 Beaulieu Boutique Hotel (zoom)
23 Orchid Hotel (zoom)
24 Villa Huế (zoom)
25 Bình Minh Sunrise Hotel (D4)
26 New Valentine Hotel (zoom)
27 Hôtel Saigon Morin (D3)
28 Hôtel Azerai La Résidence (C4)
29 Maison d'hôtes Vu Tri Viên (C2)
30 Tâm Tịnh Viên Homestay (hors plan par A4)
31 EMM Hotel (D4)
32 Huế Homestay Riverside (B3)
33 Freedom Hostel (zoom)
34 Tam Family Homestay (B4)

Où manger ?
21 Serene Cuisine (zoom)
40 Bistro La Carambole (zoom)
41 Lạc Thanh (C3)
42 Family Home, Nina's Café et Ganesh (D3-4)
43 Hanh (D3)
44 Hùng Vương Inn (D3-4)
45 Golden Rice (zoom)
46 Liên Hoa (D4)
47 Les Jardins de la Carambole (B3)
49 Hoa Nghiêm (D3)
50 Y Thao Garden (B2)

Où déguster de bonnes pâtisseries ? Où prendre un café ou le petit déj ?
42 Family Home et Nina's Café (D3-4)
52 La Boulangerie Française – Bánh Mì Pháp (D3)
53 Bình An Đường Café (B2-3)

Où boire un verre ? Où sortir ?
61 Xuân Trang (zoom)
62 Secret Lounge (zoom)
66 Bar de l'Imperial Hotel (D3)

Achats
70 Gia Huy Silk (zoom)
72 Rue Trần Hưng Đạo et grand marché Đông Ba (C3)

À voir
71 Musée de la Broderie (C3)
81 Porte du Midi (C3)
82 Palais du Trône (C3)
83 Temple du culte des empereurs Nguyễn (B3)
84 Porte de la Vertu (B3)
85 Palais de la Reine-Mère (B3)
86 Palais de la Longue Vie (B3)
87 Pavillon Tứ Phương Vô Sự (B3)
88 Pavillon de Lecture (B3)
89 Théâtre royal (C3)
90 Parc Vườn Cơ Hạ (B-C3)
91 Porte de l'Humanité (C3)

266

LE CENTRE

NORD

Bastion Mang Cá

Hô
Bat
Tang
Dinh
Quyên
Tiên
Ngoc
Giong
Bat
Dinh
Hoang
Tang
Luong
Thanh
Phiên
Trung
Tr. Quy Cap
Nguyen
Thai
Lê
Canh
Huu
Tôn
Phung
Nông
Lac du Cœur serein
Phiên
Trai
Hung
Tinh
Thai
Doan
Lê Dai Hanh
CITADELLE ROYALE
Hoang Dieu
Dieu
Phuc
53
Quang
Han
Triêu Trân
Nguyen
Dang
Thai
87
CITÉ IMPÉRIALE
32
Thach
Kiêu
88
50
Nguyen
Nham
Huân
Cité Pourpre Interdite
86
Yêt Thoi
85
Ngo
Han
84 83
Thiêp
Nguyen
47
Trân Dai
Ich
34
Ong
Khiêm
Lê
23

QUARTIER KIM LONG

7

0 200 400 m

Site inscrit au Patrimoine mondial de l'Unesco

PONT DA VIEN

Île Da Vien

DONG HA, zone démilitarisée (DMZ), VINH, HANOI
PONT AN HOA

30, Pagode de Thiên Mu

HUẾ

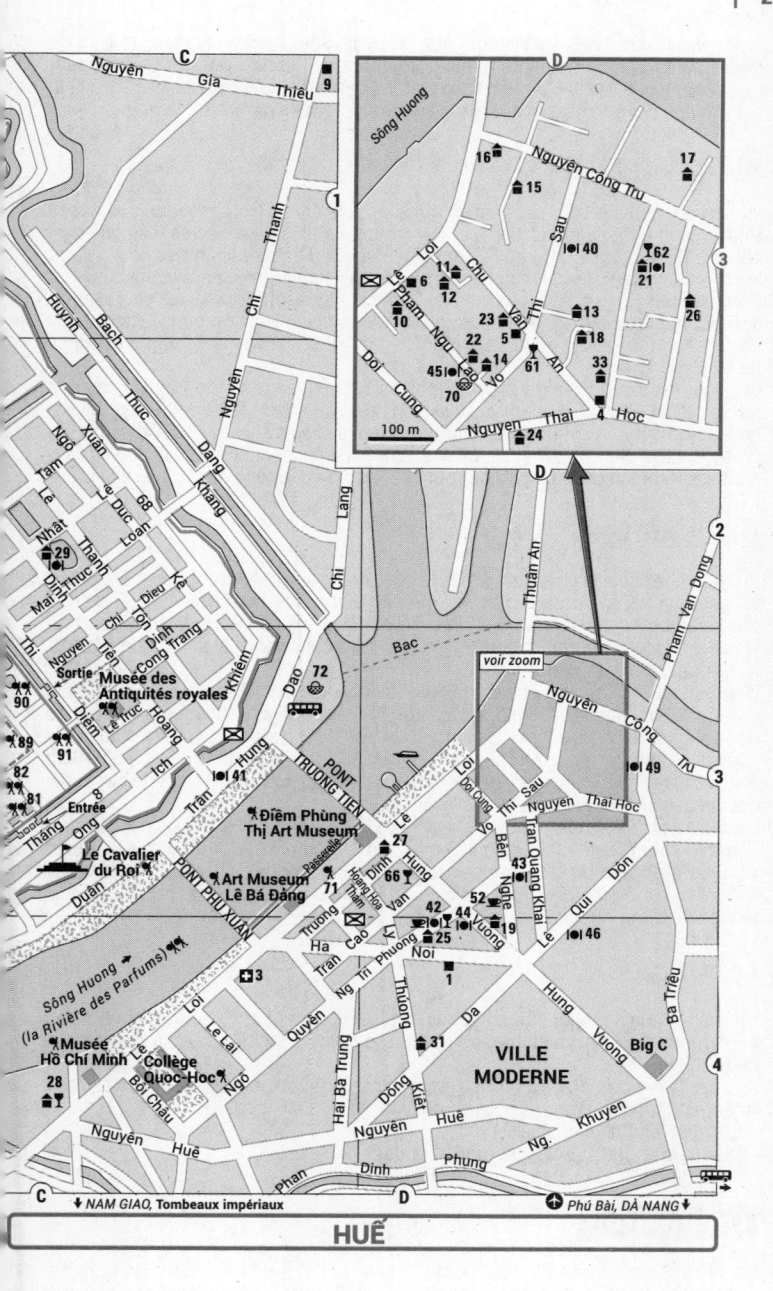

267

LE CENTRE

voir zoom

Nguyên Gia Thiêu
Sông Huong
Nguyên Công Tru
Huynh Thuc Khang
Bach Dang
Nguyên Chi Thanh
Lê Loi
Chu Van An
Lê Thanh Ton
Pham Ngu Lao
Vo Thi Sau
Doi Cung
Nguyên Thai Hoc
Dinh Tien Hoang
Thuân An
Pham Van Dong
Tran Hung Dao
Lê Duân
Lê Truc
Trân Cao Vân
Hoang Hoa Tham
Hung Vuong
Tran Quang Khai
Nguyên Tri Phuong
Hai Bà Trung
Dông Da
Lê Quí Dôn
Ba Triêu
Ng. Khuyên
Phan Dinh Phung
Nguyên Huê
Bên Nghé
Lê Lai
Ngô Quyên
Bui Thi Xuân
Phan Chu Trinh

PONT TRUONG TIEN
PONT PHU XUÂN

Sông Huong (la Rivière des Parfums)

Musée des Antiquités royales
Điềm Phùng Thị Art Museum
Art Museum Lê Bá Đảng
Le Cavalier du Roi
Musée Hồ Chí Minh
Collège Quoc-Hoc
Big C
Sortie
Entrée

VILLE MODERNE

↓ NAM GIAO, Tombeaux impériaux   ⬆ Phú Bài, ĐÀ NẴNG ↓

en janvier-février 1968. Le Vietcong tint plusieurs semaines la citadelle, malgré de très violents bombardements qui la détruisirent en grande partie. On considère maintenant que, sur les 300 édifices historiques, à peine 80 subsistent. Les plus significatifs ont été restaurés, mais les ruines s'étendent encore à l'arrière.

HUÉ, CAPITALE DU CHAPEAU CONIQUE

2 quartiers de Huế sont spécialisés dans la fabrication des chapeaux coniques : Phước Vinh et Vĩnh Lợi. Cette tradition remonte à plus de 4 siècles. Chaque personne fabrique 1 à 2 chapeaux quotidiennement. Certaines familles fournissent les cerceaux en bambou, d'autres les feuilles de latanier, les autres confectionnent les chapeaux. Sur un cadre en bois de forme conique, on dispose les cerceaux en bambou (16 exactement), puis les feuilles de latanier. Puis on coud le tout avec du fil nylon. Parmi les nombreux modèles, le « standard » comprend 3 couches de feuilles.
On peut insérer de courts poèmes entre les fines couches de latanier, ou des motifs découpés sur du papier. Ainsi la lumière du soleil révèle-t-elle des paysages, des scènes... Certains chapeaux sont vernis avec de la sève de sapin pour les protéger de la pluie. Quelques modèles, plus luxueux, sont brodés à l'intérieur. Ces chapeaux sont vendus un peu partout et dans les échoppes du marché Đông Ba.

DES HABITANTS DE SANG ROYAL

Au XIXe s, les souverains Nguyễn de la cour d'Annam jouissaient des mêmes privilèges que les empereurs chinois, « Fils du Ciel ». Ces souverains engendrèrent des ribambelles d'enfants : Gia Long en eut 31, Thiệu Trị 64 et Minh Mạng 142, le record. Une exception à cette règle : Tự Đức qui, malgré ses 103 concubines, n'eut pas de descendance.
Chaque naissance impériale était consignée dans un registre spécial, afin d'authentifier l'héritier. Au fil des ans, ces héritiers ont eu des enfants, qui ont eu des enfants, lesquels ont eu des enfants... Bref, un simple calcul mathématique et vous comprendrez pourquoi aujourd'hui autant de gens simples de Huế affirment être de sang royal (impérial, même !). Il existe d'ailleurs une très sérieuse association des descendants de la noblesse impériale.
Certains sont de simples citoyens descendant des empereurs par les concubines, d'autres sont d'authentiques princes et princesses (très appauvris par la guerre et le régime communiste). Ces derniers se distinguent par une particule attachée à leurs noms de famille : Vĩnh, Bảo, Bửu, Miên pour les garçons, et Công Chúa, Công Nữ, Công Tôn pour les filles.

CLIMAT

En raison de la configuration du terrain, il pleut souvent à Huế, surtout entre début septembre et la mi-novembre, qu'il s'agisse d'une simple bruine ou de trombes diluviennes.
– Évitez la période de novembre à janvier : certaines années, il peut pleuvoir sans arrêt pendant ces 4 mois. Époque des typhons et des inondations.
– Été : très chaud et ensoleillé.
– Meilleure époque : février et mars, époque ensoleillée.

Orientation

La ville est composée de 2 zones distinctes. La *citadelle*, enserrée dans ses remparts, sur la rive nord de la rivière des Parfums, est un quartier résidentiel

HUÉ / ARRIVER – QUITTER

coquet et tranquille dans lequel loge l'ancienne cité impériale. La **ville moderne,** à l'extérieur des remparts puis sur la rive sud, est une zone bien plus animée où quelques rues, de part et d'autre de Võ Thị Sáu, concentrent la plupart des hôtels, restos et services (le « quartier routard »).

Arriver – Quitter

En train

Gare ferroviaire *(plan B4)* **:** *1, Bùi Thị Xuân.* ☎ *382-21-75.* • *vietnamtourism.com* • *vr.com.vn* • *Sur Lê Lợi, à l'extrême ouest de la rue. Ouv 24h/24 (guichets, plus ou moins anglophones, 7h-21h). Également une borne pour retirer les billets achetés sur le Net.* Conseil : mieux vaut prendre les trains rapides (dont le nom commence par SE...), et réserver sa place au moins 2 jours avt le départ en hte saison, car Hué est en milieu de ligne. Il existe 6 catégories de confort à bord des trains.
➢ **Pour Đà Nẵng, Nha Trang et Hồ Chí Minh-Ville :** 6 trains/j. Le plus rapide est le *SE3* : départ vers 10h30 de Hué. Durées respectives : 2h30 (Đà Nẵng), env 12h (Nha Trang) et 19h (Hồ Chí Minh-Ville).
➢ **Pour Ninh Bình et Hanoi :** 5 trains/j. Le plus rapide est le *SE4* : départ vers 17h. Durées respectives : env 11h (Ninh Bình) et 13h (Hanoi). Billet : env 680 000 Dg. Pour Hanoi seul (ne dessert pas Ninh Bình), une assez bonne solution reste le *Livitrans Express* (• *livitrans.com* •) : départ vers 15h30 ; trajet env 14h. Les couchettes sont correctes mais les toilettes rudimentaires.

En bus public

3 gares routières : l'une au marché Đông Ba *(plan C3)* pour les liaisons locales, notamment vers Lăng Cô, et 2 autres assez éloignées du centre. Privilégiez les bus *Open Tour* de l'agence *Thesinhtourist,* qui viennent vous chercher à l'hôtel.

Gare routière du Sud *(Bến Xe Phía Nam ; hors plan par D4 et carte Les environs de Hué)* **:** *RN 1, à 1,5 km env du marché An Cựu.*
➢ Bus pour **Hồ Chí Minh-Ville** (1 bus/j., avec la compagnie *Phương Trang),* **Ban Mê Thuột** (avec la compagnie *Ngọc Thông),* **Đà Nẵng** *(sleeping bus,* durée 3h, billet 90 000 Dg), **Hội An** (env 100 000 Dg), **Nha Trang...** La plupart des départs ont lieu le mat de très bonne heure. Les bus font parfois un arrêt à Lăng Cô (30 mn).

Gare routière du Nord *(Bến Xe Phía Bắc ; hors plan par A2 et carte Les environs de Hué)* **:** *sur l'ancienne route n° 1, à 7 km du centre, au nord. Excentrée, pas pratique.*
➢ Bus pour **Lao Bảo** (vers le Laos), **Đông Hà** (trajet : 3h), **Khe Sanh** (3h), **Vinh** (7-10h) et **Hanoi.**

En bus et minibus Open Tour

De nombreux cafés, restaurants, hôtels et agences vendent les billets *Open Tour* : tarifs compétitifs et garantie que l'on vient vous chercher à votre hôtel.
– Parmi les compagnies les plus recommandables, citons **Thesinhtourist,** dont le bureau est situé au 38, Chu Văn An *(plan zoom, 5 ;* ☎ *384-50-22.* • *thesinhtourist.vn* • *Tlj 6h30-21h30).* Liaisons pour :
➢ **Đà Nẵng** (100 km) puis **Hội An** (135 km) **:** compter 3-4h de trajet avec arrêt à Lăng Cô. Départs dans chaque sens tlj vers 8h et 13h15. Le bus emprunte le tunnel sous la montagne (6 km) et ne marque donc plus l'arrêt au col des Nuages.
➢ **Hanoi** (680 km) **:** bus-couchettes ; départ vers 17h30, arrivée le lendemain mat vers 6h30.
➢ **Pour le Laos :** départs quotidiens pour **Savannakhet** (350 km), vers 7h, arrivée vers 17h ; pour **Vientiane,** départ vers 8h, arrivée le lendemain vers 15h *(sleeping bus).* Le **visa laotien** est délivré à la frontière (Lao Bảo). Env 30 US$. Attente : 30 mn. Apportez 2 photos d'identité.

> Pour rejoindre le *parc national de Phong Nha-Kẻ Bàng,* voir avec la compagnie *Hưng Thành Travel (bureau au 49, Chu Văn An ; plan zoom, 4 ;* ☎ *383-14-17.* ● *hungthanhtravel. com.vn* ●*).* Départ tlj à 16h30, arrivée env 4h30 plus tard.

En avion

✈ *Aéroport de Phú Bài (hors plan par D4) : à env 15 km au sud de la ville. Compter env 20 mn en voiture.* Vols domestiques seulement (l'aéroport international se trouve à Đà Nẵng). *Distributeur de billets* et *bureau de change* dans le hall de livraison des bagages. *Bus-navette* pour le centre-ville env 50 000 Dg (comptoir pour acheter le billet juste avt la sortie) ; on arrive à l'agence *Vietnam Airlines,* rue Hanoi, ensuite, marche, taxi ou cyclo-pousse pour rejoindre son hôtel. Attention, lorsque la navette est complète, elle part... Seule solution, alors, le *taxi :* pour le centre-ville, compter 250 000-300 000 Dg selon taille du véhicule.

■ *Vietnam Airlines (plan D4, 1) : 20, rue Hanoi.* ☎ *382-32-49.* ● *vietnamair lines.com.vn* ● *Tlj 7h-19h.* Résas et vente des billets. Point de départ du minibus pour l'aéroport de Huế (1h40 avt le vol). Billet : 50 000 Dg.
> *Pour Hanoi :* 3 vols/j., avec *Vietnam Airlines* seulement.
> *Pour Hồ Chí Minh-Ville :* 5 vols/j. avec *Vietnam Airlines.* Tout autant avec *VietJet,* et 2-3 vols/j. avec *Jetstar.*

À moto

Certains relient Huế à Hội An (135 km) à moto. Alors, rapprochez-vous d'une agence touristique sérieuse comme *Stay Travel* ou *Le Family Riders* (voir plus bas « Agences de tourisme et renseignements touristiques » dans la rubrique « Adresses utiles »). Compter 45-50 US$ de porte à porte (c'est-à-dire de votre hôtel à Huế à celui de Hội An ou vice versa). Compter 6h30 de trajet, avec pilote anglophone (déjeuner non inclus). Extension possible (en 3 j.) par la montagne, en tangentant la frontière du Laos : compter alors 77 US$/pers (repas et hébergement inclus).

Adresses utiles

Change et distributeurs

Exception faite du quartier de la citadelle, la ville regorge de distributeurs. Pour le change, vous avez le choix entre les nombreuses banques, agences de voyages et bijouteries de la ville moderne ou du côté du marché Đông Ba.

Santé

✚ *Central Hospital (plan C4, 3) : 16, Lê Lợi.* ☎ *382-23-25.* Complexe hospitalier comprenant une *pharmacie* ouverte 24h/24 et l'*hôpital international (International Pavilion ; 3, Ngô Quyền ;* ☎ *389-08-88).* Celui-ci regroupe des médecins anglophones. C'est vers lui que sont souvent dirigés les patients d'origine étrangère.
■ *Médecins francophones : Dr Ngô Đình Châu, 45, Hùng Vương,* ☎ *382-28-99,* 📱 *09-03-58-16-00. Dr Xuân,* 📱 *09-14-48-12-36.* Ancien de la Pitié-Salpêtrière, consultations à domicile possibles.
■ *Dentiste francophone : Dr Nguyễn Thúc Quỳnh Hoa, 6A, Lý Thường Kiệt.* ☎ *382-44-09 (en anglais... relatif).*

Agences de tourisme et renseignements touristiques

– *Avertissement :* le nom « office de tourisme » ou « *Tourist Information* » sent bon l'arnaque. Ce sont des agences de voyages privées qui cherchent d'abord à vendre leurs prestations. La réception de votre hôtel pourra donner quelques renseignements concernant les visites, mais là encore, ils feront la promo de leurs propres circuits. Ben oui.

■ *Stay Travel :* 📱 *09-65-03-69-69.* ● *staytravelagency.com* ● *Bureau excentré :* contactez-les par e-mail ou

HUÉ / OÙ DORMIR ? | **271**

WhatsApp, ils viendront à votre rencontre. Agence tenue par 2 frères français qui organisent divers circuits à la carte et hors des sentiers battus sur Hué, le centre et le nord du Vietnam, et jusqu'au delta du Mékong. On y parle l'anglais.

■ *Le Family Riders :* 16-89-26-67-92. ● lefamilyriders@gmail.com ● lefamilyriders.com ● Visite de Hué, des tombeaux et des environs à moto, en compagnie d'une famille accueillante et sérieuse. Bonne organisation, accueil attentionné, prêt d'imperméables en cas de pluie...

■ *Hué Riders* (plan C1, **9**) : *165, Nguyễn Chí Thanh.* 09-14-73-54-57. Petite agence pour les routards désireux de découvrir la région au guidon d'une moto. On y parle l'anglais.

■ *DMZ Travel* (plan zoom, **6**) : *1, Phạm Ngũ Lão (accolé à l'immense DMZ Bar).* ☎ 342-68-31. ● dmz.com.vn ● Agence spécialisée dans les excursions à la journée (moto, minibus) dans l'ex-zone démilitarisée (DMZ). Lire plus loin le chapitre « Excursion jusqu'à la DMZ ».

Action humanitaire

■ *Cô Nhi Viện Phao Lồ* (orphelinat Sơn Ca II, à Kim Long ; plan A4, **7**) : *quartier de Kim Long, sur la route de la pagode Thiên Mụ, au nord de la rivière des Parfums.* ☎ 351-03-67. ● st-paul-hue.com ● *Avt d'arriver au niveau du nº 42 Kim Long (ancien orphelinat Sơn Ca I), prenez le petit sentier Kiệt 3, à côté de Nam Châu Hội Quán, suivez ce sentier tt droit, et vous arriverez au Trung Tâm Sơn Ca II. Les taxis connaissent.* Les religieuses de la congrégation (francophone) des sœurs de Saint-Paul de Chartres recueillent des orphelins, handicapés mentaux et jeunes filles pauvres. Elles ont grand besoin de médicaments (liste sur leur site, rubrique « Besoins ») et de vêtements. Ne les remportez pas chez vous, laissez-les ici. Sœur Chantal parle couramment le français (mais n'est pas toujours là). Elle remercie tous nos lecteurs qui ont déjà répondu à son appel : grâce aux dons des routards, la congrégation parvient à nourrir les enfants dans le besoin. Un nouvel orphelinat a ainsi été construit grâce à la générosité publique. Une association française basée en Alsace le soutient (Poussières de Vie).

Où dormir ?

La plupart des hôtels ayant une façade étroite, certaines chambres sont sans fenêtre, et ce, quelle que soit la catégorie de l'hébergement. De quoi fulminer quand on tombe dessus, même si ce sont généralement les moins chères ! Souvenez-vous qu'il est toujours plus difficile de se faire entendre quand on a déjà payé l'intégralité de sa chambre (notamment sur Internet).

Dans le « quartier routard »

Bon marché (jusqu'à 300 000 Dg / env 11 €)

▲ *Hue Backpackers Hostel – The Imperial* (zoom, **10**) : *10, Phạm Ngũ Lão.* ☎ 382-65-67. ● vietnambackpackerhostels.com ● *Lit en dortoir 130 000-195 000 Dg, doubles 250 000-350 000 Dg, petit déj inclus.* En plein « quartier routard » et commerçant, dans l'une des rues les plus vivantes le soir, voici un vrai hostel pour sac à dos, dans une maison grise conviviale et bien arrangée, avec un bar grand ouvert sur la rue qui attire de nombreux jeunes routards. Bons dortoirs de 6 à 10 lits mixtes ou pour femmes, avec douche/w-c et clim. Une chambre double avec clim, sinon ils privatisent un dortoir pour vous.

▲ *Hué Amazing Family Homestay* (plan zoom, **13**) : *2/10, Võ Thị Sáu.* ● hue-amazing-family-homestay.booked.net ● *Lit en dortoir 100 000 Dg, double 230 000 Dg.* Pension retirée au calme dans une impasse, et pourtant à 2 pas de l'animation. Avec ses murs et sols tout blancs, l'ensemble n'a guère de charme, mais c'est propre et assez spacieux pour ne pas être les uns sur les autres. Choix entre des dortoirs de

8 lits, avec sanitaires et matelas plutôt durs, ou des doubles privées nickel, avec douche et w-c là encore, mais des lits plus confortables. La patronne est sympa et serviable.

🏠 *Tintin Hostel (plan zoom, 14) : 21/3, Phạm Ngũ Lão.* ☎ *382-05-13.* • *tintinhuehostel@gmail.com* • *Lit en dortoir 4-5 US$, doubles 11-13 US$, petit déj inclus.* En plein cœur du « quartier routard », une AJ petit budget, de bon rapport, et plutôt pimpante. Les dortoirs sont assez exigus, mais on y cohabite à 4 au maximum (casiers et salle de bains hors de la chambre). Viennent s'y ajouter quelques chambres privées avec minifrigo, clim, et même un petit balcon pour les plus chères. Kitchenette à dispo pour faire son (ch'tit) frichti, le petit déj étant offert à tous. Le patron parle un peu l'anglais.

🏠 *Freedom Hostel (plan zoom, 33) : 48/42, Nguyễn Công Trứ.* ☎ *09-05-55-53-17.* • *freedomhostelhue4842@gmail.com* • *Nuit en dortoir (6-10 lits) 93 000-115 000 Dg, petit déj inclus.* À ce prix-là, les matelas ne sont pas bien épais, mais la tenue de cet étroit *hostel* retiré dans une ruelle plutôt tranquille est irréprochable. Quant à l'accueil (anglophone) de l'équipe de jeunes femmes gérant le lieu, il est des plus convivial. Tous les soirs, cours de langue vietnamienne puis *family diner*, un repas pris en commun avec les hôtes qui le souhaitent, sur une grande natte posée à même le sol du hall d'entrée.

🏠 *Hoàng Hương Guesthouse (plan zoom, 12) : 46/2, alley 66, Lê Lợi.* ☎ *382-85-09. Doubles 7-12 US$.* Adresse très bon marché et accueil francophone. Optez de préférence pour les chambres les plus chères (avec clim en supplément), donnant sur le balcon à l'étage. Location de vélos et de scooters.

Prix moyens (300 000-600 000 Dg / env 11-21 €)

À partir de cette catégorie, le petit déjeuner (généralement léger) est inclus.

🏠 *Huénino Hotel (plan zoom, 15) : 14, Nguyễn Công Trứ.* ☎ *09-35-11-61-69.* • *hueninohotel.com* • *Au fond de l'impasse (fléché). Doubles 12-25 US$.* Un petit hôtel design tenu par un ancien menuisier passionné d'art, le jovial M. Thắng. Les chambres (avec douche/w-c, clim, existant en 2 tailles) ont été décorées par lui. Les meubles, tables, chaises, lampes ont été faits par lui aussi. Gare aux chambres les moins chères, dotées d'une fenêtre, mais aveugle. Espace commun convivial en bas, pour prendre le café et lier connaissance avec les autres voyageurs. Peintures contemporaines réalisées par des artistes venus de toute l'Asie à sa demande. Notre coup de cœur dans cette catégorie !

🏠 *Cảnh Tiên Guesthouse (plan zoom, 11) : 9/66, Lê Lợi.* ☎ *382-27-72.* • *canhtienhotel.chez-alice.fr* • *Au fond de la ruelle des mini-hôtels. Doubles 12-20 US$.* Net, lumineux, aéré, voilà un hôtel où rien ne sonne faux : chambres impeccables avec douche/w-c, clim et TV satellite. Nous aimons bien celles avec balcon, des triples (parfois attribuées à un simple couple). Lorsqu'il est là, le patron est toujours prêt à aider, et il parle bien le français. À côté, le *Garden Villa Hotel*, avec piscine, est bien aussi *(double 400 000 Dg)*.

🏠 *Thân Thiện Hotel (Friendly Hue Hotel ; plan zoom, 16) : 10, Nguyễn Công Trứ.* ☎ *383-46-66.* • *thanthienhotel.com.vn* • *Doubles 16-25 US$, petit déj inclus.* Tout proche de la rivière des Parfums et de l'animation, un hôtel d'un remarquable rapport qualité-prix, à l'accueil aussi serviable que *friendly*. Chambres très confortables, à 1 ou 2 lits, avec balcon pour certaines, clim, frigo... Les moins chères d'entre elles, pour une poignée de dollars, sont petites et donnent sur le couloir. Pour quelques dollars de plus, on a droit à un balcon et une vue sur la rue, voire sur la ville (les plus chères). Location de vélos et motos.

🏠 *Serene Shining Hotel (plan zoom, 17) : 57/5, Nguyễn Công Trứ.* ☎ *393-58-87.* • *sereneshininghotel.com* • *Doubles 25-30 US$.* Dans une impasse calme qui descend vers la rivière, voilà de bien belles chambres claires et bien équipées. Dès le 1er prix, belle (et vraie) fenêtre. Et lorsqu'on grimpe en gamme et dans les étages, on bénéficie carrément de la vue sur la rivière. Accueil souriant pour parfaire le tableau.

🏠 *Hồng Thiện Ruby Hotel (plan zoom, 18) : 35/12, Chu Văn An.* ☎ *383-73-99.*

● *hongthienrubyhotel.com* ● *Au fond d'une impasse. Doubles 16-28 US$.* Outre ses chambres plaisantes, sa propreté et son confort, ce petit hôtel étiré tout en hauteur se distingue par la gentillesse de son personnel. Chambres de taille variable, avec ou sans balcon. Nombreux services : excursions, transferts, etc. On déconseille le *Hồng Thiện Hotel*, appartenant à la même famille, mais mauvais service et accueil peu attentionné.

🛏 **Jade Hotel** *(plan D3-4, 19)* **:** *43, Hùng Vương.* ☎ *393-88-49.* ● *jadehotelhue.com* ● *Doubles 16-22 US$.* Dans cet hôtel intimiste, on apprécie les chambres coquettes, où un net effort de déco a été fait. Bon confort : clim, frigo, TV satellite, bureau... Salles de bains un peu exiguës ; les chambres les plus grandes ont une baignoire, les moins chères sont (devinez !) pour ainsi dire aveugles. Les flemmards préféreront dormir dans les étages peu élevés (pas d'ascenseur). On a aussi été sensibles à l'accueil : le personnel, souriant, disponible et attentionné, se décarcasse sans relâche pour ses clients.

🛏 **Bình Minh Sunrise Hotel** *(plan D4, 25)* **:** *36, Nguyễn Tri Phương.* ☎ *382-55-26.* ● *binhminhhue.com* ● *Doubles 15-25 US$.* Hôtel central dans la ville moderne, ce qui le rend un peu bruyant. Les quelque 40 chambres, desservies par un ascenseur, ont clim, frigo, TV, bouilloire et balcon. Celles du rez-de-chaussée sont à un prix au ras des pâquerettes : mais ne pas être claustro, car elles sont petites et ouvrent sur une cour intérieure par un fenestron. Excellent accueil, souriant et disponible. Peu de charme, mais un rapport qualité-prix satisfaisant.

🛏 **Holiday Diamond Hotel** *(plan zoom, 15)* **:** *8/14, Nguyễn Công Trứ.* ☎ *381-98-44.* ● *holidaydiamondhotelhue.com* ● *Doubles 15-23 US$.* Au fond d'une ruelle calme et pourtant à 2 pas de l'animation du « quartier routard ». Bien tenu et confortable, avec ses chambres soignées, toutes avec des fenêtres donnant sur l'extérieur, familiales pour certaines. Vue dégagée en étage pour les plus chères.

🛏 **New Valentine Hotel** *(plan zoom, 26)* **:** *7/64, Nguyễn Công Trứ.* ☎ *381-76-65.* ● *ksnewvalentine@gmail.com* ● *Doubles 18-20 US$.* Dans une ruelle calme, à l'écart du bruit, un hôtel sans prétention doté de chambres propres et de bon rapport qualité-prix (sanitaires, clim) étagées sur 5 niveaux (ascenseur). Accueil aux petits soins.

Chic
(600 000-1 000 000 Dg / env 21-35 €)

🛏 **Serene Palace** *(plan zoom, 21)* **:** *21/42, Nguyễn Công Trứ.* ☎ *394-85-85.* ● *serenepalacehotel.com* ● *Doubles 25-30 US$.* On n'est qu'à 2 foulées de l'animation, et pourtant ce *kiệt* (ruelle en vietnamien) rime vraiment avec « kietude ». La maison quant à elle propose de bien belles chambres qui prennent quelques đồngs de plus à chaque étage. Classique ! Le resto (salle de petit déj à ses heures) est sombre, mais le reste de l'établissement est clair, favorisant boiseries et tons chauds. Confort complet, charme tout asiatique et accueil souriant. La sérénité, quoi !

🛏 **Beaulieu Boutique Hotel** *(plan zoom, 22)* **:** *15, Phạm Ngũ Lão.* ☎ *09-05-56-69-84. Doubles 25-30 US$.* Adresse jouant sur 2 ambiances : les amateurs de calme dans les chambres intérieures, plus petites et sans vue particulière ; les aficionados de l'animation folle au balcon des chambres de la façade sur rue, plus grandes et plus onéreuses. Déco dans l'air du temps, à base de mobilier so(m)bre, de tableaux modernes aux murs, de salles de bains revêtues de carrelage « métro » qui s'invitent dans la chambre. À ces prix-là, et pour ce niveau de confort : touché en plein cœur le « quartier routard » !

Plus chic
(1 000 000-2 000 000 Dg / env 35-71 €)

🛏 **Orchid Hotel** *(plan zoom, 23)* **:** *30A, Chu Văn An.* ☎ *383-11-77.* ● *orchidhotel.com.vn* ● *Doubles 40-60 US$.* Une belle adresse dans le « quartier routard », à l'écart des nuisances sonores. Literie de qualité, et une vue extra depuis les chambres du dernier étage, véritables cocons pour amoureux. De l'espace, du confort (DVD, coffre-fort, frigo, ascenseur) et du charme. Que demander de plus ? Il y a même des chambres familiales. Petit déj gourmand et personnel prévenant. Loue aussi des vélos.

🏠 **ÊMM Hotel** (plan D4, 31) : *15, Lý Thường Kiệt. ☎ 382-82-55. ● emm hotels.com ● Doubles 50-60 US$.* Petit grand hôtel ? Ou grand petit hôtel ? C'est comme on veut. Seulement 5 étages à la pointe de 2 avenues, formant un triangle autour d'une agréable piscine (très appréciable lorsque les températures s'affolent). Les chambres sont vastes et chaleureuses, avec leur parquet stratifié, leurs placards ajourés, leurs fauteuils gris. Et, tout au long de l'établissement, il y a des touches de couleur améthyste savamment distillées. Abrite 2 restaurants (cuisine vietnamienne et internationale).

🏠 **Villa Huế** (plan zoom, 24) : *4, Trần Quang Khải. ☎ 383-16-28. ● villahue. com ● Doubles 76-90 US$.* Cet hôtel de charme, installé dans des murs modernes, emploie les étudiants de l'école d'hôtellerie voisine. Chambres immenses et lumineuses, décorées avec brio dans un esprit traditionnel, et dotées d'une excellente literie. Certaines profitent d'un balcon, avec parfois une vue sur la cour intérieure où trône la piscine haricot. Service zélé et petit déj extra. Cours de cuisine sur demande. Un excellent rapport qualité-prix bien au calme.

Très chic (2 000 000-3 310 000 Dg / env 71-117 €)

🏠 **Hôtel Saigon Morin** (plan D3, 27) : *30, Lê Lợi. ☎ 382-35-26. ● morinho tel.com.vn ● Au bord de la rivière, au niveau du pont Trường Tiền. Doubles 80-150 US$.* Bienvenue dans l'un des plus vieux hôtels du Vietnam. Fondé en 1901, l'hôtel a accueilli Charlie Chaplin en 1936 ! Transformé en université après la réunification du pays (1975), il a retrouvé sa vocation première en 1990, puis le nom de son fondateur (dont le monogramme s'approche d'ailleurs de la « double arche » de *McDo*, amusant). Les belles chambres conservent une patine en accord avec le style colonial de l'hôtel. Elles donnent soit sur la rivière, soit sur les rues latérales ou sur les cours arrière où se trouvent le restaurant et la piscine. Dans les couloirs, admirez la collection de photos anciennes retraçant les heures de gloire des hôtels *Morin*. Une colonnade blanche dessert un beau jardin tropical avec piscine où l'on prend le petit déj agréablement. Beaucoup de style, et un accueil bien à la hauteur du lieu.

Très, très chic (plus de 3 310 000 Dg / 117 €)

🏠 🍸 **Hôtel Azerai La Résidence** (plan C4, 28) : *5, Lê Lợi. ☎ 383-74-75. ● reservations.laresidence.hue@aze rai.com ● azerai.com ● ♿ Au bord de la rivière des Parfums. Doubles 260-350 US$.* Hôtel comptant 2 beaux bâtiments, dont une villa de style 1930, ancienne résidence du gouverneur français de l'Annam. Propriété depuis 2019 d'un groupe singapourien, le plus élégant des hôtels de Huế a été décoré dans le style Art déco et tropical chic, avec beau plancher en teck, photos sur le thème de l'époque coloniale française, le tout avec beaucoup de goût. Les chambres les plus agréables (et plus chères) ont une terrasse qui donne sur la rivière. Pour dîner restaurant *Le Parfum*. Ajoutez à cela une belle piscine dans le jardin, le spa (payant), tennis, billard... le luxe, quoi !

Dans la citadelle

Prix moyens (300 000-600 000 Dg / env 11-21 €)

🏠 **Tam Family Homestay** (plan B4, 34) : *24, Đặng Trần Côn. 📱 09-77-60-52-59. ● tamfamilyhomestay.hue@ gmail.com ● Doubles 14-18 US$, sans petit déj.* On a beaucoup aimé ce *homestay* paisible et soigné, installé dans une maison moderne claire et aérée. L'accueil familial est adorable, la patronne parle l'anglais. Les chambres ont des lits en bambou et des tons pastel. Toutes ont la clim et leur mini-salle d'eau, une dispose d'un balcon, une autre, au dernier étage, jouit d'un large panorama sur les toits de la vieille ville. Terrasse commune sinon, pour partager la vue. Plusieurs gargotes aux alentours.

Chic
(600 000-1 000 000 Dg / env 21-35 €)

🏠 |●| *Maison d'hôtes Vu Tri Viên* (plan C2, 29) : *27/110, Nhật Lệ.* ☎ *352-74-14.* 📱 *09-03-59-83-92.* ● *maisonvutrivien@gmail.com* ● *Résa à l'avance conseillée. Chambres 25-30 US$ selon taille, petit déj français (ou vietnamien sur demande) compris. Repas sur résa (la veille), accessible aux non-résidents.* Une vraie maison d'hôtes au cœur de la citadelle. Cette famille très francophile habite une grande demeure moderne d'inspiration coloniale (avec cheminée !) et propose 6 chambres (pour 2-3 personnes) bien équipées (TV, clim, frigo, salle de bains). Les 2 du dernier étage, plutôt destinées à une famille ou un groupe d'amis, se partagent une salle de bains et disposent d'un coin salon et d'une terrasse. Đức, le fils aîné, parle parfaitement le français. Dîner gratuit pour 2 nuits passées. Un très bon rapport qualité-prix-accueil et l'occasion, pas si fréquente, de vivre le quotidien d'une famille.

🏠 *Huế Homestay Riverside* (plan B3, 32) : *4, Triệu Quang Phục.* 📱 *09-14-04-22-91 (en français). Doubles 25-27 US$ selon vue, petit déj inclus.* Dans un quartier calme, une maison de famille tenue par M. Dung, aimable francophone. Il propose une demi-douzaine de chambres. Le bâtiment est moderne mais l'ensemble a du charme. Chaque chambre a son petit confort : salle de bains, clim, frigo, TV. Le canal qui passe juste devant la maison est très agréable pour les chambres donnant dessus (les plus onéreuses). Pour les balades en ville, la maison prête des vélos à ceux séjournant 2 jours au moins.

Un peu en dehors de la ville

Chic
(600 000-1 000 000 Dg / env 21-35 €)

🏠 |●| *Tâm Tịnh Viên Homestay* (Le Jardin du Cœur tranquille ; hors plan par A4, 30) : *Impasse n° 23, rue Nguyễn Trọng Nhân, quartier Hương Hồ.* 📱 *09-14-01-99-83.* ● *garcia.viet nam@yahoo.com.vn* ● *À env 6 km de la citadelle (compter 100 000 Dg en taxi). Transfert possible depuis la gare. Bungalows env 30-50 US$ pour 2, petit déj compris. Menu local (sur résa) env 10 US$.* Gîtes de charme tenus par un Français, Jean, et sa femme Thuy (une ancienne guide parlant très bien le français) qui ont créé et gèrent un orphelinat de 500 enfants ! Dans un jardin tropical, grands bungalows, dont 2 avec chambres en mezzanine et 2 autres de plain-pied, chacun avec 2 lits doubles. Salon, frigo, lits à baldaquin, et pas moins de 2 salles de bains (l'une à l'intérieur, l'autre en plein air). On peut commander son repas (menu fixe) ou partager gratuitement celui des enfants à la cantine de l'orphelinat. Prêt de vélos. À l'arrière, un ponton d'où l'on peut embarquer directement pour la visite des tombeaux.

Où manger ?

Héritage des traditions et du raffinement impérial, la cuisine de Huế est très réputée au Vietnam, beaucoup la considérant comme la meilleure du pays. Dans la plupart des restaurants, on sert le *bún bò Huế*, une soupe à base de bouillon de bœuf et de nouilles. Délicieux !

On trouve de nombreuses adresses, locales comme occidentales, dans le « quartier routard », notamment sur Võ Thị Sáu et la section nord de Lê Lợi, très animées le soir. Peu de restos en revanche, à l'exception de quelques gargotes offrant un choix de plats très limité, dans le paisible quartier de la citadelle. Dommage.

Bon marché (moins de 100 000 Dg / env 4 €)

I●I Lạc Thanh (plan C3, 41) : *6A, Đinh Tiên Hoàng. ☎ 352-46-74. Tlj 7h-21h.* 2 gargotes à touche-touche, une même famille, qui se chamaille la paternité de qui a été référencé en 1er dans votre guide préféré. L'adresse originelle est celle de droite (la plus petite), mais, en réalité c'est carrément *same-same* avec celle de gauche tant l'un a copié l'autre, en salle comme en cuisine. Leur credo ? Le *bánh khoái* (littéralement « gâteau de plaisir extrême »), une crêpe aux crevettes, viande, œufs et légumes – une spécialité de Huế. Les bouteilles de bière redoutent l'incroyable décapsuleur maison : on ne dévoile rien !

I●I ↑ Liên Hoa (plan D4, 46) : *3, Lê Quý Đôn. ☎ 381-68-84. Tlj 7h-21h.* Grande salle traditionnelle, sous un pavillon de tuiles porté par des piliers de droite, séparé du bâtiment principal par un jardinet. C'est un vrai temple de la cuisine végétarienne : fondue aux légumes variés *(lẩu thập cẩm)*, rouleaux de printemps, pâtes... On sélectionne une variété de petits plats et on partage. Service un peu à la chaîne, mais bon accueil.

I●I Family Home (plan D3-4, 42) : *11/34, Nguyễn Tri Phương. ☎ 382-06-68. Dans l'impasse qui mène au Nina's Café. Tlj 8h-22h.* Local et convivial, ce petit resto garni de photos de la guerre n'usurpe pas son nom. On partage en effet les lieux avec la famille, qui mange ou regarde sa série à l'eau de rose favorite dans un coin de la salle ! La carte offre toute une gamme de délicieux plats typiques de Huế. Grâce à la carte illustrée de photos, on peut tester un peu de tout sans se tromper. Également un bon choix de plats végétariens et de petits déj.

Prix moyens (100 000-250 000 Dg / env 4-9 €)

I●I Hạnh (plan D3, 43) : *11-13-15, Phó Đức Chính. ☎ 383-35-52. Tlj 9h-21h. Menu 5 plats 135 000 Dg.* Les touristes affluent dans cette grande salle basique. Il faut dire que le menu est calibré pour permettre aux étrangers de goûter à moindres frais aux principales spécialités de Huế : *bánh bèo, bánh khoái, bánh cuốn, nem rán* et *nem lụi* n'auront plus de secrets pour vous. Un serveur explique, avec pédagogie, comment se mange chaque plat ; il vous faudra par exemple rouler à la main les *nem lụi* (brochettes de porc). On s'en met partout, mais c'est un plat intéressant. Au final, le déroulé du repas est amusant.

I●I ⵓ Nina's Café (plan D3-4, 42) : *16/34, Nguyễn Tri Phương. ☎ 383-86-36. Tlj 8h30-22h30.* Au bout d'une impasse, une oasis de calme au cœur de l'agitation. Ambiance décontractée, cadre simple et agréable, avec ses nappes bariolées et ses brasseurs d'air qui s'agitent paresseusement. Cuisine fraîche et soignée, principalement axée sur les spécialités de Huế. Également des menus complets et de jolies douceurs.

I●I Serene Cuisine (plan zoom, 21) : *voir plus haut l'hôtel du même nom.* Oubliez la salle un peu sombre de ce lobby d'hôtel. C'est dans le registre du goût que le *Serene* se taille la part du dragon. Qu'ils soient d'inspiration occidentale ou vietnamienne, les plats sont savoureux et créatifs, comme ces brochettes de porc à la citronnelle, accompagnées d'une sauce à la cacahuète, ou la salade chaude de figues vertes au porc et aux crevettes... Service très prévenant.

I●I Golden Rice (plan zoom, 45) : *40, Phạm Ngũ Lão. ☎ 362-69-38. Tlj 10h-23h.* Ce bon resto propose une cuisine régionale préparée avec savoir-faire. La carte est interminable, heureusement que les photos aident à faire son choix ! Le résultat est exquis, copieux, dans un registre parfois assez pimenté (autant le savoir). Préférer la salle à l'étage, très romantique avec ses baies vitrées et ses éclairages aussi doux que les prix et l'accueil.

I●I Hùng Vương Inn (plan D3-4, **44**) : 20, Hùng Vương. ☎ 382-10-68. Tlj 7h-21h. La baie vitrée rend la salle lumineuse et la cuisine ouverte donne une touche de modernité. On y vient surtout pour les pizzas et la cuisine européenne bien exécutée, même si la carte propose aussi de bons plats vietnamiens. Une valeur sûre. Bon accueil, service rapide.

I●I Ganesh (plan D3-4, **42**) : 34, Nguyễn Tri Phương. ☎ 382-16-16. Petit resto de cuisine indienne dans une salle très banale. Prix sages pour la qualité, mais service assez lent. Le Ganesh de Hội An est bien meilleur.

Chic
(250 000-600 000 Dg / env 9-21 €)

I●I ↑ Y Thao Garden (plan B3, **50**) : 3, Thạch Hãn. ☎ 352-30-18. Tlj 11h-22h. Menus 12-25 US$. Exceptionnel endroit pour manger dans un beau jardin à l'intérieur de la cité impériale. Plus romantique encore le soir, pour dîner. Tables en terrasses étagées et salle climatisée. Remarquable cuisine vietnamienne servie copieusement, avec plusieurs menus plus une grande carte. Vin au verre ou à la bouteille. Probablement la meilleure adresse de la ville.

I●I ↑ Les Jardins de la Carambole (plan B3, **47**) : 32, Đặng Trần Côn. ☎ 354-88-15. Menus 200 000-500 000 Dg (vietnamien)-460 000 Dg (occidental). Tlj 7h-22h. Restaurant de charme près de la cité impériale, dans une belle maison de style colonial construite par le propriétaire français, Christian, un ancien architecte. Le cachet est unique : cheminée, tableaux issus de la collection de la famille Morin, photos anciennes, balcon à l'étage, piano 3 fois par semaine (mercredi, vendredi et dimanche soir a priori). Les menus donnent un bon aperçu des spécialités de la maison, qu'elles soient locales ou européennes. Cuisine réussie et accueil chaleureux. Également quelques plats à prix moyens, pour les budgets plus serrés qui voudraient profiter du lieu. La maison compte aussi une version **Bistro La Carambole**, en plein cœur du « quartier routard » (plan zoom, **40** ; 18, Võ Thị Sáu ; ☎ 381-04-91 ; tlj 7h-23h). Cadre et cuisine plus communs, pour un repas à prix moyens, avec un large choix de menus du cru ou mode occidental. Terrasse.

Où déguster de bonnes pâtisseries ?
Où prendre un café ou le petit déj ?

☕ La Boulangerie Française – Bánh Mì Pháp (plan D3, **52**) : 46, Nguyễn Tri Phương. Tlj 6h30-20h. Café vendant les produits d'une école fondée par une association humanitaire (Aide à l'enfance du Vietnam) destinée à former les plus démunis au métier de boulanger. Pains (baguettes, campagne), viennoiseries, glaces... Aussi bien pour le petit déj que pour le goûter.

☕ Cités plus haut, le **Family Home** (plan D3-4, **42**), et son quasi-voisin le **Nina's Café** (plus cher), servent aussi des formules variées pour le petit déj : pancakes, omelettes, etc.

☕ ↑ Bình An Đường Café (plan B2-3, **53**) : 1, Đặng Thái Thân. Tlj 7h-21h. Jouxtant les douves de la citadelle, cette belle maison traditionnelle servait au repos et à la retraite des dames de la cité impériale. Le jardin, à l'abri des arbres et bambous, est un petit havre de paix pour siroter son café traditionnel vietnamien (bons expressos également), son thé, ou un yaourt aromatisé.

Où boire un verre ? Où sortir ?

Grosse animation le soir dans le « quartier routard », où une tripotée de bars étalent leurs terrasses sur la rue.

Xuân Trang *(plan zoom, 61) : angle Võ Thị Sáu et Chu Văn An. Tlj 14h-1h.* Très populaire chez les jeunes Vietnamiens, on adore le côté figure de proue de ce bar. Il domine de ses 2 niveaux de balcons « le » croisement stratégique du quartier. Boissons à des prix nettement plus démocratiques que dans certains bars des environs. Éviter d'y manger.

Secret Lounge *(plan zoom, 62) : 15/42, Nguyễn Công Trứ. ☎ 09-61-96-22-22. Tlj jusqu'à 2h.* Dans un jardin agrémenté d'un ruisseau et de rochers artificiels, adjoint d'une véranda pour les soirées frisquettes. Les consos ne sont pas données (spécialité de cocktails), mais on apprécie l'ambiance et la bonne musique, ainsi que l'accueil adorable et plein de charmantes attentions (thé et cacahuètes offerts).

Bar de l'Imperial Hotel *(plan D3, 66) : 8, Hùng Vương. ☎ 388-22-22. Ferme à 23h.* L'ascension au 16ᵉ étage de cet hôtel 5 étoiles est un must ! Surtout en fin d'après-midi, quand le soleil couchant embrase toute la ville, que l'on embrasse depuis la terrasse ! Plus cher qu'ailleurs, mais vraiment exceptionnel.

Achats

La **rue Trần Hưng Đạo** *(plan C3, 72)* est la plus commerçante au nord. On y trouve des vêtements de marque ou des contrefaçons. La rue longe aussi le **grand marché Đông Ba** joliment animé sous sa structure de béton. À l'intérieur, on peine à se faufiler entre les étals débordant de tissus, chapeaux, fruits confits, vaisselle... Également des objets de culte (encens notamment), des bijoux et des vêtements sur mesure à l'étage. À l'extérieur, fruits exotiques et épices sont disposés à même le sol, dans un tourbillon de teintes éclatantes. Huế étant la capitale du chapeau conique, on en trouve ici à un prix défiant toute concurrence. Compter 40 000-60 000 Dg pour un chapeau basique. Marchander ferme car on vous annoncera souvent le triple, parfois le quadruple. Plusieurs gargotes permettent d'avaler une soupe ou des brochettes pour moins de 20 000 Dg. Frais, grâce au débit incessant.

Nombreux **magasins** rive sud, dans le « quartier routard », autour des rues Lê Lợi et Phạm Ngũ Lão. Pour ce qui concerne les tailleurs traditionnels, ils ont tendance à sous-traiter, ce qui ne permet pas d'avoir un résultat constant. Une adresse fiable à retenir : **Gia Huy Silk** *(plan zoom, 70 ; 48-50, Phạm Ngũ Lão ; ☎ 383-17-05).* Vêtements fabriqués sur place, travail rapide et de qualité par une jeune femme qui parle le français.

À voir

Dans la citadelle royale (Hoàng Thành)

Les cyclo-pousses proposent le tour de la citadelle en 1h (mais ils n'entrent pas dans la cité impériale). Tarif à négocier autour de 120 000 Dg l'heure.

Pour s'orienter dans le temps et dans l'espace

La citadelle de Huế est le seul exemple d'une ville impériale du Vietnam existant encore aujourd'hui (Cổ Loa, Hoa Lư, Quảng Trị et Thăng Long se réduisent à de maigres vestiges). Construite de 1804 à 1833 sur l'initiative de Gia Long, le fondateur de la dynastie des Nguyễn, sur un périmètre de 10 km, elle s'inspire de l'architecture des palais impériaux chinois. Jusqu'à 80 000 habitants de la région participèrent à son édification.

HUÉ / À VOIR | **279**

La ville comprend 3 enceintes concentriques. Celle de la citadelle royale proprement dite, celle de la cité impériale, et enfin, la Cité pourpre interdite. Des Français contribuèrent à l'architecture, ce qui explique certains aspects à la Vauban.
Percés d'une dizaine de portes, les remparts de la 1re enceinte, ceux de la *citadelle royale,* atteignent parfois 20 m d'épaisseur, formés de remblais de terre entre 2 couches de briques. Tout autour court un canal appelé Hồ Thành Hà (le canal de Défense du rempart). Le mur d'enceinte sud est de forme convexe, car il épouse le contour de la rivière des Parfums.
Aujourd'hui, environ 55 000 personnes résident dans la citadelle royale, quartier accessible librement et à toute heure. C'est un secteur paisible, aux ruelles bordées de maisons basses et de jardins, dans lesquelles on flâne avec plaisir. Seul le noyau dur, la cité impériale incluant la Cité pourpre interdite, est devenu musée (avec horaires d'ouverture et accès payant).

La cité impériale (Đại Nội) et la Cité pourpre (Tử Cấm Thành)

◎ *Accès seulement par la* **porte du Midi** *(plan C3, 81) ; la sortie, elle, se fait par la* **porte de l'Humanité** *(plan C3,* **91***). Visite tlj 7h-17h30 (6h30-17h30 en été). Billet : 200 000 Dg (musée des Antiquités royales inclus). Billet combiné pour la cité impériale et 2 tombeaux (valable 2 j.) : 280 000 Dg (ou 3 tombeaux pour 530 000 Dg) ; réduc 7-12 ans ; gratuit moins de 7 ans. Visites scénarisées en été (avr-sept, 19h-22h). Des* **guides attitrés,** *postés à l'entrée, proposent leurs services. Des* **voiturettes électriques** *circulent dans la cité impériale (env 100 000 Dg/pers). Compter au min 2h de visite. Buvette dans l'enceinte.*

Entourée elle aussi de douves, la *cité impériale,* de forme quasiment carrée (622 m x 606 m), comprenait à l'origine une cinquantaine de bâtiments, organisés par quartiers selon leurs fonctions : cérémonielle, religieuse, résidentielle... Outre la famille et les princes, les 100 concubines impériales y vivaient. Les bâtiments qui ont survécu à la grande offensive du Têt (1968) ont été en grande partie restaurés avec l'aide de l'Unesco.

🎯🎯 *La porte du Midi (Ngọ Môn ; plan C3, 81) :* entrée principale de la cité impériale, elle est percée de 5 portes : la centrale, dont le toit est couvert de tuiles jaunes (couleur royale), était réservée à l'empereur et sa famille, les portes adjacentes aux mandarins et les latérales aux soldats, aux éléphants et aux chevaux. C'est une belle et solide construction. On notera l'exquise charpente du pavillon des Cinq Phénix *(Lầu Ngũ Phụng),* bâti au-dessus. La cloche et le tambour datent de 1822. Laque montrant la remise des diplômes aux lettrés, qui se déroulait ici même. C'est d'ici que les mandarins observaient les parades militaires. Devant la porte, Bảo Đại remit le pouvoir au Vietminh en août 1945.

🎯 Juste après la porte du Midi, 2 grands *bassins* séparés par le *pont de la Voie centrale* et l'*esplanade des Grands Saluts,* menant au palais du Trône (appelé aussi palais de la Suprême Harmonie). De chaque côté, 4 dragons surveillaient les mandarins. Symbole de puissance et de sagesse, le dragon fait partie des 4 animaux mythiques avec le griffon, emblème du bonheur et de la protection royale, le phénix (la vertu) et la tortue (la longévité). Ce sont ces animaux à la forte symbolique que l'on retrouve de manière récurrente.

🎯🎯 *Le palais du Trône (Điện Thái Hòa ; plan C3,* **82***) : accessible mais actuellement en rénovation.* Construit en 1805, rénové en 1833 et en 1923. C'est là qu'a été retrouvé le trône original du roi. De tous les grands palais, c'est le seul qui ait échappé aux bombardements américains de 1968. Bien restauré, on admire le beau toit de tuiles vernissées, la charpente superbement sculptée, la grande salle aux 80 colonnes en bois décorées avec comme seul motif des dragons dans les nuages. Devant le trône, la table sur laquelle on déposait les requêtes au monarque. Dans l'arrière-salle, une maquette figure la cité impériale dans son état d'origine.

À l'arrière du palais, on voit pointer la Cité pourpre interdite. Pas de précipitation : on finira la visite par ce lieu autrefois exclusif. En attendant, direction l'ouest de la cité impériale !

🏃🏃🏃 *Le temple du culte des empereurs Nguyễn* (Thế Miếu ; plan B3, 83) : à l'angle sud-ouest de la cité impériale. Construit en 1821 par Minh Mạng en l'honneur de Gia Long, il a été très bien restauré, notamment avec l'appui passionné de Kazimierz Kwiatkowski (1944-1957), architecte polonais qui se dévoua à cet édifice jusqu'à la fin de sa vie. La *porte principale*, au sud de l'enceinte, est accolée au *pavillon de l'Éclatante Bienveillance venue d'en haut* (Hiền Lâm Các), très élégant et de couleur rouge. Avec ses 3 niveaux et ses 13 m de haut, c'est l'édifice le plus élevé de la citadelle.

LA CITADELLE DU TRISTE *TẾT*

L'offensive du Tết de 1968 opposa les troupes communistes vietcong aux forces du Sud-Vietnam et aux Américains. Cette bataille fut terrible, et de nombreux bâtiments historiques de la citadelle furent complètement détruits : sur 67 édifices importants, 42 furent anéantis par les bombes. Résultat : succès militaire pour les armées du Sud, mais victoire psychologique pour le Nord !

Au-delà de ce pavillon, de chaque côté de l'immense cour, les 9 **urnes dynastiques**. Fondues entre 1835 et 1837, elles sont dédiées chacune à un empereur et pèsent environ 2 t. Elles sont illustrées d'animaux, de fleurs, paysages, armes, etc. De chaque côté, dans un abri en bois rouge à l'air de cabine téléphonique anglaise, 2 **griffons de bronze**.

À l'intérieur du *temple* proprement dit, 10 très beaux autels célèbrent chaque empereur de la dynastie des Nguyễn, comme dans une sorte de panthéon royal. Au milieu, celui de Gia Long. Derrière, on trouve les tables d'offrande et, au fond, sur des autels, leurs tablettes funéraires. Au temps de la colonisation, seuls 7 d'entre eux pouvaient être honorés : les autres avaient été jugés trop antifrançais ! À l'arrière, passé une 2de enceinte, le temple, *Hưng Tổ Miếu*, plus petit et joliment restauré, était dédié aux parents de l'empereur Gia Long. Bel ensemble de boiseries et de mobilier aux couleurs impériales.

🏃🏃 *La porte de la Vertu* (Cửa Chương Đức ; plan B3, 84) : à l'ouest de l'enceinte. Elle était réservée aux femmes, symbolisées par des phénix. Notez les décors polychromes très ouvragés qui couvrent totalement l'édifice, ainsi que les faîtières plus chargées encore qu'un collier de la reine d'Angleterre. Splendide !

🏃🏃 *Le palais de la Reine-Mère* (Cung Diên Thọ ; plan B3, 85) : l'ensemble comprenait à l'origine une dizaine de bâtiments, certains d'entre eux reliés par des galeries en bois. Une partie a été restaurée. Dans la cour, à gauche, l'édifice *Tịnh Minh* servit de résidence à l'empereur Bảo Đại dans les années 1950. Au centre, le palais Diên Thọ (1804), le plus imposant, était habité par la reine mère ; il a été remeublé comme à l'époque de Bảo Đại. À droite, le *pavillon Tả Trà* (récemment rénové) servait de salle d'attente aux visiteurs. Il est adossé à un bassin veillé par un charmant pavillon *(Trường Du)*.

🏃🏃 *Le palais de la Longue Vie* (Cung Trường Sanh ; plan B3, 86) : juste au nord. Murs jaune argile, tuiles vertes et volets rouge foncé, il fut bâti en 1822 et destiné à la grand-mère de l'empereur en 1886. Endommagé par la guerre, en 1968, puis par un typhon, en 1985, il a été restauré en 2011, et l'on ne va pas s'en plaindre car l'édifice ne manque pas de charme. Encadré de douves et d'un bassin en croissant de lune que sautent de mignons petits ponts, agrémenté d'amoncellements de rochers, il forme le seul exemple de *jardin royal* persistant à Huế.

🏃 *Le pavillon Tứ Phương Vô Sự* (plan B3, 87) : signifie littéralement le « palais des quatre directions sans problèmes » ! Près de la porte de la Paix (tout au nord), ce pavillon, reconstruit en 2010 pour le 1 000e anniversaire de Hanoi, offre une architecture élégante, identique à l'original.

La Cité pourpre interdite
(Điện Cần Chánh ; plan B-C3)

🎥🚶 En plein cœur de la cité impériale, juste au nord du palais du Trône, c'est la désolation : il ne reste que des ruines éparses de la 3e enceinte, un espace mesurant 330 m x 324 m, auquel seuls l'empereur, les femmes et les eunuques pouvaient accéder. De nombreux bâtiments détruits lors de l'offensive du Têt de 1968, seuls demeurent, à l'est, 2 *maisons mandarinales* où se trouvaient bureaux administratifs et salles des banquets royaux. Encadrant cet immense terrain vague et herbu, des *galeries* ont été reconstruites. Y sont exposées des photos d'époque.

> **BẢO ĐẠI, EMPEREUR DÉCHU**
>
> *Le dernier empereur d'Annam (dynastie Nguyễn), Bảo Đại, avait été intronisé en 1925 dans le palais impérial de Huế. Il aimait le golf, les bateaux, le jeu et la flambe. Il vécut si longtemps en France que son peuple ne le reconnaissait plus. Il abdiqua en 1945, puis revint au Vietnam en 1949, laissant sa famille à Cannes. Un simulacre de procès le condamna à mort. Il mourut, ruiné, dans un 2-pièces, à Paris, en 1997. Il est enterré au cimetière de Passy.*

🚶 **Le pavillon de Lecture** *(Thái Bình ; plan B3, 88)* **:** *au nord-est de la Cité pourpre interdite.* Édifié par Thiệu Trị (1841-1847), le pavillon est précédé d'un jardin et d'un bassin, considéré comme un paravent contre les mauvais esprits. Conservé en assez bon état, il a été restauré et abrite une boutique.

🚶 **Le théâtre royal** *(plan C3, 89)* **:** *juste au sud du pavillon de Lecture. 2 représentations/j., à 10h et 15h. Durée : 40 mn. Compter 200 000 Dg.* Bâti en 1826, on y donne toujours des spectacles de danse et des opéras royaux : danse des licornes, danse des éventails et des lampes de lotus.

🚶 **Le parc** *(Vườn Cơ Hạ ; plan C3, 90)* **:** en ressortant de la Cité pourpre en direction de l'est (et de la sortie de la cité impériale), faire un tour dans ce joli jardin où jouaient les jeunes princes. Il compte de nombreuses essences d'arbres, bassins, ainsi qu'une belle collection de bonsaïs, le tout agrémenté d'un café et de petits pavillons pour se poser à l'ombre.

🎥🚶 **La porte de l'Humanité** *(Cửa Hiển Nhơn ; plan C3, 91)* **:** au sud-est de la cité, elle était jadis réservée aux mandarins (les fonctionnaires impériaux). Cette porte est tout aussi travaillée que celle de la Vertu, décrite plus haut. Elle marque la fin de la visite de la cité impériale. Après être sorti, ne pas rater la visite du *musée des Antiquités royales* décrit plus bas.

Ailleurs dans la citadelle royale

🎥🚶 **Le musée des Antiquités royales** *(plan C3)* **:** *3, Lê Trực.* ☎ *352-44-29. Entrée incluse dans le billet de la citadelle impériale (voir plus haut).* Vaut déjà la peine pour l'architecture du *palais Long An,* ancienne résidence royale construite au XIXe s et considérée comme le plus beau palais de la ville. On y découvre une précieuse collection d'objets datant de la dynastie des Nguyễn (1802-1945) : orfèvrerie, sceaux en ivoire, trône, bel ensemble de porcelaines, mobilier incrusté de nacre, boîtes en noix d'arec et de bétel, armes ornementales, chaise à porteurs, lit royal (dans un amusant style Louis XV à la sauce dragons & co)...

🚶 **Le Cavalier du Roi** *(Kỳ Đài ; plan C3)* **:** *ne se visite pas.* Imposant bastion construit par Gia Long en 1809 sur le terre-plein gardant l'entrée de la cité royale, côté fleuve. Le drapeau vietcong y fut hissé lors de l'offensive du Têt en 1968 (l'image fit le tour du monde grâce à la télé américaine). Il y flotte toujours. Après avoir franchi chacune des portes de part et d'autre du bastion s'alignent 2 groupes de 4 et 5 grands canons de bronze. Appelés « canons génies », ils pèsent 10 t chacun et symbolisent les 5 éléments (eau, bois, métal, feu et terre) et les 4 saisons. Devant, une grande esplanade en partie gazonnée où se déroulaient, jadis, les parades militaires.

🐾 Ceux qui ont beaucoup de temps devant eux poursuivront leur balade plus au nord, jusqu'au *lac du Cœur serein* (plan B2) et au **bastion Mang Cá** (plan B1).

Dans la ville moderne

🐾 *Sur la rive droite* (ou sud), le long de l'avenue Lê Lợi, quelques vestiges de la présence coloniale française : jolies villas, dont certaines restaurées. C'est le cas du *Art Museum Lê Bá Đảng* (voir ci-après). On peut voir aussi la maison de l'ex-résident supérieur de l'Annam, aujourd'hui l'un des édifices de l'hôtel chic *La Résidence*, et l'hôtel *Saigon Morin* (plan D3, **27** ; voir « Où dormir ? »). À 200 m au sud-ouest du pont Phú Xuân, au 10, Lê Lợi, le **collège Quốc Học** (plan C4). Ce fut l'une des 1res écoles françaises du pays (1896). Hồ Chí Minh (en 1908), le général Giáp, héros de Điện Biên Phủ, et l'ancien président du régime du Sud, Ngô Đình Diệm, y étudièrent.

🐾 *Art Museum Lê Bá Đảng* (plan C3-4) : *15, Lê Lợi.* ☎ *383-74-11.* • *lebadang. org* • *Tlj 7h30-11h30, 13h30-17h30. Entrée : 30 000 Dg ; réduc.* Dans ce bâtiment de style colonial bordant la rivière des Parfums est présentée l'œuvre de Lê Bá Đảng, artiste français d'origine vietnamienne, né à Quảng Trị en 1921 et décédé en 2015. Installé en France à partir de 1939, il a exposé dans le monde entier. Papiers gaufrés ou découpés, toiles immenses, superbes encres évoquant la guerre d'Indochine, suspensions, tapisseries, étonnantes sculptures en bois... L'univers particulier de Lê Bá Đảng, à la rencontre de l'Orient et de l'Occident, explore tous les mondes et les modes, ou presque. Ses toiles sont facilement identifiables au monogramme rouge représentant 3 personnages – lui, sa femme et son fils. Expos temporaires d'artistes contemporains également.

🐾 *Le musée de la Broderie* (*Bảo Tàng Nghệ Thuật Thêu XQ* ; plan C3, **71**) : *Lê Lợi (angle Phạm Hồng Thái). Tlj 8h-21h30. GRATUIT.* Grande galerie qui expose des tableaux de broderies de soie. Paysages, estampes, motifs floraux, animaux... c'est toujours très coloré, et d'une précision diabolique. Même si on n'adhère pas toujours au style, il faut reconnaître que le travail est à couper le souffle. On peut aussi observer des brodeuses à l'œuvre.

🐾 *Điềm Phùng Thị Art Museum* (plan C-D3) : *17, Lê Lợi (en face de l'hôtel Saigon Morin). Tlj 8h-11h30, 14h-17h30. Entrée : 30 000 Dg ; réduc.* Cette maison coloniale abrite les sculptures de Điềm Phùng Thị (1920-2002), une des plus grandes artistes vietnamiennes du XXe s. Née à Huế, elle a grandi dans une famille de mandarins cultivés. Son père fut l'architecte de l'empereur Khải Định. En 1946-1948, elle rejoint le maquis, puis s'installe à Paris et exerce le métier de dentiste. Lassée de façonner les dents de ses patients, Phùng Thị se lance corps et âme dans sa passion de toujours : la sculpture.

🐾 *Le musée Hồ Chí Minh* (plan C4) : *7, Lê Lợi.* ☎ *382-21-52. Tlj 7h-11h, 13h30-16h. Entrée : 10 000 Dg.* Ce grand bâtiment en béton renferme de très nombreuses photos concernant la vie de l'oncle Hồ et les guerres contre les Français et les Américains. Exposition exaltant le patriotisme, pour une belle cure de propagande.

À faire à Huế et dans les environs

Les environs de Huế se visitent facilement en solo ou en groupe, à vélo, en taxi ou via un tour organisé. Entre agences, simples revendeurs, excursions à prix négociés par les hôtels, l'offre est pléthorique. Comparez !

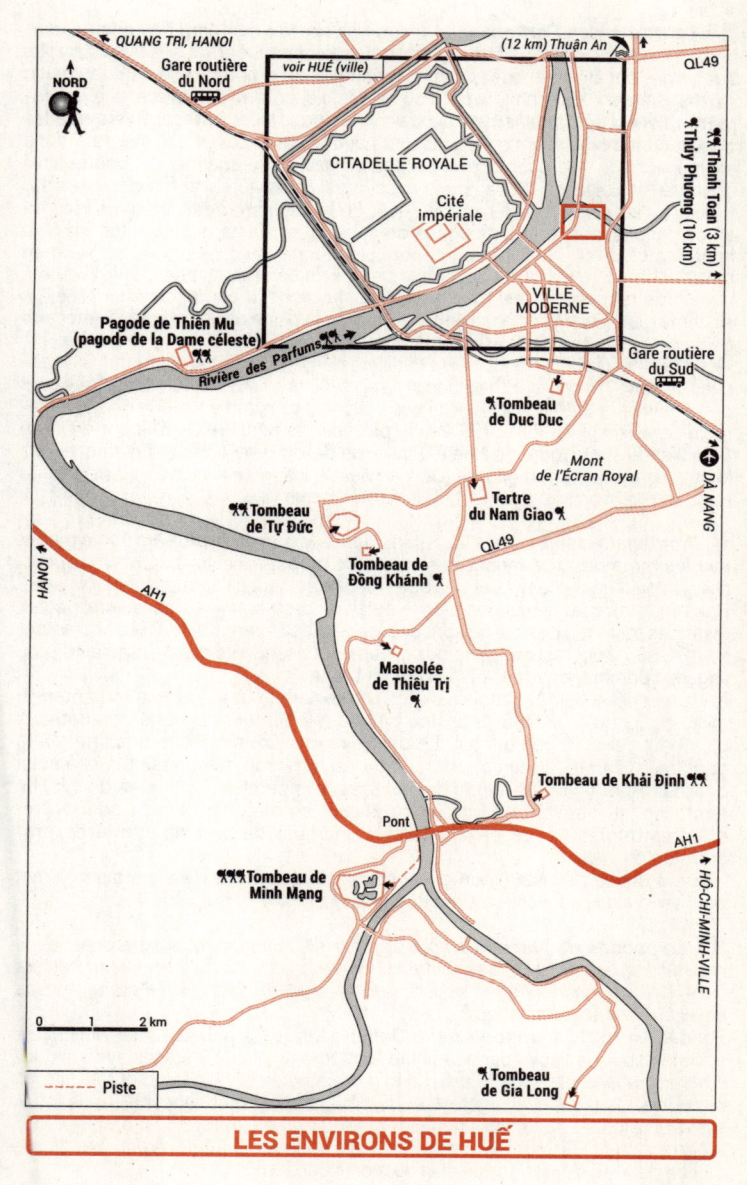

LES ENVIRONS DE HUẾ

- QUANG TRI, HANOI
- Gare routière du Nord
- voir HUÉ (ville)
- (12 km) Thuận An
- QL49
- NORD
- CITADELLE ROYALE
- Cité impériale
- Thanh Toan (3 km)
- Thủy Phương (10 km)
- VILLE MODERNE
- Pagode de Thiên Mu (pagode de la Dame céleste)
- Rivière des Parfums
- Gare routière du Sud
- Tombeau de Duc Duc
- Mont de l'Écran Royal
- Tombeau de Tự Đức
- Tertre du Nam Giao
- DA NANG
- Tombeau de Đồng Khánh
- QL49
- HANOI
- AH1
- Mausolée de Thiệu Trị
- LE CENTRE
- Tombeau de Khải Định
- Pont
- AH1
- HÔ-CH-MINH-VILLE
- Tombeau de Minh Mạng
- 0 1 2 km
- ----- Piste
- Tombeau de Gia Long

🎬🎬 **La rivière des Parfums** (Sông Hương) : elle tire son nom des nombreuses herbes médicinales (et parfumées) qui poussaient naguère sur ses rives. En ville, ses berges ont été aménagées en promenade arborée, notamment entre les ponts Trường Tiền et Phú Xuân *(plan C3)* où se déploie, côté ville nouvelle, une *passerelle* à fleur d'eau, prisée des jeunes mariés pour leurs photos. Reste que les odeurs sont moins envoûtantes aujourd'hui que par le passé... Mieux vaut donc s'éloigner de la ville pour trouver un peu de paix et de charme. On pourra ainsi observer des villages de sampans avec leurs petits autels et les offrandes sur le toit, à l'intention des génies de l'eau. En s'éloignant de Huế, on croise des embarcations lourdement chargées de sable. C'est l'une des activités les plus importantes du fleuve. Un homme robuste plonge dans l'eau avec un seau en métal accroché au bout d'une longue perche en bambou. La perche est reliée à une corde rattachée à une roue, laquelle est actionnée par la force humaine, un système rustique et simple qui permet d'alléger la tâche des plongeurs au moment de remonter le seau chargé de sable.

– **Les ponts :** 5 ponts franchissent la rivière des Parfums ; l'ancien pont Clemenceau *(Trường Tiền* aujourd'hui), construit en 1909 et à l'architecture Eiffel ; le « pont des Américains » *(Phú Xuân)*, celui des voitures, construit en 1968 ; puis le vénérable pont ferroviaire Eiffel *(Dã Viên)* ; plus loin, le pont *Bạch Hổ* (pont du Tigre Blanc) situé sur la route de Huế à la pagode de la Dame céleste. En amont, vers le sud, un grand pont moderne *(Dã Viên* aussi), inauguré en 2012, passe près du tombeau de Minh Mạng et permet de contourner la ville.

➤ **Promenades en bateau :** voici *sans doute le moyen le plus agréable d'aller voir les tombeaux.* Les agences et les hôtels proposent cette excursion à la journée. On peut également louer des bateaux directement à l'embarcadère *(plan D3)*. Dans tous les cas, demandez bien le détail du programme et faites-le respecter. Évitez les tours rapides qui ne vont pas au-delà de la pagode de Thiên Mụ (autour de 10 US$ par personne, dans des groupes conséquents allant jusqu'à 40 passagers) : dommage, on ne voit pas grand-chose.
Pour une belle balade, choisir plutôt une excursion à la journée (compter 6h en tout ; jusqu'à 45 US$ pour une balade à 2 personnes) dans des bateaux plus petits (1 à 15 personnes). Le parcours classique marque des arrêts à la pagode Thiên Mụ, au temple Hòn Chén, au tombeau de Minh Mạng et à celui de Khải Định. Voir plus loin (« Les tombeaux impériaux ») pour les détails. Le retour se fait souvent en bus (voire à vélo) en marquant l'arrêt pour visiter d'autres tombeaux. Le prix dépend du nombre de participants et du programme de visite.

– **Bon à savoir :** signalons un désagrément fréquent, les bateliers qui insistent pour vendre des souvenirs à bord du bateau...

🎬🎬 **La pagode de Thiên Mụ** (hors plan par A4) : *à env 4 km au sud-ouest de la ville, au bord de la rivière des Parfums. On s'y rend à vélo, en taxi ou en bateau. GRATUIT. La luminosité est superbe en fin d'ap-m, vers 16h. Parking à vélos payant à l'entrée de la pagode.*
Fondée en 1601, la **pagode de la Dame céleste,** la plus connue de Huế, se signale depuis le fleuve par une haute tour octogonale de 7 étages évoquant les 7 réincarnations de Bouddha. Celle-ci a été ajoutée en 1844, lorsque le site fut remodelé. Dans des oculi figurent les divers symboles du bonheur (fleur de lotus, svastika, etc.). À droite, sur une énorme tortue en pierre (symbole de longévité), stèle racontant l'histoire de la pagode. Joli travail de sculpture. À gauche, grosse cloche de 1710 dont la portée était au moins de 10 km.

– Long **portique** marquant l'entrée. 3 portes symbolisent les Bouddhas du passé, du présent et du futur. Elles sont flanquées par les inévitables génies du Bien et du Mal. Dans l'avant-cour, derrière, plusieurs généraux représentés de chaque côté. Leur visage évoquerait le caractère humain (rouge : la colère ; noir : la méchanceté ; jaune : la sagesse ; blanc : le flegme).

– **Temple** somme toute assez modeste, à la décoration plutôt sobre. On y voit un bouddha rigolard en bronze doré et, dans le sanctuaire, la classique statuaire : au milieu, le Sakyamuni, Bouddha qui symbolise le présent. Gros grelot en forme de carpe, symbolisant l'éveil permanent de l'esprit des bonzes (car la carpe ne dort jamais).
– Dans le *jardin,* nombreuses essences et fleurs. Très joli jardin de bonsaïs. Sur le côté gauche de la pagode, une étrange relique : une Austin bleue ayant appartenu à Thích Quảng Đức qui, en 1963, s'immola par le feu en plein Saigon pour protester contre le pouvoir dictatorial de Diệm. En 1975, après la défaite du Sud, certains moines bouddhistes furent envoyés dans des camps de rééducation et leurs biens furent confisqués. 12 bonzes de Huế se suicidèrent à la manière de leur prédécesseur, en signe de contestation. Aujourd'hui, une cinquantaine de moines vivent encore sur place.

LES TOMBEAUX IMPÉRIAUX

◎ « La vraie vie est ailleurs. » Cette phrase d'Arthur Rimbaud pourrait avoir été écrite pour cette vallée des Tombeaux, en amont de Huế. En effet, selon la philosophie bouddhique (influencée par le confucianisme et le taoïsme), la vraie vie est dans l'au-delà, et non dans notre brève existence terrestre. Selon les croyances des Vietnamiens, les morts continuent leur chemin dans l'éternité avec les mêmes besoins que les vivants : manger, dormir, travailler, s'amuser.

> **ÉGALITÉ DES CHANCES**
>
> *Les candidats aux concours mandarinaux, auxquels le temple de la Littérature rend hommage, ne pouvaient accéder au titre de mandarin qu'à la suite d'examens difficiles. Ces derniers étaient ouverts à tous, du plus pauvre au plus riche. Chacun avait ainsi sa chance. Une forme d'ascension sociale par le mérite et le travail, et non par l'argent et la naissance.*

Ainsi, à l'instar des empereurs chinois, les Fils du Ciel du Vietnam (la dynastie des Nguyễn en particulier) se firent construire de somptueux mausolées impériaux. Chaque tombeau impérial en tant que tel n'occupe qu'une petite partie d'un grand espace appelé « mausolée ». Il s'agit, plus précisément, d'une *résidence impériale à la campagne,* comptant parfois plusieurs hectares, voulue pour le bien-être des rois vietnamiens (un peu comme Versailles). Le plus colossal de tous est celui de Tự Đức, mais le plus charmant et le plus bucolique reste celui de Minh Mạng. À l'image des palais luxueux où les souverains vécurent de leur vivant, ces mausolées-résidences sont toujours bâtis dans un site conforme aux études des géomanciens. Autour s'étendent des paysages verdoyants, méticuleusement redessinés.

Architecture des mausolées

Les travaux étaient entrepris du vivant des rois, ce qui leur permettait de les superviser. Les mausolées présentent en général 4 ou 5 éléments architecturaux communs, mais chaque tombeau possède sa personnalité, sa façon propre de s'insérer dans le paysage. Aucune monotonie, aucune répétition, bien au contraire. Aussi, pensez à prévoir suffisamment de temps pour au moins visiter les sites de Minh Mạng, Tự Đức, Khải Định et, en prime, celui de Gia Long.
On trouve communément une vaste esplanade avec les statues des mandarins et leurs montures (éléphants et chevaux), le pavillon de la Stèle narrant la biographie du roi, le temple qui lui est dédié et, pour finir, l'enclos du tombeau proprement dit. Ces édifices peuvent être construits sur le même axe (Minh Mạng et Khải Định) ou sur 2 axes différents (Gia Long, Tự Đức, Thiệu Trị). Ils sont agrémentés de nombreuses pièces d'eau, de riches essences d'arbres et de beaux bâtiments annexes.

Cette *mégalomanie funéraire* s'étendit à nombre de princes et mandarins, et il fallut réglementer sérieusement la construction des tombeaux, sous peine de voir toute la richesse et les énergies du pays dilapidées (et puis, qu'est-ce que c'étaient que ces prétentieux, prétendant rivaliser avec leurs maîtres ?). Ainsi, princes, princesses et mandarins de haut rang se virent imposer un périmètre maximum de 250 m (celui-ci décroissant, bien entendu, suivant l'importance sociale de chacun).

Visite des mausolées (et des tombeaux)

Tlj 7h-17h l'hiver et 6h30-17h30 l'été. Compter une bonne journée pour voir le minimum. Conseil vestimentaire : sans être formellement interdits, les shorts, minijupes et débardeurs sont plutôt inconvenants sur les sites des tombeaux.

– *Avec une agence :* toutes les agences et les hôtels de Huê proposent des forfaits à la journée. Cette formule, la plus répandue, inclut le bateau, le retour en bus (ou à vélo), le guide, le déjeuner et souvent aussi la visite d'une fabrique de chapeaux coniques. Les prix démarrent à environ 10 US$ par personne avec la visite de 3 tombeaux (billets d'entrée en supplément, tarif non négligeable !). Certains forfaits incluent les billets d'entrée : compter alors dans les 25-30 US$ par personne pour 3 tombeaux (environ 35-40 US$ pour 5 tombeaux). En général, les bateaux quittent Huê à 8h, où l'on revient vers 16h30.

DES TRÉSORS CACHÉS

Enterrés avec leur trésor, les empereurs ont eu la sage précaution de garder secret l'emplacement précis de leurs sépultures. Les (nombreux) pilleurs de tombes en furent pour leurs frais !

– *En individuel :* plusieurs solutions. Si vous avez les moyens mais peu de temps, optez pour le *taxi*, voire une *voiture de location avec chauffeur* auprès d'une agence. Pour 30-35 US$, vous devriez pouvoir vous faire conduire aux tombeaux de Minh Mạng, Tự Đức, Khải Định et retour. Le véhicule attend au pied de chaque site, sans supplément. Si vous avez un bon sens de l'orientation et l'habitude des routes au Vietnam, partez à *moto de location* (bien lire nos avertissements sur la location de moto dans la rubrique « Vietnam utile » en début de guide) ou encore mieux *à vélo* (privilégiez un VTT à 7 US$/j. doté de vitesses, plus pratique dans les montées que les vélos de ville à 30 000 Dg/j. qui n'en sont pas équipés). Tự Đức se trouve facilement, Khải Định et Minh Mạng un peu moins (peu de panneaux). Dernière option, le *bateau* (voir descriptif et tarifs plus haut).
– *Conseil :* éviter les forfaits comprenant la visite de 7 tombeaux plus la cité impériale, en 1 journée, c'est pure folie !

🛇 *Le tertre du Nam Giao :* à 2 km de la ville. GRATUIT. Comme les empereurs chinois, les souverains vietnamiens venaient discuter avec leur père céleste. Après avoir passé une nuit dans le palais de l'Abstinence, ils venaient prier le ciel et lui faire une offrande en sacrifiant un buffle. Cette esplanade « du Sacrifice au Ciel et à la Terre » a été aménagée en 1802 par Gia Long. Elle est composée de 3 terrasses : 2 de forme carrée représentant la Terre, et une de forme arrondie symbolisant le Ciel.

🛇🛇 *Le tombeau de Tự Đức (palais de la Modestie) :* à 2 km du débarcadère de la rivière des Parfums (1h de navigation) et à 7 km au sud-ouest de Huê. On y accède aisément par la route ; prendre l'av. Điện Biên Phủ puis Ngô Cát. Entrée : 150 000 Dg.
– *Historique :* Tự Đức eut le plus long règne (de 1848 à 1883), à une époque charnière, puisqu'il connut les étapes cruciales de la colonisation française (prises de Tourane et de Saigon en 1859, et de Hanoi en 1873 et 1883). Son règne fut sanglant puisqu'il n'hésita pas à renverser son frère, puis à le faire trucider avec toute sa famille en 1848. Les chrétiens, accusés d'avoir participé à la révolte, furent cruellement persécutés.

HUÉ / LES TOMBEAUX IMPÉRIAUX | 287

En 3 ans (1864-1867), des sommes faramineuses furent englouties dans la construction du tombeau (au moins 3 000 personnes y œuvraient). Les conditions de travail sur le chantier provoquèrent de violentes révoltes de la part des officiers, des soldats et des ouvriers, et elles furent durement réprimées. En 1866 eut lieu la révolte des « pilonniers », appelée ainsi car les pilons qu'utilisaient les manœuvres pour malaxer les enduits avec la chaux se muèrent en armes. Ses instigateurs étaient des lettrés de Huế, fondateurs du « Cercle des amoureux de l'alcool et de la poésie » (s'ils avaient vécu ici, Baudelaire et Verlaine les auraient probablement soutenus...). Tự Đức était peut-être frustré de ne pas avoir d'enfants. Malgré plus de 100 épouses et concubines, il n'avait pas l'ombre du quart du tiers d'un héritier. Victime, semble-t-il, des oreillons, maladie qui le laissa stérile, eh oui ! En tout cas, de son vivant, Tự Đức put jouir pleinement de l'édification de son tombeau.

– **Architecture :** ce tombeau est construit sur 2 axes. Sur le 1er, le parc, le palais, les temples et les édifices de loisirs ; sur l'autre, le tombeau proprement dit. Le *parc* est parsemé de belles essences : frangipanier, jaquier, longanier, litchi, etc., autour d'un lac artificiel couvert de nénuphars.

– Depuis la *porte d'entrée*, on longe le *lac Lưu Khiêm* pour accéder, à gauche, à un escalier imposant qui mène au **palais de la Modestie** (Hòa Khiêm Cung). Le 1er bâtiment, qui servait de bureau à Tự Đức, fut transformé en temple après sa mort. À l'arrière, une petite cour est flanquée, à droite, du *théâtre impérial* tout en bois. C'est le plus ancien du Vietnam. Les concubines y donnaient des spectacles à l'intention de l'empereur. Au fond,

> ### DOUTEUSE ÉTERNITÉ
>
> *D'abord nommé palais de l'Éternité, il semble que le palais de la Modestie ait pris son nom suite à de violentes critiques de la part des intellectuels de la Cour. Ces quelques vers d'un poète en disent long sur le peu de considération que l'empereur Tự Đức inspirait à ses contemporains :* « *Ses murs sont construits d'os de soldats... ses fossés sont remplis du sang du peuple.* »

les appartements royaux sont devenus temple consacré à la reine mère après sa mort. Dommage pour l'impératrice si sa belle-mère lui cassait les pieds...

– En redescendant du palais de la Modestie, vue superbe sur le lac *Lưu Khiêm*, son îlot artificiel et le joli **pavillon de pêche et des banquets** (Xung Khiêm), sur pilotis. Très belle charpente en bois sculpté. Tự Đức adorait y déclamer des poèmes de sa composition. Il en aurait écrit 1 600, mais peu sont passés à la postérité.

– En descendant les marches du palais de la Modestie, prendre à gauche pour arriver au **tombeau** lui-même. Il comprend les 4 éléments architecturaux classiques sur le modèle des nécropoles des empereurs Ming. 3 escaliers permettent d'accéder à la 1re esplanade : celui du milieu pour l'empereur, les 2 autres pour les mandarins civils et militaires. Traditionnelle cour d'honneur avec 2 rangées de statues de mandarins et leurs montures, chevaux et éléphants. Les statues sont petites. Le roi, dit-on, n'était pas très grand (1,45 m) et n'aurait pas supporté des statues qui accentuent son handicap !

Au-dessus, un pavillon protège la **stèle de la Modestie** (Nhà Bia) en marbre vantant les mérites du souverain (4 935 idéogrammes chinois gravés sur les 2 faces). Elle pèse 20 t et a été tirée par des éléphants sur une distance de 500 km ! C'est l'empereur en personne qui aurait écrit le texte. Il a donné là une sorte d'autobiographie critique où il confesse ses fautes et avoue les difficultés qu'il a connues pendant son règne (révoltes intérieures, pressions extérieures, pénétration de l'armée française, santé fragile).

Enfin, on accède à l'arche en terre cuite vernissée et aux portes de bronze protégeant le tombeau proprement dit. Paravent traditionnel pour que les mauvais esprits s'y cognent. Au milieu, le symbole du bonheur. Le tombeau se révèle d'une étonnante sobriété, eu égard tout le reste. Devant, un autel ciselé. En fait, les restes du souverain ne seraient pas en dessous, mais dans les environs, sous la pinède. Tự Đức s'est fait enterrer par un groupe de sourds-muets venus des montagnes reculées de l'Annam, puis, une fois la besogne funèbre accomplie, ceux-ci furent renvoyés dans leur lointain village avec interdiction de revenir à Huế. À moins que ces braves fossoyeurs ne fussent tués pour qu'ils n'en révèlent pas l'emplacement (mais qui liquida les soldats qui les liquidèrent?).

🛐 À environ 2 km du mausolée de Tự Đức, dans un beau paysage, la **pagode de Từ Hiếu** était naguère dédiée aux eunuques impériaux. L'intérieur est aussi joli que celui de la pagode de la Dame céleste.

🛐 *Le tombeau de Đồng Khánh : situé à 800 m après le tombeau de Tự Đức. Entrée : 40 000 Dg.*
Đồng Khánh (1885-1889) était le neveu et le fils adoptif de Tự Đức. Couronné empereur le 20 septembre 1885, à l'âge de 23 ans, il fut un souverain contesté. Sous son règne, les lettrés se révoltèrent, et le territoire du Vietnam fut grignoté par les Français, au mépris du traité de protectorat de juin 1884. Đồng Khánh n'arriva pas à se défendre convenablement face aux menées expansionnistes françaises, et mourut du paludisme à 27 ans.
Son tombeau est le dernier de type classique édifié à Huế. Construit en 1889, juste après le couronnement de son successeur (Thành Thái), il n'a été achevé que sous Khải Định, c'est-à-dire entre 1916 et 1925.

🛐 *Le mausolée de Thiệu Trị : à env 7 km de Huế. Entrée : 40 000 Dg.* L'empereur Thiệu Trị (1841-1847) était le fils aîné de Minh Mạng et le père de Tự Đức. Il eut 64 enfants, ce qui est raisonnable au regard du nombre de ses concubines. Sous son règne, le Vietnam atteignit sa plus grande extension, car le Cambodge lui céda la Cochinchine en 1846.

🛐🛐 *Le tombeau de Khải Định (père officiel de Bảo Đại) : à 2,5 km du débarcadère de la rivière des Parfums et à 12 km de Huế. Entrée : 150 000 Dg.*
Très différent des tombeaux précédents, le tombeau de Khải Định est le dernier à avoir été construit. Il rompt avec le style des autres. Ici, nul parc paysager, mais une construction par paliers sur une colline. Le béton fut largement utilisé. Pétri de culture européenne, l'avant-dernier empereur mélangea allègrement les influences artistiques. Ce qui a donné, dans son genre, un chef-d'œuvre de l'art kitsch.
Le tombeau fut édifié de 1920 à 1931 ; Khải Định ne le vit donc pas achevé, puisqu'il mourut en 1925, à l'âge de 40 ans. Mégalo, à l'image du tombeau lui-même, il augmenta de 30 % les impôts de son pays pour financer la construction ! Inutile de dire que le peuple ne le portait pas dans son cœur. Véritable marionnette entre les mains des Français, il se distinguait, en outre, par son sens de la frime et de l'ostentation : bagues à chaque doigt et tenues vestimentaires extravagantes.

– *Cour d'honneur (1ᵉʳ niveau) :* s'y dressent les traditionnelles statues de mandarins, les chevaux, les éléphants et une rangée de guerriers en prime. Le *pavillon de la Stèle*, de forme octogonale, est des plus original avec ses colonnes torses où s'enroulent des dragons et des bas-reliefs semés de chauves-souris... Les ardoises du toit viennent d'Angers. Le texte de la stèle aurait été écrit par Bảo Đại (fils de Khải Định). Dominant l'ensemble, 2 obélisques grandiloquents. Noter le dragon de l'escalier. Il semble « parler » devant une boule de jade. Métaphore aisée : le jade est précieux, la parole l'est également.

– *Sur la dernière terrasse*, à 127 marches de la base, le *tombeau* du monarque et son temple, adossés à la colline. Vu le côté kitsch et exubérant de la façade, on pourrait croire que l'architecte connaissait le facteur Cheval. Piliers de style baroque, pilastres cannelés néoclassiques, sculpture du fronton foisonnante, clochettes pour chasser les mauvais esprits. À droite, sous la fenêtre, les objets familiers du roi sont représentés dans un cartouche : brûle-parfum, miroir, plume, théière, etc. De la terrasse se révèle un paysage qui semble quasiment créé par un géomancien. Les collines dessinent un dragon à gauche et, à droite, un tigre aplati semble boire dans une mare. Très harmonieux.

HUÉ / LES TOMBEAUX IMPÉRIAUX | 289

– *L'intérieur :* extraordinaire décor, étalage sublime de richesse polychrome. Décor de mosaïque en relief à base de morceaux d'assiettes et de bols, de tessons de bouteilles, etc. On raconte que les artistes cassèrent des pièces de grande valeur.
– *La salle du tombeau :* là, c'est du délire ! Festival de mosaïques. Statue en bronze grandeur nature de l'empereur coulée à Marseille et offerte par la France (bien avant le trône de Bokassa, donc !). Derrière, le soleil couchant qui symboliserait la disparition du souverain. Baldaquin en béton... de 1 t. Sur le pourtour, couronnes mortuaires en métal, hommage des autorités françaises. Finalement, le seul tombeau pour lequel on a la certitude que le corps est bel et bien à l'intérieur !
– *Dans la salle latérale :* objets personnels de l'empereur, dont des pièces de porcelaine de Limoges, une pendule d'inspiration Premier Empire (français) offerte par le gouverneur général français, une urne de la manufacture de Sèvres...

᛫᛫᛫ Le tombeau de Minh Mạng : situé rive ouest, à une dizaine de km au sud-ouest de Huế, au confluent de la rivière avec d'autres petits affluents. On peut y accéder par la rivière des Parfums, après la visite de la pagode de Thiên Mụ. Entrée : 150 000 Dg.

Minh Mạng, 4ᵉ fils de Gia Long et 2ᵉ roi de la dynastie Nguyễn, régna de 1820 à 1840. Il dessina lui-même les plans de son tombeau, mais mourut avant le début des travaux (1840-1843). C'est ainsi le seul tombeau à avoir été édifié après la mort d'un souverain. N'ayant eu (façon de parler) qu'une trentaine de femmes, 300 concubines (dit-on) et 142 enfants, peut-être Minh Mạng se trouva-t-il prématurément usé ? Construit sur un même axe de 700 m de long, l'ensemble des constructions occupe 28 ha délimités par une ellipse de 1 750 m. Le tout entouré de douces collines. C'est un modèle d'harmonie avec la nature ; d'immenses pièces d'eau creusées par l'homme l'environnent superbement.

– *Le portique d'entrée à 3 portes :* sur l'esplanade, selon un modèle commun à tous les tombeaux, statues des mandarins civils et militaires, éléphant et cheval. Au milieu, le pavillon de la Stèle. Rampes de dragons le long de l'escalier. Le texte gravé en chinois sur marbre noir fut composé par Thiệu Trị. Ensuite, 3 niveaux pour atteindre l'édifice suivant. À propos, noter la grande hauteur des marches (qu'on retrouve en maints édifices impériaux), pour que les visiteurs aient le temps de réfléchir à ce qu'ils allaient dire au roi !
– *La porte de la Vertu éclairée :* superbe, en bois peint de rouge et de jaune. Elle donne accès à la 2ᵉ esplanade d'honneur. Elle est surmontée d'un balcon pour que le roi puisse admirer le paysage. À droite, le temple du culte des mandarins civils, à gauche celui des mandarins militaires.
– *Le temple du Culte du roi (temple de la Grâce immense ; Sùng Ân) :* sur le toit, frise de peintures émaillées d'origine. Charpente en laque rouge superbement restaurée, avec piliers peints de dragons couverts d'or. Derrière le temple, petite cour (de part et d'autre, le logement des eunuques et des concubines) précédant une remarquable perspective dans l'encadrement de la porte. 3 ponts franchissent le *lac de la Pure Clarté*. Au milieu, le Trung Đạo (réservé à l'empereur) et, de part et d'autre, ceux réservés aux mandarins.
– *Le pavillon de la Lumière (Minh Lâu) :* par 2 étroites terrasses, accès au pavillon de détente de l'empereur. De là, dans la brise fraîche, il aurait pu également jouir de la beauté du paysage ou méditer sur le dur métier d'empereur (s'il l'avait construit avant sa mort, bien sûr !). Les 2 grands obélisques derrière le pavillon symbolisent la puissance du monarque. Il devait l'être sacrément !
– *Le pont de l'Intelligence :* franchissant le « lac de la Nouvelle Lune », il sépare le monde des vivants de celui des morts. À l'entrée, un portique de bronze. Tout au fond, derrière l'enceinte circulaire sacrée, le tombeau, qui se trouve sur une sorte de butte verdoyante (inaccessible aux visiteurs).

LE CENTRE

🏃 *Le tombeau de Gia Long :* *à 15 km au sud de Huế. On y accède plutôt par la route, car le bateau ne prend pas moins de 4h (aller simple !). Entrée : 40 000 Dg.* Voici la nécropole la plus lointaine (à 15 km de Huế), la plus vaste et aussi la moins visitée. Bien que le site ait beaucoup souffert de la guerre américaine (c'était une cachette des combattants vietcong), le cadre est resté sauvage à souhait. Beaucoup de collines, de pinèdes et d'étangs s'étendent aux alentours sur près de 3 000 ha. Situé sur une hauteur appelée la montagne Blanche *(Bạch Sơn)*, le mausolée de Gia Long fut construit en 6 ans, de 1814 à 1820.

> **VIVE LA MONOGAMIE !**
>
> *Les souverains vietnamiens avaient des privilèges énormes. Parmi ceux-ci, le droit d'avoir autant de concubines qu'ils le souhaitaient. Le record est détenu par Minh Mạng, qui en eut 300 ! L'empereur Gia Long eut seulement 50 concubines et 31 enfants. Heureux, certes, mais sans cesse préoccupé par ses ribambelles de femmes. Il déclara un jour : « Il est plus facile de gouverner ce pays que de gouverner mon harem. »*

Né à Huế en 1759, Gia Long est considéré comme le fondateur de la dynastie des Nguyễn.
Son tombeau offre une disposition différente du tombeau de Minh Mạng. Ici, le pavillon de la Stèle et celui du Culte (pas plus grand que celui de Thiệu Trị) sont situés sur un axe transversal. Après avoir gravi 6 petites terrasses, on arrive devant les 2 portes de bronze du mausolée. Là se trouvent les tombeaux de Gia Long et de sa 1re épouse. Sa 2e épouse est enterrée sur une autre colline, parmi les buissons et les pins. Sa mère est enterrée un peu plus loin encore, sur une autre colline.

DANS LA CAMPAGNE DANS LES ENVIRONS DE HUẾ
(dans un rayon de 15 km)

🏃 *Le pont couvert de Thanh Toàn :* *à 8 km à l'est de Huế. Prendre la rue Tố Hữu (hors plan par D4, 2 x 2 voies) sur 3 km, jusqu'à la route de contournement (QL49) que l'on prend à droite. À 500 m, au niveau de l'immense panneau publicitaire « HUONG THUY », prendre la petite route à gauche, qui traverse les grandes rizières. 800 m plus loin prendre à gauche à la fourche (petit panneau « Thanh Toàn »).* On arrive à ce hameau dont la principale curiosité, outre un petit bout de marché typique chaque matin, est ce pont couvert ancien. Très beau et très rare (construit en 1779), il enjambe une petite rivière. Un lieu bucolique à souhait. À côté, *musée agricole des Traditions populaires* (*tlj 7h30-17h30 ; entrée : 20 000 Dg*) abritant des objets et des instruments quotidiens de la vie des riziculteurs (casiers à poisson, noria, charrues, paniers, épouvantails à oiseaux, moulins à farine...).

🏃 *Le cimetière historique des Français de Huế :* *à Thuỷ Phương, à 15 km env au sud-ouest de Huế sur la route qui mène à Đà Nẵng. Infos à l'hôtel Saigon Morin, qui fournit un plan d'accès.* Transféré en 2006 au pied de la cordillère annamitique, le cimetière historique de Huế a été restauré grâce à l'Association des amis du Vieux Huế, qui a rendu les épitaphes lisibles. Parmi les 343 tombes de civils et de militaires (depuis le XIXe s jusqu'en 1954), on trouve celle de Wladimir Morin, fondateur de l'hôtel *Morin*.

🏃 *La plage de Thuận An :* *à une quinzaine de km au nord de Huế, dans l'estuaire de la rivière des Parfums.* Très belle plage, propre et calme, bordée de gargotes avec des abris antisoleil. Vu l'éloignement et la faible desserte en transports, autant prévoir d'y dormir. C'est ici que, en août 1883,

EXCURSION JUSQU'À L'ANCIENNE ZONE DÉMILITARISÉE | 291

le contre-amiral Courbet fit débarquer le corps expéditionnaire français. À la suite de cette attaque, l'empereur d'Annam signa à Huế le traité de protectorat.

🏠 🍽 ***Beach Bar Huế Hotel et Villa Louise :*** *sur la plage de Thuận An.* 📞 *09-47-26-11-55 (langue vietnamienne) ou 09-17-67-36-56 (anglais ou français).* • *beachbarhue.com* • *À 25 mn à moto-taxi (env 100 000 Dg) du centre de Huế. Également une navette de minibus (220 000 Dg/pers). Lit en dortoir 10-11 US$, doubles 19-35 US$. À la Villa Louise, doubles 95-170 US$.* Ensemble exceptionnel sur une très belle plage aménagée, et dans de beaux jardins réalisés par un grand hôtelier-restaurateur bourguignon. D'un côté, le *Beach Bar Huế* abrite un excellent restaurant sous paillote (avec service sur la plage), des maisonnettes avec des dortoirs ou des chambres privatives. Plus loin, un hôtel 4 étoiles, la *Villa Louise* avec de belles chambres, de grandes villas avec mur en pisé (pour 4 personnes) et 3 piscines (dont une dans le lobby de l'hôtel et une autre dans une cour intérieure).

EXCURSION JUSQU'À L'ANCIENNE ZONE DÉMILITARISÉE (LA DMZ)

Définie par les accords de Genève de 1954 qui mirent fin à la guerre d'Indochine, la zone démilitarisée (DMZ) s'étendait sur 5 km de part et d'autre du **17ᵉ parallèle**, qui marquait la frontière entre le Nord-Vietnam communiste et le Sud-Vietnam proaméricain, à une centaine de kilomètres au nord de Huế. Ligne de démarcation entre 2 États qui allaient se livrer une guerre terrible jusqu'en 1975, la DMZ fut une zone de tension éminemment stratégique, copieusement bombardée et minée par l'armée américaine.

Hôtels et agences de Huế en proposent aujourd'hui des visites guidées en minibus sur 1 journée *(compter env 450 000 Dg/pers en passant par une agence, c'est moins cher que par les hôtels)*. Les départs se font vers 6h, le retour à Huế entre 16h et 18h. L'excursion couvre à peu près 360 km, avec arrêts principaux aux tunnels de Vĩnh Mốc et au site de la bataille de Khe Sanh (lire plus loin), les 2 sites les plus intéressants du circuit. Ceux qui voudraient visiter la zone par leurs propres moyens, à moto par exemple, peuvent envisager de passer une nuit en route. À Đông Hà, notamment, qui compte plusieurs petits hôtels très sommaires et pas chers.

■ ***Agence DMZ Travel :*** *1, Phạm Ngũ Lão.* ☎ *382-68-31.* • *dmz.com.vn* Spécialisée dans les *DMZ Tour*, cette agence sérieuse et dynamique est située dans le centre de Huế, à côté du *DMZ Bar*.

➤ Sur la route n° 1, on peut visiter le **musée de Quảng Trị**, qui célèbre le siège et la bataille de 1972 au cours de laquelle la citadelle et la ville furent entièrement détruites, sauf une école toujours debout. On passe par la ville de Đông Hà qui a peu d'intérêt (longue route bruyante), puis par le **vieux pont-passerelle Hiền Lương**, bâti par les Français, seul pont, jusqu'à la réunification, à franchir la rivière *Bến Hải*, qui marquait la frontière entre nord et sud de 1954 à 1975. De

À CHACUN SA COULEUR

L'étroit pont franchissant la rivière qui matérialisait la frontière entre les 2 Vietnam était divisé en 2 parties rigoureusement égales (89 m), l'une sous l'autorité du Nord, l'autre sous celle du Sud. Pour se différencier du Nord, le régime du Sud faisait régulièrement repeindre sa section de pont en une nouvelle couleur. Le Nord s'empressait alors de la reproduire sur son côté, pour symboliser l'unité du pays et sa réunification prochaine.

part et d'autre de la rivière, de gigantesques haut-parleurs hurlaient en continu leur propagande vers la rive d'en face. On en voit les reliques devant le petit musée attenant au pont côté nord *(entrée : 50 000 Dg).* Y sont exposées des photos des accords de Genève et de la vie quotidienne et des combats dans la zone durant la guerre contre les Américains. Également des mines et munitions retrouvées dans les champs alentour, cause de nombreuses mutilations jusqu'à aujourd'hui.
La route pour les tunnels de Vĩnh Mốc, distants d'une douzaine de kilomètres, se prend après la rivière sur la droite. Il faut y aller avec un guide vietnamien (pas d'indications).

🚶🚶 *Les tunnels de Vĩnh Mốc (Địa đạo Vĩnh Mốc) :* *tlj, jusqu'à 17h. Entrée : 50 000 Dg. Penser à prendre une lampe de poche (ou celle de son smartphone).*
À 41 km au nord de Đông Hà, perché sur une petite falaise rocheuse en surplomb de la mer de l'Est (malheureux, n'allez pas la nommer mer de Chine devant un Vietnamien !), le village de Vĩnh Mốc est situé exactement sur le fameux 17e parallèle, côté nord. Il joua un rôle essentiel pendant la guerre. Les combattants et les soldats du Nord-Vietnam y entreposaient des armes, des munitions et du ravitaillement destinés aux soldats infiltrés sur l'île de Cồn Cỏ, à une trentaine de kilomètres au large des côtes. Ils les transportaient à la rame et de nuit jusqu'à ce lieu stratégique, d'où elles étaient ensuite acheminées vers les maquisards vietcong, au sud.
À partir de 1965, après avoir évacué les enfants et les vieillards, les habitants de Vĩnh Mốc creusèrent à la main, dans la terre et la roche, un réseau souterrain, soit plusieurs kilomètres de galeries réparties sur 3 niveaux, par 12, 15 et 23 m de profondeur. Pour assurer l'aération et l'acheminement des armes, le réseau comptait une douzaine d'entrées, moitié côté colline, moitié côté plage. ***360 villageois y vécurent 6 ans durant dans de terribles conditions.***
On visite ces galeries accompagné d'un guide et muni d'une lampe électrique. Les plus grands et les moins sportifs en ressortiront avec quelques courbatures, mais rien de comparable avec les galeries de Củ Chi, dans les environs de Hồ Chí Minh-Ville, où l'on se sent vite oppressé. Sur le site, un modeste musée expose également des photos d'époque et un plan en coupe des tunnels.
On y voit des cavités creusées dans la roche servant de campement aux familles, des abris cuisine, des abris infirmerie, des trous servant à entreposer la nourriture et l'eau. Les hommes ne sortaient de cette gigantesque taupinière souterraine (où même les taupes se perdraient) que quelques heures par jour pour vaquer au travail des champs... Il y eut même une quinzaine de naissances.
Ayant découvert le réseau mais ne pouvant y envoyer des troupes (Vĩnh Mốc était situé dans l'État du Nord-Vietnam, dont l'indépendance était garantie par les accords de Genève), l'armée américaine se lança dans une campagne de bombardements sans répit de la région, jusqu'aux accords de Paris en 1972 qui mirent un terme aux bombardements aériens au Vietnam. Le site des tunnels est d'ailleurs constellé de cratères d'obus.

➢ Sur la route n° 9, très bombardée aussi pendant la guerre du Vietnam (contre les Américains), on découvre le *pont Dakrong,* la *piste Hồ Chí Minh,* un village habité par une minorité (les Bru), et surtout le site de la bataille de Khe Sanh.

🚶 *Le site de la bataille de Khe Sanh :* *à env 70 km à l'ouest de Đông Hà et à 140 km de Huế. Suivre la route n° 9 (bitumée, en bon état) en direction de Lao Bảo (frontière avec le Laos) puis, au centre du village de Khe Sanh, prendre un chemin de terre rouge (mal indiqué) sur la droite.*
Des grandes batailles décisives de la guerre du Vietnam, 3 se distinguent : Khe Sanh en 1968, Quảng Trị en 1972, Ban Mê Thuột en 1975. Certains historiens ont comparé l'enfer de Khe Sanh à celui de Điện Biên Phủ (1954) ou de Verdun (1916). De la base américaine de Khe Sanh, il ne reste rien ou presque. Tout a été démonté, détruit, vendu ou recyclé. Même la piste d'atterrissage de l'aéroport de Tà Cơn (où 300 avions bombardiers décollaient quotidiennement) a disparu sous

les caféiers d'une grande plantation. Le paysage montagneux, amphithéâtre de collines boisées, n'a en revanche pas changé : c'est derrière ces monts que se cachaient les soldats nord-vietnamiens.

Comptant en moyenne 10 000 *marines* stationnés là, Khe Sanh était l'un des maillons de la **ligne McNamara,** un ensemble défensif fait de pièges, de barbelés et de mines supposés empêcher la pénétration nord-vietnamienne au sud du 17e parallèle. Sauf que les Nord-Vietnamiens contournèrent cette ligne (une stratégie qui rappelle celle de la ligne Maginot...).

La bataille de Khe Sanh dura 77 jours, de janvier à avril 1968. 1 semaine avant l'offensive du Têt (qui fut une victoire psychologique pour le Nord mais une défaite sur le terrain), les Nord-Vietnamiens lancèrent l'assaut sur la base. Sans aviation, presque sans chars, seulement grâce à la stratégie et la pugnacité de leurs combattants, ils affrontèrent les soldats américains. Les bombardements et les combats au sol furent acharnés. Un « enfer » selon le journaliste Michael Herr, le correspondant américain qui a le mieux « couvert » la bataille, dont il raconte l'horreur dans son livre *Putain de mort*. L'armée américaine lamina les troupes vietnamiennes à l'aide des bombardiers B52, avant de finir par se retirer du site, laissant derrière elle des centaines de morts (des milliers côté vietnamien). Au final, la bataille ne fut ni une défaite ni une victoire pour les États-Unis.

Aujourd'hui, difficile d'imaginer dans un si beau paysage le vacarme de la guerre ! Restent quelques carcasses de bombes rouillées, et 2 hélicoptères (un Chinook, le plus gros, et un Huey, le plus petit), exposés comme des trophées dans le jardin autour du *musée (tlj 6h-18h ; entrée : 25 000 Dg)*. Photos, documents, témoignages, objets relatifs à la bataille, avec des explications en vietnamien et en anglais.

LA ROUTE DE HUÉ À ĐÀ NẴNG

⮜ Environ 108 km d'une belle route. Pour admirer le paysage, emprunter la vieille route nationale qui suit la côte jusqu'à Lăng Cô. Là, les plus pressés emprunteront le tunnel, ce que font tous les bus. Les autres, sous réserve d'être véhiculés, continuent la route sinueuse qui grimpe à l'assaut de la montagne, en offrant de remarquables points de vue sur l'immense baie de Đà Nẵng entrecoupée de promontoires, via le célèbre **col des Nuages** (Hải Vân en vietnamien). À environ 25 km au nord de Đà Nẵng, ce bien nommé site naturel marque une sorte de frontière climatique entre le Nord et le Sud. Il surplombe la mer de près de 500 m, que l'on aperçoit lorsque les nuages partent en vacances. Quelques vestiges de fortins chinois, français et américains.

LĂNG CÔ

En venant du nord, depuis Huế, on marque volontiers ici une halte, voire une gentille petite étape au village de pêcheurs de Lăng Cô, étalé dans une plaine littorale bordée par une longue plage de sable fin (malheureusement pas toujours impeccable). Sa petite église apparaît au milieu des cocotiers tandis que les grands carrelets se mirent dans l'eau d'une très belle lagune, sur fond de montagnes embrumées. Noter les traditionnelles petites barques rondes (barques-paniers). Les amateurs de fruits de mer adoreront : la lagune est un haut lieu de la conchyliculture. Et les amatrices de parures apprécieront de savoir qu'on y cultive des huîtres perlières : les perles sont moins chères mais de moins bonne réputation que celles du sud du Vietnam. Localement, on vous parlera avec malice « d'huîtres Michelin », car des pneus immergés servent d'ancrage aux coquillages...

➢ **Pour s'y rendre :** en voiture par la route AH1 (85 km depuis Huế et 50 km depuis Đà Nẵng). En bus, accès possible par les bus reliant Huế à Đà Nẵng (se reporter aux rubriques « Arriver – Quitter » de ces villes). En train, gare de Lăng Cô située à 2-3 km au sud du village proprement dit (là où nous indiquons quelques adresses) ; les trains *TN1* ou *SE22* (depuis Đà Nẵng) et *TN2* ou *SE21* (depuis Huế) y marquent l'arrêt.

Où dormir ? Où manger ?

Les hôtels bon marché de ce village sont réputés pour des arrêts au stand de chauffeurs routiers... le temps d'une rencontre. On n'insistera pas pour vous y envoyer ! Les autres hébergements sont plutôt destinés à une clientèle de touristes vietnamiens.

▄ **Lăng Cô Beach Resort :** *463, Lạc Long Quân (côté plage).* ☎ *387-35-55.* ● *langcobeachresort.com.vn* ● *Ne pas confondre avec le Lăng Cô Resort, qui est moins bien. Doubles 60-120 US$ selon taille et emplacement.* Dans un immense parc planté d'essences variées, 2 catégories de bâtiments : des pavillons avec chambres jumelles, ou de longues constructions de plain-pied dans lesquelles s'alignent des chambres plus vastes, précédées d'une terrasse commune. Dans les 2 cas, mobilier d'inspiration coloniale. Les plus chères sont séparées de la mer par une simple rangée de tamaris. Côté plage, justement, c'est transats et parasol. Et si les vagues vous rebutent, l'établissement possède une immense piscine.

▄ 2 autres hôtels à prix moyens, sans fard mais suffisamment propres pour une petite étape. Le *Ngọc Hằng Hotel (364, Lạc Long Quân ;* ▄ *09-05-39-36-53 ; doubles 300 000-550 000 Đg selon taille et saison)* et le *Mai Nga Hotel (630, Lạc Long Quân ;* ☎ *387-44-32 ;* ● *maingahotel.com* ● *; doubles 450 000-550 000 Đg selon vue et saison).*

|●| ↑ **Bé Thân :** *Nguyễn Văn (côté lagune, la petite route parallèle à la AH1).* ▄ *09-05-00-79-90. Plats 90 000-150 000 Đg (poisson) et 500 000-600 000 Đg le kg de crustacés. Carte en anglais.* Du frais, que du frais, qui sort des viviers disposés à l'entrée. Le bâtiment ayant planté ses pilotis dans les eaux de la lagune, on a même l'impression que les crevettes vous filent sous les pieds avant de passer à la casserole... Huîtres et palourdes sont souvent consommées grillées par les Vietnamiens, mais on peut aussi les commander crues, avec du citron, voire une feuille de moutarde pour changer.

ĐÀ NẴNG

env 1 100 000 hab.   IND. TÉL. : 236

● Carte La région de Đà Nẵng et Hội An *p. 295* ● Plan *p. 297*

Située dans une plaine littorale au pied des montagnes, au fond d'une baie protégée des vents, Đà Nẵng est une grande ville moderne (à la façon vietnamienne) en plein boom économique, qui cherche à se faire une place au soleil de la croissance. Elle a d'ailleurs été choisie en 2017 pour accueillir le sommet de l'APEC (l'organisme de libre-échange Asie-Pacifique). Côté culture, elle peut s'enorgueillir de 2 musées remarquables. Pourtant, les mètres cubes de béton déversés peinent à rendre l'atmosphère plaisante. Si le centre-ville reste implanté à l'ouest de la rivière, on l'enjambe en empruntant d'originaux ponts modernes pour se rapprocher de la mer et des plages hérissées de *resorts* (Mỹ Khê Beach notamment) en passant par un quartier en pleine mutation verticale.

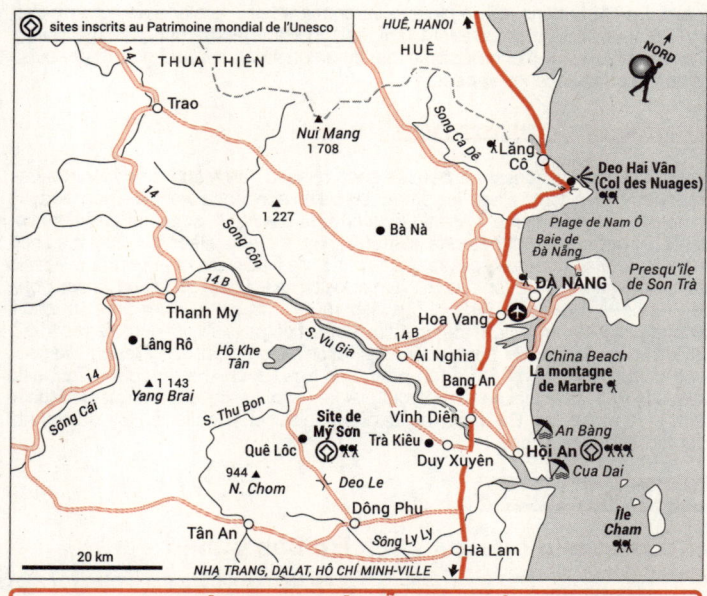

LA RÉGION DE ĐÀ NẴNG ET HỘI AN

UN PEU D'HISTOIRE

Après les Espagnols au XVIIe s, les Français remarquent cette baie bien abritée, étape salutaire pour les marins sur la route maritime de la Chine. En 1787, le roi de Cochinchine, Nguyễn Ánh, demande de l'aide à la France pour se défendre contre d'éventuels envahisseurs. Il signe à Versailles un 1er traité d'alliance avec le gouvernement de Louis XVI. La France promet d'envoyer 4 frégates et un corps expéditionnaire de 1 200 hommes, en échange de quoi Nguyễn Ánh cède la ville, alors **connue sous le nom de Tourane,** à la France.

Les relations entre les 2 pays s'enveniment sous le roi vietnamien Tự Đức, descendant de Nguyễn Ánh, qui n'apprécie pas de voir les Français sur son sol, et persécute méchamment les chrétiens. Pour contraindre celui-ci à commercer, et pour le punir des persécutions, l'empereur Napoléon III envoie en août 1858 une force navale franco-espagnole pour prendre Tourane, qui devient une **concession française en 1888.**

Jusqu'à l'aube du XXe s, Tourane n'est qu'une toute petite ville avec quelques milliers d'habitants, le grand port régional de l'époque étant Hội An, à 30 km au sud. Mais le déclin de ce dernier, provoqué par l'ensablement de la rivière de Hội An, profite à Tourane. La cité se développe, devient même un centre commercial d'importance. Ce n'est toutefois qu'après la partition de 1954 que la ville, rebaptisée Đà Nẵng, commence l'expansion de ses activités portuaires. En 1965, les 1ers bataillons de marines américains y débarquent. Đà Nẵng joue bientôt un important **rôle stratégique et militaire,** en devenant une gigantesque base aérienne, d'où décollent les avions chargés de pilonner la piste Hồ Chí Minh.

« Aucune ville à travers toute l'Indochine, même pas Saigon, n'a été autant marquée par la guerre », a écrit Olivier Todd dans *La Chute de Saigon.* **Đà Nẵng n'a pas été détruite** comme Quảng Trị ou Bến Tre. Peu de bombes sont tombées sur elle. Sa chute dans les derniers jours de mars 1975, prélude de celle de Saigon, 1 mois plus tard (le 30 avril 1975), est pourtant restée dans les mémoires. « L'évacuation de Đà Nẵng dépasse tout ce qu'on a décrit, photographié, télévisé jusque-là comme scènes atroces. »

AMBIANCE TOURISTIQUE

Aujourd'hui, la ville pousse et pousse encore, avec l'ambition de devenir le Las Vegas vietnamien. Côté plage, les promoteurs s'en donnent à cœur joie pour séduire un tourisme essentiellement asiatique, friand de paillettes, strass et casinos clinquants. Ils ont largement bétonné le littoral jusqu'à *China Beach,* à 20 km au sud de la ville. Ourlée de dunes plantées de pins et de filaos, elle était pourtant jadis le lieu de « *destressing* » favori des GI's. On appelait ça le *R & R (Rest and Recreation),* soit « repos et détente ». C'est ici que débarqua le cinéaste Oliver Stone quand il combattit au Vietnam, et la 1re compétition de surf du pays s'y est déroulée en 1992. À 25 km au nord de la ville, sur la colline Bà Nà, on a même bâti un « *French village* », façon parc d'attractions en carton-pâte. Pas très « tourisme durable ». Tout cela fait que le routard est ici un peu dérouté. Après avoir visité le remarquable Musée cham et le musée de Đà Nẵng, beaucoup choisissent de filer à Huế ou Hội An, 2 véritables perles, elles !

Arriver – Quitter

En bus et minibus *Open Tour*

Réservez de préférence la veille ou l'avant-veille, auprès de votre hôtel ou d'une des agences *Open Tour* de la ville. Normalement, on vient vous prendre à votre hôtel à une heure fixée à l'avance (ce qui est un véritable atout par rapport aux bus publics, vu l'éloignement de la gare routière du centre-ville).

■ *Thesinhtourist* (plan B2, 1) : 154, Bạch Đằng. ☎ 384-32-59. ● thesinhtourist.vn ●
➢ *Pour Hội An* (30 km) : 2 bus/j. Durée : 1h30.
➢ *Pour Huế* (100 km) : 2 bus/j. Durée : 3h.

■ *Barri Ann Travel :* ☎ 386-11-21. ● barrianntravel.com ●
➢ Assure 1 navette/h, 5h-23h, entre l'aéroport international de Đà Nẵng et *Hội An* (9, Phan Châu Trinh ; plan Hội An C2), via la plage de Cửa Đại. Dans le sens Hội An-Đà Nẵng (Musée cham ; plan Đà Nẵng B3), 2 minibus/j. (début de mat et début d'ap-m). Ce même bus continue jusqu'à *Huế* (120, Lê Lợi ; zoom Huế D3). Durée du trajet Hội An-Huế : 4h30. À Huế, le chauffeur peut vous laisser à proximité de votre hôtel s'il se trouve sur sa route.

En bus public

🚌 *Gare routière* (hors plan par A2) : 29, Điện Biên Phủ. À env 7 km du centre, sur la route de Huế ; s'y rendre en taxi.
➢ Bus pour Huế (101 km), Tam Kỳ (69 km), Trà My, Nha Trang, Pleiku, Ban Mê Thuột, Dalat, Hồ Chí Minh-Ville et Hanoi.
➢ *Pour Hội An :* prendre le *bus urbain n° 1* (ttes les 20 mn, 5h30-18h env). Distance : 30 km ; env 45 mn de trajet. Le bus passe près de la gare ferroviaire (rue Ông Ích Khiêm ; plan A2) puis dans le centre-ville de Đà Nẵng (rue Hùng Vương ; plan A-B2). Arrêt final à la gare routière de Hội An, située à 15 mn à pied du centre.

En taxi

Le trajet entre Đà Nẵng et Hội An coûte env 20-25 US$ (450 000-580 000 Dg). Durée : env 45 mn. 3 compagnies attendent à l'aéroport : *Da Tranco, Mai Linh, Vinasun*. Ils fonctionnent au compteur. Moyennant une petite rallonge, c'est l'occasion de marquer l'arrêt à la montagne de Marbre.

En train

🚆 *Gare ferroviaire* (plan A2) : 202, Hải Phòng. ● vr.com.vn ● Guichets ouv

| 297

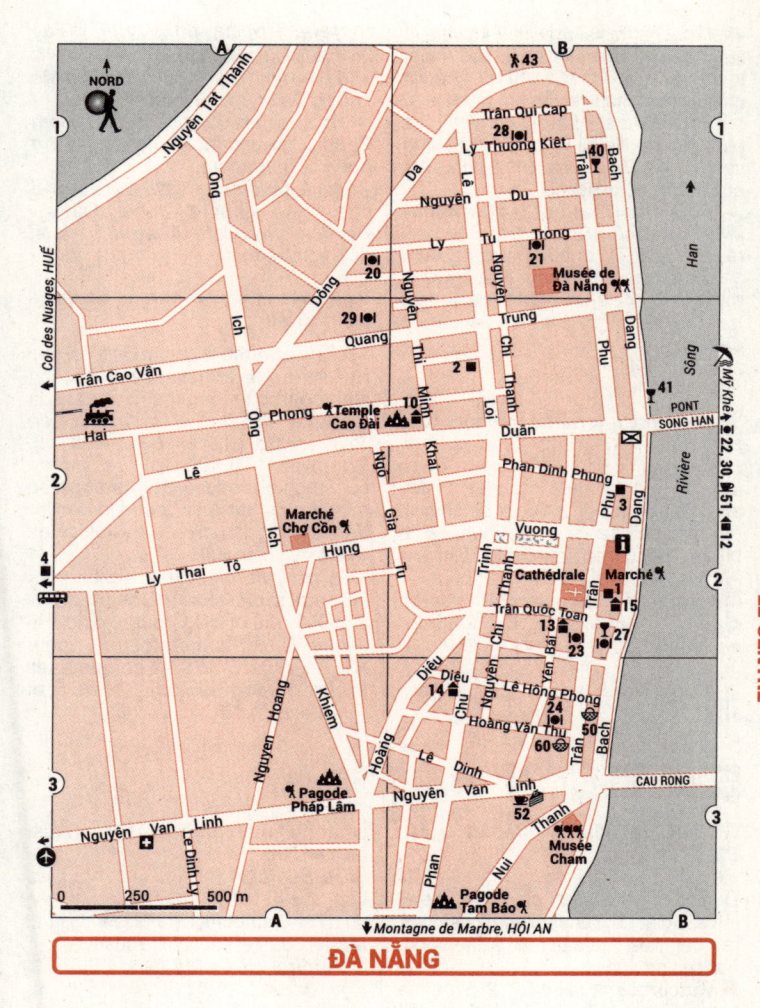

ĐÀ NẴNG

Adresses utiles
- ℹ️ Đà Nẵng Visitor Centre (B2)
- 1 Thesinhtourist (B2)
- 2 Vietcombank (B2)
- 3 HSBC (B2)
- 4 Vietnam Airlines (hors plan par A2)

Où dormir ?
- 10 Hashi Hostel (B2)
- 12 Sofia Boutique Hotel (hors plan par B2)
- 13 Đại Á Hotel (B2)
- 14 Moonlight Hotel (B3)
- 15 Sun River Hotel (B2)

Où manger ?
- 20 Việt Nam (A1)
- 21 Happy Heart Café (B1)
- 22 Kỳ Em (hors plan par B2)
- 23 Kimdy et Kimdo (B2)
- 24 4P's (B3)
- 27 Waterfront (B2)
- 28 Le Rendez-Vous (B1)
- 29 Le Bambino (A2)
- 30 Ẩm Thực Trần (hors plan par B2)

Où boire un café et déguster une pâtisserie ?
- 51 Ka Cộng (hors plan par B2)
- 52 BonPas (B3)

Où boire un verre ? Où sortir ?
- 27 Waterfront (B2)
- 40 Luna Pub (B1)
- 41 Memory Lounge (B2)
- 43 New Phương Đông Discotheque (B1)

Achats
- 50 Pheva Chocolate Concept Store (B3)
- 60 Avana (B3)

LE CENTRE

4h-17h. Les trains impairs vont vers le sud, les pairs vers le nord. Les trains identifiés par *TN (TN1, TN3...)* sont moins chers mais nettement plus lents.
➢ *Pour Huế et Hanoi :* 6 trains/j. Le plus rapide, le *SE4*, quitte Đà Nẵng vers 12h41. Durée : env 2h30 pour Huế et 15h min pour Hanoi.
➢ *Pour Nha Trang et Hồ Chí Minh-Ville :* 6 trains/j., via Nha Trang. Le plus rapide, le *SE3*, quitte Đà Nẵng vers 11h28. Durée : 9h30 pour Nha Trang et min 17h pour Hồ Chí Minh-Ville. Aucun trajet ne se fait entièrement de jour ou de nuit.

En avion

✈ *Aéroport international (hors plan par A3) : à 2 km du centre de Đà Nẵng et à 38 km de Hội An.* ● danangairportonline.com ● À l'arrivée, kiosques d'infos avec plan gratuit de la ville et brochures, guichets de change et distributeurs de billets. Vols domestiques avec *Vietnam Airlines, VietJet* et *Jetstar.*
➢ *Vietnam Airlines (hors plan par A2, 4) : 27, Điện Biên Phủ.* ☎ 382-11-30. ● vietnamairlines.com.vn ● Tlj 7h30-11h30, 13h30-17h30.
➢ *Pour Hanoi :* env 17 vols/j. Durée : 1h10.
➢ *Pour Hồ Chí Minh-Ville :* env 25 vols/j. Durée : 1h10.
➢ Également env 1 vol/j. pour *Ban Mê Thuột, Dalat, Nha Trang* et *Pleiku.*
➢ Et aussi des vols directs pour *Siem Reap* (Cambodge), *Bangkok, Hong Kong* et *Singapour.*
– *Bon à savoir :* il existe depuis 2018 une ligne directe Doha (Qatar)-Đà Nẵng avec *Qatar Airways*, à raison de 4 vols/sem.

Pour se rendre au centre de Đà Nẵng ou à Hội An

– Avantageuses *navettes pour Hội An* de la compagnie *Barri Ann* (voir coordonnées plus haut dans la rubrique « En bus et minibus *Open Tour* » ; résa à l'avance impérative !). Compter 110 000 Dg. La même compagnie propose des *minibus* au même prix, sur résa, *pour le centre de Đà Nẵng* (au niveau de l'office de tourisme ; plan B2).
– En *taxi*, ce n'est guère plus cher (surtout à plusieurs). Comptez env 120 000-150 000 Dg pour rejoindre le centre-ville et la gare routière ; pour Hội An, 20-25 US$. 2 compagnies fiables : *Airport Taxi* (☎ *382-55-55*) et *Taxi Mai Linh* (☎ *356-56-56*).

Adresses utiles

🛈 *Đà Nẵng Visitor Centre (plan B2) : 108, Bạch Đằng.* ☎ 355-01-11. ● danangfantasticity.com ● Tlj 7h-22h. Quelques brochures, plans de ville et infos à glaner. Certains employés parlent l'anglais. Autre bureau à l'aéroport, hall des arrivées.
■ *Vietcombank (plan B2, 2) : 140, Lê Lợi.* Lun-ven 7h30-11h, 13h-16h30. Change et distributeur *(Visa, MasterCard...).*
■ *HSBC (plan B2, 3) : Trần Phú, au coin avec Phan Đình Phùng.* Lun-ven 8h-17h. Distributeur de billets *(Visa* et *MasterCard)* et service de change.
✚ *Hôpital Hoàn Mỹ (plan A3) : 161, Nguyễn Văn Linh.* ☎ 365-06-76.

Où dormir ?

Bon marché (jusqu'à 300 000 Dg / env 11 €)

🏠 *Hachi Hostel (plan B2, 10) : 100/2, Nguyễn Thị Minh Khai.* ☎ 382-99-59. 📱 28-44-58-16-11. ● hachihostel. com ● Lit en dortoir (4-8 pers) 125 000-140 000 Dg, petit déj inclus. Petite AJ privée cachée dans une mini-impasse. L'endroit est convivial sans être bruyant et il a le mérite d'être bien tenu. Certes, la déco approche du zéro absolu, mais les équipements sont pratiques : grands casiers sous les lits, salon TV, frigo à dispo. On bénéficie en outre des bons conseils délivrés par le staff et de plusieurs services utiles : location de véhicules, excursions, résa de billets.

De prix moyens à chic (300 000-1 000 000 Dg / env 11-35 €)

⌂ *Sofia Boutique Hotel (hors plan par B2, 12) : I-11, Phạm Văn Đồng. ☎ 382-06-06. ● sofia-boutique. danang-hotels.com ● Doubles 35-40 US$, petit déj inclus.* Mais que fait ce cossu pavillon perdu au milieu des gratte-ciel ? Il offre beaucoup de charme, et ce, dès le bel escalier en bois qui mène aux chambres. Des chambres grandes, aux tons chaleureux, bien équipées, nickel-chrome et avec un balcon pour certaines (sans supplément). Accueil aux petits oignons, plage à 200 m seulement, et même la possibilité de se restaurer pour qui voudrait pantoufler !

⌂ *Đại Á Hotel (plan B2, 13) : 51, Yên Bái. ☎ 382-75-32. ● daiahotel.com. vn ● Doubles 25-35 US$.* Un hôtel central à prix raisonnables. Hormis ces 2 atouts, et passé des parties communes tristounettes, les chambres font un petit effort sur la déco et sont pratiques pour un court séjour. Évitez celles sur rue si vous avez le sommeil léger. Accueil souriant.

⌂ *Moonlight Hotel (plan B3, 14) : 136-140, Phan Châu Trinh. ☎ 366-44-88. Doubles env 30 US$ à l'arrière, 45 US$ côté rivière (qui est à 300 m !), petit déj inclus.* Impossible de rater cette tour blanche de 19 étages. Elle abrite 90 belles chambres répondant aux standards internationaux en vigueur. Finitions soignées, confort et entretien au top. C'est conventionnel, mais irréprochable.

Plus chic (1 000 000-2 000 000 Dg / env 35-71 €)

⌂ *Sun River Hotel (plan B2, 15) : 132-136, Bạch Đằng. ☎ 384-91-88. ● sunriverhoteldanang.com ● Doubles env 25-55 US$ selon catégorie, petit déj inclus.* Du haut de ses 9 étages, cet hôtel récent et central domine la rivière. Chambres vraiment agréables, plus ou moins spacieuses, avec du mobilier fonctionnel et baie vitrée pour profiter de la vue (sauf les moins chères, qui sont aveugles). En demander une dans les étages élevés. Un bon établissement dans sa catégorie.

Où manger ?

Bon marché (moins de 100 000 Dg / env 4 €)

|●| *Việt Nam (plan A1, 20) : 53-55, Lý Tự Trọng. ☎ 382-38-45. Tlj.* Une super gargote de quartier pour se restaurer à bas prix. Toujours du monde et peu de touristes. Demandez la traduction en anglais du menu, et sinon, parlez avec les mains ! Le resto voisin, **Bến Tre**, propose aussi une bonne cuisine économique. Même genre, mêmes prix, mais salle moins grande : 7 tables seulement, où l'on s'entasse avidement. On y mange vraiment local de chez local (poisson-chat, grenouilles...).

|●| *Ẩm Thực Trần (hors plan par B2, 30) : 2, Phạm Văn Đồng (angle avec Hoàng Bích Sơn). ☎ 352-52-66. Tlj 7h30-22h.* Ce restaurant vert pomme aux allures de fast-food fait partie d'une petite chaîne locale bien connue des autochtones. On goûte ici la spécialité de la ville : du porc à la vapeur que l'on roule soi-même dans une feuille de riz avec des herbes fraîches. Une sorte de rouleau de printemps revisité, aux ingrédients très frais.

|●| *Happy Heart Café (plan B1, 21) : 9, Lý Tự Trọng. ☎ 388-83-84. Tlj sauf dim 8h-21h.* Un lieu fort plaisant où l'on s'attarde volontiers à toute heure du jour. Dans ce beau cadre moderne tout en blancheur, on grignote des en-cas peu chers et servis avec le sourire par de jeunes sourds-muets : sandwichs, soupes, salades, jus et

smoothies... Plats simples et frais, vietnamiens ou occidentalisants.

IOI Kimdy (plan B2, 23) : *182, Trần Phú.* ☎ *381-60-99. Tlj jusqu'à 21h30.* Dans une salle d'une redoutable simplicité, cette famille d'origine chinoise mitonne une cuisine sino-vietnamienne à avaler sur des tables en inox façon cantoche. Service rapide, plats copieux et petits prix. Pour un repas plus élaboré (et plus cher), chinois toujours (canard laqué, assortiment de vapeurs, etc.), pousser la porte du voisin, *Kimdo.*

IOI Kỳ Em (hors plan par B2, 22) : *188, Hồ Nghinh.* ☎ *393-73-68. À 3 km du centre-ville.* L'une de ces adresses populaires et vraiment typiques, réputée pour la fraîcheur de ses fruits de mer, qui passent directement du pêcheur à l'assiette. Montrez du doigt les crevettes, calamars, homards (vendus au poids) de votre choix directement dans les bassines-viviers. Plus modestement (côté prix), quelques plats pour les carnivores et des *noodles* aux crevettes, fameuses. Quant à l'addition, elle ne part pas à la dérive, loin de là !

Prix moyens (100 000-250 000 Dg / env 4-9 €)

IOI 4P's (plan B3, 24) : *8, Hoàng Văn Thụ.* ☎ *362-20-500. Tlj 10h-22h.* On aime ce *4P's* à Saigon, à Hanoi, alors on se dit « et à Đà Nẵng ? ». Ici aussi la cuisine fusion décoiffe. Comme ces pâtes à la « carbonara camembert et algues », ou ces pizzas « porc et gingembre » ou « poulet tandoori-curry » (demandez-la « moit'-moit' », vous profiterez de 2 saveurs). Pour accompagner, un excellent choix de vins au verre ou de bières. Et mon tout dans une agréable salle moderne, soit sur un comptoir qui entoure la cuisine ouverte, soit sur des tables plus classiques. Service enlevé et pro. Chapeau !

Chic (250 000-600 000 Dg / env 9-21 €)

IOI ↑ Waterfront (plan B2, 27) : *150-152, Bạch Đằng.* ▪ *09-05-41-17-34. Tlj 9h30-23h.* Pour dîner du côté de la rivière, dans un cadre classe et romantique, une seule adresse : le *Waterfront* ! Plancher sombre, décor et éclairages chaleureux, belle terrasse (non-fumeurs) à l'étage surplombant la rivière. Dans l'assiette, une cuisine de qualité ouverte sur le monde : poulet au curry, steak australien, gambas grillées... Pour changer de la cuisine vietnamienne sans se tromper. La carte des vins est bien fournie, avec un bon choix au verre. Service hyper pro, sans oublier d'être sympa.

IOI Le Rendez-Vous (plan B1, 28) : *20, Lý Thường Kiệt.* ☎ *655-75-05. Tlj 11h-15h, 18h-22h.* Un chaleureux couple français tient ce bistrot au décor réussi, dans un bel esprit cosy et contemporain. Au menu, une cuisine hexagonale goûteuse. Outre les plats du jour, la carte aligne les spécialités bien tournées, comme cet onglet de bœuf très tendre, du magret, des brochettes et d'autres classiques de type blanquette ou bourguignon. Pour l'apéro, plateaux de fromage et de charcuterie à arroser d'une belle sélection de vins.

IOI Le Bambino (plan A2, 29) : *122/11, Quang Trung.* ☎ *389-63-86. Ts les soirs, 16h-22h.* Installés depuis longtemps à Đà Nẵng, Jean-Paul et sa femme Vinh ont redessiné, au fond d'une ruelle, un carré de Provence chaleureux. La salle colorée, aux murs semés d'olives et aux plafonds à moulures, se fait intime le soir venu pour un dîner qui sent bon le terroir français. Les carnivores apprécient la viande goûteuse (importée), à arroser de l'une des bouteilles alignées sur les étagères. Belle piscine pour faire trempette.

Où boire un café et déguster une pâtisserie ?

☕ **Ka Cộng** (hors plan par B2, 51) : *79, Hà Bổng.* ▪ *09-31-93-73-83. Tlj 6h-23h.* Pour les camarades qui auraient raté la 1ʳᵉ leçon de vietnamien, *Ka Cộng* signifie « café communiste ». C'est donc dans la reconstitution d'un repaire de partisans nord-vietnamiens, casques vietcong et vieilleries de l'époque à l'appui, que l'on teste la spécialité locale : le café froid au lait de coco. Agréable dans ce quartier proche de la plage.

🍽 📕 **BonPas** (plan B3, **52**) : *35-41, Nguyễn Văn Linh.* ☎ *363-67-77. Tlj 6h-22h.* Il faut voir le nez des gamins contre les vitrines de viennoiseries et autres gourmandises sucrées de ce café-pâtisserie ! Une grande salle très lumineuse avec mezzanine permet de déguster sa « prise » sur place, accompagnée d'un bel assortiment de cafés, thés glacés, jus et autres smoothies.

Où boire un verre ? Où sortir ?

L'avenue Bạch Đằng, le long de la rivière, aligne un nombre croissant de bars à l'occidentale. C'est ici que l'animation nocturne se concentre, entre néons fluo et musique tapageuse.

🍸 **Luna Pub** (plan B1, **40**) : *9A, Trần Phú. Tlj de 11h jusque tard.* Cet ancien entrepôt (un hangar de brique grand ouvert sur la rue) doit adorer sa reconversion : c'est devenu l'un des lieux les plus animés de la ville ! Atmosphère amicale et détendue, excellente musique, intéressante carte des vins, bières importées, *shooters* au mètre et cocktails au litre : tous les ingrédients d'une soirée relax sont réunis ! Sert aussi à manger (pizzas, pâtes) puisqu'il faut bien éponger, à un moment donné. Incontournable.

🍸 🍽 **Memory Lounge** (plan B2, **41**) : *7, Bạch Đằng. Tlj 7h-23h.* Amarré au quai, ce resto-bar au décor branché profite du panorama sur la rivière pour gonfler un peu le prix du godet. Jus frais et smoothies, cocktails et apéros à siroter en contemplant les flots.

🍸 **Waterfront** (plan B2, **27**) : *150-152, Bạch Đằng. Tlj 9h-23h.* L'antichambre du resto du même nom (voir « Où manger ? »), située au rez-de-chaussée. Parmi une clientèle à la fois détendue et bien mise, on se laisse aisément convaincre par un vin du Nouveau Monde, un vieux whisky ou un cocktail. Dommage que la bruyante avenue bordant la rivière la ramène un peu beaucoup dans les conversations !

💃 **New Phương Đông Discotheque** (plan B1, **43**) : *20, Đồng Đa. Ouv tlj 20h-2h du mat.* La plus grande boîte de nuit de Đà Nẵng (et du Vietnam, disent certains) brasse une large clientèle de Vietnamiens, d'expats et de touristes.

Achats

🛍 **Pheva Chocolate Concept Store** (plan B3, **50**) : *239, Trần Phú.* ☎ *356-60-30.* • *phevaworld.com* • *Tlj 8h-19h.* Cette famille de Vietnamiens de France a décidé de revenir au pays pour y monter un commerce de chocolats fins. Ils maîtrisent le métier de chocolatier avec passion et savoir-faire. Le cacao provient uniquement de la région de Bến Tre, dans le delta du Vietnam. Les produits finis, élaborés sur place, sont très variés : au gingembre, à la cannelle, à la noix de coco, au sésame... Chics coffrets-cadeaux *(80 000-300 000 Dg).*

🛍 **Avana** (plan B3, **60**) : *260, Trần Phú.* ☎ *352-52-60. Tlj 10h-19h.* Ce *concept store* expose et vend les créations vestimentaires d'une artiste belge de grand talent. Elle s'inspire des motifs traditionnels des minorités ethniques des Hauts Plateaux du Vietnam qu'elle intègre dans un style contemporain et original. Tout est confectionné localement. Le résultat est étonnant. Vêtements à partir de 20 US$, jusqu'à 250 US$. On y vend aussi des objets, des accessoires, des statues en bois... Café sur place.

À voir. À faire

🏛 **Le Musée cham** (plan B3) : *Bạch Đằng et Trưng Nữ Vương. Tlj 7h-17h. Entrée : 60 000 Dg. Plaquettes dans chaque salle, en anglais et en français ; bornes numériques en anglais.*

Bâti de 1915 à 1919 par l'école française d'Extrême-Orient, ce musée abrite la plus belle collection au monde d'art cham. Provenant des 4 coins de l'ancien empire, elle regroupe majoritairement des sculptures en grès datant du Ve au XVe s, date du déclin du Champa. L'art du Champa assimile l'héritage culturel indien du Grand Véhicule et puise son inspiration dans le bouddhisme et l'hindouisme. Les Cham, probablement venus d'Indonésie, se sont implantés sur les côtes du centre et du sud du Vietnam dès le Ier millénaire avant notre ère. Ce sont les échanges commerciaux qui leur ont d'abord permis de s'implanter dans des ports, ouvrant ainsi des routes commerciales avec la Chine et l'Inde. 10 périodes importantes jalonnent ce millénaire d'existence : de Mỹ Sơn à Bình Định et Tháp Mắm. Plus de 300 pièces sont exposées (d'autres sont au musée Guimet, à Paris).

– *Salle Trà Kiệu* : les plus belles pièces archaïques, provenant de Trà Kiệu, la « citadelle du lion », 1re capitale du Champa, et de Quảng Nam (VIIe-VIIIe s), y sont regroupées. Au centre : un piédestal du Xe s autour duquel est représenté le Ramayana, l'une des 2 épopées fondatrices de l'hindouisme. Vous noterez aussi un très beau Vishnou et un relief de Shiva entamant la Tandava, la danse de l'Apocalypse.

– *Salle Mỹ Sơn* : des vestiges de la vallée de Mỹ Sơn, où s'est développée la culture cham aux VIIe-VIIIe s. C'est là qu'est apparue la tour sanctuaire en brique, ornée de sculptures et de bas-reliefs en grès. Frises des musiciens et des danseurs, belle statue de Ganesh debout, sur une plate-forme carrée.

– *Salle Đồng Dương* : bel ensemble statuaire provenant du site bouddhique Đồng Dương, quasiment rasé pendant la guerre. Parmi les pièces maîtresses, notons la magnifique statue en bronze (fin IXe s) représentant Tara, symbole de fertilité.

– Dans les *salles du fond*, des objets épars forment une collection hétéroclite.

– *Dans le bâtiment qui suit* : à l'étage, des vêtements, objets rituels, instruments de musique, ustensiles de pêche des Cham de Ninh Thuận. Au rez-de-chaussée, en commençant par la droite, une petite section dédiée aux vestiges provenant du nord du royaume cham (Quảng Bình, Quảng Trị, Thừa Thiên). Viennent ensuite les salles dédiées au sud (Đà Nẵng et Phong Lệ) : voir ce Shiva dansant en grès, parfaitement conservé. Également Ganesh et un intéressant bas-relief de danse royale surmonté d'une statue de Durga. Sur la fin du parcours, belles figures fantasmagoriques (Makara, dragons, Garuda...).

🏛️ *Le musée de Đà Nẵng* (Bảo tàng Đà Nẵng ; plan B1) : *24, Trần Phú. Derrière le gratte-ciel en forme de suppositoire géant. Tlj sauf lun 7h30-11h30, 13h30-16h30. Entrée : 20 000 Dg. Explications en anglais.*
Très enrichissant, ce musée expose sur 3 étages l'histoire de la ville.

– *Au rez-de-chaussée* : petite section archéologique (urnes funéraires, céramiques), puis évocation du mode de vie ances-

> **LES FRANÇAIS ? DES PORTUGAIS !**
>
> *Aux XVIe et XVIIe s, les habitants de l'Annam et de la Cochinchine s'étaient simplifié la vie. Comme les 1ers Européens débarqués ici étaient des marins portugais, en route pour Macao et le Japon, ils nommaient « Portugais » tous les étrangers venus sur leur territoire. Les Français comme les autres !*

tral des pêcheurs et de l'importance de l'activité portuaire au travers de fascinantes photos et cartes anciennes.

– *1er étage* : consacré à la guerre. Après une rapide évocation de la bataille de 1858 (lire plus haut « Un peu d'histoire »), l'expo se concentre sur l'intervention américaine et ses conséquences désastreuses. Des images choc assorties de chiffres effrayants : 73 millions de litres d'agent orange, 176 000 t de napalm, 7,7 millions de tonnes de bombes et de mines antipersonnel... Le tout entrecoupé de citations et d'affiches antiguerre émanant de pacifistes du monde entier. Un puissant plaidoyer pour la paix !

– *2e étage :* met à l'honneur les minorités ethniques de la région. On découvre les us et coutumes, l'habitat et les savoir-faire des Katu, Sedang, Gie Trieng, Kor... Beaux cercueils et masques katu, notamment.

🦎 *Les marchés :* celui de ***Chợ Hàn*** *(plan B2)*, sur Bạch Đằng, est assez intéressant avec le fleuve en toile de fond. Autre grand marché, celui de ***Chợ Cồn*** *(plan A2)*, à l'intersection de Hùng Vương et Ông Ích Khiêm. Bâtiment en béton et ses dépendances.

🦎 *Balade sur les quais :* une promenade longe la rivière Sông Hàn, le long de l'avenue Bạch Đằng. De ce côté, quelques restes d'édifices et villas datant de la colonisation française et nombreux cafés à l'occidentale. Sur l'autre rive subsistent tant bien que mal quelques bateaux de pêcheurs, perdus entre les tours de béton et les panneaux publicitaires. Notez les ponts qui, la nuit, prennent toutes les couleurs de l'arc-en-ciel : le pont du Dragon *(Cầu Rồng)* crache même le feu en été (vers 21-22h) !

🦎 *Le temple Cao Đài* *(plan A-B2)* : *63, Hải Phòng. En face de l'hôpital.* Architecture traditionnelle de la secte. Ce temple, construit en 1956, est le plus important du pays après celui de Tây Ninh : la ville compte environ 20 000 adeptes du caodaïsme. À l'intérieur, on retrouve l'œil, la pièce du corps la plus précieuse. Panneaux en haut avec représentation, de gauche à droite, de l'islam, du confucianisme, du christianisme, du bouddhisme et d'un prêtre caodaïste.

🦎 La ***pagode Pháp Lâm*** *(plan A3 ; 574, Ông Ích Khiêm ; tlj 5h30-11h30, 13h-21h)*, bâtie dans les années 1930, a été récemment agrandie. C'est la plus vaste de la ville, où sont célébrées toutes les grandes cérémonies. À l'entrée, grand bouddha rieur et bedonnant. Les amateurs continueront le périple par la ***pagode Tam Bảo*** *(plan B3 ; 323, Phan Châu Trinh)*, avec son stûpa à 5 niveaux. Enfin, pour changer, allez voir la mini-***cathédrale*** *(plan B2)* dont l'entrée se fait par la rue Yen Bai. Toute rose, elle date de 1923.

🦎 *La plage de Mỹ Khê* (hors plan par B2) : *à env 6 km à l'est du centre-ville.* Longue et jolie plage, propre, avec de belles vagues (surf pratiqué en hiver) et possibilité de farniente sur le sable (transats à louer). Dans ce quartier, les grands hôtels poussent comme des champignons. Restos à proximité.

LA MONTAGNE DE MARBRE (NGŨ HÀNH SƠN)

● Carte La région de Đà Nẵng et Hội An *p. 295*

🦎 À environ 10 km au sud-est de Đà Nẵng, sur la route de Hội An. La montagne de Marbre (Ngũ Hành Sơn) est un ensemble de 5 collines calcaires qui surplombent la plaine. Les Vietnamiens en extraient un très beau marbre qui contribua, en partie, à la construction du mausolée de Hồ Chí Minh (à Hanoi). Des 5 monts portant les noms des éléments primordiaux, seul le mont de l'Eau se visite. Il est devenu sanctuaire en 1826, sous le règne de l'empereur Minh Mạng. Du sommet, joli panorama sur Đà Nẵng, les montagnes et la plage. Assis sur le Vọng Giang Đài (trône royal), on jouit d'un moment délicieux. On embrasse du regard les monts et la rivière Hàn.

➤ *Pour s'y rendre :* les bus n° 1 qui relient Đà Nẵng à Hội An (lire « Arriver – Quitter » à Đà Nẵng) marquent l'arrêt au carrefour, à env 1,5 km du site ; finir à pied ou à moto-taxi. En taxi, comptez dans les 25 US$ A/R (avec le temps d'attente sur place). Sinon, les agences organisent l'excursion depuis Hội An. On peut aussi y aller à vélo depuis celle-ci, par la route du bord de mer (env 20 km).

304 | **LE CENTRE**

– *Accès :* site ouv tlj 7h-17h30. Entrée : 40 000 Dg. On monte d'un côté, on redescend de l'autre. Moyennant 15 000 Dg supplémentaires (aller simple), un ascenseur permet d'éviter une partie de la grimpette. Plan (15 000 Dg) non obligatoire mais pratique. Compter 1h30-2h pour faire le tour du site.
– *Conseils :* y aller en fin d'après-midi, après les grosses chaleurs. Et aussi parce que, dans la journée, le paysage, écrasé par le soleil, flotte souvent dans des brumes laiteuses. Une lampe de poche peut se révéler utile pour explorer certaines des grottes ; on peut en louer sur place.
– *Souvenirs :* boutiques et échoppes vendent la production de marbre local. Un bon millier de villageois en vit. Attention, toutes les statuettes ne sont pas sculptées, mais pour beaucoup obtenues par moulage et habilement imitées. Pour les plus grosses pièces – lions, bouddhas, jésus et autres statues à l'antique –, prévoyez le camion 38 t !

🏃 *La pagode Tâm Thái :* en haut de l'escalier. Érigée en 1825 sur le sommet Tượng Thái. Les fresques du fronton représentent la naissance et l'Illumination de Bouddha, puis le moment où il quitte le palais. 2 génies encadrent le portique. Jolie, mais il y a mieux.

🏃 *La grotte de Hoa Nghiêm :* à gauche, derrière le temple. Une statue du « Bouddha femme » ou déesse de la Miséricorde, très courante au Vietnam, connue sous le nom de Quan Âm Thị Kính, se serre dans un repli rocheux. Sculptée dans la masse. Puis continuer sur la gauche, dans la pénombre. Attention aux marches !

🏃🏃 *La grotte de Huyền Không :* cette immense cavité naturelle, éclairée par de petits puits de lumière et enfumée par l'encens, baigne dans une atmosphère assez irréelle. On y trouve un bouddha assis en position de méditation, une statue de Quan Thế Âm et plusieurs autels bouddhique, confucianiste et brahmanique. À droite, petit temple consacré aux génies ; les amoureux viennent s'y recueillir, ainsi que les couples stériles. La grotte servit d'hôpital au Vietcong en 1968. Un de leurs héros y mourut (il avait abattu 19 avions américains, voir la plaque à droite).

🏃 Fin de l'itinéraire sur l'autre versant. Ceux qui ont le temps se perdront dans le dédale d'escaliers et de passages creusés à même la roche. Après la **porte du Paradis,** on découvre la tour Xá Lợi, construite entre 1997 et 2001 avec un stûpa de 7 étages et une pagode à gauche, joliment ornée de tuiles vernissées, de dragons bleus et verts et de phénix. Un chemin mène à la **grotte Tàng Chơn.** La statue de Bouddha est une copie du modèle original, exposé au musée Guimet à Paris. Pour accéder à la **grotte Chamba,** prévoir une lampe électrique. À 500 m, route pour la plage de Non Nước.

HỘI AN

120 000 hab.   IND. TÉL. : 235

● Plan *p. 306-307* ● Carte La région de Đà Nẵng et Hội An *p. 295*

◎ Située à 35 km au sud de Đà Nẵng et à 135 km de Huế, Hội An (province de **Quảng Nam**) est probablement la plus charmante ville du Vietnam. Sa splendide architecture en bois lui a valu d'être classée au Patrimoine mondial par l'Unesco. Si elle a miraculeusement survécu aux destructions de la guerre américaine, c'est grâce à l'ensablement de sa rivière, qui empêcha les navires de guerre de s'y aventurer.
Jusqu'en 1995, Hội An n'était qu'un gros bourg fluvial oublié, aux maisons et aux temples décrépits. Avec le vent de renouveau qui souffle sur le pays, ce joyau a redoré sa beauté cachée.

On y admire désormais près de 800 édifices de caractère, parmi lesquels de magnifiques demeures bourgeoises restaurées avec goût et meublées à l'ancienne, dont plusieurs sont ouvertes à la visite. La ville se découvre à pied, au gré d'un centre historique interdit aux voitures. Attirés par ces atouts, les voyageurs affluent en masse toute l'année : plus de 3 millions de visiteurs s'y sont pressés en 2017, dont la moitié d'étrangers ! C'est le soir venu, lorsque les eaux de la rivière révèlent la douce lumière des lampions, que la ville dévoile son charme et son caractère.

UN PEU D'HISTOIRE

Déjà, au Xe s, des documents attestent que la ville était une escale importante. Au XVe s, **elle s'appelait Fai Fo** et assurait le débouché maritime de Simhapura (Trà Kiệu), alors capitale du royaume cham. Le port, relié à la mer par la rivière Thu Bồn, reçut des bateaux du monde entier (Portugal, France, Angleterre, Japon, Chine, Inde, Hollande) venus acheter les épices, le thé, la porcelaine, etc. En raison des conditions climatiques (moussons, tempêtes), les bateaux et les négociants étaient souvent contraints de rester ici quelque temps. Au XVIIe s, près de 1 000 Japonais vivaient à Hội An, et 6 000 Chinois de la Chine du Sud. Ils se faisaient construire des demeures et des entrepôts. C'est à Hội An à la même époque que débarquèrent les 1ers marins et missionnaires portugais, puis les jésuites.
Parmi eux, **Alexandre de Rhodes.** Arrivé à Hội An en 1625, il y séjourna 3 ans, apprit le vietnamien avec une rapidité déconcertante et commença (on ne sait pas s'il l'acheva ici) son travail de latinisation de la langue vietnamienne. Il inventa l'alphabet vietnamien, le *quốc ngữ* (avec ses nombreux accents), à partir des lettres de l'alphabet romain.
Lorsqu'en Chine la dynastie Ming fut renversée par les Mandchous au XVIIe s, de nombreux mandarins, nobles et commerçants chinois (fidèles aux Ming) vinrent se réfugier à Hội An et y firent souche, aux côtés d'un important contingent d'émigrants japonais. Un **superbe art sino-nippon** naquit alors, donnant à la ville un style syncrétique unique.
À la fin du XVIIIe s, la guerre civile entre les Trịnh et les Nguyễn endommagea la cité. Trop éloigné de la mer, le port s'ensabla et le trafic se détourna vers Đà Nẵng – principal port du centre du Vietnam dès le milieu du XIXe s.

HỘI AN JAPONAISE

Hội An est un port, donc un lieu de migration. À la fin du XVIe s, environ 1 000 migrants japonais s'y installèrent, vivant séparés des Chinois. L'empereur du Japon, voyant le catholicisme se répandre au Vietnam, donna l'ordre à ses sujets émigrés de rentrer vers l'archipel nippon. Résultat : en 1836, il ne restait plus que 5 à 6 familles japonaises à Hội An.

Quand y aller ?

Meilleur moment pour s'y rendre : janvier-février, en raison du climat plus clément. Pour se rassurer, on se rappellera que la température la plus basse jamais enregistrée ici était de... 13 °C. En été, il y fait très, très chaud.

Arriver – Quitter

En bus

■ **Thesinhtourist** (plan, B1, **1**) : 587, Hai Bà Trưng. ☎ 386-39-48. ● thesinhtourist.vn ●

■ **Barri Ann Travel :** 30, Trần Hưng Đạo. ☎ 386-11-21. ● barrianntravel.com ●

➢ **Pour Huế** (120 km) : 2 bus/j. avec Thesinhtourist, le mat et en début

306

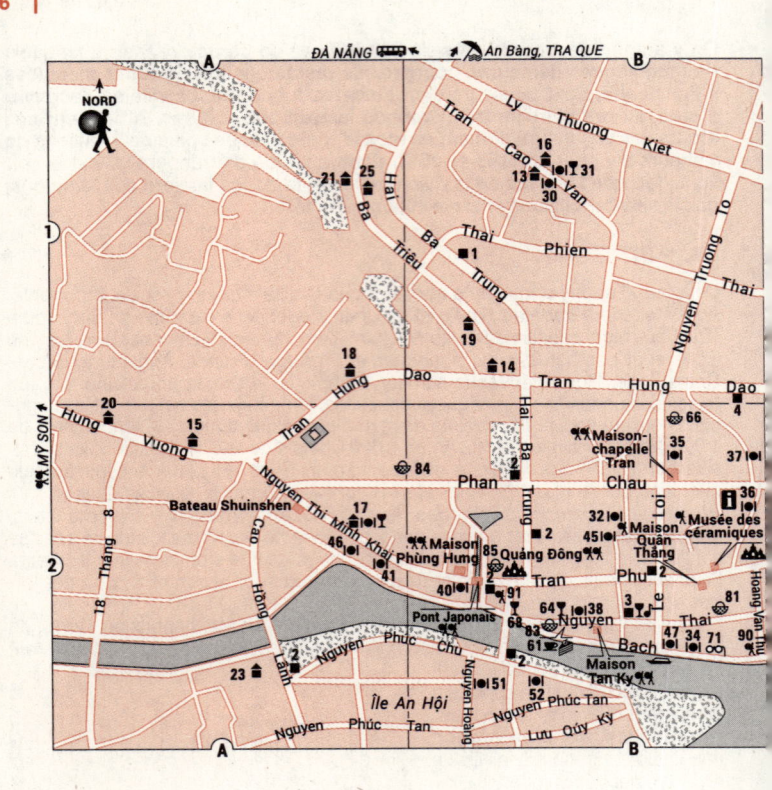

Adresses utiles

- **ℹ** Centre de promotion touristique de Quang Nam (B2)
- **1** Thesinhtourist (B1)
- **2** Points de vente de billets touristiques (A2 et B2)
- **3** Cham Island Diving Centre (B2)
- **4** Blue Coral Diving (B1)

Où dormir ?

- **13** Hôtel Hoạ My II (B1)
- **14** Hôtel Thanh Vân (B1)
- **15** Silk Luxury Hotel (A2)
- **16** The Dream City Hotel (B1)
- **17** La Tonnelle (A2)
- **18** T&T Villa (A1)
- **19** Thùy Dương 3 et Vĩnh Hưng Library Hotel (B1)
- **20** Nhi Nhi Hotel (A2)
- **21** Thiên Thanh Boutique Hotel (A1)
- **22** Hà An Hotel (C2)
- **23** Little Hội An Boutique Hotel & Spa (A2)
- **24** Lavini Boutique Hotel (hors plan par C-D1)
- **25** Backhome Hotel (A1)

Où manger ?

- **30** Minh Hiền (B1)
- **31** Café 43 (B1)
- **32** Restaurant Le Fê et Quán Chay Đạm (B2)
- **34** Restaurant The Thanh (B2)
- **35** Streets (B2)
- **36** Vườn Xưa (B2)
- **37** Bale Well (B2)
- **38** Morning Glory (B2)
- **40** Citronella (B2)

HỘI AN

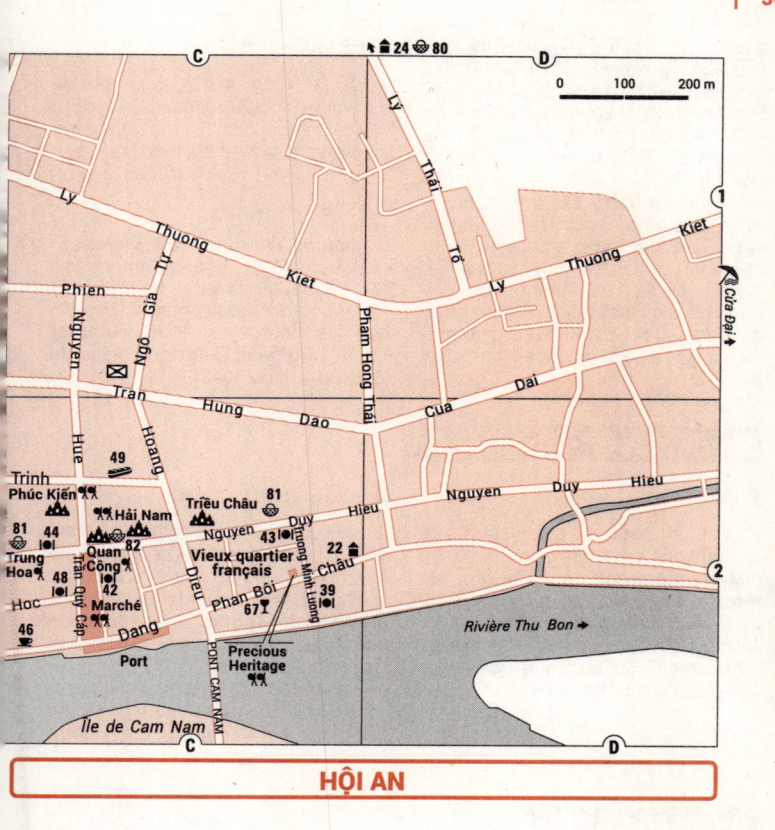

41 Mai Fish (A2)
42 Samurai Kitchen (C2)
44 Bazar Café & Restaurant (C2)
45 Secret Garden (B2)
46 Le Cabanon Café & Bistro (A2)
47 Banana Leaf (B2)
49 Bánh Mì Phượng (C2)
51 Vy's Market (B2)
52 Nostalife (B2)

Où prendre le petit déj ? Où boire un bon café ?

46 Café des Amis (C2)
61 Cargo Club (B2)

Où boire un verre ?

3 Dive Bar-restaurant (B2)
64 Tam-Tam Café (B2)
67 Brother's Café (C2)

68 GAM (B2)

Achats

66 Ava'Na (B2)
80 Magasin Vân (hors plan par D1)
81 Yaly (C2 et B2)
82 Thân Thiện Friendly Shop (C2)
83 Reaching Out – Hoà Nhập (B2)
84 Centre des métiers traditionnels Thắng Lợi (A-B2)
85 Trầm Agarwood Fine Arts Handicraft Workshop (B2)

À voir

71 Spectacle de théâtre et de danse (B2)
90 Musée du Folklore (B2)
91 Musée de la Culture Sa Huỳnh (B2)

d'ap-m. Durée : 4h. Également 2 minibus avec *Barri Ann Travel*. Durée : env 4h30.

➤ *Pour Nha Trang* (530 km) : de Hội An, avec *Thesinhtourist*, bus de nuit ; départ à 18h15, arrivée à Nha Trang vers 7h le lendemain. Durée : env 11h.

➤ *Pour Đà Nẵng* (35 km) : 2 bus/j. (d'hôtel à hôtel) avec *Thesinhtourist*. Avec *Barri Ann Travel*, shuttle bus pour l'aéroport de Đà Nẵng ; env 19 bus/j. 4h-22h. Durée : 1h. Autre option, peu chère mais moins pratique, le *bus local*, qui part ttes les 20 mn d'une gare routière située à 3 km du centre (hors plan par B1).

En taxi

➤ *De Đà Nẵng :* le trajet pour aller de Đà Nẵng à Hội An coûte 20-25 US$. Seul avantage, combiner le trajet avec une visite de la montagne de Marbre.

En avion

➤ *Depuis l'aéroport de Đà Nẵng :* situé à env 40 km. Pour s'y rendre, taxi (20-25 US$) ou navettes de *Barri Ann Travel* (coordonnées ci-contre). Départs ttes les heures, 4h-22h. Compter 110 000 Dg/pers. Dessert la plage de Cửa Đại au passage.

Se déplacer dans Hội An

À pied

La ville est petite et se parcourt très facilement à pied. En outre, le centre historique, classé par l'Unesco, est **interdit aux voitures, tous les jours de 8h30 à 11h, puis de 15h à 21h30**. Même les scooters y sont indésirables. 3 rues parallèles sont ainsi réservées aux piétons, quel bonheur !

À vélo ou à moto

En ville, préférer le vélo, la moto étant idéale pour découvrir la campagne environnante ou se rendre à la plage, rejoindre la montagne de Marbre ou le site cham de Mỹ Sơn. On en trouve partout à louer : hôtels, pensions, restos et magasins. Compter 30 000 Dg/j. pour un vélo et 150 000 Dg/j. pour une moto.

➤ *De la vieille ville à la plage de An Bàng :* à 5 km au nord. 10 mn à moto-taxi, 20 mn à bicyclette.

Adresses utiles

Informations touristiques

🛈 *Centre de promotion touristique de Quảng Nam* (plan, B2) : 47, Phan Châu Trinh. ☎ 391-69-61. ● quangnamtourism.com.vn ● hoianworldheritage.org.vn ● Tlj 7h30-18h. Adresse inutile ou presque ! On y parle à peine l'anglais. Documentation inexistante.

Argent

Distributeurs et possibilités de change un peu partout dans la vieille ville. Attention, banques fermées le week-end.

■ *Banques* (plan, B1) : *Asia Commercial Bank* au 68, Trần Hưng Đạo, et *Agribank* à l'angle de Trần Hưng Đạo et Lê Lợi. Change, distributeurs et service *Western Union*.

Plongée sous-marine

■ *Cham Island Diving Centre* (plan, B2, 3) : 88, Nguyễn Thái Học. ☎ 391-07-82. 📱 09-18-25-55-21 (Lodovico). ● vietnamscubadiving.com ● Ouv de fév à mi-oct, soit la meilleure saison car période de mer calme (et de bonne visibilité). Compter 78 US$ pour 1 plongée découverte, 20 US$/plongée supplémentaire ; pack 2 plongées (plongeurs certifiés) 90 US$. Dans les 2 cas, transport, déj, matériel de plongée et taxes locales sont inclus. Forfait de 2 j./1 nuit sur l'île pour 125 US$ (tt inclus) ; plongée de nuit possible pour 50 US$ supplémentaires. Centre PADI très sérieux, dirigé par Lodovico (un Italien francophone), assisté d'une équipe de 14 moniteurs très qualifiés. Sorties par

groupes de 4 à 5 personnes maxi. Spécialisé dans les excursions à l'île Cham. Pour accéder aux sites de plongée, 2 gros bateaux : un bateau rapide de 12 places et un bateau de croisière, le *Biriwa*, un 2-mâts de 21 m de long.
■ *Blue Coral Diving (plan, B1, 4) : 33, Trần Hưng Đạo. ☎ 627-92-97. 📱 09-35-85-75-78. ● divehoian.com ● Tarifs raisonnables : selon niveau, 58-66 US$ pour 1 plongée, 82-90 US$ pour 2 plongées. Transport, déj, matériel de plongée et taxes locales sont inclus.* Agence tenue par Steve, un Anglais sérieux et compétent. Plongées sur l'île Cham.

Santé

■ *Médecin :* Dr Trần Quang Dũng, *503, Hai Bà Trưng. ☎ 386-22-57. Tt près de la Vietcombank.*

Action humanitaire

■ **Kianh Foundation :** ● kianh.org.uk ● Cette petite ONG anglaise s'est faite l'avocat des enfants de l'orphelinat local. Ses fonds, quoique toujours insuffisants, ont permis d'améliorer leurs conditions de vie, leur alimentation et de favoriser les apprentissages auparavant délaissés.

Où dormir ?

– *Conseils :* les prix, en moyenne plus élevés à Hội An que dans le reste du Vietnam, augmentent encore en haute saison (juillet, août et décembre). Durant la fête du Tết, ils la perdent un peu (la tête), prenant jusqu'à 50, 60, 70 % de plus ! À mesure qu'on s'éloigne du centre historique, les prix baissent et la taille des chambres augmente. Les *resorts* de luxe s'alignent plutôt le long des plages. Dans cette catégorie, les meilleurs tarifs se débusquent sur Internet.

Bon marché (jusqu'à 300 000 Dg / env 11 €)

Hélas, très peu d'*hostels* (AJ privées) pour petits budgets. Mais on trouve de plus en plus de *homestays* (chambres chez l'habitant), notamment autour de la rue Hai Bà Trưng et sur l'îlot d'An Hội, ou plus loin dans la campagne, en direction de la plage de Cửa Đại.

■ *Backhome Hotel (plan, A1, 25) : 39-41, Bà Triệu. ☎ 386-88-38. 📱 09-32-52-25-11. Lit en dortoir (6 pers) 10 US$, doubles 19-28 US$, petit déj inclus.* Un *hostel* moderne et fringant, dans un immeuble qui inspire confiance d'emblée, avec une façade aux multiples balcons. À l'intérieur, un vaste et lumineux café-resto ouvert sur la rue au rez-de-chaussée. Dans les étages, des dortoirs fonctionnels (lampe et prise individuelles, salles de bains collectives mais impeccables). Également des chambres privées, certaines avec balcon. Accueil professionnel et jeune.

Prix moyens (300 000-600 000 Dg / env 11-21 €)

Comme pour la catégorie précédente, peu de choix dans cette fourchette de prix à Hội An. Voir aussi plus haut les chambres privées des *hostels*.

■ *Hôtel Hoạ My II (plan, B1, 13) : 44, Trần Cao Vân. 📱 09-05-51-85-69. ● hoamyhotelhoian.com.vn ● hoamyhotel2003@gmail.com ● Ne pas confondre avec l'hôtel Hoạ My I, moins bien placé. Doubles 18-25 US$.* Discret, modeste, sans éclat particulier mais quand même un bon hôtel à prix sages. Chambres très correctes avec douche/w-c, clim. Piscine intérieure et nombreux services : excursions, laverie, transfert à l'aéroport... Accueil jovial.

Chic (600 000-1 000 000 Dg / env 21-35 €)

■ *The Dream City Hotel (plan, B1, 16) : 39, Trần Cao Vân. ☎ 391-67-57. ● hoiandreamcityhotel.com ● Doubles*

25-35 US$, petit déj inclus. À 10 mn à pied du centre historique, dans une rue calme, ce petit bâtiment (5 étages sans ascenseur) tout blanc, tout neuf est immanquable. L'intérieur dégage une ambiance épurée que rehaussent quelques murs de couleurs vives. Agréables balcons sur l'avant, orientés vers la ruelle relativement calme. Belles, grandes et modernes salles de bains, les chambres allant (selon la catégorie) de « spacieuse » à « vaste », certaines dotées d'un petit coin salon. Point commun à toutes, le style design. Petite piscine ovale pour rafraîchir les journées parfois torrides.

■ |●| ▼ ⊤ *La Tonnelle* (plan, A2, **17**) : 44, Nguyễn Thị Minh Khai. ☎ 386-44-32. ● latonnellehoian.com ● Doubles 500 000-550 000 Dg, petit déj inclus. Calme garanti dans cette rue piétonne qui mène au pont Japonais et à la vieille ville, sans en avoir les nuisances. Une adresse presque confidentielle, comptant seulement 3 chambres (dont 1 suite) à l'étage de la maison. Un caractère incontestable et un personnel souriant font de cette adresse un excellent camp de base. Beau plancher, clim, déco soignée, literie confortable et, fait exceptionnel, pas de TV ! Mais une belle bibliothèque. On prend l'apéro sous la tonnelle, avec un verre de vin français. Servent aussi une savoureuse cuisine vietnamienne.

Plus chic
(1 000 000-2 000 000 Dg / env 35-71 €)

■ *T&T Villa* (plan, A1, **18**) : 100, Trần Hưng Đạo. ☎ 366-69-59. ● tntvilla hoian.com ● Doubles 35-40 US$ selon taille et saison, petit déj inclus. Le joli bâtiment néocolonial de l'accueil fait écran et assure une jolie discrétion à une 2ᵈᵉ construction où se nichent les chambres. Les portes-fenêtres des moins chères donnent de plain-pied sur la piscine. Les chambres de l'étage, de catégorie supérieure et plus vastes, étant, elles, dotées d'un balcon. Surprise ! La baignoire partage la chambre avec le lit, tandis que la salle de bains, fermée, est équipée d'une douche.

■ *Thùy Dương 3* (plan, B1, **19**) : 92-94, Bà Triệu. ☎ 391-65-65.

● thuyduonghotel-hoian.com ● Doubles 35-45 US$ selon vue, petit déj inclus. Ce dernier d'une série d'hôtels propose de belles et vastes chambres parquetées de bois sombre. Les moins chères regardent un mur décoré, ou la rue relativement peu passante. Les autres surveillent la piscine enserrée dans un patio. Seules les immenses suites donnent sur le parc. Confort total de A(ccueil souriant) à Z(énitude appréciable) !

■ *Hôtel Thanh Vân* (plan, B1, **14**) : 78, Trần Hưng Đạo. ☎ 391-69-16. ● thanhvanhotel.com ● Doubles 30-35 US$. Non loin du centre historique (5 mn à pied), voici un établissement correct. Les chambres confortables (clim) se répartissent autour d'une cour intérieure. Toutes avec fenêtre, mais certaines un peu plus sombres. La piscine intérieure et le confort de rigueur (douche ou baignoire, clim, frigo, coffre-fort) sont une honnête compensation.

■ *Vĩnh Hưng Library Hotel* (plan, B1, **19**) : 96, Bà Triệu. ☎ 391-62-77. ● vinhhunglibraryhotel.com ● Doubles 31-45 US$. Un beau salon-bibliothèque donne son nom à cet hôtel raffiné et joliment décoré. Confort au diapason : bonne literie, frigo, clim, baignoire ou douche, ainsi qu'un balcon dans les plus chères. Attention, les moins chères n'ont pas de fenêtre. Piscine sur le toit et bout de terrasse dans la rue. Accueil affable.

■ *Nhi Nhi Hotel* (plan, A2, **20**) : 60, Hùng Vương. ☎ 391-67-18. ● nhin hihotel.com.vn ● À l'ouest de la ville, à 10 mn à pied du centre historique. Doubles 35-40 US$, petit déj inclus. Un peu excentré mais de bon rapport qualité-prix. Les chambres, avec balcon pour les plus onéreuses, sont agréables et propres. Elles se répartissent autour d'une cour centrale avec petite piscine, dont l'agrément nous a semblé plutôt visuel. Également des familiales. Gentil accueil en anglais. Location de vélos et scooters.

■ *Thiên Thanh Boutique Hotel* (plan, A1, **21**) : 16, Bà Triệu. ☎ 391-65-45. ● hoianthienthanhhotel.com ● Doubles 35-55 US$ selon orientation, petit déj inclus. Voici un hôtel de charme confortable, dans un style tropical chic de bon aloi, avec plancher et mobilier en bois sombre. Les chambres standard sont charmantes, mais sont dotées de fenêtres sur l'intérieur. Les *deluxe* sont ouvertes sur l'extérieur (vue sur des champs, des potagers et des arbres), et possèdent même un balcon dès le 1er étage à l'arrière ou 2e étage côté rue (plus bruyantes, donc). Piscine couverte.

Très chic (2 000 000-3 310 000 Dg / env 71-117 €)

▲ I●I *Hà An Hotel* (plan, C2, 22) : *6-8, Phan Bội Châu.* ☎ *386-31-26.* ● *haan hotel.com* ● *Doubles 60-85 US$.* Un îlot de calme à 5 mn du centre. Précédée d'un jardin tropical, cette vieille demeure de charme très bien aménagée abrite des chambres impeccables, décorées avec goût. Literie douillette, coffre-fort, CD et lecteur DVD. Les petites terrasses privatives donnent sur le jardin. Excellent petit déj-buffet servi au *Memory Café* attenant. Billard, prêt de vélos, piscine. Excellent rapport qualité-prix-charme.

▲ I●I *Silk Luxury Hotel* (plan, A2, 15) : *14, Hùng Vương.* ☎ *396-33-99.* ● *silkluxuryhotels.com* ● *Doubles 52-70 US$.* Emplacement idéal proche de l'entrée ouest de la vieille ville. Dans un renfoncement, en retrait de la route, c'est un hôtel contemporain, fonctionnel mais bien décoré. Plus de 80 chambres de petit luxe, toutes impeccables, certaines avec balcon et vue sur une piscine intérieure. Fait aussi resto. Toutes les facilités, et un loueur de motos juste en face. Au final, un bon rapport qualité-prix dans cette catégorie.

Sur l'îlot An Hội, de l'autre côté de rivière

▲ *Little Hội An Boutique Hotel & Spa* (plan, A2, 23) : *2, Thoại Ngọc Hầu.* ☎ *386-99-99.* ● *littlehoiangroup.com* ● *Doubles 50-70 US$, petit déj inclus. Promos sur leur site.* Un hôtel de charme appartenant à une chaîne qui compte 5 établissements à Hội An. Situé tout près de la vieille ville, sur l'îlot accessible par le pont. Une trentaine de chambres à la déco chaleureuse et raffinée : tableaux aux murs, salles de bains immenses, balcon donnant sur la rivière et le centre historique ou sur l'arrière pour les plus chères, qui sont aussi les plus spacieuses. Petit déj copieux et varié. Piscine et spa. Un havre de tranquillité.

À l'extérieur du centre, vers le nord et la plage d'An Bàng

Prix moyens (300 000-600 000 Dg / env 11-21 €)

▲ *Jolie Villa Hoi An Homestay* : *14, Lưu Trọng Lư.* ☎ *09-05-60-77-66. Doubles 15-25 US$, petit déj inclus. CB acceptées.* Dans un quartier résidentiel et calme, une belle maison tenue par la très avenante Mme Phuong, surnommée « Jolie », et parfaite francophone. Si elle n'est pas sur place, demandez à l'employée de lui téléphoner ; elle arrivera 5 mn plus tard. Abrite 10 chambres équipées de douche/w-c, dont 3 avec balcon. Confort digne d'un petit hôtel. Certaines chambres donnent sur la rue et quelques-unes sur le jardin. Prêt de vélos et location de motos *(env 120 000 Dg/j.).*

▲ *Cochi Villa* : *49, Nguyễn Tất Thành.* ☎ *09-15-59-69-14.* ● *cochivillahoian652@gmail.com* ● *À 2 km à l'est du centre, en sortant par la rue Lý Thường Kiệt. Doubles 350 000-600 000 Dg, petit déj non inclus. CB refusées.* Près d'une station *Petrolimex*, une villa blanche en retrait de la route, tenue par l'aimable Huy, guide francophone de métier. Il y habite avec ses parents et son chien Milou. La maison abrite 5 chambres propres et confortables (ventilo ou clim), sur 2 étages. La n° 201, côté rue, a 2 fenêtres et un balcon. Les plus calmes donnent sur le côté de la bâtisse. Vélos gratuits.

Chic
(600 000-1 000 000 Dg / env 21-35 €)

🏠 |◉| **Villa Loan :** *lieu-dit Cẩm Hà, à env 3 km au nord de Hội An, en direction de la plage de An Bàng (qui est à 1,5 km plus loin).* ☎ *23-56-27-22-88.* 📱 *09-48-57-73-22.* ● *villa-loan.com* ● *Double 700 000 Dg, petit déj inclus.* Loin du tumulte et de la foule, au calme, dans un quartier campagnard, ce petit hôtel de charme est une vraie surprise. La propriétaire, Loan, est francophone (elle est rarement là), sa sœur est à la réception et l'accueil est assuré par le jovial Pascal qui s'occupe des hôtes avec attention. Une vingtaine de chambres impeccables, très bien aménagées (bonne literie), avec vue sur la piscine pour la majorité. Les autres donnent sur les prés et les vergers du quartier. Fait aussi resto (petite carte, cuisine vietnamienne fraîche). Vélos gratuits, location de motos. Transfert depuis/pour l'aéroport de Đà Nẵng si réservation effectuée.

À l'extérieur du centre, à l'est, en allant vers les plages de Cửa Đại

Une alternative intéressante à l'hôtellerie de centre-ville pour qui préfère l'espace et le calme plutôt qu'une situation hyper centrale. Sur fond de campagne encore plutôt typique (rizières, jardins potagers, bouquets d'arbres...), de nombreux hébergements essaiment autour des routes d'accès aux plages de An Bàng et de Cửa Đại (voir plus loin « Dans les environs de Hội An »).

Chic
(600 000-1 000 000 Dg / env 21-35 €)

🏠 **Lavini Boutique Hotel** (*hors plan par C-D1, 24*) : *en face du 63, Lý Thái Tổ.* ☎ *392-49-28.* 📱 *09-05-12-66-80.* ● *lavinihoianvilla.com* ● *Doubles 25-50 US$, petit déj inclus.* 2 bâtisses modernes composent cet ensemble à la fois confortable et cosy. Les chambres, tout confort, sont bercées d'un orientalisme moderne ce qu'il faut. Lits douillets parfois surmontés de baldaquins-moustiquaires, set de thé-café, TV, clim... l'équipement est au rendez-vous. Et puis le jardin privatif des suites (chanceux !) est vraiment agréable. Vue sur des rizières piquées de cocotiers où soufflent les buffles. Il y a aussi une piscine. Excellent accueil.

🏠 **Lộc Phát Hội An Homestay :** *420, Cửa Đại, Cẩm Châu.* 📱 *09-35-12-08-20. À 5 mn de la ville à vélo, sur la route de Cửa Đại. Doubles 14-25 US$, petit déj inclus.* Il s'agit plus d'un petit hôtel que d'un *homestay*. Autour d'une cour ouverte avec bassin, 15 chambres tenues avec le plus grand soin par Mme Linh, maîtresse de maison aussi serviable qu'enjouée. Belles salles de bains et grande baie vitrée ouvrant sur la verdure et la terrasse. Au 1er étage, chacun profite d'un agréable balcon. Rien ne manque, ni la clim'ni les vélos à louer.

🏠 **Serena Villa :** *allée 362/15, route de Cửa Đại.* ☎ *395-93-69. À ne pas confondre avec le Serene River Villa dans un quartier proche. Doubles 30-40 US$. Et aussi une triple.* Niché dans une impasse, à l'écart de la route des plages, voici une jolie maison composée de 2 bâtiments modernes autour d'une piscine. Accueil en anglais par une dame qui tient bien sa maison. Ambiance d'un petit hôtel avec des chambres impeccables équipées d'une literie remarquable (lit de 160 cm sur 2 m !). Tout ce qu'il faut pour oublier le bruit du monde et retrouver une certaine sérénité. Normal quand on se nomme *Serena*...

Plus chic
(1 000 000-2 000 000 Dg / env 35-71 €)

🏠 **Ancient House Resort & Spa :** *377, Cửa Đại.* ☎ *392-33-77.* ● *ancienthouseresort.com* ● *Situé à 2 km de Hội An et 3 km de Cửa Đại. Doubles 65-80 US$.* L'hôtel doit son nom à la maison traditionnelle située à l'arrière, où l'on fabrique encore des galettes

HỘI AN / OÙ MANGER ? | 313

de riz selon une méthode ancestrale ! Le manager, M. Binh, est un Vietnamien francophone. La cinquantaine de chambres, réparties dans un jardin fleuri, forme un ensemble charmant et de caractère. Elles occupent des petits pavillons couverts de tuiles rouges, reliés par des passerelles. L'intérieur est décoré dans un style vietnamien de bon goût : mobilier sobre, tons clairs, ambiance chic mais pas guindée. Jolie petite piscine, spa, prêt de vélos et resto sur place. Navette en minibus privé pour la plage de Cửa Đại.

Très chic (2 000 000-3 310 000 Dg et au-delà / env 71-117 €)

🏨 🍴 *Hội An Chic, Green Retreat :* *Nguyễn Trãi.* ☎ *392-67-99.* ● *hoian chic.com* ● *À 2 km du centre, entre la ville et la plage de Cửa Đại (accès au niveau du 290, Cửa Đại). Doubles 83-133 US$, petit déj inclus.* Une « retraite verdoyante » comme son nom l'indique, en retrait de la route, entouré de rizières, ce petit hôtel à taille humaine a tout d'un grand. Les 17 chambres sont magnifiques et modernes dans leur agencement. Mobilier design, salles de bains bluffantes, lumières savamment étudiées, balancelles en terrasse. Bref, un environnement de rêve et une piscine à débordement bien agréable sans être immense. Resto sur place et activités gratuites si l'on veut cocooner. Sinon, une jeep fait la navette avec le centre-ville.

🏨 *Victoria Hội An Beach Resort :* *Cửa Đại Beach.* ☎ *392-70-40.* ● *victoriaho tels.asia* ● *Arrivé à la plage, prendre à droite sur 1 km env. Doubles 130-300 € (env 300 € la junior suite) ; prix négociables selon saison et disponibilités. Promos sur leur site.* Un ensemble superbe, composé de bungalows au bord de la mer d'un côté, au bord de la rivière de l'autre. À ce niveau, on ne parle plus de confort ; ce qui fait la différence, c'est la multitude de détails raffinés qui, réunis, forment le luxe. Chambres magnifiques avec balcon ou terrasse donnant sur la rivière, le jardin ou la mer. Salles de bains spacieuses, avec w-c séparés. Allongé dans l'un des hamacs disséminés dans le parc enchanteur avec ponts, bassins, pelouses verdoyantes, on n'a plus qu'à profiter sans arrière-pensée de cette parenthèse enchantée. Pour une occasion spéciale, la *junior suite* est une pure folie : patio intérieur (avec douche), jacuzzi dans la salle de bains et volumes immenses, les pieds dans l'eau. Bref, un paradis balnéaire avec spa et resto-bar sur place. Minibus gratuit pour Hội An.

LE CENTRE

Où manger ?

La cuisine de Hội An est souvent décrite comme la plus fine du Vietnam. Parmi les spécialités traditionnelles, le *cao lầu* est un plat de nouilles épaisses cuites avec des pousses de soja, des herbes, des morceaux de porc, des petites croquettes, le tout servi dans un bol. Les nouilles sont fabriquées à partir de la pâte de riz macérée dans l'eau dite « de cendre », une eau bouillie 3 fois pour laquelle on utilise le bois des arbres de l'île Cham (au large de Hội An).
Autres spécialités : la *rose blanche* (*white rose dumpling* sur les menus en anglais), un nom poétique pour des raviolis à base de farine de riz fourrés à la poudre de crevette ; le *mì quảng*, une délicieuse et nourrissante soupe de nouilles ; et les *hoành thánh* (souvent écrit à la chinoise, *wonton*), raviolis de blé fourrés d'un hachis de crevettes et frits à la poêle.

Dans les rues anciennes

Bon marché (moins de 100 000 Dg / env 4 €)

🍴 *Bánh Mì Phượng* (plan, **C2, 49**) : *2B, Phan Châu Trinh. Tlj 6h-21h30.* L'échoppe est minuscule mais très populaire en ville. On fait souvent la queue sur le trottoir. Faut dire que les ingrédients en vitrine annoncent une variété de sandwichs traditionnels on ne peut plus frais. Bien aussi pour un casse-croûte à prix doux, à dévorer en flânant ou sur l'une des rares tables à l'arrière.

|●| Quán Chay Đạm (plan, B2, **32**) : *20/71, Phan Châu Trinh.* 09-34-97-20-55. *Tlj 7h-19h. Plats 15 000-20 000 Dg.* Une sorte d'exception à Hôi An, qui devient très touristique ! Cette cantine familiale s'est réfugiée sans tambour ni trompette dans une ruelle sans lampions ni boutiques. Des Vietnamiens viennent y manger une cuisine végétarienne, sans colorants ni additifs. Une grosse vingtaine d'assortiments de légumes, escalopes végétales, tofu, pour composer une assiette copieuse. À consommer dans une salle vraiment minimaliste, pour un prix qui semble avoir oublié un zéro !

|●| Minh Hiến (plan, B1, **30**) : *50, Trần Cao Vân.* 09-05-66-77-43. *Tlj 9h-21h. Set menu pour 1 ou 2 pers 150 000-230 000 Dg, plats 35 000-90 000 Dg.* Dans une salle aux étagères envahies de livres, voici un délicieux resto végétarien déclinant le tofu et l'aubergine à toutes les sauces, ainsi que les classiques de Hôi An : *wonton* frits ou en soupe, *bánh xèo*, raviolis rose blanche... La cuisine a beau rester simple et à prix modérés, les saveurs d'épices et d'herbes ressortent à merveille et font de ce lieu très convivial une table incontournable dans le quartier.

|●| ☕ Café 43 (plan, B1, **31**) : *43, Trần Cao Vân.* ☎ 386-25-87. *Tlj 8h30-22h.* Dans le quartier des mini-hôtels, une adresse où les jeunes *backpackers* venus des 4 coins du globe se pressent pour descendre une *fresh beer* à prix plancher et dévorer un copieux repas très bon marché. Cuisine locale correcte mais c'est surtout l'ambiance amicale et la bonne humeur qu'on recherche ici. Il n'y a qu'à voir les mots enthousiastes et photos d'identité de voyageurs déposés sous le verre des tables !

Prix moyens (100 000-250 000 Dg / env 4-9 €)

|●| Morning Glory (plan, B2, **38**) : *106, Nguyễn Thái Học.* ☎ 224-15-55. *Tlj 11h-21h. Résa conseillée le soir.* Au cœur de la ville, une vieille maison coloniale au décor rétro. Préparée en partie à vu, la cuisine, généreuse, délicate et parfumée, pioche dans le meilleur de la gastronomie locale, recettes familiales comme *street food*, avec une explication détaillée pour chaque plat. Canard au coco, aubergines au porc haché... La carte est variée, les produits frais et délicieux. De quoi expliquer un succès certain, et un service qui n'arrive pas toujours à suivre. Qu'importe, on se régale ! Bonne carte des vins.

|●| Restaurant Le Fê (plan, B2, **32**) : *dans une ruelle accessible au niveau du n° 69/3 Phan Châu Trinh.* 905-55-35-68. *En face du resto végétarien Quán Chay Đạm. Tlj 9h-22h.* À l'écart de l'agitation, ce fut d'abord un café avant d'être un resto. Des vieux murs jaunes, des salles en enfilade, un bassin à poissons, du mobilier rustique, un décor agréable, pour dîner en dégustant une cuisine vietnamienne authentique, soignée et savoureuse. La carte est courte, c'est un bon signe. Excellent service. Spécialité : le poisson-chat en fondue.

|●| Streets (plan, B2, **35**) : *134 a, Lý Thái Tổ.* ☎ 391-10-48. *Tlj, jusqu'à 21h. Plats 80 000-150 000 Dg.* Ce resto émanant d'une ONG emploie des jeunes défavorisés issus de la rue et les forme aux métiers de la restauration. Non seulement c'est une bonne action, mais la table s'avère excellente ! Carte restreinte aux spécialités de Hôi An : roses blanches, *mì quảng, cao lầu* savoureux... Tant la cuisine que le cadre (beau mobilier, murs rehaussés de tableaux) sont parfaits. Le tout à des prix franchement raisonnables au vu de la qualité. Les étudiants employés n'ont pas à rougir de leur service, plus pro que dans des restos huppés !

|●| Vườn Xưa (*Old Garden Restaurant* ; plan, B2, **36**) : *dans une ruelle au niveau du 33, Phan Châu Trinh (bien fléché).* ☎ 03-47-91-13-07. *Tlj 11h-21h.* La simplicité du cadre et de l'accueil étonne, dans cette ville où l'afflux touristique fausse un peu la donne. Sur de petites tables en bambou, on se régale de plats traditionnels : *wonton, bánh xèo*... servis dans une atmosphère bon enfant. Rien de bien excessif, sauf le crabe qui fait grimper la note.

HỘI AN / OÙ MANGER ? | 315

Iol Banana Leaf *(plan, B2, 47)* : *88, Bạch Đằng. ☎ 386-13-46. Tlj 8h-21h30. Menu env 200 000 Dg.* L'une de ces adresses qui n'aurait pas attiré notre attention si elle n'avait pas été située face à la rivière, sa salle aérée à l'étage dominant la berge. Murs couleur banane et mobilier vert. Menu varié regroupant plats traditionnels de Hội An, classiques vietnamiens, pâtes maison et sandwichs bon marché.

Iol Samurai Kitchen *(Hiep Si ; plan, C2, 42)* : *9, Tiểu La. ☎ 07-78-50-46-27. Tlj sauf dim 11h30-20h. Soupe 25 000 Dg, plats 45 000-200 000 Dg.* Près du marché, petit resto japonais tenu par le jovial Genka, originaire d'Osaka. Il cuisine lui-même auprès de sa petite équipe, et fait aussi le service. Pas de sushis ni de sashimis, les classiques, mais la cuisine nippone populaire et savoureuse comme le *ramen* (soupes aux nouilles) ou le *tonkatsu* (côtelettes de porc). Tout est frais et délicieux. Genka achète ses produits dans une épicerie japonaise de Đà Nẵng.

Iol Restaurant The Thanh *(plan, B2, 34)* : *76, Bạch Đằng. ☎ 09-05-43-60-17. Tlj 10h-23h. Plats 50 000-80 000 Dg.* Une jolie maison très basse, avec lampions et plantes grimpantes, c'est le style de la ville ancienne. Salle soutenue par des piliers en bois noir gravés de caractères dorés. Son emplacement sur le quai (illuminé le soir) et sa cuisine traditionnelle soignée en font une bonne table.

Iol ⊤ Mai Fish *(plan, A2, 41)* : *45, Nguyễn Thị Minh Khai. ☎ 392-55-45. 09-05-01-68-25. Tlj 8h-23h.* Une adresse romantique, à la lisière de l'agitation frénétique du centre. Depuis l'immense terrasse au calme, le regard reste aimanté par la rivière ! Le soir, atmosphère sereine à la douce lumière des lampions avec, en principe, de la musique en live. Cuisine savoureuse, à l'exemple de cette fondue aux fruits de mer *(lẩu hải sản)* délicieusement parfumée (le plus cher de la carte). En résumé, un bel aperçu de la gastronomie locale. Service très attentionné.

Iol ⊤ Bale Well *(plan, B2, 37)* : *45/51, Trần Hưng Đạo. ☎ 386-44-43. Au niveau du 38, Phan Châu Trinh, prendre la ruelle à gauche ; c'est indiqué. Tlj 10h30-22h. Menu env 120 000 Dg.* Pas de chichis dans cette gargote bien connue des touristes, installée dans une grande cour en retrait de l'agitation. Le menu est imposé d'office et les plats se succèdent sur la table en inox, sans discuter : brochettes de porc grillé, crêpes *bánh xèo*, nems, pancakes aux crevettes, etc. Copieux, mais pas forcément très fin.

Iol Citronella *(plan, B2, 40)* : *5, Nguyễn Thị Minh Khai. ☎ 224-14-91. Tlj 8h-22h30.* Non, ce n'est pas un resto italien, ni un entrepôt rempli de citrons. C'est une vieille et charmante maison près du pont Japonais, qui communique avec le quai de la rivière. Coin salon près du bar (fauteuils confortables), piliers calligraphiés, lanternes et lampions. Cuisine vietnamienne et plus largement asiatique à prix encore corrects. Bien aussi pour boire un verre en terrasse quand il fait beau.

Chic (250 000-600 000 Dg / env 9-21 €)

Iol ⊤ Secret Garden *(plan, B2, 45)* : *The Alley, 60, Lê Lợi. ☎ 914-14-61-65. Indiqué par un panneau depuis Lê Lợi. Tlj 8h-minuit.* Son secret est de maintenir sa qualité au fil des ans. Charmant resto niché dans son jardin discret, où l'on prend ses repas au bord d'un bassin et d'un kiosque. Prix raisonnables le midi, plus élevés le soir, pour une cuisine parfumée et raffinée que l'on savoure dans une ambiance « romantique » à souhait, accompagné par la guitare ou le piano (groupe tous les soirs).

Iol Bazar Café & Restaurant *(plan, C2, 44)* : *36, Trần Phú. ☎ 391-12-29. Tlj 6h30-22h. Menus 170 000-500 000 Dg.* Linh, Thanh (une *Việt Kiều* francophone) et Federico (archéologue italien, spécialiste du site de Mỹ Sơn), 3 amis se sont associés pour diriger ce beau resto installé dans une charmante maison 2 fois centenaire. L'autel des ancêtres se dresse dans le grand jardin, si agréable en soirée. À l'intérieur, de beaux tableaux aux murs, même quand il n'y a pas d'expo. Ici, l'esprit de la maison est à l'image de la cuisine : saine, fraîche, sincère. On y sert des plats fins et locaux, mais aussi de la cuisine française. À accompagner de cocktails, narguilés et d'un *espresso* bon comme en Italie.

316 | LE CENTRE

|●| *Le Cabanon Café & Bistro* (plan, A2, 46) : 53, Công Nữ Ngọc Hoa. ☎ 905-42-85-60. Tlj sauf w-e 10h30-22h. Un peu à l'écart du reste de la ville, face à la rivière, cette petite maison typique est plus grande qu'un cabanon provençal. Elle est tenue par le duo français le plus jovial que l'on connaisse : Gilles et Julien, qui sont tous les jours sur place et très actifs aux fourneaux comme au service. On mange sur la petite terrasse du bas ou dans la modeste salle près de la cuisine miniature, sinon à l'étage avec vue sur Hội An *by night*. Cuisine bistrotière française d'influence méditerranéenne bien concoctée et goûteuse. Sandwichs, burgers, crêpes, *pasta*, salades, et aussi des plats plus cuisinés (notamment les viandes). Spécialités du chef : le cordon bleu (exquis) et le poulet milanaise. Vin à la bouteille ou au verre (prix raisonnables).

Au sud, sur l'îlot An Hội

Bon marché (moins de 100 000 Dg / env 4 €)

|●| ↑ *Nostalife* (Hoài Hương ; plan, B2, 52) : 33/1, Nguyễn Phúc Chu. ☎ 09-19-77-10-37. Tlj 12h-21h30. Caché dans une cour en retrait du quai, entre de vieux murs rongés par la végétation tropicale, un resto convivial aux airs de paillote. Panneaux de bois mal dégrossis, guirlande de lampions, le cadre est typique, le service aussi. Au menu, les spécialités du Hội An populaire, facturées à prix plancher et mitonnées au ras du sol, dans le coin cuisine retranché derrière un paravent. Quelques options plus élaborées aussi, et un peu plus chères, forcément.

Prix moyens (100 000-250 000 Dg / env 4-9 €)

|●| *Vy's Market* (plan, B2, 51) : 3, Nguyễn Hoàng. ☎ 392-69-27. Tlj 8h-21h30. Plats 75 000-120 000 Dg. Dispersés sous un vaste hall, sorte de « *food court* », une série de stands et d'éventaires qui passent en revue la gastronomie vietnamienne, des grands classiques (*phở*, rouleaux de printemps) aux spécialités les plus étonnantes, comme ces salades de vers à soie et ces termites grillés dans la section consacrée aux mets dits *weird* (« bizarres »). Une adresse originale pour tous les goûts, mais pas pour toutes les bourses si l'on cède à la tentation de goûter à tout.

Trouvez les mots QUI SAUVENT !

Le Routard G'palémo — 6€ — 150 dessins

Où prendre le petit déj ? Où boire un bon café ?

La plupart des restos cités plus haut ouvrent dès le matin et servent le petit déj.

Cargo Club (plan, B2, 61) : 107-109, Nguyễn Thái Học. ☎ 391-12-27. Tlj 13h-21h Une belle maison d'époque coloniale rénovée sur des notes tropicales chics, en plein cœur historique. À la fois un restaurant et un café. Le rez-de-chaussée abrite la 1re pâtisserie française à Hội An, tenue par Trịnh Diễm Vy, une Vietnamienne anglophone. Gâteaux, cakes, croissants, tartes, ainsi qu'un bon expresso, bien corsé, comme le prix.

Côté restauration, sert des combos (plateau avec thé glacé, à l'heure du déjeuner (99 000-115 000 Dg).

Café des Amis (plan, C2, 46) : 52, Bạch Đằng. ☎ 386-16-16. Tlj 8h-22h. Une institution qui existe depuis au moins 3 décennies ! L'endroit est modeste. On vient chez Kim comme chez un ami. Un de ces « amis de Georges » qui essaiment dans le monde francophone : vous aurez d'ailleurs droit à quelques bons standards de Brassens pendant que vous siroterez un excellent café vietnamien dont le prix n'a pas dû bouger depuis 20 ans !

Où boire un verre ?

Soyez prévenu, Hội An est tranquille et couche-tôt. Le quartier historique étant classé, tout ferme à minuit au plus tard, exception faite du Why Not Bar, au bout de Phan Bội Châu (plan, D2), un bouge à éviter (vols, agressions).

Dive Bar-restaurant (plan, B2, 3) : 88, Nguyễn Thái Học. ☎ 391-07-82. Tlj, jeu-dim (17h-minuit). Cette maison coloniale de style abrite à la fois un club de plongée et un resto-bar composé de 3 salles avec 2 patios intérieurs. Beau décor coloré, coin *lounge* garni de coussins, mezzanine, billard dans le patio. À la nuit tombée, ça s'anime sacrément : concert assuré tous les soirs (rock, folk, soul, salsa...) dans une ambiance fêtarde et arrosée, entretenue par une équipe internationale dynamique et chaleureuse (Lodovico et Gildas, francophones). Bière pression, vin au verre et cocktails bien dosés ; des tournées de *shots* sont même offertes au cours de la soirée ! Pour éviter de plonger trop profond, carte de tapas et autres plats (pâtes, lasagnes, quiches, etc.).

Tam-Tam Café (plan, B2, 64) : 110, Nguyễn Thái Học ou 121, Trần Phú. ☎ 386-22-12. Tlj 8h-minuit. Cette maison coloniale a été le 1er café ouvert à Hội An en 1998, par un Français. Décoration tropicale aérée, ornée de beaux lampions et une multitude d'espaces et d'ambiances : jardin, terrasse, balcon tranquille, salle de billard... Le cadre est très réussi, le petit déj aussi, mais on est moins convaincus par la cuisine.

Brother's Café (plan, C2, 67) : 27-29, Phan Bội Châu. ☎ 391-41-50. Tlj 8h-22h. Une vaste maison d'époque coloniale française, au bord de la rivière, avec un luxuriant jardin qu'on ne soupçonne pas depuis la rue. Fontaines, ponts, cascades... Tout a été restauré et conservé dans le style tropical ancien. Plutôt que d'y manger, on conseille d'y boire un verre en fin d'après-midi. Un moment agréable, malgré des prix assez élevés. On paie vraiment le cadre, superbe, il faut l'avouer.

GAM (Gemstone Art Museum & Winebar ; plan, B2, 68) : 130, Nguyễn Thái Học. ☎ 393-84-68. Tlj 9h-minuit. Lieu chic et raffiné pour siroter à petites gorgées un bon verre de vin ou un cocktail en admirant la vue sur la ville depuis la salle de l'étage (balcon très prisé !). Plus cher que la moyenne des bars et personnel un peu guindé. Au rayon tout ce qui brille, la maison expose aussi une collection de bijoux et pierres précieuses.

Achats, magasins

Hội An est réputée pour la confection de vêtements en soie (ou autre) sur mesure, dans des délais rapides et à des prix très intéressants. La plupart des tailleurs sous-traitent le travail (la qualité peut s'en ressentir). Voici quelques adresses recommandables.

- **Magasin Vân** (hors plan par D1, 80) : *139, Lý Thái Tổ.* ☎ *386-41-93.* 📱 *09-05-19-94-39.* ● *vanhoian2008@gmail.com* ● *Tlj 8h30-21h. CB acceptées. Réduc de 10 % sur présentation de ce guide.* Boutique de couture (soie, coton, cachemire) et de vêtements sur mesure tenue par Vân, une aimable Vietnamienne francophone (c'est une personne scrupuleuse, encourageons-la). Elle est accueillante, patiente, souriante, elle travaille bien et ses prix sont sages. Soit on prend vos mesures et elle travaille dessus, soit vous apportez un vêtement qui servira de modèle. Elle confectionne de tout : pantalons, chemises, costumes, tuniques, robes (16-35 €), manteau (50-80 €), et même robe de mariée...

- **Yaly** (plan, C2, 81) : *47, Nguyễn Thái Học.* ☎ *221-24-74. Tlj 8h-21h30. Autres boutiques au 47, Trần Phú (plan, C2, 81) et au 358, Nguyễn Duy Hiệu (plan, B2, 81).* Cette enseigne haut de gamme, dont les magasins essaiment dans le centre, pratique des prix plus élevés que les autres, mais la qualité est constante. Normal, ils ont leurs propres tailleurs et proposent un grand choix de tissus.

- **Thân Thiện Friendly Shop** (plan, C2, 82) : *18, Trần Phú.* 📱 *09-35-21-13-82.* ● *shoeshop-hoian.com* ● *Tlj 8h30-20h30.* Le paradis de la chaussure propose un choix incomparable de modèles et de couleurs pour réaliser sur mesure mocassins, bottes, escarpins, ballerines, galoches et tatanes en tout genre. Accueil en anglais, qualité et service impeccables. Livraison en 24h à votre hôtel.

- **Ava'Na** (plan, B2, 66) : *57, Lê Lợi.* ☎ *391-16-11.* ● *avanavietnam.com* ● *Tlj 8h-22h.* Cette boutique, tenue par une styliste belge, vend de superbes créations vestimentaires, chaussures et accessoires de mode faits à la main par des femmes issues de minorités des montagnes. Très belle qualité et motifs modernes originaux.

- **Reaching Out – Hoà Nhập** (plan, B2, 83) : *103, Nguyễn Thái Học.* ☎ *391-01-66.* ● *reachingoutvietnam.com* ● *Tlj 8h30-21h30.* Boutique d'objets d'artisanat fabriqués par des handicapés, physiques ou mentaux. On peut les voir au travail dans l'atelier à l'arrière du magasin, qui donne sur Bạch Đằng. Prix fixes non négociables. Un petit achat, pour une bonne action. Cela s'appelle du tourisme éthique. On y trouve aussi un salon de thé *(lun-ven 8h30-21h, w-e 9h30-19h).*

- **Centre des métiers traditionnels Thắng Lợi** *(Fine Art Handicraft Manufacture ; plan, A-B2, 84)* : *92, Phan Châu Trinh.* ☎ *386-46-10. Tlj 8h-21h30.* Un personnel souvent francophone y explique les étapes de l'élevage du ver à soie, la fabrication du tissu et la réalisation de tableaux en soie brodée. Présentation d'autres artisanats aussi : tissage de nattes, sculpture sur bois... Un favori des groupes, qui propose un très grand choix pour faire ses emplettes. Une très bonne adresse !

- **Trầm Agarwood Fine Arts Handicraft Workshop** (plan, B2, 85) : *186, Trần Phú.* ☎ *391-18-66. Tlj 8h-21h.* Dans une vieille et belle maison, c'est à la fois un centre d'exposition et de vente de bois d'agar, protégé par la loi. Troncs sculptés, évidés à la main. Sans oublier les produits dérivés : parfums, savons, encens, objets et bijoux design, etc.

À voir

Si la balade le long des berges et dans les ruelles anciennes est délicieuse, mieux vaut se lever tôt pour en profiter avant que la foule ne grossisse trop. En fin de journée, des cars déversent par dizaines leur flot de visiteurs, venus goûter au charme des quais illuminés de lampions.

HỘI AN / À VOIR | 319

■ *Points de vente de billets touristiques* (plan, A2 et B2, 2) : *les points de vente sont répartis dans le centre historique, et positionnés sur notre plan (mais sujets à changements). Tlj 8h-21h30.* Le *pass* (une carte à coupons) vaut 120 000 Dg et permet de visiter 5 sites parmi les 22 que compte la ville, sans limite de validité.
– *Guides vietnamiens francophones :* dans n'importe quel point de vente, on peut demander un guide francophone pour visiter la ville. Compter 125 000 Dg pour une balade de 1h30.
– *Attention :* les horaires des différentes maisons et musées sont susceptibles de changer ; se renseigner sur place.
– *Visites guidées :* plusieurs agences proposent des tours guidés thématiques, à pied, à vélo, axés sur le patrimoine historique, la gastronomie ou la découverte des villages de paysans ou de pêcheurs... Voir notamment *Heaven & Earth Tours* (dans la rubrique « À faire »), qui organise d'intéressants circuits à vélo dans la campagne alentour.

➢ D'abord, balade, le nez en l'air, le long de **Trần Phú, Nguyễn Thái Học** et **Bạch Đằng**, les 3 rues parallèles à la rivière, où se regroupent les plus belles maisons anciennes. L'architecture de Hội An est unique au Vietnam, avec ses maisons basses aux façades ocre jaune, aux toits recourbés et aux balcons en bois, édifiées sur 2 niveaux, tout en longueur. Sur l'une des étroites façades, l'échoppe, sur l'autre, l'entrée de l'entrepôt. Au milieu, le logement, donnant sur une petite cour intérieure. Au rez-de-chaussée, le salon-salle à manger, la cuisine. Au 1er étage, les chambres, s'ouvrant en général sur une véranda. Souvent, au-dessus de la porte, 2 yeux pour surveiller et éloigner les mauvais esprits. Malheureusement, le cachet de ces vieilles demeures est désormais masqué par d'innombrables boutiques de souvenirs.
– À l'entrée ouest de la vieille ville, où commence la rue Nguyễn Thị Minh Khai *(plan, A2)*, au bord de la chaussée, voir le **bateau Shuinshen** *(Real Seal Ship)*, reconstitution d'un navire en bois du XVIIe s offert par le gouvernement japonais. Il rappelle l'histoire du mariage entre une princesse vietnamienne et un riche marchand japonais originaire de Nagasaki.

🎭🎭 Le pont Japonais *(plan, B2)* : *au bout de Trần Phú. Passage gratuit. Attention : seul l'accès à la petite pagode au centre du pont coûte 1 coupon. Toutefois, certains agents zélés réclament abusivement un coupon aux touristes qui veulent tt simplement traverser le pont. Refusez avec fermeté !*
Ce charmant pont couvert en dos d'âne de près de 20 m de long remonte à 1593. Son histoire est peu banale. La légende locale le dit indestructible, car il a échappé à l'incendie qui détruisit le quartier japonais (Cẩm Phố) à l'ouest après une épidémie de peste. Dans les années 1980, des Japonais ont retrouvé, grâce à une ancienne carte, la trace d'une plaque votive destinée à protéger le pont. Située à plus de 200 m de celui-ci, sur Phan Châu Trinh, elle avait disparu des mémoires, engloutie par un banian gigantesque qui avait poussé dessus. Le tronc est maintenant évidé en forme d'autel. Nul doute pour les habitants de Hội An que si l'on enlevait la plaque, le pont s'écroulerait aussitôt.
Sur le pont se dresse un pagodon dédié aux 2 personnages de légende Đại Đế et Trấn Vũ. À chaque extrémité, un couple de singes et des chiens (la construction aurait commencé l'année du Singe pour se terminer celle du Chien).

🎭🎭 La maison Tấn Ký *(plan, B2)* : *101, Nguyễn Thái Học. Tlj 8h-12h, 13h30-17h30.*
1er site à avoir été classé Monument historique (en 1985), avec le pont Japonais et Phúc Kiến. L'architecture de cette demeure du début du XIXe s révèle un harmonieux syncrétisme des arts vietnamiens, chinois et japonais. Les Chinois donnèrent l'atrium avec véranda intérieure, où se trouve le puits, les Japonais le toit à 4 pans, les Vietnamiens le reste. Dans la pièce principale, on utilisa des bois précieux (acajou et jaquier) pour les poutres sculptées. Toute la charpente fut assemblée uniquement avec des chevilles. Les 3 solives superposées symbolisent le ciel, la terre et l'humanité.

Noter aussi les consoles sculptées, mi-carpe mi-dragon. La maison est soutenue par 32 colonnes en bois de fer (très résistant), partiellement protégées des termites et de l'humidité par des bases en marbre. Nombreux objets d'art anciens de la famille qui réside ici depuis 6 générations. Admirer en particulier ce panneau en incrustation de nacre (des poèmes appelés les « sentences parallèles »), dont les lettres sont… des oiseaux en vol.

Dans la pièce arrière, une marque sur le mur indique le niveau atteint par les eaux en novembre 2007, à près de… 2 m du sol !

La maison Phùng Hưng (plan, B2) : *4, Nguyễn Thị Minh Khai. Tlj 8h-18h.*
Cette maison classée Monument historique fut construite vers 1780 et depuis 8 générations est restée dans la même famille, qui l'habite toujours. Elle repose sur un formidable ensemble de 80 piliers en bois de fer sur base de marbre. Cette demeure révèle de nettes influences sino-japonaises. Au 1er étage, une trappe permettait de hisser la marchandise en cas d'inondation (elle sert encore pour le mobilier). Cette maison, la plus haute de la ville, a servi de refuge lors du déluge de 1964, mais, en 1999 et en 2009, il y eut 1,60 m d'eau au rez-de-chaussée !

HỘI AN INONDÉE

Lors des inondations, fréquentes à Hội An, le mobilier des maisons traditionnelles est démonté et hissé à l'étage (quand il y en a un) par une trappe. C'était déjà le cas, jadis, pour les marchandises. Pendant quelques jours, les habitants se déplacent en barque. A la décrue, la vie reprend son cours, comme si de rien n'était !

À l'étage, notez l'autel des génies protecteurs en bois sculpté suspendu au plafond, tel un petit lit clos breton ! Sur une table, un bol avec des dés qui servaient à calculer le jour favorable pour le départ des bateaux. En face, petit atelier destiné à la broderie sur soie et sur coton.

La maison-chapelle Trần (plan, B2) : *21, Lê Lợi. Tlj 8h-12h, 14h-17h.*
Cette maison de culte se distingue des autres « temples » de Hội An par sa taille plus intime, son charme et son caractère. Une jolie clôture mêlant les styles chinois et japonais entoure un jardin tropical au fond duquel se trouve la maison-chapelle des Trần, bicentenaire discrète et patinée par le temps. La partie de devant, avec sa galerie de colonnettes sculptées, abrite une chapelle confucianiste décorée de meubles et d'objets anciens : elle est dédiée aux ancêtres du clan. Elle se visite. Pas l'arrière, qui est habité par la famille.
Construite en 1802 par Trần Tú Nhạc, un brillant mandarin civil au service de l'empereur Gia Long, cette maison-chapelle a tout d'un petit musée vivant, rempli de souvenirs de voyages, d'objets rituels, d'antiquités, religieuses ou non. La pièce principale a servi en 1997 au tournage de certaines scènes du film *Sud lointain*.
La visite se termine à l'arrière de la maison, dans la boutique familiale pleine d'objets à vendre (des copies d'ancien). *Business is business !*

La maison Quân Thắng (plan, B2) : *77, Trần Phú.* Édifiée par un capitaine chinois au début du XIXe s, cette vieille demeure est remarquable pour les panneaux en bois sculpté de sa pièce de réception – surtout ceux situés du côté de l'atrium. Même les solives sont très ornementées. Autre fait important, elle est habitée par la même famille vietnamienne depuis 8 générations. Moins décorée, moins commerciale que les autres demeures. Sa particularité est la fabrication et la vente de raviolis *bánh bao* (« roses blanches ») fourrés à la pâte de crevettes. Et aussi *fried wonton* et *cao lầu*. Possibilité de dégustation sur place.

Le temple Phúc Kiến (plan, C2) : *46, Trần Phú. Tlj 7h-17h.* 5 congrégations chinoises, formées en fonction des origines régionales de leurs 1ers membres, subsistent à Hội An. Chacune possède son propre temple *(assembly hall)*. Celui-ci, construit en 1757, regroupe les familles venues du Fukien (Fujian), une province du sud-est de la Chine. De chaque côté de l'entrée, 2 griffons protègent les lieux ; ils sont appelés au Vietnam « dragons-lions », car l'un d'entre eux possède une petite corne sur la tête. Le temple, dédié à Thiên Hậu (appelée aussi Mazu), la déesse de la Mer, est splendide avec son atrium envahi de spirales d'encens se consumant doucement. Chaque spirale représente une prière qui part en fumée : cela dure de 20 à 30 jours !

Le sanctuaire est gardé par 2 génies aux aguets (sous verre). L'un tend l'oreille et l'autre scrute l'horizon pour prévenir la Dame céleste d'un éventuel péril. Dans une vitrine, au fond, représentation de la déesse. Sur le côté, à droite, salles des tablettes funéraires (notamment les 1ers constructeurs), avec un bas-relief polychrome figurant les 4 saisons.

> **DES ANCÊTRES CHINOIS**
>
> *Les immigrés chinois sont arrivés au fil des siècles par la mer. À Hội An, ils se sont mélangés avec la population vietnamienne au point que l'on ne les distingue plus aujourd'hui des autres Vietnamiens.*

Dans la cour du fond, dragon en mosaïque et 2d temple, au très beau décor de frises dorées ajourées. À droite de l'autel, les 12 sages-femmes. Au milieu, 6 mandarins, les ancêtres du village, symboles de la force et de l'honnêteté. À gauche, la représentation de la Fortune.

🎭 *Le temple de Quan Công* (plan, C2) : 13, Nguyễn Huệ. Face au marché.
Ce joli temple très coloré, construit en 1653, est dédié au mandarin Quan Công, général réputé en son temps pour sa droiture, son courage, sa grandeur d'âme, sa piété et sa probité (mazette !). On y accède par de très belles portes rouges peintes de dragons. Derrière, un joli atrium avec bassin et rocaille plantée de bonsaïs gardé, aux angles du toit, par 2 carpes en mosaïque de céramiques, symboles de bonheur.
Notez, derrière l'autel, protégée par une vitre, l'impressionnante statue du héros (du XVIIe s) entourée de son garde du corps et de son fils adoptif. L'empereur Minh Mạng offrit 200 lingots d'or pour sa restauration. Tambour tendu de peau de buffle.

🎭 *Le temple Triều Châu* (plan, C2) : 362, Nguyễn Duy Hiệu. Ce lieu de culte datant du XVIIIe s regroupe les familles originaires de Chaozhou, une ville de l'extrême Est de la province de Canton en Chine. Ses frises en bois sculpté peint sont impressionnantes : têtes de dragons, fleurs, scènes de vie quotidienne... Au-devant de l'autel, une frise sculptée en bois doré symbolise 2 jonques représentées par 2 divinités chevauchant 2 dragons, le tout sur une mer agitée : une manière de rappeler que le lieu est consacré principalement à Phúc Ba, général de son état et grand pourfendeur des eaux agitées. Lui rendre hommage assurait, croyait-on jadis, une traversée calme et sans danger. Les grandes céramiques disposées de part et d'autre de l'autel illustrent le même thème.

🎭 *Le temple Trung Hoa* (plan, C2) : 64, Trần Phú. GRATUIT. Fondé en 1741, c'est l'un des plus anciens de la ville. Il abrite une école chinoise. On y révère Thiên Hậu, mais aussi Confucius, le leader nationaliste Sun Yat-sen et les soldats morts dans la résistance contre l'occupation japonaise lors de la Seconde Guerre mondiale.

🎭🎭 *Le temple Quảng Đông* (plan, B2) : 176, Trần Phú. Tlj 7h-18h. Édifié vers 1885 et fréquenté par les familles d'ascendance cantonaise, il est consacré à Quan Công et à Thiên Hậu, la Dame céleste, déesse chinoise de la Mer. Voir aussi le ***temple Hải Nam*** au n° 10 de Trần Phú *(plan, C2)* : même style, mais moins décoré. Ses membres sont originaires de la grande île chinoise d'Hainan, la plus proche du Vietnam.

🎭🎭 *Le marché* (Chợ Hội An ; plan, C2) : entre Bạch Đằng et Trần Phú. Y aller de préférence le mat. Aussi modeste qu'incontournable, avec sa foule d'étals à l'organisation immuable. Poissons et fruits de mer côté rivière, puis des paniers regorgeant de fruits entreposés à même le sol et enfin, sous la halle décatie, les comptoirs des bouchers puis ceux des épiciers, des quincailliers. Une plongée dans le Hội An populaire et bourdonnant, comme indifférent au développement touristique. Quelques pas plus à l'est, presque à l'angle de Hoàng Diệu, on atteint le marché aux vêtements.

¶ *Precious Heritage – Art Gallery Museum* (plan, C2) *: 26, Phan Bội Châu. ● rehahnphotographer.com ● Tlj 8h-21h. GRATUIT (inutile de présenter le pass). Explications en français.* Photographe français installé à Hội An, Réhahn a rencontré au cours de ses pérégrinations des représentants de la plupart des 54 ethnies que compte le Vietnam, et récolté 52 de leurs costumes traditionnels. De ce travail, il a ouvert une galerie-musée, associant à chaque costume un de ses clichés, le tout exposé dans une ancienne maison coloniale. On y trouve aussi un coin pour siroter un café ou une boisson *(The Coffee room)*.

¶ *Le musée du Folklore* (plan, B2, **90**) *: 62, Bạch Đằng, à l'angle avec Hoàng Văn Thụ. Tlj 8h-20h. Explications en anglais.*
Le moins inintéressant des 3 musées de Hội An. Dans une vieille et belle maison traditionnelle, collection de métiers à tisser, costumes, outils agricoles, instruments de musique, éléments de charpente et autres objets illustrant la vie des pêcheurs et la médecine traditionnelle. La pièce la plus intéressante est cette copie d'un grand tableau japonais du XVIIe s conservé dans une pagode près de Nagoya au Japon. On peut y voir Hội An à cette époque, où vivaient environ 1 000 marchands japonais.
– ***Bon à savoir*** : le thème de la carpe et du dragon revient souvent dans la décoration. La carpe se transforme en dragon seulement au prix d'efforts. C'est une allégorie morale sur la... persévérance.

¶ *Le musée du Commerce des céramiques* (plan, B2) *: 80, Trần Phú. Près du temple Phúc Kiến. Tlj 7h-21h30.* Collection modeste de céramiques chinoises, vietnamiennes et japonaises. Une vieille carte, sur les murs, retrace les anciennes routes maritimes qui ont acheminé des céramiques vietnamiennes du Japon jusqu'en Europe via le cap de Bonne-Espérance.

¶ *Le musée de la Culture Sa Huỳnh* (plan, B2, **91**) *: 149, Trần Phú. Tlj 7h-21h.* Dans l'ancienne poste d'époque coloniale. Y sont présentés les résultats des fouilles archéologiques réalisées sur différents sites appartenant à la culture Sa Huỳnh, qui a précédé les Cham.

¶ *Le vieux quartier français* (plan, C2) *:* empruntez la rue Phan Bội Châu (anciennement rue Courbet). C'est ici le cœur de l'ancien quartier français, où subsistent des maisons coloniales bordées d'arcades et prolongées par des vérandas à l'étage.

¶ *Balade sur les quais* *:* si le gros trafic portuaire a disparu, il y a toujours de l'animation sur la rivière Thu Bồn. Longues barques et bateaux de pêche avec un œil peint sur la coque pour éloigner les mauvais esprits et autres dangers. Si la partie ouest du quai Bạch Đằng est désormais surtout dévolue au tourisme (boutiques, cafés, restos), dès que l'on s'approche du marché, une animation bien réelle reprend le dessus. Venez vous y balader à l'aube, à travers la marée des chapeaux coniques.

¶ *Le marché de nuit* *: sur Nguyễn Hoàng, îlot An Hội, ts les soirs.* Une succession de stands qui vendent tous la même chose, à savoir des lanternes multicolores et des babioles fabriquées en série.

Spectacle folklorique

∞| *Spectacle de théâtre et de danse* (plan, B2, **71**) *: 66, Bạch Đằng.* ☎ *359-51-95. Tlj à 10h15, 15h15 et 16h15. Accès : 1 coupon.* Musique et danse de la province de Quảng Nam ou musique traditionnelle cham.

HỘI AN / FÊTE ET FESTIVAL | 323

À faire

🛥 **Balade en barque à moteur** *(plan, B2) :* sur le quai Bạch Đằng, des bateliers vous proposeront des balades sur la rivière en contournant l'île de Cẩm Nam. *Compter 300 000 Dg pour un groupe de 5 pers. Durée : 1h.*

🛥🛥 **Balades en mer :** *avec Biriwa Cruise ; infos et résas au Cham Island Diving Centre, 88, Nguyễn Thái Học.* 📱 *905-66-20-25 (Gildas).* ● *hoiancruise. com* ● *Compter env 70 €/pers avec d'autres passagers ; en mode charter privé, env 430 US$ la journée.* Habitant Hội An depuis le début des années 2000, le jovial Gildas propose des croisières à la journée vers l'île de Cham. On navigue sur un beau bateau en bois de 21 m, à 2 mâts, comme on en trouve dans les îles grecques. Départ à 8h, retour à 17h. Maximum 15 personnes à bord. Tout est inclus, y compris le repas. 3 arrêts sont prévus pour se baigner sur des sites de plongée.

🚴🚴 **Balades à vélo :** *on trouve facilement à louer des bicyclettes en ville (compter env 20 000 Dg/j.). Pour les balades accompagnées, contacter Heaven & Earth Tours, 61, Ngô Quyền (hors plan par B2).* ☎ *386-43-62.* ● *vietnam-bicycle.fr* ● *Compter 400 000-550 000 Dg la ½ journée, sans ou avec déj.* Plébiscitée par les routards de tous pays, cette agence dirigée par Pascal et son épouse organise des balades à bicyclette à Hội An et dans les environs. Excursions d'une demi-journée, d'une journée ou plus, avec guide-accompagnateur vietnamien parlant l'anglais ou le français. Ils pratiquent le tourisme équitable et soutiennent des hameaux isolés et des familles pauvres. Bon accueil et tarifs raisonnables.

📸 **Hội An Photo Tour :** 📱 *09-05-67-18-98.* ● *hoianphototour.com* ● *Tours 40-55 €.* Fin connaisseur de Hội An et de ses environs, Étienne Bossot combine cours de photo et excursions dans des villages peu touristiques. Plusieurs tours (le matin, au coucher du soleil...) pour s'initier à la photo ou se perfectionner en s'éloignant des chemins tout tracés.

Cours de cuisine

Une mode nouvelle s'est emparée des restaurants de Hội An : les cours de cuisine vietnamienne. Les séances, qui durent de 2-3h à 5-6h, débutent par un tour au marché et finissent par une séance de dégustation. Côté tarifs, ça oscille entre 10 et 35 €. Ne mégotez pas trop, les économies se répercutent sur les produits et la qualité des cours. Parmi les entreprises sérieuses, mentionnons, en plus des restos cités plus haut qui ont souvent monté leurs propres cours, le **Red Bridge Cooking Tours** *(Thôn 4, Cẩm Thanh ;* ☎ *393-32-22 ;* ● *visithoian.com/redbridge/cookingschool.html* ●*),* situé à 3 km à l'est du centre-ville.
On pourra aussi se rendre à *Trà Quế,* le jardin potager de Hội An, situé à 4 km du centre en direction de la plage de An Bàng (lire plus loin « Dans les environs de Hội An »). Vous pourrez y exercer vos talents de futur chef auprès de **Trà Quế Garden Cooking Class** (📱 *902-86-66-03 ;* ● *traquegarden.com* ●*).*

Fête et festival

– **Festival des Pêcheurs :** *chaque année le 16ᵉ j. du 2ᵉ mois lunaire (mars-avr) sur la plage de Cửa Đại.* Cette manifestation haute en couleur rassemble de nombreux bateaux de pêche soigneusement décorés pour la circonstance. Compétitions nautiques variées, dont des courses de bateaux ronds en osier (la manifestation la plus insolite du festival). Pour mieux apprécier la fête, le public peut louer des canots à moteur et assister de près à ce flamboyant cortège maritime.

LE CENTRE

– **Nuit en cité ancienne ou « fête de la Vieille Ville » :** *du 14ᵉ au 16ᵉ j. de chaque mois lunaire.* La ville de Hội An éteint ses vilains néons et seules les jolies lanternes à la chinoise sont autorisées à éclairer demeures et trottoirs. Tous les véhicules y sont interdits, même les vélos. Entre les rues Nhị Trưng et Trần Quý Cáp, les habitants préparent et mangent les spécialités culinaires ancestrales de leur ville : le fameux *cao lầu,* les délicieux *bánh bao* et le *há cảo.*

DANS LES ENVIRONS DE HỘI AN

🍴🗡 *Le village de Trà Quế : à env 3 km au nord de Hội An, sur la route de An Bàng. Accès à vélo ou à scooter.* Il s'agit d'un grand îlot de verdure (40 ha) comprenant des potagers privés, tous dédiés à l'agriculture biologique. Une centaine de familles de maraîchers y vivent et y travaillent. Au centre de cet espace s'alignent au cordeau les parcelles de légumes et d'herbes aromatiques, dans une sorte de jardin communautaire méticuleusement entretenu. Poussent ici salades, liserons d'eau, choux, petits pois, menthe, basilic, citronnelle... Tout est cultivé à la main, sans produits chimiques (contrôle sévère) et pas une herbe folle n'ose pointer son nez. Noter aussi l'artisanale technique d'irrigation, une palanche que l'on porte sur les épaules, avec à chaque extrémité un arrosoir. Physique ! Naturellement, on y trouve quelques *cooking schools* et des *homestays* pour un séjour à l'écart de la foule.

|●| *Restaurant Trà Quế Garden : à Tra Quế ; un panneau l'indique.* ☎ 902-86-66-03. *Tlj 9h-16h. Fermé le soir. Prix sages : repas (lunch package) 230 000 Dg (10 US$).* Difficile de trouver plus proche des potagers et de la vie des maraîchers. Ce resto est tenu par une famille impliquée dans l'agriculture bio. Ils cultivent la terre et servent les produits de celle-ci dans leur petite maison ouverte sur les champs.

🍴🗡 *Visites guidées des fermes et des potagers de Trà Quế :* organisées par le resto Trà Quế Garden *(voir ci-dessus)* ; cela s'appelle le « Farmer package ». *Compter 19-22 US$/pers. Durée de la balade : 2h ou 2h30. 2 visites/j., toujours le mat, pas l'ap-m. On vient vous chercher à votre hôtel. Les guides parlent l'anglais.* On visite les potagers, on rencontre les fermiers et horticulteurs. Le déjeuner est inclus, de même qu'un massage des pieds.

🍴🗡 *La distillerie d'Indochine : à 15 km au sud de Hội An, en direction de Vinpearl Land ; accès par une route secondaire où passent les motos et les voitures.* ☎ (0)23-53-66-98-88. ● distillerie-indochine.com ● *Visites sur résa à heures fixes, tlj sauf lun 9h-17h. Entrée : 250 000 Dg/pers.* Un endroit unique et remarquable ! Un groupe de professionnels français a créé cette distillerie de rhum (marque Sampan), la 1ʳᵉ dans le genre au Vietnam. Pas de produits chimiques dans les champs, récolte à la main, sérieux et savoir-faire de A à Z, le résultat est cet excellent rhum 100 % vietnamien. Bar-boutique sur place.

LES PLAGES

La plage de **An Bàng,** à 5 km au nord de Hội An, est sans conteste la plus belle de la région. En un mot (ou presque), elle est superbe, propre et couverte de sable fin. Elle s'organise autour d'une poignée d'hébergements et de petits restaurants. Une cocoteraie, oasis de bonheur au regard des moches *resorts* qui gâchent le paysage côtier de ce bout de Vietnam.
Quant à la plage de **Cửa Đại,** 3 km plus à l'est, bordée par de luxueux *resorts,* elle est désormais quasi inexistante du fait de l'érosion due, entre autres, aux typhons. Guère de place pour étendre sa serviette, et de plus la baignade y est dangereuse du fait des courants !

Comment y aller ?

➢ Accès à An Bàng à **vélo** ou en **taxi** (env 100 000 Dg).
➢ En saison, **navettes** de bus en boucle ttes les 20 mn, tlj 8h-20h. Elles parcourent, au nord du centre-ville, les rues Trần Hưng Đạo, puis Hai Bà Trưng avant de rejoindre la plage An Bàng, puis celle de Cửa Đại par le bord de mer... Ensuite, retour vers le centre-ville.

Où dormir ? Où manger à An Bàng ?

Voir également, plus haut, les rubriques « À l'extérieur du centre... ». Les hébergements qui y sont répertoriés se situent entre Hội An et les plages...

🏠 ◉ *Under the Coconut Tree :* Nguyễn Phan Vinh. ☎ 651-66-66. ● underthecoconuttreehoian.com ● *Lit en dortoir 6-9 US$, doubles et bungalows 25-33 US$, petit déj inclus.* Sorte d'oasis cachée dans un chemin très au calme et... sous les cocotiers, les manguiers et les avocatiers. Endroit fréquenté par des routards de toutes origines. Les dortoirs occupent une longère : une vingtaine de lits en tout, répartis dans 3 espaces séparés par des cloisons. Des bungalows en nattes traditionnelles accueillent les chambres (il y en a pour tous : couples, familles...). Côté confort, clim dans les chambres et ventilos dans les dortoirs, avec des prises électriques proches des lits. Le bruit des vagues peuplera vos rêves, puisque la plage n'est qu'à quelques dizaines de mètres. On peut manger sur place ou à la *French Bakery* (voir plus bas), qui est à 50 m.

🏠 *Red Flower Cottages :* Nguyễn Phan Vinh. ☎ 769-44-45-67. ● redflower-cottages-homestay.hoian-hotels.com ● *Doubles 30-37 US$, petit déj inclus. 2 nuits min en saison.* Vous cherchiez un petit coin de paradis ? Il n'y a qu'une dizaine d'élus qui puissent partager, chaque jour, ce jardin tropical et les 5 cottages qui s'y blottissent. Chacun bénéficie d'un coin terrasse équipé d'un tatami perché. Les chambres elles-mêmes sont vastes et pleines de charme. On passe les équipements (coffre, TV, minifrigo, clim... kitchenette pour les plus chères), mais on ne vous passe ni l'accueil avenant ni la proximité de la plage (200 m à pied... on entend le ressac). Ceux qui veulent plus de lumière et de confort moderne iront dans le bâtiment le plus récent. La qualité du lieu justifie pleinement le prix ! Accès à la plage par un chemin.

◉ *Soul Kitchen Beach Bar & Restaurant :* An Bàng Beach. ☎ 906-44-03-20. *Tlj 8h-23h. Résa conseillée le soir. Sandwichs 75 000-90 000 Dg, plats 90 000-180 000 Dg.* Grosse paillote de plage où l'on peut boire un verre en soirée, prendre le petit déj, déjeuner ou dîner. Cuisine vietnamienne et européenne dans une ambiance relax et balnéaire.

◉ *French Bakery :* Nguyễn Phan Vinh. ☎ 012-88-68-96-43. *Tlj 8h-22h.* Dans l'unique rue de ce village où le temps semble s'être suspendu et qui résiste aux promoteurs, cette case en bambou propose avec le sourire des spécialités de Hội An (*wonton* et *cao lầu*). Également quelques sandwichs et croissants qui inspirent le nom... abusivement prometteur.

L'ÎLE CHAM (PARC NATUREL)

Déclaré zone protégée, le parc naturel des îles Cham est un archipel de 7 îles et îlots situé à une quinzaine de kilomètres au large de Hội An. L'île principale (8 km sur 1,5 km) est dominée par une montagne de 517 m couverte d'une végétation tropicale, et irriguée par de nombreux ruisseaux et chutes d'eau

(durant la saison des pluies). C'est la seule qui soit habitée, avec 2 villages sur la côte sud, *Bāi Làng* et *Bāi Hương*, regroupant respectivement 2 000 et 400 habitants. Tout le monde, ou presque, y est pêcheur. Le nord reste zone militaire. C'est là que tous les jours, une noria de bateaux débarque ses touristes en visite à la journée, dans une organisation plutôt aléatoire.
– *Bon à savoir :* les plages y sont belles mais parfois sales.

UN PEU D'HISTOIRE

Les 1ers habitants furent les Cham, venus d'Indonésie. Ils s'installèrent ici avant de coloniser la région du Quảng Nam entre le IVe et le XIVe s. Les îles constituaient alors un des plus grands ports du royaume cham. À partir du XVIIe s, elles jouèrent un rôle stratégique, servant d'abri et de zone de libre-échange aux bateaux de passage et autres jonques naviguant en mer de Chine. Portugais, Japonais, Chinois, Malais, Espagnols, Français, Anglais ont tous croisé un jour dans les îles pour y commercer. Des archéologues américains ont découvert en 1997, sur la côte est de l'île, une jonque chinoise du XVIIe s dormant depuis 400 ans par 65 m de fond. Quelques-uns des objets retrouvés sont exposés au musée du Commerce des céramiques, à Hội An.

Arriver – Quitter

➢ *Bateaux locaux :* départ du ferry vers 7h30 depuis l'embarcadère situé au sud de l'îlot An Hội, par une ruelle jouxtant le *Silk Marina Resort (hors plan par B2)*. Le billet s'achète à bord : 150 000 Dg l'aller simple et 2h30 de trajet. Sinon, les *speed boats* qui partent entre 8h30 et 9h30 du *Tourist Pier*, à la pointe de Cửa Đại, permettent de gagner du temps. Ils ne coûtent guère plus cher, si ce n'est qu'il faut ajouter le prix du taxi pour se rendre au quai (env 150 000 Dg la course). Billet en vente dans les agences : 200 000-250 000 Dg l'aller simple et 30 mn de trajet. Pour le retour, le ferry quitte Bāi Làng vers 12h, et rentre à Hội An vers 14h. Mieux vaut passer au moins 1 ou 2 nuits sur place, car un A/R dans la même journée n'a que peu d'intérêt.
➢ *Bateaux d'agences :* de Hội An ou Cửa Đại. La meilleure solution quand on est pressé. Prévoir au moins 500 000 Dg l'A/R. En revanche, ne vous faites pas d'illusions sur le snorkelling proposé par les agences : on ne voit quasiment aucun poisson.

Où dormir ? Où manger ?

🏠 🍽 Une excursion à la journée est insuffisante pour profiter des charmes de l'île. Seule solution : passer au moins une nuit sur place ! Il existe de petites **pensions** et quelques **gargotes** au village de Bāi Làng. Les agences logent en général leurs clients sous des tentes sur la plage de Bāi Chồng. Les clients du *Cham Island Diving Centre* qui achètent le forfait de 2 jours obtiennent une réduction au **Hammock Homestay** (☎ 09-76-60-57-50 ; compter 400 000 Dg pour 2 pers), sur la plage de Bāi Làng. Cette petite pension chez l'habitant, la mieux tenue du village, propose 7 chambres climatisées avec salle de bains. Sa propriétaire, Mme Linh, baragouine un peu l'anglais. Repas préparés par les villageois à prix raisonnables. Rien que du poisson frais ! Une bonne manière d'injecter un peu d'argent dans l'économie locale.
🏠 *Trang Vũ Homestay Cù Lao Chàm : au nord de l'île, sur la route de la plage de Bāi Làng.* ☎ *16-77-66-31-10.* ● *trangvuhomestay.com* ● *Sortir du débarcadère et marcher env 10 mn vers la gauche jusqu'au croisement pour la plage de Bāi Làng ; continuer tt droit, la guesthouse est 50 m plus loin. Doubles ou quadruples 11-14 US$.* Simple et pas cher, mais situé dans la partie la moins charmante du village.

À voir. À faire

Bāi Làng et Bāi Hương : ces 2 villages de pêcheurs (distants de 4 km) vivent essentiellement de la mer et du tourisme saisonnier. Une route les relie, mais la plupart des locaux utilisent leur bateau comme moyen de transport quotidien. Le trajet terrestre prend entre 1h et 1h30 au départ de Bāi Chồng. On peut revenir en bateau.

Plongée : l'île Cham fait partie des rares sites au large des côtes vietnamiennes qui offrent un peu de diversité aux plongeurs. Coraux (mais certains sont morts...), pinacles, tunnels, plongées dérivantes, tout ou presque est possible. Le *reef de Hòn Tai* est une petite baie au sud de « l'île de l'Ouest ». Bien protégé, le corail y pousse jusqu'à 15 m de fond. Faune très riche : poissons-perroquets, clowns, demoiselles, anges, rascasses, *sweetlips*, fusiliers. Autre spot, le *reef du Dragon*, à 15 mn de bateau de Hòn Tai, sans doute un des plus beaux sites de plongée de la côte.

■ **Cham Island Diving Centre** *(plan Hội An, B2, 3) : se reporter à la rubrique « Adresses utiles » à Hội An.*

Les plages : sur la côte ouest de l'île, protégées de la houle par les hautes montagnes de granit, on trouve 7 plages de sable blanc bordées de cocotiers. 5 d'entre elles sont sauvages, dont la fameuse plage de *Bāi Chồng*. Pour aller de Bāi Làng à Bāi Chồng, marche par la route côtière ou bateau de pêcheurs pour environ 50 000 Dg. À la saison chaude, les singes descendent jusqu'à quelques mètres de la plage pour y dévorer les durians et ananas sauvages de la côte.

LE SITE CHAM DE MỸ SƠN

● *Plan p. 329*

Situé à environ 50 km à l'ouest de Hội An et au sud-ouest de Đà Nẵng. Fouillé par l'archéologue français Parmentier à la fin du XIXe s et au début du XXe s, c'est le site archéologique le plus important du royaume du Champa et de la civilisation cham. Il s'agit d'un lieu sacré créé par l'empereur Bhadravarman, à la fin du IVe s, qui devint un centre religieux et politique au fil des siècles, puis la capitale du royaume du Champa (culture influencée par la religion hindouiste d'abord, puis bouddhiste). Aujourd'hui, à peine une dizaine de tours restent debout, mais le site (un plateau entouré de collines à la végétation touffue) a gardé toute sa poésie. Ce que l'on peut admirer ne représente qu'un dixième de la cité des origines, Mỹ Sơn ayant été bombardé par les Américains durant la guerre.

UN PEU D'HISTOIRE

Le royaume du Champa dura du IIe au XVe s et s'étendit de Huế au Cap Saint-Jacques. En bordure des pays sous tutelle chinoise, au sud du 18e parallèle, cohabitaient divers groupes malayo-polynésiens (en plusieurs entités ou régions autonomes), grands navigateurs venus probablement d'Indonésie. Le 1er roi connu fut *Sri Mara*, au IIe s. Face à la menace chinoise, plusieurs de ces régions s'unifièrent pour résister. C'étaient des peuples de marins, de pêcheurs et de pirates. Au IVe s apparut le terme « Champa » pour désigner cette longue région échappant à l'hégémonie chinoise. Son véritable unificateur fut le roi *Bhadravarman I*er en l'an 400.

Au V*e* s, la capitale cham s'installa à Simhapura (Trà Kiệu), au sud-ouest de Đà Nẵng. Au VIII*e* s, elle déménagea à *Po Nagar* (Nha Trang), pour revenir un siècle après à Indrapura (l'actuelle Đồng Dương), à une soixantaine de kilomètres de Đà Nẵng. Durant 200 ans, cette nouvelle capitale brilla d'un grand éclat (construction d'un grand monastère). Depuis le VIII*e* s, d'ailleurs, après avoir embrassé l'hindouisme, le Champa était devenu bouddhiste. Au XI*e* s, la capitale fut définitivement transférée à Vijaya, au sud (près de Qui Nhơn).

Du IV*e* au XIII*e* s se développa en même temps la *splendeur de Mỹ Sơn,* le principal centre religieux cham. Pendant toute cette période, le royaume cham eut peu de choses à craindre de la part du royaume viet au nord, lui-même préoccupé de se défendre contre l'expansionnisme chinois. Face aux attaques du royaume khmer d'Angkor, le Champa résista également bien (à part une courte occupation au début du XIII*e* s). L'âge d'or du Champa se situa au XI*e* s. Le pays était riche (or et minerais) et se couvrit de temples et de sanctuaires.

Vaincre les Mongols

En 1282, l'empereur Kubilai Khan envoie au Champa Soegetu, général mongol, pour conquérir ce riche royaume au sud de la Chine. Le roi cham, Indravarman XI, ne pouvant livrer de bataille frontale contre son adversaire, se réfugie dans les montagnes. De là, il mène alors une guerre d'usure qui se terminera en 1285 par la défaite des Mongols. Soegetu fut mis à mort. Pour éviter les représailles chinoises, le roi cham envoya une ambassade à Kubilai qui répondit par l'envoi d'une mission en 1288 à laquelle participait... Marco Polo. L'illustre marchand vénitien, devenu ambassadeur de Kubilai, évoque son passage au Champa dans son *Livre des merveilles (Le Devisement du monde)*.

Les Cham avaient gagné la paix en échange d'un lien de vassalité avec le puissant Empire chinois. Chaque année le roi payait son tribut à l'empereur de Chine : une vingtaine de beaux éléphants et quantité de bois d'aloès.

L'invasion des Viets du Nord

Ce n'est qu'en 1471 que le roi viet Lê Thái Tổ arriva à vaincre les troupes cham. Le royaume fut d'abord divisé en 4 régions. Il disparut définitivement au XVI*e* s, à la suite des attaques conjuguées des Viets et des Khmers. Le royaume cham se réduisit alors à une poignée de villages perdus au fin fond du pays. Le dernier roi cham mourut en 1697 dans une prison à Huế.

Au XIX*e* s, il subsistait encore une petite principauté cham vassalisée, mais l'empereur Minh Mạng y mit un terme. Aujourd'hui, il reste moins de 20 000 Cham, circonscrits dans la région de Phan Thiết et Phan Rang au sud. La plupart se sont réfugiés au Cambodge, de culture plus proche. À noter qu'ils parlent encore leur langue et conservent une grande partie de leurs coutumes et mode de vie ancestraux (évoquant en partie ceux des Balinais).

CULTURE, CIVILISATION ET ART CHAM

On en connaît bien moins sur la société cham que sur celle des Viets. Matriarcale, elle s'inspirait de la société et de la *culture indienne*. Le *calendrier* était hindou et il existait un système de castes. C'était une monarchie de droit absolu, aussi le roi (réincarnation de Shiva) possédait-il toutes les terres du pays. Elles étaient distribuées aux fonctionnaires royaux. Le roi vivait dans un faste inouï et possédait un immense harem. Sans atteindre la magnificence et le monumental de celui des Khmers, ni de Borobudur (Indonésie) ou Pagan (Birmanie), l'*art cham* a été fortement influencé par l'art indien. Par exemple, cette tour carrée à plusieurs étages, appelée *kalan,* qui ressemble au *sikhara* indien. Le *kalan* symbolisait le

329

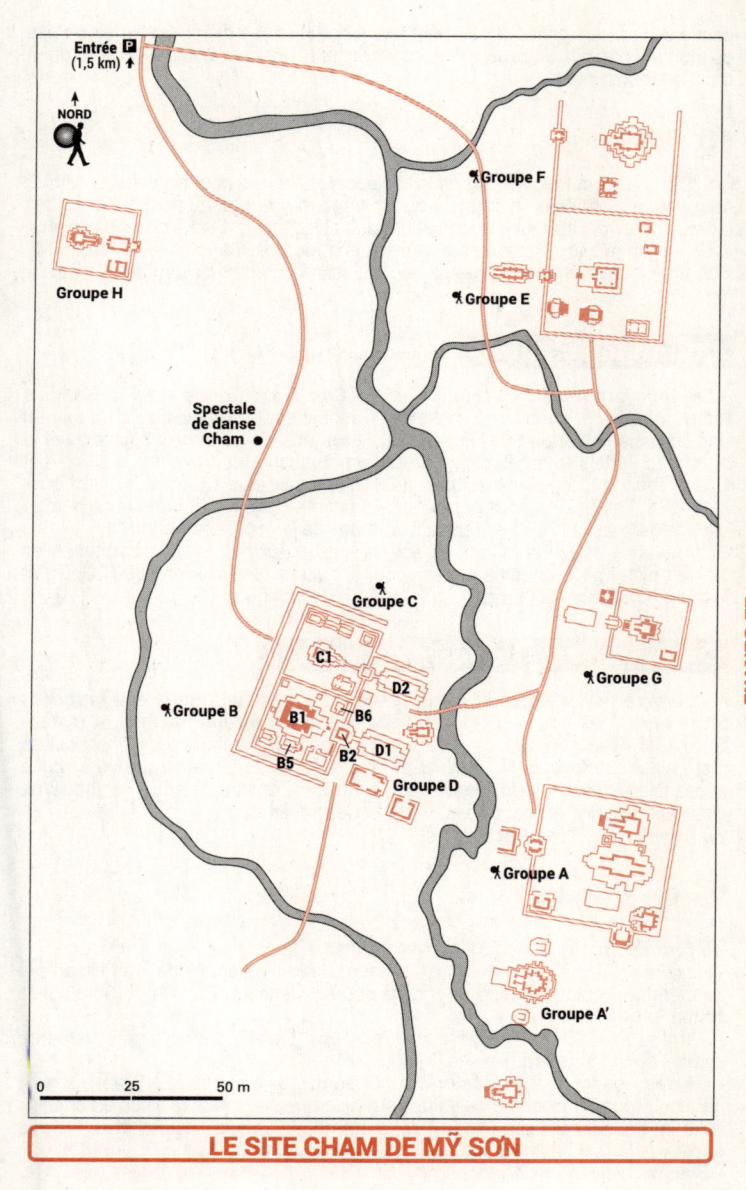

LE SITE CHAM DE MỸ SƠN

- Entrée (1,5 km)
- NORD
- Groupe H
- Groupe F
- Groupe E
- Spectale de danse Cham
- Groupe C
- C1
- D2
- Groupe B
- B1
- B6
- B5
- B2
- D1
- Groupe D
- Groupe G
- Groupe A
- Groupe A'
- 0 — 25 — 50 m

LE CENTRE

MỸ SƠN

Le site, autrefois assez difficile d'accès, fut choisi pour éviter les possibles attaques sur Trà Kiệu, la capitale du Champa. Il y eut jusqu'à 78 édifices. Les intempéries, mais surtout les guerres ont détruit la plupart d'entre eux. La dernière, avec les Américains, fut particulièrement destructrice. Sanctuaire vietcong, Mỹ Sơn fut énormément bombardé par les B52 (sans compter les dégâts causés par les mines).

Comment y aller ?

– *En tour organisé :* la solution la moins onéreuse consiste à prendre une excursion au départ de Hội An. De nombreux hôtels routards et agences *Open Tour* la proposent autour de 8-10 US$. Les bus/minibus partent en général le mat 5h-7h30 et rentrent à Hội An vers 11h ou 13h. Compter env 1h de trajet. Faites-vous bien préciser le temps d'attente sur place.

– *Bon à savoir :* ne vous laissez pas abuser par les promesses d'un tour au lever du soleil *(sunrise)*. Seul le trajet le sera, quand on arrive sur le site, il fait déjà plein jour. Quant à l'option bus-bateau, elle est plus lente et ne permet pas de jouir pleinement du site.
– *Autre option :* en taxi ou voiture avec chauffeur. Compter env 600 000 Dg et 1h de trajet.

Où manger ? Où boire un verre ?

Ganesa : *avt l'entrée du site, là où se garent les bus de l'Open Tour.* ☎ 373-40-58. *Tlj 8h-16h.* La salle de resto n'est pas folichonne, mais quelques tables sont installées dans la boutique en plein air, en contrebas. Plats vietnamiens abordables et burgers.

À l'intérieur du site, 2 **gargotes** servent boissons fraîches et restauration bon marché (sandwichs, nouilles et riz frits...). L'une se trouve à droite après l'entrée, l'autre à l'arrivée des navettes.

Visite du site

– *Informations :* ☎ 373-13-09. • mysonsanctuary.com.vn •
– *Horaires :* *tlj 5h30 (6h en hiver)-17h.* Le meilleur moment est le lever du soleil : température moins pesante et encore peu de visiteurs. De 10h à 15h c'est la cohue.
– *Entrée :* *150 000 Dg ; gratuit moins de 12 ans.* Le billet inclut la navette (petite voiture) qui grimpe jusqu'au site (2 km).
– *Guides :* les tours organisés prévoient des guides compétents. Si vous y allez par vos propres moyens, des guides sur place peuvent faire la visite en anglais, voire en français. Bureau en haut de la colline, à l'arrivée des navettes. Ne pas oublier de laisser un pourboire.
– *Spectacle de danse cham :* *tlj sauf lun à 9h30, 10h30 et 14h30, en haut du site. Durée : 15 mn.*
– *Musée :* *juste après les caisses.* Un bien grand mot pour ces 2 salles où sont présentées l'histoire et l'architecture cham à travers de multiples panneaux – traduits en anglais, mais fastidieux à lire ! Quelques stèles, bas-reliefs et colonnes viennent (vaguement) égayer la présentation.

Le groupe C

C'est par le groupe C que vous aborderez le site.
– Face à vous, le **kalan C1,** édifice dressé sur une base rectangulaire avec une unique porte orientée à l'est, face au soleil levant. Sur les 3 autres côtés, fausses portes et fausses corniches. Sculptures sur brique. Le kalan, dédié à Shiva, représente l'univers. Il possède un toit dit *scaphoïde* (en forme de barque). De part et d'autre, les tours portiques marquent les limites entre le monde matériel et le monde spirituel.
– **Entre C1 et B1** *(sur la droite)* **:** de part et d'autre du mur qui sépare le groupe C du groupe B, morceaux de colonnes et de chapiteaux. Sur les colonnes, des motifs hindo-musulmans ont été sculptés, mais les fûts évoquent plutôt des colonnes ioniennes ! Au pied de ces colonnes, on peut remarquer des pétales de fleurs qui sont des motifs bouddhiques du XIe s.

> ### MARCO POLO À MỸ SƠN
> *Marco Polo, en voyage dans la région en 1288 (sans le Routard, c'était courageux !), nota « qu'aucune jeune fille du royaume n'avait l'autorisation de se marier avant que le roi ne l'ait vue ».*

Le groupe B

Considéré comme le centre du site. On y retrouve d'importantes influences indiennes et indonésiennes. Plan semblable à celui du groupe C, dont il est séparé par un petit mur.
– Le **kalan B1,** qui date de 1074, est le sanctuaire principal, dédié au dieu-roi Bhadresvara. Ne cherchez pas un haut édifice, il n'en reste que les bases, avec un sanctuaire à ciel ouvert où l'on peut voir un lingam sur un *yoni* carré. Pour vous en approcher, grimpez les quelques marches et passez derrière la colonne renversée. Lors des fêtes, le lingam était recouvert d'un chapeau en or sur lequel on versait de l'eau. Le liquide se déversait dans une fente tournée vers le nord (direction du dieu Kuvera, divinité de la Prospérité), avant d'être recueilli et bu, car il possédait, disait-on, des propriétés curatives. Selon une autre hypothèse, le lingam représenterait le mont du Temple (ou Dent du Chat), rappelle avec ses 2 sources qui se réunissent en un seul ruisseau (la fente), celui que l'on traverse pour accéder au site. Les murs de clôture possèdent des niches qui abritaient des lampes.
– Le superbe **B5** est le mieux conservé des monuments de Mỹ Sơn. Il s'agit d'un sanctuaire réservé au roi où l'on déposait les objets de culte et les livres sacrés. La partie haute, reconnaissable à son toit « scaphoïde », rappelle la forme d'une coque de bateau. Dans la partie du bas, les statues de divinités aux mains jointes avaient naguère la tête couverte d'or. Sur les côtés, il y a 2 petites fenêtres aux épaisses colonnes et, au-dessus, un beau bas-relief en grès montrant 2 éléphants se faisant face.

Le groupe D

Groupe un peu disparate et endommagé, situé entre les groupes B et C et la rivière.
– **D1,** dans l'axe de *B2* et *B1,* est le *mandapa* (salle de méditation) du groupe B. Un long édifice, avec entrée à l'est, où sont exposés quelques beaux éléments d'ornementation du Xe s. À l'intérieur, superbe bas-relief de Shiva dansant. Toutes les statues sont décapitées pour annuler le cycle des réincarnations.
– **Entre les groupes D1 et D2** s'étend la cour des stèles avec quelques statues, stèles et tables d'offrandes.
– Dans le monument **D2** (situé dans l'axe de C1) se trouve un 2d petit musée (entrepôt) avec des sculptures. On peut y admirer le Siva Mua : une statue qui représente le dieu Shiva avec 8 bras en train de danser. Le long des murs de ce petit musée, de nombreux blocs représentent des « soldats volants » et des éléphants-lions.

Le groupe G

Entre les groupes D et A. Vaut surtout pour les bas-reliefs à l'effigie de dragons grimaçants (une représentation de Shiva), qui ornent la base du temple principal, et les beaux lions sculptés sur les pierres angulaires.

Le groupe A

De l'autre côté de la rivière.
A1 était autrefois une tour de 24 m de haut, bombardée par les avions américains en 1969. Dans ces ruines pathétiques ne demeure que le *yoni*, c'est-à-dire un bassin carré en pierre (symbole du sexe féminin). Le lingam (symbole du sexe masculin) a disparu. À l'intérieur, on a récupéré les 4 scènes sculptées de l'époque Ramayana, actuellement exposées au Musée cham de Dà Nẵng. Autour de *A1*, il y avait (avant la guerre) 12 petits monuments, tous en ruine aujourd'hui.

Les groupes E-F

Les groupes les plus anciens, dont le temple principal aurait été érigé au VIIIe s. Les bombes américaines l'ont atomisé au point qu'il a dû être reconstruit presque en entier. Du décor original, il reste un beau piédestal et un tympan sculpté, désormais abrités au musée. Noter aussi les statues bien préservées d'un zébu et d'une déesse.

LES HAUTS PLATEAUX DU CENTRE

● Carte *p. 335*

Entre Dà Nẵng, Dalat et la côte orientale du Vietnam s'étend la plus vaste portion de territoire du sud du pays : les Hauts Plateaux du Centre. Les frontières du Cambodge et du Laos marquent la limite occidentale de cette zone enclavée, montagneuse dans le Nord, plus fertile dans le Sud. Victime hier de la guerre, aujourd'hui de la déforestation, la végétation se fait plus clairsemée, alternance de brousse et d'étendues agricoles : plantations d'hévéas au nord, vers Kon Tum, de caféiers et poivriers partout ailleurs, mêlées aux cultures vivrières. Grâce à l'altitude (entre 500 et 800 m en moyenne), le climat reste tempéré, avec un air vif et sec toujours supportable. En hiver (de novembre à février), le vent peut même souffler fort et rafraîchir singulièrement l'atmosphère.
La particularité des Hauts Plateaux est aussi d'abriter une myriade de minorités ethniques, dont les plus importantes sont les Bahnar, les Giarai et les Sedang dans le Nord, vers Kon Tum et Pleiku, les Édé dans la région de Buôn Ma Thuôt et les Mnong dans les environs du lac Lak. Totalisant aujourd'hui près de 2 millions d'habitants, la zone n'en comptait que quelques dizaines de milliers dans les années 1920. Les besoins de l'Administration et des plantations coloniales d'abord, les guerres ensuite, ont généré d'importants flux de population, les Kinh (ou Viet) étant désormais largement majoritaires. Ils vivent dans les villes, les « Montagnards » (minorités ethniques) dans les campagnes.
Figurant parmi les dernières du pays à avoir ouvert ses portes aux étrangers, la région compte très peu d'infrastructures touristiques, sauf à Dalat (traitée à part, en fin de chapitre). Si les routes sont bonnes, notamment l'axe vertébral que constitue la route n° 14, les distances sont importantes et les trajets en bus longs et usants.
Sur place, faire appel aux services d'une agence est quasi indispensable : accéder aux sites naturels et aux villages des minorités exige un moyen de locomotion, et même un guide local pour ses derniers. Il faut le savoir pour ne pas avoir de mauvaise surprise. Si l'on peut rejoindre Buôn Ma Thuôt en

avion, la solution la moins onéreuse et la plus lente consiste à faire la boucle suivante en bus : Nha Trang, Buôn Ma Thuột, Kon Tum, puis redescente vers Qui Nhơn sur la côte. L'idéal : louer une moto ou une voiture, et compter 3 ou 4 jours pour avoir le temps de musarder.

LES MINORITÉS ETHNIQUES DES HAUTS PLATEAUX

Les Hauts Plateaux du Centre abritent plusieurs ethnies aux origines, langues et traditions très diverses, dont l'implantation locale peut être récente comme très ancienne. Un trait culturel semble en revanche les rassembler presque toutes : la plupart sont des *sociétés matriarcales.* La femme choisit son mari, qui ira vivre dans la famille de celle-ci. Leurs enfants porteront le nom de leur mère. Chez les Édé, seules les femmes avaient le privilège de fumer la pipe !

Les minorités ethniques se caractérisent aussi par l'**architecture de leurs maisons traditionnelles.** Dans chaque **village bahnar** s'élève une fascinante maison commune *(rong),* lieu de réunion des habitants identifiable à son étonnante toiture en forme de sabot grimpant haut vers le ciel. Quant aux maisons familiales, elles étaient traditionnellement faites de torchis et juchées sur pilotis. Si l'on trouve encore quelques exemples de cet habitat typique, on leur préfère désormais de classiques maisons en brique et toit de tôle.

Il en est de même chez les **Édé,** dont bien peu habitent encore la traditionnelle **maison longue sur pilotis,** avec toit de chaume et murs de bambous tressés. Sa longueur indiquait jadis combien de générations y vivaient, la famille devant agrandir la maison à chaque nouveau mariage. Il suffisait alors de compter les fenêtres pour connaître le nombre de foyers : une par couple ! On vivait

SÉRÉNADE

Jadis, on reconnaissait une jeune femme célibataire édé à sa fenêtre, laissée ouverte. Son prétendant se postait en dessous pour la séduire par quelques notes de musique. Elle pouvait alors l'inviter à entrer... ou le chasser en lui jetant de l'eau ou des cailloux, non mais ! Une fois mariée, elle fermait la fenêtre.

séparés les uns des autres par de simples rideaux. Aujourd'hui, les jeunes mariés préfèrent bâtir leur propre demeure à l'écart. On peut les comprendre...

Chez les *Giarai,* ce sont les **tombeaux traditionnels** qui retiennent l'attention, temples familiaux en forme de maisons, agrémentées de statues parfois étonnantes.

Quelle que soit l'ethnie, au quotidien, plus personne ou presque ne porte le costume traditionnel.

KON TUM

155 000 hab. (env 500 000 pour la province)   IND. TÉL. : 260

Peu de voyageurs poussent jusqu'à cette grosse bourgade provinciale, capitale de la province du même nom, située à 530 m d'altitude et à 291 km au sud de Đà Nẵng (5h30 de route). Si la ville ne présente pas d'attrait particulier, autour vivent plusieurs minorités ethniques, notamment les Bahnar (*kon* signifie *village* en bahnar), les Sedang et les Giarai, dont on pourra, accompagné d'un guide local, découvrir certains villages. C'est aussi dans cette région montagneuse que l'on trouve la plus petite minorité du Vietnam, les Romam (moins de 200 personnes).

La température moyenne annuelle oscille autour de 22 °C. Même en avril, mois où l'on étouffe à Saigon, à Kon Tum on se croirait dans une station d'altitude, tant l'air reste agréable. La saison des pluies dure de mai à octobre, la saison sèche de novembre à avril.

UN PEU D'HISTOIRE

Ce sont les « *Moï* » (sauvages), comme ils étaient appelés à l'époque coloniale par les Français, qui attirèrent les 1ers missionnaires catholiques, débarquant dès 1851 dans ce cœur des ténèbres, perdu au milieu de nulle part. Leur mission : évangéliser. Parmi eux, un dénommé père Dourisboure, qui créa des écoles et composa des livres classiques franco-bahnars. Les religieux firent venir les colons, et l'armée au besoin. Mission : coloniser. Les colons firent venir les Annamites. Mission : vietnamiser au maximum cette région rebelle, aux mœurs obscures. Les **missionnaires catholiques** jouèrent donc ici un rôle plus important que nulle part ailleurs au Vietnam. Leur prosélytisme fut semble-t-il efficace, puisqu'une majorité d'habitants de Kon Tum sont aujourd'hui catholiques…
Au printemps 1972, le Nord-Vietnam tenta un assaut sur la région de Kon Tum, finalement repoussé par les Américains au prix, notamment, de bombardements massifs. La bataille, terrible, est racontée en détail dans *L'Innocence perdue,* de Neil Sheehan (voir « Livres de route » dans « Vietnam utile » en début de guide).

Arriver – Quitter

En bus

Gare routière : *à la sortie nord de la ville, km 4,5 Nguyễn Chí Thanh.* ☎ 386-22-05.
➤ Bus et minibus de ou pour *Đà Nẵng* (durée : 5h30), *Quy Nhơn, Hanoi, Dalat* et *Hồ Chí Minh-Ville* (env 12h de route). *Pour Buôn Ma Thuột,* prendre les bus et minibus indiquant *Daklak* (4h de route). Pour les longues distances, il est préférable de réserver la veille et ainsi de vérifier vos horaires.
– Autre option, prendre les bus de la compagnie **Minh Quốc,** établie au centre-ville *(647, Nguyễn Huệ, la 2e avenue à droite après le pont en venant du sud ;* ☎ *385-58-55 ;* ● *minhquockontum.com* ●*).* 2 départs/j. pour Đà Nẵng en fin de journée (correspondance pour Hội An), 4/j. le mat pour Quy Nhơn, 4/j. en fin de journée pour Hồ Chí Minh-Ville et 1/j. le soir pour Huế.
➤ *Pour la frontière cambodgienne :* prendre d'abord un minibus pour *Pleiku,* grosse ville sans grâce située à 50 km au sud de Kon Tum par la route 14 (quelques hôtels bon marché au centre-ville si besoin). La frontière ne se trouve plus qu'à 75 km. À Pleiku, plusieurs bus et minibus partent jusqu'à 13h de l'av. Lê Duẩn (la N19 qui va vers l'est). Certains ne vont que jusqu'au poste-frontière (Le Thanh côté Vietnam et Oyadao côté Cambodge). Préférez ceux poussant jusqu'à Ban Lung (Ratanakiri), ville cambodgienne 70 km plus loin (quelques hébergements), sinon il vous faudra faire du stop à la frontière. Durée : 4h30 (Pleiku-Ban Lung). On obtient le visa cambodgien à la frontière (35 US$ + 1 photo).

Où dormir ?

Bon marché (jusqu'à 300 000 Dg / env 11 €)

🏠 *Hoàng Thịnh Hotel : 117, Nguyễn Huệ.* ☎ *395-89-58. Doubles 200 000-250 000 Dg.* Hôtel récent situé dans le centre-ville, à côté de la gare des bus de la compagnie *Minh Quốc.* Intéressant quand on arrive à 5h du matin. Chambres sommaires mais propres et correctement équipées (clim, frigo, salle d'eau), certaines avec

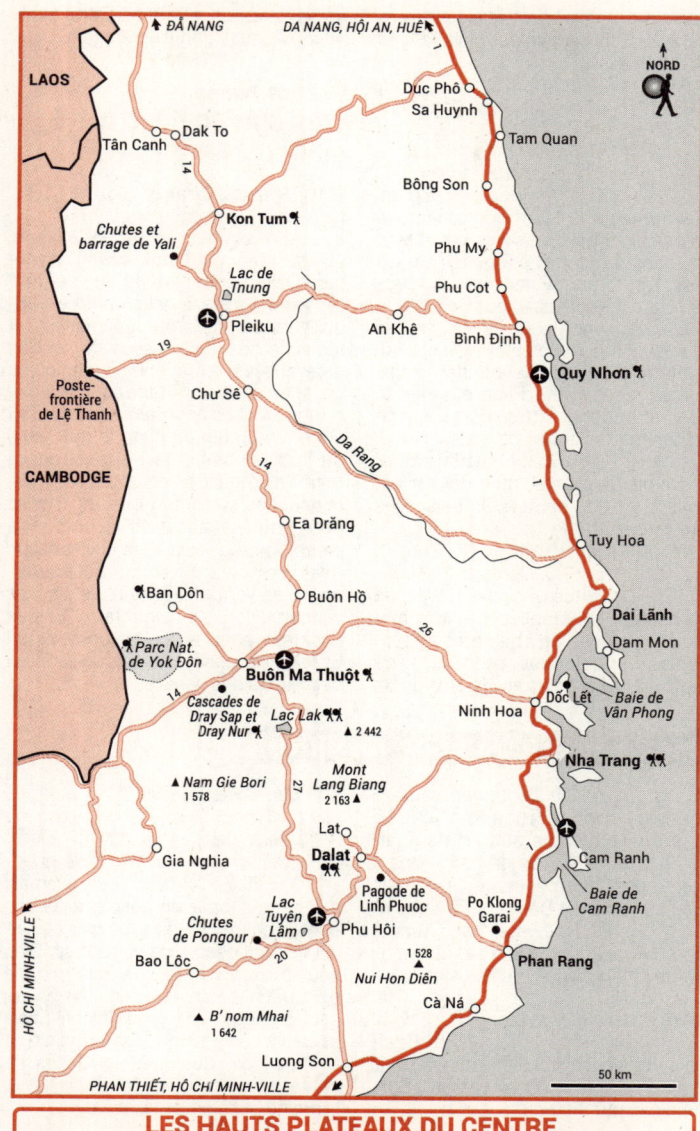

LES HAUTS PLATEAUX DU CENTRE

balconnet. Accueil avec quelques mots d'anglais. Pas de petit déj, mais café au rez-de-chaussée.

🏠 *Konklor Hotel :* *38, Bắc Cạn.* ☎ *386-15-55.* ● *konklorhotel.vn* ● *À env 3 km au sud-est de Kon Tum, en face de la belle maison commune du village de Kon Klor. Doubles 200 000-350 000 Dg, petit déj en plus.* Un hôtel très agréable et bien tenu, composé de plusieurs bungalows en bois blanc disposés au cœur de 2 généreux jardins tropicaux. Chambres impeccables, claires et spacieuses, plus ou moins récentes selon le prix, toutes avec douche/w-c, bonne literie et clim. Également quelques piaules sommaires, avec salle d'eau extérieure, pour les budgets serrés. Possibilité de manger (carte limitée de plats locaux). Accueil avenant et attentionné. Location de motos, utile car on est un peu loin du centre. Organise des excursions.

🏠 *Hôtel Thịnh Vượng :* *17, Nguyễn Trãi.* ☎ *391-47-29. Doubles 250 000-350 000 Dg.* Situé dans une rue calme du centre, cet établissement format familial dispose de chambres impeccables, spacieuses et hautes de plafond, distribuées le long de couloirs aérés et d'escaliers extérieurs. Accueil gentil en anglais.

Prix moyens (300 000-600 000 Dg / env 11-21 €)

🏠 |●| *Hnam Chang Ngeh :* *16A, Nguyễn Trãi.* ☎ *08-68-98-10-31.* ● *poussieresdevie.org* ● *Double env 400 000 Dg, petit déj inclus.* Monté par l'ONG Poussières de Vie, cet établissement installé dans une rue tranquille du centre forme aux métiers du tourisme des jeunes issus de familles défavorisées des minorités ethniques. Loger ici, c'est donc faire coup double, puisque tout en apportant son obole au projet on profite du charme des lieux, du jardinet ombragé de généreuses bougainvillées, des chambres intimes, mignonnes et confortables agencées avec goût, jouant avec le bois et la pierre, les rondeurs et le clair-obscur. Resto de poche ouvert aux hôtes extérieurs, servant quelques plats simples vietnamiens ou occidentaux. Et des cocktails pour se mettre en appétit ! Excellent accueil enfin. Organise aussi des excursions dans les environs.

Où manger ? Où boire un verre ?

Pas grand-chose de remarquable à se mettre sous la dent à Kon Tum. Le centre-ville compte surtout des gargotes à riz. Quelques grands restos à thème aussi (barbecue, fruits de mer, etc.) sur l'avenue Đào Duy Từ qui prolonge Nguyễn Huệ vers l'est. On peut sinon se rabattre sur le resto de l'hôtel *Hnam Chang Ngeh,* cité plus haut.

|●| *Restaurant Nghĩa :* *12, Lê Lợi (au centre-ville). Très bon marché.* Bouiboui végétarien qui sert soupes et riz avec divers accompagnements. Bon, simple et pas cher du tout.

🍸 *Eva Café :* *5, Phan Chu Trinh (ne pas confondre avec le Adam – Eva, au nº 80 de la même rue).* ☎ *386-29-44. À 1 km à l'est du centre-ville par Đào Duy Từ. Tlj 6h30-22h.* Drôle de café alternatif que cette cabane en bois faite de bric et de broc, nichée dans un paisible jardin tropical décoré de sculptures. Bien pour boire un verre, jus frais comme bière. Rien à manger a priori (on pourra peut-être vous bricoler un frichti), mais plusieurs petits restos jalonnent la rue.

🍸 Le soir, quelques terrasses de *cafés-bars* s'animent sur Bạch Đằng, la rue qui surplombe la rivière.

À voir

🛕 *La cathédrale de Kon Tum, ou « Wooden Church » :* *sur Nguyễn Huệ, en allant vers l'est.* Construite en 1913, la cathédrale de Kon Tum ne manque pas de caractère, avec son élégante architecture en bois-de-fer percée de larges vitraux colorés. Elle abrite une statue du 1er missionnaire à s'être aventuré ici, saint Cuenot, martyr de la répression antichrétienne menée par l'empereur Tự Đức. La messe y est donnée en 3 langues : vietnamien, bahnar et giarai. À l'arrière, un orphelinat, géré par des sœurs (certaines parlent le français), recueille des enfants issus des minorités.

En revenant vers le centre-ville, coup d'œil à l'**église Tân Hương,** au n° 540 de Nguyễn Huệ, son décor pastel et sa façade ornée d'un saint Georges terrassant le dragon.

On peut conclure le pèlerinage par l'ancien *séminaire* (Toà Giám Mục), au 193, Trần Hưng Đạo (dans le centre-ville, mais plus au nord). Édifié en bois en 1933, il affiche des faux airs de chalet alpin. Son parc est ouvert aux promeneurs le dimanche *(8h-11h30, 14h30-17h).* On y verra le buste de l'ecclésiastique fondateur des lieux, Martial Jannin Phước. Enfin, pour une touche d'œcuménisme, coup d'œil, à la sortie nord de la ville, à la *pagode* dominée par un énorme bouddha assis.

DANS LES ENVIRONS DE KON TUM

En complément des villages bahnar décrits ci-après, on peut aller à la rencontre de nombreuses autres communautés, dispersées dans les environs proches de la ville : chez les Sedang, au nord, qui cultivent le café ; dans les villages giarai, au sud, pour découvrir leurs cimetières traditionnels, etc. Pour organiser une excursion, se renseigner auprès des hôtels *Hnam Chang Ngeh* et *Konklor* (lire plus haut).

L'HOMME QUI VOULUT ÊTRE ROI

David de Mayrena était un aventurier qui se fit nommer roi en 1888, par 42 villages Moï, isolés et éloignés de l'autorité française. Ce fut le royaume de Sedang. Déconsidéré par le gouverneur général, il voulut se mettre sous la protection de l'empereur d'Allemagne. Accusé de trahison, il dut fuir sur l'île de Tioman (Malaisie) où il mourut en 1890. Cette histoire extravagante a inspiré André Malraux qui lui consacra une bonne partie des Antimémoires. Il voulait même en faire un film.

🎥 *Le village bahnar de Kon Kotu : à env 6 km au sud-est de la ville, par Trần Hưng Đạo puis Bắc Cạn. S'y rendre avec un guide local.* À **Kon Klor** (belle maison commune – *rong* – sur la berge), on traverse un pont suspendu, avant d'emprunter à gauche une petite route qui longe à distance la rivière, filant à travers les champs de maïs, de manioc et les coulées vertes que forment les étroites rizières descendant en cascades des collines. Enfoui dans la végétation, le village de **Kon Kotu** compte lui aussi une superbe *rong*, à l'emblématique toit en forme de sabot. On y accède par une échelle taillée dans un tronc d'arbre. En face, l'église communale. Entre les 2, une habitation traditionnelle en torchis et le terrain de volley, au sol en terre battue, sur lequel sont pratiqués, autour des périodes de récolte notamment, des sacrifices de buffles. Dans le village, quelques tisserandes manient d'antiques métiers artisanaux. Sur le chemin du retour, crochet possible par le village de **Kon Jari,** qui compte aussi une belle *rong*.

➤ **Pleiku :** on peut faire l'impasse sur cette grosse ville bruyante, coulée dans le béton à 50 km au sud de Kon Tum par la route 14. Si vous devez toutefois y marquer l'arrêt, en chemin pour le Cambodge notamment (lire plus haut « Arriver – Quitter »), vous trouverez quelques hôtels (plutôt miteux) et gargotes au centre-ville. Profitez-en pour saluer la *statue en cuivre de l'oncle Hồ,* réputée comme la plus haute du pays, plantée sur l'esplanade du pauvret *musée des Minorités ethniques du Gia Lai* (Bảo Tàng Tỉnh Gia Lai, sur Trần Hưng Đạo), et pour contempler le panorama sur le *lac Tnung,* qui occupe un immense cratère encadré de pins à la périphérie nord de la ville.

BUÔN MA THUỘT

env 500 000 hab.   IND. TÉL. : 262

• Plan *p. 339*

Enclavée à 530 m d'altitude au sud de la région des Hauts Plateaux, à 230 km de Kon Tum dans un plat paysage de terres rouges mais fertiles, Buôn Ma Thuột est la capitale de la province du Đắc Lắc, grosse région productrice de café.

FAUX AMI

Le caféier donne un fruit que l'on appelle... cerise ! D'ailleurs, il est rouge. En la décortiquant, chaque cerise se compose de 2 grains de café.

Pour les voyageurs, elle constitue une étape incontournable pour organiser ses excursions à la découverte des beautés naturelles et des villages traditionnels des pays édé (ou rhadé) et mnong, dans le secteur de Bandon et Yok Don ou autour du lac Lak.

La ville elle-même, si elle ne présente guère d'intérêt en dehors de son musée des Minorités ethniques, n'est pas désagréable pour autant, avec son quadrillage de rues affairées aux trottoirs plantés d'arbres. La meilleure époque pour venir ici est la saison sèche, entre novembre et avril.

UN PEU D'HISTOIRE

La ville et la région étaient jadis renommées pour l'abondance du gros gibier : tigres, cervidés, singes, ours. L'empereur Bảo Đại, dernier de la dynastie des Nguyễn (mort en exil à Paris en 1997), possédait une résidence (une de plus !) au bord du lac Lak, à 50 km au sud de Buôn Ma Thuột. Il venait y chasser et parcourir les forêts à dos d'éléphant. Certains villageois prétendent depuis qu'un éléphant blanc erre dans la campagne, quelque part entre le Vietnam et le Cambodge, et qu'il serait le dernier éléphant de Bảo Đại. Les éléphants blancs sont extrêmement rares. Pour les Vietnamiens, tout comme les Laotiens, l'apparition d'un tel animal est un très heureux présage, annonçant une période de renouveau, de bonheur et de prospérité pour le pays.

Durant la guerre, Buôn Ma Thuột fut une ville stratégique où l'armée américaine possédait une **grande base militaire.** Le 10 mars 1975, la ville tomba aux mains de l'armée communiste du Nord, au terme de combats acharnés. La **chute de Buôn Ma Thuột** provoqua une véritable débâcle des forces du Sud-Vietnam. Ce fut la dernière grande bataille avant la chute de Saigon, le 30 avril de la même année.

Arriver – Quitter

En bus

➤ *Gare routière (hors plan par B1) :* à env 6 km au nord du centre-ville sur route n° 14, juste avt l'intersection avec la route n° 26 pour Nha Trang. Liaison avec :
➤ **Nha Trang** *(184 km) :* 10 bus/j., 5h-10h30. Durée : env 4h30.
➤ **Dalat** *(210 km) :* 7 bus/j. Durée : env 5-6h, par une mauvaise route en lacet.

Attention, la plupart des bus ne partent pas de la gare routière, mais des bureaux de la compagnie *Phúc Hải.*
➤ **Kon Tum** *(230 km) :* 6 bus/j., 5h30-13h30 et le dernier vers 17h, avec la compagnie *Phương Huy.* Durée : 4h. Le bus passe par *Pleiku* (180 km en 3h30). Ces 2 villes sont également desservies par de nombreux minibus, à prendre au bord de la route n° 14.

BUÔN MA THUỘT | 339

BUÔN MA THUỘT

- **Adresses utiles**
  - **1** Dakviet Travel (A2)
  - **2** Daklak Tourist (A2)

- **Où dormir ?**
  - **10** Hôtel Thiên Nga (A2)
  - **11** Thanh Bình Motel (A2)
  - **12** Ngọc Mai Guesthouse (A1-2)
  - **13** Bạch Mã Hotel (A1)

- **Où manger ?**
  - **20** Quán Bò né Bốn Triệu (A2)
  - **25** Papparoti (A2)
  - **26** Nem Việt (A2)

➤ *Hồ Chí Minh-Ville* (334 km) : 15 bus/j. Durée : 7h min. On passe par la bonne route n° 14.

En avion

✈ *Aéroport :* à 10 km à l'est de la ville, sur la route n° 27 en direction de Dalat.

➤ *De/pour Hồ Chí Minh-Ville :* 3 vols/j. avec *Vietnam Airlines*, *VietJet Air* et *Jetstar Pacific*. Env 1h de trajet.

➤ *De/pour Hanoi :* 2-3 vols/j. avec *Vietnam Airlines*, *VietJet Air* et *Bamboo*. Durée : env 1h.

➤ Également des vols pour *Haiphong* et *Vinh* avec *VietJet Air* et *Bamboo*.

Adresses utiles

■ **Dakviet Travel** (plan A2, **1**) : 32, Nơ Trang Long. ☎ 383-93-98. | ● dakviettravel.com ● À partir de 55-80 US$/j. par pers selon mode de transport *(voiture, moto ou bus local)*. Agence sérieuse qui organise des excursions de 1 à 4 jours dans la région : découverte des villages des minorités, des dresseurs d'éléphants de Buôn Đôn, du lac Lak, des cascades et des plantations de café, trek dans le parc national de Yok Don, etc. Guide francophone possible.

■ **Daklak Tourist** *(plan A2, 2)* : *3, Phan Chu Trinh (dans le hall de l'hôtel Saigon Ban Me).* ☎ *385-22-46.* ● *daklaktourist. com.vn* ● *Tlj 7h-17h.* Tours classiques dans la région : visites guidées dans les villages mnong autour du lac Lak, avec promenades à dos d'éléphant et balades en pirogue.

Où dormir ?

Bon marché (jusqu'à 300 000 Dg / env 11 €)

🏠 **Ngọc Mai Guesthouse** *(plan A1-2, 12)* : *9, Nguyễn Bính.* ☎ *385-34-06.* Doubles *200 000-250 000 Dg. Pas de petit déj.* Dans une ruelle tranquille proche du marché, un hôtel modeste tenu par un monsieur affable parlant un excellent français, de bon conseil pour explorer la ville et ses environs. Chambres très simples et pas franchement insonorisées mais méticuleusement tenues, toutes avec salle d'eau, clim et ventilo. Elles donnent sur la rue ou sur un puits intérieur. Location de motos.

🏠 **Hôtel Thiên Nga** *(plan A2, 10)* : *K4, Lý Thường Kiệt.* ☎ *398-07-77.* ● *thienngahotelbmt@gmail.com* ● *Doubles 250 000-280 000 Dg. Pas de petit déj.* Excellent rapport qualité-prix pour cet hôtel central et moderne qui semble s'être équipé chez une fameuse enseigne suédoise. Pas de caractère particulier donc, mais un ensemble aussi fonctionnel qu'impeccable, avec clim, ventilo et salle d'eau pour chaque chambre. Préférer celles donnant sur la ruelle piétonne à l'arrière.

🏠 **Thanh Bình Motel** *(plan A2, 11)* : *24, Lý Thường Kiệt.* ☎ *359-34-56.* Doubles *150 000-200 000 Dg. Pas de petit déj.* Dans cette portion de rue qui aligne les hôtels bas de gamme, celui-ci présente l'avantage, outre ses prix ras du plancher, d'un accueil sympa en anglais et de loger dans ses murs une petite agence, *Highland Travel*, avec laquelle organiser ses excursions alentour (☎ *385-45-25)*. Pour le reste, les chambres n'ont pas vraiment bonne mine, les matelas refilant mal au dos rien qu'à les voir, mais les draps sont propres et les salles d'eau aussi.

Prix moyens (300 000-600 000 Dg / env 11-21 €)

🏠 **Bạch Mã Hotel** *(White Horse ; plan A1, 13)* : *7-13, Nguyễn Đức Cảnh.* ☎ *381-56-56* ou *381-57-57.* ● *bach mahotel.com.vn* ● Doubles *490 000-600 000 Dg, petit déj-buffet inclus.* Dans une rue à la fois calme et centrale, un établissement de petit luxe à des tarifs très compétitifs. Hall grande classe (ou grand kitsch, question de goût), avec force colonnes, marbre et boiseries lustrées. Les chambres sont plus banales, mais confortables et bien tenues, certaines avec balcon, d'autres avec bain à bulles. Agréable terrasse-jardin sur le toit. Salle de gym, spa.

Où manger ?

Bon marché (moins de 100 000 Dg / env 4 €)

I●I **Nem Việt** *(plan A2, 26)* : *16, Lý Thường Kiệt.* Nems à toutes les sauces et rouleaux de printemps à composer soi-même, dans une grande salle au rez-de-chaussée ou plus calme en mezzanine. Très populaire. Sinon, juste à côté, au n° 22, se trouve le **Nem Nướng,** même genre de resto populaire en plus aimable (et anglais parlé).

BUÔN MA THUỘT / À VOIR | 341

|●| ***Quán Bò né Bốn Triệu*** *(plan A2, 20)* : *33, Hai Bà Trưng.* ☎ *343-67-72.* Modeste resto populaire et animé. La cuisine, fraîche et bonne, tient bien la route.

🍵 ***Papparoti*** *(plan A2, 25)* : *4, Quang Trung.* Au coin de la rue, un bout de comptoir où l'on ne sert qu'une seule et unique spécialité, une brioche toute chaude fourrée de fromage sucré.

Où dormir ? Où manger autour du lac Lak ?

🏠 |●| ***Lak Tented Camp*** : *village Yok Nau, au bord du lac, à 60 km au sud de Buôn Ma Thuột (lire plus loin « Dans les environs... »).* ☎ *625-55-52.* ● *lakten tedcamp.com* ● *Compter env 100 US$ pour 2 en « tente » et 2 fois plus en bungalow en dur, petit déj inclus.* C'est seulement par bateau que l'on atteint cet ensemble de tentes safari version luxe, isolé sur une presqu'île dominant le lac. Dispersées dans la végétation, chacune se tourne vers le panorama (balcon) et profite, sous sa toile, d'un excellent confort : électricité et salle d'eau, literie douillette, pour une nuit enveloppée du bruissement de la nature. Le charme se prolonge au resto (prix raisonnables), élégant chalet de bois posé au bord de l'eau au bout d'un jardin de bananiers, sa terrasse plantée sur pilotis. Prêt de kayaks et de VTT pour arpenter les sentiers bordant les rizières (le 1er village est à 5 km). Organise aussi des excursions autour du lac (guide francophone possible). Un petit bout du monde pour Robinsons chics.

À voir

🞬🞬 ***Le musée des Minorités ethniques du Daklak*** *(plan A2)* : *12, Lê Duẩn.* ☎ *381-67-31. Tlj 7h-16h. Entrée : 30 000 Dg ; réduc. Cartes en français.*
Énorme bâtisse en béton inaugurée en 2011, ce musée a été conçu en collaboration avec le musée du quai Branly – Jacques-Chirac, à Paris. Si l'espace est pour le moins surdimensionné, objets et commentaires livrent un témoignage intéressant sur le mode de vie ancien des minorités, en particulier des Édé, le groupe le plus important (environ 300 000 personnes) parmi les 40 minorités ethniques que compte la province de Daklak. Suivent les Mnong (environ 40 000) et les Giarai (16 000), auxquels s'ajoutent des Mường, des Thaïs, des Dzao... émigrés pour certains des montagnes du nord du Vietnam.
Au rez-de-chaussée, ***belle collection de photos*** prises dans les années 1950 par un agent des services sanitaires français, Jean-Marie Duchange, au cours de ses missions dans les villages. Également une expo sur les rituels édé, analysés à travers l'utilisation de différents types de jarres. On continue à l'étage, avec une présentation thématique du ***mode de vie traditionnel*** des minorités (édé surtout, on l'aura compris) : agriculture, habitat, vannerie et tissage, musique (gongs), funérailles, etc. Quelques vidéos complètent l'ensemble. Également une section historique, s'attachant surtout à détailler la guerre contre les Français puis les Américains, avec une certaine verve propagandiste. Enfin, modeste section sur la biodiversité (quelques animaux empaillés) et les exploitations agricoles et forestières.
Dans le grand parc du musée, on peut jeter un œil à la ***villa*** décatie du dernier empereur, Bảo Đại, son parquet verni, sa chambre, son bureau, ses trophées de chasse et photos officielles.
Pour conclure, pause dans l'agréable buvette déployant sa terrasse sous les arbres, la ***Cantin cafeteria.***

🞬 ***Le quartier d'Ako Dhong*** : *à env 3 km au nord-est du centre. Pas de bus.* Cet ancien village édé, désormais absorbé par la ville, s'est enrichi grâce aux plantations de café, après le départ des colons français. Sur une rue, les habitants

LE CENTRE

ont conservé leurs anciennes maisons longues sur pilotis mais n'y vivent plus, ayant préféré bâtir juste derrière de bien plus vastes et cossues villas modernes, enfouies dans de généreux jardins. Un contraste étonnant ! Certains ont converti leur demeure traditionnelle en boutique ou café.

DANS LES ENVIRONS DE BUÔN MA THUỘT

Certains des sites des environs sont accessibles en bus urbain, à prendre sur Nguyễn Tất Thành, près du monument de la Victoire *(plan A2)*, ou sur Lê Hồng Phong, près du marché *(plan A2)*. On peut aussi louer une moto, ou passer par une agence (lire plus haut ; indispensable pour la visite des villages de minorités ethniques).

Le lac Lak : à 60 km env au sud de Buôn Ma Thuột. Accès par une route goudronnée (la RN 27), praticable à moto et en voiture. Compter au moins 1h de route. En bus, prendre le n° 12 (billet : 25 000 Dg). De loin

PLUTÔT 2 FOIS QU'UNE

Lak est un terme mnong signifiant... « lac ». Le lac Lak est donc le lac Lac ! Eh non, il n'y a pas de faute de frappe !

le plus beau site naturel de la province. Il s'agit d'un lac de 3 km sur 2, bordé de rizières et de plantations de café, entouré au loin de belles collines partiellement boisées, au cœur d'une région volcanique faite de basalte et de terre rouge. Sur ses rives sont dispersés un chapelet de villages mnong, qui vivent de l'élevage, de la riziculture et de la pêche (on tend de longs filets dans les eaux, avant d'y rabattre les poissons en frappant la surface avec de longs bâtons). Leurs maisons traditionnelles sur pilotis rappellent celles des Édé, même si la plupart des habitations d'aujourd'hui sont désormais bâties en brique. Certains villages comptent encore des éléphants domestiques, notamment le plus visité, *Jun*, situé au bord de la grande route. Pour loger dans le secteur, voir plus haut le *Lak Tented Camp*.

Les cascades de Dray Sap et Dray Nur : à env 30 km au sud de la ville. Desservi par le bus n° 13. Entrée : 40 000 Dg pour Dray Sap et 30 000 Dg pour Dray Nur. Dégringolant une large barre rocheuse sur quelques dizaines de mètres de haut, les cascades (*dray* en édé) de la brume (*sap*) et du porc-épic (*nur*) sont issues de 2 bras d'une même rivière, qui reforme son lit en aval. Distantes de 500 m l'une de l'autre, elles sont reliées par un sentier ponctué de ponts suspendus. L'été (saison des pluies), l'eau forme sur chacune un large rideau. Évidemment moins spectaculaire en saison sèche, même si le tableau vaut le coup d'œil. Baignade interdite. Buvette.

Le village de dresseurs d'éléphants de Buô Đôn : à env 50 km au nord-ouest de Buôn Ma Thuột. ☎ 385-49-03. Bus n° 15 jusqu'au district de Buôn Đôn, mais mieux vaut organiser l'excursion avec une agence, à coupler éventuellement avec un trek dans le parc national de Yok Đôn (lire plus bas). Niché dans la forêt en retrait d'une rivière, ce petit village de dresseurs d'éléphants s'est converti en modeste attraction touristique. Jadis, les habitants utilisaient les pachydermes pour les travaux des champs. Désormais remplacés par le moto-culteur, ils baladent sur leur dos les touristes. À voir aussi, dans le village, une interminable maison longue édé, dans laquelle sont exposés tambours et costumes traditionnels noirs à plastron rouge, et les tombes en béton de 2 éléphants tués par des braconniers.
Également des balades en barque, un parcours dans les arbres au gré de passerelles suspendues, des jeux pour les gosses. Bref, une visite qui plaira surtout aux enfants, d'autant qu'on peut loger sur place dans de jolis *bungalows* tout confort (clim, salle d'eau) en bois verni *(compter 450 000 Dg pour 2, petit déj inclus)*.

Agréable ***resto*** sous une paillote, où goûter la spécialité locale, le riz cuit dans un tronc de bambou, à accompagner d'un verre de citronnade au miel.
– ***Bon à savoir :*** certaines ONG dénoncent l'exploitation touristique des éléphants utilisés pour les balades.

🏃 ***Le parc national de Yok Đôn :*** *à 45 km au nord-ouest de Buôn Ma Thuột, vers Buôn Đôn. Entrée : 60 000 Dg.* Couvrant 115 000 ha de forêt tropicale sèche, le parc abrite 300 espèces d'oiseaux, de nombreux reptiles, des cerfs, des éléphants domestiqués. On y trouverait même des tigres. On peut combiner trek, canotage en barque à moteur, pêche, voire passer une demi-journée ou plus à prendre soin des éléphants (nourrissage, bain dans la rivière, etc.). Chaque activité est évidemment payante. Si on peut prendre un guide sur place, il est plus simple d'organiser l'excursion avec une agence de Buôn Ma Thuột *(à partir de 65-85 US$/j. par pers).* Bivouac possible.

DALAT (ĐÀ LẠT)

190 000 hab.   IND. TÉL. : 263

● Plan *p. 345*

De la côte, une route de montagne de 140 km, tout en lacet, mène à Dalat, nichée à 1 500 m d'altitude dans un cirque de collines et de bois de sapins. Ce paysage si différent du reste du Vietnam est parsemé d'une kyrielle de villas et de chalets de style français. Station climatique la plus réputée du pays, Dalat est une ville d'altitude (province de Lâm Đồng) où il est agréable de passer quelques jours pour fuir les chaleurs de la plaine. Des lacs artificiels, des jardins fleuris, des champs de légumes, des vergers, des serres où l'on cultive des fleurs se doublent d'un patrimoine historique bien conservé et de belles balades à faire aux environs. Certains y décèlent une ressemblance avec une ville thermale de France. Barbotan-les-Thermes en Indochine ? Bagnoles-de-l'Orne tropical ?
C'est bel et bien une ville conçue sur le principe de « ville-paysage ». Les urbanistes français y avaient pensé à l'époque coloniale pour soulager les colons de Cochinchine de la chaleur tropicale de Saigon. Et puis il y a l'eau, ou plutôt les eaux qui dévalent du sommet des monts et forment des rivières, se transforment en chutes et en cascades, en lacs naturels ou artificiels. Ici, la nature est dans la ville, et la ville est à la campagne.
– ***Bon à savoir :*** Dalat est envahie par des foules de touristes vietnamiens durant le ***festival des Fleurs.*** Il a lieu tous les 2 ans, du 20 au 24 décembre (prochain en 2023). Attention, il est alors difficile de trouver une chambre d'hôtel. ***Même afflux touristique durant la semaine qui suit la fête du Tết.***

UN PEU D'HISTOIRE

C'est en explorant pour la 1re fois en 1893 cette région inconnue des Européens qu'***Alexandre Yersin*** (le fameux inventeur du sérum contre la peste ; voir aussi le texte qui lui est consacré à Nha Trang) découvre le plateau du Lang Biang et le site de Dalat, alors habité par la tribu des M'Lat. À l'origine, il y avait une source *(dak)* et des habitants, les Lat : le nom *Dalat* signifie d'ailleurs « la source des Lat ». Émerveillé par la beauté des lieux et la fraîcheur du climat, le Dr Yersin rédige un rapport où il suggère au gouvernement français d'installer une station d'altitude au sein de ces montagnes sans moustiques. Aussitôt convaincu par l'idée de Yersin, Paul Doumer, gouverneur général de l'Indochine, envoie en 1897 une 1re équipe pour dresser les plans d'une ville résidentielle qui permettrait aux colons de la Cochinchine de **venir se reposer de la chaleur suffocante des plaines tropicales.** La ville naît dans l'insouciance de la Belle Époque ! On creuse des lacs artificiels, on disperse dans les pinèdes des chalets et des villas, des écoles, des églises, des couvents. Le but de l'architecte étant d'en faire une cité-jardin intégrée dans le paysage, en respectant les sites et en préservant l'espace.

Dans les années 1920-1930, Dalat est surnommé le « *Petit Paris* ». Des légumes et des espèces fruitières sont importés de France. Le Dr Yersin y fait ouvrir un *4e Institut Pasteur* en 1936. De luxueux hôtels, des palais, un casino, un golf sortent de terre : Dalat devient l'une des stations d'altitude les plus chics d'Extrême-Orient. **L'empereur Bảo Đại y possède une magnifique résidence,** non loin du pavillon de chasse de Theodore Roosevelt. Après la défaite française de Điện Biên Phủ en 1954 et les accords de Genève coupant le Vietnam en 2, les Français quittent Dalat, tandis qu'affluent les catholiques du Nord fuyant le communisme. Pendant la guerre du Vietnam, la ville, enclavée dans ses montagnes, est préservée et elle tombe presque sans combat en 1975. Elle est restée quasi intacte ! Après 20 ans de marasme (1975-1995), Dalat connaît à présent un renouveau économique, à la faveur du socialisme de marché. Elle tire une grande partie de sa prospérité de son sol fertile et de son climat tempéré.

UN CLIMAT TEMPÉRÉ

Si l'on en croit sa devise latine – *Qui dat aliis laetitiam aliis temperiem* –, Dalat est une ville « qui donne aux uns la joie, aux autres la fraîcheur ». Grâce à l'altitude, la température est toujours supportable et la pression atmosphérique modérée. Le ciel est souvent très bleu, d'une luminosité quasi montagnarde, et l'air est vif et pur. Les cervelles ramollies par la chaleur du delta du Mékong sont réanimées en arrivant à Dalat. On y a l'impression de débarquer dans une petite station des Alpes où, de manière amusante, les citadins portent des doudounes, des chandails, des moufles et des bonnets dès la tombée de la nuit.

Le climat se décline en 4 saisons de durée inégale :
– *de début décembre à fin mars :* c'est la saison sèche. Le temps peut être couvert mais il ne pleut pas ;
– *de fin mars à la mi-juillet :* c'est la saison des orages qui ne surviennent qu'en fin de matinée (beau temps ensoleillé le reste de la journée) ;
– *de mi-juillet à fin octobre :* c'est la saison des pluies avec une pluviométrie supérieure au mois de septembre et le vert éclate partout ;
– le mois de *novembre* est la période des grands vents durant laquelle Dalat subit les effets indirects des typhons qui déferlent sur les côtes.

LE VIN DE DALAT

À Dalat, le climat est si clément, l'air si vif et salubre que les arbres donnent des fruits en abondance, les potagers des poireaux, et les vaches du lait. Tout pousse, tout peut éclore. 2 sociétés se partagent le marché du vin : *Vang Dalat,* production en plaine, et *Dalatbeco* (ou *Dabeco*), qui met en cuve puis en bouteille le vin produit sur le littoral.

UN VIN UN PEU TROP FRUITÉ

La vigne peut pousser à Dalat, mais la terre n'est pas assez calcaire pour donner un bon raisin. Du temps de la colonie, des Français ont essayé, sans succès. Aujourd'hui, les raisins ne poussent plus à Dalat. On utilise des raisins provenant de Phan Rang (littoral vietnamien) ou sinon de France. Le vin de Dalat fait avec les raisins de Phan Rang est parfois coupé avec des fruits rouges de type framboises ou mûres pour donner un peu de goût.

DALAT

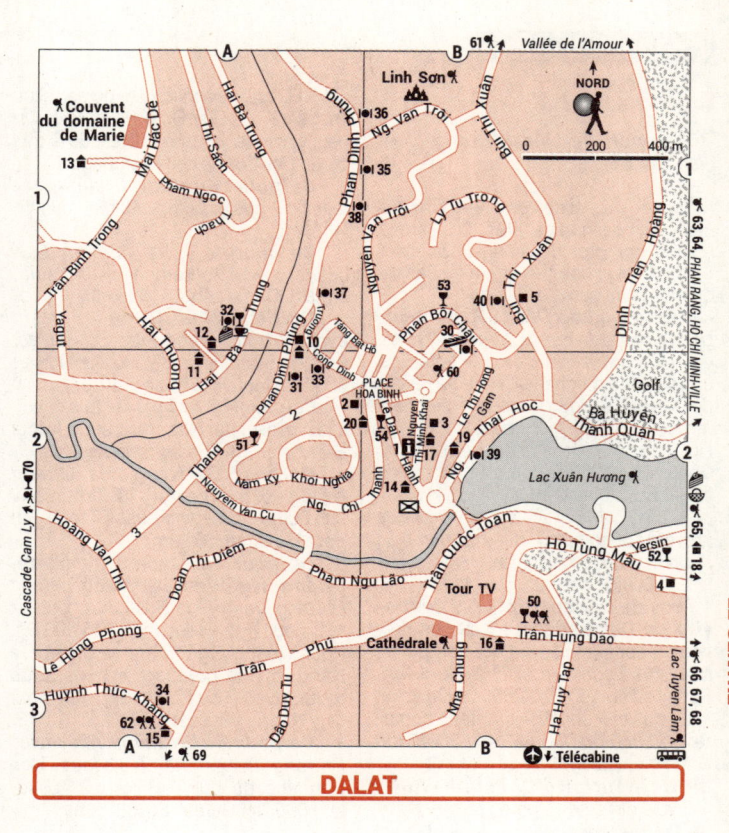

Adresses utiles
- **1** Dalat Travel Service – Agence de tourisme (B2)
- **2** VietinBank (A2)
- **3** Sacombank (B2)
- **5** Thesinhtourist (B1)
- **10** Groovy Gecko Tours (A1-2)

Où dormir ?
- **10** Chu's House ou Phương Thanh (A1-2)
- **11** Pretty Backpacker's House (A1-2)
- **12** Mr Peace Backpacker's House 2 (A1-2)
- **13** Strawberry Hotel (A1)
- **14** TTC Hotel Premium Ngọc Lan (B2)
- **15** Ha Han Hotel (A3)
- **16** Du Parc Hotel (B3)
- **17** TTC Hotel Premium Dalat (B2)
- **18** The Circle Hostel (hors plan par B2)
- **19** Blue Water Hotel (B2)
- **20** Tulip Hotel II (A-B2)

Où manger ?
- **30** Bánh Mì Cối Xay Gió (B1)
- **31** Gourmet Burger (A2)
- **32** One More Café (A1)
- **33** Goc Ha Thanh (A2)
- **34** Le Chalet Dalat (A3)
- **35** Thiết 168 (A-B1)
- **36** Trống Đồng (A-B1)
- **37** Nhật Ly (A1)
- **38** Artist Alley Restaurant (A-B1)
- **39** Thanh Thuy Blue Water Restaurant (B2)
- **40** V Café (B1)

Où déguster de délicieux chocolats ?
- **65** The Choco (hors plan par B2)

Où boire un verre et un bon café ?
- **32** One More Café (A1)
- **50** Dalat Palace (B2)
- **51** An Café (A2)
- **52** Doha Coffee (B2)
- **53** Bar Đường Lên Trăng, « Maze Bar » (B1)
- **54** Café Gia Nguyễn (B2)

À voir. À faire
- **50** Dalat Palace (B2)
- **60** Marché central (B2)
- **61** Centre historique de la Broderie (hors plan par B1)
- **62** Maison Hằng Nga ou Crazy House (A3)
- **63** Jardin des Fleurs (hors plan par B2)
- **64** Ancien lycée Yersin (hors plan par B2)
- **65** Gare de Dalat (hors plan par B2)
- **66** Musée du Lâm Đồng (hors plan par B2-3)
- **67** Résidence du gouverneur général (hors plan par B2-3)
- **68** Dinh I – King Palace (hors plan par B2-3)
- **69** Palais d'été de Bảo Đại (hors plan par A3)
- **70** Ancien couvent des Oiseaux (hors plan par A2)

LE CENTRE

Arriver – Quitter

En avion

✈ **Aéroport de Liên Khương** (hors plan par B3) : à 30 km au sud de la ville, sur la route de Hồ Chí Minh-Ville. Aéroport moderne, souvent noir de monde en période de fêtes. On y trouve un petit comptoir de change (Song Viet Corp) dans le hall des arrivées. Pas de distributeurs automatiques.

– *Pour se rendre à Dalat depuis l'aéroport :* navette de bus organisée 1-2 fois/j. par *Vietnam Airlines* (voir « Adresses utiles ») 2h avt votre vol. Pour se rendre de Dalat à l'aéroport, les bus se prennent devant le *Ngọc Phát Hotel*, au 10, rue Hồ Tùng Mậu, dans le centre de Dalat. Compter 40 000 Dg/pers et 45 mn de trajet. Pour plus d'infos : ☎ 350-43-33 ou 📱 09-13-74-74-30. Dans le hall des arrivées, le comptoir des minibus *Liên Khuong* propose aussi des navettes. Billet : 40 000 Dg/pers.

– *Taxis de l'aéroport pour le centre-ville de Dalat :* dans le hall des arrivées, 3 compagnies ont des comptoirs, *Mai Linh, Lado Taxi* et *Thắng Lợi Taxi*. Forfait (aller) 180 000-260 000 Dg selon taille du véhicule. Au compteur, compter 300 000 Dg. Durée : env 30-45 mn selon circulation.

➢ *De/pour Hồ Chí Minh-Ville :* 4-5 vols directs/j.. Durée : 55 mn-1h.
➢ *De/pour Hanoi :* seulement 1 vol direct/j., en début d'ap-m. Durée : 1h55.
➢ *De/pour Đà Nẵng :* 1 vol direct/j., le mat. Durée : 1h10.

En bus et minibus

🚌 **Gare routière de Dalat** (Bến Xe liên Tỉnh Dalat ; hors plan par B3) : 01, Tô Hiến Thành, Phường 3, à 2 km au sud du centre-ville. Accès 6h-minuit. Superbe gare toute neuve et propre. Infos et horaires en partie affichés à chaque comptoir. Au guichet d'information, l'employée parle l'anglais.

■ La meilleure compagnie est *Phương Trang-Futa Bus Lines* (☎ 1-900-60-67 ou 70 ; ● futabus.vn ●). Bus en très bon état, peints en rouge. Couchettes pour les parcours de nuit. On peut réserver par tél et ils passent vous prendre à votre hôtel. Sinon, se rendre à leur bureau situé au 11A/2, Lê Quý Đôn, Phường 5. On peut y acheter les billets. C'est de là que partent les bus de cette compagnie.

➢ *De/pour Kontum* (Hauts Plateaux) : 2 bus/j., le mat. Durée : min 6h (413 km).
➢ *De/pour Mũi Né* (station balnéaire) : avec la compagnie *An Phu*. 3 bus/j. Durée : 4h30 (152 km).
➢ *De/pour Nha Trang :* 6 bus/j. avec *Phương Trang-Futa Bus Lines*, 8h-17h. Billet : env 135 000 Dg. Durée : 3h30-4h (nouvelle route, 140 km).
➢ *De/pour Hội An :* pas de bus direct, il faut passer par Nha Trang et Đà Nẵng. Billet : env 340 000 Dg *(sleeping bus)*.
➢ *De/pour Đà Nẵng, via Quảng Ngãi :* 6-8 départs/j. Billet : env 285 000 Dg *(sleeping bus)*. Durée : 14h pour Đà Nẵng (661 km).
➢ *De/pour Huế, via Quy Nhơn, Quảng Ngãi et Đà Nẵng :* avec *Phương Trang-Futa Bus Lines*. Durée : 16h pour Huế. Billet : env 345 000 Dg. Pour Quảng Ngãi, Quy Nhơn et Đà Nẵng, même compagnie mais autre route, avec 3 bus/j. Durée : 10h pour Quy Nhơn, 14h pour Đà Nẵng.
➢ *De/pour Hồ Chí Minh-Ville :* avec *Phương Trang-Futa Bus Lines*. Une trentaine de bus/j. Billet : 240 000-260 000 Dg. Durée : 8h (303 km).

Open Tickets

➢ Pour quelques euros supplémentaires, *Thesinhtourist* (plan B1, **5**) propose également des voyages en bus pour Mũi Né-Phan Thiết, Hồ Chí Minh-Ville et Nha Trang (système d'*Open Tickets*). C'est une bonne solution aussi.

Minibus privés

➢ Pour les plus pressés ou un petit groupe : *Cúc Tùng Limousine* (28, Bùi Thị Xuân, Phường 2 ; 📱 09-31-38-81-88). Ils ont un comptoir à la gare routière, d'où les bus partent. Pour Nha Trang (180 000 Dg), Hội An (265 000 Dg), Đà Nẵng, Buôn Ma Thuột (180 000 Dg). Il s'agit d'un service de minibus Limousine (9 places, plus confortable). Très intéressant pour le prix.

DALAT / ADRESSES UTILES | **347**

Se déplacer dans Dalat et autour

À scooter, à moto ou à vélo

La location d'un scooter sans chauffeur coûte environ 200 000 Dg/j. (environ 9 US$). Avec chauffeur, compter 20 US$ dans la ville ou 28 US$ à l'extérieur. Bien se faire préciser si le carburant de départ est inclus ou non. Résas auprès de nombreux hôtels et des agences de voyages. En règle générale, une moto louée à 7h est rendue vers 19h, sinon, négocier avant de partir.
– La compagnie *Easy Rider* (*71, Trương Công Định ;* • *vietnameasyriders.vn* •) emploie des conducteurs de moto anglophones : ce sont des accompagnateurs au service des touristes, mais pas de vrais guides. Il faut le savoir car vous serez votre propre guide. Considérée comme l'originale, ayant ensuite été copiée, la compagnie *Original Easy Rider* se trouve au 33, Thi Sach (• *vietnamoriginaleasyrider.com* •).
– Excursions (francophones) à moto ou en voiture : avec René Duong (☎ 09-07-83-62-99 ; • *reneguide48@yahoo.com.vn* •) et son frère Duong Ngoc An (☎ 09-05-16-38-10 ; • *ngocanguide@yahoo.com* •). Ces 2 guides exercent depuis une vingtaine d'années sur la région des Hauts Plateaux et sur les villes de la côte.

Adresses utiles

Informations touristiques

■ *Dalat Travel Service – Agence de tourisme* (plan B2, **1**) : *1, Nguyễn Thị Minh Khai.* ☎ *351-08-53.* 🗐 *09-44-70-22-33.* • *dalattourist.com.vn* • *En face de TTC Hotel Premium Dalat. Tlj 7h30-18h.* Peu d'information à y obtenir en dehors de quelques brochures. Ils vendent surtout leurs services payants.

Argent, change

■ *VietinBank* (plan A2, **2**) : *46, pl. Hòa Bình, au début de la rue Nguyễn Chí Thanh.* ☎ *351-08-53. Lun-ven 7h-17h.* Change les devises. Distributeur ATM pour cartes *Visa* et *MasterCard*. Représente aussi *Western Union*.
■ *Sacombank* (plan B2, **3**) : *32, pl. Hòa Bình.* ☎ *351-10-82. Lun-sam 7h30-17h.* Change les devises. Distributeur pour cartes *Visa* et *MasterCard*.

Transports

■ *Vietnam Airlines* (hors plan par B2) : *63, Hồ Tùng Mậu.* ☎ *383-34-99. À l'aéroport :* ☎ *384-18-41.* • *vietnamairlines.com* • Les billets s'achètent dans ce bureau, dans les agences de voyages ou en ligne.
■ *Compagnie de bus Phương Trang-Futa Bus* (hors plan par B2) : à la gare routière (Bến Xe Dalat), *01, Tô Hiến Thành, Phường 3.* ☎ *1-900-60-67.* • *futabus.vn* • On y vend les billets de bus. Compagnie la plus fiable.
🚖 *Taxis : Lado Taxis,* ☎ *366-67-77 ; Thắng Lợi Taxi,* ☎ *383-55-83 ;* et *Mai Linh,* ☎ *367-88-88 (les plus nombreux).*

Agences de voyages

■ *Groovy Gecko Tours* (plan A1-2, **10**) : *65, Trương Công Định.* ☎ *383-65-21.* • *groovygeckotours.net* • *Tlj 7h-21h.* Toutes sortes de circuits et de treks, ainsi que des locations de VTT. Bon accueil en anglais, et bonnes prestations.
■ *Thesinhtourist* (plan B1, **5**) : *22, Bùi Thị Xuân.* ☎ *382-26-63.* • *thesinhtourist.vn* • *Bureau situé à droite de l'entrée du Trung Cang Hotel. Un peu excentré, mais c'est là que les bus de l'Open Tickets déposent les routards.* Vente d'*Open Tickets* et excursions organisées à bon prix. Quelques hôtels très bon marché dans le secteur.
■ *Highland Holiday Tours :* *47, Trương Công Định.* ☎ *351-10-47.* 🗐 *09-82-26-61-23.* • *highlandholidaytours.com.vn* • Une bonne agence. Demander M. Thinh, anglophone, qui pourra à son

LE CENTRE

tour appeler M. Khôi, francophone, pour être votre guide. Randonnées, canyoning, location de VTT et excursions à la journée sur de petites motos (avec guide-chauffeur, 35 US$ par personne).

Écotourisme et développement durable

■ **Domaine Morère :** *24/7, Nguyễn Trung Trực.* ☎ *09-78-54-66-59.* ● *pierre@domainemorere.com* ● *domainemorere.com* ● Adepte du développement durable, Pierre Morère a repris le flambeau de son grand-père en travaillant aux côtés des groupes ethniques du village de Dasar, sur la plantation de café familiale située à 18 km à l'est de Dalat, proche du parc national de Bidoup Núi Bà. En coopération avec ces ethnies, il produit sur place du café, du thé, du chocolat, ainsi que du miel, autant de produits naturels et bio. Le café Bourbon pointu Morère fut primé au concours mondial de café à Paris en 2016 et 2017. L'histoire de la famille perdure depuis plus de 120 ans, et valorise ce grand cru. On peut aussi contacter Pierre pour des randonnées dans le parc qu'il connaît bien. 2 excursions proposées en demi-journée : « plantation café » ou « les amoureux du miel » *(compter env 20 US$/pers ; min 2 pers pour une excursion).* Possibilité de dégustation en ville, à son showroom, à l'adresse ci-dessus, en lui téléphonant pour un rendez-vous.

Où dormir ?

Bon marché (jusqu'à 300 000 Dg / env 11 €)

🛌 **Pretty Backpackers House** *(plan A1-2, 11)* **:** *3/14, Hai Bà Trưng.* ☎ *09-18-95-50-99.* ● *prettyhosteldalat@gmail.com* ● *Lit en dortoir 5-7 US$.* Petite auberge de jeunesse dans une maison bien tenue, au bord d'une ruelle étroite et calme. Accueil très chaleureux et anglophone de la maîtresse de maison. Elle est présente sur place toute la journée. Dortoirs spacieux et bien équipés (8 lits). La literie est excellente et il faut remarquer la taille des lits (1,20 m sur 2 m), ce qui est rare dans ces adresses d'auberge économique. Toilettes communes. Agréable terrasse fleurie et ombragée sur le toit, avec des plaques solaires. À la demande, la propriétaire cuisine, et les repas se prennent autour d'une grande table communautaire.

🛌 **Mr Peace Backpacker's House 2** *(plan A1-2, 12)* **:** *3/8, Hai Bà Trưng.* ☎ *382-84-56.* ● *peacebackpackerdalat.com* ● *Lit en dortoir 5 US$, doubles 15-25 US$, avec petit déj.* En face de *Pretty Backpacker's House*, mais à la différence de celui-ci, il s'agit ici d'un *hostel* classique plus commercial, moins familial dans l'esprit. Attention, il y a 2 *hostels* voisins sous la même enseigne, on préfère le n° 2. Soyons justes, c'est une bonne adresse, on y trouve des dortoirs mixtes impeccables (8-10 lits) et bien équipés (bonne literie, casiers, lampes) et des chambres privatives. Salles de bains communes ou privées. Terrasse sur le toit pour se relaxer, bouquiner et papoter. Service de boisson (bar) et repas possible. Location de scooters.

🛌 **Strawberry Hotel** *(plan A1, 13)* **:** *6, Mai Anh, Phường 6.* ☎ *03-45-22-41-25.* ● *mrlovedalat@gmail.com* ● *Doubles 200 000-250 000 Dg, sans petit déj.* À l'écart du tumulte, au pied du couvent du domaine de Marie, dans une rue en pente, petite pension excentrée, genre *homestay*. Elle est tenue par 2 jeunes frères, dont un est guide anglophone. On ôte ses chaussures pour monter dans les étages, qui comptent une vingtaine de chambres simples et propres (pour 2, 4 ou 6 personnes). Les chambres du 2e étage sont plus dans le style d'un hôtel (carrelage, ventilo). Elles donnent sur la ruelle ou la cour intérieure (toutes ont une fenêtre).

DALAT / OÙ DORMIR ? | 349

Prix moyens
(300 000-600 000 Dg / env 11-21 €)

🏠 **Chu's House ou Phương Thanh** *(plan A1-2, 10)* : *15, Trương Công Định.* ☎ *382-50-97.* ● *chuhouse.com* ● *Doubles 15-25 US$, sans petit déj.* Cette ancienne maison française des années 1930, avec 2 réceptions, offre un caractère désuet et rétro avec ses parquets en bois et ses vieilles fenêtres européennes. 2 chambres ont un balcon sur la rue. Les autres sont simples et propres. Quelques défauts : les moquettes usées, l'insonorisation peu efficace et les 2 chambres en sous-sol à éviter car manquent de lumière. Pour le petit déj, on conseille la maison de thé *Nguyệt Vọng Lầu* (charmant) ou le café-pâtisserie *Delycious by Cent,* au n° 30 de la même rue.

Chic
(600 000-1 000 000 Dg / env 21-35 €)

🏠 **Ha Han Hotel** *(plan A3, 15)* : *1/1, Huỳnh Thúc Kháng.* ☎ *355-65-65.* 📱 *09-18-81-48-50.* ● *haanhotelda lat@gmail.com* ● *Doubles 600 000-700 000 Dg.* Certes, il est un peu éloigné du centre-ville mais il se tient dans une ruelle tranquille juste à gauche (en montant la rue) avant l'entrée de l'insolite Crazy House. Dans un bâtiment neuf et impeccable, seulement 7 chambres, nickel, lumineuses et bien arrangées (salle de bains privative). Pas de clim ni ventilo mais cela est inutile à Dalat. 3 chambres ont une vue sur la Crazy House. Accueil attentionné du jeune propriétaire et de sa femme.

🏠 **Tulip Hotel II** *(plan A-B2, 20)* : *14, Nguyễn Chí Thanh.* ☎ *351-09-92.* ● *tuliphotelgroup.com* ● *Double 500 000 Dg.* Bien préciser que vous voulez loger au *Tulip II* car il y en a 3 autres appartenant à la même chaîne *Tulip.* Celui-ci est bien placé et central, avec 5 étages et une dizaine de chambres confortables (ventilo) et carrelées. Déco classique, pas de balcon mais les fenêtres ouvrent sur la rue et la partie basse de la ville où se tient le marché. Demander une chambre dans les étages les plus élevés.

Plus chic
(1 000 000-2 000 000 Dg / env 35-71 €)

🏠 **Du Parc Hotel** *(plan B3, 16)* : *15, Trần Phú.* ☎ *382-57-77.* ● *royaldl. com* ● *Doubles 49-90 US$. Beaucoup plus cher en période de fêtes.* Grand hôtel d'époque coloniale, géré et aménagé par un groupe vietnamien. Proche de la cathédrale, la bâtisse a été restaurée avec soin en respectant le caractère ancien et le style des années 1920. Vieil ascenseur vintage – une pièce unique dans le pays –, escalier et planchers en bois, long couloir couvert d'un tapis rouge, l'ensemble compte plus de 80 chambres bien arrangées et confortables. De taille différente, les plus calmes et lumineuses donnent du côté sud avec une vue sur la ville et les monts environnants. Location de scooters.

🏠 **Blue Water Hotel** *(plan B2, 19)* : *5, Nguyễn Thái Học.* ☎ *383-38-88.* ● *reservation@bluewaterdalat.com.vn* ● *Doubles 40-60 US$.* En surplomb du lac, un hôtel sur le modèle d'un cottage anglais, en plus moderne. Déco originale avec escalier et boiseries de couleur sombre. Chambres confortables avec bois, carreaux à l'ancienne. Les *deluxe* disposent d'une grande baie vitrée avec vue sur le lac. Bref, tout le confort pour une adresse de charme ! Resto de cuisine mixte asiatique et européenne.

🏠 **TTC Hotel Premium Dalat** *(plan B2, 17)* : *4, Nguyễn Thị Minh Khai.* ☎ *382-60-42.* ● *dalat.ttchotels.com* ● *Doubles 55-70 US$.* En plein centre-ville, à côté du marché, un hôtel moderne et fréquenté par les groupes. Chambres de bon confort à la déco classique. Tous les services de sa catégorie avec un petit déj-buffet. Resto, dancing-karaoké et salon de massages.

🏠 **TTC Hotel Premium Ngọc Lan** *(plan B2, 14)* : *42, Nguyễn Chí Thanh.* ☎ *383-88-38.* ● *ngoclan.ttchotels. com* ● *Doubles 50-150 US$.* Grande bâtisse moderne, au centre, abritant un hôtel bien tenu. Belles et grandes

LE CENTRE

chambres confortables. Décoration soignée, du petit luxe assez design. La plupart ont une vue sur la ville. Fait aussi restaurant (beau panorama sur le lac depuis la salle).

À l'extérieur du centre

The Circle Hostel (hors plan par B2, 18) : 233, Đặng Thái Thân, Phường 3. 09-46-97-69-79. thecirclevn.com Double en « capsule » 250 000 Dg ; à l'hôtel, doubles 300 000-500 000 Dg. Relativement excentrée, voilà une auberge de jeunesse originale et très tendance. Sur un petit terrain plat planté d'herbe, face à une verte vallée, des jeunes Vietnamiens astucieux et créatifs ont installé des couchages (2 ou 3 personnes) dans de gros tubes de béton coloré. Intérieur tout rond, chaleureux et en bois, fermé par une grande vitre (ventilo). Vue agréable le matin sur la campagne. Ambiance jeune, écolo et saine. Sanitaires en commun et cuisine à disposition des hôtes. Avec le succès, le patron a construit un petit hôtel sur son terrain, abritant des chambres plus confortables. Location de motos.

Où manger ?

La région de Dalat regorge de fruits et de légumes. Au resto, goûtez aux pommes (*bom*, en vietnamien, vient du mot français), aux kakis séchés (très sucrés et délicieux), aux prunes (plantées dans la région de Trại Hầm), aux fraises. On trouve d'excellentes confitures de fraises, un peu trop sucrées, hélas. Les avocats, curieusement, se prennent comme dessert avec du sucre ou bien avec du sel et du poivre. Les artichauts sont consommés comme légume ou en infusion (racines, tiges, feuilles séchées). Enfin, pour les amateurs de raisin fermenté, la région de Dalat produit le vin le plus connu du pays. Goûtez-le, il se laisse boire volontiers.

Bon marché (moins de 100 000 Dg / env 4 €)

Quelques **petits restos populaires** (des marchands de soupe surtout) dans la rue Tăng Bạt Hổ, derrière la place Hoà Bình. On conseille *Bánh Canh Phố* au n° 5. Voir aussi les éventaires de cuisine à l'étage du bâtiment B du *marché central*.

Bánh Mì Cối Xay Gió (plan B1, 30) : 1, pl. Hoà Bình (angle de la place et de la rue Nguyễn Văn Trỗi). Tlj 7h-22h (8h15-23h45 dim). Bánh mì 12 000-25 000 Dg selon taille. Cette petite boutique est repérable à son mur jaune devant lequel les touristes vietnamiens font la queue pour se faire prendre en photo. Sert de remarquables sandwichs vietnamiens, les fameux *bánh mì*, à emporter ou à manger sur place près des bouquins (petit coin librairie).

One More Café (plan A1, 32) : 77 (9/12), Hai Bà Trưng. 08-29-34-18-35. Tlj sauf mer 8h-17h. Fermé le soir. Plats env 100 000-150 000 Dg. Au bord d'une rue animée, un agréable café-resto dans le style « club anglais », cosy et confortable. La propriétaire, une très aimable Australienne, connaît les goûts des voyageurs. Elle mijote de bons petits plats de style européen. Bien aussi pour boire un verre ou faire une pause sucrée (voir plus bas la rubrique « Où boire un verre ? »).

Goc Ha Thanh (plan A2, 33) : 51, Đường Trương Công Định. 699-79-25. Tlj 11h-21h30. Plat env 50 000 Dg ; plat pour 3 pers 250 000 Dg. Carte en anglais avec des photos. Central, dans une rue commerçante, petite salle toute simple et propre. Bon accueil. Cuisine locale bien mijotée, faite en famille. On peut essayer (en février notamment) la spécialité de la maison : un genre de pot-au-feu avec des artichauts (cultivés à Dalat), des carottes, oignons, choux-fleurs et champignons, accompagné de poulet et de boulettes de porc.

Prix moyens (100 000-250 000 Dg / env 4-9 €)

IOI Gourmet Burger (plan A2, **31**) : *54/13, Nguyễn Biểu.* ☎ *09-08-57-83-17. Prendre la rue Phan Đình Phùng vers le nord ; au niveau du nº 50, tourner à droite et s'avancer dans un passage ; en montant, remarquer les maisons couvertes de peintures murales. Tlj 12h-20h. Burgers 90 000-170 000 Dg.* On y sert les meilleurs burgers de Dalat, avec de la viande d'Australie, pays où Alain, le patron français, a longtemps vécu. Petite gargote de rue mais grande variété et qualité des plats, tous préparés selon les règles de l'art.

IOI Le Chalet Dalat (plan A3, **34**) : *6, Huỳnh Thúc Kháng, Phường 4.* ☎ *09-67-65-97-88. Tlj 8h-17h (21h w-e). Plats 80 000-170 000 Dg.* Juste en face de l'entrée de la Crazy House. On descend quelques marches pour accéder à un jardin intérieur tropical et calme, avec 2 grandes salles couvertes. Cuisine vietnamienne sans triche, avec des plats de diverses régions. Chaque plat est servi pour 1, 2 personnes, ou pour les familles (plus grand), à vous de préciser. Toilettes bien équipées (surtout pour les enfants).

IOI Thiết 168 (plan A-B1, **35**) : *168, Phan Đình Phùng.* ☎ *352-11-39. À l'entrée d'un passage. Tlj 9h30-22h30.* Vous cherchez du typique et du populaire, voici ce petit resto de quartier au bord d'une rue très passante. 2 petites salles ouvertes sur la rue. Restaurant où se mélangent locaux et touristes. Pizzas, pâtes, plats locaux à petits prix. C'est convenable, simple et économique, mais pas du tout gastronomique.

IOI Trống Đồng (plan A-B1, **36**) : *220, Phan Đình Phùng.* ☎ *382-18-89. Tlj 11h-21h.* Au bord d'une rue animée et bruyante, mais on oublie le bourdonnement de la circulation une fois entré. Salle sans prétention d'à peine 10 tables, accueil chaleureux des filles du patron. Cuisine vietnamienne soignée. Spécialité de pâte de crevette cuite et servie sur un morceau de canne à sucre ; les plats d'anguilles sont divins. Belle carte des vins de Dalat. On y parle l'anglais.

IOI Nhật Ly (plan A1, **37**) : *88, Phan Đình Phùng.* ☎ *382-16-51. Tlj 10h-20h (venir tôt pour dîner). Plats 45 000-150 000 Dg.* Adresse populaire servant une cuisine traditionnelle succulente. On y sert des spécialités végétariennes mais aussi du bœuf, du poulet, du poisson... Pour chaque plat, il y a 3 prix correspondant à sa taille variable (pour 1, 2 ou 3 personnes) ; prendre les plats en petites portions, déjà servis copieusement. Petite salle à l'arrière, plus calme.

IOI Artist Alley Restaurant (plan A1, **38**) : *124/1, Phan Đình Phùng.* ☎ *09-41-66-22-07. Tlj 11h-20h30. Plats 70 000-190 000 Dg.* Un panneau sur la rue indique ce resto discret caché au fond d'une impasse calme. Dans un petit immeuble couvert de carreaux de céramique, une salle décorée avec soin par le propriétaire, un peintre local reconverti en restaurateur. Boiseries sculptées, tableaux sur les murs et soirées musicales animées par un guitariste. Cuisine vietnamienne et quelques plats français. Service diligent et courtois.

IOI ↑ Thanh Thuy Blue Water Restaurant (plan B2, **39**) : *2, Nguyễn Thái Học.* ☎ *353-16-68. Tlj 6h30-22h30. Plats 90 000-200 000 Dg.* Au bord du lac, les pieds dans l'eau, orné de la couleur mauve lilas, très florale, ce resto propose de la bonne cuisine vietnamienne, sans triche, sans excès d'imagination non plus. C'est bon, frais et ça tourne bien dans les cuisines. Agréable terrasse, ensoleillée le jour et illuminée le soir. L'accueil varie selon le nombre de convives. Souvent pris d'assaut le week-end et pendant la fête des Fleurs.

IOI V Café (plan B1, **40**) : *1/1, Bùi Thị Xuân.* ☎ *352-02-15. Tlj sauf mar 7h30-21h30. Ven et sam soir, live piano.* En face de l'agence *Thesinhtourist*, un lieu convivial où se retrouvent les voyageurs pour un petit déj à l'occidentale composé de toasts, de céréales, d'œufs et de jus de fruits. Cuisine fusion asiatique qui mêle les styles. Soupes, salades et pizzas. Bons desserts.

Où déguster de délicieux chocolats ?

🍫 🌐 **The Choco** (Ga Đà Lạt ; hors plan par B2, 65) : *1, Quang Trung.* ☎ *625-75-75. Le billet d'entrée de la gare de Dalat est remboursé si l'on y consomme. Ne pas se rendre sur les quais, mais tourner à gauche pour gagner un bâtiment jaune sur le côté. Tlj 7h30-21h30. Tasse de chocolat chaud 40 000 Dg.* Une adresse coup de cœur ! Pour déguster un excellent chocolat aux différents parfums, c'est la meilleure adresse à Dalat. On y trouve un salon de dégustation et l'atelier de fabrication des chocolats (le cacao est vietnamien) où l'on voit les ouvriers à l'œuvre derrière des vitres. Boutique de vente : tablettes, boîtes...

Où boire un verre et un bon café ?

🍸 ☕ **Café Gia Nguyễn** (plan B2, 54) : *1, Nguyễn Chí Thanh.* 📱 *09-07-63-40-17. Tlj 6h15-23h.* Parmi les bars situés le long de cette rue surplombant la partie basse de la place du marché, ce charmant petit café est un bon endroit pour boire un verre en terrasse.

🍸 🍴 🍺 **One More Café** (plan A1, 32) : *77 (9/12), Hai Bà Trưng.* 📱 *08-29-34-18-35. Tlj sauf mer 8h-17h. Fermé le soir.* Au bord d'une rue animée, un refuge idéal pour faire une pause, boire un café (vrai expresso), ou déguster un gâteau assis dans le confortable salon du rez-de-chaussée. Possibilité de manger de bons petits plats préparés par une aimable Australienne.

🍸 ☕ **An Café** (plan A2, 51) : *63 bis, Duong 3 Thang 2.* 📱 *09-75-73-55-21. Tlj 7h-22h.* Drôle d'emplacement, entre une rue et une autre, sur un terrain en pente et sur plusieurs niveaux soutenus par des muretins de pierre. Décoration rustique et verdoyante avec des plantes vertes partout. On peut y boire un verre ou grignoter des petits plats sans gluten, dehors en terrasse ou sous un pavillon en bois si la température fraîchit. Jus de fruits, smoothies, café, thé, mais ni bière ni vin. Plutôt le genre alternatif et écolo.

🍸 **Bar Đường Lên Trăng** (café Tram Mai ; plan B1, 53) : *57, Phan Bội Châu.* ☎ *898-08-41-17. Tlj 8h30-23h.* Appelé aussi « Maze Bar », sans doute le bar le plus insolite du Vietnam. Le visiteur chemine dans un étrange labyrinthe formé par des couloirs sinueux, des passages sombres, sur 4 étages. Dans ce jeu de l'oie extravagant, digne de Disneyland, on passe par des miniterrasses et des recoins, avec la possibilité de s'asseoir et de consommer où l'on veut. Du dernier niveau, superbe vue sur Dalat.

🍸 **Doha Coffee** (plan B2, 52) : *rue Trần Quốc Toản.* ☎ *353-26-66. Tlj 7h-23h ; le 2ᵉ étage est ouv après 18h.* Sur la rive sud du lac Xuân Hương, son architecture futuriste se remarque de loin. Qu'est-ce ? Une sorte de gros bulbe vert et vitré, un artichaut stylisé, un clin d'œil à Doha la capitale du Qatar ? Dans tous les cas, il abrite un café sur 2 niveaux fréquenté par les touristes vietnamiens, qui font des selfies devant.

🍸 **Dalat Palace** (plan B2, 50) : *2, Trần Phú.* ☎ *382-54-44. Tlj jusqu'à 22h env.* Dans l'hôtel *Dalat Palace* (1922, époque française), voici le bar le plus chic de Dalat. Escalier majestueux pour monter du lac jusqu'à ce palace de style et d'ambiance coloniale. Au salon de thé (*Cosy Bar*, à l'intérieur) ou en terrasse, possibilité de prendre un thé en goûtant aux pâtisseries (et chocolateries). Pour les fumeurs, il y a aussi le *Cigar Club* avec ses confortables fauteuils club. Y aller plutôt après 17h et en soirée.

Achats

🌐 **Vang Dalat** : *1, Nam Kỳ Khởi Nghĩa, à côté de la Sacombank.* ☎ *382-78-52.* Un marchand de vins et d'alcools.

🌐 **L'Angfarm** : *18, Hoàng Văn Thụ, le long des escaliers qui mènent au marché.* ● *langfarm.com* ● *Tlj 7h30-22h30.*

Un grand magasin de vente d'épicerie fine. Surtout des friandises sucrées, des fruits secs ou confits, et aussi confitures, herbes, thé, café... Il s'agit d'une chaîne de qualité ayant des boutiques dans plusieurs villes du Vietnam.

À voir. À faire

Les brochures touristiques vantent en priorité les nombreuses cascades et chutes d'eau qui parsèment les collines autour de Dalat. Ces « attractions naturelles » attirent en masse les visiteurs vietnamiens, venus là en vacances ou en voyage de noces. À vrai dire, ces sites (Cam Ly, vallée d'Amour, lac des Soupirs, chutes de Datanla et de Prenn) sont intéressants si l'on s'éloigne des boutiques et des attractions bas de gamme. On peut y faire néanmoins de belles balades à pied dans les pinèdes qui bordent les rives.

Du centre de Dalat vers le nord

Très belle balade à faire à pied ou à bicyclette, sans se presser.

🎯 **Le marché central** *(plan B2, 60)* : *au cœur de la ville, au nord de la rue Nguyễn Thị Minh Khai. Tlj 6h-18h.* Il s'agit d'une assez laide bâtisse en béton gris, construite en 1962 à l'emplacement de l'ancien marché incendié dans les années 1950. Se compose de 3 bâtiments distincts. Dans le bâtiment A, section alimentaire avec de la confiserie, des fruits confits et séchés. Au rez-de-chaussée du bâtiment B, des légumes, des fruits frais et des fleurs que les Vietnamiens cultivent dans la région de Dalat. Choix incroyable (climat oblige) et grande propreté. Les éventaires de cuisine se trouvent à l'étage de ce bâtiment B. Dans le bâtiment C, surtout des vêtements.

🎯 **Le lac Xuân Hương** *(plan B2)* : on ne voit que lui en arrivant à Dalat par les collines. Ce lac artificiel de 45 ha fut creusé en 1919 à l'initiative d'un dénommé Cunhac, 1er résident français dans la station climatique. Il a vaguement la forme d'un long haricot. La ville « bourgeoise » s'est développée au fil des années sur les pentes vallonnées, au nord et au sud du lac.

Au nord de la ville

🎯 **La pagode Linh Sơn** *(Phật Giáo ; plan B1)* : *au sommet d'une colline à 1 km au nord du centre. La pagode se trouve face au 117A/B, Nguyễn Văn Trỗi. Accès libre.* C'est la pagode la plus ancienne de Dalat, construite entre 1936 et 1940 par Võ Đình Dung, l'homme le plus riche de la ville à cette époque. Directeur d'une entreprise de bâtiment, il possédait 70 maisons à louer à Dalat. Aujourd'hui, une trentaine de bonzes y vivent.

🎯 **Le couvent du domaine de Marie** *(Nhà Thờ Lãnh Địa Đức Bà ; plan A1)* : *au sommet d'une colline au nord-ouest de la ville, au 6, Mai Hắc Đế. Tlj 8h-11h, 14h-17h.* Le couvent du domaine de Marie, construit entre 1940 et 1942, est une grosse bâtisse rose rénovée, aux toits couverts de tuiles rouges. Aujourd'hui encore, 55 sœurs y vivent, appartenant à la Compagnie des Filles

PLUS PRÈS DU CIEL

Avant la réunification du Vietnam en 1975 et la victoire des communistes (officiellement athées), on dénombrait à Dalat 29 monastères, abbayes et couvents appartenant à divers ordres catholiques ! Les religieux sont partis avant la fin de la guerre, ou bien ils ont été expulsés. Les frères de La Salle, par exemple, se sont installés en Thaïlande, où ils dirigeaient déjà des écoles.

de la Charité de Saint-Vincent-de-Paul (siège à Paris, rue du Bac). Un vestige de l'époque coloniale qui n'a rien de formidable mis à part sa charpente en bois. Derrière l'église du domaine de Marie, accessible par l'extérieur de l'édifice, un joli jardin où sont cultivées les « sabots de fée », une orchidée native de la région. La tombe de la femme de l'amiral Decoux, la bienfaitrice du couvent, se trouve dans une allée du cloître de ce jardin. Elle consiste en une simple plaque de marbre au sol.

🦐🦐 *Le centre historique de la Broderie* (XQ Sử Quán, Dalat Historical Village ; hors plan par B1, 61) : 80, Mai Anh Đào. ☎ 355-23-48. ● xqvietnam.com ● À 5 km env du centre-ville. Tlj 7h30-17h30. Entrée : 100 000 Dg. Voici un superbe centre artisanal et culturel entièrement consacré à la broderie, dans un superbe environnement. On se promène avec une guide dans le décor raffiné d'un petit village créé de toutes pièces, avec des jardins fleuris et verdoyants, de ravissants bâtiments traditionnels, genre pagodes. Une douce musique vous accompagne, l'atmosphère est paisible. Sous vos yeux, les dizaines de brodeuses accomplissent, dans une concentration silencieuse qui impose le respect, un véritable travail de minutie.
– *Bon à savoir :* pour ceux qui ne veulent pas payer l'entrée, accès libre au grand showroom (sur plusieurs niveaux) qui offre un bel aperçu de tout ce que l'on peut tirer de la soie, de la broderie. Mise en valeur et éclairage splendide.

À l'est de la ville

🦐 *Le jardin des Fleurs* (Vườn Hoa Thành Phố ; appelé aussi Jardin horticole ; hors plan par B2, 63) : Trần Quốc Toản. ☎ 383-77-71. Situé à 2,5 km env du centre-ville, au bout du lac Xuân Hương. Pour y aller, suivre la rue Bà Huyện Thanh Quan qui longe la rive nord du lac. Tlj 6h30-18h. Entrée : 50 000 Dg. D'accord, il y a beaucoup de fleurs, mais on a la vague impression de déambuler dans les rayons de *Jardiland*. Bref, on s'attendait à un peu plus de poésie et à un peu moins de béton, notamment pour les animaux ! Les admirateurs d'orchidées y trouveront peut-être leur bonheur malgré l'absence de diversité. Voir les « griffes de dragon », ces curieuses fleurs en grappes de couleur bleu turquoise, les roses jaunes appelées encore « Joséphine », les roses tendres connues sous le nom de « Grace de Monaco », ou les roses « B.B. », surnommées ainsi parce qu'elles ont la couleur du rouge à lèvres de Brigitte Bardot. Décidément, les Dalatois sont des gens très romantiques ! Jolie collection de bonsaïs.
– *Bon à savoir :* la ville de Dalat est environnée de collines où s'étend une multitude de serres éclairées la nuit. Y poussent (entre autres) des variétés de fleurs exportées vers le Japon. C'est ça la mondialisation !

🦐 *L'ancien lycée Yersin* (Cao Đẳng Sư Phạm ; hors plan par B2, 64) : au bout de la rue Yersin, à env 500 m sur la gauche en venant du lac. **Ne se visite pas.** On le repère d'assez loin grâce à sa haute tourelle coiffée d'ardoises émergeant des arbres d'une colline, au sud du lac Xuân Hương. Il abrite aujourd'hui l'École normale supérieure. Construit en 1935, en l'honneur du découvreur de Dalat (Alexandre Yersin) et entièrement rénové en partie avec des fonds français, il a vraiment l'allure d'une bâtisse française, du sud de la France. À ne pas confondre avec son petit frère, le petit lycée Yersin, autre vestige français, beaucoup moins impressionnant. À Hanoi, le nouveau et moderne lycée français s'appelle lycée Yersin.

🦐 *La gare de Dalat* (Ga Đà Lạt ; hors plan par B2, 65) : pour y aller, de la rive sud du lac, prendre la rue Yersin puis la rue Nguyễn Trãi sur env 500 m, et tourner à droite. Entrée : 5 000 Dg.
S'il y a un monument de style français de l'époque coloniale à ne pas rater à Dalat, c'est bel et bien cette gare ferroviaire. C'est la plus ancienne du Vietnam. On dirait une maquette de train miniature qui aurait grandi sur un simple coup de baguette magique ! Ce serait la copie de la gare de Deauville. Avec ses 3 pignons et ses vitraux d'origine, ses énormes fauteuils en cuir, elle est si merveilleusement rétro qu'on s'attend à y voir surgir à tout moment notre cher M. Hulot (pas Nicolas), pipe au bec et l'air ahuri !

La ligne ferroviaire fut créée en 1928, la gare elle-même fut construite de 1932 à 1935 et les 1ers trains arrivèrent à Dalat à cette époque-là, empruntant la ligne Tháp Chàm-Dalat (84 km) ouverte par les Français. En raison des attaques incessantes du Vietcong, celle-ci fut fermée en 1970.
Dans la gare, la locomotive Diesel est un cadeau des Russes, alors que la loco à vapeur fut rachetée aux Japonais au début du XXe s qui eux-mêmes l'avaient achetée aux Chinois. On peut dire qu'elle a voyagé !

➤ Un **petit train** effectue un circuit de 17 km aller-retour jusqu'au village de Trại Mát, dans les environs de Dalat *(en principe, 5 départs tlj, 7h35-16h05, mais le train ne part que s'il y a min 20 pers ; compter env 135 000-150 000 Dg/pers pour 1h30 de balade A/R, et visite de la pagode Linh Phước à l'arrivée ; infos au ☎ 383-44-09).*
– Un des wagons à l'arrêt abrite un petit café.
– Ne pas manquer le remarquable *The Choco*, installé dans un bâtiment annexe de la gare. Cet endroit abrite une fabrique de chocolat, une boutique et un salon de dégustation de chocolat. Voir plus haut la rubrique « Où déguster de délicieux chocolats ? ».

🏃 *Les villas et les chalets d'époque coloniale :* les plus imposantes villas se trouvent noyées dans les pinèdes de la **rue Trần Hưng Đạo,** sur une ligne de crête dominant la rive sud du lac. Il y en a qui sont à l'abandon mais il en reste de très mignonnes, parfois insolites, dans les rues Quang Trung et Nguyễn Du, après la gare, sur la route du lac des Soupirs. Ne se visite plus, on ne fait que passer ; les Russes, nombreux à Dalat, semblent avoir fait main basse sur le quartier.

STYLES DE PROVINCE

Les villas de Dalat reprennent (de loin) le style architectural de 4 régions françaises : la Normandie avec les pans de bois apparents, la Bretagne avec les grosses pierres saillantes et les ardoises, la Savoie avec ses chalets en bois avec balcons, et enfin le Pays basque reconnaissable à ses 2 pans de toiture asymétriques, et quelques pignons à colombages. Selon le style de la villa, on peut déceler l'origine géographique du Français qui fit construire la maison.

🏃 *Le musée du Lâm Đồng (Bảo Tàng Lâm Đồng ; hors plan par B2-3, 66) :* 4, Hùng Vương, à 2,5 km du centre-ville, en contrebas du Dinh I et face au Vietsovpetro Hotel. ☎ 381-26-24. ● baotanglamdong.com.vn ● Pour y aller : bus urbain n° 3 ou moto-taxi. Tlj 7h30-11h30, 13h30-16h30. Entrée : 15 000 Dg (est incluse la visite de la maison de l'impératrice Nam Phương). C'est le musée de la province. À ne pas négliger, car il est plutôt intéressant (les explications sont en anglais). On n'y passe pas plus de 30 mn. La plupart des vestiges proviennent de 5 temples découverts à l'ouest de Dalat dans les années 1980-1990 (et les fouilles continuent). Sans que l'on ait de vraies certitudes, certaines pièces remonteraient aux royaumes cham et Óc Eo, jusqu'à la préhistoire.

🏃 *La résidence du gouverneur général (hôtel* Dinh II *; hors plan par B2-3, 67) : à 2 km à l'est du centre de Dalat.* ☎ 382-20-92. **Ne se visite pas.** *Abrite un hôtel de 27 chambres (double 560 000 Dg).* Au carrefour de la rue Trần Hưng Đạo et de la rue Khởi Nghĩa Bắc Sơn, prendre une route qui monte à travers bois jusqu'à cette grande demeure très massive. Achevée en 1937 elle servit de palais d'été au gouverneur général Jean Decoux jusqu'à la fin de la Seconde Guerre mondiale. Plus tard, elle servit de résidence estivale à Ngô Đình Nhu, frère du président Diệm, et plus tard encore au vice-président Nguyễn Cao Kỳ.

🏃 *Dinh I – King Palace (hors plan par B2-3, 68) : 1, Trần Quang Diệu.* ☎ 358-05-58. *Dans une rue donnant sur Hùng Vương ; très excentré, à la sortie de la ville, sur la route de Nha Trang ; continuer après le musée du Lâm Đồng. Tlj 7h-17h. Entrée : 50 000 Dg.*

Le palais comprend 16 pièces vides de tout meuble intéressant, ou alors très kitsch. Néanmoins, l'édifice a un certain charme avec son style d'inspiration française, ses murs jaunes, ses volets verts, et le parc de 18 ha n'est pas désagréable. Construit entre 1929 et 1933 par un industriel français, Clément Bourgery. Bảo Đại le récupéra et en fit une résidence de travail en 1949 après que la France se fut résignée à accorder une forme d'indépendance. Après les accords de Genève en 1954, Bảo Đại partit en exil en France et Ngô Đình Diệm devint 1er ministre.
Le président Ngô Đình Diệm organisait des réunions secrètes dans la luxueuse villa Dinh I (qui fut celle de Bảo Đại). Menacé, sans cesse sur le qui-vive, il fit même construire un tunnel relié à un héliport juste derrière le palais, pour s'enfuir en cas de besoin. Ce sont encore les militaires qui détiennent la clé du tunnel. On ne voit que les portes d'accès à mi-escalier et dans l'ex-chambre de Bảo Đại, à l'étage.

Au sud de la ville

Dalat Palace (plan B2, 50) : 2 et 12, Trần Phú. ☎ 38-25-44. ● dalatpalacehotel.com ●
Perché sur une petite colline au-dessus du lac Xuân Hương, c'est le plus grand palace d'époque coloniale de Dalat. Construit en 1905 dans le style « balnéaire-colonial » propre à cette période, rénové et agrandi en 1922, il est aujourd'hui magnifiquement entretenu grâce à Larry Hillblom, le milliardaire américain fondateur de la société *DHL*. Le gouvernement français avait alors l'intention de faire de Dalat la capitale de la Fédération indochinoise, d'où probablement la dimension de ce palais. Le 1er réseau clandestin du Parti communiste vietnamien fondé en 1930 est né dans les cuisines de cet hôtel de grand luxe. Le général Giáp a séjourné dans la suite n° 101 en 1946. Cuisiniers et serveurs constituèrent là le 1er noyau de la révolte anticoloniale. Plusieurs grandes conférences de l'histoire s'y sont déroulées, avant et après 1975. C'est presque un monument historique !
Après rénovation, il a retrouvé sa vocation de palace et abrite maintenant un hôtel 5 étoiles *(doubles 150-250 US$)*. On se croirait dans un *Relais & Châteaux*, grâce au décor élégant des salons (tableaux de l'école de Caillebotte), au caractère des chambres (possibilité de faire un feu dans la cheminée en hiver !). Il abrite 2 restaurants (*Le Rabelais* et *Le Monet*). N'oubliez pas le *Cosy Bar*, le *Cigar Club*, la terrasse extérieure, des endroits chics ouverts à tous, clients de l'hôtel ou non.

La cathédrale (Nhà Thờ Lớn ; plan B2) : 15, rue Trần Phú, proche du Du Parc Hotel. Tlj 5h15-6h15, 17h15-18h15. Il y a 5 messes le dim (église ouv tte la journée). Devant cette grande église rose dédiée à saint Nicolas, on a presque la même impression qu'à Hồ Chí Minh-Ville devant la cathédrale Notre-Dame : c'est le style religieux des sous-préfectures françaises qui a été exporté jusqu'ici ! Édifiée entre 1931 et 1942, donc très récente, elle a remplacé une église de 1917 devenue aujourd'hui le presbytère, puis celle de 1922 devenue l'école Quang Trung. À l'intérieur, les vitraux en mosaïque viennent de France. On peut même y voir la marque de fabrique de l'artisan d'art français : « Grenoble, verrerie Balmet, 1940 ». Les Dalatois l'ont surnommée « l'église du coq », à cause de son coq en bronze juché au sommet du clocher. Un des 5 prêtres y officiant parle bien le français.

Le palais d'été de Bảo Đại (Dinh III ; hors plan par A3, 69) : on y monte par la rue Trần Phú, puis par la rue Lê Hồng Phong, en suivant celle-ci jusqu'au bout. Tlj 7h-17h. Entrée : 30 000 Dg. Protège-chaussures obligatoires à l'entrée: Explications en anglais.
C'est l'ancienne **résidence d'été du dernier empereur du Vietnam** (Bảo Đại régna de 1926 à 1945), qui se trouve au sommet d'une colline plantée de pins. Parmi les différents palais (ou *Dinh*) à visiter à Dalat, celui-ci est le plus intéressant, car cette grande demeure Art déco n'a pas changé d'un pouce depuis les années 1930.
Construite de 1933 à 1938, sur les plans d'architectes français et vietnamiens, dans le **style moderniste lancé par Gropius et Le Corbusier,** elle abrite dans

DALAT / À VOIR. À FAIRE | 357

ses 26 pièces une foule de souvenirs et d'objets ayant appartenu à la famille impériale : le bureau de Bảo Đại avec 2 de ses sceaux, son buste, ses livres français (il lisait en cachette de l'*OSS 117* en faisant semblant de bosser !), 2 téléphones d'époque (le sien et celui de Nguyễn Văn Thiệu), les portraits en noir et blanc (signés Harcourt) de Bảo Đại, de sa femme et de son fils, le sauna des années 1930, ou encore la grande table de réunion avec, sur la cheminée, une carte du pays gravée dans le verre (faite à Paris).

À l'étage se trouvent les chambres de son fils Bảo Long, tout en jaune, la couleur impériale, de la princesse Phương Mai, et de la reine Nam Phương, épouse de l'empereur, décédée en 1963 au village de Chabrignac (Dordogne).

Belle vue sur les jardins à la française. Enfin, au rez-de-chaussée, on peut admirer les ***trônes sculptés*** de l'empereur et de son épouse, les habits de réception et les bijoux.

🍽🍽 ***La Maison Hằng Nga*** (ou « Maison Folle » ou « Crazy House » ; plan A3, **62**) : *3, Huỳnh Thúc Kháng.* ☎ *382-20-70.* • cra zyhouse.vn • *Depuis la rue Trần Phú, prendre Lê Hồng Phong sur la gauche puis la 1re rue sur la droite. Tlj 8h30-19h. Entrée : 60 000 Ðg, réduc ; gratuit pour les enfants de moins de 1,20 m.* **Conseil** *: pour éviter les foules et les files de visiteurs, venir entre 12h30 et 13h30. Beaucoup de visiteurs russes car Mme Đặng Việt Nga avait étudié l'architecture à Moscou.*

VIETNAM INSOLITE

La propriétaire de la pension Hằng Nga, Mme Đặng Việt Nga, est la fille de Trường Chinh, bras droit de Hồ Chí Minh et ancien président de la République du Vietnam. Le père était un réaliste, la fille est une surréaliste ! Architecte inspirée par ses rêves, par la forêt et ses légendes merveilleuses plus que par le dogme politique, cette femme attachante et originale se fait appeler « Reine de la Nuit » ou « Femme de la Lune ».

L'hôtel (eh oui, on peut aussi y dormir !) le plus insolite et le plus délirant du Vietnam. Un endroit fantastique, dans le vrai sens du terme.

À l'entrée, une immense girafe en béton regarde des arbres (en béton aussi) abritant des chambres aux formes tarabiscotées, ornées de sculptures de bêtes et de miroirs. Un pavillon abrite la chambre du « Tigre », avec des rideaux roses. À côté, c'est le « Chalet du bonheur », pour couple en lune de miel. D'autres pavillons cachent un ours, 2 abeilles avec leur pot de miel, un kangourou... Le jardin est parsemé de sculptures naïves, de formes végétales, de champignons gigantesques, une toile d'araignée, etc. Une buvette avec vue panoramique au sommet d'un « arbre-maison »... Au fil de la visite, on découvre aussi le mémorial que l'artiste a consacré à ses parents (son père, Trường Chinh, fut président de la République, voir encadré plus haut).

Le style du lieu évoque les bicoques des Schtroumpfs, les délires du facteur Cheval, et les audaces de Gaudí. Incroyable demeure que l'on découvre comme un musée d'architecture surréaliste en plein air ! Pas un seul angle droit (ou presque pas), ici, tout n'est que formes arrondies et ondulantes, comme les feuilles des arbres. Longtemps, on a ignoré Đặng Việt Nga, cette architecte géniale qui a toujours 50 ans d'avance sur son pays. À plus de 80 ans, elle habite dans une aile de sa demeure, dont elle a confié la gestion à ses enfants. Aujourd'hui, la visite de ce chef-d'œuvre est programmée dans les tours de l'office de tourisme. Voilà ce qu'on appelle la reconnaissance !

– Petit kiosque à boissons dans le jardin intérieur.

– ***Bon à savoir :*** la maison abrite aussi un hôtel. Les 8 chambres, appelées « Kangourou », « Ours », « Tigre »... se louent à la nuit *(doubles 45-116 US$)*. Attention, elles sont très originales, et certaines très bruyantes. On ne conseille pas d'y dormir.

🍽 ***Les villas coloniales :*** dans la rue Lê Hồng Phong qui mène à l'Institut Pasteur et au palais de Bảo Đại (Dinh III), plusieurs villas entourées de jardins fleuris, dont certaines reconverties en villas-hôtels. Voir aussi plus haut le paragraphe « Les villas et les chalets d'époque coloniale ».

358 | LE CENTRE / LES HAUTS PLATEAUX DU CENTRE

✼ *L'ancien couvent des Oiseaux (hors plan par A2, 70)* : *2, Huyền Trân Công Chúa, district 4. Sur la butte au-dessus de l'intersection des rues Hoàng Văn Thụ et Huyền Trân Công Chúa.* Dans la série « la nostalgie n'est plus ce qu'elle était », on ne peut trouver mieux ! C'était le pensionnat français le plus chic de Dalat, sinon du Vietnam, dirigé par des religieuses ! Il a été fondé en 1935 par la 1re femme de Bao Dai, l'impératrice Nam Phương, qui avait étudié au couvent des Oiseaux à Paris. Fermé en 1975, des 12 ha d'origine, il en reste 2 seulement. En 1995, 4 sœurs vietnamiennes ont eu le droit de revenir. Abrite aujourd'hui l'école de formation des profs et des instituteurs des minorités ethniques.

DANS LES ENVIRONS DE DALAT

✼ *La cave coopérative viticole Dalatbeco* : *9, Dã Chiến, district 11.* ☎ *383-18-78.* ● *dalatbeco.vn* ● *À 5 km à l'est de Dalat, non loin de la prison (!) ; accès par le bd Trần Hưng Đạo puis Hùng Vương. Tlj 9h-16h. Visite sur résa et seulement pour les groupes.* Modernisée et mise aux normes internationales, cette usine de vinification emploie environ 70 personnes. Le caveau de dégustation dans le jardin, près de l'usine, ouvert à tous, est le 1er de ce genre au Vietnam. Vins importés mis en bouteilles sur place, mais aussi quelques vins 100 % vietnamiens, fermentés ou mélangés avec des fruits. ☞ *Boutique de vente* : *37B, Hùng Vương.* ☎ *390-97-77. Tlj 8h-18h, 19h-21h (8h-21h dim).* Elle se trouve au bord de la route QL20, 2,5 km avant la cave coopérative.

✼✼ *La pagode Linh Phước (hors plan par B2)* : *120, Tự Phước, à 8 km à l'est de Dalat ; suivre la route de la gare de Trại Mát (QL20).* ☎ *917-72-12-80. Tlj. GRATUIT.* C'est de loin la plus belle pagode de Dalat, et la plus originale. Inaugurée en 1952, elle est en grande partie couverte de morceaux de céramiques et de pièces de verre, précédée à l'extérieur par un grand dragon sculpté long de 49 m. C'est le thème du dragon qui a inspiré la décoration de cette pagode (piliers, toiture, autels, tourelles). La grande salle intérieure est soutenue par 2 rangées de colonnes richement ornées. La tour principale abrite la plus lourde cloche du Vietnam (8,5 t). Voir aussi les nombreuses sculptures sur bois de style tarabiscoté.

✼✼ *Le mont Lang Biang* (ou « mont de la Dame ») : *montée en jeep 400 000 Dg ; on peut partager la jeep avec d'autres passagers (2-6 places). Attention : on ne peut plus y monter à scooter comme par le passé. Entrée du site : 50 000 Dg.*
Cette grosse et belle montagne est le point culminant (2 163 m) de la province de Lâm Đồng et la montagne sacrée des minorités ethniques.
➢ On arrive facilement au village de Lang Biang, au départ de Dalat par une bonne route (13 km, 30 mn). À noter : les innombrables serres (légumes, fruits, fleurs) qui parsèment le paysage. De Lang Biang, se rendre à la bicoque qui vend les billets d'entrée du site. C'est de là aussi que partent les jeeps pour le haut de la montagne. Elles empruntent une route goudronnée (environ 5 km). La montée en jeep dure 20 mn. En fait, la route ne va pas jusqu'au sommet mais s'arrête à une sorte de plate-forme excentrée à 1 900 m. Belle vue ; par beau temps on peut voir la mer de l'Est au loin.
➢ *Y monter à pied* : cette randonnée *(Lang Biang Forest Trail)* est possible mais elle s'adresse à de bons marcheurs car la pente est raide, surtout les derniers 600 m. L'accès au début du sentier se fait en bas de la montagne, en prenant un chemin sur la droite avant la barrière d'entrée du site (billetterie et grand parc de stationnement des jeeps).
– *Bon à savoir* : l'office de tourisme organise des randonnées *(compter 15-25 € env selon nombre de pers – avec visite du village Lát – pour une balade de 6h, mais le guide n'est plus obligatoire).*

✼ *Les chutes et le lac d'Ankroët* : *à 18 km au nord-ouest de Dalat. Il n'est pas nécessaire d'avoir une autorisation ni un guide officiel.* Pour atteindre ce site, compter 30 à 40 mn à moto-taxi (route goudronnée). On traverse de beaux paysages de collines ondulantes couvertes de sapins, des petits vallons avec des jardins maraîchers et des serres pleines de légumes ou de fleurs. Les chutes se trouvent dans un chaos rocheux granitique creusé par des bassins naturels d'eau douce. Mais attention, de plus en plus en saison sèche, il arrive qu'il n'y ait pas d'eau (elle est utilisée pour l'approvisionnement de Dalat)... Renseignez-vous avant de prendre la route.

LA CÔTE DE ĐÀ NẴNG À HỒ CHÍ MINH-VILLE

Près de 1 000 km (précisément 966 km) séparent Đà Nẵng et Hồ Chí Minh-Ville (Saigon). Une étroite bande de terre entre la mer, la cordillère et les Hauts Plateaux. Que voir au long de ce bel axe côtier, ancienne route Mandarine (devenue route nationale n° 1) qui relie depuis des siècles le nord et le sud du pays ? Le site de Nhà Trưng Bày (Mỹ Lai), le port et les plages de Quy Nhơn et, plus au sud, les tours cham aux alentours de Phan Rang et la baie de Nha Trang, les *resorts* (grands hôtels) sous les cocotiers en bordure d'océan à Phan Thiết et Mũi Né. Un beau morceau de la carte du Vietnam !

QUẢNG NGÃI   125 000 hab.   IND. TÉL. : 255

À 131 km au sud de Đà Nẵng, Quảng Ngãi, capitale de la province éponyme, présente un intérêt plus mémoriel que touristique : elle est la porte d'accès au site de Mỹ Lai (à 12 km) où des soldats américains commirent le plus horrible massacre de civils de la guerre du Vietnam. On marquera à Quảng Ngãi une étape plus qu'un séjour.

UN PEU D'HISTOIRE... BIEN TRISTE

La campagne et les rizières autour de Quảng Ngãi ont longtemps porté les stigmates du conflit (mines, défoliants, bombes non explosées, misère accrue...). Les Américains y avaient créé des « zones blanches » de *free killing*, littéralement des zones de « tuerie libre », où les soldats pouvaient tirer sans distinction sur tout ce qui bougeait...

> **PETIT BRIQUET, GRAND FEU**
>
> *Lors de la guerre du Vietnam, un « Zippo Raid » était le nom d'une opération militaire consistant à détruire par le feu un village supposé être aux mains des Vietcong. Les soldats américains utilisaient leurs briquets Zippo pour allumer le brasier...*

Le village de Bình Sơn (à 24 km au nord de Quảng Ngãi), à la limite de 2 provinces, le Quảng Ngãi et le Quảng Nam, fut le théâtre de combats acharnés lors de l'opération Starlight qui visait à pacifier définitivement la région. Les soldats américains opéraient à partir de leur base voisine de Chu Lai (dont il ne reste aujourd'hui que des bâtiments en béton en ruine entourés de terrains vagues).

Arriver – Quitter

En bus

Gare routière publique (Bến Xe Quảng Ngãi) : *2, Trần Khánh Dư (route n° 1).* ☎ 382-21-44. À 2,5 km au sud-est du centre.

➤ Nombreuses compagnies desservant *Đà Nẵng, Dalat, Hanoi* et *Hồ Chí Minh-Ville.*

Gare routière de la compagnie Chín Nghĩa (Bến Xe khách Chín

Nghĩa) : 125, Đinh Tiên Hoàng. ☎ *016-28-82-77-68. À 1,5 km à l'est du centre (1 km au nord de la gare publique).*
➤ **Pour Hanoi :** 2 bus/j. Durée : 16h.
➤ **Pour Hồ Chí Minh-Ville :** 1 bus/h, 13h-19h. Durée : 15h.

En train

🚆 **Gare ferroviaire** : *à 3 km à l'ouest du centre-ville, en suivant la rue Hùng Vương. Prendre une moto-taxi. Pour les horaires :* ● vr.com.vn ●
➤ **De/pour Hồ Chí Minh-Ville** *(via Nha Trang) :* 6 trains/j. Le plus rapide, le SE3, quitte Quảng Ngãi à 14h26 et arrive à Hồ Chí Minh-Ville vers 4h30 du mat. Durée : env 7h pour Nha Trang et 15h pour Hồ Chí Minh-Ville.
➤ **De/pour Hanoi** *(via Đà Nẵng et Huế) :* 5 trains/j. Le plus rapide, le SE4, quitte Quảng Ngãi à 9h46. Durée : env 3h pour Đà Nẵng, 5h pour Huế et 18h pour Hanoi.
➤ **De/pour Đà Nẵng et Huế :** en plus des trains allant à Hanoi, le train SE21 arrive à Quảng Ngãi à 12h41. De Quảng Ngãi pour Đà Nẵng, le SE22 part à 3h46. Durée : env 4h.

Où dormir ? Où manger ?

🏨 **Hôtel Lê Lợi :** *17, Lê Lợi.* ☎ *372-86-79.* ☎ *09-37-58-21-03. Doubles 200 000-270 000 Dg. Pas de petit déj.* Chambres bien tenues, sans charme aucun, certaines donnant sur le couloir. On n'y passerait pas ses vacances, mais c'est bien placé : à 2 km de la gare routière et 1 km au sud du marché et de l'animation.

🏨 **Central Hotel :** *1, Lê Lợi (angle avec Quang Trung).* ☎ *382-99-99. Double env 30 US$.* Hôtel grand chic, mais qu'on ne s'attende pas au Ritz. Passé la moquette moutonneuse des longs couloirs, les chambres sont plutôt propres, grandes et bien équipées. Les salles de bains, clean elles aussi, ont bien dû connaître la chute du mur de Berlin. Petit déj et dîner à prendre au resto « panoramique » du 7ᵉ étage qui ne vous enverra pas au 7ᵉ ciel.

|●| 🍲 Peu de solutions pour briser le jeûne à Quảng Ngãi. Les meilleures opportunités se trouvent autour du croisement entre les rues Trần Hưng Đạo et Phan Đình Phùng. Très original et vraiment pas cher, le **Sasin** *(angle Phan Đình Phùng et Trần Hưng Đạo ;* ☎ *09-09-88-58-59 ; plat env 40 000 Dg)* propose des *mì cay*, une spécialité de nouilles servies dans des caquelons de fonte. C'est aussi savoureux que pimenté. Beaucoup de jeunes couples.

|●| Un peu plus familial et très populaire, le **Nhung 2** *(136, Phan Đình Phùng ;* ☎ *381-53-62)* se signale par d'immenses bacs à soupe à l'entrée d'une grande salle crûment éclairée par des néons. Propose aussi des nouilles et du riz. Copieux à défaut d'être d'un grand raffinement. On trouve également pas mal de cafés dans le coin, pour un petit jus, voire une gourmandise sucrée, comme **The Koffie** *(114, Trần Hưng Đạo ;* ☎ *09-14-82-37-24)* qui se distingue par une salle fermée largement vitrée et un rien design, sur fond de vitraux aux murs.

DANS LES ENVIRONS DE QUẢNG NGÃI

🍴 **Khu Chứng Tích Sơn Mỹ** *(musée du Massacre de Sơn Mỹ ; site de Mỹ Lai) : pour rejoindre le site, à 12 km au nord de Quảng Ngãi, pas de bus public ; prendre une moto-taxi. Tlj 7h-16h30. Entrée : 20 000 Dg. Des excursions sont organisées au départ de Hội An ; compter env 10 US$ et 2h de trajet.*

Le 16 mars 1968 à l'aube, 3 compagnies d'infanterie de l'armée américaine attaquèrent le village de Mỹ Lai et ses 4 hameaux, fief vietcong au cœur d'une zone de *free killing* (tirs à volonté). Des hélicoptères déposèrent les soldats de la compagnie Charlie dans les rizières. Une des sections, dirigée par le lieutenant William Calley, s'avança vers le hameau de Xóm Láng, en mitraillant les villageois affolés qui s'enfuyaient. Les soldats jetèrent des grenades dans les maisons, mirent le feu aux huttes et aux cases, tirant sur tout ce qui bougeait : hommes, femmes, vieillards, enfants, bétail. Des femmes furent violées et exécutées, un vieillard fut jeté dans un puits, une famille entière liquidée sous les rafales des M16 dans un ruisseau, etc. La liste des atrocités commises à Mỹ Lai par les soldats américains est trop longue pour être donnée ici en détail. Aucun combattant vietcong ne se trouvait dans le village ce jour-là. Cette opération fut donc rien moins qu'une boucherie aveugle : le massacre de 504 civils innocents durant 3h.

Il n'y eut aucune victime américaine, si ce n'est le soldat Herbert Carter qui eut le courage de se tirer une balle dans le pied pour ne pas participer au massacre. Un seul qui a refusé de commettre de telles atrocités : quelle indignité collective !

Bien que les soldats aient reçu l'ordre de taire cette tuerie, certains finirent par parler. La presse découvrit l'horreur, et l'opinion américaine reçut avec Mỹ Lai le plus gros choc psychologique de la guerre du Vietnam (quelques semaines à peine après l'offensive du Tết). Seul Calley fut traduit en cour martiale et reconnu coupable du meurtre de 22 civils non armés. Condamné à la prison

SURVIVRE AU MASSACRE

504 Vietnamiens furent tués à Mỹ Lai en mars 1968. Seuls quelques survivants témoignèrent du massacre, à l'exemple de la jeune Võ Thị Liên. Cette femme fut longtemps la guide officielle du site et du musée de Sơn Mỹ. Elle a survécu physiquement certes, mais comment a-t-elle fait pour tenir mentalement ?

à vie, il passa 3 ans seulement assigné à résidence et fut libéré en 1974 (quel cynisme !).

Quelles furent les vraies raisons du massacre ? Ce fut une opération de représailles destinée à « donner une bonne leçon » aux paysans accusés d'héberger, de nourrir et de collaborer avec les combattants vietcong. En outre, on sait que Calley, petit officier, cherchait par tous les moyens à faire du zèle pour avoir une promotion...

– **Le musée :** construit à l'emplacement même du hameau martyr de Xóm Láng. Dès l'entrée, une immense stèle recense les noms des 504 civils tués, plaçant tout de suite les visiteurs dans l'atmosphère d'horreur du massacre. La visite, effectuée dans le sens des aiguilles d'une montre, décompose l'horrible journée : le village avant, les préparatifs de l'« opération », l'arrivée des soldats sur le site, puis les 1res victimes. Une matinée de guerre presque habituelle. Soudain, tout dérape : les maisons brûlent, les cadavres s'accumulent, les photos se font glaçantes. Certaines pourront choquer les âmes sensibles et les enfants.

Quelques objets personnels, exposés en contrepoint, accentuent leur statut de victimes innocentes. La fin du parcours évoque l'importance de l'intervention du pilote d'hélicoptère Hugh Thompson, qui permit de mettre fin au massacre, puis les protestations internationales et le procès qui s'ensuivirent. Incroyable, ce nombre d'images, se dit-on : le photographe Ronald Haeberle, embarqué avec la

UNE MYSTÉRIEUSE MALADIE

Elle a été recensée à Quảng Ngãi par les services de la santé. En 2011, au moins 23 personnes en sont mortes. Cette maladie se manifeste par des ulcères sur les mains et les pieds qui ressemblent à de graves brûlures et qui raidissent les membres du malade. Conséquence lointaine et sournoise du napalm et de l'agent orange ?

troupe, a « mitraillé » avec son appareil 3h durant, restituant l'horreur dans ses moindres détails.

– À l'extérieur se dresse un **grand mémorial.** Juste à côté, des vestiges de maisons détruites et des stèles portant le nom de leurs occupants, des familles entières assassinées. Certains survivants (de plus en plus rares, vu leur âge) accompagnent parfois les visiteurs en racontant leur histoire. Plus d'un demi-siècle plus tard, l'horreur et la désespérance se lisent encore dans leurs yeux.

QUY NHƠN

280 000 hab.   IND. TÉL. : 256

• Plan p. 363

Cette capitale de la province de Bình Định est située à 677 km au nord de Hồ Chí Minh-Ville et à 303 km au sud de Đà Nẵng. La ville se trouve à une dizaine de kilomètres de la route n° 1. Elle s'étale au fond d'une baie, sur une pointe de sable qui ferme le goulet d'une rade intérieure, dominée par un amphithéâtre de montagnes.
De belles avenues et une promenade ont été aménagées le long de la plage, côté sud, face à laquelle se dressent les immenses carrelets des pêcheurs. Sur le sable, un peu partout, des bateaux-paniers, tout ronds. Difficile de tomber en extase devant cette grosse cité, mais elle est bien située et sa baie est plutôt jolie. On se concentrera donc sur cet atout-là, et on améliorera sa technique du pâté (impérial) de sable !

UN PEU D'HISTOIRE

À l'origine, se trouvait ici le port cham de Cri Vini, relié à Vijaya, la capitale du royaume du Champa, située 26 km plus au nord. Tous les envahisseurs qui s'attaquèrent à Vijaya au fil de l'histoire commencèrent par harceler son port : les flottes mongoles (au XIIIe s), khmères et annamites (dynastie des Nguyễn) prirent d'assaut ce site stratégique.
Avant l'établissement du protectorat français sur l'Annam au XIXe s, la ville avait déjà connu les 1ers missionnaires français, comme Alexandre de Rhodes, qui débarqua à Quy Nhơn avant de pénétrer à l'intérieur du pays. Dans les années 1920, c'était le siège de l'évêché de la Cochinchine orientale et le port était encore fréquenté par des jonques chinoises venues de Singapour et de l'île de Hai Nan. Pendant la guerre du Vietnam, les Américains avaient une base importante à la sortie de la ville. Toute la région fut durement bombardée et arrosée de napalm. Des foules de campagnards vinrent alors se réfugier à Quy Nhơn.

Arriver – Quitter

En bus

🚌 *Gare routière (hors plan par A1) : rue Tây Sơn, à 2 km au nord-ouest du centre-ville (direction Nha Trang).* On vous conseille les bus express, plus rapides et plus confortables. Départs nombreux selon destination. Acheter son billet la veille. On recommande la compagnie *Mai Linh Express*. Sinon, utiliser les minibus locaux qui parcourent régulièrement la NA 1, entre Đà Nẵng et Quy Nhơn.

➢ *Pour Quảng Ngãi :* 174 km. Durée : env 4h.
➢ *Pour Đà Nẵng :* 303 km. Une vingtaine de bus 7h-15h. Durée : 5-6h.
➢ *Pour Nha Trang :* 238 km. Une quinzaine de bus 7h-14h. Durée : 5h.
➢ *Pour Hồ Chí Minh-Ville :* 677 km. Au moins 6 bus/j., surtout en fin d'ap.-m. Durée : env 12h.
➢ *Pour Pleiku* (Hauts Plateaux) : 186 km. Bus ttes les 45 mn, 5h45-13h30. Durée : env 3h.

En train

🚆 *Gare ferroviaire (plan A1) : Lê Hồng Phong, à Quy Nhơn.* ☎ *382-20-36. Ouv 7h-18h30.* Infos et achat de billets. Mais les trains ne viennent plus jusque-là : il faut aller à la *gare ferroviaire de Diêu Trì*, à 10 km à l'ouest de Quy Nhơn, pour prendre l'express de la Réunification qui dessert toutes les villes côtières jusqu'à Hanoi au nord, et jusqu'à Hồ Chí Minh-Ville au sud.

QUY NHƠN | 363

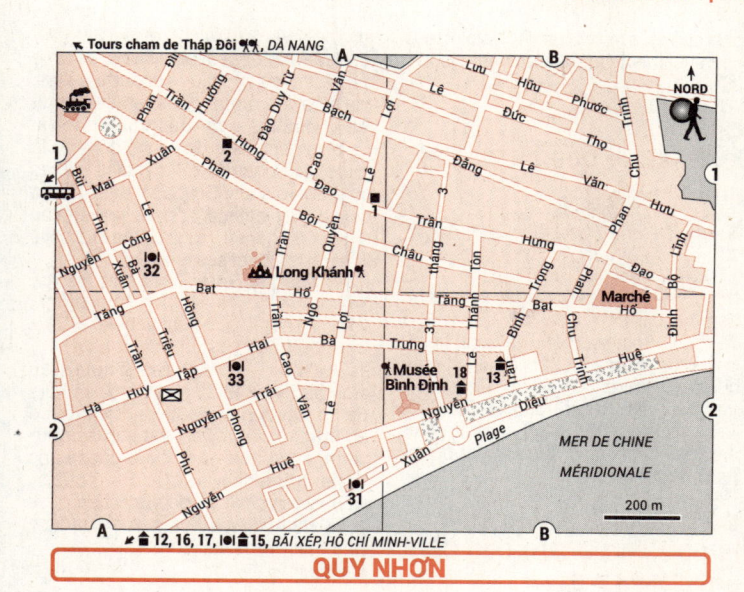

QUY NHƠN

- **Adresses utiles**
    - 1 Vietcombank (A1)
    - 2 Vietnam Airlines (A1)
- **Où dormir ?**
    - 12 Ngọc Linh Hotel (hors plan par A2)
    - 13 Hải Hà Hotel (B2)
    - 15 Seagull Hotel (hors plan par A2)
    - 16 Bình Dương Hotel (hors plan par A2)
    - 17 Royal Hotel (hors plan par A2)
    - 18 Saigon-Quy Nhơn Hotel (B2)
- **Où manger ?**
    - 31 Gargotes de rue (A2)
    - 32 Quê Hương 2 (A1)
    - 33 Oishi Quán (A2)

LE CENTRE

Adresses utiles

■ *Vietcombank (plan A1, 1) : 152, Lê Lợi (à l'angle de Trần Hưng Đạo). Lun-ven 7h-11h, 13h30-16h30 ; sam 8h-11h.* Change les dollars. Distributeurs.

■ *Vietnam Airlines (plan A1, 2) : 274, Trần Hưng Đạo. ☎ 382-53-13. • vietnamairlines.com • Tlj 7h-11h, 13h-17h.*

Où dormir ?

Prix moyens (300 000-600 000 Dg / env 11-21 €)

■ |●| *Ngọc Linh Hotel (hors plan par A2, 12) : 6, Trần Văn Ơn. ☎ 354-66-99. Compter env 20 US$ avec balcon vue sur mer.* Beau petit hôtel récent et bien situé, dans une petite rue calme à 50 m de la plage. Chambres simples et propres. Accueil chaleureux. Restaurant en terrasse. Location de motos.

■ *Hải Hà Hotel (plan B2, 13) : 5, Trần Bình Trọng. ☎ 389-12-95. • rubyhaiha@gmail.com • Double 250 000 Dg.* Bien placé, à 200 m de la plage municipale. Plus de 1re jeunesse mais encore très acceptable et propre. Préférer les chambres des étages, car elles sont plus claires, avec clim et TV. Café et malheureusement karaoké bruyant jusqu'à 23h30.

Chic
(600 000-1 000 000 Dg / env 21-35 €)

🏠 *Bình Dương Hotel (hors plan par A2, 16) : 493, An Dương Vương. ☎ 384-62-67. • binhduonghotel.com.vn • À 2 km du centre-ville, sur la route longeant la grande plage. Doubles 600 000-750 000 Dg, petit déj inclus.* Tout est grand dans cet hôtel : les halls immenses comme les chambres, qui mesurent de 30 à 80 m² ! Cela explique peut-être le côté un peu froid des lieux, mais le confort est correct et les prix restent très abordables pour dormir proche de la plage.

De plus chic à très chic
(1 000 000-3 310 000 Dg / env 35-117 €)

Des hôtels au standard international construits en bord de plage proposent des chambres à des prix intéressants (de 30 à 55 €) pour un confort 4 étoiles. Profitez-en ! D'autant plus que c'est là où la plage est la plus agréable ; baignade encadrée, avec des vagues acceptables.

🏠 *Saigon-Quy Nhơn Hotel (plan B2, 18) : 24, Nguyễn Huệ. ☎ 382-99-22. • saigonquynhonhotel.com.vn • Doubles 50-100 US$ (bonnes promos sur Internet), petit déj-buffet et taxes inclus.* Un hôtel 4 étoiles avec piscine, au style imposant, au lobby un peu tape-à-l'œil, mais ça s'arrange dans les étages et les chambres sont très confortables. La plage est juste de l'autre côté de la route. Les chambres les moins chères sont abordables. Si vous n'avez pas la chance d'y loger, allez boire un verre au dernier étage, on y jouit d'une très belle vue sur la ville et ses environs.

🏠 |●| *Seagull Hotel (hors plan par A2, 15) : 489, An Dương Vương. ☎ 384-63-77. • seagullhotel.com.vn • Sur la plage. Doubles 55-100 €, petit déj et taxes inclus.* L'un des 2 hôtels au standard international les moins chers de la station. Excellent niveau de confort, une piscine extérieure couverte, et un bon resto qui propose une carte copieuse, tant côté spécialités vietnamiennes que pour les plats occidentaux. La vue sur la mer donne l'impression d'avoir embarqué.

🏠 *Royal Hotel (hors plan par A2, 17) : 1, Hàn Mạc Tử. ☎ 374-71-00. • royalquynhon.com • Doubles 45-90 US$, petit déj inclus.* À la pointe sud de la plage, à la fin d'An Dương Vương, l'hôtel le plus chic de la ville, aux chambres immenses, parquetées et soignées. Les plus chères regardent la mer. Original, l'établissement a aménagé des promenades sur la côte, qui devient rocheuse à cet endroit, ainsi qu'une piscine intégrée au paysage. Pour se divertir, outre la plage : tennis, jacuzzi, sauna, massage, restos, etc. Café-resto très agréable surplombant la plage.

Où manger ?

Outre quelques gargotes pas toujours ISO 9000 (évitez les crudités) et les restaurants des hôtels habitués pour beaucoup aux groupes (celui du *Seagull Hotel* est très correct, voir plus haut dans « Où dormir ? »), pas grand-chose de folichon à se mettre sous la dent à Quy Nhơn.

De bon marché
à prix moyens (moins
de 250 000 Dg / env 9 €)

|●| *Gargotes de rue (plan A2, 31) : sur Ngọc Hân Công Chúa, entre Nguyễn Huệ et le littoral.* Ambiance très *roots* pour des plats de rue, soupes, riz frit. Le Vietnam nature, quoi !

|●| *Quê Hương 2 (plan A1, 32) : 185, Lê Hồng Phong. ☎ 382-93-95. Tlj 9h-22h30.* La salle avec balcon sur la rue est plus lumineuse que celle de l'arrière, certes climatisée. Au programme, des petits prix et des spécialités locales : sanglier, intestins de porc farcis, pigeon grillé, anguille, grenouilles et autres soupes à la tête de serpent.

|●| *Oishi Quán (plan A2, 33) : 105D, Hai Bà Trưng. ☎ 09-35-35-00-55. Tlj*

10h-22h. Quelques tables dans une salle sans effets de style, et d'autres posées à même le trottoir pour une cuisine classiquement du cru. La clientèle locale en pince beaucoup pour la fondue (chinoise, elle). Carte 100 % en vietnamien et communication à l'avenant.

Où dormir ? Où manger dans les environs ?

Une adresse qui mérite la balade jusqu'au village de pêcheurs de *Bãi Xép,* situé sur la route QL1A, à 10 km au sud de Quy Nhơn. Pour s'y rendre, bus *T11* depuis Quy Nhơn.

🏠 🍴 🍸 *Big Tree Backpackers – Haven Guesthouse : Bãi Xép.* ☎ *384-00-00.* 📱 *09-32-56-07-49.* ● *havenvietnam.com* ● *Lit en dortoir 6 US$, doubles 37-52 US$, petit déj et taxes inclus.* Un établissement à 2 visages : mi-AJ, mi-hôtel. À peine 8 lits en dortoir et guère plus de 5 chambres privées, dont une seule est tournée vers la terre : les autres ont les yeux rivés sur la mer, la plus onéreuse bénéficiant même d'un balcon. Toutes sont agréablement décorées, bien équipées (clim) et ont leur propre salle de bains. Pour parfaire le tableau, l'adresse fait aussi café-resto, plein cadre sur l'une des admirables petites baies de Bãi Xép. *Haven* rime décidément avec *Heaven* !

À voir. À faire

🏖 *La plage (hors plan par A2) :* un peu de farniente sur la partie nord où se situent les beaux hôtels avec une zone réservée aux baignades, car les vagues sont moins importantes.

🛕 *La pagode de Long Khánh (plan A1) : 141, Trần Cao Vân.* Pagode fondée au début du XVIIIe s par un marchand chinois, mais reconstruite en 1946, donc pas de charme particulier. Grande statue de Bouddha dominant un bassin aux nénuphars. Une tour de 7 étages, très ornementée, a été récemment érigée à côté. Ses escaliers sont bordés de dragons évoquant des serpents de mer.

🛕 *Le musée Bình Định (plan B2) : 26, Nguyễn Huệ. Tlj 7h-11h30, 13h30-17h. Entrée : 5 000 Dg.* Les amateurs d'art cham se consoleront ici de l'austérité des tours de Tháp Đôi. Le musée comporte 3 salles : une consacrée à l'épopée vietcong dans la région (à droite) ; une autre, un peu fouillis, à l'histoire et aux traditions régionales (à gauche) ; une 3e, la plus intéressante (au centre), présente une très belle collection lapidaire d'art cham des XIIe-XIIIe s. Un véritable panthéon de dieux (Shiva en méditation, inquiétant Dvarapala, Brama en majesté...) et d'animaux fantasmagoriques (garudas, lions rieurs, taureau Nandin...). Notre favorite, la superbe déesse Mahishasura, au nom bercé d'orientalisme.

🎬🎬 *Les tours cham de Tháp Đôi (hors plan par A1) : 884, Trần Hưng Đạo, à la sortie de la ville, en direction de la route n° 1. Y aller avec le bus T4 ou T6. Tlj 7h-17h. Entrée : 8 000 Dg.* Ces 2 tours du XIe s témoignent d'une influence khmère visible, notamment dans la forme pyramidale des parties hautes. Dédiées à Shiva, elles étaient ornées de représentations de Garuda, l'oiseau mythologique sur lequel se déplace Vishnou. On peut encore voir quelques éléments décoratifs en grès.
Voir aussi les **tours cham de Bánh It** : *à 20 km au nord de Quy Nhơn par la route n° 1. Tlj 7h-17h. Entrée : 7 000 Dg.* Situées sur une colline qui offre un superbe panorama, elles comptent parmi les plus belles du Vietnam. 4 tours bien conservées (la plus grande a été très bien restaurée), construites fin XIe-début XIIe s. Est-ce dû à l'empilement des couches de briques ? *Bánh It* signifie littéralement « gâteau de riz ».

ĐẠI LÃNH

IND. TÉL. : 258

Un village de pêcheurs, des maisons couvertes de tuiles, une marée de bateaux bleus dans la baie, et une immense plage en arc de cercle bordée par un bois de filaos et de cocotiers : voilà Đại Lãnh. Un des beaux sites que compte ce morceau du littoral entre Nha Trang (83 km) et Quy Nhơn (130 km au nord), entre mer et montagne, entre rizières et pisciculture.
Le village se situe au pied d'une chaîne de montagnes qui s'achève par un grand promontoire jadis nommé cap Varella par les Français (désormais cap Ba). Au-delà, la route franchit l'épine dorsale au gré de multiples virages, offrant une vue magnifique sur les falaises et la mer.
La partie la plus belle de la plage se trouve au sud, le long de la route n° 1. Rien à faire de particulier à Đại Lãnh, sinon se baigner, faire une pause au soleil, ramasser quelques coquillages et observer les trous de crabes dans le sable.
➤ *Pour s'y rendre :* des **minibus privés** depuis Nha Trang (compter 110 000 Dg) vous déposent à l'entrée du village, 100 m avant le *Đại Lãnh Beach Hotel*. Sinon, **bus public** de Nha Trang à Vạn Giã (25 000 Dg), puis un 2ᵈ bus jusqu'à Đại Lãnh (11 000 Dg).
– *Bon à savoir :* certains bus longue distance vous laissent en bordure de l'autoroute d'où il faut ensuite rejoindre le bourg (sportif en pleine nuit !).

Où dormir ?

🏠 🍽 *Đại Lãnh Beach Hotel :* QL1A, à 50 m de la gare routière et 1 km au sud de la gare ferroviaire. ☎ 384-21-17. ● dailanh.com.vn ● Bungalow 400 000 Dg, doubles 500 000-720 000 Dg selon taille. Au pied de la colline, au bord de la plage, on loge dans un petit bâtiment en brique sous les arbres, ou bien dans des cabanes en bois multicolore en rangs d'oignons, fixées sur le sable. Chambres propres avec frigo, TV, douche/w-c et clim. Fait aussi resto. Une bonne adresse pour se baigner, ou même aller à la pêche (demander à la réception).

DANS LES ENVIRONS DE ĐẠI LÃNH

🥾 *Port Dayot et la péninsule de Hòn Gốm :* juste au sud de Đại Lãnh commence la longue péninsule de Hòn Gốm, une ancienne île montagneuse reliée au continent par un long cordon littoral aux dunes renflées. Elle s'étire sur 30 km jusqu'à une baie aux eaux turquoise entourée de collines sauvages où poussent orchidées, roseaux et dracaenas. Sable à perte de vue et plages désertes. Bref, un site naturel intact, d'une beauté rare. On peut y accéder par une route large et goudronnée, qui part de la nationale 1. Si l'on n'est pas motorisé, on peut se faire déposer au carrefour par

LA PASSION POUR LES POISSONS

C'est à Port Dayot que le commandant Cousteau a reçu de plein fouet sa vocation pour l'univers de la mer. En 1933, alors qu'il faisait des relevés scientifiques pour la marine nationale, il fut stupéfait par la connaissance de la vie sous-marine des gens du pays. Un jour, un Vietnamien plongea sous ses yeux pendant 2 mn et, une fois remonté à la surface, il expliqua à Cousteau pourquoi il avait choisi ce moment précis : « Je connais l'heure de la sieste des poissons », déclara-t-il.

le bus et attendre le passage des taxis collectifs. Il y en a quelques-uns, irréguliers, toujours surchargés, qui se rendent à **Đầm Môn,** l'ancien Port Dayot (à 18 km). Longtemps sans eau ni électricité, c'est aujourd'hui un petit port de pêche très actif. Son millier d'habitants vit aussi de l'aquaculture et de la construction navale traditionnelle. Quelques gargotes pour manger, mais pas de *guesthouse*.

La pêche aux gros migrateurs

Thons, marlins et espadons peuplent les fonds marins au large de la péninsule de Hòn Gốm. Les pêcheurs locaux les attrapent dans de grands filets en colimaçon, avec une partie centrale rétrécie. L'animal capturé ne peut presque plus bouger. Cette vieille technique doit beaucoup à la tradition de pêche des Cham, anciens habitants de la région et grands connaisseurs des choses de la mer (et experts en piraterie !).

Où séjourner sur une île et faire de la plongée sous-marine ?

🏠 ***Bungalows de l'île de la Baleine*** *(Hòn Ông) : sur l'île de la Baleine.* ☎ (58) 384-05-01. 📱 09-35-46-62-45. ● whale-island.com ● *Bureau à Nha Trang, au 2, Mê Linh ;* 📱 935-46-62-45. *Ouv tte l'année. Le transfert se fait en 1h30 de minibus et 20 mn de bateau. Pour 2 pers, 31-95 US$ selon saison et type d'hébergement, petit déj et transfert A/R inclus. Déj ou dîner en plus (14,50 US$/repas).* Conçu et organisé par un couple franco-vietnamien, ce petit village d'une trentaine de paillotes est l'endroit idéal pour séjourner hors des sentiers battus et pratiquer des sports marins, dans un environnement de bout du monde : snorkelling dans la réserve marine du *resort,* planche à voile, catamaran, kayak de mer. Le *resort* organise (sur résa) des excursions à la journée sur les nombreux récifs de corail de l'archipel. Le club ***Rainbow Divers*** *(basé à Nha Trang ;* ☎ 352-43-51 ; ● divevietnam.com ● ; *compter env 66 US$ pour 2 plongées dans la journée)* ouvre son club sur l'île de février à octobre, avec un moniteur diplômé francophone (PADI) et du matériel professionnel.

DỐC LẾT
IND. TÉL. : 258

À 45 km au nord de Nha Trang, ce tronçon du littoral a longtemps été préservé des assauts du modernisme et du tourisme de masse. Ce n'est plus le cas aujourd'hui. Plusieurs hôtels-*resorts* défigurent le paysage du bord de mer. La plage est polluée, jonchée de déchets. De plus, il est officiellement interdit de s'asseoir sur le sable ; on a l'obligation de louer un transat. La plage de Nha Trang est bien plus propre et plus agréable. Dốc Lết, une étape à éviter.

NHA TRANG
500 000 hab.
IND. TÉL. : 258

● Plan centre *p. 369* ● Zoom *p. 371*

Capitale de la province de Khánh Hoà, Nha Trang a subjugué plus d'un voyageur : d'un côté, une longue plage de sable fin et une myriade d'îles au large ; de l'autre, des petites montagnes. Entre les 2, l'ancienne bourgade est devenue une grosse ville active qui ne cesse de s'étendre en largeur et en hauteur, au détriment de toute harmonie architecturale. Avouons-le, même si Nha Trang est implantée directement sur le littoral et qu'elle n'est pas foncièrement désagréable, le charme opère difficilement. La fièvre immobilière y bat son plein et les chantiers n'en finissent jamais. Le long de Trần Phú, des tours de 20 ou 30 étages sont sorties de terre. Côté fréquentation, c'est un peu « bienvenue à Moscou-sur-Mer ». On plaisante à peine. Sur les enseignes des boutiques et aux menus des restos, l'alphabet cyrillique rappelle que le gros du contingent touristique vient de Russie. Un tourisme de classe moyenne, plutôt familial.

UN MICROCLIMAT PRIVILÉGIÉ

Protégée par un chapelet d'îles d'un côté et des montagnes de l'autre, Nha Trang est abritée du vent et des typhons, contrairement au reste du littoral du centre du Vietnam. Ici, il fait beau 9 mois sur 12. De janvier à la fin du mois d'octobre, c'est le soleil, le ciel bleu, la chaleur supportable du bord de mer. Quand Hồ Chí Minh-Ville vit à l'heure de la mousson, entre juin et septembre, ici le temps sec persiste. Il pleut en octobre et novembre, mais pas toute la journée. Et en décembre, il fait un peu moins chaud que le reste de l'année.

LE DOCTEUR YERSIN, ALIAS « MONSIEUR NĂM »

Nha Trang fut la ville de cœur d'Alexandre John Émile Yersin (1863-1943). Il y vécut et y mourut à l'âge de 80 ans, après avoir passé la moitié de sa vie en Asie. De tous les Français ayant habité au Vietnam, Yersin est celui qui y a laissé la meilleure image, au point d'être considéré comme un bienfaiteur et un humaniste par les Vietnamiens.

Né le 22 septembre 1863 à Lavaux, dans le canton de Vaud, en Suisse, Yersin passe son enfance sur les rives du lac Léman. Étudiant en médecine à Paris, il travaille avec Louis Pasteur dans son laboratoire de la rue d'Ulm. Naturalisé français à 26 ans (1889), il fait cette même année une rencontre qui va changer sa vie : celle des colonies, présentées à l'Exposition universelle – celle-là même qui voit l'inauguration de la tour Eiffel. Attiré par les voyages et les pays lointains, il quitte le monde clos des labos et s'engage comme médecin de bord dans les Messageries maritimes. Pendant 2 ans, il sillonne la mer de l'Est entre Saigon, Manille, Haiphong et Nha Trang.

Coup de foudre pour Nha Trang où il débarque le 29 juillet 1891 et entreprend d'explorer cette contrée inconnue et les hauts plateaux de la barrière annamitique.

LE MÉDECIN DES PAUVRES

Le Dr Yersin disait : « Je ne pourrais pas faire de la médecine un métier, c'est-à-dire que je ne pourrais jamais demander à un malade de me payer pour des soins. Ce serait un peu lui dire la bourse ou la vie. » Voilà pourquoi il vivait grâce à ses plantations d'hévéas dont le caoutchouc était revendu à Michelin.

UN ASSISTANT AU POIL

Le bacille de la peste fut identifié par Yersin le 25 août 1894... Après cette découverte, les travaux d'un autre pasteurien, Paul-Louis Simond, révélèrent le rôle de la puce du rat dans la transmission de la peste. Les bubons de la peste (ganglions malades) étaient produits par des piqûres de puce de chat. Yersin, informé de cela, apprit à son chat comment attraper, sans les tuer, les rats porteurs de ces puces contagieuses. Le félin remplit son rôle sans faillir et avec le goût du travail bien fait.

NHA TRANG – Centre

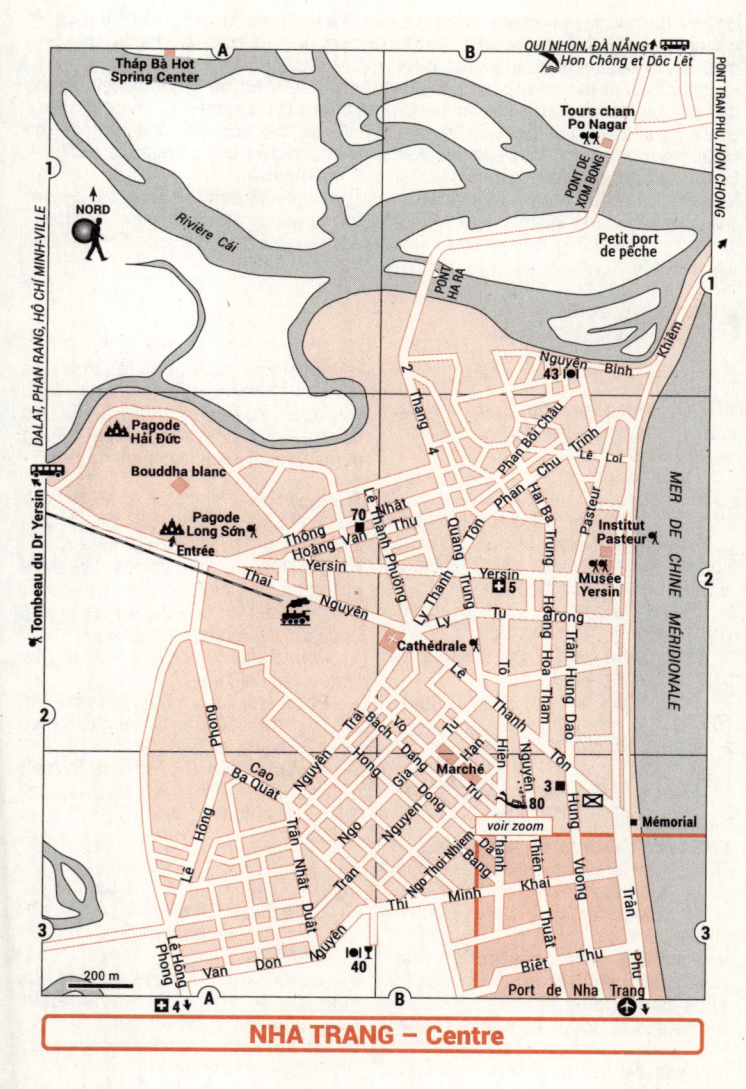

- **Adresses utiles**
  - 3 Agribank (B3)
  - 4 TMMC (hors plan par A3)
  - 5 Hôpital provincial (B2)

- **Où manger ?**
  - 40 Làng Ngon (A3)
  - 43 Lạc Cảnh (B1)

- **Où boire un verre ? Où sortir ?**
  - 40 Hoa Đồng Nội Coffee (A3)

- **Galerie de photos**
  - 70 Long Thanh Gallery (A2)

- **Plongée sous-marine**
  - 80 Angel Dive (B3)

Envoyé par le gouvernement français en 1894 à Hong Kong (dévastée par la peste bubonique), Yersin y découvre le bacille responsable de cette épidémie. Une première mondiale, et un tournant dans sa vie !
L'explorateur redevient médecin et s'installe à Nha Trang, où il fonde une antenne de l'Institut Pasteur en 1895. Calmette présidera à la création de l'Institut Pasteur de Saigon l'année suivante. Célibataire à l'allure ascétique, ce génie protéiforme fut surnommé « Ông Năm » par les Vietnamiens, ce qui signifie « Monsieur Cinq ». 5 comme les 5 galons que Yersin portait comme médecin colonel.
Il a introduit au Vietnam l'arbre à caoutchouc (ou hévéa) en 1897 et l'arbre à quinquina en 1917. Sur la stèle érigée près de son tombeau à Suối Dầu (se reporter à la rubrique « À voir »), on a gravé la liste de ses titres et de ses décorations. Yersin est « vénéré du peuple vietnamien ».

Arriver – Quitter

En bus

Gare routière du Sud (Bến Xe Liên Tỉnh ; hors plan centre par A2) : *malgré son nom, elle se situe à env 6 km à l'ouest du centre.* ☎ 389-41-92. *Pour s'y rendre depuis le centre, bus urbains nos 1, 2 et 7.* Plusieurs compagnies, dont *Mai Linh*, la plus connue. Bus modernes équipés de clim, places assises ou sièges-couchettes.
➤ *Pour Dalat :* ttes les heures, 7h-16h. Durée : 3h pour 135 km.
➤ *Pour Buôn Ma Thuột :* bus ttes les heures. Durée : 4h30.
➤ *Pour Huế :* bus en soirée. Durée : 15h.
➤ *Pour Đà Nẵng :* 4 bus en fin d'ap.-m. Durée : 12h.
➤ *Pour Hồ Chí Minh-Ville :* nombreux bus 6h30-23h. Durée : 10h.

Gare routière du Nord (Bến Xe Phía Bắc ; hors plan centre par B1) : *à env 6,5 km au nord du centre.* ☎ 383-87-88. *Pour s'y rendre depuis le centre, bus urbain n° 3.*
➤ *Pour Quy Nhơn :* dès 4h30 du mat. Ttes les 30 mn 7h-12h ; moins fréquent avt et après. Durée : 5h.
➤ *Pour Huế :* 2 bus en soirée. Durée : 15h.
➤ *Pour Đà Nẵng :* 3 bus en soirée. Durée : 12h.
➤ *Pour Hồ Chí Minh-Ville :* env 1 bus ttes les 2h. Durée : 10h.

En bus ou minibus d'agence *(Open Tour)*

Plus pratiques que les bus classiques. Billets à acheter dans les hôtels du « quartier routard » et les agences de voyages, comme *Thesinhtourist, Futa Bus* et *Hanh*. Départ et arrivée du bus devant l'agence, ce qui évite le long déplacement jusqu'à la gare routière.

■ **Thesinhtourist** (zoom A1-2, 1) : *130, Hùng Vương.* ☎ 352-43-29. ● thesinhtourist.vn ● Tlj 6h-22h. Billets *Open Tour*, billets de train, visites de la ville et excursions (voir plus loin « À faire. Promenades en bateau sur les îles »). Location de voitures et minibus.
➤ *Pour Dalat :* 2 bus/j., à 7h30 et 13h. Durée : 4h (140 km).
➤ *Pour Hội An :* 1 bus/j., vers 19h. Durée : 11h (530 km). Correspondance pour Đà Nẵng, Huế et Hanoi.
➤ *Pour Hồ Chí Minh-Ville :* 2 départs/j., à 7h15 et 20h. Durée : 10-12h (447 km).

En train

Gare ferroviaire (plan centre A2) : *à 1,5 km du front de mer, face au n° 26 de la rue Thái Nguyên.* ☎ 382-78-62. ● vr.com.vn ● Les places doivent être réservées au moins 1 jour avt le départ. On peut aussi réserver ses billets via les agences de voyages, moyennant une petite commission.
➤ *Pour Hồ Chí Minh-Ville :* env 8 trains/j. Durée : 7-9h. Le plus rapide, le *SE3*, est aussi le plus pratique : départ à 21h14, arrivée à 4h38.
➤ *Pour Đà Nẵng, Huế et Hanoi :* 5-6 trains/j. Parmi les rapides, 1 seul part à une heure pratique : le *SE5* (vers 16h) ; arrivée à Đà Nẵng vers 2h du mat, à Huế vers 5h et à Hanoi le

NHA TRANG – Zoom

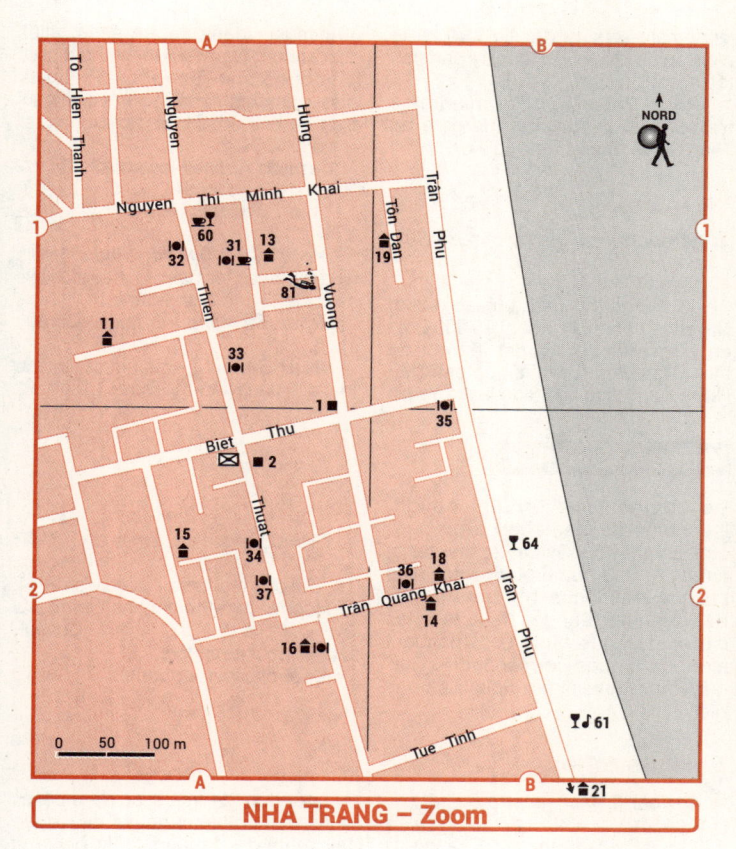

■ Adresses utiles
1 Thesinhtourist (A1-2)
2 Vietnam Airlines (A2)

🏠 Où dormir ?
11 Tabalo Hostel (A1)
13 Hôtel Hiền Lương (A1)
14 Phúc Lộc Cảnh Guesthouse (B2)
15 Carpe DM Hotel (A2)
16 Hà Vân Hotel (A2)
18 Azura Hotel (B2)
19 Sea Light Hotel (B1)
21 Evason Ana Mandara (hors zoom par B2)

🍴 Où manger ?
16 Yến's Restaurant (A2)
31 Nôm Nôm (A1)
32 Lanterns (A1)
33 Cơm Ngon Lành (A1)
34 Ganesh (A2)
35 Galangal (B1-2)
36 Olivia (B2)
37 Da Fernando (A2)

🍷 Où boire un verre ? Où sortir ?
60 Cộng Café (A1)
61 Louisiane Brewhouse (B2)
64 Sailing Club (B2)

Plongée sous-marine
81 Mark Scott's Diving (A1)

LE CENTRE

lendemain vers 19h12. Le *SE4* est le plus rapide (durée 25h), mais il part très tôt le matin (3h).
> *Pour Phan Rang :* prendre le train *SE7* et descendre à la gare de Thap Cham. Durée : env 1h30.

En avion

✈ *Aéroport (hors plan centre par B3) :* à *Cam Ranh*, à 35 km au sud, soit env 40 mn de route de Nha Trang. ☎ 382-21-35. Sur place, petit bureau d'info. Navettes pour Nha Trang (70 000 Dg) : en ville, elles parcourent le front de mer (Trần Phú) puis remontent Trần Hưng Đạo jusqu'au 10 de la rue Yersin (terminus) ; dans l'autre sens, elles descendent Nguyễn Thiện Thuật puis le front de mer (Trần Phú). Pratique, elles marquent l'arrêt à n'importe quel arrêt de bus urbain. En taxi : compter env 380 000 Dg.

■ *Vietnam Airlines (zoom A2, 2)* : 91, Nguyễn Thiện Thuật. ☎ 352-67-68. • vietnamairlines.com.vn • Tlj 7h30-11h, 13h30-16h45.
> *Pour Hồ Chí Minh-Ville :* 4 vols directs/j. avec Vietnam Airlines et 2 vols avec VietJet Air. Durée : env 1h.
> *Pour Đà Nẵng :* 2 vols/j. Durée : 1h15.
> *Pour Hanoi :* 2 vols directs/j. (1 le mat et 1 dans l'ap-m). Durée : 1h40.

Adresses utiles

Développement urbain oblige, les numéros des rues croissent, croissent... Pour éviter les bis, ter et autres A, B, la numérotation des rues change fréquemment. Les chiffres des plaques sur les façades, les cartes de visite ou le GPS risquent alors de ne pas correspondre. Gardez votre calme et fiez-vous à un bon plan.

Banque, change

■ *Agribank (plan centre B3, 3)* : 2, Hùng Vương. Lun-ven 7h-11h30, 13h30-16h30 ; et sam mat. Change les euros. Distributeurs.
– On peut aussi faire du *change* à des taux honnêtes dans les agences de voyages et dans certains hôtels.

Santé

✚ *TMMC (hors plan centre par A3, 4)* : 57-59, Cao Thắng. ☎ 388-75-99 (urgences). Le plus moderne, inauguré en 2014.
✚ *Hôpital provincial (plan centre B2, 5)* : 19, Yersin. ☎ 381-04-38. Consultations pour étrangers.
■ *Médecin francophone :* Dr Trần Võ Vinh Sơn, 39, Trần Quý Cáp. ☎ 382-44-14. 📱 09-13-46-16-26.

Transports en ville

■ *Location de vélos et de motos :* dans de nombreux hôtels du « quartier routard », le long de la plage et dans certaines agences. Compter env 150 000 Dg la moto à la journée.
🚖 *Taxis : Emasco Taxis,* ☎ 351-51-51 ; *Airport Taxi,* ☎ 352-85-28 ; *Mai Linh Taxis,* ☎ 38-38-38-38.

Où dormir ?

Dans le quartier sud

Bon marché (jusqu'à 300 000 Dg / env 11 €)

🏠 *Tabalo Hostel (zoom A1, 11)* : 34/2/7, Nguyễn Thiện Thuật. ☎ 352-52-95. • tabalohostel.com • Lit en dortoir 6-7 US$ sans petit déj, doubles 20-24 US$ avec petit déj. Hostel où l'on est accueilli avec le sourire dans un anglais impeccable. Très propre et doté d'installations modernes : sanitaires communs rutilants, ascenseur, serrures à carte magnétique. On juge dans des dortoirs de 2 ou 4 lits aussi spacieux qu'une cabine de train-couchette, lits superposés à la clé, mais avec des matelas de qualité, des casiers privés et la clim ! Quelques

chambres privées aussi, dont une triple et une quadruple pour les familles.
≜ *Phúc Lộc Cảnh Guesthouse* (zoom B2, **14**) : *13, Trần Quang Khải.* ☎ *352-28-97. Doubles 9-12 US$. Pas de petit déj.* Derrière une entrée étroite cachée par les devantures commerciales, des chambres pas immenses mais propres, avec salle de bains, clim, TV. Les moins chères ont une petite fenêtre intérieure, les autres une grande fenêtre sur rue (bruyante). L'accueil est serviable et on n'a pas trouvé moins cher dans le quartier.

Prix moyens (300 000-600 000 Dg / env 11-21 €)

≜ *Carpe DM Hotel* (zoom A2, **15**) : *120/62, Nguyễn Thiện Thuật.* ☎ *352-78-68. Doubles 19-24 US$.* Quelle surprise agréable que cet hôtel à taille humaine situé au bout d'une impasse au cœur d'un quartier central et animé (à 5 mn de la plage) ! Impeccablement tenu par un couple accueillant. Danny parle le français et l'anglais (il est souvent absent), sa femme le vietnamien, le personnel se débrouille aussi. Chambres spacieuses (familiales pour certaines), bien meublées et aux grands lits confortables. Toutes ont un petit balcon donnant sur la rue. On préfère celles du dernier étage (ascenseur) car plus claires, plus calmes. Étonnant rapport qualité-prix ! Notre coup de cœur à Nha Trang.
≜ *Hôtel Hiền Lương* (zoom A1, **13**) : *19/25, Nguyễn Thị Minh Khai.* ☎ *352-25-59.* • *vancamh2002@yahoo.com* • *Double 12 US$. Pas de petit déj.* Situé au calme dans une ruelle, voilà un petit établissement bien tenu pour budgets serrés. Le mobilier a vécu, mais les chambres sont pourvues de l'essentiel (ventilo ou clim, douche, frigo), et celles avec balcon sont très bien pour le prix. Attention certaines n'ont pas de fenêtre.
≜ |●| *Hà Vân Hotel* (zoom A2, **16**) : *73/6, Trần Quang Khải.* ☎ *016-73-43-47-61. Pas de réception, s'adresser au resto Yến's, au rdc. Doubles à partir de 15 US$.* Petit hôtel très central, à 300 m de la mer, chambres bien tenues, de bon confort (ascenseur), décorées avec soin, certaines avec un balcon (côté rue mais assez calmes). Pour les familles, les plus chères peuvent loger jusqu'à 5 personnes. Bon restaurant en bas, le *Yến's* (voir la rubrique « Où manger ? ») et bar-*lounge* branché installé sur le toit.

De chic à plus chic (600 000-2 000 000 Dg / env 21-71 €)

≜ *Sea Light Hotel* (zoom B1, **19**) : *6A, Tôn Đản.* ☎ *352-49-09.* • *sealighthotel.com.vn* • *Doubles 22-35 US$, petit déj en plus.* La proximité de la plage, le calme de la ruelle et le confort indiscutable des chambres, sobrement meublées, sont des atouts majeurs. Tables de nuit, bureau, couette, spots, belle salle de bains : voilà qui confirme la qualité des prestations. On ne voit la mer que depuis les étages élevés (ascenseur).
≜ *Azura Hotel* (zoom B2, **18**) : *4/3, Trần Quang Khải.* ☎ *05-83-52-37-32. Doubles 20-45 US$. Pas de petit déj.* En léger retrait du boulevard, serré entre 2 de ses confrères, cet hôtel étire sa douzaine de niveaux. Les chambres, pas immenses, sont équipées comme il faut. Les chambres *standard* sont aveugles, les *superior* donnent à l'arrière, les *deluxe* sont ouvertes côté avenue. On bénéficie même parfois d'un petit balcon (sans trop voir la mer, toutefois). Accueil moyen.

Beaucoup plus chic (plus de 3 310 000 Dg / env 117 €)

≜ *Evason Ana Mandara* (hors zoom par B2, **21**) : *au sud du bd Trần Phú (côté mer).* ☎ *352-22-22.* • *sixsenses.com/evason-anamandara* • *Doubles à partir de 250 US$, petit déj en plus.* L'un des hôtels les plus chics de la ville, sur la plage et proche de l'animation du centre. Il est l'un des rares hôtels de Nha Trang à aller chercher son charme dans l'horizontalité plus que dans la course à la verticalité. Des villas de plain-pied, dans un joli parc, offrent des chambres décorées avec des matériaux précieux, tel le bois de taluma. Chacune possède une terrasse avec vue sur la mer (les plus chères) ou sur le jardin, et une salle de bains luxueuse. Piscines, courts de tennis, sauna et plage privée en prime. Les prix nous ont quand même paru exagérés. 2 restaurants, dont un propose des spécialités plus orientées vers l'Orient que l'autre.

Où manger ?

Dans le quartier sud

Touristique par excellence, le quartier n'est pas le plus indiqué pour manger vietnamien... La plupart des restos ont été fondés par des Européens de diverses nationalités, qui concoctent une cuisine de leur pays.

Bon marché (moins de 100 000 Dg / env 4 €)

|●| ⚐ ↑ **Nôm Nôm** (zoom A1, **31**) : *17/6, Nguyễn Thị Minh Khai.* ☎ *012-92-91-46-06. Tlj 8h-22h.* Ça commence (bien) par une ruelle hors des flots touristiques. Ça continue (bien) par un petit patio verdoyant qui aligne quelques tables. Ça finit (bien) dans une salle sereine, décorée avec goût et un soupçon de romantisme. Musique de fond cool (parfois en live), service souriant, et des plats tout feu tout flamme d'ici et d'ailleurs. *Pad thai* au curry vert, pizza au pistou d'avocat, c'est assez créatif, bien présenté et copieux. Il y a même de bonnes pâtisseries. Parfait donc pour y prendre le petit déj ou boire un coup en journée. Un de nos coups de cœur à Nha Trang !

Prix moyens (100 000-250 000 Dg / env 4-9 €)

|●| ↑ **Olivia** (zoom B2, **36**) : *14B, Trần Quang Khải.* ☎ *09-05-57-27-78. Tlj 10h-22h.* Malgré le nom et la carte de plats transalpins, c'est une équipe 100 % vietnamienne qui s'affaire en cuisine et en salle. Ils ne sont certes pas les seuls sur le créneau des pizzas (bonnes et inventives), des pâtes et des risottos (réussis), mais ils ont aussi à leur palmarès de bons plats locaux et une agréable terrasse. En soirée, les lampions enchantent le lieu. Accueil charmant et excellent service.

|●| ↑ **Lanterns** (zoom A1, **32**) : *30A, Nguyễn Thiện Thuật (à l'étage).* ☎ *247-16-74. Tlj 7h-22h30.* La cuisine, savoureuse et à prix très modérés, justifie le succès du *Lanterns*, et explique sans doute l'alignement des tables, qui laisse peu d'intimité. Le cadre chaleureux compense amplement cet aspect : c'est si agréable de dîner à ciel ouvert en terrasse. Bœuf, poulet, poissons, fruits de mer, les plats sont bons et bien mijotés. Quelques spécialités délicieuses donnent envie d'y retourner comme le *hot pot* (fondue de viande ou de fruits de mer), le *sizzling BBQ* ou le curry de crevettes. Le resto mène une action humanitaire et sociale auprès des plus démunis, ce qui le rend encore plus attachant.

|●| **Ganesh** (zoom A2, **34**) : *82, Nguyễn Thiện Thuật.* ☎ *352-67-76. Tlj 11h-22h.* Voilà une cuisine indienne à la solide réputation, par Vishnu ! Et aux saveurs aussi fines que légères, par Shiva ! 2 salles aux couleurs vives où déguster un délicieux tandoori ou des crevettes à la mangue. Et pour quelques đồngs de plus, on a droit à de vrais *thalis*, comme là-bas !

|●| **Yến's Restaurant** (zoom A2, **16**) : *au Hà Vân Hotel, 73/3, Trần Quang Khải.* ☎ *652-16-69. Tlj 10h30-22h30.* Cuisine locale fraîche et saine dans ce resto tenu par Yến, une charmante Vietnamienne. Plats délicieux, copieux et raffinés : salade de papaye au bœuf, nouilles aux crevettes, rouleaux de printemps. Excellent rapport qualité-prix.

|●| ↑ **Làng Ngon** (plan centre A3, **40**) : *75A, Nguyễn Thị Minh Khai (en*

retrait de l'avenue par une allée à gauche du Convention Centre). ☎ 350-43-19. Tlj 10h30-22h. Attenant au *Hoa Đồng Nội Coffee* (voir plus loin « Où boire un verre ? »), un lieu bercé de zénitude, dans une sorte de miniparc flanqué d'un grand bassin. De longues tablées sous les arbres accueillent des bordées de Vietnamiens qui connaissent le bon plan. Carte pléthorique qui explore le Vietnam du nord *(bún chả Hanoi)* au sud (soupe *hoành thánh* aux fruits de mer), en passant par Huế *(bún bò Huế)*.

|●| *Da Fernando* (zoom A2, *37*) : *96, Nguyễn Thiện Thuật. ☎ 352-80-34. Tlj 10h30-22h30.* Dans une salle pimpante ornée de photos d'Italie, on déguste des pizzas à la pâte fine et croustillante, comme il se doit, ou bien de délicieux gnocchis, lasagnes et pâtes qui sauront ravir les fans de cuisine italienne. Le patron, Fernando, très attentif vis-à-vis de ses clients, surveille le moindre détail de son œil d'aigle.

|●| *Galangal* (zoom B1-2, *35*) : *10, Biệt Thự. ☎ 352-26-67. Tlj 11h-22h.* Dans une sorte d'atrium aux tons terre et brique, flanqué de 2 cuisines ouvertes. Propose des plats de *street food* dont on observe la préparation avant de les déguster. Bon, ça revient tout de même plus cher que dans la rue ! Sinon, carte interminable de viandes et fruits de mer, savoureux *hot pot*, et même des sandwichs à emporter. Inutile de choisir des plats chers, ils ne valent guère la dépense car ce resto n'a aucune prétention gastronomique.

|●| *Cơm Ngon Lành* (zoom A1, *33*) : *55/2, Nguyễn Thiện Thuật. ☎ 352-48-90. Tlj 9h30-22h.* Cuisine vietnamienne simple, goûteuse et pas chère. Outre les classiques habituels, on déniche à la carte encornets farcis, cassolettes de poisson, soupes de fruits de mer, escargots... Cadre composé de 2 salles ventilées, ni très propres ni très calmes.

Dans le quartier nord

Prix moyens (100 000-250 000 Dg / env 4-9 €)

|●| *Lạc Cảnh* (plan centre B1, *43*) : *44, Nguyễn Bỉnh Khiêm. ☎ 352-13-91.* Dans un quartier populaire, ce resto est réputé pour servir les meilleures grillades de la ville, style barbecue rustique sur table. La viande marinée est extra. Ambiance locale et prix raisonnables. Toujours beaucoup de monde. On en ressort repu et parfumé comme une saucisse fumée...

Où boire un verre ? Où sortir ?

Dans le quartier sud et autour

🍸 ☕ *Cộng Café* (zoom A1, *60*) : *97, Nguyễn Thiện Thuật. Tlj 7h30-23h30.* On passerait des dizaines de fois devant sans voir ce café parfaitement camouflé dans son environnement urbain. Il a pris le maquis dans son habit d'époque : celle où l'oncle Hồ menait sa révolution. Étoile rouge, fresques révolutionnaires sur des murs vert-de-gris, serveuses en uniforme kaki : on sirote son petit jus dans ce décor vintage en fredonnant « La nostalgie camarade »...

🍸 *Hoa Đồng Nội Coffee* (plan centre A3, *40*) : *Hẻm 75A, Nguyễn Thị Minh Khai (en retrait de l'avenue par une allée à gauche du Convention Centre).* *Tlj 7h-21h.* C'est sous les arbres, sur un ensemble de terrasses qui entourent un bassin à la japonaise, qu'on boit un p'tit noir ou un jus de fruits. Une halte verdoyante au cœur de la ville, mais à l'écart des klaxons et de l'agitation.

Sur la plage

🍸 🎵 *Louisiane Brewhouse* (zoom B2, *61*) : *29, Trần Phú. ☎ 352-19-48. Tlj 7h-minuit. Concert lun-sam dès 19h.* Un bar-resto qui doit son énorme succès à ses délicieuses bières, son honnête cuisine, ses bons concerts nocturnes, sa piscine et ses transats à louer sur la plage. La bière maison, blonde, rousse, blanche ou brune, est brassée sous vos yeux (avec du houblon néo-zélandais et du malt australien) dans de

grosses cuves en cuivre et un enchevêtrement de tuyaux qui participent du décor.
▼ **Sailing Club** (zoom B2, 64) : *72, Trần Phú.* ☎ *09-35-58-02-05. Tlj 7h30-1h30.* Un bar très classe ouvert sur la plage avec terrasse, sièges en rotin, paillotes et chaises longues sur le sable. Sympa pour une escale diurne. Le soir, la techno s'empare des lieux et les belles-de-nuit font leur apparition. Évidemment pas donné.

Galerie de photos

■ **Long Thanh Gallery** (plan centre A2, 70) : *126, Hoàng Văn Thụ.* ☎ *382-48-75.* ● *longthanhart.com* ● *Lun-sam 8h-17h30. Photos 150 000-400 000 Dg selon format.* C'est à l'écart du centre touristique que le photographe Long Thanh expose ses magnifiques photos. Des images saisies sur le vif, tantôt graves, parfois légères, toujours poétiques. Des instantanés de la vie vietnamienne pris autour de Nha Trang, la ville natale de Long Thanh, qui développe lui-même ses photos, exclusivement en noir et blanc.

À voir. À faire

٭٭ **Les tours cham de Po Nagar** (plan centre B1) : *à 2 km au nord du centre-ville, juste après le pont de Xóm Bóng. Tlj 6h-18h. Entrée : env 25 000 Dg.*
Les ruines des temples de Po Nagar (la Dame de la Cité) composent l'un des plus beaux témoignages architecturaux de la civilisation cham. Le site, perché sur une butte granitique, offre de surcroît une vue superbe sur la côte et le petit port de pêche établi à l'embouchure de la rivière Cái.
7 à 8 tours furent élevées sur ce perchoir sacré face à la mer, entre le VIIe et le XIIe s de notre ère, mais le site faisait déjà l'objet d'un culte hindou depuis le IIe s. Seules 4 tours demeurent debout, servant de sanctuaires à des foules de bouddhistes, qui ont réoccupé ces temples naguère voués à une autre religion. Beaucoup de Vietnamiens fervents viennent ici alors que la religion cham n'est pas vraiment leur rituel. Pendant la dernière guerre, l'armée sud-vietnamienne bombarda le pont voisin, mais ne réussit pas à le détruire. Beaucoup pensent alors que les dieux cham avaient protégé le pont.
L'emblème de Po Nagar est une danseuse aux seins nus entourée de 2 flûtistes, image du caractère négatif de Shiva, dieu de la Destruction et de la Dissolution.
– **Au niveau inférieur,** on passe d'abord les ruines du *mandapa*, une grande salle de méditation, aux 10 grosses colonnes et 12 petites. En principe, seul le roi y avait accès. Notez l'escalier particulièrement raide pour grimper à l'aire des tours, où l'on peut ensuite se rendre.
– **La tour C** *(ou tour Sud-Est)* : toute petite, c'est la 1re qui se présente face à vous, en haut de l'escalier d'accès. On y trouve un lingam (symbole phallique) reposant sur un *yoni* (symbole féminin) à base carrée, symboles hindouistes à travers lesquels les fidèles vénéraient à la fois Shiva et son épouse Shakti.
– **La tour B** *(ou tour Sud)* : élevée au XIIe s, elle a été construite avec des matériaux récupérés sur le temple primitif du VIIe s. À l'intérieur, on voit également un lingam, que les bouddhistes semblent avoir là aussi intégré à leur culte.
– **La tour A** *(ou tour Nord-Est)* : haute de 23 m, c'est la tour la plus imposante. Bâtie en 817, elle est un exemple parfait de l'architecture cham, caractérisée par sa forme pyramidale à 4 côtés. C'est le seul sanctuaire dédié à une femme : il règne encore une ferveur assez incroyable dans cet intérieur sombre et enfumé par les bâtons d'encens qui abrite la statue de la déesse Uma, dotée de 10 bras.
– **La tour D** *(ou tour Nord-Ouest)* : elle abrite un lingam (encore !) et un *yoni*. La restauration lui a donné un aspect très lisse. À l'extérieur, du côté du musée, ne ratez pas le superbe bas-relief d'une femme chevauchant un éléphant.

– Un *minimusée* (showroom) dans le fond de l'esplanade présente l'art cham au travers de quelques photos des années 1930, époque où les archéologues de l'école française d'Extrême-Orient cherchaient à percer l'énigme de ce peuple.

🎎 *Le musée Yersin* (plan centre B2) : *20, Trần Phú, dans l'enceinte de l'Institut Pasteur.* ☎ 382-95-40. *Lun-ven (sauf j. fériés) 8h-11h, 14h-17h. Entrée : 20 000 Dg.*

Conçu et organisé grâce à la collaboration de l'Institut Pasteur parisien, ce petit musée bien documenté vaut le détour. Il est intéressant de découvrir ce grand homme que Patrick Deville a fait sortir de l'oubli en France grâce à son roman *Peste et Choléra* (prix Femina 2012). La disposition du musée évoque la maison

LE VIETNAM RECONNAISSANT

Après la réunification complète du Vietnam (1975), les noms des rues ont été « vietnamisés ». Tout ce qui rappelait le colonialisme a été supprimé, sauf les noms de 4 étrangers respectés : Pasteur (il vainquit la rage), Calmette (inventeur du BCG contre la tuberculose), Yersin (médecin, découvreur du sérum contre la peste) et Alexandre de Rhodes (inventeur de la langue écrite vietnamienne). Aux héros, la Patrie reconnaissante !

qu'occupa Yersin dans un petit village de pêcheurs proche, et met en lumière la vie aventureuse et passionnante du scientifique, qui découvrit le bacille de la peste. Dans une pièce centrale sont rassemblés les meubles du savant et sa bibliothèque. À travers des panneaux en français, on découvre l'existence de Yersin : son enfance en Suisse, ses études à Marbourg puis à Paris, ses explorations, la découverte du bacille de la peste, son installation à Nha Trang en 1891 et la fondation des Instituts Pasteur en Indochine. Intéressante série de lettres, notamment celles écrites à sa mère, assez émouvantes. Un petit film en version française dévoile ses mois d'aventures parmi les tribus moïes. Si la conservatrice du musée est présente, elle parle le français et se fera un plaisir de répondre à vos questions.

Ceux qui veulent aller jusqu'au bout de ce pèlerinage « Yersin » iront voir l'ex-*Grand Hôtel*, au 44, Trần Phú, qui fut l'austère résidence de Yersin. Au milieu des jardins trônait un petit observatoire pour l'astronomie. On peut aussi pousser jusqu'à son tombeau, à une vingtaine de kilomètres de Nha Trang (voir plus bas).

– *Bon à savoir :* si vous y allez en taxi, demandez à être déposé à l'Institut Pasteur car le musée Yersin ne dit rien aux chauffeurs.

🎎 *L'Institut Pasteur* (plan centre B2) : *8, Trần Phú.* Cette grande bâtisse d'époque coloniale fut construite en 1895 par Alexandre Yersin (1863-1943), disciple de Pasteur.

🎎 *La pagode de Long Sơn* (plan centre A2) : *située à la sortie de Nha Trang, sur la route de Saigon, à l'ouest de la ville. En bus n⁰ˢ 1, 2, 6 ou 7. Tlj 7h-17h. GRATUIT.* Érigée à la fin du XIXᵉ s, dédiée au Bouddha Gautama (Sakyamuni), c'est l'une des plus vieilles pagodes de Nha Trang. La pagode s'adosse à une colline surmontée d'un énorme **bouddha blanc assis** (plan centre A2) en position du lotus, et dominant toute la ville (vue décevante). En y grimpant, on croise un superbe bouddha couché en marbre de 18 m de long. Il dort sur le bras droit pour avoir de beaux rêves. Cérémonie bouddhique tous les soirs de 19h à 20h.

De cette pagode, on peut gagner à pied (10 mn par un sentier à flanc de coteau) une autre *pagode*, plus petite, nommée *Hải Đức* (plan centre A2), la plus ancienne de Nha Trang.

🎎 *La cathédrale de Nha Trang* (plan centre B2) : *au-dessus du carrefour des rues Nguyễn Trãi et Thái Nguyên. Ouv 8h-11h30, 14h-16h.* Bâtie par les Français vers les années 1930 dans un style néogothique, avec des blocs de ciment, elle n'a pas grand intérêt. Sur le mur de la rampe d'accès, des urnes funéraires portent les noms des défunts. Plus haut sur l'esplanade, il y a une série de statues blanches, dont celle de J.-M. Vianney, le fameux curé d'Ars.

– *Tháp Bà Hot Spring Centre* (plan centre A1) *: Cell 25 Ngọc Sơn-Ngọc Hiệp.* ☎ *383-53-45.* ● *tambunthapba.vn* ● *Ce centre assez moderne se trouve après les tours cham ; prendre la 1re route-chemin à gauche (panneau) sur 2,5 km. Navette (payante) sur résa. Tlj 7h-19h30. À partir de 200 000 Dg pour un bain de boue collectif et 700 000 Dg pour un bain privatif à 2. Loc de serviette possible, mais pensez au maillot !* Pourquoi pas un petit bain de boue ? Vous avez le choix entre la boue chaude ou froide, seul, à 2 ou collectif (le moins cher). On commence par un bain de boue collectif (15 mn) avant le bain d'eau minérale à 42 °C (30 mn), pour terminer par la piscine chauffée, en accès illimité. Également un bassin d'eau froide et un autre pour les enfants. Différentes formules de massage dans des bains de vapeur. Exubérante végétation, rochers et cascades, petits ponts, environnement fleuri. Resto très correct.

Les plages

⚐ *La plage de Nha Trang :* longue de 6 km, bordée de cocotiers, cette grande et belle plage de sable compte parmi les sites balnéaires les plus réputés du Vietnam. Nettoyée tous les matins, elle n'est pourtant pas toujours très propre. Chaises longues à louer pour quelques dollars.

⚐ *Les plages au nord de la ville* (hors plan centre par B1) *:* au nord du promontoire rocheux de Hòn Chồng, à 4 ou 5 km au nord de la ville, s'étend une succession de plages moyennement entretenues qu'il faut découvrir en fin d'après-midi (16h), sous les chaudes couleurs du soleil déclinant. Asseyez-vous à l'une des terrasses improvisées sur le trottoir pour déguster de minuscules crêpes chaudes. Bonne nouvelle : même par temps de pluie, la mer reste limpide. Grâce aux courants, pas de boue ici comme à Nha Trang.

DANS LES ENVIRONS DE NHA TRANG

🏃 *Le tombeau du docteur Yersin* (hors plan centre par A2) *: situé à 20 km au sud de Nha Trang, en direction de Hồ Chí Minh-Ville, au village de Suối Dầu. Sur la droite de la RN 1, après la brasserie* San Miguel *et* Lipovitan, *compter exactement 5,7 km.*
Le tombeau se trouve en pleine campagne, au sommet d'une petite colline isolée, fermée par une grille. De la route, il est indiqué par un panneau écrit en français (c'est rarissime au bord d'une route vietnamienne, prenez la photo !). Le gardien habite dans une petite maison au début du chemin ; il a les clés, mais ne vous les laissera pas comme ça, il vous accompagnera.
Endroit simple et beau. Avec le temps, Yersin est devenu un génie tutélaire, un bienfaiteur vénéré, une sorte de saint laïc. Le terrain appartient toujours à l'Institut Pasteur (sans doute le seul organisme étranger à ne pas avoir été chassé du Vietnam après la prise du pouvoir par les communistes en 1975 !). Il est classé « zone historique protégée ».
Yersin avait demandé à être enterré au milieu de cette campagne qu'il avait aimée, tentant de la développer par d'autres moyens que le colonialisme borné.

🏃 *Le mont Hòn Bà : env 2 km avt le tombeau de Yersin, en venant de Nha Trang, tourner à droite au niveau d'un panneau bleu indiquant « Du Lịch Suối Tiên tourist point ». Traverser une rivière, ignorer le panneau (sauf si l'on veut voir une cascade) et continuer tt droit sur une route de terre pdt 2 km env, jusqu'à la route goudronnée. Si l'on a un doute, demander « Hòn Bà », les gens connaissent. Accès : 30 000 Dg.* Cette montagne, qui culmine à 1 574 m, a été classée réserve naturelle.

Alexandre Yersin y avait installé son laboratoire de recherche biologique (autour de la quinine) et une station météorologique. Arrivé au sommet, on peut encore voir les restes de plusieurs bâtiments de cette époque ainsi qu'un petit musée et un jardin médicinal. Longtemps inaccessible, le mont Hòn Bà l'est maintenant grâce à une très belle route d'environ 35 km qui serpente à travers les forêts en suivant une rivière. Elle se prend depuis la nationale 1, à 18 km au sud de Nha Trang, et dévoile un beau paysage qui s'étend de la baie de Cam Ranh jusqu'au nord de Nha Trang.

Plongée sous-marine

Des dizaines d'agences et de cafés de Nha Trang proposent des activités en mer pour ceux qui ont du temps et de l'argent : plongée, ski nautique, jet-ski, *banana boat* et autres sports typiques des stations balnéaires.
La meilleure période pour la plongée va de janvier à juin (eau très claire), pendant la saison sèche. Les tarifs, parmi les plus bas au monde, se tiennent d'un opérateur à l'autre. Mais ne vous attendez pas à des merveilles. Si vous avez déjà plongé en mer Rouge ou aux Andaman, ici, en comparaison, c'est le désert… Trop de boue en suspension dans l'eau à cause des grands travaux et des crues.

■ *Angel Dive (plan centre B3, 80)* : 10, Nguyễn Thiện Thuật. ☎ 352-24-61. 📱 09-83-34-03-22 *(Frédéric, en français).* ● fredloreau.wixsite.com/angeldivevietnam ● Un centre de plongée 5 étoiles sérieux (SSI) dirigé par un plongeur français. Bateau de 16 m pour des groupes de 15 maximum. Frédéric et son équipe forment et encadrent les plongeurs débutants jusqu'au monitorat. Également des sorties snorkelling. Propose aussi 8 chambres bon marché.

■ *Mark Scott's Diving (zoom A1, 81)* : 92/3, Hùng Vuong. 📱 12-29-03-77-95. ● divingvietnam.com ● Agence très pro et recommandable, tenue par un sympathique Texan.

Promenades en bateau sur les îles

Près de 90 îles parsèment les flots bleus au large de Nha Trang. Elles sont habitées par des pêcheurs et, pour certaines, par des chasseurs de nids d'hirondelles. Les plus proches du continent peuvent se visiter, comme l'île de Miễu *(Hòn Miễu)* ou l'île des Bambous *(Hòn Tre)*. D'autres îles peuvent faire l'objet d'une balade en bateau, à condition d'avoir 1 ou 2 jours devant soi : l'île de Tằm *(Hòn Tằm)*, l'île de Yến *(Hòn Yến)*, l'île de Mun (pour le snorkelling) et l'île *Một* (en principe, on n'y accoste pas). Cette promenade en mer peut être d'autant plus intéressante que les fonds sous-marins sont jolis.
➤ *Pour y aller* : excursions proposées dans les hôtels et dans les agences en ville, dont *Thesinhtourist (zoom A1-2, 1)* ; voir « Arriver – Quitter »). Départ tous les jours, sauf mauvais temps. En général, le transfert aller-retour pour l'hôtel est inclus. Départ vers 8h30-9h, retour vers 16h-16h30.
– *Avertissement* : attention, la balade sur les îles décrites ci-après peut décevoir en raison de l'ambiance parfois trop « colonie de vacances » et du manque de temps (chronométré) sur chaque île…

🔦 *L'île de Miễu* (Hòn Miễu) : la plus proche de Nha Trang. Env 15 mn de bateau ou bus n° 4 pour le port de Cầu Đá. L'accès n'est pas payant. Seul l'accès à l'aquarium l'est (160 000 Dg). On peut s'y rendre directement par des navettes touristiques (prix conséquents). Avant 1975, il y avait des lépreux sur le site. Aujourd'hui, un énorme bateau-aquarium en ciment y fait un peu tache ! Il renferme un vivier avec des tortues, des raies, et quelques petits requins (dont le requin-léopard). Plus loin, un sentier conduit en 15 à 20 mn à une plage au sud où l'on peut lézarder sous les parasols. Ne rêvez pas à l'île paradisiaque et déserte, car désormais les restos, cafés et boutiques de souvenirs se sont implantés sur l'île.

Au sud-ouest de l'île, au fond d'une baie paisible, se cache un village de pêcheurs – accessible par la mer ou à pied. Point de chute de pas mal de tours, il n'en a pas perdu pour autant son authenticité.

🚶🚶 *L'île des Bambous* (Hòn Tre) : *face à la grande plage de Nha Trang.* On la repère depuis la plage de Nha Trang grâce aux lettres hollywoodiennes *Vinpearl* qui surgissent de la végétation. Les pylônes aux silhouettes de minitours Eiffel du téléphérique qui la relient au continent surgissent, eux, des flots ! Cette grosse île montagneuse avait été surnommée l'île aux Bambous par les Américains, qui y avaient installé une base pendant la guerre. Ici, les pêcheurs travaillent de nuit à l'aide de lamparos destinés à attirer seiches, raies et thons. Au nord s'étend la plage de Bãi Trũ.

– Le *Vinpearl Resort,* un immense complexe bénéficiant de la plus grande piscine d'Asie du Sud-Est, attire d'abord les familles. On s'y rend en bateau ou par un téléphérique franchissant les 3 km de mer depuis le continent. Bienvenue dans le monde du divertissement (à) gogo ! À juste titre, les écologistes crient au scandale, mais ne boudons pas notre plaisir. Magnifique aquarium, plage impeccable et chambres au diapason. L'ambiance fête foraine continue au *Vinpearl Land,* un parc d'attractions avec manèges et tout le tintouin *(tlj 8h-21h ; entrée : 800 000 Dg/pers, réduc).*

🚶 *L'île de Mun* (Hòn Mun) : *au fond de la baie, après l'île de Một. Accès : 22 000 Dg. Accès à la plage : 50 000 Dg en supplément.* L'une des rares permettant de pratiquer le snorkelling, voire la plongée. Massifs coralliens superbes et peu abîmés. Presque tous les poissons de l'aquarium sont au rendez-vous. Une aire a été délimitée pour protéger les nageurs. Prendre un tour qui prévoit au moins 1h d'arrêt.

🚶 *L'île de Yến* (Hòn Yến) : *la plus lointaine de ttes les îles, à 17 km de Nha Trang.* Compter 3-4h de bateau. Connue aussi comme l'île aux salanganes (des martinets d'Asie), elle est interdite au public et il faut une autorisation de la police et de la douane pour y accéder. Cela dit, les bateaux s'y rendent sans débarquer. Inaccessible entre octobre et mars : c'est la période durant laquelle les oiseaux nichent et, de plus, il y a trop de vent.

Cette île est réputée pour les *salanganes* et les nids qu'ils confectionnent avec leur bave. Une fois desséchée, celle-ci durcit et le nid de forme semi-ovale mesure au final entre 5 et 10 cm de diamètre. Les chasseurs logent une partie de l'année dans des cabanes agrippées aux falaises. À l'aide de cordes, ils se hissent dans les anfractuosités de la paroi pour y récolter les nids, vendus ensuite à prix

ON EN BAVE DÉJÀ !

1 kg de bave de salangane (martinet) transformée en nid peut coûter jusqu'à 2 700 € ! Ces nids sont recherchés pour la cuisine. On peut les consommer en soupe, mais aussi, et surtout, comme médicament dans la médecine traditionnelle chinoise. On dit aussi que c'est un puissant aphrodisiaque. A la soupe !

d'or aux restaurants, car il s'agit d'un mets luxueux particulièrement apprécié des gourmets !

🚶 *L'île aux Singes :* situé*e bien plus loin, elle fait l'objet d'une excursion spécifique de 1 journée. On peut se rendre sur l'île à partir d'un petit village de pêcheurs sur la route de Ninh Hoà (17 km au nord de Nha Trang). Panneau indiquant « Monkey Island » à l'entrée du village. La balade dure 3h, on peut après la visite se baigner (douches sur place). Env 25 US$ via une agence.* Les Russes y ont installé un laboratoire et une ferme de recherche où les singes servaient de cobayes dans les années 1980. À leur départ, l'Institut Pasteur a pris le relais. Aujourd'hui, cette ferme d'élevage située sur l'arrière de l'île continue à fonctionner. Plusieurs milliers de singes vivent ici en liberté, divisés en bandes, certains dans la forêt, d'autres sur les plages. Certains de leurs os sont utilisés dans la pharmacopée chinoise.

PHAN RANG

94 000 hab.   IND. TÉL. : 259

À 145 km au nord-est de Phan Thiết et à 105 km au sud de Nha Trang, la ville de Phan Rang (province de Ninh Thuận) est un carrefour routier par où l'on passe obligatoirement en allant de Saigon ou de Dalat à Nha Trang.
Si la ville ne présente pas un très gros intérêt, hormis les tours de Po Klong Garai et la plage de Ninh Chữ, c'est l'occasion de rencontrer la population d'origine cham, très présente dans les villages des alentours.
À 4 km en direction de la mer, une magnifique baie étale sur 8 km son sable blanc. Pour l'instant, seulement une poignée de complexes hôteliers sont dispersés sur cette belle plage. Au nord de Ninh Chữ-Bình Sơn, un petit village de pêcheurs au bord de l'eau avec des restaurants de poissons et de fruits de mer.

LES CHAM, MINORITÉ ETHNIQUE

La province, aride et surchauffée, compte de nombreux hameaux encore habités par les Cham, derniers descendants du royaume du Champa naguère très puissant. À l'origine d'ailleurs, le bassin côtier faisait partie du pays Padarang que les chroniqueurs chinois appelaient la « principauté de Pin-T'ong-Long ». Celle-ci relevait du royaume du Champa, mais elle jouissait d'une relative autonomie, car elle avait même une ambassade auprès de l'empereur de Chine. Après plusieurs violentes révoltes contre les souverains du Champa, le Padarang fut pillé par les marins malais du royaume de Sumatra, puis envahi par les armées khmères, avant d'être annexé par les rois d'Annam qui en firent un protectorat en 1692 à la mort de Pothot, le dernier roi indépendant du Padarang.
Dans les années 1930, on dénombrait encore plus de 11 000 Cham dans la région. Musulmans, ils pratiquaient encore leur religion dans les sanctuaires de Po Klong Garai et de Po Ro Me. Aujourd'hui, il n'y a aucune statistique fiable recensant les individus de cette communauté.

Où dormir ?

Les hôtels les plus confortables se trouvent le long de la plage. On y accède, depuis le centre-ville, en suivant une très large route (2 x 3 voies) qu'il est difficile de ne pas remarquer.

Prix moyens (300 000-600 000 Dg / env 11-21 €)

≜ **Phan Rang Hotel :** *Khu Phố 5, Thanh Sơn.* ☏ *09-76-00-60-71. Double env 15 US$.* Dans un quartier calme. Petit hôtel moderne à la façade blanche, abritant des chambres sans luxe mais confortables (clim). La mer est à 3 km seulement. Accueil affable en anglais.
≜ **Hôtel Minh Quang :** *rue du 16/4, Group 4, quartier My Hai.* ☏ *09-37-13-81-89. Double env 18 US$.* À 300 m de la plage, petit immeuble de 5 étages avec d'agréables chambres toutes de bon confort (toilettes privatives, bonne literie, clim). Elles donnent sur une rue calme, et sont lumineuses. En demander une au dernier étage (les plus claires). Café au rez-de-chaussée.
≜ **Ninh Chữ Hotel 2 :** *272, Yên Ninh.* ☏ *09-12-05-98-39.* • *ninhchuhotel.vn* • *Double env 16 US$.* Ne pas confondre avec le *Ninh Chữ 1,* moins bien. À 100 m de la plage, un hôtel récent de style néoclassique, à taille humaine, avec seulement 2 étages donnant sur une cour-parking calme. Accueil attentionné et jovial. Des coursives extérieures desservent de belles chambres assez grandes (salle de bains privative et clim).

Plus chic
(1 000 000-2 000 000 Dg / env 35-71 €)

▲ *Resort Con Gà Vàng : Yên Ninh, au nord de la plage, à 800 m avt le village de pêcheurs.* ☎ 387-48-99. ● congavangresort.com ● *Chambres 60-75 US$, petit déj inclus.* Des bungalows spacieux dispersés dans un luxuriant jardin tropical planté de palmiers, avec une belle piscine centrale. Accès direct à la plage par l'hôtel comme par son restaurant en terrasse. Transats et parasols. Un prix raisonnable pour le confort.

DANS LES ENVIRONS DE PHAN RANG

✖✖ *Les tours cham de Po Klong Garai : à 5 km de Phan Rang ; 500 m sur la droite de la RN 20 en direction de Dalat. Les bus ne s'y arrêtent pas. De Phan Rang, le mieux est de louer une moto avec chauffeur. Tlj 7h-17h. Entrée : 20 000 Dg.* Au sommet d'une colline plantée de cactus, le site constitue un très beau vestige de la civilisation cham. 3 tours en brique rappelant la forme d'un épi de maïs (comme à Angkor) ont été érigées à la fin du XIIIe-début XIVe s sous le règne du roi cham Poklongaran, sur le mont du Bétel (Chok'Hala). La galerie où se situe l'accueil abrite aussi des échoppes d'artisanat.

MŨI NÉ (STATION BALNÉAIRE)   IND. TÉL. : 252

● Plan *p. 384-385*

À 200 km à l'est de Hồ Chí Minh-Ville et à 15 km à l'est de Phan Thiết (capitale de la province de Bình Thuận), Mũi Né déroule des kilomètres de sable fin, chatouillés par les eaux cristallines de la mer de l'Est. Cette plage, baignée de soleil mais battue par les vents, est appréciée des amateurs de glisse, qui partent à l'assaut de ses puissants rouleaux. Une route seulement (Nguyễn Đình

INSTIT DE GAUCHE

C'est à Phan Thiết qu'un jeune homme nommé Nguyễn Tất Thành, qui allait prendre le sobriquet de Ba, fut instituteur en 1911. Il ne portait pas encore son nom de combat : Hồ Chí Minh (« celui qui éclaire »). Il resta quelques mois à l'école Dục Thanh avant d'embarquer pour la France pour un exil long de 30 ans.

Chiểu), plantée de cocotiers et de *resorts* à taille humaine, entaille cette agréable station balnéaire, tout entière alanguie le long du littoral. Et quelques ruelles tortueuses, pointant tantôt vers la mer, tantôt vers les collines asséchées des terres.
L'endroit séduit pour son atmosphère jeune et détendue, ainsi que pour ses tarifs avantageux. Pas de hauts immeubles prétentieux ni d'affreux gratte-ciel en béton, ce qui a sauvé le caractère tranquille et horizontal de Mũi Né. Les touristes européens y viennent depuis longtemps, mais c'est la clientèle russe qui est majoritaire.
– *Haute saison :* de mi-octobre à mi-mai. Beaucoup de monde !
– *Basse saison :* de mi-mai à mi-octobre. Période creuse durant laquelle la station vit au ralenti. Conséquence : les prix baissent.

Arriver – Quitter

En bus public

🚌 Une fois le billet acheté, la plupart des bus au départ de Mũi Né passent prendre les passagers à leurs hôtels. À l'arrivée, ils les déposent aussi devant les hôtels.

➤ *De/pour Hồ Chí Minh-Ville :* on recommande la compagnie *Phương Trang-Futa Bus Lines (plan D1 ; 121, Tôn Đức Thắng, Phường Phú Thủy ; ● futabus.vn ●).* De grands bus confortables assurent la liaison régulière entre Hồ Chí Minh-Ville et Phan Thiết. Env 10 bus/j., 6h30-23h30. Dans l'autre sens, env 15 bus/j. Durée : 4h30-5h (selon circulation). Départs et arrivées plage de Mũi Né.

Bus *Open Ticket*

Ces 2 agences privées sont réputées pour leur système de transport à bas prix. Bus en très bon état, service professionnel.

➤ *De/pour Hồ Chí Minh-Ville :* départs 8h30-1h30. Durée : 5h.
➤ *De/pour Nha Trang :* 4 bus/j. seulement. Durée : 4h30-5h.
➤ *De/pour Dalat :* 7h-13h. Durée : 4h.
➤ *De/pour Cần Thơ :* 8h-15h. Durée : 5h.

■ **Thesinhtourist** *(plan C1, 1) : 144, Nguyễn Đình Chiểu.* ☎ *384-75-42. ● thesinhtourist.vn ●*
➤ 2 bus/j. pour *Dalat,* 2 bus/j. pour *Nha Trang,* 5 bus/j. pour *Hồ Chí Minh-Ville* (siège ou couchette).

■ **Hạnh Café** *(plan B1, 2) : 117, Nguyễn Đình Chiểu.* ☎ *384-73-47.* 📱 *09-05-39-53-68. À côté de la* Gió Biển *Guesthouse.* Un café-agence de voyages.
➤ Bus réguliers pour *Hồ Chí Minh-Ville* (6 bus/j.) et pour *Nha Trang* (2 départs/j.). Fait aussi du change.

Comment circuler ?

– Il est très facile de *louer un vélo ou une moto* le long de la plage, il suffit de s'adresser à son hôtel ou aux loueurs privés qui jalonnent la rue principale *(compter env 60 000 Dg/j. pour un vélo et env 200 000 Dg/j. pour une moto).*

Adresses et infos utiles

■ **Distributeurs automatiques** *(plan B-C1) :* nombreux, répartis à intervalles réguliers tout au long de l'avenue Nguyễn Đình Chiểu.

■ Nombreuses **pharmacies** le long de l'avenue.
@ Tous les hôtels ont le wifi et des ordinateurs à la réception.

Où dormir ?

Les hôtels et les *resorts,* du plus économique au plus luxueux, sont disséminés sur une quinzaine de kilomètres le long de la route principale (rue Nguyễn Đình Chiểu) qui conduit au village de pêcheurs de Mũi Né.
La plupart des hôtels pratiquent des tarifs haute et basse saison. Nous vous indiquons les prix haute saison, c'est-à-dire d'octobre à mars. Les prix évoluent aussi en fonction de la fréquentation.

De bon marché à prix moyens (moins de 600 000 Dg / env 21 €)

🏠 **Tiên Trúc** *(plan B1, 10) : 143, Nguyễn Đình Chiểu.* ☎ *384-74-08.* 📱 *09-84-88-05-45. Lit en dortoir 5 US$, double 10 US$.* Derrière un garage au centre de la station, et à 100 m de la plage, cette structure familiale donne sur une grande cour. 7 chambres

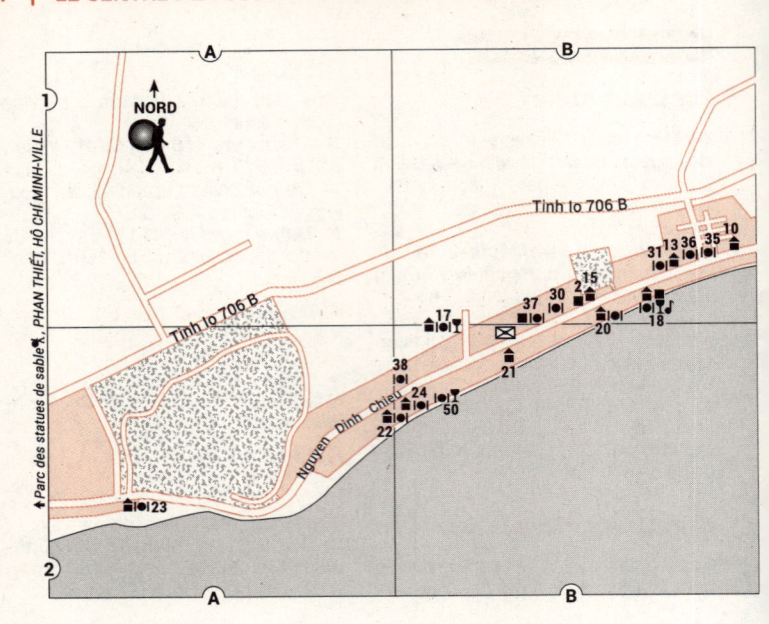

384 | LE CENTRE / LA CÔTE DE ĐÀ NĂNG À HỒ CHÍ MINH-VILLE

- **Adresses utiles**
  - 1 Thesinhtourist (C1)
  - 2 Hạnh Café (B1)
  - 18 Jibe's Beach Club (B1)

- **Où dormir ?**
  - 10 Tiên Trúc (B1)
  - 11 Hoàng Nga Guesthouse et Hung Phuc Mũi Né Hotel (D1)
  - 12 Gia An Hung Guesthouse et MiNhon Hotel Muine (D1)
  - 13 Backpackers Village (B1)
  - 14 Mũi Né Beach Hotel (C1)
  - 15 Gió Biển Guesthouse (B1)
  - 16 Hoàng Kim Golden Resort (C1)
  - 17 Mũi Né Hills (B1-2)
  - 18 Serenity by the Sea et Joe's Café & Garden Resort (B1)
  - 19 Làng Cá Voi (D1)
  - 20 Full Moon Beach (B1-2)
  - 21 Sunsea Resort (B2)
  - 22 Unique Mũi Né Resort (A-B2)
  - 23 Poshanu Resort (A2)
  - 24 Sailing Club Resort (B2)

sobres mais avec clim, cuisine, frigo, TV. Location de motos et massages. Accueil affable.

🏠 *Hoàng Nga Guesthouse (plan D1, 11) : 49, Huỳnh Thúc Kháng.* ☎ 655-36-69. 📱 09-33-25-93-86. ● hoangngaguesthouse.com ● *Excentré, vers l'est de la plage. Lit en dortoir env 5 US$, double env 13 US$.* Cette *guesthouse* offre un rapport qualité-prix excellent. Dortoirs mixtes ou pas (de 8 à 24 lits). Ceux de l'annexe toute neuve au fond du jardin font un effort de décoration. Aussi des chambres doubles privées, sobrement meublées mais équipées de sanitaires, frigo et ventilo. L'ensemble est propre et l'accueil serviable. Resto bon marché et agence de voyages sur place.

🏠 *Gia An Hung Guesthouse (plan D1, 12) : 335A, Nguyễn Đình Chiểu.* ☎ 384-71-39. 📱 07-67-84-85-80. *Double 13 US$.* Nichées dans un petit immeuble blanc de facture moderne, de grandes chambres nickel et confortables. Pas vraiment de cachet mais à ce prix-là et en plein centre, cela reste une bonne option.

🏠 *Hung Phuc Mũi Né Hotel (plan D1, 11) : 55, Huỳnh Thúc Kháng.*

MŨI NÉ / OÙ DORMIR ? | 385

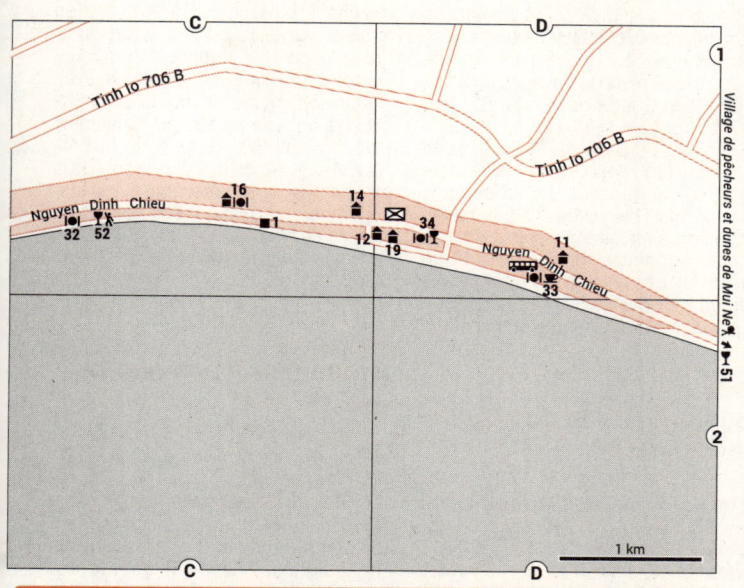

LES PLAGES DE MŨI NÉ ET PHAN THIẾT

Où manger ?	
18	Jibe's Beach Club (B1)
24	Sandals (B2)
30	King of Sandwich and Mexican Food (B1)
31	Choi Oi (B1)
32	Restos « Bờ Kè » (C1)
33	El Cafe Vegan (D1)
34	Dong Vui Food Court (D1)
35	Backstage Bar & Grill (B1)
36	Modjo (B1)
37	Tropical Minigolf (B1)
38	Ganesh (A-B2)

Où boire un verre ?
Où sortir ? Où danser ?

17	Mad Monkey (B1-2)
18	Jibe's Beach Club et Joe's Café (B1)
50	Ratinger Löwe (B2)
51	La Source Kiteboarding & Lodge (hors plan par D2)
52	Dragon Beach (C1)

☎ 384-74-52. ● *hungphuchotel.com* ● **Double 15 US$.** Dans une cour fleurie en retrait de la route, ce bâtiment flambant neuf abrite des chambres simples mais spacieuses, à la propreté irréprochable. Murs immaculés, carrelages scintillants, mobilier neuf... Et accueil charmant en anglais.

■ ***Backpackers Village*** (plan B1, 13) : 137, Nguyễn Đình Chiểu. ☎ 374-10-47. ● *vietnambackpackerhostels.com* ● **Lit en dortoir env 4-10 US$, doubles 15-25 US$.** Une auberge de jeunesse économique comprenant des dortoirs de 4 à 12 lits et des chambres doubles privées (climatisées et avec salle de bains), le tout tenu avec soin. Toutes donnent sur une cour intérieure renfermant une belle piscine flanquée d'un bar-resto. Ambiance jeune et festive.

■ ***Mũi Né Beach Hotel*** (plan C1, 14) : 285, Nguyễn Đình Chiểu. ☎ 374-33-39. **Double 15 US$.** Ce petit immeuble passe-partout accueille des chambres pimpantes et spacieuses, avec vue sur la mer pour certaines. On apprécie la qualité des finitions et des matériaux utilisés qui permettent à cet hôtel de tirer son épingle du jeu. De telles prestations à un prix pareil, c'est une aubaine ! Pas d'accès direct à la plage mais, comme souvent ici, il suffit de traverser la rue.

🏠 *Gió Biển Guesthouse* (plan B1, **15**) : *117B, Nguyễn Đình Chiểu.* ☎ *221-05-67.* 📱 *09-06-67-52-35.* ● *giobienguesthouse@yahoo.com.vn* ● *Double 15 US$. CB refusées.* Un hôtel sans charme, mais bien situé et à prix sages. Chambres simples et propres (clim, eau chaude) donnant sur une cour et un jardin. Accueil gentil mais on n'y parle pas un mot d'anglais. Pour accéder à la plage, traverser la route principale.

Chic (600 000-1 000 000 Dg / env 21-35 €)

🏠 🍴 *Hoàng Kim Golden Resort* (plan C1, **16**) : *140, Nguyễn Đình Chiểu.* ☎ *384-76-89.* 📱 *09-18-47-58-92.* ● *hoangkim-golden.com* ● *Doubles 25-35 US$, bungalows 35-45 US$.* Situé en bord de plage, un hôtel à taille humaine proposant des chambres et bungalows d'un bon rapport qualité-prix, avec clim et sanitaires. Belle piscine donnant sur la mer. Le resto sert une cuisine vietnamienne et européenne classique (prix doux).

🏠 *MiNhon Hotel Muine* (plan D1, **12**) : *210/5, Nguyễn Đình Chiểu.* ☎ *651-51-78.* ● *minhonhotel@gmail.com* ● *Dans une ruelle entre la plage et la route principale. Doubles 40-55 US$.* Ce petit hôtel bien nommé (*Minhon* est la transcription vietnamienne de « mignon ») est organisé autour d'une élégante piscine tout en mosaïque. L'eau bleue ourlée de murs aux teintes chaudes, fenêtres habillées de volets colorés... on se croirait presque au Portugal ! Chambres tout aussi séduisantes et d'un excellent confort. Accueil dévoué avec possibilité de prêt de vélos (gratuit), excursions, massages...

🏠 🍴 🍷 *Mũi Né Hills* (plan B1-2, **17**) : *69, Nguyễn Đình Chiểu.* ☎ *374-17-07.* ● *muinehills.com* ● *Doubles 35-90 US$ selon confort.* Sur une colline, au calme, en retrait de l'avenue mais à 5 mn de la plage, 4 *guesthouses* qui couvrent plusieurs catégories de prix, de bon marché à plus chic. On est reçu en anglais par Erik (belge), Long (vietnamien) ou leur équipe dynamique. Dortoirs (4-10 lits) impeccables avec clim, et chambres privatives au *Backpackers* comme au *Budget*. Chambres plus chics au *Bliss Hotel* et au *Mũi Né Hills Villa* (avec clim, TV et frigo). Belle piscine avec vue imprenable sur la station et bar très animé le soir comme en journée (le *Mad Monkey*, ouvert à tous). Sert une cuisine vietnamienne à prix démocratiques.

Plus chic (1 000 000-2 000 000 Dg / env 35-71 €)

🏠 *Serenity by the Sea* (plan B1, **18**) : *88, Nguyễn Đình Chiểu.* ☎ *384-70-47.* ● *serenitybytheseamuine.com* ● *Doubles 60-90 US$.* Un établissement les pieds dans l'eau à la décoration très soignée. Passé l'élégant lobby, on accède aux chambres, réparties autour d'une cour pleine de charme. Elles sont coquettes et d'un confort irréprochable, certaines avec une vue imprenable sur l'eau. Voilages, broderies, meubles en osier... elles ont tout d'une jolie maison en bord de mer. Très belle piscine, elle aussi aux 1res loges.

🏠 *Làng Cá Voi* (Village des Baleines ; plan D1, **19**) : *Hoà Bình, Khu Phố 2, Hàm Tiến (ruelle qui part au niveau du n° 224, Nguyễn Đình Chiểu), à côté du marché Hàm Tiến.* 📱 *09-45-15-98-54 ou 09-18-83-98-04. Bungalows 45-100 US$ selon saison.* Un hébergement charmant et paisible à 2 pas de la mer. Dans 3 bungalows donnant sur la piscine en forme de baleine, des chambres bien arrangées avec lits à baldaquin et agréable mezzanine ouverte sur le jardin. Brique, pierre, bois dialoguent et confèrent beaucoup de charme à l'ensemble. On est parfois accueilli par le jovial Jean Prat, ancien marin et aventurier. Il a navigué sur toutes les mers du monde (avec Jean-Louis Étienne dans les eaux glacées, avec Peter Blake en Amazonie...). Sportif, il peut vous renseigner sur les activités nautiques de la station.

MŨI NÉ / OÙ DORMIR ? | 387

🛏 |●| **Full Moon Beach** (plan B1-2, 20) : 84, Nguyễn Đình Chiểu. ☎ 384-70-08. ● fullmoonbeach.com.vn ● Double env 70 US$, familiales 100-190 US$ selon taille. Charmant complexe tenu par un couple franco-vietnamien. Pascal Lefebvre se trouve habituellement au Jibe's, son bar-club situé à quelques encablures. À l'hôtel, chambres en dur ou bungalows bien équipés qui ne manquent pas de cachet avec leur mobilier de bois sombre et leurs carrelages aux teintes chaudes. Nos chambres préférées : la n° 1 (la plus glamour, avec terrasse) et la n° 20 (face à la plage). Piscine lovée dans le jardin à la végétation luxuriante. Bar-resto en bord de plage.

🛏 |●| **Joe's Café & Garden Resort** (plan B1, 18) : 86, Nguyễn Đình Chiểu. ☎ 384-71-77. Doubles et bungalows 50-100 US$ selon catégorie. Au cœur de l'animation, c'est plutôt une adresse pour ceux qui veulent socialiser en journée et faire la fête le soir. Chambres en dur et bungalows assez passe-partout (avec ou sans terrasse privative) répartis entre la route et la plage. Éviter le côté route. Mais le must reste le resto-bar très animé, dont les routards de tous âges apprécient l'ambiance (musique live tous les soirs).

Très chic
(2 000 000-3 310 000 Dg / env 71-117 €)

🛏 |●| **Sunsea Resort** (plan B2, 21) : 50, Nguyễn Đình Chiểu, à côté du Swiss Village. ☎ 384-77-00. ● sunsearesort-muine.com ● Doubles 120-225 US$. Parfois 2 nuits min sont demandées. Dans un jardin luxuriant, alternance de bassins et de massifs tropicaux, des bungalows de standing, d'un confort et d'un entretien exemplaires. Les plus beaux et vastes donnent côté plage et jouissent d'une magnifique salle de bains extérieure. On a moins aimé les chambres en dur alignées le long de la piscine (pas données en plus). Pour se baigner, au choix, la plage ou les 2 piscines. Fait aussi restaurant : cuisine vietnamienne sans surprise.

🛏 |●| **Unique Mũi Né Resort** (plan A-B2, 22) : 20B, Nguyễn Đình Chiểu, Hàm Tiến. ☎ 09-38-23-55-35. ● uniquevn.com ● Doubles à partir de 70 US$, petit déj inclus. Ce complexe de 5 étages borde l'une des plus belles sections de l'immense plage. Chambres cossues, à l'arrangement néanmoins assez standard, certaines avec vue époustouflante sur la plage. Au restaurant, à côté de la somptueuse piscine à débordement, vaste choix de spécialités locales et internationales. Foule d'activités : spa, salle de sport, cours de yoga, école de kiteboarding avec professeurs certifiés, service de prise en charge pour les enfants. Sur le toit est niché le huppé Unique Sky Bar où sont servis des cocktails et des tapas. Accueil anglophone et attentif.

🛏 |●| **Poshanu Resort** (plan A2, 23) : Phú Hài. ☎ 381-22-33. ● poshanuresort.com ● Accolé au Cliff Resort. Doubles et bungalows 75-95 US$. Un peu excentré, non loin du parc des statues de sable. De bien jolis bungalows s'égrènent sur une pente qui dégringole vers une belle plage de sable peu fréquentée. Un vrai petit éden, noyé dans la végétation et au calme. Les chambres sont spacieuses et gratifiées de superbes salles de bains, même si un petit effort pourrait être fait concernant le ménage. Bon resto sur place, face à la mer. Personnel très prévenant.

Encore plus chic
(plus de 200 US$)

🛏 |●| **Sailing Club Resort** (plan B2, 24) : 24, Nguyễn Đình Chiểu. ☎ 384-74-40 ou 42. ● sailingclubmuine.com ● Doubles 170-350 US$ selon confort et saison, petit déj inclus. Au bord de la plage, l'ensemble, niché dans un écrin de verdure, reste à taille humaine, et c'est l'un de ses atouts. Chambres luxueuses et bungalows on ne peut plus confortables, décorés dans un style très contemporain, mâtiné de discrètes touches asiatiques. Service au cordeau. Spa et activités sportives (kitesurf, voile...). Le restaurant

Sandals, très chic, sert une savoureuse cuisine (voir plus loin dans « Où manger ? Chic »). On peut aussi y boire un verre au bar, en contemplant la mer. Transport assuré pour Hồ Chí Minh-Ville, Dalat, Nha Trang (payant).

Où manger ?

La plupart des hôtels et *resorts* possèdent des restos corrects ou, au moins, proposent une petite carte pour dépanner leurs clients. Sinon, quelques bonnes adresses tout au long de la route côtière.

Bon marché (jusqu'à 100 000 Dg / env 4 €)

|●| *King of Sandwich and Mexican Food* (plan B1, 30) : 103, Nguyễn Đình Chiểu. ☎ 08-43-12-23-83. Tlj 7h-minuit. Baguettes, sandwichs, hamburgers, paninis, pizzas, tacos..., un incontournable de Mũi Né car on y élabore les meilleurs sandwichs à prix doux de la station. Aimable accueil en anglais.

|●| *Choi Oi* (plan B1, 31) : 115, Nguyễn Đình Chiểu. ☎ 374-14-28. ☎ 12-17-61-37-21. Tlj 8h30-19h30 (16h30 dim). Une adresse dans le vent qui surfe sur la vague *healthy*. Dans une salle passe-partout ou sur la mignonne terrasse (mais au bord de la route principale !), on déguste légumes sautés, soupes et riz garnis (avec pas mal d'options végétariennes), à accompagner d'un bon smoothie. La carte est courte et change tous les jours. C'est frais, sain, économique. Et pour ne rien gâcher, le service est au diapason.

Prix moyens (100 000-250 000 Dg / env 4-9 €)

|●| *Les restos « Bờ Kè »* (plan C1, 32) : 191, Nguyễn Đình Chiểu. Ces gargotes installées en bordure de plage sont spécialisées dans les plats de la mer. Chaque resto a son vivier plus ou moins appétissant dans lequel on choisit son frichti. Veillez à ce que le poisson ou le crustacé sélectionné soit bien celui qu'on vous sert : certains *bờ kè* peu scrupuleux substituent la bête par une moins fraîche (les plus honnêtes biseautent la queue du poisson avec des ciseaux pour éviter tout litige). Attention, les prix grimpent si l'on veut faire bombance. Souvent pas de w-c sur place et hygiène très relative ! Le plus fréquenté par les touristes et expats est le *Bibo,* face au *Dragon Beach*.

|●| *El Cafe Vegan* (plan D1, 33) : 16, Huỳnh Thúc Kháng. ☎ 13-88-11-48-38. Tlj 9h-22h. Au milieu d'une cour un peu triste, ce resto en plein air sert une cuisine végétarienne bien tournée, aux accents tantôt indiens, libanais, mexicains ou plus locaux. *Shawarma*, currys thaïs, burritos, *bowls*... Également de bons jus fraîchement pressés et une belle sélection de thés. Super également pour faire le plein d'énergie au petit déj.

|●| *Dong Vui Food Court* (plan D1, 34) : 246, Nguyễn Đình Chiểu. Tlj jusqu'à 23h. Sous une paillote ouverte aux 4 vents, une myriade de petits stands où l'on vient se restaurer d'un bon curry, de nouilles sautées, de grillades... Atmosphère un peu touristique, certes, mais agréablement décontractée. On mange au coude à coude sur de grandes tablées ou dans des recoins plus intimistes, noyés dans la végétation. On a bien aimé les woks du *Surfing Bird's,* copieux et bien relevés. Sympa aussi pour boire un verre.

|●| *Backstage Bar & Grill* (plan B1, 35) : 139D, Nguyễn Đình Chiểu. ☎ 09-77-61-01-51 ou 12-08-55-27-96. Tlj jusqu'à 22h. Un accueillant Lorrain a ouvert ce resto-bar au décor chaleureux, donnant sur le carrefour. Spécialités de grillades et burgers : bœuf, veau, poisson, autruche, crocodile... Et des classiques de la cuisine européenne : escalope milanaise, cordon bleu, et même du foie gras. Les viandes sont tendres et bien sélectionnées. Également quelques plats locaux.

|●| Modjo (plan B1, **36**) : *139, Nguyễn Đình Chiểu.* 09-18-18-90-14. Ce resto, tenu par un couple franco-suisse, fait la part belle aux spécialités fromagères : fondue, raclette, tartiflette... Un peu incongru ici, mais cela ravira les nostalgiques ! Et, bien sûr, des spécialités vietnamiennes à la carte. Belle terrasse sur la rue, design noir et blanc, avec canapés ambiance *lounge*.

|●| Tropical Minigolf (plan B1, **37**) : *97, Nguyễn Đình Chiểu.* 623-74-11-84. Au fond d'un jardin ombragé qui abrite un minigolf (18 trous ; pour un joueur, environ 6 US$, avec une bière ou un cocktail). Salle très agréable ouverte sur les arbres. Au menu, sautés de bœuf, de légumes, de fruits de mer... Mais aussi blanquette, filet de bœuf (le patron est français !). La spécialité de la maison est un plat combiné (viandes diverses, morceaux de poisson, crevettes...) où tout est cuit sur des pierres chaudes *(hot stone)*.

|●| Ganesh (plan A-B2, **38**) : *57, Nguyễn Đình Chiểu.* ☎ 374-13-30. Petit resto indien ouvert sur la rue. Remarquable rapport qualité-prix. On y sert tous les classiques de la cuisine indienne, plus ou moins épicés (demander au serveur avant la commande). *Tandoori naan*, poulet au curry, agneau *(lamb tikka massala), biryani...* Mieux vaut s'installer en bas qu'à l'étage (service plus lent).

|●| ↑ Jibe's Beach Club (plan B1, **18**) : *90, Nguyễn Đình Chiểu.* ☎ 384-74-05. *Tlj 7h-minuit. Happy hours 17h-20h, 22h-minuit.* Tenu par Pascal, un Français, c'est avant tout un bar décontracté, mais il fait aussi resto, centre de sports nautiques (kitesurf, planche à voile...) et *surf shop*. Cuisine européenne : sandwichs, *pasta*, pizzas, hamburgers, salades... et steaks (viande d'Australie). Vin en carafe ou au verre. Le rendez-vous des sportifs de la station, on vient donc surtout pour l'ambiance.

Chic (250 000-600 000 Dg / env 9-21 €)

|●| Sandals (resto de l'hôtel Sailing Club *; plan B2,* **24**) : *24, Nguyễn Đình Chiểu.* ☎ 384-74-40 ou 42. *Tlj 7h-22h30. Repas env 16-30 US$.* Dans un cadre élégant au bord de la piscine. Cet excellent restaurant décoré avec goût propose une cuisine vietnamienne raffinée et des plats européens dont les recettes rivalisent de créativité. Salade de thon cuit en croûte de sésame, *buns bao* de canard à la pékinoise, poisson au thé vert... Et les sempiternels pizzas, *pasta* et burgers. Succulents desserts maison. Carte de vins importés. Service à la hauteur du lieu. Hautement recommandé le soir pour un dîner romantique.

Où boire un verre ? Où sortir ? Où danser ?

♈ Mad Monkey (plan B1-2, **17**) : *69, Nguyễn Đình Chiểu.* Voir plus haut, *Mũi Né Hills* dans « Où dormir ? ».

♈ Jibe's Beach Club (plan B1, **18**) : *90, Nguyễn Đình Chiểu.* Voir plus haut dans « Où manger ? ».

♈ ♪ Joe's Café (plan B1, **18**) : *86, Nguyễn Đình Chiểu.* Voir plus haut dans « Où dormir ? ».

|●| ♈ ↑ Ratinger Löwe (plan B2, **50**) : *32, Nguyễn Đình Chiểu.* ☎ 374-12-34. *À côté du Sailing Club Resort. Tlj 14h-23h.* Dans un curieux édifice en brique coiffé d'un toit de palmes, ce resto allemand est tout indiqué pour boire une bonne bière. La salle, où l'on a voulu recréer une atmosphère tyrolienne, est chaleureuse, mais on lui préfère la terrasse, tout en verdure et au calme. L'occasion de déguster une *currywurst* sous les tropiques.

♈ ↑ La Source Kiteboarding & Lodge (hors plan par D2, **51**) : *148, Huỳnh Thúc Kháng.* 09-33-19-26-75. *Un peu avt le village de pêcheurs et les dunes.* Situation exceptionnelle pour cette terrasse en surplomb de l'interminable plage. Au crépuscule, le spectacle de la baie constellée de barques illuminées est inoubliable. Champion de *kiteboarding,* bourlingueur à travers le monde, le propriétaire francophone propose aussi une dizaine de chambres confortables dont les plus belles ouvrent directement sur la mer. Restaurant, piscine, accès direct à la mer.

⚑ ⚞ *Dragon Beach* *(plan C1, 52) : 120/1, Nguyễn Đình Chiểu. ☎ 09-03-04-25-66. Tlj 13h-3h (4h sam). Happy hours 20h-22h (2 pour 1 sur une sélection de cocktails) et* **Ladies Night** *mer.* Une boîte à l'ambiance fiévreuse le soir venu. Les DJs se démènent autour de la piscine pour faire se trémousser la clientèle de touristes (beaucoup de Russes) et de locaux. Nombreuses soirées à thème. Vue splendide sur la mer depuis le *pool bar.*

À voir. À faire à Mũi Né et dans les environs

⚞ *La plage de Mũi Né* : elle s'étire au total sur 22 km à l'est de la ville de Phan Thiết. Assaillie par les *resorts,* on soupçonne pourtant à peine son existence depuis la route qui la longe. Pas d'accès direct : cette carte postale de sable doré et de cocotiers n'est accessible que depuis les hôtels, restaurants et boutiques. Bien que grignotée par l'érosion, ses eaux à 25 °C à l'année rendent la baignade très agréable. ***Attention quand même aux courants*** parfois très forts et aux rouleaux puissants. Les bonnes conditions de vent (pas de vent de terre mais des vents sécurisants parallèles à la côte) ont permis l'implantation de clubs de windsurf et kitesurf. On peut s'y initier avec un encadrement professionnel.

⚞ *Le village de pêcheurs* *(hors plan par D2) : à env 5 km à l'est du centre-ville.* Sur la route des dunes, on pourra s'arrêter pour observer les pêcheurs affairés autour de leurs curieuses petites embarcations rondes (les bateaux-paniers). Le spectacle de l'arrivée du poisson et de la mer mouchetée de couleurs vives est l'occasion de quelques jolis clichés.

⚞ *Les dunes de Mũi Né* *(hors plan par D2) : continuer sur la route principale jusqu'au village de pêcheurs de Mũi Né, à l'est de la station ; de là, c'est indiqué.* C'est un ensemble de dunes de sable rouge tirant sur l'orangé et le jaune, qui permettent de faire de jolies balades à pied. Venir si possible au coucher du soleil. Des gamins vous proposeront de glisser sur les dunes sur des plaques de plastique bricolées. Plutôt rigolo même si remonter à chaque fois est très épuisant !
– ***Bon à savoir*** *:* attention, il fait très chaud avec la réverbération. Prévoir de quoi se protéger du soleil, et de l'eau.

⚞ ⚞ *Le parc des statues de sable* *(Công Viên Tượng Cát ; hors plan par A2) : Nguyễn Thông,* **Phan Thiết.** *☎ 987-77-54-46. Tlj 8h-18h. Entrée : 100 000 Dg.* Situé à 2 km de la station balnéaire de Mũi Né, sur la droite de la route en allant vers Phan Thiết, ce parc réunit sur 2 ha (en plein air) une vingtaine d'œuvres en sable ocre, réalisées par des artistes venus du monde entier. Ces sculptures changent chaque année et représentent souvent des contes populaires vietnamiens. Sympa, mais l'entrée est assez chère par rapport à l'intérêt réel du site.

Activités sportives et nautiques

⚞ *Surf* : Mũi Né est un spot intéressant pour le surf. Pour louer du matériel ou prendre des cours, s'adresser notamment au *Jibe's Beach Club* (voir ci-après) ou à la boutique *Ripcurl,* près de la *Surfers Guesthouse (103, Nguyễn Đình Chiểu ; ☎ 09-06-83-40-23 ; tlj 9h30-22h).* Vente de vêtements de sport.

– **_Planche à voile et kitesurf :_** on conseille le **_Jibe's Beach Club_** _(plan B1, 18 ; 90, Nguyễn Đình Chiểu ;_ ☎ _384-74-05 ;_ ● _jibesbeachclub.com_ ● _; pour une leçon de surf, matériel compris, compter 55 US$/h ; env 65 US$/h pour le kitesurf ; loc de surfboard env 10 US$/h et kayak env 7 US$/h)._ C'est à la fois un magasin de sport bien approvisionné, un bar-resto (voir plus haut) et un centre sportif. On y parle le français et l'anglais. Son fondateur, Pascal Lefebvre, implanta et développa ces sports nautiques à Mũi Né. D'octobre à avril, le vent favorable parallèle à la terre permet de faire du kitesurf en toute sécurité. Reste que les prix sont assez élevés.
Une école un peu moins chère : **Kite Vietnam,** devant l'hôtel _Ananda Resort (48, Nguyễn Đình Chiểu ;_ 📱 _12-67-57-70-38 ;_ ● _kitevietnam.com_ ● _; loue du matériel de surf, kitesurf et paddleboard ; cours de kite 90 US$ les 2h)._

– **_Sorties en mer :_** à bord de catamarans _Topcat K3._ Infos au _Jibe's Beach Club._

Attractions

– 🚶 **_Minigolf_** _(plan B1, 37)_ **:** _97, Nguyễn Đình Chiểu, face au_ Saigon Mũi Né Resort. _Tlj 10h-1h._ Le 1er minigolf du Vietnam. Cadre plaisant et calme, à la végétation abondante, avec ponts, cascades et petite rivière. Attenant au jardin, le _Tropical Minigolf,_ un restaurant-bar-_lounge_ pour le soir (voir plus haut la rubrique « Où manger ? »).

LE SUD

On lui préfère souvent le Nord, pourtant, le sud du Vietnam, drapé d'une fertile et ondoyante campagne où les rizières s'étendent à l'infini, livre au voyageur les clichés d'une Asie fantasmée et pas moins authentique. Une région tropicale, luxuriante, placée, dans sa géographie comme dans son histoire, sous le signe de l'eau. Et l'impression de cheminer hors des sentiers battus.

Soudain, presque incongrue dans ce verdoyant monochrome, surgit la stupéfiante Saigon, officiellement rebaptisée Hồ Chí Minh-Ville, capitale économique du pays. Une cité tout en frénésie, de prime abord agitée et chaotique. Mais la 1re impression n'est pas toujours la bonne.

C'est ici que les 1ers aventuriers européens commencèrent leur quête effrénée (et sanglante) de colonies. Puis leur domination s'étendit au Nord. Au moment de la décolonisation, le Sud, coupé du Nord après les accords de Genève (1954), forma une république indépendante. L'Amérique y infusa alors la guerre. Un conflit long et cruel, un désastre qui se lit encore parfois dans les rizières défoncées par les bombes. Même si la nature luxuriante a repris ses droits. Et les esprits lui ont emboîté le pas. Le décollage économique du Vietnam s'est amorcé ici, bien avant de s'envoler pour le reste du pays.

Des plages de Phú Quốc aux ports du delta du Mékong, on découvre ce « Sud lointain », riche de mille visages.

HỒ CHÍ MINH-VILLE (SAIGON)

env 8 400 000 hab.   IND. TÉL. : 28

- Plan d'ensemble (plan I) *p. 394-395* • Centre (plan II) *p. 397*
- « Quartier routard » (plan III) *p. 400-401*

Les 1res foulées sur les trottoirs accidentés de cette ville tout entière de vacarme, de fumée et de chaleur, font l'effet d'une gifle. Entre la course folle des 2-roues, les immeubles composites entaillés d'interminables avenues ou de venelles encombrées, la marche rendue périlleuse par le chaos du trafic... elle ne se livre pas facilement ! Il faut pourtant prendre son courage à 2 mains et se lancer à la découverte de cette cité énergique et frondeuse. Et alors, Hồ Chí Minh-Ville, que tout le monde continue à appeler Saigon (son nom d'avant 1975), capitale économique du Vietnam, révélera ses charmes tapageurs.

Lovée au creux d'un méandre de la placide rivière Saigon, dont les eaux strient un tapis de plaines humides jusqu'au delta du Mékong, Hồ Chí Minh-Ville est indomptable et farouche quand Hanoi, bonne élève, joue les coquettes cartes postales. Irréductible, elle a connu 95 ans d'influence française, supporté les

Américains, résisté à la bureaucratie du Nord. Une ténacité aujourd'hui muée en soif d'entreprendre. Une énergie qu'on lit dans son développement exponentiel et son expansion tentaculaire. Gratte-ciel, hôtels, restaurants, boutiques poussent comme des champignons. Excessive et fascinante, Saigon est l'occasion d'une escapade dépaysante. Musées, gastronomie, *nightlife*... chacun y trouvera son compte !

UN PEU D'HISTOIRE

Avant de devenir une cité, on trouvait ici un **petit port cambodgien** nommé Prey Nokor (« forêt de la capitale ») où parvenaient jonques et sampans du royaume khmer, lequel englobait à l'époque le delta du Mékong et l'actuel site de Saigon. À la fin du XVIIe s, devant la menace chinoise au nord (Tonkin), des Annamites s'installèrent progressivement dans cette basse Cochinchine très fertile. À l'instigation de la dynastie des Nguyễn, ils occupèrent officiellement la région de Biên Hoà (dans les environs de Saigon) en 1658 puis s'emparèrent en 1674 du port de Saigon. Prey Nokor devint alors Saigon, nom qui signifie « le bois de kapokier » en raison des kapokiers qui poussaient aux alentours.

Pour la protéger des rebelles Tây Sơn, la cité fut fortifiée en 1773. L'empereur Gia Long y accueillit en juillet 1789 (en pleine Révolution, mais personne n'était encore au courant) une 1re mission militaire française destinée à défendre les forces annamites. En 1791, sur les plans d'officiers français, Saigon fut corsetée dans une citadelle de forme octogonale (dont il ne reste rien).

Au début du XIXe s, Saigon fut promue capitale de la Cochinchine, un statut qu'elle conserva jusqu'à la conquête par les Français, en 1859.

La capitale de la Cochinchine

Pour rivaliser avec l'empire des Indes anglophone et contrecarrer l'éternelle rivale britannique sur la route de la Chine, la France cherchait à se tailler un vaste empire à l'est

■ **Adresses utiles**
- 2 Jeep Tour Saigon (F4)
- 8 Consulat de Belgique (E2)
- 10 Consulat de Chine (F2)
- 11 Consulat du Cambodge (F2)
- ✚ 14 Centre médical international (F2)
- 21 Compagnie de bus Phương Trang (D4)
- 22 Compagnie de bus Mai Linh Express (D4)
- 23 Librairie française Nam Phong (F3)

Où dormir ?
- 2 Chez Mimosa Boutique Hotel (F4)
- 52 Jan Hostel (E4)
- 65 Miss Lợi Rooming House, Guesthouse California et Xuân Thu Guesthouse (E-F4)
- 85 The Moka Hotel (E3)
- 86 Mary Ngọc Trâm's (E2)
- 87 Villa du Docteur Ngọc Hoa (D2)
- 90 Nguyen Shack et Thiên Hải Hotel (F3)
- 91 Chambres de l'association FFSC (E2)
- 92 Ms Yang's Homestay 2 (E3)
- 93 LeBlanc Saigon (E3)
- 95 Ma Maison Boutique Hotel (C2)

Où manger ?
- 119 Ichiba Sushi (D3)
- 150 Bánh Xèo (E2)
- 151 Đông Phố' (E3)
- 152 Cục Gạch Quán (E2)
- 153 Cơm Niêu Sài Gòn – CNSG (E3)
- 155 Maria Saigon (E3)
- 156 TIB (F2)

Où boire un verre ? Où boire une bière (de microbrasserie) ?
- 175 The ATM (G2)
- 186 Hoa Viên Brauhaus (F2)

♪ **Où écouter du jazz, du rock ou de la musique latino ?**
- 191 Yoko (E3)

Achats
- 202 Tây Sơn (E2)
- 205 Pharmacopée traditionnelle chinoise (B5)

394

Aéroport de TÂN SON NHÂT

PHU NHUAN

TAN BINH

Parc LE THI RIENG

QUARTIER 10

Pagode de Giac Lam

Musée FITO

Pagode de Xá Loi

Pagode Vĩnh Nghiêm

QUARTIER 11

LE SUD

My Tho, Delta du Mékong

Temple de Thiên Hậu

Temple de Tam Son Hội

Église Cha Tam

Marché Bình Tây

QUARTIER 5 (CHOLON)

HÔ CHÍ MINH-VILLE – Plan d'ensemble (plan I)

- Temple du Maréchal Lê Văn Duyệt
- BINH THANH
- Pagode de l'Empereur de Jade
- Tour Landmark 81
- Musée d'histoire du Vietnam
- QUARTIER 3
- Musée des Femmes sud-vietnamiennes
- Musée des Vestiges de la Guerre
- Palais de la Réunification
- Cercle des Travailleurs
- Temple Hindou
- QUARTIER 1
- PRESQU'ÎLE DE THU THIÊM (CHANTIER-NOUVELLE VILLE)
- QUARTIER 4

↑ THU DẦU MỘT

→ BIÊN HOA, DALAT, VŨNG TÀU, NHA TRANG

→ DUYÊN HẢI

NORD

LE SUD

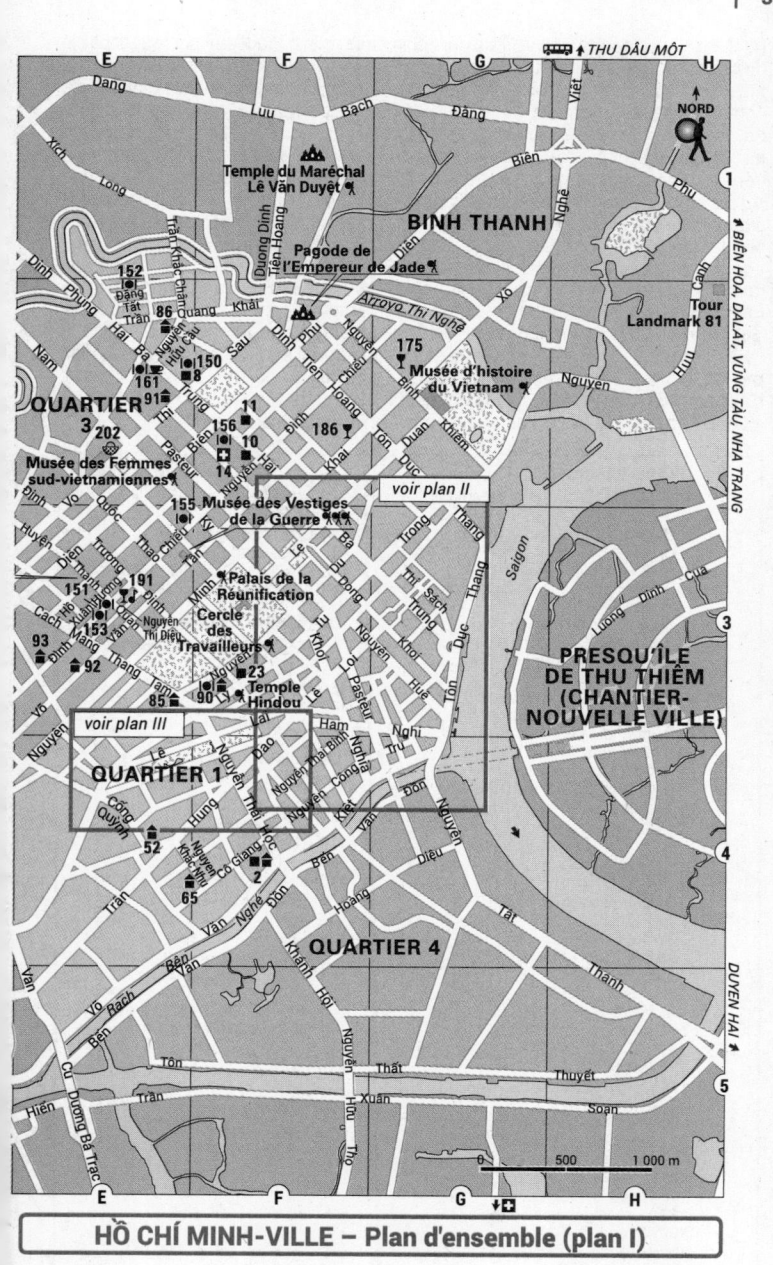

0 – 500 – 1 000 m

du Siam. Objectif : atteindre la Chine tant convoitée en la conquérant par le sud. La clé de cette ambition s'appelait Saigon. Mais la raison officielle avancée par les Français était religieuse. Pour protester contre les persécutions de missionnaires catholiques commises sous le règne de l'empereur Tự Đức, Napoléon III avait envoyé à la cour de Hué des lettres véhémentes. Les persécutions continuèrent. Le ton monta. Et ce fut l'assaut. Les marins du corps expéditionnaire remontèrent la rivière de Saigon au début de l'année 1859. Leurs pires ennemis ? La vase et les moustiques.

Au milieu de Saigon, « misérable village de cabanes de bambous », se dressait la citadelle de Gia Định, où étaient retranchés les résistants annamites. Les combats firent rage. Mais **le 17 février 1859, Saigon tomba aux mains des Français,** équipés d'armes plus perfectionnées. Le 5 juin 1862, la Cochinchine devint une ***colonie*** aux termes d'un traité signé entre l'Annam, la France et l'Espagne (les Espagnols furent très vite remerciés de leur participation militaire à la conquête). Saigon devint sa capitale, choisie pour sa situation géographique. Le lit de la rivière Saigon y est en effet très large et, contrairement au Mékong, elle ne connaît pas de crues importantes. On put alors y installer un port en eaux profondes. L'épopée coloniale en Indochine commença dans cette ville qui ne comptait guère à cette époque que 10 000 habitants, dont 577 Européens.

■ Adresses utiles

- 1 Saigon Waterbus et catamaran pour Vũng Tàu (G4)
- 3 Saigontourist Travel Service (F3)
- 4 Saigontourist (F3)
- 5 Bureau de change Eximbank (G3)
- 6 Consulat de France (F3)
- 7 Consulat de Suisse (G4)
- 9 Consulat du Canada (F3)
- 12 Consulat du Laos (F3)
- 15 Family Medical Practice (F3)
- 16 Columbia Asia – Saigon International Clinic (F3)
- 24 IDECAF (G3)
- 146 Cours de cuisine (Saigon Cooking Class, resto Hoa Túc ; G3)

Où dormir ?

- 70 Saigon River Boutique Hotel (G3)
- 71 Little Saigon Boutique Hotel (F3)
- 72 The Spring Hotel (F3)
- 73 Sanouva Hotel (F3)
- 80 Prostyle Hotel (G3)
- 81 Grand Hôtel (G3)
- 82 Hôtel Continental (F3)
- 83 Hôtel Majestic (G3)

Où manger ?

- 125 Gargotes du marché Bến Thành (F3)
- 126 Bến Thành Street Food Market (F3)
- 128 Phở 24 (F3)
- 129 Thanh Bình et Bếp Mẹ Ìn (F3)
- 135 Rice Field (G4)
- 136 Hum Vegetarian Lounge (G3)
- 137 Pizza 4P's (F3)
- 138 Hương Lài (F3)
- 139 Chị Hoa (G3)
- 140 Le Jardin (G3)
- 141 Quán Bụi (G3)
- 142 Ngon Restaurant (F3)
- 143 Au Parc (F3)
- 144 Quán Nướng 3T (F3)
- 145 Propaganda (F3)
- 146 Hoa Túc et The Refinery (G3)
- 147 SH Garden (F3 et G3)

Où manger du bon pain français, de bonnes pâtisseries et du bon chocolat ?

- 160 Brodard (G3)
- 162 Maison Marou (F4)
- 176 L'Usine (F3)

Où boire un verre ? Où boire une bière (de microbrasserie) ?

- 145 Propaganda (F3)
- 175 The Alley (F3)
- 176 L'Usine (F3 et G3)
- 177 Qui (G3)
- 181 Glow Sky Bar (F3)
- 182 Social Club – Above Saigon (F3)
- 183 Saigon Saigon Bar (G3)
- 185 East West Brewing Co. (F3)
- 187 Pasteur Street Brewing Co. (F3)

Où écouter du jazz, du rock ou de la musique latino ?

- 190 Saxn'Art Club (F3)
- 192 Carmen Bar (G3)

Où danser ?

- 195 The Lighthouse (F3)
- 196 Apocalypse Now (G3)

Achats

- 200 Mekong Quilts (F3)
- 201 Maquettes de bateaux (G3)
- 203 The New Playground (F3)
- 204 Nice Silk (G3)
- 206 Annam Gourmet (G3)

UN PEU D'HISTOIRE | **397**

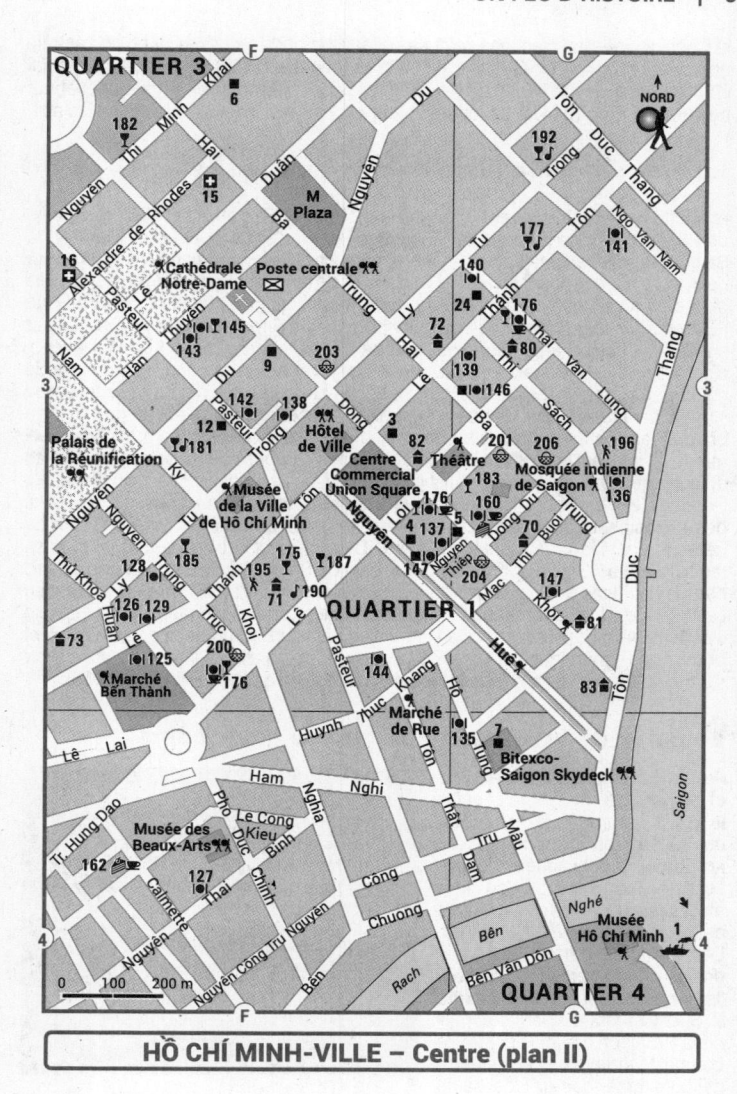

HÔ CHÍ MINH-VILLE – Centre (plan II)

Les grands travaux débutèrent : on combla les marais, on nivela les hauteurs, on creusa des canaux, perça des rues, planta des milliers d'arbres. Tamariniers, manguiers, tecks, badamiers, eucalyptus quadrillèrent Saigon.
La ville fut construite selon un plan d'urbanisme rigoureux : les rues et les avenues devaient se croiser à angle droit, les masures s'effacer devant les villas en dur avec balcons à claire-voie. La IIIe République s'exportait sous les tropiques ! Et Saigon, très vite, se « parisianisa » au point d'être surnommée « le Petit Paris de l'Extrême-Orient ». Des monuments imposants sortirent de terre : le palais du gouverneur de

la Cochinchine, aux blanches colonnes et aux plafonds moulurés, la poste centrale charpentée de fer par Gustave Eiffel, la cathédrale (1880), le théâtre municipal (1900), l'hôtel de ville (1908). Et une ribambelle de villas coloniales, toujours debout aujourd'hui. Dès 1914, le décor était campé, comme s'il devait durer des siècles...

Le Petit Paris de l'Extrême-Orient

Avant l'ouverture des lignes aériennes entre Paris et Saigon, il ne fallait pas moins de 28 jours aux paquebots des Messageries maritimes pour relier Marseille à Saigon. La ville fascinait alors les voyageurs, captivait les romanciers, et envoûta ceux qui y élurent domicile. « Saigon d'exil et de langueur », disait **Pierre Loti.** Les plus enthousiastes voyaient en elle « une magnifique courtisane », « la perle de l'Extrême-Orient ». L'écrivain-voyageur britannique **Somerset Maugham** y passa en 1923 : « Saigon ressemble tout à fait à une petite ville du sud de la France... c'est une petite cité gaie et plaisante. » Observateur fin et caustique du monde colonial, il dépeignit les mœurs françaises, si différentes des coutumes anglaises : « Devant les hôtels, des terrasses accueillent à l'heure de l'apéritif un grand nombre de Français. Ils portent la barbe, parlent avec les mains, consomment des vermouths, des cassis, des *Byrrh*, des quinquinas *Dubonnet*, ces boissons sucrées et fades que l'on sert en France, et jacassent avec l'accent chantant du Midi... »
Pendant les Années folles, la colonie française de Saigon organisait des bals, des expositions, des régates, des courses cyclistes et même des concours de pétanque au Club de la boule gauloise ! Les riches planteurs de caoutchouc se retrouvaient au Cercle sportif, le repaire chic de Saigon. On s'amusait jusque tard dans la nuit dans des bars aux noms évocateurs comme *La Taverne Alsacienne* ou *La Rotonde*. Un événement passa presque inaperçu : la fondation de la 1re cellule clandestine du Parti communiste vietnamien, dans une courette obscure. C'étaient pourtant les prémices de la révolte contre le colonialisme français, qui devait s'achever par la guerre d'Indochine dans la débâcle de Điện Biên Phủ (1954).

Le cœur de la machine de guerre américaine

Après la défaite de Điện Biên Phủ et le partage du Vietnam entre le Nord communiste et le Sud capitaliste, les Français tirèrent les rideaux sur 95 années de présence en Indochine. Saigon entra alors dans une nouvelle époque : celle de la guerre du Vietnam. Les Français partis, les Américains prirent la relève. En 1962, ils débarquèrent « pour défendre le Sud-Vietnam du péril communiste ». Saigon devint le centre, le cœur et le moteur de la puissance militaire américaine. Une seule

> **UN GRADE BIEN ALLUMÉ**
>
> *Le général américain Westmoreland se demanda un jour, à la terrasse de l'hôtel Caravelle à Saigon, si l'usage de la bombe atomique ne serait pas une bonne solution pour en finir avec la guerre du Vietnam. Il envisagea un temps aussi de lâcher des tonnes de piranhas dans les rivières, les lacs, les étangs et les points d'eau occupés par les Vietcong... Aucune de ces 2 options ne fut retenue.*

stratégie s'imposa, celle des 3 M : « *Men, money, material* ». Au plus fort de la guerre, 100 000 civils et militaires américains vivaient dans cette ville déjà surpeuplée. Les bars, nommés *A-Go-Go, Chicago, Las Vegas, Bunnys*, proliférèrent. Rien qu'à Saigon, 56 000 prostituées étaient officiellement recensées. La corruption se fit omniprésente. La **chute de Saigon** (« libération de Saigon » officiellement), le **30 avril 1975,** marqua la fin de la guerre du Vietnam, le départ des Américains et la victoire du Nord communiste. Le monde entier assista à l'évacuation des derniers *marines* à bord d'hélicoptères perchés sur le toit de l'ambassade américaine de Saigon.

Curieusement, la ville tomba rapidement et facilement, presque sans bombardements, et les forces du Nord n'eurent qu'à la récupérer, quasiment intacte. Le 2 juillet 1976, Saigon changea officiellement de nom et devint Hồ Chí Minh-Ville, hommage posthume rendu au père de la nation vietnamienne réunifiée.

Saigon, l'œil du dragon vietnamien

La victoire du Nord communiste consacrée, il n'y eut *pas de spectaculaire bain de sang* comme celui perpétré à Phnom Penh (Cambodge) par les Khmers rouges. Par un procédé plus insidieux néanmoins, la plupart des fonctionnaires de l'ancienne administration et des officiers de l'armée sudiste furent envoyés en *camps de rééducation,* le « goulag vietnamien », d'où beaucoup ne revinrent jamais. L'ancienne capitale vaincue entra dans la pénombre du collectivisme le plus dur et dut se soumettre aux règles inflexibles du socialisme venu du Nord.
Les bars à filles et les discothèques furent fermés, les commerces, les maisons, les immeubles privés furent réquisitionnés. Les rues de Saigon se vidèrent. Ne restèrent que les cyclo-pousses et les vélos. Les Nordistes victorieux habillèrent l'ancienne capitale du Sud avec les habits austères de la révolution. Gym pour tous à 6h devant l'hôtel *Rex* au rythme des haut-parleurs crachant à n'en plus finir des slogans de propagande ! « Saigon la pute a été battue par Hanoi la prude », soupiraient les derniers Européens à partir. Les nouveaux maîtres de la ville mirent un espion derrière chaque porte. Saigon « libérée » se trouva soudain privée de liberté ! Des centaines de milliers de Saigonnais s'enfuirent alors par voie maritime, entassés dans des rafiots de fortune. *Environ 1,5 million de boat people en tout, la plupart originaires du Sud-Vietnam, quittèrent le pays clandestinement.*
Coupée du monde extérieur une dizaine d'années durant (1975-1985), la ville entama son réveil en 1987, lorsque le gouvernement lança la politique de *Đổi mới,* « changer pour faire du neuf ». Des mesures de libéralisation donnèrent à son économie chancelante quelques bouffées d'air frais. Saigon pouvait enfin sortir de sa léthargie. Depuis les années 1990, Saigon prend vraiment son essor. Un nouveau quartier (quartier 7) est sorti de terre avec un vaste ensemble de logements et de nombreuses écoles internationales. Hommes d'affaires, touristes et Vietnamiens d'outre-mer (les *Việt Kiều*) débarquent par vagues. Saigon, fermée au monde extérieur depuis belle lurette, la voit soudain venir à elle, devenant à nouveau une cité cosmopolite et bouillonnante. On comprend pourquoi les Saigonnais n'ont qu'un seul rêve aujourd'hui, pour eux et pour leurs enfants : rattraper tout ce temps perdu. Chaque année compte son lot de nouveaux gratte-ciel dans le quartier des affaires ; la ville n'a de cesse de se métamorphoser et de s'étendre. Mais le communisme a toujours cours, délayé dans des velléités capitalistes que déplorent certains extrêmes, et avec lui un régime autoritaire, des libertés limitées et des conditions de travail difficiles.
À l'horizon 2025, un nouveau quartier devrait jaillir des rizières de la presqu'île de Thủ Thiêm, sur la rive gauche de la rivière de Saigon. Il concrétisera un rêve issu des années 1970 de construire un *Saigon II.*

Arrivée à l'aéroport

✈ *Aéroport de Tân Sơn Nhất (hors plan I par C1) : à 7 km au nord du centre.* On passe aisément du terminal international au terminal domestique (300 m à pied). Un nouvel aéroport (le plus grand du pays) est en projet à Long Thành, à 40 km au nord-est de la capitale.

🛈 *Visitors Information :* petit comptoir dans le hall des arrivées de chacun des terminaux. Tlj 8h-23h. Intérêt moyen, mais personnel disponible et souriant.

■ *Change et distributeurs de billets (ATM) : dans le hall des arrivées.* La plupart des devises sont acceptées, à des taux honnêtes. Attention, les retraits aux distributeurs sont plafonnés et soumis à commission.

■ *Achat d'une carte SIM locale :* plusieurs kiosques dans le terminal

400 | LE SUD

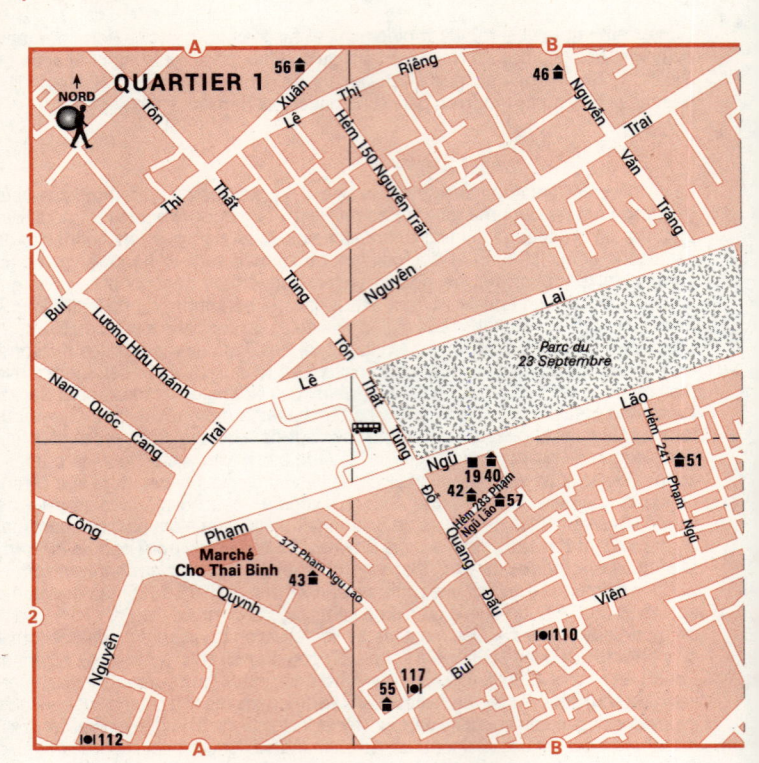

■	**Adresses utiles**
	13 Pharmacie (C2)
	17 Thesinhtourist (C1)
	18 Agence YTC (C1)
	19 Lạc Hồng Tours (B2)
	20 Compagnie de bus Phương Trang (C1)
	170 Vietnam Vespa Adventure (C2)

🏠	**Où dormir ?**
	18 Galaxy Hotel & Capsule (C1)
	40 Lala Hostel (B2)
	41 Lily's Hostel (C2)
	42 Lestar Hotel 1, Bích Duyên Hotel, Giang Sơn Guesthouse et Blue River Hotel (B2)
	43 Phan Anh Backpackers Hostel, Long Hostel et Khôi Hostel (A2)
	44 City Poshtel (C1)
	46 Onetel (B1)
	50 Giang Sơn 3 Hotel et Guesthouse Luân Vũ (C2)
	51 Diệp Anh Guesthouse (B2)

et à l'extérieur. Compter 10 US$ pour un crédit d'appel local et la 4G en illimité pour 15 j. à 1 mois. Acheter une carte SIM en ville revient à peine moins cher (à partir de 7 US$). Très pratique et rapide en tout cas !

Pour gagner le centre-ville

➢ ***En bus public :*** 3 lignes de bus relient l'aéroport au centre-ville. Pour choisir celui qui s'arrête au plus près

HÔ CHÍ MINH-VILLE / ARRIVÉE À L'AÉROPORT | **401**

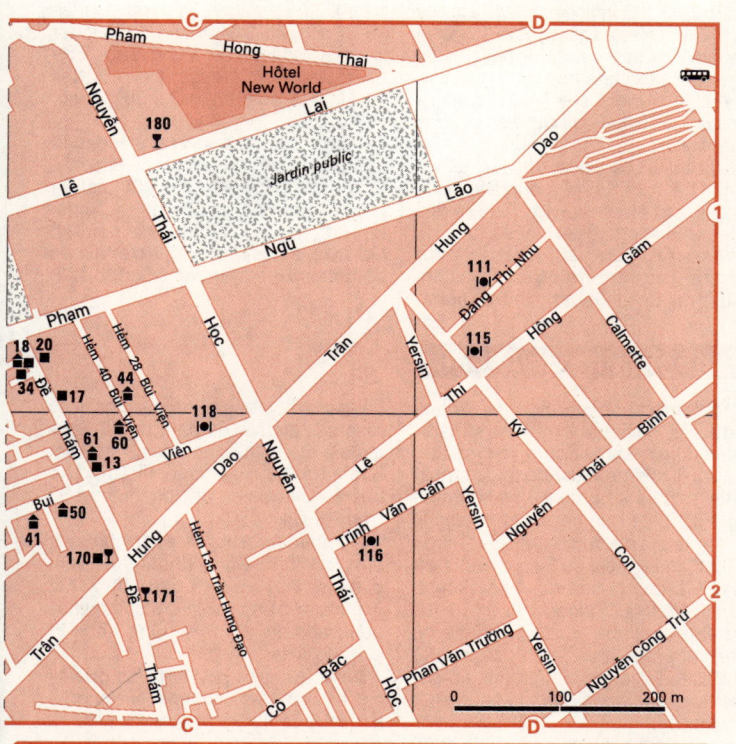

HÔ CHÍ MINH-VILLE – Quartier routard (plan III)

- **55** Hồng Hân (B2)
- **56** Town House 50 (A1)
- **57** Ngọc Minh Hotel (B2)
- **60** Beautiful Saigon 3 Hotel et Beautiful Saigon Boutique Hotel (C2)
- **61** C-Central Hôtel Đề Thám (C2)

|●| Où manger ?
- **110** Bun Cha 145 (B2)
- **112** Phở Hùng (A2)
- **115** Di Mai Restaurant (D1)
- **116** Shamballa Vegetarian Restaurant (C2)
- **118** Coriander (C2)

Y Où boire un verre ?
- **170** Café Zoom (C2)
- **171** Whiskey & Wares (C2)
- **180** Chill Sky Bar (C1)

de votre lieu de chute, consulter le site très bien fait ● *busmap.vn* ●
– Départ des bus devant chacun des 2 terminaux. Vente des tickets à bord.
– Le **bus n° 109** met env 40 mn pour rejoindre la gare routière du parc du 23-Septembre (Công Viên 23/9 ; plan III, B1), à proximité du « quartier routard ». Il marque d'autres arrêts avt, notamment au marché Bến Thành. Départs ttes les 15-20 mn, 5h30-1h. Billet : 20 000 Dg.

– Le *bus n° 152* est moins direct. Il passe au marché Bến Thành puis longe le « quartier routard » avant de filer plus au sud-ouest. Départs ttes les 30 mn env, 6h-18h30. Billet : env 5 000 Dg (supplément de 5 000 Dg pour les bagages volumineux).
– Le *bus n° 49* vous dépose directement à votre hôtel à condition que celui-ci soit en centre-ville. Service disponible 5h45-1h. Billet : 40 000 Dg.
– Il existe également un bus pour la *gare routière de Miền Tây* (gare routière de l'Ouest ; *hors plan I par A4-5*), le *n° 119*. Départs ttes les 15-30 mn, 4h-21h. Et un autre pour la gare routière de *Vũng Tàu (Cap Saint-Jacques)*, l'*Avigo*. Départs ttes les heures env, 8h30-23h30. Billet : 160 000 Dg.

> *Taxis :* on peut acheter un coupon au bureau des taxis près de la sortie (prix fixes) ; compter env 200 000 Dg pour le centre-ville. Trajet en 30 mn env (45 mn aux heures de pointe). On trouve aussi pléthore de taxis à compteur en sortant de l'aéroport.

Topographie de la ville

L'agglomération (faubourgs inclus) loge ses quelque 9 millions d'habitants (mais sans doute, en réalité, 1 à 2 millions de plus) dans des *quận* (du français « quartier ») numérotés de 1 à 12. Le quartier 1 (notre *plan II*) forme le noyau du centre-ville, bordé à l'est par la rivière de Saigon (qui n'est ni le Mékong ni un bras du Mékong). L'essentiel du Saigon qui intéresse les touristes est concentré dans ce périmètre aux avenues rectilignes se coupant à angle droit : grands hôtels, restaurants, principaux monuments et musées.
Accolé à cet hypercentre, à l'ouest du marché Bến Thành, le « quartier routard » (notre *plan III*), également inclus dans le quartier 1, rassemble la plupart des petits hôtels, groupés sur quelques rues aux abords du parc du 23-Septembre et de l'avenue Phạm Ngũ Lão. Excentré au sud-ouest s'étend le quartier chinois de Cholon (quartier 5 ; *plan I, A-C4-5*).
– *Certaines adresses sont libellées ainsi :* 130/6, Đồng Khởi. Cela veut dire que l'adresse en question est la 6e maison d'une ruelle qui commence au niveau du 130, rue Đồng Khởi. Et ainsi de suite...
– *Dans les rues partant des quais :* les 1ers numéros commencent normalement à la rivière et vont ensuite en croissant.
– *Đường* signifie « rue », *đại lộ* « boulevard » ou « avenue », *rạch* « canal », et *cầu* « pont ».

Se déplacer dans Hồ Chí Minh-Ville

À pied

La ville est plate et les rues sont clairement indiquées par des panneaux. Muni d'un bon plan (ou d'une bonne appli), on s'y oriente facilement. Attention cependant, les piétons sont rares, les scooters rois. Face aux déferlantes d'engins pétaradants, traverser la rue demande une attention et une expertise de haut vol, alliance de flegme et de détermination...

En bus

Horaires et trajets des bus publics sur le site ● *busmap.vn* ●

– *Bus urbains :* le réseau public quadrille la ville. Il fonctionne en moyenne 5h-20h30. Un billet coûte seulement 5 000 Dg (achat à bord). On peut aussi acheter un carnet à la gare des bus urbains de Bến Thành (*plan III, D1* ou *plan II, F4*). Attention, certains arrêts ne sont pas bien matérialisés.
– *Bus n° 1 :* pour aller du marché Bến Thành au marché Bình Tây (à Cholon, le quartier chinois à l'ouest de la ville).
– *Bus nos 3 et 4 :* pour relier le « quartier routard » *(plan III)* au quartier 3 *(plan I)* en traversant tout le quartier 1 par la rue Hai Bà Trưng (bus n° 3) ou la rue Pasteur (bus n° 4).

HÔ CHÍ MINH-VILLE / SE DÉPLACER DANS HÔ CHÍ MINH-VILLE | 403

– *Bus n° 6 :* parcourt toute l'avenue Nguyễn Thị Minh Khai (délimitant les quartiers 1 et 3), puis rejoint Cholon, le quartier chinois.
– *City Tour (plan III, B1) :* départ au 23/9, Phạm Ngũ Lão (parc du 23-Septembre). Achat du billet sur place ou en ligne via le site ● *hoponhopoff.vn* ● Départs ttes les 30 mn, 9h-17h30. Prix : env 400 000 Dg, audioguide inclus. Ce bus touristique fonctionnant sur le principe « hop-on, hop-off » permet de faire un tour de la ville (1h), en marquant l'arrêt pour visiter une dizaine de sites (on prend le bus suivant qui vous amène plus loin et ainsi de suite).

À scooter ou à moto-taxi

S'il est possible de louer une moto en ville (permis international en principe obligatoire en cas de contrôle), on vous déconseille très fortement de conduire un 2-roues à Saigon. Le trafic infernal rend cet exercice très périlleux. Recourez plutôt aux innombrables *mototaxis*. Sans conteste, le moyen le plus pratique et rapide de se déplacer dans cette agglomération embouteillée.
On peut commander sa moto-taxi via une appli sur smartphone, la plus répandue étant *Grab* (on peut aussi essayer son concurrent, *Goviet*). La moto déboule dans les minutes qui suivent. Le tarif de la course est fixé à l'avance par l'appli (on entre son point de destination lors de la commande), mais on règle en liquide au conducteur (on ne paie pas en ligne). Mieux vaut donc avoir acheté une carte SIM locale pour ne pas faire exploser son forfait. Détail important, un téléphone ne peut commander qu'une moto à la fois. Si vous êtes 2, il vous faudra utiliser un smartphone chacun. Compter à partir de 10 000 Dg pour une course en centre-ville. Le port du casque est obligatoire, les conducteurs vous en fourniront un.

En taxi

Économiques et pratiques même s'ils sont davantage soumis aux enquiquinements des bouchons que les motos. Les taxis disposent de compteurs, mais n'affichent pas tous les mêmes tarifs (un monospace revient plus cher qu'une petite citadine). Prise en charge à partir de 5 000 Dg pour les 300 premiers mètres, puis jusqu'à 20 000 Dg/km. On peut héler un taxi dans la rue (ils sont nombreux) ou utiliser la même appli que pour les motos-taxis. Voici 4 compagnies sérieuses :
🚗 *Mai Linh Taxi :* ☎ *38-27-79-79.*
🚗 *Vina Taxi :* ☎ *38-11-11-11.*
🚗 *Vinasun Taxi :* ☎ *38-27-27-27.*
🚗 *Futa Taxi :* ☎ *38-18-18-18.*

En bateau

🚤 *Saigon Waterbus :* station principale à l'embarcadère de Bạch Đằng *(plan II, G4, 1),* 10B, Tôn Đức Thắng, 100 m au nord de l'embarcadère pour Vũng Tàu. ☎ *1-900-63-68-30.* ● *saigonwaterbus.com* ● *Circule ttes les heures env, 8h30-19h. Navettes supplémentaires le w-e. Billet : 15 000 Dg.* Grimées en taxis new-yorkais, les vedettes remontent la rivière vers le nord-ouest, du centre-ville jusqu'au quartier de Linh Đông, environ 7 km plus loin, en marquant 2 arrêts en route.

Le métro de Hồ Chí Minh-Ville

Le grand chantier du métro de Hồ Chí Minh-Ville a débuté en 2014. Confiés aux sociétés *Sumitomo* (Japon) et *Cienco 6* (Vietnam), les travaux de la 1re ligne (14 stations) devraient durer jusqu'à fin 2021. Elle reliera Bến Thành (quartier 1, centre-ville) et Suối Tiên (quartier 9) à 18 km au nord-est. Les 2 premiers tronçons au départ du centre-ville seront souterrains, les autres sections aériennes. Le réseau devrait, à terme, totaliser 5 ou 6 lignes.

Balades guidées

■ *Vietnam Vespa Adventures (plan III, C2, 170) :* au Café Zoom, 169A, Đề Thám, à Phạm Ngũ Lão (« quartier routard »), quartier 1. ☎ *07-72-99-35-85.* ● *vespaadventures.com* ● *Résa conseillée. Compter 79-97 US$/pers pour une balade de 4h30-5h.* Ce petit café-agence propose des virées en Vespa. Tours individuels ou en petits groupes, de jour ou de nuit. Une manière originale, bien qu'onéreuse, de découvrir la ville.

■ **Balades de nuit en jeep avec Jeep Tour Saigon** (plan I, F4, **2**) : 71, Cô Giang, quartier 1. ☎ 839-43-46-06. 📱 09-66-66-64-16. ● *jeeptoursaigon. com* ● *À l'hôtel Chez Mimosa. Tlj à 8h, 13h30, 18h ou 19h30. Résas sur le site. Compter 54-76 US$/pers, tt compris.* Promenades dans le centre-ville, avec arrêt pour dîner au restaurant et boire un verre dans un bar.

■ **Balades en bateau sur la rivière avec Saigon Boat Tours :** *cầu Sài Gòn, Phường 25, quận Bình Thạnh.* 📱 *09-09-84-48-13.* ● *saigonboatcompany.com* ● Découverte de la ville depuis la rivière de Saigon à bord de petites vedettes métalliques (couvertes en cas de pluie). Au choix : *Breakfast Cruise* (départ à 8h, durée 2h, à partir de 49 US$), *Sunset Cruise* (départ à 16h, durée 2h, 49 US$) ou croisière de nuit avec dîner (départ à 16h, durée 6h, à partir de 119 US$).

Adresses et infos utiles

Informations touristiques

Comme ailleurs au Vietnam, il n'existe pas à Hồ Chí Minh-Ville d'office de tourisme fournissant des infos détaillées et impartiales sur la ville et ses environs, ou sur le reste du pays. Tous les bureaux affichant *Tourist Office* sont des agences privées destinées à vendre des services.

■ **Saigontourist Travel Service** (plan II, F3, **3**) : *45, Lê Thánh Tôn, quartier 1.* ☎ *38-27-92-79.* 📱 *09-11-27-30-03 (hotline).* ● *saigontouristvietnam. com* ● *Tlj 8h-19h (même pdt le Tết).* Le siège de *Saigontourist*, agence semi-gouvernementale. Elle gère une centaine d'hôtels (3 à 5 étoiles), organise des visites guidées et excursions pour groupes d'une demi-journée à 15 jours, vend des billets d'avion *(Vietnam Airlines)*, se charge de prolonger les visas et vend de nombreuses prestations (location de voitures à bons prix, guides et interprètes...). Il s'agit d'une véritable agence de voyages et non d'un office de tourisme dont la vocation est de renseigner gratuitement. Service de change. Autre agence de *Saigontourist* au 102, Nguyễn Huệ *(plan II, F3,* **4** *;* ☎ *35-20-82-08 ; tlj 8h-17h).*
– Les nombreuses agences des **rues Đề Thám** et **Phạm Ngũ Lão,** dans le « quartier routard » *(plan III)*, peuvent aussi vous renseigner sur ce qu'il y a à voir et à faire à Saigon et dans les environs. Voir plus loin « Agences de voyages, guides ».

■ **Prolongation de visas :** *se rendre au Vietnam Immigration Department, 161, Nguyễn Du, Ben Thạnh Ward, district 1.* ☎ *838-29-93-98.* 📱 *09-09-34-35-25 (hotline).* ● *vietnam-immigration.org. vn* ● *Lun-ven 8h-11h, 13h30-16h. Fermé le w-e. Compter 25-30 $ pour une prolongation de 1 mois (entrée simple) et 40-220 $ pour 3 mois (entrée simple).*

Postes et télécommunications

✉ **Poste centrale de Saigon** (Bưu điện Sài Gòn ; *plan II, F3*): *2, Công Xã Paris (pl. de la Commune-de-Paris). Tlj 7h (8h dim)-19h (18h le w-e).* On adore la poste centrale ! Même si vous n'avez rien à y faire, passez donc admirer ce superbe vestige de l'époque coloniale française (voir commentaire et descriptif du monument dans la rubrique « À voir »). Pour les timbres, direction le guichet n° 1.

Achat de cartes SIM (pour téléphones portables)

Si vous souhaitez acheter une carte SIM locale, autant le faire dès l'arrivée à l'aéroport (lire plus haut). Sinon, toutes les petites agences d'excursion du « quartier routard » et autour du marché Bến Thành en vendent. Compter à partir de 10 US$ pour un crédit d'appel local et la 4G en illimité pendant 15 jours à 1 mois. L'opération prend 5 mn. Pas besoin de présenter son passeport.

Argent, change

On trouve des bureaux de change *(ouv tlj, 8h-22h env)* dans le « quartier routard » et dans le centre, notamment autour du marché Bến Thành, pratiques et rapides pour changer euros, francs suisses ou dollars canadiens en liquide (aucune commission et taux comparables). On peut souvent changer dans les hôtels mais le taux y est parfois désavantageux. Bien se renseigner avant.

■ *Bureau de change Eximbank* (plan II, G3, 5) : 135, Đồng Khởi, quartier 1. ☎ 38-23-13-16. Tlj 7h-20h. Central, avec un bon taux. Toutes devises acceptées.

Consulats, représentations diplomatiques

– *Rappel :* Hanoï étant la capitale, c'est là que sont toutes les ambassades. À Saigon, on ne trouve que des consulats qui peuvent toutefois émettre des visas ou venir en aide à leurs ressortissants en cas de problème grave (vol de passeport, mais pas de votre argent).

■ *Consulat de France* (plan II, F3, 6) : 27, Nguyễn Thị Minh Khai, quartier 1. ☎ 35-20-68-00. 📱 09-03-72-19-78 (urgences). ● ho-chi-minh-ville.consulfrance.org ● Sur rdv seulement (sauf service comptable ouv lun-ven 9h-11h30, 13h30-17h). Dans l'ancienne ambassade de France au Sud-Vietnam, plusieurs bâtiments d'époque coloniale cachés derrière de hauts murs.

■ *Consulat de Suisse* (plan II, G4, 7) : 2, Hải Triều, Bitexco Financial Tower, 37e étage. ☎ 62-99-12-00. ● hcm.visa@eda.admin.ch ● Lun-ven 9h-12h.

■ *Consulat de Belgique* (plan I, E2, 8) : 1A, Mê Linh, IBC Building (4e étage), quartier 1. ☎ 28-38-29-91-88. ● info@hcmbelgiumconsulate.vn ● Lun et jeu 9h-12h ; ou sur rdv.

■ *Consulat du Canada* (plan II, F3, 9) : 235, Đồng Khởi, Metropolitan Tower (10e étage), quartier 1. ☎ 38-27-98-99. ● hochi@international.gc.ca ● Lun-jeu 8h30-10h30, 13h30-15h30 ; ven 8h30-9h30.

■ *Consulat de Chine* (plan I, F2, 10) : 175, Hai Bà Trưng, quartier 3. ☎ 38-29-24-59 (serveur vocal). ● hcmc.chineseconsulate.org ● Lun-ven 8h30-11h30. Pour télécharger le formulaire de demande de visa : ● travelchinaguide.com/embassy/pdf/visa-application.pdf ● Attention, les visas chinois se paient en dollars. Ils n'acceptent ni les euros ni les đồngs. Aussi un *Visa Center* dans le centre-ville (37, Tôn Đức Thắng, Saigon Trade Center Tower, 16e étage ; ● visaforchina.org ● ; lun-ven 9h-16h).

■ *Consulat du Cambodge* (plan I, F2, 11) : 41, Phùng Khắc Khoan, quartier 1. ☎ 38-29-27-51. ● camcg.hcm@mfa.gov.kh ● Lun-ven 7h30-11h30, 14h-17h. Le visa s'obtenant très facilement sur Internet (● evisa.gov.kh ●), aux postes-frontières ou en arrivant à l'aéroport de Phnom Penh, inutile de vous compliquer la vie en venant ici. Le E-visa (36 US$ payables en ligne ; 3 jours de délai) est valable pour ceux qui atterrissent à Phnom Penh ou Siem Reap, ou arrivent par voie terrestre à Bavet (Svay Rieng) depuis le Vietnam. Pour les personnes nées au Cambodge, le visa K est permanent et gratuit.

■ *Consulat du Laos* (plan II, F3, 12) : 93, rue Pasteur, quartier 1. ☎ 38-29-76-67. ● cglaohcm@gmail.com ● Lun-ven 8h-11h30, 13h-16h30. Un grand bâtiment impressionnant, avec 2 éléphants dans la cour ! Le visa, valable 1 mois, s'obtient en 3 jours. Fournir 2 photos et 35 US$ en liquide. On peut aussi l'obtenir (un peu moins cher) aux postes-frontières.

Urgences, santé

Nombre de centres hospitaliers et cliniques à Saigon sont dotés d'équipements modernes répondant aux normes internationales, avec des médecins français ou étrangers. La plupart des problèmes peuvent y être traités, mais certaines interventions peuvent nécessiter un transfert vers Bangkok ou Singapour. Être bien assuré car ces établissements sont coûteux. Pour obtenir les coordonnées de spécialistes, le « livret d'accueil » en ligne du consulat de France est très utile.

■ *Urgences médicales :* ☎ 115.
■ *Pompiers :* ☎ 114.
■ *Police :* 268, Trần Hưng Đạo. ☎ 113. Pour les déclarations de vol ou les agressions.

■ *Pharmacie* (plan III, C2, **13**) : à l'angle de Đề Thám et Bùi Viện, dans le « quartier routard ». Tlj 7h-21h30.

✚ *Hôpital franco-vietnamien* (FV Hospital ; hors plan I par G5) : *6, Nguyễn Lương Bằng, quartier Tân Phú, quartier 7.* ☎ *54-11-33-33 ou 35-00 (urgences).* ● fvhospital.com ● Hôpital ultramoderne, répondant aux normes internationales et comptant une équipe permanente de praticiens internationaux. Une trentaine de départements.

✚ *Centre médical international* (plan I, F2, **14**) : *30, Phan Ngọc Thạch, quartier 1.* ☎ *38-27-23-66 ou 67.* ● cmi-vietnam.com ● Sur rdv lun-ven 7h30-19h30, sam 8h-18h. Médecine générale et spécialisée, assurée par des médecins français et vietnamiens.

✚ *Family Medical Practice* (plan II, F3, **15**) : *34, Lê Duẩn, Diamond Plaza, quartier 1.* ☎ *38-22-78-48 ou 37-44-90-00 (urgences).* ● vietnammedical practice.com ● Lun-ven 8h-19h, sam 8h-16h30. Urgences 24h/24. Importante clinique privée avec des praticiens internationaux et vietnamiens formés à l'étranger pour une médecine de haut niveau.

✚ *Columbia Asia – Saigon International Clinic* (plan II, F3, **16**) : *8, rue Alexandre-de-Rhodes, quartier 1.* ☎ *38-23-88-88.* ● columbiaasia.com ● Consultations lun-ven 8h-17h, sam 8h-12h. Consultation env 40 US$ pour un médecin vietnamien et 65 US$ pour un médecin expatrié.

■ *Dentiste francophone* : *235, Lê Văn Sỹ, quartier 3.* 📱 *09-03-87-60-30.* Le docteur Anne Nguyễn est diplômée de l'université de Reims. 1re consultation gratuite et soins à prix raisonnables.

Compagnies aériennes

■ *Vietnam Airlines* : ● vietnamair lines.com ● Dans le « quartier routard », des représentants de *Vietnam Airlines* vendent les billets d'avion, en principe aux mêmes tarifs que la compagnie nationale.

■ *Air France-KLM* : ● airfrance.vn ●
■ *Jetstar* : ● jetstar.com ●
■ *VietJet Air* : ● vietjetair.com ●

Bus interurbains

Se reporter pour plus de détails à la rubrique « Quitter Hồ Chí Minh-Ville » en fin de chapitre.

Agences de voyages, guides

Elles pullulent, notamment dans le « quartier routard » (le long de Phạm Ngũ Lão, Đề Thám et Bùi Viện) et proposent de tout : tickets *Open Bus*, billets de train et d'avion (généralement moyennant une commission), location de voitures avec chauffeur, tours de la ville, excursions dans les environs de Saigon, le delta du Mékong et l'ensemble du pays, etc. N'hésitez pas à comparer de près les prestations (détaillées dans leur documentation).

– *Location de voitures* : aucun intérêt de louer une voiture pour circuler dans Saigon ; en revanche, c'est une formule intéressante à plusieurs dès lors que l'on sort de la ville 1 ou 2 jours pour visiter Tây Ninh, les tunnels de Củ Chi, Mỹ Tho et Vĩnh Long dans le delta du Mékong.

Agences

■ *Saigontourist Travel Service* (plan II, F3, **3**) : *45, Lê Thánh Tôn.* On cite cette grosse agence plus haut dans la sous-rubrique « Informations touristiques ».

■ *Thesinhtourist* (plan III, C1, **17**) : *246-248, Đề Thám.* ☎ *38-38-95-93.* ● thesinhtourist.vn ● Tlj 6h30-22h30. Cette grosse agence de voyages est présente dans toutes les villes touristiques du pays. Elle vend des tickets *Open Bus* (elle possède sa propre compagnie) pour Mũi Né, Dalat, Nha Trang, Hội An, Huế et Hanoi. Propose aussi de rejoindre Phnom Penh (Cambodge) en bateau depuis Châu Đốc dans le delta du Mékong (voir « Quitter Hồ Chí Minh-Ville »). Excursions (avec guides francophones possibles) à Củ Chi, ainsi que des circuits de 2 à 5 jours dans le delta du Mékong. Les tarifs comprennent les transports en bus climatisés, le guide et les nuits en chambre double avec le petit déj (et parfois les repas). *Thesinhtourist* pratique des prix parmi les plus bas, mais c'est souvent un peu l'usine, autant le savoir !

■ *Innoviet* : ☎ 08-34-39-13-31. ● innoviet.com ● *Résas en ligne ou par tél uniquement.* Petite agence très aimable et sérieuse, qui pratique le tourisme responsable dans le respect de l'environnement et des populations. Elle organise des excursions pour couples ou petits groupes à Saigon, dans le delta du Mékong et à Củ Chi, avec rencontre et nuits chez l'habitant, cours de cuisine et balades à bicyclette. Prix plus élevés que ceux pratiqués par *Thesinhtourist*, mais la qualité est supérieure.

■ *Kim Delta Travel* (plan III, C1, 18) : 268, Đề Thám. ☎ 39-20-21-12. Une agence fondée et dirigée par la sympathique et dynamique Mme Kim, qui parle un très bon français. Si elle n'est pas à l'accueil, vous pouvez la demander. Organise des excursions autour de Saigon (tunnels de Củ Chi...) et de 1 à 4 jours dans le delta du Mékong, ainsi que dans le centre et le nord du Vietnam. Prix raisonnables.

■ *Lạc Hồng Tours* (plan III, B2, 19) : 305, Phạm Ngũ Lão. ☎ 09-08-55-98-66. ● lachongtours.com ● Tlj 6h30-22h. Organise des tours guidés de la ville de jour comme de nuit, la visite des tunnels de Củ Chi et du temple de Cao Đài, ainsi que des circuits dans le delta du Mékong (dont les marchés flottants à Can Tho). Prestations sérieuses, personnel aimable et tarifs très sages.

■ *Annam Tours* (Robert Trần ; hors plan I par H2) : D3.601, Imperia An Phú, quartier 2. ☎ 62-87-18-58. ☎ 09-06-36-19-58. ● robert.annamtours@gmail.com ● Petite agence dirigée par Robert Trần, Vietnamien de France installé à Saigon. Il propose aux individuels et aux petits groupes des visites de la ville avec guide francophone, des excursions dans le delta du Mékong, ainsi que des voyages sur mesure dans le nord et le sud du Vietnam (avec jonques privées pour la baie d'Hạ Long), et même une découverte historico-culturelle du pays en lien avec la présence française. Très bon accueil, service sérieux et prix sages.

■ *Vietnam Bike Tours* (hors plan I par G1) : 126, Đinh Bộ Lĩnh, district de Binh Thanh. ☎ 855-07-59-99. ● info@vietnambiketours.com ● vietnambiketours.com ● Fondée par Ngô Trọng Huy, cette agence sérieuse organise des excursions guidées à VTT dans le delta du Mékong et dans le reste du pays, ainsi qu'au Cambodge, en Thaïlande et au Myanmar. C'est à la carte : pour des individuels ou des petits groupes, durée de 1 à 15 jours.

Interprète, traducteur, accompagnateur

■ *Alain Tuấn* (Trần Anh Tuấn) : ☎ 38-25-13-23. ☎ 09-08-18-49-82. ● alaintuan@hcm.fpt.vn ● Alain Tuấn parle et écrit couramment le français et l'anglais. Il peut assister des hommes d'affaires ou des personnes de passage cherchant une aide pratique pour toutes sortes de démarches (adoption, recherche de parenté...). Disponible, débrouillard et connaissant Saigon comme sa poche, il propose ses services à la journée, ou plus.

Francophonie, culture, loisirs

■ *Librairie française Nam Phong* (plan I, F3, 23) : 88, Trương Định, quartier 1. ☎ 39-14-78-58. ● namphongsaigon.com ● Lun-sam 9h-12h30, 14h-18h. Bien fournie : on y trouve des romans, des livres d'histoire, des magazines. Beau rayon sur le Vietnam. Également des souvenirs et des livres d'occasion au poids. Les prix sont les mêmes qu'en France.

■ *IDECAF* (Institut d'échanges culturels avec la France ; plan II, G3, 24) : 31, Thái Văn Lung, quartier 1. ☎ 38-29-54-51. ● idecaf.gov.vn ● Tlj sauf dim 7h30-21h. Médiathèque mar-jeu 13h30-18h, ven-sam 9h30-17h. Le centre de la francophonie au Vietnam. Cours de français pour les Vietnamiens. Très riche médiathèque francophone avec romans, B.D., CD, DVD, périodiques... Projection de films vietnamiens et français en v.o. Concerts, expositions, théâtre, conférences et spectacles. Et un agréable café-resto dans le jardin, qui sert des plats français (voir plus loin « Où manger ? *Le Jardin* »).

■ *Cours de cuisine* (Saigon Cooking Class) : au 1er étage du resto Hoa Túc (plan II, G3, 146), 74/7, Hai Bà Trưng, quartier 1. ☎ 38-25-84-85. ● saigoncookingclass.com ● Tlj sauf lun.

Un cours de cuisine vietnamienne (en anglais), avec en option un passage au marché de Bến Thành pour acheter les ingrédients. La session dure 3-4h et coûte environ 45 US$ par personne.

Ouvert 24h/24
■ *Magasins Circle K : magasins partout en ville.* Cette chaîne ouverte 24h/24 vend les produits, alimentaires ou non, les plus courants. Pratique !

Action humanitaire
■ *Maison Chance (Nhà May Mắn) : Centre Envol, 19A, Đường Số 1, KP 9, Bình Hưng Hoà, quartier de Bình Thanh.* ☎ *28-62-65-95-66.* ● *maison-chance.org* ● L'association, fondée en 1993 par une artiste peintre suisse âgée de 20 ans, œuvre en faveur des personnes handicapées, des orphelins, des enfants des rues et des personnes défavorisées de tous âges. Concrètement, elle héberge, éduque, soigne, propose des formations professionnelles et offre un travail aux personnes handicapées. Maison Chance possède, dans l'un de ses centres du quartier de Bình Thanh, 7 chambres d'hôtes, adaptées aux personnes à mobilité réduite *(env 400 000 Dg pour 2, petit déj compris).* Également une boutique qui vend les produits confectionnés par les bénéficiaires.

Sorties, spectacles
– *A O Show : au théâtre municipal (plan II, F-G3).* ☎ *45-18-11-88. Billets en vente chez Saigontourist ou sur Internet :* ● *luneproduction.com* ● *Représentation à 18h ; durée : 1h. Billets : 700 000-1 600 000 Dg. Éviter les places situées aux extrémités du parterre (parmi les moins chères, évidemment), on ne voit pas une partie de la scène.* Créé par Tuấn Lê, qui a collaboré avec le Cirque du Soleil, rejoint depuis par Nguyễn Lân Maurice, qui débuta au Cirque Plume, ce spectacle a choisi pour écrin l'élégant théâtre néoclassique de la ville. Une troupe de 20 artistes y raconte en 4 tableaux la vie traditionnelle des campagnes et sa confrontation avec le monde des villes, à travers danses, musiques, chants, acrobaties, qui empruntent autant à la tradition qu'aux cultures urbaines, le tout doublé d'effets visuels surprenants. Un spectacle complet, entre danse et théâtre, à la fois drôle et poétique, subtil et énergique.

Où dormir ?

Dans le quartier Phạm Ngũ Lão ou « quartier routard »

Le « quartier routard », comme on le surnomme, compte des pensions et petits hôtels en pagaille, d'innombrables restos racolant le touriste et des agences de voyages à foison.
L'animation se concentre entre 2 rues parallèles, Phạm Ngũ Lão et Bùi Viện, reliées par la rue Đề Thám et tout un lacis de ruelles plus ou moins séduisantes. Elles ne portent pas de noms : les adresses sont indiquées à partir du numéro de la rue principale (voir nos infos à ce propos dans « Topographie de la ville » plus haut).
– *Conseil :* de mai à septembre, c'est la basse saison, le *marchandage* (valable toute l'année, surtout si vous restez plusieurs jours) y est alors plus facile.
– *Avertissement :* si l'animation a ses charmes en journée, elle peut tourner au cauchemar pour les voyageurs en quête de nuits calmes. À bon entendeur...

Bon marché (jusqu'à 300 000 Dg / env 11 €)

Les *rooms for rent* (chambres à louer), au confort rudimentaire mais très bon marché, abondent dans les ruelles maillant le quartier. Rares sont les propriétaires qui parlent l'anglais, mais on se débrouille comme on peut avec les mains... Sans oublier de se déchausser à l'entrée.
Pour ce qui est des petits *hostels* privés, on en trouve notamment toute une

HÔ CHÍ MINH-VILLE / OÙ DORMIR ? | 409

série dans la ruelle tranquille démarrant au n° 373 de Phạm Ngũ Lão *(plan III, A2)*.
Les adresses ci-après sont classées en « Bon marché » pour leurs lits en dortoirs. Les chambres privées grimpent en général en catégorie « Prix moyens ».

▲ *Lala Hostel (plan III, B2, 40) : 373/30, Phạm Ngũ Lão. ☎ 28-39-20-03-89. 📱 933-95-18-86. Lit en dortoir 5 US$, double env 20 US$.* Dans une ruelle en retrait de l'agitation du « quartier routard », une AJ moderne et fonctionnelle d'un rapport qualité-prix irréprochable. Chambres et dortoirs à la décoration pimpante, pas bien grands mais très propres, avec salles de bains attenantes, là aussi très bien tenues. Accueil discret.

▲ *Lily's Hostel (plan III, C2, 41) : 35/6, Bùi Viện. ☎ 38-36-01-24. ● lilyhostel.hcm@gmail.com ● Lit en dortoir 8 US$, double 24 US$.* Nichée dans une impasse, une auberge mignonne, façon maison de poupées, avec fleurs fraîches, couleurs pétillantes et coquet mobilier. Tout est vraiment clean, jusqu'au grand escalier blanc central qui mène aux dortoirs. Accueil adorable.

▲ *Lestar Hotel 1 (plan III, A2, 42) : 283/27, Phạm Ngũ Lão. ☎ 28-73-00-39-90. 📱 09-07-93-39-90. ● lestar.hotel1@gmail.com ● Double 550 000 Dg.* Passé le pimpant lobby habillé de briques, carreaux de ciment et béton, on accède à des chambres spacieuses et joliment décorées, pas toujours nickel certes, mais confortables. On a beau être en plein centre, l'établissement est calme, parfait pour décompresser d'une journée dans la ferveur de la ville. D'autant que l'accueil est au diapason.

▲ *Phan Anh Backpackers Hostel (plan III, A2, 43) : 373/6, Phạm Ngũ Lão. ☎ 39-20-92-35. ● phananhbackpackershostel.com ● Lit en dortoir 200 000 Dg, doubles 600 000-720 000 Dg, petit déj inclus.* On y trouve à la fois des dortoirs mixtes ou non (6 lits, avec clim) et des chambres privées claires et confortables, le tout impeccable. Carrelages et bois clairs confèrent même un certain charme à cet établissement d'un bon rapport qualité-prix. Parfait pour les routards pas trop fortunés mais exigeants !

▲ *City Poshtel (plan III, C1, 44) : 40/20, Bùi Viện. ☎ 28-38-36-86-38. ● reservation@citypohtel.com ● Lit en dortoir 10 US$.* Lovée au-dessus d'une épicerie, cette AJ de poche est surtout fréquentée par des jeunes venus des 4 coins du monde. Les 3 dortoirs (mixtes ou non) peuvent accueillir jusqu'à 20 voyageurs. Ils sont plutôt exigus mais bien équipés (liseuses, prises, casiers...), tandis que les sanitaires sont neufs et assez propres. En prime, une jolie terrasse où bavarder le soir, et un accueil très gentil.

▲ *Long Hostel (plan III, A2, 43) : 373/10, Phạm Ngũ Lão. ☎ 38-36-01-84. Lit en dortoir 10 US$, double env 20 US$, petit déj inclus.* Une adresse assez accueillante, disposant de vastes dortoirs (4-6 lits) et de quelques chambres sans fioritures mais bien tenues. L'ensemble est propre à défaut d'être charmant. En face, le *Khôi Hostel,* tenu par la même gentille famille, propose des prestations similaires aux mêmes tarifs.

▲ *Galaxy Hotel & Capsule (plan III, C1, 18) : 269/19, Đề Thám. ☎ 38-38-69-95. Lit en dortoir 10 US$, doubles 20-22 US$.* Outre la propreté et la salle des petits déj bien arrangée, on y apprécie l'accueil jeune et anglophone, les sanitaires rutilants et les plus grandes chambres, d'un bon rapport qualité-prix. Néanmoins, certaines sont vraiment petites et l'absence de fenêtre renforce l'impression de confinement. Organisent des tours.

▲ *Onetel (plan III, B1, 46) : 35, Nguyễn Văn Tráng. 📱 09-16-67-00-33. ● onetevietnam@gmail.com ● Lit en dortoir (6-12 pers) env 10 US$, petit déj inclus. Demandez bien un lit en dortoir, sinon on vous donnera une chambre... à 120 € la nuit.* Mobilier en bois clair, carreaux de ciment, épaisses literies et oreillers moelleux, ce petit hôtel joue la carte du design. Les espaces communs suivent le mouvement, offrant kitchenette, petit café au rez-de-chaussée et terrasse végétalisée sur le toit. Accueil pro et attentif. Un lieu calme et inédit au cœur de la trépidante Saigon, à l'entretien toutefois aléatoire.

LE SUD

– Voir aussi plus bas, dans la rubrique « Chic », les **Town House 50** et **23** qui disposent de dortoirs impeccables *(env 10 US$/nuit).*

Prix moyens (300 000-600 000 Dg / env 11-21 €)

Dans cette catégorie, on peut notamment aller fouiner dans la ruelle démarrant au n° 283 de Phạm Ngũ Lão *(plan III, B2)*, investie par une myriade de mini-hôtels. Voir aussi les chambres privées des *hostels* cités plus haut.

▮ *Giang Sơn 3 Hotel (plan III, C2, 50) :* *35/4, Bùi Viện.* ☎ *38-36-81-17.* ● *giangson3@hotmail.com* ● *Doubles 18-25 US$, petit déj inclus.* Voilà une petite adresse sympa et gérée avec soin. Chambres très propres, avec clim, TV et frigo. Certaines sont aveugles : privilégier celles donnant sur la ruelle, plus lumineuses. Si elles ne dégagent pas beaucoup de cachet, le patio est en revanche agréable à toute heure de la journée. On y traîne volontiers parmi la multitude de plantes grasses, et c'est assez rare pour être signalé.

▮ *Diệp Anh Guesthouse (plan III, B2, 51) :* *241/31, Phạm Ngũ Lão.* ☎ *38-36-79-20.* ● *guesthouse.diepanh@gmail.com* ● *dieptheanh@hcm.vnn.vn* ● *Doubles 22-26 US$.* Un petit hôtel familial d'apparence assez banale. Il reste que l'accueil est chaleureux, les chambres vastes et très bien tenues. Celle perchée au 6e étage (pas d'ascenseur), sur l'arrière, profite à la fois du calme et d'une vue panoramique sur le centre-ville. Pas le grand frisson mais ça reste une bonne adresse.

▮ *Bích Duyên Hotel (plan III, B2, 42) :* *283/4, Phạm Ngũ Lão.* ☎ *38-37-45-88 ou 99.* ● *bichduyenhotel.net* ● *Doubles 18-25 US$, petit déj inclus.* Une quinzaine de chambres assez passe-partout mais impeccables, avec tout le confort. On évitera toutefois les moins chères, vraiment petites et sans fenêtre. Agréable salle de petit déj. Accueil anglophone et dynamique. Une adresse très appréciée des voyageurs au budget limité.

▮ *Giang Sơn Guesthouse (plan III, B2, 42) :* *283/14, Phạm Ngũ Lão.* ☎ *38-37-75-47.* *Doubles 20-25 US$, petit déj compris.* Dans cet hôtel de poche, des chambres un peu exiguës mais soignées, avec clim et frigo, fenêtre ou non selon le tarif. Un bon rapport qualité-prix même si l'ensemble mériterait un petit rafraîchissement. Possède une annexe : le *Giang Sơn 3 Hotel* (simple à retenir !), avec prestations et tarifs similaires (voir plus haut).

▮ *Jan Hostel (plan I, E4, 52) :* *102/7/6, Cống Quỳnh.* ☎ *09-37-52-86-89. Au fond de la ruelle à gauche puis à droite (fléchage partiel). Doubles 25-30 US$.* En lisière du « quartier routard », dans un petit immeuble récent, tout en hauteur, des chambres sémillantes aux jolies tonalités acidulées. Beaucoup de clarté, parfois même une belle vue sur la ville.

Chic (600 000-1 000 000 Dg / env 21-35 €)

▮ *Hồng Hân (plan III, B2, 55) :* *238, Bùi Viện.* ☎ *38-36-19-27.* ● *honghanhotelhcm.com* ● *Doubles 20-24 US$, petit déj inclus.* Coincé entre 2 immeubles, cet hôtel au cœur de l'animation empile sur 4 étages des chambres *standard* et de bon confort, toutes avec fenêtre. Le petit déj se prend sur la mignonne terrasse du 1er. Petite structure, donc réservation conseillée. Mention spéciale au personnel très serviable, qui se plie en quatre pour satisfaire ses hôtes.

▮ *Guesthouse Luân Vũ (plan III, C2, 50) :* *35/2, Bùi Viện.* ☎ *38-37-71-85.* ● *luanvugh@gmail.com* ● *Doubles 25-30 US$, petit déj inclus.* Cette *guesthouse* pimpante est un bon choix, avec des chambres tapissées et nickel, bien équipées (clim, frigo, TV satellite, bouilloire...), le tout réparti sur 5 étages. Accueil à la fois pro et amical. Seul bémol, l'insonorisation pourrait être améliorée.

▮ *Town House 50 (plan III, A1, 56) :* *50E, Bùi Thị Xuân.* ☎ *39-25-02-10.* ● *townhousesaigon.com* ● *Lit en dortoir env 10 US$, doubles 35-40 US$, petit déj inclus.* Dans une maison retirée au fond d'une impasse, à 5 mn des rues les plus animées du « quartier routard », cette *guesthouse* à la déco bien léchée propose à la fois des chambres doubles confortables et des dortoirs de 10 lits. Grande salle commune où il fait bon croquer un morceau ou socialiser. Accueil souriant et serviable dans un bon anglais. Annexes : la ***Town House 23***, située au 23, Đặng Thị Nhu, et la ***Town House 373***, au 373, Phạm Ngũ Lão. Style et prix identiques. Toutes de bien belles adresses.

🏠 ***Blue River Hotel*** *(plan III, B2, 42)* : *283/2B-2C, Phạm Ngũ Lão.* ☎ *38-37-64-83. Lit en dortoir env 10 US$, doubles 25-40 US$, avec petit déj.* Hôtel central proposant des chambres spacieuses et tout confort, au calme et tenues avec soin. Les dortoirs sont tout aussi charmants. Dommage que les salles de bains soient si étriquées toutefois. Gentil accueil en anglais. Transfert depuis l'aéroport offert pour 3 nuits réservées. Si c'est complet, il existe une annexe juste en face.

🏠 ***Ngọc Minh Hotel*** *(plan III, B2, 57)* : *283/11-13, Phạm Ngũ Lão.* ☎ *38-36-52-15.* ● *ngocminhhotel283@gmail.com* ● *Doubles 30-40 US$, petit déj compris.* Un hôtel soigné et confortable bien qu'un peu vieillot, avec ascenseur. Déco identique d'une chambre à l'autre, seule la taille et la vue (certaines sans fenêtre) varient. Le plus : la superbe terrasse sur le toit où se prend le petit déj. Accueil très pro.

Plus chic
(1 000 000-2 000 000 Dg / env 35-71 €)

🏠 ***Beautiful Saigon 3 Hotel*** *(plan III, C2, 60)* : *40/27, Bùi Viện.* ☎ *39-20-48-74.* ● *beautifulsaigonhotel.com* ● *Doubles 43-55 US$, petit déj inclus.* Situé dans une ruelle assez tranquille du quartier, il abrite des chambres impeccables et assez bien arrangées. Bon petit déj aussi, pris dans une agréable salle donnant sur la rue. Personnel affable et accueillant. Juste à côté, le ***Beautiful Saigon Boutique Hotel***, aux mêmes tarifs, dispose de chambres tout aussi confortables réparties dans 2 bâtiments séparés par une longue piscine rectangulaire.

🏠 ***C-Central Hôtel Đề Thám*** *(plan III, C2, 61)* : *216, Đề Thám.* ☎ *38-38-56-65.* ● *ccentralhotels.com* ● *Entrée par le resto ; réception au 1ᵉʳ étage. Doubles 55-85 US$, petit déj inclus.* Ce bel hôtel propose des chambres modernes qui ont du style et allient judicieusement confort et design. Très claires (grandes fenêtres pour les plus chères), elles bénéficient d'un bon équipement, d'un excellent accueil, d'un resto-bistrot chic et d'un spa. Seul bémol, sa situation très centrale ne favorise pas vraiment le calme.

Un peu au sud du « quartier routard »

Prix moyens
(300 000-600 000 Dg / env 11-21 €)

🏠 ***Miss Lợi Rooming House*** *(plan I, E-F4, 65)* : *178/20, Cô Giang.* ☎ *38-36-79-73. Dans une ruelle reliant la rue Cô Giang à la rue Cô Bắc, à 500 m à peine du « quartier routard ». Doubles 15-17 US$ sans ou avec balcon.* Bonne surprise, on découvre ici une petite pension de famille accueillante. Agréable pièce commune avec un escalier central et un bassin. Chambres propres, quoique dotées d'un équipement un peu vieillissant pour certaines. Si *Miss Lợi* affiche complet, vous pouvez toujours sonner en face, à la ***Xuân Thu Guesthouse*** (*178/17A, Cô Giang ;* ☎ *38-36-93-35 ; doubles 12-17 US$*), qui propose 5 chambres au 2ᵉ étage d'une maison cossue.

🏠 ***Guesthouse California*** *(plan I, E-F4, 65)* : *171A, Cô Bắc.* ☎ *38-37-88-85.* 📱 *09-08-10-36-15.* ● *guesthouse californiasaigon@yahoo.com* ● *Accès par la rue Cô Bắc, parallèle à l'av. Trần Hưng Đạo. Doubles 18-20 US$, petit déj compris.* Déjà, la façade, avec ses balcons, donne envie de pousser la porte ! Tenu par un couple américano-vietnamien jovial et serviable, l'endroit compte une dizaine de chambres personnalisées, coquettes et impeccables. Petit bar à la réception et, pour le petit déj, on n'a qu'à se servir dans la cuisine, à l'anglo-saxonne, comme la clientèle. Excellent rapport qualité-prix-charme-accueil !

Plus chic (1 000 000-2 000 000 Dg / env 35-71 €)

🏠 *Chez Mimosa Boutique Hotel* (plan I, F4, **2**) : *71, Cô Giang.* ☎ *28-38-38-98-83.* 📱 *09-13-38-11-09.* ● *chezmimosa.com* ● *Doubles 1 000 000-1 600 000 Dg.* Véritable havre de paix dans un quartier agité, cet établissement se distingue par son élégance qui tient autant à l'arrangement raffiné des chambres qu'à l'accueil délicat (parfois en français). Beaucoup d'espace dans l'ensemble et l'impression de résider dans une coquette maison de poupées, avec des prestations haut de gamme. Plusieurs autres adresses en ville de standing équivalent, dont le *Mimosa Corner (43, Cô Giang)* et son savoureux restaurant panoramique.

Dans le centre (quartier 1)

Pas vraiment d'adresses bon marché ni même à prix moyens dans le centre-ville, où les hôtels les moins chers affichent 2 étoiles... et les plus chers 5.

De chic à plus chic (600 000-2 000 000 Dg / env 21-71 €)

🏠 *Saigon River Boutique Hotel* (plan II, G3, **70**) : *58, Mạc Thị Bưởi.* ☎ *38-22-85-58.* ● *saigonriverhotel.com* ● *Doubles 25-35 US$, petit déj compris.* Bénéficiant d'une situation privilégiée, en plein cœur du quartier 1, cet hôtel se révèle un bon point de chute pour en explorer tous les attraits. Les chambres sont classiques mais spacieuses et confortables, avec de belles salles de bains, et balcon pour certaines. Évitez celles qui n'ont pas de fenêtre, plus petites et vieillottes. Le petit déj (assez basique) se prend sur une agréable terrasse ombragée. On regrette juste que l'insonorisation laisse à désirer côté rue.

🏠 *Little Saigon Boutique Hotel* (plan II, F3, **71**) : *36 bis/2, Le Loi.* ☎ *28-35-21-84-64.* ● *littlesaigon.com.vn* ● *Doubles 48-70 US$.* Avec son ravissant lobby mâtiné de teintes acidulées et constellé de plantes, ce petit hôtel charme d'emblée. Les chambres ne déçoivent pas ; quoiqu'elles soient parfois assez petites (surtout celles sans fenêtre), elles sont d'un confort et d'une propreté irréprochables. Les plus chères disposent même d'une terrasse où l'on peut buller en contemplant la ville. Une adresse séduisante et idéalement située entre le « quartier routard » et le quartier 1.

🏠 *The Spring Hotel* (plan II, F3, **72**) : *44-46, Lê Thánh Tôn.* ☎ *38-29-73-62.* 📱 *903-60-51-91.* ● *springhotelvietnam.com* ● *Doubles 35-50 US$ selon catégorie, petit déj compris.* La réception en jette avec ses colonnes de marbre et son escalier à révolution ! Les chambres bien tenues sont à la hauteur avec leur mobilier en bois et peintures sur les murs, même si elles mériteraient un petit coup de neuf. Accueil discret.

🏠 *Sanouva Hotel* (plan II, F3, **73**) : *175-177, Lý Tự Trọng.* ☎ *28-38-27-52-75.* ● *sanouvahotel.com* ● *Doubles 60-80 US$, petit déj compris.* Juste à côté du marché Bến Thành, cet établissement se distingue par son très bon rapport qualité-prix. Les chambres sont bien équipées, confortables (bonne literie) et dotées d'un certain cachet. Une adresse stable et sans surprise, gérée par une équipe dynamique et dévouée.

De très chic à encore plus chic (plus de 2 000 000 Dg / env 71 €)

Les prix mentionnés dans cette catégorie sont les tarifs officiels, mais on peut souvent en obtenir de plus bas sur Internet, comme sur ● *asiaroom.com* ● Les réductions peuvent atteindre 50 %, voire plus !

HỒ CHÍ MINH-VILLE / OÙ DORMIR ? | 413

🛏 *Prostyle Hotel (plan II, G3, 80)* : 26, Thi Sách. ☎ 38-27-28-38. ● asianru byhotel.com ● Doubles 94-187 US$, petit déj inclus mais pas les taxes. Cet hôtel au charme suranné dispose de 80 chambres spacieuses et tout confort, à la déco élégante, d'inspiration coloniale. Bon rapport qualité-prix pour les *standard*, après les tarifs s'envolent plus que de raison. Vaste hall d'entrée, on est déjà dans un établissement d'un certain standing ! Excellent service.

🛏 *Grand Hôtel (plan II, G3, 81)* : 8, Đồng Khởi. ☎ 39-15-55-55. ● hotel grandsaigon.com ● Doubles 135-260 US$, buffet pantagruélique du petit déj compris. Élégant édifice des années 1930, reconnaissable à son dôme. À l'intérieur, un bel hôtel de luxe, divisé en 2 ailes, l'une historique et l'autre moderne, toutes 2 pleines de caractère. Les chambres sont cossues avec parquets massifs et mobilier ancien. Délicieuse piscine lovée dans un patio. Vue scintillante sur la ville depuis le resto-bar du rooftop.

🛏 *Hôtel Continental (plan II, F3, 82)* : 132-134, Đồng Khởi. ☎ 38-29-92-01. ● continentalsaigon.com ● Doubles 75-190 US$ selon catégorie, petit déj inclus. Il passe pour être le 1er hôtel inauguré au Vietnam. Dans les années 1930, le *Continental* était l'un des hôtels les plus chics d'Asie. Son ancien propriétaire, Philippe Franchini, en a conté l'histoire dans un beau livre : *Continental Saigon*. André Malraux y descendit et en fit le récit dans ses *Antimémoires*. Graham Greene y situe plusieurs scènes de son roman *Un Américain bien tranquille*. Le grand reporter Lucien Bodard y avait aussi ses habitudes, parmi les journalistes et correspondants de guerre qui s'y retrouvaient en soirée pour échanger les dernières infos venues du front. Chambres meublées à l'ancienne, avec moquette épaisse et hauts plafonds moulurés. C'est calme et feutré, avec une vue agréable. Sauna et salle de massage au 1er étage.

🛏 *Hôtel Majestic (plan II, G3, 83)* : 1, Đồng Khởi. ☎ 38-29-55-17. ● majes ticsaigon.com ● Doubles 120-360 US$, petit déj inclus. Inauguré en 1925, cet hôtel mythique vit défiler bon nombre de célébrités à l'époque coloniale. Admirablement situé le long du quai et de la rivière, il a été remarquablement réhabilité et modernisé. Chambres de grand luxe avec parquet, marbre et boiseries dans un mélange de styles Art nouveau et Art déco d'un goût très sûr. Chambres avec terrasse et vue imprenable sur la rivière. Cerise sur le gâteau : une belle petite piscine au 1er étage.

Au nord et à l'ouest du centre-ville et dans le quartier 3

Prolongement du centre-ville, le quartier 3, plutôt aisé, résidentiel et animé (nombreux restos pour toutes les bourses), est percé de larges artères encombrées par le trafic. Elles sont bordées d'élégantes demeures coloniales, rénovées comme décaties, et de petits immeubles modernes affirmant pour certains un design bien d'aujourd'hui. On y trouve des hôtels de toutes catégories, pour qui préférerait une atmosphère moins touristique que dans le « quartier routard », sans pour autant trop s'éloigner du centre.

De bon marché à prix moyens (jusqu'à 600 000 Dg / env 21 €)

🛏 *Mary Ngọc Trâm's (plan I, E2, 86)* : 79/6, Nguyễn Hữu Cầu. ☎ 38-23-19-72. 📱 09-08-19-99-03. ● chezmarytram@gmail.com ● Dans le quartier du marché Tân Định. Double 320 000 Dg. Une pension dans une ruelle très tranquille. Les 7 chambres sont un peu vieillissantes mais très propres, et Mary, qui parle le français, reçoit fort bien. Petit déj avec pain frais et bonne confiture. Si son petit hôtel est complet, Mary possède une annexe dans la rue Nam Kỳ Khởi Nghĩa (quartier 3) avec 6 chambres, dans une impasse tranquille (s'adresser d'abord à la maison principale).

LE SUD

🏠 *Villa du Docteur Ngọc Hoa* (plan I, D2, **87**) : *20/5, Kỳ Đồng, quartier 3.* ☎ *39-31-71-75.* 📱 *09-13-80-45-58.* ● *dothingochoa@yahoo.com* ● *Dans le quartier populaire derrière la gare. Attention, aucune pancarte n'indique la pension. Double 15 US$; petit déj 2 US$/pers.* Voilà plus de 40 ans que Mme Ngọc Hoa, aujourd'hui bien secondée par son fils, reçoit dans sa maison. Vous y trouverez autour d'un patio 4 chambres bien calmes, spacieuses et climatisées, avec douche, w-c et frigo. Pas le summum du confort, mais l'endroit est familial et l'accueil plus que gentil.

De chic à plus chic (600 000-2 000 000 Dg / env 21-71 €)

🏠 |●| *Nguyen Shack* (plan I, F3, **90**) : *6/15, Cách Mạng Tháng Tám.* ☎ *28-38-22-05-01.* ● *nguyenshack.com* ● *Doubles 650 000-1 250 000 Dg.* Au rez-de-chaussée, une herboristerie et un resto qui fait la part belle aux végétaux en tout genre (rouleaux de printemps, salade de papaye...) à des prix compétitifs. Les étages accueillent des chambres absolument charmantes, axées nature et « zénitude », ornées de mobilier en bambou et de plantes variées. L'ensemble est nickel et chaleureux. Accueil gentiment désinvolte et plein d'humour.

🏠 *Chambres de l'association FFSC* (plan I, E2, **91**) : *140/4, Võ Thị Sáu, district 3.* ☎ *38-29-69-51.* ● *ffscvn.org* ● *Double 27 US$, petit déj compris.* En 1994, Mère Teresa vint de Calcutta soutenir cette association vietnamienne qui s'occupe d'enfants défavorisés, soit 1 000 jeunes de tous les âges répartis dans plusieurs centres en ville. Ici, on peut dormir dans l'une des 5 chambres d'hôtes arrangées dans un bâtiment au fond de l'impasse. Ensemble impeccable et simple, avec douche/w-c et clim. En plus d'y être bien loti, vous ferez une bonne action puisque les revenus de la maison d'hôtes financent les programmes de l'association. Sur place, vente des produits textiles fabriqués par des femmes défavorisées.

🏠 *Ms Yang's Homestay 2* (plan I, E3, **92**) : *376/3, Võ Văn Tần.* 📱 *07-03-40-73-48.* ● *msyanghomestay2.business.site* ● *Doubles 700 000-750 000 Dg, petit déj inclus.* Au cœur d'un sympathique quartier populaire distant de la frénésie du centre-ville, une grosse maison familiale nichée dans un renfoncement plutôt calme, en retrait d'une avenue. L'accueil est tout en légèreté et convivialité, le confort honnête (chambres avec fenêtre et grand balcon pour les plus chères), et l'on profite du patio commun fleuri. De quoi poser son sac quelques jours.

🏠 *LeBlanc Saigon* (plan I, E3, **93**) : *414, Nguyễn Đình Chiểu, quartier 3.* 📱 *09-16-29-00-88.* ● *leblancsaigon.com* ● *Doubles 30-55 US$, petit déj compris.* Dans une impasse, abrité du boulevard, un mini-hôtel tout mignon, réparti dans 2 petits immeubles qui se font face (attention, 4 étages bien raides sans ascenseur). Chambres nickel, décorées dans des tons clairs avec une discrète touche scandinave, et bien équipées (clim, douche pluie), même si les salles d'eau des moins chères s'avèrent un peu étroites.

🏠 *Thiên Hải Hotel* (plan I, F3, **90**) : *220, Lý Tự Trọng.* ☎ *39-15-92-22.* ● *thienhaihotel.com.vn* ● *Doubles 660 000-820 000 Dg, petit déj inclus.* Petit établissement sans grand relief mais propre et central. Les 3 catégories de chambres (sans ou avec fenêtre) ne s'embarrassent pas de fioritures mais se révèlent spacieuses, claires (bon éclairage pour celles qui sont aveugles), bien équipées et parfaitement entretenues. Terrasse sur le toit.

🏠 *The Moka Hotel* (plan I, E3, **85**) : *10-12, Nguyễn Trãi.* ☎ *39-25-99-89.* 📱 *908-78-76-84. Doubles 30-50 US$.* Dès le hall d'entrée, on perçoit l'attention portée à la décoration dans ce coquet petit hôtel. Les chambres, de taille variable (certaines avec balcon), sont aussi joliment arrangées bien que les finitions laissent parfois à désirer. Mais les tarifs raisonnables et la situation plutôt commode font oublier ces désagréments. Accueil aux petits soins.

De très chic à encore plus chic (plus de 2 000 000 Dg / env 71 €)

🏠 **Ma Maison Boutique Hotel** (plan I, C2, **95**) : *656/52, Cách Mạng Tháng Tám.* ☎ *38-46-02-63.* 📱 *09-03-05-88-88.* • *mamaison.vn* • *Doubles 65-110 US$ selon catégorie, petit déj inclus (transfert gratuit depuis l'aéroport à partir de 3 nuits).* Derrière cette pimpante façade jaune-orange se cache un hôtel de charme tenu par la très accueillante Natasha Long. Datant de 1938 mais rénovée depuis, la demeure possède le style cosy et chaleureux des maisons de campagne françaises. À l'image des chambres d'ailleurs, très cossues, avec des peintures et un mobilier de goût, couvre-lits molletonnés et oreillers plantureux. Petit déj à volonté (choix entre le vietnamien, l'anglais ou le *healthy*). Une adresse pas pour toutes les bourses, mais unique à Saigon !

Où manger ?

Dans le quartier Phạm Ngũ Lão ou « quartier routard », et alentour

Le long des rues Đề Thám et Bùi Viện *(plan III, B-C2)*, grosse concentration de restos pas chers, fréquentés surtout par les touristes. Outre des spécialités vietnamiennes, ils servent des plats occidentaux tels que pâtes, pizzas, steaks, etc. Ce n'est pas nécessairement ici que vous goûterez au meilleur de la cuisine du pays mais les prix sont bas et l'ambiance animée.

Bon marché (jusqu'à 100 000 Dg / env 4 €)

🍴 **Bun Cha 145** (plan III, B2, **110**) : *145, Bùi Viện.* ☎ *28-38-37-34-74. Tlj 8h-20h.* La salle, la carte, les prix... tout est riquiqui dans cette mignonne cantine. Exception faite des parfums et saveurs, eux, assez grandioses. Le *bun cha* est un mélange de viandes tendres grillées, recouvertes d'une goûteuse sauce aigre-douce et servies avec crudités et vermicelles de riz. Un délice ! Quelques autres grillades à la carte et de délicieux nems. Service discret et dévoué.

🍴 **Phở Hùng** (plan III, A2, **112**) : *241-243, Nguyễn Trãi.* ☎ *28-38-38-50-89. Tlj 6h-3h du mat.* Dans une salle impersonnelle donnant sur la rue. Comme son nom l'indique, la spécialité, ce sont les soupes de nouilles, au bœuf ou au poulet uniquement. C'est bon, pas cher, roboratif et authentique (pas ou peu de touristes) ! Service en vietnamien, armez-vous d'un peu de patience.

Prix moyens (100 000-250 000 Dg / 4-9 €)

🍴 **Di Mai Restaurant** (plan III, D1, **115**) : *136-138, Lê Thị Hồng Gấm.* ☎ *28-38-21-77-86. Tlj 10h-21h.* Dans un cadre gentiment branché avec carreaux de ciment, *tuk-tuk* vintage (il cache en fait la caisse !) et cuisine ouverte, des plats de bonne facture, classiques mais bien tournés. On hésite devant la ribambelle de plats à la carte : *bánh mì, noodles,* sautés de légumes et les traditionnels *phở* et *bò bún*... Service gentil et attentif.

🍴 **Shamballa Vegetarian Restaurant** (plan III, C2, **116**) : *17-19, Trịnh Văn Cẩn.* 📱 *09-17-87-67-88. Tlj 10h-22h (dernière commande 30 mn avt).* Derrière la lourde porte façon palais des *Mille et Une Nuits,* un restaurant végétarien à l'ambiance chic et feutrée. On renonce sans regret aux viandes et poissons devant la carte alléchante et variée, qui sublime les végétaux en une myriade de

LE SUD

préparations, saveurs et textures. Riz frits, *hot pots*, *udon*, soupes, nouilles, succulents *tempuras*... Les portions sont généreuses, le dressage soigné, tout autant que le service. Une belle adresse.

I●I *Coriander* (plan III, C2, 118) : *16, Bùi Viện.* ☎ *38-37-13-11. Tlj 10h-14h, 17h-22h.* Pour les amateurs de cuisine thaïe : *pad thai*, *tôm kha gai*, salades piquantes, curries en tout genre et autres mets délicats. Le soir, la salle n'est pas épargnée par le vacarme du « quartier routard ».

Dans le centre-ville (quartier 1)

Bon marché (jusqu'à 100 000 Dg / env 4 €)

I●I ↑ *Gargotes du marché Bến Thành* (plan II, F3, 125) : à l'extérieur du marché Bến Thành, une poignée de restos en plein air s'installent le soir devant les 2 entrées principales, à l'ouest et à l'est du bâtiment. On y vient surtout pour l'ambiance et pour sentir de près la vie saigonnaise. Dans le même coin, mais beaucoup moins authentique, on peut aller traîner au *Bến Thành Street Food Market*, sur Thủ Khoa Huân *(plan II, F3, 126)*, une vaste halle sous laquelle s'entasse une myriade de stands préparant en continu grillades, nouilles, petits plats de cuisine du monde, etc.

I●I *Phở 24* (plan II, F3, 128) : *71, Lý Tự Trọng.* ☎ *28-38-25-15-35. Tlj 6h-22h.* Derrière le marché Bến Thành, ce représentant d'une chaîne de restaurants locale sert un *phở* honnête et pas cher (peu d'autres choix à la carte). Très bien pour un déjeuner rapide avant de reprendre son exploration de la ville. Service expéditif mais efficace. Plein d'autres adresses en ville.

I●I *Thanh Bình* (plan II, F3, 129) : *140, Lê Thánh Tôn.* ☎ *38-23-24-12. Ouv 7h-22h.* Derrière le marché Bến Thành, une petite cantine populaire doublée d'une épicerie, très prisée des gens du quartier. Et c'est vrai que l'on y mange bien, de délicieux plats de crabe, rouleaux de printemps, nouilles, soupes ou encore des crevettes grillées. Patron sympa, qui parle quelques mots d'anglais.

Prix moyens (100 000-250 000 Dg / env 4-9 €)

I●I *Rice Field* (plan II, G4, 135) : *75-77, Hồ Tùng Mậu.* ☎ *09-06-93-86-36. Tlj 11h-22h.* Au 1er étage de ce qui semble être un immeuble d'habitation interlope, une minuscule mais non moins charmante salle de restaurant d'inspiration zen. Dans ce cadre raffiné, on déguste une succulente cuisine vietnamienne, parfumée et fort joliment présentée dans de la belle vaisselle. Ambiance feutrée, service d'une grande douceur et prix sages... *Rice Field* a tout pour plaire. Sur le palier, en face, on peut prolonger la soirée dans un bar très animé le week-end.

I●I *Hum Vegetarian Lounge* (plan II, G3, 136) : *2, Thi Sách.* ☎ *38-23-89-20. Tlj 10h-22h (dernière commande 30 mn avt).* Ce resto-*lounge* à

Routard.com

Toutes les infos sur près de 300 destinations, des forums pour échanger entre voyageurs, des reportages, des dossiers pratiques, des bons plans et les meilleurs services pour réserver vos vacances : billet d'avion, hébergement, voiture et activités...

l'ambiance raffinée mise sur la zénitude : décor de bois et de brique, musique apaisante, végétation... On y déguste une cuisine végétarienne savoureuse, inventive, présentée et servie avec brio, qui devrait même séduire les irréductibles viandards. Une excellente adresse, qui a aussi posé ses valises à côté du musée des Vestiges de la guerre, au 32, Võ Văn Tần *(plan I, E3, 136),* au rez-de-chaussée d'une maison coloniale bordée d'un délicieux patio-jardin *(mêmes horaires).*

|●| *Pizza 4P's (plan II, F3, 137) : 8/15, Lê Thánh Tôn.* ☎ *28-36-22-05-00. Au fond d'une impasse, à gauche. Tlj 11h-22h (dernière commande 30 mn avt). Résa indispensable.* Une pizzeria originale et unique, ou presque, puisque des succursales ont éclos à Saigon et dans tout le pays. Le chef est japonais. Résultat : *margherita, burrata* et jambon de Parme côtoient les pizzas au sashimi, à la crème de *miso* ou au poulet *teriyaki.* On a même aperçu du camembert. Également des salades et des pâtes (au crabe, aux palourdes...). Tout est frais (ils font leur pâte, et même leur mozzarella), délicieux et joliment présenté, dans une belle salle où trône un gros four blanc à l'italienne.

|●| *Hương Lài (plan II, F3, 138) : 38, Lý Tự Trọng.* ☎ *38-22-68-14. Tlj 11h30-15h, 18h-22h (dernière commande 1 h avt). Résa indispensable.* Établi à l'étage d'une maison ancienne refaite à neuf. En plus de proposer une excellente cuisine traditionnelle à prix sages, l'établissement fait œuvre charitable : ses employés sont tous d'anciens enfants des rues, orphelins ou issus de familles pauvres, dont certains suivent une formation scolaire en parallèle. Une initiative à encourager. Service attentif.

|●| *Bếp Mẹ ỉn (plan II, F3, 129) : 165/50, Nguyễn Thái Bình.* ☎ *38-24-46-66. Tlj 10h30-22h30.* Calée au fond d'une impasse, une petite gargote haute en couleur, avec ses tablées communes qui débordent sur la rue et son *tuk-tuk (xe lam,* pour parler vernaculaire) garé dans un coin en guise de bar. On y sert une cuisine familiale mais actuelle, savoureuse et fraîche. Les petits plats de maman remis au goût du jour. Ça change du jambon-purée !

|●| *Chị Hoa (plan II, G3, 139) : 31A, Lê Thánh Tôn.* ☎ *38-27-31-55. Tlj 11h-22h.* Ce resto dans l'air du temps dépoussière la tradition culinaire vietnamienne. Les recettes ancestrales sont élaborées dans une cuisine semi-ouverte, avec des ingrédients frais et sélectionnés avec soin. Ajoutez à cela une ravissante vaisselle colorée et un cadre de bistrot bien léché et vous aurez tous les ingrédients d'une adresse branchée. Les plats du moment sont signalés sur ardoise, tandis que les classiques soupes, salades, *hot pot* et plats de riz ou de nouilles agrémentés à toutes les sauces sont déclinés à la carte. Une cuisine fine encore bonifiée par le service enlevé. Belle carte de petits déj et de jus de fruits qui en fait une bonne halte à tout moment de la journée. Une succursale prend le relais au 97, Hai Bà Trưng *(plan II, G3, 201 ; mêmes horaires).*

|●| ⍑ *Le Jardin (plan II, G3, 140) : 31, Thái Văn Lung.* ☎ *38-25-84-65. Tlj 11h30-14h, 17h30-22h30 (dernière commande à 20h30 !). Résa impérative.* Dans l'agréable jardin intérieur de l'IDECAF, ce resto français fait le plein tous les soirs pour sa bonne cuisine traditionnelle à prix plutôt sages. Pas de la grande gastronomie, mais des produits frais, d'excellentes viandes (filet de bœuf, entrecôte, tournedos...) et des entrées bien présentées, du type escargots, cuisses de grenouilles, pâté, salades, et des rillettes. Pour les plus nostalgiques, une crème renversée en dessert.

|●| *Quán Bụi (plan II, G3, 141) : 17A, Ngô Văn Năm.* ☎ *38-29-15-15. Tlj 7h-23h. Résa préférable le soir.* On vient autant pour le cadre que pour la carte, longue comme le bras, qui célèbre la cuisine vietnamienne dans toute sa richesse. Tous les classiques sont réunis, réalisés avec des produits frais, sans artifice ni additifs. Le lieu est un dépaysement en soi : plusieurs salles dans un style indochinois, avec affiches anciennes, murs colorés et beaux carreaux de ciment.

IOI ㅠ Ngon Restaurant (plan II, F3, **142**) : *160, Pasteur.* ☎ *38-27-71-31. Tlj 7h-22h. Résa conseillée.* Ce resto a pour écrin une majestueuse maison coloniale précédée d'un jardin. À l'intérieur, une enfilade de pièces, patios et fontaines autour desquels s'égrènent des stands où l'on prépare des spécialités des 4 coins du pays et de tout l'Extrême-Orient. On fait son marché, on reluque, on salive... Seul bémol, entre la rue et la foule, c'est assez bruyant.

IOI ㅠ Au Parc (plan II, F3, **143**) : *23, Hàn Thuyên.* ☎ *38-29-27-72. Tlj 7h30-23h.* On voyage jusqu'aux rives de la Méditerranée dans cette salle qui puise son inspiration dans les riads marocains : teintes chaudes, carrelages bigarrés, mosaïques et arcs brisés... La cuisine, d'inspiration méditerranéenne là encore, est soignée et copieuse : salades et sandwichs variés, beaux plats de poisson et de viande... dont les prix s'immiscent dans la rubrique « Chic ». Bons desserts et beau choix de jus, smoothies et *shakes* à base de yaourt maison.

IOI ㅠ Quán Nướng 3T (plan II, F3, **144**) : *29-31, Tôn Thất Thiệp.* ☎ *09-08-35-75-30. Au-dessus du Temple Club. Tlj 17h-23h.* Au dernier étage d'une maison, sur une agréable terrasse (avec un toit rétractable pour les soirs pluvieux), on prend place autour des tables équipées de plaques chauffantes sur lesquelles on grille les excellents produits de la carte : viandes, poissons et fruits de mer... d'une fraîcheur irréprochable puisque les crevettes arrivent à table encore vivantes ! Service diligent et attentif.

Chic
(250 000-600 000 Dg / env 9-21 €)

IOI ㅠ Propaganda (plan II, F3, **145**) : *21, Hàn Thuyên.* ☎ *38-22-90-48. Tlj 7h30-23h (dernière commande 30 mn avt).* Un bistrot nouvelle génération aux murs recouverts de fresques colorées imitant les dessins de propagande des années 1950-1960. À la carte, les classiques vietnamiens réinterprétés en mode « fusion » sont élaborés à partir d'ingrédients locaux respectueux des saisons. Les becs sucrés seront comblés par la carte de desserts.

IOI ㅠ Hoa Túc (plan II, G3, **146**) : *74/7, Hai Bà Trưng.* ☎ *38-25-16-76. Tlj 11h-22h (dernière commande 30 mn avt). Menu déj en sem 165 000 Dg.* Cette grande cour intérieure accueillait jadis une raffinerie d'opium. Le *Hoa Túc* (qui signifie « pavot ») y a planté sa graine de resto gastronomique dans une belle bâtisse d'époque coloniale. Admirez le décor et la belle enseigne en bois Art nouveau. On y sert une cuisine vietnamienne assez savoureuse, à prix raisonnables pour la qualité. Bon accueil et service diligent. Terrasse agréable mais peu ensoleillée, avec joli mobilier en fer forgé et fauteuils confortables. Propose aussi des cours de cuisine (voir « Adresses et infos utiles »).

IOI ㅠ The Refinery (plan II, G3, **146**) : *74/7, Hai Bà Trưng.* ☎ *38-23-05-09. Dans la même cour intérieure que le resto* Hoa Túc. *Tlj 11h-23h. Réduc de 30 % 15h30-18h. Résa préférable.* L'ancienne manufacture d'opium a été transformée en un resto ambiance bistrot parisien : bar et tabourets hauts en bois, sol carrelé, grands miroirs. On y savoure, bien au calme, une cuisine européenne à dominante méditerranéenne pas trop mal tournée. Bon choix de vins au verre à prix sages. En *happy hours*, la carte du bar est à - 20 % : un bon plan pour l'apéro.

IOI ㅠ SH Garden (plan II, F3, **147**) : *98, Nguyễn Huệ.* ☎ *38-21-10-01. Tlj 10h-22h.* Le *rooftop* d'un immeuble situé face à l'*hôtel Rex*, avec vue plongeante sur le frénétique carrefour entre les avenues Lê Lợi et Nguyễn Huệ. La carte, très variée, permet de goûter à des plats vietnamiens que l'on ne trouve pas ailleurs : rouleaux de printemps au poisson tête-de-serpent, grenouilles frites au tamarin, esturgeons grillés, poitrine de chèvre grillée au tofu fermenté... Le tout vraiment très bon, à déguster autour de tables basses. Les portions étant un peu chiches, il faut toutefois en prendre 2 ou 3 pour être rassasié. Service très courtois. Annexe au 26, Dong Khoi *(plan II, G3,* **147***).*

Plus au nord du centre-ville (partie nord du quartier 1 et quartier 3)

Bon marché (jusqu'à 100 000 Dg / env 4 €)

|●| *Ichiba Sushi* (plan I, D3, *119*) : 69, Cao Thắng. ☎ 62-70-86-86. *Tlj 11h-22h.* Ce petit japonais fusion rencontre un succès mêlant les employés de bureau vietnamiens à quelques touristes en goguette. Ils rappliquent tous ici goûter makis, sushis, sashimis, tous les grands classiques. Mais aussi pour découvrir quelques bizarre-riz : bébé poulpe au sésame, encornets farcis aux œufs de poisson volant...

|●| *Bánh Xèo* (plan I, E2, *150*) : 46A, Đinh Công Tráng. ☎ 38-24-11-10. *Tlj 10h-14h, 16h-21h.* Cette gargote, nichée dans une ruelle calme et ouverte aux 4 vents, est spécialisée dans le *bánh xèo*. Il s'agit d'une généreuse crêpe élaborée à partir de farine de riz et de curcuma (d'où sa couleur jaune), garnie de viande de porc et de crevettes. La galette est au préalable plongée dans l'huile bouillante, spectacle d'adresse auquel on assiste avant d'aller s'asseoir à l'une des tablées, au milieu des locaux. Rien de raffiné ni de très léger mais une expérience en soi !

Prix moyens (100 000-250 000 Dg / env 4-9 €)

|●| *Dông Phô'* (plan I, E3, *151*) : 57, Hồ Xuân Hương, quartier 3. ☎ 39-30-76-65. *Ouv 8h-14h30, 17h-21h30.* Passé la porte, mobilier design et couleurs *punchy* font oublier le charme suranné de cette ancienne maison coloniale. Entouré de tableaux réalisés par le patron, on goûte la richesse et le raffinement de la cuisine de Huế. Excellents assortiments de bouchées vapeur et *cuốn* (rouleaux de printemps), *bún bò* parfumé, fondantes noix de Saint-Jacques sautées aux vermicelles, grand choix de salades (papaye, liseron d'eau...) aux présentations soignées. Le plus difficile, c'est de choisir ! Service prévenant, attirant une clientèle vietnamienne chic et des expats en déjeuner d'affaires. Mais les prix restent raisonnables compte tenu de la qualité. En dessert, glaces artisanales aux fruits du pays et de généreux macarons côté pâtisserie. Petite terrasse.

|●| *Cục Gạch Quán* (plan I, E2, *152*) : 10, Đặng Tất, au nord du quartier 1. ☎ 38-48-01-44. *Tlj 9h-23h. Résa conseillée.* Dans une rue calme et verdoyante, cette ancestrale maison abrite un restaurant de charme à prix sages. Petit patio romantique, salles intimistes et recoins dispersés dans les étages, décoration étudiée (il y a même une table à baldaquin !), difficile de rester insensible. Cuisine vietnamienne exquise. D'ailleurs, la maison a reçu la visite d'Angelina Jolie et d'Obama, c'est dire !

|●| *Cơm Niêu Sài Gòn – CNSG* (plan I, E3, *153*) : 59, Hồ Xuân Hương, quartier 3. ☎ 09-01-30-17-28. *Tlj 10h-22h.* Dans un quartier résidentiel animé et populaire. Le resto, au cadre sino-vietnamien, est d'ailleurs lui aussi très populaire auprès des familles (plutôt bourgeoises) du coin. Carte immense, mais on vient surtout pour le *cơm niêu đập*, un plat agrémenté de riz cuit dans un pot en terre cuite fermé. Pour le déguster, il faut rompre le pot ! Service rapide. Un peu cher cependant.

Chic (250 000-600 000 Dg / 9-21 €)

|●| *Maria Saigon* (plan I, E3, *155*) : 172C, Nguyễn Đình Chiểu, quartier 3. ☎ 39-30-23-79. *Tlj 10h-22h.* Un vaste resto sur plusieurs étages, avec chacun son ambiance et sa déco (petite majoration aux 2e et 3e, car le cadre est un peu plus chic !). La spécialité : les produits de la mer (dont certains conservés vivants dans des viviers). Crevettes à la bière, crabe au piment,

escargots de mer sauce *saté*, seiche, langouste, coquillages, huîtres, et même poisson-pierre en saison. Sans oublier les bons *hot pots*. Prix au poids pour de nombreux plats, ça chiffre vite ! On peut aussi manger en terrasse face à l'orchestre (pas terrible) qui joue tous les soirs.

I●I *TIB* (plan I, F2, **156**) : *187, Hai Bà Trưng, quartier 3.* ☎ *38-29-72-42.* *Ouv 11h-14h, 17h-22h.* Au fond d'une impasse bordée de bambous, une maison coloniale élégante, gardée par un ravissant portail traditionnel. Cadre cossu et climatisé, tout en bois verni, avec belles tables nappées de blanc et service au cordeau. Spécialités venues de Huê, au centre du pays. George W. Bush est venu y tremper ses baguettes.

Où manger du bon pain français, de bonnes pâtisseries et du bon chocolat ?

I●I ☕ 🍰 *Brodard* (plan II, G3, **160**) : *131-133, Đồng Khởi.* ☎ *28-38-20-22-22. Tlj 7h-22h.* Une adresse historique, qui a rouvert ses portes en 2019. Elle régale les gourmets depuis plus de 70 ans ! Cette pâtisserie française est tout indiquée pour une pause sucrée dans l'une des 2 élégantes salles d'inspiration Art déco, avec dorures, miroirs, boiseries et mobilier rétro. Les gâteaux sont aussi sophistiqués que le cadre. Très bons jus également. Quelques plats salés à la carte.

🍰 ☕ *Maison Marou* (plan II, F4, **162**) : *167-169, Calmette.* ☎ *73-00-50-10. Tlj 9h-22h (23h ven-dim).* Le Vietnam étant un important producteur de café et de chocolat, il fallait bien un lieu où les déguster sous toutes les formes : sucreries, boissons et pâtisseries de haute volée, d'inspiration française. À la baguette, Samuel Maruta et Vincent Mourou (*Marou* étant la contraction des noms de ces 2 Français), qui produisent également de fameuses tablettes de chocolat noir au packaging coloré (vendues aussi chez *Annam Gourmet,* voir plus loin la rubrique « Achats »). Pas donné, mais tellement bon...

☕ Voir aussi plus bas dans « Où boire un verre ? » les glaces, bons gâteaux et smoothies du concept-bar *L'Usine* (plan II, F3, **176**).

Où boire un verre ?

À la nuit tombée, la fièvre gagne la trépidante Saigon. Discothèques bling-bling ou clubs underground, microbrasseries d'inspiration new-yorkaise, *rooftops* huppés, *lounges* et bars de nuit avec musique assourdissante et rabatteurs à l'entrée, *sports bars* à l'américaine... il y en a pour tous les styles et tous les budgets !

Dans le « quartier routard »

La rue Bùi Viện (*plan III, B-C2*) grouille de touristes dès le crépuscule. Un défilé ininterrompu de bars plus tapageurs les uns que les autres (avec hôtesses en tenues légères parfois) qui crachent des décibels fracassants. À mi-chemin entre Las Vegas et Babylone ! Si la foule et le vacarme contenteront certains fêtards, on ne conseille pas de sortir ici le soir. Par curiosité, allez arpenter cette braillarde rue de la soif (attention aux pickpockets), puis dirigez-vous vers des contrées plus tranquilles. Voici 2 adresses plutôt sympa malgré tout.

🍸 *Café Zoom* (Vietnam Vespa Adventures ; *plan III, C2,* **170**) : *169A, Đề Thám.* 📱 *09-35-18-36-67. Tlj 7h-1h.* Petit bar d'angle drainant une foule de voyageurs anglo-saxons. Initiative originale du patron Steve Mueller : il propose des balades à Vespa dans Saigon, de jour comme de nuit. Voir aussi « Balades guidées » dans la rubrique « Se déplacer dans Hô Chí Minh-Ville ».

HỒ CHÍ MINH-VILLE / OÙ BOIRE UN VERRE ?

▼ **Whiskey & Wares** (plan III, C2, **171**) : 196, Đề Thám. ▫ 03-32-79-41-79. Tlj 17h-2h. On s'éloigne du tumulte de la rue Bùi Viện pour retrouver un peu de calme dans cette élégante taverne à l'ambiance feutrée. Lumière tamisée, bar bien achalandé, salle de la taille d'un mouchoir de poche..., une atmosphère intimiste et chaleureuse tout indiquée pour se mesurer à la belle collection de whiskeys ou siroter une bière, sélectionnée avec soin là aussi.

Dans le centre

▼ **The Alley** (plan II, F3, **175**) : 63/1, Pasteur. ▫ 09-35-65-39-69. Tlj sauf dim 17h-minuit. Happy hours 17h-20h : cocktails à ½ tarif. Musique live jeu-sam 21h-23h. Caché au fond d'une ruelle, un bar à cocktails raffiné, avec murs tapissés de bouteilles et fond sonore jazzy. On vient y déguster de gouleyants breuvages, aux recettes originales ou, au contraire, historiques. Étonnant de trouver à la carte le Old Fashioned et le Sazerac (ce fut l'un des 1ers cocktails jamais inventés à base de whiskey et d'un bitter) ! Aussi une belle cave à vins mais les prix sont prohibitifs. Service diligent. Musique live certains soirs. Une autre adresse un peu excentrée mais tout aussi sympa : **The ATM** (plan I, G2, 175 ; 27/10, Nguyễn Bỉnh Khiêm ; mêmes horaires). On vous laisse deviner derrière quoi se cache cet élégant speakeasy...

▼ |●| **L'Usine** (plan II, F3, **176**) : 70B, Lê Lợi, quartier 1. ☎ 35-21-07-03. Tlj 7h30-21h30. L'Usine, c'est d'abord un concept store dédié aux fringues et objets déco de créateurs. À l'étage, un bar style loft new-yorkais avec tabourets hauts et suspensions en métal, longues tablées en bois et sol en béton ciré. L'ardoise suggère vins du mois au verre et bières (des créations de la Pasteur Street Brewing Co.), mais la sélection gourmande de gâteaux, les glaces et les onctueux smoothies en font aussi une halte idéale au goûter. Également des salades et plats légers. Possède 2 succursales, au 151/5, Đồng Khởi (plan II, F3, **176** ; ☎ 66-74-95-65) et au 19, Lê Thánh Tôn (plan II, G3, **176**). Même esprit, la boutique en moins, pour un menu plus fourni.

▼ ⊤ **Propaganda** (plan II, F3, **145**) : 21, Hàn Thuyên. ☎ 38-22-90-48. Tlj 7h30-23h. Lire aussi plus haut « Où manger ? ». Le Propaganda est un lieu idéal pour une pause réparatrice dans un cadre sympa avec son immense fresque rétro. Riche carte de cocktails, de vins chinés sur tous les continents et, bonne nouvelle, servis au verre. Également des jus de fruits frais à accompagner de douceurs sucrées ou de petites choses à grignoter pour l'apéro. Service jeune très dynamique. Grande terrasse sous les arcades... côté avenue !

▼ ♪ **Qui** (plan II, G3, **177**) : 22, Lê Thánh Tôn, au rdc de l'immeuble Lancaster. ☎ 38-28-88-28. Tlj 11h (17h30 le w-e)-2h. Un de ces bars branchés qui illustrent le visage tapageur de Saigon by night. Au plus fort de la soirée, il faut jouer des coudes pour avancer jusqu'au bar tenu par des mixologues virtuoses et passer commande de l'un de ces cocktails qui font la réputation du lieu. Playlist pointue, ambiance festive... parfait pour un dernier verre.

Bars panoramiques (et *rooftops*)

▼ ⊤ ← **Chill Sky Bar** (plan III, C1, **180**) : 76A, Lê Lai, aux 26e et 27e étages de l'AB Tower. ▫ 938-82-28-38. Tlj 17h30-1h ; danse et musique à partir de 22h. Bières à partir de 150 000 Dg. De tous les rooftops, celui-ci est exceptionnel pour la vue imprenable sur la ville (la tour Bitexco illuminée, la rivière de Saigon...). Verre, métal, plastique et plexiglas multicolores, la déco fait dans le glamour. Ne venez pas en T-shirt et en tongs, on vous refuserait l'entrée. Prix très élevés, bien sûr, à moins de venir en happy hours (avant 20h).

▼ ♪ ⊤ ← **Glow Sky Bar** (plan II, F3, **181**) : 93, Nguyễn Du (13e étage), quartier 1. ▫ 09-38-87-45-69. Entrée juste à côté de la banque Keb Hana. Tlj jusqu'à 1h. Un *rooftop* très sélect. Et pour cause, la vue sur la ville, *by night*, y est époustouflante. Mais autour du bar central, la jeunesse saigonnaise, tout en strass et paillettes, lui fait concurrence ! Beaucoup d'expats aussi. Excellents cocktails (très chers), et programmation musicale tendance électro.

❢ ⊤ ⬥ *Social Club – Above Saigon* (plan II, F3, 182) : 76-78, Nguyễn Thị Minh Khai, au 24ᵉ étage du très chic Hôtel des Arts. ☎ 39-89-88-88. Tlj 8h (17h30 pour le resto)-minuit (1h w-e). Vertigineux ! Perché en retrait du centre-ville, suspendu au-dessus du vide, ce *rooftop* s'enivre d'une vue panoramique sur Saigon, de la tour Landmark 81 à la Bitexco, scintillantes d'orgueil à la nuit tombée. Ambiance plus que branchée, musique qui pulse, cocktails et habits de lumière. Ici, c'est *dress to impress* ! Aussi un resto vitré à l'étage du dessous, rétro et cossu.

❢ ⊤ ⬥ *Saigon Saigon Bar* (plan II, G3, 183) : 19-23, Lam Sơn. ☎ 09-06-90-05-23. Tlj 11h-2h. Happy hours *16h-19h : boissons à ½ tarif*. Perché au 9ᵉ étage de l'hôtel *Caravelle*, derrière d'immenses baies vitrées, c'est un endroit couru pour sa vue nocturne sur la ville. Mais on vient aussi profiter de la terrasse et sa brise bien rafraîchissante de jour. Le soir, Saigonnais friqués et touristes s'y mêlent sur fond de musique live.

Où boire une bière (de microbrasserie) ?

❢ *East West Brewing Co.* (plan II, F3, 185) : 181-185, Lý Tự Trọng. ☎ 09-13-06-07-28. Tlj 17h (12h w-e)-minuit (1h jeu-sam). Dans une immense salle à la déco industrielle, avec ses cuves en toile de fond, la *East West Brewing Company* est gérée par une équipe américano-vietnamienne. De ce brassage sont nées de bien belles mousses aux saveurs variées : on goûte aussi bien l'amertume d'une IPA que la fraîcheur d'une *pale ale*, en passant par la rondeur d'une bière fruitée. Quelques bières belges en plus des productions maison, et des plats de *comfort food* vietnamienne ou occidentale (des mets plus réconfortants que diététiques). Pour ne rien gâcher, l'équipe en salle est jeune et dynamique.

❢ *Hoa Viên Brauhaus* (plan I, F2, 186) : 18 bis/30A, Nguyễn Thị Minh Khai, quartier 1. ☎ 38-29-05-85. Tt au fond d'une allée. Tlj 10h-23h. Le propriétaire est un ancien diplomate vietnamien qui a vécu à Prague. Là-bas, il a découvert la bière tchèque. De retour à Saigon, il a monté cet établissement qui rappelle furieusement les brasseries d'Europe centrale, avec ses grosses cuves en cuivre rutilantes pour la fabrication de 2 bières : une ambrée et une brune au petit goût de caramel (pas mauvais), servies en pinte ou dans des verres de 1 l. Fait aussi resto.

❢ *Pasteur Street Brewing Co.* (plan II, F3, 187) : 144, Pasteur. ☎ 28-73-00-73-75. *Dans une impasse, accès via un porche.* Tlj 11h-minuit. Fondée par de jeunes Américains, cette microbrasserie produit des mousses de caractère, piochant dans les saveurs locales (épices, herbes, fruits). Il en résulte des arômes exotiques et surprenants. Quelques grignotages pour éponger. Cadre très sobre, dans une minisalle tout en longueur vite bondée en soirée. Microterrasse sur le toit (pas de vue). Prix un peu élevés.

Où écouter du jazz, du rock ou de la musique latino ?

♪ *Saxn'Art Club* (plan II, F3, 190) : 28, Lê Lợi, quartier 1. ☎ 38-22-84-72. *Programmation sur Facebook.* Tlj 18h-minuit. *Musique à partir de 21h. Entrée : env 130 000 Đg.* Une adresse que les amoureux de jazz ne manqueront pas ! Non pas pour le cadre propret, mais bien pour Trần Mạnh Tuấn, un génial saxophoniste qui se produit avec son groupe presque tous les

HÔ CHÍ MINH-VILLE / ACHATS, MAGASINS, SOUVENIRS | 423

soirs. Même si le répertoire musical est un peu conventionnel, l'interprétation est émouvante. Ses impros donneront des frissons aux plus réfractaires ! Toute petite scène.

♪ *Yoko (plan I, E3, 191) : 22A, Nguyên Thi Diêu, quartier 3. ☎ 39-33-05-77. Ouv 8h (16h dim)-minuit (17h lun). Concerts tlj sauf lun, à partir de 20h45. Entrée libre.* Ici, on s'entasse certains soirs (plutôt le week-end) pour reprendre en chœur (et en anglais SVP) des standards du rock ou pour écouter du jazz. Yoko ? C'est Yoko Ono, bien sûr, épouse d'un certain John, dont le portrait surveille placidement la salle... En fin de semaine, il peut y avoir jusqu'à 2 ou 3 chanteurs ou groupes par soir. Scène ouverte le mardi.

♪ *Carmen Bar (plan II, G3, 192) : 8, Lý Tu Trong, quartier 1. ☎ 38-29-76-99. Tlj 19h-1h. Entrée libre.* Dans une maison biscornue qui semble sortir d'un conte de fées, une taverne rustique avec murs en pierre, vieux plafond en rondins et tonneaux en guise de tables. Il y règne une chaude ambiance musicale, assurée quotidiennement par un groupe vietnamien qui reprend les vieux classiques, et même des chansons flamenco et latino ! Dommage que le prix des consos soit un peu élevé.

Où danser ?

Les Saigonnais sortent plus que leurs lointains cousins de Hanoi. On trouve donc pas mal de boîtes en ville. Si certaines déversent une musique de qualité médiocre sous un déluge d'effets et de faisceaux lumineux, d'autres lieux moins tape-à-l'œil ont fleuri en ville. Une règle de base si vous ne voulez pas vous voir refuser l'entrée : ni débardeur ni sandales.

🕺 *The Lighthouse (plan II, F3, 195) : 104, Nam Ky Khoi Nghia (6ᵉ étage). Tlj 17h-2h (5h ven-sam).* Un club réparti sur les 3 derniers étages d'un immeuble. Le niveau inférieur est fermé et vitré tandis qu'au-dessus on peut siroter son verre à l'air libre. Pas de vue époustouflante mais une déco sympa de bois et de végétation. Côté musique, programmation house et techno pointue qui attire les jeunes Saigonnais branchés.

🕺 *Apocalypse Now (plan II, G3, 196) : 2D, Thi Sách, quartier 1. Ouv 20h-3h. Entrée libre, sauf ven à partir de 23h.* Architecture coloniale repeinte en rouge et vert sombre. Tout type de musique y anime les jeunes Vietnamiens friqués et quelques filles parties à la pêche à l'expat. On y frime, on y flambe, on y parade... Plusieurs bars et écrans TV, et une agréable cour intérieure avec bambous et loupiotes pour reprendre son souffle.

Massages

Le massage est une culture au Vietnam et l'on ne compte pas les centres de massages traditionnels en ville, du petit salon de rue au spa de grand hôtel ! Impossible de les citer tous donc. Inutile de réserver, il est rare de ne pas trouver de disponibilité, même au dernier moment. Avant le grand saut, vérifiez la propreté (parfois douteuse), les équipements, consultez la carte des soins. Puis fiez-vous à votre flair.

Achats, magasins, souvenirs

Commerce équitable

Mekong Quilts (plan II, F3, 200) : 68, Lê Loi, quartier 1. ☎ 22-10-31-10. ● mekongquilts.com ● *Au 1ᵉʳ étage. Tlj 9h-18h.* Un magasin géré par une ONG prônant le commerce équitable et le développement communautaire au Vietnam et au Cambodge. Plusieurs centaines de femmes participent au

LE SUD

projet. Une partie des bénéfices est reversée aux communautés (bourses scolaires, programmes sanitaires et d'éducation). Artisanat de qualité mais prix un peu gonflés.

Maquettes de bateaux

❀ Derrière le théâtre municipal, entre l'hôtel *Caravelle* et la **rue Hai Bà Trưng** *(plan II, G3, 201)*, plusieurs boutiques vendent de jolies maquettes de bateaux en bois tropical faites à la main, de toutes tailles : jonques chinoises, caravelles portugaises, 3 et 4-mâts de la grande époque, grands paquebots, etc. Livraison possible dans le monde entier, en avion ou par bateau (plus long mais bien moins cher) : bien se faire préciser les frais de douane pour éviter les mauvaises surprises !

Laques

❀ **Tây Sơn Co.** *(plan I, E2, 202)* : *198, Võ Thị Sáu, quartier 3.* ☎ *39-32-57-08. Tlj 8h-17h.* Vaste boutique de laques qui propose une petite visite guidée gratuite de l'atelier de fabrication. Ravissants bracelets, pots, vases, meubles, boîtes, plats à glisser dans sa valise. Les prix ne sont pas donnés, mais le travail est de qualité.

Antiquités

❀ On en trouve un peu partout, mais la **rue Lê Công Kiều** *(plan II, F4)*, dans le quartier 1, est la rue des antiquaires. Elle se situe à la hauteur de la place du marché Bến Thành, entre les rues Phó Đức Chính et Nguyễn Thái Bình. Attention : les vraies antiquités sont systématiquement confisquées à la douane au moment de sortir du pays.

Stylisme, mode, vêtements et accessoires

❀ Les rues **Nguyễn Trãi** et **Lý Tự Trọng** *(plan III, A-B1 et plan II, F-G3)* alignent bon nombre de boutiques de fringues très sympa, distribuant des marques que l'on ne trouve pas chez nous. Les prix sont souvent raisonnables pour une qualité plus qu'honnête.

❀ **The New Playground** *(plan II, F3, 203)* : *26, Lý Tự Trọng. Tlj 10h-22h.* Derrière la façade de briques jaune vif qui rappelle les boutiques tendance du SoHo new-yorkais, un temple de la mode *streetwear* ultra-branché. Grillages, néons, béton habillent une sélection de pièces pointue qui ravira les jeunes adeptes de la *hype*.

Soie

❀ **Rue Đồng Khởi** *(plan II, F-G3)*, soie de qualité et de toutes les couleurs, tableaux brodés, nappes, chemises, débardeurs, vêtements sur mesure, etc.

❀ **Nice Silk** *(plan II, G3, 204)* : *151, Đồng Khởi. Tlj 8h-22h.* Une débauche d'*ao dai* (la tenue traditionnelle vietnamienne) de toutes les couleurs et imprimés possibles qu'une couturière efficace et méticuleuse ajustera pour vous en seulement 2 jours. Possibilité également de se faire tailler un ensemble sur mesure mais c'est plus long (et plus cher !).

Pharmacopée

❀ **Pharmacopée traditionnelle chinoise** *(plan I, B5, 205)* : *Thuận Lợi, 108, Hải Thượng Lãn Ông, quartier 5.* En plein cœur de Cholon, une boutique parmi d'autres (c'est le quartier !) vendant des plantes médicinales, lézards desséchés, serpents et scorpions marinés dans de l'alcool de riz... Pour comparer, la *pharmacie Đại Khánh*, à gauche du n° 108, propose des médicaments chinois moins traditionnels mais tout de même fort différents de notre pharmacopée à nous.

Vins, épicerie fine

❀ **Annam Gourmet** *(plan II, G3, 206)* : *16-18, Hai Bà Trưng, quartier 1.* ☎ *38-22-93-32. Tlj 7h-21h30.* Immeuble luxueux abritant une belle épicerie fine destinée aux expats : thés, chocolats, alcools, vins, fromages, sauces, biscuits, confitures et autres produits bien de chez nous... à prix vraiment prohibitifs ! Agréable petit café au 1er étage.

À voir

LE CŒUR DE LA VILLE *(quartier 1)*

Alternant hôtels de luxe, boutiques d'une élégance ostentatoire, pimpants édifices coloniaux, tours de verre étincelantes et gargotes interlopes, le cœur historique de la ville est pour le moins déroutant. On évolue entre vendeurs ambulants, cuisines nomades et scooters débridés en lorgnant sur les éclectiques vitrines et l'incessant trafic. De prime abord, la ville fascine autant qu'elle oppresse, mais pas de panique, on s'habitue vite à son activité fébrile.

3 axes principaux organisent le quartier. Vitrine de la Saigon coloniale, l'avenue *Đồng Khởi* (ex-rue Catinat) relie la rivière à la cathédrale. Parallèle, mais plus large, l'avenue *Nguyễn Huệ* commence aussi sur les quais, un pâté de maisons à l'ouest, et se termine à l'hôtel de ville. Le boulevard *Lê Lợi*, enfin, relie le théâtre municipal au marché Bến Thành.

Les **rues** ont été rebaptisées de noms vietnamiens lors de l'indépendance du Sud-Vietnam en 1956, puis avec la prise de la ville par les communistes en avril 1975. Seules 4 portent encore des noms français : les rues Pasteur, Calmette, Yersin et Alexandre-de-Rhodes, en hommage à ces 4 personnages : un chimiste, 2 médecins bactériologistes et un linguiste (voir la rubrique « Personnages » au chapitre « Hommes, culture, environnement » en fin de guide).

🎦 **L'avenue Nguyễn Huệ** *(plan II, F-G3-4)* : on se plaît à l'appeler les « Champs-Élysées » de Saigon mais en réalité elle n'a que peu à voir avec la prestigieuse artère parisienne. Longue de 750 m et large de 70 m, elle occupe le lit d'un ancien canal comblé au début du XXe s. Le terre-plein central de sa partie haute a été rendu totalement piéton : une rareté au Vietnam ! Plus au sud, les immeubles modernes (hôtels, bureaux, centre commercial *Union Square*) symbolisent le fiévreux développement économique du pays. C'est l'avenue la plus convoitée par les investisseurs étrangers.

Noter l'*hôtel Rex*, un célèbre 4-étoiles situé au carrefour des avenues Nguyễn Huệ et Lê Lợi. Pendant la guerre, c'était le Q.G. des officiers américains célibataires... Aujourd'hui, on peut venir profiter de sa terrasse, au 5e étage.

N'hésitez pas enfin à vous engouffrer dans la cage d'escalier du *n° 42*. Passé le hall peu engageant, on tombe sur un essaim de bistrots de poche, cafés tendance et *concept stores* prisés de la jeunesse branchée étagés sur 8 niveaux.

🎦🎦 **L'hôtel de ville** *(Comité populaire ; plan II, F3)* : ne se visite pas. Joliment « meringué » dans un style néo-Renaissance, il fut construit entre 1900 et 1908 et décoré par un dénommé Ruffier, qui le chargea de mascarons et de colonnettes corinthiennes. Une fière allure renforcée par une sémillante teinte jaune pastel et d'abondants parterres fleuris. Aujourd'hui siège du Comité populaire de la ville, il reste l'un des plus beaux représentants de l'époque coloniale à Saigon. Magnifié la nuit, lorsqu'il est illuminé. À ses pieds se déroule la grandiose avenue Nguyễn Huệ.

🎦 **Le théâtre municipal** *(plan II, F-G3)* : *sur la pl. Lam Sơn, au croisement de la rue Đồng Khởi et du bd Lê Lợi.* ☎ *38-29-99-76.* Non loin de l'hôtel de ville, il fut inauguré en 1900, en pleine « Belle Époque », comme le prouve son architecture vaguement inspirée du Petit Palais parisien. Il servit de théâtre jusqu'en 1955 puis abrita l'Assemblée nationale jusqu'en 1975. Il a retrouvé aujourd'hui sa vocation initiale.

🎦 **La cathédrale Notre-Dame** *(Nhà thờ Đức Bà ; plan II, F3)* : *à l'extrémité de la rue Đồng Khởi, sur Công Xã Paris (pl. de la Commune-de-Paris).* **Attention** : *en rénovation lors de notre dernier passage, la cathédrale était fermée au public.*
Monument emblématique de Saigon, la cathédrale a peu à voir avec Notre-Dame de Paris dont elle est censée s'inspirer ! Bâtie entre 1877 et 1880 dans un style

néoroman (très, très néo !), elle est coiffée de 2 clochers carrés et de flèches de 40 m de haut. Elle était jadis un repère visuel, mais elle est aujourd'hui noyée dans la forêt de gratte-ciel qui poussent en ville.

Derrière sa façade en pierre et en brique rouge se cache un intérieur très sobre, pour ne pas dire pauvret. Le seul intérêt de la visite, ce sont les chapelles latérales aux vitraux et aux saints « made in France ». Dans le bas-côté gauche après l'entrée (4e chapelle), on découvre ainsi 2 petits vitraux dédiés à sainte Anne, patronne de la Bretagne (nombreux étaient les Bretons dans la marine et aux missions étrangères), et saint Yves, avocat des pauvres. Eux ne font guère recette auprès des Saigonnais, mais les saints voisins et la Vierge croulent littéralement sous les ex-voto en marbre ou en plastique bleu, rédigés d'abord en français (« Merci ») puis en vietnamien (« *Cám ơn Đức Mẹ* »). Bien prêter attention aux chants liturgiques qui sont un métissage culturel et spirituel entre la tradition judéo-chrétienne et la musique répétitive bouddhique. Aussi beau que curieux.

On peut assister à la messe (en vietnamien, français ou anglais). Beaucoup de ferveur chez les fidèles.

🕭🕭 *La poste centrale* (*Bưu điện Sài Gòn* ; plan II, F3) **: 2, Công Xã Paris (pl. de la Commune-de-Paris). Tlj 7h (8h dim)-19h (18h le w-e).** L'un de fleurons de l'architecture coloniale française à Saigon. Ici, le temps est comme suspendu. Construite de 1886 à 1891, elle est supportée par une solide charpente métallique, œuvre de Gustave Eiffel. Les couleurs des murs, les carrelages, les ventilateurs qui brassent l'air au plafond confèrent au lieu un charme irrésistiblement désuet. Impossible de rater le grand portrait de l'oncle Hồ au fond et, dans l'entrée, juste à droite, le grand plan de Saigon et de ses environs datant de 1892. Sur le mur opposé, un 2e plan de 1936 cartographie les lignes télégraphiques du Sud-Vietnam et du Cambodge. En dessous, d'anciennes cabines téléphoniques en boiseries. Sur la façade extérieure, dans des médaillons, figurent les grands hommes de la nation – française, bien évidemment…

🕭 *La rue Đồng Khởi* (plan II, F-G3) **:** reliant la cathédrale Notre-Dame à la rivière, elle constitue l'une des artères principales de la ville. Rectiligne et ombragée, elle est frangée de quelques immeubles modernes construits à la fin des années 1990 avec plus ou moins de talent.

À l'époque coloniale, cette voie s'appelait la rue Catinat, nom du navire amiral de la flotte française qui accosta là au XIXe s. Elle était déjà huppée, bordée de belles boutiques, d'hôtels et de cafés chics comme *La Rotonde* et *La Taverne Alsacienne* (à l'emplacement de l'hôtel *Majestic*). Voir plus haut, dans l'introduction sur Saigon, le paragraphe intitulé « Le Petit Paris de l'Extrême-Orient ».

Après la partition du pays, elle devint en 1954 la rue Tự Do, « rue de la Liberté ». Puis ce fut la guerre du Vietnam, la présence américaine… Et l'âge d'or des bars à filles aux noms évocateurs : *California, Mimi's Bar, Uncle Sam, Play Boy*… Les rumeurs et les potins y circulaient. « Radio Catinat »

> **LA CHARCUTERIE OU L'INDOCHINE ?**
>
> *À 17 ans, Alain Delon, diplômé d'un CAP de boucher-charcutier, devança l'appel et partit en Indochine comme matelot 1re classe. Affecté à la compagnie des fusiliers marins, il gardait l'arsenal de Saigon. En 1954, dans un cinéma de la rue Catinat (aujourd'hui Đồng Khởi), il découvrit* Touchez pas au grisbi *avec Jean Gabin dans le rôle principal. Le jeune Alain participa aux patrouilles sur le fleuve Mékong face à un ennemi invisible. Il fut arrêté après avoir « emprunté » une jeep pour aller faire la java… Et il fêta ses 20 ans seul dans un cachot d'une prison militaire de Saigon !*

était sûrement la source d'informations officieuses la plus efficace de toute la ville. Après la chute de Saigon en avril 1975, on la rebaptisa Đường Đồng Khởi, c'est-à-dire la « rue du Soulèvement général ».
Aujourd'hui, l'artère est un défilé de magasins de luxe et de restos courus. On y trouve toujours quelques vestiges bien conservés du « temps des Français » : l'**hôtel Majestic** *(Cửu Long),* au n° 1, le **théâtre municipal,** l'**hôtel Caravelle** *(Độc Lập)* et l'**hôtel Continental.** Ces 4 vénérables bâtiments sont rassemblés autour du carrefour formé par la rue Đồng Khởi et le boulevard Lê Lợi (voir plus haut dans la rubrique « Où dormir ? »).

🍴 *La mosquée indienne de Saigon (plan II, G3) : 66, Đồng Du. Tlj 8h-20h. Shorts, T-shirts et jupes courtes interdits.* Apparition incongrue en terre bouddhique que cette mosquée vert d'eau enferrée au milieu des tours des hôtels *Sheraton* et *Caravelle* ! Construite en 1935, en pleine époque coloniale, par et pour les Indiens musulmans, elle est un havre de paix dans l'agitation urbaine. Peu de choses à découvrir dans l'enceinte, hormis un bassin destiné aux ablutions et la salle de prière très dépouillée. Il ne reste aujourd'hui que quelques milliers de musulmans dans le pays, beaucoup ayant fui lors de la chute de Saigon en avril 1975.

🍴🍴 ← *La tour Bitexco – Saigon Skydeck (plan II, G4) : 36, Hồ Tùng Mậu.*
● *bitexcofinancialtower.com* ● *Skydeck tlj 9h30-21h30. Billet : 200 000 Đg ; enfant et senior 130 000 Đg. En allongeant 50 000 Đg de plus, possibilité de visiter le « musée Heineken », dédié à la bière du même nom (on avoue avoir fait l'impasse).*
Plantée au bas de l'avenue Nguyễn Huệ, la tour Bitexco, inaugurée en 2010, est, avec ses 68 étages grimpant sur 262 m, l'une des plus hautes du pays. On peut monter au *Skydeck,* situé au 49ᵉ étage, pour contempler l'impressionnant panorama à 360° sur la ville.
Toujours plus haut, la *tour **Landmark 81,*** sortie de terre en 2018 au nord du centre-ville (208, Nguyễn Hữu Cảnh ; *plan I, H1-2),* serait même, avec ses 461 m, la plus haute d'Asie du Sud-Est… jusqu'à ce qu'on la détrône ! Son *Skydeck,* perché entre les 79ᵉ et 81ᵉ étages, est époustouflant mais ridiculement hors de prix *(800 000 Đg l'entrée simple !).* Là encore, il vaut mieux prendre un verre au bar situé au 75ᵉ étage.

À L'OUEST DU CENTRE-VILLE

🍴🍴 *Le palais de la Réunification (Hội Trường Thống Nhất ; plan II, F3) : entrée des visiteurs au 135, Nam Kỳ Khởi Nghĩa.* ☎ *38-22-36-52. Tlj 7h30-11h, 13h-16h (dernière entrée 1h avt). Entrée : 40 000 Đg (65 000 Đg avec l'expo temporaire). Audioguide : 75 000 Đg. Visite guidée : 300 000 Đg (pour 1-20 pers).*
Ce jeune monument historique est vraiment entré dans l'histoire le 30 avril 1975, à 10h45, lorsque les chars d'assaut 843 et 390 de la 203ᵉ brigade de l'armée nord-vietnamienne (communiste) défoncèrent les lourdes grilles de fer forgé du parc. Une image mondialement connue qui marquait la chute de Saigon, la fin du Sud-Vietnam et le terme de 30 années de guerre impitoyable. Un petit soldat vert escalada alors la façade du palais présidentiel (c'était son nom à l'époque), arracha le drapeau sud-vietnamien et le remplaça par le drapeau bleu et rouge du GRP (Gouvernement révolutionnaire provisoire).
À l'intérieur du palais, dans une **salle du 1ᵉʳ étage,** le général Minh, surnommé « Big Minh », attendait les soldats nord-vietnamiens, entouré de son cabinet improvisé. Nommé chef de l'État du Sud-Vietnam moins de 48h auparavant, décidé à assumer ses pouvoirs jusqu'à la dernière seconde, il accueillit le colonel

Bùi Tín, l'officier communiste chargé de recevoir sa capitulation, par cette phrase :
« J'attends depuis ce matin pour vous remettre le pouvoir ! » « Il n'en est pas
question, répliqua le colonel, votre pouvoir s'est écroulé. Vous ne pouvez donner
ce que vous n'avez pas. » Saigon prise et le Vietnam réunifié en un seul État, les
communistes rebaptisèrent le bâtiment « palais de la Réunification » et le clas-
sèrent « vestige historique et culturel national », avant d'en faire un musée en 1990.
Cela explique son parfait état de conservation. **Tout semble s'être figé en 1975** :
contreplaqué, lino, les matières chics de l'époque tapissent encore les pièces,
relativement dépouillées.
Le palais de la Réunification fut construit entre 1962 et 1966, d'après les plans
(pour la façade seulement) de l'architecte vietnamien Ngô Viết Thụ, Grand Prix de
Rome en 1955. Il s'est d'abord appelé le palais de l'Indépendance puis le palais
présidentiel. Les présidents Diệm et Thiệu y demeurèrent. Il occupe l'emplacement
de l'ancienne résidence du gouverneur général de l'Indochine, belle et grande
bâtisse coloniale de 1868 qui fut bombardée en février 1962 lors d'une tentative
de coup d'État.
À l'intérieur, on visite de grands salons et des salles de réception.
– *Au 1er étage (en fait le rez-de-chaussée) :* salles de réception et du Conseil des
ministres, salle de conférences (encore utilisées de temps en temps).
– *Au 2e étage :* le **bureau du président Thiệu,** la salle des cartes (représentant
les combats au sud du pays), des salons de réception et, le plus luxueux du
palais, le salon des ambassadeurs, avec un grand tableau mural en laque
(composé de 40 panneaux) illustrant la victoire sur les Ming. On voit aussi la
salle à manger et les 2 chambres à coucher du président, autour d'un patio
où sont exposés les cadeaux qui lui furent offerts, notamment des pieds
d'éléphant.
– *Au 3e étage :* la **salle de banquet** de l'épouse du président Thiệu, une salle de
cinéma avec de grosses portes capitonnées et la salle de jeux, avec son bar en
forme de tonneau et son sofa rond en skaï. Tout ce qu'il y a de plus kitsch ! Voir
aussi, à cet étage, la plateforme d'envol pour hélicoptères.
– *Au 4e étage :* la **salle de danse,** avec un piano à queue et des vitres de 1,2 cm
d'épaisseur (et un petit bar pour se désaltérer !). Belle vue sur le parc du palais
et les tours de la ville. De là, on redescend jusqu'au sous-sol du palais, appelé
le « bunker », avec d'autres pièces tapissées de cartes (pour suivre et contrôler
les opérations militaires) et des salles équipées de matériel de transmission
radio. Enfin, on remonte en passant par les cuisines, avant de voir la Mer-
cedes blanche de Thiệu, considérée comme faisant partie du butin de l'armée
de Libération...

🏹 **Le musée de la Ville de Hồ Chí Minh** *(Bảo Tàng Thành Phố Hồ Chí Minh ;
plan II, F3) :* 65, Lý Tự Trọng *(à l'angle de la rue Nam Kỳ Khởi Nghĩa).* ☎ 38-29-
97-41. ● hcmc-museum.edu.vn ● Tlj 8h-17h. Entrée : 30 000 Dg. Droit photos :
20 000 Dg. Attention, à ne pas confondre avec le musée Hồ Chí Minh *(le politicien ;
voir plus loin)* ! Cartels en anglais.
Le musée occupe l'***une des plus belles bâtisses d'époque coloniale***, dotée
d'une grande façade gris clair à colonnes, avec un fronton néogrec. Étrange destinée que celle de ce monument construit par les Français en 1886 pour être le
palais du gouverneur de la Cochinchine. Le président Diệm l'occupa provisoi-
rement en 1962-1963 car le palais de l'Indépendance avait été endommagé en
février 1962 par une tentative de coup d'État. Devenu le musée de la Révolution
(en 1978), il a été rebaptisé musée de Hồ Chí Minh-Ville. C'est le lieu de prédi-
lection des amoureux, qui se font prendre en photo devant la traction Citroën ou
sur l'escalier monumental.
– *Au rez-de-chaussée :* à gauche en entrant, section sur Hồ Chí Minh-Ville, présentée comme le centre économique, administratif, financier, technologique et
culturel du pays. On y apprend par exemple que la ville a changé 10 fois de nom !
Focus sur l'activité portuaire et amusantes photos d'époque des marchés de la

ville. En face, grande salle consacrée aux villages artisanaux (textiles, orfèvrerie, etc.) de la région de Saigon. Puis, plus loin, une partie dédiée au mariage traditionnel, avec un autel de temple, des offrandes et de beaux costumes utilisés pour le grand jour. Dans le couloir, vénérable barque du XIIIe s.
– *Au 1er étage :* la salle à droite du grand escalier est consacrée à la 1re période révolutionnaire (1930-1954) : la résistance vietnamienne aux Français, le mouvement démocratique de 1936 à 1939, tracts, journaux, témoignages, les insurrections paysannes des années 1940... Vitrines sur la 1re guerre (1945-1954) à Saigon et sur une base viet dans la forêt. La pièce de gauche, en face, évoque la guerre contre les Américains : maquette des tunnels de Củ Chi, armes, évocations de la vie quotidienne dans les maquis, de la lutte politique... jusqu'à cette grande fresque de l'Indépendance. Enfin, dans les espaces tout autour, instruments de musique, statuettes en céramique, outils agricoles, techniques des laqueurs, antiques charrettes à roues pleines, des pièces anciennes et même un four *Hoàng Cầm* reconstitué, destiné à dissimuler la fumée des fourneaux pour ne pas être repéré.
– *Au sous-sol :* une porte blindée donne sur un réseau de tunnels souterrains et de bunkers, dont on peut voir une petite section. En 1963, Diệm et son frère Nhu s'y cachèrent pendant près de 7h pour échapper au coup d'État organisé par la CIA.

🍴 **Le marché Bến Thành** *(plan II, F3-4) : tlj 7h-19h ; après, le marché de nuit s'installe tt autour.* Le plus vieux et le plus grand des marchés couverts de Saigon. Le bâtiment actuel date de 1914. À l'intérieur, on trouve de tout : viande, poisson, légumes, épices, fruits secs, fleurs, vêtements, tissus, quincaillerie... et des babioles en tout genre. Ambiance très touristique, prix un peu gonflés... Et l'on est sans cesse interpelé par les vendeurs. Finalement, ce n'est pas l'endroit le plus agréable pour faire ses achats. Ceux qui n'aiment pas marchander mettront le cap sur les allées du fond, côté est : prix fixes. Également des petits comptoirs où l'on peut manger et boire pour 3 fois rien.

🍴🍴 **Le musée des Beaux-Arts** *(Bảo Tàng Mỹ Thuật ; plan II, F4) : 97A, Phố Đức Chính, quartier 1.* ☎ 38-29-44-41. ● vnfam.vn ● *Tlj 8h-17h. Entrée : 30 000 Dg.*
Installé dans 3 belles demeures coloniales, le musée expose sculptures et peintures d'artistes vietnamiens, et différents objets traditionnels.
– La *1re demeure* est dédiée aux arts modernes : peinture, dessin et sculpture. La collection est riche mais la muséographie

> **L'ART À PART ENTIÈRE**
>
> *La notion d'art n'existait pas au Vietnam avant le début du XXe s, peinture et sculpture n'ayant que des fonctions décoratives dans les temples et les palais. Il fallut attendre la création d'une école des Beaux-Arts, en 1925, pour que les artistes vietnamiens, considérés jusqu'alors comme des artisans, accèdent enfin au statut d'« artiste » et signent leurs œuvres.*

inexistante dessert les œuvres, accrochées sans cohérence ni réflexion quant à un éventuel fil conducteur. Quelques bijoux néanmoins, et une déambulation agréable dans cette maison au charme délicieusement suranné. On y flâne parmi des œuvres correspondant aux 3 grandes périodes qui caractérisent la peinture vietnamienne. L'école des Beaux-Arts d'Indochine (de l'époque coloniale à l'ouverture aux techniques asiatiques) commença par obéir aux canons de l'école occidentale, avant de se tourner vers des représentations résolument asiatiques. La période des guerres, ensuite, marque véritablement la naissance de la peinture vietnamienne. On n'échappe évidemment pas au thème de la lutte révolutionnaire. Mais ses traitements divers ne sont pas dénués d'intérêt : toiles, dessins, eaux-fortes, gravures sur bois, aquarelles, encres de Chine, affiches tantôt réalistes, tantôt lyriques, dont certaines révèlent de vrais talents et des coups de crayon

virtuoses ! Viennent enfin les œuvres contemporaines, celles de l'abstraction et de l'ouverture à l'international avec pas mal de grands formats.
- La *2e demeure* accueille essentiellement des expos temporaires et à nouveau des peintures (salles du bas).
- La *3e demeure* abrite des collections de sculptures en pierre du royaume Champa (VIIe-XVIIe s), des œuvres primitives des Hauts Plateaux, ainsi que des sculptures bouddhiques et hindouistes du delta du Mékong, l'art Óc Eo (Ier-VIe s) et post-Óc Eo (VIIe-XIIe s). On peut voir des céramiques vietnamiennes du XIVe au XXe s (issues de l'ancienne Saigon et des écoles Lái Thiêu et Biên Hoà), des statues vouées aux cultes populaires et des statues khmères du Sud-Vietnam.

☕ Petit café, le *Fine Arts Café,* dans la cour intérieure. Idéal pour s'offrir un pot en fin de visite.

🚶 *Le temple hindou de Mariammam* (plan I, F3) : *45, Trưong Định. Tlj 7h30-12h, 13h30-19h.* C'est le seul temple hindou de Saigon encore ouvert au culte. Autrefois assez florissante, la communauté indienne fut saignée à blanc par la guerre et la révolution. Il n'en reste qu'une petite centaine de membres, pour la plupart d'origine tamoule. Beaucoup de fidèles fréquentent ce temple mais ne sont pas hindous pour 3 sous... En fait, les Vietnamiens ont investi ce lieu. Le quartier hindou à proprement parler se situait dans la rue Tôn Thất Thiệp (entre l'avenue Nguyễn Huệ et la rue Pasteur). Là se trouvent encore les anciennes maisons des banquiers *chettys* et un petit temple (fermé) de style tamoul.

🚶 *Le Cercle des Travailleurs* (Cung Văn Hoá Lao Dộng ; plan I, E-F3) : *entrée au milieu de la rue Huyền Trân Công Chúa.* ☎ *28-39-30-75-12.* L'un des lieux symboliques du vieux Saigon colonial, l'ancien Cercle sportif, aujourd'hui Cercle des Travailleurs, est situé dans un grand parc ombragé derrière le palais de la Réunification. Rien de très intéressant à voir, il a été converti en parc de loisirs. À l'époque coloniale, le Cercle sportif était le rendez-vous chic et branché de la ville, où se retrouvaient les membres sportifs de la communauté française et la bonne bourgeoisie de Saigon. À l'époque des Américains, on voyait souvent l'ambassadeur Cabot Lodge barboter dans la piscine et McNamara, secrétaire d'État à la Défense, jouer au tennis avec les dirigeants vietnamiens.

AU NORD-OUEST DU CENTRE-VILLE *(quartier 3)*

🚶🚶🚶 *Le musée des Vestiges de la guerre* (plan I, E-F3) : *28, Võ Văn Tần (à l'intersection avec la rue Lê Quí Đôn), quartier 3.* ☎ *39-30-55-87.* ● *warremnants museum.com* ● *Tlj 7h30-18h. Entrée : 40 000 Dg ; réduc.*
C'est le musée le plus visité de Saigon, consacré à une effroyable guerre qui fit, selon les estimations, pas moins de 3 millions de victimes (dont les deux tiers de civils)... Initialement nommé « musée des Crimes de guerre américains », on changea son nom pour ne pas heurter les touristes venus des États-Unis, qui affluent en masse depuis la levée de l'embargo par Bill Clinton en mars 1994. La dialectique est toutefois restée la même. D'un côté des méchants Américains, vus comme des agresseurs illégitimes d'une grande violence et de grands criminels. De l'autre, les innocents combattants communistes, dignes défenseurs du peuple vietnamien.
On peut évidemment trouver regrettable que le propos soit à ce point partial et orienté. Le musée passe ainsi soigneusement sous silence les exactions commises dans le camp communiste, comme celles du régime totalitaire mis en place après 1975. Chacun se fera son opinion... Finalement, dans les guerres, il est bien souvent difficile de démêler le bien du mal chez les combattants rendus fous (furieux) par l'horreur des affrontements. Pendant que leurs dirigeants continuent de... jouer au tennis !

HÔ CHÍ MINH-VILLE / AU NORD-OUEST DU CENTRE-VILLE | 431

Dans le jardin autour du musée
La visite commence **dans la cour** : hélicoptère Bell UH-1 Huey (immortalisé dans le film *Apocalypse Now* de Francis Ford Coppola), un hélicoptère Chinook (les plus gros), un tank M48 de 47 t, des avions de combat fuselés, dont le F5A Jet Fighter, un bulldozer D7 de 40 t qui rasait tout sur son passage, un lance-flammes, ainsi que plusieurs types de bombes de taille colossale (américaines toujours), dont l'effroyable « blu-82 seismic bomb », qui démolissait tout dans un rayon de 100 m et causait de terribles dégâts dans un périmètre 15 fois supérieur.

QUAND L'AMÉRIQUE S'ACHARNE...

On le sait peu, mais les Américains se sont plus impliqués au Vietnam que contre l'Allemagne et le Japon réunis pendant la Seconde Guerre mondiale : ils y ont largué près de 3 fois plus de bombes (14 300 000 t contre 5 000 000 t entre 1942 et 1945) et dépensé presque le double de ce que leur a coûté le dernier conflit mondial ! En revanche, ils y ont laissé environ 7 fois moins d'hommes...

Dans la cour latérale (salle 6), à gauche en entrant, petite expo sur la cruauté du système carcéral du régime sudiste (vu par les « nordistes »), dont la reconstitution des épouvantables « cages à tigres » du bagne de Poulo Condor (aujourd'hui Con Dao) et de la prison de Phú Quôc, ainsi que les tortures, les exécutions… et même une guillotine, témoin des atrocités de la colonisation française.

À l'intérieur du musée
– **Rez-de-chaussée :** myriade d'**affiches de propagande antiguerre** classées par pays. Photos illustrant les manifestations massives en soutien au peuple vietnamien, clichés variés de la farouche résistance de certains Américains face à ce conflit meurtrier. On y voit John Kerry en visite en 1993.
– **1er étage :** séries de clichés difficilement soutenables (âmes sensibles, abstenez-vous) exhibant les **exactions commises au cours du conflit.** L'utilisation de l'agent Orange notamment, ce défoliant qui provoqua d'atroces malformations chez les enfants. Preuves matérielles des conséquences du déversement du napalm et des défoliants d'un réalisme implacable (enfants difformes dans le formol ou en photo). Parmi les autres images les plus accablantes : le massacre de Mỹ Lai par les soldats américains (504 civils tués le 16 mars 1968), des combattants prenant fièrement la pause devant des cadavres décapités de Vietnamiens, des suppliciés attachés par les pieds à un char qui les traîne sur la route jusqu'à ce que mort s'ensuive, les visages horriblement mutilés des victimes de bombes au phosphore, de bombes « goyave », de bombes « à fléchettes »… Ou encore le largage depuis un hélicoptère en plein vol d'un prisonnier vietnamien (sans parachute, évidemment…).
Et bien sûr, « **la fille au napalm** » (Phan Thi Kim Phúc, 9 ans), brûlée au corps à la suite d'un largage de bombes et courant affolée devant des soldats américains… Une photo qui a fait le tour du monde.
Ne manquez pas non plus la petite salle affichant les conséquences de l'agent Orange vues à travers des **dessins d'enfants.** Étonnamment lucides et très émouvants.
– Le **2e étage** est dédié à l'**exposition Requiem,** qui rend hommage aux **photographes de guerre** ayant couvert le conflit. Certains y laissèrent la vie, comme Robert Capa, Gilles Caron, Sean Flynn (fils d'Errol Flynn) et bien d'autres (un panneau en dresse la liste). Témoin, ce poignant gros plan d'un Leica transpercé par une balle. Une sélection composite de leurs photos est exposée, toutes très fortes et célèbres pour quelques-unes. Les reporters vietnamiens sont eux aussi représentés. Ainsi, on n'oublie pas que le travail des photojournalistes et reporters contribua grandement à rendre cette guerre impopulaire aux yeux de l'Amérique et du monde. Enfin, une dernière salle se consacre à l'historique de la guerre au Vietnam à partir de 1945, plans et données chiffrées à l'appui.

Le musée des Femmes sud-vietnamiennes (plan I, E2) : 202, Võ Thị Sáu.
☎ 39-32-03-22. ● baotangphunu.com ● Tlj 7h30-11h30, 13h30-17h. GRATUIT. **Attention :** en rénovation lors de notre dernier passage, certaines salles étaient fermées à la visite.

– *Au 1er étage :* une petite mais riche section ethnographique bien présentée. Artisanat traditionnel, notamment une expo d'*ao dai* (la tenue traditionnelle vietnamienne) de différentes régions et époques, avec en regard de vénérables photos en noir et blanc ou sépia. De même, beaux costumes paysans de fête, bijoux, boîtes à poudre, métiers à tisser. Sections dédiées au travail de la teinture, à la fabrication des tapis en fibres végétales et au culte de la mère.

– *Les 2e et 3e étages* traitent de la place des femmes vietnamiennes dans la lutte pour la libération nationale. Nombreux portraits et biographies d'héroïnes, de combattantes emprisonnées, décédées en prison ou assassinées.

La pagode de l'Empereur de Jade (Chùa Ngọc Hoàng ; plan I, F2) : 73, Mai Thị Lựu (la rue qui part à gauche au niveau du n° 20 de Điện Biên Phủ) ; quartier de Đa Cao (nord-est du quartier 1). Tlj 6h-18h.
Également connue sous le nom de *Phước Hải*, et comme pagode des Tortues, elle fut construite en 1909 par une congrégation de Chinois originaires de Canton. Enveloppée dans des fumées d'encens, elle exhale une atmosphère aussi fervente qu'étrange, ne serait-ce qu'en raison de l'aspect grand-guignolesque des statues. Son originalité réside dans le mélange très syncrétique de divinités taoïstes et bouddhiques. Dans le grand autel, au fond de la salle principale, l'empereur de Jade, le taoïste Ngọc Hoàng, est drapé de parures fastueuses. Quelques tortues moribondes dans un bassin ; assez désolant.

La pagode Vĩnh Nghiêm (plan I, D2) : 339, Nam Kỳ Khởi Nghĩa, quartier 3. À 2 km au nord-ouest du centre-ville, à gauche de la rue en allant en direction de l'aéroport. Tlj 7h-11h, 14h-17h (7h-22h les 1er, 14, 15 et 30 des mois lunaires).
La plus grande pagode de Saigon, mais aussi la plus récente. Construite entre 1964 et 1971 par l'Association bouddhique nippo-vietnamienne, elle se distingue par sa haute tour de 7 étages (30 m de haut) dont chacun abrite une statue de Bouddha. Faute d'être une belle pagode, elle est un lieu populaire, animé par une grande dévotion (surtout au moment de la fête du Têt). Noter le nombre impressionnant d'urnes funéraires portant la photo, l'identité, les dates de naissance et de mort du défunt. Derrière le sanctuaire, la tour de 3 étages est un ossuaire contenant 10 000 autres urnes funéraires.

La pagode de Xá Lợi (plan I, D3) : 89, Bà Huyện Thanh Quan, quartier 3. Près de la rue Điện Biên Phủ. Tlj 7h-11h, 14h-17h.
Pourvue d'une tour de 7 étages en béton, présentant un intérieur très dépouillé dominé par une grande statue de Bouddha en position du lotus, cette pagode construite en 1956 n'a d'intéressant que son rôle dans l'histoire récente de la ville. Au début des années 1960, elle fut un foyer d'opposition à la politique du président Diệm et à la guerre du Vietnam. Plusieurs bonzes s'y immolèrent par le feu pour protester contre ses mesures antibouddhistes. 2 mois après l'immolation du bonze Thích Quảng Đức (voir encadré), la pagode fut mise à sac par des hommes armés menés par Nhu, le frère de Diệm. Près de 400 moines et sœurs furent arrêtés. Certains furent même défenestrés du haut de la tour.

L'IMAGE QUI CHOQUA LE MONDE

Le plus célèbre des suicides par le feu fut celui du bonze Thích Quảng Đức en juin 1963. Un homme lui déversa sur le corps le contenu d'un bidon d'essence, y mit le feu, et le bonze brûla telle une torche vivante en pleine rue. La scène eut lieu tout près de la pagode de Xá Lợi et fit le tour du monde. Cet acte de révolte inouï fut imité par Jan Palach, en 1969, à Prague, pour protester contre l'invasion des chars soviétiques.

Quelques monuments d'époque coloniale

🏛️ **L'ancien lycée Marie-Curie** (plan I, E2) : *rue Nam Kỳ Khởi Nghĩa, entre les rues Điện Biên Phủ et Ngô Thời Nhiệm.* Établi en 1918 par l'administration française, construit dans le style colonial de l'époque, ce lycée mixte vietnamien a conservé son nom originel.

🏛️ À l'angle de la rue Nguyễn Thị Minh Khai et de la rue Nam Kỳ Khởi Nghĩa *(plan I, F3)*, non loin du jardin du palais de la Réunification, le **lycée Lê Quý Đôn** s'appela d'abord lycée Chasseloup-Laubat (1882), puis lycée Jean-Jacques-Rousseau. Marguerite Duras, l'auteure de *L'Amant*, y fut élève.

🏛️ L'une des plus belles maisons coloniales (et l'une des plus anciennes) de Saigon reste la **villa de l'Évêché** (Toà Tổng Giám Mục ; plan I, E3) au 180, Nguyễn Đình Chiểu, à l'angle de Trần Quốc Thảo.

AU NORD DU CENTRE-VILLE

🏛️ **Le musée d'Histoire du Vietnam** (plan I, G2) : *2, Nguyễn Bỉnh Khiêm.* ☎ 38-29-81-46 ou 02-68. Tlj 8h-11h30, 13h-17h. *Entrée : 30 000 Dg. Droit photos : 20 000 Dg.*

Un musée qui ne date pas d'hier mais qui pourra intéresser les amateurs d'histoire et de culture, malgré le déficit d'explications et de commentaires. Construit en 1929, il s'est d'abord appelé musée Blanchard-de-La-Brosse (jusqu'en 1956). Il comporte 2 parties.

> **UN COMMERCE STUPÉFIANT !**
>
> *Au XIXe s, le commerce de l'opium était géré par les Chinois. Constatant les sommes considérables qui en découlaient, les Français se saisirent de cette manne en créant, en 1881, la Régie indochinoise de l'opium avec une manufacture à Saigon. L'opium finançait jusqu'à 25 % du budget de l'Indochine !*

– La *1re partie* **(salles 1 à 7 et 9 à 12)** est consacrée à l'histoire du pays, des 1ers vestiges humains (environ 500 000 ans) jusqu'à la dynastie Nguyễn (1945), en passant par la domination chinoise et les principales autres dynasties (plusieurs dioramas de batailles). Voir en particulier la salle 6, qui rassemble la plus importante collection d'objets de la culture Champa (IIe-XVIIe s) au monde, avec de nombreuses sculptures, statues et fragments d'architecture en pierre. La salle 7, elle, est dédiée à la culture de Óc Eo.
– La *2de partie* **(salle 8 et salles 13 à 17)** se veut plus axée sur la culture du Sud-Est asiatique et rassemble des statues du Bouddha de plusieurs pays d'Asie, des bronzes des XVIIIe et XIXe s, des sculptures en grès du Cambodge, ainsi qu'une momie vietnamienne du XIXe s. Dans la dernière salle, petit panorama des différents groupes ethniques du Vietnam.

🏛️ Après (ou pendant) la visite du musée, on peut assister à un **spectacle de marionnettes sur l'eau** (Water Puppet Show) *accès entre les salles 11 et 12 ; en principe séances à 9h, 10h, 11h, 14h, 15h et 16h ; durée : 20 mn ; billet : 50 000 Dg).* Un spectacle étonnant à ne pas manquer. Une authentique tradition vietnamienne où les marionnettes en bois peint jaillissent d'un bassin au milieu duquel se trouve un petit pavillon cachant les marionnettistes.

🏛️ **Le temple du Maréchal Lê Văn Duyệt** (plan I, F1) : *dans le quartier de Bình Thạnh, à 3 km env au nord-est du centre ; portes d'accès au 1 bis, Phan Đăng Lưu (porte principale) et au 1, Vũ Tùng. Tlj 6h-16h30.* Général et vice-roi de la Cochinchine, Lê Văn Duyệt (1763-1831) était eunuque, ami des Français et un des fidèles de l'empereur Gia Long. Il lutta contre les Tây Sơn en rébellion, favorisant ainsi l'unité du pays. Quand la dynastie des Nguyễn vint au pouvoir en 1802, il fut nommé maréchal par Gia Long. Mais lorsque Minh Mạng, le successeur

LE SUD

de Gia Long, ordonna la persécution des missionnaires et des catholiques, le maréchal refusa d'appliquer l'édit impérial en Cochinchine, ce qui provoqua sa disgrâce. Jusqu'en 1975, Lê Văn Duyệt était considéré comme un héros national, en particulier dans le sud du Vietnam. Il est en revanche conspué par les autorités communistes en raison du rôle actif qu'il joua dans l'expansion française en Indochine.

AU SUD DU CENTRE-VILLE

🚶 *Le musée Hồ Chí Minh* (appelé aussi musée Nhà Rồng ; plan II, G4) : *1, Nguyễn Tất Thành, quartier 4. ☎ 38-25-57-40. Juste après le pont enjambant la rivière Bến Nghé, sur la gauche au bord de la rivière de Saigon, en venant du centre-ville. Attention, à ne pas confondre avec le musée de la Ville (voir plus haut) ! Tlj sauf lun 7h30-11h30, 13h30-17h. GRATUIT.* Tous les panneaux sont rédigés en vietnamien. Ce musée a donc un intérêt très relatif malgré les nombreuses images et photos. C'est l'incroyable destin du père de la nation vietnamienne qui est évoqué ici. Au début du XXe s,

> ### HỒ CHÍ MINH PAPA
>
> Hồ Chi Minh tomba secrètement amoureux de Đỗ Thị Lạc, une jeune Vietnamienne avec qui il vécut 12 ans. En 1956, le couple eut un enfant, mais, officiellement, cette paternité n'a jamais existé. Bien peu de Vietnamiens en ont d'ailleurs connaissance. Et comme les histoires d'amour finissent mal en général, Đỗ Thị Lạc fut tuée en 1957 dans un accident de voiture qui aurait été perpétré par un agent du Parti. Car il était sacrilège que leur dirigeant suprême puisse avoir un autre amour que la révolution !

ce bâtiment colonial était le siège des *Messageries maritimes*. Le 5 juin 1911, Hồ Chí Minh, âgé de 21 ans, embarqua comme cuisinier à bord du paquebot *Amiral-de-Latouche-Tréville*. Il vécut longtemps en France et ne revint au Vietnam qu'après 30 ans d'exil. Mais pas un mot sur ses femmes cachées, notamment la belle Đỗ Thị Lạc (voir encadré).
Sous l'arcade est, côté rivière, on peut jeter un œil à un *rickshaw* et à un fiacre du début du XXe s (reconstitués à l'ancienne) offerts en 1991 par la société ayant produit le film *L'Amant*, tourné par Jean-Jacques Annaud.

QUARTIERS 10 ET 11, À L'OUEST

🚶🚶 *Le musée de la Médecine traditionnelle vietnamienne* (FITO ; plan I, C3) : *41, Hoàng Dư Khương, quartier 10. ☎ 38-62-78-12. ● fitomuseum.com.vn ● Tlj 8h30-17h. Entrée : 120 000 Dg ; réduc.* Voici le 1er musée de ce genre au Vietnam. Cher, excentré, mais très intéressant ! Dans une belle et récente demeure de style traditionnel, à la décoration soignée et raffinée. Sur 5 étages, près d'une vingtaine de salles abritent des reconstitutions d'intérieurs et des collections d'objets et d'instruments liés à la médecine traditionnelle vietnamienne, vieille de plus de 3 000 ans. Mortiers, jarres en céramique, bassines, armoires à pharmacie, fioles, théières, manuscrits vieux de plusieurs siècles, pots remplis de produits médicinaux... Une des pièces les plus rares étant ce grand panneau de 12 pages contenant les images commentées de près de 2 000 plantes médicinales répertoriées au Vietnam. On peut aussi voir un film (disponible en français) sur cette médecine qui entretient des liens étroits avec la médecine chinoise. Pour terminer, dégustation de thé au lingzhi, un champignon vietnamien recommandé en cas de faible immunité, d'hypotension ou de diabète.

🚶🚶 *La pagode de Giác Lâm* (plan I, A3) : *565, Lạc Long Quân, dans le quartier de Tân Bình, à 6-7 km à l'ouest du centre-ville et à 3 km au nord de Cholon.* Plus *facile d'y aller en (moto-)taxi qu'en bus. Tlj 5h-12h, 14h-20h.* Nichée au milieu des arbres, c'est l'une des plus vieilles pagodes de Saigon. On passe d'abord une porte triomphale aux tuiles vernissées, avant de découvrir sur la droite un magnifique cimetière bouddhique aux tombeaux de styles très variés et abondamment sculptés. Quelques vendeurs de moineaux que les fidèles, suivant la tradition, libèrent ensuite. Avant d'entrer dans la pagode, il faut enlever ses chaussures et admirer la décoration du toit, avec mosaïque ciselée et ondulante de porcelaine bleu et blanc. Construite vers 1745 et formée de plusieurs parties accolées, elle a subi une influence chinoise évidente : les fondateurs eux-mêmes, venus de Chine, étaient les membres d'une secte du nom de Lâm Té. Cela explique la profusion de caractères chinois et l'omniprésence de la couleur rouge. L'intérieur, lui, s'organise autour de 3 autels centraux (dont un consacré à Hô Chí Minh).

CHOLON (CHỢ LỚN ; plan I, A-C4-5)

Cholon (on prononce « Tieu-leune ») : le ventre et la marmite de Saigon ! Un demi-million de Vietnamiens d'origine chinoise, appelés Hoa, habitent cet immense et fascinant quartier, sorte de Chinatown effervescent et affairé, greffé sur la ville à l'ouest. Son nom signifie « grand marché », ce qui rend bien compte que la frénésie mercantile qui y règne.
Ce faubourg, marginal à l'origine, devint le cœur de l'activité commerciale, la « capitale du riz » de l'époque coloniale. La nuit, le quartier revêtait un tout autre visage, sulfureux repaire de débauche et plaisir où colons, marchands, baroudeurs et soldats venaient s'encanailler. On y trouvait ces lieux de perdition qui ont largement contribué à l'image libertine, vénale et voluptueuse de Saigon : fumeries d'opium, maisons closes, tripots en tout genre, commerces interlopes et enfumés, autant d'endroits contrôlés par les Chinois, surveillés par la police et recherchés par les romanciers. En 1948, une romancière de passage y voit « tout un monde entassé, comprimé, grouillant et puant. Travailleur, actif, sobre et économe, le Chinois prospère dans n'importe quelle condition ».

L'EMPEREUR, LES CHINOIS ET LES CORSES

À l'époque coloniale, le plus grand dancing de Saigon s'appelait Le Grand Monde, *un immense tripot de Cholon, salle de jeux et bordel. Il était tenu par des Chinois de Macao qui versaient une redevance officielle au gouvernement de Cochinchine et une cotisation aux maquisards du Vietminh, par sécurité... L'empereur Bảo Đại, grand joueur compulsif, fut aussi associé à cette affaire juteuse. Après 1951, la secte des Bình-Xuyên reprit la concession du* Grand Monde *et partagea les bénéfices avec le clan des Corses de Saigon. Une saga digne des* Tontons flingueurs.

On trouve tout à Cholon, quartier où **le commerce est roi.** C'est une véritable fourmilière où des ribambelles de boutiques et d'échoppes bordent les boulevards bondés de monde et les rues encombrées. Une vraie usine à gaz, bouillonnante et authentique, une dimension « tranche de vie » assez frappante. Les énormes enseignes lumineuses en chinois qui submergeaient Cholon avant 1975 ne sont plus là. Pour mieux « vietnamiser » le quartier, le gouvernement a fait le ménage après la chute de Saigon (avril 1975), poussant des milliers et des milliers de commerçants à s'enfuir à l'étranger (beaucoup de boat people). Aujourd'hui, il rassemble une **communauté laborieuse,** infatigable, effrénée, puissamment organisé autour de la loi des familles, des clans et de l'argent.
– **Bon à savoir :** le quartier présente peu d'intérêt le soir (grand marché fermé, environs immédiats sombres et déserts).

Un peu d'histoire

C'est à partir de 1778 que Cholon prit son essor, sous la poussée des commerçants chinois venus s'y installer. Un siècle plus tard, une nouvelle colonie de Chinois, chassés de Mỹ Tho et de Biên Hòa par l'invasion Tây Sơn, s'y installe à son tour. Très vite, le « grand marché » devient le centre névralgique du commerce de Saigon et de toute la Cochinchine.

Les Chinois s'organisent en 5 « congrégations régionales » et se partagent alors le gâteau du commerce et de l'économie. Les Chinois **cantonais**, plus nombreux, accaparent le commerce de détail, l'épicerie et le prêt à intérêts. Ceux du **Fujian** (face à l'île de Taiwan) monopolisent l'import-export, le transport et le conditionnement du riz, lequel arrive à Cholon par les canaux du delta du Mékong. Le négoce du thé et du poisson est contrôlé par les **Teochiews** (Chinois originaires de la côte autour de Shantou dans la province du Guandong). Ensuite viennent les **Hakkas** (du Hunan et du Jiangxi) qui possèdent les fabriques de cuir et les ateliers de tissage. Enfin, les **Hainanais** (île de Hainan) tirent profit des magasins d'alimentation et des restos.

Cette division ethnico-économique de Cholon se retrouve dans les pagodes et les temples, souvent financés les uns et les autres. Cela dit, les clivages, très marqués autrefois, ont tendance à s'estomper.

Le quartier compte aussi quelques églises catholiques. De nombreux chrétiens fuirent la Chine maoïste en 1949 et trouvèrent refuge à Cholon dans les années 1950, notamment après l'indépendance du Sud-Vietnam (1956).

🚶 **L'église Cha Tam** (plan I, A5) : 25, Học Lạc, quartier 5. Au cœur de Cholon, tt au bout du bd Trần Hưng Đạo. Tlj 7h-12h, 14h-18h. Messes en vietnamien et en chinois tlj (horaires précisés au bureau d'accueil situé dans la cour intérieure). Étrange apparition que cette église aux murs jaune clair et blanc, datant du début du XXe s. C'est « l'église du prêtre Tam », dédiée à François-Xavier Tam Assou (1855-1934), d'origine chinoise, qui fut vicaire apostolique de Saigon. D'aucuns l'appellent aussi église Saint-François-Xavier (« Nhà thờ Phanxicô Xaviê » en vietnamien).

TUÉ POUR UNE GIFLE ?

Le président du Sud-Vietnam, Ngô Đình Diệm, ultracatholique, et son frère Nhu se cachèrent dans l'église Cha Tam le 2 novembre 1963, fuyant un coup d'État fomenté par des militaires rebelles soutenus par la CIA. Diệm accepta de se rendre au nouveau pouvoir et on envoya un char le chercher dans sa cachette de Cholon. Avant d'atteindre le centre de Saigon, il fut abattu par un officier qui n'avait pas prémédité son geste, dit-on. Il aurait tué Diệm pour se venger d'une humiliante gifle que venait de lui donner le président...

On peut voir sa statue au sommet du clocher et sa pierre tombale dans le porche d'entrée à gauche. L'intérieur est plus petit et plus chaleureux que celui de la cathédrale de Saigon. Un autel chinois, des meubles, des gongs. Dans la nef, à droite dans la 2e rangée, un banc porte une petite plaque au nom du président Diệm commémorant son assassinat.

🚶🚶 **Le marché Bình Tây** (plan I, A5) : 57, Tháp Mười, quartier 6. Au début du bd Hậu Giang, à 5 mn à pied de l'église Cha Tam et de la fin du bd Trần Hưng Đạo. Tlj 7h-19h. Le grand marché de Cholon, tout juste rénové, est un lieu grouillant, populaire, chargé d'odeurs (parfois désagréables, vous serez prévenu) et de couleurs. Une véritable caverne d'Ali

BMC

Le BMC, bordel militaire de campagne situé à Cholon, était le plus célèbre d'Indochine. Directement contrôlé par l'armée française, il permettait de surveiller l'hygiène des prostituées et la sécurité des soldats. Les BMC ont été créés par Pétain pendant la guerre de 1914-1918.

Baba où l'on chine aussi bien des babioles type bijoux, calendriers, *maneki-neko* (les chats chinois qui agitent la patte et garantissent bonne fortune) que des produits alimentaires, frais ou pas (riz, poivres, fruits séchés...). On peut aussi y manger sur le pouce dans l'une de ces gargotes qu'abrite l'immense halle couverte. Ce marché fut offert aux Chinois du quartier par un commerçant ayant fait fortune. Conçu par un architecte français, Bình Tây a du style avec ses toits en forme de fleur de lotus, son beffroi et ses horloges. Et puis il est bien moins touristique que Bến Thành. Ici, presque personne ne parle l'anglais, et on traite le visiteur sans égards particuliers.

🏯 **Le temple de Thiên Hậu** *(temple de la Dame Céleste ; plan I, B5) :* 710, Nguyễn Trãi, près de l'intersection avec la rue Triệu Quang Phục. Tlj 8h-16h30. L'un des temples les plus fréquentés et visités de Cholon. Il est dédié à Thiên Hậu, la déesse protectrice des navigateurs. Fondé en 1835 par des Chinois originaires de Canton, il serait le plus grand sanctuaire chinois du sud du Vietnam. Très animé à l'occasion de la fête du Tết.

🏯 **Le temple de Tam Sơn Hội** *(plan I, B5) :* 118, Triệu Quang Phục, à la hauteur du 370, Trần Hưng Đạo. Tlj 7h-17h. Tout proche du temple de Thiên Hậu, mais plus simple d'apparence. On y retrouve Bà Mẹ Sanh, la déesse de la Fécondité. Édifiée par les Chinois de la congrégation du Foukien au XIXe s, cette « pagode des Trois Sommets » fut reconstituée à Paris en 1900, pour l'Exposition universelle.

🏯 **La rue Hải Thượng Lãn Ông** *(rue des plantes médicinales) :* parallèle au bd Trần Hưng Đạo, entre celui-ci et l'arroyo Kinh Tàu Hủ (limite sud du quartier 5). Dans cette rue, les boutiques vendent des produits de la pharmacopée traditionnelle : plantes, champignons et lézards desséchés, etc. Plus loin, des bocaux contenant des serpents marinant dans de l'alcool (le vin de serpent serait un puissant aphrodisiaque).

🏯 **Le tombeau de Pétrus Ký :** 520, Trần Hưng Đạo, à l'angle de la rue Trần Bình Trọng. Pétrus qui ? J. B. Pétrus Trương Vĩnh Ký (1836-1898) fut le plus grand érudit vietnamien du XIXe s. Professeur de langues orientales, il parlait 17 langues, dont le chinois, le français, l'anglais, l'allemand et l'italien et plusieurs dialectes asiatiques. Catholique, francophile, il a soutenu ardemment la présence française en Cochinchine et en Annam, ce qui lui a valu d'être voué aux gémonies par le gouvernement communiste.

QUITTER HỒ CHÍ MINH-VILLE

En bus

Pour les bus publics, Saigon compte **2 grandes gares routières,** pas très pratiques d'accès : l'une, à env 7 km au nord du centre-ville, desservant le centre et le nord du Vietnam, l'autre, à 10 km à l'ouest pour le delta du Mékong. S'y rendre prend beaucoup de temps, à cause du trafic.
Pour plus de commodité, sur les destinations touristiques, les compagnies *Phương Trang (Futa)* ou *Mai Linh Express* ont leurs bureaux en ville (voir les détails ci-après). Ils assurent le transport des passagers vers l'une des 2 grandes gares routières.

– **Bon à savoir :** pour Dalat, Nha Trang, Hội An, Huế et Hanoi, il existe des bus quotidiens affrétés par des agences privées du « quartier routard ». Le départ se fait de ces mêmes agences. Un peu plus cher que les compagnies régulières mais très pratique, d'autant qu'on peut utiliser ces bus avec un *Open Ticket,* qui permet de faire le voyage par étapes en s'arrêtant dans une ville et en reprenant le bus un autre jour pour poursuivre le trajet...

■ **Phương Trang** *(Futa Bus Lines) :* bureau (vente de billets) au 272, Đề Thám (« quartier routard » ; plan III, C1, **20**) pour les villes à l'est et au nord de Saigon ; et au 231, Lê Hồng

Phong (quartier 5 ; plan I, D4, **21**) pour le delta du Mékong. ☎ 38-38-68-52 ou 1-900-60-67. ● futabus.vn ● L'une des meilleures compagnies. On achète les billets dans l'un des bureaux (on le rappelle, différents selon les destinations !), depuis lesquels le transfert est assuré vers l'une des 2 gares routières de la ville. Liaisons avec :

> ➤ **Vĩnh Long :** env 1 bus/h. Durée : 3h-3h30.
> ➤ **Cần Thơ :** 1-3 bus/h. Durée : 4h.
> ➤ **Sa Déc :** 10 bus/j. (7h30-19h30). Durée : 3h.
> ➤ **Rạch Giá :** 1 bus/h (5h15-1h45). Durée : 3h30.
> ➤ **Châu Đốc :** 2 bus/h (5h-1h du mat). Durée : 6h15-7h.
> ➤ **Vũng Tàu :** 1 bus/h (5h30-18h30). Durée : 3h.
> ➤ **Dalat :** 1-6 bus/h (7h-23h). Durée : 8h.
> ➤ **Mũi Né :** 10 bus/j. (6h30-23h30). Durée : 4h30-5h.
> ➤ **Nha Trang :** 10 bus/j. (8h-23h). Durée : 12h.
> ➤ **Đà Nẵng :** 5 bus/j. (10h30-18h30). Durée : 24h.
> ➤ **Huế :** 3 bus/j. (8h30-14h). Durée : 25h.

■ **Mai Linh Express** (plan I, D4, **22**) : 349, Lê Hồng Phong, quartier 2. ☎ 39-39-39-39. ● mailinhexpress.vn ● Ouv 24h/24. C'est ici qu'il faut venir pour acheter les billets et prendre une navette (gratuite) vers l'une des 2 gares routières. Liaisons avec :

> ➤ **Buôn Ma Thuột :** 1 bus/j., le soir. Durée : 7h30.
> ➤ **Hanoi :** 2 bus/j. Durée : 34-36h.

🚌 **Gare routière de Miền Tây** (Western Bus Station ; Bến Xe Miền Tây ; hors plan I par A4) : 395, Kinh Dương Vương, à 10 km à l'ouest du centre-ville. ☎ 38-75-29-53. Pour y aller, bus n° 2 depuis le marché Bến Thành, bus n° 119 depuis l'aéroport ou prendre un taxi. Bus et minibus (certains s'arrêtant partout) pour tout le delta du Mékong.

> ➤ Nombreux départs (au moins 1/h) pour **Mỹ Tho** (65 km ; env 1h30), **Hà Tiên** (340 km ; env 8h), **Tiền Giang-Bến Tre** (env 2h), **Vĩnh Long** (136 km ; env 3h), **Cần Thơ** (170 km ; env 4h), **Bạc Liêu** (280 km ; env 6h), **Sóc Trăng** (231 km ; env 5h30), **Rạch Giá** (284 km ; env 6h) et **Cà Mau** (347 km ; env 8h30).

🚌 **Gare routière de Miền Đông** (Eastern Bus Station ; Bến Xe Miền Đông ; hors plan I par H1) : 292, Đinh Bộ Lĩnh, quartier 26, quartier de Bình Thạnh, à env 7 km au nord du centre-ville. ☎ 19-00-57-12-92. Pour y aller, bus n° 26 depuis le marché Bến Thành ou taxi. Les bus au départ de cette gare desservent les villes situées à l'est et au nord de Saigon, le centre, la côte, les Hauts Plateaux, ainsi que le nord du pays (Hanoi).
– **Attention, la gare routière devait déménager à l'horizon 2021.** Se renseigner. La New Eastern Bus Station (Long Bình, quartier 9) est pour l'instant en chantier. La date de l'inauguration n'a pas encore été communiquée. Plus d'infos sur ● benxemiendong.com.vn/vi/du-an-ben-xe-mien-dong-moi.html ●

> ➤ Départs fréquents (au moins 1/h) pour **Vũng Tàu** (120 km ; env 3h), **Buôn Ma Thuột** (350 km ; env 8h) et **Hanoi** (1 730 km ; env 34h), entre autres.

En bus *Open Ticket*

Option un peu plus chère que les bus réguliers mais très pratique pour les routards souhaitant se rendre dans les villes les plus touristiques. Il s'agit de bus affrétés par certaines agences privées se situant surtout dans le « quartier routard », qui vont jusqu'à Huế ou Hanoi notamment (avec changement à Nha Trang). Le départ se fait de ces mêmes agences. Autre avantage : on peut s'arrêter en cours de route (à Dalat, Mũi Né, Nha Trang...) et reprendre le voyage quand on le souhaite, avec un autre bus. Presque toutes les agences du « quartier routard » vendent ces billets mais une poignée seulement, comme *Thesinhtourist* (citée en début de chapitre dans la rubrique « Adresses et infos utiles »), possède ses propres bus.

En train

Le réseau ferroviaire ne dessert que les villes de la côte, du centre et du nord du Vietnam, mais **pas le delta du Mékong.** Même si vous ne quittez pas Saigon en train, arrangez-vous pour le prendre au moins une fois : expérience inoubliable !

– **Bon à savoir :** on peut réserver et acheter son billet à la gare (bien sûr), sur Internet (voir plus bas), par tél (☎ 38-46-64-84) ; pas pratique si vous ne parlez pas le vietnamien) ou encore dans n'importe quelle agence du « quartier routard ». Celles-ci prennent une commission en plus des frais de livraison du billet.
– **Infos :** ☎ 976-12-70-23. • vietnamrailway.com • (site en anglais).

Gare ferroviaire de Saigon (Ga Sài Gòn ; plan I, D2) : 1, Nguyễn Thông, quartier 3. ☎ 38-46-64-84. À env 2,5 km au nord-ouest du marché Bến Thành.

Conseils

– **Bien vérifier les horaires,** en particulier l'heure d'arrivée. En effet, trouver une chambre d'hôtel à 4h du mat n'est pas chose aisée ! Par ailleurs, les gares ferroviaires étant généralement excentrées, prévoir le temps nécessaire pour s'y rendre.
– **Acheter son billet au moins 1 j. à l'avance** pour les destinations proches, 3 j. min pour le trajet Saigon-Hanoi. Attention cependant à la période précédant et suivant les fêtes du Têt : il faut acheter ses billets au moins 1 mois à l'avance. À la gare, ils doivent être payés en argent liquide. Enfin, on peut se faire rembourser le billet jusqu'à 4h avt le départ en ne perdant que 10 % de sa valeur. Après, c'est trop tard.

Types de trains et horaires

Les trains les plus rapides, récents et confortables portent un numéro précédé des lettres SE. À moins d'avoir un tout petit budget, privilégiez-les : vous gagnerez en confort et en rapidité. Les trains circulant dans le sens sud-nord portent un chiffre pair (SE2, SE4, SE6), les trains nord-sud portent un chiffre impair (SE1, SE3, SE5). Les trains vietnamiens comptant parmi les plus lents au monde, une couchette n'a rien de superflu ! Le trajet le plus court entre Saigon et Hanoi (1 726 km) dure en effet au moins 32h ! Mieux vaut choisir une couchette « rembourrée », même si elle est un peu plus chère. Cela vous permettra de récupérer car le voyage est épuisant. La formule la moins chère sur cette ligne consiste à voyager assis sur un siège dur (en bois) et à dormir sur une couchette dure (toujours en bois). Le voyage à la dure porte bien son nom ! Tous les express s'arrêtent à Nha Trang, Đà Nẵng et Huế.

➢ **Pour Nha Trang :** 6-7 trains/j. Parmi les plus rapides, le train de nuit SE2 part vers 22h et arrive vers 5h à Nha Trang. Autre bonne option si vous préférez faire le trajet de jour, le SE6, qui part vers 9h et arrive un peu avt 16h30, ou le SE8, qui part à 6h et arrive vers 13h20.

➢ **Pour Đà Nẵng et Huế :** env 5 trains/j. Même ligne que pour Nha Trang et Hanoi. Le tronçon Đà Nẵng-Huế (à peine une centaine de km) est **un de nos coups de cœur ferroviaires** au Vietnam. Si vous prenez le train de jour, vous aurez tout le loisir d'admirer la mer et les montagnes en chemin. À cet égard, privilégiez le SE4 (départ de Saigon à 19h45) ou le SE2 (départ à 21h55). Durée du voyage : pour Đà Nẵng, 17h45 avec le SE4 et 16h avec le SE2 ; pour Huế, 18h30 avec le SE2 et 20h30 avec le SE4.

➢ **Pour Hanoi :** 4 trains/j. Le plus rapide est le SE2 qui part vers 22h et arrive le surlendemain à l'aube (vers 5h30), soit plus de 32h de voyage. Les autres sont plus lents, jusqu'à 36h de trajet.

➢ **Pour Phan Thiết :** des trains haut de gamme partent à 6h40 et arrivent au terminus de Phan Thiết à 10h24, avec des escales à Dĩ An (province de Bình Dương), Biên Hoà et Bình Thuận. Tarifs : 15-30 US$.

En avion

La compagnie nationale, *Vietnam Airlines,* assure des liaisons entre Saigon et la plupart des villes importantes du pays, à des prix raisonnables (d'autant qu'elle propose parfois des promos). À noter, la présence sur le marché de concurrents à bas prix : *Jetstar, VietJet Air* et *Bamboo*. On peut bien sûr réserver directement en ligne.

■ **Vietnam Airlines :** ☎ 1-900-11-00. • vietnamairlines.com •

■ **VietJet Air :** ☎ *1-900-18-86* (call center). ● *vietjetair.com* ● Compagnie aérienne à bas coût qui dessert Hanoi, Haiphong, Huế, Đà Nẵng, Nha Trang, l'île de Phú Quốc, Buôn Ma Thuột, et même Bangkok.
■ **Jetstar :** ☎ *1-900-15-50.* ● *jetstar. com* ●
■ **Bamboo :** ☎ *1-900-11-66.* ● *bambooairways.com* ●
➢ Ttes compagnies confondues, vols quotidiens pour *Buôn Ma Thuột* (2-5/j.), *Dalat* (5-12/j.), *Nha Trang* (7-20/j.), *Đà Nẵng* (20-40/j.), *Hanoi* (30/j.), *Huế* (7-15/j.), *Pleiku* (3/j.), l'*île de Phú Quốc* (12-17/j.) et *Bangkok* (8-12/j.), entre autres.

En bateau

Pour Vũng Tàu en catamaran

🚢 Quitte à se rendre à Vũng Tàu (Cap Saint-Jacques), pourquoi ne pas prendre un peu l'air (et la mer...) à bord d'un catamaran ? Départs de l'embarcadère de Bạch Đằng, au 10B, Tôn Đức Thắng, au centre-ville *(plan II, G4, 1)*, avec la compagnie **Greenlines DP Express** (📱 *09-88-00-95-79* ; ● *greenlines-dp.com* ●). Lun-ven, 4 départs/j., 8h-14h. W-e, 6 bateaux, 8h-16h. Billet aller : 240 000 Dg (280 000 Dg le w-e). Durée : 2h.

Pour aller au Cambodge

Le plus courant est d'y aller en bus, mais on peut combiner le bus et le bateau, en faisant par exemple une excursion dans le delta du Mékong au départ de Saigon. Sinon, c'est en avion... ou en voiture, si vous disposez de votre propre véhicule.
– *Bon à savoir* : le visa s'obtient au poste-frontière (compter 37 US$).

En bus seul

Plusieurs compagnies de bus sur Phạm Ngũ Lão (dans le « quartier routard » ; *plan III*) proposent des départs quotidiens pour Phnom Penh, de 4h jusqu'à minuit env. Billet : 10 US$. Durée : 6h-12h. Départ du bureau des compagnies elles-mêmes. Retours de Phnom Penh aux mêmes heures. Pour ceux qui veulent continuer jusqu'à Siem Reap, changement à Phnom Penh et re-6h de route (compter 10 US$ de plus).

En bus et en bateau

Prendre d'abord un bus jusqu'à Châu Đốc, et là un bateau rapide jusqu'à Phnom Penh (départ à 7h30 de Châu Đốc, arrivée à Phnom Penh à 12h30 ; traversée : env 660 000 Dg). Sinon, les agences du « quartier routard » proposent des circuits de 2 ou 3 j. dans le delta du Mékong, avec transfert vers Phnom Penh depuis Châu Đốc le dernier jour, généralement en bateau rapide. Voir dans « Adresses utiles » les agences.

En avion

Une autre option, plus pratique et rapide que le bus mais bien plus chère. Billet : 85-196 US$ selon horaires, jours et sièges. 4-5 vols/j. relient Hồ Chí Minh-Ville à Phnom Penh et Siem Reap. Avec *Vietnam Airlines* (voir plus haut) et *Cambodia Angkor Air* (● *cambodiaangkorair.com* ●).
Le visa peut s'obtenir en arrivant à l'aéroport de Phnom Penh (compter 30 mn-1h d'attente et 35 US$, pas de photo requise).

LES TUNNELS DE CỦ CHI (ĐỊA ĐẠO CỦ CHI)

Immense réseau d'étroites galeries souterraines creusées à la main par les Vietcong pour se réfugier et se défendre contre la « machine de guerre » américaine, les tunnels de Củ Chi, longtemps fermés au public, constituent aujourd'hui l'un des grands sites historiques de la guerre du Vietnam. D'abord pour comprendre la ténacité et l'ingéniosité des maquisards vietnamiens qui surent résister avec 3 fois rien à l'une des armées les plus puissantes du monde. Ensuite, pour découvrir les conditions atrocement difficiles dans lesquelles ils vécurent.

LES TUNNELS DE CỦ CHI | **441**

Voici sans doute, avec le secteur de la zone démilitarisée (DMZ) près de Quảng Trị (17e parallèle), la région du Vietnam qui a le plus souffert sous les bombes, les défoliants, le napalm. On l'appelle encore le « Triangle de fer » en raison des bombardements intensifs, mais aussi à cause de la détermination farouche de ses combattants antiaméricains. Le plus étonnant ici, c'est que les tunnels ont tenu bon jusqu'à la fin de la guerre, remplissant leur mission d'encadrement de toute une population de paysans et de riziculteurs gagnés à la guérilla populaire.
Les tunnels, que l'on visite à l'aide d'une lampe torche et escorté par un guide vietnamien, ont été agrandis pour recevoir les touristes. Mais, sachez-le, l'endroit reste éprouvant pour ceux qui souffrent de claustrophobie. On sort de ce dédale tout courbatu. Imaginez-vous y passer plusieurs jours enfermé, sous la mitraille...

UN PEU D'HISTOIRE

Les 1ers tunnels de Củ Chi furent creusés dès les années 1940 par des *maquisards du Vietminh,* en lutte contre les Français, afin de dissimuler leurs munitions, de se cacher eux-mêmes en cas d'attaque et pour se déplacer d'un hameau à l'autre. Củ Chi fut choisi pour au moins 2 raisons : d'abord à cause de la proximité de Saigon, qui était une cible importante sur le plan stratégique ; ensuite à cause de la topographie du site, encadré à l'est et à l'ouest par une grande boucle de la rivière de Saigon. Sa terre dure et rouge, si elle était difficile à creuser, garantissait un réseau souterrain capable de résister au temps et aux assauts extérieurs. En outre, le niveau de l'eau de la rivière était trop bas pour inonder les galeries. Dès 1945, le 1er réseau était opérationnel, servant même de Q.G. au maquis « D » du Vietminh.
Abandonné après le départ des Français, le réseau fut réinvesti par les combattants vietcong qui le réparèrent et le consolidèrent, tout en l'étendant considérablement. Il passa de 17 à 200 km ! Un travail de fourmis réalisé dans l'ombre par des villageois, encadrés secrètement par des officiers communistes infiltrés au sud du Vietnam.
La piste Hồ Chí Minh, qui traversait le pays du nord au sud et par laquelle arrivaient armes et munitions, aboutissait non loin de Củ Chi. Au début des années 1960, la zone était devenue un *vrai fief vietcong,* d'où de nombreuses attaques furent menées contre Saigon et les intérêts du régime du Sud.
À partir de 1965, l'état-major américain jugea nécessaire de « *pacifier* » le « *Triangle de fer* ». Plusieurs bases furent construites : à Củ Chi d'abord, où le camp reposait sur des tunnels ennemis (sans que les Américains le sachent !), à Tây Ninh, à Bến Cát, Dầu Tiếng, Phước Vinh, Phú Lợi et Hậu Nghĩa.
De là décollaient les avions chargés de déverser des tonnes de défoliants, d'essence, de napalm sur les rizières et les plantations de Củ Chi afin de transformer le secteur en un désert inhospitalier. C'est ce que les Américains appelaient la *stratégie « Search and Destroy » (Chercher et Détruire).*
Une fois la végétation brûlée, ils semaient une herbe diabolique, surnommée « l'herbe américaine », qui séchait très vite et brûlait tout sur son passage, s'enflammant sitôt qu'une bombe tombait au sol. Pour déloger les maquisards vietcong cachés dans leurs galeries souterraines, des bergers allemands furent lâchés dans les tunnels. Mais leur odorat fut trompé par le poivre (et parfois par l'odeur des uniformes et du savon subtilisés aux Yankees). Beaucoup sautèrent sur des objets minés. Alors, les Américains envoyèrent des soldats, qui ne purent progresser dans les boyaux en raison de leur gabarit. On utilisa aussi des engagés mexicains, plus petits et... moins américains, mais en vain. Les soldats vietnamiens de l'armée du Sud-Vietnam prirent le relais. Plus petits et plus minces, ils pouvaient se glisser dans les étroits

LE SUD

tunnels mais se retrouvèrent souvent empalés sur des ***tiges de bambous empoisonnées,*** dissimulées sous des trappes invisibles...
On envoya alors les ***bombardiers B52,*** véritables forteresses volantes pouvant contenir 120 bombes ; 3 bombardiers au minimum participaient à un raid. Quand le bombardement d'un objectif était décidé, on comptait près de 10 raids par jour. Apocalyptique ! Il y eut aussi des attaques terrestres, menées par des chars.
À la différence des combattants vietminh, les maquisards vietcong se serviront des tunnels non seulement pour s'échapper, mais aussi pour accéder à des tranchées d'où ils pouvaient se battre.

Arriver – Quitter

Le site est situé à une soixantaine de km au nord de Hồ Chí Minh-Ville, par la route nationale 22. Comptez 1h30 en voiture, mais 2h si vous partez aux heures de bureau. On passe par le village de Củ Chi (à 35 km), sur la route de Tây Ninh, où l'on bifurque à droite.
Le plus simple est de se rendre sur place avec une agence. Beaucoup d'***agences du « quartier routard » organisent des visites de Củ Chi et de Tây Ninh dans la même journée,*** avec retour le soir à Hồ Chí Minh-Ville.

C'est un bon plan qui vous permet de rentabiliser le trajet. Compter env 20 US$/pers, entrée du site incluse ; 10-15 US$ pour les tunnels seuls, sur une demi-journée.
On peut aussi rejoindre les tunnels en ***bus public,*** mais c'est très long. Prendre le n° 13 depuis le parc du 23-Septembre *(plan Hồ Chí Minh-Ville III, D1)* jusqu'à Củ Chi, puis le n° 79 *pour Bến Dược,* ou le n° 63 pour Bến Đình (lire ci-après).

Conseils de visite

– Il y a 2 sites à visiter dans le secteur : celui de *Bến Đình* et celui de *Bến Dược,* distants de quelques kilomètres. Inutile de visiter les 2, d'autant qu'ils sont tous 2 payants (90 000 Dg à Bến Dược et 110 000 Dg à Bến Đình). Dans les 2 cas, la visite alterne partie dans les tunnels et partie en extérieur. Nous décrivons plus bas le site de Bến Dược, qui présente l'avantage de proposer des tunnels reconstitués et élargis, donc plus faciles pour nos gabarits d'Occidentaux, mais aussi pour les claustrophobes ! Le site de Bến Đình est plus authentique mais moins aménagé : les tunnels sont donc plus étroits. Ceux qui aiment jouer à la guerre pourront, en principe, s'y essayer au tir. À vous de voir.
– Plus d'infos sur ● diadaocuchi.com.vn ●

À voir

🎯🎯 ***Le site de Bến Dược :*** ☎ 37-94-88-30. *Tlj 8h-17h (mêmes horaires à Bến Đình). Entrée : 90 000 Dg. Essayer d'y être dès l'ouverture afin d'éviter la grosse chaleur et les cars de touristes qui débarquent vers 10h. Compter 1h-1h30 de visite. Resto-buvette sur place (idem à Bến Đình).*
Le tour commence par un petit *film* de 15 mn (version française possible), avant d'entamer la *visite guidée* des tunnels (en anglais, rarement en français). Il y a plusieurs niveaux souterrains, plongeant jusqu'à 7 m de profondeur : le niveau 1 est le plus proche de la surface, c'est celui que l'on visite le plus. Le niveau 2 est un peu plus profond, mais aussi plus sombre et plus étroit. Les claustros l'éviteront ! Attention : il fait très chaud dans ces étroits boyaux et on attrape vite des crampes aux jambes à force de marcher recroquevillé les uns derrière les autres.

Ce vaste labyrinthe souterrain commence à 3 m sous le niveau de la terre, cela pour éviter que le tunnel ne s'effondre. Il devait pouvoir supporter le passage d'un char de 50 t ou la chute d'une bombe de 100 kg. On y accède par des entrées dissimulées sous les feuillages, mais il existe de nombreuses trappes invisibles au regard. Un tunnel moyen mesure de 60 à 70 cm de large sur 80 à 90 cm de haut. C'est un boyau obscur et angoissant qui débouche sur

LE TRIANGLE DE FER

Durant la guerre du Vietnam, la zone de Củ Chi, surnommée le « Triangle de fer », pouvait recevoir jusqu'à 3 600 bombes en 24h ! Dans ce déluge de feu, les Vietcong perdirent environ 10 000 hommes (on peut voir un grand cimetière vietnamien au bord de la route avant d'arriver au site). Le réseau des galeries souterraines ne fut pourtant jamais détruit et servit pendant toute la guerre.

une sorte de **ville clandestine** comportant toutes les installations nécessaires à la survie et à la guérilla vietcong : salles de réunion, hôpitaux souterrains, chambres où dormaient les commandants, cuisines où on concoctait la pitance quotidienne, soit du manioc et du riz enveloppés dans une feuille de bananier. Extrêmement ingénieux, les Vietnamiens avaient creusé des trous d'aération ainsi que des puits d'eau potable (on en voit un). Notez le système d'évacuation de la fumée destiné à leurrer les Américains. Il y avait aussi, mais on ne les visite pas, des armureries et des entrepôts de munitions. Certaines branches de tunnel mènent à la rivière de Saigon, permettant aux maquisards de s'enfuir au cas où les « rats de Củ Chi », chargés de les débusquer, auraient franchi les nombreux **pièges** disposés dans la pénombre du réseau. Comme ces trappes d'angle cachant des trous profonds hérissés de bambous taillés comme des flèches et dont les extrémités étaient enduites de poison... L'homme qui tombait dedans était souvent mortellement blessé. On découvre les différents systèmes de trappes en toute fin de visite, ainsi que quelques armes. On voit aussi des cratères de bombes de B52 (il y en a plein d'autres dans les rizières alentour, qui deviennent des mares à la saison des pluies...). La visite se termine dans une cuisine d'époque reconstituée, où l'on fait la queue aux heures de pointe, pour une dégustation de thé, de manioc et de carrés de riz...

On peut aussi se rendre au mémorial des combattants vietnamiens (44 000 noms inscrits), à droite après la sortie. La boutique et le minizoo, triste à pleurer, ne sont quant à eux pas de très bon goût.

TÂY NINH

IND. TÉL. : 276

À 96 km au nord-ouest de Hồ Chí Minh-Ville, par la route n° 22, la ville de Tây Ninh est en quelque sorte le Saint-Siège de la religion cao đài, un culte conçu par un fonctionnaire cochinchinois dans les années 1920, comme une tentative de synthèse entre les grandes philosophies religieuses d'Occident et d'Extrême-Orient.

Cet extraordinaire syncrétisme de spiritualités et de doctrines si différentes est parfaitement illustré par la cathédrale-temple, située à 4 km à l'est de la ville. On ne sait si ce fleuron de l'art kitsch se la joue plutôt pagode qui veut ressembler à une église ou l'inverse. Là, « le Christ et Bouddha contemplent du plafond de la cathédrale une fantasia orientale à la Walt Disney, dragons et serpents en Technicolor », écrit Graham Greene dans *Un Américain bien tranquille* (il était si fasciné par cette secte qu'il avait songé un moment à se convertir !). Voilà l'un des endroits les plus baroques et les plus insolites du Vietnam.

UN PEU D'HISTOIRE

Le mot cao đài signifie littéralement « palais suprême » et désigne Dieu. Le caodaïsme est né de la rencontre entre l'Occident et l'Orient, en pleine période coloniale, dans le contexte de crise morale, spirituelle et économique des années 1920. Son fondateur, **Ngô Văn Chiêu,** n'était ni un bonze ni un prêtre, mais un petit fonctionnaire de l'administration de Cochinchine, profondément mystique. Né en 1878 dans une famille modeste du sud du Vietnam, il obtint une bourse, fit des études et devint fonctionnaire de l'île de Phú Quốc en 1919. Ngô était bouddhiste et pratiquait le culte des ancêtres, comme tous les Vietnamiens. En dehors de son travail, il avait un hobby auquel il s'adonnait avec ferveur : le spiritisme. En compagnie d'un groupe de fonctionnaires, il faisait tourner les tables, essayant d'entrer en communication avec les esprits. Un jour de 1921, il entra en communication avec un esprit nommé Cao Đài, qui lui apparut sous la forme d'un œil humain grand ouvert : l'Œil de Dieu. Après cette révélation, Ngô, qui avait 43 ans, reçut une autre illumination, le 24 décembre 1925, pendant la nuit de Noël. Cette fois, l'esprit fut plus péremptoire et lui ordonna de créer une nouvelle religion en son nom. Ce qu'il fit sans attendre.

Le 7 octobre 1926, le caodaïsme fut déclaré officiellement à Saigon. Les 1res missions de prosélytes furent si efficaces qu'au bout de 2 mois la nouvelle religion comptait plus de 2 000 adeptes. En 1927, son siège est installé à Tây Ninh.

La nouvelle religion eut une importance considérable sur le plan spirituel, mais aussi politique, et même militaire. Grâce à son organisation, sa discipline stricte et sa richesse, *le cao đài parvint à former une armée privée de 25 000 hommes,* au service des Japonais durant la Seconde Guerre mondiale. Bref, des collabos purs et durs ! Cette secte « militaro-religieuse » roula ensuite pour les Français, contre le Vietminh, avant de se ranger du côté de l'armée du Sud-Vietnam et des Américains pendant la guerre du Vietnam. Stratégie fatale ! Après la chute de Saigon en 1975 et l'arrivée des communistes au pouvoir, elle fut « frappée à la tête » et « coupée à la racine » : ses terres et près de 400 temples et lieux de culte furent confisqués, 4 responsables furent exécutés en 1979.

Le facteur Cheval des religions

Le caodaïsme semble né d'une exigence morale : unir toutes les philosophies ancestrales de l'Orient et de l'Occident pour créer une sorte de religion universelle, sans distinction de races ou de continents. **Son principe de base, c'est qu'il n'existe qu'un seul Dieu, Être Suprême et Créateur de l'univers, commun à toutes les religions et croyances de la planète.** « Si tous les hommes sur terre avaient conscience de cela, le monde aurait vécu dans la paix, dans la justice et dans l'amour. »

C'est un syncrétisme qui pioche dans la plupart des obédiences : bouddhisme, confucianisme, taoïsme, christianisme et islam. Ainsi les croyants vénèrent-ils le Bouddha Sakyamuni, Confucius, Lao-tseu, Jésus-Christ et Mahomet. Sans oublier l'héritage spirituel propre au Vietnam, c'est-à-dire le culte des esprits, des saints et des génies. Les caodaïstes vénèrent également des personnages illustres avec lesquels les médiums de la nouvelle religion sont entrés en communication au cours de séances spirites. On trouve ainsi Victor Hugo, Jeanne d'Arc, Descartes, Pasteur, et même Shakespeare et Lénine (ce qui n'a pas empêché la secte de s'armer contre les communistes du Nord).

L'histoire de l'humanité se divise en 3 grandes périodes marquées, selon les adeptes, par 3 révélations divines. La 1re révélation fut celle de Dieu à Lao-tseu. La 2e révélation s'est faite plus tard à travers les grands messagers, Bouddha, Moïse, Jésus-Christ, Mahomet. Mais les caodaïstes considèrent que leurs messages ont été détournés de leur idéal de départ par la faute des humains. La religion cao đài se présente comme une « troisième alliance entre Dieu et l'homme ». Il s'agit pour eux de l'unique et dernière révélation qui n'aurait pas dû être dévoyée puisque le message divin passe directement de Dieu aux disciples par le biais de la communication avec les esprits.

Les *médiums* de la secte ont la charge de recevoir les messages des esprits en utilisant des stylos ou des pinceaux de calligraphie chinoise.

Le *clergé caodaïste* est organisé sur le modèle de l'Église catholique. Au sommet de la hiérarchie, un pape donne les directives, organise, contrôle, assure la continuité du mouvement. Les dignitaires portent des tuniques de couleurs différentes : le rouge pour les dignitaires de la branche confucianiste, le bleu pour le taoïsme et le jaune pour le bouddhisme.

Les caodaïstes ont *2 grandes fêtes religieuses* : la fête de Dieu le Père (Cao Đài) le 9 janvier et de la Mère (la « Dame » bouddhique) le 15 août (té, le même jour que la bonne mère !). Mais Noël, Pâques, et l'anniversaire de la naissance de Bouddha sont aussi fêtés en grande pompe, preuve encore une fois de l'amalgame entre l'Orient et l'Occident.

Le caodaïsme aujourd'hui

Il y aurait aujourd'hui moins de 2 millions d'adeptes (chiffre difficile à vérifier), essentiellement dans le sud du Vietnam, mais aussi dans le centre. À Tây Ninh, une vingtaine de dignitaires de la secte continuent d'habiter autour du temple principal, dans une sorte de vaste monastère (100 ha) entouré de murs et abritant de nombreux bâtiments (maisons, cellules), des jardins dans lesquels gambadent des singes, ainsi que des vestiges d'ateliers agricoles et industriels (scierie, briqueterie). Une rizière de 15 ha, toujours exploitée par les fidèles (laïcs), à l'extérieur de l'enceinte, assure le ravitaillement en riz de la communauté. Par ailleurs, désormais considérablement appauvri, le cao đài survit grâce aux dons et à l'argent des pratiquants.

Arriver – Quitter

– *En préambule :* à cause de la densité du trafic, il faut compter env 2h30 de route pour parcourir la centaine de km qui séparent Tây Ninh de Hồ Chí Minh-Ville. Or, si le site est intéressant, il y a tout de même relativement peu à voir, en dehors de la cathédrale et de la courte cérémonie décrite plus bas. *On vous conseille donc, pour rentabiliser le trajet, de coupler l'excursion avec une visite des tunnels de Củ Chi* le matin (lire plus haut), ceux-ci étant situés entre Saigon et Tây Ninh. Toutes les agences du « quartier routard » proposent cette option, pour env 20 US$/pers. On peut aussi louer une voiture privée avec chauffeur.
– On peut préférer s'y rendre en *transports en commun,* mais prévoir alors plusieurs changements et au moins 4h de trajet. Prendre le bus n° 13 depuis le parc du 23-Septembre *(plan Hồ Chí Minh-Ville III, D1)* jusqu'à Củ Chi, puis le bus n° 701 jusqu'à Tây Ninh et enfin un taxi ou une moto-taxi jusqu'au temple. Autre option, le bus n° 4 depuis Phạm Ngũ Lão ou Pasteur jusqu'à la gare terrestre d'An Sương, puis minibus jusqu'à Tây Ninh, et enfin taxi ou moto-taxi.
– Sachez qu'il n'existe *aucune option pour manger* dans le complexe religieux ni à proximité immédiate. En général, les agences prévoient un arrêt repas sur le chemin du retour. Sinon, emporter de quoi grignoter.

À voir

✱✱✱ *La cathédrale-temple* (ou Sainte-Mère Cao Đài) : *sur la route de Saigon, à 4 km du centre de Tây Ninh. GRATUIT. Tenue discrète requise. Enlever ses chaussures à l'entrée. Les photos du temple sont autorisées sans flash, mais pas celles des fidèles (du moins sans permission de leur part). Toilettes derrière la cathédrale, derrière le bâtiment en U.*

Planté au centre d'une immense esplanade, voici l'un des édifices religieux les plus extravagants d'Asie du Sud-Est. Une merveille de l'art kitsch construite entre 1933 et 1955, fruit d'un métissage religieux unique entre l'art chrétien d'Europe et l'art bouddhique d'Extrême-Orient. L'ensemble mesure près de 107 m de long et relève à la fois de l'église (par sa forme et sa façade) et de la pagode (par la décoration intérieure).

– *Le porche d'entrée :* orienté à l'ouest (vers Jérusalem), comme dans les églises chrétiennes. Sur le mur, une fresque peinte représente les « trois missionnaires divins envoyés comme guides spirituels de l'humanité pour réaliser la troisième Alliance ». **Victor Hugo, en tenue d'académicien,** écrit avec une plume la devise « Dieu et Humanité » et « Amour et Justice », accompagné du révolutionnaire et homme d'État chinois Sun Yat-sen qui tient un encrier. À leurs côtés se tient un 3ᵉ « saint » du cao đài, le poète vietnamien Nguyễn Bỉnh Khiêm (1492-1587).

RAMASSE-MIETTES

Du bouddhisme, le caodaïsme a retenu les grands principes moraux : ne pas tuer, ne pas voler, ne pas commettre d'impureté, ne pas mentir, ne pas boire d'alcool. La règle fondamentale est celle de l'homme bon et juste. A celle-ci, il ajoute l'impératif chrétien de l'amour du prochain et la charité. Du taoïsme, il a gardé le détachement du monde et du confucianisme le culte des ancêtres, le respect de la famille et la communion entre les vivants et les morts.

– *L'intérieur :* les « vitraux » portent tous le symbole du cao đài, un *triangle enfermant l'œil divin.* La nef s'étend sur 9 sections, symbolisent les 9 étapes pour accéder au paradis. Elle est soutenue par des colonnes autour desquelles se lovent des dragons en spirale. Sous la coupole de l'autel, une énorme sphère bleue portant l'œil divin symbolise l'idéal de la religion universelle. 8 personnages sont sculptés au-dessus de la coupole : Bouddha, Confucius, Lao-tseu, Jésus-Christ, ainsi que Lý Thái Bạch, Khương Tử Nha, la déesse Quan Âm et le génie Quan Công. À l'opposé, adossées au mur d'entrée, au pied du balcon, 3 statues sont enlacées par 2 boas. L'une d'elles représente Phạm Công Tắc, disciple du fondateur Ngô Văn Chiêu, qui devint plus tard le 2ᵉ pape du caodaïsme. Il contribua largement à la militarisation de la secte et à son alliance avec les Japonais pendant la Seconde Guerre mondiale. Curieusement, sa statue donne l'impression d'un personnage ayant vécu il y a 1 000 ans. C'était hier ou presque...

– *Cérémonies et rites :* le temple célèbre 4 offices quotidiens à 6h, 12h, 18h et minuit. La cérémonie dure environ 35 mn, selon un rituel immuable. Les femmes entrent par la gauche, les hommes par la droite. Des musiciens et un chœur de femmes, installés dans la tribune au-dessus du porche d'entrée, accompagnent les prières des fidèles. Au milieu du temple, tournés vers le maître-autel, se tiennent des dignitaires en rouge, bleu et jaune à côté de femmes (âgées) vêtues de blanc. Ensuite, la masse des fidèles, en blanc, alignés au cordeau sous le regard sévère de disciples affublés d'un brassard, chargés de faire respecter une stricte discipline. Les visiteurs sont admis à assister aux messes depuis le balcon surplombant la grande nef. Il n'y a aucun discours, aucun sermon. Les prières, très proches du bouddhisme, sont des invocations qui commencent par « Nam Mô... ». Elles rendent hommage à Cao Đài, à Lý Thái Bạch, le 1ᵉʳ prophète, aux représentants des 3 religions orientales (bouddhisme, confucianisme et taoïsme), ainsi qu'aux esprits, aux saints et aux génies.

VŨNG TÀU (CAP SAINT-JACQUES)

190 000 hab.   IND. TÉL. : 254

● La péninsule p. 449

À 128 km au sud-est de Hồ Chí Minh-Ville, à l'extrémité sud d'une péninsule qui s'avance comme une pince de crabe dans la mer de l'Est, Vũng Tàu, que les Français appelaient Cap Saint-Jacques, est la station balnéaire la plus fréquentée du sud du pays. Si la proximité d'Hồ Chí Minh-Ville, les grandes plages de sable et le nombre d'infrastructures touristiques la rendent très populaire auprès des locaux, son intérêt est plus relatif pour le voyageur étranger. Ni le centre-ville, ni le front de mer ne dégagent grand charme.
– *Bon à savoir :* éviter d'y aller en fin de semaine, le week-end et pendant les fêtes.

UN PEU D'HISTOIRE

Au XVe s, ce sont les marins portugais qui découvrent cet ancrage idéal sur la route de la Chine et de Macao et le baptisent Cap Saint-Jacques, du nom de leur saint patron. Vu de la mer, le site, enserré entre 2 éperons rocheux, a toujours été un bon repère pour les bateaux. À la fin du XIXe s, les Français, las de la chaleur moite de Saigon, en font une station balnéaire chic, le Deauville tropical de la *French Riviera* cochinchinoise. Hôtels et villas coloniales commencent alors à sortir de terre. Un poste de douane y est établi pour contrôler les allées et venues des bateaux sur la rivière de Saigon toute proche. Son point de repère est à présent, sur la colline, l'imposante statue du Christ.

Arriver – Quitter

En bus local ou en minibus

Gare routière (plan B1) : *192, Nam Kỳ Khởi Nghĩa, à 1,5 km du centre-ville.* ☎ *352-53-93. Ouv 5h-19h.* On recommande la compagnie Phương Trang-Futa Bus Lines, un peu plus chère que les autres mais très fiable et confortable (☎ *1-900-60-67 ;* ● *futabus.vn* ●).

➤ *De/pour Hồ Chí Minh-Ville :* bus réguliers avec *Phương Trang-Futa Bus*. Billet : 115 000 Dg. Durée : env 3h. Départ de Hồ Chí Minh-Ville, dans le « quartier routard », au 272, Đề Thám *(plan Hồ Chí Minh-Ville III, C1, 20).* Ttes les heures pour Vũng Tàu, 5h30-18h30. Vers Hồ Chí Minh-Ville, 1-2 bus/h, 5h-19h. Également 1 bus direct depuis/vers l'aéroport international. Sinon, la compagnie **Hoa Mai** dispose de minibus confortables aussi. Billet : 110 000 Dg.

En catamaran

La meilleure solution, la plus simple (pas la moins chère), car on descend ou remonte la rivière de Saigon, avant de traverser un bras de mer. La desserte est assurée par la compagnie *Greenlines DP Express* (📱 *09-88-00-95-79 ;* ● *greenlines-dp.com* ●). Durée de la traversée : 2h. Billet aller : 240 000 Dg (280 000 Dg le w-e).

➤ *De Hồ Chí Minh-Ville :* achat des billets directement à l'embarcadère, 10B, Tôn Đức Thắng *(plan Hồ Chí Minh-Ville II, G4, 1).* Lun-sam, 4 départs/j., 8h-14h. Dim, 6 bateaux, 8h-16h. Les bateaux arrivent à Vũng Tàu à l'*embarcadère Hồ Mây Ferry Wharf*, 1, Trần Phú, qui se situe à 2 km au nord de la plage de Bãi Trước, au nord-ouest de la ville *(hors plan par A1),* au pied de la télécabine Vũng Tàu Cable Car.

➢ **Pour Hồ Chí Minh-Ville :** lun-ven, 4 bateaux/j., 10h-16h. W-e, 6 bateaux. L'achat de billets s'effectue à l'embarcadère *(plan A1)* au *Ticket Office* situé au 1A, Trần Phú (☏ *09-88-00-95-79).*

Adresses utiles

■ *Vietcombank (plan A1, 1*) : *30B, Trần Hưng Đạo.* ☏ *385-23-09. Lun-ven 7h30-11h30, 13h30-16h.* Change toutes les devises aux taux un peu plus faibles. Représente aussi *MoneyGram* pour les transferts urgents d'argent. Sinon, nombreux ATM dans la ville.

🚗 *Taxis :* diverses compagnies sillonnent la ville. *Mai Linh,* ☏ *356-56-56* ; *Vinasun Taxi,* ☏ *37-27-27-27* ; *Futa Taxi,* ☏ *38-38-38-38.* Les motos-taxis sont 2 à 3 fois moins chères.

Où dormir ?

– *Conseil :* attention aux fins de semaine et aux périodes de vacances où de nombreux hôtels et pensions affichent complet et des prix surévalués. Pensez à réserver votre chambre à l'avance.

De bon marché à prix moyens (moins de 600 000 Dg / 21 €)

🏠 *O Dau Day Boutique Hotel (plan A1-2, 10)* : *33, Phan Huy Ích.* ☏ *625-55-55 ou 08-79-99-66-99 (hotline). Doubles 300 000-600 000 Dg.* Même si l'appellation « *boutique hotel* » semble un peu abusive ici, cette petite bâtisse jaune orangé renferme des chambres confortables, propres et bien arrangées. Le choix des meubles est étonnant mais l'ensemble reste plutôt coquet. Donnant sur une étroite cour, elles manquent toutefois un peu de lumière. Accueil jeune et en anglais.

🏠 *Sun Lake Hotel (plan B2, 11)* : *38, Võ Thị Sáu.* ☏ *09-67-90-30-95.* ● *sun lake@gmail.com* ● *Doubles à partir de 400 000 Dg.* Dans un petit immeuble tout neuf, de grandes chambres à la décoration pour le moins dépouillée, mais nickel et bien équipées. Elles sont lumineuses et agréables avec leurs immenses fenêtres. Les plus chères ont un balcon et une vue dégagée. Accueil non anglophone mais gentil. Une bonne option pas trop loin de la plage.

🏠 *Novena Hotel (plan B2, 12)* : *302, Phan Chu Trinh.* ☏ *361-21-12.* ☏ *09-15-82-70-79. Doubles 20-35 US$.* À 2 pas de la plage, un petit immeuble immaculé qui rappelle vaguement un hôtel particulier parisien. À l'intérieur, l'aménagement est soigné, entretenu, et tout confort (clim). Les chambres supérieures ont une vue sur la mer. Un bon plan, même le week-end ! Accueil affable.

De chic à très chic (jusqu'à 3 310 000 Dg / 117 €)

🏠 *Quốc Cường II (plan B2, 13)* : *15-17, Phó Đức Chính.* ☏ *385-70-24.* ☏ *09-08-56-22-88.* ● *quoccuong hotel.com* ● *Dans une petite rue perpendiculaire au niveau du 145, Thùy Vân. Doubles 650 000-1 000 000 Dg.* Un hôtel refait entièrement à neuf, à 50 m de la plage. Pas le grand frisson mais bon rapport qualité-prix pour les doubles les moins chères. Sinon, mieux vaut réserver ailleurs. Accueil cordial.

🏠 ❙❶ *Petro House Hotel (plan A1, 14)* : *63, Trần Hưng Đạo.* ☏ *385-20-14.* ● *petrohousehotel.vn* ● *Chambres 770 000-1 800 000 Dg, petit déj-buffet compris.* L'un des seuls hôtels confortables et propres du centre-ville, installé dans ce qui se veut la copie d'un édifice colonial, avec colonnes et balcons. Chambres sobres et spacieuses, qui sont en fait des studios

VŨNG TÀU / OÙ DORMIR ? | 449

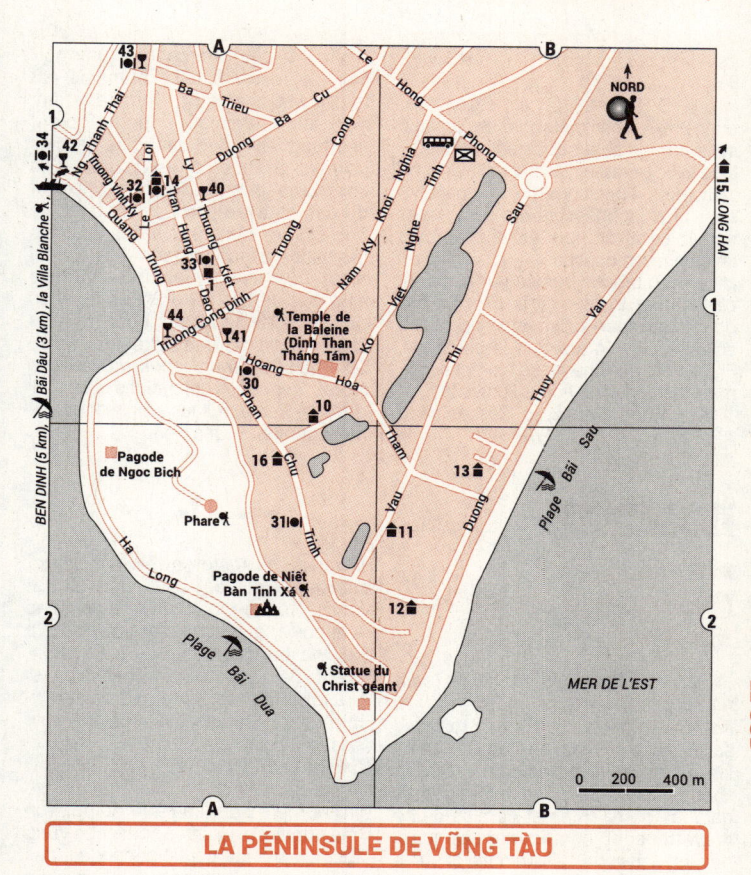

LA PÉNINSULE DE VŨNG TÀU

- **Adresse utile**
  - 1 Vietcombank (A1)

- **Où dormir ?**
  - 10 O Dau Day Boutique Hotel (A1-2)
  - 11 Sun Lake Hotel (B2)
  - 12 Novena Hotel (B2)
  - 13 Quốc Cường II (B2)
  - 14 Petro House Hotel (A1)
  - 15 Haiduong Intourco Resort (hors plan par B1)
  - 16 The Wind Boutique Resort (A2)

- **Où manger ?**
  - 30 Bánh khọt Gốc Vú Sữa (A1)
  - 31 Taj Grill Indian (A2)
  - 32 Bistro Nine (A1)
  - 33 Quán 95 (A1)
  - 34 Gánh Hảo (hors plan par A1)

- **Où boire un verre ?**
  - 40 Bà Già (A1)
  - 41 Lan Rừng (A1)
  - 42 Bars de la rue Trần Phú (A1)
  - 43 Tommy's Sports Bar (A1)
  - 44 CASK Bar (A1)

(équipement assez rudimentaire). Piscine, gymnase. Resto *Sambal Café* qui propose une cuisine locale et malaisienne, ainsi que quelques plats occidentaux. Casino, salle de jeux *Monte-Carlo*.

Haiduong Intourco Resort (hors plan par B1, **15**) : 1, Thùy Vân. ☎ 357-75-56,

57 ou 58. ● haiduongintourcoresort.com.vn ● Sur le front de mer. Bungalows 1 400 000-2 400 000 Dg selon sem ou w-e (+ 15 %), taille et confort. Quelques bungalows répartis au bord de la plage sous un agréable boqueteau de filaos, tous avec terrasse. Les bungalows familiaux (pour 4 personnes), sur la gauche, sont plus intéressants. Ils sont assez agréables et comportent 2 chambres chacun, avec douche et w-c, ventilo ou clim. Belle piscine bordée par la mer et plage privée. L'ensemble ne déborde pas de charme mais cela reste une bonne adresse pour le soleil et la baignade. Également des chambres en motel vraiment tristounettes. Accueil prévenant.

▲ *The Wind Boutique Resort* (plan A2, **16**) : *84-B10, Phan Chu Trinh.* ☎ *385-88-59.* ● *thewind.com.vn* ● *Doubles 70-116 US$ (beaucoup plus chères le w-e).* Perché sur une colline, ce *resort* à taille humaine est tout à fait charmant. Dans le jardin, de petites cascades dégringolent des murs en pierre dans des bassins joliment arrangés et verdoyants. Les chambres jouent la carte du luxe et du design avec parquet, mobilier de bois clair et immenses salles de bains (certaines avec jacuzzi). Mais le réel atout ici, c'est la vue sur les collines alentour, depuis les grandes fenêtres ou les belles terrasses pour les plus chères. Piscine. Une autre adresse au 98, Phan Chu Trinh, le *Wind Boutique Hotel.* Très belles prestations et accueil dévoué. Reste que les prix sont sacrément gonflés le week-end.

Où manger ?

Prix moyens (100 000-250 000 Dg / env 4-9 €)

|●| *Bánh khọt Gốc Vú Sữa* (plan A1, **30**) : *14, Nguyễn Trường Tộ. Tlj 7h-15h30 (20h le w-e).* Dans 2 grandes salles façon cantine, on s'attable parmi les locaux venus déguster un *bánh khọt*, la spécialité du coin. Ces petites galettes de riz frites et garnies d'une crevette sont confectionnées juste devant, dans une cuisine ouverte sur la rue. Amusant d'aller jeter un œil à cette usine à gaz, où l'huile frémit de toutes parts. Service pour le moins expéditif, mais l'expérience est particulièrement dépaysante et rigolote. En plus, c'est économique !

|●| *Taj Grill Indian* (plan A2, **31**) : *152, Phan Chu Trinh.* ▫ *09-74-87-80-74 ou 09-02-64-69-45. Tlj.* Ce resto sert une honnête cuisine indienne concoctée avec des produits importés d'Inde. Poisson tandoori, poulet *vindaloo*... on retrouve tous les classiques à la carte !

|●| *Bistro Nine* (plan A1, **32**) : *9, Trương Vĩnh Ký.* ☎ *351-15-71.* ▫ *09-33-37-29-10. Au centre-ville, petite rue derrière le Rex Hotel. Ouv 9h-22h.* Au calme sur une petite terrasse, ce resto se rêve en bistrot parisien. Petit déj servi jusqu'à 13h (œufs, croque-monsieur, pain perdu...). À la carte, quelques classiques de la cuisine française (soupe à l'oignon, bœuf Stroganoff) côtoient pizzas, bruschettas et spécialités vietnamiennes. Pain artisanal et cave à vins. Accueil chaleureux.

|●| *Quán 95* (plan A1, **33**) : *36, Trần Hưng Đạo.* ☎ *359-55-95.* Une grande salle propre pour un resto de poisson très populaire. Comme souvent à Vũng Tàu, les prix (au poids) dépendent des arrivages et de la saison. Mais c'est très honnête.

Hors du centre

Chic (250 000-600 000 Dg / env 9-21 €)

|●| *Gánh Hào* (hors plan par A1, **34**) : *3, Trần Phú.* ☎ *355-09-09. À 2,5 km env du centre-ville, en direction de la plage de Bãi Dâu. Ouv jusqu'à 22h.* L'un des meilleurs restos de Vũng Tàu, en contrebas de la route, sur 4 terrasses énormes en bord de mer. Le soir, guirlandes de lampes multicolores dans les

Où boire un jus ? Où boire un verre ?

▼ Bà Già *(plan A1, 40)* : *3, Đồ Chiểu, dans le prolongement de Trưng Trắc.* ☎ *09-03-68-67-89. Tlj 8h-23h.* Pas de nom très lisible en enseigne, juste la spécialité du lieu en vietnamien : *sinh tố.* Pour votre plaisir et votre santé, allez goûter un de ces délicieux jus et smoothies. Celui parfumé aux herbes de *centella* (une plante médicinale appelée aussi herbe du tigre) est particulièrement recommandable.

▼ Lan Rừng *(plan A1, 41)* : *2, Trần Hưng Đạo.* ☎ *353-07-13. Ouv jusqu'à 22h.* Ne pas rater non plus ce bar qui semble tout droit sorti d'un conte de fées avec ses tonnelles en forme de champignon assorties d'une végétation luxuriante.

▼ Le long de Trần Phú, en contrebas de la route qui mène à la plage de Bãi Dâu (sur le côté gauche), plusieurs *bars* *(plan A1, 42)* se dissimulent discrètement sous une végétation dense.

▼ I●I Tommy's Sports Bar *(plan A1, 43)* : *3, Lê Ngọc Hân.* ☎ *351-51-81. Tlj 7h-23h.* Dans une grande salle ouverte, ce bar populaire et animé est tout indiqué pour siroter une bière fraîche ou un cocktail. Le chef italien élabore quelques plats roboratifs (pizzas, pâtes...) si jamais la faim se fait sentir. Musique live certains soirs.

▼ CASK Bar *(plan A1, 44)* : *12, Quang Trung.* ☎ *12-07-00-61-59. Tlj 17h-1h. Happy hours 17h-19h.* Au 1er étage, un petit bar à bières où l'on peut se désaltérer d'une pression brassée localement (celles de la *Pasteur Street* et *East West Brewing Co.* de Saigon sont parfois proposées à la carte). Petite terrasse avec vue sur la mer. On peut aussi y manger un morceau.

À voir

🏛 La Villa Blanche *(Bạch Dinh ; hors plan par A1)* : *du centre-ville et de la plage Bãi Trước, prendre la rue Quang Trung vers le nord puis son prolongement, la rue Trần Phú ; c'est à env 800 m ; l'entrée se trouve au n° 6, face au resto Hòn Rù Rì. Tlj 7h-17h. Entrée : 15 000 Dg (plus 15 000 Dg pour le parking).* Située sur une colline plantée de frangipaniers et de bougainvillées, face à la mer, c'est dans cette maison inspirée des demeures bourgeoises de la Riviera française que le gouverneur général de l'Indochine, Paul Doumer, venait passer ses vacances. Il baptisa cette villa du nom de sa fille, Blanche. Au début du XXe s, l'empereur Thành Thái y fut assigné à résidence. Plus tard, l'empereur Bảo Đại y séjourna, ainsi que le président Nguyễn Văn Thiệu qui venait y oublier la guerre. L'exposition n'a que peu d'intérêt, tout comme l'ameublement. On vient surtout pour s'imprégner de l'atmosphère et bénéficier d'une vue superbe sur la mer.

🏛 Vũng Tàu Cable Car *(Bạch Dinh ; hors plan par A1)* : *3, Trần Phú ; face à la Villa Blanche, en direction de la plage de Bãi Dâu. Lun-ven 8h-22h, w-e 7h30-23h. Billet A/R et accès au site : 400 000 Dg ; réduc.* Des télécabines vous mènent sur une colline qui surplombe la ville et vous permettent d'accéder à un parc écologique. Beaucoup trop cher cela dit.

🏛 Le temple de la Baleine *(Đình Thần Tháng Tám ; plan A1)* : *77A, Hoàng Hoa Thám. GRATUIT.* Ce temple bâti en 1911 est dédié au culte de la baleine. Dans le pavillon de droite, des squelettes de cétacés échoués sur les plages sont conservés dans de grandes châsses. Chaque année, une fête de la Baleine se déroule ici le 16e jour du 8e mois lunaire. Les pêcheurs viennent sinon prier le dieu Baleine pour se prémunir des intempéries.

452 | LE SUD / LE DELTA DU MÉKONG

✖ ← Le phare (*Hải Đăng ; plan A2*) **:** juché depuis 1910 au sommet de la Petite Montagne (*núi Nhỏ*). Cet éperon rocheux qui culmine à 193 m marque la pointe sud de Cap Saint-Jacques. Pour y accéder, prendre le chemin qui débute 100 m à gauche après le resto *Plein Sud* (152, Hạ Long). 3 km de grimpette agréable (compter 2h aller-retour). Sinon, le site est accessible en voiture (parking payant au sommet). De là-haut, la vue est superbe. D'un seul coup d'œil, on embrasse toute la ville. Le long du chemin, juste avant d'arriver au sommet, quelques bars avec hamacs.

✖ La pagode de Niết Bàn Tịnh Xá (*plan A2*) **:** *située sur le versant ouest de la Petite Montagne (núi Nhỏ), à gauche de la route de la (petite) corniche, à env 1 km du centre-ville ; entrée au 66/7, Hạ Long. Tlj 6h30-20h. Donation bienvenue.* Construite en 1971, cette pagode jaune abrite un énorme bouddha couché de 12 m de long (les 12 degrés de la sagesse). En montant les escaliers (sur la droite du bouddha), on accède à une terrasse. Remarquer la cloche de 5 t et la barque en forme de dragon. Y venir en fin d'après-midi, la lumière est plus belle.

✖ ← La statue du Christ géant (*Tượng Chúa Kitô ; plan A2*) **:** *entrée juste en face du parking de la pointe du Cap Saint-Jacques. Tlj 7h30-17h. GRATUIT.* Cette immense statue, haute de 30 m et large de 18 m, perchée à l'extrémité de la pointe sud de la péninsule, rappelle le Christ rédempteur de Rio. Érigée en 1974, 1 an avant l'arrivée des communistes au pouvoir, elle n'a pas été détruite. Il faut gravir pas moins de 735 marches pour accéder au pied du Christ ! Le chemin est bordé d'angelots souriants. De 7h30 à 11h30 et de 13h30 à 17h, possibilité de visiter l'intérieur jusqu'à l'épaule de Jésus. Petit bar pour se désaltérer au sommet.

Les plages

✖ La plage Bãi Sau (*plage de derrière ou Back Beach ; plan B1-2*) **:** *elle est située, comme son nom l'indique, derrière la Petite Montagne (núi Nhỏ), à 1,8 km au nord-est de la ville. Compter 20-25 mn de marche en partant du terminal des minibus. Du centre, prendre une moto-taxi.* Soyons francs, cette étroite langue de sable frangée de *resorts* n'est pas la plus belle ! La partie nord (au niveau de l'hôtel *Haiduong Intourco Resort*) est plus accueillante grâce à l'ombre bienfaisante des filaos. Elle s'étire néanmoins sur 8 km et offre l'occasion d'une baignade rafraîchissante. À noter qu'il y a des vagues, et même de gros rouleaux certains jours, ce qui rend la mer assez boueuse. Attention, la houle ayant tendance à creuser des « fosses » (invisibles), il est parfois difficile de revenir au bord. Il y a déjà eu des **accidents mortels**...

LE DELTA DU MÉKONG

● Carte p. 455

Le grenier à riz du Vietnam ! À l'extrémité sud du pays, entre Hồ Chí Minh-Ville, la frontière du Cambodge, la mer de l'Est et le golfe du Siam, les 9 bras du Mékong (« Cửu Long » en vietnamien, ce qui signifie « 9 dragons ») entaillent une immense et basse plaine fertile. À peine sorti du Cambodge voisin, le Mékong lambine paresseusement, prend son temps, se répand dans la luxuriance des tropiques. Victime de sa nonchalance, il éclate en décrivant une gigantesque patte-d'oie, sorte de triangle humide et vert zébré de ses différents fragments. Et finalement, il verse ses flots limoneux et boueux dans les eaux turquoise de la mer de l'Est.

La terre la plus nourricière du Vietnam est donc façonnée par les alluvions et les sédiments déposés par le fleuve. C'est un monde hybride, mi-terrien mi-aquatique, quadrillé par une myriade de canaux et d'arroyos verdoyants, de rizières et de jardins fruitiers, d'îles et de villages qui vivent au rythme des mouvements du fleuve et de la mer. Les marées remontent 2 fois par jour dans le delta (sauf en octobre, avec les grandes marées décalées d'équinoxe), apportant des ribambelles de poissons, comme le *cá chình*, sorte d'impressionnant congre qui naît au large et grandit dans le fleuve.

L'eau et le riz sont l'alpha et l'oméga de l'économie locale. Avec 3 récoltes annuelles, le pays exporte son riz ; on dit même qu'il serait le 1er (ou 2e) exportateur mondial avec l'Inde ou la Thaïlande... Vrai ou pas, cela fait la fierté des habitants du delta, sans parler de cette croyance qui consiste à dire

LE DELTA : UN GARDE-MANGER

Les 9 provinces qui composent le delta du Mékong représentent 12 % de la surface totale du Vietnam, mais assurent presque la totalité de la production rizicole du pays !

que, sans lui, le nord du pays ne pourrait manger à sa faim !
Les rizières dessinent un scintillant damier. Les paysans du delta ont été façonnés par les eaux. Ils sont tout entiers tournés vers le fleuve. Les travaux agricoles, la pêche, les transports, les traditions, les plaisirs : ils dépendent tous du Mékong. Ici, on ne marche pas, on vogue. Pour aller chez un parent, au marché, à la pagode, chez le docteur, au comité populaire, partout, on glisse sur l'eau. C'est plus facile et plus rapide que par la terre.
Le fleuve gouverne la vie des hommes, de la naissance à la mort. Ainsi, même les mariages et les cortèges funèbres empruntent les innombrables canaux du delta. Bref, un monde envoûtant, particulièrement pendant la saison des pluies, où l'eau du ciel rejoint celle du fleuve, entre début mai et fin septembre.
Malheureusement, cet équilibre fait face à de multiples menaces. Les incursions d'eau salée dans la nappe phréatique d'abord (trop de puits !). Mais c'est surtout la multiplication des barrages en amont qui réduit le débit du fleuve tout en appauvrissant la teneur en sédiments de ses eaux. Sans oublier le possible rôle du réchauffement climatique. Résultat, des sécheresses de plus en plus extrêmes et fréquentes, des algues invasives et moins de poissons.

UN PEU D'HISTOIRE

Jusqu'au XVIIe s, le delta était peuplé en grande partie de Khmers. C'était une ***province reculée de l'empire d'Angkor,*** du moins de ce qu'il en restait à l'époque. Aujourd'hui, la majorité des quelque 300 000 Cambodgiens qui y vivent encore s'appellent les *Khmers Krom* (Khmers de l'aval), mais ils sont avant tout vietnamiens. Au XVIIIe s arrivèrent les Annamites, chassés du nord par les incursions chinoises. À la recherche d'espace et de richesses (le riz et la vie sont là), ils se répandirent dans cette partie méridionale de la Cochinchine qu'ils commencèrent à aménager, asséchant les zones marécageuses, creusant de multiples canaux, créant et irriguant de nouvelles rizières. À l'époque coloniale, la France, solidement implantée dans le delta, dut affronter la rébellion nationaliste du Sud.
Les maquisards du Vietminh se fixèrent d'abord ***dans la fameuse plaine des Joncs*** où se cachaient les cerveaux de la guérilla, comme Trần Văn Giàu, acteur principal de la révolte antifrançaise en Cochinchine. Puis, pendant la guerre du Vietnam (contre les Américains), le delta devint un ***foyer actif des maquisards vietcong,*** qui inventèrent une tactique adaptée à l'environnement et au relief : la guerre des rizières. Les hommes vivaient cachés derrière les haies de bambous et les digues, enfouis dans des mares d'eau.

LES KHMERS DU DELTA

Ils sont près de **300 000 citoyens vietnamiens d'origine khmère** à vivre dans la seule région de Cửu Long. Contrairement aux Vietnamiens pure souche ou aux Chinois qui habitent les bourgs et les berges des arroyos, les Cambodgiens préfèrent les hameaux isolés et boisés. Leurs maisons sont souvent des cases perchées sur pilotis. Leur présence ici rappelle qu'autrefois, avant l'invasion des Annamites (l'ancien nom des Vietnamiens) en 1683, le delta du Mékong faisait partie du vaste Empire khmer dont la cité d'Angkor était la capitale. On dénombre plus de 450 pagodes khmères dans la région. Les plus remarquables sont celles de *Chùa Dơi,* à Sóc Trăng (voir « Dans les environs de Cần Thơ ») et *Vat Angkor Icha Borei.*
– La plus grande période de liesse populaire reste le **Nouvel An khmer** (du 13 au 15 avril d'après le calendrier solaire).

LE MÉKONG, DERNIER MONSTRE SACRÉ

Des neiges du Tibet oriental, où il prend sa source, à la mer de l'Est, où il vient se jeter, le Mékong parcourt près de 4 200 km et irrigue 6 pays (la Chine, la Birmanie, la Thaïlande, le Laos, le Cambodge et le Vietnam). Il est le *10ᵉ plus long fleuve du monde* et le 3ᵉ plus long d'Asie, derrière les 2 géants chinois, le Yangzi Jiang (fleuve Bleu, 5 500 km) et le Huang He (fleuve Jaune, 4 800 km). Mais il est le 2ᵉ d'Asie par la force de son débit : 15 000 m³ par seconde en période de basses eaux, 60 000 m³ pendant la mousson.
Tour à tour brutal et placide, hostile et bienfaisant, le grand fleuve reste une artère vitale pour la région, où des millions d'hommes voient en lui *la féconde « Mère des Eaux ».* En traversant l'extrême sud de l'ancienne Cochinchine, il assure la subsistance de l'une des régions les plus peuplées du Vietnam, et même de la région du delta du fleuve Rouge (au nord du pays).
C'est l'*un des fleuves les plus vivants d'Asie* : contrairement à nos fleuves modernes désertés, le Mékong transporte sur ses eaux des foules de bateliers et de pêcheurs, vendeurs de fruits et de légumes, barques aux rames croisées manœuvrées par des femmes coiffées du chapeau conique...

UN FLEUVE MENACÉ DANS UN DELTA FRAGILE

Le fleuve vit depuis toujours au rythme de ses crues. Le niveau des eaux commence à monter dès le début de la saison des pluies, mais le Mékong sort vraiment de son lit en octobre. Il inonde les berges, envahit les jardins et les rizières. Il se produit alors un *phénomène très étrange* : le courant du fleuve inverse son cours habituel, car le trop-plein d'eau refuse de se déverser dans la mer, refluant alors en amont. Ce *« renversement des eaux »* est spectaculaire à observer (surtout sur le Tonlé Sap, au Cambodge). Il se produit chaque année à la même époque, au plus fort de la crue, causant parfois d'impressionnantes inondations.
Un monstre sacré en péril ? Le Mékong est aujourd'hui de plus en plus menacé par la **pollution** de ses eaux ainsi que par les **dérèglements de son hydrographie,** causés par la construction en amont de barrages hydroélectriques (notamment en Chine du Sud et au Laos). Ils affectent en outre le débit et sous-tendent une diminution des alluvions. La circulation des sédiments (qui donnent sa couleur marron au fleuve) est alors entravée. Ils se déposent et modifient la teneur des eaux.
Autre source d'inquiétude : l'invasion de l'eau de mer et du sel dans l'eau douce. Ce phénomène de *« salinisation » des nappes phréatiques* frappe durement le delta du Mékong et affecte la riziculture. Les régions les plus touchées sont les

LE DELTA DU MÉKONG

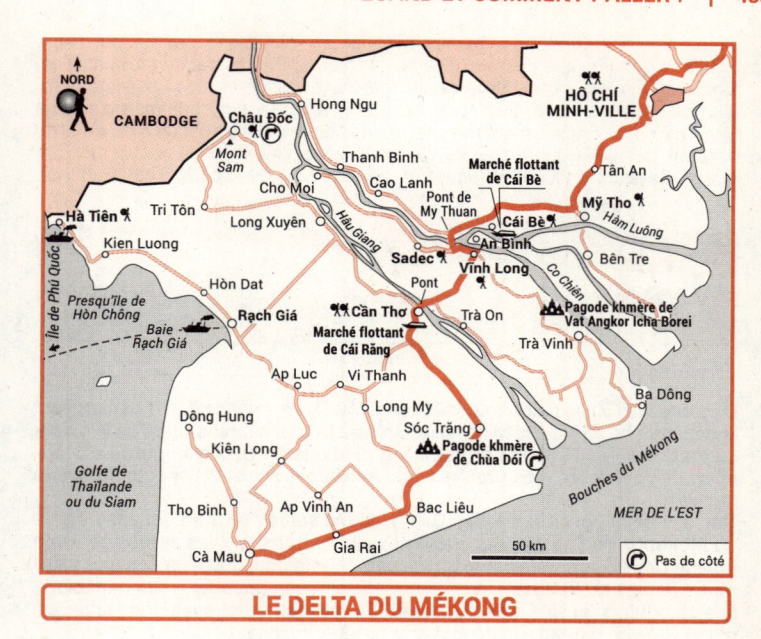

provinces maritimes de Trà Vinh, Bạc Liêu, Sóc Trăng et Cà Mau. À Bạc Liêu, les habitants ne peuvent plus boire l'eau du robinet, à moins que celle-ci n'ait été désalinisée par des machines très sophistiquées.

Quand et comment y aller ?

– *Meilleure période :* la saison sèche commence après la mousson et dure d'octobre ou novembre à début mai. Mars et avril sont les 2 mois les plus chauds. Le ciel est dégagé, mais les couleurs du fleuve et des rizières ne sont pas aussi éclatantes qu'à la saison des pluies. C'est une des raisons pour préférer cette dernière. Cela dit, on navigue plus difficilement à ce moment-là, particulièrement au plus fort de la crue du fleuve, en septembre. Il faut le savoir.

En bus

Le moyen le moins cher au départ de Hồ Chí Minh-Ville (se reporter aux différentes rubriques des villes, à Mỹ Tho, Cần Thơ, Châu Đốc, Vĩnh Long, Sadec, Rạch Giá, Hà Tiên…). Prévoir un périple d'au moins 5 j., sinon c'est la course…

En voiture ou en excursion

Une bonne solution quand on voyage à plusieurs. La plupart des agences du « quartier routard » de Hồ Chí Minh-Ville louent des voitures avec chauffeur ou organisent des excursions tout compris dans les principales villes du delta. Tarifs intéressants en se regroupant. Durée : 1-5 j., voire plus.

Croisières sur le Mékong

■ *Agence TransMékong :* 144, Hai Bà Trưng, à Cần Thơ. ☎ 382-95-40. ● transmekong.com ● Agence vietnamienne francophone basée à Cần Thơ qui organise des excursions régulières (ou à la carte) sur le fleuve, d'un ou plusieurs jours, au départ de Cần Thơ ou de Sadec notamment, en passant par Châu Đốc, Cái Bè, Trà Vinh... Bateaux en bois robustes et fiables, propulsés par de puissants moteurs. Petites cabines climatisées, service soigné et repas servis à bord. Bien sûr, cela a un coût, mais c'est une très belle façon de découvrir le delta du Mékong. Lire aussi plus loin la rubrique « À voir. À faire », à Cần Thơ.

MỸ THO 170 000 hab. IND. TÉL. : 0273

● Plan p. 457

**De toutes les villes du delta du Mékong, Mỹ Tho (province de Tiền Giang) est la plus proche de Hồ Chí Minh-Ville. Grâce à la voie express Cao Tốc (4-voies, péage), le trajet de 65 km ne demande plus que 1h30. C'est pourquoi beaucoup de voyageurs (des groupes essentiellement) font l'aller-retour dans la journée.
Capitale de la province de Tiền Giang, située sur la rive nord d'un des 9 bras du Mékong, Mỹ Tho est une étape fluviale où transitent les cargos en route pour le Cambodge. Si la campagne environnante constitue l'un des plus luxuriants jardins du Vietnam, avec ses aréquiers, ses cocotiers, ses bananiers, ses manguiers, la ville a peu d'intérêt. En revanche, octroyez-vous le temps d'une virée en bateau à la découverte des îles voisines.**

« LA BONNE HERBE PARFUMÉE »

Ce port était autrefois réputé pour sa gastronomie et la beauté de ses habitantes (la femme de l'empereur Bảo Đại était originaire d'ici). D'ailleurs, le nom même de Mỹ Tho signifie à la fois « la bonne herbe parfumée » et « la jeune fille parfumée ».
Pour l'anecdote : le long des quais, on trouvait encore dans les années 1950 des « *barques d'amour* ». Le visiteur y était servi par de jeunes Indochinoises. Naturellement, ces embarcations ont aujourd'hui disparu pour laisser place aux bateaux touristiques.

Arriver – Quitter

En bus

🚌 *Gare routière* (*Bến Xe Tiền Giang ; hors plan par A1*) *: située à 2 km du centre-ville, en remontant la rue Ấp Bắc direction Hồ Chí Minh-Ville (RN 1).* ☎ *385-61-32 ou 385-54-04.*
➤ *Pour Hồ Chí Minh-Ville* (gare de Miền Tây) *:* des bus publics assurent la liaison quotidienne, ttes les 30 mn, 3h30-18h30. Durée : 1h30. Billet : 34 000 Dg (60 000 Dg pour un trajet direct).

➤ *Pour Cái Bè :* 1 bus/j. Durée : 1h. Les bus ne partent pas de la gare routière ; arrêt rue Trương Định, derrière l'hôpital.
➤ *Pour Vĩnh Long :* pas de bus direct. Il faut rejoindre la route nationale, au lieu-dit Trung Lương (2 km du centre). Il s'agit d'un simple arrêt de bus au niveau de la boutique-bar du n° 63A. Les bus s'arrêtent là et embarquent des passagers pour Vĩnh Long.
➤ *Pour Cần Thơ :* 1 bus/j., à 4h30. Billet : 70 000 Dg.
➤ *Pour Vũng Tàu :* 1 bus/j., à 4h30. Billet : 120 000 Dg.

MỸ THO | 457

MỸ THO

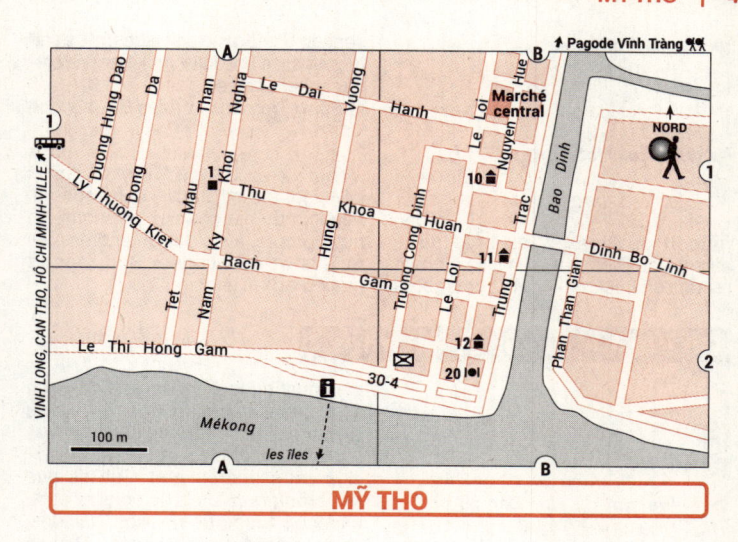

- **Adresses utiles**
  - Tien Giang Tourism Development Center (A2)
  - 1 VietinBank (A1)

- **Où dormir ?**
  - 10 Minh Tài Hotel (B1)
  - 11 Sông Tiền Hotel (B1)
  - 12 Sông Tiền Annex (B2)

- **Où manger ?**
  - 20 Bánh Xèo 46 (B2)

Adresses utiles

Tien Giang Tourism Development Center (Trung Tâm Phát Triển Du Lịch ; plan A2) : *8, 30 Tháng 4 (rue du 30-Avril). Tlj 8h-16h.* Ce grand bâtiment abrite plusieurs bureaux d'agences touristiques privées qui proposent des balades en bateau dans la région. On recommande *Tiền Giang Eco Tourist* (☎ 653-31-84 ; • tiengiangtourist.com •) et ses guides francophones, particulièrement Mme Ngô Lê Kim Thoa qui parle 5 langues, dont très bien le français.

■ **VietinBank** (plan A1, 1) : *15B, Nam Kỳ Khởi Nghĩa.* ☎ *387-34-20. Lun-ven 7h15-16h30.* Distributeur d'argent acceptant les cartes *Visa* et *MasterCard*. Représente également *Western Union* pour les transferts urgents d'argent.

Où dormir ?

Bon marché (jusqu'à 300 000 Dg / env 11 €)

▲ **Minh Tài Hotel** (plan B1, 10) : *1, Nguyễn Huệ.* ☎ *397-48-58.* 📱 *09-37-70-27-09. Double 250 000 Dg.* Très central, à l'angle de la rue Lý Công Uẩn, non loin du marché. Petit hôtel rudimentaire mais bien tenu, avec des chambres (clim, douche/w-c) exiguës et sobres, de plus en plus lumineuses à mesure que l'on monte dans les étages. Bon accueil. Location de vélomoteurs. Il y a un distributeur de billets à 100 m de l'hôtel.

Prix moyens
(300 000-600 000 Dg / env 11-21 €)

🏠 **Sông Tiền Hotel** (plan B1, 11) : *101, Trưng Trắc.* ☎ *387-20-09.* 📱 *09-66-18-11-59.* ● *tiengiangtourist.com* ● *Doubles 400 000-700 000 Dg.* Un bon rapport qualité-prix, au bord de la rivière Bảo Định, dans un joli bâtiment restauré. Les meilleures chambres sont au 5ᵉ étage (plus claires, plus calmes et avec une jolie vue). Restaurant-bar en terrasse au 1ᵉʳ.

🏠 **Sông Tiền Annex** (plan B2, 12) : *33, Thiên Hổ Dương, à l'angle de la rue Trưng Trắc.* ● *tiengiangtourist.com* ● *Mêmes tarifs.* Situé à 100 m de l'hôtel principal (où se trouve la réception), non loin du marché aux poissons, un hôtel propre, avec des chambres bien tenues et mignonnes. Bon rapport qualité-prix là encore.

Où dormir dans les environs ?

Prix moyens
(300 000-600 000 Dg / env 11-21 €)

🏠 |●| **Maison de Hai Đen** : *254, Ấp Thới Hoà, Xã Thới Sơn (île de la Licorne).* ☎ *389-53-99.* 📱 *09-13-61-57-59.* ● *thoihoa.homestay@gmail.com* ● *Résa conseillée. Double 10 US$, avec petit déj.* C'est ici qu'il faut loger. Une agréable maison d'hôtes familiale, à 400 m du Mékong, au cœur d'un jardin planté d'arbres fruitiers. Excellent accueil. Environnement tranquille et luxuriant : on entend à peine les crapauds et les grenouilles. 4 petites chambres propres, avec toilettes à partager. M. Cao Thanh Hai parle l'anglais et peut vous servir de guide-interprète.

Plus chic
(1 000 000-2 000 000 Dg / env 35-71 €)

🏠 |●| **Mekong Home** : *village de Phước Long, commune de Ninh Hải, district de Giồng Trôm, province de Bến Tre.* 📱 *987-29-97-18.* ● *mekonghome.com* ● *Doubles env 65-75 US$, petit déj et repas inclus.* À 27 km au sud de Mỹ Tho, ce *homestay* posé au bord d'un bras du Mékong est le « secret le mieux gardé » du delta. On est accueilli par l'avenante Anh qui parle l'anglais. Elle y vit avec sa famille, des gens adorables. 4 bungalows de 2 chambres chacun. Celles-ci sont confortables (avec clim et moustiquaire), décorées dans un style sobre et contemporain, garnies d'un mobilier en bois de cocotier. Vue sur le jardin tropical et calme. La cuisine est savoureuse et n'utilise que des produits naturels du potager et du marché : soupe de poisson, salades, nems, beignets aux bananes... Prêt de vélos et de scooters.

Très, très chic
(plus de 3 310 000 Dg / 117 €)

🏠 |●| **The Island Lodge** : *390, Ấp Thới Bình, Xã Thới Sơn.* ☎ *08-58-89-45-88.* ● *theislandlodge.com.vn* ● *Sur l'île de la Licorne. De Mỹ Tho prendre la direction de Bến Tre, traverser le grand pont sur le Mékong, puis prendre la 1ʳᵉ route à droite, c'est env 6 km plus loin au bout de la route bitumée, à la pointe ouest de l'île. Garez-vous au parking de l'hôtel, téléphonez à la réception, une voiturette électrique viendra vous chercher. Doubles à partir de 215 US$.* Au bord du fleuve, dans un environnement verdoyant et paisible, ce très beau lodge à taille humaine (12 chambres) est tenu par un chaleureux couple de Français (Michel et Françoise). Chambres impeccables, confortables (belles salles de bains) et décorées avec beaucoup de goût. Elles donnent sur le jardin, la grande piscine ou le fleuve. Spa, jacuzzi, sauna, 3 salles de massage, espace santé... Bar, restaurant sur place où l'on sert une cuisine savoureuse.

MỸ THO / À VOIR. À FAIRE | 459

Où manger ?

Goûter au poisson pêché dans le Mékong et aux crevettes, délicieuses. Ne pas oublier de se régaler de fruits, très abondants dans la région !

Bon marché (moins de 100 000 Dg / env 4 €)

|●| Les *échoppes* autour du marché *(plan B1)*, le soir. Le *hủ tiếu* (une soupe de nouilles de riz avec des fruits de mer et du porc) est l'une des spécialités de la région, mais il se consomme surtout dans les gargotes au petit déj.

|●| *Bánh Xèo 46* (plan B2, **20**) : *11, Trưng Trắc*. Un resto tout simple, dans une salle tout en longueur qui donne sur une rue qui longe le fleuve. Petite carte traduite en anglais. Sert surtout des *bánh xèo* (crêpes vietnamiennes), des *bún* (vermicelles) et des *chả giò* (pâtés impériaux), à déguster avec des baguettes. La préparation est faite devant vous.

À voir. À faire

Peu de choses à voir dans Mỹ Tho, en dehors des marchés de fruits, légumes et poissons. En revanche, les îles situées sur le Mékong méritent une petite visite en bateau bien qu'elles ne valent pas celles de Vĩnh Long. Il y en a 4, qui portent les noms de *4 des animaux sacrés du bouddhisme* : le Dragon, le Phénix, la Tortue et la Licorne.
Le plus simple est de mettre au point un circuit entre les îles. Puisque vous commencez peut-être vos balades sur le Mékong par Mỹ Tho, une 1ʳᵉ petite précision empreinte de poésie. La tradition veut que les bateaux du delta aient 2 yeux peints sur la proue. Pourquoi ? Pour se repérer dans les eaux sombres du fleuve et naviguer en toute sécurité...

LES ANIMAUX SYMBOLIQUES

Le bouddhisme vietnamien compte 4 animaux sacrés. Chacun représente une vertu morale ou une idée bienfaisante pour l'homme. La tortue symbolise la longévité, la sagesse. Le phénix, lui, est l'oiseau mythique qui renaît de ses cendres et ne meurt jamais. Il est une allégorie de la paix et de la beauté. Le dragon incarne la noblesse et l'intelligence, un emblème royal, la marque de la puissance. La licorne a pour attributs la prospérité et la justice.

🎬 *Les ateliers de sucreries* (candy factories) : votre « capitaine de vaisseau » vous proposera sûrement de visiter l'un de ces ateliers artisanaux sur les berges des îles, au milieu de la végétation. Cela peut être intéressant. Visite et dégustation sont gratuites. Mais difficile de repartir sans un petit souvenir sucré...

🎬🎬 *La pagode Vĩnh Tràng* (hors plan par B1) : *située à env 1 km du centre de Mỹ Tho, au 60A, Nguyễn Trung Trực. On peut y aller à pied ou bien prendre une moto-taxi. Suivre la rue Nguyễn Trãi enjambant un bras du fleuve et, sur Anh Giác, prendre la 1ʳᵉ rue goudronnée à gauche (rue Nguyễn Trung Trực) sur 200 m ; la pagode se trouve au bout d'un chemin sur la droite de la route. Tlj 6h30-19h.* Il s'agit de la plus grande pagode du sud du Vietnam. Ce qui frappe ici, c'est l'architecture extérieure, composite, mélange de styles khmer, chinois et français. Le résultat est assez tarabiscoté. Une dizaine de bonzes y vivent. Construite en 1848, considérée comme l'école de bouddhisme de la

LE SUD

province, c'est une pagode dite « du Grand Véhicule ». Ici, les moines portent 3 sortes de tuniques. La 1re, jaune safrané, pour les grandes cérémonies ; la 2e, grise, pour sortir de la pagode ; et la 3e, brune, pour leurs activités quotidiennes.

CÁI BÈ

IND. TÉL. : 0273

• Plan La région de Cái Bè et de Vĩnh Long p. 461

À 23 km de Vĩnh Long par la route (40 mn environ par bateau) et 60 km de Cần Thơ, Cái Bè est une petite bourgade authentique, populaire et active, étendue sur les rives du Mékong, à la confluence d'un bras du fleuve (Sông Tiên) et d'une petite rivière. Cette partie du delta est beaucoup plus verdoyante que la région de Mỹ Tho. La densité (et la variété) de la végétation tropicale, les vergers luxuriants et le nombre de canaux et ruisseaux donnent à la région son aspect « amphibie » unique. Cái Bè est un excellent point de départ pour faire des balades en barque motorisée, mais aussi pour croiser à bord de plus gros bateaux.

Arriver – Quitter

Cái Bè est à 6 km de la route nationale (RN 1) qui relie Hồ Chí Minh-Ville à Cần Thơ. Très nombreux bus quotidiens. Arrêt au bord de la nationale. Pour se rendre au village, liaisons par moto-taxi uniquement. Compter env 50 000 Dg.

➢ *De/pour l'île de An Bình :* avec le ferry local. Départs ttes les 45 mn, 5h30-17h30. Tarif : env 10 000 Dg. Buvette juste devant. Arrivée sur l'île de Bình Hoà Phước, à 4 km, d'où l'on prend, là encore, une moto-taxi pour An Bình.

Adresses utiles

Cái Bè Tourist (Chi Nhánh Du Lịch Cái Bè ; plan La région de Cái Bè et de Vĩnh Long) : *situé juste devant l'embarcadère.* ☎ *359-57-55. Tlj 9h-17h.* Accueil et guides francophones. Cette agence privée propose des promenades en bateau de durée variable, sur les bras du Mékong (compter 500 000-1 250 000 Dg pour 2 pers selon programme choisi). Cher, mais bien rodé.

■ **Sacombank** (plan La région de Cái Bè et de Vĩnh Long, 1) : *à l'entrée du bourg. Tlj sauf sam ap-m et dim 7h30-17h.* Change et distributeur ATM.

Où dormir ? Où manger ?

Mieux vaut dormir dans la campagne aux environs, au bord des canaux, sur les rives du Mékong, sous la végétation luxuriante des jardins fruitiers. Plusieurs vieilles maisons coloniales de style franco-vietnamien proposent des chambres d'hôtes simples et agréables, en pleine nature. On peut aussi y manger. Plus chic, l'éco-hôtel *Mekong Lodge* constitue une belle étape de charme.

Bon marché (jusqu'à 300 000 Dg / env 11 €)

Maison Võ Văn Võ (*plan La région de Cái Bè et de Vĩnh Long, 5*) : *411, Tổ 21, Khu 1B.* ☎ *392-41-41.* 📱 *09-18-30-91-56.* • vovanvomekong@yahoo.com • *Compter 600 000 Dg pour 2 pers en ½ pens (avec un repas et*

CÁI BÈ | 461

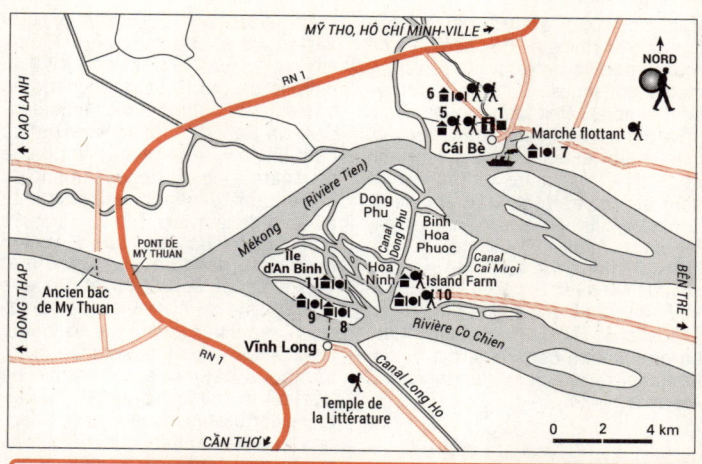

LA RÉGION DE CÁI BÈ ET DE VĨNH LONG

Adresses utiles
- **i** Cái Bè Tourist
- **1** Sacombank

Où dormir ? Où manger ?
- **5** Maison Võ Văn Võ et maison de Ba Kiệt
- **6** Maison de Monsieur Ba Đức
- **7** Eco-resort Mekong Lodge
- **8** Homestay Ngọc Phương et Quán Hủ Tiếu Chay
- **9** Mekong Riverside Homestay et Homestay Nam Thanh
- **10** Bảy Thời Homestay
- **11** Ba Lình Homestay

À voir
- **6** Maison de Monsieur Ba Đức
- **5** Maison de Ba Kiệt
- **10** Jardin des Bonsaïs

---

le petit déj). Maison ancienne (1931) juste avant la maison de Ba Kiệt, avec 4 petites chambres et un dortoir de 8 lits. Restaurant en terrasse, très agréable pour un prix modique. Loue des vélos.

Plus chic
(1 000 000-2 000 000 Dg / env 35-71 €)

■ |●| Maison de Ba Kiệt (Trần Tuấn Kiệt ; plan La région de Cái Bè et de Vĩnh Long, **5**) **:** 22, Ấp Phú Hoà, village de **Đông Hoà Hiệp,** sur l'arroyo Rạch Bà Hợp. ☎ 382-44-98. 📱 09-13-68-46-17. ● nhacoanhkiet.chin@gmail.com ● À env 15 mn en bateau du débarcadère de Cái Bè. Double 50 US$, petit déj et dîner inclus. Ba Kiệt est le nom de son ancien propriétaire. Cette vieille maison de style colonial propose 4 chambres privatives lambrissées en bois blond, avec ventilo, de bon confort. Repas à la demande. Attention, des groupes débarquent le matin vers 9h pour visiter la maison (c'est parfois la cohue). Bon accueil. On y parle l'anglais et le français.

■ |●| Maison de Monsieur Ba Đức (Ba Đức Homestay ; plan La région de Cái Bè et de Vĩnh Long, **6**) **:** 155, Ấp An Lợi, dans la commune de **Đông Hoà Hiệp,** au bord d'un arroyo nommé Rạch Bà Nhì. ☎ 382-30-46. 📱 09-17-85-10-04. À 15 mn de bateau à l'ouest de Cái Bè. Double env 60 US$, petit déj et repas inclus. Nichée dans un grand jardin paisible et verdoyant, au bord de la rivière, cette vieille maison de style colonial français (1938) abrite une pension familiale et rustique. 16 chambres en tout, réparties entre la maison principale et l'annexe à l'arrière. Toutes sont simples, très bien tenues, avec un confort suffisant (douche/w-c, clim, frigo) et donnent sur le jardin et la cour intérieure ombragée où sont servis les repas. Goûteuse et copieuse cuisine vietnamienne préparée par la famille. D'ailleurs, on peut se contenter d'y manger en prenant soin de réserver. Excellent accueil de M. Phan Văn Đức, le propriétaire (on l'appelle Ba Đức) et de sa fille, Kiều. La promenade dans le jardin fruitier (durians, rambroutans, longaniers...) est un bonheur.

Très chic (2 000 000-3 310 000 Dg / env 71-117 €)

🏠 |●| *Eco-resort Mekong Lodge* (plan La région de Cái Bè et de Vĩnh Long, 7) : *An Hoà, village de Đông Hoà Hiệp, à Cái Bè.* ☎ *33-92-40-27.* 📱 *08-96-63-32-69.* ● *mekonglodge. com* ● *Doubles à partir de 100 US$ selon saison, petit déj inclus. Et aussi des triples et des familiales. Repas env 20-25 US$.* À 2 km au sud du marché de Cái Bè. On y accède en bateau (10-15 mn depuis l'embarcadère de Cái Bè) ou à scooter par un petit chemin, et le périple fait partie du charme et du dépaysement de cet endroit exceptionnel. Implanté au bord de la rivière Tiền (un bras du Mékong), niché dans la végétation luxuriante, dans un site superbe et paisible, cet éco-hôtel abrite une quarantaine de chambres de caractère, réparties dans de coquets pavillons. Décoration soignée (bois, bambou, baignoire en forme de bateau) et confort optimal. Savoureuse carte vietnamienne et occidentale au restaurant et cours de cuisine quotidiens. La direction francophone (demandez M. Tuyên) pratique le tourisme responsable et respectueux de l'environnement. Le personnel, jeune et attentionné, vient des villages voisins. Possibilité de faire des excursions à bicyclette ou en bateau dans les alentours et dans le delta du Mékong. Belle piscine.

À voir

La principale attraction de Cái Bè est la **visite du marché flottant** et des **maisons d'époque coloniale**. Pour se rendre au marché, 3 compagnies officielles se partagent le gâteau : *Cái Bè Tourist* (voir plus haut « Adresses utiles »), *Cái Bè Princess,* basée juste à côté de *Cái Bè Tourist,* près de l'embarcadère, et enfin l'agence *Cửu Long,* installée à Vĩnh Long.

Différents programmes sont proposés suivant les prestataires, mais la visite du marché flottant de Cái Bè (assez rapide) inclut toujours une visite des fabriques artisanales de galettes de riz, de bonbons et de « pop-corn » vietnamien. Certains proposent aussi un arrêt dans une ruche. Des extensions sont ensuite possibles pour visiter les maisons coloniales (décrites plus loin), avec déjeuner ou non dans l'une d'entre elles (repas non inclus), et/ou une balade complémentaire en petit sampan traditionnel dans les arroyos de l'île de Tân Phong, puis une visite de pépinière *(nursery garden).* Prévoir dans ce cas au moins 5h.

🎯 *Le marché flottant de Cái Bè* (plan La région de Cái Bè et de Vĩnh Long) : *à 10 mn en bateau de la ville ou à 1h15 de Vĩnh Long (à env 10 km).* C'est un « marché de gros » de produits agricoles, composé de commerçants venus de tout le delta. En fait, aucun n'est originaire du coin. Ces commerçants passent en effet leur temps à remonter le Mékong pour s'approvisionner et reviennent à Cái Bè pour vendre leurs produits. Sur chaque bateau, vous apercevrez une longue perche avec, au bout, un fruit ou un légume qui sert d'enseigne. On y voit vivre les familles dans la partie habitation, à l'arrière du bateau, souvent dotée d'une antenne parabolique !

Les maisons d'époque coloniale

On y accède en barque motorisée (en groupe ou en individuel) au fil des canaux. On peut aussi les découvrir à vélo, le long des sentiers bitumés qui longent les canaux. Dans ces demeures de charme et de caractère, chargées de souvenirs et d'antiquités, enfouies dans les vergers tropicaux et les arbres fruitiers, le temps semble s'être arrêté.

☆☆ *La maison de Monsieur Ba Đức* *(Ba Đức Homestay ; plan La région de Cái Bè et de Vĩnh Long, 6) : à 15 mn de bateau à l'ouest de Cái Bè, dans le village de Đông Hoà Hiệp, au bord d'un arroyo nommé Rạch Bà Nhì.* ☎ *382-30-46.* 📱 *09-17-85-10-04 (miss Kiều) ou 09-03-07-56-06 (M. Tiến).*
C'est une vraie maison d'hôtes (voir plus haut). Construite en 1938 par le mandarin du village dans le style vietnamien traditionnel, elle fut restaurée à l'époque coloniale et combine aujourd'hui étonnamment ces 2 styles architecturaux (boiseries des murs remplacées par du ciment, élargissement de la porte principale, frise...). La maison est divisée en plusieurs parties : une véranda sur colonnes à chapiteaux, un salon, une partie réservée au culte et une à l'habitation.
Superbe mobilier en bois de rose et loupe d'orme, commodes magnifiquement incrustées de nacre. Elle appartient depuis 6 générations à une famille de propriétaires terriens. La maison cacha des soldats vietnamiens pendant la guerre du Vietnam. Le jardin est en fait un immense verger, avec, au fond, un petit cimetière où reposent les ancêtres. À la veille de l'anniversaire de la mort de l'un des défunts, les tombes sont nettoyées et des offrandes sont déposées sur l'autel à l'intérieur de la maison. Un thé vous sera offert au cours de votre visite. On y cultive pamplemousses, longanes et mangues.

☆☆ *La maison de Ba Kiệt* *(Trần Tuấn Kiệt ; plan La région de Cái Bè et de Vĩnh Long, 5) : 22, Ấp Phú Hoà, Xã Đông Hoà Hiệp, sur l'arroyo Rạch Bà Hợp.* ☎ *382-44-98.* 📱 *09-13-68-46-17.* ● *anhkiet.chinh@yahoo.com* ● *On gagne également cette demeure par bateau depuis Cái Bè (env 15 mn).* Cette demeure de 1838 est la plus vieille et la plus belle du secteur. Contrairement à la précédente, celle-ci a gardé le style vietnamien traditionnel de sa construction. Restaurée en 1924 et 2003 (avec l'aide du Japon et de la Corée du Sud), elle a conservé tout son charme et son style. Notez le magnifique mobilier d'époque, les 150 piliers en bois peint (du bois précieux et rare) ornés d'oiseaux fantastiques. Admirez aussi ce long mur avec ses motifs végétaux et floraux en bois ciselé. Tout au fond, l'autel des ancêtres. Sur le meuble du milieu, scène où des mandarins viennent solliciter le conseiller du roi. Fait également maison d'hôtes (voir plus haut).

VĨNH LONG

150 000 hab.   IND. TÉL. : 0270

● Plan *p. 465* ● Plan La région de Cái Bè et de Vĩnh Long *p. 461*

C'est le pays des fruits, des mandarines, des oranges, des ramboutans et surtout des pamplemousses, une terre basse nourrie par les alluvions, baignée, irriguée, maternée par la « Mère des Eaux », le Mékong. Le fleuve est le théâtre d'une vie aquatique grouillante : des kyrielles de barques de pêcheurs, des pirogues, des péniches chargées de riz, de poissons ou de fruits. Chaque année vers septembre-octobre, le Mékong sort de son lit et inonde les berges et les rizières de Vĩnh Long, grosse bourgade de 150 000 habitants (dont plusieurs centaines de puissantes familles de commerçants).

Le principal intérêt de Vĩnh Long réside d'ailleurs dans l'activité frénétique de ce fleuve hors du commun, qui offre la possibilité de découvrir la région en se déplaçant en barque le long des innombrables *rạch* (arroyos) et *mương* (petits arroyos artificiels). Si le centre-ville présente peu d'intérêt, ses environs constituent une belle étape sur la route de Châu Đốc, de Cần Thơ et de Hà Tiên. Pour découvrir la vie authentique du delta, mieux vaut dormir sur l'île d'An Bình ou dans les environs de Cái Bè.

Arriver – Quitter

En bus et minibus

2 gares routières, une dans le centre, pour Cần Thơ et Sadec, l'autre à 3,5 km du centre-ville, pour les autres destinations.

■ *Gare routière du centre-ville* (plan B1) : *1, 3 Tháng 2*.
➤ *Pour Cần Thơ :* bus ttes les 15-30 mn, 5h-17h. Durée : 2h env.
➤ *Pour Sadec :* bus ttes les 30 mn, à partir de 5h du mat. Durée : 40 mn.

■ *Gare routière de Vĩnh Long* (Bến Xe Vĩnh Long ; hors plan par A1) : *sur Nguyễn Huệ (route de Cần Thơ), à 3,5 km du centre-ville, 1E, Đinh Tiên Hoàng.* ☎ *(0270) 382-52-35*.
➤ *Pour Hồ Chí Minh-Ville :* départs fréquents (au moins 1 bus/h). Avec la compagnie *Phương Trang-Futa Bus Lines* (☎ *1-900-60-67*), ttes les heures, 1h30-20h30. Compter 3h-3h30 de route.
➤ *Pour Trà Vinh :* minibus ttes les heures, 7h-14h. Durée : 2h.
➤ *Pour Châu Đốc :* prendre un bus pour Cần Thơ et changer.

Adresses utiles

■ *Cửu Long Tourist* (plan B1, **1**) : *1, 1 Tháng 5.* ☎ *382-36-16 ou 11.* ● cuulongtourist.com ● *En face de l'hôtel du même nom. Tlj 7h-17h.* Organise des excursions sur l'île d'An Bình (compter env 45 US$ pour 2 en bateau avec guide).
■ *Vietcombank* (plan B1, **2**) : *5C, Hưng Đạo Vương. Lun-ven 7h30-11h30, 13h-16h30.* Change les devises en euros. Distributeur ATM. Autre agence au *143, Lý Thái Tổ* (sur le grand rond-point ; *plan A1, 3*).
■ *Distributeurs automatiques* (ATM) : *à gauche du bâtiment de l'hôtel Cửu Long, devant le port, et partout en ville.*

Où dormir ?

On vous conseille de dormir dans un *homestay* de l'île d'An Bình, en face, plus authentique et plus proche de la nature.

Bon marché (moins de 300 000 Ð / env 11 €)

🏠 *Khach San Phương Hoàng* (plan B1, **10**) : *2R, Hùng Vương.* ☎ *382-21-56.* 📱 *09-39-44-44-69.* Double 220 000 Ð. Réduc possible sur présentation de ce guide. Peu de chances que vous trouviez mieux dans cette catégorie. Chambres un peu bruyantes, à la déco kitsch et au confort spartiate mais acceptable (clim, TV, frigo et salle de bains). On y parle un peu l'anglais. Pas de petit déj.

Prix moyens (300 000-600 000 Ð / env 11-21 €)

🏠 *Cửu Long A Hotel* (plan B1, **11**) : *2, Phan Bội Châu 1.* ☎ *382-31-88 ou*

VĨNH LONG

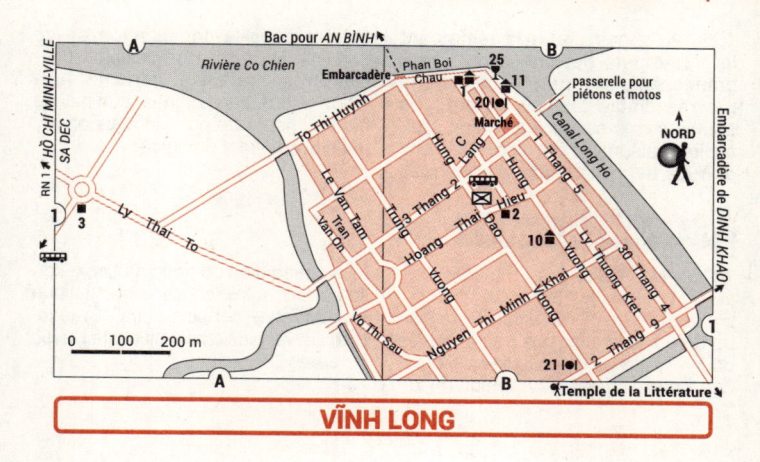

	Adresses utiles	|●| Où manger ?
1	Cửu Long Tourist (B1)	**20**	Nem Nướng 12 (B1)
2 et 3	Vietcombank (B1 et A1)	**21**	Quán Tài Có (B1)

Où dormir ?
- **1** Cửu Long Hotel (B1)
- **10** Khach San Phụong Hoàng (B1)
- **11** Cửu Long A Hotel (B1)

Où boire un verre ?
- **25** Café Hoa Nắng (B1)

382-36-56. 09-06-77-10-19. *Doubles 280 000-330 000 Dg, avec petit déj.* Bien placé, au bord du fleuve, avec balcon et vue agréable. Le petit frère du suivant consiste en un hôtel 3 étoiles confortable.

🏠 *Cửu Long Hotel* (plan B1, **1**) : 1, 1 Tháng 5. ☎ 382-31-88 ou 382-36-56. 09-06-77-10-19. ● cuulongtourist.com ● *Doubles 420 000-870 000 Dg, avec petit déj.* Derrière une façade vitrée peu engageante, des chambres propres et confortables, avec des salles de bains flambant neuves pour certaines. Celles qui donnent sur le parc sont moins chères et calmes. D'autres ont un balcon avec vue sur le Mékong. Accueil en anglais et agence de voyages. Petit déj inclus (pas terrible) à prendre en face, au resto *Phương Thủy*.

Où manger ?

Bon marché (moins de 100 000 Dg / env 4 €)

|●| *Nem Nướng 12* (plan B1, **20**) : 12, 1 Tháng 5. *Tlj 8h-19h30.* À 2 pas du débarcadère, un petit resto sans chichis, bon marché et très correct. Les *nem nướng* (des brochettes de boulettes de porc grillées) sont délicieux. Sinon, plats de nouilles frais, légers et copieux. Parfait le midi !

Prix moyens (100 000-250 000 Dg / env 4-9 €)

|●| *Quán Tài Có* (plan B1, **21**) : 40, 2 Tháng 9, à l'angle avec la rue Hưng Đạo Vương. ☎ 382-48-45. Tlj

10h-22h. Sans doute le restaurant le plus réputé de Vĩnh Long. Cette grande salle ouverte en angle sur la rue rassemble familles et groupes d'amis venus savourer l'unique spécialité maison : le *hot pot*. Poissons et fruits de mer, légumes, et nouilles entrent dans la composition de ce plat, nageant dans un bouillon délicieusement relevé et parfumé. Agitation et brouhaha dignes d'un hall de gare à l'heure de pointe ! Mais on n'y parle pas un mot d'anglais.

Où boire un verre ?

Café Hoa Nắng (plan B1, 25) : *juste à droite en sortant de l'hôtel Cửu Long.* 02-03-82-67-47. Un agréable café au bord du fleuve avec des petites tables pour rêvasser au crépuscule en sirotant une boisson fraîche. À condition de faire abstraction du trafic routier, ou du karaoké et autres concerts de musique vietnamienne certains soirs. En face, côté fleuve, plusieurs petits cafés, avec terrasses.

À voir. À faire

Le principal attrait de Vĩnh Long, c'est l'île d'An Bình située juste en face et les balades en bateau à faire autour. Voir plus bas pour plus d'informations.

Le temple de la Littérature (*Văn Thánh Miếu* ; hors plan par B1 et plan La région de Cái Bè et de Vĩnh Long) : *à 2 km du centre de Vĩnh Long. Descendre la rue 30 Tháng 4, franchir le pont puis toujours tt droit (le temple se trouve sur le côté droit de la route). Le plus simple est d'y aller à moto-taxi. Ouv en principe 5h-11h, 13h-19h* **(en fait, souvent fermé)**. *GRATUIT.* Le seul et unique temple de la Littérature (dédié aux hommes de lettres) du sud du Vietnam (il y en a d'autres à Huế et à Hanoi). Il est partiellement dédié à un mandarin vietnamien, Phan Thanh Giản (1796-1867), qui négocia pour l'empereur Tự Đức la cession à la France des provinces du Sud-Vietnam. Personnage autrefois honni, considéré comme le « vendeur » de son pays à l'étranger, il aurait été réhabilité dans les années 2000 par les historiens vietnamiens. Ils le voient désormais plutôt comme un bienfaiteur car il aurait évité au pays une guerre sanglante. Il finit par se donner la mort.

L'ÎLE D'AN BÌNH

L'un des plus beaux secteurs du delta du Mékong ! Un mystérieux écrin de verdure, tacheté de quelques constructions discrètes et planté d'arbres fruitiers. Les arroyos (canaux) irriguent nonchalamment cette végétation presque primitive, entaillée de quelques pistes ombragées sous une avalanche de feuillages.

Enlacée par 2 bras du Mékong, l'île d'An Bình se trouve juste en face de Vĩnh Long (*plan La région de Cái Bè et de Vĩnh Long*). Son nom signifie « la paix » et on la trouve vraiment par ici.

Elle regroupe 4 secteurs, dont celui d'An Bình (qui a donné son nom à l'île) pour une population de 50 000 habitants (bien cachés). Il s'agit en fait d'un bouquet de petites îles reliées

VOYAGE DE NOCES

Quand une femme vietnamienne se marie dans le delta du Mékong, on dit qu'elle traverse le fleuve, qu'elle change de rive (Sang Sông). Le marié endimanché va alors chercher sa future épouse en bateau pour la ramener dans son village, où ils seront escortés par une nuée de barques parées de guirlandes.

entre elles par de fragiles ponts et parcourues par un lacis de chemins étroits qui s'enfoncent lascivement dans la végétation luxuriante. Ces allées accidentées sont, comme toujours, arpentées par une flotte impressionnante de 2-roues (motorisés ou non !). La prudence est de rigueur pour les piétons. Attention, les conditions de circulation sur l'île sont très difficiles pendant la mousson.

Ce petit éden vit de la pêche, du transport de marchandises et de ses vergers. Il faut dire que la **grande fertilité de la terre** se prête parfaitement à la culture des arbres fruitiers. Et comme 1 ha de verger rapporte autant que 5 ha de riz, pourquoi se fatiguer à entretenir des rizières...

Ici, difficile de distinguer l'eau de la terre ferme... D'autant plus que, chaque jour, 2 marées créent un différentiel de 1,50 m sur le niveau du fleuve.

➤ *Pour y aller :* un *bac* (plan B1) fonctionne en permanence. Traversée en 5 mn. Tarif : 1 000 Dg. On peut aussi faire la traversée depuis l'*embarcadère de Đinh Khao* (même tarif), à 3 km à l'est de Vĩnh Long. C'est ce bac-là qu'il faut prendre pour rejoindre certains *homestays*. Enfin, de Cái Bè, des ferries assurent la liaison jusqu'à An Bình.

– *Bon à savoir :* si vous logez sur l'île d'An Bình, arrangez-vous avec le *homestay* pour qu'on vienne vous chercher (à moto-taxi) au débarcadère (la plupart le font gracieusement). Sinon, pas de problème pour trouver des motos-taxis.

Où dormir ? Où manger ?

Les *homestays* sont des chambres chez l'habitant. Ces hébergements, bien que modestes et rudimentaires, se situent généralement dans la catégorie « Prix moyens ». Les tarifs incluent cela dit le repas du soir. De plus, on peut généralement venir vous chercher (sans supplément) à l'embarcadère du ferry. Facile, et plutôt économique finalement.

🏠 |●| **Mekong Riverside Homestay** *(plan La région de Cái Bè et de Vĩnh Long, 9) : 45A/11, Binh Luong. 09-09-20-18-28. À env 1,5 km de l'embarcadère, au bout d'un chemin sur la gauche. Compter 300 000-350 000 Dg/pers, petit déj, dîner et vélos inclus.* Dans un jardin léché par les eaux du fleuve, 13 chambres réparties dans des bungalows confortables et propres. Certaines sont climatisées, d'autres se contentent d'un ventilateur, tandis que d'autres encore bénéficient d'une vue imprenable sur le Mékong et Vĩnh Long au loin. Jolies salles de bains privées pour toutes. Les repas se prennent dans une salle sur pilotis, au centre du verdoyant jardin. Accueil charmant et anglophone.

🏠 |●| **Homestay Nam Thanh** *(plan La région de Cái Bè et de Vĩnh Long,* 9) : *172/9, Bình Lương. ☎ (0270) 385-88-83. 09-18-71-79-86.* ● *namthanhhomestayvn@gmail.com* ● *À env 500 m de l'arrivée du ferry, par un chemin qui part sur la gauche. Compter 300 000 Dg/pers, petit déj, dîner et vélos inclus.* Un « séjour chez l'habitant » communautaire : 10 chambres, dont 4 dans la maison principale, dans des espaces séparés par de simples rideaux, et un dortoir pour les lits individuels. Peu d'intimité donc, mais c'est agréable et bien tenu. Sanitaires en grand nombre. Ensemble reposant et très accueillant, fréquenté par les routards, où l'on parle l'anglais. Petit resto où sont servis de bons repas et de copieux petits déj. Organise aussi des excursions en bateau *(durée : env 4h, plus si déjeuner ; billet : 350 000 Dg ; résa à l'avance obligatoire).*

🏠 |●| **Homestay Ngọc Phương** *(plan La région de Cái Bè et de Vĩnh Long, 8) : 118C/10, Bình Lương. ☎ (0270) 395-08-57. 09-69-36-76-36.* ● *homestay.ngocphuong@yahoo.com.vn* ● *Doubles 350 000-450 000 Dg avec ventilo ou clim. Compter 200 000 Dg/pers en ½ pens avec prêt de vélo.* Derrière la superbe façade de bois sombre sculpté, des chambres relativement simples, mais toutes lambrissées, fermées et desservies par une galerie qui court le long d'un arroyo. D'autres chambres, plus intimes, dans des petits bungalows séparés les uns des autres par un réseau de canaux étroits et de ponts. On regrette juste le manque d'entretien dans le jardin. Accueil charmant du propriétaire, qui parle un peu l'anglais. 100 m plus loin, la même famille tient le *Ngọc Sáng*, plus simple et sans dîner *(compter 150 000 Dg/pers avec prêt de vélo).*

Bảy Thời Homestay *(plan La région de Cái Bè et de Vĩnh Long, 10)* : *263, Bình Thuận II Hamlet, secteur de Hoà Ninh.* ☎ *(0270) 385-90-19.* 📱 *09-07-88-69-97.* ● *homestaybaythoi@yahoo.com.vn* ● *Prendre le ferry à l'embarcadère de Đình Khao, situé à 3 km à l'est de Vĩnh Long ; on peut venir vous chercher à l'arrivée. Sinon, le bus pour Bến Tre depuis Hồ Chí Minh-Ville s'arrête devant. Env 350 000 Dg/pers, petit déj, dîner et balade à bicyclette inclus.* Une belle maison en teck, discrète, verdoyante et très accueillante. À l'intérieur, une chambre de 3 lits et une autre de 5 lits. Aussi une annexe avec 7 chambres (salle de bains privée, moustiquaire et ventilo). Excellents repas, pris sous des paillotes bordées de hamacs. On y parle un peu l'anglais. Bien pour déconnecter !

Ba Lình Homestay *(plan La région de Cái Bè et de Vĩnh Long, 11)* : *112/8, An Thành.* ☎ *(0270) 385-86-83.* 📱 *09-39-13-81-42.* ● *balinhhomestay@gmail.com* ● *À 3 km du débarcadère. Compter 18 US$/pers sans sdb, 20 $/pers avec sdb, petit déj et dîner compris.* Un homestay tenu par Vinh, un Vietnamien anglophone. 5 chambres impeccables dans un bâtiment récent et 5 autres dans une aile plus ancienne, manquant d'intimité mais bien tenues aussi. On est parfois réveillé au chant du coq, c'est le charme de la campagne. Cuisine locale savoureuse. Possibilité de mettre la main à la pâte si vous le souhaitez (compter 1h30 de préparation).

Quán Hủ Tiếu Chay *(plan La région de Cái Bè et de Vĩnh Long, 8)* : *sur la route principale ; continuer tt droit depuis l'embarcadère, c'est à 500 m.* 📱 *09-02-56-71-32. Tlj 6h30-18h.* Dans une petite salle en bord de route. Un seul plat à la carte, le *hủ tiếu*, une soupe végétarienne garnie de vermicelles de riz, de tofu et de champignons. Le bouillon est très savoureux et relevé. Une belle découverte !

À voir

Island Farm *(pépinière de Tám Hổ ; plan La région de Cái Bè et de Vĩnh Long)* : *dans le secteur de Hoà Ninh.* 📱 *09-13-96-05-43.* ● *tringhiep@gmail.com* ● *island.vn* ● *Accès par l'embarcadère de Đình Khao, à 3 km à l'est de Vĩnh Long. À peine 8 mn de traversée, puis il reste 1,5 km à faire. Visite gratuite ; compter 20 000 Dg pour une dégustation de fruits à la fin.* Une pépinière d'arbres fruitiers et d'arbustes en pots, en bordure d'un bras sauvage du Mékong, créée par M. Tám Hổ, et reprise aujourd'hui par son fils Nghiệp. Plus de la moitié de sa production est constituée de durians, ce fruit à l'odeur spéciale (voire franchement désagréable), dont le goût a au moins le mérite de ne pas laisser indifférent. Et aussi : mangues, pamplemousses, longanes, carambolas, goyaves, mandarines, noix de coco « exotiques », tamarins, fruits du dragon... L'essentiel est exporté dans toute l'Asie. Balade agréable au cœur du verger. Également quelques bonsaïs sculptés et des arbres produisant du « bois-de-fer », une variété d'acacias cultivée pour ses fleurs. Enfin, on peut y loger, dans des chambres très simples mais pas chères *(compter 160 000 Dg pour 2 pers, petit déj et dîner en plus),* avec moustiquaire, ventilo et salle d'eau (douche froide). Possibilité de repas également, sur commande, et prêt de vélos.

🏃 *Le jardin des Bonsaïs* (Bảy Thời Homestay ; Vườn Cây Hoa Kiểng ; plan *La région de Cái Bè et de Vĩnh Long,* **10**) : en face du Bảy Thời Homestay *(voir plus haut dans « Où dormir ? Où manger ? »).* ☎ 385-90-19. 📱 12-27-17-19-80. Pas la peine de faire le déplacement si vous ne logez pas au *Bảy Thời Homestay.* Modeste jardin de bonsaïs, mais aussi de bougainvillées roses. Dans la maison, une vitrine contenant un bric-à-brac surréaliste de cadeaux offerts par les routards du monde entier. Vous savez ce qu'il vous reste à faire en partant !

🏃 En route pour le marché flottant de Cái Bè, ne manquez pas de voir la très belle *église coloniale d'An Bình,* construite par les Français en 1937. Dans le secteur de Bình Hoà Phước, on peut également admirer des petites *maisons coloniales.*

SADEC (SA ĐÉC)   63 000 hab.   IND. TÉL. : 0277

« Le jardin de la Cochinchine », c'est ainsi que l'on avait surnommé, à l'époque coloniale, la région de Sadec, réputée depuis toujours pour la qualité de ses terres. Ici poussent des aréquiers et des cocotiers, et toutes sortes de fleurs exotiques. C'est ici que la petite Marguerite Duras a passé son adolescence. Sa mère, Mme Donnadieu, y dirigeait l'école de filles. Un jeune Chinois de très bonne famille, fils de mandarin, y résidait aussi. Il deviendra le héros de *L'Amant,* le best-seller adapté à l'écran par Jean-Jacques Annaud. La maison de Marguerite et de sa mère a depuis été détruite, seule celle de son amant se visite aujourd'hui au bord du fleuve. Pas grand-chose à voir cela dit.

Arriver – Quitter

En bus

🚌 *Gare routière* (Bến Xe Sadec) : Nguyễn Sinh Sắc, à l'entrée de la ville, sur la gauche de la route.

➤ *De/pour Hồ Chí Minh-Ville :* avec la compagnie *Phương Trang-Futa Bus Lines* (bureau devant la gare routière ; ☎ 377-49-93 ; ● futabus.vn ●). Départs ttes les 1-2h, 3h (7h30 depuis Hồ Chí Minh-Ville)-19h30. Compter 115 000 Dg.

➤ *De/pour Vĩnh Long :* départs ttes les 30 mn. Compter 75 000 Dg.

Où dormir ?

Prix moyens (300 000-600 000 Dg / env 11-21 €)

🏠 *Hôtel Thảo Ngân :* 4-6, An Dương Vương, Trung Tâm Thương Mại. ☎ 377-42-55. Double 300 000 Dg. Petit hôtel central et bien tenu, sur le côté droit du marché de Sadec. Chambres impeccables (douche/w-c, clim), sobrement décorées et belles salles de bains. Tenu par une famille aimable. Bicyclettes à disposition (30 000 Dg).

Chic (600 000-1 000 000 Dg / env 21-35 €)

🏠 ●I● *Maison de Huỳnh Thủy Lê :* face au fleuve, sur le quai Nguyễn Huệ, au n° 255 (panneaux rouges

LE SUD

« Doi 3-Doi 6 »). ● nhaco_hthuyle@yahoo.com.vn ● Compter 550 000 Dg la nuit seule, 650 000 Dg avec petit déj, et 1 000 000 Dg en ½ pens. Quelle que soit l'option choisie, la visite de la maison est incluse dans le prix. On dort dans l'une des 2 chambres à la déco dépouillée et au confort monacal. Douche et w-c attenants. La maison ferme au public à 17h, le personnel part (seul le gardien reste), le dîner est livré en soirée avec possibilité de visionner le film *L'Amant*. L'expérience est plus ruineuse que réellement romantique néanmoins.

À voir

La pagode Kiến An Cung ou Chùa Ông Quách (ancienne maison du mandarin Quách) : *à ne pas confondre avec la maison du mandarin Huỳnh Thuận (le palais Bleu). En plein centre de Sadec, elle fait l'angle avec la rue Trần Hưng Đạo et la rue Phan Bội Châu, au bord du canal. GRATUIT.*
Construite de 1924 à 1927, cette remarquable demeure a successivement servi de prison (après 1975) puis de temple, avant d'être rendue par l'État à la famille de son fondateur qui y habite aujourd'hui. Remarquez les pignons sculptés de la toiture, et la corniche de verre, très originale, cachant une foule de petites sculptures chinoises. L'intérieur est bien restauré. Les fresques murales content la vie de M. Quách, illustre général sous la dynastie Tang. Certaines sont mieux conservées que d'autres, on dirait des gravures.
Une **grande porte ronde** (forme de lune) sépare une pièce de la cuisine, typique de la Chine ancienne, sans fermeture, ni en bois ni en tissu. On l'emprunte librement comme un passage. Derrière un petit autel, au fond de la salle à manger, on peut voir des photos de Huỳnh Thủy Lê, ou « l'Amant » sous la plume de Marguerite Duras, ainsi que de son épouse et de ses parents.

L'école primaire Trưng Vương : *au croisement des rues Hùng Vương et Hồ Xuân Hương, non loin de l'hôtel Sadec et en face d'une école en béton.* C'était l'école de filles que dirigeait la mère de Marguerite Duras, Mme Donnadieu, dans les années 1930. Maison d'époque coloniale datant de 1902, de couleur jaune avec des volets bleus vieillis. Sans grand cachet à vrai dire. Pour les mordus de Duras seulement.
En revanche, déception pour ceux qui rechercheraient le lieu où Marguerite Duras et sa mère vécurent. La demeure a été détruite.

La maison de Huỳnh Thủy Lê : *située face au fleuve, sur le quai Nguyễn Huệ, au n° 255A.* ● huynhthuyle@dongthaptourist.com ● Tlj 8h-17h. Entrée : 30 000 Dg. Visite guidée en français possible. Possibilité d'y dîner et dormir (voir plus haut « Où dormir ? »).
Construite en 1895, elle s'appelait naguère la maison du mandarin Huỳnh Thuận. Les amateurs de littérature la connaissent mieux sous le nom de maison Bleue (ou palais Bleu). C'est sous ce nom qu'elle est évoquée par Marguerite Duras dans son roman *L'Amant*. Elle n'est plus bleue et n'a plus de jardin. Là vécut le héros de *L'Amant*, Huỳnh Thủy Lê.
Belles balustrades et un intérieur richement décoré et sculpté. Carreaux de ciment ardéchois et bois du Cambodge. Mobilier composite mais pas grand-chose à voir

L'AMANT DE MARGUERITE

Le véritable amant de Marguerite Duras s'appelait Huỳnh Thủy Lê. Il était issu d'une riche famille sino-vietnamienne de Sadec. Il connut une liaison passionnée avec Marguerite à l'âge de 23 ans, alors que celle-ci en avait 16. Sous la pression de ses parents, ils se séparèrent. Elle rentra en France et devint écrivaine. Lui épousa une Vietnamienne. Peu avant sa mort, en 1972, l'amant avoua n'avoir aimé qu'une seule femme dans sa vie : Marguerite Duras. Elle écrivit son best-seller, L'Amant, 12 ans plus tard.

CHÂU ĐỐC | 471

en définitive. Le cinéaste Jean-Jacques Annaud voulut y tourner des scènes du film, mais comme elle accueillait le commissariat, il choisit un autre palais, qu'il fit repeindre en bleu. À l'intérieur, on peut voir quelques photos sur la vie de l'amant, de ses 5 enfants, et de Marguerite Duras. La visite guidée a très peu d'intérêt quand on a lu le livre.

CHÂU ĐỐC

90 000 hab.   IND. TÉL. : 0296

● Plan *p. 473*

À l'extrême nord du delta du Mékong, à 116 km de Cần Thơ, nous voici aux confins du Vietnam et du Cambodge (province d'An Giang). Étendue le long du Bassac, un confluent du Mékong venu de Phnom Penh, la ville de Châu Đốc vit au rythme de ses eaux qui se jettent dans le grand fleuve à une quarantaine de kilomètres au sud.

Son site naturel, ses rues animées et commerçantes la rendent agréable aux voyageurs de passage. Y prévoir donc 1 nuit au moins pour avoir le temps de découvrir ses environs. Le mont Sam *(núi Sam)* notamment, sorte de montagne sacrée où les pèlerins affluent pour rendre hommage à la reine du pays, une statue en grès richement vêtue. Son culte a des origines hindoues et khmères et rappelle que le delta dépendait autrefois de l'Empire khmer.

La région autour de Châu Đốc est encore habitée par des familles cambodgiennes ainsi que par des Cham musulmans.

Arriver – Quitter

Par la route

➤ *De/pour Hồ Chí Minh-Ville :* env 285 km de route. soit 7-8h, de voiture, en comptant les arrêts.
➤ *De/pour Cần Thơ :* 117 km, soit 3h de voiture. Route étroite, mais pas trop mauvaise.

En bus

🚌 **Gare routière de Châu Đốc** (hors plan par B1) *: à 2 km du centre, à la sortie sud-est de la ville, en direction de Long Xuyên.* On recommande la compagnie *Phương Trang-Futa Bus Lines* (☎ 356-58-88 ; ● futabus.vn ●), équipée de grands bus modernes et confortables.
➤ *De/pour Cần Thơ :* 8 bus/j., 4h-18h. Billet : 100 000 Dg. Durée : 3h30 (116 km).
➤ *De/pour Hồ Chí Minh-Ville* (gare routière de Miền Tây) *:* départs ttes les heures, 5h-1h. Billet : 155 000 Dg. Durée : 6h15-7h (241 km).
➤ *De/pour Rạch Giá, Mỹ Tho et Hà Tiên :* prendre des minibus express, à la gare routière, direct ou avec changement.

En bateau

⛴ **Pour Phnom Penh** (Cambodge) *:* avec *Hàng Châu Speed Boat* (plan B1, 1 ; ☎ 356-27-71 ; ● hangchautourist@gmail.com ● hangchautourist.com.vn ●). Infos et achat des billets au *Sunrise Palace Restaurant* (3, Lê Lợi). Compter 27 US$/pers pour un aller simple en vedette rapide Châu Đốc-Phnom Penh. Départ vers 7h30, arrivée à Phnom Penh vers 12h30. Le visa cambodgien (37 US$; 35 US$ si on a déjà une photo) s'obtient directement à la frontière (compter 1h). Attention, la compagnie prend une commission (4 $) si vous laissez le personnel s'occuper

LE SUD

des formalités. Sinon, le *Victoria Hotel* (voir plus loin « Où dormir ? ») propose un service similaire, version haut de gamme et donc beaucoup plus cher (1 935 000 Dg soit 84 US$!). Mêmes horaires.

Adresses utiles

◻ **Poste centrale** *(Bưu Điện ; plan A1) : 2, Lê Lợi, à l'angle de Nguyễn Văn Thoại. Tlj sauf dim 7h-11h, 13h-17h.*

■ **Distributeurs** *(ATM) :* à la **Agribank,** *5, Quang Trung (plan A1,* **4***)* et à la **Vietcombank,** *20, Lê Lợi (plan A1,* **5***).*

Où dormir ?

Bon marché (jusqu'à 300 000 Dg / env 11 €)

🏠 *Thuận Phước Hotel (plan A1,* **10***) : 73, Nguyễn Hữu Cảnh.* ☎ *386-64-35.* 📱 *08-32-05-11-40.* ● *thuanphuochotel.puzl.com* ● Petit hôtel central, qui donne sur une grande place, face à la pagode Bồ Đề. Chambres sommaires, quand même équipées (clim). Moyennement propres, elles ouvrent sur la rue ou sur l'arrière. Sols carrelés mais salles de bains vieillottes. Accueil jovial. Motos à louer.

Prix moyens (300 000-600 000 Dg / env 11-21 €)

🏠 *Trung Nguyên Hotel (plan A1,* **11***) : 86, Bạch Đằng.* ☎ *356-15-61.* ● *trunghotel@yahoo.com* ● *Doubles 300 000-500 000 Dg selon confort et étage, petit déj inclus.* Situé au centre, près du marché, ce petit immeuble en béton abrite des chambres très propres (avec clim, douche/w-c, eau chaude), quoique petites. Nos préférées sont au dernier étage, avec vue (sur la place du marché) et plus de calme. Accueil chaleureux et serviable. Propose des balades en bateau, des excursions, notamment au mont Sam, et location de vélos et de motos.

🏠 *Đồng Bào Hotel (plan A1,* **12***) : 21, Phan Văn Vàng.* ☎ *356-97-89.* 📱 *09-79-57-67-57.* ● *dongbaohotel@gmail.com* ● *Doubles 500 000-700 000 Dg.* Hôtel récent d'une quinzaine de chambres impeccables, avec clim, frigo, balcon. On a une préférence pour les n°s 301 et 401. Accueil gentil mais on y parle peu l'anglais.

Chic (600 000-1 000 000 Dg / env 21-35 €)

🏠 *Murray Guesthouse (hors plan par B2,* **13***) : 11-15, Trương Định.* ☎ *356-21-08* 📱 *09-08-36-13-44.* ● *themurrayguesthouse.com* ● *Doubles 32-50 US$.* Coup de cœur ! Un peu à l'écart du centre, petit hôtel à la façade avenante, tenu par un Vietnamien dynamique (Murray) ayant voyagé, d'où les souvenirs qui égaient la déco. Grandes chambres impeccables et bien équipées (clim, très bonne literie). Terrasse agréable sur le toit. Bon petit déj. Infos sur les bus et les croisières sur le Mékong pour le Cambodge. D'ailleurs, l'embarcadère est proche. Prêt de vélos.

Très chic (2 000 000-3 310 000 Dg / env 71-117 €)

🏠 |○| 🍴 *Victoria Châu Đốc Hotel (plan B1,* **14***) : 1, Lê Lợi.* ☎ *386-50-10.* ● *resa.chaudoc@victoriahotels.asia* ● *victoriahotels.asia* ● *Sur la droite en entrant dans Châu Đốc par la RN 10 (en venant de Long Xuyên), juste avt le grand parc du 30 Tháng 4 (du 30-Avril). Doubles 110-180 US$ mais belles promos sur le site.* Ancienne bâtisse coloniale d'époque française, restaurée avec soin, qui fait partie d'une chaîne d'hôtels de caractère (et de charme).

CHÂU ĐỐC / À FAIRE | 473

CHÂU ĐỐC

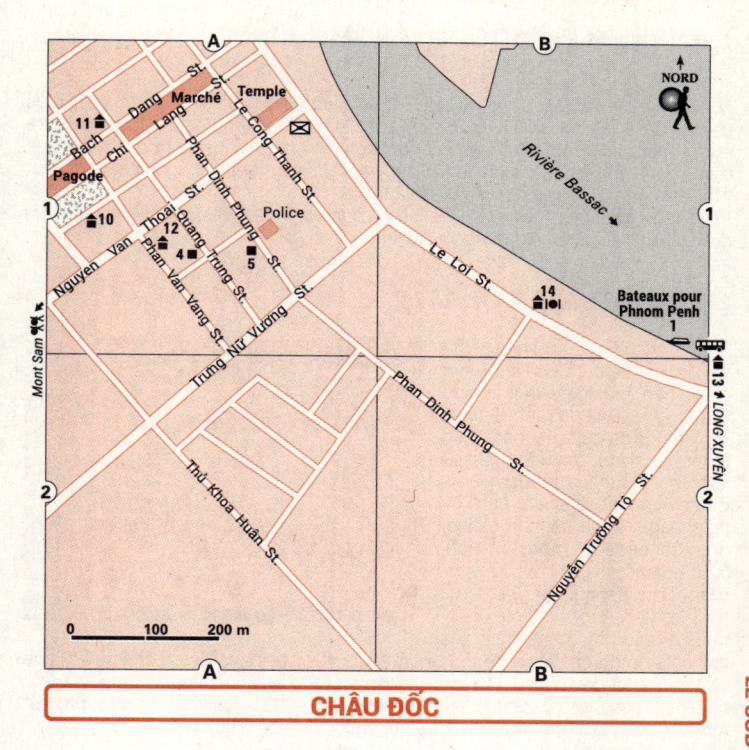

■ Adresses utiles
- **1** Bateaux pour Phnom Penh, billetterie (Hàng Châu Speed Boat ; B1)
- **4** ATM Agribank (A1)
- **5** ATM Vietcombank (A1)

▲ Où dormir ?
- **10** Thuận Phước Hotel (A1)
- **11** Trung Nguyên Hotel (A1)
- **12** Đồng Bào Hotel (A1)
- **13** Murray Guesthouse (hors plan par B2)
- **14** Victoria Châu Đốc Hotel (B1)

Remarquablement situé, il abrite des chambres luxueuses et décorées avec un très bon goût (mobilier colonial raffiné, sol en bois sombre). TV câblée. Les plus chères ont vue sur le Mékong. Très bien équipé : bar très agréable en terrasse, resto gastronomique *Le Bassac* avec vue sur le fleuve, piscine, garderie et jeux enfants. Organise des balades en bateau sur le Mékong. Dispose aussi d'un *speed boat* pour rallier Phnom Penh (voir plus haut « Arriver – Quitter »).

À faire

Balade en bateau : une balade de 2h environ qui permet de découvrir la vie et les activités sur le Mékong. Infos et billets au bureau de *Hàng Châu Speed Boat* (voir adresse plus haut dans la rubrique « Arriver – Quitter »). Compter environ 8-10 US$ par personne.

DANS LES ENVIRONS DE CHÂU ĐỐC

🅧 *La mosquée Ehsan :* on l'appelle aussi *Chùa Ehsan*. C'est la mosquée la plus proche de la ville de Châu Đốc. Située sur l'île de Cồn Tiên, il faut passer la rivière sur un bac puis continuer sur 1 km environ. Sur la gauche de la route, il s'agit d'une petite mosquée, propre et fraîche, dans un quartier campagnard où habitent 150 familles cham de religion musulmane.
Pour ceux qui aiment les mosquées, il y a aussi la *mosquée Jamiul Azhar* (à 2 km de la ville) et la *mosquée Moubarak* (3 km).

LE MONT SAM (NÚI SAM)

🅧🅧 ← À 7 km au sud-ouest de la ville, sur la route de Nhà Bàng et Hà Tiên, près de la frontière du Cambodge. Unique rupture dans la platitude du delta, le mont Sam est une sorte de « montagne sacrée » pour les Vietnamiens, qui y viennent régulièrement en pèlerinage. Situé dans la plaine, on y accède à moto-carriole (appelons-les ainsi) ou en voiture (route asphaltée). Plusieurs temples et pagodes ont été construits au pied du mont, mais ses

> **SAM LE CRABE, NON PAS L'ONCLE AMÉRICAIN**
>
> *Une précision sur le nom du mont : Sam n'a rien à voir avec l'Oncle Sam qui a arrosé copieusement la région de ses bombes pendant la guerre. Il s'agit du nom vietnamien d'une sorte de crabe extravagant portant une carapace dont la forme rappelle les contours de la montagne.*

versants sont constellés de petits oratoires creusés dans des rochers. Un gros village s'y est développé. On trouve des pensions pas chères qui sont la plupart du temps occupées par les pèlerins. Du sommet, la vue sur le delta du Mékong est remarquable. Dommage pour les détritus qui jonchent le sol.
– Droit d'accès au village de Thánh Miều : env 20 000 Dg.
– On peut en faire l'ascension à pied par un sentier qui part du mausolée de Thoại Ngọc Hầu. Autre accès par le chemin Lên Dinh Núi, à côté de la pagode Nhà Bia Liệt Sĩ. À moto-taxi *(xe ôm)*, compter env 20 000 Dg pour monter (durée : 15 mn), et autant pour redescendre depuis le sommet. Chemin bitumé avec des nids-de-poule.
– Du centre-ville de Châu Đốc à moto-taxi, compter 160 000 Dg l'aller-retour.
On peut prolonger la balade vers le parc protégé de Trà Sư, un site agréable offrant des paysages de mangroves et une réserve ornithologique. Accessible à moto-taxi ; compter 30 mn du mont Sam, puis barque (50 000 Dg par personne).
– *Bon à savoir :* le grand pèlerinage se déroule le 22e jour du 4e mois lunaire. Comme à Lourdes, le temple est alors envahi par des hordes de pèlerins.

🅧 *La pagode de Tây An : au pied du mont Sam, près de la poste, à l'intersection de la route venant de Châu Đốc et de la route circulaire.*
C'est le sanctuaire le plus original, grâce à son style mélangeant des formes hindouistes et bouddhiques. 2 éléphants gardent l'entrée de la pagode ; celui de droite est blanc et possède 6 défenses en ivoire. Explication : la mère du Bouddha fit un songe, un éléphant à 6 défenses en ivoire lui apparut, après quoi elle mit au monde Siddharta, le futur Bouddha. Construite en 1847, cette pagode abrite 200 statues et divinités bouddhiques, et des tombes de bonzes très colorées (à l'extérieur).
Grandes cérémonies le 15e jour des 1er et 10e mois lunaires, ainsi que le 12e jour du 8e mois lunaire (amis routards, ne soyez plus dans la lune, mais apprenez à les compter, c'est utile dans ce pays !).

CẦN THƠ | 475

🔥 *Le temple de la Reine du Pays :* les Vietnamiens l'appellent « Miếu Bà Chúa Xứ ». Situé au pied du mont Sam, juste sur la droite de la route en venant de Châu Đốc, à environ 200 m après la pagode de Tây An, voici un très curieux temple, enfumé, surchargé, envahi par des foules de pèlerins et de dévots venus là pour faire des offrandes à la Reine du Pays, une statue en pierre peinte couverte de tissus chamarrés. Atmosphère chargée de ferveur religieuse. On dit qu'elle grandirait chaque année de quelques millimètres (on n'a pas vérifié car il est strictement interdit d'y toucher !).

Selon une légende, à l'origine, cette statue se trouvait au sommet du mont Sam où des hindouistes venus du Cambodge l'auraient abandonnée dans leur fuite précipitée. Découverte, elle fut ensuite portée par 12 filles, toutes vierges (mais sûrement très musclées !), jusqu'au pied de la montagne. Comme elle était trop lourde, les jeunes filles l'abandonnèrent à l'endroit même où se dresse aujourd'hui le temple qui lui est dédié.

CẦN THƠ

270 000 hab. (district 1 200 000 hab.)　　　　IND. TÉL. : 292

● Plan d'ensemble *p. 477* ● Zoom *p. 479*

Au cœur du delta du Mékong, à 170 km de Hồ Chí Minh-Ville, Cần Thơ est le centre politique, économique et universitaire du delta. C'est la 4ᵉ ville du Vietnam. Étalée au bord de l'un des 9 grands bras du fleuve, Cần Thơ vit des activités fluviales et commerciales, ainsi que de la riziculture. Elle possède le plus grand pont à haubans d'Asie du Sud-Est, qui lui a permis d'accélérer son développement économique, et même un aéroport.

Encore relativement peu encombrée par la circulation, quadrillée par des avenues et des rues aérées, elle est une étape agréable. Une Saigon à taille humaine, plus facile à appréhender pour le voyageur. Le principal attrait de la ville, c'est son marché flottant que l'on visite au gré d'une plaisante excursion sur le fleuve. Son activité tend toutefois à s'amenuiser...

Cần Thơ est aussi une bonne base pour découvrir la riche et prospère campagne alentour, les rizières et les vergers, les villages paisibles et un réseau incroyable de voies d'eau remontant jusqu'à des endroits reculés.

Arriver – Quitter

En avion

✈ *Aéroport international de Cần Thơ : à 9 km au nord-ouest de la ville. Une route directe et large conduit au centre-ville en 15-20 mn.* Ce nouvel aéroport n'a en fait d'international que le nom, et ne dessert pour l'instant que Hanoi et l'île de Phú Quốc.

➢ *De/pour Hanoi :* 2-4 vols/j., avec VietJet Air. Durée : 2h10.

➢ *De/pour Đà Nẵng :* 1 vol direct/j. (sauf mar, jeu et sam hors saison), avec Vietnam Airlines. Durée : 1h30.

➢ *De/pour l'île de Phú Quốc :* normalement 1 vol/j., mat ou soir. Bien vérifier, car ces vols sont parfois annulés et souvent avec escale. Pas pratique.

En bus et minibus

🚌 *Gare routière (Bến Xe Trung Tâm TP Cần Thơ ; hors plan d'ensemble par A3) : Hưng Thạnh, Cái Răng, à env 4 km au sud du centre-ville, après avoir passé le pont Quang Trung.* ☎ 09-86-54-33-21. C'est désormais l'unique

grande gare des arrivées et des départs. Quelques comptoirs d'info (on y parle peu, voire pas du tout l'anglais) et de vente de billets.
➤ *De/pour Hồ Chí Minh-Ville :* bus et minibus réguliers, avec la compagnie *Phương Trang-Futa Bus Lines* (☎ 376-97-68), entre autres. Ttes les 30 mn env, 0h30-22h30. Trajet : env 4h. Billet : 145 000 Dg. À Hồ Chí Minh-Ville, arrivée à la gare routière de Miền Tây (ouest de la ville). De cette gare routière, navette gratuite pour le centre-ville ou bien taxi.
➤ *De/pour Rạch Giá :* départs ttes les 1-2h. Trajet : env 3h30. Billet : 125 000 Dg.
➤ *De/pour Châu Đốc :* départs ttes les 2h en journée. Trajet : env 3h30. Billet : 100 000 Dg.
➤ *De/pour Cà Mau :* 1 bus/h, avec *Phương Trang-Futa Bus Lines*. Compter 4h30 de trajet. Billet : 140 000 Dg.
➤ *De/pour Cái Bè :* pas de bus jusqu'à Cái Bè même, mais les bus pour Hồ Chí Minh-Ville peuvent vous déposer à l'embranchement de la route qui conduit à Cái Bè, d'où l'on peut facilement prendre une moto pour les 3 km restants. De même, les bus passent par Vĩnh Long et peuvent vous y arrêter.

Adresses utiles

✉ **Poste** (zoom B1) **:** *2, Hoà Bình. Tlj 6h30-20h.* Service *Western Union* (transferts urgents d'argent liquide) et bureau *DHL* pour les envois de colis.
■ **TransMékong** (zoom B2, **2**) **:** *144, Hai Bà Trưng.* ☎ *382-95-40.* 📱 *09-03-03-31-48.* ● *transmekong.com* ● *Lun-ven 8h-12h, 13h30-17h30 ; w-e 8h-12h. Résa préférable ; 20 % de réduc sur les résas moins de 48h avt le départ pour les croisières en Bassac.* Installé au Vietnam depuis 1992, Benoît Perdu, le propriétaire du *Nam Bộ Boutique Hotel* (voir « Où dormir ? »), tient cette agence sérieuse. Il propose diverses balades et croisières sur le Mékong (lire plus bas la rubrique « À voir. À faire »). Les clients de cette agence et de l'hôtel *Nam Bộ* peuvent profiter d'une navette (privée et payante) entre le quartier 1 d'Hồ Chí Minh-Ville et Cần Thơ ou Cái Bè, jusqu'au point d'embarquement des bateaux.
■ **Vietcombank** (zoom A2, **3**) **:** *7, Hoà Bình.* ☎ *382-04-45. Lun-ven 7h-11h30, 13h-16h30.* Change les devises et les chèques de voyage. Distributeur *Visa* et *MasterCard*.
■ **VietinBank** (zoom B2, **4**) **:** *à l'angle des rues Phan Đình Phùng et Ngô Quyền.* Mêmes prestations.

Où dormir ?

Bon marché (jusqu'à 300 000 Dg / env 11 €)

🏠 **Hoang Hai Dang 1 Hotel** (zoom B2, **10**) **:** *60, Nguyễn An Ninh.* ☎ *381-05-68.* 📱 *09-39-46-23-57. Doubles 250 000-300 000 Dg.* Dans un petit immeuble de facture récente, une de ces pensions à l'arrangement assez banal mais dotées de tout le confort (frigo, TV, clim). Les salles de bains sont propres et modernes. À partir du 6ᵉ étage, vue dégagée sur la ville. Accueil irrégulier.

Prix moyens (300 000-600 000 Dg / env 11-21 €)

🏠 **Thanh Hà Guesthouse** (zoom B3, **11**) **:** *118/14, Phan Đình Phùng.* 📱 *09-18-18-35-22.* ● *mshaguesthouse@gmail.com* ● *Doubles 350 000-380 000 Dg.* Le principal atout de cette pension du centre-ville, c'est sa propriétaire, Mme Hà. Elle gère sa maison et ses hôtes telle une mère de famille. Les 6 chambres, confortables, vastes et lumineuses, sont d'une propreté irréprochable. Comme Mme Hà est aussi

CẦN THƠ / OÙ DORMIR ? | 477

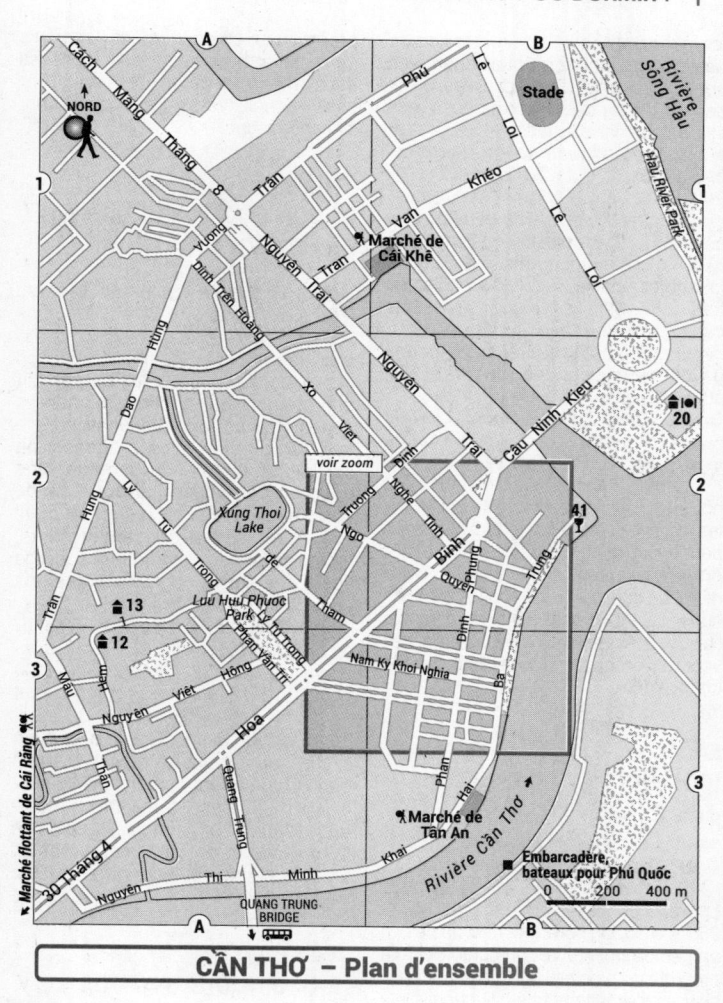

CẦN THƠ – Plan d'ensemble

🏠	Où dormir ?	🍽	Où manger ?
	12 Mekong Logis (A3)		**20** Restaurant Spices (B2)
	13 Queenie House (A2)	🍸	Où boire un verre ?
	20 Victoria Cần Thơ Resort (B2)		**41** Sky Bar (B2)

une *businesswoman*, elle organise des tours à vélo dans les rizières ou des croisières en bateau très bien ficelés.

🏠 **Mekong Logis** (plan d'ensemble A3, **12**) : Hẻm 142, Mậu Thân. ☎ 383-46-35. 📱 09-02-70-72-75. Double 460 000 Dg. Au calme dans une ruelle résidentielle, une pimpante bâtisse verte entourée d'une agréable cour plantée d'arbres. On est accueilli chaleureusement et en français par « Fredo » et sa famille, qui multiplient les petites attentions afin que l'on se sente comme chez soi. Les chambres sont propres et bien équipées. Petit déj sur demande. Organise aussi des excursions dans le delta.

🛏 **Queenie House** (plan d'ensemble A2, **13**) : 1/76, Lý Tự Trọng. 📱 09-01-00-07-70. ● queeniehousecantho@gmail.com ● *Double 480 000 Dg. Pas de petit déj.* Dans une jolie maison toute neuve nichée au fond d'une ruelle, des chambres spacieuses, impeccables en tout point. Mobilier élégant, ravissants carrelages en damier, murs colorés… l'ensemble est très réussi. Accueil dévoué et anglophone. Une très belle adresse bien qu'un peu excentrée.

🛏 **Hậu Giang 2 Hotel** (zoom B3, **14**) : 6-8, Hải Thượng Lãn Ông. ☎ 382-48-36. ● haugiang2hotel@gmail.com ● *Doubles 400 000-450 000 Dg, avec petit déj.* Cet hôtel propose des chambres fonctionnelles, carrelées dans les tons clairs, avec petit mobilier en bois. Elles sont plutôt propres même si les sanitaires mériteraient un coup de frais. Accueil gentil en anglais. Petit déj servi dans une agréable salle au 6e étage, avec vue sur la ville. Les scooters se garent directement dans le hall de l'hôtel.

Chic
(600 000-1 000 000 Dg / env 21-35 €)

🛏 **KP Hotel** (zoom B2, **15**) : 9, Nam Kỳ Khởi Nghĩa. ☎ 373-13-13. ● kqhotel.ct@gmail.com ● *Doubles 800 000-950 000 Dg.* Un hôtel tout neuf au design un peu clinquant mais au confort et à la propreté irréprochables. Têtes de lit classieuses, parquets foncés, lits douillets… Sans oublier les salles de bains qui jouent elles aussi la carte du chic avec leurs marbres et vitres rutilants. Les chambres les moins chères n'ont pas de fenêtre mais demeurent spacieuses et agréables. Au dernier étage, de somptueuses suites donnent sur un petit jardin.

🛏 **Thanh Thuỷ Hotel** (zoom B2, **16**) : 66-68, Hai Bà Trưng. 📱 71-02-64-44-64. ● thanhthuychotel@gmail.com ● *Compter 600 000 Dg.* Très bien situé au bord du Mékong (demandez une chambre avec vue), un petit hôtel propret aux aménagements simples. Le mobilier n'est pas de 1re jeunesse mais à ce prix-là on ne s'en plaint pas ! Accueil sympa. Petit bémol pour l'insonorisation.

Plus chic
(1 000 000-2 000 000 Dg / env 35-71 €)

🛏 **Kim Thơ Hotel** (zoom B1, **17**) : 1A, Ngô Gia Tự. ☎ 381-75-17. *Doubles 990 000-1 500 000 Dg, petit déj-buffet inclus. Promos sur Internet en fonction des saisons.* Un 3-étoiles qui remplit parfaitement sa fonction : chambres nettes et plutôt apprêtées, avec belle vue sur la rivière (nos préférées) ou sur la ville à partir du 3e étage. Une déco un peu passe-partout mais de superbes salles de bains. Accueil pro. Agréable bar au dernier étage, en terrasse, qui profite d'une superbe vue sur le fleuve et pratique des prix corrects.

🛏 |●| **The Lighthouse Hotel** (zoom B2, **18**) : 120, Hai Bà Trưng, angle avec Võ Văn Tần. ☎ 381-99-94 ou 381-19-13. ● mekong-delta.com ● *Apparts 1 080 000-2 720 000 Dg, petit déj non inclus.* Sur le quai Ninh Kiều, cet appart-hôtel est installé dans un bâtiment colonial historique. Il abrite 7 appartements confortables (clim, kitchenette) avec vue sur la rivière, un café-restaurant *(tlj 6h-23h)* et une boulangerie-snack *(La Baguette)*.

Très chic
(2 000 000-3 310 000 Dg / env 71-117 €)

🛏 ↑ **Nam Bộ Boutique Hotel** (zoom B2, **19**) : 1, Ngô Quyền. ☎ 381-91-39. ● nambocantho.com ● *Suites à partir de 2 070 000 Dg, petit déj inclus.* Benoît Perdu (voir *TransMékong* dans « Adresses utiles ») et son épouse vietnamienne ont créé ce bel hôtel de charme. 7 grandes suites décorées dans le style ethnico-chic, toutes avec vue sur la rivière depuis le salon. Elles sont cosy, chaleureuses et discrètement

CẦN THƠ / OÙ DORMIR ? | 479

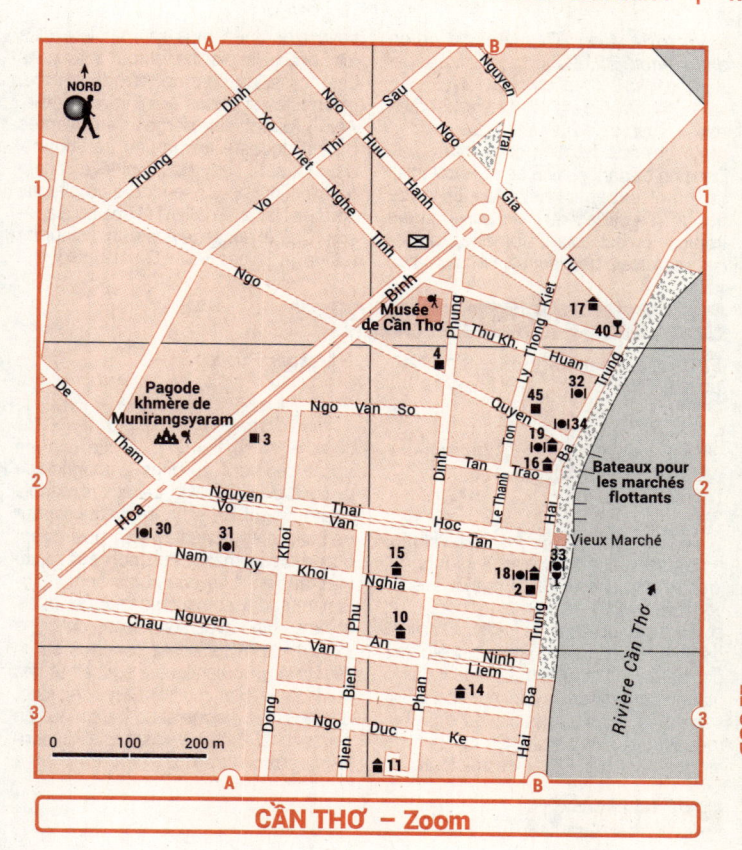

CẦN THƠ – Zoom

- **Adresses utiles**
  - 2 TransMékong (B2)
  - 3 Vietcombank (A2)
  - 4 VietinBank (B2)

- **Où dormir ?**
  - 10 Hoang Hai Dang 1 Hotel (B2)
  - 11 Thanh Hà Guesthouse (B3)
  - 14 Hậu Giang 2 Hotel (B3)
  - 15 KP Hotel (B2)
  - 16 Thanh Thuỷ Hotel (B2)
  - 17 Kim Thơ Hotel (B1)
  - 18 The Lighthouse Hotel (B2)
  - 19 Nam Bộ Boutique Hotel (B2)

- **Où manger ?**
  - 19 Restaurants Nam Bộ et L'Escale (B2)
  - 30 Nem Nướng Thanh Vân (A2)
  - 31 Tomato – Pad Thai (A2)
  - 32 Mékong 1965 (B2)
  - 33 Café Sao Hôm (B2)
  - 34 Restaurant Phương Nam (B2)

- **Où boire un verre ?**
  - 33 Café Sao Hôm (B2)
  - 40 Hoa Cau Coffee (B1)

- **Massages**
  - 45 Mekong Health & Beauty (B2)

romantiques. Petit déj avec pain et viennoiseries maison. Au rez-de-chaussée, le bistrot *Nam Bộ* (voir plus loin) sert une cuisine vietnamienne soignée et quelques plats occidentaux. Et au 4e étage, le restaurant *L'Escale* (voir plus loin aussi), plus cher, avec terrasse et vue imprenable sur la rivière.

480 | LE SUD / LE DELTA DU MÉKONG

▲ *Victoria Cần Thơ Resort* (plan d'ensemble B2, 20) : *quartier de Cái Khế, excentré, en dehors du centre-ville.* ☎ *381-01-11.* ● *victoriahotels. asia* ● *Doubles 4 100 000-4 300 000 Dg, mais promos fréquentes sur Internet.* Dans un élégant édifice de style colonial, un hôtel exceptionnel. Dès le lobby frangé d'arcades ouvrant sur le jardin tropical, on est ébloui. Tomettes, boiseries massives, persiennes, l'illusion d'un voyage dans le temps est complète. Plus loin, une belle piscine, et tout autour, les chambres, au charme rétro là encore, splendides et parfumées à la citronnelle. Accès direct aux berges verdoyantes où est accosté un bateau traditionnel d'époque, le *Lady Hau*, qui lève l'ancre tous les jours pour se rendre au marché flottant. Bar avec billard et spa au diapason. L'hôtel possède aussi un restaurant raffiné, le *Spices* (voir « Où manger ? »).

Où dormir dans les environs ?

▲ *Hưng's Homestay* (Riverside Cottage) : *163-KV, Thanh Huệ, Thường Thạnh, Cái Răng.* ☎ *09-03-84-98-81.* ● *hunghomestay@yahoo.com.vn* ● *À 9 km de Cần Thơ, vers Cái Răng. Téléphonez avt au patron, il viendra vous chercher à la gare routière. Compter 320 000 Dg/pers, petit déj, dîner, tour à vélo et cours de cuisine inclus.* M. Hưng, propriétaire chaleureux et anglophone, loue une vingtaine de bungalows couverts de feuilles de palme, au bord d'un cours d'eau ou dans un jardin, à l'arrière de la maison (plus calme, car éloigné des bateaux à moteur qui croisent dès le matin). Demandez les plus récents. C'est sommaire mais propre, avec douche, moustiquaire et ventilo. Et, surtout, ça repose de la ville. Organise des tours.

▲ *Mekong Rustic* : *2, Nhon Loc 1, Phong Điền.* ☎ *09-69-21-75-86 ou 09-78-58-11-43.* ● *mekongrustic.com* ● *À 14 km à l'ouest du centre-ville. Double env 1 400 000 Dg (env 60 US$).* Le charme opère dès l'arrivée dans le magnifique jardin tropical. Bassins, canaux et massifs fleuris créent un écrin enchanteur pour de ravissants bungalows en bois ou en brique. 2 ensembles : l'un tout neuf, l'autre plus ancien. Les chambres sont résolument séduisantes avec mobilier indochinois chiné avec soin, salles de bains extérieures et terrasses ouvertes sur la végétation. Romantique à souhait et très confortable (clim, moustiquaires). Au fond, une très chic piscine et un bassin où l'on peut pêcher. Prêt de vélos. Accueil francophone aux petits soins.

Où manger ?

Bon marché (moins de 100 000 Dg / env 4 €)

|●| *Nem Nướng Thanh Vân* (zoom A2, 30) : *17, Hoà Bình (angle avec Nam Kỳ Khởi Nghĩa).* ☎ *382-72-55.* Tous les classiques vietnamiens. Bon et vraiment pas cher.

|●| *Tomato – Pad Thai* (zoom A2, 31) : *54, Nam Kỳ Khởi Nghĩa.* ☎ *420-47-41. Tlj 10h30-minuit.* Certes, la salle n'est pas très attrayante. La carte, en revanche, décline une ribambelle de *pad thai, noodles*, riz et légumes sautés bien tournés et à des tarifs dérisoires. Service sympa et efficace. Parfait pour une pause déjeuner rapide !

|●| *Mékong 1965* (zoom B2, 32) : *38, Hai Bà Trưng.* ☎ *382-16-46. Sur le quai, face à la statue de l'oncle Hồ. Tlj 15h-22h.* Ambiance assez touristique pour ce resto de poche ouvert sur la rue et affublé d'une terrasse. Cuisine vietnamienne sans surprise et une carte de plats occidentaux (pizzas, crêpes) corrects. Prix doux.

Prix moyens (100 000-250 000 Dg / env 4-9 €)

|●| ✈ *Café Sao Hôm* (zoom B2, 33) : *Nhà Lồng Chợ Cổ, Bến Ninh Kiều.* ☎ *381-56-16. Tlj 6h-22h (en principe).* Sur une ravissante terrasse couverte donnant sur le fleuve, devant l'ancien marché (1915) de Cần Thơ, un agréable

bar-resto recommandable dès le petit déjeuner (excellentes viennoiseries de la boulangerie du *Nam Bộ Boutique Hotel*). Plusieurs menus, dont un « Saveurs du Mékong » qui permet de goûter à 7 plats différents. Cuisine vietnamienne simple et bien exécutée (mention spéciale pour les nems, délicieux). Plus agréable en journée pour la vue, et clientèle de groupes certains soirs. Service attentif.

|●| *Restaurant Nam Bộ* (zoom B2, **19**) : *1, Ngô Quyền (angle avec Hai Bà Trưng).* ☎ 381-91-37. *Ouv 6h30-22h.* Situé au rez-de-chaussée du *Nam Bộ Boutique Hotel* (voir plus haut), dans une agréable salle façon bistrot, avec nappes à carreaux et ventilos au plafond. Spécialités vietnamiennes et occidentales bien exécutées servies par une équipe pro de jeunes serveurs. Si vous ne savez que prendre, essayez le menu « serpent », très complet.

|●| *Restaurant Phương Nam* (zoom B2, **34**) : *48, Hai Bà Trưng.* ☎ 381-20-77. 📱 09-63-43-97-97. *Tlj 17h-23h.* Une adresse discrète mais pas moins incontournable. Carte éclectique affichant aussi bien des croque-monsieur et spaghettis carbonara que du poisson-chat sauce caramel, du serpent au curry ou au *satay*. Prix sages et salle plaisante ouverte sur la rue.

Chic (250 000-600 000 Dg / env 9-21 €)

|●| ⇞ *Restaurant L'Escale* (zoom B2, **19**) : *1, Ngô Quyền.* ☎ 381-91-37 ou 39. *Tlj 6h-23h.* L'autre resto de l'hôtel *Nam Bộ* (cité plus haut), niché au 4e (et dernier) étage. Cadre chic et lumière tamisée, en salle ou en terrasse, avec musique d'ambiance. On vient y déguster une bonne cuisine française (tournedos au poivre vert, salade périgourdine...). Quelques plats vietnamiens aussi. Tout indiqué pour un dîner romantique, mais aussi pour boire un verre en soirée (belle vue sur le fleuve et ses rives scintillantes). Service au cordeau.

|●| *Restaurant Spices* (plan d'ensemble B2, **20**) : *dans le Victoria Cần Thơ Resort (voir « Où dormir ? »).* ☎ 381-01-11. Dans le cadre magnifique de l'hôtel *Victoria,* le chef propose une carte gastronomique vietnamienne ou occidentale qui enchantera les palais les plus aguerris (si vous êtes 2, n'hésitez pas à prendre le poisson en forme d'oreille d'éléphant, très fin). Également quelques plats du jour à prix démocratiques. Tables en terrasse ou agréable salle climatisée. Le service est à la hauteur, grande classe !

Où boire un verre ?

🍷 *Café Sao Hôm* (zoom B2, **33**) : *Nhà Lồng Chợ Cổ, Bến Ninh Kiều.* ☎ 381-56-16. *Tlj jusqu'à 22-23h.* Derrière le vieux marché de Cần Thơ, ce resto (voir plus haut) et aux 1res loges, alangui au bord du Mékong. Il est très agréable d'y paresser en sirotant un jus de fruits ou une bière. Les excellentes crêpes et autres douceurs raviront les becs sucrés.

🍷 *Hoa Cau Coffee* (zoom B1, **40**) : *4, Hai Bà Trưng.* *Tlj jusqu'à 23h.* Terrasse surélevée sous les palmiers, donnant sur la rivière (dommage la rue gâche un peu la vue). Agréable pour boire un verre confortablement installé dans des canapés. Grand choix de cafés, jus, *shakes,* smoothies, thés, chocolats, glaces, bières et cocktails à prix doux. Également quelques plats à la carte.

🍷 *Sky Bar* (plan d'ensemble B2, **41**) : *2, Hai Bà Trưng.* 📱 939-78-61-23. *Tlj jusqu'à 22h (parfois plus).* Au 13e étage de l'hôtel *Ninh Kiều,* un *rooftop* avec une belle vue sur le Mékong et la ville.

Massages

■ *Mekong Health & Beauty* (zoom B2, **45**) : *8, Ngô Quyền.* ☎ 373-30-02. *Tlj 9h-2h. Compter 200 000 Dg pour 1h de réflexologie plantaire.* Parmi la myriade de salons qui jalonnent la ville, on vous conseille particulièrement celui-ci. Très central, il est également nickel et propose des tarifs compétitifs. Ici, on se plie en quatre pour votre bien-être. De quoi s'octroyer une pause délectable avant de repartir à la découverte de la ville !

482 | LE SUD / LE DELTA DU MÉKONG

À voir. À faire

✳ Le marché de Tân An *(ou marché central ; plan d'ensemble B3) : 71, Hai Bà Trưng.* Très animé et grouillant, il déborde sur les rues adjacentes... Le cœur battant de la ville depuis que le vieux marché *(zoom B2)* n'abrite plus que des stands de vêtements recyclés.

✳ Le marché de Cái Khế *(plan d'ensemble A-B1) : situé dans le quartier de Cái Khế, à env 2 km au nord-ouest du quartier touristique.* L'autre marché alimentaire de Cần Thơ. Un peu plus net et aéré que le précédent, il rassemble tous les produits provenant des marchés flottants, ainsi qu'une grande variété de fruits de mer, tortues, serpents... Également des textiles.

> **POISSON EMPOISONNÉ**
>
> *Comme le fugu au Japon, le cá nóc vietnamien est un poisson mortel. Son aspect boursouflé ne présage d'ailleurs rien de bon. De fait, ingérer la bile de l'animal peut se révéler fatal. Tout l'art consiste à prélever ce venin avec délicatesse et précision.*

✳ La pagode khmère de Muniransyaram *(zoom A2) : 36, Hoà Bình.* Cette pagode du « Petit Véhicule » est repérable de loin à son superbe toit, typiquement khmer. Sa façade polychrome, mélange de rouge, d'ocre et de jaune, interpelle. Construite en 1964, elle est le centre spirituel de la communauté khmère de Cần Thơ, soit environ 2 000 personnes. Salles de prières au rez-de-chaussée et à l'étage. Une petite vingtaine de bonzes vivent ici et peuvent vous faire une petite visite. Ils invitent parfois aussi leurs hôtes à boire une tasse de thé.

✳ Le musée de Cần Thơ *(Bảo Tàng Cần Thơ ; zoom B1) : 1, Hoà Bình (angle avec Trần Quốc Toản).* ☎ 381-80-75. *Mar-jeu 8h-11h, 14h-17h ; w-e et j. fériés 8h-11h, 18h30-21h. Fermé lun et ven. GRATUIT.* Dédié à la culture et l'histoire de Cần Thơ et ses environs, mais intérêt un peu limité car la plupart des cartels ne sont pas traduits. Au rez-de-chaussée, section sur la flore et la faune, ainsi que sur l'activité agricole et commerciale du delta du Mékong. Différents objets exhumés à Óc Eo (statuettes de Vishnou taillées dans la pierre), une pagode et la reconstitution d'un orchestre *Tài Tử*.

✳✳ Balades en bateau à moteur sur le Mékong et visite du marché flottant : le départ se fait de l'embarcadère Ninh Kiều, en centre-ville, près du vieux marché couvert, tôt le matin (mieux vaut dormir sur place la veille). Plusieurs façons de réserver cette balade : par l'intermédiaire d'une **agence locale** (voir plus haut la rubrique « Adresses utiles ») qui organise l'excursion en bateau privé (durée en moyenne 3h) à des prix variables selon le nombre de passagers et le programme (évidemment plus intéressant si vous êtes un groupe que si vous êtes 2). On peut aussi s'adresser directement aux **bateliers,** sur les quais entre la statue de l'oncle Hồ et le vieux marché où sont amarrées les barques. Compter 1h30 de balade. Le prix, négociable, tourne autour des 350 000 Dg pour 2 personnes. Bien moins cher qu'avec les agences, mais dans ce cas généralement, pas d'explications en anglais ni de collation sur le bateau. Enfin, la plupart des **hôtels et guesthouses** organisent également des tours. Quelle que soit l'option choisie, le format de l'excursion reste inchangé : on commence avec la visite du marché flottant, puis on navigue vers un jardin fruitier, une fabrique de vermicelles *hủ tiếu* ou une petite usine de décorticage de riz (intérêt très limité mais c'est inclus). Le départ se fait souvent très tôt le matin.
Pour le descriptif du marché flottant, voir plus bas « Dans les environs de Cần Thơ. Le marché de Cái Răng ».

✳✳ Croisière sur le Mékong à bord de Bassac et des 9 Dragons : *infos auprès de TransMékong,* ● *transmekong.com* ● *Compter env 250 €/pers en pens complète (moins cher à partir de 3 pers ; 50 % de réduc pour les moins de 12 ans* et 20 % de réduc si résa moins de 48h avt le départ en Bassac et le jour même en 9 Dragons), visites comprises. Résa conseillée quasi impérative !

Les *Bassac* sont des bateaux dans le style des embarcations fluviales qui servaient autrefois au transport du riz. Tout en bois, et rénovés par Benoît Perdu, le propriétaire, ces petits bateaux de croisière naviguent entre Cần Thơ et Cái Bè (une nuit à bord). La croisière peut se faire dans les 2 sens. Une expérience de charme et de luxe, en petit comité : 6 cabines (de 2 personnes) maximum sur le *Bassac I*, 10 cabines sur le *Bassac II*, et 12 cabines sur le *Bassac III* ; avec clim, w-c, lavabo et douche. Cuisine fraîche préparée sur le bateau. Au programme : contempler les berges des arroyos (ruisseaux temporaires) filer paisiblement, farniente sur le pont, visite de marchés flottants, repas à la bougie, etc.

Les *9 Dragons* offrent des croisières de jour à bord de grands sampans confortables : petit déjeuner vers un marché flottant ou une pagode khmère perdue dans la campagne, balades à vélo, toute une journée au vert...

DANS LES ENVIRONS DE CẦN THƠ

– *Bon à savoir :* même si de plus en plus de producteurs vendent leur production par voie terrestre, et que le nombre de bateaux tend à diminuer, la visite du marché flottant reste la 1re attraction de Cần Thơ. C'est l'occasion d'une agréable balade sur l'eau.

🌟🌟 *Le marché flottant de Cái Răng (hors plan d'ensemble par A3) : à 4 km en aval de Cần Thơ.* Une balade agréable et facile à organiser. Départ tôt le matin (vers 7h), lorsque l'activité bat son plein. C'est le plus grand marché flottant de grossistes du delta du Mékong, et même du Vietnam. On y croise, dans une animation bon enfant, une myriade de bateaux chargés de pastèques, melons, carottes, patates douces, oignons, etc. Notez les longues perches auxquelles sont accrochés le(s) fruit(s) ou légume(s) servant d'enseigne. On n'y est pas seul, les bateaux de touristes se suivent à la queue leu leu, mais le spectacle est étonnant... et photogénique.

🌟🌟 *Nhà Cổ Bình Thủy ou la maison des Orchidées de M. Dương Minh Hiến :* 26/1, Bùi Hữu Nghĩa, zone de **Bình Thủy**, à 7 km au nord du centre. Y aller en taxi. Visites tlj 7h-12h, 14h-17h. Entrée : 15 000 Dg. La façade jaune et vert d'eau, joliment fanée, réveille le fantasme exotique d'un Orient du temps passé. Cette maison bien conservée, typique du delta du Mékong, a servi de décor pendant 1 semaine pour le tournage du film *L'Amant* de Jean-Jacques Annaud (l'affiche dédicacée trône fièrement sur l'un des murs). La scène où l'on voit l'acteur principal (l'amant de Marguerite Duras) se recueillir devant un homme fumant une pipe d'opium sur un lit y fut notamment tournée. Il s'agit d'une grande demeure bourgeoise précédée d'un escalier et séparée de la rue par un jardin, construite en 1870 et dédiée au culte des ancêtres, comme le montre l'autel monumental au milieu de la pièce principale. Les meilleurs artisans de la région furent engagés. Ils sculptèrent les colonnes de bois, les meubles et les fauteuils. Noter les lampes, le carrelage, le lavabo vintage venus de France et une tapisserie au mur ornée de cerfs et de biches. À gauche, un petit jardin d'orchidées.

🌀 🌟🌟 *La pagode khmère de Chùa Dơi :* Văn Ngọc Chính, Phường 3, à **Sóc Trăng**. À 65 km (!) au sud de Cần Thơ et à 3,3 km au sud du centre de Sóc Trăng (depuis le bord du Mékong). Prendre la direction de la gare routière (Bến Xe Sóc Trăng) par la rue Trần Hưng Đạo. Tourner à gauche sur la rue Lê Duẩn et continuer par la rue Lê Hồng Phong. Moins de 800 m plus loin, il y a un embranchement à droite, c'est la rue Văn Ngọc Chính qui mène à la pagode, à 800 m plus loin. Accès libre mais il convient de laisser une obole aux moines.

Au gré d'une véritable expédition, on parvient à l'une des plus belles pagodes de la région. Construite il y a environ 400 ans, la pagode principale (à gauche) est révélatrice de l'art bouddhique khmer. Bleu éclatant, rouge vif et dorures tranchent sur le vert tendre de la végétation alentour. Les jours de fête, elle se remplit des

200 familles cambodgiennes habitant les hameaux aux alentours. Des nuées de chauves-souris trouvent repos dans les arbres derrière le temple, ce qui lui vaut son surnom de « pagode des Chauves-souris ».
– En novembre, la *fête des Eaux* (bonn om touk) voit s'affronter une trentaine de pirogues à Sóc Trăng, sur 2 jours. Dans chaque embarcation, une cinquantaine de rameurs (des fidèles, pas des bonzes) représente une pagode. Celle de la pagode Chùa Dơi, très longue, est marquée d'une chauve-souris à la proue.

LES PORCS MEURENT AUSSI

Les porcs à 5 doigts (au lieu de 4) constituent une anomalie génétique qui porte malheur au Vietnam. Les gens les abandonnent à leur triste sort, mais les moines de Sóc Trăng les accueillent et les élèvent avec bienveillance. À leur mort, ces maudits cochons ont droit à une sépulture peinte dans l'enceinte du monastère. Tolérance bouddhique pour tous !

RẠCH GIÁ

IND. TÉL. : 297

À 127 km à l'ouest de Cần Thơ, abrité dans le creux d'une baie, au fond du golfe du Siam, Rạch Giá (province de Kiên Giang) est un des principaux ports de pêche sur la pointe ouest du delta du Mékong. Rien de particulier à y faire mais c'est d'ici que partent les bateaux pour l'île de Phú Quốc.

Arriver – Quitter

En bus

▶ *Gare routière (Bến Xe Rạch Giá) :* 260A, Nguyễn Bỉnh Khiêm. ☎ 386-22-74. *Au nord de Rạch Giá, près du nouveau marché. Du centre-ville, suivre la rue Trần Phú, puis tourner à droite rue Lê Lợi ; c'est 200 m plus loin sur la gauche.*
▶ *De/pour Hà Tiên :* bus réguliers avec *Mai Linh* (● mailinhexpress.vn ●). Trajet : env 2h30.
▶ *De/pour Cần Thơ :* 7 bus/j., 3h30-15h30, avec *Phương Trang-Futa Bus Line* (☎ (077) 369-16-91 ou (08) 38-30-93-09 ; ● futabus.vn ●). Billet : 125 000 Dg. Trajet : env 3h30.
▶ *De/pour Hồ Chí Minh-Ville :* départs ttes les heures, 5h15-1h45. On recommande la compagnie *Phương Trang-Futa Bus Line*. Billet : 165 000 Dg. De Hồ Chí Minh-Ville, les bus express au départ de la gare routière de Miền Tây mettent env 6h pour faire la route, via Cần Thơ ou Long Xuyên.

En bateau pour l'île de Phú Quốc

▶ *Embarcadère :* sur le port de Rạch Giá, à 100 m du temple Nguyễn Trung Trực. 2 compagnies de vedettes rapides. Mieux vaut acheter son billet la veille, surtout en hte saison.
■ *Superdong (Fast Ferry) :* ☎ 395-59-33. ● superdong.com.vn ● 4 bateaux/j. de Rạch Giá, 7h-13h10. Durée : 2h45. Billet aller : env 330 000 Dg.
■ *Phu Quoc Express (Fast Ferry) :* ☎ 399-66-86. 📱 09-89-56-68-89. ● phuquocexpressboat.com ● 3 bateaux/j., à 7h20, 11h et 13h45. Retour à 7h30, 10h30 et 14h15. Durée : 2h15. Billet aller : env 340 000 Dg.
– Arrivée au port de *Bãi Vòng* (Phú Quốc).

Adresse et info utiles

■ *Vietcombank :* 89, Đường 3 Tháng 2.
– *Marché :* au nord de la ville, près de la gare routière.

Où dormir ?

Nombreux petits hôtels économiques en face du marché et aux abords du terminal de bus.

Prix moyens (300 000-600 000 Dg / env 11-21 €)

Hôtel Kim Cô 1 : *141, Nguyễn Hưng Sơn. ☎ 395-79-57 ou 395-99-99. 📱 09-18-47-82-03. Double env 350 000 Dg.* Hôtel récent avec un intérieur coloré et des chambres très agréables, belles salles de bains, clim, TV câblée.

Où manger ?

|●| Dans la rue Nguyễn Du, perpendiculaire à la place centrale, quelques villageoises vendent leurs poulets et 2 gentilles **gargotes** spécialisées dans les fruits de mer se font pratiquement face. On y mange très bien pour pas cher du tout.

À voir

Le temple de Nguyễn Trung Trực : *7, Nguyễn Công Trứ, dans le même quartier que la pagode Phật Lớn. Ouv 6h-18h.* S'il y a un temple à visiter, c'est celui-là, les autres ne valent pas le déplacement... Près du parc municipal, ce temple est dédié au génie tutélaire de la ville, le héros Nguyễn Trung Trực (1838-1868), qui fut le chef de la résistance vietnamienne contre les Français à partir de 1860. Parmi ses actions commando, il parvint à incendier le navire de guerre *L'Espérance*. Pour le capturer, les Français usèrent de méthodes drastiques : ils prirent en otage sa mère et des civils, menaçant de les fusiller si le rebelle ne se rendait pas. Il se rendit et fut exécuté le 27 octobre 1868 (il n'avait que 30 ans) sur la place du marché de Rạch Giá. À l'intérieur du temple, il y a un portrait du héros sur l'autel et son tombeau gardé par 2 phénix sculptés se trouve dans le jardin entourant le temple. Visite intéressante pour comprendre comment des figures historiques récentes peuvent être sanctifiées et faire l'objet d'un culte. Le 28 août lunaire a lieu une grande cérémonie célébrant le héros. Elle attire une foule immense.

La pharmacie traditionnelle : *à côté du temple.* Consultation de médecine traditionnelle et pharmacie abritant des plantes médicinales apportées par les Vietnamiens en cadeau.

À côté du temple, amarré au quai de la rivière, le bateau **L'Espérance** a été reconstitué par le gouvernement local pour rappeler l'invasion française et la lutte anticoloniale.

HÀ TIÊN

100 000 hab.   IND. TÉL. : 297

● Plan *p. 487*

À 103 km à l'ouest de Rạch Giá, à l'extrémité ouest du delta du Mékong, voici Hà Tiên. Au débouché du canal Vĩnh Tế (il relie Hà Tiên à Châu Đốc), entouré de 2 collines (Pháo Đài et Tô Châu), ce port de pêche a 3 spécialités : le poisson, le poivre noir et les objets fabriqués à partir d'écailles de tortues marines (on aime moins...).

La frontière cambodgienne n'est qu'à 8 km et elle est ouverte aux touristes qui peuvent ainsi rejoindre la station balnéaire de Kep par la route. Aux alentours, on peut découvrir les beaux paysages du delta : rizières miroitantes de lumière sous le soleil de la mousson, rochers calcaires plongés dans la mer, plages de sable fin, grottes cachant de petits temples.

UN PEU D'HISTOIRE

À l'origine, c'était un territoire khmer, ce qui n'a rien d'étonnant quand on regarde une carte. Débarqué vers 1713, un aventurier chinois originaire de Canton, un dénommé Mạc Cửu, s'empare du secteur pour en faire son fief. Les Khmers spoliés demandent l'aide des Siamois et reprennent la ville en 1715. Mais Mạc Cửu, appuyé par les seigneurs de la dynastie Nguyễn, parvient à reprendre son bien. À sa mort en 1736, son fils Mạc Thiên Tử lui succède. De cette date jusqu'à la fin du XVIIIe s, ce ne sont qu'invasions (les Khmers, les Siamois, les Tây Sơn) et pillages. Après ce micmac chez les Mạc, toute la région finit par tomber entre les mains des Nguyễn et est bel et bien rattachée au Vietnam.

Quand les Khmers rouges effrayaient le delta

Entre 1975 et 1979, les Khmers rouges, nouveaux maîtres impitoyables du Cambodge voisin, revendiquèrent avec virulence le delta du Mékong, autrefois leur territoire avant l'arrivée des Annamites au XVIIIe s. Les hommes de Pol Pot se heurtèrent à la puissante armée vietnamienne. Ils organisèrent alors de nombreuses incursions dans les villages vietnamiens situés le long de la frontière, entre Hà Tiên et Châu Đốc. Plusieurs massacres de villageois furent perpétrés, comme le rappelle la stèle de la Haine érigée près du temple Thạch Động à Hà Tiên, ainsi que le mémorial du charnier de Ba Chúc (à mi-chemin entre Hà Tiên et Châu Đốc).

Arriver – Quitter

En bus

Gare routière (Bến Xe Hà Tiên ; hors plan par B3) : se trouve sur la rive sud de la rivière, au QL80, quartier de Tô Châu. En venant de la ville, passer le grand pont, continuer 700 m puis tourner à gauche, c'est plus loin, à env 400 m. On y trouve les compagnies *Kumho Samco* (☎ 02-973-95-96-96), *Tuấn Nga* (☎ 02-973-95-45-45), et *Phương Trang-Futa Bus Line* (☎ 02-973-66-88-66).

➤ **De/pour Cần Thơ :** avec *Kumho Samco*, 5 bus/j., 4h45-22h20. Trajet : 5h.
➤ **De/pour Châu Đốc :** avec *Kumho Samco*, 1-2 bus/j., 5h30 ou 7h. Trajet : 4h.
➤ **De/pour Hồ Chí Minh-Ville :** avec *Kumho Samco* et *Phương Trang-Futa Bus Line*, 20 bus/j., 6h30-22h30. Trajet : 8h (340 km). De Hồ Chí Minh-Ville, les bus locaux partent de la gare routière de Miền Tây, à l'ouest de la ville.

En bateau pour Phú Quốc

Embarcadère Bến Tàu Phú Quốc (plan B3) : à 3 km du centre-ville, sur la rive sud de la rivière, face à la ville, après le pont à gauche. Pour y aller en taxi : 40 000 Đg. Ouv 6h30-16h. Infos : ☎ 385-05-51.

■ **Superdong :** ☎ 395-59-33. ● superdong.com.vn ● 4 bateaux/j. Billet : 230 000 Đg. Durée : 1h15 (45 km). Ce sont des catamarans très rapides et modernes. Arrivée au débarcadère de Bãi Vòng (côte est de l'île).

■ **Phú Quốc Express :** ☎ 09-89-56-68-89. ● phuquocexpressboat.com ● 4 départs/j. Billet : 250 000 Đg. Mêmes prestations.

Pour le Cambodge

– Le **poste-frontière de Xà Xía** (côté Vietnam) se trouve à 6 km au nord de Hà Tiên. Côté cambodgien, le

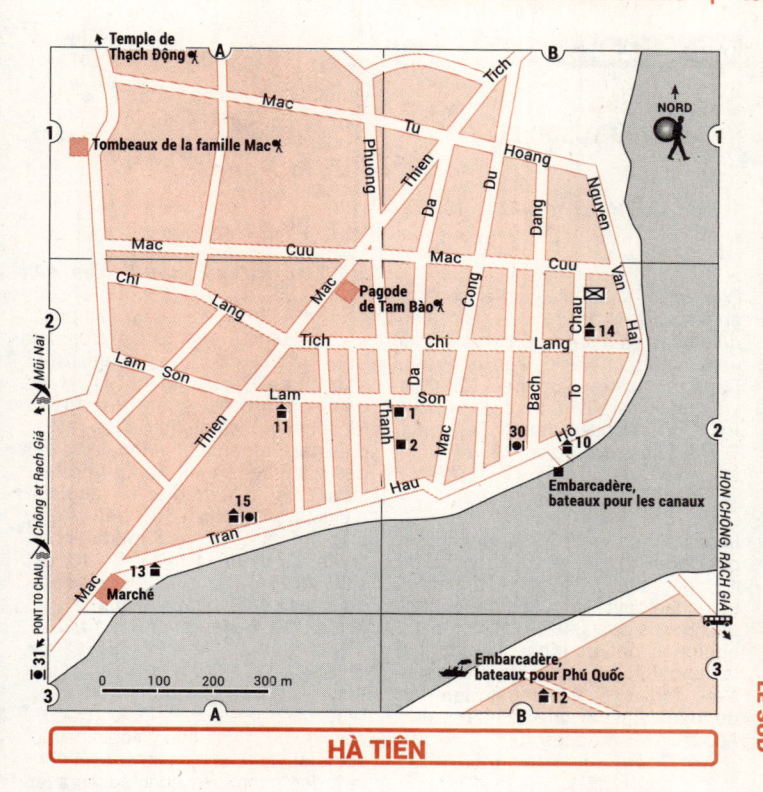

HÀ TIÊN / ADRESSES UTILES | 487

HÀ TIÊN

- **Adresses utiles**
  - 1 Agribank (B2)
  - 2 Vietcombank (B2)

- **Où dormir ?**
  - 10 Hoa Mai Hotel (B2)
  - 11 Hải Vân Hotel (A2)
  - 12 Hà Châu Hotel (B3)
  - 13 Dủ Hưng 1 (A2)
  - 14 Hải Yến Hotel (B2)
  - 15 Dủ Hưng 2 Hotel (A2)

- **Où manger ?**
  - 30 Restaurant Xuân Thanh (B2)
  - 31 Hương Biển (hors plan par A3)

poste-frontière de Prek Chak est ouv tlj 6h-18h. Le visa cambodgien coûte 37 US$ (35 US$ si on a déjà sa photo), et s'obtient sur place. Mieux vaut prévoir au moins 1 photo d'identité. L'attente peut être longue.

Du poste-frontière à la ville de Kep, 47 km. De Kep, bus pour Sihanoukville (152 km) et pour Phnom Penh (166 km).
– On peut aller de Hà Tiên au poste-frontière en taxi.

Adresses utiles

■ **Agribank** (plan B2, 1) : 37, Lam Sơn. ☎ 385-20-55. Change les dollars. Distributeur acceptant les cartes Visa et MasterCard.

■ **Vietcombank** (plan B2, 2) : 4, Phương Thành. Distributeur acceptant la carte MasterCard.

LE SUD / LE DELTA DU MÉKONG

Où dormir ?

Bon marché (jusqu'à 300 000 Dg / env 11 €)

▲ **Hoa Mai Hotel** (plan B2, **10**) : 3, Trần Hậu. ☎ 385-08-49. 📱 09-83-61-23-12. ● hotelhoamai99@gmail.com ● Doubles 250 000-350 000 Dg. Bien situé, dans un quartier central, en retrait de la rivière. Une quinzaine de chambres de bon confort (clim ou ventilo, douche/w-c, eau chaude). Rapport qualité-prix correct. On peut y acheter les billets de bateau pour Phú Quốc. Accueil vraiment abrupt.

▲ **Hải Vân Hotel** (plan A2, **11**) : 55, Lam Sơn. ☎ 385-28-72. 📱 09-19-26-16-35. ● khachsanhaivan.com ● Doubles 180 000-300 000 Dg. Immeuble en verre fumé abritant un petit hôtel propre et fonctionnel, de 4 étages, situé à l'écart de l'agitation. Les chambres, sans caractère, sont néanmoins spacieuses, et les mieux équipées ont douche chaude, TV, téléphone, clim et ventilo. Certaines avec terrasse. En demander une donnant sur l'arrière du bâtiment. Accueille les groupes.

▲ **Hà Châu Hotel** (plan B3, **12**) : Trần Công Hãn. 📱 09-48-60-91-48. Excentré, dans un quartier populaire de la rive gauche de la rivière, mais le plus proche de l'embarcadère des bateaux et des bus. Modeste hôtel abritant des chambres refaites et bien arrangées. Elles ont soit un ventilo (les moins chères), soit la clim. La n° 23 est la plus jolie.

Prix moyens (300 000-600 000 Dg / env 11-21 €)

▲ |●| **Dủ Hưng 2 Hotel** (plan A2, **15**) : 83, Trần Hậu. ☎ 395-05-55. 📱 09-19-29-10-19 (Mme Nhung). ● khachsanduhung.com ● Doubles 250 000-350 000 Dg. Il s'agit d'un petit hôtel très bien situé, avec des chambres bien équipées (douche/w-c, clim). Fait aussi resto : cuisine vietnamienne locale, avec des plats de la mer. Accueil professionnel et dynamique en anglais, c'est un vrai plus. Son petit frère, plus ancien, un peu moins cher, l'hôtel **Dủ Hưng 1** (plan A2, **13**) est situé au 27A, Trần Hậu. Mêmes coordonnées pour la réservation.

▲ **Hải Yến Hotel** (plan B2, **14**) : 15, Tô Châu et Chi Lăng. ☎ 385-15-80. 📱 07-72-11-11-00. ● kshaiyen.com ● À 50 m des berges de la rivière, en retrait de la rue principale. Double env 600 000 Dg. Dans un coin calme, un hôtel sobre et bien aménagé, abritant des chambres spacieuses avec carrelage, frigo, TV, ventilo, douche et w-c, sur 5 étages. Décoration classique vietnamienne. Grands lits. La n° 504 est la plus intéressante, avec une vue sur l'arrière.

Où manger ?

Bon marché (moins de 100 000 Dg / env 4 €)

|●| **Restaurant Xuân Thanh** (plan B2, **30**) : à l'angle des rues Trần Hậu et Thâm Tương Sanh. ☎ 385-21-97. 📱 09-13-76-88-77. Tlj 6h-21h. Plat env 40 000 Dg. Notre préféré dans cette catégorie. Grande salle en angle, propre, agréable, et largement ouverte sur l'extérieur. On mange sur de grandes tables en alu. Carte courte, comme ça pas trop d'hésitation pour choisir. Soupes en tout genre, seiche frite à l'ananas, crevettes et poissons à toutes les sauces.

|●| **Hương Biển** (hors plan par A3, **31**) : 169, Mạc Thiện Tích. ☎ 385-20-72. Tlj 7h-21h. Proche du grand pont, et un peu loin du centre (compter 10 mn à pied depuis l'hôtel Hoa Mai). Il s'agit d'un restaurant ouvert sur la rue qui sert une bonne cuisine locale, à base de produits de la mer essentiellement.

À voir

�ęLes tombeaux de la famille Mạc *(Đền Thờ Họ Mạc ; plan A1) : 34, Núi Bình San, Đường Lên Lăng. Un peu à l'écart de la ville. GRATUIT.*
Sur les rives de l'étang Ao Sen se dresse la colline de Núi Lăng, la « colline des Tombes ». Par un escalier à flanc de colline à droite on atteint un espace où sont éparpillés plusieurs tombeaux. Là sont enterrés une dizaine de membres de la famille Mạc, qui fut la plus puissante famille féodale de la région. La plus grande des tombes est celle de Mạc Cửu, le patriarche (en haut de la colline).
C'est l'empereur Gia Long qui ordonna la construction de son tombeau en 1809. Un geste généreux en mémoire des bons et loyaux services rendus par Mạc Cửu au trône impérial à l'époque où les Mạc du Sud étaient vassaux des Nguyễn du Centre. Dragons et phénix ornent les tombeaux.

✿ À voir aussi : la pagode de Tam Bảo *(plan A2 ; au carrefour des rues Phương Thành, Mạc Thiện Tích et Chi Lăng, dans la partie ouest de la ville ; GRATUIT).*

DANS LES ENVIRONS DE HÀ TIÊN

✿ Le temple de Thạch Động *(hors plan par A1) : à 3,5 km du centre-ville, sur la route des plages de Mũi Nai. Tlj 8h-18h. Entrée : env 10 000 Dg.* Au bord de la route, à gauche de l'entrée du site, une stèle de la Haine commémore le massacre atroce de 130 civils vietnamiens perpétré par les Khmers rouges de Pol Pot le 14 mars 1978 (en représailles, l'armée vietnamienne envahit le Cambodge et les chassa du pouvoir le 7 janvier 1979...). On gagne à pied (5 mn) la grotte creusée dans la roche calcaire d'un piton rocheux. Le temple est logé dans une sorte de pavillon couvert de tuiles. Vue superbe et étendue sur la plaine côtière.

L'ÎLE DE PHÚ QUỐC

IND. TÉL. : 297

● Carte de l'île *p. 491* ● Plan Dương Đông *p. 495*

Alanguie sur les eaux claires du golfe du Siam, au large des côtes du Cambodge et du Vietnam, Phú Quốc est une île séduisante habitée par un peu plus de 100 000 habitants. Longue de 50 km du nord au sud et large de 25 km, c'est la plus grande du Vietnam. Compter 3 jours pour en faire le tour. Si l'île est réputée pour la beauté de ses plages, elle l'est également pour sa production de poivre, l'un des meilleurs au monde, de *nước mắm* et de perles de culture. Sans oublier la pêche, qui fait encore vivre une petite communauté, principalement au sud.
Cette île aux mille visages ne manque pas d'arguments pour séduire. À l'ouest, une nonchalante bande de sable frangée de cocotiers, quelques luxueux et discrets *resorts* et la frénésie de la vie insulaire à Ông Lang. Sans oublier la capitale, Dương Đông, qui s'éveille à la nuit tombée. À l'est, face aux côtes vietnamiennes, des plages sauvages et préservées, une végétation dense et presque vierge de construction, des eaux mirifiques. Un vrai paradis tropical ! Et l'impression d'un bout du monde. On y trouve les 2 ports de l'île, *Đá Chồng* et *Bãi Vòng*. Plus exposée aux vents, longée par une unique route, donc encore peu fréquentée, cette façade est le dernier témoin de ce qu'était l'île avant le boom touristique. Au centre, enfin, la forêt primaire et les collines

boisées forment un poumon de verdure au sein d'un parc national protégé (propriété de l'armée), traversé par une voie bitumée.
Ces territoires encore intacts résistent à l'assaut des promoteurs qui sévissent notamment dans le Sud. Là, des constructions sortent partout de terre et redessinent le littoral, pour le meilleur comme pour le pire. À la pointe méridionale, un village entier, créé ex nihilo, semble calqué sur le Portofino italien. Le Nord-Ouest n'a pas été totalement épargné non plus avec le gigantesque complexe *Vinpearl Resort*.
La politique gouvernementale, bien décidée à capitaliser sur le tourisme, a placé Phú Quốc au centre du développement économique du pays. En 2019, l'île a accueilli 4 millions de visiteurs ! L'asphaltage des pistes en terre rouge se généralise, la ville principale, Dương Đông, continue de s'étendre en zone côtière et vers l'intérieur des terres, tandis que les projets immobiliers se multiplient, faisant fi des questions essentielles de développement durable, de gestion des déchets et de l'eau potable, ou même de l'acheminement des voyageurs (l'aéroport n'ayant d'international que le nom). Quant aux prix, ils explosent, et la vie est bien plus chère que dans le reste du pays.
Vous voilà prévenu ! À vous de choisir votre bout de côte pour apprécier pleinement cette île, certes en pleine évolution, mais encore magnifique à bien des égards.

BON À SAVOIR

– *Climat* : la meilleure période se situe de début novembre à début mai ; le temps est sec, la mer est calme mais les prix flambent ! C'est aussi la meilleure époque pour faire de la plongée sous-marine. Entre juillet et septembre, il fait très chaud et il pleut quelques heures tous les jours (attention aux moustiques). ***Évitez d'y aller entre le 15 septembre et fin octobre,*** c'est la saison la plus pluvieuse : les routes sont impraticables et certains hôtels ferment.

UN PEU D'HISTOIRE

L'un des 1ers étrangers à y accoster est le missionnaire français Pigneau de Behaine. Il y installe son camp de base de 1760 à 1780. Puis arrivent les colons français. En 1869, l'île est prise et occupée par la France qui la place sous la tutelle du gouverneur de la Cochinchine. Phú Quốc sert alors de bagne pendant la période coloniale. Pendant la guerre américaine, elle abrite la célèbre prison de Cây Dừa (Coconut Tree). Des milliers de Vietcong y furent incarcérés.

L'ERREUR FATALE DE POL POT

En mai 1975, les Khmers rouges de Pol Pot décidèrent d'envahir l'île de Phú Quốc, affirmant que celle-ci appartenait au Cambodge et non au Vietnam. L'armée vietnamienne intervint et les chassa de l'île. Ce fut le début de la guerre entre les 2 pays. Elle dura jusqu'en janvier 1979, date de l'invasion du Cambodge par l'armée vietnamienne et de la fin du génocide cambodgien. Aujourd'hui, le Cambodge affirme toujours (malgré le dégel diplomatique entre les 2 pays) que Phú Quốc lui appartient.

Arriver – Quitter

En bateau

➤ **Liaisons entre Rạch Giá ou Hà Tiên et Phú Quốc (Bãi Vòng) :**
■ *Superdong* (Fast Ferry ; plan Dương Đông, A2, 1) **:** *10, Đường 30/4, dans la ville de Dương Đông.* ☎ *398-01-11.* ● *superdong.com.vn* ● De Rạch Giá, 4 bateaux/j., à 7h, 8h10, 10h30 et 13h10. Arrivée au port de Bãi Vòng

L'ÎLE DE PHÚ QUỐC

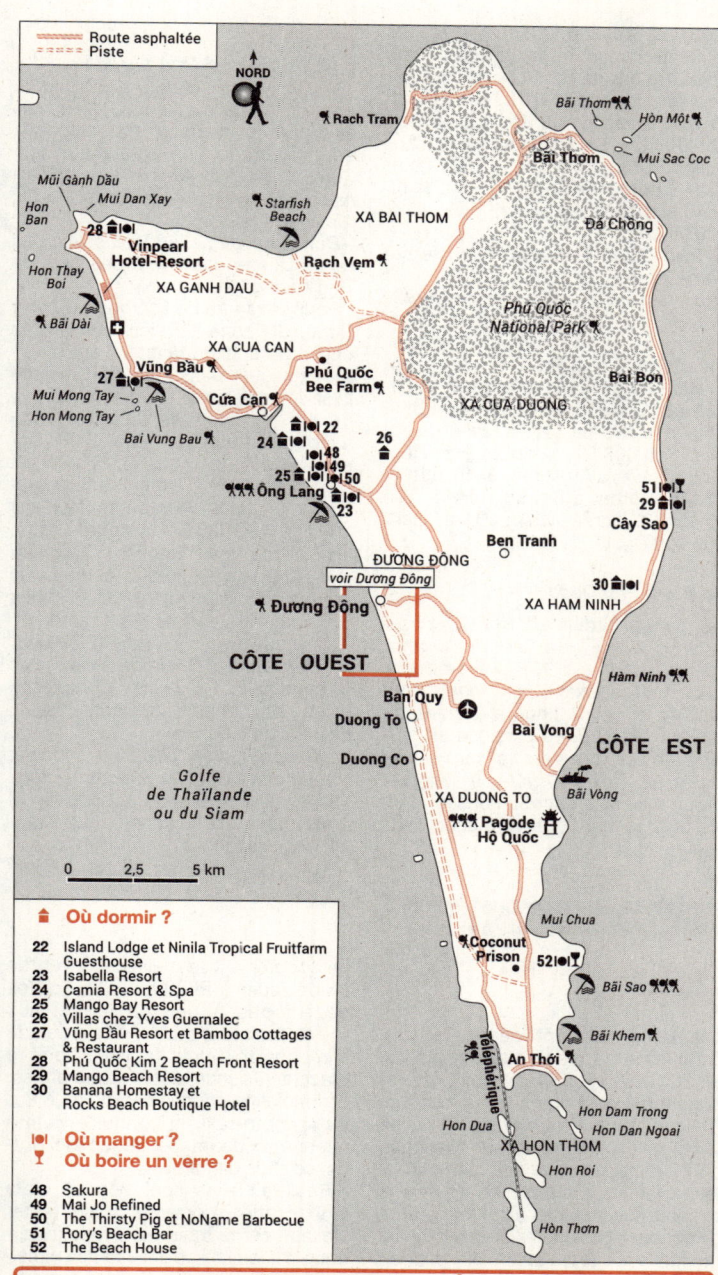

491

Légende

- Route asphaltée
- Piste

Lieux indiqués sur la carte

- NORD
- Rach Tram
- Bãi Thơm
- Hòn Một
- Mũi Sac Coc
- Mũi Gành Dầu
- Mui Dan Xay
- Hon Ban
- Starfish Beach
- XA BAI THOM
- Đá Chồng
- Vinpearl Hotel-Resort
- Rạch Vẹm
- Hon Thay Boi
- XA GANH DAU
- Phú Quốc National Park
- Bãi Dài
- XA CUA CAN
- Phú Quốc Bee Farm
- Bai Bon
- Vũng Bầu
- XA CUA DUONG
- Mui Mong Tay
- Cửa Cạn
- Hon Mong Tay
- Bai Vung Bau
- Ông Lang
- Cây Sao
- Ben Tranh
- ĐƯƠNG ĐÔNG
- voir Dương Đông
- Dương Đông
- XA HAM NINH
- **CÔTE OUEST**
- Hàm Ninh
- Ban Quy
- Duong To
- Bai Vong
- **CÔTE EST**
- Duong Co
- XA DUONG TO
- Bãi Vòng
- Golfe de Thaïlande ou du Siam
- Pagode Hộ Quốc
- 0 — 2,5 — 5 km
- Mui Chua
- Coconut Prison
- Bãi Sao
- Bãi Khem
- An Thới
- Téléphérique
- Hon Dam Trong
- Hon Dan Ngoai
- Hon Dua
- XA HON THOM
- Hon Roi
- Hòn Thơm

LE SUD

Où dormir ?

- 22 Island Lodge et Ninila Tropical Fruitfarm Guesthouse
- 23 Isabella Resort
- 24 Camia Resort & Spa
- 25 Mango Bay Resort
- 26 Villas chez Yves Guernalec
- 27 Vũng Bầu Resort et Bamboo Cottages & Restaurant
- 28 Phú Quốc Kim 2 Beach Front Resort
- 29 Mango Beach Resort
- 30 Banana Homestay et Rocks Beach Boutique Hotel

Où manger ? / Où boire un verre ?

- 48 Sakura
- 49 Mai Jo Refined
- 50 The Thirsty Pig et NoName Barbecue
- 51 Rory's Beach Bar
- 52 The Beach House

(côte est de Phú Quốc). De là, très facile de trouver un taxi jusqu'à votre hôtel. Retour de Bãi Vòng, même fréquence, départs à 7h10, 10h10, 13h et 14h. Durée : 2h30. Billet aller : env 330 000 Dg. De Hà Tiên, même fréquence ; départs à 6h15, 7h30, 8h et 13h45. Retour de Bãi Vòng à 8h, 8h20, 9h45 et 13h. Durée : 1h15. Billet aller : 230 000 Dg.

■ **Phu Quoc Express** (Fast Ferry ; plan Dương Đông, A3, 2) : *90, Trần Hưng Đạo, à Dương Đông.* ☎ *399-66-86.* 🖃 *09-89-56-68-89.* ● *phuquocexpressboat.com* ● L'autre compagnie la plus populaire. De Rạch Giá à Bãi Vòng, 3 bateaux/j., à 7h20, 11h et 13h45. Retour à 7h30, 10h30 et 14h15. Durée : 2h15. Billet aller : env 340 000 Dg. Depuis Hà Tiên, 5 bateaux/j., à 6h, 7h45, 9h45, 11h et 13h45. Retour à 8h, 9h, 11h45, 13h et 15h30. Durée : 1h15. Billet aller : 250 000 Dg.

Arrivée à Phú Quốc

🚢 **Embarcadère de Bãi Vòng :** *sur la côte est, à 5 km au sud de l'embarcadère de Hàm Ninh.* Nombreux taxis, motos-taxis et *mini-boats* pour la côte ouest, à chaque arrivée de bateau. *Superdong* propose un service de navette vers le centre-ville (arrêt au *Ticket Office*), à réserver dans le bateau (env 30 000 Dg). Voir aussi plus bas « Se déplacer dans l'île ».

En avion

✈ **Aéroport de Phú Quốc :** *situé à 7 km au sud de Dương Đông.* ● *phuquocairport.com* ● Il accueille les vols intérieurs, et des vols internationaux en provenance de Kuala Lumpur, Séoul et Bangkok exclusivement (*Vietnam Airlines, VietJet Air, Jetstar Pacific Airlines*).

– **Bon à savoir :** avec *VietJet Air*, pas de service en cabine et pas plus de 7 kg en bagages à main.

– Pour se rendre de l'aéroport à **Long Beach** (la zone hôtelière sur la côte ouest), la société *Jetstar Pacific Airlines* (guichet dans l'aéroport) assure la liaison par navette. 4 arrêts, dont le dernier en centre-ville, au carrefour du marché de nuit. Tarif : env 50 000 Dg/pers. À partir de 3 pers, et si l'hôtel est un peu excentré, il est plus intéressant de prendre un taxi (avec compteur, env 100 000-180 000 Dg la course selon circulation). Également *Phú Quốc Taxi* (14 000 Dg/km). Enfin, la plupart des grands hôtels envoient des minibus pour accueillir leurs clients à l'aéroport. Il y a un péage sur la route : 10 000 Dg.

➤ **De/pour Hồ Chí Minh-Ville :** avec *Vietnam Airlines*, 5-7 vols/j. Compter 1 h de vol. Env 30-80 € le billet aller selon heure et date du vol.

➤ **De/pour Cần Thơ :** en principe, 1 vol/j. avec *Vietnam Airlines*. Durée : env 55 mn. Env 65-80 € le billet aller. Il arrive que le vol soit annulé si le nombre de passagers est insuffisant.

Se déplacer dans l'île

Taxis et scooters de location

Les taxis pullulent dans l'île tout comme les loueurs de scooters (compter 200 000 Dg/j.). Certains hôtels proposent même d'organiser la location. Casque fourni et obligatoire, la police y veille ! En théorie, il faut être muni d'un permis de conduire international (quasi jamais demandé), en théorie toujours, les touristes n'ont pas le droit de conduire de scooter. Cela dit, tout le monde le fait et les contrôles sont peu fréquents.

Le scooter est le meilleur moyen de se déplacer à Phú Quốc. Les pistes cèdent peu à peu du terrain aux routes carrossées. Une mise en garde s'impose toutefois face au nombre d'accidents recensés chaque année. Les moins dégourdis choisiront le taxi ou la moto-taxi, la conduite vietnamienne exigeant beaucoup de prudence et de dextérité.

– **Routes :** elles sont bonnes et la signalisation correcte, mais rester vigilant, car le trafic est dense (beaucoup de camions) sur les routes principales. On trouve des stations essence

Petrolimex un peu partout, sauf dans le centre de l'île (prévoir de faire le plein).
– *Minibus depuis le port de Bãi Vòng* (côte est de l'île) : tlj 7h30-18h30. Billet : env 40 000 Dg. Durée : 30 mn. Les minibus « pickup » attendent les voyageurs à l'arrivée du ferry.

Balades guidées en sidecar

■ *Sidecar Tours :* 07-89-56-18-51 *(appeler entre 18h et 20h).* • pq. sidecar@gmail.com • *Prix en fonction du programme, à partir de 30 US$/j.* Voilà une façon originale de découvrir l'île ! Aussi dynamique que sympa, René connaît Phú Quốc comme sa poche. Derrière le guidon de sa Vespa vintage, il concoctera un programme à la carte, selon vos envies. Confortablement installé dans le sidecar ou sur le siège arrière, on sillonne les routes en toute liberté. Et comme René est intarissable sur son île, on passe un très bon moment.

DƯƠNG ĐÔNG *(IND. TÉL. : 297)*

La capitale de l'île, sur la côte ouest, vit au rythme de la saison touristique. Pas spécialement charmante mais assez vivante, elle regroupe les principaux commerces : banques, distributeurs de billets, poste, boutiques... et un marché de nuit très animé. La zone des hôtels se situe à l'entrée sud de la ville, sur *Long Beach,* longue avenue qui, comme son nom l'indique, borde le littoral sur plusieurs kilomètres.

Adresses utiles

■ *Change :* dans les banques *Vietcombank (plan B1, 3 ; 1, Hùng Vương ; prendre la route qui longe la rivière vers l'est, c'est un grand immeuble jaune pâle sur la gauche)* et *Sacombank (plan A2, 4 ; 52B, Đường 30/4 ; à 250 m du marché de nuit, face au n° 37).*
■ *Distributeurs (ATM) :* nombreux en ville, dont 2 juste devant la *Agribank (30 Tháng 4),* à l'entrée du marché de nuit. ATM *Vietcombank : au niveau du 51, Trần Hưng Đạo.*
■ *Stations-service :* plusieurs dans le centre.

■ *Supermarchés :* quelques magasins ouverts 24h/24 le long de la côte ouest. Le *Cmart3 (129, Trần Hưng Đạo)* est bien fourni.
✚ *Vinmec International Hospital : Bãi Dài, Gành Dầu ;* à la porte du complexe Vinpearl, à 24 km au nord de Dương Đông. ☎ 398-55-88. • vinmec.com • Le top sur l'île en matière d'équipements et de soins. En cas de gros pépin, contacter les urgences de l'hôpital franco-vietnamien de Saigon (☎ (28) 54-11-35-00). Les frais y sont pris en charge avec la carte Vitale.

Où dormir ?

De bon marché à prix moyens (jusqu'à 600 000 Dg / env 21 €)

🏠 *9 Station Hostel (hors plan par B3, 10) :* 91/3, Trần Hưng Đạo. ☎ 658-89-99 ou 651-89-99. • 9stationhostel.com • Compter 9-12 US$/pers en dortoir, 30 US$ en chambre double. Accolée au *Lahana Resort,* cette AJ branchée à la déco industrielle détonne dans le paysage balnéaire. Dans les dortoirs (4, 8 ou 12 lits), mixtes ou non, comme dans les 7 chambres privées, bois et béton ciré se mêlent harmonieusement. Une épure digne d'un magazine de déco qui ne sacrifie rien au confort des lieux : clim, rideaux, *lockers,* bonne insonorisation, salles de bains immaculées... Les espaces détente et jeux (billard, babyfoot), le bar-snack, la musique *lounge,* la piscine, tout contribue à créer une atmosphère agréable et détendue. Location de scooters, tours, excursions et accès à la plage via le *Moon Resort*.

🛏 *Antinho Hostel* (plan B4, **11**) : *118/1, Trần Hưng Đạo.* ☎ *09-19-33-62-77.* ● *antinhohostel.com* ● *Lit en dortoir à partir de 90 000 Dg, double 350 000 Dg.* Un peu *roots*, mais plaisant et surtout idéalement placé, à quelques enjambées de tongs de la plage. Chambres privatives et 2 dortoirs de 10 lits (mixtes) sans grand charme mais bien tenus. C'est aussi une petite agence locale qui organise des transferts dans tout le pays et au Cambodge au départ de Phú Quốc, ainsi que des tours dans l'île.

🛏 *Sirena Guesthouse* (plan B4, **12**) : *100C/3, Trần Hưng Đạo.* ☎ *399-22-56.* ☎ *09-13-38-02-44.* ● *sirenaphuquoc.com* ● *Double 500 000 Dg, sans petit déj.* Ce petit hôtel à taille humaine est niché dans un jardin à la végétation luxuriante, à 400 m de la mer. Il propose 9 bungalows en dur, sans fioritures, disposés autour de la petite piscine. Ils sont équipés de douche/w-c, ventilo et clim. On apprécie le calme et la gentillesse de l'accueil (en français !).

🛏 *Homestead Garden View Resort* (plan B4, **13**) : *118/2, Trần Hưng Đạo.* ☎ *384-74-82.* ☎ *09-38-87-67-27.* ● *homesteadgardenview@gmail.com* ● *À env 2,5 km au sud de la ville. Doubles à partir de 25 US$. CB refusées.* À 100 m de la plage, dans un jardin fleuri, quelques bungalows en dur abritant des chambres très propres, de confort suffisant (ventilo ou clim, douche/w-c), prolongées par de petites terrasses. Pas le grand frisson mais très bon rapport qualité-prix.

🛏 *Sunshine Bungalow* (plan B4, **14**) : *118, Trần Hưng Đạo.* ☎ *397-57-77.* ☎ *09-03-02-46-59.* ● *sunshinehomevn@gmail.com* ● *Prendre à droite après l'Antinho Hostel, l'hôtel est à 50 m sur la gauche. Doubles 500 000-650 000 Dg.* Derrière une épicerie, quelques chambres décorées sans façon et réparties de part et d'autre d'une étroite cour. Une adresse bien tenue, à 2 pas de la plage, même si l'ensemble manque un peu de lumière.

L'accueil gentil et les tarifs raisonnables font néanmoins oublier cette petite ombre au tableau.

Chic
(600 000-1 000 000 Dg / env 21-35 €)

🛏 *Sen Lodge Homestay Village* (hors plan par B4, **15**) : *Cửa Lấp.* ☎ *831-38-17. Prendre Trần Hưng Đạo vers le sud et tourner à gauche dans la ruelle juste avt l'Iris Café ; c'est à 500 m. Compter 700 000 Dg pour un bungalow.* En retrait, dans un petit chemin au calme, plusieurs cabanes sur pilotis, toutes différentes, réparties autour d'une petite piscine. Toiture en tuiles pour certains, en tôle pour d'autres, et des inspirations allant du chalet savoyard à la hutte mongole. En tout cas, chaque chambre est dotée de tout le confort et dégage un charme indéniable. Accueil anglophone, détendu et serviable.

🛏 *Little Garden Bungalow* (plan B4, **16**) : *113/5, Trần Hưng Đạo.* ☎ *384-51-26.* ☎ *09-32-09-35-23.* ● *littlegardenbungalow@gmail.com* ● *Double 800 000 Dg.* Cet hôtel de poche dispose d'une dizaine de chambres bien arrangées, ouvertes sur une mignonne piscine. Boiseries, tons clairs, salles de bains flambant neuves, on oublie vite qu'on est à touche-touche avec les voisins. D'autant que, si le jardin fait dans le mini, les chambres ne manquent pas d'espace.

🛏 I●I *Nhất Lan Resort* (plan B4, **17**) : *118/16, Trần Hưng Đạo.* ☎ *384-76-63.* ☎ *09-18-46-41-27.* ● *nhanghinhatlan@yahoo.com* ● *Au bout de la route, après La Veranda ; bien indiqué. Compter 750 000-900 000 Dg, petit déj compris.* Le long de la ruelle qui glisse en pente douce vers la plage, agréables bungalows rénovés avec petite terrasse privative. Ceux en bas du terrain sont plus chers mais aux 1res loges pour contempler la mer et très calmes. Demandez si possible les n°s 209 et 301 ! Au-dessus de la réception, quelques chambres avec microbalcon, très bien tenues et bon marché. Super accueil anglophone. Fait aussi bar-resto sur le sable.

495

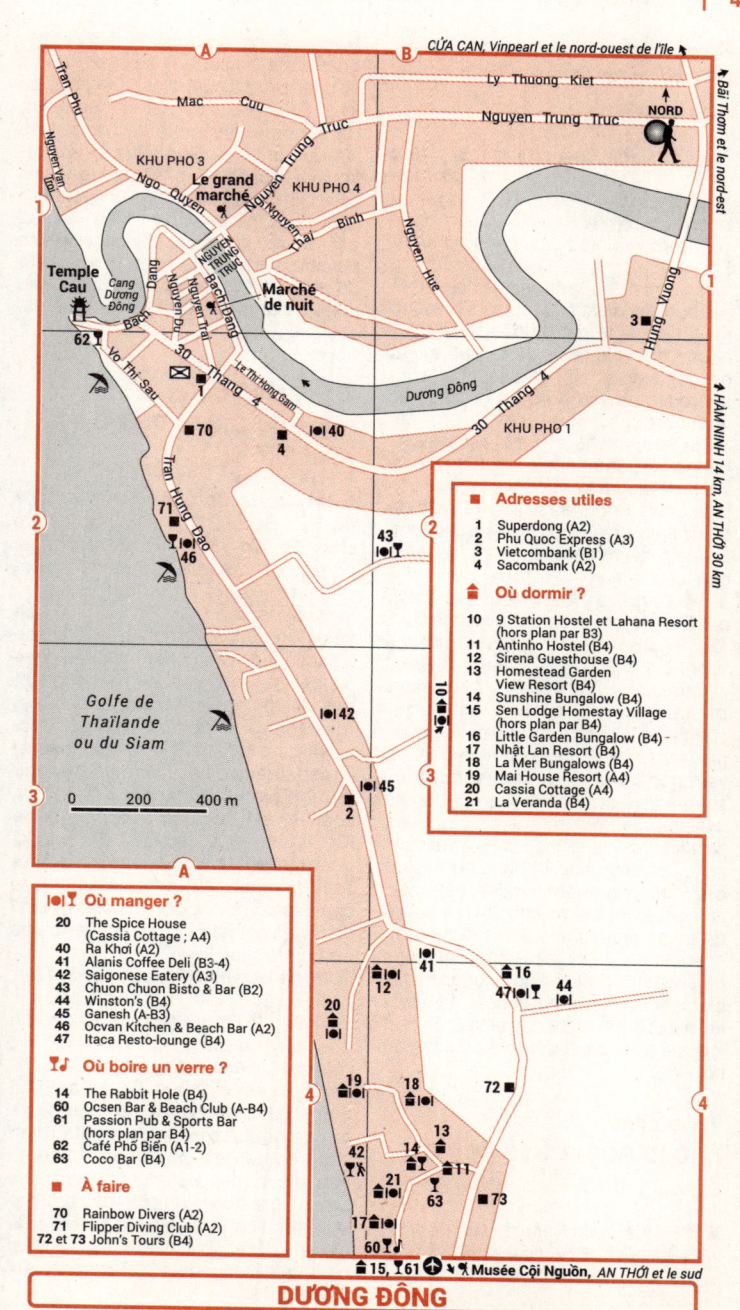

Adresses utiles

1. Superdong (A2)
2. Phu Quoc Express (A3)
3. Vietcombank (B1)
4. Sacombank (A2)

Où dormir ?

10. 9 Station Hostel et Lahana Resort (hors plan par B3)
11. Antinho Hostel (B4)
12. Sirena Guesthouse (B4)
13. Homestead Garden View Resort (B4)
14. Sunshine Bungalow (B4)
15. Sen Lodge Homestay Village (hors plan par B4)
16. Little Garden Bungalow (B4)
17. Nhât Lan Resort (B4)
18. La Mer Bungalows (B4)
19. Mai House Resort (A4)
20. Cassia Cottage (A4)
21. La Veranda (B4)

Où manger ?

20. The Spice House (Cassia Cottage ; A4)
40. Ra Khơi (A2)
41. Alanis Coffee Deli (B3-4)
42. Saigonese Eatery (A3)
43. Chuon Chuon Bisto & Bar (B2)
44. Winston's (B4)
45. Ganesh (A-B3)
46. Ocvan Kitchen & Beach Bar (A2)
47. Itaca Resto-lounge (B4)

Où boire un verre ?

14. The Rabbit Hole (B4)
60. Ocsen Bar & Beach Club (A-B4)
61. Passion Pub & Sports Bar (hors plan par B4)
62. Café Phô Biên (A1-2)
63. Coco Bar (B4)

À faire

70. Rainbow Divers (A2)
71. Flipper Diving Club (A2)
72 et 73. John's Tours (B4)

DƯƠNG ĐÔNG

Plus chic
(1 000 000-2 000 000 Dg / env 35-71 €)

🏠 ⦿ *La Mer Resort* (plan B4, **18**) : *118/2/5, Trần Hưng Đạo.* ☎ *399-22-18.* 📱 *09-79-75-84-17.* ● *lamerphuquoc.com* ● *Situé à 400 m de la plage, accessible à pied par un chemin. Doubles env 1 200 000-1 800 000 Dg selon confort.* Le patron, vietnamien et francophile, n'est pas toujours présent, mais l'aimable réceptionniste anglophone prend le relais avec tout autant de gentillesse. Si l'établissement ne se trouve pas au bord de la plage, le jardin tropical, avec petite piscine, invite à la farniente. Çà et là, plusieurs bungalows en brique (pour 2 ou 4 personnes) élégants et confortables. Les plus chers ont une ravissante salle de bains en plein air. Fait aussi restaurant. Un petit havre de paix à l'atmosphère confidentielle.

🏠 ⦿ *Lahana Resort* (hors plan par B3, **10**) : *91/3, Trần Hưng Đạo.* ☎ *397-08-88.* ● *lahanaresort.com* ● *Juste avt le 9 Station Hostel. Doubles à partir de 1 750 000 Dg, bungalows à partir de 2 450 000 Dg.* Ce discret complexe essaime de charmants bungalows sur une colline noyée dans la verdure. Ça grimpe, certes, mais les somptueux panoramas, tantôt sur les collines alentour tantôt sur les eaux scintillantes de la mer, valent l'ascension. Les chambres et bungalows sont d'un goût exquis : béton ciré, bois clair, immenses baies vitrées et des salles de bains grandioses. Mais le clou du spectacle, c'est la piscine, installée en surplomb, offrant une vue incroyablement dégagée sur la côte. Et, juste au-dessus, un resto panoramique tout indiqué pour contempler le coucher du soleil.

Très chic
(2 000 000-3 310 000 Dg / env 71-117 €)

🏠 ⦿ *Mai House Resort* (plan A4, **19**) : *118/2/7, Trần Hưng Đạo.* ☎ *384-70-03.* 📱 *09-18-12-37-96.* ● *maihousephuquoc.com* ● *À env 3 km au sud de Dương Đông, au bout de la route qui dessert la plupart des hôtels, après La Mer Resort. Doubles 100-120 US$ (mer ou jardin), petit déj-buffet inclus.* Un superbe ensemble de bungalows à taille humaine, bien équipés (moustiquaire, douche/w-c, ventilo, certains avec clim) et répartis dans un immense jardin ombragé, au bord de la mer. Accès direct à la plage. Sinon, élégante piscine à débordement. Possibilité de prendre ses repas sur place (café-resto). L'adresse parfaite pour se la couler douce !

Très, très chic
(plus de 3 310 000 Dg / env 117 €)

🏠 ⦿ *Cassia Cottage* (plan A4, **20**) : *Bà Kèo Beach, KP 7, 43, Trần Hưng Đạo.* ☎ *384-83-95.* ● *cassiacottage.com* ● *Dans la ruelle qui mène au Tropicana Resort, continuer jusqu'au bout (panneau). Doubles 140-250 US$ selon confort et saison.* Une adresse d'exception. Les cottages lovés dans un méli-mélo de verdure ne manquent pas de style. Quant aux chambres, elles sont d'un confort irréprochable. La piscine fait dans le grand luxe et le restaurant, *The Spice House* (voir la rubrique « Où manger ? »), face à l'océan, est l'un des plus courus de l'île. C'est autant un plaisir de loger ici que d'y venir boire un verre ou dîner sous la véranda (observez les superbes carrelages) ou les cocotiers, même si ce rêve n'est pas à la portée de toutes les bourses.

🏠 ⦿ *La Veranda* (MGallery by Sofitel ; plan B4, **21**) : *Trần Hưng Đạo, Ward 7.* ☎ *398-29-88.* ● *laverandaresorts.com* ● *Doubles à partir de 190 US$ (parfois beaucoup plus cher) ; prix variables selon saison.* Caché au bout d'une étroite ruelle, un complexe à l'architecture néocoloniale bien intégrée dans le paysage du littoral. Pas d'énormes bâtiments, mais des pavillons à taille humaine habillés par la végétation tropicale, en bordure de plage. Chic et cher, bien sûr, mais idéal pour une escapade à 2. Personnel aux petits soins.

Où manger ?

Bon marché (moins de 100 000 Dg / env 4 €)

Ra Khơi (plan A2, 40) : *131 bis, 30 Tháng 4. Tlj 10h-23h.* Immense salle façon hangar ouverte sur la rue et éclairée de néons. Un décor peu engageant pour un resto pris d'assaut midi et soir. La carte, longue comme le bras, décline les classiques locaux, servis sans rondeurs ni politesses, mais au moins, ça tourne ! Bon, frais et copieux.

Alanis Coffee Deli (plan B3-4, 41) : *98, Trần Hưng Đạo. 09-33-55-17-69. Tlj 8h-21h30.* Derrière la façade vert pomme, un mini *coffee shop* discrètement branché. Idéal pour croquer un en-cas (sandwichs, burgers, salades, pancakes...), boire un café (*frappuccino*, café italien...), un smoothie bien frais ou déguster une bonne glace.

Prix moyens (100 000-250 000 Dg / env 4-9 €)

Saïgonese Eatery (plan A3, 42) : *73, Đường Trần Hưng Đạo. 805-96-50. Tlj 8h-15h, 17h-22h.* Dans une jolie salle tout en longueur ou en terrasse (mais en bord de route), un resto bien dans son temps qui fait honneur à son continent. À la carte, des spécialités venues de toute l'Asie (*baos*, curries, *tempuras*...), revisitées à la mode fusion (en ceviche, en carpaccio) ou plus classiques. Aussi tendance que bien exécuté ! À accompagner d'un jus ou d'un smoothie préparé minute.

Chuon Chuon Bistro & Bar (plan B2, 43) : *route de Sao Mai. 360-88-83. Prendre la piste non asphaltée qui gravit la colline depuis Trần Hưng Đạo ; le resto est 500 m plus loin. Tlj 7h30-22h30.* Un resto-bar en apesanteur, coincé entre ciel et terre sur une colline avec vue imprenable sur la mer. Le cadre est exceptionnel, que ce soit dans l'une des salles vitrées et dévorées par la verdure ou sur la somptueuse terrasse à l'éclairage tamisé. Terriblement romantique au crépuscule. Dans les assiettes, une cuisine bien tournée, quoique assez classique. Et dans les verres, des cocktails bien plus audacieux. Service stylé. On n'a pas regretté l'ascension (assez raide !).

Winston's (plan B4, 44) : *121/1, Trần Hưng Đạo. 390-10-93. Dans une petite rue, à droite de la pagode Pháp Quang. Tlj 11h-23h.* Si vous êtes las de la cuisine vietnamienne, filez engloutir un burger chez *Winston's* ! Bœuf (australien) bien tendre, sauces et *bun* maison, accompagnements généreux et frites elles aussi *home made*. Du *Californication*, façon p'tit joueur, jusqu'au redoutable *Terminator*, la carte décline plus d'une dizaine de burgers. Gardez une petite place pour la tarte au citron (*lime tart*) maison, diaboliquement crémeuse ! Accueil cool, très sympa.

Ganesh (plan A-B3, 45) : *97A, Trần Hưng Đạo. 399-49-17. 09-14-15-96-27. Tlj.* Ce resto indien mijote une savoureuse cuisine (indienne, ça va de soi), élaborée par un chef népalais et ses commis vietnamiens. Tous les classiques sont au menu : curries, *massalas*, tandooris et aussi des *thalis* (végétariens ou non). Pain indien (*roti*), et bien sûr, l'excellent *lassi* (yaourt liquide) à la fin du repas.

Ocvan Kitchen & Beach Bar (plan A2, 46) : *60, Trần Hưng Đạo. 08-96-48-96-58. Tlj 11h30-22h.* On est d'abord séduit par l'architecture ultra-contemporaine de ce néo-chalet tout de verre et de béton. En contrebas, une belle terrasse et, plus bas encore, un bar les pieds dans le sable où il fait bon siroter un cocktail entre 2 baignades. Mais ce décor très tendance ne nuit pas à la qualité de la cuisine, résolument moderne et savoureuse. La carte fait la part belle aux produits de la mer, servis grillés, avec des accompagnements bien pensés. Service décontracté, parfois un peu débordé. Musique live au *beach bar*.

Chic
(250 000-600 000 Dg / env 9-21 €)

|●| The Spice House (restaurant du Cassia Cottage ; plan A4, 20) : Bà Kèo Beach, Khu Phố 7, 43, Trần Hưng Đạo. ☎ 384-83-95. Résa préférable le soir (surtout pour les non-résidents). Plats 150 000-540 000 Dg. Le somptueux restaurant de l'hôtel Cassia (« cannelle » en latin). Au bord de la plage, décor colonial raffiné : mobilier en teck, larges ventilateurs, superbes carrelages en carreaux de ciment, et la mer en toile de fond. Comme son nom l'indique, la spécialité de la maison, ce sont les épices, que le patron (M. Burnett) cultive, conditionne puis exporte en Asie et dans le reste du monde. Elles parfument subtilement une cuisine vietnamienne fine et créative. Produits de la mer d'une fraîcheur indiscutable, ingrédients naturels et saisonniers, légumes soigneusement présentés. Une belle expérience culinaire dans un environnement tropical vraiment exceptionnel.

|●| Itaca Resto-lounge (plan B4, 47) : 119, Trần Hưng Đạo. ☎ 907-97-91-44. Un peu à l'écart de l'animation, sur la gauche de la route en allant vers le sud. Tlj sauf sam 18h-minuit. Tapas 25 000-210 000 Dg, plats 120 000-495 000 Dg. 3 copains catalans ont ouvert ce bar-resto-lounge à la déco contemporaine et soignée. Le chef, Mateu Batista, également catalan, marie saveurs ibériques et épices asiatiques. Au menu, plusieurs tapas goûteuses et d'alléchantes grillades. Également de généreuses pizzas cuites au feu de bois. Très bien pour dîner ou simplement pour boire un cocktail dans le jardin subtilement éclairé et bercé par la musique.

Où boire un verre ?

Une flopée de bars et restos animés tout au long du marché de nuit (voir plus loin, dans la rubrique « À voir »). On ne conseille pas d'y manger cependant, les prix sont souvent gonflés...

Y The Rabbit Hole (plan B4, 14) : 118/1, Trần Hưng Đạo. Tlj jusqu'à 2h. Happy hours 15h-19h. Un bar d'expats à l'atmosphère chaleureuse. Dans cette salle affublée des traditionnels persiennes et ventilos, on prend réellement le pouls de la vie insulaire. La playlist aux sonorités rock et reggae distille une atmosphère décontractée tandis qu'on se presse autour du billard ou des écrans télé les soirs de match. Vraiment sympa.

Y ↑ ♪ Ocsen Bar & Beach Club (plan A-B4, 60) : 118/10, Trần Hưng Đạo. Tlj jusqu'à 2h. Un bar de plage où l'on vient se détendre en fin de journée (avant, c'est désert), les pieds dans le sable et confortablement installé dans des poufs. Sur fond de musique house, les jeunes socialisent dans une ambiance très décontractée et festive. DJ sets certains soirs.

Y Passion Pub & Sports Bar (hors plan par B4, 61) : Cửa Lấp, Trần Hưng Đạo. À env 3 km du centre-ville en allant vers le sud, sur la gauche. Tlj jusqu'à 1h. Un autre bar fréquenté par les expats, tout entier dévoué aux sports. Grosse ambiance les soirs de match ! En cas de petit creux, de savoureuses brochettes grillées minute pour un prix défiant toute concurrence.

Y ↑ Café Phố Biển (plan A1-2, 62) : sur le port, juste avt la petite jetée qui mène au phare, sur la gauche. Café à l'étage. Cadre sommaire, carte des boissons franchement basique, mais vue extra sur le phare, en surplomb du port et de son animation.

Y Coco Bar (plan B4, 63) : 118/2, Trần Hưng Đạo. Dans la ruelle qui mène à l'hôtel La Veranda. Bien que rempli d'hôtels, le secteur est calme en soirée. L'animation se concentre chez Coco Bar. On y sirote de délicieux cocktails à base de rhum, dont seul Raphaël, le patron, a le secret.

Y Voir aussi plus haut **Itaca, Chuon Chuon** et **Ocvan,** dans la rubrique « Où manger ? ».

L'ÎLE DE PHÚ QUỐC / ÔNG LANG | 499

À voir. À faire

Dương Đông est une bonne base pour rayonner alentour. Louez une moto ou les services d'une moto-taxi et partez à l'aventure.

🍴 *Le grand marché* (plan A1) : *au centre-ville. Après le pont en direction de la plage d'Ông Lang, 1re rue à gauche.* Quartier vivant et populaire, autour de la rue Ngô Quyền, en bord de rivière. Fruits, légumes et nombreuses gargotes pour avaler une copieuse soupe sur le pouce. Le *marché de nuit* (Dinh Cậu Night Market ; plan A1)

> **RIEN QUE DU BON !**
>
> L'île de Phú Quốc est réputée pour produire le meilleur nước mắm du Vietnam, mais aussi le meilleur poivre. La qualité des eaux, le climat, la terre fertile et le savoir-faire des îliens sont la clé de bons produits naturels et savoureux.

se trouve avant le pont, sur la droite, dans la rue Bạch Đằng, le long de la rivière. Il y a foule dès 18h30. Immenses étals de tout ce que l'océan a de comestible, petits vendeurs de babioles, quelques stands de *street food* et douceurs. Nombreux restos qui servent des produits frais, mais attention, pas toujours bon marché. On choisit la bête dans un aquarium ou sur les étals, on la pèse, et hop c'est parti !

🍴 *Le musée Cội Nguồn* (Cội Nguồn Bảo tàng ; hors plan par B4) : *149, Trần Hưng Đạo.* ☎ *398-02-06.* 📱 *09-19-05-97-13. Sur la gauche de la route. Tlj 7h-17h. Entrée : 20 000 Dg.* Ce musée, créé par un Vietnamien passionné, présente l'histoire de Phú Quốc à travers tout un bric-à-brac éparpillé sur 5 étages. Céramiques, coquillages, meubles, photos... Un véritable capharnaüm dans lequel on peine à se repérer, sans que la visite soit pour autant dépourvue d'intérêt. Loue des chambres correctes, dans l'hôtel attenant.

Plongée sous-marine

■ *Rainbow Divers* (plan A2, 70) : *11, Trần Hưng Đạo.* 📱 *09-13-40-81-46.* ● *pq.divevietnam@gmail.com* ● *divevietnam.com* ● *Prix à partir de 85 US$/pers.* Implanté dans plusieurs sites balnéaires du Vietnam (Nha Trang, l'île de la Baleine...), cet organisme a très bonne réputation. Personnel compétent, moniteurs agréés PADI, matériel sûr et en bon état. Initiation pour les débutants ou forfaits pour les plongeurs confirmés. Sorties à la journée ou sur plusieurs jours.

■ *Flipper Diving Club* (plan A2, **71**) : *60, Trần Hưng Đạo.* ☎ *399-49-24.* 📱 *09-39-40-28-72.* ● *flipper@flipperdiving.com* ● *flipperdiving.com* ● Le club est dirigé par Willy, un Vietnamien francophone qui a vécu à La Rochelle. Sérieux et on y parle l'anglais et le français.

Balades en mer

■ *John's Tours* (plan B4, 72) : *4, Trần Hưng Đạo.* ☎ *399-77-99.* 📱 *09-65-99-77-99.* ● *contact.johnstours@phuquoctrip.com* ● *phuquoctrip.com* ● *À partir de 17 US$/pers.* La référence sur l'île en matière de sorties en mer. Snorkeling, pêche, balade dans les îles... l'offre est large. Autre bureau au 143, Trần Hưng Đạo (plan B4, 73).

ÔNG LANG (IND. TÉL. : 297)

Au fil des années, un véritable petit village s'est constitué autour de la sublime plage d'**Ông Lang** (à une dizaine de kilomètres de Dương Đông), sur la côte nord-ouest de l'île. Pour vous y rendre, louez une moto ou prenez une moto-taxi. La route du Nord-Ouest est entièrement bitumée. Elle est aussi très fréquentée en semaine. Prudence, donc.

Où dormir ?

Island Lodge (plan L'île de Phú Quốc, 22) : *plage d'Ông Lang, Xã Cửa Dương.* ☎ *359-21-10.* 📱 *09-16-83-10-00.* ● *island-lodge-vn.book.direct* ● *Peu après le* Mango Bay. *Doubles et bungalows 38-45 US$.* Répartis autour d'une superbe piscine, des bungalows en dur drapés de bois verni. L'ensemble est charmant et harmonieux, habillé par une myriade d'arbres tropicaux. À l'intérieur, pas de fausses notes non plus. Les chambres sont spacieuses et apprêtées, dotées de très belles salles de bains extérieures. Seul bémol, la plage n'est pas à côté. Resto sur place.

Ninila Tropical Fruitfarm Guesthouse (plan L'île de Phú Quốc, 22) : *plage d'Ông Lang, Xã Cửa Dương.* ☎ *657-66-77.* 📱 *09-38-14-57-03. Juste après le* Island Lodge. *Doubles 20-35 US$.* Ensemble de petits cabanons aux toitures en feuilles séchées et montés sur pilotis, à quelques minutes de la plage. Les chambres s'ouvrent sur de petites terrasses privatives côté jardin, et quelques-unes donnent directement sur la piscine, tout comme le restaurant. Très jolies salles de bains en pierre, déco soignée, musique *lounge* à l'accueil, cuisine à base de produits naturels et service attentionné. Autant d'atouts pour cette adresse d'un excellent rapport qualité-prix-calme. Location de vélos et de motos.

Isabella Resort (plan L'île de Phú Quốc, 23) : *plage d'Ông Lang.* ☎ *384-86-29.* ● *isabellaresort.com* ● *À 6 km de Dương Đông, sur la route de Cửa Cạn sur la gauche. Doubles 60-80 US$ selon confort et saison.* Ici, tout rappelle la Méditerranée, du jardin fleuri à l'omniprésence du bleu ciel sur les murs, les carrelages et le mobilier, en passant par les petits bungalows blancs qui nous transportent jusqu'en Grèce. Ils sont disséminés autour d'une grande piscine... en forme de guitare ! Voilà un complexe qui ne manque pas de style. L'aménagement des chambres ne fait pas exception : meubles en bois massif, salles de bains avec douche à l'italienne et une terrasse ou un balcon. Resto sur place. Prêt de vélos mais la plage est à 2 pas.

Camia Resort & Spa (plan L'île de Phú Quốc, 24) : *plage d'Ông Lang.* ☎ *625-88-99.* 📱 *09-61-04-58-99.* ● *camiaresort.com* ● *Sur la route de Cửa Cạn, un peu après le* Isabella Resort. *Doubles 150-175 US$, villas à partir de 190 US$.* Un petit paradis à l'abri des regards. Noyé dans un océan de verdure, ce *resort* est vraiment féerique. Au gré des allées fleuries, on parvient à de ravissantes maisonnettes bâties en surplomb de la mer. À la clé, des vues imprenables sur l'horizon turquoise, à peine chahuté par quelques cocotiers. Les chambres sont élégantes et douillettes ; bois patinés, tons clairs réveillés par des carreaux de ciment colorés, la déco est dans l'air du temps. Tout confort évidemment. 2 piscines, dont une donne sur la jolie plage privée. Et un stupéfiant resto lui aussi aux 1res loges. Également quelques villas (2-4 personnes).

Mango Bay Resort (plan L'île de Phú Quốc, 25) : *plage d'Ông Lang.* ☎ *398-16-93.* 📱 *09-69-68-18-20.* ● *mangobayphuquoc.com* ● *Juste après le* Isabella Resort. *Doubles env 150-255 US$ selon saison et confort, petit déj continental compris. Villas à partir de 190 US$ selon saison.* Au pied d'une colline couverte d'une dense végétation tropicale, en bord de mer... L'ensemble abrite une série de beaux bungalows dont certains sont construits en argile, suivant une astucieuse technique antithermique locale. Résultat, sans clim (mais avec ventilo), il y fait toujours frais. Décor intérieur raffiné (même dans les chambres les plus économiques) et magnifiques salles de bains extérieures. Eau chaude à énergie solaire. Loue également 5 villas pour les groupes ou les familles. 2 restos en terrasse et un « bistrot » de plage 300 m plus loin. Cuisine très soignée (plats vietnamiens et français). Cours de yoga gratuits. Organise des transferts de/pour l'aéroport, des navettes pour Dương Đông et loue des scooters.

L'ÎLE DE PHÚ QUỐC / ÔNG LANG | 501

Où louer une villa ou un appart ?

Villas chez Yves Guernalec (plan L'île de Phú Quốc, 26) : *à 6 km au nord de Dương Đông et à 3 km de la plage d'Ông Lang.* ☎ 09-72-94-95-17. ● yveslen@yahoo.com ● *Pour une villa de 6 pers, compter 700 €/sem en hte saison ; 500 € en basse saison sur présentation de ce guide (électricité en sus).* Ancien sommelier-restaurateur, ancien marin, le Breton Yves Guernalec a jeté l'ancre à Phú Quốc. Il loue 2 spacieuses villas avec piscine, cossues et très bien équipées (cuisine américaine, 1 salle de bains par chambre, barbecue, TV...), sur un terrain au pied d'une colline, en pleine campagne. Yves connaît l'île comme sa poche et peut même conduire ses hôtes à la plage la plus proche.

Où manger ?

|●| Mai Jo Refined (plan L'île de Phú Quốc, 49) : *Lê Thúc Nha, Ông Lang.* ☎ *09-65-36-51-87. Dans la rue qui dessert les resorts, un peu avt le Sakura. Tlj 10h-22h. Buffet à volonté 299 000 Dg.* Un bistrot installé dans une salle ouverte aux 4 vents et entourée... de faux gazon. Atmosphère méditerranéenne assez charmante dans laquelle on déguste une cuisine fusion qui infuse tour à tour une touche de Mexique, d'Italie, de France et l'on en passe dans les classiques vietnamiens. Pas mal d'options sans gluten, végétariennes et véganes. Possibilité de buffet à volonté certains soirs (pas obligatoire).

|●| The Thirsty Pig (plan L'île de Phú Quốc, 50) : *Lê Thúc Nha, Ông Lang.* ☎ *09-19-68-82-44. Un peu avt le Mai Jo Refined. Tlj 14h-minuit (parfois plus tard).* Voilà une adresse sympa pour les voyageurs en mal de saveurs occidentales, tenue par Mike, un expatrié français amateur de bonne chère. À la carte, plantureux burgers, goûteuses pizzas, quelques charcuteries et fromages, sans oublier le cordon bleu, très populaire auprès des enfants. C'est bon, fait maison et sans chichis. Belle carte des cocktails pour prolonger la soirée dans une ambiance décontractée et socialiser avec les clients venus du monde entier.

|●| NoName Barbecue (plan L'île de Phú Quốc, 50) : *Lê Thúc Nha, Ông Lang.* ☎ *09-74-79-51-15 ou 09-65-78-96-01. À côté du Thirsty Pig, remonter la rue sur 200 m. Barbecue à partir de 17h.* Une petite gargote qui ne paie pas de mine mais qui se révèle être une aubaine pour manger des fruits de mer fraîchement pêchés ou une pièce de viande simplement grillée. C'est sans surprise mais pas moins délicieux, et économique de surcroît. Service pressé.

À voir. À faire

✖✖✖ ↗ L'immense **plage d'Ông Lang** est plus sauvage que Long Beach. Une véritable carte postale, bordée de cocotiers plantés dans un sable clair comme l'ivoire, et des eaux d'une limpidité stupéfiante. Au fil des ans, de luxueux hôtels ont colonisé le bord de mer, même si (heureusement) de longues portions sont vierges de construction.

➤ *1er accès :* suivre le panneau *Chen Sea Resort & Spa.* On arrive sur une jolie plage avec buvette au déjeuner. Très fréquentée par les locaux en fin de semaine.

➤ *2d accès :* prendre à gauche (en venant de Dương Đông) la route indiquant l'hôtel *Mango Bay.* Le long de cette petite route, pas mal de bons et agréables restos (voir plus haut « Où manger ? ») ont poussé, créant un peu d'animation dans une zone autrefois déserte. La route se scinde ensuite ; de part et d'autre, elle mène à la plage.

LE SUD

BALADE AU NORD D'ÔNG LANG

🚶 **Traversée de Cửa Cạn** : la route chemine parmi les champs de poivriers jusqu'à ce vieux village de pêcheurs. En janvier-février, le poivre noir est mis à sécher au bord de la route. Pas grand-chose à voir si ce n'est quelques cahutes juchées sur pilotis et reliées entre elles par de fragiles ponts en bois.

🚶 On pourra envisager un détour par la **Phú Quốc Bee Farm** (ou ferme des abeilles), à 5 km à l'est de Cửa Cạn, par une route asphaltée. Plusieurs ruches éparpillées dans un petit jardin sont l'occasion d'une intéressante visite, menée par des guides dynamiques et anglophones *(tlj 9h-17h ; GRATUIT).* Quelques douceurs à grignoter et une petite boutique sur place.

🚶 🏖 **Arrêt détente au hameau de Vũng Bầu.** Superbe bande de sable noyée dans la végétation. On y trouve plusieurs hôtels les pieds dans l'eau. Entre Vũng Bầu et la pointe de Gành Dầu, la route longe le récent **complexe hôtelier Vinpearl Resort,** étendu sur près de 300 ha en bord de mer. Cet immense ensemble compte 300 chambres, des villas, un casino, un parc d'attractions et d'un golf de 27 trous.

🚶 Suivre la route côtière vers le **cap de Mũi Gành Dầu.** On tutoie les **plages de Vũng Bầu** et de **Bãi Dài** (propre). Une piste longe le littoral encore totalement vierge par endroits. On parvient ensuite au **cap de Gành Dầu,** bonne piste en terre battue, mais fort peu de pancartes routières. Juste en face, une grande île cambodgienne.

🚶 Du cap de Gành Dầu, il est possible de rejoindre le petit **village de pêcheurs de Rạch Vẹm,** par une piste en terre rouge en bon état, qui traverse l'épaisse forêt primaire, avant de rejoindre la route bitumée de Dương Đông. Fin de la balade à **Starfish Beach,** ainsi nommée en raison des étoiles de mer qui constellent le sable d'éclatantes taches rouges. Un spectacle étonnant à condition de faire abstraction de la flopée de touristes qui manipulent ces pauvres animaux comme des jouets. Un cruel spectacle qui gâte indéniablement la virée jusqu'à cette plage en apparence paradisiaque.

Où dormir ? Où manger au nord d'Ông Lang ?

À Vũng Bầu

🏠 |●| **Vũng Bầu Resort** *(plan L'île de Phú Quốc, 27)* : *plage de Vũng Bầu, Cửa Cạn.* 📞 *09-18-72-99-97.* ● *vungbauresort.net* ● *Doubles 35-70 US$ selon confort, vue et saison.* Au bout d'une piste de terre de 2 km, ce petit *écolodge* donne directement sur une belle plage de sable, propre et ombragée. Un emplacement formidable ! On vient d'ailleurs plus pour ça que pour l'aménagement des bungalows, assez banal. 2 catégories : les plus simples sont couverts de chaume, les autres en brique avec toit de tuiles. Douche/w-c, ventilo ou clim, vue sur le jardin ou sur la mer. Les repas se prennent sous une paillote. Plongée possible (beaux coraux).

🏠 |●| **Bamboo Cottages & Restaurant** *(plan L'île de Phú Quốc, 27)* : *plage de Vũng Bầu, Cửa Cạn.* 📞 *281-03-45.* ● *bamboophuquoc.com* ● *À côté du Mai Phương Beachfront Resort. Bungalows 90-130 US$ en hte saison (déc-fév), petit déj inclus. Réduc de 15-20 % pour les séjours de plus de 3 nuits.* Une quinzaine de ravissants bungalows très bien équipés, dans un environnement naturel, au bord d'une très belle plage de sable frangée de cocotiers. Au resto, cuisine savoureuse et bon service. Possibilité de balades en bateau, plongée sous-marine, location de motos, cours de yoga, leçons de taï-chi... On coule des jours heureux ici.

À Gành Dầu

🏠 |●| *Phú Quốc Kim 2 Beach Front Resort (plan L'île de Phú Quốc, 28) : Chuồng Vích, Gành Dầu.* 📞 *09-81-18-19-18.* ● *phuquockim2gmail.com* ● *Doubles 100-125 US$.* Perdu à l'extrême pointe nord-ouest de l'île, face à la mer, voici un petit hôtel agréable et très calme. Chambres et bungalows d'un bon confort même si l'entretien n'est pas toujours parfait : literie de qualité, clim, frigo, et vue sur le jardin et la plage (propre) ourlée de palmiers. Fait aussi resto. Location de scooters.

LA CÔTE EST DE L'ÎLE

Hier encore peu accessible, on découvre désormais aisément la côte est de Phú Quốc grâce à une route parfaitement bitumée. La région est couverte en grande partie le *parc national de Phú Quốc* et classée réserve de biosphère par l'Unesco depuis 2006. Propriété de l'armée, donc interdite d'accès, elle héberge une faune et une flore inestimables, de fait, protégées.

On chemine alors entre forêt primaire et littoral encore sauvage pour découvrir une facette méconnue de l'île. Point d'urbanisation incontrôlée ici, mais des bâtiments épars, quelques habitations de bric et de broc, épiceries isolées et de rares hôtels. De *Bãi Thơm* à *Bãi Sao* se dévoilent des paysages époustouflants, préservés, et des plages de carte postale vierges de touristes et (presque) exemptes de constructions. Une vraie bouffée d'air frais pour s'échapper des hordes de *resorts* de la côte ouest.

Où dormir ?

À Hàm Ninh

🏠 |●| *Mango Beach Resort (plan L'île de Phú Quốc, 29) : Tổ 3, hameau de Cây Sao.* 📞 *629-95-55 (central de résas).* ● *mangobeachphuquoc.com* ● *Chambres 60-105 US$.* Une situation idyllique entre mer et montagne. Sur un terrain en pente s'accroche une dizaine de bungalows sur pilotis offrant une vue imprenable sur la mer (avec accès direct). Les chambres, sobres et lambrissées, sont d'excellent confort. Ce qui peut être un atout pour certains (les amoureux y roucoulent en paix) sera sans doute un point faible pour d'autres, car, de fait, l'hôtel est relativement isolé. Cela dit, bon resto sur place, sur la plage.

🏠 *Banana Homestay (plan L'île de Phú Quốc, 30) : km 6, route de Dong Dao, hameau de Cây Sao.* 📞 *09-75-98-96-47 ou 09-76-47-57-04 (WhatsApp).* ● *bananahomestayphuquoc@gmail.com* ● *Doubles 800 000-1 000 000 Dg.* Ce petit ensemble de bungalows les pieds dans l'eau est tout indiqué pour jouer les Robinsons quelques jours. Mais, si calme et isolement sont de mise, on ne déroge pas au confort pour autant (moustiquaire, clim). Les chambres sont aussi simples que nickel, les plus chères bénéficiant d'une vue imprenable sur la mer. Et ne cherchez pas le resto sur la terre ferme, il est niché au bout du ponton. Tout comme 2 des chambres. Ici, on mange et dort sur l'eau ! Vraiment exceptionnel même si la plage n'est pas toujours propre.

🏠 |●| *Rocks Beach Boutique Hotel (plan L'île de Phú Quốc, 30) : hameau de Cây Sao.* 📞 *09-07-29-07-59.* ● *rocksbeachboutique.com* ● *Juste avt le Banana Homestay. Doubles 115-150 US$. Réduc de 15 % si résa en direct.* Des prestations haut de gamme pour cet hôtel de poche. 4 chambres seulement, que seule la chic piscine sépare de la mer. Elles sont spacieuses et élégantes avec leur mobilier en bois massif, leurs vaporeuses moustiquaires et leurs salles de bains dissimulées derrière un miroir sans tain. Ainsi, on ne manque rien du spectacle ondoyant de l'eau. Lit *king size,* clim, resto sur place... Et un accueil des plus chaleureux. Une belle adresse qui fait oublier la plage moins paradisiaque qu'ailleurs.

Où manger ? Où boire un verre ?

IOI Y Rory's Beach Bar (plan L'île de Phú Quốc, **51**) : *hameau de Cây Sao, Hàm Ninh.* ☎ *09-19-33-32-50. Env 3,5 km avt le Rocks Beach Boutique Hotel. Tlj 9h-minuit.* L'adresse incontournable de la côte est ! Le patron, débarqué d'Australie, ne manque pas d'idées pour faire vivre son affaire. Bar, piscine d'eau de mer, minigolf et, bien sûr, la plage dont on peut admirer les eaux miroitantes depuis un étroit ponton. L'attention est portée aux menus détails. Ici, la planche de surf est en fait une douche ; là, un bâtiment est grimé en bateau... Les amoureux fileront à la piscine se faire photographier sous le discret cœur gravé dans la roche. Devrait bientôt proposer de somptueux bungalows sur pilotis et des villas les pieds dans le sable.

IOI Y The Beach House (plan L'île de Phú Quốc, **52**) : *Bāi Sao ; sur la plage, au milieu. Tlj 8h-20h.* Un bar de plage bienvenu pour s'octroyer une pause rafraîchissante à l'ombre, sous une paillote. Aussi bien fréquenté par les habitués que les touristes. On y concocte une cuisine très honnête mais sans surprise.

À voir. À faire

✗ La route de Dương Đông vers Bāi Thơm traverse le parc national. Peu avant Bāi Thơm, on peut tourner à gauche au niveau du mirador. On parvient ainsi au village de pêcheurs de **Rạch Tràm**. Petit café à l'entrée du village, où l'on recommande de laisser sa bécane. Atmosphère paisible entre forêt, mangrove et plage. Juste en face, à quelques brasses, une île cambodgienne.

✗✗ ⚑ Le principal atout de cette partie de l'île réside dans la beauté de ses plages, désertées par les foules. À commencer par **Bāi Thơm,** au nord. Cette anse de sable fin est occultée par la végétation tropicale. La surprise n'en est que plus grande quand apparaissent les eaux turquoise du golfe de Thaïlande. Sable fin, peu de vent et de courant pendant la haute saison... Le spot parfait pour une journée de baignade. Paillote avec rafraîchissements et petite restauration.

✗ **Hòn Một :** en reprenant la route vers le sud, possibilité de s'arrêter 2 km plus loin pour traverser à pied le chétif pont qui relie cet îlot à la terre ferme. Pas grand-chose à voir à part des criques et la mangrove mais c'est l'occasion de se dégourdir les jambes !

✗✗ **Hàm Ninh :** accessible depuis la route principale, au niveau de l'embranchement qui mène à l'aéroport. L'ancienne piste qui longe le littoral est désormais bitumée et l'on peut rejoindre facilement le Sud sans passer par Dương Đông. Un gain de temps inouï et l'occasion de découvrir un littoral superbe, venteux, avec de longues langues de sable blanc ourlées d'arbres tropicaux et parsemées de paisibles bourgades. À l'image de Hàm Ninh, petit village de pêcheurs resté authentique. Au bout de la jetée quelques restos de fruits de mer. Les produits sont exposés dans des bassines : crabes de toutes les couleurs, énormes huîtres et moules, oursins, requins... Un éventail assez impressionnant d'espèces !

✗✗✗ **La pagode Hộ Quốc** (*Chùa Hộ Quốc*) **:** en reprenant la route vers le sud, tourner à gauche dans la ruelle (bitumée) qui débute au niveau du *Kinh Bac Hotel*. Elle sinue le long de la côte, agrippée entre la roche et les eaux azuréennes, perçant la végétation dense. Un morceau de Corse échoué au large du Vietnam ! Une promenade remarquable qui débouche sur la non moins fabuleuse pagode Hộ Quốc, inaugurée en 2012 et qui ne cesse de s'agrandir depuis. Perchée sur une colline, on y accède via un grandiose escalier sculpté de dragons dorés. De là, panorama stupéfiant qui semble tout droit sorti de la palette d'un peintre. Le turquoise de la mer est rendu encore plus éclatant par l'orange vif des tuiles, les dorures et le vert tendre des arbres. Aller observer l'ornementation ostentatoire des autels et la monumentale cloche qui trône à côté du temple principal.

🚶🚶🚶 🚏 Reprendre la route principale, sur environ 9 km, pour atteindre *Bãi Sao*. Attention les yeux, c'est l'une des plus belles (voire la plus belle) plages de l'île. Sable plus blanc que blanc, eau d'un bleu mirifique... Un paysage d'atoll polynésien ! Et une irrésistible invitation à la baignade.

LA POINTE SUD DE L'ÎLE

La route chemine sur une trentaine de kilomètres au sud de Dương Đông et donne l'occasion d'appréhender le développement exponentiel de Phú Quốc. De *resorts* gargantuesques en chantiers pharaoniques, la côte est intégralement urbanisée. C'est une longue succession de complexes géants, à peine interrompue par quelques gargotes en tôle. Une terre de contrastes qui révèle la folie des grandeurs des promoteurs immobiliers. Mais comment remplir de tels établissements ? Si le boom touristique est bien réel, la plupart des projets n'aboutissent pas, l'offre étant bien supérieure à la demande.

🚶 Petit village de pêcheur plutôt authentique, *An Thới* fait de la résistance. Pas de raison d'y dormir néanmoins. Il sert surtout de port de débarquement pour les bateaux touristiques en partance pour les îles. Le plus pratique et le moins cher pour s'y rendre, c'est la moto-taxi. Compter 80 000 Dg et environ 30 mn. La route est entièrement bitumée et débouche sur le gigantesque *Mariott Hotel*, à l'architecture « mégalomaniaque ». Les 2 plages les plus connues sont celles de Bãi Khem et Bãi Sao (voir plus haut).

➤ *Balade en bateau* dans les îles en face de An Thới. Beaux paysages et spots de plongée. Pour les découvrir, voir à Dương Đông nos adresses « Plongée sous-marine » et « Balades en mer ».

🚶🚶 *Le téléphérique pour l'île de Hòn Thơm :* ● honthom.sunworld.vn ● *Départ depuis la station située à 4 km au nord-ouest du bourg de An Thới. Tlj 8h-19h, mais en cas de mauvais temps, il ne fonctionne pas. Durée : 20 mn. Billet A/R combiné avec le parc aquatique (obligatoire) : 540 000 Dg ; réduc.* Considéré comme le plus long du monde au-dessus de la mer (7,8 km), il relie le bourg de An Thới à l'île de Hòn Thơm. Elle accueille *Sunworld*, un « *nature park* », plutôt un parc aquatique en fait (pas encore inauguré lors de notre passage en 2020). Plus que la destination, le réel intérêt ici c'est le voyage au-dessus des bateaux et de la mer. On cabriole d'îlot en îlot en contemplant le monochrome grandiose de l'eau, mouchetée par les embarcations sporadiques des pêcheurs. Sur l'île, on est conduit en voiturette électrique (buggy) jusqu'à la plage, où l'on peut se baigner et pratiquer plusieurs activités balnéaires : kayak de mer, jet-ski, plongée sous-marine, parachute ascensionnel... Mais le point d'orgue de l'excursion reste le trajet en téléphérique. On pourra même se contenter de faire l'aller-retour... et zapper le parc. Ah ! Ah !

🚶 🚏 La plage de *Bãi Khem*, la plus proche d'An Thới (environ 3 km), déroule son sable blanc au fond d'une baie ravissante. Elle a été « privatisée » par le *Mariott Hotel*.

🐾 **Coconut Prison** : *sur la route de An Thới à Hàm Ninh, à 3 km au nord du port d'An Thới. Bien indiqué sur la droite de la route. Tlj 7h-17h.* Infâme prison originellement construite par les Français et « reprise » par les Sud-Vietnamiens. Elle devint alors un immense camp de hangars en tôle ondulée (des fours...), avec des containers made in USA comme cachots. Jusqu'à 40 000 prisonniers y ont été enfermés. À l'intérieur, des mannequins rejouent les scènes de torture. On peut emprunter le tunnel par lequel certains prisonniers parvinrent à s'échapper. Petit musée. En face, un grand monument honore tous ceux qui y sont morts.

L'ARCHIPEL DE CÔN ĐẢO

IND. TÉL. : 254

● Carte *p. 507*

Certainement l'un des secrets les mieux gardés de la mer de l'Est. Un archipel de 16 îles et îlots, pour la plupart inhabités, jetés comme par accident au large du delta du Mékong. 77 km² de zones montagneuses, de collines, recouvertes d'une dense forêt primaire et dont les contreforts plongent en à-pic dans des eaux moirées de reflets envoûtants. Pas de tourisme de masse ici, encore moins de folies architecturales. Près de 80 % de l'archipel sont classés parc national. Les nouvelles constructions sont surveillées de près, voire interdites. Un engagement ferme dans la préservation d'une faune et d'une flore exceptionnelles : près de 900 espèces de végétaux, 144 d'animaux terrestres et 1 300 sous la mer ! La majorité des zones protégées se trouve alors au large.

L'île de Côn Sơn est la plus grande et concentre l'essentiel des infrastructures. C'est ici que les avions venus du continent atterrissent, sur une piste rudimentaire qui se confond presque avec la plage. La descente vers l'île laisse un souvenir impérissable, la terre ferme ne se dévoilant qu'au tout dernier moment !

BON À SAVOIR

– *Climat :* contrairement à Phú Quốc, venir à Côn Đảo pendant la saison des pluies (de mars à septembre) peut s'avérer une bonne idée. Les ondées durent rarement plus de 1h et sont entrecoupées de belles éclaircies. La mer est plus calme et la température des eaux reste très agréable. Des conditions idéales pour observer les récifs coralliens ou assister à la ponte des tortues de mer. Pendant la saison sèche, du soleil certes, mais la mer risque d'être plus agitée. La température de l'air oscille autour de 28 °C toute l'année.

– *Routes :* ou plutôt « route » ; il n'en existe en effet qu'une seule ! Elle longe la façade est de Côn Sơn, de l'aérodrome au port de Bến Đầm. Asphaltée et sublime, elle joue les funambules le long de la côte rocailleuse, perçant la végétation vierge et laissant entrevoir, le temps d'une épingle, l'azur de la mer.

UN PEU D'HISTOIRE

L'histoire de ce petit bout du monde n'est pas aussi immaculée que ses plages. Elle est entachée par le douloureux souvenir du bagne de Poulo Condor, nom que portait Côn Sơn sous la domination française au XIXe s. En 1861, les colons s'emparèrent de l'île, chassèrent ses habitants vers le continent et y établirent une prison où jusqu'à 2 000 dissidents furent détenus dans des conditions d'une indicible cruauté.

L'ARCHIPEL DE CÔN ĐẢO | 507

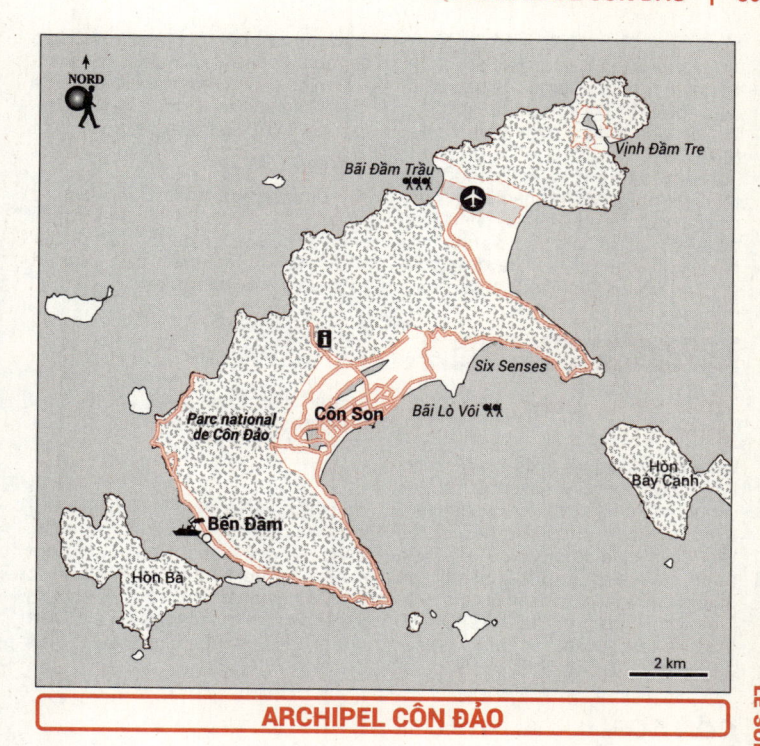

ARCHIPEL CÔN ĐẢO

Ce qui valut à la région le surnom d'« enfer sur terre ». De 1960 à 1972, pendant la guerre américaine, le nombre de prisonniers passa de 4 000 à près de 10 000 et les conditions de détention, déjà terribles, se détériorèrent. Le 1er mai 1975, Côn Đảo est libérée, et près de 20 ans plus tard le parc national est créé.

Arriver – Quitter

En avion

➤ *Aérodrome de Côn Đảo :* **à 14 km au nord du centre-ville.** Il n'accueille que les vols en provenance ou en partance pour Hồ Chí Minh-Ville. Pas toujours de taxis disponibles. Tous les hôtels proposent d'affréter un minibus pour effectuer le transfert. C'est la meilleure solution pour gagner son hébergement.
➤ *De/pour Hồ Chí Minh-Ville :* avec *Vietnam Airlines,* 7-10 vols/j. Compter 1h de vol. Env 76-85 € le billet aller selon heure et date du vol (parfois beaucoup plus cher le w-e).

En bateau

➤ *Liaison entre Vũng Tàu et Côn Sơn (Bến Đầm) :*
Phu Quoc Express (Fast Ferry) : 09-89-56-68-89. ● *phuquocexpressboat.com* ● Cette compagnie est assez fiable et dispose de bateaux confortables. Elle relie Vũng Tàu (126, Hạ Long) à Côn Sơn quotidiennement. Cela dit, la traversée peut s'avérer éprouvante, autant le savoir. Et puis les retards et annulations sont fréquents. On ne recommande cette solution que si vous vous trouvez dans la région de

Vũng Tàu ; si vous êtes à Hồ Chí Minh-Ville, préférez l'avion. Départ à 8h, retour à 13h30. Durée : 3h15. Billet aller : 660 000 Dg en sem, 880 000 Dg le w-e. Une ligne devrait bientôt relier l'île à Cần Thơ.

– *Avertissement :* les conditions météorologiques, fréquemment difficiles, conduisent parfois à l'annulation de la liaison. On peut ainsi se retrouver bloqué quelques jours et devoir prolonger son séjour sur l'île. D'autant que, dans ce cas, beaucoup de voyageurs se rabattent sur les avions, complets en moins de 2. Méfiance est donc de mise si vous avez réservé un vol international à votre retour sur le continent !

Arrivée à Côn Sơn

🚢 **Embarcadère de Bến Đầm :** *à 12 km au sud-ouest du centre-ville.* Là encore, pas toujours de taxis disponibles. Mieux vaut prévoir un transfert à l'avance avec son hôtel.

Se déplacer dans l'île

Taxis et scooters de location

On trouve quelques taxis sur l'île mais il faut les réserver à l'avance. Le plus simple est de s'arranger directement avec la réception de son hôtel. Le prix est fixé d'emblée, ce qui évite toute mauvaise surprise. Sinon, les hôtels proposent des scooters à la location (compter 150 000 Dg/j.). C'est le meilleur moyen de se déplacer sur l'île. À Côn Sơn, le trafic est sporadique mais les routes sont sinueuses. Prudence !

Vélo

Une façon très agréable de découvrir l'île. Elle mesure 52 km² au total, donc les distances à parcourir sont minimes. Seul bémol, les dénivelées. Rien d'insurmontable mais de quoi se forger des mollets toniques ! La plupart des hôtels louent, voire prêtent, des bicyclettes.

CÔN SƠN

À peine remis de l'émotion d'un atterrissage mouvementé, on est ébahi par la beauté sauvage de ce rocher habillé de verdure. La route qui mène au village (et à la plupart des hôtels) longe une côte accidentée, battue par les vents et malmenée par une mer impétueuse, camaïeu de bleus allant de l'indigo au turquoise.

Adresses utiles

■ *Distributeurs* (ATM) : 2 juste à côté de la **VietinBank** *(au croisement de Lê Duẩn et Tôn Đức Thắng ; prendre la rue Lê Duẩn vers le front de mer).*
■ *Épiceries :* 2-3 dans le village mais mieux vaut avoir avec soi tout le nécessaire.
■ *Stations-service :* 2 dans le centre *(1, Nguyễn Huệ ; l'autre au croisement des rues Phạm Văn Đồng et Nguyễn Duy Trinh).*

Où dormir ?

L'île compte assez peu d'infrastructures. Quelques chambres d'hôtes de confort variable en ville. Côté hôtels, des tarifs élevés mais une adresse vraiment exceptionnelle.
Mentionnons ici le *Six Senses* (où Brad Pitt et Angelina Jolie avaient séjourné en 2011, rien que ça !), un rêve inabordable au commun des mortels (compter au moins 700 € la nuit pour une villa les pieds dans l'eau).

Saigon Côn Đảo Resort : *18-24, Tôn Đức Thắng.* ☎ *383-03-36 ou 37.* ● *saigoncondao.com* ● *Sur le front de mer. Compter 85-105 US$.* Au cas où la *Villa Maison* serait complète. Si le bâtiment principal ne dégage pas beaucoup de charme, les villas, semées juste derrière, ont davantage de cachet. Elles sont aux 1ʳᵉˢ loges pour observer le flux et reflux de l'eau contre la jetée, juste en face. On les choisit d'ailleurs plus pour leur situation, en bord de mer, entre les plages de Lò Vôi et de An Hải, que pour leur aménagement, un peu désuet. Zappez le petit déj, franchement moyen, et allez vous installer dans un café du village ou vous sustenter au marché.

Où manger ? Où boire un verre ?

Bon marché (moins de 100 000 Dg / env 4 €)

🍽 Autour du marché, quelques gargotes où déguster une soupe *(phở)* sur le pouce. Les meilleures s'envolent dès le petit matin. On les reconnaît à la longueur de la file d'attente. Le soir, la rue Trần Huy Liệu se transforme en petit *food market*. Dépaysant et économique !

Prix moyens (100 000-250 000 Dg / env 4-9 €)

🍽 *Infinity Café & Resto :* *Trần Phú, face au marché.* 📱 *09-38-37-82-33. Tlj 7h-23h.* Dans une salle au design bien léché, ouverte sur l'animation du marché, une adresse particulièrement sympa au petit déj (servi jusqu'à 10h). Plusieurs formules : plantureux pancakes, omelettes, fruits mûris à point et très bons jus. Café de qualité également. Côté resto, quelques plats occidentaux (pizzas, pâtes, burgers...) et locaux. Plutôt bien tournés mais un peu chers.

🍽 *Bar 200 :* *6, Nguyễn Văn Linh.* 📱 *09-78-30-30-25. Remonter la rue Lê Duẩn vers le nord, c'est au bout à gauche. Tlj à partir de 17h.* Ce restobar est le rendez-vous des quelques touristes venus trouver la paix à Côn Đảo, dans une salle ouverte placardée d'affiches de propagande du monde entier. On y sirote une bière, un cocktail, alors que la playlist enchaîne les standards du rock occidental (Pink Floyd, Led Zeppelin et consorts). La cuisine offre quelques bonnes surprises. Pizzas, burgers, salades sont copieux et de bon aloi à défaut d'être originaux. Service sympa et ambiance décontractée.

Chic (250 000-600 000 Dg / env 9-23 €)

🍽 *Villa Maison :* *46, Nguyễn Huệ.* ☎ *383-09-69 ou 350-88-18. Tlj 10h30-22h.* Le resto de l'hôtel du même nom (voir « Où dormir ? ») est un incontournable de l'île. Des mets raffinés servis dans un cadre romantique, hors du temps. Jardin luxuriant, lourdes portes en bois, éclairage tamisé le soir venu... Une invitation à la langueur. Dans l'assiette, une cuisine fine, classique

---

Routard.com

Toutes les infos sur près de 300 destinations, des forums pour échanger entre voyageurs, des reportages, des dossiers pratiques, des bons plans et les meilleurs services pour réserver vos vacances : billet d'avion, hébergement, voiture et activités…

mais exécutée avec brio. Délicieux curry vert, fraîche salade de papaye et fruits de mer... C'est aussi savoureux que bien présenté. Quelques vins (chers) et beaux cocktails pour arroser tout ça. Service attentif et agréable.

À voir

Le village : il a le charme suranné de certaines villes coloniales d'Amérique du Sud. Les teintes pastel des bâtisses, le blanc des stucs qui viennent habiller les façades marquées par les années, les herbes folles qui poussent au gré des trottoirs... Et puis les îliens, indifférents aux touristes, sans souci du reste du monde, qui vaquent invariablement à leurs occupations. Un mode de vie autarcique, réglé comme du papier à musique, sans heurts ni remous. On regarde le temps passer à la terrasse d'un café, parmi les badauds, puis on file prendre le pouls de la vie insulaire au marché, sur la place centrale. Le dépaysement est complet.

Les prisons : le bagne de Poulo Condor était divisé en une quinzaine de sites, dont la plupart sont aujourd'hui ouverts à la visite. La prison *Phú Hải (Lê Văn Việt, derrière le Saigon Côn Đảo Resort ; tlj 7h30-11h30, 13h30-16h30 ; billet : 40 000 Dg, valable pour ttes les prisons de l'île)* est le vestige le plus important et le mieux conservé. Construite en 1862, elle témoigne des dérives de l'impérialisme français : atroces « cages à tigres » (dans lesquels on ne pouvait tenir debout), reconstitutions de scènes de torture... Même constat à la prison *Phú Tường (Nguyễn Chí Thanh, à côté du Bảo Tàng Museum ; mêmes horaires ; achat du billet au musée).*

RETOUR DE KARMA ?

Camille Saint-Saëns, le célèbre compositeur français, séjourna à Poulo Condor en 1895, invité par le directeur du bagne himself. Il emporta dans sa valise Frédégonde*, un opéra laissé inachevé par Ernest Guiraud, qu'il terminera ici. Il chantera la beauté des lieux dans une lettre, la clarté du ciel et la douceur du climat, sans rien mentionner évidemment de sa vocation pénitentiaire. À son retour en France, l'opéra est porté à la scène... dans l'indifférence générale !*

Le musée de Côn Đảo *(Bảo Tàng Côn Đảo) : Nguyễn Chí Thanh.* 09-16-69-27-89. *Tlj sauf dim 7h-17h. Entrée : 10 000 Dg.* Retrace d'histoire de l'archipel depuis les 1res traces d'habitation. L'accent est naturellement mis sur son histoire tourmentée aux XIXe et XXe s. Photos, affiches, dioramas rendent compte de l'importance du bagne de Poulo Condor, qui fut la plus grande prison d'Indochine. Difficile à croire pour ce qui apparaît aujourd'hui comme un petit éden paisible. Reste que la muséographie est assez brouillonne.

À faire

Plages

Pourtant très montagneux, le littoral est entaillé de somptueuses plages sauvages. ***Attention, pendant la saison sèche, beaucoup de vent et de houle !***

Bãi Đầm Trầu : *à env 12 km au nord du village.* Adossée à la piste d'atterrissage et abritée entre 2 éperons rocheux, cette plage est un spot idéal pour la baignade. Une quiétude que rien ne vient troubler... ou presque. Les avions en provenance d'Hồ Chí Minh-Ville font du rase-motte ici pour se poser à l'aérodrome ! Resto-bar et douches sur place.

🍴 🏖 *Bãi Lò Vôi : en plein centre.* Belle langue de sable immaculé mais venteuse. À marée basse, armez-vous de patience pour avoir de l'eau jusqu'aux hanches !

Plongée sous-marine

■ **Côn Đảo Dive Center :** *au Bar 200, 6, Nguyễn Văn Linh.* ☎ *09-37-00-84-83.* ● *divecondao.com* ● *Tlj 10h-14h, 17h-22h (en principe, mais mieux vaut téléphoner avt).* Moniteurs compétents et sympathiques, agréés PADI. Matériel en bon état. Plusieurs formules disponibles, certaines combinant randonnée et plongée. Aussi du snorkelling.

Randonnées

🄸 **Côn Đảo National Park Headquarters :** *Võ Thị Sáu.* ☎ *09-83-83-06-69.* ● *condaopark.com.vn* ● *À env 1 km au nord du village. Tlj 7h-11h30, 13h30-17h. Entrée : 60 000 Dg.* Distribue un guide des randonnées gratuit (en anglais).

➤ Nombreux sentiers dans le parc pour des balades d'une demi-journée ou d'une journée, assez faciles (attention, parfois ça glisse). Balisage hasardeux et entretien relatif mais évoluer parmi les arbres pluriséculaires à la rencontre de la myriade d'espèces qui habitent le parc reste agréable. L'un des chemins mène à la superbe **Vịnh Đầm Tre,** une baie bien dissimulée au nord de l'île. Vraiment magnifique et sauvage. C'est auprès de ce bureau qu'il faut réserver les excursions pour aller à la rencontre des tortues sur certaines des îles inhabitées de l'archipel.

HOMMES, CULTURE, ENVIRONNEMENT

BOISSONS

L'eau

Ne buvez que de l'eau minérale ou purifiée (décapsulée devant vous, bien sûr). *L'eau du robinet,* dans les villes, *n'est pas potable,* et il est formellement déconseillé de boire celle des campagnes. Il existe un moyen de *purifier l'eau suspecte* grâce à un procédé individuel et économique, une paille d'ultrafiltration de poche à 0,01 micron. En fait c'est un petit tube que l'on fixe sur un robinet. Il est capable de retenir tous les parasites, virus et bactéries avec une capacité de 2 000 l d'eau purifiée ! Voir notre rubrique « Santé » dans « Vietnam utile » en début de guide.
Dans les magasins on trouve plusieurs marques d'eau minérale et purifiée en bouteilles plastique. Celles qui ont reçu l'aide technique de sociétés françaises (*La Vie, Laska, Vital,* les moins chères) et les eaux purifiées provenant de brevets techniques de sociétés américaines ou autres (*A et B, La Ville, La Villa, La Vigie*) sont toutes irréprochables.
Attention aux eaux minérales qui portent presque le même nom que leurs copines et dont la qualité n'est pas toujours assurée (*La Viei, La Vi, La Vu* par exemple). Les eaux vietnamiennes, en bouteilles de verre, sont saines également, mais ont parfois un goût bizarre. Dans les hôtels, l'eau des Thermos est en principe bouillie. Il faut prévoir un petit budget car votre consommation sera assez élevée. Une bouteille (1,5 l) d'eau minérale coûte entre 7 000 et 10 000 Dg si on l'achète dans la rue.

Le thé

La boisson nationale. Souvent gratuit dans les restos ou à un prix dérisoire. *Le plus répandu est un thé vert* servi dans de petites coupelles de porcelaine. Le même thé est réutilisé pour de nombreuses infusions : à la fin, il devient méchamment âcre ! D'un autre côté, lorsqu'il est bien préparé, il peut être succulent (le thé à l'artichaut est un régal !). Le thé en sachets *(Lipton),* qui vaut ce qu'il vaut, est de plus en plus répandu.

La bière

Très populaire et bon marché au Vietnam. Vous trouverez dans tout le pays des cafés servant de la *bia hơi,* bière brassée localement ou servie selon un processus de pression artisanale. Légère, bonne et économique, encore plus que les bières en bouteille.
Côté marques, la *Saigon,* la *Tiger,* la *333* (Ba-ba-ba), la *Larue,* ou la *Bivina* sont les plus connues ; la *San Miguel* a fait récemment une percée. Mais on trouve aussi d'excellentes marques locales, comme la *Hanoi* dans le Nord, la *Sông Hàn* à Đà Nẵng ou la *Huda* à Huế (*Huda* vient de « Huế » et « Danemark »). Ces dernières sont souvent moins chères.
Dans le Sud, on trouve la célèbre *BGI (Brasseries et Glacières d'Indochine),* avalée par la marque australienne *Foster.* Fabriquée dans plusieurs endroits, notamment à Mỹ Tho

(delta du Mékong), reconnaissable à son tigre rouge sur fond jaune, elle est bonne (et même très bonne !). Elle possède l'avantage (ou l'inconvénient ?), par rapport aux concurrentes, de pouvoir être servie en modèle grand format, ce qui est plus économique mais pousse à boire un peu plus !
– **Bon à savoir :** il paraît que les moustiques ne sont pas amateurs de buveurs de bière (question de transpiration). À bon entendeur...

UN COCKTAIL EXPLOSIF

La recette du B52 fut inventée sur une base militaire de Californie, pour aider les soldats américains à bombarder le Vietnam... Il est composé de 3 couches bien distinctes de liqueur de café, de Bailey's et de Grand Marnier. Pratiquement oublié aux États-Unis (ils en ont honte !), on le sert aujourd'hui dans les bars au Vietnam. Pas de mémoire ou pas de rancune ?

Le café

On le sait peu, mais le Vietnam est le 2e producteur mondial de café (variété robusta, plus forte que l'arabica), après le Brésil et devant la Colombie. Le café sert surtout à l'exportation (soit 10 % des exportations mondiales de café). C'est toutefois une boisson populaire au Vietnam. On le sert sous forme de café filtre : une tasse surmontée d'un petit filtre empli

CAFÉ À L'ŒUF

Le Vietnamese egg coffee a été inventé à Hanoi du temps où le pays connaissait des pénuries de lait et de crème. Il s'agit d'un mélange de blanc d'œuf fouetté que l'on met dans la tasse de café. Cela donne une sorte de cappuccino à la vietnamienne.

d'eau bouillante... reste à laisser passer sans être pressé ! Dans les hôtels, il n'est pas rare qu'on y ajoute du chocolat en poudre... Très déroutant pour les papilles. Mais pas autant que ce drôle d'arôme graisseux que l'on décèle parfois. En effet, il arrive que les grains de café soient torréfiés dans... du beurre ! Sinon, comme dans beaucoup de pays, un nombre croissant de restos, cafés et bars à l'occidentale servent toutes sortes de cafés, dont bien sûr l'*espresso* et le *cappuccino*.
La région de Buôn Ma Thuột (Hauts Plateaux) est le berceau du café au Vietnam. La production y est la plus importante du pays.

CINÉMA

Il existe une production cinématographique au Vietnam depuis les années 1920, même si celle-ci reste peu connue en Occident. Le cinéma vietnamien est aujourd'hui en plein essor. Stimulés par le développement du pays, disposant de plus de facilités matérielles et financières qu'autrefois, les réalisateurs vietnamiens font preuve de talent et d'imagination. Les genres sont très variés : films de guerre, mélodrames romantiques, policiers, films d'action, comédies, fables rurales et poétiques...

Réalisateurs vietnamiens

Parmi les réalisateurs « historiques », citons **Đặng Nhật Minh.** Né à Huế en 1938, il a appris le cinéma auprès du réalisateur soviétique Abrahimov et fut le 1er secrétaire de l'association du cinéma vietnamien. De 1981 à 2009, ses documentaires et ses films de fiction ont fait de lui le réalisateur vietnamien le plus connu. Il a signé de nombreux films dont *Hanoi, l'hiver de l'année 46* (1997) et *Ne brûlez pas* (2009). Son film *Quand viendra le 10e mois* (1984) a été classé par la chaîne CNN comme l'un des 18 meilleurs films asiatiques de tous les temps. En 2010, Hollywood lui a rendu un hommage.

D'autres réalisateurs importants : **Lê Hoàng** (né en 1956) dont le film *Bar Girls* (« Les Entraîneuses », 2002) a connu un immense succès au Vietnam. **Phan Đăng Di** (né en 1976) a réalisé *Bi, n'aie pas peur !* (2010), et *Mekong Stories* (2016). Celui-ci a été découvert au Festival de Berlin. Il est le cofondateur de *Autumn Meeting*, un événement cinématographique qui se tient chaque année au Vietnam. Le réalisateur **Ngô Quang Hải** (né en 1967) s'est fait remarquer avec *Histoire de Pao*, qui retrace l'histoire d'une jeune fille de l'ethnie Hmong partie à la recherche de sa vraie mère biologique. Avec ce film, c'était la 1re fois qu'un Vietnamien du Vietnam participait aux Oscars (en 2007) pour le prix du meilleur film étranger. **Hữu Mười** a signé un beau film de guerre avec *L'Odeur de l'herbe brûlée* (2012). Parmi les plus jeunes réalisateurs de la nouvelle génération, citons « ***Kawaii* » Nguyễn Tuấn Anh** (né en 1993), fondateur des studios Alien Media à Hồ Chí Minh-Ville, et **Võ Thanh Hoà** (né en 1989) qui a signé *Switched* (2018), sans oublier **Lê Thanh Son** (*Jailbait*), **Nguyễn Quang Dũng** (*Go Go Sisters*) et **Huỳnh Tuấn Anh** (*Loto*). Installé aux États-Unis, **Tony Bùi** a réalisé *Trois saisons* (1999), drame poétique nommé aux Oscars en 2000. **Khoa Lê** est un Vietnamien du Québec. Dans *Bà nội*, il raconte son voyage au Vietnam où il retrouve sa grand-mère vietnamienne.

Films américains

« Un film peut transformer une défaite en victoire. On réussit dans le domaine de l'imaginaire ce qu'on n'a pu obtenir dans la réalité », a écrit le reporter américain Stanley Karnow. La guerre a inspiré de nombreux cinéastes américains depuis les années 1960.
– ***Un Américain bien tranquille*** (États-Unis, 1957 et 2003) *:* *The Quiet American*, de Joseph Mankiewicz, avec Claude Dauphin et Michael Redgrave, fut la 1re adaptation cinématographique du fameux roman de Graham Greene (qui vécut au Vietnam dans les années 1950). En 2003, une 2e adaptation (en couleur) du roman de Greene a été portée à l'écran par le réalisateur Phillip Noyce, avec Michael Caine et Brendan Fraser. Un film remarquable, tourné dans les paysages du nord du Vietnam.
– ***Voyage au bout de l'enfer*** (États-Unis, 1978) *:* *The Deer Hunter,* de Michael Cimino, avec Robert De Niro et Meryl Streep. La 1re moitié du film décrit une existence insouciante et insipide dans un trou perdu de Pennsylvanie. 3 jeunes Américains s'y ennuient et partent se battre au Vietnam, où ils découvrent la guerre et son cortège d'atrocités.
– ***Apocalypse Now*** (États-Unis, 1979) *:* le film culte de la guerre du Vietnam. Le scénario de Francis Ford Coppola s'inspire en grande partie du chef-d'œuvre de Joseph Conrad, *Au cœur des ténèbres*. C'est l'histoire d'une quête et d'une enquête pour retrouver dans le fin fond de la jungle un colonel américain (Marlon Brando), déclassé et à moitié fou, qui a déserté l'armée pour se faire introniser chef d'une tribu. Le film a été tourné aux Philippines.
– ***Platoon*** (États-Unis, 1986) *:* le 1er film de la trilogie d'Oliver Stone sur le Vietnam. L'histoire terrible d'un jeune Américain volontaire pour la guerre, qui va très vite être confronté à la démoralisation et à l'usure du conflit. Il a complété sa trilogie avec *Né un 4 juillet* (1990) et *Entre Ciel et Terre* (1994).
– ***Full Metal Jacket*** (États-Unis, 1987) *:* la plupart des vétérans américains voient dans ce film de Stanley Kubrick (qui réalisa *Orange mécanique*) l'œuvre la plus vraie sur leur guerre. Et la plus réaliste. La meilleure partie du film est sans conteste la bataille de Huê (offensive du Têt, 1968) d'où les GI's parvinrent à « déloger les Vietcong après des combats acharnés ».
– ***Good Morning Vietnam*** (États-Unis, 1987) *:* une des seules comédies sur la guerre du Vietnam, réalisée par Barry Levinson, avec, dans le rôle principal, l'excellent Robin Williams. L'histoire d'Adrian Cronauer, animateur vedette de la radio des Forces armées de Saigon en 1965 qui, par son humour caustique, son rire insolent, sa façon de ne rien respecter, redonna du moral aux troupes mais irrita profondément la hiérarchie militaire américaine.

Films français

Les cinéastes français se sont intéressés plus tôt, et c'est logique, à la guerre d'Indochine (1946-1954) ainsi qu'à l'époque coloniale, exception faite de Trần Anh Hùng.

– **L'Odeur de la papaye verte** *(France, 1993)* **:** de Trần Anh Hùng, réalisateur français d'origine vietnamienne (né en 1962). Ce film est l'histoire d'un fils de bonne famille dans les années 1930, qui tombe amoureux fou de sa servante. Caméra d'or à Cannes en 1993, césar de la meilleure 1re œuvre en 1994, il fut nommé aux Oscars de Hollywood. Trần Anh Hùng a tourné aussi **Cyclo** (1995), un polar récompensé à la Mostra de Venise (interdit au Vietnam), puis **À la verticale de l'été** (2000). Ses autres films ne sont pas inspirés du Vietnam mais de romans français ou japonais.

– **Indochine** *(France, 1992)* **:** un film de Régis Wargnier, avec Catherine Deneuve dans le rôle principal. Moins érotique que *L'Amant,* plus romantique que *Điện Biên Phủ,* cette fresque romanesque et grand public raconte la splendeur et la misère du système colonial français en Indochine, à travers l'histoire d'une femme (Catherine Deneuve), propriétaire d'une plantation d'hévéas, et celle d'une petite Vietnamienne qu'elle a adoptée. Ce film a donné envie à tous les Français de voir le Vietnam de plus près, grâce à la splendeur des scènes tournées sur place.

– **L'Amant** *(France, 1992)* **:** produit par Claude Berri et tourné par Jean-Jacques Annaud, ce film est l'adaptation du chef-d'œuvre de Marguerite Duras. Il raconte la passion amoureuse entre une jeune lycéenne née en Cochinchine et un riche Chinois, dans le Saigon colonial des années 1920.

– **Điện Biên Phủ** *(France, 1992)* **:** le 1er grand récit cinématographique de la bataille sanglante de Điện Biên Phủ (1954) qui marqua la fin de l'ère coloniale et donna l'indépendance au Nord-Vietnam. Pierre Schoendærffer, le réalisateur, participa lui-même à cette célèbre bataille qu'il suivit en tant que reporter. D'où le ton autobiographique de l'histoire. Il a réalisé aussi la **317e section,** la **Section Anderson** et **Le Crabe tambour,** 3 superbes films de référence.

CUISINE

La cuisine vietnamienne a beaucoup de qualités : elle est fine et légère, diététique, vraiment pas chère et très variée. Bien qu'elle s'en inspire parfois, elle se distingue de la cuisine chinoise par le fait qu'elle utilise moins de sauces, mais plus d'herbes et de légumes naturels. Un ingrédient de base sépare foncièrement les cuisines vietnamienne et chinoise : c'est le **nước mắm,** sauce brunâtre obtenue par la fermentation de poissons salés. Voilà un condiment national qui fait l'unanimité, du nord au sud ! Comme dans tous les pays du monde, les variantes régionales existent : la cuisine du Sud a une saveur plus sucrée que celle du Nord, parce qu'on y met souvent du lait de coco à la cuisson. La cuisine du Centre (Huế, Đà Nẵng...) se singularise par son goût relevé et par l'abondance des produits de la mer.

– **Conseil :** le glutamate de sodium est souvent employé afin de mieux faire ressortir les saveurs. Or, ce produit est déconseillé aux personnes cardiaques ou souffrant d'hypertension. Lors de votre commande, demandez vos plats « *không mỳ chính* », c'est-à-dire sans addition du fameux produit. De plus en plus de restos indiquent sur leur carte les plats sans glutamate.

LA CUISINE MÈNE À TOUT

En 1917, Nguyễn, un jeune Vietnamien, s'installa à Paris comme développeur de photos. Puis il apprit la pâtisserie au célèbre hôtel Ritz, sous l'autorité du grand Escoffier. Il revint au Ritz en 1946, mais comme invité d'honneur, sous le nom de Hồ Chí Minh (« le porteur de lumière »).

– **Baguettes :** au Vietnam, que l'on soit recroquevillé sur ses talons dans la rue ou confortablement installé devant une table chic, on mange toujours avec des baguettes. Elles sont si pacifiques, ces baguettes, qui ne savent ni piquer, ni transpercer, ni découper ! Le bouddhisme vietnamien commence dans l'assiette. Mais il faut quand même de la dextérité pour réussir à attraper une boulette toute ronde... C'est tout un art. En cas d'échecs répétés, nous proposons un raccourci occidental un brin féroce : piquez dedans ! Pour manger un bol de riz, les Vietnamiens le rapprochent de leurs lèvres et enfournent à coups de baguettes le contenu du bol dans leur bouche. N'en soyez pas choqué, c'est la méthode la plus efficace. Les Européens préfèrent laisser leur bol sur la table et porter le riz à bout de baguettes jusqu'à leur bouche, ce qui, avec un peu d'entraînement, est tout à fait jouable.

Riz

En vietnamien, « prendre son repas » se dit ăn cơm. Si l'on traduit littéralement, cela signifie « manger du riz ». L'expression est bien révélatrice de l'importance du riz dans la vie quotidienne. Selon un vieux proverbe, « Pour faire la guerre, il faut du riz ; pour faire la paix, il faut du riz aussi » !

Il existe **3 sortes de riz** : le **riz normal,** des grains ronds et blancs, le **riz gluant,** qui présente des grains opaques (il sert à confectionner des gâteaux et des offrandes), et enfin le **riz parfumé** reconnaissable à ses longs grains. On trouve bien du riz complet, non décortiqué, sur les marchés, mais les Vietnamiens ne le mangent pas et il n'est jamais utilisé dans la cuisine.

Généralement, les restos vous servent un bol de riz blanc en accompagnement des plats (viande, poisson...) ; à vous de faire votre mélange dans l'assiette. Sinon, il existe des plats à base de riz, comme le cơm tay cầm, du riz aux champignons mélangé avec de fines lamelles de poulet et du porc au gingembre.

Soupes

– **Phở :** cette soupe de nouilles, originaire du Nord, s'est répandue dans tout le pays jusqu'à devenir un vrai symbole national. On la sert dans un grand bol. Il s'agit d'un bouillon obtenu en faisant bouillir des os, du gingembre et du nước mắm (évidemment !). On y ajoute des lamelles de bœuf ou de poulet, de la coriandre, de l'anis, des épices, et parfois des clous de girofle. C'est un mélange de liquide et de solide, à la fois léger et copieux, que les Vietnamiens consomment à n'importe quelle heure de la journée. Il existe même des marchands de soupe ambulants. La soupe a ses variantes régionales, ce qui la rend encore plus savoureuse en voyage !

Dans le Nord, le **phở** est toujours servi avec des nouilles blanches (vermicelles à base de riz). La soupe du Centre, à base de bœuf et de nouilles, s'appelle le **bún bò Huế** (très épicé). Dans le Sud, la soupe traditionnelle est le **hủ tiếu,** vermicelles de riz avec du porc.

– **Miến lươn :** soupe aux anguilles avec des vermicelles transparents confectionnés à partir de riz mélangée à du manioc en poudre. Il y a d'autres miến : le miến gà (au poulet), le miến cua (au crabe), etc.

– **Bún thang :** soupe de vermicelles avec des morceaux de poulet, d'omelette et de crevettes. C'est une soupe originaire du Nord.

– **Lẩu :** c'est ce que l'on appelle communément le « pot-au-feu vietnamien » ou encore la « fondue chinoise », tả pín lù. Il s'agit en fait d'un bouillon composé de légumes, d'herbes, de feuilles potagères et de fruits de mer. On plonge soi-même dans le bouillon les différentes viandes déjà découpées en petits morceaux : bœuf, crevette, calamar... Le lẩu est un plat très sain et très convivial puisqu'on le partage à plusieurs, comme en France la fondue bourguignonne.

– **Mì :** c'est une soupe contenant des nouilles jaunes à base de farine de blé (elles se rapprochent des pâtes italiennes).

Plats traditionnels

– **Nem :** qui ne connaît ce petit rouleau, appelé aussi pâté impérial (ou *chả giò* dans le sud du pays) ? Une des spécialités du Vietnam. C'est une crêpe de riz enroulée en cylindre, contenant de petits vermicelles transparents, du crabe, des morceaux de porc, des bouts d'oignon, ainsi que des champignons de mer (*mộc nhĩ*). Les nems sont frits dans de l'huile puis servis chauds et craquants. Délicieux.
– **Bánh cuốn :** appelé aussi « ravioli vietnamien ». Il est fait à partir d'une pâte de riz cuite à la vapeur, farcie de porc haché et de morceaux de champignon noir. On le sert avec du *nước mắm* coupé d'eau, additionné de vinaigre, de sucre, d'ail ou de piment.
– **Bò bảy món :** bœuf exquis aux 7 manières, soit 7 plats de viande de bœuf que l'on sert dans certains restos spécialisés (c'est souvent marqué « Bò 7 món » sur leur carte de visite ou en façade). Une des façons de cuire le bœuf consiste à tremper la viande dans un récipient contenant de l'huile bouillante (sorte de fondue) ou d'en faire griller des morceaux découpés sur une plaque posée près de vous sur la table.
– **Chả cá :** une des plus fameuses spécialités du Nord. Il s'agit d'un filet de poisson frit et non grillé, servi avec des vermicelles de riz, du safran et de l'aneth, des cacahuètes grillées, le tout parfumé de quelques gouttes de *cà cuống* (essence très volatile provenant du corps d'un insecte, le bélostome). Ce plat exceptionnel coûte plus cher que les plats quotidiens.
– **Ốc nhồi :** délicieuse farce à base d'escargots, enveloppée dans une feuille de gingembre et cuite à la vapeur dans une coquille (d'escargot, bien sûr). Plat très fin et parfumé.
– **Chạo tôm :** bâtons de canne à sucre enrobés d'une pâte de crevette, que l'on sert toujours grillés.
– **Canh chua :** soupe de poisson et de légumes à la saveur aigre-douce en raison des tamarins (fruits du tamarinier) que l'on y met pour la cuisson. Voilà un plat typique du bord de mer. Il s'accommode de diverses façons. Le *canh chua cá lóc* est le plus demandé.
– **Chó :** la viande de chien, et les saucisses dérivées de cette chair, surtout dans le Tonkin. C'est un peu gras et le goût peut être assez fort.
– **Trứng vịt lộn :** l'œuf de cane couvé dont le petit craque sous la dent. On le mange en entier, comme les ortolans.

Pâtisseries vietnamiennes et confiseries

Vos papilles s'éveillent à la lecture des mots *bánh* (gâteau) et *mứt* (fruits confits), que certains restos inscrivent à la carte.
– **Bánh chưng :** les Vietnamiens ne mangent ce gâteau salé qu'à l'occasion de la fête du Têt (Nouvel An vietnamien). Il est aussi exceptionnel ici que le foie gras en France. On trouve le *bánh chưng* dans toutes les vitrines et sur toutes les tables durant cette semaine de fête intense. Il s'agit d'un gâteau de riz gluant enveloppé dans des feuilles de cocotier ou de bananier (ce qui lui donne sa couleur verte). De forme carrée, il contient des graines de soja et des morceaux de poitrine de porc salés et poivrés. Dans le Sud, il est cylindrique *(bánh tét)*.
– **Bánh bao :** pâtisserie d'origine chinoise que les Vietnamiens dégustent au petit déj ou au goûter. C'est une brioche cuite à la vapeur, farcie de viande de porc, d'oignons, de champignons parfumés. On y trouve parfois un morceau d'œuf dur et une fine tranche de *lạp xường*, sorte de saucisse chinoise.
– **Bánh dẻo :** on le confectionne et on le consomme uniquement à l'occasion de la fête de la Mi-automne (voir « Fêtes et jours fériés » dans « Vietnam utile », en début de guide). Gâteau à base de farine de riz gluant, fourré de fruits confits, de graines de sésame, de graisse. Très sucré, il s'accompagne à merveille d'une tasse de thé au jasmin.

– **Mứt :** fruits confits servis à l'occasion de la fête du Tết, mais on en trouve quand même le reste de l'année. Les *mứt* les plus courants sont les *mứt dừa* (à la noix de coco) et les *mứt khoai* (à la patate douce). Les plus fins sont les *mứt sen* (aux graines de lotus), les *mứt quất* (au kumquat) et les *mứt mãng cầu* (au corossol).

Desserts

Il y a rarement d'entremets sucrés dans les restos. **Le dessert vietnamien est plutôt composé de fruits frais** que de pâtisseries. Les plus courants sont l'ananas, le fruit du dragon, la banane, l'orange, la papaye (très rafraîchissante) et le pamplemousse. Les fruits exotiques sont plus rares et donc plus chers : la mangue (*xoài*), le mangoustan (*măng cụt*), le ramboutan (*chôm chôm*) et le longane (*nhãn*). Le jaquier (*mít*) et surtout le durian (*sầu riêng*) dégagent un arôme spécial (carrément repoussant dans le cas du durian), mais les amateurs de fromages très forts peuvent toujours risquer le coup. À leurs risques et périls ! Il existe aussi des desserts cuisinés comme le *chè*. Les restos habitués aux touristes vous proposeront des yaourts au miel et des crêpes à la banane, rarement plus.
– **Chè :** c'est un dessert sucré, que l'on sert chaud ou froid avec de la glace pilée. Le *chè* est confectionné à partir d'ingrédients très variés : haricots blancs ou maïs, ou même patates douces. Le tout est arrosé de lait de noix de coco.

Souvenirs de la France

La France a laissé au Vietnam quelques souvenirs gastronomiques (peu, en fait, pour 95 ans de présence).
– **Le pain** (*bánh mì*) : déformation phonétique de « pain de mie », le *bánh mì* est un sandwich hérité de l'époque coloniale. Il n'est pas fait avec du pain de mie mais avec de la baguette craquante, mêlant les saveurs vietnamiennes et le pain français. Beaucoup plus riche et nourrissant qu'un simple jambon-beurre. À l'intérieur, on trouve de la viande grillée (de porc, de bœuf ou de poulet) mélangée à des carottes râpées, des tranches de concombre. Pour accentuer le goût, on y ajoute des brins de coriandre, un peu de soja ou de sauce Maggi, parfois du tofu. Certains contiennent un morceau de piment rouge émincé. C'est bon, goûteux, économique, une authentique nourriture rapide de rue. On trouve aussi des pâtisseries et viennoiseries à la française ; avec le tourisme, elles ont tendance à être proposées dans les grandes villes.
– Du **jambon,** du **pâté,** et de l'**eau minérale** évoquant Vittel.
– De tous les fromages qui ont circulé naguère au Vietnam, un seul, ***La Vache qui rit,*** a laissé sa marque dans les esprits. Pourquoi un tel succès ? C'est l'un des rares fromages qui se conserve même sans être au frigo. Une imitation est apparue depuis, la *Nouvelle vache* !
– Enfin, autre saveur française ayant fait souche : les **yaourts.** On en trouve partout, dans les épiceries et les supermarchés, dans les gargotes... Les Vietnamiens ont conservé le nom français (d'origine turque ou balkanique à vrai dire...) et le servent glacé dans un petit pot en verre. Miam !
– **Les glaces :** les Vietnamiens sont de grands amateurs de glaces. Elles sont délicieuses.

CURIEUX, NON ?

– Au Vietnam, **manger** se dit *ăn cơm*. Si l'on traduit littéralement, cela signifie « manger du riz », le riz étant le plat quotidien de base des Vietnamiens.
– Quand vous avez fini de manger votre bol de riz, **ne jamais planter les baguettes verticalement** dans votre plat, car cela rappelle les bâtons d'encens mortuaires.

– À Hanoi, de nombreux éventaires de rue proposent des **galettes de vers frits** (*chả rươi*), délices des soirées hivernales ! Ces petits vers vivent dans le sable et sont ramassés dans les champs après octobre. On les mange avec du porc, des œufs, de l'aneth frais et un zeste d'agrumes, le tout cuit dans une grande poêle pleine d'huile.

– **Les Vietnamiens évitent de faire des compliments sur un enfant.** On ne dit pas qu'il est beau ou en bonne santé devant ses parents. Cela pour éviter d'attirer le mauvais sort. On doit dire le contraire de ce que l'on pense. Autrefois, les parents évitaient de donner aux enfants un prénom trop valorisant.

– Superstition : le **jour du Nouvel An vietnamien** (le *Têt*), les Vietnamiens ne jettent pas leurs poubelles ni ne balaient leur maison. Ils attendent le lendemain. Si vous êtes riche ou si vous avez une bonne situation, vous serez le bienvenu le 1er jour de l'an nouveau. Cela apportera chance et prospérité à la famille que vous visitez.

– Pourquoi **la naissance d'une fille est plutôt mal vue** au Vietnam ? En se mariant, la fille quitte ses parents pour s'occuper de ses beaux-parents. Le fils aîné (un garçon donc) a le devoir de veiller sur ses parents de leur vivant et quand ils sont vieux. Cette préférence des garçons sur les filles est aussi issue du passé : pour l'agriculture et la guerre, il fallait des garçons.

– Le **culte des ancêtres** est l'un des fondements de la pratique religieuse. Pour prier, les Vietnamiens peuvent aller à la pagode ou rester chez eux. Chaque maison possède un coin ou une pièce dédiée aux âmes des défunts de la famille. Les descendants s'inclinent devant cet autel des ancêtres sur lequel sont disposées des photos des aïeux à côté de l'image de Bouddha.

– L'**œil peint** que l'on observe à l'avant des bateaux du centre et du sud du Vietnam est un œil de baleine (*Cá Voi*). Un puissant génie protecteur pour les marins, qui ne partiraient pour rien au monde à la pêche sans prononcer un rituel : « Que monsieur Baleine nous protège. » De nombreux villages de pêcheurs comptent d'ailleurs un traditionnel **temple du dieu Baleine** où l'on préserve les reliques du dernier cétacé échoué à proximité. Ce dieu Baleine (*Cá Ông*) rapporte l'âme des marins perdus en mer.

– **Le rouge est une couleur porte-bonheur** depuis toujours. Les étudiants, à la veille des examens, mangent des haricots rouges et jamais de bananes. Haricot se dit *đậu* en vietnamien, le même mot signifie aussi « réussir ». La banane symbolise l'échec.

UN COMMERCE TIRÉ PAR LES CHEVEUX !

Le Vietnam est l'un des 1ers producteurs de cheveux (réputés les plus épais au monde). Ils sont envoyés en Chine pour y être transformés en perruques. Ces tignasses ont d'autant plus de valeur que le cheveu est long. On ne vous dit pas la valeur de toutes ces chevelures féminines qui atteignent souvent plus de 1 m.

LE CHANT DU CYGNE DE LA BALEINE

La baleine fait l'objet d'un culte funéraire très spécifique sur les côtes du centre et du sud du Vietnam. Lorsqu'un de ces mammifères marins s'échoue sur une plage, son découvreur en devient « père » et prend le deuil. Des faire-part de décès sont émis. Jadis, le roi envoyait un représentant et délivrait un diplôme à l'animal, dont les cérémonies d'inhumation très complexes courent sur plusieurs mois (3 ans à certains endroits). Sur l'île de Tam Hải (entre Hội An et Quảng Ngãi), un cimetière dédié compte plus de 500 tombes et existerait depuis 500 ans. Cétacé... incroyable !

– *Le chiffre 888 est considéré comme bénéfique.* On le retrouve dans les numéros de téléphone et sur les plaques d'immatriculation. En vieux vietnamien, le chiffre 8 se dit *bát*, qui ressemble à *phát*, qui signifie « prospérité ». Les Vietnamiens *n'aiment pas le chiffre 4,* qui se dit *bốn* aujourd'hui, et se disait *tử* autrefois, ce qui signifie « mort ». Donc, le 4e étage des maisons et des hôtels n'est pas le plus recherché.
– Pour retrouver les restes des **soldats vietnamiens disparus** à la guerre, l'armée propose les services d'une **femme médium.** Elle a le grade de capitaine. Réputée pour ses dons de télépathie et ses pouvoirs surnaturels, elle a ainsi permis à plusieurs familles de retrouver les traces de leurs proches morts au combat.

DROITS DE L'HOMME

L'« offensive de printemps », le « modèle » vietnamien de lutte contre le coronavirus (moins de 350 contaminés et zéro mort), a dû beaucoup à son régime autoritaire, qui a imposé un remède de cheval à sa population. Frontières verrouillées dès le début du mois de février, quarantaine stricte, suivi implacable des personnes infectées, port du masque obligatoire, etc. : pas question de tergiverser avec les gestes barrières. Quitte même à ce qu'elles deviennent virtuelles. Le régime a en effet forcé la main à Facebook, Messenger et Instagram, en ralentissant volontairement leur débit, tant qu'ils n'acceptaient pas de censurer certains messages « anti-étatiques ». Ce qu'ils ont accepté au final.
Le Vietnam est l'un des pays qui restreint le plus la liberté d'expression dans le monde. Le Parti communiste vietnamien (PCV, parti unique) fait plus que jamais régner une discipline de fer sur le plan politique, tout en affichant une ouverture de façade sur le plan économique. Depuis janvier 2019, les sites et les plates-formes web doivent retirer tout commentaire représentant une « menace à la sécurité nationale ». Mais le gouvernement utilise également l'arme de la lutte contre la corruption pour poursuivre des membres de la société civile. En 2019, au moins 25 personnes ont été arrêtées et emprisonnées pour des motivations politiques, selon les ONG. Ils seraient 130 au total derrière les barreaux. Certains ont été détenus pendant de longues durées sans avoir droit à un avocat, et soumis à des interrogatoires poussés. Les syndicats indépendants sont interdits et toutes les organisations religieuses sont sous contrôle. Les ethnies montagnardes chrétiennes, dans le centre du pays, doivent ainsi faire face à de nombreuses intimidations et à des conversions forcées. Les adhérents de l'Église unifiée du Vietnam (Ebuv), qui refusent d'adhérer à l'Église pro-gouvernementale, continuent d'être persécutés. Seule évolution « positive », l'union entre personnes de même sexe a été dépénalisée, même si le mariage homosexuel demeure interdit.

■ *Fédération internationale des Droits de l'homme (FIDH) : 17, passage de la Main-d'Or, 75011 Paris.* ☎ *01-43-55-25-18.* ● *fidh.org* ● Ⓜ *Ledru-Rollin.*
■ *Amnesty International (section française) : 72-76, bd de la Villette, 75940 Paris Cedex 19.* ☎ *01-53-38-65-65.* ● *amnesty.fr* Ⓜ *Belleville ou Colonel-Fabien.*
■ *Action pour la Démocratie au Vietnam – Comité Vietnam pour la défense des Droits de l'homme : 48, rue Parmentier, 94450 Limeil-Brévannes.* ☎ *01-45-98-30-85.* ● *vchr@queme.org* ● *queme.org* ●

N'oublions pas qu'en France aussi les organisations de défense des Droits de l'homme continuent de se battre contre les discriminations, le racisme et en faveur de l'intégration des plus démunis.

ÉCONOMIE

L'éveil du dragon

- **PNB :** le secteur agricole représente environ 16 % du PNB, l'industrie 33 % et les services 51 %.
- **Taux de croissance annuelle :** environ 3 % en 2020. C'est le plus faible taux de croissance économique annuelle en plus de 30 ans.
- **Taux d'inflation :** 3,50 à 4 % en 2020.
- **Taux de chômage :** environ 2,3 % en 2020 (estimation, l'emploi informel étant monnaie courante au Vietnam).
- **Taux d'alphabétisation :** environ 95 %.
- **PIB/habitant :** environ 3 500 US$ en 2020 (32 100 US$ en France).
- **Principaux clients :** dans l'ordre d'importance, États-Unis, Chine, Japon (1er investisseur), Corée du Sud... La France arrive bien après.
- **Principaux fournisseurs :** Chine, Corée du Sud, Japon, Thaïlande.
- **Principaux produits exportés :** téléphones mobiles (2e exportateur mondial après la Chine), pétrole, textiles et vêtements, produits de la pêche et de la mer. L'exportation des produits agricoles compte beaucoup. Le Vietnam est le 2e exportateur de riz et de café (de type robusta) au monde.
- **Principaux produits importés :** machines, produits de haute technologie, équipements industriels, produits pétroliers, acier, textiles.

Du collectivisme vers l'économie de marché

Les réformes entamées dans les années 1990 ont amené le pays, jusqu'alors soumis aux règles du collectivisme, sur les rails de l'économie de marché : réhabilitation de la libre entreprise, diminution du secteur public (tant au niveau du nombre des entreprises que des effectifs), encouragement des investissements étrangers directs ou partiels, en particulier sous forme de *joint ventures* (coentreprises, très répandues dans le pays). Dans le même temps, le gouvernement et le Parti communiste vietnamien gardent un contrôle absolu sur les acteurs économiques. Bref, ce modèle ressemble à s'y méprendre au « socialisme de marché » prôné par les Chinois. Politiquement, le Vietnam est un régime socialiste, mais économiquement il est aussi capitaliste, comme Singapour, la Thaïlande ou la Corée du Sud. Malgré les vieux réflexes d'une bureaucratie qui ne veut pas perdre ses prérogatives, plus de la moitié de la production industrielle et 8 emplois sur 10 sont désormais générés par le secteur privé. Voie intermédiaire et pragmatique, ce *capitalisme d'État* a généré un développement à vitesse grand V sur fond de frénésie économique. Un chiffre résume l'incroyable expansion économique du pays. Entre 2004 et 2009, le Vietnam a été le 1er pays du monde pour le nombre et la vitesse de création de sociétés industrielles et d'entreprises commerciales !
En parallèle, le taux de pauvreté s'est effondré : selon la Banque mondiale, moins de 9 % de la population survivait avec moins de 3,50 US$ par jour en 2016, contre plus de 80 % au début des années 1990. Corollaire, la classe moyenne ne cesse de s'étendre (environ 15 % de la population aujourd'hui).
Revers de la médaille, la *corruption* est devenue endémique. Dans le classement par indice de corruption (du plus faible au plus élevé) établi par l'ONG Transparency International, le Vietnam pointe à la 96e place sur 180.

Un pays encore agricole

Malgré les bouleversements économiques de ces dernières décennies, **le Vietnam reste un pays rural,** même si la part de l'agriculture dans l'économie nationale a fortement baissé. 40 % de la population active vit aujourd'hui de l'agriculture, contre 80 % au milieu des années 1990. La production agricole contribue à environ 16 % du PIB, contre près de la moitié à l'époque.

Le Vietnam est le **5e producteur mondial de riz** (environ 28 millions de tonnes par an) derrière la Chine, l'Inde, l'Indonésie et le Bangladesh. Les 2 foyers principaux de production se trouvent dans le delta du fleuve Rouge au Nord, et dans le delta du Mékong au Sud. Le pays est autosuffisant à 75 % sur le plan alimentaire. Les autres denrées agricoles produites par le pays sont le **café** (2e producteur mondial après le Brésil), le **thé** (5e producteur mondial après la Chine et le Sri Lanka), les **fruits**, la **canne à sucre** (petite production). À cela s'ajoutent la pêche, le bois (l'industrie agroforestière), le latex (caoutchouc). Parmi les produits agricoles importés de l'étranger : la viande (Australie), les laitages.

Économie informelle

Cette économie souterraine est née du marasme économique engendré par le collectivisme des années 1970-1980. Ce sont ces minuscules affaires familiales, les commerces ambulants sur les trottoirs, au seuil des maisons : boutiques de vêtements, ateliers mécaniques, petites cuisines en plein air, vendeurs de fleurs, cigarettes, biscuits, tabac... Cette économie difficile à comptabiliser s'adapte au marché. Elle fournirait presque le tiers du PIB.

LA TONTINE

Système ancestral de prêt qui permet l'entraide entre les personnes d'une famille ou d'un groupe. Chaque mois, on cotise à un pot commun. Ensuite, on distribue à chacun des membres, généralement par tirage au sort, jusqu'à ce que chacun ait bénéficié d'un prêt. Ce procédé favorise le développement de l'économie locale, notamment du petit commerce, sans passer par la rigidité des banques. Le système est toutefois fragile, car il peut s'effondrer avec la défection d'un seul membre.

ENVIRONNEMENT (ÉCOTOURISME)

En raison de sa position géographique en Asie du Sud-Est, de son climat (régime de moussons) et de son relief, le Vietnam possède un environnement naturel exceptionnel. Le delta du Mékong mis à part (c'est l'un des plus vastes deltas de la Terre), les richesses naturelles ont la particularité d'être concentrées sur une petite partie seulement (un quart environ) du territoire, composé de **forêts tropicales** humides et de **montagnes.** Malgré les affres de l'Histoire et les dégâts provoqués par la guerre (défoliants, napalm, bombardements), le pays renaît de ses cendres. D'anciens cratères de bombes servent aujourd'hui d'abreuvoirs aux buffles ou de mares à canards. Ironie de l'Histoire ! La vie reprend ses droits, et la nature aussi.

Voilà donc, au dire des savants, un des **hauts lieux de la biodiversité de la planète.** Les forêts luxuriantes abritent une faune et une flore étonnantes : 270 espèces de mammifères, 850 d'oiseaux et quelque 12 000 plantes. Cette selve vietnamienne renferme encore quelques mystérieuses créatures. Entre 1990 et 2005, 5 mammifères inconnus ont été découverts par les chercheurs, comme le *sao la*, sorte de gros bovidé, trouvé en 1992 dans le nord du pays. En 2002, on a identifié un conifère jamais répertorié – le *cyprès doré du Vietnam* –, et les experts estiment que les jungles regorgent encore d'espèces inconnues.

PLANTE MAGIQUE

L'aloès est un cactus qui, infecté par un champignon, produit une résine pour se défendre. Le jardin d'Éden en serait rempli, et son parfum est si subtil que Nicodème en aurait utilisé pour embaumer le corps de Jésus à sa mort. Bon, autre époque, on en trouve chez Sephora.

Mais, à l'inverse, le Vietnam concentre aussi un grand nombre d'espèces menacées d'extinction. Symbole vénéré par les bouddhistes, signe de longévité, source de croyances et de superstitions, la *tortue* du Vietnam (il y en a 23 espèces) figure parmi les reptiles dont la survie est en danger. Parmi les 20 espèces de primates vietnamiens, 2 singes très rares seraient en voie d'extinction : le *douc à pattes grises* et le *semnopithèque de Cát Bà*, considéré comme le singe le plus rare du pays. Les *éléphants* ne seraient plus qu'une centaine dans les forêts tropicales, les *rhinocéros* ont disparu, le dernier est mort en 2010 ! Quant au *tigre d'Asie*, lui aussi serait en train de disparaître. Les raisons de ce phénomène inquiétant sont les mêmes ici qu'ailleurs : la déforestation, l'extension des cultures sur brûlis, la chasse illégale, le trafic sans scrupule, le braconnage, mais aussi – et surtout – le poids des traditions.

– **Adresse très utile :** Crime Case Officer, Wildlife Crime Unit, Education for Nature-Vietnam (ENV), Block 17T5, 17th floor, room 1701, Hoàng Đạo Thúy St, Hanoi. Hotline : ☎ 1-800-15-22. ☎ 62-81-54-24. ● hotline@fpt.vn ● env4wildlife.org ● Si vous assistez à une scène de trafic d'animaux protégés ou de braconnage, n'hésitez pas à déposer plainte auprès de l'organisme vietnamien chargé de lutter contre le braconnage, par téléphone (hotline) ou par e-mail.

COUP DE CORNE SUR LE RHINO

Les croyances douteuses de certains Vietnamiens tuent les rhinocéros d'Afrique. La mode dans les élites vietnamiennes est à la consommation de corne de rhinocéros en poudre, censée être aphrodisiaque, capable de réduire les effets de soirées trop arrosées, ou guérir... du cancer. Visiblement, elle ne guérit pas de la stupidité ! Le Viagra sauvera-t-il le rhino ?

Menaces sur les ours

L'ours vietnamien est très recherché pour sa bile utilisée dans la médecine traditionnelle. Au Vietnam comme en Chine, elle sert à confectionner des remèdes contre les troubles de la vue et les maladies du foie. L'extraction de la bile d'ours se fait dans des conditions **horriblement cruelles** pour l'ours. Ce plantigrade est également recherché pour ses pattes. Bien que l'élevage des ours soit interdit au Vietnam, le gouvernement a longtemps fermé les yeux sur cette pratique. Depuis 2005, à la suite d'un accord signé entre la Société mondiale pour la protection des animaux (WSPA), basée à Londres, et l'État vietnamien, la vente de bile d'ours est en théorie interdite, mais les élevages sont autorisés à garder les ours qu'ils possèdent déjà. Ce qui n'empêche pas cet intolérable trafic de prospérer illégalement.

Singes, grenouilles, tortues et orchidées convoités

On recherche aussi les os des singes, qui servent à la médecine locale, les orchidées sauvages qui sont récoltées clandestinement puis vendues à prix d'or sur les marchés. Il est fréquent de trouver de la grenouille et de la tortue (et même du chien !) sur les cartes des restos. Outre sa chair, la carapace de la tortue, achetée très cher par les Chinois, est supposée avoir des vertus anticancéreuses.

Les secteurs naturels protégés

Pour protéger la vie sauvage et l'environnement, une **douzaine de parcs nationaux** et une soixantaine de réserves naturelles ont été créés depuis les années 1980. Tous sont aujourd'hui ouverts à l'écotourisme. Ce n'est pas une panacée contre les atteintes à l'environnement, mais c'est quand même un bon début. Voici notre sélection :

Au nord

– *Le parc national de Ba Bể* (*province de Bắc Cạn*) : à 230 km au nord-est de Hanoi. Créé en 1997, il offre des paysages de « Jura tonkinois », avec des forêts et des villages ethniques nichés dans un environnement protégé, sur les rives du plus grand lac d'eau douce du Vietnam. Voir le chapitre « Le lac Ba Bể ».
– *Le parc national de Tam Đảo* (*province de Vĩnh Phúc*) : à 74 km au nord-ouest de Hanoi. Créé en 1997, étendu sur 36 900 ha autour de la ville d'altitude (1 000 m) de Tam Đảo.
– *Le parc national de Ba Vì* : à 60 km à l'ouest de Hanoi, dans une petite chaîne de montagnettes. La meilleure période pour la visiter va d'avril à octobre.
– *Le parc national de Cát Bà* (*baie d'Hạ Long*) : à 1h de bateau rapide de Haiphong, il s'agit d'un archipel d'îlots calcaires éparpillés autour de l'île principale de Cát Bà, la plus grande de la baie d'Hạ Long. Fait partie du réseau « L'Homme et la Biosphère » patronné par l'Unesco.
– *Le parc national de Cúc Phương* (*province de Ninh Bình*) : au sud-ouest de Hanoi, à une quarantaine de kilomètres à l'ouest de Ninh Bình (voir ce chapitre). Considéré comme l'un des 7 secteurs naturels du Vietnam à la biodiversité la plus riche. Paysages de forêts, de falaises calcaires à la végétation luxuriante et de cavernes.

Au centre

– *Le parc national de Phong Nha-Kẻ Bàng* (*province de Thừa Thiên-Huế*) : avec ses 116 700 ha, voici le plus grand des espaces naturels protégés du Vietnam, inscrit au Patrimoine mondial de l'humanité par l'Unesco. À une cinquantaine de kilomètres au nord-ouest de la ville de Đông Hội, au cœur de la cordillère de Trường Sơn, il abrite une dizaine d'espèces de primates dans un paysage de collines et pitons karstiques, de forêt tropicale (en cours de reboisement), de rivières souterraines et de grottes, dont celle de Hang Sơn Đoòng, considérée comme la plus grande grotte au monde.
– *Le parc national de Bạch Mã* (*province de Thừa Thiên*) : à une cinquantaine de kilomètres au sud de Huế. Sur le flanc oriental de la cordillère de Trường Sơn, ce parc abrite une belle forêt tropicale et les imposantes *chutes d'eau de Đỗ Quyên* (300 m de hauteur).
– *Le parc national de Yok Đôn* (*province de Daklak*) : à 40 km de Buôn Ma Thuột, dans une région de hauts plateaux frontalière avec le Cambodge, il est réputé pour ses éleveurs-dompteurs d'éléphants (en fait, d'anciens chasseurs devenus éleveurs), localisés dans le village de Bản Đôn. Région connue aussi pour ses bois rares comme le palissandre.

Au sud

– *La mangrove de Cần Giờ* : située dans le district de Cần Giờ, à 50 km au sud-est de Hồ Chí Minh-Ville. Reconnue par l'Unesco comme 1re réserve de biosphère du Vietnam. Abrite 72 espèces végétales de mangroves, 137 espèces de poissons et des animaux rares comme la civette et le varan (*Varanus salvator*).
– *Le parc national de Cát Tiên* (*province de Đồng Nai*) : à près de 150 km au nord-est de Hồ Chí Minh-Ville. Une forêt tropicale humide et protégée qui donne naissance, pendant la saison des pluies, à quelque 3 000 à 5 000 ha de marécages.
– *Le parc national de Phú Quốc* (*province de Kiên Giang*) : à 45 km au sud de Hà Tiên, à 15 km des côtes du Cambodge, l'île de Phú Quốc est la plus grande des îles du Vietnam (585 km^2). Le parc constitue un espace protégé de 14 400 ha. Voir le chapitre « Phú Quốc ».
– *Le parc national de Côn Đảo* : un archipel de 16 îles et îlots, situé à 87 km au large de Vũng Tàu. Littoral accidenté, relief tourmenté, forêt primaire et plages de rêve... Sans oublier la faune, riche et originale. La nature a été généreuse ! C'est un haut lieu de la conservation des tortues. Voir le chapitre « L'archipel de Côn Đảo ».
– *Le parc national de Tràm Chim* (*province de Đồng Tháp*) : à environ 80 km au nord de Vĩnh Long, dans le delta du Mékong. Petit sanctuaire où vivent 231 espèces d'oiseaux.

L'agent Orange

Plus de 40 ans après la fin de la guerre du Vietnam, ses méfaits continuent à faire des victimes. Aujourd'hui encore, de nombreux Vietnamiens subissent les séquelles d'une « sale guerre » dont on peut évaluer l'ampleur. Entre 2 et 4 millions de personnes auraient été touchées par l'agent Orange entre 1961 et 1971. Ce produit chimique, déversé pendant une décennie par millions de litres (80 millions environ), est un **terrible défoliant contenant de la dioxine qui brûle la végétation.** Il a été utilisé comme une arme à large échelle par l'armée américaine, pour dévaster les forêts et les cultures, afin de priver les troupes nord-vietnamiennes de leurs sources de nourriture et ouvrir de larges zones militaires à découvert.

Ce *poison destructeur* a eu des conséquences irréparables sur la nature et sur les habitants. Il a touché les villageois et les combattants présents sur le terrain au moment de l'épandage. Plus tard ont surgi des cancers du poumon et de la prostate, des maladies de peau, des attaques du système nerveux. Pire, *l'agent Orange attaque aussi les gènes humains.* Le fléau peut alors se transmettre aux descendants d'une manière insidieuse, même si les parents se portent apparemment bien. Les bébés naissent avec des anomalies nombreuses, des déformations physiques, de graves handicaps mentaux.

Plusieurs familles de victimes ont porté plainte, non contre l'armée américaine, qui ne peut être poursuivie, mais contre les industriels (dont Monsanto et Dow Chemical) qui ont vendu ces défoliants. Le verdict est tombé le 13 mars 2005 : la plainte a été rejetée et la procédure est aujourd'hui en appel. Soulignons qu'en 1984 d'autres vétérans du Vietnam, également victimes de l'agent Orange, avaient – eux – obtenu réparation devant la justice américaine.

GÉOGRAPHIE

On dit que le Vietnam a la **forme d'un dragon...** Il fait également penser à un S, avec 2 grandes plaines au nord et au sud et un isthme au centre. Mais les Vietnamiens le décrivent souvent comme une tige de bambou (une palanche) portant un panier de riz à chaque extrémité. Image assez réaliste lorsque l'on sait que les 2 grandes zones cultivées parsemées de rizières sont le delta du fleuve Rouge (15 000 km²), au nord, et le delta du Mékong (60 000 km²), au sud. De l'extrémité nord à l'extrémité sud, il y a environ 1 600 km à vol d'oiseau.

Le Vietnam est couvert pour les **trois quarts de montagnes et de collines,** avec comme point culminant le Fansipan (3 143 m), situé au nord-ouest du pays.

Les côtes sont longues de 3 260 km et l'on compte, côté terre, pas moins de 1 650 km de frontières avec le Laos, 1 150 km avec la Chine et 950 km avec le Cambodge. Frontières en partie « naturelles », puisque ce sont principalement les monts Trường Sơn qui séparent le Vietnam du Laos et du Cambodge.

Suivant les anciennes divisions administratives françaises de l'époque coloniale (Tonkin, Annam et Cochinchine), les Vietnamiens distinguent 3 grandes zones géographiques : le Bắc Bộ (Nord), le Trung Bộ (Centre) et le Nam Bộ (Sud).

Comme bien souvent, c'est la géographie qui a déterminé la répartition des différentes populations. Ainsi, on trouve l'ethnie majoritaire (les Viets) dans les rizières, tandis que les nombreuses ethnies minoritaires sont essentiellement réparties dans les reliefs montagneux du Nord, du Nord-Ouest et du Centre (voir plus loin « Population »).

– *Les îles :* situées à proximité du littoral, elles sont fréquemment à l'origine de **tensions plus ou moins graves avec la République populaire de Chine** et les autres pays voisins. Ainsi le Vietnam revendique-t-il l'archipel des Thổ Chu, les Paracels (à 300 km au sud-est de Đà Nẵng) et les Spratley (à 475 km de Nha Trang), que tout le monde connaît de nom... mais qu'on a généralement bien du mal à situer !

Les ambitions territoriales et les manœuvres militaires de Pékin en mer de Chine méridionale (« mer de l'Est » pour les Vietnamiens) froissent de plus en plus les autorités de Hanoi. Les archipels des Spratley et des Paracels, notamment, sont au cœur d'affrontements diplomatiques qui risquent à tout moment de dégénérer.

HISTOIRE

L'Indochine semble avoir remisé sous le continent le trop-plein des peuples. Ceux dont l'histoire s'est défaussée, parce que d'autres, plus populeux, plus brillants, explosaient lentement au nord et à l'ouest. Sait-on que, au Néolithique, les ancêtres des Papous et des Aborigènes australiens peuplaient l'Indochine ? Qui les en chassa ? Des peuples plus « mongolisés » venus de la Chine du Sud (ou de l'Inde, on ne sait pas), avec des haches et de longues pirogues. Les chercheurs les ont baptisés « Indonésiens ». Des centaines de millions d'Indonésiens et de Malais sont leurs descendants. Même l'Indochine porte leur marque.

Au VIᵉ ou au Vᵉ s avant notre ère – l'époque de Confucius et de Lao-tseu –, une civilisation de pêcheurs, marins et agriculteurs, pose ses marques. De la Birmanie jusqu'à l'île de Flores (au-delà de Bali), ces « Indonésiens » logés sur pilotis cultivent le riz et le millet, et pratiquent avec brio l'art du bronze appris des Chinois.

Pendant ce temps, les Viets batifolent en Chine. Bon nombre de légendes offrent d'ailleurs un luxe de détails à ce propos... Comment les Vietnamiens ont-ils imaginé leurs origines ? Aussi anciennes qu'Abraham. Un vaste empire-matrice, avec 2 grands peuples. Les Han (Chinois) au nord, les Viets au sud. Des cousins... **Viet serait la vietnamisation du chinois « yué », « lointain, marginal »...** C'est ainsi que les Han nommaient les divers « Barbares » qui se partageaient leurs frontières. Il y avait les Yué du Nord, ceux de l'Ouest. **Les Viets étaient les Yué du Sud.** Ils habitaient les 5 Montagnes, région légendaire où régnèrent 3 empereurs (l'un découvrit le feu, l'autre la divination, le dernier la riziculture), sorte de Prométhée couronnés. Mais voilà qu'un jour les Han arrachent aux Viets les 5 Montagnes. C'est l'exil vers le sud.

La réalité serait différente de la légende ! À l'ère des Royaumes combattants (Vᵉ s av. J.-C.), les tribus viets forment au-delà du Yang Tsé Kiang (Yangzi) un **grand État yué**, de Shanghai à Canton. Ils s'entendent bien avec les « Indonésiens » de Dông Sân qui, au Tonkin, tiennent le delta du fleuve Rouge. Mais l'État viet succombe au Zhou, le royaume chinois du Si Chuan. Et, à son tour, en 221 av. J.-C., le Zhou se voit avalé par le grand unificateur de la Chine, Qin Shi Huangdi. Les Viets n'ont plus qu'à rejoindre leurs copains du Tonkin... Hélas, c'est un exode pour rien ! Boulimique, l'ogre Qin avale Chine du Sud et Tonkin.

À la mort du Qin, le préfet chinois en poste va fonder pour son compte un **1ᵉʳ État viet, le Nam Viêt** : le Sud des Viets. Le pays va connaître d'autres noms... Mais il est amusant de se rappeler qu'en 1802 l'empereur d'Annam sollicitera auprès des autorités de Pékin qu'il soit rebaptisé Nam Viêt. Les Chinois se méfièrent, car le 1ᵉʳ Nam Viêt incluait les provinces du Guangxi et du Guangdong... On chinoisa : il suffisait d'inverser les mots : le *Viêt Nam* était né. Au fond, tant mieux, car le 1ᵉʳ *Nam Viêt* n'avait guère duré ! En 111 av. J.-C., l'empereur Wudi l'annexe. Du coup, il restera province chinoise jusqu'au Xᵉ s. La Chine mettra 10 siècles pour digérer les Viets !

Mais les Yué tiennent à leur indépendance. La Chine est bien loin. On se révolte : en l'an 39, une insurrection générale conduite par 2 femmes de poigne, les sœurs Trưng, nécessite l'intervention d'un grand général chinois. 590, 600, 602... Le nationalisme viet s'insurge, se débat. Pour le reprendre en main, la dynastie chinoise des Tang doit implanter des colons... De surcroît, elle conquiert le sud du Tonkin et le rebaptise **An Nam** : **le Sud pacifié.** Euphémisme bien colonial pour suggérer que la région, avant leur arrivée, était une pétaudière.

L'apport de la civilisation chinoise pendant 10 siècles

La Chine a introduit l'araire en métal, l'élevage du porc, le tissage de la soie, l'endiguement du fleuve Rouge... Quant à la culture, des caractères idéographiques aux traditions littéraires et à l'administration, tout ou presque a été importé de Chine. Cousins des Han, les Viets révéraient déjà l'Empereur du Ciel, les ancêtres et les animaux fabuleux (dragon, phénix...) ; la géomancie leur indiquait la juste place de chaque chose. Comme eux, ils s'inspiraient des préceptes de **Confucius** (une morale de bienveillance et d'ordre dictant à chacun sa place dans la société) et des aphorismes de **Lao-tseu.**

Les tribus du Delta apprécièrent d'autant plus cette civilisation qu'elles l'avaient déjà côtoyée de près. Il est dit que les membres de ces tribus se lancèrent avec passion dans l'étude du chinois. La peinture, quant à elle (lavis sur toile de soie), suivra aussi l'évolution des styles en Chine : personnages, puis animaux, plantes et paysages – de préférence embrumés. Dès les Han, les lettrés vietnamiens bénéficièrent du statut de leurs homologues célestes : certains brillèrent à la cour impériale.

À l'inverse, il y eut des fonctionnaires chinois pour pratiquer une administration bienveillante calquée sur celle de la Chine avec des concours triennaux pour choisir les fonctionnaires (mandarins).

Le Sud hindou : le grignotage des vers à soie

En matière de civilisation, le Sud avait ses propres marques. Dès le IIe s, des « Indonésiens » basanés y ont bâti un puissant royaume, empiétant sur le territoire de l'actuel Cambodge. En chinois, le Fou-Nan. Le **port fluvial de Óc Eo**, dans le district de Kiến Hoà, commerce avec la Perse – et même la Méditerranée, puisqu'on y a retrouvé des monnaies romaines. Au VIe s, Shri Mara étend le Fou-Nan jusqu'au Siam, au Laos et à la Malaisie. Gloire éphémère... Quelques années plus tard, d'autres royaumes hindous le dépècent. L'un d'eux, le **Champa**, occupe la région de Đà Nẵng. Ces Cham sont des Indonésiens. Autant dire de grands marins et, quand le commerce décline, de fieffés pirates, bien en place sur la route des moussons. Leurs 2 royaumes – celui du cocotier et celui de l'aréquier – vont se réunir vite : ce ne sont pas les ennemis communs qui manquent !

À l'ouest, les Khmers. Au nord, les Chinois et les Viets. Au sud, les pirates « noirs, maigres et méchants » de l'Indonésie. Mais les Cham sont des costauds. Assez forts pour brûler Angkor en plein apogée de l'Empire khmer ! Assez évolués pour entretenir d'immenses monastères, sculptés d'apsaras gracieuses aux membres déliés...

Grignotant des terres basses propres à la riziculture, les Viets ont pour slogan le Nam Tiến, la « **Marche vers le Sud** ». En 1471, la nation cham n'existe plus. **En 4 siècles, les Vietnamiens annexeront les provinces cambodgiennes du Mékong.**

Les Viets se battent sur tous les fronts, contre les Chinois et les Cham surtout. En Chine, la dynastie Tang s'effondre. Un Viet, Ngô Quyền, va enfin libérer le pays. Vers 938, à l'issue d'une longue guerre, il écrase les jonques impériales sur le fleuve Bạch Đằng et se proclame à son tour empereur... Un empereur du cru plutôt qu'un Chinois, c'est bien. Mais les Viets découvrent la liberté. Ngô Quyền mort, le pays s'atomise en « 12 principautés féodales qui se déchirent ».

1re dynastie : celle des Ngô (939-967). Puis, en 967, celle des Đinh (967-980), avec Đinh Bộ Lĩnh qui parvient à s'imposer. Il reconnaît la suzeraineté chinoise et paie tribut pour avoir la paix. Lê Hoàn lui succède et fonde la dynastie des Lê antérieurs (980-1009). C'est un champion, celui-là. Le temps de battre les Chinois, il écrase les Khmers, puis se tourne contre les Cham, tue leur roi, pille sa capitale et annexe tout le Champa au nord du col des Nuages. Née sous de tels auspices, sa dynastie cimentera durablement l'unité nationale. Avec une nouvelle religion : le bouddhisme, qui se superpose au confucianisme et au taoïsme.

Le modèle chinois : le savoir et la poésie au pouvoir

1009 : Lý Công Uẩn devient calife à la place du calife. Les Lý brilleront pendant 2 siècles, jusqu'en 1225. Beau bilan : transfert de la capitale à Hanoï ; le bouddhisme religion d'État ; construction de monastères et de fastueux palais ; relais postaux ; renforcement des digues, etc. Un État est né. C'est peu dire qu'il copie la Chine. Ainsi, on ne naît pas mandarin, en Annam, on le devient, tout comme là-bas... en passant des examens. Il s'agit d'aiguiller les plus capables vers les fonctions les plus hautes, selon le précepte édicté par le Chinois Chang Yu : « Le souverain qui met la main sur une personne qualifiée connaît la prospérité. »

À la base, des écoles publiques, tenues par de vieux lettrés. Tous les 3 ans, un concours (financé par les villages de la province) sélectionne les étudiants. Les lauréats sont admis à concourir au chef-lieu. La grosse tête qui a surmonté ces épreuves est faite mandarin du 9e degré... Épreuves : composer un poème, une rédaction en prose rythmée, commenter un texte classique, disserter de philosophie politique... Imagine-t-on nos énarques recrutés sur leur aptitude... aux rimes ? C'était ainsi en Chine et au Vietnam.

La dynastie des Trần (1225-1400)

La montée du Vietnam se poursuit avec la dynastie suivante : les Trần. En 1279, les Mongols ont conquis la Chine (ils n'iront pas plus loin : leur expédition contre le Japon a été un échec, et ils vont se casser le nez sur Java). Conduits par Kubilai Khan, petit-fils de Gengis Khan, ils veulent le Champa. Peu rassurés, les Vietnamiens leur refusent le passage. Mieux : les Mongols reçoivent une raclée mémorable des mains de **Trần Hưng Đạo**. Rien de tel qu'un succès pour mieux négocier. Prudent, l'Annam reconnaît à nouveau la suzeraineté chinoise. Ces péripéties l'ont-elles réconcilié avec le Champa ? Pendant 2 siècles, les frères ennemis alternent victoires et défaites. Et la dynastie Trần disparaît dans la tourmente.

La 1re partition : la dynastie des Lê postérieurs (1428-1528)

Après être venu à bout d'une nouvelle occupation chinoise, **Lê Lợi** monte sur le trône en 1428 sous le nom de Lê Thái Tổ. Son royaume s'appellera le Đại Việt : le Grand Viet. Tout un programme. Ce Napoléon à la sauce indochinoise promulgue un code civil, réorganise le pays, transforme ses troupes en paysans-soldats. Mieux : il fonde un collège pour ouvrir aux enfants pauvres les portes de l'Administration. Il meurt en 1434. Son fils **Lê Thái Tôn** lui succède et reste sur le trône de 1434 à 1442. **Lê Thánh Tôn** le remplace, ce grand roi régnant vers 1466-1497. Son règne se consolide aux dépens du Champa. Ses paysans-soldats guerroient avec l'espoir de cultiver le terrain conquis. La formule réussit si bien qu'en 1471 tout le Champa se voit annexé. La dynastie, qui comprendra 10 empereurs, ne goûtera guère ses victoires. En 1527, le dernier Lê est renversé. Parmi les dignitaires, la curée commence.

Trouble, partition et révolte (1528-1792)

S'ensuit une période de troubles, jusqu'au retour, fin XVIe s, d'une nouvelle dynastie Lê, en réalité bien faible. Sous son autorité factice s'affrontent 2 siècles durant 2 seigneurs de guerre et leurs descendants, les Trịnh au Tonkin, les Nguyễn en Annam, consacrant ainsi la 1re partition du Vietnam.

En 1776, une terrible jacquerie éclate : celle des Tây Sơn (montagnards de l'Ouest), sur le modèle de celles qui ensanglantèrent longtemps la Chine. Au bout de 26 ans de guerre, et après 1 000 retournements, le prince Nguyễn Ánh se fait proclamer empereur de tout le Vietnam à Huế. ***Il fonde la dynastie Nguyễn en 1792.***

Les « Longs-Nez » (les Blancs) montrent les dents

En 1516, les Portugais avaient déjà touché la côte de Đà Nẵng. Ils laissèrent un nom qui fit fortune : **Cauchichina, autrement dit Cochinchine,** transcription erronée de *Giao Chỉ,* le terme chinois pour désigner l'ensemble du Vietnam (le « chine » final visait à éviter la confusion avec Cochin comptoir commercial du sud de l'Inde...). Bien plus tard, les Français s'en serviront pour baptiser le Sud. Le commerce des âmes prospérait, lui aussi. Au Tonkin, en effet, les **missionnaires chrétiens** chassés du Japon firent un tabac. Ce qui était moyennement du goût des empereurs. La nouvelle doctrine avait pour elle de contrebalancer l'influence chinoise, mais concurrençait dangereusement le confucianisme d'État. Un jésuite, **Alexandre de Rhodes**, ne s'était-il pas mêlé de propager une écriture, le *quốc ngữ*, qui transcrivait le vietnamien en caractères latins ?

Drôle de personnage, celui-là... Descendant de juifs convertis d'Avignon, Alexandre de Rhodes avait choisi la Compagnie de Jésus pour faire une sainte carrière tout en arpentant le monde. Il partit prêcher à Goa, Malacca, Macao... On l'appelle en renfort au Vietnam. Quelques mois plus tard, il prêche en vietnamien. Puis c'est le débarquement à Hanoi. Il devient le chouchou du roi et convertit quelques hauts personnages. Fin 1627, le nombre des baptisés aurait été de 3 500. Chassé par ses ennemis, il s'enfuit, revient 10 ans plus tard et convertit à tour de bras.

La dynastie des Nguyễn (1792-1955)

Ce n'est pas à Alexandre de Rhodes que le 1ᵉʳ empereur Nguyễn doit son trône. C'est à **Pigneau de Béhaine,** un évêque de choc. Pressé de conquérir le pouvoir, Nguyễn Ánh sollicite l'aide de la France. Il envoie son fils avec Pigneau pour plaider sa cause à Versailles. Louis XVI ne fait rien : nous sommes en 1787, le trésor est à sec ! Qu'à cela ne tienne : Mgr Pigneau monte l'expédition lui-même. Il trouve des financements, engage des déserteurs, fait instruire et équiper les troupes vietnamiennes à l'occidentale. **Nguyễn Ánh,** devenu l'**empereur Gia Long** en 1802, n'est pas un ingrat : il tolère le christianisme. Reste que les missionnaires étaient aussi les indicateurs de l'armée française. Le plus sûr est de murer le pays dans un splendide isolement. **Minh Mạng,** son fils, agit de même en 1820. Pharaon suprême d'une administration crispée sur son confucianisme, il persécute les chrétiens. En France, on s'indigne. Le moment est propice pour chahuter le règne suivant, celui de Thiệu Trị (1841-1847). La dynastie Nguyễn s'éteindra en 1955 quand l'empereur Bảo Đại sera déposé par le président Diệm (voir plus loin).

Les conquistadors de la République

Des prêtres français avaient trempé dans un complot chrétien visant à établir un monarque acquis à leur cause. Certains sont jetés en prison. Puis, par crainte des complications, ils sont libérés et éloignés. Cette libération n'était pas connue de l'amiral français qui, vengeur, vient pointer ses canons sur Đà Nẵng. Bilan : 3 navires vietnamiens coulés et des morts par centaines. Le monarque suivant, **Tự Đức** (1848-1883), comprend que les Français n'attendent qu'un prétexte pour voler au secours des bons pères... en volant le pays. Les persécutions antichrétiennes le leur fournissent. Napoléon III hésite. Mais les Anglais, qui avaient pris pied en Birmanie, lorgnent vers la Chine. Il faut à la France un marchepied sur le Continent jaune afin de contrecarrer ces « satanés *British* ». Et puis on ne peut rien refuser à l'Église. Il dépêche une expédition. En 1858, la flotte prend Đà Nẵng. Saigon tombe. Débâcle vietnamienne. En 1862, Tự Đức paie : 3 provinces de Cochinchine (qui deviendra colonie en 1867) et la liberté de culte...

Le Vietnam, pourtant, n'intéresse les Français qu'en tant que porte de la Chine. On envoie **Francis Garnier** remonter le Mékong. Déception : seul le fleuve Rouge, au nord, peut porter des vapeurs jusqu'en Chine du Sud. Il faut donc prendre le Tonkin. Garnier se rend alors à Huê, la capitale impériale. Sa visite est contée dans

le *Manuel* : « Dès les premières entrevues, les mandarins cherchent à tromper Garnier. Impatienté par leur mauvaise foi, il donne l'ordre de l'assaut. En 35 minutes, la citadelle est prise et nos 212 soldats font 2 000 prisonniers ! » Hélas, ce glorieux hold-up est brisé net par les **Pavillons Noirs** – des rebelles chinois Tai-Ping qui rançonnaient la région.
Garnier est tué le 21 décembre 1873, le cœur arraché. Conscient de sa propre précarité, Tự Đức traite avec la France. Il lâche le Sud pour faire avaliser son pouvoir sur le Nord.
Dès 1879, le gouverneur de Cochinchine réclame pourtant l'annexion du Tonkin : « le fruit est mûr ». Rivière connaît le même sort que Garnier, « le grand colonisateur ». **Jules Ferry** (surnommé le Tonkinois) ordonne une expédition punitive à Hué et la conquête du delta du fleuve Rouge. **Pierre Loti,** commandant de marine, y prend part sous une double casquette : commandant de vaisseau et reporter du *Figaro*. Ce qu'il voit et décrit – une petite armée d'un autre siècle massacrée par surprise – lui donne la nausée. « On tuait presque gaiement… »
Vaincu, l'empereur Hiệp Hoà place son ***pays sous protectorat français le 6 juin 1884.*** Laisser la France installer ses troupes, imposer ses administrateurs, contrôler le commerce et la politique étrangère… Le Vietnam disparaît des cartes au profit de 3 provinces – Annam, Tonkin, Cochinchine. Reste à convaincre la Chine, protectrice traditionnelle de la cour de Hué. Une escadre part canonner Fuzhou et Taiwan. Il y a des remous. La Chine se désiste. Malgré cela, le cabinet Jules Ferry tombe après la prise de Hué en mars 1885. On tonnait en France contre « le guêpier du Tonkin ».

> **L'ALSACE EN ÉCHANGE DE LA COCHINCHINE**
>
> *Après la guerre franco-prussienne et la défaite de Sedan, en octobre 1870, l'impératrice Eugénie contacta secrètement le chancelier Bismarck et Guillaume Ier. Son objectif était de demander à l'Allemagne de renoncer à l'annexion de l'Alsace en échange de la Cochinchine. Si les Allemands avaient accepté cette offre, l'Alsace serait restée française et l'Indochine serait devenue une colonie allemande…*

L'instauration du régime colonial

Le *traité du 4 juin 1885* avec la Chine reconnaît officiellement l'appartenance de l'Indochine à la France, et son retrait tant politique que militaire met fin à son tutorat. Sur place, la résistance perdure. Les troupes françaises doivent prendre les villages fortifiés un à un : **Joffre** met 2 mois à emporter Ba Đình ! Il fallait frapper la tête. En juillet 1884, le nouveau gouverneur, le ***général Courcy***, veut présenter ses lettres de créance à **Hàm Nghi, empereur d'Annam** (8e souverain de la dynastie des Nguyên). Celui-ci refuse de le recevoir et envoie ses hommes massacrer les 1 300 soldats de l'escorte du gouverneur en bivouac près du palais de Hué. La manœuvre échoue, mais les Français, ivres de rage, encerclent le palais royal, massacrent les défenseurs, brûlent la bibliothèque impériale et pillent tous les objets précieux.
L'empereur s'enfuit avec sa cour et une partie de l'armée vers le nord-ouest, près du Laos. Les révoltes se multiplient. Le « Cần Vương », l'aide au roi, devient le cri de ralliement des mandarins et des paysans. Ces révoltes au nom de la défense de l'État impérial contre les « Barbares occidentaux » ne prennent réellement fin que vers 1897, après les redditions des maquis des régions du Nord, dont certains étaient conduits par le célèbre **Đề Thám**. Fait prisonnier en 1888, après 3 années de résistance antifrançaise, l'empereur **Hàm Nghi** est déporté en Algérie, où il se marie avec une Française, dont il aura 3 enfants. Il meurt le 14 janvier 1944 à la villa Gia Long, dans la banlieue d'Alger et est enterré au cimetière de Thonac, près de Sarlat (Dordogne).

Le règne des colons français

Un nouvel empereur, **Đồng Khánh,** bien docile et réformiste, est nommé à la place de son frère cadet. En 1887, les Français réunissent la Cochinchine, le Tonkin, l'Annam et le Cambodge dans le même sac d'une Union indochinoise. Le Laos viendra 6 ans plus tard... Une hydre, donc, à ceci près qu'elle n'a qu'une tête : le gouverneur général. Depuis Hanoi, il dirige tout. Méfiants envers les « indigènes », les gouverneurs successifs réservent les postes de l'Administration à leurs compatriotes français, ainsi qu'aux catholiques vietnamiens « plus aptes à s'occidentaliser ». En revanche, les villages sont laissés aux pouvoirs traditionnels.

La frustration est grande pour ces élites, qui se trouvent dans l'obligation d'apprendre le français, et qui voient leur concours trisannuel pour la désignation des mandarins sensiblement modifié. Beaucoup restent donc sur la touche. La frustration touche également les campagnards, abandonnés à la discrétion des tyranneaux locaux. Dans le même temps, les colons français – planteurs, petits commerçants... – se constituent en groupes de pression. Tout de même, les « grands idéaux français » suscitent un vrai système d'éducation qui, malgré ses tares (genre « nos ancêtres les Gaulois ») et à défaut d'alphabétiser le Vietnam (en 1920, seul 1 Vietnamien sur 10 pouvait lire un journal !), forme des élites aptes non seulement à gérer, mais aussi à libérer le pays.

Ainsi, Giáp, le vainqueur de Điện Biên Phủ, fut étudiant à Hanoi. Hồ Chí Minh habita Paris. Le système impérial, imprégné de confucianisme, de bouddhisme et de la connaissance des idéogrammes chinois, fait faillite. Si les Français réussissent à dominer tout un pays qui leur est étranger, on doit percer le secret de leur force. C'est la raison pour laquelle de nombreux fils de mandarins, y compris le fils (officiel) de l'empereur Khải Định, Bảo Đại, se lancent dans l'aventure de l'occidentalisation.

L'administration française et ses réalisations

Jusque-là, le Vietnam avait été un gouffre pour le budget français. **Paul Doumer, gouverneur de 1896 à 1902,** l'organise pour mieux le rentabiliser. Il crée le gouvernement général de l'Union indochinoise. C'est ainsi qu'aux matières classiques des concours anciens on ajoute, afin d'obtenir des cadres compétents, la langue française bien sûr, la science administrative, ainsi que le cadastre. En 60 ans, lui et ses successeurs septuplent la production de riz (l'Indochine devient 3e exportateur mondial), bâtissent 2 500 km de voies ferrées, 17 500 km de routes en pierre, lancent une monnaie nouvelle, la piastre indochinoise, alignée sur le franc, et un dieu nouveau, l'opium, raffiné sur place par les colonisateurs eux-mêmes... *Michelin* avait ses plantations d'hévéas, une société exploitait les mines de charbon...

La population double en un quart de siècle. D'un bourg de paillotes surgit une ville française proprette où les magasins et les cafés sont bâtis devant des canaux bordés d'arbres. **En 1900, Hanoi connaît déjà l'électricité.**

À Saigon aussi, les Français assèchent les marais, percent des canaux et dessinent de larges avenues plantées de tamariniers. Hôtel de ville néobaroque, théâtres, Jardin des plantes, et des avenues qui sentent bon la Canebière... Siège de la Banque d'Indochine, 8e port français, **Saigon « la blanche » se veut le Paris de l'Extrême-Orient.** La « locomotive » de l'Union indochinoise, l'eldorado de tous les rêveurs, attirés par les mirages de l'argent facile et l'assurance d'un reclassement social (le plus paumé des Français vaut plus que n'importe quel indigène), sur fond de carte postale exotique. Assaillis par la moiteur pestilentielle et le fameux « ennui colonial », ils prendront vite les yeux mouillés de l'opium, le teint jaune de la malaria ou les cernes du spéculateur. Ces vertiges en appellent d'autres.

« Jaune dehors, blanc dedans »

Curieusement, les nationalistes acceptent bon gré mal gré cette présence, car, bien qu'abhorrant l'État colonial, ils s'enflamment à la lecture des encyclopédistes. Pour eux, il y a 2 France. C'est pourquoi ils rêvent non seulement de chasser les étrangers, mais également de supprimer la royauté, comme les révolutionnaires français en 1789.

Les Vietnamiens n'ont pas baissé les bras. À peine écrasé, un nouveau maquis renaît déjà pour empoisonner la vie des Français. Fait majeur en 1904, la victoire du Japon sur la Russie écorne l'invincibilité occidentale et donne de l'espoir aux anti-Français. Les « Jaunes » pouvaient donc vaincre les Blancs. Après la Première Guerre mondiale, la vague indépendantiste en Inde et la révolution russe encouragent les nationalistes. Pris en tenaille entre l'intransigeance française et l'immobilisme de la Cour, les réformistes sont éliminés et les empereurs successifs exilés (à La Réunion) pour différentes raisons. « Jaune à l'extérieur, blanc à l'intérieur », le dernier **empereur Bảo Đại** a le regard trop tourné vers Paris, ses belles femmes et ses belles voitures pour inquiéter les ultras de l'indépendance par les armes. La voie est libre pour les révolutionnaires. La saga de Nguyễn Tất Thành – c'est-à-dire Hồ Chí Minh – peut commencer.

La longue marche de l'oncle Hồ

Né dans le Nghệ An (Annam du Nord), originaire de l'élite déclassée (son père, mandarin brillant, avait été révoqué), Nguyễn Tất Thành, le futur **Hồ Chí Minh**, étudie au collège. Il assiste aux sursauts de l'intelligentsia nationaliste, partagée entre « terroristes » et réformistes. Il s'engage comme *boy* sur le vapeur *Latouche-Tréville* et, après 40 jours de mer, pose le pied à Marseille. Pour envoyer quelque argent à son père, mais surtout pour s'instruire, Hồ Chí Minh travaille en parcourant le monde. Il apprend la mécanique à Londres, découvre les syndicats à New York, constate en Afrique l'universalité de la domination coloniale. En 1919, il rejoint à Paris le petit groupe des Patriotes annamites, basé au 6, villa des Gobelins dans le 13ᵉ arrondissement, et signe, sous le nom de Nguyễn Ái Quốc (Nguyễn le Patriote), un manifeste pour l'instauration de la démocratie en Annam.

En 1920, il défend l'indépendance et le léninisme au congrès de Tours. « J'aimais et je respectais Lénine, écrira-t-il, parce qu'il était un grand patriote qui avait libéré ses compatriotes. » En attendant son heure, Nguyễn Ái Quốc vit de peu en retouchant des photographies. La Sûreté l'a à l'œil : n'est-il pas rédacteur en chef du *Paria*, la tribune du prolétariat colonial ?

Puis c'est le voyage en Russie. **Le Komintern le forme à la clandestinité et à la direction de la révolution.** De 1925 à 1927, il s'immerge dans la révolution chinoise tout en élaborant un noyau de groupe communiste vietnamien. Il sort un journal qui prêche communisme et nationalisme : un millier de militants. Le 3 février 1930, à Hong Kong, Nguyễn Ái Quốc fonde le Parti communiste indochinois (PCI) – il ne sera nommé Parti communiste vietnamien que plus tard. En Indochine, le Vietnam s'agite. La garnison de Yên Bái s'insurge contre les Français et le paie de son sang. La vie du paysan est si dure que les révoltes se multiplient. Les coloniaux y voient la main du PCI dirigé par Nguyễn Ái Quốc. L'histoire confirmera la chose. Dans ces années, partout, les grèves éclatent – durement réprimées. L'année suivante, la famine provoque une formidable révolte. Bilan : 3 000 morts. Le Parti communiste indochinois se retrouve décimé. Et Nguyễn Ái Quốc (Hồ Chí Minh) est mis en réserve, à Moscou.

En septembre 1940, 3 mois après la débâcle en France, **les Japonais attaquent Lạng Sơn.** Plutôt que de déboulonner la France qui vient de signer l'armistice avec l'Allemagne, ils se contentent d'occuper les ports et de s'associer à l'exploitation coloniale avec les représentants du régime de Vichy (l'amiral Decoux). Après ce coup, évidemment, les Vietnamiens ne croient plus à l'invincibilité française. Les communistes peuvent lancer une révolte générale en Cochinchine.

Retour au pays de Hồ Chí Minh (clandestin) après 22 ans d'exil

En 1941, l'agitateur clandestin prend pour nom **Hồ Chí Minh** (« l'oncle à la volonté éclairée » ou « celui qui éclaire »). Il gagne l'extrême nord-est du Tonkin en passant par la Chine (Yunnan), traverse à pied les montagnes et pose sa valise en osier à **Pác Bó**, au nord-ouest de Cao Bằng, dans une grotte et une hutte cachée sous les arbres. Il déballe sa machine à écrire et repense son projet. Du 10 au 19 mai 1941, Hồ Chí Minh y organise une réunion des cadres du PCI. Au cours de celle-ci est décidée la création d'une organisation paramilitaire : *Việt Nam Độc Lập Đồng Minh Hội*, **« Ligue pour l'indépendance du Vietnam », plus connue sous le nom de Vietminh.** L'organisation possède une stratégie, un excellent état-major (autour de Hồ le stratège, on trouve déjà les futurs cadres communistes, **Võ Nguyên Giáp, Phạm Văn Đồng...**) et un programme : la lutte anticolonialiste (contre les Japonais autant que contre les Français). Le Vietminh étend ensuite son territoire dans le nord-est du Tonkin. En 1943, il contrôle un grand quadrilatère entre Cao Bằng, Bắc Kạn et Tây Nguyên. Cette dernière ville finit par devenir la base secrète de l'organisation. Hồ Chí Minh obtient même la caution des Américains... En 1944, ils arment le Vietminh ! Au nom de l'humanisme rooseveltien, les États-Unis combattent maintenant le vieil ordre colonialiste, histoire de s'imposer comme les patrons de nations nouvelles.

C'est que le Vietminh a camouflé son communisme pour mieux fédérer sous sa bannière les nationalistes les plus divers. Gouverneur général de l'Indochine entre juin 1940 et mars 1945, l'**amiral Decoux** se trouve dans une situation délicate. De Gaulle en Europe, avec son Gouvernement provisoire, vient de déclarer la guerre au Japon, le gouvernement de Vichy n'envoie plus d'ordre. Plus question alors, pour le gouverneur, d'administrer la colonie comme un quelconque département français. Il agit comme le souverain d'un État indépendant. Il pousse « ses » nationalistes (en l'occurrence des mandarins acquis à la coopération franco-vietnamienne) pour faire obstacle aux occupants japonais et aux communistes vietnamiens. Pour les Japonais, le gouverneur Decoux est dangereux car il ferme relativement les yeux sur les parachutages d'armes aux maquis nouvellement créés par les gaullistes aidés par les Anglais et les Américains.

9 mars 1945, le coup de force des Japonais

Le théâtre des opérations de la guerre mondiale se déplace vers l'Asie. Le 9 mars 1945, sans ultimatum, les forces impériales japonaises demandent l'accord du gouverneur Decoux pour placer l'Indochine sous l'autorité unique de l'armée japonaise. Decoux refuse. Les Japonais l'emprisonnent à Lộc Ninh (Cochinchine) jusqu'à la capitulation du Japon en septembre 1945. **À Lạng Sơn,** le même 9 mars 1945, des officiers français invités à dîner par l'état-major japonais sont décapités au sabre. Dans les jours qui suivent, 460 soldats français prisonniers sont **sauvagement massacrés** par l'armée nippone. Dans l'ensemble de l'Indochine, le même jour, près de 3 000 soldats et officiers français sont tués par les Japonais.

La majorité des fonctionnaires civils français sont internés, et la population française est assignée à résidence. L'état-major japonais place les troupes françaises sous son commandement. **Les Japonais désignent l'empereur Bảo Đại** comme souverain d'un Vietnam indépendant, et se réservent le rôle de protecteur en remplacement des Français. L'indépendance est proclamée dès le 11 mars. **Fin mars 1945, la présence administrative et militaire de la France** *a disparu.* En réaction, le Vietminh, avec l'aide des services secrets américains, se développe dans tout le Nord ; pendant ce temps, Bảo Đại va à la chasse comme d'habitude avec sa nouvelle conquête, la femme de l'ambassadeur du Japon !

Hồ Chí Minh, Giáp et **Phạm Văn Đồng** mettent en place des comités révolutionnaires dans les campagnes, liquident des notables et grands propriétaires et redistribuent les terres. Le 23 août, **Bảo Đại abdique à Huế** et redevient le simple citoyen Vĩnh Thụy.

> **SACRÉ GIÁP !**
>
> *Le chef de l'armée de Libération commença sa carrière par diriger 34 soldats. Il ne fit aucune étude militaire mais gagna contre des généraux français et américains. Après la réunification, il critiquait les nouvelles orientations politiques. Il fut alors nommé chef du... planning familial. Il refusa d'être enterré dans le cimetière des élites communistes.*

Le 2 septembre 1945, après la capitulation japonaise, Hồ Chí Minh proclame, à Hanoï, l'indépendance du Vietnam et la création de la République démocratique du Vietnam (RDV). Avec ces paroles prémonitoires à l'intention des Français : « S'il faut se battre, nous nous battrons... Vous me tueriez dix hommes, quand je vous en tuerais un. Mais même à ce compte-là, vous ne pourriez pas tenir, et c'est moi qui l'emporterais. » Lors de cette proclamation d'indépendance, des officiers de l'OSS (ancêtre de la CIA), sur ordre de Roosevelt, accompagnent Hồ Chí Minh de Pác Bó à Hanoi. Ils se tiennent même derrière le leader communiste sur l'estrade où il clame son discours et au 1er rang lors des manifestations antifrançaises.

Virtuellement, tout le territoire du Vietnam est sous contrôle du Vietminh. La France n'a plus aucune influence. Tout aurait donc pu se terminer là... si le gouvernement français avait eu la sagesse d'accorder l'indépendance au Vietnam.

1945 : cocorico, les revoilà !

Concernant l'Indochine, les 3 Grands (États-Unis, URSS et Grande-Bretagne) décident de faire occuper le nord du pays par les troupes chinoises de Tchang Kaï-chek et le Sud par les troupes anglaises. **Roosevelt et Staline sont contre le rétablissement de la souveraineté française en Indochine.** En revanche, la Grande-Bretagne n'y est pas hostile (pensant bien sûr à ses propres intérêts, la Malaisie par exemple). Bientôt 200 000 soldats chinois s'installent, tandis que la Grande-Bretagne veut faciliter le retour du corps expéditionnaire français.

En août 1945, l'**amiral Thierry d'Argenlieu** est nommé haut-commissaire de France en Indochine. Le 20 septembre à Saigon, les Anglais interdisent les journaux vietnamiens, instituent un couvre-feu et libèrent les Français emprisonnés par les Japonais. Ces mesures rencontrent une forte résistance populaire.

En octobre 1945, **Leclerc débarque avec les 1res troupes.** Peu préparé à l'affrontement armé, le Vietminh est contraint de quitter les grandes villes. Fin 1945, 28 000 soldats français sont en Indochine. En février, un accord est signé avec la Chine pour le départ de son armée. En mars 1946, des troupes françaises partent remplacer progressivement l'armée chinoise au nord. Pour Hồ Chí Minh, très lucide, il est impossible de lutter contre les Chinois et les Français tout à la fois, et il est nécessaire de gagner du temps. Il faut donc tout faire pour favoriser le départ des Chinois. Ça fera, au bout du compte, un ennemi de moins, et il sera toujours temps de combattre les Français de front, quand il sera évident que les troupes de Tchang Kaï-chek, en lutte elles-mêmes contre Mao Zedong, ne reviendront plus.

Avec la reconquête du Tonkin, la 2e phase de la réimplantation française est en bonne voie. Le 6 mars 1946, **Hồ Chí Minh** et **Sainteny,** représentant du gouvernement français, signent un important accord. La France reconnaît la République démocratique du Vietnam (RDV), son Parlement, son armée, etc., dans le cadre de l'Union française. La réunification du Nord, du Centre et du Sud sera soumise à **référendum.** L'accord ouvrira la porte à des négociations sur le futur statut de l'Indochine et la préservation des intérêts de la France. En attendant, bien sûr, les affrontements armés devraient cesser. Environ 15 000 soldats français entrent à Hanoi et les 200 000 Chinois quittent le pays.

Malheureusement, ce sera une occasion de perdue ! La France ne tient pas parole, la répression contre les militants du Vietminh s'accentue, et Thierry d'Argenlieu manœuvre pour séparer le Sud du reste du pays. Toutes ces longues négociations ne servent en fait qu'à renforcer l'implantation de l'armée française et de l'administration coloniale.

LE PACTE AVEC LE DIABLE

En 1944, de nombreux Waffen SS, prisonniers de guerre, voulurent se faire oublier en s'engageant dans la Légion étrangère. Plus de 6 500 d'entre eux partirent pour la guerre d'Indochine dès 1946, sous l'uniforme français. Ils continuaient le combat exigé par Hitler : combattre les communistes.

Le 6 juillet 1946, d'ultimes négociations s'ouvrent à Fontainebleau. Les positions sont bloquées. Hồ Chí Minh refuse le démembrement du Vietnam. Le 18 août, le « socialiste » Marius Moutet déclare : « La Cochinchine est une colonie française. » Sur place, tensions et affrontements armés sont de plus en plus nombreux. La France renforce considérablement son contingent. Il est clair que le lobby militaro-colonial, le moine-soldat Thierry d'Argenlieu en tête, ne souhaite qu'en découdre. **Georges Bidault,** président du Conseil, et « l'élite politique française » n'ont que mépris pour Hồ Chí Minh. *Une grande occasion de mettre en place une décolonisation en douceur semble définitivement perdue !*

La fin d'une époque : la guerre d'Indochine

Le 19 novembre 1946, un incident, comme tant d'autres, a lieu dans le **port de Haiphong.** Nul ne saura jamais si l'incident avait pour origine l'arrestation de contrebandiers ou si les Vietnamiens s'opposèrent au contrôle douanier français, de plus en plus pesant. Mais c'est l'étincelle qui met le feu à la plaine. 2 patrouilles se tirent dessus. Le prétexte semble suffisant pour mater définitivement ces autochtones si peu dociles. L'amiral Thierry d'Argenlieu donne l'ordre de bombarder les quartiers populaires de Haiphong. Tous les témoignages concordent pour avancer le chiffre d'*au moins 6 000 morts.* Avec les bombardements de Sétif (15 000 morts environ) en 1945 et les massacres à Madagascar (80 000 morts) en 1947, le colonialisme français ne faisait pas dans la dentelle !

Malgré cela, Hồ Chí Minh et le Vietminh continuent jusqu'au bout à chercher une solution pacifique. Un ultime télégramme à Léon Blum, nouveau président du Conseil, reste sans réponse. On apprendra plus tard que de nombreux télégrammes étaient restés bloqués plusieurs semaines et que d'autres n'étaient jamais partis, le lobby colonial ayant des complicités dans la poste indochinoise !

Le 19 décembre 1946, plusieurs attentats et attaques-surprises se produisent à Hanoi et à Hué contre les positions françaises. **Le Vietminh déclenche officiellement la guerre d'indépendance** et Hồ Chí Minh déclare : « Que tous se lèvent pour s'opposer au colonialisme, défendre la patrie. »

Les 1res années de guerre : 1945-1950

Impossible de relater ici en détail toutes les péripéties de la guerre d'Indochine durant les 1res années. Disons que, de 1946 à 1950, il s'agit surtout pour le Vietminh de consolider son pouvoir politique et de construire une force militaire. Le rapport de force international ne lui est guère favorable au début.

ISRAËL EN INDOCHINE ?

En 1946, l'oncle Hồ avait proposé à David Ben Gourion un morceau de territoire du Vietnam libéré (dans le centre du pays) pour que la diaspora juive en exil puisse y trouver refuge. La proposition ne se concrétisa pas.

La victoire de la révolution chinoise en 1949, en revanche, est déterminante, en permettant au Vietminh de trouver de solides bases arrière. En France, le parti communiste est en porte-à-faux par rapport aux questions indochinoise et malgache, du fait de sa participation au gouvernement. Ce n'est que lorsqu'il démissionne en mai 1947 qu'il commence à donner de la voix contre la « *sale guerre* ».

Mais, entre-temps, la France cherche dans le secret une voie médiane entre l'indépendance et la souveraineté dans le cadre de l'Union française. Après des recherches (Bảo Đại est considéré comme trop ambigu), de Gaulle choisit comme candidat l'ancien empereur Duy Tân, détrôné en 1916 et assigné à résidence à La Réunion. Un accident d'avion met fin à ses jours et aux espoirs que les Français plaçaient en lui. Faute de mieux, on se retourne vers le dernier empereur qui vient juste d'abdiquer et qui, malgré son désintérêt pour la chose publique, est toujours officiellement conseiller suprême de l'oncle Hồ sous le nom de Vĩnh Thụy. **En juin 1948, la France accorde à Bảo Đại l'indépendance du Vietnam,** qu'il accepte sans grand enthousiasme car il doit quitter sa villégiature de Hong Kong, et surtout les salles de jeu et ses nombreuses maîtresses. Il est trop tard.

En 1950, l'engagement américain dans le conflit coréen rapproche les États-Unis du problème indochinois. Ces derniers commencent à financer l'effort de guerre français.

Les victoires décisives du Vietminh

Après la période de consolidation de son pouvoir politique, le Vietminh va se lancer dans de grandes batailles. Le rapport de force a évolué. C'est la guerre froide et il peut compter sur le soutien des pays communistes : l'URSS pour les armes, la Chine comme base arrière et comme conseiller militaire. En février 1950, les États-Unis et la Grande-Bretagne reconnaissent le régime de Bảo Đại. **En septembre et octobre 1950, le Vietminh attaque.**

C'est la **campagne des Frontières** et « Cao Bằng », la 1re grande défaite française. La route coloniale n° 4 y gagne le surnom de « route sanglante ». L'évacuation de Cao Bằng et des postes sur la frontière chinoise tourne au désastre. D'embuscade en embuscade, le corps expéditionnaire français, aidé par certaines minorités du Nord, perd 3 000 hommes et se retrouve avec des milliers de blessés et de prisonniers (5 000). Cela provoque dans tout le Tonkin une panique incroyable : **Lạng Sơn, Lào Cai, Hòa Bình sont abandonnés.** Pour redresser la situation militaire, le gouvernement français nomme le **général de Lattre de Tassigny chef du corps expéditionnaire.** Celui-ci, fort de 200 000 hommes (troupes de métier, dont 35 % seulement viennent de métropole), renforce la défense du delta et, dans les mois qui suivent, la situation s'améliore un peu. Décès de de Lattre en janvier 1952 et nomination du général Salan. Toute l'année, de nombreuses régions thaïes, du Tonkin et du Laos, passent sous contrôle du Vietminh et du Pathet Lao, son cousin laotien.

En 1953, les Américains couvrent déjà 60 % des dépenses de guerre.

En mai 1953, le *général Navarre* est nommé commandant en chef en Indochine (le 7e depuis 1945 !). Cela contribue néanmoins à redynamiser la stratégie française. Le corps expéditionnaire atteint alors 250 000 hommes, auxquels il faut ajouter les 300 000 de l'armée nationale vietnamienne (appelée « fantoche » par le Vietminh). Pour arrêter toute offensive en direction du haut Laos, Navarre fait occuper, en novembre 1953, la cuvette de *Điện Biên Phủ*, puis décide d'y installer un camp fortifié pour amener Giáp à une confrontation globale. La suite, on la connaît (voir au chapitre « Điện Biên Phủ »). L'état-major et les politiques français sous-estiment les capacités militaires du Vietminh. Surtout, ils sont incapables de comprendre que tout un peuple est derrière lui.

LE CLOU DES RAVISSEURS

Pendant la guerre d'Indochine, des bandes organisées, liées aux Vietminh, pratiquaient des enlèvements de personnes, au sein de familles riches. Les auteurs du rapt se faisaient connaître en envoyant un clou à la famille. Cela signifiait : une rançon en échange de la libération du kidnappé. En cas de refus de la famille, les ravisseurs plantaient un clou dans l'oreille de la victime...

« Faire descendre les Viets dans la cuvette ! » déclare le colonel de Castries, et dans *Caravelle*, le journal du corps expéditionnaire, on peut même lire : « Le commandant vietminh doit déplacer ses unités et les ravitailler sur des distances énormes à travers des régions difficiles, pauvres et mal pourvues de voies de communication... une campagne engagée dans ces conditions ne peut que tourner en notre faveur. »
Le 26 avril 1954, ouverture de la conférence de Genève sur l'Indochine. Giáp a bien sûr compris tout l'intérêt d'une défaite française à Điện Biên Phủ. Après 57 jours de siège survient la chute du camp retranché français. Stupeur en France, démoralisation totale du corps expéditionnaire. Le gouvernement va-t-en-guerre Laniel-Bidault est de plus en plus isolé. Incroyable, malgré cela, jusqu'au bout, il dénie toute représentativité au Vietminh et manœuvre pour que celui-ci ne soit pas invité à la conférence de Genève !

La conférence de Genève du 8 mai 1954 et la décolonisation du Vietnam

Pourtant, le 8 mai, la conférence s'ouvre et Phạm Văn Đồng, au nom du gouvernement de la République démocratique du Vietnam (RDV), peut y développer les positions de la résistance vietnamienne. Obtus dans son aveuglement, pendant 3 semaines Bidault refuse encore de le rencontrer ! Et puis tout se précipite, le gouvernement Laniel est renversé et *Pierre Mendès France, depuis longtemps en faveur de la paix* et de négociations directes, devient président du Conseil. Il se donne 1 mois pour réussir. À Genève, il rencontre le Vietminh, à Berne, le Chinois Zhou Enlai (élément indispensable dans le jeu diplomatique). L'objectif de Mendès France se résume en 3 points : acceptation d'une formule de partage provisoire ; accord avec les États-Unis et la Grande-Bretagne pour l'établissement d'un régime communiste au-dessus d'une ligne à fixer ; enfin, déterminer un délai pour des élections et la réunification du pays à terme.

La 2e partition : 1954-1975

Le 21 juillet 1954, les accords de Genève sont signés. Le Laos, le Cambodge et le Vietnam deviennent indépendants. *Le Vietnam est divisé en 2 pays distincts séparés par le 17e parallèle.* Ce qui, aux yeux de l'Histoire, peut paraître paradoxal : pourquoi si haut ? Alors que de vastes zones avaient été « libérées » dans le Centre-Vietnam et que les négociateurs vietminh étaient en position de force (et réclamaient la partition au moins au 13e parallèle), pourquoi le 17e, situé à une centaine de kilomètres au nord de Hué ?

C'est que la Chine ne voyait pas d'un très bon œil une victoire vietnamienne trop éclatante. Eh oui, l'antagonisme sino-vietnamien existait toujours... malgré la solidarité entre pays frères du communisme. D'autres raisons poussaient la Chine aux concessions : éviter l'affrontement direct avec les États-Unis, encore particulièrement agressifs. *Last but not least,* empêcher le Vietnam d'être totalement indépendant, car un Vietnam faible continuerait au contraire à dépendre de la Chine (la guerre de 1979 semble justifier a posteriori cette position). Les accords de Genève signés, une sorte de trêve s'établit entre les Français et les Vietminh de la RDV. La paix définitive ? Non, on en est loin, même si les canons se sont tus. Le règlement du conflit semble repoussé à plus tard. Car ni du côté nationaliste-communiste ni de l'autre côté on n'entend se contenter de cette partition du pays en 2 États distincts, séparés par une ligne abstraite, le 17e parallèle.

Voilà donc la carte du Vietnam chamboulée. Tout le territoire situé au nord de cette ligne, qui comprend près de 20 millions d'habitants, devient la zone officielle de la **République démocratique du Vietnam** (RDV), qui installe son Parti-État. À sa tête, le **président Hồ Chí Minh**, avec **Phạm Văn Đồng**, 1er ministre, et **Giáp,** le vainqueur de Điện Biên Phủ, ministre de la Défense et vice-président. Le nouveau pouvoir communiste lance alors une grande réforme agraire et met en place un système, générant très vite son cortège d'horreurs staliniennes : dénonciations, purges, emprisonnements arbitraires (50 000 à 100 000 personnes). Les Français évacuent Hanoi en octobre 1954, et quittent définitivement le nord du Vietnam en mai 1955, après presque un siècle de présence coloniale.

Au sud du 17e parallèle s'installe la République du Vietnam, gouvernée par Ngô Đình Diệm, un catholique austère furieusement anticommuniste. Au lieu de tenir des élections conformément aux accords de Genève, il organise un référendum en 1955, avec le soutien des Américains, qui ont pris la place laissée vacante par les Français. Ceux-ci apprennent aux Sud-Vietnamiens

> **QUESTION DE POINT DE VUE**
>
> *En fonction du camp depuis lequel elle est écrite, l'Histoire ne retient pas le même nom pour désigner les conflits. Pour les Vietnamiens, il n'y a pas eu une « guerre d'Indochine » à laquelle a succédé une « guerre du Vietnam », mais bien une « guerre française » puis une « guerre américaine ».*

comment truquer un scrutin. Les bulletins favorables à Diệm sont rouges, couleur de la chance, tandis que ceux de l'empereur Bảo Đại sont verts, couleur qui porte la poisse. Grâce à cette supercherie, ainsi qu'à diverses fraudes et manœuvres violentes, Diệm l'emporte, avec soi-disant 98,2 % des voix ! Il fait déposer Bảo Đại le 26 octobre 1955. Le dernier empereur d'Annam est déjà parti en France où il réside depuis 1954. La dynastie des Nguyễn cesse de régner, laissant la place à un autocrate puritain, méfiant à l'égard de tous.

Pendant ses 8 années de règne, Diệm fait de son gouvernement une affaire de famille, n'écoutant que les conseils de son frère, Nhu, et de sa belle-sœur, la célèbre Mme Nhu. Celle-ci finit par avoir une telle influence sur Diệm qu'elle tire en coulisse les ficelles du régime.

Catholique fanatique, sectaire et intolérant, Diệm néglige les bouddhistes, opprime les bonzes, pourchasse tous ses opposants. Pour protester contre les excès de Diệm, plusieurs bonzes se suicident sur la place publique. L'image la plus folle du début des années 1960 au Sud-Vietnam, c'est ce vieux bonze de Huế en flammes sur une place de Saigon. Un geste désespéré qui ne calme pas Diệm ; Mme Nhu, avec cynisme, parlera d'un... « gigantesque barbecue ».

Mais il ne peut venir à bout de ses pires ennemis, les **héritiers du Vietminh** et combattants communistes du Sud-Vietnam. Infiltrés dans le delta du Mékong et dans Saigon, ils continuent le combat, multipliant les attentats terroristes et les embuscades. Le 20 décembre 1960, le Front national de libération (FNL, rebaptisé **Vietcong** par le régime du Sud), formé clandestinement dès 1958, prend son existence officielle. Il est entièrement noyauté par les communistes du Vietminh. Son objectif : chasser les Américains (les 1ers « conseillers » ont débarqué dès mai 1959), créer un gouvernement provisoire du Sud (GRP), et réunifier le pays. Les 1ers hélicoptères américains arrivent 1 an plus tard, le 11 novembre 1961, avec 400 hommes. Ça y est, *les États-Unis ont mis le doigt dans l'engrenage de la guerre.*

Dès octobre 1962, les hélicos américains affrontent les Vietcong. Ça ne promet rien de bon. Pendant ce temps, les Américains n'arrivent pas à contrôler Diêm. Avec le feu vert de Washington, **Henry Cabot Lodge,** ambassadeur à Saigon, organise un coup d'État contre Diêm et son assassinat, perpétré par des officiers putschistes le 2 novembre 1963. Ironie du sort,

> **« EMBEDDED »**
>
> *Pendant la guerre du Vietnam, avant d'embarquer dans les hélicoptères en direction des combats, les reporters de guerre devaient signer une feuille déchargeant les États-Unis de toute responsabilité, en cas de mort. Il y avait une question subsidiaire : « À qui devra être remis le cadavre ? »*

3 semaines plus tard, Kennedy est lui aussi assassiné à Dallas...
2 dirigeants importants disparaissent. Tout va changer après leur mort. Déjà, 16 300 hommes de troupe américaine mènent la lutte dans les rizières. Tout est prêt pour lancer la guerre.

La guerre du Vietnam : un très mauvais film

> « Nous avons cru résoudre un conflit par la force militaire [...]. C'est comme envoyer un lion dans la jungle pour arrêter une épidémie. »
> Robert Kennedy (9 février 1968)

J. F. Kennedy est remplacé par Lyndon B. Johnson, un Texan têtu, doté d'une vision assez étriquée du monde. Pour lui, rien de pire qu'un retrait américain du Vietnam. Au contraire, il veut la guerre, seule façon de garder son crédit auprès de l'opinion et de son électorat. De plus, il est hanté par le spectre de la guerre de Corée. Le Vietnam, au fond, Johnson s'en moque éperdument. Ce n'est pour lui qu'un « sacré petit pays de merde ». *Sa crainte : l'avancée du communisme en Asie.* Le schéma est simpliste : si le Vietnam tombe aux mains des communistes, la Thaïlande tombera à son tour, puis Singapour, puis les Philippines, etc., selon la « théorie des dominos ». Puis les « rouges » gagneront l'Amérique en traversant le Pacifique !

Les 1ers soldats américains débarquent en mars 1965 sur les plages de Đà Nẵng (voir ce chapitre). Puis, très vite, la machine de guerre américaine se met en place. La stratégie se résume aux 3 M : **« Men, Money and Material ».** Des hommes, l'Amérique

> **UN APRÈS-GUERRE TERRIBLE**
>
> *58 000 soldats américains moururent au combat (moyenne d'âge : 23 ans). On sait moins que pratiquement 2 fois plus se suicidèrent après leur retour au pays. Dans les années 1980, environ 25 % des SDF aux États-Unis étaient des vétérans du conflit. Il fallut attendre 1982 pour ériger à Washington un monument aux morts du Vietnam. En France, rares sont les monuments en souvenir des soldats morts lors de la guerre d'Indochine. Le plus connu est celui de Fréjus, où sont cités près de 35 000 noms de victimes de ce conflit et qui contient un ossuaire de 3 000 soldats non identifiés tués en Indochine. Il existe d'autres mémoriaux comme à Lauzach dans les Pyrénées-Orientales et à Agen (depuis juillet 2012).*

en enverra près de 3 millions au total sur toute la durée de la guerre. Début 1966, on compte déjà 184 300 militaires américains sur le sol vietnamien. L'année suivante, ils sont plus du double. Et d'une année sur l'autre, ce chiffre augmente. En 1969, année record, plus d'un demi-million d'hommes (543 000) sert dans les différentes armes comme dans les services techniques et administratifs. Derrière eux, le poids colossal de l'industrie des États-Unis.
Mais les Américains ne sont pas les seuls. Les voilà rejoints par 100 000 soldats venus de Nouvelle-Zélande, d'Australie, des Philippines, de Thaïlande, de Corée, et même d'Indonésie.
Un nouveau type de guerre voit le jour au Vietnam : la **guerre « moderne », médiatique, scientifique, informatique.** Du jamais-vu. Jean Lacouture en a bien parlé : « Exception faite de l'arme nucléaire, tout a été utilisé au Vietnam. Depuis la guerre française, l'art de tuer – l'art "classique" – s'est mué en science de tuer. Toute l'ingéniosité de milliers de chercheurs et de savants a trouvé là un champ d'expérience à sa mesure. Nous connaissions la guerre conventionnelle, la guerre aérienne, la guerre psychologique, et le Vietnam nous a montré un autre type de guerre : scientifique, électronique et industrialisée. Le vocabulaire lui-même s'en mêlait. On raisonnait en "mégamorts", on ne disait plus "tuer" *(kill)* mais *overkill* (sur-tuer). L'électronique dirigeait la guerre. À Đà Nẵng, à Saigon, des ordinateurs calculaient la dose de bombes ou de produits chimiques à déverser sur le 17ᵉ parallèle et la zone de la piste Hồ Chí Minh. C'était le *rolling thunder* (le tonnerre de bombes), qui s'avérera être un échec cuisant. À cela, il faut ajouter le concept innovant de zone de libre tuerie *(free killing zone)* inventée par le Pentagone pour éradiquer les implantations vietcong dans les campagnes. »

Les Américains ont beau déployer la plus forte armée du monde, ils se heurtent à **un ennemi impalpable, invisible, introuvable.** Washington s'attendait à « une bonne guerre frontale », genre Verdun en plus meurtrier. Non, rien de tout ça : ce n'est qu'une bizarre guérilla qui se déroule dans les rizières, derrière les haies de bambous, dans des jungles tropicales étouffantes. « Quiconque fait 5 m à travers les herbes géantes mérite une décoration », écrit un soldat déprimé à sa mère. L'ennemi est

LES JOURNALISTES, MESSAGERS DE LA PAIX

À l'époque de la guerre du Vietnam, la presse était totalement libre. Des reporters diffusèrent des photos terribles. Les reportages relataient l'inefficacité et les abus de l'armée américaine. L'inutilité des combats provoqua des manifestations colossales qui conduisirent à la paix. Pour tous les autres conflits, les journalistes furent dès lors encadrés (embedded) *par l'armée.*

paysan le jour, vietcong la nuit. Si l'on demande à un GI ce qui est le plus dur pour lui, il répond : « Ne pas savoir où ils sont ! » Ils ? C'est cet ennemi communiste, surnommé « Charlie », sous-équipé mais animé d'une volonté farouche, et encadré par les hommes du Nord-Vietnam.
Étrange guerre que celle du Vietnam, où s'affrontent aussi 2 cultures étrangères l'une à l'autre : d'un côté, les enfants du *Coca Cola* et du rock'n'roll, fraîchement sortis des campus des années 1960 ; de l'autre, des hommes sans âge, maigres, ascétiques, disciplinés, tenaces, endurcis par des années de clandestinité, se nourrissant de riz et de manioc, chaussés de sandales découpées dans des pneus. **Des pauvres en armes.** S'inspirant des enseignements de Mao, les stratèges du Nord vont étendre la guérilla populaire à l'ensemble du pays : « Derrière chaque paysan il y a un combattant, derrière chaque combattant il y a un paysan » (pour le nourrir). Ce qui contribue à user les soldats américains et à leur saper le moral.
Après avoir arrosé de bombes le Nord-Vietnam lors d'une 1ʳᵉ série de bombardements aériens, Johnson obtient du Congrès l'autorisation de prendre « toutes

HISTOIRE | **541**

les mesures militaires pour la protection des États-Unis ». Le pilonnage continue.
La guerre du Vietnam est aussi celle des B52, véritables forteresses volantes capables d'anéantir n'importe quelle cible sous un déluge de bombes.
Début 1968, Johnson croit que la guerre est bientôt gagnée : « Le Vietcong est à bout », répète-t-il souvent. L'offensive du Tết va tout remettre en question...

L'offensive du Tết : l'Amérique dans un bourbier

Alors qu'une trêve générale est décrétée pour la fête du Tết (le Nouvel An vietnamien), le **30 janvier 1968,** des troupes vietcong, soutenues par des unités régulières nord-vietnamiennes, attaquent le même jour 37 villes importantes du Sud et des dizaines de villes secondaires. Huế, Dalat, Kon Tum, Cần Thơ, Quảng Trị sont prises. À Saigon, l'ambassade des États-Unis, réputée imprenable, est envahie par un commando de 19 combattants qui parviennent à la tenir

> **EFFET PERVERS**
>
> *En 1944, pour le débarquement en Normandie, l'armée américaine était raciste. Les Noirs n'étaient pas mélangés aux Blancs. Étant à l'arrière du front, chargés de tâches subalternes, peu de Noirs furent tués sur les côtes normandes. Il en fut tout autrement pendant la guerre du Vietnam. L'interdiction de la ségrégation raciale ayant été inscrite dans la loi (Civil Rights) en 1964, les Noirs étaient en 1re ligne.*

pendant 6h ! Au bout de 10 jours de combats acharnés (1 000 soldats américains tués, 2 000 Sud-Vietnamiens et 32 000 Nord-Vietnamiens), l'offensive est écrasée. Mais ***il faudra 1 mois aux Américains pour reprendre Huế.***
Sur le plan militaire, l'offensive du Tết est un échec pour les communistes. Mais c'est une ***victoire politique et psychologique.*** Stupeur côté américain. Johnson interrompt les bombardements au nord le 30 mars et, dès le mois de mai, les 1ers pourparlers de paix se déroulent à Paris. Finie la guerre ? Non, l'arrivée de ***Nixon*** à la Maison-Blanche va relancer de plus belle le conflit. Dès 1969, avec l'accord de Kissinger, les B52 commencent à bombarder le Cambodge, petit pays pacifique et neutre qui s'était tenu jusque-là à l'écart de la guerre. Pourquoi ? Parce qu'il faut anéantir les sanctuaires vietcong implantés dans les provinces du sud-est du pays, où passe la ***piste Hồ-Chí-Minh,*** cordon ombilical entre le nord et le sud du Vietnam par lequel circulent armes et ravitaillement. Hồ Chí Minh meurt le 2 septembre 1969.

En février 1972, Nixon se rend en Chine. Fureur à Hanoi ! Les Nord-Vietnamiens lancent en avril une grande offensive dans le Sud. Riposte immédiate des États-Unis qui reprennent leurs bombardements sur le Nord-Vietnam après une pause de 3 ans et demi. Environ 4 000 communes sont bombardées, 3 000 écoles, 15 universités, 491 églises et 350 pagodes détruites.
Du 18 au 29 décembre 1972, l'US Air Force bombarde Hanoi

> **UNE DIPLOMATIE QUI MET LES FORMES...**
>
> *En 1969 débutèrent des pourparlers entre les Américains et Sud-Vietnamiens d'une part, les Nord-Vietnamiens et le Front national de libération d'autre part. Les 1res semaines d'âpres discussions portèrent sur un sujet crucial... la forme de la table des négociations. Ronde ? en demi-lune ? carrée ? Et sur place, on continuait à s'entretuer.*

en ciblant les objectifs stratégiques et militaires : 15 000 t de bombes tombent sur la capitale de la République démocratique du Vietnam. La plus violente attaque aérienne de toute la guerre. Kissinger peut ainsi négocier en position de force avec Lê Đức Thọ à Paris en janvier 1973. Cessez-le-feu, fin des bombardements américains au nord.

À Saigon, Nguyễn Văn Thiệu, le président de la République, reste en place mais se voit contraint d'accepter le *GRP* (Gouvernement révolutionnaire provisoire, pro-communiste) comme « homologue » de son propre gouvernement.
Éclaboussé par le scandale du Watergate, **Nixon démissionne.** Le 15 août 1973, le Congrès américain interdit toute participation militaire américaine en Indochine. Le gros des troupes américaines quitte progressivement le Vietnam. Mais Washington continue de soutenir à la fois financièrement et en matériel l'armée du Sud-Vietnam. 1974 sera l'année de l'avant-dernier acte d'une tragédie qui n'a que trop duré. La situation va vers le pourrissement au sud, où l'armée est désormais trop faible pour résister à la poussée de l'armée du Nord.

La chute de Saigon et la victoire des communistes

Début 1975, Hanoi engage l'offensive finale permettant le contrôle des Hauts Plateaux. La stratégie imaginée par le *général Văn Tiến Dũng* s'appelle « Fleur de Lotus » (en tout guerrier vietnamien sommeille un lettré...), un nom poétique pour une ruse militaire de génie, destinée à encercler l'ennemi et à frapper violemment, par surprise, son centre névralgique. Le déferlement des soldats communistes provoque une panique générale : la déroute des sudistes tourne à la débâcle. **Le 30 avril 1975, les chars de l'armée régulière du Nord entrent dans Saigon** sans rencontrer de grosses difficultés. La bataille de Saigon, peu meurtrière, ne dégénère pas en bain de sang, contrairement à la prise de Phnom Penh par les Khmers rouges le 17 avril. Un char frappé de l'étoile révolutionnaire défonce la grille d'entrée du palais présidentiel de Saigon (pour plus de détails, se reporter à ce monument dans la rubrique « À voir » à Hồ Chí Minh-Ville). Le gouvernement du Sud se rend. Les derniers soldats américains quittent la ville du toit de l'ambassade des États-Unis où une navette d'hélicoptères les évacue vers des porte-avions ancrés au large des côtes.

La guerre du Vietnam est officiellement finie. **Saigon devient Thành Phố Hồ Chí Minh,** Hồ Chí Minh-Ville en français, en hommage au père de la révolution vietnamienne. Le 2 juillet 1976, l'Assemblée nationale, élue en avril, proclame la **création de la République socialiste du Vietnam.** En 1976, il n'y a plus qu'un seul Vietnam, réunifié, communiste du nord au sud. La mainmise du vainqueur nordiste sur le vaincu sudiste est immédiate, brutale, systématique. Par dizaines de milliers, les fonctionnaires du régime Thiệu se retrouvent condamnés et déportés en « camps de rééducation », le « goulag vietnamien », où les pertes humaines seront énormes.

QUELLE CONNERIE, LA GUERRE !

Un soldat américain se retrouve face à un soldat vietcong. Le Vietnamien le fixe longuement et ne fait pas feu. L'Américain tire. Sur le cadavre, il trouve 2 photos, celle du mort et celle d'un enfant, sans doute sa fille. Les années passent. Le vétéran, rongé par le remords, publie une lettre dans la presse américaine : « Pardonnez-moi pour avoir pris votre vie. J'ai réagi comme on me l'avait appris à l'entraînement... » Un jour, le vétéran reçoit un fax d'une certaine Lan. C'est la fille du soldat tué. Le vétéran prend l'avion pour le Vietnam et se prosterne à genoux devant Lan, s'excusant d'avoir tiré sur son père.

Le bilan désastreux de la guerre

Aucun pays au monde au cours du XXe s n'a connu une telle guerre destructrice, un tel déluge de feu et de bombes, un aussi impitoyable carnage.
Comment peut-on être anéanti sans jamais être complètement mort ? Voilà un pays qui est parvenu à renaître de ses cendres, à la manière du phénix, cet oiseau légendaire si important dans la mythologie vietnamienne.

Les bombes

Près de 13 à 15 millions de tonnes de bombes et d'explosifs divers ont été larguées par des bombardiers américains sur le Vietnam (Nord et Sud) de 1962 à 1975. Pas moins de **3 à 4 fois le tonnage lâché pendant la Seconde Guerre mondiale.** Autrement dit, ce petit pays a reçu sur la tête l'équivalent de 450 bombes atomiques d'Hiroshima ! Selon les experts vietnamiens, en 2017, pas moins de 800 000 t de munitions non explosées seraient encore dissimulées sous 18,8 % du territoire national. Avec l'aide d'ONG spécialisées, le travail de déminage se fait sur le terrain, en particulier autour du 17e parallèle, zone la plus bombardée.

Les produits chimiques, défoliants, napalm...

Selon les experts vietnamiens, les Américains auraient « arrosé », non seulement le Vietnam, mais aussi le Cambodge et le Laos, en y déversant 72 millions de litres de produits chimiques. Près de la moitié de ce lugubre épandage serait le tristement célèbre agent Orange, un liquide à base de dioxine (Seveso, ça vous dit quelque chose ?), la substance la plus toxique au monde. Au Vietnam, entre 1961 et 1971, près de 60 000 m³ de défoliants auraient été déversés. Près de 3 000 des 20 000 villages vietnamiens auraient été aspergés, affectant entre 2 et 4 millions de personnes.

Sur l'ensemble du Sud-Vietnam, 16 % des terres auraient été ravagées, tuant les hommes, les animaux (les Américains attaquèrent au napalm des troupeaux d'éléphants convoités par les Vietcong...), détruisant les plantes et les arbres (20 000 km² de forêts ont disparu), provoquant encore aujourd'hui de nombreux cancers et des malformations génétiques chez les nouveau-nés.

Les provinces les plus touchées sont celles qui entourent Saigon : Tây Ninh et Sông Bé (entre la ville et la frontière du Cambodge), et la zone du 17e parallèle : la DMZ et Đồng Nai, à l'est. Dans chacune de ces 3 provinces, 50 % des terres ont été victimes des produits chimiques.

Les pertes humaines

– **Les Vietnamiens :** environ **4 millions de civils,** soit 5 % de la population du Vietnam, **ont été tués ou blessés** pendant la guerre, dont 1 435 000 personnes au sud. Le Sud-Vietnam a perdu un peu plus de 223 000 soldats. Du côté des Nord-Vietnamiens et des forces vietcong, les chiffres restent approximatifs, mais on peut estimer le nombre de combattants morts à 440 000 et celui des blessés à peu près au double. Au total donc : les pertes militaires vietnamiennes s'élèveraient à 663 000 morts. Autrement dit, le Vietnam aurait sacrifié au cours de cette guerre 10 fois plus de vies que l'Amérique.

– **Les Américains :** selon les sources américaines officielles, **58 183 Américains seraient morts ou portés disparus** au Vietnam. Ajoutez à cela les 313 613 blessés, et vous comprendrez pourquoi la guerre du Vietnam reste gravée dans les esprits des Américains (autant que la guerre de Sécession). On compte environ 2 200 soldats portés disparus (« *MIA : Missing in action* »).

– **Les Français :** la guerre d'Indochine fut plus meurtrière pour eux que ne le fut la guerre du Vietnam pour les Américains. Environ 92 000 Français sont morts ou ont été portés disparus, 114 000 furent blessés.

Le coût financier

– **Guerre d'Indochine** *(1946-1954)* **:** 93 milliards de francs (1975), dont 73 milliards à la charge du budget de la France, le reste à la charge du gouvernement américain.

– **Guerre du Vietnam** *(1954-1975)* **:** plus de 150 milliards de dollars courants en dépenses directes, le double si l'on inclut toutes les dépenses indirectes liées à la machine de guerre américaine.

Un pays « libéré » mais mené à la baguette !

Après la victoire inattendue et précipitée des troupes nord-vietnamiennes en avril 1975 et le départ, tout aussi précipité, des derniers Américains, les nouveaux maîtres du pays ont une curieuse réaction : ils ferment les portes de leur pays pour « digérer » en toute tranquillité ce gros morceau avalé par Hanoi. Très vite, **le Nord triomphant impose sa règle de fer au Sud.** Une douche froide pour les sudistes, habitués à une certaine liberté. Il

> ### OÙ EST PASSÉ LE TRÉSOR ?
> *Après la chute de Saigon, le 30 avril 1975, les tonnes de lingots d'or enfermés dans les coffres-forts de la banque de la République du Sud-Vietnam disparurent. L'officier Bùi Tin (qui est entré en dissidence) reçut la capitulation des mains du gros Minh qui était chargé du trésor. Le butin a pris la route du Nord, on ne sait pas ce qu'il est advenu de cette montagne d'or...*

faudra attendre juillet 1976 pour que la réunification officielle soit proclamée. Mais déjà Saigon la rebelle vit sous la tutelle des maîtres nordistes, découvrant la dureté du socialisme bureaucratique le plus rigide.

L'administration est dissoute. Les anciens fonctionnaires du gouvernement Thiệu s'enfuient à l'étranger, ou se rendent à la police. On les arrête, on les condamne sans jugement, on les enferme dans des « camps de rééducation », terme flatteur pour désigner de sinistres camps concentrationnaires où les détenus vivent dans des conditions inhumaines. L'horreur stalinienne dans toute sa splendeur !

« Purger, purger, purger », tel est le mot d'ordre. Toutes les couches de la société passent à la trappe : intellectuels, écrivains, artistes, bonzes, prêtres, médecins, professions libérales, commerçants, dirigeants d'entreprises, syndicalistes, l'élite du Sud prendra le chemin du « *goulag vietnamien* ». Des milliers et des milliers d'hommes y mourront de maladie, de faim, des mauvais traitements qui leur seront infligés. La répression politique touche aussi les familles de ces détenus. Les enfants, victimes de la discrimination, seront interdits d'école, privés d'université, voire de travail, parce qu'un de leurs parents ou grands-parents avait eu des relations étroites avec les Français ou les Américains.

Pour beaucoup, le Vietnam devient un pays impossible à vivre, refermé sur lui-même, appauvri et privé de liberté. Plutôt fuir que rester, c'est le choix des ***boat people.*** À partir de 1978, le gouvernement commence à saisir les biens et les maisons des particuliers. C'est la goutte d'eau qui fait déborder le vase. Les Vietnamiens s'enfuient en masse, par la mer, à bord de rafiots pourris, à destination de Hong Kong, des côtes thaïlandaises ou malaises, des Philippines. Près de 2 millions de personnes vont ainsi prendre la route de l'exil. Une tragédie ! Beaucoup périssent en mer, victimes du mauvais temps ou, plus souvent, des pirates de la mer de l'Est (auparavant mer de Chine). Entre 1979 et 1982, et même jusqu'en 1988, le Vietnam va perdre une partie de sa matière grise, des gens de bonne volonté qui étaient prêts à « reconstruire » le pays. Réfugiés en France (250 000), au Canada (120 000), en Australie (110 000), mais surtout aux États-Unis (1,3 million), ils forment aujourd'hui une diaspora vietnamienne forte et solidaire. ***Pour la 1re fois dans son histoire, le peuple vietnamien est dispersé dans le monde, hors de son sol natal.*** Un exil quasiment forcé, pour des raisons politiques au départ, économiques par la suite. Après plus d'un quart de siècle, ils reviennent de plus en plus nombreux au pays, en simples visiteurs ou pour investir. Mais ils éveillent toujours quelque méfiance chez les communistes au pouvoir. Il est clair que le rapprochement, certes amorcé, sera lent.

À partir de 1978 et après la signature entre Hanoi et Moscou d'un traité d'assistance mutuelle de 25 ans, le petit Vietnam s'abrite sous l'aile de l'URSS, son nouvel allié, au grand dam des Chinois, qui hurlent à la

« trahison ». Pendant ce temps-là, au Cambodge, les Khmers rouges au pouvoir, soutenus par la Chine, perpétuent le 3e génocide du XXe s : plus de 1,5 million de Cambodgiens massacrés, un auto-ethnocide perpétré derrière des frontières hermétiquement closes...

L'invasion du Cambodge en 1979

Obsédé par l'idée de récupérer un jour le territoire du delta du Mékong qui appartenait à l'Empire khmer avant le XVIIIe s, Pol Pot organise des massacres de civils vietnamiens à la frontière des 2 pays. Pour Hanoi, c'est un *casus belli*. L'armée vietnamienne entre au Cambodge en décembre 1978, prend Phnom Penh, et renverse en janvier 1979 le gouvernement sanguinaire des Khmers rouges. La boucherie cambodgienne cesse. Quand les soldats vietnamiens entrent dans la prison de Tuol Sleng, ils découvrent un 2d Auschwitz sous les palmiers : des suppliciés en sang agonisent encore sur les tables de torture de leurs bourreaux... un spectacle atroce.

Le gouvernement chinois, furieux, réagit aussitôt à l'invasion du Cambodge et décide de donner « une bonne leçon » au Vietnam. C'est la guerre. Le **17 février 1979, l'armée chinoise attaque** en envahissant plusieurs provinces frontalières au nord du Vietnam. Une guerre éclair, rapide, foudroyante, meurtrière : 20 000 morts côté chinois en 17 jours de combat ! Une guerre secrète, loin des caméras du monde occidental. La ville de Lạng Sơn est rasée. Ironie de l'Histoire, les Vietnamiens se battent avec une telle détermination que les Chinois doivent cesser les combats et se retirer.

Humiliation suprême pour les Chinois : au lieu de donner une leçon, ils en reçoivent une belle de la part de leur ennemi séculaire. Entre 1980 et 1989, ni guerre ni paix, les 2 pays se regardent en chiens de faïence, des actes de violence, des escarmouches ont lieu à la frontière sino-vietnamienne fermée. Celle-ci n'a été rouverte qu'en novembre 1991 avec la visite du 1er ministre vietnamien Đỗ Mười à Pékin, et celle de Li Peng, son homologue chinois, à Hanoi en 1992.

Un pays vainqueur et fier mais pauvre et sclérosé

En septembre 1989, le Vietnam évacue ses troupes du Cambodge, après 10 ans d'occupation. Une si longue mainmise du Vietnam sur son petit voisin a plusieurs raisons. L'intervention militaire de janvier 1979 avait comme prétexte de mettre un terme au bain de sang perpétré par les Khmers rouges. Mais Hanoi voulait avant tout se débarrasser de la Chine, soutien n° 1 de Pol Pot à Phnom Penh. L'idée de se retrouver ainsi encerclé au sud comme au nord de son territoire par cette Chine hostile et tentaculaire ne pouvait qu'effrayer encore plus les Vietnamiens.

Enfin, 3e raison à l'invasion du Cambodge : le vieux rêve de Hồ Chí Minh de créer une sorte de fédération des 3 pays communistes de l'ex-Indochine sous la tutelle du Vietnam. Dans les faits, beaucoup de Cambodgiens ont pris la présence des Vietnamiens sur leur sol comme une conquête coloniale tout en reconnaissant qu'ils furent des « libérateurs » en 1979. Des libérateurs devenus des occupants, en somme...

Le Cambodge évacué, *le Vietnam se retrouve en paix, pour la 1re fois de son histoire depuis la Seconde Guerre mondiale.* En 1991, les choses commencent à bouger, après 16 ans de paralysie politique, de marasme économique, de neurasthénie morale et intellectuelle. Les ondes de choc de la glasnost et de la perestroïka de Gorbatchev atteignent les côtes vietnamiennes, gagnent les esprits des anciens combattants au pouvoir. Les résultats de la nouvelle politique de Đổi mới (littéralement « changer pour faire du neuf »), adoptée par le Parti communiste vietnamien, sont immédiats sur la santé du malade. Un signe plus révélateur que n'importe quelle statistique : les Vietnamiens ont un désir moins fort de s'enfuir à l'étranger que pendant les années 1980. Les boat people n'errent plus sur la mer de l'Est. Les demandeurs d'asile auprès des pays occidentaux existent encore, mais on les compte en dizaines seulement, et non plus en dizaines de milliers comme auparavant !

La *Đổi mới* : changer pour créer du nouveau

L'ouverture des frontières aux touristes et aux hommes d'affaires étrangers, l'accélération des réformes économiques, la création d'un code des investissements et la réhabilitation du profit commercial et personnel ont redonné une certaine confiance aux Vietnamiens. Signe des temps : jusqu'en 1988, il était officiellement interdit de s'adresser à un étranger dans la rue, sauf aux personnes originaires des pays de l'Est et du bloc communiste (comme si c'était écrit sur leur visage...). Désormais, il y a une certaine liberté de parole et de comportement, même si la « Toile » (Internet) fait l'objet d'une grande vigilance (une telle surveillance n'arriverait d'ailleurs jamais dans nos pays démocratiques... n'est-ce pas ?) et que l'information reste très contrôlée. Les gens se parlent de plus en plus, sans crainte des descentes de police. Voilà la vraie nouveauté. Les esprits se libèrent un peu, tout comme les langues. Hanoi, qui voulait remodeler Saigon à son image, prend aujourd'hui des leçons d'ouverture auprès de l'ancienne capitale du Sud vaincue en 1975. Hô Chí Minh-Ville s'échappe en douceur du carcan nordiste. Et Hanoi se rapproche en dynamisme de sa rivale.

Depuis 1992, le Vietnam a enfin commencé sa reconstruction.

Ouverture et échanges internationaux

L'**embargo américain** en vigueur depuis 1975 empêchait toutes relations commerciales entre les États-Unis et le Vietnam. Il a été **levé en février 1994 par Bill Clinton**, pour permettre aux sociétés américaines de s'implanter sur un marché déjà bien pris par les Chinois de Hong Kong, les Taïwanais (Chinois encore) et les Français (3es investisseurs en 1994). Le clou de ces relations bilatérales renouées, c'est bien sûr le 16 novembre 2000, lorsque **Bill Clinton entame une tournée symbolique et triomphale de 3 jours.** C'est le 1er voyage d'un président américain depuis la fin du conflit. À l'ordre du jour (entre autres) les *MIA* (« *Missing in action* ») et les relations économiques. Bien entendu, il est accompagné d'une trentaine de chefs d'entreprise. L'économie et les marchés à conquérir restent des idées maîtresses pour les Occidentaux en visite dans le coin.

Forte de ce « parrainage » et des investissements étrangers globalement en hausse, l'économie vietnamienne décolle peu à peu, atteignant un taux de croissance de 8,2 % en 1994. De nombreux efforts sont entrepris pour rattraper le retard sur les petits dragons asiatiques, récompensés en 1995 par l'entrée du pays au sein de l'ASEAN (l'Association des nations de l'Asie du Sud-Est) et, en 2007, par l'intégration au sein de l'Organisation mondiale du commerce (OMC).

La bataille au sein du Parti

Le Vietnam reste dans une phase de transition délicate. Sur le plan politique, le gouvernement oscille entre conservatisme et renouveau. Le 15 avril 1998 à Hanoi, on s'immole encore par le feu pour protester contre le régime. L'Église évangélique du Vietnam, protestante, est enfin reconnue officiellement en 2001, mais d'autres Églises protestantes ne le sont pas.

Sur le plan des libertés et du pluralisme, le bilan est donc pour le moins mitigé. Sur le plan économique, c'est l'essoufflement. Les investissements étrangers diminuent. Avec Cuba, la Chine, le Laos et la Corée du Nord, le Vietnam est officiellement l'un des derniers pays dits « socialistes ». Dans la réalité, le régime politique ressemble à un « capitalisme d'État », plus contrôlé que la Chine. Dans la Constitution, il est toujours précisé : **« Le peuple est le maître collectif, le Parti dirige, l'État gère.** » Si l'État compte à sa tête un président élu par l'Assemblée nationale, elle-même élue au suffrage universel pour 5 ans et se réunissant 2 fois par an, le Parti reste le maillon central du pouvoir. Depuis octobre 2018, et c'est une nouveauté, **son secrétaire général, Nguyễn Phú Trọng, cumule le poste de secrétaire du Parti avec celui de président du pays.** Pas vraiment ce qu'on pourrait appeler un signe d'ouverture...

Vers quel modèle de société ?

Même si le Vietnam est l'un des derniers pays dits « socialistes », la politique communiste, à proprement parler, est beaucoup plus souple que dans d'autres pays. Ici, le centralisme démocratique à la soviétique n'existe plus. Chaque région est plus ou moins autonome. Les nombreuses minorités et les phénomènes ethniques ont favorisé, depuis toujours, l'existence de petits chefs locaux qui ont l'appui du gouvernement. D'autre part, au rigorisme soviétique s'oppose la flexibilité vietnamienne, qu'il s'agisse des lois, du code de la route ou même des horaires de train, tout change très vite.

Repères historiques

Pour ceux qui n'ont pas le temps de lire la rubrique « Histoire » en entier...
– 111 av. J.-C. à 937 apr. J.-C. : domination chinoise.

Dynasties nationales (937-1858)
– *1009-1225 :* sous les Lý, victoires de Song et de Yuan contre la Chine.
– *1225-1400 :* sous les Trần, nouvelles victoires contre la Chine et renforcement du bouddhisme.
– *1428-1776 :* sous les Lê postérieurs, victoire contre les Ming de Chine ; partage du pays entre les Nguyễn au sud et les Trịnh au nord. Nombreuses révoltes paysannes.
– *1776-1792 :* sous les Tây Sơn, réunification du territoire et refoulement des Qing mongols.
– *1792-1945 :* dynastie des Nguyễn établie par Gia Long.

Colonisations françaises (1858-1945)
– *1858 :* les Français débarquent à Đà Nẵng.
– *1867 :* la Cochinchine devient colonie française.
– *1883 :* l'Annam et le Tonkin (centre et nord) sont sous protectorat.
– *1945 :* le 2 septembre, indépendance proclamée par Hồ Chí Minh à Hanoi.
– *1954 :* le 7 mai, défaite française de Điện Biên Phủ. Le 21 juillet, accords de Genève reconnaissant l'indépendance du pays avec une démarcation militaire au 17e parallèle. La République démocratique (RDV) au nord est reconnue, et au sud s'installe la République du Vietnam. Des élections générales sont prévues.

Interventions américaines (1956-1976)
– *1956 :* Diệm, président de la République du Sud, refuse les élections, les Américains débarquent.
– *1968 :* offensive du Tết et point culminant de l'intervention américaine. Ouverture de la conférence de Paris.
– *1969 :* le 2 septembre, mort de Hồ Chí Minh à Hanoi, à l'âge de 79 ans.
– *1973 :* signature des accords de Paris, lent retrait des troupes américaines.
– *1975 :* offensive vietcong du printemps ; prise de Saigon par les Bộ Đội.
– *1976 :* réunification officielle du pays sous le nom de République socialiste du Vietnam. Début de l'ère communiste.

Ouverture du pays (à partir de 1986)
– *1986 :* mise en place d'une politique de rénovation, la *Đổi mới*.
– *1994 :* levée de l'embargo américain par Bill Clinton.
– *1995 :* intégration au sein de l'ASEAN (Association des nations du Sud-Est asiatique).

- **1998-1999 :** le gouvernement décide de libérer des milliers de prisonniers politiques et religieux dans le cadre d'un programme d'ouverture et de libéralisation progressives.
- **2000 :** voyage de Bill Clinton au Vietnam. C'est le 1er voyage d'un président américain depuis la fin du conflit.
- **Fin 2003-début 2004 :** épidémie de SRAS (maladie pulmonaire mortelle) en Chine et au Vietnam. Le Vietnam parvient très rapidement à en arrêter la propagation et reçoit les félicitations de l'OMS (Organisation mondiale de la santé). À la fin 2003, une autre épidémie, la grippe aviaire (qui contamine les poules et les volailles), frappe l'Asie du Sud-Est et le Vietnam, mais elle est rapidement endiguée.
- **2010 :** anniversaire en octobre du Millénaire de Hanoi. Durcissement du régime dans le domaine des Droits de l'homme. Plusieurs militants et blogueurs pacifiques en faveur de la liberté et de la démocratie dénoncent la corruption et l'injustice, mais ils sont arrêtés et emprisonnés.
- **2012 :** arrestations sur les Hauts Plateaux de contestataires accusés de séparatisme.
- **2014 :** en mars, ouverture du 1er *McDo* du Vietnam à Hồ Chí Minh-Ville. Le succès est immédiat...
- **2015 :** en novembre, visite officielle à Hanoi du président chinois Xi Jinping avec promesse de régler « à l'amiable et pacifiquement » la querelle des eaux territoriales en mer de l'Est.
- **2019 :** en février, le Vietnam accueille le 2e sommet entre les présidents américain Donald Trump et nord-coréen Kim Jong-un, qui se solde par un échec.
- **2020-2021 :** touché par la pandémie de Covid-19 venue de Chine, le Vietnam enregistrait (début 2021) environ 2 500 cas de personnes contaminées, environ 1 900 guérisons et seulement 35 décès. Ce bilan est unique au monde !

CONFLIT MARITIME SINO-VIETNAMIEN

Si les conflits frontaliers terrestres avec les Chinois ont cessé grâce à un accord, ce n'est pas le cas avec les îles Paracels et Spratley de la mer de Chine méridionale (mer de l'Est pour les Vietnamiens). De graves affrontements s'y déroulent depuis 1984 jusqu'à aujourd'hui. La Chine les considère comme partie intégrante du pays, bien qu'elle ait signé les conventions internationales reconnaissant ces îles comme vietnamiennes. L'emplacement stratégique des 2 archipels et le fait qu'ils recèlent d'énormes réserves de pétrole et de gaz naturel expliquent tout !

Les Vietnamiens ont obéi avec civisme aux instructions de leur gouvernement (autoritarisme communiste). Les autorités ont fermé très tôt les frontières, et mis en place une logistique efficace, quasi militaire (comme si un ennemi menaçait le pays), avec des règles très strictes pour lutter contre la contagion. À cela s'ajoute une raison financière, le pays n'a pas vraiment les moyens d'acheter les vaccins anti-Covid-19 comme ceux produits par Pfizer pour vacciner leur population. Le gouvernement a donc préféré adopter la manière forte en amont.

MÉDIAS

Le système médiatique vietnamien est en plein boom, avec pléthore de publications de toutes sortes. Mais cet indéniable développement quantitatif cache une misère qualitative : en effet, ***il n'existe aucun journal indépendant dans le pays.*** La presse écrite, la télévision et les radios sont toutes contrôlées par les autorités de Hanoi, c'est-à-dire le ministère de l'Information et des Communications et le ministère de l'Intérieur.

Une certaine concurrence demeure entre les principales rédactions, du fait que les quotidiens en vietnamien restent placés sous l'autorité de leurs institutions de tutelle : le Département central de la propagande et de l'éducation (DCPE) du Parti communiste, le ministère de l'Information et de la Communication (MIC), l'armée, l'agence de presse officielle ou les municipalités. Les journalistes – notamment la jeune génération, de mieux en mieux formée – tentent autant que possible de se démarquer des directives éditoriales du parti unique, mais la censure veille.

Médias en langue étrangère

– En français : le Vietnam est *l'un des rares pays d'Asie où paraissent des publications francophones*, *Le Courrier du Vietnam* et *Saigon Eco*. À l'instar de tous les médias du pays, ces journaux évitent soigneusement de critiquer le pouvoir en place.
– En anglais : à Hanoi, *Vietnam News,* un journal d'informations générales au format tabloïd. Il est l'homologue du *Courrier du Vietnam* en anglais. À Hô Chí Minh-Ville, *News Trove* et *Saigon Times Weekly*. Principaux magazines en anglais : *Vietnam Investment Review* et *The Economist*.
– La télévision vietnamienne (VTV) diffuse des journaux en français et en anglais tous les jours. La *Voix du Vietnam* est une radio nationale qui diffuse des émissions en français, à destination des étrangers résidant au Vietnam. On peut la capter sur la bande FM, sur 105.5 MHz. Le Vietnam diffuse les émissions de télévision étrangères avec un délai de 30 mn, pour donner aux censeurs le temps de couper tout contenu politiquement sensible.

Votre TV en français : TV5MONDE, la 1re chaîne culturelle francophone mondiale

Avec ses 11 chaînes et ses 14 langues de sous-titrage, TV5MONDE s'adresse à 360 millions de foyers dans plus de 198 pays du monde par câble, satellite et sur IPTV. Vous y retrouverez de l'information, du cinéma, du divertissement, du sport, des documentaires...
Grâce aux services pratiques de son site voyage ● voyage.tv5monde.com ●, vous pouvez préparer votre séjour et, une fois sur place, rester connecté avec les applications et le site ● tv5monde.com ● Demandez à votre hôtel le canal de diffusion de TV5MONDE et contactez ● tv5monde.com/contact ● pour toutes remarques.

Internet

La *presse privée étant interdite,* nombreux sont ceux qui essaient de se faire entendre en ouvrant des blogs et en y diffusant des informations. Mais tout contenu qui irait contre la ligne du Parti communiste est bloqué, et les auteurs des blogs font l'objet de harcèlement et d'arrestations.
Le Vietnam est la *2e prison au monde pour les blogueurs et cyberdissidents,* après la Chine. Près d'une trentaine d'entre eux sont actuellement emprisonnés dans le pays, certains sans avoir été jugés, pour avoir apporté des informations alternatives ou critiques à l'encontre du pouvoir. Ils enquêtent sur la corruption, les problèmes environnementaux, les perspectives politiques du pays, les relations avec la Chine, etc. Depuis l'*arrivée d'une ligne dure et conservatrice* à la tête du Parti communiste en 2016, les autorités du pays ont énormément durci la répression à l'égard des blogueurs et citoyens-journalistes, lesquels peuvent être condamnés à des peines allant jusqu'à 20 ans de prison, comme on l'a vu en août 2018.
Face à la *mobilisation citoyenne en ligne,* le pouvoir a par ailleurs affiné ses outils de répression. L'armée se targue par exemple de l'existence de la Force 47, une unité composée de 10 000 cybersoldats chargés de défendre le Parti et d'attaquer les blogueurs qui porteraient des voix dissidentes sur Internet. Début 2019

est entrée en vigueur une **nouvelle loi sur la cybercriminalité** qui entend obliger les plates-formes à stocker les données des utilisateurs sur le sol vietnamien pour les remettre aux autorités si elles l'exigent.

Radio

Les radios, qui couvrent 95 % du territoire, sont très écoutées. Contrôlées par le cabinet du 1er ministre et le Comité central du Parti communiste, les 5 stations de *La Voix du Vietnam (VOV1, VOV2, VOV3, VOV4, VOV5)* sont relayées par une soixantaine de stations locales et diffusent sur toutes les gammes d'ondes un total de 122h de programmes par jour. *Radio France Internationale* et les autres stations internationales ne peuvent malheureusement être captées qu'en ondes moyennes ou courtes. Le gouvernement a toujours refusé de leur accorder des licences FM.

Télévision

Le pays compte 9 chaînes de télévision nationales, régionales et internationales, regroupées sous l'égide de la *Télévision du Vietnam (VTV)* : *VTV1,* chaîne généraliste axée sur l'information politique, *VTV2,* chaîne éducative et scientifique, et *VTV3,* chaîne de divertissement à vocation commerciale. Elles dépendent directement du cabinet du 1er ministre et du Comité central du Parti communiste. Le journal national de *VTV1* est diffusé à 19h. À 23h, la chaîne diffuse un bulletin d'informations en français.
2 groupes de radiotélévisions locales, l'un à Hanoi et l'autre à Hô Chí Minh-Ville, sont dirigés par le Comité populaire local du Parti. Parmi les principaux opérateurs, on trouve notamment *VTVcab,* détenu à 100 % par *VTV* et offrant plus de 200 chaînes dans tout le pays, et *Vietnam Cable TV (HTVC)* codétenu par *VTV* et *Saigon Tourist Corporation* (détenu par l'État).

Journaux

La presse nationale est dominée par 5 « organes militants » : le *Nhân Dân* (« Le Peuple »), quotidien du Parti communiste vietnamien ; le *Quân Đội Nhân Dân* (« L'Armée populaire ») ; le *Sài Gòn Giải Phóng* (« Le Saigon libéré ») ; le *Hà Nội Mới* (« Le Hanoi nouveau ») ; *Tin Tức* (« Les Nouvelles »). Les journaux locaux dépendent en général de l'instance provinciale du Parti. La presse spécialisée, la plus dynamique au Vietnam aujourd'hui, est moins liée au pouvoir politique que les journaux d'informations générales. Ainsi, le groupe de presse suisse Ringier a financé le lancement de *Thời Báo Kinh Tế Việt Nam* (« La Revue économique du Vietnam ») dont le supplément en anglais a pour but d'informer les investisseurs étrangers.
La presse pour enfants et adolescents est très importante, la moitié de la population ayant moins de 20 ans. On peut citer *Thanh Niên* et *Tuổi Trẻ,* les 2 fleurons de la presse quotidienne pour la jeunesse, qui comptent des sites internet très fréquentés.
*Les **plus gros tirages de la presse vietnamienne** sont des journaux de faits divers, qui dépendent des organes policiers, notamment *Công An.*

Liberté de la presse

Le Vietnam n'a pas de bureau de censure préalable, mais *la presse est étroitement contrôlée* par le ministère de l'Information et de la Communication (MIC) et les cellules du Parti communiste au niveau national et local.
Les dirigeants des journaux comme *Nhân Dân* ou *Voix du Vietnam* ont un pouvoir « moral » et « politique » comparable à celui d'un ministre. Toutefois, le contenu éditorial qu'ils offrent est soumis à l'approbation des autorités supérieures. Chaque semaine, les rédacteurs en chef des agences de presse, directement sous

la coupe des organes centraux, se réunissent avec des représentants du Département central de la propagande et de l'éducation (DCPE) à Hanoi, pour écouter les recommandations du président du département central du DCPE.
Au cours de ces réunions, les éditeurs se voient instruits des informations qui devraient être rendues publiques et celles qui ne le devraient pas. Ceux qui n'ont pas suivi les instructions à la lettre sont soumis à des mesures disciplinaires pouvant entraîner leur licenciement ou même des poursuites en justice. À ce titre, l'*emprisonnement de voix critiques* est justifié par l'invocation du Code pénal et sa phraséologie d'un autre temps – notamment les articles 88 (qui punit d'emprisonnement toute « propagande anti-étatique »), 79 (contre les « activités visant à renverser le gouvernement ») et 258 (qui punit celles et ceux qui « abusent de leurs libertés démocratiques »).
Début 2019, on soupçonne des agents vietnamiens d'être allés jusqu'à kidnapper un journaliste en exil réfugié à Bangkok, avec la complicité des autorités thaïlandaises.

■ *Reporters sans frontières :* CS 90247, 75083 Paris Cedex 02. ☎ 01-44-83-84-84. ● rsf.org ●

PATRIMOINE CULTUREL

Architecture

L'architecture vietnamienne fut portée sur les fonts baptismaux par plusieurs parrains qui l'influencèrent : Chinois au nord, Indiens et Khmers au sud. C'est d'abord dans le tracé des villes, les palais, temples, tombeaux impériaux et maisons communales qu'on découvre l'architecture vietnamienne traditionnelle. Ils étaient dessinés suivant des critères astrologiques et géographiques très précis. Pour déterminer le site, **on appliquait ici la « géomancie »,** science étudiant la configuration des astres au moment de la recherche du site, et aussi, parfois, des histoires de *yin* et de *yang* (comment le Dragon bleu et le Tigre blanc s'équilibraient aussi à ce moment-là). Résultat : une harmonie avec la nature tout à fait exceptionnelle, s'alliant au charme du site et au mystère de tous ces calculs et paramètres... Des villes comme Hanoi et Huê, les grands tombeaux impériaux, les temples de Hoa Lư, etc. répondirent à ces règles. La rencontre avec le bouddhisme permit à l'architecture vietnamienne de s'enrichir et de se détacher de l'influence chinoise. Du point de vue technique, ce qui primait, c'était le toit. Aussi les architectes portaient-ils tous leurs efforts sur les piliers et la charpente, fixée avec des chevilles (sans clous) et sculptée abondamment, contrairement à la charpente chinoise qui était avant tout laquée. Plus tard, c'est dans l'édification des maisons communales *(đình),* dédiées aux génies tutélaires des villages, que s'exprima pleinement l'art vietnamien, surtout du XVIIe au XIXe s.
Quant aux **pagodes** *(chùa),* elles suivent souvent le même plan : 3 salles en parallèle reliées au milieu par un couloir ou de petits ponts. La 1re sert de vestibule ou de narthex, avec 2 immenses statues (le bon et le méchant ou le bonheur et le malheur, ainsi que d'autres petits génies protecteurs). Au milieu, les brûle-parfums, les plateaux d'offrandes, les énormes grelots de prière en forme de carpe.
L'*architecture rurale* fait appel aux matériaux naturels : bois, bambou, palme, chaume de riz. Elle exprime 2 influences : sur pilotis, elle est proche du style thaï ; de plain-pied, elle s'inspire du style chinois. Là aussi, la charpente est l'élément le plus important de la construction. Pour plus de robustesse et de durabilité, le chaume de riz et les feuilles de palme sont de plus en plus remplacés par les tuiles dites « bordelaises » ou la tôle, le bois ou le bambou tressé par la brique. Quant à l'architecture moderne, elle est marquée par le **style colonial français** aux réminiscences néoclassiques haussmanniennes, Art déco ou style villas Belle Époque. Elle fut relayée à l'indépendance par l'**architecture soviétique néostalinienne,**

le monumental bétonné et grandiloquent, dont l'un des plus beaux fleurons est la mairie de Hanoi. Désormais, le style en vogue est résolument moderne : verre et acier ont pris le pouvoir. Bref, comme l'a dit un intellectuel vietnamien, *la civilisation du Vietnam, c'est 1 000 ans de civilisation chinoise, 900 ans de civilisation vietnamienne et 100 ans de civilisation française.*

PERSONNAGES

– **Hồ Chí Minh** *(1890-1969)* **:** son nom signifie « celui qui éclaire », mais le père de l'indépendance du Vietnam a eu de nombreux surnoms et pseudonymes au cours de son existence... Au Vietnam, il est appelé « Oncle Hồ ». Il est né le 19 mai 1890 à Kim Liên près de Vinh, centre du Vietnam, et Nguyễn Sinh Cung est son vrai nom. Après des études à Huế, il est nommé instituteur à Phan Thiết. Le 5 juin 1911, âgé de 21 ans, il embarque à bord du paquebot *Amiral-de-Latouche-Tréville*, engagé comme cuisinier. Étudiant à Londres (1914-1919) d'abord, il se fait appeler Nguyễn Ái Quốc (« Nguyễn le Patriote »), travaille en France en 1921, exerçant divers métiers : jardinier au Havre, retoucheur photographe, cuisinier, balayeur... Éternel nomade, il aurait vécu dans une quarantaine de villes différentes de 1911 à 1941, de New York à Londres, de Paris à Moscou, de Canton à Hong Kong. À New York, il aurait même été pigiste pour le *New York Times*. Membre de la SFIO socialiste, il aurait été initié au communisme par Marcel Cachin, le directeur du journal *L'Humanité*. On dit aussi que Hồ Chí Minh aurait été admis dans la franc-maçonnerie. À partir de mai 1923, Nguyễn Ái Quốc est formé à Moscou par le Komintern, pour aller en Chine porter la révolution rouge. À Canton en 1926, il épouse une Chinoise catholique, puis s'enfuit en 1927, retourne plusieurs fois en Russie. Avec l'aide de Mao, il fonde le Parti communiste indochinois (1930), puis la Ligue pour l'indépendance du Vietnam, combattant à la fois l'occupation japonaise de son pays pendant la Seconde Guerre mondiale et la présence coloniale française. Près de 30 ans après l'avoir quitté, il revient clandestinement au Vietnam à pied, par les montagnes du Yunnan où il se cache pour préparer la lutte. En 1942, il prend le nom de guerre de Hồ Chí Minh (« celui qui éclaire »), mais il est arrêté par les nationalistes chinois et passe 1 an en prison en Chine.

En 1945, Hồ Chí Minh proclame l'indépendance du Vietnam (République démocratique du Vietnam) et tente de négocier avec la France (accords Hồ-Sainteny). Après l'échec de ces pourparlers, il prend les armes et organise l'armée clandestine (le Vietminh), assisté de Giáp, et entre en guerre avec la France coloniale. Longue et sanglante, la guerre d'Indochine se termine par la défaite de la France à la bataille de Điện Biên Phủ le 7 mai 1954. Le Nord indépendant et communiste continue la lutte pour l'unification complète du pays : c'est la terrible guerre du Vietnam menée par le Nord contre la République du Sud-Vietnam. Hồ Chí Minh n'aura pas le temps de goûter à la victoire finale du 30 avril 1975 car il meurt le 2 septembre 1969 en plein conflit. Il souhaitait que son corps repose dans des urnes au sommet de 3 collines symbolisant les 3 régions de son pays, mais son vœu n'a pas été respecté. Son corps a été embaumé et conservé dans un mausolée de style soviétique au cœur de Hanoi.

– **Le général Võ Nguyên Giáp** *(1911-2013)* **:** général le plus célèbre de l'histoire du Vietnam au XXᵉ s, Võ Nguyên Giáp admirait Bonaparte. N'est-il pas considéré aujourd'hui comme le « Napoléon » vietnamien ? Né à An Xá dans la province de Quảng Bình, fils de mandarin pauvre et nationaliste, il commence curieusement sa carrière comme professeur d'histoire. Très jeune, ce francophone admiratif de la Révolution française se bat contre la présence coloniale française. Marxiste convaincu, Giáp rejoint le Parti communiste vietnamien (clandestin). Sa 1ʳᵉ épouse meurt en prison en 1941, à la suite de tortures. C'est le déclic. Traqué par la police en 1939, il fuit en Chine, où il retrouve Hồ Chí Minh pour fonder le mouvement du Vietminh puis en 1944 l'Armée populaire vietnamienne (APV). Il apprend l'art de la guerre sur le terrain, ne fréquente aucune école militaire, autodidacte de génie et stratège hors pair, il finit par vaincre l'armée française à Điện Biên Phủ en 1954. Le Vietnam est ensuite divisé en 2 régimes : le Nord indépendant et communiste, et le Sud capitaliste proaméricain. Pendant la guerre du Vietnam, Giáp est ministre de la Défense du Nord-Vietnam et dirige toutes les opérations militaires. En 1980, il démissionne, et en 1982 il est exclu du bureau politique du Parti communiste vietnamien officiellement pour des raisons d'âge et de santé, mais en réalité pour son esprit critique vis-à-vis de la ligne dure du Parti... Il meurt à l'âge de 102 ans. Ses obsèques seront celles d'un héros national.

– **Les sœurs Hai Bà Trưng :** beaucoup de Vietnamiens les considèrent comme des modèles de combattantes ! Nées au nord du Vietnam dans une famille de militaires, il y a près de 2 000 ans, Trưng Trắc et Trưng Nhị furent formées aux arts martiaux et initiées à l'art de la guerre. Vers l'an 39 apr. J.-C. les 2 sœurs créent une armée composée essentiellement de femmes. Objectif : repousser l'envahisseur chinois ! Plutôt que de se rendre, les 2 sœurs préférèrent se donner la mort en se jetant dans la rivière Hát en l'an 43...

– **L'empereur Bảo Đại** *(1913-1997)* **:** il est le 13e et dernier empereur de la dynastie des Nguyễn, qui régna sur le Vietnam pendant près de 2 siècles. Fils de l'empereur Khải Định, le prince Nguyễn Phúc Vĩnh Thụy passe son enfance au palais impérial de Huế où il fut désigné comme prince héritier de la Couronne à 9 ans. Après des études en France (Sciences-Po), il règne de 1932 à 1940, tandis que l'administration coloniale française contrôle le pays. Il épouse Nam Phương, une belle catholique vietnamienne, mais multiplie les aventures féminines. Pendant la Seconde Guerre mondiale, Bảo Đại se réfugie dans la chasse et le jeu, tandis que l'Indochine est aux mains des Japonais. Le 25 août 1945, il abdique mais devient conseiller du gouvernement rebelle dirigé par Hồ Chí Minh.

Ce dernier l'envoie à Chongqing en Chine pour rencontrer Tchang Kaï-chek avec une délégation vietminh. On lui propose de s'installer à Nankin mais Bảo Đại refuse et préfère « faire du tourisme » pendant 1 mois au Yunnan. Il ne rentre pas à Hanoi, craignant d'être éliminé par Giáp et sa bande. Finalement, il s'installe à Hong Kong. Rétabli sur le trône par les Français en 1947, il retourne en France en 1954, après la défaite française de Điện Biên Phủ. Il n'abdique pas mais sa déchéance est proclamée en 1955 par le président Diệm du Sud-Vietnam. L'ex-empereur, devenu le citoyen Vĩnh Thụy, s'installe à Paris où il restera jusqu'à sa mort. Il est enterré au cimetière de Passy.

Entrepreneurs, industriels

– **Đoàn Nguyên Đức** *(né en 1962)* **:** ce serait l'homme le plus riche du Vietnam en 2018. Président du conseil d'administration du groupe *HAGL (Hoàng Anh Gia Lai)*, il a commencé par fabriquer des tables et des chaises pour les écoles. Grâce au bois et à la menuiserie, il a fondé un groupe industriel coté en Bourse, et implanté aujourd'hui dans de nombreux secteurs : construction, immobilier, tourisme, et même football. Il est le 1er Vietnamien à posséder son avion privé et achète des stars du ballon rond... une de ses passions.

– **Đặng Thị Hoàng Yến** *(née en 1959)* **:** femme d'affaires vietnamienne à la tête d'un groupe d'investissement prospère. Elle est classée au 5e rang du top 100 des Vietnamiens les plus riches. Elle reste une des femmes les plus influentes du pays dans le domaine économique.

Créateurs, inventeurs, scientifiques, artistes

– **Trần Anh Hùng** *(né en 1962)* **:** réalisateur français d'origine vietnamienne né à Đà Nẵng au début de la guerre du Vietnam. À l'âge de 13 ans, il débarque en France comme réfugié politique, étudie le cinéma à l'École Louis-Lumière, puis réalise *L'Odeur de la papaye verte*, son 1er film long métrage récompensé à Cannes en 1993. Son 2ᵉ film *Cyclo* remporte un Lion d'or à Venise en 1995 et *À la verticale de l'été* connaît un beau succès. Son style poétique et onirique a conquis un large public.

– **Trịnh Xuân Thuận** (né en 1948) : astrophysicien vietnamien d'expression française. Né à Hanoi, il a étudié à l'université de Princeton aux États-Unis et y obtint son doctorat d'astrophysique. Spécialiste des galaxies lointaines, grâce au télescope Hubble il a découvert en 2004 la plus jeune galaxie connue à ce jour. Son nom : I Zwicky 18... Trịnh Xuân Thuận est l'auteur d'une dizaine de livres en français, tous des best-sellers, dont *La Mélodie secrète* et *Le Cosmos et le Lotus*, ainsi que le *Dictionnaire amoureux du ciel et des étoiles*.

– **Quasar Khanh** (1934-2016) : de son vrai nom Nguyễn Mạnh Khánh, né à Hanoi dans une famille bourgeoise, il est d'abord étudiant à Paris à l'École des Ponts-et-Chaussées, et à sa sortie il se lance dans l'invention, la mode et le design. Génial et excentrique créateur des années 1960, Quasar Khanh faisait la une des magazines avec son ami Paco Rabane... On l'a un peu oublié mais il a inventé le mobilier gonflable, les poufs « satellites », la voiture transparente Cube Car (ancêtre de la Papamobile), et même la « bambouclette », un vélo en bambou... Il a été le mari de la styliste Emmanuelle Khanh, celle-ci porte encore son nom vietnamien...

Français liés au Vietnam

– **Alexandre de Rhodes** (1591-1660) : d'origine portugaise et « avignonnaise » (les États du pape), il est surtout connu comme « l'inventeur » de la langue vietnamienne actuelle (le *quốc ngữ*), une langue asiatique qui s'écrit avec les caractères de l'alphabet latin. Son œuvre est à l'origine de la création de la société des Missions étrangères. L'adoption de l'écriture romanisée par les Vietnamiens a permis à ceux-ci de se démarquer de l'empreinte très forte de la Chine et favorisé leur nationalisme au fil de l'histoire.

– **Alexandre Yersin** (1863-1943) : Suisse d'origine, il est le découvreur du bacille de la peste. Humaniste et altruiste, il soigne gratuitement les plus pauvres, aide les personnes âgées. Aujourd'hui, les Vietnamiens reconnaissants le considèrent comme un « Bouddha vivant » et certaines rues portent son nom. Yersin est à l'origine des Instituts Pasteur à travers le monde (voir aussi détails sur sa vie dans le chapitre « Nha Trang »).

– **Paul Doumer** (1857-1932) : grande figure politique, très controversée, de la IIIᵉ République et gouverneur de l'Indochine de 1897 à 1902. Issu d'une famille modeste du Quercy (il est né à Aurillac), son ascension sociale est fulgurante. Jules Méline le nomme gouverneur général de l'Indochine. Grand bâtisseur de la colonie, il construit le réseau des chemins de fer (et notamment l'incroyable chemin de fer du Yunnan), inaugure le port de Haiphong, fait de Hanoi une ville moderne (elle est la 1ʳᵉ d'Asie à recevoir l'électricité). Pour beaucoup, il a saigné l'Indochine en l'écrasant d'impôts, en pratiquant la politique du « vase clos » : la France ne paie pas un sou, l'Indo doit se débrouiller seule...

– **Le général Navarre** (1898-1983) : nommé général en 1945, Navarre commande le corps expéditionnaire français en Extrême-Orient où il se retrouve, en 1953, au poste de commandant en chef des Forces françaises en Indochine. C'est lui qui décida d'installer un camp retranché dans la plaine de Điện Biên Phủ pour endiguer l'avancée du Vietminh vers le Laos.

– **Geneviève de Galard** : née le 13 avril 1925 à Paris dans une famille de très vieille noblesse du sud-ouest de la France. Infirmière dans l'armée française, convoyeuse de l'air, elle fut la seule femme présente dans le camp retranché lors de la bataille de Điện Biên Phủ (mars-mai 1954), épisode auquel elle doit son surnom d'« ange de Điện Biên Phủ ». Elle est invitée par le Congrès des États-Unis, et le président Eisenhower la décore de la médaille de la Liberté, une des plus hautes distinctions américaines.

– **Jean Lartéguy** *(1920-2011) :* écrivain et journaliste, Jean Lartéguy fut correspondant de guerre pour *Paris Match* et débarqua dans l'Indochine en guerre. Ses livres *Le Mal jaune* (1962), *Hanoi ou la ville étrangère, Saigon ou les âmes errantes, Un million de dollars le Viet* (1965), *Le Mal d'Indochine* (1994)... ont fait de Lartéguy un des grands témoins de ces années de feu.
– **Lucien Bodard** *(1914-1998) :* on le surnommait « Lulu » et il était né à Chongqing au Sichuan (Chine), où son père était diplomate. Dès 1948, Pierre Lazareff, patron du journal *France-Soir,* l'envoie couvrir les conflits qui secouent l'empire colonial. Le voilà journaliste en pleine guerre d'Indochine dont il tire 5 récits remarquables (*L'Enlisement, L'Illusion, L'Humiliation, L'Aventure, L'Épuisement,* 1963-1967).
– **Pierre Schoendoerffer** *(1928-2012) :* romancier, réalisateur et scénariste. Après 1945, il s'engage comme volontaire en Indochine pour remplacer un cameraman mort sur le terrain. Nommé caporal-chef, Schoendoerffer filme la guerre d'Indochine de 1952 à la bataille de Điện Biên Phủ (1954) où il a été parachuté. Démobilisé, il reste au Vietnam jusqu'en janvier 1955. De retour en France, il publie en 1964 *La 317e Section,* qui est adaptée au cinéma. En 1967, son film documentaire *La Section Anderson* obtient un oscar à Hollywood et de nombreuses récompenses internationales. En 1992, il tourne au Vietnam le film *Điện Biên Phủ* qui raconte son histoire personnelle dans la grande bataille de 1954...

POPULATION

96,2 millions d'habitants (2019). Et un taux de natalité (en moyenne 1 million de nouveaux-nés par an) exponentiel. Près du tiers de la population a moins de 20 ans. Ça promet pour l'avenir... Environ 65 % des Vietnamiens vivent en zone rurale, le reste en zone urbaine. Sur le plan ethnique, environ 86 % de la population totale est d'origine vietnamienne (les Viets ou Kinh), 2 % d'origine chinoise, le reste étant composé par 53 ethnies différentes. On peut les classer en 6 grands groupes.

DIVORCE À LA VIETNAMIENNE

Le Vietnam est l'un des pays du monde où les couples mariés divorcent le moins. Pourquoi ? Parce que, pour les femmes vietnamiennes, un divorce est un réel échec. Elles perdent la face, bien plus durement que les hommes. Beaucoup de maris mènent sans scrupule des doubles vies, entretenant leur maîtresse... sans jamais toucher aux liens du mariage. C'est hypocrite, mais cela reste, pour beaucoup d'épouses trompées, préférable au divorce...

Les minorités ethniques

Les minorités ethniques sont disséminées dans tout le Vietnam, en particulier dans les régions montagneuses. Au nord, les « montagnards » incluent les Hmong, Dzao, Dzai, Mường..., tandis que les Thaïs et Tay vivent dans les vallées.
Au centre, ce sont les « montagnards » des Hauts Plateaux, les plus importants en nombre étant les Bahnar, les Giarai et les Sedang autour de Pleiku et de Kon Tum, les Mnong et les Édé autour de Buôn Ma Thuột (pour plus de détails, se reporter au chapitre « Les Hauts Plateaux du Centre »).
Au sud, dans le delta du Mékong (ancien Kampuchea Krom), vivent environ 700 000 à 800 000 Khmers, qui maintiennent leur langue et leurs coutumes.

La grande famille de langue thaïe

Vivant dans les fonds de vallées depuis le début de notre ère, ces groupes sont descendus de Chine au Vietnam où ils forment une communauté importante : Nùng et Tày Thổ au nord-est de l'ancien Tonkin, Thaïs Blancs et Thaïs Noirs au nord-ouest (plus de 1 million).

Les Hmong ou Miao ou Meo

Installés dans les montagnes à la frontière de la Chine et du Laos, loin des Viets, ce sont des minorités émigrées récemment (ils ne sont là que depuis la fin du XIXe s). Environ 1,2 million, ils sont répartis en 7 groupes distincts : les **Hmong Fleurs** (ou Fleuris), les **Hmong Noirs,** les **Hmong Blancs,** les **Hmong Rouges** et les **Hmong Verts,** à cela s'ajoutent les **Hmong Bariolés** (Hmong Xùa), et les **Hmong Na Méo.** Cette dernière famille forme une curieuse bande dont on ne sait pas trop d'où elle vient. Ils vivent non pas avec les autres Hmong en haute montagne, mais près des Thái et Mường. On voit les Hmong très nombreux dans les marchés des villages ou le long des routes.

Chez les Hmong Fleurs, les femmes portent des vêtements colorés particulièrement beaux. Les Noirs préfèrent l'indigo. La réalisation d'un costume hmong peut demander 6 mois. Pour les Hmong Fleurs, le fond du vêtement est en coton sombre, ce qui fait éclater les couleurs rouges des écharpes, des bandeaux ou des parures portés par les femmes. Les Hmong Rouges n'ont pas de turban entourant leur abondante chevelure.

Les Dzao (dans le même groupe que les Hmong)

Les Dzao, ou Dao ou Yao ou Man, d'implantation plus ancienne, peuplent également les montagnes du nord du pays où ils seraient près de 500 000. Il existe des Dzao Noirs et des Dzao Rouges.
Pour plus de détails, se reporter au chapitre consacré aux minorités ethniques dans le Grand Nord-Ouest.

Les Tibéto-Birmans

Quelques petits groupes ethniques venus du « toit du monde », via la Birmanie, se sont installés dans les montagnes perdues du nord et du nord-ouest du pays. On trouve les Hà Nhì, les Phù Lá, les La Hủ, les Lô Lô, les Cống et les Si La (à peine 500 personnes !).

Les Cham

Derniers survivants du grand royaume cham (du IIe au XVe s de notre ère), les Cham sont aujourd'hui près de 600 000, concentrés sur la côte entre Nha Trang et Phan Thiết ainsi que dans la province d'An Giang du delta du Mékong (voir le chapitre « Châu Đốc »). Ils parlent une langue d'origine malayo-polynésienne (famille austronésienne) et pratiquent une religion musulmane (sunnite) encore teintée d'hindouisme. Voir aussi « Religions et croyances ».

POURBOIRES, OFFRANDES ET MARCHANDAGE

Pourboires et offrandes

– Il est d'usage de donner un **pourboire aux guides.** Ceux-ci sont très mal payés, et ce qu'ils obtiennent des touristes multiplie plusieurs fois leur paie initiale. **Pour le guide, compter environ 5 € par jour et par personne, soit environ 125 000 Dg** (un peu plus si vous êtes content). Si vous voyagez dans un groupe important de touristes, alors 4 € par jour par personne. Pour le **chauffeur,** comptez **2 à 3 € par jour et par personne.**
Ce qui est étrange, c'est que parfois le pourboire semble, pour guides et chauffeurs, aller de soi, comme un dû, indépendamment de la qualité de la prestation rendue ! À vous de juger. Petit pourboire également pour les bagagistes des hôtels.
– En principe, **pas de pourboire dans les cafés et dans les restos.** En laisser un est affaire d'appréciation personnelle, si vous êtes satisfait du service.

– Dans les temples et les pagodes, là il ne s'agit pas de pourboire, mais de contribution au culte, à l'entretien des lieux, etc. Il est de très bon ton de laisser quelques đồngs dans l'urne.

Marchandage

Marchandage fréquent dans les boutiques de souvenirs, où il faut prendre son temps, discuter, diviser les prix souvent par 2 (parfois plus) afin de trouver un compromis.
Pour les objets courants, c'est évident qu'il existe un prix pour Vietnamiens et un prix pour touristes, multiplié parfois jusqu'à 5 : mieux vaut marchander en đồngs. Il est conseillé d'aller s'enquérir des prix pratiqués dans les grands magasins d'État pour les objets désirés, de façon à pouvoir se faire une idée et être en mesure de négocier les prix à la baisse dans des limites raisonnables. Le mieux, bien entendu, se révélera de faire ses achats avec un Vietnamien à qui l'on proposera le vrai prix.
– ***Un petit conseil :*** lorsque vous achetez les services ou les prestations de quelqu'un, ne payez qu'une partie d'avance. C'est un bon moyen de pression si le programme n'est pas respecté. Pour les circuits, ***n'hésitez pas à vous faire préciser le programme exact*** par écrit avec toutes les prestations détaillées (encore trop de plaintes d'arnaques), en particulier dans les villes et quartiers touristiques (Hội An, Hanoi, Hồ Chí Minh-Ville, baie d'Hạ Long...).

RELIGIONS ET CROYANCES

Les Vietnamiens vivent depuis des siècles dans un univers moral et religieux façonné par des croyances et des ***valeurs issues du culte des ancêtres, du bouddhisme, du confucianisme, du taoïsme,*** sans oublier le christianisme (catholicisme et protestantisme) ainsi que l'islam (très minoritaire). Le culte des ancêtres leur a inculqué l'obligation de bien se comporter et de rester fidèles aux valeurs transmises par leurs ascendants. Le bouddhisme leur a donné les vertus essentielles : patience, détachement, tolérance, non-violence, concentration, jugement et pensée « juste », compassion.
Du confucianisme, ils ont conservé l'idéal de l'homme bon qui se perfectionne sans cesse dans le respect de l'ordre social dans lequel il vit. Leur vision du cosmos et du bien et du mal relève plutôt du taoïsme et de sa doctrine du *yin* et du *yang*. Quant au christianisme, il suscita un choc culturel et théologique sans précédent en prônant l'égalité entre les hommes et l'amour du prochain pour le salut de l'homme...
Cette rencontre inattendue de religions distinctes et souvent complémentaires ne pouvait pas en rester là : des mélanges insolites (les sectes hoà hảo, le caodaïsme) naquirent de cette confrontation entre spiritualités occidentale et extrême-orientale. Même le nationalisme vietnamien, dans sa ferveur ascétique (voir Hồ Chí Minh, que Jean Lacouture comparait à « un saint François d'Assise lisant Marx... »), dans sa façon de banaliser la mort, dans son élan d'émancipation, avait aussi quelque chose de religieux.
L'idée que ***tout grand stratège doit aussi être un grand lettré*** est bel et bien une des plus vieilles recommandations de Confucius. Voilà un pays qui n'a jamais été le creuset des religions, mais qui a su recevoir, adapter, digérer, intégrer ce qu'il y a de meilleur dans les grandes philosophies religieuses orientales.

Le culte des ancêtres

Le culte des ancêtres constitue ***la plus vieille pratique religieuse du Vietnam,*** antérieure au bouddhisme et au confucianisme. Nombreux sont les Vietnamiens qui s'en contentent, car pour honorer leurs ancêtres, pas besoin d'aller à la pagode, ni de sortir de chez soi. Il suffit de rester à la maison et de prier ses ascendants devant un autel qui leur est destiné. Tous les Vietnamiens pratiquent ce culte domestique depuis l'aube des temps. Même les militants (athées) les plus durs du Parti communiste vietnamien se prosternent, un jour ou l'autre, devant ce meuble tout simple sur lequel ont été disposés des photos, des fruits, des fleurs et quelques bâtonnets d'encens. En mémoire des ancêtres ! Car les Vietnamiens considèrent que les âmes de leurs parents survivent après leur mort et qu'elles protègent leurs descendants.

Pour l'homme de la rizière comme pour le jeune branché de Saigon, *les âmes des ancêtres sont les protectrices de la lignée* : c'est à elles que l'on s'adresse en premier pour demander, par exemple, la guérison d'un enfant malade, le succès dans les affaires, la réussite aux examens. Les Vietnamiens ont l'habitude de prier et d'honorer leurs ancêtres, notamment à l'occasion de l'anniversaire de leur mort. Selon la tradition, les garçons sont chargés de perpétuer le culte, mais la règle s'est adoucie et, en cas de descendance uniquement féminine, les filles sont quand même autorisées à continuer la coutume.

Si un homme meurt sans descendance, si l'encens ne brûle plus sur l'autel, les âmes des disparus sont condamnées à une errance éternelle, faute d'être honorées aux dates anniversaires : pour une famille, c'est la plus terrible des malédictions !

Dans chaque maison vietnamienne, l'*autel des ancêtres* occupe une place importante. Dans toutes les familles, il est le cœur du foyer, pouvant dans certains cas atteindre la dimension d'une pièce. On a l'impression alors d'entrer dans une sorte de chapelle... endroit dédié aux esprits, à la mémoire, à la dévotion et à la cohésion familiale. C'est un centre de ralliement, le symbole de la solidarité des générations. C'est devant l'autel des ancêtres que les grandes décisions se prennent, et que les enfants se marient (sans la présence d'aucun médiateur religieux ou prêtre).

Certains autels des ancêtres sont de merveilleux meubles anciens, finement décorés, d'autres ne sont qu'une simple table en bois blanc, sans prétention : c'est l'esprit qui compte. Seuls les ancêtres jusqu'à la 4e génération ont leurs noms inscrits sur les tablettes de bois précieux ou leurs photos encadrées posées près d'un chandelier. Au-delà de la 4e génération, les âmes des disparus sont censées s'être réincarnées.

Lorsqu'un Vietnamien décède, les membres de sa famille se ceignent la tête d'un bandeau blanc, couleur du deuil en Asie. Puis le corps du défunt est brûlé (c'est la crémation) et ses cendres réunies dans une urne funéraire que l'on dépose à la pagode. Cette pratique est relativement récente, du fait de la rareté de la terre. 2 cérémonies importantes se déroulent, l'une au bout de 49 jours, l'autre 100 jours après. Les gens de la campagne, les paysans, les riziculteurs ont d'autres traditions funéraires. Les morts étaient enterrés sur leurs terres, au milieu de leurs rizières, ou même dans leur jardin, dans des tombeaux d'autant plus somptueux qu'on était riche, toujours orientés selon les canons de la géomancie. Ce qui explique que les paysages soient semés de sépultures, plantées çà et là dans un lopin de terre. Désormais, le cimetière est obligatoire.

Le bouddhisme vietnamien

Le bouddhisme est de loin *la 1re religion du Vietnam.* Cela fait plus de 1 800 ans que la philosophie bouddhique gouverne de l'intérieur les cœurs et les cerveaux, guide les faits et gestes de tout un peuple. Ses origines remontent au IIe s de notre ère, époque où il fut introduit au Vietnam, dit-on, par un bonze chinois du nom de Meou-Po (Mâu Bác). Mais il a fallu attendre près de 1 000 ans pour qu'il atteigne son apogée, sous le règne des Lý, du Xe au XIIIe s. Au XIe s, le pays se couvrit de pagodes, sous l'impulsion du roi Lý Thái Tổ qui en fit construire 95 et restaurer toutes les statues du Bouddha.

RELIGIONS ET CROYANCES | 559

En 1414, le Vietnam tomba sous la coupe des Chinois (les Ming) qui favorisèrent le confucianisme au détriment du bouddhisme. Les gouverneurs chinois firent détruire de nombreuses pagodes et confisquer tous les livres bouddhiques. Du XVIIe au XIXe s, le bouddhisme vietnamien entra dans une phase de décadence. Sa renaissance date de 1920, en pleine époque coloniale, où il se présenta comme une réponse à la déliquescence morale et spirituelle de l'Indochine.
Persécutés, pourchassés, menacés sous le gouvernement du catholique Ngô Đình Diệm, au début des années 1960, les bouddhistes du sud du Vietnam ont joué un rôle essentiel dans la contestation de la guerre américaine, allant jusqu'à s'immoler par le feu sur la place publique en signe de protestation.
Après la victoire communiste de 1975, beaucoup de bonzes ont été arrêtés et déportés dans des camps de « rééducation » malgré leur pacifisme et leur hostilité au gouvernement de l'époque.

On ne meurt que 2 fois

Les bouddhistes vietnamiens enterrent souvent 2 fois leurs morts. Une 1re fois d'une manière traditionnelle dans un cercueil, si le défunt est inhumé et non brûlé. 5 ans plus tard, on exhume ses ossements entre minuit et le lever du jour (en saison sèche). Les membres de la famille placent ensuite les restes dans un plus petit cercueil qui constitue la sépulture définitive.

Les grands principes du bouddhisme

Après avoir reçu l'Illumination, le Bouddha Sakyamuni (il vécut en Inde 5 siècles avant notre ère) prononça le fameux sermon de Bénarès où il énonça les *Quatre Nobles Vérités qui conduisent à la délivrance.* À savoir : la souffrance est universelle, nul être vivant n'y échappe. L'origine de cette souffrance réside dans les désirs (désir d'exister, de plaire, de posséder...) et dans la recherche jamais satisfaite des plaisirs terrestres. Pour se libérer de cette douleur, pour un bouddhiste croyant, il faut maîtriser son désir et ses passions, se détacher du monde.
Le moyen de se libérer de la douleur est de suivre quelques règles morales de base qui forment la *Voie aux Huit Branches (ou Noble Sentier octuple).* En appliquant ces règles de vie, il est possible d'atteindre le nirvana, en restant sur le chemin du « juste » : vue juste, volonté juste, langage juste, action juste, existence juste, pratique juste, pensée juste et méditation juste.
À ces préceptes, le bouddhisme vietnamien ajoute son catéchisme moral particulier qui tient dans *6 principes* : avoir la foi, garder un jugement droit et éviter tout mensonge, être franc envers les autres et envers soi-même, que toute action ait une fin honnête, exercer une profession « religieuse », observer les prescriptions de la loi.
Au quotidien, un bouddhiste doit suivre les 5 préceptes fondamentaux : ne tuer aucun être vivant, ne pas voler, ne pas commettre l'adultère, ne pas mentir, ne pas boire de boissons enivrantes. Au-delà, si l'on veut être plus religieux encore, il faut s'entraîner. Ainsi, celui qui veut arriver à l'Illumination (cela concerne plutôt les moines et les mystiques plus que les croyants ordinaires) doit appliquer une sorte de Décalogue, qui est si difficile à mettre en pratique qu'il ne concerne qu'une minorité.

Le bouddhisme venu du Nord

On l'appelle le bouddhisme mahayana, ou le « Grand Véhicule ». « Véhiculé » au Vietnam par des moines et des pèlerins venus de Chine (donc du Nord) à partir du IIe s de notre ère, ce bouddhisme-là est arrivé au Vietnam en passant par le Népal et le Tibet. C'est la même école qui s'est répandue aussi en Mongolie, en Corée et au Japon. Le bouddhisme du Nord s'est altéré au cours de sa lente migration et a vu se multiplier les bouddhas et les bodhisattvas, divinités secondaires.
Les pratiquants ne s'isolent que rarement dans des monastères, car la perfection bouddhique doit leur servir pour améliorer les conditions de vie des gens autour

d'eux. Les pagodes bouddhiques du Grand Véhicule se reconnaissent notamment à la statue blanche de *Quan Thế Âm Bồ Tát*, la déesse de la Miséricorde (que certains appellent le Bouddha femme), qui siège souvent à l'entrée du sanctuaire.

Le bouddhisme venu du Sud

Plus connu comme le bouddhisme hinayana ou theravada, dit aussi bouddhisme du « Petit Véhicule ». Il a été importé au Vietnam par des pèlerins de retour des Indes, le pays natal de Bouddha, via Ceylan, le Siam, la Birmanie, le Cambodge. Il est pratiqué essentiellement (et c'est logique) dans le delta du Mékong, dans la communauté d'origine khmère. Considérée comme plus pure, plus proche des origines, plus conforme aux principes de base de la religion bouddhique, **cette « école du Sud » aurait gardé la rigueur de l'enseignement de Bouddha** : pitié, moralité, patience, contemplation, connaissance, détachement. Mais il ne touche qu'une minorité de pratiquants (400 000 environ).

Les bouddhistes vietnamiens

Ils pratiquent leur religion dans des pagodes *(chùa)*, sanctuaires souvent occupés et entretenus par des bonzes en robe safran. On ne voit jamais de bonzes dans les temples *(đền)*, oratoires dédiés à des génies tutélaires ou à des héros sanctifiés (sans aucune présence bouddhique). Quelques moines s'exercent encore au kung-fu, art martial défensif venu de Chine qu'ils pratiquent pour mieux maîtriser leur corps.

Le confucianisme

Difficile de parler de religion transcendante avec le confucianisme qui ne se réfère à aucun dieu mais instaure une **philosophie morale basée sur le respect de la hiérarchie familiale et sociale,** la bonté naturelle de l'homme et sa capacité à se perfectionner. Inventé par Confucius (551-479 av. J.-C.), ministre chinois de la Justice en exil, le confucianisme ne se préoccupe pas des origines du monde ni des fins dernières de l'homme, mais il édicte un code moral basé sur 5 vertus : l'humanisme, l'équité, l'urbanité, l'intelligence et l'honnêteté.

Selon Confucius, l'homme naît bon, sa nature le porte à faire le bien. Or, la plupart des hommes se révèlent mauvais par la suite. À quoi tient cette dépravation ? À la négligence de leurs facultés intellectuelles, qui subissent l'influence du milieu extérieur et s'atrophient dans la routine. On peut s'en sortir en se perfectionnant soi-même. Pour cela, il y a 4 prescriptions à suivre : s'intéresser à toute chose qui existe, pénétrer le secret des choses, avoir des idées nettes, maintenir la pureté du cœur. En définitive, ceux qui pratiquent le bien en sont toujours récompensés. « Ne faites pas à autrui ce que vous ne voulez pas qu'on vous fasse à vous-même. » ***Pour Confucius, il est absurde de prier les dieux du ciel*** : aucune prière n'est en mesure d'infléchir la volonté divine.

C'est dans le domaine social que le confucianisme a laissé son empreinte la plus forte dans l'histoire du Vietnam. Pendant près d'un millénaire, du début de l'ère chrétienne jusqu'à 939 apr. J.-C., il a labouré les consciences d'un pays sous domination chinoise, instaurant un système de règles efficaces mais rigides entre père et fils, mari et femme, sujet et souverain. De ce côté-là, le confucianisme est plutôt très conservateur : pour que l'ordre règne dans le monde, il faut d'abord que les familles soient ordonnées, puis les États. En revanche, il instaura le système très démocratique des concours littéraires qui permettait à n'importe qui de devenir mandarin par sa seule culture, son intelligence et ses mérites. Personne n'était prisonnier de sa naissance. **On ne naissait pas mandarin, il fallait le devenir.**

Dans le domaine politique, le confucianisme a laissé des traces profondes, y compris chez les communistes vietnamiens. Pour Confucius, le peuple pris dans son ensemble incarne le Ciel, donc, ce que le peuple veut, le Ciel le veut. Les dirigeants ont donc pour devoir d'aimer ce que le peuple aime et de haïr ce qu'il hait. Mencius (372-269 av. J.-C.), disciple de Confucius, a bien résumé cette idée dans un adage célèbre : « Dân vi quí, Xã Tắc thứ chi, Quân vi khinh », « Le peuple d'abord, l'État vient après, le roi est négligeable ».

Lao-tseu, le Tao et la religion taoïste

Avant d'être une religion, le taoïsme est d'abord une très belle **leçon de sagesse** élaborée par un Chinois nommé Lao-tseu, qui vécut au VIe s avant l'ère chrétienne. On ne sait presque rien de lui, mais on prétend qu'il aurait été annaliste à la cour des Zhou. Selon la légende, le vieux maître, découragé par la décadence des mœurs politiques et sociales de son pays (la Chine), serait parti vers les terres de l'Ouest, seul, et à dos de buffle. Arrivé à la limite occidentale de l'empire (à proximité de Sian), il fut interpellé par le gardien de la passe qui le supplia de transmettre son enseignement. Avant d'aller convertir les Barbares, Lao-tseu accepta de dicter alors ses maximes.

Ainsi naquit le *Tao Te King* (Dao De Jing) ou *Livre de la Voie et de la Vertu.* Cet ouvrage de 5 000 caractères constitue l'un des plus petits livres de Sagesse qui soient par sa taille, mais l'un des plus grands par la qualité de ses enseignements ! C'est la bible du taoïsme. « Le Tao est vide ; si l'on en fait usage, il paraît inépuisable. » L'idée centrale de ce manuel de conduite personnelle et politique repose sur l'harmonie entre l'homme et l'ordre universel.

Le monde est régi par 2 principes complémentaires : le *yin* et le *yang.* Le *yin* représente le côté nourricier, féminin, réceptif, la lourdeur, le froid, l'obscurité. Les symboles du *yin* sont la lune, l'eau, les nuages, le tigre, la tortue, la couleur noire, le nord, le plomb et les chiffres pairs. Le *yang*, lui, incarne au contraire le principe masculin, la mise en mouvement, la création, la lumière et la chaleur. Ses symboles sont le soleil, le feu, le dragon, la couleur rouge, le sud, le mercure et les chiffres impairs. L'harmonie entre *yin* et *yang* donne le Tao, qui est un rééquilibrage perpétuel.

Un peu galvaudé de nos jours par une consommation immodérée de symboles exotiques, le couple *yin-yang* cache une autre vérité bien plus importante : les valeurs humaines du Tao. Malgré son ancienneté, celui-ci se révèle d'une étonnante modernité. Dans la philosophie de Lao-tseu, des valeurs méprisées par les hommes de son temps ont été réhabilitées : il recommande l'affection contre l'indifférence, l'économie contre la dépense, l'humilité contre l'arrogance, la vacuité contre la plénitude, la pauvreté contre la richesse, la banalité contre l'exceptionnel, la petitesse contre la grandeur, la souplesse contre la rigidité, la simplicité contre la grandiloquence. On dirait parfois un christianisme primitif. Certaines maximes ont dû inspirer le pessimisme lucide de Cioran.

Lao-tseu fait l'éloge de la souplesse, de la modération, du détachement et même de l'inutilité. Il prône le « non-agir » comme un moyen de connaissance. Ce « non-agir » ne signifie pas oisiveté ou paresse (ce que crurent beaucoup de hippies des années 1970 inspirés par le Tao) mais modération et détachement dans l'avidité à posséder. « Le Sage accomplit de grandes choses et ne s'y attache point. Il ne veut pas laisser voir sa sagesse. » Dans le *Tao Te King*, on ne trouve rien qui puisse servir de base à une pratique religieuse ou à un culte populaire.

Ce n'est que vers la fin du IIe s qu'apparut la religion taoïste avec son culte particulier, ses pratiques ésotériques et magiques, ses superstitions, ses obligations, ses rituels, ses temples, ses prêtres. Au VIIIe s apr. J.-C., le texte de Lao-tseu fut élevé au rang de texte canonique au même titre que les *Entretiens* de Confucius. La poésie des origines devenue un catéchisme pour tous : ce n'était pas visiblement le souhait du vieux sage.

Au Vietnam, il n'existe pas vraiment de temples taoïstes, mais des cultes populaires en sont issus comme le culte des *Chu Vi* (ou esprits des Trois Mondes). Le culte de l'Empereur de Jade *(Ngọc Hoàng)*, intégré aux pratiques bouddhiques, vient du taoïsme. Le culte, typiquement vietnamien, du général Trần Hưng Đạo, le vainqueur des Mongols, découle également de cette tradition religieuse. À la

différence du confucianisme qui rejette la superstition et la sorcellerie, le taoïsme a introduit au Vietnam des pratiques magiques que certains sorciers perpétuent encore aujourd'hui, considérant qu'elles leur permettent de déceler les secrets de l'Univers... Encore un détournement religieux de plus, car rien de moins magique que la pensée même de Lao-tseu, qui trouve une explication humaine à tout.
– **Conseil aux routards :** ne lisez pas le *Tao Te King* avant de partir car Lao-tseu est le pire sédentaire qui soit. Il déconseille vivement les voyages. « Sans sortir de ma maison, je connais l'univers ; sans regarder par ma fenêtre, je découvre les voies du ciel. Plus on s'éloigne et moins on apprend. » Triste programme pour ceux que l'Inconnu dévore...

Le christianisme

Les catholiques forment la 2e communauté religieuse, le Vietnam étant le ***2e pays catholique d'Asie*** (avec 7 à 8 % de la population) après les Philippines. Le christianisme a été introduit récemment. Ce n'est qu'au XVIe s que les 1ers missionnaires portugais commencèrent à évangéliser le pays. Contrairement au Japon et à la Chine, ici leurs efforts furent très vite couronnés de succès. Le 1er Vietnamien fut converti en 1580 à Bồng Thượng (province de Thanh Hoá, dans le Nord), il s'agissait du fils d'un grand mandarin de la cour du roi Lê Anh Tông.
Au XVIIe s débarquèrent les jésuites, qui organisèrent de façon méthodique l'évangélisation du Vietnam. En 1650, la mission de Cochinchine comptait 50 000 convertis dans le Centre (Quảng Ngãi, Qui Nhơn, Quảng Nam). Une figure exceptionnelle se détache par son éclat et son action : le ***père Alexandre de Rhodes,*** qui inventa l'alphabet vietnamien, le *quốc ngữ*, avec les lettres de l'alphabet latin (voir « Langue » dans « Vietnam utile », en début de guide).
Mais le christianisme, religion des étrangers, inquiéta et dérouta l'élite mandarinale dont tout le prestige résidait dans la connaissance du chinois et de la doctrine confucianiste. Les concubines des empereurs, menacées par le principe catholique de monogamie, s'insurgèrent, allant jusqu'à influencer leurs souverains pour que les chrétiens soient chassés du Vietnam. Aux XVIIIe et XIXe s, **les missionnaires et les prêtres furent tantôt tolérés tantôt persécutés.** Comme à l'époque des 1ers chrétiens dans l'Empire romain, les martyrs se comptent ici par centaines. L'histoire se répète.
Ces persécutions donnèrent aux Français un prétexte pour intervenir et coloniser le pays. Après quoi, à partir du milieu du XIXe s, l'Église se développa, ouvrant de nombreuses écoles, des couvents, des hôpitaux, des œuvres charitables. Après 1954, la plupart des 800 000 Nord-Vietnamiens qui se réfugièrent dans le Sud étaient catholiques.
Depuis 1975, les catholiques vivent en liberté surveillée. Le culte est autorisé. Mais les messes et les ordinations sont soumises à l'approbation du gouvernement. Plusieurs prêtres vietnamiens ont choisi la clandestinité, plutôt que de se soumettre au diktat du Parti. Les plus réfractaires au régime sont mis en prison. Depuis l'ouverture du pays et sa relative libéralisation politique (après 1994), l'avenir semble moins sombre pour les catholiques vietnamiens. Pour l'ardeur, ces chrétiens du bout du monde en remontreraient à l'Espagne : ici, la récitation du rosaire peut durer plusieurs heures.
– Suite à de nombreuses rencontres entre le Vatican et le gouvernement vietnamien, la situation s'améliore. Un institut catholique a ouvert ses portes en 2016 à Hồ Chí Minh-Ville.

L'islam

Le Vietnam compte une toute ***petite communauté musulmane,*** concentrée à Hồ Chí Minh-Ville et dans le delta du Mékong, autour de Châu Đốc. Appelés « *chàm* », comme au Cambodge voisin, ***ils pratiquent une religion allégée*** de ses contraintes habituelles : ils ne prient que le vendredi, observent le jeûne

SAVOIR-VIVRE ET COUTUMES | 563

du ramadan seulement 3 jours au lieu de 1 mois et, surtout, ils peuvent boire de l'alcool ! On découvre quelques jolies mosquées : la mosquée indienne de Hô Chi Minh-Ville (voir ce chapitre) et la mosquée Jamiul Azhar près de Châu Đốc. Implanté dès le VIIe s par les commerçants arabes et les marins malais, l'islam ne s'est jamais développé au Vietnam. C'est presque le seul exemple au monde d'un pays où le message du Prophète se soit enraciné sans convertir les foules.

SAVOIR-VIVRE ET COUTUMES

Rappelons ici quelques coutumes et usages pour éviter les situations désagréables de malentendus.

– **On ne s'énerve pas,** on ne hausse pas la voix, on n'invective pas, même en cas de grave désaccord (surtout en public). Ça ne se fait pas ! Pour plus d'efficacité, surtout avec des fonctionnaires bornés ou des bureaucrates, montrez-vous diplomate sans exclure une certaine fermeté.

– Ne pas entrer dans une maison ou un appartement sans y avoir été invité. Là, **on se déchausse** la plupart du temps.

– **Carte de visite :** offrir sa carte de visite est fondamental pour entamer un dialogue avec une relation ou un client. On la donne (et la reçoit) à 2 mains.

– Même si vous avez raison, n'écrasez pas lourdement l'adversaire. Il faut **toujours laisser une petite porte de sortie.** Il est psychologiquement désastreux que l'autre perde la face. On n'engueule jamais un Vietnamien en public, il peut répliquer violemment, dans certains cas, les plus nerveux pouvant répondre par un coup de poing ou un coup de couteau.

NE PAS PERDRE LA FACE

Un Vietnamien redoute la confrontation, le conflit avec son prochain. Il évitera très souvent de dire « non », bien trop violent et brutal. Comprendre un Vietnamien, c'est d'abord observer son comportement et ses gestes qui en disent beaucoup. Au lieu de répondre par la négative, il grimacera ou simulera un rictus en disant : « C'est difficile... »

– **Tenue vestimentaire :** mêmes conseils que pour la majorité des autres pays (à part Saint-Trop' et Coney Island). Pas de nudisme sur les plages. En ville, éviter les shorts trop moulants (les shorts tout court, d'ailleurs) et les torses nus. Tenue correcte dans les temples et pagodes (jambes et épaules couvertes, et souvent il faut se déchausser avant d'entrer).

– **Les cadeaux :** quand un Vietnamien vous invite, apportez toujours un cadeau. Il n'ouvrira pas le paquet devant vous (pour ne pas montrer sa déception éventuelle !). Laissez l'étiquette du prix (il a bien une valeur même s'il est bon qu'elle ne soit pas trop élevée ; il serait gêné). Laissez la facture pour qu'il puisse l'échanger. Évitez les fleurs (funérailles), les montres (sa vie est comptée), les couteaux (danger) et le savon (saleté). On ne se trompe guère en offrant un produit européen (vin, parfum...).

PRÊTER L'OREILLE À L'ÉROTISME

L'une des pièces du pudique érotisme vietnamien est le curetage d'oreille. Avec des outils dignes d'engins de torture, les barbiers vietnamiens ont la réputation de pratiquer parfaitement cet art. Ainsi titillées, les multiples terminaisons nerveuses situées dans l'oreille s'apparentent à un point G. On prend son pied en tendant l'oreille !

– **Le sexisme vietnamien :** c'est un fléau national. Un dicton affirme : « Dix femmes ne valent pas un homme. » La pression sur les femmes est très forte. Une Vietnamienne non mariée après 40 ans a peu de chances de

trouver un homme, car elle est considérée comme vieille. Si, en plus, elle est mère célibataire, elle n'a plus aucun crédit auprès des hommes.
– *À l'étranger, l'étranger c'est nous.* Donc, en cas de choc des cultures, c'est plutôt à nous de nous faire discrets. Quand on laisse préjugés et clichés à la frontière et que l'on possède un peu d'humour distancié, bien des choses deviennent plus faciles. Ayez les capacités de relativiser, même si c'est dur.

SITES INSCRITS AU PATRIMOINE MONDIAL DE L'UNESCO

En coopération avec le
Organisation des Nations Unies pour l'éducation, la science et la culture
Centre du patrimoine mondial

Pour figurer sur la liste du Patrimoine mondial, les sites doivent avoir une valeur universelle exceptionnelle et satisfaire à au moins un des 10 critères de sélection. La protection, la gestion, l'authenticité et l'intégrité des biens sont également des considérations importantes.
Le patrimoine est l'héritage du passé dont nous profitons aujourd'hui et que nous transmettons aux générations à venir. Nos patrimoines culturel et naturel sont 2 sources irremplaçables de vie et d'inspiration. Ces sites appartiennent à tous les peuples du monde, sans tenir compte du territoire sur lequel ils sont situés. Pour plus d'informations : ● whc.unesco.org ●
Au Vietnam, 8 sites sont inscrits sur la liste du Patrimoine mondial de l'Unesco : la **citadelle de Thăng Long** à Hanoi, la **baie d'Hạ Long,** la cité impériale et les tombeaux de **Huế,** la vieille ville de **Hội An,** le sanctuaire de **Mỹ Sơn** et le parc national de **Phong Nha-Kẻ Bàng.** À ceux-ci s'ajoutent la **citadelle de la dynastie des Hồ** à Vĩnh Lộc (province de Than Hóa, à 66 km au sud-ouest de Ninh Binh) ainsi que le complexe paysager de **Tràng An** (région de Tam Cốc, dans la baie d'Hạ Long terrestre).
– *Bon à savoir :* l'Unesco a classé 2 secteurs géographiques pour la beauté de leurs paysages. Ce sont les Géoparcs de **Hà Giang** et de **Cao Bằng.**

NOTES PERSONNELLES

NOTES PERSONNELLES

NOTES PERSONNELLES

les ROUTARDS sur la FRANCE 2023-2024

(dates de parution sur • *routard.com* •)

Découpage de la FRANCE par le ROUTARD

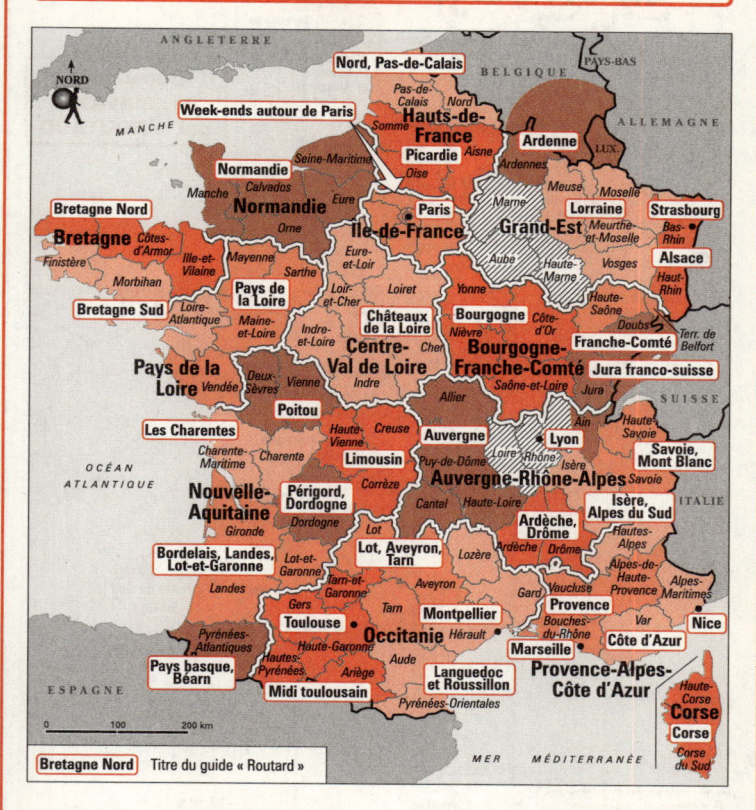

Autres guides sur la France

- Nos meilleurs campings en France
- Nos meilleures chambres d'hôtes en France

Autres guides sur Paris

- Paris
- Paris balades
- Restos et bistrots de Paris
- Le Routard des amoureux à Paris
- Week-ends autour de Paris

Le Routard à vélo

- EuroVelo6
- La Bourgogne du Sud à vélo
- La Flow Vélo
- La Loire à Vélo
- La Vélo Francette
- La Vélodyssée (Roscoff-Hendaye)
- Le Canal des 2 mers à vélo
- Paris Île-de-France à vélo
- ViaRhôna
- Les plus belles escapades à vélo en France

les ROUTARDS sur l'ÉTRANGER 2023-2024
(dates de parution sur • *routard.com* •)

Découpage de l'ESPAGNE par le ROUTARD

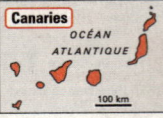

Découpage de l'ITALIE par le ROUTARD

Autres pays européens

- Allemagne
- Angleterre, Pays de Galles
- Autriche
- Belgique
- Bulgarie
- Crète
- Croatie
- Danemark, Suède
- Écosse
- Finlande
- Grèce continentale
- Hongrie
- Îles grecques et Athènes
- Irlande
- Islande
- Madère
- Malte
- Norvège
- Pays baltes : Tallinn, Riga, Vilnius
- Pologne
- Portugal
- République tchèque, Slovaquie
- Roumanie
- Suisse

Villes européennes

- Amsterdam
- Berlin
- Bruxelles
- Budapest
- Copenhague
- Dublin
- Lisbonne
- Londres
- Moscou
- Naples
- Porto
- Prague
- Saint-Pétersbourg
- Stockholm
- Vienne

les ROUTARDS sur l'ÉTRANGER 2023-2024

(dates de parution sur • routard.com •)

Découpage des ÉTATS-UNIS par le ROUTARD

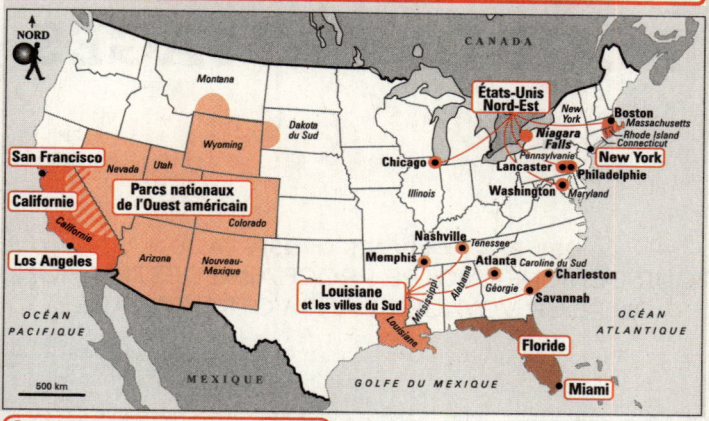

Autres pays d'Amérique

- Argentine
- Brésil
- Canada Ouest
- Chili et île de Pâques
- Colombie
- Costa Rica
- Équateur et les îles Galápagos
- Guatemala, Belize
- Mexique
- Montréal
- Pérou, Bolivie
- Québec et Ontario

Asie et Océanie

- Australie côtes est et nord + Red Centre
- Bali, Lombok
- Bangkok
- Birmanie (Myanmar)
- Cambodge, Laos
- Chine
- Hong Kong, Macao, Canton
- Inde du Nord
- Inde du Sud
- Israël et Palestine
- Istanbul
- Jordanie
- Malaisie, Singapour
- Népal
- Shanghai
- Sri Lanka (Ceylan)
- Thaïlande
- Tokyo, Kyoto et environs
- Turquie
- Vietnam

Afrique

- Afrique du Sud
- Égypte
- Kenya, Tanzanie et Zanzibar
- Maroc
- Marrakech
- Sénégal
- Tunisie

Îles Caraïbes et océan Indien

- Cuba
- Guadeloupe, Saint-Martin, Saint-Barth
- Île Maurice, Rodrigues
- Madagascar
- Martinique
- République dominicaine (Saint-Domingue)
- Réunion

Guides de conversation

- Allemand
- Anglais
- Arabe du Maghreb
- Arabe du Proche-Orient
- Chinois
- Croate
- Espagnol
- Grec
- Italien
- Japonais
- Portugais
- Russe
- G'palémo (conversation par l'image)

Livres-photos/Livres-cadeaux

- 50 voyages à faire dans sa vie (nouveauté)
- 52 escapades nature en France
- 52 villes coups de cœur en Europe (city trips)
- 52 week-ends coups de cœur en France
- 120 coins secrets en Europe
- 1 200 coups de cœur en France
- 1 200 coups de cœur dans le monde
- Cahier de vacances du Routard
- Expériences et micro-aventures en France (nouveauté)
- La France de Stéphane Bern
- La France à vélo (nouveauté)
- Nos plus belles balades et randos en France
- Road Trips Monde
- Road Trips en France
- Sacré : les 100 plus beaux sites de la planète
- Voyages
- Voyages : États-Unis
- Voyages : France
- Voyages : Italie

EMBARQUEZ
POUR DES VOYAGES
De Rêve !

DES BEAUX LIVRES D'INSPIRATION
POUR DÉNICHER VOTRE PROCHAINE DESTINATION
OU POUR VOYAGER DANS VOTRE CANAPÉ

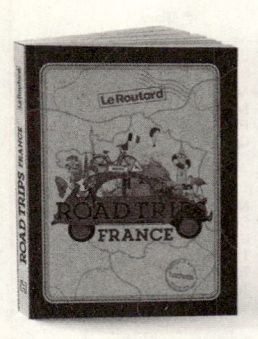

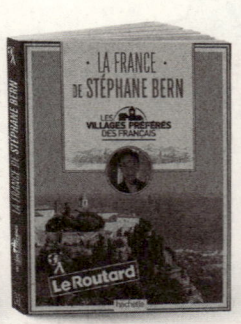

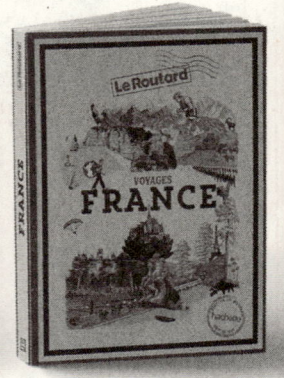

Le Routard

Avant le grand départ, assurez-vous de ne rien oublier.

Trouver un médecin qui parle français ?
Obtenir une attestation d'assurance mention Covid?

Avec Routard Assurance, partez l'esprit tranquille.

Profitez d'une assurance voyage complète vous offrant toutes les prestations d'assistance indispensables à l'étranger. Quelle que soit la durée de votre séjour, recevez votre attestation d'assurance mention Covid automatiquement à l'issue de votre souscription.

www.avi-international.com

Routard Assurance

adaptée à tous vos voyages, en solo, à deux ou en famille !

- ✴ **Garanties Covid**
- ✴ **Pas d'avance de frais**
- ✴ **Un vaste réseau médical**
- ✴ **À vos côtés H24**
- ✴ **Dès 25 €/mois**
- ✴ **Attestation reconnue pour toute demande de visa**

RÉSUMÉ DES GARANTIES*	MONTANT
FRAIS MÉDICAUX dont Covid (pharmacie, médecin, hôpital)	100 000 € U.E. 300 000 € Monde
RAPATRIEMENT MÉDICAL	Frais illimités
VISITE D'UN PARENT en cas d'hospitalisation de l'assuré de plus de 5 jours	2 000 €
RETOUR ANTICIPÉ en cas de décès accidentel ou risque de décès d'un parent proche	Billet de retour
ASSURANCE RESPONSABILITÉ CIVILE VIE PRIVÉE	750 000 € corporel 450 000 € matériel
ASSURANCE BAGAGES en cas de vol ou de perte par le transporteur	2 000 €
AVANCE D'ARGENT en cas de vol de vos moyens de paiement	1 000 €
CAUTION PÉNALE	7 500 €

* Les garanties indiquées sont valables à la date d'édition du Routard. Par conséquent, nous vous invitons à prendre connaissance préalablement de l'intégralité des Conditions générales à jour sur www.avi-international.com.

Souscrivez dès à présent sur www.avi-international.com

AVI Assurance voyage et bien plus

AVI International (Groupe SPB) - S.A.S. de courtage d'assurances au capital de 100 000 euros - Siège social : Le Colisée Gardens, 10 avenue de l'Arche, CS 70126, 92419 Courbevoie Cedex - RCS Nanterre 323 234 575 - N° ORIAS 07 000 002 (www.orias.fr). Les Assurances Routard ont été souscrites auprès d'un assureur dont vous trouverez les coordonnées complètes sur le site www.avi-international.com

Nous tenons à remercier tout particulièrement Loup-Maëlle Besançon, Thierry Bessou, Gérard Bouchu, François Chauvin, Grégory Dalex, Fabrice Doumergue, Cédric Fischer, Carole Fouque, Nicolas George, Michelle Georget, David Giason, Claude Hervé-Bazin, Emmanuel Juste, Dimitri Lefèvre, Fabrice de Lestang, Romain Meynier, Éric Milet, Pierre Mitrano, Jean-Sébastien Petitdemange, Thomas Rivallain et Jean Tiffon pour leur collaboration régulière.

Brice Andlauer
Jean-Jacques Bordier-Chêne
Agnès Debiage
Coralie Delvigne
Jérôme Denoix
Tovi et Ahmet Diler
Clélie Dudon
Sophie Duval
Alain Fisch
Bérénice Glanger
Adrien et Clément Gloaguen
Sébastien Jauffret
Alexia Kaffès

Augustin Langlade
Jacques Lemoine
Aline Morand
Louis Nagot
Caroline Ollion
Martine Partrat
Odile Paugam et Didier Jehanno
Céline Ruaux
Prakit Saiporn
Nejma Tahri Hassani
Alice Tonasso
Caroline Vallano

Direction: Sidonie Chollet
Direction éditoriale: Élise Ernest
Édition: Matthieu Devaux, Olga Krokhina, Gia-Quy Tran, Julie Dupré, Pauline Janssens, Amélie Ramond, Margaux Lefebvre et Lucie Léna
Ont également collaboré: Véronique Rauzy, Marie Sanson et Élisabeth Thebaud
Cartographie: Frédéric Clémençon et Aurélie Huot
Contrôle de gestion: Jérôme Boulingre et Yannis Villeneuve
Secrétariat: Julia Lorrain
Fabrication: Nathalie Lautout et Liza Sacco
Relations presse: COM'PROD, Fred Papet. ☎ 01-70-69-04-69.
● *info@comprod.fr* ●, Martine Levens (Belgique) et Maureen Browne (Suisse)
Marketing: Élodie Darty
Couverture: le-bureau-des-affaires-graphiques.com
Silhouette du Routard: Clément Gloaguen (d'après Solé)
Maquette intérieure: le-bureau-des-affaires-graphiques.com, Thibault Reumaux et npeg.fr
Contact Partenariats: Jérôme Denoix ● *jeromedenoix@gmail.com* ●
Contact Partenariats et régie publicitaire: Florence Brunel-Jars
● *fbrunel@hachette-livre.fr* ●

Pour que votre pub voyage autant que nos lecteurs,
contactez nos régies publicitaires:
● *fbrunel@hachette-livre.fr* ●
● *veronique@routard.com* ●

INDEX GÉNÉRAL

ABC du Vietnam 54
Achats 61
AN BÀNG (plage de) 324
AN BÌNH (île d') 466
AN THỚI 505
Ancienne zone démilitarisée
 (DMZ) 291
ANKROËT
 (chutes et lac d') 358
Argent, banques, change 59
Avant le départ 54

BA BỂ (lac ; parc national) 245
BẮC HÀ 230
BÃI CHÁY 173, 176
BÃI DÀI (plage de) 502
BÃI ĐẦM TRẦU (plage de) 510
Bái Đính (pagode de) 194
BÃI HƯƠNG 327
BÃI KHEM (plage de) 505
BÃI LÀNG 327
BÃI LÒ VÔI (plage de) 511
BÃI SAO (plage de) 505
BÃI SAU (plage de) 452
BÃI THƠM (plage de) 503, 504
Bái Tử Long (baie de) ... 177, 181
BÃI XÉP 365
BALEINE (île de la) 367
BAMBOUS (île des) 380
Bản Giốc (chutes de) 244
BẢN LÁC (hameau de) 202
BẢN PHỐ (village de) 233
BẢO LẠC (village de) 257
BÁT TRÀNG (village de) 147
Bến Được (site de) 442
Bích Động (grotte de Jade) 192
Bình Thủy
 (maison des Orchidées) 483
BỒ LÙ 247
Boissons 512
Bonsaïs (jardin des) 469
Bouts de Bois (grotte des) 179
Budget 64
BUÔN ĐÔN (village
 de dresseurs d'éléphants) .. 342
BUÔN MA THUỘT 338
Bút Tháp (pagode) 148

CÁI BÈ 460
CÁI RĂNG 480, 483
CAM RANH 372
CẬN CẤU (marché de) 233
CẦN THỚ 475
CAO BẰNG 242
CAP SAINT-JACQUES
 (Vũng Tàu) 447
Cascade d'Argent (site de la) .. 218
CÁT BÀ (île de ; parc national) .. 156
CÁT BÀ-VILLE 160
CÁT CÁT (village hmong) 227
CENTRE (le) 258
CHAM (île ; parc naturel) 325
CHÂU ĐỐC 471
CHI LĂNG 239
CHINE (vers la) 242
Chùa Dơi (pagode khmère de) .. 483
Chùa Hương
 (pagode des Parfums) 147
Chùa Thầy (pagode du Maître) .. 145
Cinéma 513
Climat 64
CỔ LOA 144
CỐC LY (marché de) 234
COCONUT PRISON 506
CÔN ĐẢO (archipel de) 506
CÔN SƠN 508
Coups de cœur (nos) 12
CỦ CHI (tunnels de ;
 Địa Đạo Củ Chi) 440
CỬA CẠN 502
CỬA ĐẠI (plage de) 324
Cuisine 515
Curieux, non ? 518

ĐÀ NẴNG 294
ĐẠI LÃNH 366
ĐẢI Yếm (cascade de) 205
DALAT (ĐÀ LẠT) 343
Dalatbeco
 (cave coopérative viticole) .. 358
ĐẦM MÔN 367
Dangers et enquiquinements .. 67
ĐẦU ĐẲNG (chutes d'eau de) .. 248
Décalage horaire 67
ĐỊA ĐẠO CỦ CHI
 (tunnels de Củ Chi) 440

INDEX GÉNÉRAL | 579

ĐIỆN BIÊN PHỦ 208
Đinh Tiên Hoàng (temple de)... 193
Distillerie d'Indochine 324
DMZ (ancienne
   zone démilitarisée ; la) 291
DỐC LẾT 367
ĐỒNG HOÀ HIỆP 461, 462, 463
Đồng Khánh (tombeau de) 288
ĐỒNG VĂN (village de) ... 254, 255
DRAY NUR (cascade de) 342
DRAY SAP (cascade de) 342
Droits de l'homme 520
DƯƠNG ĐÔNG 493
ĐƯỜNG LÂM 145

Économie 521
Ehsan (mosquée) 474
Électricité 68
Environnement (écotourisme).. 522

FANSIPAN (mont) 230
Fêtes et jours fériés 68
Français de Huế
   (cimetière historique des) 290

GABRIELLE (colline) 216
GÀNH DẦU (cap de) 502, 503
Géographie 525
Gia Long (tombeau de) 290
GIẢNG MỒ BÌNH THANH 202

HÀ GIANG 252, 254
HÀ GIANG (province de) 248
HẠ LONG (baie d' ;
   Vịnh Hạ Long) 166
HẠ LONG TERRESTRE
   (baie d') 181
HÀ TIÊN 485
HAIPHONG (HẢI PHÒNG) 152
HÀM NINH 503, 504
Hang Dơi (grottes de) 205
Hang Múa (grotte) 192
HANG SƠN ĐOÒNG (grotte)... 263
HANG TỐI 263
HANOI 93

HANOI
Ancien quartier colonial français 130
Cathédrale Saint-Joseph ⚑ 134
Citadelle de Thăng Long ◉ ⚑⚑ .. 137
Gia Lâm (quartier de) 115
Hôtel Sofitel-Metropole ⚑⚑ 130
Lac de l'Ouest 139
Lac Hoàn Kiếm ⚑⚑ 126
Marché Đồng Xuân (grand) ⚑ ... 129
Mausolée de Hồ Chí Minh ⚑⚑ .. 138
Musée d'Ethnologie
   du Vietnam ⚑⚑⚑ 👥 140

Musée d'Histoire militaire
   du Vietnam ⚑⚑ 136
Musée de la Révolution ⚑ 131
Musée des Beaux-Arts ⚑⚑⚑ 135
Musée des Femmes
   vietnamiennes ⚑⚑ 132
Musée Hồ Chí Minh ⚑ 139
Musée national d'Histoire
   du Vietnam ⚑⚑⚑ 131
Opéra 130
Pagode des Ambassadeurs ⚑ .. 132
Pagode du Pilier unique ⚑ 139
Pagode Trấn Quốc ⚑⚑ 140
Palais présidentiel ⚑⚑ 138
Pont Long Biên ⚑⚑ 129
Prison de Hoả Lò ⚑⚑ 133
« Route en céramique » ⚑⚑ 129
Temple de la Littérature ⚑⚑⚑ . 134
Temple de Quan Đế ⚑ 129
Temple Đình Kim Ngân ⚑ 129
Temple Montagne de Jade ⚑⚑ 127
Temple Quan Thánh ⚑⚑ 139
Tour du Drapeau ⚑ 136
Train Street ⚑⚑ 134
Vieilles maisons du patrimoine
   historique de Hanoi ⚑ 128
Vieux centre historique
   (quartier du) 126
Vieux quartier
   des 36 corporations ⚑⚑ 127

HAUTS PLATEAUX
   DU CENTRE (les) 332
Hébergement 71
Hiền Lương
   (vieux pont-passerelle) 291
Histoire 526
HỒ CHÍ MINH-VILLE
   (Saigon) 392

HÔ CHI MINH-VILLE (Saigon)
Cathédrale Notre-Dame ⚑ 425
Cercle des Travailleurs ⚑ 430
Cholon (quartier de) 435
Đồng Khởi (rue) ⚑ 426
Église Cha Tam ⚑ 436
Hải Thượng Lãn Ông (rue) ⚑ ... 437
Hôtel de ville ⚑ 425
Lycée Lê Quý Đôn ⚑ 433
Lycée Marie-Curie (ancien) ⚑⚑ 433
Marché Bến Thành ⚑ 429
Marché Bình Tây ⚑⚑ 436
Mosquée indienne de Saigon ⚑ 427
Musée d'Histoire du Vietnam ⚑ 433
Musée de la Médecine
   traditionnelle vietnamienne ⚑⚑ ... 434
Musée de la Ville de Hồ Chí
   Minh ⚑ 428
Musée des Beaux-Arts ⚑⚑ 429
Musée des Femmes
   sud-vietnamiennes ⚑ 432
Musée des Vestiges
   de la guerre ⚑⚑⚑ 430
Musée Hồ Chí Minh ⚑ 434
Nguyễn Huệ (avenue) ⚑ 425
Pagode de Giác Lâm ⚑⚑ 434

580 | INDEX GÉNÉRAL

HO CHI MINH-VILLE (Saigon)
Pagode de l'Empereur de Jade ... 432
Pagode de Xá Lợi 432
Pagode Vĩnh Nghiêm 432
Palais de la Réunification 427
Poste centrale 426
Quartier Phạm Ngũ Lão
(« quartier routard »)........... 408, 415
Temple de Tam Sơn Hội 437
Temple de Thiên Hậu 437
Temple du Maréchal Lê Văn
Duyệt 433
Temple hindou
de Mariammam 430
Théâtre municipal 425
Tombeau de Pétrus Ký 437
Tour Bitexco – Saigon
Skydeck 427
Villa de l'Évêché 433

Hộ Quốc (pagode) 504
HOÀ BÌNH 200
HOA LƯ (site de l'ancienne
capitale de) 193
HOÁ SƠN (village de) 260
HỘI AN 304
HÒN BÀ (mont) 378
HÒN GAI 176, 177, 181
HÒN GỐM (péninsule de) 366
HÒN MỘT (îlot de) 504
HÒN THƠM (île de) 505
HUẾ 264

HUE
Art Museum Lê Bá Đảng 282
Bastion Mang Cá 282
Cavalier du Roi 281
Cimetière historique des Français
de Huế 290
Citadelle royale (quartier) 278
Cité impériale 279
Cité pourpre interdite 281
Collège Quốc Học 282
Điềm Phùng Thị Art Museum 282
Esplanade des Grands Saluts 279
Lac du Cœur serein 282
Mausolée de Thiệu Trị 288
Musée de la Broderie 282
Musée des Antiquités royales 281
Musée Hồ Chí Minh 282
Pagode de Thiên Mụ 284
Pagode de Từ Hiếu 288
Palais de la Longue Vie 280
Palais de la Reine-Mère 280
Palais du Trône 279
Parc Vườn Cơ Hạ 281
Pavillon de Lecture 281
Pavillon Tứ Phương Vô Sự 280
Plage de Thuận An 290
Pont couvert de Thanh Toàn 290
Pont de la Voie centrale 279
Porte de l'Humanité 281
Porte de la Vertu 280
Porte du Midi 279
« Quartier routard » 271
Rivière des Parfums 284
Temple du culte des empereurs
Nguyễn 280
Tertre du Nam Giao 286
Théâtre royal 281
Tombeau de Đồng Khánh 288
Tombeau de Gia Long 290
Tombeau de Khải Định 288
Tombeau de Minh Mạng 289
Tombeau de Tự Đức 286
Tombeaux impériaux 285
Ville moderne (quartier) 282

HƯNG TRẠCH VILLAGE 262

Interview #experienceroutard 33
Island Farm 468
Itinéraires conseillés 28

JUN (village de) 342

KÊNH GÀ (village de) 194
Khải Định (tombeau de) 288
KHE SANH
(site de la bataille de) 292
Khu Chứng Tích Sơn Mỹ
(site de Mỹ Lai) 360
KIỀU KỲ (village de) 148
KON JARI (village bahnar) 337
KON KLOR (village bahnar) 337
KON KOTU (village bahnar) 337
KON TUM 333
KỲ SƠN 146

LAI CHÂU 218
LAK (lac) 342
LANG BIANG (mont) 358
LĂNG CÔ 293
LẠNG SƠN 239
Langue 73
LÀO CAI 234
LAO CHẢI (village de) 228
Lê Đại Hành (temple de) 194
Linh Phước (pagode) 358
Livres de route 78
Lũng Cú (site de) 256
LÙNG TÁM (village) 255

MÃ PÍ LÈNG (col de) 256
MAI CHÂU 202
MAI SƠN (aéroport
abandonné de Nà Sản) 206
MARBRE (montagne de ;
Ngũ Hành Sơn) 303
Médias 548
MÉKONG (delta du) 452
MÈO VẠC (village de) 256

INDEX GÉNÉRAL | 581

MIẾU (île de) 379
Minh Mạng (tombeau de) 289
MỘC CHÂU 204
MÔNG PHỤ (village de) 146
MŨI GÀNH DẦU (cap de) 502
MŨI NÉ (station balnéaire) 382
MUN (île de) 380
MƯỜNG HOA (vallée de la) 228
MƯỜNG KHƯƠNG 234
MƯỜNG LAY 218
Mỹ Lai (site de ;
  Khu Chứng Tích Sơn Mỹ) 360
MỸ SƠN (site cham de) 327
MỸ THO 456

NA KÉN (hameau de) 206
Nà Sản (aéroport abandonné
  de) 206
NÂM ĐĂN (village) 255
Nam Giao (tertre du) 286
NGŨ HÀNH SƠN
  (montagne de Marbre) 303
Người Ngao (grottes de) 244
NHA TRANG 367
NHO QUẾ
  (gorges de la rivière) 256
NINH BÌNH 181
NORD (le) 93
NORD-EST (le) 237
NORD-OUEST (grand) 196
NUAGES (col des) 293
NÚI SAM (mont Sam) 474

ÔNG LANG 499

Pác Bó (grotte de) 244
PÁC NGÒI (village de) 246, 248
Paire de Poulets
  (rocher de la) 180
Paradis (grotte du) 263
PARFUMS (rivière des) 284
Patrimoine culturel 551
Pélican (grotte du) 180
Personnages 552
PHAN RANG 381
PHAN THIẾT 390
Phát Diệm (cathédrale de) 194
PHONG ĐIỀN 480
PHONG NHA (grotte de) 262
PHONG NHA-KẺ BÀNG
  (parc national de) 258
PHÚ QUỐC (île de) 489
Phú Quốc (parc national de) ... 503
Phú Quốc Bee Farm 502

PHÚC SEN 244
PHỤNG CÔNG (village de) 148
PHƯỚC LONG 458
PLEIKU 337
PO KLONG GARAI (tours
  cham de) 382
PO NAGAR (tours cham de) 376
POM COỌNG (hameau de) 202
Population 555
PORT DAYOT 366
Porte du Ciel (grotte de la) 179
Poste 79
Pourboires, offrandes
  et marchandage 556

QUẢN BẠ (Tam Sơn) 253, 255
QUẢNG NGÃI 359
Quảng Trị (musée de) 291
Questions qu'on se pose
  avant le départ (les) 34
QUY NHƠN 362

RACH GIÁ 484
RẠCH TRÀM (village
  de pêcheurs de) 502
RẠCH VẸM 504
Reine du Pays (temple de la) ... 475
Religions et croyances 557

SÀ PHÌN (palais de Vương
  Chính Đức) 255
SADEC (Sa Đéc) 469
SÀI SƠN
  (pagode Chùa Thầy) 145
SAIGON (Hồ Chí Minh-Ville) ... 392
SAM (mont ; núi Sam) 474
Santé 80
SAPA 218
Savoir-vivre et usages 563
SIN CHENG (marché de) 234
SINGES (île aux) 380
Sites inscrits au Patrimoine
  mondial de l'Unesco 564
SÓC TRĂNG 483
SƠN LA 206
SƠN MỸ
  (musée du Massacre de) 360
SƠN TÂY
  (manoir mandarinal de) 146
SÔNG GÂM (rivière) 256
SUD (le) 392
SUỐI BÙN (hameau de) 206
SUỐI MOỌC 263
Surprise (grotte de la) 180

INDEX GÉNÉRAL / LISTE DES CARTES ET PLANS

TẢ PHÌN (village de).............228
TẢ VAN (village de)................229
TAM CỐC.................................181
Tam Cốc (grottes de) 191
Tam Sơn (Quản Bạ) 255
Tây An (pagode de) 474
TÂY NINH...............................443
Tây Phương (pagode) 145
Tea Village (site) 205
Téléphone, Internet....................83
Thạch Động (temple de) 489
Thái Vi (temple de) 191
THANH TOÀN
 (pont couvert de) 290
Thiên Mụ (pagode de) 284
Thiệu Trị (mausolée de)...........288
THÔNG NGUYÊN....................234
THUẬN AN (plage de).............290
Thung Khe (col de ;
 point de vue panoramique) ..202
Thung Nham (embarcadère de) ..192
Thung Nham
 (réserve d'oiseaux de) 192
THỤY PHƯƠNG (cimetière
 historique des Français
 de Huế)................................290
Tiên Sơn (grotte de) 262
Tombeaux impériaux (les).......285
TRÀ QUẾ (village de) 324
TRÀNG AN (grottes de) 192

Transports..................................85
Tự Đức (tombeau de) 286
Từ Hiếu (pagode de)................288
TUẦN CHÂU
 (embarcadère de) 176
TUẦN CHÂU
 (marché thaï noir de)...........207
Tunnel (grotte du).....................180

VẠN PHÚC (village de) 144
VỊNH ĐẦM TRE (baie de).........511
VỊNH HẠ LONG
 (baie d'Hạ Long) 166
VĨNH LONG 463
VĨNH MỐC (tunnels de) 292
Võ Nguyên Giáp (Q.G.
 du général)..........................216
VŨNG BẦU (hameau de) 502
VŨNG BẦU (plage de) 502
VŨNG TÀU
 (Cap Saint-Jacques).............447

XÃ THỚI SƠN........................458
XUÂN ÁNG NỘI......................188
XUÂN ĐÀM (plage de)............162

Ý LINH HỒ (village de)...........228
YẾN (île de) 380
YÊN MINH 253
Yersin (tombeau du docteur) ...378
Yok Đôn (parc national de) 343

LISTE DES CARTES ET PLANS

- Bắc Hà....................................231
- Bãi Cháy – Hòn Gai
 (plan I).............................170-171
- Bãi Cháy – centre (plan II)....173
- Buôn Ma Thuột.....................339
- Cái Bè (la région de Vĩnh
 Long et de) 461
- Cần Thơ – plan d'ensemble ..477
- Cần Thơ – zoom 479
- Cao Bằng..............................245
- Cát Bà (l'île de) 159
- Cát Bà-Ville..........................161
- Châu Đốc.............................473
- Côn Đảo (l'archipel de) 507
- **Coups de cœur (nos)............12**
- Đà Nẵng 297
- Đà Nẵng
 (et Hội An ; la région de) 295
- Dalat 345
- Điện Biên Phủ......................209
- **Distances par la route.............2**
- Dương Đông........................495
- Hà Giang
 (la province de) 250-251
- Hạ Long (la baie d') 168-169
- Hạ Long terrestre
 (la baie d') 184-185
- Hà Tiên 487
- Haiphong......................154-155
- Hanoi – plan d'ensemble
 (plan I)..............................98-99
- Hanoi – quartier des 36
 corporations (plan II)............101
- Hanoi – ancien quartier
 colonial et cathédrale
 (plan III) 103
- Hanoi – les environs :
 sites, pagodes, temples .. 142-143

INDEX GÉNÉRAL / LISTE DES CARTES ET PLANS | 583

- Hauts Plateaux du Centre (les) 335
- Hô Chí Minh-Ville – plan d'ensemble (plan I)..394-395
- Hô Chí Minh-Ville – centre (plan II) 397
- Hô Chí Minh-Ville – « quartier routard » (plan III)............................. 400-401
- Hội An...........................306-307
- Hòn Gai – centre (plan III) 166
- Huế 266-267
- Huế (les environs de) 283
- Itinéraires conseillés 28, 30
- Lạng Sơn 241
- Mékong (le delta du) 455
- Mũi Né (les plages de ; et Phan Thiết) 384-385
- Mỹ Sơn (le site cham de).....329
- Mỹ Tho.................................457
- Nha Trang – centre 369
- Nha Trang – zoom 371
- Nord du Vietnam (le).........94-95
- Phan Thiết (et les plages de Mũi Né) 384-385
- Phú Quốc (l'île de) 491
- Quy Nhơn 363
- Sapa 219
- Sapa (la région de)...............229
- Tam Cốc 187
- Vietnam Nord (le) 6
- Vietnam Sud (le)....................... 7
- Vietnam (le centre du)...260-261
- Vietnam (le nord du)..........94-95
- Vĩnh Long.............................465
- Vĩnh Long (la région de Cái Bè et de) ... 461
- Vũng Tàu (la péninsule de) ..449

INDEX GÉNÉRAL

Remarque importante aux hôteliers et restaurateurs

Les enquêteurs du *Routard* travaillent dans le plus strict anonymat. Aucune réduction, aucun avantage quelconque, aucune rétribution n'est jamais demandé en contrepartie. Face aux aigrefins, la loi autorise les hôteliers et restaurateurs à porter plainte.

Avis aux lecteurs

Le Routard, ce n'est pas comme le bon vin, il vieillit mal. On ne veut pas pousser à la consommation, mais évitez de partir avec une édition ancienne. Les modifications sont souvent importantes.

Les réductions accordées à nos lecteurs ne sont jamais demandées par nos rédacteurs afin de préserver leur indépendance. Les hôteliers et restaurateurs sont sollicités par une société de mailing, totalement indépendante de la rédaction, qui reste donc libre de ses choix. De même pour les autocollants et plaques émaillées.

Avec routard.com, choisissez, organisez, réservez et partagez vos voyages !

✓ Rejoignez la plus grande communauté francophone de voyageurs : **plusieurs millions d'internautes**.

✓ Échangez avec les routarnautes : forums, photos, avis d'hôtels.

✓ Retrouvez aussi toutes les informations actualisées pour choisir et préparer vos voyages : près de 300 guides destinations, une centaine de dossiers pratiques et un magazine en ligne pour découvrir tous les secrets de votre destination.

✓ Enfin, comparez les offres pour organiser et réserver votre voyage au meilleur prix.

Les **Routards** *parlent aux* **Routards**

Faites-nous part de vos expériences, de vos découvertes, de vos tuyaux et de vos coups de cœur. Aidez-nous à remettre l'ouvrage à jour. Indiquez-nous les renseignements périmés. Faites profiter les autres de vos adresses nouvelles, combines géniales... On adresse un exemplaire gratuit de la prochaine édition à ceux qui nous envoient les meilleurs courriers, pour la qualité et la pertinence des informations. Quelques conseils cependant :

– Envoyez-nous votre courrier le plus tôt possible afin que l'on puisse insérer vos tuyaux sur la prochaine édition.

– N'oubliez pas de préciser l'ouvrage que vous désirez recevoir, ainsi que votre adresse postale.

– Vérifiez que vos remarques concernent l'édition en cours et notez les pages du guide concernées par vos observations.

– Quand vous indiquez des hôtels ou des restaurants, pensez à signaler leur adresse précise et, pour les grandes villes, les moyens de transport pour y aller. Si vous le pouvez, joignez la carte de visite de l'hôtel ou du resto décrit.

En tout état de cause, merci pour vos nombreux mails.

122, rue du Moulin-des-Prés, 75013 Paris

• guide@routard.com • routard.com •

Routard Assurance

Enrichie au fil des années par les retours des lecteurs, *Routard Assurance* reste l'assurance voyage référence des globe-trotters. Tout y est inclus, même la Covid : frais médicaux, assistance rapatriement, bagages, responsabilité civile... Avant votre départ, contactez *AVI* pour un conseil personnalisé. À la recherche d'une attestation Covid ? Vous la recevrez automatiquement après chaque souscription. Besoin d'un avis médical, d'une prise en charge dans un hôpital ? Le plateau d'Assistance *AVI* dispose d'un vaste réseau médical à travers le monde disponible 24h/24 pour une réponse en temps réel. De simples frais de santé en voyage ? Téléchargez vos factures depuis l'espace assuré *AVI*, ils vous remboursent sous une semaine. *Le Colisée Gardens*, 10, av. de l'Arche, CS 70126, 92419 Courbevoie Cedex, ☎ 01-44-63-51-00. • avi-international.com • Ⓜ La Défense.

Édité par Hachette Livre (58, rue Jean-Bleuzen, CS 70007, 92178 Vanves Cedex, France)
Photocomposé par Luminess SAS (561, rue Saint-Léonard – CS 40003 – 53101 Mayenne Cedex, France)
Imprimé par Dupliprint (Quai n° 2, 733, rue Saint-Léonard, BP 3, 53101 Mayenne Cedex, France)
Achevé d'imprimer : juin 2023
Collection n° 13 - Édition n° 02
46/8418/0
I.S.B.N. 978-2-01-787112-5
Dépôt légal : janvier 2023

PAPIER CERTIFIÉ